A PARSING GUIDE
to the
GREEK NEW TESTAMENT

Compiled
by
Nathan E. Han

With an Introduction
by
Merrill C. Tenney

HERALD PRESS
Scottdale, Pennsylvania/Kitchener, Ontario

1

A PARSING GUIDE TO THE GREEK NEW TESTAMENT

Copyright © 1971 by Herald Press, Scottdale, Pa. 15683
Published simultaneously in Canada by Herald Press,
Kitchener, Ont. N2G 4M5
Library of Congress Catalog Card Number: 77-158175
International Standard Book Number: 0-8361-1653-4

15 14 13 12

To

my wife

Eunice B. Han

Companion in life

and in faith

FOREWORD

A *Parsing Guide to the Greek New Testament* is intended to aid all Greek students in translating more accurately the Greek New Testament. Its purpose is to facilitate the translation of the New Testament for those students who have only a general knowledge of the Greek language. The importance of a work of this type has been instilled in me over a period of years in teaching Greek New Testament.

Gratitude is now due to those who made the publication of this book possible. First of all, I wish to express my deepest gratitude to Dr. Merrill C. Tenney, Dean of the Graduate School of Wheaton College, Wheaton, Illinois. Dr. Tenney has done much to advise and encourage me to pursue further my interest in this work. I wish to recognize him also for penning the introduction to this book and spending much time in reading and discussing the book with me. Also I wish to gratefully acknowledge a debt of gratitude to my former professor, Dr. Carl H. Morgan, who provided me with the opportunity for my graduate study at Eastern Baptist Theological Seminary. I was prompted by Dr. Morgan's instruction to delve into this work. I render my thanks also to Dr. Sanford G. Shetler and Dr J Otis Yoder who have helped in the publication of this book. In addition I give my thanks to Robert L. Nicholson for giving his time and effort in the completion of this work.

I would finally extend my thanks to Mr. Ben Cutrell, Publisher, and Dr. Ellrose D. Zook, Book Editor of Herald Press, for their cordial interest in the publication of this book.

Nathan E. Han

INTRODUCTION

This new volume on the parsing of the Greek verbs in the New Testament should be of great assistance to the student who is first making his way through the intricacies of the New Testament text. Arranged in order of the text, it will save him much time in searching for forms in the current analytical lexicons. The work is accurate in its descriptions and is adequate for all general needs. It should serve as a stepping-stone to a mastery of the forms which are encountered in reading the Greek Scriptures.

Mr. Han has undertaken rather a tedious task and has performed it as a labor of love. It should be of great benefit to many generations of students of the Greek New Testament.

Merrill C. Tenney
Dean of Graduate School
Wheaton College

USING
THE
PARSING GUIDE

A *Parsing Guide to the Greek New Testament* follows the 25th edition of Nestle-Aland Greek text. In this work, only verbs and words that are characteristic of verbs will be parsed.

A verb parsing will give the person, number, tense, voice, mood, root, and meaning:

λύομεν 1 p. pl. pres. act. ind. . . . . . λύω

λύωμεν 1 p. pl. pres. act. subj. . . . . . λύω

λυέτω 3 p. sing. pres. act. imper. . . λύω

The participle, a verbal adjective in addition to its characteristics as a verb, is here described as to gender and case:

λύων pres. act. ptc. nom. sing. masc. . λύω

The infinitive, a verbal noun, is given as to tense, voice, and mood:

λύειν pres. act. infin. . . . . λύω

A verb which is found in one verse of a chapter is not repeated if found in the following verse.

The form of parsing is consistent throughout this book so that no parts are omitted, such as the voice. A deponent verb is one which is middle or passive in form, yet active in meaning; these verbs are given by their voice. Other verbs are aorist and perfect in form with a sense of present; these verbs are given by their tense. First person singular present indicative of common verbs is not parsed.

The Greek accent follows the Nestle-Aland text and does not appear as the individual word might appear when listed alone.

The majority of parsing errors are found to be with the root words. One such error concerns ῥέω which has been mistakenly used for λέγω. The word ῥέω is used only once in the New Testament (John 7.38) where its meaning is "to flow." Thus Bagster's Analytical Greek Lexicon is incorrect when it lists twenty-six occurrences of ῥέω in the New Testament to mean "say, speak, or tell." In these senses, historically ῥέω does not belong to the Koine Greek. Even in the LXX and later classical writings, ῥέω is used in the sense of "to flow." Throughout this book the mistake has been corrected in all applicable cases; e.g., ῥηθείς is derived from λέγω and not ῥέω. There are two more parsing errors closely connected with the preceding involving the word ἐρῶ which has been mistakenly derived from αἴρω but in truth it stems from λέγω. λέγω is a word from Koine Greek but αἴρω originates from classical writings. Homer uses αἴρω in the *Odyssey* in the sense of "say, speak or tell." And ἐρέω has been mistakenly derived seventy-one times in Bagster's the *Englishman's Greek Concordance of the New Testament*. In Liddell and Scott's *A Greek-English Lexicon*, ἐρέω has two separate definitions. First ἐρέω is an Epic verb used in the sense of "ask" or "inquire" and then, in the Ionic, ἐρῶ is future of ἐρέω.

The present and imperfect of εἰμί are given by their active voice, and 1 pers. pl. imperf. ἤμην and future of εἰμί are given by their middle voice in this book (Moulton-Milligan's *Vocabulary of the Greek New Testament* and Arndt-Gingrich's *A Greek-English Lexicon of the New Testament*). First aorist endings are added to second aorist stems such as εἶδα, εἶπα and ἦλθα. These forms are given by their second aorist since they are not true first aorists.

In Acts 7.34 ἀποστείλω may be parsed either 1 p. sing. pres. act. indicative (Arndt-Gingrich, Moulton-Milligan) or 1 aor. act. subjunctive hortatory (A. T. Robertson, H. A. W. Meyer). In the next two cases specific difficulties are noted. ἴσθι is 2 p. sing. pres. act. imper. derived from either εἰμί or οἶδα as in Mt. 5.25; Mk. 5.34, and Lk. 19.17 (untranslated in KJV). In these occurrences ἴσθι may be parsed using either root word. In Acts 1.18 ἐλάκησεν 3 pers. sing. 1 aor. act. ind. is derived from λακέω not λάσκω or λακάω (cf. F. Blass and A. Debrunner's *A Greek Grammer of the New Testament and Other Early Christian Literature*, and Moulton-Milligan's *The Vocabulary of the Greek New Testament*)ἀναλῶσαι (Lk. 9.54) and ἀναλωθῆτε (Gal. 5.15) are given by their root ἀναλόω in this book. ἴστε, which is derived from οἶδα, is under question as to what mood it possesses; e.g., in James 1.19 the KJV translates ἴστε in an indicative mood while on the other hand the RSV uses the imperative mood. In this book both parsings of ἴστε are listed to give freedom of choice to the student.

While previous related works may have omitted the iota subscript in some words, this book has consistently used it so that words such as ἀποθνῄσκω, ζῳογονέω, ζῳοποιέω, μιμνῄσκομαι, and σῴζω are now properly written.

In this book it will be noted that Moulton-Milligan's *Vocabulary of the Greek New Testament* and Arndt-Gingrich's *A Greek-English Lexicon of the New Testament and Other Early Christian Literature* are used as the standard sources.

In *A Parsing Guide to the Greek New Testament,* a summary of morphology gives the rules of formation of nouns, adjectives, and verbs, and also gives paradigms of their endings.

It is hoped that this book will be used by those who expect to parse Greek verbs in their translation. It is also hoped that this work has altogether avoided both parsing errors and typographical errors. I shall appreciate, most cordially, any correction or suggestion from any student using this book in his study. Any student who would translate the Greek New Testament should use a verbal parsing list along with his personal knowledge of words, since the student must be able to distinguish mood, tense, voice, etc., in all efforts to translate correctly.

Parsing Errors

The parsing errors have been corrected and the missing words have been parsed as in the following examples:

Errors of Root

ἀγαθουργῶν pres. act. ptc. nom. sing. masc. . . . . ἀγαθοεργέω
ἀδικούμενον pres. pass. ptc. acc. sing. masc. . . . . . ἀδικέω
ἀπηλλάχθαι perf. pass. infin. . . . . ἀπαλλάσσω
ἐλάκησε 3 p. sing. 1 aor. act. ind. . . . . λακέω
ἐνδεικνυμένους pres. mid. ptc. acc. pl. masc. . . ἐνδείκνυμι
ἐνέπρησε 3 p. sing. 1 aor. act. ind. . . . . ἐμπίμπρημι
ἐξηραύνησαν 3 p. pl. 1 aor. act. ind. . . . . . . ἐξεραυνάω
ἐξολεθρευθήσεται 3 p. sing. 1 fut. pass. ind. . . ἐξολεθρεύω
ἐπισκοποῦντες pres. act. ptc. nom. pl. masc. . . . ἐπισκοπέω
ἐπλήσθησαν 3 p. pl. 1 aor. pass. ind. . . . . πίμπλημι
ἐρρύσατο 3 p. sing. 1 aor. mid. ind. . . . . ῥύομαι
ἐσφαγμένων perf. pass. ptc. gen. pl. m. f. or neut. .σφάζω
ἐσφάγης 2 p. sing. 2 aor. pass. ind. . . . . id.
ἔσφαξεν 3 p. sing. 1 aor. act. ind. . . . . id.
ἡσσώθητε 2 p. pl. 1 aor. pass. ind. . . . . ἑσσόομαι
καταθεματίζειν pres. act. infin. . . . . καταθεματίζω
καταστήσῃς 2 p. sing. 1 aor. act. subj. . . . . . καθίστημι
κατατήσει 3 p. sing. fut. act. ind. . . . . id.
κατεπέστησαν 3 p. pl. 2 aor. act. ind. . . . . . κατεφίσταμαι
περιέκρυβεν 3 p. sing. imperf. act. ind. . . . . . . περικρύβω
ῥιπιζομένῳ pres. pass. ptc. dat. sing. masc. . . . . . ῥιπίζω
σπούδασον 2 p. sing. 1 aor. act. imper. . . . . σπουδάζω

ix

Errors of Tense

ἀνεῦραν 3 p. pl 2 aor. act. ind. . . . . ἀνευρίσκω
ἀνῆκεν 3 p. sing. imperf. act. ind. . . . . ἀνήκω
διέτριβε 3 p. sing. imperf. act. ind. . . . . διατρίβω
διέτριβον 3 p. pl. imperf. act. ind. . . . . id.
εἰδότες perf. act. ptc. nom. pl. masc. . . . . οἶδα
εἰπεῖν 2 aor. act. infin. . . . . λέγω
εἶπεν 3 p. sing. 2 aor. act. ind. . . . . id.
εἰσήει 3 p. sing. imperf. act. ind. . . . . εἴσειμι
εἰωθός 2 perf. act. ptc. acc. sing. neut. . . . . ἔθω
ἔλεγον 1 p. sing. or 3 p. pl. imperf. act. ind. . . . . λέγω
ἔοικε 3 p. sing. perf. act. ind. . . . . ἔοικα
ἐπεῖδε 3 p. sing. 2 aor. act. ind. . . . . ἐφοράω
ἐπετράπην 1 p. sing. 2 aor. pass. ind. . . . . ἐπιτρέπω
ἔπιδε 2 p. sing. 2 aor. act. imper. . . . . ἐφοράω
καταγόντες pres. act. ptc. nom. pl. masc. . . . . κατάγω
οἴδαμεν 1 p. pl. 2 perf. act. ind. . . . . οἶδα
παρελθάτω 3 p. sing. 2 aor. act. imper. . . . . . . παρέρχομαι
περιεκρυβεν 3 p. sing. imperf. act. ind. . . . . περικρύβω
προέγνω 3 p. sing. 2 aor. act. ind. . . . . προγινώσκω
συνιδών 2 aor. act. ptc. nom. sing. masc. . . . . . . .συνοράω
ὑπεριδών 2 aor. act. ptc. nom. sing. masc. . . . . ὑπεροράω

Errors of Voice and Mood

ἀδικηθέντος 1 aor. pass. ptc. gen. sing. masc. . . . . ἀδικέω
ἀναστήσει 3 p. sing. fut. act. ind. . . . . ἀνίστημι
ἀπήεσαν 3 p. pl. imperf. act. ind. . . . . .ἄπειμι
ἔζησε 3 p. sing. 1 aor. act. ind. . . . . ζάω
ἐμασῶντο 3 p. pl. imperf. mid. ind. . . . . μασάομαι
ἐνέπτον 3 p. pl. imperf. act. ind. . . . . .ἐμπτύω
ἐπεγνωκόσι perf. act. ptc. dat. pl. masc. . . . . . ἐπιγινώσκω
ἐποπτεύσαντες 1 aor. act. ptc. nom. pl. masc. . . ἐποπτεύω
ἐπυνθάνετο 3 p. sing. imperf. mid. ind. . . . . . πυνθάνομαι
ᾐτήσατο 3 p. sing. 1 aor. mid. ind. . . . . .αἰτέω
παυσάτω 3 p. sing. 1 aor. act. imper. . . . . παύω
φοβηθήσομαι 1 p. sing. 1 fut. pass. ind. . . . . φοβέω
χωριζέτω 3 p. sing. pres. act. imper. . . . . χωρίζω

Errors of Gender and Number

αἰτούμενοι pres. mid. ptc. nom. pl. masc. . . . . .αἰτέω
διατίθεμαι 1 p. sing. pres. mid. ind. . . . . διατίθημι
ἐξεκέντησαν 3 p. pl. 1 aor. act. ind. . . . . ἐκκεντέω
ἐπέτυχον 3 p. pl. 2 aor. act. ind. . . . . ἐπιτυγχάνω
ἐσθίει 3 p. sing. pres. act. ind. . . . . ἐσθίω
ἔτυπτον 3 p. pl. imperf. act. ind. . . . . τύπτω
ἔχετε 2 p. pl. pres. act. ind. or imper. . . . . ἔχω
ζῇ 3 p. sing. pres. act. ind. . . . . ζάω
ηὐλίσθη 3 p. sing. 1 aor. pass. ind. . . . . αὐλίζομαι
θέλοντες pres. act. ptc. nom. pl. masc. . . . . θέλω

x

ἴδῃ 3 p. sing. 2 aor. act. subj. . . . . ὁράω
προσδοκῶμεν 1 p. pl. pres. act. ind. . . . . προσδοκάω
συγχαίρει 3 p. sing. pres. act. ind. . . . . συγχαίρω
σύροντες pres. act. ptc. nom. pl. masc. . . . . σύρω

Errors of Word

ἀναφάναντες 2 aor. act. ptc. nom. pl. masc. . . . . ἀναφαίνω
ἀφεῖναι pres. act. infin. . . . . ἀφίημι
ἀφιομεν 1 p. pl. pres. act. ind. . . . . id.
ἐξηραύνησαν 3 p. pl. 1 aor. act. ind. . . . . ἐξεραυνάω
ἐξολεθρευθήσεται 3 p. sing. 1 fut. pass. ind. . . ἐξολεθρεύω
κρεμάμενον pres. mid. ptc. acc. sing. neut. . . . κρεμάννυμι
λήμφεται 3 p. sing. fut. mid. ind. . . . . λαμβάνω
συλλημφθῆναι 1 aor. pass. infin. . . . . συλλαμβάνω

Missing Words

ἀνάβατε 2 p. pl. 2 aor. act. imper. . . . . ἀναβαίνω
ἀνακεκύλισται 3 p. sing. perf. pass. ind. . . . . . ἀνακυλίω
ἀναπαήσονται 3 p. pl. 2 fut. pass. ind. . . . . ἀναπαύω
ἀναστήσονται 3 p. pl. fut. mid. ind. . . . . ἀνίστημι
ἀναφάναντες 2 aor. act. ptc. nom. pl. masc. . . . ἀναφαίνω
ἀνείλατε 2 p. pl. 2 aor. act. ind. . . . . ἀναιρέω
ἀπεκατέστη 3 p. sing. 2 aor. pass. ind. . . . . . ἀποκαθίστημι
ἀφεῖναι pres. act. infin. . . . . ἀφίημι
γενήσεται 3 p. sing. fut. mid. ind. . . . . γίνομαι
γνωσθῇ 3 p. sing. 1 aor. pass. subj. . . . . γινώσκω
διακαθᾶραι 1 aor. act. infin. . . . . διακαθαίρω
διαρήξας 1 aor. act. ptc. nom. sing. masc. . . . . διαρήγνυμι
διορυχθῆναι 1 aor. pass. infin. . . . . διορύσσω
εἰπόντος 2 aor. act. ptc. gen. sing. masc. . . . . λέγω
ἐμπαίξας 1 aor. act. ptc. nom. sing. masc. . . . . . . ἐμπαίζω
ἐνέγκαι 1 aor. act. infin. . . . . φέρω
ἐξεληλυθυῖαν perf. act. ptc. acc. sing. fem. . . . ἐξέρχομαι
ἐξεχύννετο 3 p. sing. imperf. pass. ind. . . . . ἐκχύνω
ἐξολεθρευθήσεται 3 p. sing. 1 fut. pass. ind. . . ἐξολεθρεύω
ἐπαναγάγων 2 aor. act. ptc. nom. sing. masc. . . . . ἐπανάγω
ἐπαναπαήσεται 3 p. sing. 2 fut. pass. ind. . . . ἐπαναπαύομαι
ἐπευκίαζεν 3 p. sing. imperf. act. ind. . . . . . . ἐπισκιάζω
ἐπισκέψεται 3 p. sing. fut. mid. ind. . . . . . . ἐπισκέπτομαι
ἐπισυναχθήσονται 3 p. pl. 1 fut. pass. ind. . . . ἐπισυνάγω
ἐπιτιμᾶν pres. act. infin. . . . . ἐπιτιμάω
ἐσκοτώθη 3 p. sing. 1 aor. pass. ind. . . . . σκοτόω
ἐστήκατε 2 p. pl. perf. act. ind. . . . . ἵστημι
ἑστηκότα perf. act. ptc. nom. pl. neut. . . . . id.
ἐτίθεσαν 3 p. pl. 1 aor. act. ind. . . . . τίθημι
εὕραμεν 1 p. pl. 2 aor. act. ind. . . . . εὑρίσκω
ζημιωθῆναι 1 aor. pass. infin. . . . . ζημιόω
ἠδίκηκα 1 p. sing. perf. act. ind. . . . . ἀδικέω
ἠδυνάσθη 3 p. sing. 1 aor. pass. ind. . . . . δύναμαι
ἠκολουθήκαμεν 1 p. pl. perf. act. ind. . . . . . . ἀκολουθέω
ἠνεῳγμένην perf. pass. ptc. acc. sing. fem. . . . . . ἀνοίγω
ἠπόρει 3 p. sing. imperf. act. ind. . . . . ἀπορέω

ἠργάσατο 3 p. sing. 1 aor. mid. ind. . . . . ἐργάζομαι
ᾐτήσαντο 3 p. pl. 1 aor. mid. ind. . . . . αἰτέω
ἠτίμασαν 3 p. pl. 1 aor. act. ind. . . . . ἀτιμάζω
ηὐδοκοῦμεν 1 p. pl. imperf. act. ind. . . . . εὐδοκέω
κατεστραμμένα perf. pass. ptc. acc. pl. neut. . καταστρέφω
καυθήσομαι 1 p. sing. 1 fut. pass. ind. . . . . καίω
κόψαντες 1 aor. act. ptc. nom. pl. masc. . . . . κόπτω
μετανοῶσιν 3 p. pl. pres. act. subj. . . . . μετανοέω
ὀκνήσῃς 2 p. sing. 1 aor. act. subj. . . . . ὀκνέω
παραλέλυμενος perf. pass. ptc. nom. sing. masc. . . . παραλύω
παρηγγελμένα 1 aor. pass. ptc. nom. pl. neut. . παραγγέλλω
παρητοῦντο 3 p. pl. imperf. mid. ind. . . . . . . παραιτέομαι
πεῖν 2 aor. act. infin. . . . . πίνω
πέπωκαν 3 p. pl. perf. act. ind. . . . . id.
περιαψάντων 1 aor. act. ptc. gen. pl. masc. . . . . . περιάπτω
περιέδραμον 3 p. pl. 2 aor. act. ind. . . . . περιτρέχω
πέσατε 2 p. pl. 2 aor. act. imper. . . . . πίπτω
πρησθείς 1 aor. pass. ptc. nom. sing. masc. . . . . . πίμπρημι
προορώμην 1 p. pl. imperf. mid. ind. . . . . προοράω
προσήχθη 3 p. sing. 1 aor. pass. ind. . . . . προσφέρω
ῥαντίσωνται 3 p. pl. 1 aor. mid. subj. . . . . ῥαντίζω
ῥυπανθήτω 3 p. sing. 1 aor. pass. imper. . . . . . . ῥυπαίνω
συλλημφθῆναι 1 aor. pass. infin. . . . . συλλαμβάνω
συνειδυίης perf. act. ptc. gen. sing. fem. . . . . . . σύνοιδα
συνείληφεν 3 p. sing. perf. act. ind. . . . . . . συλλαμβάνω
συνηκολούθει 3 p. sing. imperf. act. ind. . . . συνακολουθέω
ὠφελήθης 2 p. sing. 1 aor. pass. subj. . . . . ὠφελέω

ABBREVIATIONS

acc.	accusative	mng.	meaning
act.	active	neut.	neuter
aor.	aorist	nom.	nominative
Att.	Attic	opt.	optative
constr.	construction	pass.	passive
contr.	contracted	perf.	perfect
dat.	dative	p.	person
dep.	deponent	pl.	plural
fem.	feminine	plupf.	pluperfect
fut.	future	Pont.	Pontic
gen.	genitive	pres.	present
id.	idem	ptc.	participle
imper.	imperative	sing.	singular
impers.	impersonal	subj.	subjunctive
impf.	imperfect	voc.	vocative
ind.	indicative	w.	with
inf.	infinitive	1	first
masc.	masculine	2	second
mid.	middle	3	third

CONTENTS

1

2 ἐγέννησεν 3 p. sing. 1 aor. act. ind. . . . . γεννάω
16 ἐγεννήθη 3 p. sing. 1 aor. pass. ind. . . . . id.
λςγόμενος pres. pass. ptc. nom. sing. masc. . . . . λέγω
18 ἦν 3 p. sing. imperf. act. ind. . . . . εἰμί
μνηστευθείσης 1 aor. pass. ptc. gen. sing. fem. μνηστεύω
συνελθεῖν 2 aor. act. infin. . . . . συνέρχομαι
εὑρέθη 3 p. sing. 1 aor. pass. ind. . . . . εὑρίσκω
ἔχουσα pres. act. ptc. nom. sing. fem. . . . . ἔχω
19 ὤν pres. act. ptc. nom. sing. masc. . . . . εἰμί
θέλων pres. act. ptc. nom. sing. masc. . . . . θέλω
ἐβουλήθη 3 p. sing. 1 aor. pass. ind. . . . . . βούλομαι
ἀπολῦσαι 1 aor. act. infin. . . . . ἀπολύω
δειγματίσαι 1 aor. act. infin. . . . . δειγματίζω
20 ἐνθυμηθέντος 1 aor. pass. ptc. gen. sing. mas. ἐνθυμάομαι
ἰδού 2 p. sing. 2 aor. mid. imper. . . . . εἶδον
ἐφάνη 3 p. sing. 2 aor. pass. ind. . . . . φαίνω
λέγων pres. act. ptc. nom. sing. masc. . . . . λέγω
φοβηθῇς 2 p. sing. 1 aor. pass. subj. . . . . φοβέω
παραλαβεῖν 2 aor. act. infin. . . . . παραλαμβάνω
γεννηθέν 1 aor. pass. ptc. nom. sing. neut. . . . . γεννάω
ἐστιν 3 p. sing. pres. act. ind. . . . . εἰμί
21 τέξεται 3 p. sing. fut. mid. ind. . . . . τίκτω
καλέσεις 2 p. sing. fut. act. ind. . . . . καλέω
σώσει 3 p. sing. fut. act. ind. . . . . σώζω
22 γέγονεν 3 p. sing. 2 perf. act. ind. . . . . . . γίνομαι
πληρωθῇ 3 p. sing. 1 aor. pass. subj. . . . . . . πληρόω
ῥηθέν 1 aor. pass. ptc. nom. or acc. sing. neut. . εἶπον
λέγοντος pres. act. ptc. gen. sing. masc. or neut. . λέγω
23 ἕξει 3 p. sing. fut. act. ind. . . . . ἔχω
τέξεται 3 p. sing. fut. mid. ind. . . . . τίκτω
καλέσουσιν 3 p. pl. fut. act. ind. . . . . καλέω
μεθερμηνευόμενον pres. pass. ptc. n. s. ne. μεθερμηνεύω
24 ἐγερθείς 1 aor. pass. ptc. nom. sing. masc. . . . ἐγείρω
ἐποίησεν 3 p. sing. 1 aor. act. ind. . . . . ποιέω
προσέταξεν 3 p. sing. 1 aor. act. ind. . . . . . προστάσσω
παρέλαβεν 3 p. sing. 2 aor. act. ind. . . . παραλαμβάνω
ἐγίνωσκεν 3 p. sing. imperf. act. ind. . . . . . γινώσκω
ἔτεκεν 3 p. sing. 2 aor. act. ind. . . . . τίκτω
ἐκάλεσεν 3 p. sing. 1 aor. act. ind. . . . . καλέω

2

1 γεννηθέντος 1 aor. pass. ptc. gen. sing. masc. . . γεννάω
ἰδού 2 p. sing. 2 aor. mid. imper. . . . . εἶδον
παρεγένοντο 3 p. pl. 2 aor. mid. ind. . . . παραγίνομαι
2 λέγοντες pres. act. ptc. nom. pl. masc. . . . . . . λέγω
ἐστιν 3 p. sing. pres. act. ind. . . . . εἰμί
τεχθείς 1 aor. pass. ptc. nom. sing. masc. . . . . τίκτω
εἴδομεν 1 p. pl. 2 aor. act. ind. . . . . ὁράω
ἤλθομεν 1 p. pl. 2 aor. act. ind. . . . . ἔρχομαι
προσκυνῆσαι 1 aor. act. infin. . . . . προσκυνέω
3 ἀκούσας 1 aor. act. ptc. nom. sing. masc. . . . . . ἀκούω
ἐταράχθη 3 p. sing. 1 aor. pass. ind. . . . . . . ταράσσω

4 συναγαγών 2 aor. act. ptc. nom. sing. masc. . . . συνάγω
ἐπυνθάνετο 3 p. sing. imperf. mid. ind. . . . πυνθάνομαι
γεννᾶται 3 p. sing. pres. pass. ind. . . . . γεννάω
5 εἶπαν 3 p. pl. 2 aor. act. ind. . . . . λέγω
γέγραπται 3 p. sing. perf. pass. ind. . . . . γράφω
6 εἶ 2 p. sing. pres. act. ind. . . . . εἰμί
ἐξελεύσεται 3 p. sing. fut. mid. ind. . . . . . . ἐξέρχομαι
ποιμανεῖ 3 p. sing. fut. act. ind. . . . . ποιμαίνω
ἡγούμενος pres. mid. ptc. nom. sing. masc. . . . . ἡγέομαι
7 καλέσας 1 aor. act. ptc. nom. sing. masc. . . . . . καλέω
ἠκρίβωσεν 3 p. sing. 1 aor. act. ind. . . . . . ἀκριβόω
φαινομένου pres. mid. ptc. gen. sing. masc. . . . φαίνω
8 πέμψας 1 aor. act. ptc. nom. sing. masc. . . . . . . πέμπω
εἶπεν 3 p. sing. 2 aor. act. ind. . . . . λέγω
πορευθέντες 1 aor. pass. ptc. nom. pl. masc. . . πορεύομαι
ἐξετάσατε 2 p. pl. 1 aor. act. imper. . . . . . . ἐξετάζω
εὕρητε 2 p. pl. 2 aor. act. subj. . . . . εὑρίσκω
ἀπαγγείλατε 2 p. pl. 1 aor. act. imper. . . . . ἀπαγγέλλω
ἐλθών 2 aor. act. ptc. nom. sing. masc. . . . . . . ἔρχομαι
προσκυνήσω 1 p. sing. fut. act. ind. . . . . . προσκυνέω
9 ἀκούσαντες 1 aor. act. ptc. nom. pl. masc. . . . . . ἀκούω
ἐπορεύθησαν 3 p. pl. 1 aor. pass. ind. . . . . . πορεύομαι
ἰδού 2 p. sing. 2 aor. mid. imper. . . . . εἶδον
εἶδον 3 p. pl. 2 aor. act. ind. . . . . ὁράω
προῆγεν 3 p. sing. imperf. act. ind. . . . . προάγω
ἐστάθη 3 p. sing. 1 aor. pass. ind. . . . . ἵστημι
ἦν 3 p. sing. imperf. act. ind. . . . . εἰμί
10 ἰδόντες 2 aor. act. ptc. nom. pl. masc. . . . . ὁράω
ἐχάρησαν 3 p. pl. 2 aor. pass. ind. . . . . χαίρω
11 ἐλθόντες 2 aor. act. ptc. nom. pl. masc. . . . . . ἔρχομαι
πεσόντες 2 aor. act. ptc. nom. pl. masc. . . . . . . πίπτω
προσεκύνησαν 3 p. pl. 1 aor. act. ind. . . . . . προσκυνέω
ἀνοίξαντες 1 aor. act. ptc. nom. pl. masc. . . . ἀνοίγω
προσήνεγκαν 1 p. sing. 1 aor. act. ind. . . . . . προσφέρω
12 χρηματισθέντες 1 aor. pass. ptc. nom. pl. mas. χρηματίζω
ἀνακάμψαι 1 aor. act. infin. . . . . ἀνακάμπτω
ἀνεχώρησαν 3 p. pl. 1 aor. act. ind. . . . . . . ἀναχωρέω
13 ἀναχωρησάντων 1 aor. act. ptc. gen. pl. masc. . . . . . id.
φαίνεται 3 p. sing. pres. mid. ind. . . . . φαίνω
λέγων pres. act. ptc. nom. sing. masc. . . . . λέγω
ἐγερθείς 1 aor. pass. ptc. nom. sing. masc. . . . . ἐγείρω
παράλαβε 2 p. sing. 2 aor. act. imper. . . . παραλαμβάνω
φεῦγε 2 p. sing. pres. act. imper. . . . . φεύγω
ἴσθι 2 p. sing. pres. act. imper. . . . . εἰμί
εἴπω 1 p. sing. 2 aor. act. subj. . . . . εἶπον
μέλλει 3 p. sing. pres. act. ind. . . . . μέλλω
ζητεῖν pres. act. infin. . . . . ζητέω
ἀπολέσαι 1 aor. act. infin. . . . . ἀπόλλυμι
14 παρέλαβεν 3 p. sing. 2 aor. act. ind. . . . . παραλαμβάνω
ἀνεχώρησεν 3 p. sing. 1 aor. act. ind. . . . . . ἀναχωρέω
15 ἦν 3 p. sing. imperf. act. ind. . . . . εἰμί
πληρωθῇ 3 p. sing. 1 aor. pass. subj. . . . . πληρόω
ῥηθέν 1 aor. pass. ptc. nom. and acc. sing. neut. . εἶπον
λέγοντος pres. act. ptc. gen. sing. masc. . . . . . . λέγω
ἐκάλεσα 1 p. sing. 1 aor. act. ind. . . . . καλέω

16 ἰδών 2 aor. act. ptc. nom. sing. masc. . . . . ὁράω
ἐνεπαίχθη 3 p. sing. 1 aor. pass. ind. . . . . . ἐμπαίζω
ἐθυμώθη 3 p. sing. 1 aor. pass. ind. . . . . θυμόω
ἀποστείλας 1 aor. act. ptc. nom. sing. masc. . ἀποστέλλω
ἀνεῖλεν 3 p. sing. 2 aor. act. ind. . . . . ἀναιρέω
ἠκρίβωσεν 3 p. sing. 1 aor. act. ind. . . . . . ἀκριβόω
17 ἐπληρώθη 3 p. sing. 1 aor. pass. ind. . . . . . . πληρόω
ῥηθέν 1 aor. pass. ptc. nom. s. or acc. neut. . . . εἶπον
λέγοντος pres. act. ptc. gen. sing. masc. or neut. λέγω
18 ἠκούσθη 3 p. sing. 1 aor. pass. ind. . . . . ἀκούω
κλαίουσα pres. act. ptc. nom. sing. fem. . . . . . κλαίω
ἤθελεν 3 p. sing. imperf. act. ind. . . . . ἐθέλω
παρακληθῆναι 1 aor. pass. infin. . . . . παρακαλέω
εἰσίν 3 p. pl. pres. act. ind. . . . . εἰμί
19 τελευτήσαντος 1 aor. act. ptc. gen. sing. masc. τελευτάω
ἰδού 2 p. sing. 2 aor. mid. imper. . . . . εἶδον
φαίνεται 3 p. sing. pres. mid. ind. . . . . φαίνω
20 λέγων pres. act. ptc. nom. sing. masc. . . . . λέγω
ἐγερθείς 1 aor. pass. ptc. nom. sing. masc. . . . ἐγείρω
παράλαβε 2 p. sing. 2 aor. act. imper. . . . . παραλαμβάνω
πορεύου 2 p. sing. pres. mid. imper. . . . . . . πορεύομαι
τεθνήκασιν 3 p. pl. perf. act. ind. . . . . θνήσκω
ζητοῦντες pres. act. ptc. nom. pl. masc. . . . . . ζητέω
21 παρέλαβον 3 p. sing. 2 aor. act. ind. . . . παραλαμβάνω
εἰσῆλθεν 3 p. sing. 2 aor. act. ind. . . . . εἰσέρχομαι
22 ἀκούσας 1 aor. act. ptc. nom. sing. masc. . . . . . ἀκούω
βασιλεύει 3 p. sing. pres. act. ind. . . . . βασιλεύω
ἐφοβήθη 3 p. sing. 1 aor. pass. ind. . . . . φοβέω
ἀπελθεῖν 2 aor. act. infin. . . . . ἀπέρχομαι
χρηματισθείς 1 aor. pass. ptc. nom. sing. mas. χρηματίζω
ἀνεχώρησεν 3 p. sing. aor. act. ind. . . . . . ἀναχωρέω
23 ἐλθών 2 aor. act. ptc. nom. sing. masc. . . . . ἔρχομαι
κατῴκησεν 3 p. sing. 1 aor. act. ind. . . . . . κατοικέω
λεγομένην pres. pass. ptc. acc. sing. fem. . . . . . λέγω
πληρωθῇ 3 p. sing. 1 aor. pass. subj. . . . . πληρόω
ῥηθέν 1 aor. pass. ptc. nom. or. acc. sing. neut. εἶπον
κληθήσεται 3 p. sing. 1 fut. pass. ind. . . . . καλέω

3

1 παραγίνεται 3 p. sing. pres. mid. ind. . . . παραγίνομαι
κηρύσσων pres. act. ptc. nom. sing. masc. . . . . . κηρύσσω
2 λέγων pres. act. ptc. nom. sing. masc. . . . . λέγω
μετανοεῖτε 2 p. pl. pres. act. imper. . . . . . . μετανοέω
ἤγγικεν 3 p. sing. perf. act. ind. . . . . ἐγγίζω
3 ἐστιν 3 p. sing. pres. act. ind. . . . . εἰμί
ῥηθείς 1 aor. pass. ptc. nom. sing. masc. . . . . . . εἶπον
λέγοντος pres. act. ptc. gen. sing. masc. . . . . . . λέγω
βοῶντος pres. act. ptc. gen. sing. masc. . . . . . . βοάω
ἑτοιμάσατε 2 p. pl. 1 aor. act. imper. . . . . . ἑτοιμάζω
ποιεῖτε 2 p. pl. pres. act. ind. or imper. . . . . . ποιέω
4 εἶχεν 3 p. sing. imperf. act. ind. . . . . ἔχω
ἦν 3 p. sing. imperf. act. ind. . . . . εἰμί
5 ἐξεπορεύετο 3 p. sing. imperf. mid. ind. . . . ἐκπορεύομαι
6 ἐβαπτίζοντο 3 p. pl. imperf. pass. ind. . . . . βαπτίζω
ἐξομολογούμενοι pres. act. ptc. nom. pl. m. . ἐξομολογέω

7 ἰδών 2 aor. act. ptc. nom. sing. masc. . . . . ὁράω
ἐρχομένους pres. mid. ptc. acc. pl. masc. . . . ἔρχομαι
εἶπεν 3 p. sing. 2 aor. act. ind. . . . . λέγω
ὑπέδειξεν 3 p. sing. 1 aor. act. ind. . . . ὑποδείκνυμι
φυγεῖν 2 aor. act. infin. . . . . φεύγω
μελλούσης pres. act. ptc. gen. sing. fem. . . . . μέλλω
8 ποιήσατε 2 p. pl. 1 aor. act. imper. . . . . ποιέω
9 δόξητε 2 p. pl. 1 aor. act. subj. . . . . δοκέω
λέγειν pres. act. infin. . . . . λέγω
ἔχομεν 1 p. pl. pres. act. ind. . . . . ἔχω
δύναται 3 p. sing. pres. pass. ind. . . . . δύναμαι
ἐγεῖραι 1 aor. act. infin. . . . . ἐγείρω
10 κεῖται 3 p. sing. pres. mid. ind. . . . . κεῖμαι
ποιοῦν pres. act. ptc. nom. sing. neut. . . . . ποιέω
ἐκκόπτεται 3 p. sing. pres. pass. ind. . . . . . . ἐκκόπτω
βάλλεται 3 p. sing. pres. pass. ind. . . . . βάλλω
ἐρχόμενος pres. mid. ptc. nom. sing. masc. . . . . ἔρχομαι
ἐστιν 3 p. sing. pres. act. ind. . . . . εἰμί
βαστάσαι 1 aor. act. infin. . . . . βαστάζω
βαπτίσει 3 p. sing. fut. act. ind. . . . . βαπτίζω
12 διακαθαριεῖ 3 p. sing. fut. act. ind. . . . διακαθαρίζω
συνάξει 3 p. sing. fut. act. ind. . . . . συνάγω
κατακαύσει 3 p. sing. fut. act. ind. . . . . . . κατακαίω
13 παραγίνεται 3 p. sing. pres. mid. ind. . . . . παραγίνομαι
βαπτισθῆναι 1 aor. pass. infin. . . . . βαπτίζω
14 διεκώλυεν 3 p. sing. imperf. act. ind. . . . . . . διακωλύω
λέγων pres. act. ptc. nom. sing. masc. . . . . λέγω
ἔρχῃ 2 p. sing. pres. mid. ind. . . . . ἔρχομαι
15 ἀποκριθείς 1 aor. pass. ptc. nom. s. masc. ἀποκρίνομαι
εἶπεν 3 p. sing. 2 aor. act. ind. . . . . λέγω
ἄφες 2 p. sing. 2 aor. act. imper. . . . . ἀφίημι
πρέπον pres. act. ptc. nom. sing. neut. . . . . πρέπω
πληρῶσαι 1 aor. act. infin. . . . . πληρόω
ἀφίησιν 3 p. sing. pres. act. ind. . . . . ἀφίημι
16 βαπτισθείς 1 aor. pass. ptc. nom. sing. masc. . . βαπτίζω
ἀνέβη 3 p. sing. 2 aor. pass. ind. . . . . ἀναβαίνω
ἰδού 2 p. sing. 2 aor. mid. imper. . . . . εἶδον
ἠνεῴχθησαν 3 p. pl. 1 aor. pass. ind. . . . . ἀνοίγω
εἶδέν 3 p. sing. 2 aor. act. ind. . . . . ὁράω
καταβαῖνον pres. act. ptc. nom. or acc. s. ne. καταβαίνω
17 ἐρχόμενον pres. mid. ptc. acc. sing. masc. . . . ἔρχομαι
λέγουσα pres. act. ptc. nom. sing. fem. . . . . λέγω
ἐστιν 3 p. sing. pres. act. ind. . . . . εἰμί
εὐδόκησα 1 p. sing. 1 aor. act. ind. . . . . . . εὐδοκέω

4

1 ἀνήχθη 3 p. sing. 1 aor. pass. ind. . . . . ἀνάγω
πειρασθῆναι 1 aor. pass. infin. . . . . πειράζω
2 νηστεύσας 1 aor. act. ptc. nom. sing. masc. . . . νηστεύω
ἐπείνασεν 3 p. sing. 1 aor. act. ind. . . . . . . πεινάω
3 προσελθών 2 aor. act. ptc. nom. sing. masc. . προσέρχομαι
εἶπεν 3 p. sing. 2 aor. act. ind. . . . . λέγω
εἶ 2 p. sing. pres. act. ind. . . . . εἰμί
εἰπέ 2 p. sing. 2 aor. act. imper. . . . . λέγω
γένωνται 3 p. pl. 2 aor. mid. subj. . . . . γίνομαι

4 ἀποκριθείς 1 aor. pass. ptc. nom. s. masc. . ἀποκρίνομαι
γέγραπται 3 p. sing. perf. pass. ind. . . . . . . γράφω
ζήσεται 3 p. sing. fut. mid. ind. . . . . ζάω
ἐκπορευομένῳ pres. mid. ptc. dat. s. masc. ἐκπορεύομαι
5 παραλαμβάνει 3 p. sing. pres. act. ind. . . . παραλαμβάνω
ἔστησεν 3 p. sing. 1 aor. act. ind. . . . . ἵστημι
6 λέγει 3 p. sing. pres. act. ind. . . . . λέγω
βάλε 2 p. sing. 2 aor. act. imper. . . . . βάλλω
γέγραπται 3 p. sing. perf. pass. ind. . . . . γράφω
ἐντελεῖται 3 p. sing. fut. mid. ind. . . . . ἐντέλλομαι
ἀροῦσιν 3 p. pl. fut. act. ind. . . . . αἴρω
προσκόψῃς 2 p. sing. 1 aor. act. subj. . . . . . προσκόπτω
7 ἔφη 3 p. sing. 2 aor. act. ind. . . . . φημί
ἐκπειράσεις 2 p. sing. fut. act. ind. . . . . ἐκπειράζω
8 παραλαμβάνει 3 p. sing. pres. act. ind. . . . παραλαμβάνω
δείκνυσιν 3 p. sing. pres. act. ind. . . . . . . δείκνυμι
9 εἶπεν 3 p. sing. 2 aor. act. ind. . . . . λέγω
δώσω 1 p. sing. fut. act. ind. . . . . δίδωμι
πεσών 2 aor. act. ptc. nom. sing. masc. . . . . πίπτω
προσκυνήσῃς 2 p. sing. 1 aor. act. subj. . . . προσκυνέω
10 λέγει 3 p. sing. pres. act. ind. . . . . λέγω
ὕπαγε 2 p. sing. pres. act. imper. . . . . .ὑπάγω
γέγραπται 3 p. sing. perf. pass. ind. . . . . γράφω
προσκυνήσεις 2 p. sing. fut. act. ind. . . . . προσκυνέω
λατρεύσεις 2 p. sing. fut. act. ind. . . . . . . λατρεύω
11 ἀφίησιν 3 p. sing. pres. act. ind. . . . . ἀφίημι
ἰδού 2 p. sing. 2 aor. mid. imper. . . . . εἶδον
προσῆλθον 3 p. pl. 2 aor. act. ind. . . . . . προσέρχομαι
διηκόνουν 3 p. pl. imperf. act. ind. . . . . . . διακονέω
12 ἀκούσας 1 aor. act. ptc. nom. sing. masc. . . . . . ἀκούω
παρεδόθη 3 p. sing. 1 aor. pass. ind. . . . . παραδίδωμι
ἀνεχώρησεν 3 p. sing. 1 aor. act. ind. . . . . ἀναχωρέω
13 καταλιπών 2 aor. act. ptc. nom. sing. masc. . καταλείπω
ἐλθών 2 aor. act. ptc. nom. sing. masc. . . . . ἔρχομαι
κατῴκησεν 3 p. sing. 1 aor. act. ind. . . . . . κατοικέω
14 πληρωθῇ 3 p. sing. 1 aor. pass. subj. . . . . πληρόω
ῥηθέν 1 aor. pass. ptc. nom. or acc. sing. neut. . εἶπον
λέγοντος pres. act. ptc. gen. sing. masc. . . . . . λέγω
16 καθήμενος pres. mid. ptc. nom. sing. masc. . . . κάθημαι
εἶδεν 3 p. sing. 2 aor. act. ind. . . . . δράω
καθημένοις pres. mid. ptc. dat. pl. masc. . . . κάθημαι
ἀνέτειλεν 3 p. sing. 1 aor. act. ind. . . . . . ἀνατέλλω
17 ἤρξατο 3 p. sing. 1 aor. mid. ind. . . . . ἄρχω
κηρύσσειν pres. act. infin. . . . . κηρύσσω
λέγειν pres. act. infin. . . . . λέγω
μετανοεῖτε 2 p. pl. pres. act. imper. . . . . . .μετανοέω
ἤγγικεν 3 p. sing. perf. act. ind. . . . . ἐγγίζω
18 περιπατῶν pres. act. ptc. nom. sing. masc. . . . περιπατέω
λεγόμενον pres. pass. ptc. acc. sing. masc. . . . . . λέγω
βάλλοντας pres. act. ptc. acc. pl. masc. . . . . . . βάλλω
ἦσαν 3 p. pl. imperf. act. ind. . . . . εἰμί
19 λέγει 3 p. sing. pres. act. ind. . . . . λέγω
ποιήσω 1 p. sing. fut. act. ind. . . . . ποιέω
20 ἀφέντες 2 aor. act. ptc. nom. pl. masc. . . . . . . ἀφίημι
ἠκολούθησαν 3 p. pl. 1 aor. act. ind. . . . . . ἀκολουθέω

21 προβάς 2 aor. act. ptc. nom. sing. masc. . . . . . προβαίνω
εἶδεν 3 p. sing. 2 aor. act. ind. . . . . ὁράω
καταρτίζοντας pres. act. ptc. acc. pl. masc. . καταρτίζω
ἐκάλεσεν 3 p. sing. 1 aor. act. ind. . . . . καλέω
22 ἀφέντες 2 aor. act. ptc. nom. pl. masc. . . . . . . ἀφίημι
ἠκολούθησαν 3 p. pl. 1 aor. act. ind. . . . . ἀκολουθέω
23 περιῆγεν 3 p. sing. imperf. act. ind. . . . . . . περιάγω
διδάσκων pres. act. ptc. nom. sing. masc. . . . . διδάσκω
κηρύσσων pres. act. ptc. nom. sing. masc. . . . . κηρύσσω
θεραπεύων pres. act. ptc. nom. sing. masc. . . . θεραπεύω
24 ἀπῆλθεν 3 p. sing. 2 aor. act. ind. . . . . ἀπέρχομαι
προσήνεγκαν 3 p. pl. 1 aor. act. ind. . . . . . . προσφέρω
ἔχοντας pres. act. ptc. acc. pl. masc. . . . . ἔχω
συνεχομένους pres. pass. ptc. acc. pl. masc. . . . συνέχω
δαιμονιζομένους pres. mid. ptc. acc. pl. m. δαιμονίζομαι
σεληνιαζομένους pres. p. ptc. acc. pl. m. .σεληνιάζομαι
ἐθεράπευσεν 3 p. sing. 1 aor. act. ind. . . . . θεραπεύω
25 ἠκολούθησαν 3 p. pl. 1 aor. act. ind. . . . . . ἀκολουθέω

5

1 ἰδών 2 aor. act. ptc. nom. sing. masc. . . . . ὁράω
ἀνέβη 3 p. sing. 2 aor. act. ind. . . . . ἀναβαίνω
καθίσαντος 1 aor. act. ptc. gen. sing. masc. . . καθίζω
προσῆλθαν 3 p. pl. 1 aor. act. ind. . . . . . προσέρχομαι
2 ἀνοίξας 1 aor. act. ptc. nom. sing. masc. . . . . . ἀνοίγω
ἐδίδασκεν 3 p. sing. imperf. act. ind. . . . . . . διδάσκω
λέγων pres. act. ptc. nom. sing. masc. . . . . λέγω
3 ἐστιν 3 p. sing. pres. act. ind. . . . . εἰμί
4 πενθοῦντες pres. act. ptc. nom. pl. masc. . . . . . πενθέω
παρακληθήσονται 3 p. pl. fut. pass. ind. . . . παρακαλέω
5 κληρονομήσουσιν 3 p. pl. fut. act. ind. . . .κληρονομέω
6 πεινῶντες pres. act. ptc. nom. pl. masc. . . . . . . πεινάω
διψῶντες pres. act. ptc. nom. pl. masc. . . . . . . διψάω
χορτασθήσονται 3 p. pl. fut. pass. ind. . . . . . χορτάζω
7 ἐλεηθήσονται 3 p. pl. fut. pass. ind. . . . . ἐλεέω
8 ὄψονται 3 p. pl. fut. mid. ind. . . . . .ὁράω
9 κληθήσονται 3 p. pl.1 fut. pass. ind. . . . . καλέω
10 δεδιωγμένοι perf. pass. ptc. nom. pl. masc. . . . διώκω
ἐστιν 3 p. sing. pres. act. ind. . . . . εἰμί
11 ἐστε 2 p. pl. pres. act. ind. . . . . id.
ὀνειδίσωσιν 3 p. pl. 1 aor. act. subj. . . . . ὀνειδίζω
διώξωσιν 3 p. pl. aor. act. subj. . . . . .διώκω
εἴπωσιν 3 p. pl. 2 aor. act. subj. . . . . εἶπον
ψευδόμενοι pres. mid. ptc. nom. pl. masc. . . . ψεύδομαι
12 χαίρετε 2 p. pl. pres. act. imper. . . . . χαίρω
ἀγαλλιᾶσθε 2 p. pl. pres. mid. imper. or ind. . ἀγαλλιάω
ἐδίωξαν 3 p. pl. 1 aor. act. ind. . . . . διώκω
13 μωρανθῇ 3 p. sing. 1 aor. pass. subj. . . . . . μωραίνω
ἀλισθήσεται 3 p. sing. fut. pass. ind. . . . . . . ἀλίζω
ἰσχύει 3 p. sing. pres. act. ind. . . . . ἰσχύω
βληθέν 1 aor. pass. ptc. nom. sing. neut. . . . . . βάλλω
καταπατεῖσθαι pres. pass. infin. . . . . καταπατέω
14 δύναται 3 p. sing. pres. pass. ind. . . . . δύναμαι
κρυβῆναι 2 aor. pass. infin. . . . . κρύπτω
κειμένη pres. mid. ptc. nom. sing. fem. . . . . . . κεῖμαι

15 καίουσιν 3 p. pl. pres. act. ind. . . . . καίω
    τιθέασιν 3 p. pl. pres. act. ind. . . . . τίθημι
    λάμπει 3 p. sing. pres. act. ind. . . . . λάμπω
16 λαμφάτω 3 p. sing. 1 aor. act. imper. . . . . id.
    ἴδωσιν 3 p. pl. 2 aor. act. subj. . . . . δράω
    δοξάσωσιν 3 p. pl. 1 aor. act. subj. . . . . . . δοξάζω
17 νομίσητε 2 p. pl. 1 aor. act. subj. . . . . νομίζω
    ἦλθον 1 p. sing. 2 aor. act. ind. . . . . ἔρχομαι
    καταλῦσαι 1 aor. act. infin. . . . . καταλύω
    πληρῶσαι 1 aor. act. infin. . . . . πληρόω
18 παρέλθη 3 p. sing. 2 aor. pass. subj. . . . . παρέρχομαι
    γένηται 3 p. sing. 2 aor. mid. subj. . . . . . . γίνομαι
19 λύση 3 p. sing. 1 aor. act. subj. . . . . λύω
    διδάξη 3 p. sing. 1 aor. act. subj. . . . . . . διδάσκω
    κληθήσεται 3 p. sing. 1 fut. pass. ind. . . . . . . καλέω
    ποιήση 3 p. sing. 1 aor. act. subj. . . . . ποιέω
20 περισσεύση 3 p. sing. 1 aor. act. subj. . . . περισσεύω
    εἰσέλθητε 2 p. pl. 2 aor. act. subj. . . . . εἰσέρχομαι
21 ἠκούσατε 2 p. pl. 1 aor. act. ind. . . . . ἀκούω
    ἐρρέθη 3 p. sing. 1 aor. pass. ind. . . . . εἶπον
    φονεύσεις 2 p. sing. fut. act. ind. . . . . . . φονεύω
    φονεύση 3 p. sing. 1 aor. act. subj. . . . . id.
    ἔσται 3 p. sing. fut. mid. ind. . . . . , εἰμί
22 ὀργιζόμενος pres. pass. ptc. nom. sing. masc. . . ὀργίζω
    εἴπη 3 p. sing. 2 aor. act. subj. . . . . λέγω
23 προσφέρης 2 p. sing. pres. act. subj. . . . . . . φροσφέρω
    μνησθῆς 2 p. sing. 1 aor. pass. subj. . . . . . μιμνήσκω
    ἔχει 3 p. sing. pres. act. ind. . . . . ἔχω
24 ἄφες 2 p. sing. 2 aor. act. imper. . . . . ἀφίημι
    ὕπαγε 2 p. sing. pres. act. imper. . . . . ὑπάγω
    διαλλάγηθι 2 p. sing. 2 aor. pass. imper. . . διαλλάσσω
    ἐλθών 2 aor. act. ptc. nom. sing. masc. . . . . . ἔρχομαι
25 ἴσθι 2 p. sing. pres. act. imper. . . . . . . εἰμί, οἶδα
    εὐνοῶν pres. act. ptc. nom. sing. masc. . . . . . εὐνοέω
    εἶ 2 p. sing. pres. act. ind. . . . . εἰμί
    παραδῶ 1 p. sing. 2 aor. act. subj. . . . . . παραδίδωμι
    βληθήση 2 p. sing. 1 fut. pass. ind. . . . . βάλλω
26 ἐξέλθης 2 p. sing. 2 aor. act. subj. . . . . . ἐξέρχομαι
    ἀποδῷς 2 p. sing. 2 aor. act. subj. . . . . . ἀποδίδωμι
27 ἠκούσατε 2 p. pl. 1 aor. act. ind. . . . . ἀκούω
    ἐρρέθη 3 p. sing. 1 aor. pass. ind. . . . . εἶπον
    μοιχεύσεις 2 p. sing. fut. act. ind. . . . . . . μοιχεύω
28 βλέπων pres. act. ptc. nom. sing. masc. . . . . . βλέπω
    ἐπιθυμῆσαι 1 aor. act. infin. . . . . ἐπιθυμέω
    ἐμοίχευσεν 3 p. sing. 1 aor. act. ind. . . . . . μοιχεύω
29 σκανδαλίζει 3 p. sing. pres. act. ind. . . . σκανδαλίζω
    ἔξελε 2 p. sing. 2 aor. act. imper. . . . . ἐξαιρέω
    βάλε 2 p. sing. 2 aor. act. imper. . . . . βάλλω
    συμφέρει 3 p. sing. pres. act. ind. . . . . συμφέρω
    ἀπόληται 3 p. sing. 2 aor. mid. subj. . . . . . . ἀπόλλυμι
    βληθῆ 3 p. sing. 1 aor. pass. subj. . . . . βάλλω
30 σκανδαλίζει 3 p. sing. pres. act. ind. . . . σκανδαλίζω
    ἔκκοφον 2 p. sing. 1 aor. act. imper. . . . . . . ἐκκόπτω
    ἀπέλθη 3 p. sing. 2 aor. act. subj. . . . . . . ἀπέρχομαι
31 ἐρρέθη 3 p. sing. 1 aor. pass. ind. . . . . εἶπον

ἀπολύσῃ 3 p. sing. 1 aor. act. ind. . . . . ἀπολύω
δότω 3 p. sing. 2 aor. act. imper. . . . . δίδωμι
32 ἀπολύων pres. act. ptc. nom. sing. masc. . . . . . ἀπολύω
ποιεῖ 3 p. sing. pres. act. ind. . . . . ποιέω
μοιχευθῆναι 1 aor. pass. infin. . . . . μοιχεύω
ἀπολελυμένην perf. pass. ptc. acc. sing. fem. . . . ἀπολύω
γαμήσῃ 3 p. sing. 1 aor. act. subj. . . . . γαμέω
μοιχᾶται 3 p. sing. pres. pass. ind. . . . . μοιχάω
33 ἠκούσατε 2 p. pl. 1 aor. act. ind. . . . . ἀκούω
ἐρρέθη 3 p. sing. 1 aor. pass. ind. . . . . εἶπον
ἐπιορκήσεις 2 p. sing. fut. act. ind. . . . . . ἐπιορκέω
ἀποδώσεις 2 p. sing. fut. act. ind. . . . . . ἀποδίδωμι
34 ὀμόσαι 1 aor. act. infin. . . . . ὀμνύω
36 ὀμόσῃς 2 p. sing. 1 aor. act. subj. . . . . id.
δύνασαι 2 p. sing. pres. pass. ind. . . . . δύναμαι
ποιῆσαι 1 aor. act. infin. . . . . ποιέω
37 ἔστω 3 p. sing. pres. act. imper. . . . . εἰμί
38 ἠκούσατε 2 p. pl. 1 aor. act. ind. . . . . ἀκούω
39 ἀντιστῆναι 2 aor. act. infin. . . . . ἀνθίστημι
ῥαπίζει 3 p. sing. pres. act. ind. . . . . ῥαπίζω
στρέψον 2 p. sing. 1 aor. act. imper. . . . . στρέφω
40 θέλοντι pres. act. ptc. dat. sing. masc. . . . . . . θέλω
κριθῆναι 1 aor. pass. infin. . . . . κρίνω
λαβεῖν 2 aor. act. infin. . . . . λαμβάνω
ἄφες 2 p. sing. 2 aor. act. imper. . . . . ἀφίημι
41 ἀγγαρεύσει 3 p. sing. fut. act. ind. . . . . . . ἀγγαρεύω
ὕπαγε 2 p. sing. pres. act. imper. . . . . ὑπάγω
42 αἰτοῦντι pres. act. ptc. dat. sing. masc. . . . . . αἰτέω
δός 2 p. sing. 2 aor. act. imper. . . . . δίδωμι
θέλοντα pres. act. ptc. acc. sing. masc. . . . . . θέλω
δανείσασθαι 1 aor. mid. infin. . . . . δανείζω
ἀποστραφῇς 2 p. sing. 2 aor. pass. ind. . . . ἀποστρέφω
43 ἠκούσατε 2 p. pl. 1 aor. act. ind. . . . . ἀκούω
ἐρρέθη 3 p. sing. 1 aor. pass. ind. . . . . εἶπον
ἀγαπήσεις 2 p. sing. fut. act. ind. . . . . ἀγαπάω
μισήσεις 2 p. sing. fut. act. ind. . . . . μισέω
44 ἀγαπᾶτε 2 p. pl. pres. act. imper. . . . . ἀγαπάω
προσεύχεσθε 2 p. pl. pres. mid. ind. . . . . προσεύχομαι
διωκόντων pres. act. ptc. gen. pl. masc. . . . . . διώκω
45 γένησθε 2 p. pl. 2 aor. mid. subj. . . . . γίνομαι
ἀνατέλλει 3 p. sing. pres. act. ind. . . . . ἀνατέλλω
βρέχει 3 p. sing. pres. act. ind. . . . . βρέχω
46 ἀγαπήσητε 2 p. pl. 1 aor. act. subj. . . . . . . ἀγαπάω
ἀγαπῶντας pres. act. ptc. acc. pl. masc. . . . . . . id.
ἔχετε 2 p. pl. pres. act. ind. . . . . ἔχω
ποιοῦσιν 3 p. pl. pres. act. ind. . . . . ποιέω
47 ἀσπάσησθε 2 p. pl. 1 aor. mid. subj. . . . . . ἀσπάζομαι
ποιεῖτε 2 p. pl. pres. act. ind. or imper. . . . . ποιέω
48 ἔσεσθε 2 p. pl. fut. mid. ind. . . . . εἰμί

6

1 προσέχετε 2 p. pl. pres. act. imper. . . . . προσέχω
ποιεῖν pres. act. infin. . . . . ποιέω
θεαθῆναι 1 aor. pass. infin. . . . . θεάομαι
ἔχετε 2 p. pl. pres. act. ind. . . . . ἔχω

2 ποιῇς 2 p. sing. pres. act. subj. . . . . ποιέω
   σαλπίσῃς 2 p. sing. 1 aor. act. subj. . . . . . σαλπίζω
   ποιοῦσιν 3 p. pl. pres. act. ind. . . . . .ποιέω
   δοξασθῶσιν 3 p. pl. 1 aor. pass. subj. . . . . . .δοξάζω
   ἀπέχουσιν 3 p. pl. pres. act. ind. . . . . ἀπέχω
3 ποιοῦντος pres. act. ptc. gen. sing. masc. . . . . ποιέω
   γνώτω 3 p. sing. 2 aor. act. imper. . . . . .γινώσκω
   ποιεῖ 3 p. sing. pres. act. ind. . . . . ποιέω
4 ἡ 3 p. sing. pres. act. subj. . . . . .εἰμί
   βλέπων pres. act. ptc. nom. sing. masc. . . . . . . βλέπω
   ἀποδώσει 3 p. sing. fut. act. ind. . . . . ἀποδίδωμι
5 προσεύχησθε 2 p. pl. pres. mid. subj. . . . προσεύχομαι
   ἔσεσθε 2 p. pl. fut. mid. ind. . . . . εἰμί
   φιλοῦσιν 3 p. pl. pres. act. ind. . . . . .φιλέω
   προσεύχεσθαι pres. mid. infin. . . . . προσεύχομαι
   φανῶσιν 3 p. pl. 2 aor. pass. subj. . . . . .φαίνω
   ἀπέχουσιν 3 p. pl. pres. act. ind. . . . . ἀπέχω
   ἑστῶτες perf. act. ptc. nom. pl. masc. . . . . . . ἵστημι
6 προσεύχῃ 2 p. sing. pres. mid. subj. . . . . προσεύχομαι
   εἴσελθε 2 p. sing. 2 aor. act. imper. . . . . εἰσέρχομαι
   κλείσας 1 aor. act. ptc. nom. sing. masc. . . . . . κλείω
   πρόσευξαι 2 p. sing. 1 aor. mid. imper. . . προσεύχομαι
   βλέπων pres. act. ptc. nom. sing. masc. . . . . . . βλέπω
   ἀποδώσει 3 p. sing. fut. act. ind. . . . . ἀποδίδωμι
7 προσευχόμενοι pres. mid. ptc. nom. pl. masc. προσεύχομαι
   βατταλογήσητε 2 p. pl. 1 aor. act. subj. . . βατταλογέω
   δοκοῦσιν 3 p. pl. pres. act. ind. . . . . .δοκέω
   εἰσακουσθήσονται 3 p. pl. fut. pass. ind. . . εἰσακούω
8 ὁμοιωθῆτε 2 p. pl. 1 aor. pass. subj. . . . . . . .ὁμοιόω
   οἶδεν 3 p. sing. perf. act. ind. . . . . οἶδα
   ἔχετε 2 p. pl. pres. act. ind. . . . . .ἔχω
   αἰτῆσαι 1 aor. act. infin. . . . . .αἰτέω
9 προσεύχεσθε 2 p. pl. pres. mid. ind. . . . . προσεύχομαι
   ἁγιασθήτω 3 p. sing. 1 aor. pass. imper. . . . . . ἁγιάζω
10 ἐλθάτω 3 p. sing. 1 aor. act. imper. . . . . . . .ἔρχομαι
   γενηθήτω 3 p. sing. 1 aor. pass. imper. . . . . . γίνομαι
11 δός 2 p. sing. 2 aor. act. imper. . . . . .δίδωμι
12 ἄφες 2 p. sing. 2 aor. act. imper. . . . . ἀφίημι
   ἀφήκαμεν 1 p. pl. 1 aor. act. ind. . . . . id.
13 εἰσενέγκῃς 2 p. sing. 1 aor. act. subj. . . . . .εἰσφέρω
   ῥῦσαι 2 p. sing. 1 aor. mid. imper. . . . . .ῥύομαι
14 ἀφῆτε 2 p. pl. 2 aor. act. subj. . . . . ἀφίημι
   ἀφήσει 3 p. sing. fut. act. ind. . . . . id.
16 νηστεύητε 2 p. pl. pres. act. subj. . . . . . . νηστεύω
   γίνεσθε 2 p. pl. pres. mid. ind. . . . . γίνομαι
   ἀφανίζουσιν 3 p. pl. pres. act. ind. . . . . . . ἀφανίζω
   φανῶσιν 3 p. pl. 2 aor. pass. subj. . . . . .φαίνω
   νηστεύοντες pres. act. ptc. nom. pl. masc. . . . νηστεύω
   ἀπέχουσιν 3 p. pl. pres. act. ind. . . . . ἀπέχω
17 νηστεύων pres. act. ptc. nom. sing. masc. . . . νηστεύω
   ἄλειψαι 2 p. sing. 1 aor. mid. imper. . . . . . . ἀλείφω
   νίψαι 2 p. sing. 1 aor. mid. imper. . . . . νίπτω
18 φανῇς 2 p. sing. 2 aor. pass. subj. . . . . .φαίνω
   βλέπων pres. act. ptc. nom. sing. masc. . . . . . . βλέπω
   ἀποδώσει 3 p. sing. fut. act. ind. . . . . ἀποδίσωμι

19 θησαυρίζετε 2 p. pl. pres. act. imper. . . . . . θησαυρίζω
   διορύσσουσιν 3 p. pl. pres. act. ind. . . . . . . διορύσσω
   κλέπτουσιν 3 p. pl. pres. act. ind. . . . . κλέπτω
   ἀφανίζει 3 p. sing. pres. act. ind. . . . . ἀφανίζω
21 ἐστιν 3 p. sing. pres. act. ind. . . . . εἰμί
   ἔσται 3 p. sing. fut. mid. ind. . . . . id.
22 ᾖ 3 p. sing. pres. act. subj. . . . . id.
24 δύναται 3 p. sing. pres. pass. ind. . . . . δύναμαι
   δουλεύειν pres. act. infin. . . . . δουλεύω
   μισήσει 3 p. sing. fut. act. ind. . . . . μισσέω
   ἀγαπήσει 3 p. sing. fut. act. ind. . . . . ἀγαπάω
   ἀνθέξεται 3 p. sing. fut. mid. ind. . . . . . ἀντέχομαι
   καταφρονήσει 3 p. sing. fut. act. ind. . . . καταφρονέω
   δύνασθε 2 p. pl. pres. pass. ind. . . . . δύναμαι
25 μεριμνᾶτε 2 p. pl. pres. act. imper. . . . . . . μεριμνάω
   φάγητε 2 p. pl. 2 aor. act. subj. . . . . ἐσθίω
   πίητε 2 p. pl. 2 aor. act. subj. . . . . πίνω
   ἐνδύσησθε 2 p. pl. 1 aor. mid. subj. . . . . ἐνδύω
26 ἐμβλέψατε 2 p. pl. 1 aor. act. imper. . . . . . . ἐμβλέπω
   θερίζουσιν 3 p. pl. pres. act. ind. . . . . θερίζω
   συνάγουσιν 3 p. pl. pres. act. ind. . . . . συνάγω
   τρέφει 3 p. sing. pres. act. ind. . . . . τρέφω
   διαφέρετε 2 p. pl. pres. act. ind. . . . . διαφέρω
   σπείρουσιν 3 p. pl. pres. act. ind. . . . . σπείρω
27 μεριμνῶν pres. act. ptc. nom. sing. masc. . . . μεριμνάω
   προσθεῖναι 2 aor. act. infin. . . . . προστίθημι
28 μεριμνᾶτε 2 p. pl. pres. act. ind. . . . . . . μεριμνάω
   καταμάθετε 2 p. pl. 2 aor. act. imper. . . . καταμανθάνω
   αὐξάνουσιν 3 p. pl. pres. act. ind. . . . . αὐξάνω
   κοπιῶσιν 3 p. pl. pres. act. ind. . . . . κοπιάω
   νήθουσιν 3 p. pl. pres. act. ind. . . . . νήθω
29 περιεβάλετο 3 p. sing. 2 aor. mid. ind. . . . περιβάλλω
30 ὄντα pres. act. ptc. nom. or acc. sing. neut. . . . . εἰμί
   ἀμφιέννυσιν 3 p. sing. pres. act. ind. . . . ἀμφιέννυμι
   βαλλόμενον pres. pass. ptc. acc. sing. masc. . . . βάλλω
31 μεριμνήσητε 2 p. pl. 1 aor. act. subj. . . . . . μεριμνάω
   λέγοντες pres. act. ptc. nom. pl. masc. . . . . . . λέγω
   φάγωμεν 1 p. pl. 2 aor. act. subj. . . . . ἐσθίω
   πίωμεν 1 p. pl. 2 aor. act. subj. . . . . πίνω
   περιβαλώμεθα 1 p. pl. 2 aor. mid. subj. . . . περιβάλλω
32 ἐπιζητοῦσιν 3 p. pl. pres. act. ind. . . . . . . ἐπιζητέω
   οἶδεν 3 p. sing. perf. act. ind. . . . . οἶδα
   χρήζετε 2 p. pl. pres. act. ind. . . . . χρήζω
33 ζητεῖτε 2 p. pl. pres. act. ind. or imper. . . . . . ζητέω
   προστεθήσεται 3 p. sing. fut. pass. ind. . . προστίθημι
34 μεριμνήσητε 2 p. pl. 1 aor. act. subj. . . . . . μεριμνάω
   μεριμνήσει 3 p. sing. fut. act. ind. . . . . id.

7
1 κρίνετε 2 p. pl. pres. act. ind. or imper. . . . . . κρίνω
  κριθῆτε 2 p. pl. 1 aor. pass. subj. . . . . id.
2 κριθήσεσθε 2 p. pl. fut. pass. ind. . . . . id.
  μετρεῖτε 2 p. pl. pres. act. ind. . . . . μετρέω
  μετρηθήσεται 3 p. sing. fut. pass. ind. . . . . id.
3 βλέπεις 2 p. sing. pres. act. ind. . . . . βλέπω

κατανοεῖς 2 p. sing. pres. act. ind. . . . . . . κατανοέω
4 ἐρεῖς 2 p. sing. fut. act. ind. . . . . λέγω
ἄφες 2 p. sing. 2 aor. act. imper. . . . . ἀφίημι
ἐκβάλω 1 p. sing. 2 aor. act. subj. . . . . .ἐκβάλλω
ἰδού 2 p. sing. 2 aor. mid. imper. . . . . .εἶδον
5 ἔκβαλε 2 p. sing. 2 aor. act. imper. . . . . . . .ἐκβάλλω
διαβλέψεις 2 p. sing. fut. act. ind. . . . . . . διαβλέπω
ἐκβαλεῖν 2 aor. act. infin. . . . . ἐκβάλλω
6 δῶτε 2 p. pl. 2 aor. act. subj. . . . . .δίδωμι
βάλητε 2 p. pl. 2 aor. act. subj. . . . . βάλλω
καταπατήσουσιν 3 p. pl. fut. act. ind. . . . . καταπατέω
στραφέντες 2 aor. pass. ptc. nom. pl. masc. . . . .στρέφω
ῥήξωσιν 3 p. pl. 1 aor. act. subj. . . . . .ῥήγνυμι
7 αἰτεῖτε 2 p. pl. pres. act. imper. . . . . .αἰτέω
δοθήσεται 3 p. sing. fut. pass. ind. . . . . δίδωμι
ζητεῖτε 2 p. pl. pres. act. ind. or imper. . . . . .ζητέω
εὑρήσετε 2 pers. pl. fut. act. ind. . . . . εὑρίσκω
κρούετε 2 pers. pl. pres. act. imper. . . . . κρούω
ἀνοιγήσεται 3 p. sing. 2 fut. pass. ind. . . . . ἀνοίγω
8 αἰτῶν pres. act. ptc. nom. sing. masc. . . . . . . .αἰτέω
λαμβάνει 3 p. sing. pres. act. ind. . . . . λαμβάνω
ζητῶν pres. act. ptc. nom. sing. masc. . . . . . . .ζητέω
εὑρίσκει 3 p. sing. pres. act. ind. . . . . εὑρίσκω
κρούοντι pres. act. ptc. dat. sing. masc. . . . . . κρούω
9 ἐστιν 3 p. sing. pres. act. ind. . . . . εἰμί
αἰτήσει 3 p. sing. fut. act. ind. . . . . αἰτέω
ἐπιδώσει 3 p. sing. fut. act. ind. . . . . .ἐπιδίδωμι
11 ὄντες pres. act. ptc. nom. pl. masc. . . . . εἰμί
διδόναι pres. act. infin. . . . . .δίδωμι
δώσει 3 p. sing. fut. act. ind. . . . . id.
αἰτοῦσιν pres. act. ptc. dat. pl. masc. . . . . . . αἰτέω
οἴδατε 2 p. pl. 2 perf. act. ind. . . . . οἶδα
12 θέλητε 2 p. pl. pres. act. subj. . . . . θέλω
ποιῶσιν 3 p. pl. pres. act. subj. . . . . ποιέω
ποιεῖτε 2 p. pl. pres. act. ind. or imper. . . . . . . id.
13 εἰσέλθατε 2 p. pl. 2 aor. act. imper. . . . . εἰσέρχομαι
ἀπάγουσα pres. act. ptc. nom. sing. fem. . . . . . .ἀπάγω
εἰσιν 3 p. pl. pres. act. ind. . . . . εἰμί
εἰσερχόμενοι pres. mid. ptc. nom. pl. masc. . . εἰσέρχομαι
14 τεθλιμμένη perf. pass. ptc. nom. sing. fem. . . . .θλίβω
εὑρίσκοντες pres. act. ptc. nom. pl. masc. . . . εὑρίσκω
15 προσέχετε 2 p. pl. pres. act. imper. . . . . . . .προσέχω
ἔρχονται 3 p. pl. pres. mid. ind. . . . . .ἔρχομαι
16 ἐπιγνώσεσθε 2 p. pl. fut. mid. ind. . . . . . . ἐπιγινώσκω
συλλέγουσιν 3 p. pl. pres. act. ind. . . . . . . .συλλέγω
17 ποιεῖ 3 p. sing. pres. act. ind. . . . . .ποιέω
18 δύναται 3 p. sing. pres. pass. ind. . . . . δύναμαι
ἐνεγκεῖν 2 aor. act. infin. . . . . .φέρω
19 ποιοῦν pres. act. ptc. nom. sing. neut. . . . . . . ποιέω
ἐκκόπτεται 3 p. sing. pres. pass. ind. . . . . . ἐκκόπτω
βάλλεται 3 p. sing. pres. pass ind. . . . . βάλλω
20 ἐπιγνώσεσθε 2 p. pl. fut. mid. ind. . . . . . . .ἐπιγινώσκω
21 λέγων pres. act. ptc. nom. sing. masc. . . . . λέγω
εἰσελεύσεται 3 p. sing. fut. mid. ind. . . . . .εἰσέρχομαι
ποιῶν pres. act. ptc. nom. sing. masc. . . . . ποιέω

22 ἐροῦσιν 3 p. pl. fut. act. ind. . . . . λέγω
   ἐπροφητεύσαμεν 1 p. pl. 1 aor. act. ind. . . . προφητεύω
   ἐξεβάλομεν 1 p. pl. 2 aor. act. ind. . . . . ἐκβάλλω
   ἐποιήσαμεν 1 p. pl. 1 aor. act. ind. . . . . ποιέω
23 ὁμολογήσω 1 p. sing. fut. act. ind. . . . . ὁμολογέω
   ἔγνων 1 p. sing. 2 aor. act. ind. . . . . γινώσκω
   ἀποχωρεῖτε 2 p. pl. pres. act. imper. . . . . . . ἀποχωρέω
   ἐργαζόμενοι pres. mid. ptc. nom. pl. masc. . . . ἐργάζομαι
24 ποιεῖ 3 p. sing. pres. act. ind. . . . . ποιέω
   ἀκούει 3 p. sing. pres. act. ind. . . . . ἀκούω
   ὁμοιωθήσεται 3 p. sing. fut. pass. ind. . . . . . . ὁμοιόω
   ᾠκοδόμησεν 3 p. sing. 1 aor. act. ind. . . . . . οἰκοδομέω
25 κατέβη 3 p. sing. 2 aor. act. ind. . . . . καταβαίνω
   ἦλθον 3 p. pl. 2 aor. act. ind. . . . . ἔρχομαι
   ἔπνευσαν 3 p. pl. 1 aor. act. ind. . . . . πνέω
   προσέπεσαν 3 p. pl. 1 aor. act. ind. . . . . . . προσπίπτω
   ἔπεσεν 3 p. sing. 2 aor. act. ind. . . . . πίπτω
   τεθεμελίωτο 3 p. sing. pluperf. pass. ind. . . . .θεμελιόω
26 ἀκούων pres. act. ptc. nom. sing. masc. . . . . ἀκούω
   ποιῶν pres. act. ptc. nom. sing. masc. . . . . .ποιέω
   ὁμοιωθήσεται 3 p. sing. fut. pass. ind. . . . . . . ὁμοιόω
   ᾠκοδόμησεν 3 p. sing. 1 aor. act. ind. . . . . . οἰκοδομέω
27 κατέβη 3 p. sing. 2 aor. act. ind. . . . . καταβαίνω
   ἦλθον 3 p. pl. 2 aor. act. ind. . . . . ἔρχομαι
   ἔπνευσαν 3 p. pl. 1 aor. act. ind. . . . . πνέω
   προσέκοψαν 3 p. pl. 1 aor. act. ind. . . . . . . προσκόπτω
   ἔπεσεν 3 p. sing. 2 aor. act. ind. . . . . πίπτω
   ἦν 3 p. sing. imperf. act. ind. . . . . εἰμί
28 ἐγένετο 3 p. sing. 2 aor. mid. ind. . . . . γίνομαι
   ἐτέλεσεν 3 p. sing. 1 aor. act. ind. . . . . τελέω
   ἐξεπλήσσοντο 3 p. pl. imperf. pass. ind. . . . .ἐκπλήσσω
29 διδάσκων pres. act. ptc. nom. sing. masc. . . . . .διδάσκω
   ἔχων pres. act. ptc. nom. sing. masc. . . . . ἔχω

                              8
1 καταβάντος 2 aor. act. ptc. gen. sing. masc. . . καταβαίνω
  ἠκολούθησαν 3 p. pl. 1 aor. act. ind. . . . . .ἀκολουθέω
2 ἰδού 2 p. sing. 2 aor. mid. imper. . . . . .εἶδον
  προσελθών 2 aor. act. ptc. nom. sing. masc. προσέρχομαι
  λέγων pres. act. ptc. nom. sing. masc. . . . . λέγω
  θέλῃς 2 p. sing. pres. act. subj. . . . . θέλω
  δύνασαι 2 p. sing. pres. pass. ind. . . . . δύναμαι
  καθαρίσαι 1 aor. act. infin. . . . . .καθαρίζω
  προσεκύνει 3 p. sing. imperf. act. ind. . . . .προσκυνέω
3 ἐκτείνας 1 aor. act. ptc. nom. sing. masc. . . . ἐκτείνω
  ἥψατο 3 p. sing. 1 aor. mid. ind. . . . . ἅπτω
  καθαρίσθητι 2 p. sing. 1 aor. pass. imper. . . .καθαρίζω
  ἐκαθαρίσθη 3 p. sing. 1 aor. pass. ind. . . . . id.
4 ὅρα 2 p. sing. pres. act. imper. . . . . ὁράω
  λέγει 3 p. sing. pres. act. ind. . . . . λέγω
  εἴπῃς 2 p. sing. 2 aor. act. subj. . . . . εἶπον
  ὕπαγε 2 p. sing. pres. act. imper. . . . . .ὑπάγω
  δεῖξον 2 p. sing. 1 aor. act. imper. . . . . δείκνυμι
  προσένεγκον 2 p. sing. 2 aor. act. imper. . . . προσφέρω
  προσέταξεν 3 p. sing. 1 aor. act. ind. . . . . . προστάσσω

5 εἰσελθόντος 2 aor. act. ptc. gen. sing. masc. εἰσέρχομαι
   προσῆλθεν 3 p. sing. 2 aor. act. ind. . . . προσέρχομαι
   παρακαλῶν pres. act. ptc. nom. sing. masc. . . παρακαλέω
6 λέγων pres. act. ptc. nom. sing. masc. . . . . λέγω
   βέβληται 3 p. sing. perf. pass ind. . . . . βάλλω
   βασανιζόμενος pres. pass. ptc. nom. sing. masc. βασανίζω
7 λέγει 3 p. sing. pres. act. ind. . . . . λέγω
   ἐλθών 2 aor. act. ptc. nom. sing. masc. . . . . . . ἔρχομαι
   θεραπεύσω 1 p. sing. fut. act. ind. . . . . θεραπεύω
8 ἀποκριθείς 1 aor. pass. ptc. nom. sing. m. . ἀποκρίνομαι
   ἔφη 3 p. sing. 2 aor. act. ind. . . . . φημί
   εἰσέλθῃς 2 p. sing. 2 aor. act. subj. . . . . . εἰσέρχομαι
   εἰπέ 2 p. sing. 2 aor. act. imper. . . . . εἶπον
   ἰαθήσεται 3 p. sing. fut. pass. ind. . . . . ἰάομαι
9 ἔχων pres. act. ptc. nom. sing. masc. . . . . ἔχω
   πορεύθητι 2 p. sing. 1 aor. pass. imper. . . . πορεύομαι
   ἔρχου 2 p. sing. pres. mid. imper. . . . . ἔρχομαι
   ἔρχεται 3 p. sing. pres. mid. ind. . . . . id.
   ποίησον 2 p. sing. 1 aor. act. imper. . . . . ποιέω
   ποιεῖ 3 p. sing. pres. act. ind. . . . . id.
10 ἀκούσας 1 aor. act. ptc. nom. sing. masc. . . . . . . ἀκούω
   ἐθαύμασεν 3 p. sing. 1 aor. act. ind. . . . . . . θαυμάζω
   εἶπεν 3 p. sing. 2 aor. act. ind. . . . . λέγω
   ἀκολουθοῦσιν pres. act. ptc. dat pl. masc. . . ἀκολουθέω
   εὗρον 1 p. sing. and 3 p. pl. 2 aor. act. ind. . . εὑρίσκω
11 ἥξουσιν 3 p. pl. fut. act. ind. . . . . ἥκω
   ἀνακλιθήσονται 3 p. pl. fut. pass. ind. . . . . ἀνακλίνω
12 ἐκβληθήσονται 3 p. pl. fut. pass. ind. . . . . . ἐκβάλλω
   ἔσται 3 p. sing. fut. mid. ind. . . . . εἰμί
13 ὕπαγε 2 p. sing. pres. act. imper. . . . . ὑπάγω
   ἐπίστευσας 2 p. sing. 1 aor. act. ind. . . . . . πιστεύω
   γενηθήτω 3 p. sing. 1 aor. act. imper. . . . . . . γίνομαι
   ἰάθη 3 p. sing. 1 aor. pass. ind. . . . . ἰάομαι
14 ἐλθών 2 aor. act. ptc. nom. sing. masc. . . . . . . ἔρχομαι
   εἶδεν 3 p. sing. 2 aor. act. ind. . . . . ὁράω
   βεβλημένην perf. pass. part. acc. sing. fem. . . . βάλλω
   πυρέσσουσαν pres. act. ptc. nom. sing. fem. . . . πυρέσσω
15 ἥψατο 3 p. sing. 1 aor. mid. ind. . . . . ἅπτω
   ἀφῆκεν 3 p. sing. 1 aor. act. ind. . . . . ἀφίημι
   ἠγέρθη 3 p. sing. 1 aor. pass. ind. . . . . ἐγείρω
   διηκόνει 3 p. sing. imperf. act. ind. . . . . . . διακονέω
16 γενομένης 2 aor. mid. ptc. gen sing. fem. . . . . γίνομαι
   προσήνεγκαν 3 p. pl. 1 aor. act. ind. . . . . . . προσφέρω
   δαιμονιζομένους pres. mid. ptc. acc. pl. m. δαιμονίζομαι
   ἐξέβαλεν 3 p. sing. 2 aor. act. ind. . . . . ἐκβάλλω
   ἔχοντας pres. act. ptc. acc. pl. masc. . . . . ἔχω
   ἐθεράπευσεν 3 p. sing. 1 aor. act. ind. . . . . θεραπεύω
17 πληρωθῇ 3 p. sing. 1 aor. pass. subj. . . . . . . πληρόω
   ῥηθέν 1 aor. pass ptc. nom. and acc. sing. neut. . . εἶπον
   λέγοντος pres. act. ptc. gen. sing. masc. or neut. . λέγω
   ἔλαβεν 3 p. sing. 2 aor. act. ind. . . . . λαμβάνω
   ἐβάστασεν 3 p. sing. 1 aor. act. ind. . . . . . . βαστάζω
18 ἰδών 2 aor. act. ptc. nom. sing. masc. . . . . ὁράω
   ἐκέλευσεν 3 p. sing. 1 aor. act. ind. . . . . . . κελεύω
   ἀπελθεῖν 2 aor. act. infin. . . . . .ἀπέρχομαι

19 προσελθών 2 aor. act. ptc. nom. sing. masc. προσέρχομαι
   εἶπεν 3 p. sing. 2 aor. act. ind. . . . . λέγω
   ἀκολουθήσω 1 p. sing. fut. act. ind. . . . . . . ἀκολουθέω
   ἀπέρχῃ 2 p. sing. pres. mid. subj. . . . . ἀπέρχομαι
20 λέγει 3 p. sing. pres. act. ind. . . . . λέγω
   ἔχουσιν 3 p. pl. pres. act. ind. . . . . ἔχω
   ἔχει 3 p. sing. pres. act. ind. . . . . id.
   κλίνῃ 3 p. sing. pres. act. subj. . . . . κλίνω
21 ἐπίτρεφον 2 p. sing. 1 aor. act. imper. . . . . . ἐπιτρέπω
   ἀπελθεῖν 2 aor. act. infin. . . . . ἀπέρχομαι
   θάψαι 1 aor. act. infin. . . . . θάπτω
22 ἀκολούθει 2 p. sing. pres. act. imper. . . . . . ἀκολουθέω
   ἄφες 2 p. sing. 2 aor. act. imper. . . . . ἀφίημι
23 ἐμβάντι 2 aor. act. ptc. dat. sing. masc. . . . . ἐμβαίνω
   ἠκολούθησαν 3 p. pl. 1 aor. act. ind. . . . . ἀκολουθέω
24 ἰδού 2 p. sing. 2 aor. mid. imper. . . . . εἶδον
   ἐγένετο 3 p. sing. 2 aor. mid. ind. . . . . γίνομαι
   καλύπτεσθαι pres. pass. infin. . . . . καλύπτω
   ἐκάθευδεν 3 p. sing. imperf. act. ind. . . . . . καθεύδω
25 προσελθόντες 2 aor. act. ptc. nom. pl. masc. προσέρχομαι
   ἤγειραν 3 p. pl. 1 aor. act. ind. . . . . ἐγείρω
   λέγοντες pres. act. ptc. nom. pl. masc. . . . . λέγω
   σῶσον 2 p. sing. 1 aor. act. imper. . . . . σῴζω
   ἀπολλύμεθα 1 p. pl. pres. pass. ind. . . . . . . ἀπόλλυμι
26 ἔστε 2 p. pl. pres. act. ind. . . . . εἰμί
   ἐγερθείς 1 aor. pass. ptc. nom. sing. masc. . . . ἐγείρω
   ἐπετίμησεν 3 p. sing. 1 aor. act. ind. . . . . ἐπιτιμάω
27 ἐθαύμασαν 3 p. pl. 1 aor. act. ind. . . . . θαυμάζω
   λέγοντες pres. act. ptc. nom. pl. masc. . . . . λέγω
   ἔστιν 3 p. sing. pres. act. ind. . . . . εἰμί
   ὑπακούουσιν 3 p. pl. pres. act. ind. . . . . . . ὑπακούω
28 ἐλθόντος 2 aor. act. ptc. gen. sing. masc. . . . ἔρχομαι
   ὑπήντησαν 3 p. pl. 1 aor. act. ind. . . . . ὑπαντάω
   δαιμονιζόμενοι pres. mid. ptc. nom. pl. m. δαιμονίζομαι
   ἐξερχόμενοι pres. mid. ptc. nom. pl. masc. . . ἐξέρχομαι
   παρελθεῖν 2 aor. act. infin. . . . . παρέρχομαι
   ἰσχύειν pres. act. infin. . . . . ἰσχύω
29 ἔκραξαν 3 p. pl. 1 aor. act. ind. . . . . κράζω
   λέγοντες pres. act. ptc. nom. pl. masc. . . . . . . λέγω
   ἦλθες 2 p. sing. 2 aor. act. ind. . . . . ἔρχομαι
   βασανίσαι 1 aor. act. infin. . . . . βασανίζω
30 ἦν 3 p. sing. imperf. act. ind. . . . . εἰμί
   βοσκομένη pres. mid. ptc. nom. sing. fem. . . . . . βόσκω
31 παρεκάλουν 3 p. pl. imperf. act. ind. . . . . . παρακαλέω
   λέγοντες pres. act. ptc. nom. pl. masc. . . . . . . λέγω
   ἐκβάλλεις 2 p. sing. pres. act. ind. . . . . . . ἐκβάλλω
   ἀπόστειλον 2 p. sing. 1 aor act. imper. . . . . ἀποστέλλω
32 εἶπεν 3 p. sing. 2 aor. act. ind. . . . . λέγω
   ὑπάγετε 2 p. pl. pres. act. imper. . . . . ὑπάγω
   ἐξελθόντες 2 aor. act. ptc. nom. pl. masc. . . ἐξέρχομαι
   ἀπῆλθον 3 p. pl. 2 aor. act. ind. . . . . ἀπέρχομαι
   ὥρμησεν 3 p. sing. 1 aor. act. ind. . . . . ὁρμάω
   ἀπέθανον 3 p. pl. 2 aor. act. ind. . . . . ἀποθνῄσκω
33 βόσκοντες pres. act. ptc. nom. pl. masc. . . . . . . βόσκω
   ἀπελθόντες 2 aor. act. ptc. nom. pl. masc. . . ἀπέρχομαι

ἀπήγγειλαν 3 p. pl. 1 aor. act. ind. . . . . . ἀπαγγέλλω
δαιμονιζομένων pres. mid. ptc. gen. pl. m. δαιμονίζομαι
34 ἐξῆλθεν 3 p. sing. 2 aor. act. ind. . . . . . . ἐξέρχομαι
ἰδόντες 2 aor. act. ptc. nom. pl. masc. . . . . ὁράω
παρεκάλεσαν 3 p. pl. 1 aor. act. ind. . . . . παρακαλέω
μεταβῇ 3 p. sing. 2 aor. act. subj. . . . . μεταβαίνω

9
1 ἐμβάς 2 aor. act. ptc. nom. sing. masc. . . . . . . ἐμβαίνω
διεπέρασεν 3 p. sing. 1 aor. act. ind. . . . . . .διαπεράω
ἦλθεν 3 p. sing. 2 aor. act. ind. . . . . ἔρχομαι
2 ἰδού 2 p. sing. 2 aor. mid. imper. . . . . .εἶδον
εἶπεν 3 p. sing. 2 aor. act. ind. . . . . .λέγω
θάρσει 2 p. sing. pres. act. imper. . . . . .θαρσέω
ἀφίενται 3 p. pl. pres. pass. ind. . . . . .ἀφίημι
προσέφερον 3 p. pl. imperf. act. ind. . . . . . . προσφέρω
βεβλημένον perf. pass. ptc. acc. sing. masc. . . . βάλλω
ἰδών 2 aor. act. ptc. nom. sing. masc. . . . . ὁράω
3 εἶπαν 3 p. pl. 2 aor. act. ind. . . . . .λέγω
βλασφημεῖ 3 p. sing. pres. act. ind. . . . . . βλασφημέω
4 εἰδώς perf. act. ptc. nom. sing. masc. . . . . οἶδα
ἐνθυμεῖσθε 2 p. pl. pres. mid. ind. . . . . . ἐνθυμέομαι
5 ἐστιν 3 p. sing. pres. act. ind. . . . . εἰμί
εἰπεῖν 2 aor. act. infin. . . . . λέγω
ἀφίενται 3 p. pl. pres. pass. ind. . . . . .ἀφίημι
ἔγειρε 2 p. sing. pres. act. imper. . . . . .ἐγείρω
περιπάτει 2 p. sing. pres. act. imper. . . . . περιπατέω
6 εἰδῆτε 2 p. pl. perf. act. subj. . . . . οἶδα
ἔχει 3 p. sing. pres. act. ind. . . . . ἔχω
ἀφιέναι pres. act. infin. . . . . ἀφίημι
λέγει 3 p. sing. pres. act. ind. . . . . λέγω
ἔγειρε 2 p. sing. pres. act. imper. . . . . . . .ἐγείρω
ἆρον 2 p. sing. 1 aor. act. imper. . . . . αἴρω
ὕπαγε 2 p. sing. pres. act. imper. . . . . ὑπάγω
7 ἐγερθείς 1 aor. pass. ptc. nom. sing. masc. . . . . ἐγείρω
ἀπῆλθεν 3 p. sing. 2 aor. act. ind. . . . . ἀπέρχομαι
8 ἰδόντες 2 aor. act. ptc. nom. pl. masc. . . . . ὁράω
ἐφοβήθησαν 3 p. pl. 1 aor. pass. ind. . . . . φοβέω
ἐδόξασαν 3 p. pl. 1 aor. act. ind. . . . . δοξάζω
δόντα 2 aor. act. ptc. acc. sing. masc. . . . . . . δίδωμι
9 παράγων pres. act. ptc. nom. sing. masc. . . . . . .παράγω
εἶδεν 3 p. sing. 2 aor. act. ind. . . . . ὁράω
καθήμενον pres. pass. ptc. acc. sing. masc. . . . κάθημαι
λεγόμενον pres. pass. ptc. acc. sing. masc. . . . . . λέγω
ἀκολούθει 2 p. sing. pres. act. imper. . . . . ἀκολουθέω
ἀναστάς 2 aor. act. ptc. nom. sing. masc. . . . .ἀνίστημι
ἠκολούθησεν 3 p. sing. 1 aor. act. ind. . . . . ἀκολουθέω
10 ἐγένετο 3 p. sing. 2 aor. mid. ind. . . . . γίνομαι
ἀνακειμένου pres. mid. ptc. gen. sing. masc. . ἀνάκειμαι
ἰδού 2 p. sing. 2 aor. mid. imper. . . . . .εἶδον
ἐλθόντες 2 aor. act. ptc. nom. pl. masc. . . . . . ἔρχομαι
συνανέκειντο 3 p. pl. imperf. mid. ind. . . . συνανάκειμαι
11 ἰδόντες 2 aor. act. ptc. nom. pl. masc. . . . . ὁράω
ἔλεγον 3 p. pl. imperf. act. ind. . . . . λέγω
ἐσθίει 3 p. sing. pres. act. ind. . . . . ἐσθίω

12 ἀκούσας 1 aor. act. ptc. nom. sing. masc. . . . . . . ἀκούω
    εἶπεν 3 p. sing. 2 aor. act. ind. . . . . λέγω
    ἔχουσιν 3 p. pl. pres. act. ind. . . . . .ἔχω
    ἰσχύοντες pres. act. ptc. nom. pl. masc. . . . . . ἰσχύω
    ἔχοντες pres. act. ptc. nom. pl. masc. . . . . .ἔχω
13 πορευθέντες 1 aor. pass. ptc. nom. pl. masc. . πορεύομαι
    μάθετε 2 p. pl. 2 aor. act. imper. . . . . .μανθάνω
    ἐστιν 3 p. sing. pres. act. ind. . . . . εἰμί
    ἦλθον 1 p. sing. 2 aor. act. ind. . . . . ἔρχομαι
    καλέσαι 1 aor. act. infin. . . . . .καλέω
14 προσέρχονται 3 p. pl. pres. mid. ind. . . . προσέρχομαι
    λέγοντες pres. act. ptc. nom. pl. masc. . . . . . .λέγω
    νηστεύομεν 1 p. pl. pres. act. ind. . . . . . . .νηστεύω
    νηστεύουσιν 3 p. pl. pres. act. ind. . . . . .id.
15 δύνανται 3 p. pl. pres. pass. ind. . . . . .δύναμαι
    πενθεῖν pres. act. infin. . . . . .πενθέω
    ἐλεύσονται 3 p. pl. fut. mid. ind. . . . . . . ἔρχομαι
    ἀπαρθῇ 3 p. sing. 1 aor. pass. subj. . . . . ἀπαίρω
    νηστεύσουσιν 3 p. pl. fut. act. ind. . . . . . . νηστεύω
16 ἐπιβάλλει 3 p. sing. pres. act. ind. . . . . . .ἐπιβάλλω
    αἴρει 3 p. sing. pres. act. ind. . . . . .αἴρω
    γίνεται 3 p. sing. pres. mid. ind. . . . . .γίνομαι
17 βάλλουσιν 3 p. pl. pres. act. ind. . . . . βάλλω
    ῥήγνυνται 3 p. pl. pres. pass. ind. . . . . .ῥήγνυμι
    ἐκχεῖται 3 p. sing. pres. pass. ind. . . . . .ἐκχέω
    ἀπόλλυνται 3 p. pl. pres. pass. ind. . . . . .ἀπόλλυμι
    συντηροῦνται 3 p. pl. pres. pass. ind. . . . . .συντηρέω
18 προσελθών 2 aor. act. ptc. nom. sing. masc. προσέρχομαι
    λαλοῦντος pres. act. ptc. gen. sing. masc. . . . . λαλέω
    ἰδού 2 p. sing. 2 aor. mid. imper. . . . . .εἶδον
    προσεκύνει 3 p. sing. imperf. act. ind. . . . .προσκυνέω
    λέγων pres. act. ptc. nom. sing. masc. . . . . λέγω
    ἐτελεύτησεν 3 p. sing. 1 aor. act. ind. . . . . τελευτάω
    ἐλθών 2 aor. act. ptc. nom. sing. masc. . . . . . ἔρχομαι
    ἐπίθες 2 p. sing. 2 aor. act. imper. . . . . . .ἐπιτίθημι
    ζήσεται 3 p. sing. fut. mid. ind. . . . . ζάω
19 ἐγερθείς 1 aor. pass. ptc. nom. sing. masc. . . . ἐγείρω
    ἠκολούθει 3 p. sing. imperf. act. ind. . . . . ἀκολουθέω
20 αἱμορροοῦσα pres. act. ptc. nom. sing. fem. . .αἱμορροέω
    προσελθοῦσα 2 aor. act. ptc. nom. sing. fem. προσέρχομαι
    ἥψατο 3 p. sing. 1 aor. mid. ind. . . . . .ἅπτω
21 ἔλεγεν 3 p. sing. imperf. act. ind. . . . . .λέγω
    ἅψωμαι 1 p. sing. 1 aor. mid. subj. . . . . .ἅπτω
    σωθήσομαι 1 p. pl. fut. pass. ind. . . . . .σώζω
22 στραφείς 2 aor. pass. ptc. nom. sing. masc. . . . . .στρέφω
    ἰδών 2 aor. act. ptc. nom. sing. masc. . . . . ὁράω
    εἶπεν 3 p. sing. 2 aor. act. ind. . . . . .λέγω
    θάρσε 2 p. sing. pres. act. imper. . . . . θαρσέω
    σέσωκέν 3 p. sing. perf. act. ind. . . . . σώζω
    ἐσώθη 3 p. sing. 1 aor. pass. ind. . . . . .id.
23 ἐλθών 2 aor. act. ptc. nom. sing. masc. . . . . . ἔρχομαι
    θορυβούμενον pres. pass. ptc. acc. sing. masc. . θορυβέω
24 ἀναχωρεῖτε 2 p. pl. pres. act. imper. . . . . . . ἀναχωρέω
    ἀπέθανεν 3 p. sing. 2 aor. act. ind. . . . . . . .ἀποθνήσκω
    καθεύδει 3 p. sing. pres. act. ind. . . . . καθεύδω

κατεγέλων 3 p. pl. imperf. act. ind. . . . . . . καταγελάω
25 ἐξεβλήθη 3 p. sing. 1 aor. pass. ind. . . . . . . ἐκβάλλω
εἰσελθών 2 aor. act. ptc. nom. sing. masc. . . εἰσέρχομαι
ἐκράτησεν 3 p. sing. 1 aor. act. ind. . . . . . . κρατέω
ἠγέρθη 3 p. sing. 1 aor. pass. ind. . . . . .ἐγείρω
26 ἐξῆλθεν 3 p. sing. 2 aor. act. ind. . . . . . . ἐξέρχομαι
27 παράγοντι pres. act. ptc. dat. sing. masc. . . . .παράγω
ἠκολούθησαν 3 p. pl. 1 aor. act. ind. . . . . .ἀκολουθέω
κράζοντες pres. act. ptc. nom. pl. masc. . . . . . κράζω
λέγοντες pres. act. ptc. nom. pl. masc. . . . . . . .λέγω
ἐλέησον 2 p. sing. 1 aor. act. imper. . . . . ἐλεέω
28 ἐλθόντι 2 aor. act. ptc. dat. sing. masc. . . . . ἔρχομαι
προσῆλθον 3 p. pl. 2 aor. act. ind. . . . . .προσέρχομαι
λέγει 3 p. sing. pres. act. ind. . . . . λέγω
πιστεύετε 2 p. pl. pres. act. imper. . . . . . . .πιστεύω
ποιῆσαι 1 aor. act. infin. . . . . .ποιέω
λέγουσιν 3 p. pl. pres. act. ind. . . . . .λέγω
29 ἥψατο 3 p. sing. 1 aor. mid. ind. . . . . .ἅπτω
λέγων pres. act. ptc. nom. sing. masc. . . . . λέγω
γενηθήτω 3 p. sing. 1 aor. pass. imper. . . . . . . γίνομαι
30 ἠνεῴχθησαν 3 p. pl. 1 aor. pass ind. . . . . . . .ἀνοίγω
ἐνεβριμήθη 3 p. sing. 1 aor. pass. ind. . . ἐμβριμάομαι
γινωσκέτω 3 p. sing. pres. act. imper. . . . . . .γινώσκω
ὁράτε 2 p. pl. pres. act. ind. or imper. . . . . . . .ὁράω
31 ἐξελθόντες 2 aor. act. ptc. nom. pl. masc. . . ἐξέρχομαι
διεφήμισαν 3 p. pl. 1 aor. act. ind. . . . . . .διαφημίζω
32 ἐξερχυμένων pres. mid. ptc. gen. pl. masc. . . .ἐξέρχομαι
προσήνεγκαν 3 p. pl. 1 aor. act. ind. . . . . . . προσφέρω
δαιμονιζόμενον pres. mid. ptc. acc. s. m. .δαιμονίζομαι
33 ἐκβληθέντος 1 aor. pass. ptc. gen. sing. neut. . ἐκβάλλω
ἐλάλησεν 3 p. sing. 1 aor. act. ind. . . . . .λαλέω
ἐθαύμασαν 3 p. pl. 1 aor. act. ind. . . . . . . .θαυμάζω
λέγοντες pres. act. ptc. nom. pl. masc. . . . . . . λέγω
ἐφάνη 3 p. sing. 2 aor. pass. ind. . . . . .φαίνω
34 ἔλεγον 3 p. pl. 2 aor. act. ind. . . . . λέγω
ἐκβάλλει 3 p. sing. pres. act. ind. . . . . ἐκβάλλω
35 περιῆγεν 3 p. sing. imperf. act. ind. . . . . . . περιάγω
διδάσκων pres. act. ptc. nom. sing. masc. . . . . διδάσκω
κηρύσσων pres. act. ptc. nom. sing. masc. . . . . κηρύσσω
θεραπεύων pres. act. ptc. nom. sing. masc. . . .θεραπεύω
36 ἰδών 2 aor. act. ptc. nom. sing. masc. . . . . ὁράω
ἐσπλαγχνίσθη 3 p. sing. 1 aor. pass. ind. σπλαγχνίζομαι
ἦσαν 3 p. pl. imperf. act. ind. . . . . εἰμί
ἐσκυλμένοι perf. pass. ptc. nom. pl. masc. . . . .σκύλλω
ἐρριμμένοι perf. pass. ptc. nom. pl. masc. . . . . .ρίπτω
ἔχοντα pres. act. ptc. nom. pl. neut. . . . . .ἔχω
37 λέγει 3 p. sing. pres. act. ind. . . . . .λέγω
38 δεήθητε 2 p. pl. 1 aor. pass. imper. . . . . .δέομαι
ἐκβάλῃ 3 p. sing. 2 aor. act. subj. . . . . ἐκβάλλω

10

1 προσκαλεσάμενος 1 aor. mid. ptc. nom. s. m.προσκαλέομαι
ἔδωκεν 3 p. sing. 1 aor. act. ind. . . . . .δίδωμι
ἐκβάλλειν pres. act. infin. . . . . .ἐκβάλλω
θεραπεύειν pres. act. infin. . . . . .θεραπεύω

2

2 ἐστιν 3 p. sing. pres. act. ind. . . . . εἰμί
  λεγόμενος pres. pass. ptc. nom. sing. masc. . . . . λέγω
4 παραδούς 2 aor. act. ptc. nom. sing. masc. . . παραδίδωμι
5 ἀπέστειλεν 3 p. sing. 1 aor. act. ind. . . . . ἀποστέλλω
  παραγγείλας 1 aor. act. ptc. nom. sing. masc. παραγγέλλω
  λέγων pres. act. ptc. nom. sing. masc. . . . . λέγω
  ἀπέλθητε 2 p. pl. 2 aor. act. subj. . . . . . . ἀπέρχομαι
  εἰσέλθητε 2 p. pl. 2 aor. act. subj. . . . . . εἰσέρχομαι
6 πορεύεσθε 2 p. pl. pres. mid. imper. . . . . . . πορεύομαι
  ἀπολωλότα 2 perf. act. ptc. acc. pl. neut. . . .ἀπόλλυμι
7 πορευόμενοι pres. mid. ptc. nom. pl. masc. . . πορεύομαι
  κηρύσσετε 2 p. pl. pres. act. imper. . . . . κηρύσσω
  λέγοντες pres. act. ptc. nom. pl. masc. . . . . λέγω
  ἤγγικεν 3 p. sing. perf. act. ind. . . . . ἐγγίζω
8 ἀσθενοῦντας pres. act. ptc. acc. pl. masc. . . . .ἀσθένω
  θεραπεύετε 2 p. pl. pres. act. imper. . . . . . θεραπεύω
  ἐγείρετε 2 p. pl. pres. act. imper. . . . . .ἐγείρω
  καθαρίζετε 2 p. pl. pres. act. ind. or imper. . καθαρίζω
  ἐκβάλλετε 2 p. pl. pres. act. imper. . . . . ἐκβάλλω
  ἐλάβετε 2 p. pl. 2 aor. act. ind. . . . . λαμβάνω
  δότε 2 p. pl. 2 aor. act. imper. . . . . δίδωμι
9 κτήσησθε 2 p. pl. 1 aor. mid. subj. . . . . .κτάομαι
11 εἰσέλθητε 2 p. pl. 2 aor. act. subj. . . . . .εἰσέρχομαι
  ἐξετάσατε 2 p. pl. 1 aor. act. imper. . . . . . . ἐξετάζω
  μείνατε 2 p. pl. 1 aor. act. imper. . . . . .μένω
  ἐξέλθητε 2 p. pl. 2 aor. act. subj. . . . . . . ἐξέρχομαι
12 εἰσερχόμενοι pres. mid. ptc. nom. pl. masc. . εἰσέρχομαι
  ἀσπάσασθε 2 p. pl. 1 aor. mid. imper. . . . . .ἀσπάζομαι
13 ἐλθάτω 3 p. sing. 1 aor. act. imper. . . . . .ἔρχομαι
  ἦ 3 p. sing. pres. act. subj. . . . . εἰμί
  ἐπιστραφήτω 3 p. sing. 2 aor. pass. imper. . . ἐπιστρέφω
14 δέξηται 3 p. sing. 1 aor. mid. subj. . . . . . . .δέχομαι
  ἀκούσῃ 3 p. sing. 1 aor. act. subj. . . . . .ἀκούω
  ἐξερχόμενοι pres. mid. ptc. nom. pl. masc. . . ἐξέρχομαι
  ἐκτινάξατε 2 p. pl. 1 aor. act. imper. . . . . .ἐκτινάσσω
15 ἔσται 3 p. sing. fut. mid. ind. . . . . εἰμί
16 ἰδού 2 p. sing. 2 aor. mid. imper. . . . . .εἶδον
  ἀποστέλλω 1 p. sing. pres. act. ind. . . . . . .ἀποστέλλω
  γίνεσθε 2 p. pl. pres. mid. imper. . . . . .γίνομαι
17 προσέχετε 2 p. pl. pres. act. imper. . . . . προσέχω
  παραδώσουσιν 3 p. pl. fut. act. ind. . . . . παραδίδωμι
  μαστιγώσουσιν 3 p. pl. fut. act. ind. . . . . . μαστιγόω
18 ἀχθήσεσθε 2 p. pl. fut. pass. ind. . . . . ἄγω
19 παραδῶσιν 3 p. pl. 2 aor. act. subj. . . . . . .παραδίδωμι
  μεριμνήσητε 2 p. pl. 1 aor. act. subj. . . . . .μεριμνάω
  λαλήσητε 2 p. pl. 1 aor. act. subj. . . . . λαλέω
  δοθήσεται 3 p. sing. fut. pass. ind. . . . . . . .δίδωμι
20 ἐστε 2 p. pl. pres. act. ind. . . . . εἰμί
  λαλοῦντες pres. act. ptc. nom. pl. masc. . . . . . .λαλέω
  λαλοῦν pres. act. ptc. nom. sing. neut. . . . . id.
21 παραδώσει 3 p. sing. fut. act. ind. . . . . . . .παραδίδωμι
  ἐπαναστήσονται 3 p. pl. fut. mid. ind. . . . .ἐπανιστημι
  θανατώσουσιν 3 p. pl. fut. act. ind. . . . . . . θανατόω
22 ἔσεσθε 2 p. pl. fut. mid. ind. . . . . εἰμί
  μισούμενοι pres. pass. ptc. nom. pl. masc. . . . . μισέω

ὑπομείνας 1 aor. act. ptc. nom. sing. masc. . . .ὑπομένω
σωθήσεται 3 p. sing. fut. pass. ind. . . . . σῴζω
23 διώκωσιν 3 p. pl. pres. act. subj. . . . . διώκω
φεύγετε 2 p. pl. pres. act. imper. . . . . .φεύγω
τελέσητε 2 p. pl. 1 aor. act. subj. . . . . τελέω
ἔλθῃ 3 p. sing. 2 aor. act. subj. . . . . ἔρχομαι
24 ἐστὶν 3 p. sing. pres. act. ind. . . . . εἰμί
25 γένηται 3 p. sing. 2 aor. mid. subj. . . . . . . .γίνομαι
ἐπεκάλεσαν 3 p. pl. 1 aor. act. ind. . . . . . .ἐπικαλέω
26 φοβηθῆτε 2 p. pl. 1 aor. pass.subj. . . . . .φοβέω
κεκαλυμμένον perf. pass. ptc. nom. sing. neut. . . καλύπτω
ἀποκαλυφθήσεται 3 p. sing. fut. pass. ind. . . ἀποκαλύπτω
γνωσθήσεται 3 p. sing. fut. pass. ind. . . . . . γινώσκω
27 εἴπατε 2 p. pl. 2 aor. act. ind. . . . . .εἶπον
ἀκούετε 2 p. pl. pres. act. ind. and imper. . . . ἀκούω
κηρύξατε 2 p. pl. 1 aor. act. imper. . . . . κηρύσσω
28 φοβεῖσθε 2 p. pl. pres. mid. imper. . . . . .φοβέω
ἀποκτεννόντων pres. act. ptc. gen. pl. masc. . . ἀποκτέννω
δυναμένων pres. pass. ptc. gen. pl. masc. . . .δύναμαι
ἀποκτεῖναι 1 aor. act. infin. . . . . .ἀποκτείνω
δυνάμενον pres. pass. ptc. acc. sing. masc. . . .δύναμαι
ἀπολέσαι 1 aor. act. infin. . . . . .ἀπόλλυμι
29 πωλεῖται 3 p. sing. pres. pass. ind. . . . . πωλέω
πεσεῖται 3 p. sing. fut. mid. ind. . . . . .πίπτω
30 ἠριθμημέναι perf. pass. ptc. nom. pl. fem. . . . ἀριθμέω
εἰσίν 3 p. pl. pres. act. ind. . . . . εἰμί
31 φοβεῖσθε 2 p. pl. pres. mid. imper. . . . . .φοβέω
διαφέρετε 2 p. pl. pres. act. ind. . . . . διαφέρω
32 ὁμολογήσει 3 p. sing. fut. act. ind. . . . . . .ὁμολογέω
ὁμολογήσω 1 p. sing. fut. act. ind. . . . . id.
33 ἀρνήσηται 3 p. sing. 1 aor. mid. subj. . . . . .ἀρνέομαι
ἀρνήσομαι 1 p. sing. fut. mid. ind. . . . . id.
34 νομίσητε 2 p. pl. 1 aor. act. subj. . . . . νομίζω
ἦλθον 1 p. sing. 2 aor. act. ind. . . . . ἔρχομαι
βαλεῖν 2 aor. act. infin. . . . . βάλλω
35 διχάσαι 1 aor. act. infin. . . . . διχάζω
37 φιλῶν pres. act. ptc. nom. sing. masc. . . . . . .φιλέω
38 λαμβάνει 3 p. sing. pres. act. ind. . . . . λαμβάνω
ἀκολουθεῖ 3 p. sing. pres. act. ind. . . . . .ἀκολουθέω
39 εὑρών 2 aor. act. ptc. nom. sing. masc. . . . . . εὑρίσκω
ἀπολέσει 3 p. sing. fut. act. ind. . . . . . . .ἀπόλλυμι
ἀπολέσας 1 aor. act. ptc. nom. sing. masc. . . . . . id.
εὑρήσει 3 p. sing. fut. act. ind. . . . . εὑρίσκω
40 δεχόμενος pres. mid. ptc. nom. sing. masc. . . . δέχομαι
δέχεται 3 p. sing. pres. mid. ind. . . . . id.
ἀποστείλαντα 1 aor. act. ptc. acc. sing. masc. ἀποστέλλω
41 λήμψεται 3 p. sing. fut. mid. ind. . . . . .λαμβάνω
42 ποτίσῃ 3 p. sing. 1 aor. act. subj. . . . . .ποτίζω
ἀπολέσῃ 3 p. sing. 1 aor. act. subj. . . . . . . ἀπόλλυμι

11

1 ἐγένετο 3 p. sing. 2 aor. mid. ind. . . . . γίνομαι
ἐτέλεσεν 3 p. sing. 1 aor. act. ind. . . . . .τελέω
διατάσσων pres. act. ptc. nom. sing. masc. . . . . διατάσσω
μετέβη 3 p. sing. 2 aor. act. ind. . . . . . . .μεταβαίνω

```
διδάσκειν pres. act. infin. . . . . . . . . . . . .διδάσκω
κηρύσσειν pres. act. infin. . . . . . . . . . . . .κηρύσσω
2 ἀκούσας 1 aor. act. ptc. nom. sing. masc. . . . . . . ἀκούω
πέμψας 1 aor. act. ptc. nom. sing. masc. . . . . . . πέμπω
3 εἶπεν 3 p. sing. 2 aor. act. ind. . . . . . . . . . . λέγω
εἶ 2 p. sing. pres. act. ind. . . . . . . . . . . . . εἰμί
ἐρχόμενος pres. mid. ptc. nom. sing. masc. . . . . ἔρχομαι
προσδοκῶμεν 1 p. pl. pres. act. ind. . . . . . . προσδοκάω
4 ἀποκριθείς 1 aor. pass. ptc. nom. sing. masc ἀποκρίνομαι
πορευθέντες 1 aor. pass. ptc. nom. pl. masc. . πορεύομαι
ἀπαγγείλατε 2 p. pl. 1 aor. act. imper. . . . ἀπαγγέλλω
ἀκούετε 2 p. pl. pres. act. ind. . . . . . . . . . .ἀκούω
βλέπετε 2 p. pl. pres. act. ind. or imper. . . . . . βλέπω
5 ἀναβλέπουσιν 3 p. pl. pres. act. ind. . . . . . ἀναβλέπω
περιπατοῦσιν 3 p. pl. pres. act. ind. . . . . περιπατέω
καθαρίζονται 3 p. pl. pres. pass. ind. . . . . καθαρίζω
ἀκούουσιν pres. act. ptc. dat. pl. masc. . . . . . .ἀκούω
ἐγείρονται 3 p. pl. pres. mid. ind. . . . . . . . ἐγείρω
εὐαγγελίζονται 3 p. pl. pres. pass. ind. . . .εὐαγγελίζω
6 ἐστιν 3 p. sing. pres. act. ind. . . . . . . . . . . εἰμί
σκανδαλισθῇ 3 p. sing. 1 aor. pass. subj. . . σκανδαλίζω
7 πορευομένων pres. mid. ptc. gen. pl. masc. . . πορεύομαι
ἤρξατο 3 p. sing. 1 aor. mid. ind. . . . . . . . . . ἄρχω
λέγειν pres. act. infin. . . . . . . . . . . . . . . λέγω
ἐξήλθατε 2 p. pl. 1 aor. act. ind. . . . . . . .ἐξέρχομαι
θεάσασθαι 1 aor. mid. infin. . . . . . . . . . . .θεάομαι
σαλευόμενον pres. pass. ptc. acc. sing. masc. . . σαλεύω
8 ἰδεῖν 2 aor. act. infin. . . . . . . . . . . . . . . ὁράω
ἠμφιεσμένον perf. pass. ptc. acc. sing. masc. ἀμφιέννυμι
ἰδού 2 p. sing. 2 aor. mid. imper. . . . . . . . . . εἶδον
φοροῦντες pres. act. ptc. nom. pl. masc. . . . . . .φορέω
10 γέγραπται 3 p. sing. perf. pass. ind. . . . . . . .γράφω
κατασκευάσει 3 p. sing. fut. act. ind. . . .κατασκευάζω
11 ἐγήγερται 3 p. sing. perf. pass. ind. . . . . . . .ἐγείρω
12 βιάζεται 3 p. sing. pres. mid. and pass. ind. . . . βιάζω
ἁρπάζουσιν 3 p. pl. pres. act. ind. . . . . . . . ἁρπάζω
13 ἐπροφήτευσαν 3 p. pl. 1 aor. act. ind. . . . . προφητεύω
14 θέλετε 2 p. pl. pres. act. ind. . . . . . . . . . . θέλω
δέξασθαι 1 aor. mid. infin. . . . . . . . . . . .δέχομαι
μέλλων pres. act. ptc. nom. sing. masc. . . . . . .μέλλω
ἔρχεσθαι pres. mid. infin. . . . . . . . . . . . .ἔρχομαι
15 ἔχων pres. act. ptc. nom. sing. masc. . . . . . . . . ἔχω
ἀκουέτω 3 p. sing. pres. act. imper. . . . . . . . .ἀκούω
16 ὁμοιώσω 1 p. sing. fut. act. ind. . . . . . . . . .ὁμοιόω
καθημένοις pres. mid. ptc. dat. pl. masc. . . . .κάθημαι
προσφωνοῦντα pres. act. ptc. nom. pl. neut. . .προσφωνέω
17 λέγουσιν pres. act. ptc. dat. pl. masc. . . . . . . .λέγω
ηὐλήσαμεν 1 p. pl. 1 aor. act. ind. . . . . . . . αὐλέω
ὠρχήσασθε 2 p. pl. 1 aor. mid. ind. . . . . . . .ὀρχέομαι
ἐθρηνήσαμεν 1 p. pl. 1 aor. act. ind. . . . . . .θρηνέω
ἐκόψασθε 2 p. pl. 1 aor. mid. ind. . . . . . . . . κόπτω
18 ἦλθεν 3 p. sing. 2 aor. act. ind. . . . . . . . .ἔρχομαι
ἐσθίων pres. act. ptc. nom. sing. masc. . . . . . .ἐσθίω
λέγουσιν 3 p. pl. pres. act. ind. . . . . . . . . . .λέγω
ἔχει 3 p. sing. pres. act. ind. . . . . . . . . . . . ἔχω
```

19 πίνων pres. act. ptc. nom. sing. masc. . . . . πίνω
    ἰδού 2 p. sing. 2 aor. mid. imper. . . . . εἶδον
    ἐδικαιώθη 3 p. sing. 1 aor. pass. ind. . . . . . . δικαιόω
20 ἥρξατο 3 p. sing. 1 aor. mid. ind. . . . . ἄρχω
    ὀνειδίζειν pres. act. infin. . . . . ὀνειδίζω
    ἐγένοντο 3 p. pl. 2 aor. mid. ind. . . . . γίνομαι
    μετενόησαν 3 p. pl. 1 aor. act. ind. . . . . . . μετανοέω
21 γενόμεναι 2 aor. mid. ptc. nom. pl. fem. . . . . . γίνομαι
22 ἔσται 3 p. sing. fut. mid. ind. . . . . εἰμί
23 ὑψωθήσῃ 2 p. sing. fut. pass. ind. . . . . ὑψόω
    καταβήσῃ 2 p. sing. fut. pass. ind. . . . . . . καταβαίνω
    ἐγενήθησαν 3 p. pl. 1 aor. pass. ind. . . . . . . γίνομαι
    γενόμεναι 2 aor. mid. ptc. nom. pl. fem. . . . . id.
    ἔμεινεν 3 p. sing. 1 aor. act. ind. . . . . μένω
25 ἀποκριθείς 1 aor. pass. ptc. nom. sing. m. . ἀποκρίνομαι
    εἶπεν 3 p. sing. 2 aor. act. ind. . . . . λέγω
    ἐξομολογοῦμαι 1 p. sing. pres. mid. ind. . . ἐξομολογέω
    ἔκρυψας 2 p. sing. 1 aor. act. ind. . . . . κρύπτω
    ἀπεκάλυψας 2 p. sing. 1 aor. act. ind. . . . ἀποκαλύπτω
26 ἐγένετο 3 p. sing. 2 aor. mid. ind. . . . . γίνομαι
27 παρεδόθη 3 p. sing. 1 aor. pass. ind. . . . . . παραδίδωμι
    ἐπιγινώσκει 3 p. sing. pres. act. ind. . . . . ἐπιγινώσκω
    βούληται 3 p. sing. pres. mid. subj. . . . . . βούλομαι
    ἀποκαλύψαι 1 aor. act. infin. . . . . ἀποκαλύπτω
28 κοπιῶντες pres. act. ptc. nom. pl. masc. . . . . . κοπιάω
    πεφορτισμένοι perf. pass. ptc. nom. pl. masc. . φορτίζω
    ἀναπαύσω 1 p. sing. fut. act. ind. . . . . ἀναπαύω
29 ἄρατε 2 p. pl. 1 aor. act. imper. . . . . αἴρω
    εὑρήσετε 2 p. pl. fut. act. ind. . . . . εὑρίσκω
    μάθετε 2 p. pl. 2 aor. act. imper. . . . . μανθάνω

12

1 ἐπορεύθη 3 p. sing. 1 aor. pass. ind. . . . . . . πορεύομαι
    ἐπείνασαν 3 p. pl. 1 aor. act. ind. . . . . πεινάω
    ἥρξαντο 3 p. pl. 1 aor. mid. ind. . . . . ἄρχω
    τίλλειν pres. act. infin. . . . . τίλλω
    ἐσθίειν pres. act. infin. . . . . ἐσθίω
2 ἰδόντες 2 aor. act. ptc. nom. pl. masc. . . . . ὁράω
    εἶπαν 3 p. pl. 2 aor. act. ind. . . . . λέγω
    ἰδού 2 p. sing. 2 aor. mid. imper. . . . . εἶδον
    ποιοῦσιν 3 p. pl. pres. act. ind. . . . . ποιέω
    ἔξεστιν 3 p. s. pres. impers. verb . . . . ἔξειμι
    ποιεῖν pres. act. infin. . . . . ποιέω
3 εἶπεν 3 p. sing. 2 aor. act. ind. . . . . λέγω
    ἀνέγνωτε 2 p. pl. 2 aor. act. ind. . . . . . . ἀναγινώσκω
    ἐποίησεν 3 p. sing. 1 aor. act. ind. . . . . ποιέω
    ἐπείνασεν 3 p. sing. 1 aor. act. ind. . . . . πεινάω
4 εἰσῆλθεν 3 p. sing. 2 aor. act. ind. . . . . . εἰσέρχομαι
    ἔφαγον 1 p. sing. and 3 p. pl. 2 aor. act. ind. . . . ἐσθίω
    ἐξόν pres. act. ptc. nom. sing. neut. . . . . ἔξεστι
    ἦν 3 p. sing. imperf. act. ind. . . . . εἰμί
    φαγεῖν 2 aor. act. infin. . . . . ἐσθίω
5 ἀνέγνωτε 2 p. pl. 2 aor. act. ind. . . . . . . ἀναγινώσκω
    εἰσιν 3 p. pl. pres. act. ind. . . . . εἰμί
    βεβηλοῦσιν 3 p. pl. pres. act. ind. . . . . βεβηλόω

6 ἐστιν 3 p. sing. pres. act. ind. . . . . εἰμί
7 ἐγνώκειτε 2 p. pl. plupf. act. ind. . . . . γινώσκω
   κατεδικάσατε 2 p. pl. 1 aor. act. ind. . . . καταδικάζω
9 μεταβάς 2 aor. act. ptc. nom. sing. masc. . . . μεταβαίνω
   ἦλθεν 3 p. sing. 2 aor. act. ind. . . . . ἔρχομαι
10 ἔχων pres. act. ptc. nom. sing. masc. . . . . ἔχω
   ἐπηρώτησαν 3 p. pl. 1 aor. act. ind. . . . . . . ἐπερωτάω
   λέγοντες pres. act. ptc. nom. pl. masc. . . . . λέγω
   ἔξεστιν 3 p. s. pres. impers. verb . . . . ἔξειμί
   θεραπεῦσαι 1 aor. act. infin. . . . . θεραπεύω
   κατηγορήσωσιν 3 p. pl. 1 aor. act. subj. . . . κατηγορέω
11 εἶπεν 3 p. sing. 2 aor. act. ind. . . . . λέγω
   ἔσται 3 p. sing. fut. mid. ind. . . . . εἰμί
   ἕξει 3 p. sing. fut. act. ind. . . . . ἔχω
   κρατήσει 3 p. sing. fut. act. ind. . . . . κρατέω
   ἐγερεῖ 3 p. sing. fut. act. ind. . . . . ἐγείρω
   ἐμπέσῃ 3 p. sing. 2 aor. act. subj. . . . . ἐμπίπτω
12 διαφέρει 3 p. sing. pres. act. ind. . . . . διαφέρω
   ποιεῖν pres. act. infin. . . . . ποιέω
13 λέγει 3 p. sing. pres. act. ind. . . . . λέγω
   ἔκτεινόν 2 p. sing. 1 aor. act. imper. . . . . . ἐκτείνω
   ἐξέτεινεν 3 p. sing. 1 aor. act. ind. . . . . id.
   ἀπεκατεστάθη 3 p. sing. 1 aor. pass. ind. . . ἀποκαθίστημι
14 ἐξελθόντες 2 aor. act. ptc. nom. pl. masc. . . . ἐξέρχομαι
   ἔλαβον 1 p. sing. or 3 p. pl. 2 aor. act. ind. . . λαμβάνω
   ἀπολέσωσιν 3 p. pl. 1 aor. act. subj. . . . . . ἀπόλλυμι
15 γνούς 2 aor. act. ptc. nom. sing. masc. . . . . . γινώσκω
   ἀνεχώρησεν 3 p. sing. 1 aor. act. ind. . . . . . ἀναχωρέω
   ἠκολούθησαν 3 p. pl. 1 aor. act. ind. . . . . . ἀκολουθέω
   ἐθεράπευσεν 3 p. sing. 1 aor. act. ind. . . . . θεραπεύω
16 ἐπετίμησεν 3 p. sing. 1 aor. act. ind. . . . . . ἐπιτιμάω
   ποιήσωσιν 3 p. pl. 1 aor. act. subj. . . . . ποιέω
17 πληρωθῇ 3 p. sing. 1 aor. pass. subj. . . . . πληρόω
   ῥηθέν 1 aor. pass. ptc. nom. or acc. sing. neut. . . εἶπον
   λέγοντος pres. act. ptc. gen. sing. masc. and neut. . λέγω
18 ἰδού 2 p. sing. 2 aor. mid. imper. . . . . εἶδον
   ᾑρέτισα 1 p. sing. 1 aor. act. ind. . . . . αἱρετίζω
   εὐδόκησεν 3 p. sing. 1 aor. act. ind. . . . . . . εὐδοκέω
   θήσω 1 p. sing. fut. act. ind. . . . . τίθημι
   ἀπαγγελεῖ 3 p. sing. fut. act. ind. . . . . . . ἀπαγγέλλω
19 ἐρίσει 3 p. sing. fut. act. ind. . . . . ἐρίζω
   κραυγάσει 3 p. sing. fut. act. ind. . . . . κραυγάζω
   ἀκούσει 3 p. sing. fut. act. ind. . . . . ἀκούω
20 συντετριμμένον perf. pass. ptc. acc. sing. masc. συντρίβω
   κατεάξει 3 p. sing. fut. act. ind. . . . . κατάγνυμι
   τυφόμενον pres. pass. ptc. acc. sing. neut. . . . . . τύφω
   σβέσει 3 p. sing. fut. act. ind. . . . . σβέννυμι
   ἐκβάλῃ 3 p. sing. 2 aor. act. subj. . . . . ἐκβάλλω
21 ἐλπιοῦσιν 3 p. pl. fut. act. ind. . . . . ἐλπίζω
22 προσηνέχθη 3 p. sing. 1 aor. pass. ind. . . . . προσφέρω
   δαιμονιζόμενος pres. mid. ptc. nom. s. m. . δαιμονίζομαι
   ἐθεράπευσεν 3 p. sing. 1 aor. act. ind. . . . . θεραπεύω
   λαλεῖν pres. act. infin. . . . . λέγω
   βλέπειν pres. act. infin. . . . . βλέπω
23 ἐξίσταντο 3 p. pl. imperf. mid. ind. . . . . . . ἐξίστημι

ἔλεγον 3 p. pl. imperf. act. ind. . . . . λέγω
24 ἀκούσαντες 1 aor. act. ptc. nom. pl. masc. . . . . ἀκούω
εἶπον 3 p. pl. 2 aor. act. ind. . . . . λέγω
ἐκβάλλει 3 p. sing. pres. act. ind. . . . . ἐκβάλλω
25 εἶπεν 3 p. sing. 2 aor. act. ind. . . . . λέγω
εἰδώς perf. act. ptc. nom. sing. masc. . . . . οἶδα
ἐρημοῦται 3 p. sing. pres. pass. ind. . . . . ἐρημόω
μερισθεῖσα 1 aor. pass. ptc. nom. sing. fem. . . . μερίζω
σταθήσεται 3 p. sing. fut. pass. ind. . . . . . . ἵστημι
26 ἐμερίσθη 3 p. sing. 1 aor. pass. ind. . . . . . . μερίζω
27 ἐκβάλλουσιν 3 p. pl. pres. act. ind. . . . . . . ἐκβάλλω
ἔσονται 3 p. pl. fut. mid. ind. . . . . εἰμί
28 ἔφθασεν 3 p. sing. 1 aor. act. ind. . . . . φθάνω
29 δύναται 3 p. sing. pres. pass. ind. . . . . δύναμαι
εἰσελθεῖν 2 aor. act. infin. . . . . εἰσέρχομαι
ἁρπάσαι 1 aor. act. infin. . . . . ἁρπάζω
δήσῃ 3 p. sing. 1 aor. act. subj. . . . . δέω
διαρπάσει 3 p. sing. fut. act. ind. . . . . . . διαρπάζω
30 συνάγων pres. act. ptc. nom. sing. masc. . . . . . συνάγω
σκορπίζει 3 p. sing. pres. act. ind. . . . . . . σκορπίζω
31 ἀφεθήσεται 3 p. sing. fut. pass. ind. . . . . . . ἀφίημι
32 εἴπῃ 3 p. sing. 2 aor. act. subj. . . . . εἶπον
μέλλοντι pres. act. ptc. dat. sing. masc. . . . . . μέλλω
33 ποιήσατε 2 p. pl. 1 aor. act. imper. . . . . ποιέω
γινώσκεται 3 p. sing. pres. pass. ind. . . . . γινώσκω
34 δύνασθε 2 p. pl. pres. pass. ind. . . . . δύναμαι
ὄντες pres. act. ptc. nom. pl. masc. . . . . εἰμί
λαλεῖ 3 p. sing. pres. act. ind. . . . . λαλέω
λαλεῖν pres. act. infin. . . . . id.
35 ἐκβάλλει 3 p. sing. pres. act. ind. . . . . ἐκβάλλω
36 λαλήσουσιν 3 p. pl. fut. act. ind. . . . . λαλέω
ἀποδώσουσιν 3 p. pl. fut. act. ind. . . . . . . ἀποδίδωμι
37 δικαιωθήσῃ 2 p. sing. fut. pass. ind. . . . . . δικαιόω
καταδικασθήσῃ 2 p. sing. fut. pass. ind. . . καταδικάζω
38 ἀπεκρίθησαν 3 p. pl. 1 aor. pass. ind. . . . ἀποκρίνομαι
λέγοντες pres. act. ptc. nom. pl. masc. . . . . . . λέγω
θέλομεν 1 p. pl. pres. act. ind. . . . . θέλω
ἰδεῖν 2 aor. act. infin. . . . . ὁράω
39 ἀποκριθείς 1 aor. pass. ptc. nom. sing. m. . ἀποκρίνομαι
ἐπιζητεῖ 3 p. sing. pres. act. ind. . . . . ἐπιζητέω
δοθήσεται 3 p. sing. fut. pass. ind. . . . . δίδωμι
40 ἦν 3 p. sing. imperf. act. ind. . . . . εἰμί
ἔσται 3 p. sing. fut. mid. ind. . . . . id.
41 ἀναστήσονται 3 p. pl. fut. mid. ind. . . . . . . ἀνίστημι
κατακρινοῦσιν 3 p. pl. fut. act. ind. . . . . . κατακρίνω
μετενόησαν 3 p. pl. 1 aor. act. ind. . . . . . . μετανοέω
ἰδού 2 p. sing. 2 aor. mid. imper. . . . . εἶδον
42 ἐγερθήσεται 3 p. sing. fut. pass. ind. . . . . . . ἐγείρω
κατακρινεῖ 3 p. sing. fut. act. ind. . . . . . . κατακρίνω
ἦλθεν 3 p. sing. 2 aor. act. ind. . . . . ἔρχομαι
ἀκοῦσαι 1 aor. act. infin. . . . . ἀκούω
43 ἐξέλθῃ 3 p. sing. 2 aor. act. subj. . . . . . . ἐξέρχομαι
διέρχεται 3 p. sing. pres. mid. ind. . . . . . . διέρχομαι
ζητοῦν pres. act. ptc. nom. sing. masc. . . . . . . ζητέω
εὑρίσκει 3 p. sing. pres. act. ind. . . . . εὑρίσκω

44 λέγει 3 p. sing. pres. act. ind. . . . . λέγω
   ἐπιστρέψω 1 p. sing. fut. act. ind. . . . . . ἐπιστρέφω
   ἐξῆλθον 1 p. sing. 2 aor. act. ind. . . . . . . ἐξέρχομαι
   ἐλθόν 2 aor. act. ptc. nom. sing. neut. . . . . . ἔρχομαι
   σχολάζοντα pres. act. ptc. acc. sing. masc. . . . σχολάζω
   εὑρίσκει 3 p. sing. pres. act. ind. . . . . εὑρίσκω
   σεσαρωμένον perf. pass. ptc. acc. sing. masc. . . . σαρόω
   κεκοσμημένον perf. pass. ptc. acc. sing. masc. . . κοσμέω
45 πορεύεται 3 p. sing. pres. mid. ind. . . . . . . πορεύομαι
   παραλαμβάνει 3 p. sing. pres. act. ind. . . παραλαμβάνω
   εἰσελθόντα 2 aor. act. ptc. nom. pl. neut. . . εἰσέρχομαι
   γίνεται 3 p. sing. pres. mid. ind. . . . . γίνομαι
   ἔσται 3 p. sing. fut. mid. ind. . . . . εἰμί
   κατοικεῖ 3 p. sing. pres. act. ind. . . . . κατοικέω
46 λαλοῦντος pres. act. ptc. gen. sing. masc. . . . . . λαλέω
   ἰδού 2 p. sing. 2 aor. mid. imper. . . . . εἶδον
   εἱστήκεισαν 3 p. pl. plupf. act. ind. . . . . . . ἵστημι
   ζητοῦντες pres. act. ptc. nom. pl. masc. . . . . . ζητέω
   λαλῆσαι 1 aor. act. infin. . . . . λαλέω
47 εἶπεν 3 p. sing. 2 aor. act. ind. . . . . λέγω
   ἑστήκασιν 3 p. pl. perf. act. ind. . . . . ἵστημι
48 ἀποκριθείς 1 aor. pass. ptc. nom. sing. m. . ἀποκρίνομαι
   λέγοντι pres. act. ptc. dat. sing. masc. . . . . . . λέγω
   ἐστιν 3 p. sing. pres. act. ind. . . . . εἰμί
   εἰσιν 3 p. pl. pres. act. ind. . . . . id.
49 ἐκτείνας 1 aor. act. ptc. nom. sing. masc. . . . . ἐκτείνω
50 ποιήσῃ 3 p. sing. 1 aor. act. subj. . . . . ποιέω

13

1 ἐξελθών 2 aor. act. ptc. nom. sing. masc. . . . ἐξέρχομαι
   ἐκάθητο 3 p. sing. imperf. mid. ind. . . . . κάθημαι
2 συνήχθησαν 3 p. pl. 1 aor. pass. ind. . . . . . . συνάγω
   ἐμβάντα 2 aor. act. ptc. acc. sing. masc. . . . . . ἐμβαίνω
   καθῆσθαι pres. mid. infin. . . . . κάθημαι
   εἱστήκει 3 p. sing. plupf. act. ind. . . . . ἵστημι
3 ἐλάλησεν 3 p. sing. 1 aor. act. ind. . . . . λαλέω
   λέγων pres. act. ptc. nom. sing. masc. . . . . λέγω
   ἰδού 2 p. sing. 2 aor. mid. imper. . . . . εἶδον
   ἐξῆλθεν 3 p. sing. 2 aor. act. ind. . . . . . . ἐξέρχομαι
   σπείρων pres. act. ptc. nom. sing. masc. . . . . . σπείρω
   σπείρειν pres. act. infin. . . . . id.
4 ἔπεσεν 3 p. sing. 2 aor. act. ind. . . . . πίπτω
   ἐλθόντα 2 aor. act. ptc. acc. sing. masc. . . . . . ἔρχομαι
   κατέφαγεν 3 p. sing. 2 aor. act. ind. . . . . . κατεσθίω
5 εἶχεν 3 p. sing. imperf. act. ind. . . . . ἔχω
   ἐξανέτειλεν 3 p. sing. 1 aor. act. ind. . . . ἐξανατέλλω
   ἔχειν pres. act. infin. . . . . ἔχω
6 ἀνατείλαντος 1 aor. act. ptc. gen. sing. masc. ἀνατέλλω
   ἐκαυματίσθη 3 p. sing. 1 aor. pass. ind. . . . καυματίζω
   ἐξηράνθη 3 p. sing. 1 aor. pass. ind. . . . . . . ξηραίνω
7 ἔπεσεν 3 p. sing. 2 aor. act. ind. . . . . πίπτω
   ἀνέβησαν 3 p. pl. 2 aor. act. ind. . . . . ἀναβαίνω
   ἀπέπνιξαν 3 p. pl. 1 aor. act. ind. . . . . . . ἀποπνίγω
8 ἐδίδου 3 p. sing. imperf. act. ind. . . . . δίδωμι
   ἔχων pres. act. ptc. nom. sing. masc. . . . . ἔχω

ἀκουέτω 3 p. sing. pres. act. imper. . . . . ἀκούω
10 προσελθόντες 2 aor. act. ptc. nom. pl. m. . προσέρχομαι
    εἶπαν 3 p. pl. 2 aor. act. ind. . . . . λέγω
    λαλεῖς 2 p. sing. pres. act. ind. . . . . λαλέω
11 ἀποκριθείς 1 aor. pass. ptc. nom. sing. m. . ἀποκρίνομαι
    εἶπεν 3 p. sing. 2 aor. act. ind. . . . . λέγω
    δέδοται 3 p. sing. perf. pass. ind. . . . . δίδωμι
    γνῶναι 2 aor. act. infin. . . . . γινώσκω
12 ἔχει 3 p. sing. pres. act. ind. . . . . ἔχω
    δοθήσεται 3 p. sing. fut. pass. ind. . . . . δίδωμι
    περισσευθήσεται 3 p. sing. fut. pass. ind. . . περισσεύω
    ἀρθήσεται 3 p. sing. fut. pass. ind. . . . . αἴρω
13 λαλῶ 1 p. sing. pres. act. ind. or subj. . . . . . . λαλέω
    βλέποντες pres. act. ptc. nom. pl. masc. . . . . . . βλέπω
    βλέπουσιν 3 p. pl. pres. act. ind. . . . . id.
    ἀκούοντες pres. act. ptc. nom. pl. masc. . . . . . ἀκούω
    ἀκούουσιν 3 p. pl. pres. act. ind. . . . . id.
    συνιοῦσιν 3 p. pl. pres. act. ind. . . . . συνίημι
14 ἀναπληροῦται 3 p. sing. pres. pass. ind. . . . ἀναπληρόω
    λέγουσα pres. act. ptc. nom. sing. fem. . . . . . . λέγω
    ἀκούσετε 2 p. pl. fut. act. ind. . . . . ἀκούω
    συνῆτε 2 p. pl. 2 aor. act. subj. . . . . συνίημι
    βλέψετε 2 p. pl. fut. act. ind. . . . . βλέπω
    ἴδητε 2 p. pl. 2 aor. act. subj. . . . . ὁράω
15 ἐπαχύνθη 3 p. sing. 1 aor. pass. ind. . . . . . . παχύνω
    ἤκουσαν 3 p. pl. 1 aor. act. ind. . . . . ἀκούω
    ἐκάμμυσαν 3 p. pl. 1 aor. act. ind. . . . . καμμύω
    ἴδωσιν 3 p. pl. 2 aor. act. subj. . . . . ὁράω
    ἀκούσωσιν 3 p. pl. 1 aor. act. subj. . . . . ἀκούω
    συνῶσιν 3 p. pl. 2 aor. act. subj. . . . . συνίημι
    ἐπιστρέψωσιν 3 p. pl. 1 aor. act. subj. . . . ἐπιστρέφω
    ἰάσομαι 1 p. sing. fut. mid. ind. . . . . ἰάομαι
16 βλέπουσιν 3 p. pl. pres. act. ind. . . . . βλέπω
    ἀκούουσιν 3 p. pl. pres. act. ind. . . . . ἀκούω
17 ἐπεθύμησαν 3 p. pl. 1 aor. act. ind. . . . . . . ἐπιθυμέω
    ἰδεῖν 2 aor. act. infin. . . . . ὁράω
    βλέπετε 2 p. pl. pres. act. ind. . . . . βλέπω
    εἶδαν 3 p. pl. 2 aor. act. ind. . . . . ὁράω
    ἀκοῦσαι 1 aor. act. infin. . . . . ἀκούω
    ἀκούετε 2 p. pl. pres. act. ind. or imper. . . . . . id.
    ἤκουσαν 3 p. pl. 1 aor. act. ind. . . . . id.
18 ἀκούσατε 2 p. pl. 1 aor. act. imper. . . . . id.
    σπείραντος 1 aor. act. ptc. gen. sing. masc. . . . σπείρω
19 ἀκούοντος pres. act. ptc. gen. sing. masc. . . . . ἀκούω
    συνιέντος pres. act. ptc. gen. sing. masc. . . . συνίημι
    ἔρχεται 3 p. sing. pres. mid. ind. . . . . ἔρχομαι
    ἁρπάζει 3 p. sing. pres. act. ind. . . . . ἁρπάζω
    ἐσπαρμένον perf. pass. ptc. acc. sing. neut. . . . σπείρω
    ἐστιν 3 p. sing. pres. act. ind. . . . . εἰμί
    σπαρείς 2 aor. pass. ptc. nom. sing. masc. . . . . σπείρω
20 ἀκούων pres. act. ptc. nom. sing. masc. . . . . . ἀκούω
    λαμβάνων pres. act. ptc. nom. sing. masc. . . . . λαμβάνω
21 ἔχει 3 p. sing. pres. act. ind. . . . . ἔχω
    γενομένης 2 aor. mid. ptc. gen. sing. fem. . . . . γίνομαι
    σκανδαλίζεται 3 p. sing. pres. pass. ind. . . . σκανδαλίζω

22 σπαρείς 2 aor. pass. ptc. nom. sing. masc. . . . . . σπείρω
    ἀκούων pres. act. ptc. nom. sing. masc. . . . . ἀκούω
    συμπνίγει 3 p. sing. pres. act. ind. . . . . . .συμπνίγω
    γίνεται 3 p. sing. pres. mid. ind. . . . . γίνομαι
23 συνιείς pres. act. ptc. nom. sing. masc. . . . . . .συνίημι
    καρποφορεῖ 3 p. sing. pres. act. ind. . . . . καρποφορέω
    ποιεῖ 3 p. sing. pres. act. ind. . . . . .ποιέω
24 παρέθηκεν 3 p. sing. 1 aor. act. ind. . . . . παρατίθημι
    λέγων pres. act. ptc. nom. sing. masc. . . . . λέγω
    ὡμοιώθη 3 p. sing. 1 aor. pass. ind. . . . . ὁμοιόω
    σπείραντι 1 aor. act. ptc. dat. sing. masc. . . . σπείρω
25 καθεύδειν pres. act. infin. . . . . .καθεύδω
    ἦλθεν 3 p. sing. 2 aor. act. ind. . . . . ἔρχομαι
    ἐπέσπειρεν 3 p. sing. imperf. act. ind. . . . .ἐπισπείρω
    ἀπῆλθεν 3 p. sing. 2 aor. act. ind. . . . . . . .ἀπέρχομαι
26 ἐβλάστησεν 3 p. sing. 1 aor. act. ind. . . . . . . βλαστάνω
    ἐποίησεν 3 p. sing. 1 aor. act. ind. . . . . ποιέω
    ἐφάνη 3 p. sing. 2 aor. pass. ind. . . . . .φαίνω
27 προσελθόντες 2 aor. act. ptc. nom. pl. masc. προσέρχομαι
    εἶπον 3 p. pl. 2 aor. act. ind. . . . . λέγω
    ἔσπειρας 2 p. sing. 1 aor. act. ind. . . . . σπείρω
    ἔχει 3 p. sing. pres. act. ind. . . . . .ἔχω
28 ἔφη 3 p. sing. 2 aor. act. ind. . . . . .φημί
    ἐποίησεν 3 p. sing. 1 aor. act. ind. . . . . .ποιέω
    λέγουσιν 3 p. pl. pres. act. ind. . . . . λέγω
    θέλεις 2 p. sing. pres. act. ind. . . . . θέλω
    ἀπελθόντες 2 aor. act. ptc. nom. pl. masc. . . ἀπέρχομαι
    συλλέξωμεν 1 p. pl. 1 aor. act. subj. . . . . συλλέγω
29 φησίν 3 p. sing. pres. act. ind. . . . . φημί
    συλλέγοντες pres. act. ptc. nom. pl. masc. . . . συλλέγω
    ἐκριζώσητε 2 p. pl. 1 aor. act. subj. . . . . ἐκρίζω
30 ἄφετε 2 p. pl. 2 aor. act. imper. . . . . .ἀφίημι
    συναυξάνεσθαι pres. mid. infin. . . . . . .συναυξάνομαι
    ἐρῶ 1 p. sing. fut. act. ind. . . . . λέγω
    συλλέξατε 2 p. pl. 1 aor. act. imper. . . . . . .συλλέγω
    δήσατε 2 p. pl. 1 aor. act. imper. . . . . δέω
    κατακαῦσαι 1 aor. act. infin. . . . . κατακαίω
    συναγάγετε 2 p. pl. 2 aor. act. imper. . . . . . .συνάγω
31 παρέθηκεν 3 p. sing. 1 aor. act. ind. . . . . . παρατίθημι
    λέγων pres. act. ptc. nom. sing. masc. . . . . λέγω
    ἔστιν 3 p. sing. pres. act. ind. . . . . εἰμί
    λαβών 2 aor. act. ptc. nom. sing. masc. . . . . . λαμβάνω
    ἔσπειρεν 3 p. sing. 1 aor. act. ind. . . . . .σπείρω
32 αὐξηθῇ 3 p. sing. 1 aor. pass. subj. . . . . αὐξάνω
    γίνεται 3 p. sing. pres. mid. ind. . . . . .γίνομαι
    ἐλθεῖν 2 aor. act. infin. . . . . ἔρχομαι
    κατασκηνοῦν pres. act. infin. . . . . .κατασκηνόω
33 ἐλάλησεν 3 p. sing. 1 aor. act. ind. . . . . λαλέω
    λαβοῦσα 2 aor. act. ptc. nom. sing. fem. . . . . . λαμβάνω
    ἐνέκρυψεν 2 p. sing. 1 aor. act. ind. . . . . . . ἐγκρύπτω
    ἐζυμώθη 3 p. sing. 1 aor. pass. ind. . . . . .ζυμόω
34 ἐλάλησεν 3 p. sing. 1 aor. act. ind. . . . . .λαλέω
    ἐλάλει 3 p. sing. imperf. act. ind. . . . . id.
35 πληρωθῇ 3 p. sing. 1 aor. pass. subj. . . . . . . .πληρόω
    ῥηθέν 1 aor. pass. ptc. nom. or acc. sing. neut. . . εἶπον

λέγοντος pres. act. ptc. gen. sing. masc. . . . . . . λέγω
ἀνοίξω 1 p. sing. fut. act. ind. . . . . ἀνοίγω
ἐρεύξομαι 1 p. sing. fut. mid. ind. . . . . . ἐρεύγομαι
κεκρυμμένα perf. pass. ptc. acc. pl. neut. . . . .κρύπτω
36 ἀφείς 2 aor. act. ptc. nom. sing. masc. . . . . . .ἀφίημι
ἦλθεν 3 p. sing. 2 aor. act. ind. . . . . ἔρχομαι
προσῆλθον 3 p. pl. 2 aor. act. ind. . . . . . προσέρχομαι
λέγοντες pres. act. ptc. nom. pl. masc. . . . . . . .λέγω
διασάφησον 2 p. sing. 1 aor. act. imper. . . . διασαφέρω
37 ἀποκριθείς 1 aor. pass. ptc. nom. sing. m. .ἀποκρίνομαι
εἶπεν 3 p. sing. 2 aor. act. ind. . . . . λέγω
σπείρων pres. act. ptc. nom. sing. masc. . . . . . σπείρω
38 εἰσιν 3 p. pl. pres. act. ind. . . . . εἰμί
39 σπείρας 1 aor. act. ptc. nom. sing. masc. . . . . .σπείρω
40 συλλέγεται 3 p. sing. pres. pass. ind. . . . . . . συλλέγω
κατακαίεται 3 p. sing. pres. pass. ind. . . . . κατακαίω
ἔσται 3 p. sing. fut. mid. ind. . . . . .εἰμί
41 ἀποστελεῖ 3 p. sing. fut. act. ind. . . . . . . ἀποστέλλω
συλλέξουσιν 3 p. pl. fut. act. ind. . . . . .συλλέγω
ποιοῦντας pres. act. ptc. acc. pl. masc. . . . . . .ποιέω
42 βαλοῦσιν 3 p. pl. fut. act. ind. . . . . .βάλλω
43 ἐκλάμφουσιν 3 p. pl. fut. act. ind. . . . . .ἐκλάμπω
ἔχων pres. act. ptc. nom. sing. masc. . . . . .ἔχω
ἀκουέτω 3 p. sing. pres. act. imper. . . . . .ἀκούω
44 κεκρυμμένῳ perf. pass. ptc. dat. sing. masc. . . .κρύπτω
εὑρών 2 aor. act. ptc. nom. sing. masc. . . . . . . εὑρίσκω
ἔκρυψεν 3 p. sing. 1 aor. act. ind. . . . . .κρύπτω
ὑπάγει 3 p. sing. pres. act. ind. . . . . ὑπάγω
πωλεῖ 3 p. sing. pres. act. ind. . . . . πωλέω
ἔχει 3 p. sing. pres. act. ind. . . . . .ἔχω
ἀγοράζει 3 p. sing. pres. act. ind. . . . . ἀγοράζω
45 ζητοῦντι pres. act. ptc. dat. sing. masc. . . . . . ζητέω
46 ἀπελθών 2 aor. act. ptc. nom. sing. masc. . . . .ἀπέρχομαι
πέπρακεν 3 p. sing. perf. act. ind. . . . . .πιπράσκω
εἶχεν 3 p. sing. imperf. act. ind. . . . . .ἔχω
ἠγόρασεν 3 p. sing. 1 aor. act. ind. . . . . .ἀγοράζω
47 ἐστίν 3 p. sing. pres. act. ind. . . . . εἰμί
βληθείσῃ 1 aor. pass. ptc. dat. sing. fem. . . . . . βάλλω
συναγαγούσῃ 2 aor. act. ptc. dat. sing. fem. . . .συνάγω
48 ἐπληρώθη 3 p. sing. 1 aor. pass. ind. . . . . .πληρόω
ἀναβιβάσαντες 1 aor. act. ptc. nom. pl. masc. ἀναβιβάζω
καθίσαντες 1 aor. act. ptc. nom. pl. masc. . . . .καθίζω
συνέλεξαν 3 p. pl. 1 aor. act. ind. . . . . .συλλέγω
ἔβαλον 3 p. pl. 2 aor. act. ind. . . . . .βάλλω
49 ἔσται 3 p. sing. fut. mid. ind. . . . . .εἰμί
ἐξελεύσονται 3 p. pl. fut. mid. ind. . . . . . . ἐξέρχομαι
ἀφοριοῦσιν 3 p. pl. fut. act. ind. . . . . .ἀφορίζω
50 βαλοῦσιν 3 p. pl. fut. act. ind. . . . . .βάλλω
51 συνήκατε 2 p. pl. 1 aor. act. ind. . . . . .συνίημι
λέγουσιν 3 p. pl. pres. act. ind. . . . . .λέγω
52 μαθητευθείς 1 aor. pass. ptc. nom. sing. masc. .μαθητεύω
ἐκβάλλει 3 p. sing. pres. act. ind. . . . . .ἐκβάλλω
53 ἐγένετο 3 p. sing. 2 aor. mid. ind. . . . . .γίνομαι
ἐτέλεσεν 3 p. sing. 1 aor. act. ind. . . . . τελέω
μετῆρεν 3 p. sing. 1 aor. act. ind. . . . . .μεταίρω

54 ἐλθών 2 aor. act. ptc. nom. sing. masc. . . . . . ἔρχομαι
   ἐδιδασκεν 3 p. sing. imperf. act. ind. . . . . . . διδάσκω
   ἐκπλήσσεσθαι pres. pass. infin. . . . . ἐκπλήσσω
   λέγειν pres. act. infin. . . . . λέγω
55 λέγεται 3 p. sing. pres. pass. ind. . . . . id.
57 ἐσκανδαλίζοντο 3 p. pl. imperf. pass. ind. . .σκανδαλίζω
   εἶπεν 3 p. sing. 2 aor. act. ind. . . . . λέγω
58 ἐποίησεν 3 p. sing. 1 aor. act. ind. . . . . ποιέω

14

1 ἤκουσεν 3 p. sing. 1 aor. act. ind. . . . . ἀκούω
2 εἶπεν 3 p. sing. 2 aor. act. ind. . . . . λέγω
  ἐστιν 3 p. sing. pres. act. ind. . . . . εἰμί
  ἠγέρθη 3 p. sing. 1 aor. pass. ind. . . . . . . .ἐγείρω
  ἐνεργοῦσιν 3 p. pl. pres. act. ind. . . . . . . .ἐνεργέω
3 κρατήσας 1 aor. act. ptc. nom. sing. masc. . . . . κρατέω
  ἔδησεν 3 p. sing. 1 aor. act. ind. . . . . δέω
  ἀπέθετο 3 p. sing. 2 aor. mid. ind. . . . . . . ἀποτίθημι
4 ἔλεγεν 3 p. sing. imperf. act. ind. . . . . .λέγω
  ἔξεστιν 3 p. s. pres. impers. verb. . . . . .ἔξειμι
  ἔχειν pres. act. infin. . . . . ἔχω
5 θέλων pres. act. ptc. nom. sing. masc. . . . . . . θέλω
  ἀποκτεῖναι 1 aor. act. infin. . . . . ἀποκτείνω
  ἐφοβήθη 3 p. sing. 1 aor. pass. ind. . . . . . . .φοβέω
  εἶχον 1 p. sing. or. 3 p. pl. imperf. act. ind. . . . ἔχω
6 γενομένοις 2 aor. mid. ptc. dat. pl. neut. . . . γίνομαι
  ὠρχήσατο 3 p. sing. 1 aor. mid. ind. . . . . . . ὀρχέομαι
  ἤρεσεν 3 p. sing. 1 aor. act. ind. . . . . ἀρέσκω
7 ὡμολόγησεν 3 p. sing. 1 aor. act. ind. . . . . .ὁμολογέω
  δοῦναι 2 aor. act. infin. . . . . .δίδωμι
  αἰτήσηται 3 p. sing. 1 aor. mid. subj. . . . . . .αἰτέω
8 προβιβασθεῖσα 1 aor. pass. ptc. nom. sing. f. προσβιβάζω
  δός 2 p. sing. 2 aor. act. imper. . . . . .δίδωμι
  φησίν 3 p. sing. pres. act. ind. . . . . φημί
9 λυπηθείς 1 aor. pass. ptc. nom. sing. masc. . . . . λυπέω
  συνανακειμένους pres. mid. ptc. acc. pl. m.συνανάκειμαι
  ἐκέλευσεν 3 p. sing. 1 aor. act. ind. . . . . . . κελεύω
  δοθῆναι 1 aor. pass. infin. . . . . .δίδωμι
10 πέμψας 1 aor. act. ptc. nom. sing. masc. . . . . .πέμπω
   ἀπεκεφάλισεν 3 p. sing. 1 aor. act. ind. . . ἀποκεφαλίζω
11 ἠνέχθη 3 p. sing. 1 aor. pass. ind. . . . . .φέρω
   ἐδόθη 3 p. sing. 1 aor. pass. ind. . . . . .δίδωμι
   ἤνεγκεν 3 p. sing. 1 aor. act. ind. . . . . .φέρω
12 προσελθόντες 2 aor. act. ptc. nom. pl. masc. προσέρχομαι
   ἦραν 3 p. pl. 1 aor. act. ind. . . . . αἴρω
   ἔθαψαν 3 p. pl. 1 aor. act. ind. . . . . θάπτω
   ἐλθόντες 2 aor. act. ptc. nom. pl. masc. . . . . .ἔρχομαι
   ἀπήγγειλαν 3 p. pl. 1 aor. act. ind. . . . . . . ἀπαγγέλλω
13 ἀκούσας 1 aor. act. ptc. nom. sing. masc. . . . . . ἀκούω
   ἀνεχώρησεν 3 p. sing. 1 aor. act. ind. . . . . .ἀναχωρέω
   ἀκούσαντες 1 aor. act. ptc. nom. pl. masc. . . . . ἀκούω
   ἠκολούθησαν 3 p. pl. 1 aor. act. ind. . . . . .ἀκολουθέω
14 ἐξελθών 2 aor. act. ptc. nom. sing. masc. . . . ἐξέρχομαι
   εἶδεν 3 p. sing. 2 aor. act. ind. . . . . .ὁράω
   ἐσπλαγχνίσθη 3 p. sing. 1 aor. pass. ind. σπλαγχνίζομαι

ἐθεράπευσεν 3 p. sing. 1 aor. act. ind. . . . . . θεραπεύω
15 γενομένης 2 aor. mid. ptc. gen. sing. fem. . . . .γίνομαι
προσῆλθον 1 p. s. or 3 p. pl. 2 aor. act. ind προσέρχομαι
λέγοντες pres. act. ptc. nom. pl. masc. . . . . . . .λέγω
ἐστιν 3 p. sing. pres. act. ind. . . . . εἰμί
παρῆλθεν 3 p. sing. 2 aor. act. ind. . . . . . παρέρχομαι
ἀπελθόντες 2 aor. act. ptc. nom. pl. masc. . . .ἀπέρχομαι
ἀγοράσωσιν 3 p. pl. 1 aor. act. subj. . . . . . . ἀγοράζω
ἀπόλυσον 2 p. sing. 1 aor. act. imper. . . . . ἀπολύω
16 εἶπεν 3 p. sing. 2 aor. act. ind. . . . . .λέγω
ἔχουσιν 3 p. pl. pres. act. ind. . . . . .ἔχω
ἀπελθεῖν 2 aor. act. infin. . . . . .ἀπέρχομαι
δότε 2 p. pl. 2 aor. act. imper. . . . . δίδωμι
φαγεῖν 2 aor. act. infin. . . . . ἐσθίω
17 λέγουσιν 3 p. pl. pres. act. ind. . . . . λέγω
ἔχομεν 1 p. pl. pres. act. ind. . . . . ἔχω
18 φέρετε 2 p. pl. pres. act. imper. or ind. . . . . . .φέρω
19 κελεύσας 1 aor. act. ptc. nom. sing. masc. . . . . κελεύω
ἀνακλιθῆναι 1 aor. pass. infin. . . . . .ἀνακλίνω
λαβών 2 aor. act. ptc. nom. sing. masc. . . . . .λαμβάνω
ἀναβλέψας 1 aor. act. ptc. nom. sing. masc. . . .ἀναβλέπω
εὐλόγησεν 3 p. sing. 1 aor. act. ind. . . . . . . εὐλογέω
κλάσας 1 aor. act. ptc. nom. sing. masc. . . . . . . κλάω
ἔδωκεν 3 p. sing. 1 aor. act. ind. . . . . δίδωμι
20 ἔφαγον 1 p. sing. and 3 p. pl. 2 aor. act. ind. . . . ἐσθίω
ἐχορτάσθησαν 3 p. pl. 1 aor. pass. ind. . . . . .χορτάζω
ἦραν 3 p. pl. 1 aor. act. ind. . . . . αἴρω
περισσεῦον pres. act. ptc. acc. sing. neut. . .περισσεύω
21 ἐσθίοντες pres. act. ptc. nom. pl. masc. . . . . . ἐσθίω
ἦσαν 3 p. pl. imperf. act. ind. . . . . εἰμί
22 ἠνάγκασεν 3 p. sing. 1 aor. act. ind. . . . . . ἀναγκάζω
ἐμβῆναι 2 aor. act. infin. . . . . .ἐμβαίνω
προάγειν pres. act. infin. . . . . προάγω
ἀπολύσῃ 3 p. sing. 1 aor. act. subj. . . . . ἀπολύω
23 ἀπολύσας 1 aor. act. ptc. nom. sing. masc. . . . . . . id.
ἀνέβη 3 p. sing. 2 aor. act. ind. . . . . .ἀναβαίνω
προσεύξασθαι 1 aor. mid. infin. . . . . . . προσεύχομαι
γενομένης 2 aor. mid. ptc. gen. sing. fem. . . . .γίνομαι
ἦν 3 p. sing. imperf. act. ind. . . . . εἰμί
24 ἀπεῖχεν 3 p. sing. imperf. act. ind. . . . . ἀπέχω
βασανιζόμενον pres. pass. ptc. nom. s. neut. . .βασανίζω
25 ἦλθεν 3 p. sing. 2 aor. act. ind. . . . . ἔρχομαι
περιπατῶν pres. act. ptc. nom. sing. masc. . . .περιπατέω
26 ἰδόντες 2 aor. act. ptc. nom. pl. masc. . . . . δράω
περιπατοῦντα pres. act. ptc. acc. sing. masc. .περιπατέω
ἐταράχθησαν 3 p. pl. 1 aor. pass. ind. . . . . . . ταράσσω
λέγοντες pres. act. ptc. nom. pl. masc. . . . . λέγω
ἔκραξαν 3 p. pl. 1 aor. act. ind. . . . . .κράζω
27 ἐλάλησεν 3 p. sing. 1 aor. act. ind. . . . . .λαλέω
λέγων pres. act. ptc. nom. sing. masc. . . . . λέγω
θαρσεῖτε 2 p. pl. pres. act. imper. . . . . θαρσέω
φοβεῖσθε 2 p. pl. pres. mid. imper. . . . . φοβέω
28 ἀποκριθείς 1 aor. pass. ptc. nom. sing. m. . .ἀποκρίνομαι
κέλευσον 2 p. sing. 1 aor. act. imper. . . . . κελεύω
ἐλθεῖν 2 aor. act. infin. . . . . ἔρχομαι

29 ἐλθέ 2 p. sing. 2 aor. act. imper. . . . . ἔρχομαι
   καταβάς 2 aor. act. ptc. nom. sing. masc. . . . καταβαίνω
   περιεπάτησεν 3 p. sing. 1 aor. act. ind. . . . περιπατέω
   ἦλθεν 3 p. sing. 2 aor. act. ind. . . . . ἔρχομαι
30 βλέπων pres. act. ptc. nom. sing. masc. . . . . . . βλέπω
   ἐφοβήθη 3 p. sing. 1 aor. pass. ind. . . . . .φοβέω
   ἀρξάμενος 1 aor. mid. ptc. nom. sing. masc. . . . . . ἄρχω
   καταποντίζεσθαι pres. pass. infin. . . . . καταποντίζω
   ἔκραξεν 3 p. sing. 1 aor. act. ind. . . . . κράζω
   λέγων pres. act. ptc. nom. sing. masc. . . . . λέγω
   σῶσον 2 p. sing. 1 aor. act. imper. . . . . .σώζω
31 ἐκτείνας 1 aor. act. ptc. nom. sing. masc. . . . .ἐκτείνω
   ἐπελάβετο 3 p. sing. 2 aor. mid. ind. . . . . ἐπιλαμβάνω
   λέγει 3 p. sing. pres. act. ind. . . . . λέγω
   ἐδίστασας 2 p. sing. 1 aor. act. ind. . . . . . . διστάζω
32 ἀναβάντων 2 aor. act. ptc. gen. pl. masc. . . . .ἀναβαίνω
   ἐκόπασεν 3 p. sing. 1 aor. act. ind. . . . . κοπάζω
33 προσεκύνησαν 3 p. pl. 1 aor. act. ind. . . . . προσκυνέω
   λέγοντες pres. act. ptc. nom. pl. masc. . . . . λέγω
   εἶ 2 p. sing. pres. act. ind. . . . . εἰμί
34 διαπεράσαντες 1 aor. act. ptc. nom. pl. masc. . . διαπεράω
   ἦλθον 1 p. sing. and 3 p. pl. 2 aor. act. ind. . .ἔρχομαι
35 ἐπιγνόντες 2 aor. act. ptc. nom. pl. masc. . .ἐπιγινώσκω
   ἀπέστειλαν 3 p. pl. 1 aor. act. ind. . . . . . ἀποστέλλω
   προσήνεγκαν 3 p. pl. 1 aor. act. ind. . . . . . προσφέρω
   ἔχοντας pres. act. ptc. acc. pl. masc. . . . . ἔχω
36 παρεκάλουν 3 p. pl. imperf. act. ind. . . . . . .παρακαλέω
   ἅψωνται 3 p. pl. 1 aor. mid. subj. . . . . ἅπτω
   ἥψαντο 3 p. pl. 1 aor. mid. ind. . . . . id.
   διεσώθησαν 3 p. pl. 1 aor. pass. ind. . . . . . . διασώζω

15

1 προσέρχονται 3 p. pl. pres. mid. ind. . . . προσέρχομαι
   λέγοντες pres. act. ptc. nom. pl. masc. . . . . λέγω
2 παραβαίνουσιν 3 p. pl. pres. act. ind. . . . . παραβαίνω
   νίπτονται 3 p. pl. pres. mid. ind. . . . . νίπτω
   ἐσθίωσιν 3 p. pl. pres. act. subj. . . . . ἐσθίω
3 ἀποκριθείς 1 aor. pass. ptc. nom. sing. m. .ἀποκρίνομαι
   εἶπεν 3 p. sing. 2 aor. act. ind. . . . . λέγω
   παραβαίνετε 2 p. pl. pres. act. ind. . . . . . παραβαίνω
4 κακολογῶν pres. act. ptc. nom. sing. masc. . . κακολογέω
   τελευτάτω 3 p. sing. pres. act. imper. . . . . .τελευτάω
5 λέγετε 2 p. pl. pres. act. ind. . . . . λέγω
   εἴπῃ 3 p. sing. 2 aor. act. subj. . . . . εἶπον
   ὠφεληθῇς 2 p. sing. 1 aor. pass. subj. . . . . . . ὠφελέω
6 τιμήσει 3 p. sing. fut. act. ind. . . . . τιμάω
   ἠκυρώσατε 2 p. pl. 1 aor. act. ind. . . . . .ἀκυρόω
7 ἐπροφήτευσεν 3 p. sing. 1 aor. act. ind. . . . προφητεύω
   λέγων pres. act. ptc. nom. sing. masc. . . . . λέγω
8 ἀπέχει 3 p. sing. pres. act. ind. . . . . ἀπέχω
9 σέβονται 3 p. pl. pres. mid. ind. . . . . .σέβομαι
   διδάσκοντες pres. act. ptc. nom. pl. masc. . . . . διδάσκω
10 προσκαλεσάμενος 1 aor. mid. ptc. nom. s. m.προσκαλέομαι
   ἀκούετε 2 p. pl. pres. act. ind. or imper. . . . . .ἀκούω
   συνίετε 2 p. pl. pres. act. ind. or imper. . . . .συνίημι

11 εἰσερχόμενον pres. mid. ptc. nom. sing. neut. εἰσέρχομαι
   ἐκπορευόμενον pres. mid. ptc. nom. s. neut. ἐκπορευομαι
12 προσελθόντες 2 aor. act. ptc. nom. pl. m. . προσέρχομαι
   λέγουσιν 3 p. pl. pres. act. ind. . . . . λέγω
   οἶδας 2 p. sing. 2 perf. act. ind. . . . . οἶδα
   ἀκούσαντες 1 aor. act. ptc. nom. pl. masc. . . . . ἀκούω
   ἐσκανδαλίσθησαν 3 p. pl. 1 aor. pass. ind. . .σκανδαλίζω
13 ἀποκριθείς 1 aor. pass. ptc. nom. sing. masc.ἀποκρίνομαι
   ἐφύτευσεν 3 p. sing. 1 aor. act. ind. . . . . . . φυτεύω
   ἐκριζωθήσεται 3 p. sing. fut. pass. ind. . . . . ἐκριζόω
14 ἄφετε 2 p. pl. 2 aor. act. imper. . . . . .ἀφίημι
   εἰσιν 3 p. pl. pres. act. ind. . . . . .εἰμί
   ὁδηγῇ 3 p. sing. pres. act. subj. . . . . .ὁδηγέω
   πεσοῦνται 3 p. pl. fut. mid. ind. . . . . πίπτω
15 εἶπεν 3 p. sing. 2 aor. act. ind. . . . . .λέγω
   φράσον 2 p. sing. 1 aor. act. imper. . . . . .φράζω
16 ἐστε 2 p. pl. pres. act. ind. . . . . .εἰμί
17 εἰσπορευόμενον pres. mid. ptc. n. s. neut. εἰσπορεύομαι
   χωρεῖ 3 p. sing. pres. act. ind. . . . . .χωρέω
   νοεῖτε 2 p. pl. pres. act. ind. . . . . .νοέω
   ἐκβάλλεται 3 p. sing. pres. pass. ind. . . . . . . ἐκβάλλω
18 ἐκπορευόμενα pres. mid. ptc. nom. pl. neut. .ἐκπορεύομαι
   ἐξέρχεται 3 p. sing. pres. mid. ind. . . . . . .ἐξέρχομαι
   κοινοῖ 3 p. sing. pres. act. ind. . . . . .κοινόω
19 ἐξέρχονται 3 p. pl. pres. mid. ind. . . . . . . .ἐξέρχομαι
20 ἐστιν 3 p. sing. pres. act. ind. . . . . .εἰμί
   κοινοῦντα pres. act. ptc. nom. pl. neut. . . . . . . κοινόω
   φαγεῖν 2 aor. act. infin. . . . . ἐσθίω
21 ἐξελθών 2 aor. act. ptc. nom. sing. masc. . . . ἐξέρχομαι
   ἀνεχώρησεν 3 p. sing. 1 aor. act. ind. . . . . .ἀναχωρέω
22 ἰδού 2 p. sing. 2 aor. mid. imper. . . . . .εἶδον
   ἐξελθοῦσα 2 aor. act. ptc. nom. sing. fem. . . .ἐξέρχομαι
   ἔκραζεν 3 p. sing. imperf. act. ind. . . . . .κράζω
   λέγουσα pres. act. ptc. nom. sing. fem. . . . . . .λέγω
   ἐλέησον 2 p. sing. 1 aor. act. imper. . . . . . . .ἐλεέω
   δαιμονίζεται 3 p. sing. pres. mid. ind. . . .δαιμονίζομαι
23 ἀπεκρίθη 3 p. sing. 1 aor. pass. ind. . . . . .ἀποκρίνομαι
   προσελθόντες 2 aor. act. ptc. nom. pl. masc. προσέρχομαι
   ἠρώτων 3 p. pl. imperf. act. ind. . . . . .ἐρωτάω
   λέγοντες pres. act. ptc. nom. pl. masc. . . . . . . .λέγω
   ἀπόλυσον 2 p. sing. 1 aor. act. imper. . . . . . . ἀπολύω
   κράζει 3 p. sing. pres. act. ind. . . . . .κράζω
24 ἀποκριθείς 1 aor. pass. ptc. nom. sing. m. .ἀποκρίνομαι
   εἶπεν 3 p. sing. 2 aor. act. ind. . . . . .λέγω
   ἀπεστάλην 1 p. sing. 2 aor. pass. ind. . . . . .ἀποστέλλω
   ἀπολωλότα 2 perf. act. ptc. acc. pl. neut. . . . ἀπόλλυμι
25 ἐλθοῦσα 2 aor. act. ptc. nom. sing. fem. . . . . .ἔρχομαι
   προσεκύνει 3 p. sing. imperf. act. ind. . . . προσκυνέω
   λέγουσα pres. act. ptc. nom. sing. fem. . . . . . . .λέγω
   βοήθει 2 p. sing. pres. act. imper. . . . . .βοηθέω
26 λαβεῖν 2 aor. act. infin. . . . . λαμβάνω
   βαλεῖν 2 aor. act. infin. . . . . .βάλλω
27 ἐσθίει 3 p. sing. pres. act. ind. . . . . ἐσθίω
   πιπτόντων pres. act. ptc. gen. pl. neut. . . . . . πίπτω
28 γενηθήτω 3 p. sing. 1 aor. pass. imper. . . . . . .γίνομαι

θέλεις 2 p. sing. pres. act. ind. . . . . θέλω
ἰάθη 3 p. sing. 1 aor. pass. ind. . . . . ἰάομαι
29 μεταβάς 2 aor. act. ptc. nom. sing. masc. . . . μεταβαίνω
ἦλθεν 3 p. sing. 2 aor. act. ind. . . . . ἔρχομαι
ἀναβάς 2 aor. act. ptc. nom. sing. masc. . . . . . ἀναβαίνω
ἐκάθητο 3 p. sing. imperf. mid. ind. . . . . .κάθημαι
30 προσῆλθον 3 p. pl. 2 aor. act. ind. . . . . προσέρχομαι
ἔχοντες pres. act. ptc. nom. pl. masc. . . . . .ἔχω
ἔρριψαν 3 p. pl. 1 aor. act. ind. . . . . .ῥίπτω
ἐθεράπευσεν 3 p. sing. 1 aor. act. ind. . . . . .θεραπεύω
31 θαυμάσαι 1 aor. act. infin. . . . . .θαυμάζω
βλέποντας pres. act. ptc. acc. pl. masc. . . . . . . βλέπω
λαλοῦντας pres. act. ptc. acc. pl. masc. . . . . . .λαλέω
περιπατοῦντας pres. act. ptc. acc. pl. masc. . περιπατέω
ἐδόξασαν 3 p. pl. 1 aor. act. ind. . . . . δοξάζω
32 προσκαλεσάμενος 1 aor. mid. ptc. nom. s. m.προσκαλέομαι
εἶπεν 3 p. sing. 2 aor. act. ind. . . . . .λέγω
σπλαγχνίζομαι 1 p. sing. pres. pass. ind. σπλαγχνίζομαι
ἔχουσιν 3 p. pl. pres. act. ind. . . . . .ἔχω
φάγωσιν 3 p. pl. 2 aor. act. subj. . . . . .ἐσθίω
ἀπολῦσαι 1 aor. act. infin. . . . . .ἀπολύω
ἐκλυθῶσιν 3 p. pl. 1 aor. pass. subj. . . . . . . ἐκλύομαι
προσμένουσιν 3 p. pl. pres. act. ind. . . . . . . προσμένω
33 λέγουσιν 3 p. pl. pres. act. ind. . . . . .λέγω
χορτάσαι 1 aor. act. infin. . . . . χορτάζω
34 λέγει 3 p. sing. pres. act. ind. . . . . .λέγω
ἔχετε 2 p. pl. pres. act. ind. . . . . .ἔχω
εἶπαν 3 p. pl. 2 aor. act. ind. . . . . .λέγω
35 παραγγείλας 1 aor. act. ptc. nom. sing. masc. παραγγέλλω
ἀναπεσεῖν 2 aor. act. infin. . . . . .ἀναπίπτω
36 ἔλαβεν 3 p. sing. 2 aor. act. ind. . . . . .λαμβάνω
εὐχαριστήσας 1 aor. act. ptc. nom. sing. m. . εὐχαριστέω
ἔκλασεν 3 p. sing. 1 aor. act. ind. . . . . κλάω
ἐδίδου 3 p. sing. imperf. act. ind. . . . . .δίδωμι
37 ἔφαγον 1 p. sing. and 3 p. pl. 2 aor. act. ind. . . . ἐσθίω
ἐχορτάσθησαν 3 p. pl. 1 aor. pass. ind. . . . . .χορτάζω
περισσεῦον pres. act. ptc. acc. sing. neut. . περισσεύω
ἦραν 3 p. pl. 1 aor. act. ind. . . . . .αἴρω
38 ἐσθίοντες pres. act. ptc. nom. pl. masc. . . . . . . ἐσθίω
ἦσαν 3 p. pl. imperf. act. ind. . . . . .εἰμί
39 ἀπολύσας 1 aor. act. ptc. nom. sing. masc. . . . . ἀπολύω
ἐνέβη 3 p. sing. 2 aor. pass. ind. . . . . .ἐμβαίνω
ἦλθεν 3 p. sing. 2 aor. act. ind. . . . . ἔρχομαι

16

1 προσελθόντες 2 aor. act. ptc. nom. pl. masc.προσέρχομαι
πειράζοντες pres. act. ptc. nom. pl. masc. . . . πειράζω
ἐπηρώτησαν 3 p. pl. 1 aor. act. ind. . . . . . .ἐπερωτάω
ἐπιδεῖξαι 1 aor. act. infin. . . . . .ἐπιδείκνυμι
2 ἀποκριθείς 1 aor. pass. ptc. nom. sing. masc.ἀποκρίνομαι
εἶπεν 3 p. sing. 2 aor. act. ind. . . . . .λέγω
γενομένης 2 aor. mid. ptc. gen. sing. fem. . . . .γίνομαι
λέγετε 2 p. pl. pres. act. ind. . . . . .λέγω
πυρράζει 3 p. sing. pres. act. ind. . . . . πυρράζω
3 στυγνάζων pres. act. ptc. nom. sing. masc. . . .στυγνάζω

```
    γινώσκετε 2 p. pl. pres. act. ind. . . . . . . . . γινώσκω
    διακρίνειν pres. act. infin. . . . . . . . . . . .διακρίνω
    δύνασθε 2 p. pl. pres. pass. ind. . . . . . . . . . δύναμαι
 4  ἐπιζητεῖ 3 p. sing. pres. act. ind. . . . . . . .ἐπιζητέω
    δοθήσεται 3 p. sing. fut. pass. ind. . . . . . . . δίδωμι
    καταλιπών 2 aor. act. ptc. nom. sing. masc. . . καταλείπω
    ἀπῆλθεν 3 p. sing. 2 aor. act. ind. . . . . . . . ἀπέρχομαι
 5  ἐλθόντες 2 aor. act. ptc. nom. pl. masc. . . . . .ἔρχομαι
    ἐπελάθοντο 3 p. pl. 2 aor. mid. ind. . . .ἐπιλανθάνομαι
    λαβεῖν 2 aor. act. infin. . . . . . . . . . . . . λαμβάνω
 6  ὁρᾶτε 2 p. pl. pres. act. ind. or imper. . . . . . . ὁράω
    προσέχετε 2 p. pl. pres. act. imper. . . . . . . . .προσέχω
 7  διελογίζοντο 3 p. pl. imperf. mid. ind. . .διαλογίζομαι
    λέγοντες pres. act. ptc. nom. pl. masc. . . . . . . . λέγω
    ἐλάβομεν 1 p. pl. 2 aor. act. ind. . . . . . . . . λαμβάνω
 8  γνούς 2 aor. act. ptc. nom. sing. masc. . . . . . . γινώσκω
    διαλυγίζεσθε 2 p. pl. imperf. mid. ind. . . .διαλογίζομαι
    ἔχετε 2 p. pl. pres. act. ind. . . . . . . . . . . . ἔχω
 9  νοεῖτε 2 p. pl. pres. act. ind. . . . . . . . . . . . νοέω
    μνημονεύετε 2 p. pl. pres. act. ind. and imper μνημονεύω
    ἐλάβετε 2 p. pl. 2 aor. act. ind. . . . . . . . . . λαμβάνω
11  εἶπον 3 p. pl. 2 aor. act. ind. . . . . . . . . . . λέγω
    προσέχετε 2 p. pl. pres. act. imper. . . . . . . . προσέχω
12  συνῆκαν 3 p. pl. 1 aor. act. ind. . . . . . . . . συνίημι
    προσέχειν pres. act. infin. . . . . . . . . . . . .προσέχω
13  ἐλθών 2 aor. act. ptc. nom. sing. masc. . . . . . .ἔρχομαι
    λέγων pres. act. ptc. nom. sing. masc. . . . . . . . . λέγω
    λέγουσιν 3 p. pl. pres. act. ind. . . . . . . . . . . id.
    εἶναι pres. act. infin. . . . . . . . . . . . . . . εἰμί
14  εἶπαν 3 p. pl. 2 aor. act. ind. . . . . . . . . . .λέγω
15  λέγει 3 p. sing. pres. act. ind. . . . . . . . . . . id.
    λέγετε 2 p. pl. pres. act. ind. and imper. . . . . . . id.
16  ἀποκριθείς 1 aor. pass. ptc. nom. sing. m. .ἀποκρίνομαι
    εἶπεν 3 p. sing. 2 aor. act. ind. . . . . . . . . . .λέγω
    εἶ 2 p. sing. pres. act. ind. . . . . . . . . . . . εἰμί
    ζῶντος pres. act. ptc. gen. sing. masc. . . . . . . . ζάω
17  ἀπεκάλυψεν 3 p. sing. 1 aor. act. ind. . . . ἀποκαλύπτω
18  οἰκοδομήσω 1 p. sing. fut. act. ind. . . . . . . οἰκοδομέω
    κατισχύσουσιν 3 p. pl. fut. act. ind. . . . . . . κατισχύω
19  δώσω 1 p. sing. fut. act. ind. . . . . . . . . . . δίδωμι
    δήσῃς 2 p. sing. 1 aor. act. subj. . . . . . . . . . δέω
    ἔσται 3 p. sing. fut. mid. ind. . . . . . . . . . . εἰμί
    δεδεμένον perf. pass. ptc. nom. sing. neut. . . . . . δέω
    λύσῃς 2 p. sing. 1 aor. act. subj. . . . . . . . . . λύω
    λελυμένον perf. pass. ptc. nom. sing. neut. . . . . . id.
20  ἐπετίμησεν 3 p. sing. 1 aor. act. ind. . . . . .ἐπιτιμάω
    εἴπωσιν 3 p. pl. 2 aor. act. subj. . . . . . . . . εἶπον
    ἐστιν 3 p. sing. pres. act. ind. . . . . . . . . . εἰμί
21  ἤρξατο 3 p. sing. 1 aor. mid. ind. . . . . . . . . ἄρχω
    δεικνύειν pres. act. infin. . . . . . . . . . . . δείκνυμι
    δεῖ 3 p. sing. pres. act. impers. . . . . . . . . . .δεῖ
    ἀπελθεῖν 2 aor. act. infin. . . . . . . . . . .ἀπέρχομαι
    παθεῖν 2 aor. act. infin. . . . . . . . . . . . . .πάσχω
    ἀποκτανθῆναι 1 aor. pass. infin. . . . . . . . . ἀποκτείνω
    ἐγερθῆναι 1 aor. pass. infin. . . . . . . . . . . ἐγείρω
```

22 προσλαβόμενος 2 aor. mid. ptc. nom. sing. m. προσλαμβάνω
   ἤρξατο 3 p. sing. 1 aor. mid. ind. . . . . ἄρχω
   ἐπιτιμᾶν pres. act. infin. . . . . .ἐπιτιμάω
   λέγων pres. act. ptc. nom. sing. masc. . . . . λέγω
23 στραφείς 2 aor. pass. ptc. nom. sing. masc. . . . .στρέφω
   ὕπαγε 2 p. sing. pres. act. imper. . . . . .ὑπάγω
   εἶ 2 p. sing. pres. act. ind. . . . . .εἰμί
   φρονεῖς 2 p. sing. pres. act. ind. . . . . .φρονέω
24 θέλει 3 p. sing. pres. act. ind. . . . . θέλω
   ἐλθεῖν 2 aor. act. infin. . . . . ἔρχομαι
   ἀπαρνησάσθω 3 p. sing. 1 aor. mid. imper. . . ἀπαρνέομαι
   ἀράτω 3 p. sing. 1 aor. act. imper. . . . . .αἴρω
   ἀκολουθείτω 3 p. sing. pres. act. imper. . . . ἀκολουθέω
25 Θέλῃ 3 p. sing. pres. act. subj. . . . . θέλω
   σῶσαι 1 aor. act. infin. . . . . σῴζω
   ἀπολέσει 3 p. sing. fut. act. ind. . . . . . .ἀπόλλυμι
   ἀπολέσῃ 3 p. sing. 1 aor. act. subj. . . . . id.
   εὑρήσει 3 p. sing. fut. act. ind. . . . . εὑρίσκω
26 ὠφεληθήσεται 3 p. sing. fut. pass. ind. . . . . . ὠφελέω
   κερδήσῃ 3 p. sing. 1 aor. act. subj. . . . . . κερδαίνω
   ζημιωθῇ 3 p. sing. 1 aor. pass. subj. . . . . .ζημιόω
   δώσει 3 p. sing. fut. act. ind. . . . . .δίδωμι
27 μέλλει 3 p. sing. pres. act. ind. . . . . μέλλω
   ἔρχεσθαι pres. mid. infin. . . . . .ἔρχομαι
   ἀποδώσει 3 p. sing. fut. act. ind. . . . . . . ἀποδίδωμι
28 εἰσίν 3 p. pl. pres. act. ind. . . . . εἰμί
   ἑστώτων perf. act. ptc. gen. pl. masc. . . . . . . ἵστημι
   γεύσωνται 3 p. pl. 1 aor. mid. subj. . . . . . . .γεύομαι
   ἴδωσιν 3 p. pl. 2 aor. act. subj. . . . . .ὁράω
   ἐρχόμενον pres. mid. ptc. acc. sing. m. or n. . .ἔρχομαι

17

1 παραλαμβάνει 3 p. sing. pres. act. ind. . . παραλαμβάνω
   ἀναφέρει 3 p. sing. pres. act. ind. . . . . . . .ἀναφέρω
2 μετεμορφώθη 3 p. sing. 1 aor. pass. ind. . . μεταμορφόω
   ἔλαμψεν 3 p. sing. 1 aor. act. ind. . . . . λάμπω
   ἐγένετο 3 p. sing. 2 aor. mid. ind. . . . . γίνομαι
3 ἰδού 2 p. sing. 2 aor. mid. imper. . . . . εἶδον
   ὤφθη 3 p. sing. 1 aor. pass. ind. . . . . .ὁράω
   συλλαλοῦντες pres. act. ptc. nom. pl. masc. . . συλλαλέω
4 ἀποκριθείς 1 aor. pass. ptc. nom. sing. m. .ἀποκρίνομαι
   εἶπεν 3 p. sing. 2 aor. act. ind. . . . . .λέγω
   ἐστιν 3 p. sing. pres. act. ind. . . . . εἰμί
   εἶναι pres. act. infin. . . . . id.
   θέλεις 2 p. sing. pres. act. ind. . . . . .θέλω
   ποιήσω 1 p. sing. fut. act. ind. . . . . ποιέω
5 λαλοῦντος pres. act. ptc. gen. sing. masc. . . . . λαλέω
   ἐπεσκίασεν 3 p. sing. 1 aor. act. ind. . . . . ἐπισκιάζω
   λέγουσα pres. act. ptc. nom. sing. fem. . . . . . .λέγω
   ἀκούετε 2 p. pl. pres. act. ind. or imper. . . . ἀκούω
   εὐδόκησα 1 p. sing. 1 aor. act. ind. . . . . . εὐδοκέω
6 ἀκούσαντες 1 aor. act. ptc. nom. pl. masc. . . . . ἀκούω
   ἔπεσαν 3 p. pl. 1 aor. act. ind. . . . . .πίπτω
   ἐφοβήθησαν 3 p. pl. 1 aor. pass. ind. . . . . . . .φοβέω
7 προσῆλθεν 3 p. sing. 2 aor. act. ind. . . . . προσέρχομαι

    ἀψάμενος 1 aor. mid. ptc. nom. sing. masc. . . . . . ἅπτω
    ἐγέρθητε 2 p. pl. 1 aor. pass. imper. . . . . . . ἐγείρω
    φοβεῖσθε 2 p. pl. pres. mid. imper. . . . . .φοβέω
8   ἐπάραντες 1 aor. act. ptc. nom. pl. masc. . . . . ἐπαίρω
    εἶδον 1 p. sing. and 3 p. pl. 2 aor. act. ind. . . . ὁράω
9   καταβαινόντων pres. act. ptc. gen. pl. masc. . καταβαίνω
    ἐνετείλατο 3 p. sing. 1 aor. mid. ind. . . . ἐντέλλομαι
    λέγων pres. act. ptc. nom. sing. masc. . . . . λέγω
    εἴπητε 2 p. pl. 2 aor. act. subj. . . . . εἶπον
    ἐγερθῇ 3 p. sing. 1 aor. pass. subj. . . . . . . .ἐγείρω
10 ἐπηρώτησαν 3 p. pl. 1 aor. act. ind. . . . . . .ἐπερωτάω
    λέγοντες pres. act. ptc. nom. pl. masc. . . . . . . λέγω
    λέγουσιν 3 p. pl. pres. act. ind. . . . . id.
    δεῖ 3 p. sing. pres. act. impers. . . . . δεῖ
    ἐλθεῖν 2 aor. act. infin. . . . . ἔρχομαι
11 ἀποκριθείς 1 aor. pass. ptc. nom. sing. m. .ἀποκρίνομαι
    ἔρχεται 3 p. sing. pres. mid. ind. . . . . . . .ἔρχομαι
    ἀποκαταστήσει 3 p. sing. fut. act. ind. . .ἀποκαθίστημι
12 ἦλθεν 3 p. sing. 2 aor. act. ind. . . . . . . .ἔρχομαι
    ἐπέγνωσαν 3 p. pl. 2 aor. act. ind. . . . . .ἐπιγινώσκω
    ἐποίησαν 3 p. pl. 1 aor. act. ind. . . . . ποιέω
    ἠθέλησαν 3 p. pl. 1 aor. act. ind. . . . . ἐθέλω
    μέλλει 3 p. sing. pres. act. ind. . . . . μέλλω
    πάσχειν pres. act. infin. . . . . πάσχω
13 συνῆκαν 3 p. pl. 1 aor. act. ind. . . . . .συνίημι
    εἶπεν 3 p. sing. 2 aor. act. ind. . . . . λέγω
14 ἐλθόντων 2 aor. act. ptc. gen. pl. masc. . . . . ἔρχομαι
    προσῆλθεν 3 p. sing. 2 aor. act. ind. . . . προσέρχομαι
    γονυπετῶν pres. act. ptc. nom. sing. masc. . . γονυπετέω
15 ἐλέησον 2 p. sing. 1 aor. act. imper. . . . . . . ἐλεέω
    σεληνιάζεται 3 p. sing. pres. mid. ind. . .σεληνιάζομαι
    ἔχει 3 p. sing. pres. act. ind. . . . . ἔχω
    πίπτει 3 p. sing. pres. act. ind. . . . . πίπτω
16 προσήνεγκα 1 p. sing. 1 aor. act. ind. . . . . . προσφέρω
    ἠδυνήθησαν 3 p. pl. 1 aor. pass. ind. . . . . .δύναμαι
    θεραπεῦσαι 1 aor. act. infin. . . . . θεραπεύω
17 ἀποκριθείς 1 aor. pass. ptc. nom. sing. m. .ἀποκρίνομαι
    διεστραμμένη perf. pass. ptc. nom. sing. fem. .διαστρέφω
    ἔσομαι 1 p. sing. fut. mid. ind. . . . . εἰμί
    ἀνέξομαι 1 p. sing. fut. mid. ind. . . . . . .ἀνέχομαι
    φέρετε 2 p. pl. pres. act. ind. or imper. . . . .φέρω
18 ἐπετίμησεν 3 p. sing. 1 aor. act. ind. . . . . .ἐπιτιμάω
    ἐξῆλθεν 3 p. sing. 2 aor. act. ind. . . . . .ἐξέρχομαι
    ἐθεραπεύθη 3 p. sing. 1 aor. pass. ind. . . . . θεραπεύω
19 προσελθόντες 2 aor. act. ptc. nom. pl. masc. προσέρχομαι
    εἶπον 3 p. pl. 2 aor. act. ind. . . . . λέγω
    ἠδυνήθημεν 1 p. pl. 1 aor. pass. ind. . . . . . .δύναμαι
    ἐκβαλεῖν 2 aor. act. infin. . . . . .ἐκβάλλω
20 λέγει 3 p. sing. pres. act. ind. . . . . λέγω
    ἔχητε 2 p. pl. pres. act. subj. . . . . ἔχω
    ἐρεῖτε 2 p. pl. fut. act. ind. . . . . λέγω
    μετάβα 2 p. sing. 2 aor. act. imper. . . . . . μεταβαίνω
    μεταβήσεται 3 p. sing. fut. act. ind. . . . . id.
    ἀδυνατήσει 3 p. sing. fut. act. ind. . . . . . .ἀδυνατέω
22 συστρεφομένων pres. mid. ptc. gen. pl. m. or n. συστρέφω

εἶπεν 3 p. sing. 2 aor. act. ind. . . . . λέγω
μέλλει 3 p. sing. pres. act. ind. . . . . μέλλω
παραδίδοσθαι pres. pass. infin. . . . . παραδίδωμι
23 ἀποκτενοῦσιν 3 p. pl. fut. act. ind. . . . . . ἀποκτείνω
ἐγερθήσεται 3 p. sing. fut. pass. ind. . . . . . . ἐγείρω
ἐλυπήθησαν 3 p. pl. 1 aor. pass. ind. . . . . λυπέω
24 ἐλθόντων 2 aor. act. ptc. gen. pl. masc. . . . . ἔρχομαι
προσῆλθον 3 p. pl. 2 aor. act. ind. . . . . προσέρχομαι
λαμβάνοντες pres. act. ptc. nom. pl. masc. . . . λαμβάνω
εἶπαν 3 p. pl. 2 aor. act. ind. . . . . λέγω
τελεῖ 3 p. sing. pres. act. ind. . . . . τελέω
25 ἐλθόντα 2 aor. act. ptc. acc. sing. masc. . . . . ἔρχομαι
προέφθασεν 3 p. sing. 1 aor. act. ind. . . . . . .προφθάνω
λέγων pres. act. ptc. nom. sing. masc. . . . . λέγω
δοκεῖ 3 p. sing. pres. act. ind. . . . . .δοκέω
λαμβάνουσιν 3 p. pl. pres. act. ind. . . . . λαμβάνω
26 εἰπόντος 2 aor. act. ptc. gen. sing. masc. . . . . εἶπον
ἔφη 3 p. sing. 2 aor. act. ind. . . . . .φημί
εἰσιν 3 p. pl. pres. act. ind. . . . . εἰμί
27 σκανδαλίσωμεν 1 p. pl. 1 aor. act. subj. . . .σκανδαλίζω
πορευθείς 1 aor. pass. ptc. nom. sing. masc. . πορεύομαι
βάλε 2 p. sing. 2 aor. act. imper. . . . . .βάλλω
ἀναβάντα 2 aor. act. ptc. acc. sing. masc. . . . ἀναβαίνω
ἆρον 2 p. sing. 1 aor. act. imper. . . . . αἴρω
ἀνοίξας 1 aor. act. ptc. nom. sing. masc. . . . . .ἀνοίγω
εὑρήσεις 2 p. sing. fut. act. ind. . . . . εὑρίσκω
λαβών 2 aor. act. ptc. nom. sing. masc. . . . . . λαμβάνω
δός 2 p. sing. 2 aor. act. imper. . . . . .δίδωμι

18

1 προσῆλθον 3 p. pl. 2 aor. act. ind. . . . . . προσέρχομαι
λέγοντες pres. act. ptc. nom. pl. masc. . . . . λέγω
ἐστίν 3 p. sing. pres. act. ind. . . . . εἰμί
2 προσκαλεσάμενος 1 aor. mid. ptc. nom. s. m.προσκαλέομαι
ἔστησεν 3 p. sing. 1 aor. act. ind. . . . . .ἵστημι
3 εἶπεν 3 p. sing. 2 aor. act. ind. . . . . λέγω
στραφῆτε 2 p. pl. 2 aor. pass. subj. . . . . στρέφω
γένησθε 2 p. pl. 2 aor. mid. subj. . . . . .γίνομαι
εἰσέλθητε 2 p. pl. 2 aor. act. subj. . . . . .εἰσέρχομαι
4 ταπεινώσει 3 p. sing. fut. act. ind. . . . . . .ταπεινόω
5 δέξηται 3 p. sing. 1 aor. mid. subj. . . . . . . .δέχομαι
6 σκανδαλίσῃ 3 p. sing. 1 aor. act. subj. . . .σκανδαλίζω
πιστευόντων pres. act. ptc. gen. pl. masc. . . . πιστεύω
συμφέρει 3 p. sing. pres. act. ind. . . . . συμφέρω
κρεμασθῇ 3 p. sing. 1 aor. pass. subj. . . . .κρεμάννυμι
καταποντισθῇ 3 p. sing. 1 aor. pass. subj. . .καταποντίζω
7 ἐλθεῖν 2 aor. act. infin. . . . . ἔρχομαι
ἔρχεται 3 p. sing. pres. mid. ind. . . . . id.
8 σκανδαλίζει 3 p. sing. pres. act. ind. . . . σκανδαλίζω
ἔκκοψον 2 p. sing. 1 aor. act. imper. . . . . . . ἐκκόπτω
βάλε 2 p. sing. 2 aor. act. imper. . . . . .βάλλω
εἰσελθεῖν 2 aor. act. infin. . . . . εἰσέρχομαι
ἔχοντα pres. act. ptc. nom. pl. neut. . . . . .ἔχω
βληθῆναι 1 aor. pass. infin. . . . . .βάλλω
9 ἔξελε 2 p. sing. 2 aor. act. imper. . . . . ἐξαιρέω

10 ὁρᾶτε 2 p. pl. pres. act. ind. or imper. . . . . . . ὁράω
   καταφρονήσητε 2 p. pl. 1 aor. act. subj. . . καταφρονέω
   βλέπουσι 3 p. pl. pres. act. ind. . . . . βλέπω
12 δοκεῖ 3 p. sing. pres. act. ind. . . . . δοκέω
   γένηται 3 p. sing. 2 aor. mid. subj. . . . . γίνομαι
   πλανηθῇ 3 p. sing. 1 aor. pass. subj. . . . . πλανάω
   ἀφήσει 3 p. sing. fut. act. ind. . . . . ἀφίημι
   πορευθείς 1 aor. pass. ptc. nom. sing. masc. . πορεύομαι
   ζητεῖ 3 p. sing. pres. act. ind. . . . . ζητέω
   πλανώμενον pres. pass. ptc. acc. sing. neut. . . . πλανάω
13 εὑρεῖν 2 aor. act. infin. . . . . εὑρίσκω
   χαίρει 3 p. sing. pres. act. ind. . . . . χαίρω
   πεπλανημένοις perf. pass. ptc. dat. pl. masc. . . πλανάω
14 ἀπόληται 3 p. sing. 2 aor. mid. subj. . . . . . ἀπόλλυμι
15 ὕπαγε 2 p. sing. pres. act. imper. . . . . ὑπάγω
   ἔλεγξον 2 p. sing. 1 aor. act. imper. . . . . . . ἐλέγχω
   ἀκούσῃ 3 p. sing. 1 aor. act. subj. . . . . ἀκούω
   ἐκέρδησας 2 p. sing. 1 aor. act. ind. . . . . . κερδαίνω
16 παράλαβε 2 p. sing. 2 aor. act. imper. . . . παραλαμβάνω
   σταθῇ 3 p. sing. 1 aor. pass. subj. . . . . ἵστημι
17 παρακούσῃ 3 p. sing. 1 aor. act. subj. . . . . . παρακούω
   εἶπον 2 p. sing. 2 aor. act. imper. . . . . λέγω
   ἔστω 3 p. sing. pres. act. imper. . . . . εἰμί
18 δήσητε 2 p. pl. 1 aor. act. subj. . . . . δέω
   ἔσται 3 p. sing. fut. mid. ind. . . . . εἰμί
   δεδεμένα perf. pass. ptc. nom. pl. neut. . . . . . . δέω
   λύσητε 2 p. pl. 1 aor. act. subj. . . . . λύω
   λελυμένα perf. pass. ptc. nom. pl. neut. . . . . . . id.
19 συμφωνήσωσιν 3 p. pl. 1 aor. act. subj. . . . . συμφωνέω
   αἰτήσωνται 3 p. pl. 1 aor. mid. subj. . . . . . . αἰτέω
   γενήσεται 3 p. sing. fut. mid. ind. . . . . γίνομαι
20 εἰσιν 2 p. pl. pres. act. ind. . . . . εἰμί
   συνηγμένοι perf. pass. ptc. nom. pl. masc. . . . συνάγω
21 προσελθών 2 aor. act. ptc. nom. sing. masc. προσέρχομαι
   εἶπεν 3 p. sing. 2 aor. act. ind. . . . . λέγω
   ἁμαρτήσει 3 p. sing. fut. act. ind. . . . . . . ἁμαρτάνω
   ἀφήσω 1 p. sing. fut. act. ind. . . . . ἀφίημι
22 λέγει 3 p. sing. pres. act. ind. . . . . λέγω
23 ὡμοιώθη 3 p. sing. 1 aor. pass. ind. . . . . . . ὁμοιόω
   ἠθέλησεν 3 p. sing. 1 aor. act. ind. . . . . . . ἐθέλω
   συνᾶραι 1 aor. act. infin. . . . . συναίρω
24 ἀρξαμένου 1 aor. mid. ptc. gen. sing. masc. . . . ἄρχω
   συναίρειν pres. act. infin. . . . . συναίρω
   προσήχθη 3 p. sing. 1 aor. pass. ind. . . . . . προσφέρω
25 ἔχοντος pres. act. ptc. gen. sing. masc. . . . . . . ἔχω
   ἀποδοῦναι 2 aor. act. infin. . . . . ἀποδίδωμι
   ἐκέλευσεν 3 p. sing. 1 aor. act. ind. . . . . . . κελεύω
   πραθῆναι 1 aor. pass. infin. . . . . πιπράσκω
   ἔχει 3 p. sing. pres. act. ind. . . . . ἔχω
   ἀποδοθῆναι 1 aor. pass. infin. . . . . ἀποδίδωμι
26 πεσών 2 aor. act. ptc. nom. sing. masc. . . . . . . πίπτω
   προσεκύνει 3 p. sing. imperf. act. ind. . . . . προσκυνέω
   λέγων pres. act. ptc. nom. sing. masc. . . . . λέγω
   μακροθύμησον 2 p. sing. 1 aor. act. imper. . . μακροθυμέω
   ἀποδώσω 1 p. sing. fut. act. ind. . . . . ἀποδίδωμι

27 σπλαγχνισθείς 1 aor. pass. ptc. nom. s. m.σπλαγχνίζομαι
     ἀπέλυσεν 3 p. sing. 1 aor. act. ind. . . . . ἀπολύω
     ἀφῆκεν 3 p. sing. 1 aor. act. ind. . . . . ἀφίημι
28 ἐξελθών 2 aor. act. ptc. nom. sing. masc. . . ἐξέρχομαι
     εὗρεν 3 p. sing. 2 aor. act. ind. . . . . εὑρίσκω
     ὤφειλεν 3 p. sing. imperf. act. ind. . . . . ὀφείλω
     κρατήσας 1 aor. act. ptc. nom. sing. masc. . . . . κρατέω
     ἔπνιγεν 3 p. sing. imperf. act. ind. . . . . πνίγω
     ἀπόδος 2 p. sing. 2 aor. act. imper. . . . . . . ἀποδίδωμι
     ὀφείλεις 2 p. sing. pres. act. ind. . . . . ὀφείλω
29 πεσών 2 aor. act. ptc. nom. sing. masc. . . . . . . πίπτω
     παρεκάλει 3 p. sing. imperf. act. ind. . . . . παρακαλέω
     μακροθύμησον 2 p. sing. 1 aor. act. imper. . μακροθυμέω
     ἀποδώσω 1 p. sing. fut. act. ind. . . . . ἀποδίδωμι
30 ἤθελεν 3 p. sing. imperf. act. ind. . . . . ἐθέλω
     ἀπελθών 2 aor. act. ptc. nom. sing. masc. . . . ἀπέρχομαι
     ἔβαλεν 3 p. sing. 2 aor. act. ind. . . . . βάλλω
     ἀποδῶ 3 p. sing. 2 aor. act. subj. . . . . ἀποδίδωμι
     ὀφειλόμενον pres. pass. ptc. acc. sing. neut. . . ὀφείλω
31 ἰδόντες 2 aor. act. ptc. nom. pl. masc. . . . . . . ὁράω
     γενόμενα 2 aor. mid. ptc. acc. pl. neut. . . . . .γίνομαι
     ἐλυπήθησαν 3 p. pl. 1 aor. pass. ind. . . . . . . .λυπέω
     ἐλθόντες 2 aor. act. ptc. nom. pl. masc. . . . . .ἔρχομαι
     διεσάφησαν 3 p. pl. 1 aor. act. ind. . . . . . .διασαφέω
32 προσκαλεσάμενος 1 aor. mid. ptc. nom. pl. m.προσκαλέομαι
     λέγει 3 p. sing. pres. act. ind. . . . . λέγω
     ἀφῆκα 1 p. sing. 1 aor. act. ind. . . . . .ἀφίημι
     παρεκάλεσας 2 p. sing. 1 aor. act. ind. . . . παρακαλέω
33 ἔδει 3 p. sing. imperf. act. ind. . . . . δεῖ
     ἐλεῆσαι 1 aor. act. infin. . . . . ἐλεέω
     ἠλέησα 1 p. sing. 1 aor. act. ind. . . . . id.
34 ὀργισθείς 1 aor. pass. ptc. nom. sing. masc. . . . ὀργίζω
     παρέδωκεν 3 p. sing. 1 aor. act. ind. . . . . . παραδίδωμι
     ἀποδῶ 3 p. sing. 2 aor. act. subj. . . . . . . .ἀποδίδωμι
     ὀφειλόμενον pres. pass. ptc. acc. sing. neut. . . ὀφείλω
35 ποιήσει 3 p. sing. fut. act. ind. . . . . ποιέω
     ἀφῆτε 2 p. pl. 2 aor. act. subj. . . . . ἀφίημι

19

1 ἐγένετο 3 p. sing. 2 aor. mid. ind. . . . . γίνομαι
     ἐτέλεσεν 3 p. sing. 1 aor. act. ind. . . . . τελέω
     μετῆρεν 3 p. sing. 1 aor. act. ind. . . . . . . .μεταίρω
     ἦλθεν 3 p. sing. 2 aor. act. ind. . . . . ἔρχομαι
2 ἠκολούθησαν 3 p. pl. 1 aor. act. ind. . . . . .ἀκολουθέω
     ἐθεράπευσεν 3 p. sing. 1 aor. act. ind. . . . . θεραπεύω
3 προσῆλθον 3 p. pl. 2 aor. act. ind. . . . . .προσέρχομαι
     πειράζοντες pres. act. ptc. nom. pl. masc. . . . πειράζω
     λέγοντες pres. act. ptc. nom. pl. masc. . . . . . . λέγω
     ἔξεστιν 3 sing. pres. act. impers. verb . . . . . ἔξειμι
     ἀπολῦσαι 1 aor. act. infin. . . . . .ἀπολύω
4 ἀποκριθείς 1 aor. pass. ptc. nom. sing. m. . ἀποκρίνομαι
     εἶπεν 3 p. sing. 2 aor. act. ind. . . . . λέγω
     ἀνέγνωτε 2 p. pl. 2 aor. act. ind. . . . . . . ἀναγινώσκω
     ἐποίησεν 3 p. sing. 1 aor. act. ind. . . . . ποιέω
     κτίσας 1 aor. act. ptc. nom. sing. masc. . . . . . . κτίζω

5 καταλείψει 3 p. sing. fut. act. ind. . . . . . καταλείπω
  κολληθήσεται 3 p. sing. fut. pass. ind. . . . . . κολλάω
  ἔσονται 3 p. pl. fut. mid. ind. . . . . εἰμί
6 εἰσίν 3 p. pl. pres. act. ind. . . . . id.
  συνέζευξεν 3 p. sing. 1 aor. act. ind. . . . . συζεύγνυμι
  χωριζέτω 3 p. sing. pres. act. imper. . . . . χωρίζω
7 λέγουσιν 3 p. pl. pres. act. ind. . . . . λέγω
  ἐνετείλατο 3 p. sing. 1 aor. mid. ind. . . . ἐντέλλομαι
  δοῦναι 2 aor. act. infin. . . . . δίδωμι
  ἀπολῦσαι 1 aor. act. infin. . . . . ἀπολύω
8 λέγει 3 p. sing. pres. act. ind. . . . . λέγω
  ἐπέτρεψεν 3 p. sing. 1 aor. act. ind. . . . . . ἐπιτρέπω
  γέγονεν 3 p. sing. 2 perf. act. ind. . . . . γίνομαι
9 ἀπολύσῃ 3 p. sing. 1 aor. act. subj. . . . . ἀπολύω
  γαμήσῃ 3 p. sing. 1 aor. act. subj. . . . . γαμέω
  μοιχᾶται 3 p. sing. pres. pass. ind. . . . . μοιχάω
10 λέγουσιν 3 p. pl. pres. act. ind. . . . . λέγω
  ἐστιν 3 p. sing. pres. act. ind. . . . . εἰμί
  συμφέρει 3 p. sing. pres. act. ind. . . . . συμφέρω
  γαμῆσαι 1 aor. act. infin. . . . . γαμέω
11 χωροῦσιν 3 p. pl. pres. act. ind. . . . . χωρέω
  δέδοται 3 p. sing. perf. pass. ind. . . . . δίδωμι
12 ἐγεννήθησαν 3 p. pl. 1 aor. pass. ind. . . . . . . γεννάω
  εὐνουχίσθησαν 3 p. pl. 1 aor. pass. ind. . . . εὐνουχίζω
  εὐνούχισαν 3 p. pl. 1 aor. act. ind. . . . . id.
  δυνάμενος pres. pass. ptc. nom. sing. masc. . . δύναμαι
  χωρεῖν pres. act. infin. . . . . χωρέω
  χωρείτω 3 p. sing. pres. act. imper. . . . . id.
13 προσηνέχθησαν 3 p. pl. 1 aor. pass. ind. . . . . προσφέρω
  ἐπιθῇ 3 p. sing. 2 aor. act. subj. . . . . ἐπιτίθημι
  προσεύξηται 3 p. sing. 1 aor. mid. subj. . . προσεύχομαι
  ἐπετίμησαν 3 p. pl. 1 aor. act. ind. . . . . . . ἐπιτιμάω
14 ἄφετε 2 p. pl. 2 aor. act. ind. . . . . ἀφίημι
  κωλύετε 2 p. pl. pres. act. imper. . . . . κωλύω
  ἐλθεῖν 2 aor. act. infin. . . . . ἔρχομαι
15 ἐπιθείς 2 aor. act. ptc. nom. sing. masc. . . . ἐπιτίθημι
  ἐπορεύθη 3 p. sing. 1 aor. pass. ind. . . . . . πορεύομαι
16 ἰδού 2 p. sing. 2 aor. mid. imper. . . . . εἶδον
  προσελθών 2 aor. act. ptc. nom. sing. masc. προσέρχομαι
  ποιήσω 1 p. sing. fut. act. ind. . . . . ποιέω
  σχῶ 1 p. sing. 2 aor. act. subj. . . . . ἔχω
17 ἐρωτᾷς 2 p. sing. pres. act. ind. . . . . ἐρωτάω
  θέλεις 2 p. sing. pres. act. ind. . . . . θέλω
  εἰσελθεῖν 2 aor. act. infin. . . . . εἰσέρχομαι
  τήρει 2 p. sing. pres. act. imper. . . . . τηρέω
18 λέγει 3 p. sing. pres. act. ind. . . . . λέγω
  ἔφη 3 p. sing. 2 aor. act. ind. . . . . φημί
  φονεύσεις 2 p. sing. fut. act. ind. . . . . φονεύω
  μοιχεύσεις 2 p. sing. fut. act. ind. . . . . . μοιχεύω
  κλέψεις 2 p. sing. fut. act. ind. . . . . κλέπτω
  ψευδομαρτυρήσεις 2 p. sing. fut. act. ind. ψευδομαρτυρέω
19 ἀγαπήσεις 2 p. sing. fut. act. ind. . . . . ἀγαπάω
20 ἐφύλαξα 1 p. sing. 1 aor. act. ind. . . . . φυλάσσω
  ὑστερῶ 1 p. sing. pres. act. ind. . . . . ὑστερέω
21 ἔφη 3 p. sing. 2 aor. act. ind. . . . . φημί

θέλεις 2 p. sing. pres. act. ind. . . . . θέλω
εἶναι pres. act. infin. . . . . εἰμί
ὕπαγε 2 p. sing. pres. act. ind. . . . . .ὑπάγω
πώλησον 2 p. sing. 1 aor. act. imper. . . . . πωλέω
ὑπάρχοντα pres. act. ptc. acc. pl. neut. . . . . . . ὑπάρχω
δός 2 p. sing. 2 aor. act. imper. . . . . .δίδωμι
ἕξεις 2 p. sing. fut. act. ind. . . . . ἔχω
ἀκολούθει 2 p. sing. pres. act. imper. . . . . .ἀκολουθέω
22 ἀκούσας 1 aor. act. ptc. nom. sing. masc. . . . . . ἀκούω
ἀπῆλθεν 3 p. sing. 2 aor. act. ind. . . . . . .ἀπέρχομαι
λυπούμενος pres. pass. ptc. nom. sing. masc. . . . λυπέω
ἦν 3 p. sing. imperf. act. ind. . . . . .εἰμί
ἔχων pres. act. ptc. nom. sing. masc. . . . . ἔχω
23 εἶπεν 3 p. sing. 2 aor. act. ind. . . . . .λέγω
εἰσελεύσεται 3 p. sing. fut. mid. ind. . . . εἰσέρχομαι
24 εἰσελθεῖν 2 aor. act. infin. . . . . id.
25 ἀκούσαντες 1 aor. act. ptc. nom. pl. masc. . . . . . ἀκούω
ἐξεπλήσσοντο 3 p. pl. imperf. pass. ind. . . . .ἐκπλήσσω
λέγοντες pres. act. ptc. nom. pl. masc. . . . . . . .λέγω
δύναται 3 p. sing. pres. pass. ind. . . . . δύναμαι
σωθῆναι 1 aor. pass. infin. . . . . σώζω
26 ἐμβλέψας 1 aor. act. ptc. nom. sing. masc. . . . .ἐμβλέπω
27 ἀποκριθείς 1 aor. pass. ptc. nom. sing. m. .ἀποκρίνομαι
ἰδού 2 p. sing. 2 aor. mid. imper. . . . . εἶδον
ἀφήκαμεν 1 p. pl. 1 aor. act. ind. . . . . ἀφίημι
ἠκολουθήσαμεν 1 p. pl. 1 aor. act. ind. . . . ἀκολουθέω
ἔσται 3 p. sing. fut. mid. ind. . . . . .εἰμί
28 ἀκολουθήσαντες 1 aor. act. ptc. nom. pl. masc. ἀκολουθέω
καθίσῃ 3 p. sing. 1 aor. act. subj. . . . . . . .καθίζω
καθήσεσθε 2 p. pl. fut. mid. ind. . . . . .κάθημαι
κρίνοντες pres. act. ptc. nom. pl. masc. . . . . . .κρίνω
29 ἀφῆκεν 3 p. sing. 1 aor. act. ind. . . . . ἀφίημι
λήμψεται 3 p. sing. fut. mid. ind. . . . . .λαμβάνω
κληρονομήσει 3 p. sing. fut. act. ind. . . . κληρονομέω
30 ἔσονται 3 p. pl. fut. mid. ind. . . . . .εἰμί

20

1 ἐξῆλθεν 3 p. sing. 2 aor. act. ind. . . . . ἐξέρχομαι
μισθώσασθαι 1 aor. mid. infin. . . . . .μισθόω
2 συμφωνήσας 1 aor. act. ptc. nom. sing. masc. . συμφωνέω
ἀπέστειλεν 3 p. sing. 1 aor. act. ind. . . . .ἀποστέλλω
3 ἐξελθών 2 aor. act. ptc. nom. sing. masc. . . . ἐξέρχομαι
εἶδεν 3 p. sing. 2 aor. act. ind. . . . . .ὁράω
ἑστῶτας perf. act. ptc. acc. pl. masc. . . . . . .ἵστημι
εἶπεν 3 p. sing. 2 aor. act. ind. . . . . .λέγω
4 ὑπάγετε 2 p. pl. pres. act. ind. . . . . .ὑπάγω
ᾖ 3 p. sing. pres. act. subj. . . . . εἰμί
δώσω 1 p. sing. fut. act. ind. . . . . .δίδωμι
5 ἀπῆλθον 3 p. pl. 2 aor. act. ind. . . . . . . .ἀπέρχομαι
ἐποίησεν 3 p. sing. 1 aor. act. ind. . . . . . . .ποιέω
6 λέγει 3 p. sing. pres. act. ind. . . . . λέγω
ἑστήκατε 2 p. pl. perf. act. ind. . . . . .ἵστημι
7 λέγουσιν 3 p. pl. pres. act. ind. . . . . .λέγω
ἐμισθώσατο 3 p. sing. 1 aor. mid. ind. . . . . . .μισθόω
ὑπάγετε 2 p. pl. pres. act. imper. . . . . .ὑπάγω

8 γενομένης 2 aor. mid. ptc. gen. sing. fem. . . . .γίνομαι
    κάλεσον 2 p. sing. 1 aor. act. imper. . . . . καλέω
    ἀπόδος 2 p. sing. 2 aor. act. imper. . . . . . ἀποδίδωμι
    ἀρξάμενος 1 aor. mid. ptc. nom. sing. masc. . . . . .ἄρχω
9 ἐλθόντες 2 aor. act. ptc. nom. pl. masc. . . . .ἔρχομαι
    ἔλαβον 3 p. pl. 2 aor. act. ind. . . . . λαμβάνω
10 ἐνόμισαν 3 p. pl. 1 aor. act. ind. . . . . νομίζω
    λήμφονται 3 p. pl. fut. mid. ind. . . . . λαμβάνω
11 λαβόντες 2 aor. act. ptc. nom. pl. masc. . . . . id.
    ἐγόγγυζον 3 p. pl. imperf. act. ind. . . . . . .γογγύζω
12 λέγοντες pres. act. ptc. nom. pl. masc. . . . . . . .λέγω
    ἐποίησαν 3 p. pl. 1 aor. mid. ind. . . . . .ποιέω
    ἐποίησας 2 p. sing. 1 aor. act. ind. . . . . id.
    βαστάσασι 1 aor. act. ptc. dat. pl. masc. . . . . βαστάζω
13 ἀποκριθείς 1 aor. pass. ptc. nom. sing. m. . ἀποκρίνομαι
    εἶπεν 3 p. sing. 2 aor. act. ind. . . . . .λέγω
    ἀδικῶ 1 p. sing. pres. act. ind. . . . . .ἀδικέω
    συνεφώνησας 2 p. sing. 1 aor. act. ind. . . . . συμφωνέω
14 ἆρον 2 p. sing. 1 aor. act. imper. . . . . .αἴρω
    ὕπαγε 2 p. sing. pres. act. imper. . . . . .ὑπάγω
    δοῦναι 2 aor. act. infin. . . . . .δίδωμι
15 ἔξεστιν 3 p. s. pres. impers. verb . . . . ἔξειμι
    ποιῆσαι 1 aor. act. infin. . . . . .ποιέω
    ἐστιν 3 p. sing. pres. act. ind. . . . . εἰμί
16 ἔσονται 3 p. pl. fut. mid. ind. . . . . id.
17 μέλλων pres. act. ptc. nom. sing. masc. . . . . . . μέλλω
    ἀναβαίνειν pres. act. infin. . . . . .ἀναβαίνω
    παρέλαβεν 3 p. sing. 2 aor. act. ind. . . . παραλαμβάνω
18 ἰδού 2 p. sing. 2 aor. mid. imper. . . . . .εἶδον
    ἀναβαίνομεν 1 p. pl. pres. act. ind. . . . . . .ἀναβαίνω
    παραδοθήσεται 3 p. sing. fut. pass. ind. . . παραδίδωμι
    κατακρινοῦσιν 3 p. pl. fut. act. ind. . . . . κατακρίνω
19 σταυρῶσαι 1 aor. act. infin. . . . . σταυρόω
    παραδώσουσιν 3 p. pl. fut. act. ind. . . . . . παραδίδωμι
    ἐμπαῖξαι 1 aor. act. infin. . . . . ἐμπαίζω
    μαστιγῶσαι 1 aor. act. infin. . . . . μαστιγόω
    ἐγερθήσεται 3 p. sing. fut. pass. ind. . . . . . .ἐγείρω
20 προσῆλθεν 3 p. sing. 2 aor. act. ind. . . . προσέρχομαι
    προσκυνοῦσα pres. act. ptc. nom. sing. fem. . .προσκυνέω
    αἰτοῦσα pres. act. ptc. nom. sing. fem. . . . . . αἰτέω
21 θέλεις 2 p. sing. pres. act. ind. . . . . .θέλω
    λέγει 3 p. sing. pres. act. ind. . . . . .λέγω
    εἰπέ 2 p. sing. 2 aor. act. imper. . . . . εἶπον
    καθίσωσιν 3 p. pl. 1 aor. act. subj. . . . . . . .καθίζω
22 ἀποκριθείς 1 aor. pass. ptc. nom. sing. m. . ἀποκρίνομαι
    οἴδατε 2 p. pl. 2 perf. act. ind. . . . . .οἶδα
    αἰτεῖσθε 2 p. pl. pres. mid. ind. . . . . αἰτέω
    δύνασθε 2 p. pl. pres. pass. ind. . . . . δύναμαι
    πιεῖν 2 aor. act. infin. . . . . πίνω
    πίνειν pres. act. infin. . . . . id.
    λέγουσιν 3 p. pl. pres. act. ind. . . . . .λέγω
    δυνάμεθα 1 p. pl. pres. pass. ind. . . . . δύναμαι
23 πίεσθε 2 p. pl. fut. mid. ind. . . . . πίνω
    καθίσαι 1 aor. act. infin. . . . . .καθίζω
    δοῦναι 2 aor. act. infin. . . . . .δίδωμι

ἡτοίμασται 3 p. sing. perf. pass. ind. . . . . .ἑτοιμάζω
24 ἀκούσαντες 1 aor. act. ptc. nom. pl. masc. . . . . ἀκούω
ἠγανάκτησαν 3 p. pl. 1 aor. act. ind. . . . . .ἀγανακτέω
25 προσκαλεσάμενος 1 aor. mid. ptc. nom. s. m.προσκαλέομαι
οἴδατε 2 p. pl. 2 perf. act. ind. . . . . .οἶδα
κατακυριεύουσιν 3 p. pl. pres. act. ind. . .κατακυριεύω
κατεξουσιάζουσιν 3 p. pl. pres. act. ind. .κατεξουσιάζω
26 ἐστίν 3 p. sing. pres. act. ind. . . . . εἰμί
θέλῃ 3 p. sing. pres. act. subj. . . . . θέλω
γενέσθαι 2 aor. mid. infin. . . . . γίνομαι
ἔσται 3 p. sing. fut. mid. ind. . . . . .εἰμί
27 εἶναι pres. act. infin. . . . . id.
28 ἦλθεν 3 p. sing. 2 aor. act. ind. . . . . ἔρχομαι
διακονηθῆναι 1 aor. pass. infin. . . . . . . .διακονέω
διακονῆσαι 1 aor. act. infin. . . . . .id.
δοῦναι 2 aor. act. infin. . . . . .δίδωμι
29 ἐκπορευομένων pres. mid. ptc. gen. pl. masc.ἐκπορεύομαι
ἠκολούθησεν 3 p. sing. 1 aor. act. ind. . . . ἀκολουθέω
30 ἰδού 2 p. sing. 2 aor. mid. imper. . . . . . . εἶδον
καθήμενοι pres. mid. ptc. nom. pl. masc. . . . . .κάθημαι
ἀκούσαντες 1 aor. act. ptc. nom. pl. masc. . . . . ἀκούω
παράγει 3 p. sing. pres. act. ind. . . . . παράγω
ἔκραξαν 3 p. pl. 1 aor. act. ind. . . . . κράζω
λέγοντες pres. act. ptc. nom. pl. masc. . . . . . . λέγω
ἐλέησον 2 p. sing. 1 aor. act. imper. . . . . ἐλεέω
31 ἐπετίμησεν 3 p. sing. 1 aor. act. ind. . . . . .ἐπιτιμάω
σιωπήσωσιν 3 p. pl. 1 aor. act. subj. . . . . . . σιωπάω
32 στάς 2 aor. act. ptc. nom. sing. masc. . . . . . ἵστημι
ἐφώνησεν 3 p. sing. 1 aor. act. ind. . . . . φωνέω
θέλετε 2 p. pl. pres. act. ind. . . . . .θέλω
ποιήσω 1 p. sing. fut.a. ind. or 1 aor. act. subj. .ποιέω
33 λέγουσιν 3 p. pl. pres. act. ind. . . . . λέγω
ἀνοιγῶσιν 3 p. pl. 2 aor. or pres. act. subj. . . .ἀνοίγω
34 σπλαγχνισθείς 1 aor. pass. ptc. nom. s. m.σπλαγχνίζομαι
ἥψατο 3 p. sing. 1 aor. mid. ind. . . . . .ἅπτω
ἀνέβλεψαν 3 p. pl. 1 aor. act. ind. . . . . ἀναβλέπω
ἠκολούθησαν 3 p. pl. 1 aor. act. ind. . . . . . ἀκολουθέω

21

1 ἤγγισαν 3 p. pl. 1 aor. act. ind. . . . . ἐγγίζω
ἦλθον 3 p. pl. 2 aor. act. ind. . . . . ἔρχομαι
ἀπέστειλεν 3 p. sing. 1 aor. act. ind. . . . . .ἀποστέλλω
2 λέγων pres. act. ptc. nom. sing. masc. . . . . λέγω
πορεύεσθε 2 p. pl. pres. mid. imper. . . . . . .πορεύομαι
εὑρήσετε 2 p. pl. fut. act. ind. . . . . .εὑρίσκω
δεδεμένην perf. pass. ptc. acc. sing. fem. . . . . . δέω
λύσαντες 1 aor. act. ptc. nom. pl. masc. . . . . . λύω
ἀγάγετε 2 p. pl. 2 aor. act. imper. . . . . ἄγω
3 εἴπῃ 3 p. sing. 2 aor. act. subj. . . . . εἶπον
ἐρεῖτε 2 p. pl. fut. act. ind. . . . . λέγω
ἔχει 3 p. sing. pres. act. ind. . . . . ἔχω
ἀποστελεῖ 3 p. sing. fut. act. ind. . . . . . .ἀποστέλλω
4 γέγονεν 3 p. sing. 2 perf. mid. ind. . . . . . . .γίνομαι
πληρωθῇ 3 p. sing. 1 aor. pass. subj. . . . . . . .πληρόω
ῥηθέν 1 aor. pass. ptc. nom. or acc. sing. neut. . .εἶπον

λέγοντος pres. act. ptc. gen. sing. masc. . . . . . λέγω
5 εἴπατε 2 p. pl. 2 aor. act. imper. . . . . εἴπον
  ἰδού 2 p. sing. 2 aor. mid. imper. . . . . εἴδον
  ἔρχεται 3 p. sing. pres. mid. ind. . . . . ἔρχομαι
6 πορευθέντες 1 aor. pass. ptc. nom. pl. masc. . . πορεύομαι
  ποιήσαντες 1 aor. act. ptc. nom. pl. masc. . . . . ποιέω
  συνέταξεν 3 p. sing. 1 aor. act. ind. . . . . . συντάσσω
7 ἤγαγον 3 p. pl. 2 aor. act. ind. . . . . ἄγω
  ἐπέθηκαν 3 p. pl. 1 aor. act. ind. . . . . . . ἐπιτίθημι
  ἐπεκάθισεν 3 p. sing. 1 aor. act. ind. . . . . ἐπικαθίζω
8 ἔστρωσαν 3 p. pl. 1 aor. act. ind. . . . . . . .στρωννύω
  ἔκοπτον 3 p. pl. imperf. act. ind. . . . . .κόπτω
  ἐστρώννυον 3 p. pl. imperf. act. ind. . . . . . στρωννύω
9 προάγοντες pres. act. ptc. nom. pl. masc. . . . . προάγω
  ἀκολουθοῦντες pres. act. ptc. nom. pl. masc. . ἀκολουθέω
  ἔκραζον 3 p. pl. imperf. act. ind. . . . . .κράζω
  λέγοντες pres. act. ptc. nom. pl. masc. . . . . . .λέγω
  εὐλογημένος perf. pass. ptc. nom. sing. masc. . .εὐλογέω
  ἐρχόμενος pres. mid. ptc. nom. sing. masc. . . .ἔρχομαι
10 εἰσελθόντος 2 aor. act. ptc. gen. sing. masc. εἰσέρχομαι
  ἐσείσθη 3 p. sing. 1 aor. pass. ind. . . . . σείω
  λέγουσα pres. act. ptc. nom. sing. fem. . . . . . . λέγω
  ἐστιν 3 p. sing. pres. act. ind. . . . . εἰμί
11 ἔλεγον 3 p. pl. imperf. act. ind. . . . . λέγω
12 εἰσῆλθεν 3 p. sing. 2 aor. act. ind. . . . . εἰσέρχομαι
  ἐξέβαλεν 3 p. sing. 2 aor. act. ind. . . . . . . ἐκβάλλω
  πωλοῦντας pres. act. ptc. acc. pl. masc. . . . . . πωλέω
  ἀγοράζοντας pres. act. ptc. acc. pl. masc. . . . ἀγοράζω
  κατέστρεφεν 3 p. sing. 1 aor. act. ind. . . .καταστρέφω
  πωλούντων pres. act. ptc. gen. pl. masc. . . . . . πωλέω
13 λέγει 3 p. sing. pres. act. ind. . . . . .λέγω
  γέγραπται 3 p. sing. perf. pass. ind. . . . . . . γράφω
  κληθήσεται 3 p. sing.1 fut. pass. ind. . . . . . .καλέω
  ποιεῖτε 2 p. pl. pres. act. ind. or imper. . . . . .ποιέω
14 προσῆλθον 3 p. pl. 2 aor. act. ind. . . . . προσέρχομαι
  ἐθεράπευσεν 3 p. sing. 1 aor. act. ind. . . . . θεραπεύω
15 ἰδόντες 2 aor. act. ptc. nom. pl. masc. . . . . . . δράω
  ἐποίησεν 3 p. sing. 1 aor. act. ind. . . . . .ποιέω
  κράζοντας pres. act. ptc. acc. pl. masc. . . . . . κράζω
  λέγοντας pres. act. ptc. acc. pl. masc. . . . . . .λέγω
  ἠγανάκτησαν 3 p. pl. 1 aor. act. ind. . . . . . ἀγανακτέω
16 εἶπαν 3 p. pl. 2 aor. act. ind. . . . . .λέγω
  ἀκούεις 2 p. sing. pres. act. ind. . . . . .ἀκούω
  λέγουσιν 3 p. pl. pres. act. ind. . . . . λέγω
  ἀνέγνωτε 2 p. pl. 2 aor. act. ind. . . . . . ἀναγινώσκω
  θηλαζόντων pres. act. ptc. gen. pl. masc. . . . . θηλάζω
  κατηρτίσω 2 p. sing. 1 aor. mid. ind. . . . . καταρτίζω
17 καταλιπών 2 aor. act. ptc. nom. sing. masc. . . καταλείπω
  ἐξῆλθεν 3 p. sing. 2 aor. act. ind. . . . . . ἐξέρχομαι
  ηὐλίσθη 3 p. sing. 1 aor. pass. ind. . . . . . . αὐλίζομαι
18 ἐπαναγαγών 2 aor. act. ptc. nom. sing. masc. . . ἐπανάγω
  ἐπείνασεν 3 p. sing. 1 aor. act. ind. . . . . . . πεινάω
19 ἰδών 2 aor. act. ptc. nom. sing. masc. . . . . . . δράω
  ἦλθεν 3 p. sing. 2 aor. act. ind. . . . . ἔρχομαι
  εὗρεν 3 p. sing. 2 aor. act. ind. . . . . εὑρίσκω

λέγει 3 p. sing. pres. act. ind. . . . . λέγω
γένηται 3 p. sing. 2 aor. mid. subj. . . . . . .γίνομαι
ἐξηράνθη 3 p. sing. 1 aor. pass. ind. . . . . . . ξηραίνω
20 ἰδόντες 2 aor. act. ptc. nom. pl. masc. . . . . . . .ὁράω
ἐθαύμασαν 3 p. pl. 1 aor. act. ind. . . . . . . .θαυμάζω
λέγοντες pres. act. ptc. nom. pl. masc. . . . . . . λέγω
21 ἀποκριθείς 1 aor. pass. ptc. nom. sing. m. .ἀποκρίνομαι
εἶπεν 3 p. sing. 2 aor. act. ind. . . . . .λέγω
ἔχητε 2 p. pl. pres. act. subj. . . . . .ἔχω
διακριθῆτε 2 p. pl. 1 aor. pass. subj. . . . . .διακρίνω
ποιήσετε 2 p. pl. fut. act. ind. . . . . ποιέω
εἴπητε 2 p. pl. 2 aor. act. subj. . . . . εἶπον
ἄρθητι 2 p. sing. 1 aor. pass. imper. . . . . . . .αἴρω
βλήθητι 2 p. sing. 1 aor. pass. imper. . . . . . . βάλλω
γενήσεται 3 p. sing. fut. mid. ind. . . . . . . .γίνομαι
22 αἰτήσητε 2 p. pl. 1 aor. act. subj. . . . . αἰτέω
πιστεύοντες pres. act. ptc. nom. pl. masc. . . . πιστεύω
λήμφεσθε 2 p. pl. fut. mid. ind. . . . . λαμβάνω
23 ἐλθόντος 2 aor. act. ptc. gen. sing. masc. . . . .ἔρχομαι
προσῆλθον 3 p. pl. 2 aor. act. ind. . . . .προσέρχομαι
διδάσκοντι pres. act. ptc. dat. sing. masc. . . .διδάσκω
λέγοντες pres. act. ptc. nom. pl. masc. . . . . . . λέγω
ποιεῖς 2 p. sing. pres. act. ind. . . . . ποιέω
ἔδωκεν 3 p. sing. 1 aor. act. ind. . . . . δίδωμι
24 ἐρωτήσω 1 p. sing. fut. act. ind. . . . . .ἐρωτάω
ἐρῶ 1 p. sing. fut. act. ind. . . . . .λέγω
ποιῶ 1 p. sing. pres. act. ind. and subj. . . . . ποιέω
25 ἦν 3 p. sing. imperf. act. ind. . . . . .εἰμί
διελογίζοντο 3 p. pl. imperf. mid. ind. . .διαλογίζομαι
λέγοντες pres. act. ptc. nom. pl. masc. . . . . . . λέγω
εἴπωμεν 1 p. pl. 2 aor. act. subj. . . . . id.
ἐρεῖ 3 p. sing. fut. act. ind. . . . . id.
ἐπιστεύσατε 2 p. pl. 1 aor. act. ind. . . . . . .πιστεύω
26 φοβούμεθα 1 p. pl. pres. mid. ind. . . . . φοβέω
ἔχουσιν 3 p. pl. pres. act. ind. . . . . .ἔχω
27 ἀποκριθέντες 1 aor. pass. ptc. nom. pl. m. .ἀποκρίνομαι
εἶπαν 3 p. pl. 2 aor. act. ind. . . . . .λέγω
ἔφη 3 p. sing. 2 aor. pass. ind. . . . . φημί
οἴδαμεν 1 p. pl. 2 perf. act. ind. . . . . .οἶδα
28 δοκεῖ 3 p. sing. pres. act. ind. . . . . .δοκέω
εἶχεν 3 p. sing. imperf. act. ind. . . . . .ἔχω
προσελθών 2 aor. act. ptc. nom. sing. masc. προσέρχομαι
ὕπαγε 2 p. sing. pres. act. imper. . . . . .ὑπάγω
ἐργάζου 2 p. sing. pres. mid. imper. . . . . . .ἐργάζομαι
29 ἀποκριθείς 1 aor. pass. ptc. nom. sing. m. .ἀποκρίνομαι
ἀπῆλθεν 3 p. sing. 2 aor. act. ind. . . . . . .ἀπέρχομαι
30 προσελθών 2 aor. act. ptc. nom. sing. masc. προσέρχομαι
μεταμεληθείς 1 aor. pass. ptc. nom. sing. m.μεταμέλομαι
31 ἐποίησεν 3 p. sing. 1 aor. act. ind. . . . . ποιέω
λέγουσιν 3 p. pl. pres. act. ind. . . . . λέγω
προάγουσιν 3 p. pl. pres. act. ind. . . . . προάγω
32 ἦλθεν 3 p. sing. 2 aor. act. ind. . . . . ἔρχομαι
ἐπιστεύσατε 2 p. pl. 1 aor. act. ind. . . . . . .πιστεύω
ἐπίστευσαν 3 p. pl. 1 aor. act. ind. . . . . id.
ἰδόντες 2 aor. act. ptc. nom. pl. masc. . . . . . . .ὁράω

μετεμελήθητε 2 p. pl. 1 aor. pass. ind. . . μεταμέλομαι
πιστεῦσαι 1 aor. act. infin. . . . . πιστεύω
33 ἀκούσατε 2 p. pl. 1 aor. act. imper. . . . . ἀκούω
ἦν 3 p. sing. imperf. act. ind. . . . . εἰμί
ἐφύτευσεν 3 p. sing. 1 aor. act. ind. . . . . φυτεύω
περιέθηκεν 3 p. sing. 1 aor. act. ind. . . . περιτίθημι
ὤρυξεν 3 p. sing. 1 aor. act. ind. . . . . ὀρύσσω
ᾠκοδόμησεν 3 p. sing. 1 aor. act. ind. . . . . . οἰκοδομέω
ἐξέδοτο 3 p. sing. 2 aor. mid. ind. . . . . ἐκδίδωμι
ἀπεδήμησεν 3 p. sing. 1 aor. act. ind. . . . . . ἀποδημέω
34 ἤγγισεν 3 p. sing. 1 aor. act. ind. . . . . ἐγγίζω
ἀπέστειλεν 3 p. sing. 1 aor. act. ind. . . . ἀποστέλλω
λαβεῖν 2 aor. act. infin. . . . . λαμβάνω
35 λαβόντες 2 aor. act. ptc. nom. pl. masc. . . . . . . id.
ἔδειραν 3 p. pl. 1 aor. act. ind. . . . . δέρω
ἀπέκτειναν 3 p. pl. 1 aor. act. ind. . . . . . ἀποκτείνω
ἐλιθοβόλησαν 3 p. pl. 1 aor. pass. ind. . . . λιθοβολέω
36 ἀπέστειλεν 3 p. sing. 1 aor. act. ind. . . . . ἀποστέλλω
ἐποίησαν 3 p. pl. 1 aor. act. ind. . . . . ποιέω
37 λέγων pres. act. ptc. nom. sing. masc. . . . . λέγω
ἐντραπήσονται 3 p. pl. 2 fut. pass. ind. . . . . . ἐντρέπω
38 ἰδόντες 2 aor. act. ptc. nom. pl. masc. . . . . ὁράω
εἶπον 3 p. pl. 2 aor. act. ind. . . . . λέγω
ἔστιν 3 p. sing. pres. act. ind. . . . . εἰμί
ἀποκτείνωμεν 1 p. pl. pres. act. subj. . . . . ἀποκτείνω
σχῶμεν 1 p. pl. 2 aor. act. subj. . . . . ἔχω
39 λαβόντες 2 aor. act. ptc. nom. pl. masc. . . . . . λαμβάνω
ἐξέβαλον 3 p. pl. 2 aor. act. ind. . . . . ἐκβάλλω
ἀπέκτειναν 3 p. pl. 1 aor. act. ind. . . . . . . ἀποκτείνω
40 ἔλθῃ 3 p. sing. 2 aor. act. subj. . . . . ἔρχομαι
ποιήσει 3 p. sing. fut. act. ind. . . . . ποιέω
41 λέγουσιν 3 p. pl. pres. act. ind. . . . . λέγω
ἀπολέσει 3 p. sing. fut. act. ind. . . . . ἀπόλλυμι
ἐκδώσεται 3 p. sing. fut. mid. ind. . . . . . . ἐκδίδωμι
ἀποδώσουσιν 3 p. pl. fut. act. ind. . . . . . . ἀποδίδωμι
42 λέγει 3 p. sing. pres. act. ind. . . . . λέγω
ἀνέγνωτε 2 p. pl. 2 aor. act. ind. . . . . ἀναγινώσκω
ἀπεδοκίμασαν 3 p. pl. 1 aor. act. ind. . . . ἀποδοκιμάζω
οἰκοδομοῦντες pres. act. ptc. nom. pl. masc. . . οἰκοδομέω
ἐγενήθη 3 p. sing. 1 aor. pass. ind. . . . . γίνομαι
ἐγένετο 3 p. sing. 2 aor. mid. ind. . . . . id.
43 ἀρθήσεται 3 p. sing. fut. pass. ind. . . . . αἴρω
δοθήσεται 3 p. sing. fut. pass. ind. . . . . δίδωμι
ποιοῦντι pres. act. ptc. dat. sing. masc. . . . . . ποιέω
44 πεσών 2 aor. act. ptc. nom. sing. masc. . . . . . . πίπτω
συνθλασθήσεται 3 p. sing. fut. pass. ind. . . . . συνθλάω
πέσῃ 3 p. sing. 2 aor. act. subj. . . . . πίπτω
λικμήσει 3 p. sing. fut. act. ind. . . . . λικμάω
45 ἀκούσαντες 1 aor. act. ptc. nom. pl. masc. . . . . ἀκούω
ἔγνωσαν 3 p. pl. 2 aor. act. ind. . . . . γινώσκω
λέγει 3 p. sing. pres. act. ind. . . . . λέγω
46 ζητοῦντες pres. act. ptc. nom. pl. masc. . . . . . . ζητέω
κρατῆσαι 1 aor. act. infin. . . . . κρατέω
ἐφοβήθησαν 3 p. pl. 1 aor. pass. ind. . . . . φοβέω
εἶχον 3 p. pl. imperf. act. ind. . . . . ἔχω

22

1 ἀποκριθείς 1 aor. pass. ptc. nom. sing. m. . ἀποκρίνομαι
  εἶπεν 3 p. sing. 2 aor. act. ind. . . . . λέγω
  λέγων pres. act. ptc. nom. sing. masc. . . . . id.
2 ὡμοιώθη 3 p. sing. 1 aor. pass. ind. . . . . ὁμοιόω
  ἐποίησεν 3 p. sing. 1 aor. act. ind. . . . . ποιέω
3 ἀπέστειλεν 3 p. sing. 1 aor. act. ind. . . . . ἀποστέλλω
  καλέσαι 1 aor. act. infin. . . . . καλέω
  κεκλημένους perf. pass. ptc. acc. pl. masc. . . . . . . id.
  ἤθελον 3 p. pl. 2 aor. act. ind. . . . . .ἐθέλω
  ἐλθεῖν 2 aor. act. infin. . . . . ἔρχομαι
4 εἴπατε 2 p. pl. 2 aor. act. imper. . . . . .εἶπον
  κεκλημένοις perf. pass. ptc. dat. pl. masc. . . . .καλέω
  ἰδού 2 p. sing. 2 aor. mid. imper. . . . . .εἶδον
  ἡτοίμακα 1 p. sing. perf. act. ind. . . . . . .ἑτοιμάζω
  τεθυμένα perf. pass. ptc. nom. pl. neut. . . . . θύω
5 ἀμελήσαντες 1 aor. act. ptc. nom. pl. masc. . . . ἀμελέω
  ἀπῆλθον 3 p. pl. 2 aor. act. ind. . . . . . . ἀπέρχομαι
6 κρατήσαντες 1 aor. act. ptc. nom. pl. masc. . . . κρατέω
  ὕβρισαν 3 p. pl. 1 aor. act. ind. . . . . .ὑβρίζω
  ἀπέκτειναν 3 p. pl. 1 aor. act. ind. . . . . . ἀποκτείνω
7 ὠργίσθη 3 p. sing. 1 aor. pass. ind. . . . . ὀργίζω
  πέμψας 1 aor. act. ptc. nom. sing. masc. . . . . . . πέμπω
  ἀπώλεσεν 3 p. sing. 1 aor. act. ind. . . . . . ἀπόλλυμι
  ἐνέπρησεν 3 p. sing. 1 aor. act. ind. . . . . ἐμπίμπρημι
8 λέγει 3 p. sing. pres. act. ind. . . . . λέγω
  ἐστιν 3 p. sing. pres. act. ind. . . . . εἰμί
  κεκλημένοι perf. pass. ptc. nom. pl. masc. . . . . καλέω
  ἦσαν 3 p. pl. imperf. act. ind. . . . . .εἰμί
9 πορεύεσθε 2 p. pl. pres. mid. imper. . . . . . πορεύομαι
  εὕρητε 2 p. pl. 2 aor. act. subj. . . . . εὑρίσκω
  καλέσατε 2 p. pl. 1 aor. act. imper. . . . . . . .καλέω
10 ἐξελθόντες 2 aor. act. ptc. nom. pl. masc. . . ἐξέρχομαι
  συνήγαγον 3 p. pl. 2 aor. act. ind. . . . . συνάγω
  εὗρον 3 p. pl. 2 aor. act. ind. . . . . εὑρίσκω
  ἐπλήσθη 3 p. sing. 1 aor. pass. ind. . . . . . . πίμπλημι
  ἀνακειμένων pres. mid. ptc. gen. pl. masc. . . ἀνάκειμαι
11 εἰσελθών 2 aor. act. ptc. nom. sing. masc. . . εἰσέρχομαι
  θεάσασθαι 1 aor. mid. infin. . . . . θεάομαι
  ἀνακειμένους pres. mid. ptc. acc. pl. masc. . . ἀνάκειμαι
  εἶδεν 3 p. sing. 2 aor. act. ind. . . . . .ὁράω
  ἐνδεδυμένον perf. pass. ptc. acc. sing. masc. . . .ἐνδύω
12 εἰσῆλθες 2 p. sing. 2 aor. act. ind. . . . . . εἰσέρχομαι
  ἔχων pres. act. ptc. nom. sing. masc. . . . . ἔχω
  ἐφιμώθη 3 p. sing. 1 aor. pass. ind. . . . . .φιμόω
13 εἶπεν 3 p. sing. 2 aor. act. ind. . . . . .λέγω
  δήσαντες 1 aor. act. ptc. nom. pl. masc. . . . . . . δέω
  ἐκβάλετε 2 p. pl. 2 aor. act. imper. . . . . . . ἐκβάλλω
  ἔσται 3 p. sing. fut. mid. ind. . . . . .εἰμί
14 εἰσιν 3 p. pl. pres. act. ind. . . . . id.
15 πορευθέντες 1 aor. pass. ptc. nom. pl. masc. . . πορεύομαι
  ἔλαβον 1 p. sing. and 3 p. pl. 2 aor. act. ind. . . λαμβάνω
  παγιδεύσωσιν 3 p. pl. 1 aor. act. subj. . . . . . παγιδεύω
16 ἀποστέλλουσιν 3 p. pl. pres. act. ind. . . . . . ἀποστέλλω
  λέγοντας pres. act. ptc. acc. pl. masc. . . . . λέγω

```
οἴδαμεν 1 p. pl. 2 perf. act. ind. . . . . . . . . . . οἶδα
εἶ 2 p. sing. pres. act. ind. . . . . . . . . . . . . εἰμί
διδάσκεις 2 p. sing. pres. act. ind. . . . . . . . .διδάσκω
μέλει 3 p. sing. pres. act. ind. impers. . . . . . . μέλω
βλέπεις 2 p. sing. pres. act. ind. . . . . . . . . .βλέπω
17 εἰπόν 2 p. sing. 2 aor. act. imper. . . . . . . . . εἶπον
δοκεῖ 3 p. sing. pres. act. ind. . . . . . . . . . .δοκέω
ἔξεστιν 3 p. s. pres. impers. verb . . . . . . . . .ἔξειμι
δοῦναι 2 aor. act. infin. . . . . . . . . . . . . . .δίδωμι
18 γνούς 2 aor. act. ptc. nom. sing. masc. . . . . . . γινώσκω
εἶπεν 3 p. sing. 2 aor. act. ind. . . . . . . . . . .λέγω
πειράζετε 2 p. pl. pres. act. ind. . . . . . . . .πειράζω
19 ἐπιδείξατε 2 p. pl. 1 aor. act. imper. . . .ἐπιδείκνυμι
προσήνεγκαν 3 p. pl. 1 aor. act. ind. . . . . . .προσφέρω
21 λέγουσιν 3 p. pl. pres. act. ind. . . . . . . . .λέγω
ἀπόδοτε 2 p. pl. 2 aor. act. imper. . . . . . . .ἀποδίδωμι
22 ἀκούσαντες 1 aor. act. ptc. nom. pl. masc. . . . .ἀκούω
ἐθαύμασαν 3 p. pl. 1 aor. act. ind. . . . . . . .θαυμάζω
ἀφέντες 2 aor. act. ptc. nom. pl. masc. . . . . .ἀφίημι
ἀπῆλθαν 3 p. pl. 1 aor. act. ind. . . . . . . .ἀπέρχομαι
23 προσῆλθον 3 p. pl. 2 aor. act. ind. . . . .προσέρχομαι
λέγοντες pres. act. ptc. nom. pl. masc. . . . . . .λέγω
εἶναι pres. act. infin. . . . . . . . . . . . . . .εἰμί
ἐπηρώτησαν 3 p. pl. 1 aor. act. ind. . . . . .ἐπερωτάω
24 ἀποθάνῃ 3 p. sing. 2 aor. act. subj. . . . . .ἀποθνήσκω
ἔχων pres. act. ptc. nom. sing. masc. . . . . . . . .ἔχω
ἐπιγαμβρεύσει 3 p. sing. fut. act. ind. . . .ἐπιγαμβρεύω
ἀναστήσει 3 p. sing. fut. act. ind. . . . . . .ἀνίστημι
25 ἦσαν 3 p. pl. imperf. act. ind. . . . . . . . . . .εἰμί
γήμας 1 aor. act. ptc. nom. sing. masc. . . . . . . .γαμέω
ἐτελεύτησεν 3 p. sing. 1 aor. act. ind. . . . . .τελευτάω
ἀφῆκεν 3 p. sing. 1 aor. act. ind. . . . . . . . .ἀφίημι
27 ἀπέθανεν 3 p. sing. 2 aor. act. ind. . . . . .ἀποθνήσκω
28 ἔσται 3 p. sing. fut. mid. ind. . . . . . . . . . .εἰμί
ἔσχον 1 p. sing. and 3 p. pl. 2 aor. act. ind. . . . .ἔχω
29 ἀποκριθείς 1 aor. pass. ptc. nom. sing. m. .ἀποκρίνομαι
πλανᾶσθε 2 p. pl. pres. mid. ind. . . . . . . . .πλανάω
εἰδότες 2 perf. act. ptc. nom. pl. masc. . . . . . .οἶδα
30 γαμοῦσιν 3 p. pl. pres. act. ind. . . . . . . . .γαμέω
γαμίζονται 3 p. pl. pres. mid. ind. . . . . . . .γαμίζω
εἰσιν 3 p. pl. pres. act. ind. . . . . . . . . . . .εἰμί
31 ἀνέγνωτε 2 p. pl. 2 aor. act. ind. . . . . . .ἀναγινώσκω
ῥηθέν 1 aor. pass. ptc. nom. or acc. sing. neut. . .εἶπον
λέγοντος pres. act. ptc. gen. sing. masc. or neut. . λέγω
32 ἔστιν 3 p. sing. pres. act. ind. . . . . . . . . . εἰμί
ζώντων pres. act. ptc. gen. pl. masc. . . . . . . . ζάω
33 ἀκούσαντες 1 aor. act. ptc. nom. pl. masc. . . . . .ἀκούω
ἐξεπλήσσοντο 3 p. pl. imperf. pass. ind. . . . . .ἐκπλήσσω
34 ἀκούσαντες 1 aor. act. ptc. nom. pl. masc. . . . . .ἀκούω
ἐφίμωσεν 3 p. sing. 1 aor. act. ind. . . . . . . . .φιμόω
συνήχθησαν 3 p. pl. 1 aor. pass. ind. . . . . . .συνάγω
35 ἐπηρώτησεν 3 p. sing. 1 aor. act. ind. . . . . .ἐπερωτάω
πειράζων pres. act. ptc. nom. sing. masc. . . . . .πειράζω
37 ἔφη 3 p. sing. 2 aor. act. ind. . . . . . . . . . .φημί
ἀγαπήσεις 2 p. sing. fut. act. ind. . . . . . . . .ἀγαπάω
```

40 κρέμαται 3 p. sing. pres. mid. ind. . . . . . κρεμάννυμι
41 συνηγμένων perf. pass. ptc. gen. pl. masc. or n. . συνάγω
   ἐπηρώτησεν 3 p. sing. 1 aor. act. ind. . . . . . .ἐπερωτάω
42 λέγων pres. act. ptc. nom. sing. masc. . . . . λέγω
   δοκεῖ 3 p. sing. pres. act. ind. . . . . δοκέω
   λέγουσιν 3 p. pl. pres. act. ind. . . . . λέγω
43 λέγει 3 p. sing. pres. act. ind. . . . . id.
   καλεῖ 3 p. sing. pres. act. ind. . . . . καλέω
44 εἶπεν 3 p. sing. 2 aor. act. ind. . . . . .λέγω
   θῶ 1 p. sing. 2 aor. act. ind. . . . . τίθημι
46 ἐδύνατο 3 p. sing. imperf. mid. ind. . . . . . . .δύναμαι
   ἀποκριθῆναι 1 aor. pass. infin. . . . . . . ἀποκρίνομαι
   ἐτόλμησεν 3 p. sing. 1 aor. act. ind. . . . . . . τολμάω
   ἐπερωτῆσαι 1 aor. act. infin. . . . . ἐπερωτάω

23

1 ἐλάλησεν 3 p. sing. 1 aor. act. ind. . . . . .λαλέω
2 λέγων pres. act. ptc. nom. sing. masc. . . . . λέγω
   ἐκάθισαν 3 p. pl. 1 aor. act. ind. . . . . .καθίζω
3 εἴπωσιν 3 p. pl. 2 aor. act. subj. . . . . εἶπον
   ποιήσατε 2 p. pl. 1 aor. act. imper. . . . . . . .ποιέω
   τηρεῖτε 2 p. pl. pres. act. imper. . . . . .τηρέω
   ποιεῖτε 2 p. pl. pres. act. ind. or imper. . . . . .ποιέω
   λέγουσιν 3 p. pl. pres. act. ind. . . . . .λέγω
   ποιοῦσιν 3 p. pl. pres. act. ind. . . . . .ποιέω
4 δεσμεύουσιν 3 p. pl. pres. act. ind. . . . . δεσμεύω
   ἐπιτιθέασιν 3 p. pl. pres. act. ind. . . . . . . ἐπιτίθημι
   θέλουσιν 3 p. pl. pres. act. ind. . . . . θέλω
   κινῆσαι 1 aor. act. infin. . . . . κινέω
5 θεαθῆναι 1 aor. pass. infin. . . . . .θεάομαι
   πλατύνουσιν 3 p. pl. pres. act. ind. . . . . . . πλατύνω
   μεγαλύνουσιν 3 p. pl. pres. act. ind. . . . . . μεγαλύνω
6 φιλοῦσιν 3 p. pl. pres. act. ind. . . . . .φιλέω
7 καλεῖσθαι pres. pass. infin. . . . . καλέω
8 κληθῆτε 2 p. pl. 1 aor. pass. subj. . . . . id.
   ἐστιν 3 p. sing. pres. act. ind. . . . . εἰμί
   ἐστε 2 p. pl. pres. act. ind. . . . . id.
9 καλέσητε 2 p. pl. 1 aor. act. subj. . . . . καλέω
11 ἔσται 3 p. sing. fut. mid. ind. . . . . .εἰμί
12 ὑψώσει 3 p. sing. fut. act. ind. . . . . ὑψόω
   ταπεινωθήσεται 3 p. sing. fut. pass. ind. . . . ταπεινόω
   ταπεινώσει 3 p. sing. fut. act. ind. . . . . id.
   ὑψωθήσεται 3 p. sing. fut. pass. ind. . . . . ὑψόω
13 κλείετε 2 p. pl. pres. act. ind. . . . . .κλείω
   εἰσερχομένους pres. mid. ptc. acc. pl. masc. εἰσέρχομαι
   εἰσέρχεσθε 2 p. pl. pres. mid. ind. . . . . id.
   ἀφίετε 2 p. pl. pres. act. ind. or imper. . . . . .ἀφίημι
   εἰσελθεῖν 2 aor. act. infin. . . . . εἰσέρχομαι
15 περιάγετε 2 p. pl. pres. act. ind. . . . . περιάγω
   ποιῆσαι 1 aor. act. infin. . . . . .ποιέω
   γένηται 3 p. sing. 2 aor. mid. subj. . . . . .γίνομαι
   ποιεῖτε 2 p. pl. pres. act. ind. . . . . .ποιέω
16 λέγοντες pres. act. ptc. nom. pl. masc. . . . . . . .λέγω
   ὀμόσῃ 3 p. sing. 1 aor. act. subj. . . . . .ὀμνύω
   ὀφείλει 3 p. sing. pres. act. ind. . . . . ὀφείλω

17 ἁγιάσας 1 aor. act. ptc. nom. sing. masc. . . . . . ἁγιάζω
19 ἁγιάζον pres. act. ptc. nom. or acc. sing. neut. . . . id.
20 ὀμόσας 1 aor. act. ptc. nom. sing. masc. . . . . ὀμνύω
   ὀμνύει 3 p. sing. pres. act. ind. . . . . id.
21 κατοικοῦντι pres. act. ptc. dat. sing. masc. . . κατοικέω
22 καθημένῳ pres. mid. ptc. dat. sing. masc. . . . . κάθημαι
23 ἀποδεκατοῦτε 2 p. pl. pres. act. ind. . . . . ἀποδεκατόω
   ἀφήκατε 2 p. pl. 1 aor. act. ind. . . . . ἀφίημι
   ἔδει 3 p. sing. imperf. act. impers. . . . . δεῖ
   ποιῆσαι 1 aor. act. infin. . . . . ποιέω
   ἀφεῖναι pres. act. infin. . . . . ἀφίημι
24 διυλίζοντες pres. act. ptc. nom. pl. masc. . . . διυλίζω
   καταπίνοντες pres. act. ptc. nom. pl. masc. . . καταπίνω
25 καθαρίζετε 2 p. pl. pres. act. ind. or imper. . καθαρίζω
   γέμουσιν 3 p. pl. pres. act. ind. . . . . γέμω
26 καθάρισον 2 p. sing. 1 aor. act. imper. . . . . καθαρίζω
   γένηται 3 p. sing. 2 aor. mid. subj. . . . . γίνομαι
27 παρομοιάζετε 2 p. pl. pres. act. ind. . . . . παρομοιάζω
   κεκονιαμένοις perf. pass. ptc. dat. pl. masc. . . κονιάω
   φαίνονται 3 p. pl. pres. mid. ind. . . . . φαίνω
28 φαίνεσθε 2 p. pl. pres. mid. ind. . . . . id.
   ἐστε 2 p. pl. pres. act. ind. . . . . εἰμί
29 οἰκοδομεῖτε 2 p. pl. pres. act. ind. or imper. οἰκοδομέω
   κοσμεῖτε 2 p. pl. pres. act. ind. . . . . κοσμέω
30 λέγετε 2 p. pl. pres. act. ind. . . . . λέγω
   ἤμεθα 1 p. pl. imperf. mid. ind. . . . . εἰμί
31 μαρτυρεῖτε 2 p. pl. pres. act. ind. . . . . . . μαρτυρέω
   φονευσάντων 1 aor. act. ptc. gen. pl. masc. . . . φονεύω
32 πληρώσατε 2 p. pl. 1 aor. act. imper. . . . . . . πληρόω
33 φύγητε 2 p. pl. 2 aor. act. subj. . . . . φεύγω
34 ἰδού 2 p. sing. 2 aor. mid. imper. . . . . εἰδον
   ἀποκτενεῖτε 2 p. pl. fut. act. ind. . . . . . . ἀποκτείνω
   σταυρώσετε 2 p. pl. fut. act. ind. . . . . . . σταυρόω
   μαστιγώσετε 2 p. pl. fut. act. ind. . . . . . . μαστιγόω
   διώξετε 2 p. pl. fut. act. ind. . . . . διώκω
35 ἔλθῃ 3 p. sing. 2 aor. act. subj. . . . . ἔρχομαι
   ἐκχυννόμενον pres. pass. ptc. nom. sing. neut. . . ἐκχέω
   ἐφονεύσατε 2 p. pl. 1 aor. act. ind. . . . . . . φονεύω
36 ἥξει 3 p. sing. fut. act. ind. . . . . ἥκω
37 ἀποκτείνουσα pres. act. ptc. nom. sing. fem. . ἀποκτείνω
   λιθοβολοῦσα pres. act. ptc. nom. sing. fem. . λιθοβολέω
   ἀπεσταλμένους perf. pass. ptc. acc. pl. masc. . ἀποστέλλω
   ἠθέλησα 1 p. sing. 1 aor. act. ind. . . . . ἐθέλω
   ἐπισυναγαγεῖν 2 aor. act. infin. . . . . ἐπισυνάγω
   ἐπισυνάγει 3 p. sing. pres. act. ind. . . . . id.
   ἠθελήσατε 2 p. pl. 1 aor. act. ind. . . . . ἐθέλω
38 ἀφίεται 3 p. sing. pres. pass. ind. . . . . ἀφίημι
39 ἴδητε 2 p. pl. 2 aor. act. subj. . . . . ὁράω
   εἴπητε 2 p. pl. 2 aor. act. subj. . . . . εἰπον
   εὐλογημένος perf. pass. ptc. nom. sing. masc. . . εὐλογέω
   ἐρχόμενος pres. mid. ptc. nom. sing. masc. . . . ἔρχομαι

24

1 ἐξελθών 2 aor. act. ptc. nom. sing. masc. . . . ἐξέρχομαι
   ἐπορεύετο 3 p. sing. imperf. mid. ind. . . . . πορεύομαι

```
   προσῆλθον 3 p. pl. 2 aor. act. ind. . . . . προσέρχομαι
   ἐπιδεῖξαι 1 aor. act. infin. . . . . . . . . ἐπιδείκνυμι
 2 ἀποκριθείς 1 aor. pass. ptc. nom. sing.m . . ἀποκρίνομαι
   εἶπεν 3 p. sing. 2 aor. act. ind. . . . . . . . . . λέγω
   βλέπετε 2 p. pl. pres. act. ind. or imper. . . . . . βλέπω
   ἀφεθῇ 3 p. sing. 1 aor. pass. subj. . . . . . . . . ἀφίημι
   καταλυθήσεται 3 p. sing. fut. pass. ind. . . . . καταλύω
 3 καθημένου pres. mid. ptc. gen. sing. masc. . . . κάθημαι
   προσῆλθον 3 p. pl. 2 aor. act. ind. . . . . . προσέρχομαι
   λέγοντες pres. act. ptc. nom. pl. masc. . . . . . . . λέγω
   εἰπέ 2 p. sing. 2 aor. act. imper. . . . . . . . . . εἶπον
   ἔσται 3 p. sing. fut. mid. ind. . . . . . . . . . . . εἰμί
 4 πλανήσῃ 3 p. sing. 1 aor. act. subj. . . . . . . . πλαβάω
 5 ἐλεύσονται 3 p. pl. fut. mid. ind. . . . . . . . . ἔρχομαι
   πλανήσουσιν 3 p. pl. fut. act. ind. . . . . . . . . πλανάω
 6 μελλήσετε 2 p. pl. fut. act. ind. . . . . . . . . . μέλλω
   ἀκούειν pres. act. infin. . . . . . . . . . . . . . . ἀκούω
   ὁρᾶτε 2 p. pl. pres. act. ind. or imper. . . . . . . ὁράω
   θροεῖσθε 2 p. pl. pres. pass. imper. . . . . . . . . θροέω
   δεῖ 3 p. sing. pres. act. impers. . . . . . . . . . . δεῖ
   γενέσθαι 2 aor. mid. infin. . . . . . . . . . . . . γίνομαι
   ἐστιν 3 p. sing. pres. act. ind. . . . . . . . . . . . εἰμί
 7 ἐγερθήσεται 3 p. sing. fut. pass. ind. . . . . . . ἐγείρω
   ἔσονται 3 p. pl. fut. mid. ind. . . . . . . . . . . . εἰμί
 9 παραδώσουσιν 3 p. pl. fut. act. ind. . . . . παραδίδωμι
   ἀποκτενοῦσιν 3 p. pl. fut. act. ind. . . . . . . ἀποκτείνω
   ἔσεσθε 2 p. pl. fut. mid. ind. . . . . . . . . . . . εἰμί
   μισούμενοι pres. pass. ptc. nom. pl. masc. . . . . μισέω
10 σκανδαλισθήσονται 3 p. pl. fut. pass. ind. . σκανδαλίζω
   μισήσουσιν 3 p. pl. fut. act. ind. . . . . . . . . . μισέω
11 ἐγερθήσονται 3 p. pl. fut. pass. ind. . . . . . . ἐγείρω
   πλανήσουσιν 3 p. pl. fut. act. ind. . . . . . . . . πλανάω
12 πληθυνθῆναι 1 aor. pass. infin. . . . . . . . . . πληθύνω
   φυγήσεται 3 p. sing. 2 fut. pass. ind. . . . . . . . φύχω
13 ὑπομείνας 1 aor. act. ptc. nom. sing. masc. . . . ὑπομένω
   σωθήσεται 3 p. sing. fut. pass. ind. . . . . . . . . σώζω
14 κηρυχθήσεται 3 p. sing. fut. pass. ind. . . . . . κηρύσσω
   ἥξει 3 p. sing. fut. act. ind. . . . . . . . . . . . . ἥκω
15 ἴδητε 2 p. pl. 2 aor. act. subj. . . . . . . . . . . . ὁράω
   ῥηθέν 1 aor. pass. ptc. nom. or acc. sing. neut. . . εἶπον
   ἑστός perf. act. ptc. acc. sing. neut. . . . . . . . ἵστημι
   ἀναγινώσκων pres. act. ptc. nom. sing. masc. .ἀναγινώσκω
   νοείτω 3 p. sing. pres. act. imper. . . . . . . . . . νοέω
16 φευγέτωσαν 3 p. pl. pres. act. imper. . . . . . . . φεύγω
17 καταβάτω 3 p. sing. 2 aor. act. imper. . . . . καταβαίνω
   ἆραι 1 aor. act. infin. . . . . . . . . . . . . . . . . αἴρω
18 ἐπιστρεφάτω 3 p. sing. 1 aor. act. imper. . . ἐπιστρέφω
19 ἐχούσαις pres. act. ptc. dat. pl. fem. . . . . . . . . ἔχω
   θηλαζούσαις pres. act. ptc. dat. pl. fem. . . . . . θηλάζω
20 προσεύχεσθε 2 p. pl. pres. mid. imper. . . . .προσεύχομαι
   γένηται 3 p. sing. 2 aor. mid. subj. . . . . . . . . γίνομαι
21 ἔσται 3 p. sing. fut. mid. ind. . . . . . . . . . . . εἰμί
   γέγονεν 3 p. sing. 2 perf. act. ind. . . . . . . . . γίνομαι
22 ἐκολοβώθησαν 3 p. pl. 1 aor. pass. ind. . . . . . κολοβόω
   ἐσώθη 3 p. sing. 1 aor. pass. ind. . . . . . . . . . σώζω
```

κολοβωθήσονται 3 p. pl. fut. pass. ind. . . . . .κολοβόω
23 εἴπῃ 3 p. sing. 2 aor. act. subj. . . . . εἶπον
ἰδού 2 p. sing. 2 aor. mid. imper. . . . . .εἶδον
πιστεύσητε 2 p. pl. 1 aor. act. subj. . . . . . .πιστεύω
24 ἐγερθήσονται 3 p. pl. 1 fut. pass. ind. . . . . . ἐγείρω
δώσουσιν 3 p. pl. fut. act. ind. . . . . .δίδωμι
πλανῆσαι 1 aor. act. infin. . . . . .πλανάω
25 προείρηκα 1 p. sing. perf. act. ind. . . . . . . .προλέγω
26 εἴπωσιν 3 p. pl. 2 aor. act. subj. . . . . εἶπον
ἐξέλθητε 2 p. pl. 2 aor. act. subj. . . . . ἐξέρχομαι
27 ἐξέρχεται 3 p. sing. pres. mid. ind. . . . . id.
φαίνεται 3 p. sing. pres. mid. ind. . . . . φαίνω
ἔσται 3 p. sing. fut. mid. ind. . . . . .εἰμί
28 ᾖ 3 p. sing. pres. act. subj. . . . . id.
συναχθήσονται 3 p. pl. fut. pass. ind. . . . . . συνάγω
29 σκοτισθήσεται 3 p. sing. fut. pass. ind. . . . . σκοτίζω
δώσει 3 p. sing. fut. act. ind. . . . . .δίδωμι
πεσοῦνται 3 p. pl. fut. mid. ind. . . . . πίπτω
σαλευθήσονται 3 p. pl. fut. pass. ind. . . . . .σαλεύω
30 φανήσεται 3 p. sing. 2 fut. pass. ind. . . . . . φαίνω
κόψονται 3 p. pl. fut. mid. ind. . . . . .κόπτω
ὄψονται 3 p. pl. fut. mid. ind. . . . . .ὁράω
ἐρχόμενον pres. mid. ptc. acc. sing. masc. or n. ἔρχομαι
31 ἀποστελεῖ 3 p. sing. fut. act. ind. . . . . . ἀποστέλλω
ἐπισυνάξουσιν 3 p. pl. fut. act. ind. . . . . . ἐπισυνάγω
32 μάθετε 2 p. pl. 2 aor. act. imper. . . . . .μανθάνω
γένηται 3 p. sing. 2 aor. mid. subj. . . . . . . .γίνομαι
ἐκφύῃ 3 p. sing. pres. act. subj. . . . . ἐκφύω
γινώσκετε 2 p. pl. pres. act. ind. . . . . γινώσκω
33 ἴδητε 2 p. pl. 2 aor. act. subj. . . . . δράω
34 παρέλθῃ 3 p. sing. 2 aor. act. subj. . . . . .παρέρχομαι
γένηται 3 p. sing. 2 aor. mid. subj. . . . . . . .γίνομαι
35 παρελεύσεται 3 p. sing. fut. mid. ind. . . . παρέρχομαι
παρέλθωσιν 3 p. pl. 2 aor. act. subj. . . . . id.
36 οἶδεν 3 p. sing. 2 perf. act. ind. . . . . .οἶδα
38 ἦσαν 3 p. pl. imperf. act. ind. . . . . .εἰμί
τρώγοντες pres. act. ptc. nom. pl. masc. . . . . . τρώγω
πίνοντες pres. act. ptc. nom. pl. masc. . . . . . . πίνω
γαμοῦντες pres. act. ptc. nom. pl. masc. . . . . . γαμέω
γαμίζοντες pres. act. ptc. nom. pl. masc. . . . . . γαμίζω
εἰσῆλθεν 3 p. sing. 2 aor. act. ind. . . . . . εἰσέρχομαι
39 ἔγνωσαν 3 p. pl. 2 aor. act. ind. . . . . γινώσκω
ἦλθεν 3 p. sing. 2 aor. act. ind. . . . . ἔρχομαι
ἦρεν 3 p. sing. 1 aor. act. ind. . . . . αἴρω
40 ἔσονται 3 p. pl. fut. mid. ind. . . . . .εἰμί
παραλαμβάνεται 3 p. sing. pres. pass. ind. . παραλαμβάνω
ἀφίεται 3 p. sing. pres. pass. ind. . . . . .ἀφίημι
42 γρηγορεῖτε 2 p. pl. pres. act. imper. . . . . . . .γρηγορέω
οἴδατε 2 p. pl. 2 perf. act. ind. . . . . .οἶδα
ἔρχεται 3 p. sing. pres. mid. ind. . . . . .ἔρχομαι
43 γινώσκετε 2 p. pl. pres. act. ind. or imper. . . γινώσκω
ᾔδει 3 p. sing. plupf. act. ind. . . . . .οἶδα
ἐγρηγόρησεν 3 p. sing. 1 aor. act. ind. . . . . . γρηγορέω
εἴασεν 3 p. sing. 1 aor. act. ind. . . . . .ἐάω
διορυχθῆναι 1 aor. pass. infin. . . . . διορύσσω

44 γίνεσθε 2 p. pl. pres. mid. imper. . . . . .γίνομαι
   δοκεῖτε 2 p. pl. pres. act. ind. or imper. . . . . .δοκέω
45 κατέστησεν 3 p. pl. 1 aor. act. ind. . . . . . .καθίστημι
   δοῦναι 2 aor. act. infin. . . . . .δίδωμι
46 ἐλθών 2 aor. act. ptc. nom. sing. masc. . . . . . . ἔρχομαι
   εὑρήσει 3 p. sing. fut. act. ind. . . . . εὑρίσκω
   ποιοῦντα pres. act. ptc. acc. sing. masc. . . . . . ποιέω
47 ὑπάρχουσιν pres. act. ptc. dat. pl. neut. . . . . ὑπάρχω
   καταστήσει 3 p. sing. fut. act. ind. . . . . . κατάστημι
48 εἴπῃ 3 p. sing. 2 aor. act. subj. . . . . εἶπον
   χρονίζει 3 p. sing. pres. act. ind. . . . . χρονίζω
49 ἄρξηται 3 p. sing. 1 aor. mid. subj. . . . . ἄρχω
   τύπτειν pres. act. infin. . . . . τύπτω
   ἐσθίῃ 3 p. sing. pres. act. subj. . . . . ἐσθίω
   πίνῃ 3 p. sing. pres. act. subj. . . . . πίνω
   μεθυόντων pres. act. ptc. gen. pl. masc. . . . . . . μεθύω
50 ἥξει 3 p. sing. fut. act. ind. . . . . .ἥκω
   προσδοκᾷ 3 p. sing. pres. act. ind. . . . . . . .προσδοκάω
   γινώσκει 3 p. sing. pres. act. ind. . . . . γινώσκω
51 διχοτομήσει 3 p. sing. fut. act. ind. . . . . .διχοτομέω
   θήσει 3 p. sing. fut. act. ind. . . . . .τίθημι
   ἔσται 3 p. sing. fut. mid. ind. . . . . .εἰμί

25

1 ὁμοιωθήσεται 3 p. sing. fut. pass. ind. . . . . . . ὁμοιόω
   λαβοῦσαι 2 aor. act. ptc. nom. pl. fem. . . . . . λαμβάνω
   ἐξῆλθον 3 p. pl. 2 aor. act. ind. . . . . ἐξέρχομαι
2 ἦσαν 3 p. pl. imperf. act. ind. . . . . .εἰμί
3 ἔλαβον 1 p. sing. or 3 p. pl. 2 aor. act. ind. . .λαμβάνω
5 χρονίζοντος pres. act. ptc. gen. sing. masc. . . . χρονίζω
   ἐνύσταξαν 3 p. pl. 1 aor. act. ind. . . . . . . .νυστάζω
   ἐκάθευδον 3 p. pl. imperf. act. ind. . . . . . . .καθεύδω
6 γέγονεν 3 p. sing. 2 perf. act. ind. . . . . . . .γίνομαι
   ἰδού 2 p. sing. 2 aor. mid. imper. . . . . .εἶδον
   ἐξέρχεσθε 2 p. pl. pres. mid. ind. . . . . ἐξέρχομαι
7 ἠγέρθησαν 3 p. pl. 1 aor. pass. ind. . . . . . . .ἐγείρω
   ἐκόσμησαν 3 p. pl. 1 aor. act. ind. . . . . κοσμέω
8 εἶπαν 3 p. pl. 2 aor. act. ind. . . . . .λέγω
   δότε 2 p. pl. 2 aor. act. imper. . . . . .δίδωμι
   σβέννυνται 3 p. pl. pres. pass. ind. . . . . . . .σβέννυμι
9 ἀπεκρίθησαν 3 p. pl. 1 aor. pass. ind. . . . ἀποκρίνομαι
   λέγουσαι pres. act. ptc. nom. pl. fem. . . . . λέγω
   ἀρκέσῃ 3 p. sing. 1 aor. act. subj. . . . . ἀρκέω
   πορεύεσθε 2 p. pl. pres. mid. ind. . . . . πορεύομαι
   πωλοῦντας pres. act. ptc. acc. pl. masc. . . . . . . .πωλέω
   ἀγοράσατε 2 p. pl. 1 aor. act. imper. . . . . ἀγοράζω
10 ἀπερχομένων pres. mid. ptc. gen. pl. masc. . . . ἀπέρχομαι
   ἀγοράσαι 1 aor. act. infin. . . . . ἀγοράζω
   ἦλθεν 3 p. sing. 2 aor. act. ind. . . . . ἔρχομαι
   εἰσῆλθον 3 p. pl. 2 aor. act. ind. . . . . εἰσέρχομαι
   ἐκλείσθη 3 p. sing. 1 aor. pass. ind. . . . . . . .κλείω
11 ἔρχονται 3 p. pl. pres. mid. ind. . . . . .ἔρχομαι
   ἄνοιξον 2 p. sing. 1 aor. act. imper. . . . . . . ἀνοίγω
12 ἀποκριθείς 1 aor. pass. ptc. nom. sing. m. .ἀποκρίνομαι
   οἶδα 1 p. sing. 2 perf. act. ind. . . . . .οἶδα

13 γρηγορεῖτε 2 p. pl. pres. act. imper. . . . . . γρηγορέω
    οἴδατε 2 p. pl. 2 perf. act. ind. . . . . οἶδα
14 ἀποδημῶν pres. act. ptc. nom. sing. masc. . . . ἀποδημέω
    ἐκάλεσεν 3 p. sing. 1 aor. act. ind. . . . . καλέω
    παρέδωκεν 3 p. sing. 1 aor. act. ind. . . . . παραδίδωμι
    ὑπάρχοντα pres. act. ptc. acc. sing. masc. . . . . ὑπάρχω
15 ἔδωκεν 3 p. sing. 1 aor. act. ind. . . . . δίδωμι
    ἀπεδήμησεν 3 p. sing. 1 aor. act. ind. . . . . .ἀποδημέω
16 πορευθείς 1 aor. pass. ptc. nom. sing. masc. . . πορεύομαι
    λαβών 2 aor. act. ptc. nom. sing. masc. . . . . . λαμβάνω
    ἠργάσατο 3 p. sing. 1 aor. mid. ind. . . . . . . ἐργάζομαι
    ἐκέρδησεν 3 p. sing. 1 aor. act. ind. . . . . . . κερδαίνω
18 ἀπελθών 2 aor. act. ptc. nom. sing. masc. . . . ἀπέρχομαι
    ὤρυξεν 3 p. sing. 1 aor. act. ind. . . . . ὀρύσσω
    ἔκρυψεν 3 p. sing. 1 aor. act. ind. . . . . .κρύπτω
19 ἔρχεται 3 p. sing. pres. mid. ind. . . . . .ἔρχομαι
    συναίρει 3 p. sing. pres. act. ind. . . . . συναίρω
20 προσελθών 2 aor. act. ptc. nom. sing. masc. προσέρχομαι
    προσήνεγκεν 3 p. sing. 1 aor. act. ind. . . . . προσφέρω
    λέγων pres. act. ptc. nom. sing. masc. . . . . . . λέγω
    παρέδωκας 2 p. sing. 1 aor. act. ind. . . . . παραδίδωμι
    ἴδε 2 p. sing. 2 aor. act. imper. . . . . εἶδον
    ἐκέρδησα 1 p. sing. 1 aor. act. ind. . . . . . κερδαίνω
21 ἔφη 3 p. sing. 2 aor. act. ind. . . . . .φημί
    ἦς 2 p. sing. imperf. act. ind. . . . . .εἰμί
    καταστήσω 1 p. sing. fut. act. ind. . . . . . . καθίστημι
    εἴσελθε 2 p. sing. 2 aor. act. imper. . . . εἰσέρχομαι
24 προσελθών 2 aor. act. ptc. nom. sing. masc. .προσέρχομαι
    εἰληφώς perf. act. ptc. nom. sing. masc. . . . . .λαμβάνω
    εἶπεν 3 p. sing. 2 aor. act. ind. . . . . .λέγω
    ἔγνων 1 p. sing. 2 aor. act. ind. . . . . γινώσκω
    εἶ 2 p. sing. pres. act. ind. . . . . .εἰμί
    θερίζων pres. act. ptc. nom. sing. masc. . . . . . Θερίζω
    ἔσπειρας 2 p. sing. 1 aor. act. ind. . . . . . . .σπείρω
    συνάγων pres. act. ptc. nom. sing. masc. . . . . .συνάγω
    διεσκόρπισας 2 p. sing. 1 aor. act. ind. . . διασκορπίζω
25 φοβηθείς 1 aor. pass. ptc. nom. sing. masc. . . . φοβέω
    ἀπελθών 2 aor. act. ptc. nom. sing. masc. . . . ἀπέρχομαι
    ἔκρυψα 1 p. sing. 1 aor. act. ind. . . . . κρύπτω
    ἴδε 2 p. sing. 2 aor. act. imper. . . . . ὁράω
    ἔχεις 2 p. sing. pres. act. ind. . . . . ἔχω
26 ἀποκριθείς 1 aor. pass. ptc. nom. sing. masc.ἀποκρίνομαι
    ᾔδεις 2 p. sing. plupf. act. ind. . . . . οἶδα
    ἔσπειρα 1 p. sing. 1 aor. act. ind. . . . . .σπείρω
    διεσκόρπισα 1 p. sing. 1 aor. act. ind. . . . διασκορπίζω
27 ἔδει 3 p. sing. imperf. act. ind. . . . . δεῖ
    βαλεῖν 2 aor. act. infin. . . . . βάλλω
    ἐλθών 2 aor. act. ptc. nom. sing. masc. . . . . . ἔρχομαι
    ἐκομισάμην 1 p. sing. 1 aor. mid. ind. . . . . .κομίζω
28 ἄρατε 2 p. pl. 1 aor. act. imper. . . . . αἴρω
    δότε 2 p. pl. 2 aor. act. imper. . . . . δίδωμι
    ἔχοντι pres. act. ptc. dat. sing. masc. . . . . . . ἔχω
29 δοθήσεται 3 p. sing. 1 fut. pass. ind. . . . . . . δίδωμι
    περισσευθήσεται 3 p. sing. fut. pass. ind. . . περισσεύω
    ἔχοντος pres. act. ptc. gen. sing. masc. . . . . . . ἔχω

ἔχει 3 p. sing. pres. act. ind. . . . . ἔχω
ἀρθήσεται 3 p. sing. fut. pass. ind. . . . . .αἴρω
30 ἐκβάλετε 2 p. pl. 2 aor. act. imper. . . . . . . ἐκβάλλω
ἔσται 3 p. sing. fut. mid. ind. . . . . .εἰμί
31 ἔλθῃ 3 p. sing. 2 aor. act. subj. . . . . ἔρχομαι
καθίσει 3 p. sing. fut. act. ind. . . . . .καθίζω
32 συναχθήσονται 3 p. pl. fut. pass. ind. . . . . . συνάγω
ἀφορίσει 3 p. sing. fut. act. ind. . . . . . . .ἀφορίζω
ἀφορίζει 3 p. sing. pres. act. ind. . . . . .id.
33 στήσει 3 p. sing. fut. act. ind. . . . . ἵστημι
34 ἐρεῖ 3 p. sing. fut. act. ind. . . . . λέγω
εὐλογημένοι perf. pass. ptc. nom. pl. masc . . . εὐλογέω
κληρονομήσατε 2 p. pl. 1 aor. act. imper. . . . κληρομέω
ἡτοιμασμένην perf. pass. ptc. acc. sing. fem. . ἑτοιμάζω
35 ἐπείνασα 1 p. sing. 1 aor. act. ind. . . . . πεινάω
ἐδώκατε 2 p. pl. 1 aor. act. ind. . . . . δίδωμι
φαγεῖν 2 aor. act. infin. . . . . ἐσθίω
ἐδίψησα 1 p. sing. 1 aor. act. ind. . . . . διψάω
ἐποτίσατε 2 p. pl. 1 aor. act. ind. . . . . . . .ποτίζω
ἤμην 1 p. sing. imperf. mid. ind. . . . . .εἰμί
συνηγάγετε 2 p. pl. 2 aor. act. ind. . . . . . .συνάγω
36 περιεβάλετε 2 p. pl. 2 aor. act. ind. . . . . περιβάλλω
ἠσθένησα 1 p. sing. 1 aor. act. ind. . . . . . . .ἀσθενέω
ἐπεσκέψασθέ 2 p. pl. 1 aor. mid. ind. . . .ἐπισκέπτομαι
ἤλθατε 2 p. pl. 1 aor. act. ind. . . . . .ἔρχομαι
37 ἀποκριθήσονται 3 p. pl. fut. pass. ind. . . . ἀποκρίνομαι
λέγοντες pres. act. ptc. nom. pl. masc. . . . . . . .λέγω
εἴδομεν 1 p. pl. 2 aor. act. ind. . . . . δράω
πεινῶντα pres. act. ptc. acc. sing. masc. . . . . .πεινάω
ἐθρέψαμεν 1 p. pl. 1 aor. act. ind. . . . . .τρέφω
διψῶντα pres. act. ptc. acc. sing. masc. . . . . . .διψάω
ἐποτίσαμεν 1 p. pl. 1 aor. act. ind. . . . . . . .ποτίζω
38 συνηγάγομεν 1 p. pl. 2 aor. act. ind. . . . . . . συνάγω
περιεβάλομεν 1 p. pl. 2 aor. act. ind. . . . . .περιβάλλω
39 ἀσθενοῦντα pres. act. ptc. acc. sing. masc. . . . ἀσθένεω
ἤλθομεν 1 p. pl. 2 aor. act. ind. . . . . .ἔρχομαι
40 ἀποκριθείς 1 aor. pass. ptc. nom. sing. m. .ἀποκρίνομαι
ἐρεῖ 3 p. sing. fut. act. ind. . . . . λέγω
ἐποιήσατε 2 p. pl. 1 aor. act. ind. . . . . .ποιέω
41 πορεύεσθε 2 p. pl. pres. mid. imper. . . . . . .πορεύομαι
κατηραμένοι perf. pass. ptc. nom. pl. masc. . .καταράομαι
ἡτοιμασμένον perf. pass. ptc. nom. or acc. s. n.ἑτοιμάζω
42 ἐπείνασα 1 p. sing. 1 aor. act. ind. . . . . πεινάω
ἐδώκατε 2 p. pl. 1 aor. act. ind. . . . . δίδωμι
φαγεῖν 2 aor. act. infin. . . . . ἐσθίω
ἐδίψησα 1 p. sing. 1 aor. act. ind. . . . . διψάω
ἐποτίσατε 2 p. pl. 1 aor. act. ind. . . . . . . .ποτίζω
43 ἤμην 1 p. sing. imperf. mid. ind. . . . . .εἰμί
συνηγάγετε 2 p. pl. 2 aor. act. ind. . . . . . . .συνάγω
περιεβάλετε 2 p. pl. 2 aor. act. ind. . . . . .περιβάλλω
ἐπεσκέψασθε 2 p. pl. 1 aor. mid. ind. . . . .ἐπισκέπτομαι
44 ἀποκριθήσονται 3 p. pl. fut. pass. ind. . . ἀποκρίνομαι
λέγοντες pres. act. ptc. nom. pl. masc. . . . . . . .λέγω
εἴδομεν 1 p. pl. 2 aor. act. ind. . . . . δράω
πεινῶντα pres. act. ptc. acc. sing. masc. . . . . .πεινάω

διψῶντα pres. act. ptc. acc. sing. masc. . . . . . . .διψάω
διηκονήσαμεν 1 p. pl. 1 aor. act. ind. . . . . .διακονέω
45 ἀποκριθήσεται 3 p. sing. fut. pass. ind. . . ἀποκρίνομαι
λέγων pres. act. ptc. nom. sing. masc. . . . . λέγω
ἐποιήσατε 2 p. pl. 1 aor. act. ind. . . . . .ποιέω
46 ἀπελεύσονται 3 p. pl. fut. mid. ind. . . . . . ἀπέρχομαι

26
1 ἐγένετο 3 p. sing. 2 aor. mid. ind. . . . . γίνομαι
ἐτέλεσεν 3 p. sing. 1 aor. act. ind. . . . . .τελέω
εἶπεν 3 p. sing. 2 aor. act. ind. . . . . .λέγω
2 οἴδατε 2 p. pl. 2 perf. act. ind. . . . . .οἶδα
γίνεται 3 p. sing. pres. mid. ind. . . . . .γίνομαι
παραδίδοται 3 p. sing. pres. pass. ind. . . . παραδίδωμι
σταυρωθῆναι 1 aor. pass. infin. . . . . .σταυρόω
3 συνήχθησαν 3 p. pl. 1 aor. pass. ind. . . . . . συνάγω
λεγομένοι pres. pass. ptc. nom. pl. masc. . . . . . λέγω
4 συνεβουλεύσαντο 3 p. pl. 1 aor. mid. ind. . . συμβουλεύω
κρατήσωσιν 3 p. pl. 1 aor. act. subj. . . . . . . κρατέω
ἀποκτείνωσιν 3 p. pl. pres. act. subj. . . . . ἀποκτείνω
5 ἔλεγον 1 p. sing. and 3 p. pl. imperf. act. ind. . . λέγω
γένηται 3 p. sing. 2 aor. mid. subj. . . . . . . .γίνομαι
6 γενομένου 2 aor. mid. ptc. gen. sing. masc. . . . . . id.
7 προσῆλθεν 3 p. sing. 2 aor. act. ind. . . . . προσέρχομαι
ἔχουσα pres. act. ptc. nom. sing. fem. . . . . ἔχω
κατέχεεν 3 p. sing. 1 aor. act. ind. . . . . . . καταχέω
ἀνακειμένου pres. mid. ptc. gen. sing. masc. . ἀνάκειμαι
8 ἰδόντες 2 aor. act. ptc. nom. pl. masc. . . . . . . .ὁράω
ἠγανάκτησαν 3 p. pl. 1 aor. act. ind. . . . . . ἀγανακτέω
λέγοντες pres. act. ptc. nom. pl. masc. . . . . . . .λέγω
9 ἐδύνατο 3 p. pl. imperf. pass. ind. . . . . δύναμαι
πραθῆναι 1 aor. pass. infin. . . . . .πιπράσκω
δοθῆναι 1 aor. pass. infin. . . . . .δίδωμι
10 γνούς 2 aor. act. ptc. nom. sing. masc. . . . . . γινώσκω
παρέχετε 2 p. pl. pres. act. ind. . . . . .παρέχω
ἠργάσατο 3 p. sing. 1 aor. mid. ind. . . . . . .ἐργάζομαι
11 ἔχετε 2 p. pl. pres. act. ind. or imper. . . . . . . .ἔχω
12 βαλοῦσα 2 aor. act. ptc. nom. sing. fem. . . . . . .βάλλω
ἐνταφιάσαι 1 aor. act. infin. . . . . .ἐνταφιάζω
ἐποίησεν 3 p. sing. 1 aor. act. ind. . . . . .ποιέω
13 κηρυχθῇ 3 p. sing. 1 aor. pass. subj. . . . . . . κηρύσσω
λαληθήσεται 3 p. sing. fut. pass. ind. . . . . . λαλέω
14 πορευθείς 1 aor. pass. ptc. nom. sing. masc. . . πορεύομαι
λεγόμενος pres. pass. ptc. nom. sing. masc. . . . . . λέγω
15 θέλετε 2 p. pl. pres. act. ind. . . . . .θέλω
δοῦναι 2 aor. act. infin. . . . . .δίδωμι
παραδώσω 1 p. sing. fut. act. ind. . . . . . . παραδίδωμι
ἔστησαν 3 p. pl. 1 aor. act. ind. . . . . .ἵστημι
16 ἐζήτει 3 p. sing. imperf. act. ind. . . . . .ζητέω
παραδῶ 3 p. sing. 2 aor. act. subj. . . . . . . παραδίδωμι
17 προσῆλθον 3 p. pl. 2 aor. act. ind. . . . . . προσέρχομαι
λέγοντες pres. act. ptc. nom. pl. masc. . . . . . . .λέγω
θέλεις 2 p. sing. pres. act. ind. . . . . .θέλω
ἑτοιμάσωμεν 1 p. pl. 1 aor. act. subj. . . . . . ἑτοιμάζω
φαγεῖν 2 aor. act. infin. . . . . .ἐσθίω

18 εἶπεν 3 p. sing. 2 aor. act. ind. . . . . λέγω
   ὑπάγετε 2 p. pl. pres. act. imper. . . . . ὑπάγω
   εἴπατε 2 p. pl. 2 aor. act. imper. . . . . λέγω
   λέγει 3 p. sing. pres. act. ind. . . . . id.
   ἐστιν 3 p. sing. pres. act. ind. . . . . εἰμί
   ποιῶ 1 p. sing. pres. act. ind. and subj. . . . . . ποιέω
19 ἐποίησαν 3 p. pl. 1 aor. act. ind. . . . . id.
   συνέταξεν 3 p. sing. 1 aor. act. ind. . . . . συντάσσω
   ἡτοίμασαν 3 p. pl. 1 aor. act. ind. . . . . . . .ἑτοιμάζω
20 γενομένης 2 aor. mid. ptc. gen. sing. fem. . . . γίνομαι
   ἀνέκειτο 3 p. sing. imperf. mid. ind. . . . . .ἀνάκειμαι
21 ἐσθιόντων pres. act. ptc. gen. pl. masc. . . . . . .ἐσθίω
   παραδώσει 3 p. sing. fut. act. ind. . . . . .παραδίδωμι
22 λυπούμενοι pres. pass. ptc. nom. pl. masc. . . . . λυπέω
   ἤρξαντο 3 p. pl. 1 aor. mid. ind. . . . . ἄρχω
   λέγειν pres. act. infin. . . . . λέγω
23 ἀποκριθείς 1 aor. pass. ptc. nom. sing. m. . ἀποκρίνομαι
   ἐμβάψας 1 aor. act. ptc. nom. sing. masc. . . . . ἐμβάπτω
   παραδώσει 3 p. sing. fut. act. ind. . . . . . .παραδίδωμι
24 ὑπάγει 3 p. sing. pres. act. ind. . . . . ὑπάγω
   γέγραπται 3 p. sing. perf. pass. ind. . . . . . . .γράφω
   παραδίδοται 3 p. sing. pr. pass. ind. . . . παραδίδωμι
   ἦν 3 p. sing. imperf. act. ind. . . . . εἰμί
   ἐγεννήθη 3 p. sing. 1 aor. pass. ind. . . . . . . .γεννάω
25 παραδιδούς pres. act. ptc. no. sing. masc. . παραδίδωμι
   εἶπας 2 p. sing. 2 aor. act. ind. . . . . λέγω
26 ἐσθιόντων pres. act. ptc. ge. pl. masc. . . . . . . ἐσθίω
   λαβών 2 aor. act. ptc. nom. sing. masc. . . . . . .λαμβάνω
   εὐλογήσας 1 aor. act. ptc. nom. sing. masc. . . . εὐλογέω
   ἔκλασεν 3 p. sing. 1 aor. act. ind. . . . . ἠλάω
   δούς 2 aor. act. ptc. nom. sing. masc. . . . . . . δίδωμι
   λάβετε 2 p. pl. 2 aor. act. imper. . . . . λαμβάνω
   φάγετε 2 p. pl. 2 aor. act. imper. . . . . .ἐσθίω
27 εὐχαριστήσας 1 aor. act. ptc. nom. sing. masc.εὐχαριστέω
   ἔδωκεν 3 p. sing. 1 aor. act. ind. . . . . δίδωμι
   λέγων pres. act. ptc. nom. sing. masc. . . . . λέγω
   πίετε 2 p. pl. 2 aor. act. imper. . . . . .πίνω
28 ἐκχυννόμενον pres. pass. ptc. nom. sing. neut. . . ἐκχέω
29 πύω 1 p. sing. 2 aor. act. subj. . . . . .πίνω
30 ὑμνήσαντες 1 aor. act. ptc. nom. pl. masc. . . . . ὑμνέω
   ἐξῆλθον 3 p. pl. 2 aor. act. ind. . . . . .ἐξέρχομαι
31 λέγει 3 p. sing. pres. act. ind. . . . . λέγω
   σκανδαλισθήσεσθε 2 p. pl. fut. pass. ind. . σκανδαλίζω
   γέγραπται 3 p. sing. perf. pass. ind. . . . . . . .γράφω
   πατάξω 1 p. sing. fut. act. ind. . . . . .πατάσσω
   διασκορπισθήσονται 3 p. pl. fut. pass. ind. διασκορπίζω
32 ἐγερθῆναι 1 aor. pass. infin. . . . . ἐγείρω
   προάξω 1 p. sing. fut. act. ind. . . . . .προάγω
33 ἀποκριθείς 1 aor. pass. ptc. nom. sing. m. .ἀποκρίνομαι
   σκανδαλισθήσονται 3 p. pl. fut. pass. ind. .σκανδαλίζω
   σκανδαλισθήσομαι 1 p. sing. fut. pass. ind. . . . . .id.
34 ἔφη 3 p. sing. 2 aor. act. ind. . . . . .φημί
   φωνῆσαι 1 aor. act. infin. . . . . .φωνέω
   ἀπαρνήσῃ 2 p. sing. fut. mid. ind. . . . . . . .ἀπαρνέομαι
35 δέῃ 3 p. sing. pres. subj. impers. . . . . .δεῖ

ἀποθανεῖν 2 aor. act. infin. . . . . ἀποθνήσκω
ἀπαρνήσομαι 1 p. sing. fut. mid. ind. . . . . ἀπαρνέομαι
εἶπαν 3 p. pl. 2 aor. act. ind. . . . . λέγω
36 λεγόμενον pres. pass. ptc. acc. sing. masc. . . . . . . id.
ἔρχεται 3 p. sing. pres. mid. ind. . . . . ἔρχομαι
καθίσατε 2 p. pl. 1 aor. act. imper. . . . . .καθίζω
ἀπελθών 2 aor. act. ptc. nom. sing. masc. . . .ἀπέρχομαι
προσεύξωμαι 1 p. sing. 1 aor. mid. subj. . . .προσεύχομαι
37 παραλαβών 2 aor. act. ptc. nom. sing. masc. παραλαμβάνω
ἤρξατο 3 p. sing. 1 aor. mid. ind. . . . . ἄρχω
λυπεῖσθαι pres. pass. infin. . . . . λυπέω
ἀδημονεῖν pres. act. infin. . . . . ἀδημονέω
38 μείνατε 2 p. pl. 1 aor. act. imper. . . . . μένω
γρηγορεῖτε 2 p. pl. pres. act. imper. . . . . . . γρηγορέω
39 προελθών 2 aor. act. ptc. nom. sing. masc. . .προέρχομαι
ἔπεσεν 3 p. sing. 2 aor. act. ind. . . . . πίπτω
προσευχόμενος pres. mid. ptc. nom. sing. m. προσεύχομαι
λέγων pres. act. ptc. nom. sing. masc. . . . . λέγω
παρελθάτω 3 p. sing. 2 aor. act. imper. . . . παρέρχομαι
40 εὑρίσκει 3 p. sing. pre. act. ind. . . . . εὑρίσκω
καθεύδοντας pres. act. ptc. acc. pl. masc. . . . καθεύδω
ἰσχύσατε 2 p. pl. 1 aor. act. ind. . . . . ἰσχύω
γρηγορῆσαι 1 aor. act. infin. . . . . γρηγορέω
41 προσεύχεσθε 2 p. pl. pres. mid. imper. . . . προσεύχομαι
εἰσέλθητε 2 p. pl. 2 aor. act. subj. . . . . . εἰσέρχομαι
42 προσηύξατο 3 p. sing. 1 aor. mid. ind. . . . προσεύχομαι
δύναται 3 p. sing. pres. pass. ind. . . . . δύναμαι
παρελθεῖν 2 aor. act. infin. . . . . παρέρχομαι
πίω 1 p. sing. 2 aor. act. subj. . . . . πίνω
γενηθήτω 3 p. sing. 1 aor. pass. imper. . . . . . γίνομαι
43 ἐλθών 2 aor. act. ptc. nom. sing. masc. . . . . . ἔρχομαι
εὗρεν 3 p. sing. 2 aor. act. ind. . . . . εὑρίσκω
καθεύδοντας pres. act. ptc. acc. pl. masc. . . . καθεύδω
ἦσαν 3 p. pl. imperf. act. ind. . . . . εἰμί
βεβαρημένοι perf. pass. ptc. nom. pl. masc. . . . . .βαρέω
44 ἀφείς 2 aor. act. ptc. nom. sing. masc. . . . . .ἀφίημι
ἀπελθών 2 aor. act. ptc. nom. sing. masc. . . .ἀπέρχομαι
προσηύξατο 3 p. sing. 1 aor. mid. ind. . . . .προσεύχομαι
εἰπών 2 aor. act. ptc. nom. sing. masc. . . . . . . εἶπον
45 ἔρχεται 3 p. sing. pres. mid. ind. . . . . .ἔρχομαι
λέγει 3 p. sing. pres. act. ind. . . . . λέγω
καθεύδετε 2 p. pl. pres. act. imper. . . . . καθεύδω
ἀναπαύεσθε 2 p. pl. pres. mid. imper. . . . . . .ἀναπαύω
ἰδού 2 p. sing. 2 aor. mid. imper. . . . . εἶδον
ἤγγικεν 3 p. sing. perf. act. ind. . . . . ἐγγίζω
παραδίδοται 3 p. sing. pres. pass. ind. . . . παραδίδωμι
46 ἐγείρεσθε 2 p. pl. pres. mid. imper. . . . . . . .ἐγείρω
ἄγωμεν 1 p. pl. pres. act. subj. . . . . .ἄγω
παραδιδούς pres. act. ptc. nom. sing. masc. . . παραδίδωμι
47 λαλοῦντος pres. act. ptc. gen. sing. masc. . . . . .λαλέω
ἦλθεν 3 p. sing. 2 aor. act. ind. . . . . ἔρχομαι
48 ἔδωκεν 3 p. sing. 1 aor. act. ind. . . . . δίδωμι
λέγων pres. act.ptc. nom. sing. masc. . . . . .λέγω
φιλήσω 1 p. sing. 1 aor. act. subj. . . . . φιλέω
κρατήσατε 2 p. pl. 1 aor. act. imper. . . . . . . .κρατέω

49 προσελθών 2 aor. act. ptc. nom. sing. masc. προσέρχομαι
     εἶπεν 3 p. sing. 2 aor. act. ind. . . . . λέγω
     χαῖρε 2 p. sing. pres. act. imper. . . . . χαίρω
     κατεφίλησεν 3 p. sing. 1 aor. act. ind. . . . καταφιλέω
50 πάρει 2 p. sing. pres. act. ind. . . . . πάρειμι
     προσελθόντες 2 aor. act. ptc. nom. pl. masc. προσέρχομαι
     ἐπέβαλον 3 p. pl. 2 aor. act. ind. . . . . ἐπιβάλλω
     ἐκράτησαν 3 p. pl. 1 aor. act. ind. . . . . κρατέω
51 ἰδού 2 p. sing. 2 aor. mid. imper. . . . . εἶδον
     ἐκτείνας 1 aor. act. ptc. nom. sing. masc. . . . . ἐκτείνω
     ἀπέσπασεν 3 p. sing. 1 aor. act. ind. . . . . . . ἀποσπάω
     πατάξας 1 aor. act. ptc. nom. sing. masc. . . . . . πατάσσω
     ἀφεῖλεν 3 p. sing. 2 aor. act. ind. . . . . ἀφαιρέω
52 λέγει 3 p. sing. pres. act. ind. . . . . λέγω
     ἀπόστρεφον 2 p. sing. 1 aor. act. imper. . . . . ἀποστρέφω
     λαβόντες 2 aor. act. ptc. nom. pl. masc. . . . . . λαμβάνω
     ἀπολοῦνται 3 p. pl. fut. mid. ind. . . . . ἀπόλλυμι
53 δοκεῖς 2 p. sing. pres. act. ind. . . . . δοκέω
     παρακαλέσαι 1 aor. act. infin. . . . . παρακαλέω
     παραστήσει 3 p. sing. fut. act. ind. . . . . . παρίστημι
54 πληρωθῶσιν 3 p. pl. 1 aor. pass. subj. . . . . πληρόω
     γενέσθαι 2 aor. mid. infin. . . . . γίνομαι
55 ἐξήλθατε 2 p. pl. 1 aor. act. ind. . . . . ἐξέρχομαι
     συλλαβεῖν 2 aor. act. infin. . . . . συλλαμβάνω
     ἐκαθεζόμην 1 p. sing. imperf. mid. ind. . . . καθέζομαι
     διδάσκων pres. act. ptc. nom. sing. masc. . . . . διδάσκω
     ἐκρατήσατε 2 p. pl. 1 aor. act. ind. . . . . κρατέω
56 γέγονεν 3 p. sing. 2 perf. act. ind. . . . . γίνομαι
     πληρωθῶσιν 3 p. pl. 1 aor. pass. subj. . . . . . . πληρόω
     ἀφέντες 2 aor. act. ptc. nom. pl. masc. . . . . . . ἀφίημι
     ἔφυγον 3 p. pl. 2 aor. act. ind. . . . . φεύγω
57 κρατήσαντες 1 aor. act. ptc. nom. pl. masc. . . . κρατέω
     ἀπήγαγον 3 p. pl. 2 aor. act. ind. . . . . ἀπάγω
     συνήχθησαν 3 p. pl. 1 aor. pass. ind. . . . . . . συνάγω
58 ἠκολούθει 3 p. sing. imperf. act. ind. . . . . ἀκολουθέω
     εἰσελθών 2 aor. act. ptc. nom. sing. masc. . . εἰσέρχομαι
     ἐκάθητο 3 p. sing. imperf. mid. ind. . . . . κάθημαι
     ἰδεῖν 2 aor. act. infin. . . . . ὁράω
59 ἐζήτουν 3 p. pl. imperf. act. ind. . . . . ζητέω
     θανατώσωσιν 3 p. pl. 1 aor. act. subj. . . . . . . θανατόω
60 εὗρον 1 p. sing. or 3 p. pl. 2 aor. act. ind. . . εὑρίσκω
     προσελθόντων 2 aor. act. ptc. gen. pl. masc. προσέρχομαι
     προσελθόντες 2 aor. act. ptc. nom. pl. masc. . . . . . id.
61 εἶπαν 3 p. pl. 2 aor. act. ind. . . . . λέγω
     ἔφη 3 p. sing. 2 aor. act. ind. . . . . φημί
     καταλῦσαι 1 aor. act. infin. . . . . καταλύω
     οἰκοδομῆσαι 1 aor. act. infin. . . . . οἰκοδομέω
62 ἀναστάς 2 aor. act. ptc. nom. sing. masc. . . . ἀνίστημι
     ἀποκρίνῃ 2 p. sing. pres. mid. ind. . . . . . ἀποκρίνομαι
     καταμαρτυροῦσιν 3 p. pl. pres. act. ind. . . καταμαρτυρέω
63 ἐσιώπα 3 p. sing. imperf. act. ind. . . . . σιωπάω
     εἶ 2 p. sing. pres. act. ind. . . . . εἰμί
     ἐξορκίζω 1 p. sing. pres. act. ind. . . . . ἐξορκίζω
     ζῶντος pres. act. ptc. gen. sing. masc. . . . . ζάω
     εἴπῃς 2 p. sing. 2 aor. act. subj. . . . . εἶπον

64 λέγει 3 p. sing. pres. act. ind. . . . . λέγω
    εἶπας 2 p. sing. 2 aor. act. ind. . . . . id.
    ὄψεσθε 2 p. pl. fut. mid. ind. . . . . ὁράω
    καθήμενον pres. mid. ptc. acc. sing. masc. . . . κάθημαι
    ἐρχόμενον pres. mid. ptc. acc. sing. masc. . . . ἔρχομαι
65 διέρρηξεν 3 p. sing. 1 aor. act. ind. . . . . διαρρήγνυμι
    λέγων pres. act. ptc. nom. sing. masc. . . . . λέγω
    ἐβλασφήμησεν 3 p. sing. 1 aor. act. ind. . . . βλασφημέω
    ἔχομεν 1 p. pl. pres. act. ind. . . . . ἔχω
    ἴδε 2 p. sing. 2 aor. act. imper. . . . . εἶδον
    ἠκούσατε 2 p. pl. 1 aor. act. ind. . . . . ἀκούω
66 δοκεῖ 3 p. sing. pres. act. ind. . . . . δοκέω
    ἀποκριθέντες 1 aor. pass. ptc. nom. pl. m. . ἀποκρίνομαι
    εἶπαν 3 p. pl. 2 aor. act. ind. . . . . λέγω
    ἐστίν 3 p. sing. pres. act. ind. . . . . εἰμί
67 ἐνέπτυσαν 3 p. pl. 1 aor. act. ind. . . . . ἐμπτύω
    ἐκολάφισαν 3 p. pl. 1 aor. act. ind. . . . . κολαφίζω
    ἐρράπισαν 3 p. pl. 1 aor. act. ind. . . . . ῥαπίζω
68 λέγοντες pres. act. ptc. nom. pl. masc. . . . . λέγω
    προφήτευσον 2 p. sing. 1 aor. act. imper. . . προφητεύω
    παίσας 1 aor. act. ptc. nom. sing. masc. . . . . . . παίω
69 ἐκάθητο 3 p. sing. imperf. mid. ind. . . . . κάθημαι
    προσῆλθεν 3 p. sing. 2 aor. act. ind. . . . προσέρχομαι
    λέγουσα pres. act. ptc. nom. sing. fem. . . . . λέγω
    ἦσθα 2 p. sing. imperf. mid. ind. . . . . εἰμί
70 ἠρνήσατο 3 p. sing. 1 aor. mid. ind. . . . . . ἀρνέομαι
    λέγων pres. act. ptc. nom. sing. masc. . . . . λέγω
    οἶδα 1 p. sing. 2 perf. act. ind. . . . . οἶδα
    λέγεις 2 p. sing. pres. act. ind. . . . . λέγω
71 ἐξελθόντα 2 aor. act. ptc. acc. sing. masc. . . ἐξέρχομαι
    εἶδεν 3 p. sing. 2 aor. act. ind. . . . . ὁράω
    λέγει 3 p. sing. pres. act. ind. . . . . λέγω
    ἦν 3 p. sing. imperf. act. ind. . . . . εἰμί
72 ἠρνήσατο 3 p. sing. 1 aor. mid. ind. . . . . . . ἀρνέομαι
73 προσελθόντες 2 aor. act. ptc. nom. pl. masc. προσέρχομαι
    ἑστῶτες perf. act. ptc. nom. pl. masc. . . . . ἵστημι
    εἶπον 3 p. pl. 2 aor. act. ind. . . . . λέγω
    εἶ 2 p. sing. pres. act. ind. . . . . εἰμί
    ποιεῖ 3 p. sing. pres. act. ind. . . . . ποιέω
74 ἤρξατο 3 p. sing. 1 aor. mid. ind. . . . . ἄρχω
    καταθεματίζειν pres. act. infin. . . . . . καταθεματίζω
    ὀμνύειν pres. act. infin. . . . . ὀμνύω
    ἐφώνησεν 3 p. sing. 1 aor. act. ind. . . . . φωνέω
75 ἐμνήσθη 3 p. sing. 1 aor. pass. ind. . . . . . . μιμνήσκω
    εἰρηκότος perf. act. ptc. gen. sing. masc. . . . . . εἶπον
    φωνῆσαι 1 aor. act. infin. . . . . φωνέω
    ἀπαρνήσῃ 2 p. sing. fut. mid. ind. . . . . . . ἀπαρνέομαι
    ἐξελθών 2 aor. act. ptc. nom. sing. masc. . . . ἐξέρχομαι
    ἔκλαυσεν 3 p. sing. 1 aor. act. ind. . . . . κλαίω

27

1 γενομένης 2 aor. mid. ptc. gen. sing. fem. . . . . γίνομαι
    ἔλαβον 1 p. sing. or 3 p. pl. 2 aor. act. ind. . . λαμβάνω
    θανατῶσαι 1 aor. act. infin. . . . . θανατόω
2 δήσαντες 1 aor. act. ptc. nom. pl. masc. . . . . δέω

ἀπήγαγον 3 p. pl. 2 aor. act. ind. . . . . ἀπάγω
παρέδωκαν 3 p. pl. 1 aor. act. ind. . . . . . παραδίδωμι
3 ἰδών 2 aor. act. ptc. nom. sing. masc. . . . . ὁράω
παραδούς 2 aor. act. ptc. nom. sing. masc. . παραδίδωμι
κατεκρίθη 3 p. sing. 1 aor. pass. ind. . . . . κατακρίνω
μεταμεληθείς 1 aor. pass. ptc. nom. sing. m. μεταμέλομαι
ἔστρεψεν 3 p. sing. 1 aor. act. ind. . . . . . . στηρέφω
4 λέγων pres. act. ptc. nom. sing. masc. . . . . λέγω
ἥμαρτον 1 p. sing. or 3 p. pl. 2 aor. act. ind. .ἁμαρτάνω
εἶπαν 3 p. pl. 2 aor. act. ind. . . . . .λέγω
ὄψη 2 p. sing. fut. mid. ind. . . . . ὁράω
5 ῥίψας 1 aor. act. ptc. nom. sing. masc. . . . . . . ῥίπτω
ἀνεχώρησεν 3 p. sing. 1 aor. act. ind. . . . . ἀναχωρέω
ἀπελθών 2 aor. act. ptc. nom. sing. masc. . . . ἀπέρχομαι
ἀπήγξατο 3 p. sing. 1 aor. mid. ind. . . . . . . .ἀπάγχω
6 λαβόντες 2 aor. act. ptc. nom. pl. masc. . . . . λαμβάνω
ἔξεστιν 3 p. sing. pres. act. impers. . . . . ἔξειμί
βαλεῖν 2 aor. act. infin. . . . . βάλλω
ἐστιν 3 p. sing. pres. act. ind. . . . . εἰμί
7 ἠγόρασαν 3 p. pl. 1 aor. act. ind. . . . . ἀγοράζω
8 ἐκλήθη 3 p. sing. 1 aor. pass. ind. . . . . .καλέω
9 ἐπληρώθη 3 p. sing. 1 aor. pass. ind. . . . . . . πληρόω
ῥηθέν 1 aor. pass. ptc. nom. and acc. sing. neut. . εἶπον
λέγοντος pres. act. ptc. gen. sing. masc. . . . . .λέγω
ἔλαβον 1 p. sing. or 3 p. pl. 2 aor. act. ind. . .λαμβάνω
τετιμημένου perf. pass. ptc. gen. sing. masc. . . .τιμάω
ἐτιμήσαντο 3 p. pl. 1 aor. mid. ind. . . . . .id.
10 ἔδωκαν 3 p. pl. 1 aor. act. ind. . . . . δίδωμι
συνέταξεν 3 p. sing. 1 aor. act. ind. . . . . . συντάσσω
11 ἐστάθη 3 p. sing. 1 aor. pass. ind. . . . . . . .ἵστημι
ἐπηρώτησεν 3 p. sing. 1 aor. act. ind. . . . . ἐπερωτάω
εἶ 2 p. sing. pres. act. ind. . . . . εἰμί
ἔφη 3 p. sing. 2 aor. act. ind. . . . . φημί
λέγεις 2 p. sing. pres. act. ind. . . . . .λέγω
12 κατηγορεῖσθαι pres. pass. infin. . . . . κατηγορέω
ἀπεκρίνατο 3 p. sing. 1 aor. mid. ind. . . . . ἀποκρίνομαι
13 λέγει 3 p. sing. pres. act. ind. . . . . λέγω
ἀκούεις 2 p. sing. pres. act. ind. . . . . ἀκούω
καταμαρτυροῦσιν 3 p. pl. pres. act. ind. . . καταμαρτυρέω
14 ἀπεκρίθη 3 p. sing. 1 aor. pass. ind. . . . . ἀποκρίνομαι
θαυμάζειν pres. act. infin. . . . . .θαυμάζω
15 εἰώθει 3 p. sing. plupf. act. ind. . . . . ἔθω
ἀπολύειν pres. act. infin. . . . . .ἀπολύω
ἤθελον 3 p. pl. imperf. act. ind. . . . . ἐθέλω
16 εἶχον 3 p. pl. imperf. act. ind. . . . . ἔχω
λεγόμενον pres. pass. ptc. acc. sing. masc. . . . . λέγω
17 συνηγμένων perf. pass. ptc. gen. pl. m. or n. . . συνάγω
εἶπεν 3 p. sing. 2 aor. act. ind. . . . . λέγω
θέλετε 2 p. pl. pres. act. ind. . . . . θέλω
ἀπολύσω 1 p. s. 1 aor. act. subj. or fut. act. ind.ἀπολύω
18 ἤδει 3 p. sing. plupf. act. ind. . . . . οἶδα
παρέδωκαν 3 p. pl. 1 aor. act. ind. . . . . . παραδίδωμι
19 καθημένου pres. mid. ptc. gen. sing. masc. . . . κάθημαι
ἀπέστειλεν 3 p. sing. 1 aor. act. ind. . . . . ἀποστέλλω
λέγουσα pres. act. ptc. nom. sing. fem. . . . . . . .λέγω

ἔπαθον 1 p. sing. 2 aor. act. ind. . . . . πάσχω
20 ἔπεισαν 3 p. pl. 1 aor. act. ind. . . . . πείθω
αἰτήσωνται 3 p. pl. 1 aor. mid. subj. . . . . αἰτέω
ἀπολέσωσιν 3 p. pl. 1 aor. act. subj. . . . . . ἀπόλλυμι
21 ἀποκριθείς 1 aor. pass. ptc. nom. sing. m. . ἀποκρίνομαι
εἶπεν 3 p. sing. 2 aor. act. ind. . . . . λέγω
θέλετε 2 p. pl. pres. act. ind. . . . . θέλω
ἀπολύσω 1 p. s. 1 aor. act. subj. or fut. act. ind. ἀπολύω
εἶπαν 3 p. pl. 2 aor. act. ind. . . . . λέγω
22 ποιήσω 1 p. sing. fut. act. ind. . . . . ποιέω
λεγόμενον pres. pass. ptc. acc. sing. masc. . . . . λέγω
λέγουσιν 3 p. pl. pres. act. ind. . . . . id.
σταυρωθήτω 3 p. sing. 1 aor. pass. imper. . . . . σταυρόω
23 ἔφη 3 p. sing. 2 aor. act. ind. . . . . φημί
ἐποίησεν 3 p. sing. 1 aor. act. ind. . . . . ποιέω
ἔκραζον 3 p. pl. imperf. act. ind. . . . . κράζω
λέγοντες pres. act. ptc. nom. pl. masc. . . . . . . λέγω
24 ἰδών 2 aor. act. ptc. nom. sing. masc. . . . . ὁράω
ὠφελεῖ 3 p. sing. pres. act. ind. . . . . ὠφελέω
γίνεται 3 p. sing. pres. mid. ind. . . . . γίνομαι
λαβών 2 aor. act. ptc. nom. sing. masc. . . . . . λαμβάνω
ἀπενίψατο 3 p. sing. 1 aor. mid. ind. . . . . . . ἀπονίζω
λέγων pres. act. ptc. nom. sing. masc. . . . . λέγω
ὄψεσθε 2 p. pl. fut. mid. ind. . . . . ὁράω
26 ἀπέλυσεν 3 p. sing. 1 aor. act. ind. . . . . ἀπολύω
φραγελλώσας 1 aor. act. ptc. nom. sing. masc. .φραγελλόω
παρέδωκεν 3 p. sing. 1 aor. act. ind. . . . . παραδίδωμι
σταυρωθῇ 3 p. sing. 1 aor. pass. subj. . . . . . . σταυρόω
27 παραλαβόντες 2 aor. act. ptc. nom. pl. masc. παραλαμβάνω
συνήγαγον 3 p. pl. 2 aor. act. ind. . . . . συνάγω
28 ἐκδύσαντες 1 aor. act. ptc. nom. pl. masc. . . . . ἐκδύω
περιέθηκαν 3 p. pl. 1 aor. act. ind. . . . . . περιτίθημι
29 πλέξαντες 1 aor. act. ptc. nom. pl. masc. . . . . .πλέκω
ἐπέθηκαν 3 p. pl. 1 aor. act. ind. . . . . ἐπιτίθημι
γονυπετήσαντες 1 aor. act. ptc. nom. pl. masc. .γονυπετέω
ἐνέπαιξαν 3 p. pl. 1 aor. act. ind. . . . . . . .ἐμπαίζω
λέγοντες pres. act. ptc. nom. pl. masc. . . . . . . λέγω
χαῖρε 2 p. sing. pres. act. imper. . . . . χαίρω
30 ἐμπτύσαντες 1 aor. act. ptc. nom. pl. masc. . . . ἐμπτύω
ἔλαβον 1 p. sing. or 3 p. pl. 2 aor. act. ind. . .λαμβάνω
ἔτυπτον 3 p. pl. imperf. act. ind. . . . . .τύπτω
31 ἐνέπαιξαν 3 p. pl. 1 aor. act. ind. . . . . .ἐμπαίζω
ἐξέδυσαν 3 p. pl. 1 aor. act. ind. . . . . .ἐκδύω
ἐνέδυσαν 3 p. pl. 1 aor. act. ind. . . . . .ἐνδύω
ἀπήγαγον 3 p. pl. 2 aor. act. ind. . . . . .ἀπάγω
σταυρῶσαι 1 aor. act. infin. . . . . .σταυρόω
32 ἐξερχόμενοι pres. mid. ptc. nom. pl. masc. . . ἐξέρχομαι
εὗρον 1 p. sing. or 3 p. pl. 2 aor. act. ind. . . εὑρίσκω
ἠγγάρευσαν 3 p. pl. 1 aor. act. ind. . . . . . . ἀγγαρεύω
ἄρῃ 3 p. sing. 1 aor. act. subj. . . . . αἴρω
33 ἐλθόντες 2 aor. act. ptc. nom. pl. masc. . . . . .ἔρχομαι
λεγόμενον pres. pass. ptc. acc. sing. masc. . . . . .λέγω
ἐστιν 3 p. sing. pres. act. ind. . . . . εἰμί
λεγόμενος pres. pass. ptc. nom. sing. masc. . . . . λέγω
34 ἔδωκαν 3 p. pl. 1 aor. act. ind. . . . . δίδωμι

πιεῖν 2 aor. act. infin. . . . . πίνω
μεμιγμένον perf. pass. ptc. acc. sing. neut. . . μίγνυμι
γευσάμενος 1 aor. mid. ptc. nom. sing. masc. . . γεύομαι
ἠθέλησεν 3 p. sing. 1 aor. act. ind. . . . . ἐθέλω
35 σταυρώσαντες 1 aor. act. ptc. nom. pl. masc. . . σταυρόω
διεμερίσαντο 3 p. pl. 1 aor. mid. ind. . . . . διαμερίζω
βάλλοντες pres. act. ptc. nom. pl. masc. . . . . . βάλλω
36 καθήμενοι pres. mid. ptc. nom. pl. masc. . . . . κάθημαι
ἐτήρουν 1 p. sing. or 3 p. pl. imperf. act. ind. . . τηρέω
37 ἐπέθηκαν 3 p. pl. 1 aor. act. ind. . . . . . . ἐπιτίθημι
γεγραμμένην perf. pass. ptc. acc. sing. fem. . . . γράφω
38 σταυροῦνται 3 p. pl. pres. pass. ind. . . . . σταυρόω
39 παραπορευόμενοι pres. mid. ptc. n. pl. m. παραπορεύομαι
ἐβλασφήμουν 3 p. pl. imperf. act. ind. . . . . βλασφημέω
κινοῦντες pres. act. ptc. nom. pl. masc. . . . . . . κινέω
40 λέγοντες pres. act. ptc. nom. pl. masc. . . . . λέγω
καταλύων pres. act. ptc. nom. sing. masc. . . . . .καταλύω
οἰκοδομῶν pres. act. ptc. nom. sing. masc. . . οἰκοδομέω
σῶσον 2 p. sing. 1 aor. act. imper. . . . . σώζω
εἶ 2 p. sing. pres. act. ind. . . . . εἰμί
κατάβηθι 2 p. sing. 2 aor. pass. imper. . . . . καταβαίνω
41 ἐμπαίζοντες pres. act. ptc. nom. pl. masc. . . . ἐμπαίζω
ἔλεγον 3 p. pl. imperf. act. ind. . . . . λέγω
42 ἔσωσεν 3 p. sing. 1 aor. act. ind. . . . . σώζω
δύναται 3 p. sing. pres. pass. ind. . . . . δύναμαι
σῶσαι 1 aor. act. infin. . . . . σώζω
ἐστιν 3 p. sing. pres. act. ind. . . . . εἰμί
καταβάτω 3 p. sing. 2 aor. act. imper. . . . . καταβαίνω
πιστεύσομεν 1 p. pl. fut. act. ind. . . . . .πιστεύω
43 πέποιθεν 3 p. sing. 2 perf. act. ind. . . . . . . .πείθω
ῥυσάσθω 3 p. sing. 1 aor. mid. imper. . . . . .ῥύομαι
θέλει 3 p. sing. pres. act. ind. . . . . θέλω
εἶπεν 3 p. sing. 2 aor. act. ind. . . . . .λέγω
44 συσταυρωθέντες 1 aor. pass. ptc. nom. pl. masc.συσταυρόω
ὠνείδιζον 3 p. pl. imperf. act. ind. . . . . . . .ὀνειδίζω
45 ἐγένετο 3 p. sing. 2 aor. mid. ind. . . . . γίνομαι
46 ἀνεβόησεν 3 p. sing. 1 aor. act. ind. . . . . . . .ἀναβοάω
λέγων pres. act. ptc. nom. sing. masc. . . . . λέγω
ἐγκατέλιπες 2 p. sing. 2 aor. act. ind. . . . ἐγκαταλείπω
47 ἑστηκότων perf. act. ptc. gen. pl. masc. . . . . . .ἵστημι
ἀκούσαντες 1 aor. act. ptc. nom. pl. masc. . . . . . ἀκούω
φωνεῖ 3 p. sing. pres. act. ind. . . . . .φωνέω
48 δραμών 2 aor. act. ptc. nom. sing. masc. . . . . . .τρέχω
λαβών 2 aor. act. ptc. nom. sing. masc. . . . . . λαμβάνω
πλήσας 1 aor. act. ptc. nom. sing. masc. . . . . .πίμπλημι
περιθείς 2 aor. act. ptc. nom. sing. masc. . . περιτίθημι
ἐπότιζεν 3 p. sing. imperf. act. ind. . . . . .ποτίζω
49 εἶπαν 3 p. pl. 2 aor. act. ind. . . . . .λέγω
ἄφες 2 p. sing. 2 aor. act. imper. . . . . .ἀφίημι
ἴδωμεν 1 p. pl. 2 aor. act. subj. . . . . .ὁράω
ἔρχεται 3 p. sing. pres. mid. ind. . . . . .ἔρχομαι
σώσων fut. act. ptc. nom. sing. masc. . . . . .σώζω
50 κράξας 1 aor. act. ptc. nom. sing. masc. . . . . . . κράζω
ἀφῆκεν 3 p. sing. 1 aor. act. ind. . . . . ἀφίημι
51 ἰδού 2 p. sing. 2 aor. mid. imper. . . . . .εἶδον

ἐσχίσθη 3 p. sing. 1 aor. pass. ind. . . . . σχίζω
ἐσείσθη 3 p. sing. 1 aor. pass. ind. . . . . σείω
ἐσχίσθησαν 3 p. pl. 1 aor. pass. ind. . . . . σχίζω
52 ἀνεῴχθησαν 3 p. pl. 1 aor. pass. ind. . . . . . . ἀνοίγω
κεκοιμημένων perf. pass. ptc. gen. pl. m. or n. . . κοιμάω
ἠγέρθησαν 3 p. pl. 1 aor. pass. ind. . . . . ἐγείρω
53 ἐξελθόντες 2 aor. act. ptc. nom. pl. masc. . . ἐξέρχομαι
εἰσῆλθον 3 p. pl. 2 aor. act. ind. . . . . . . εἰσέρχομαι
ἐνεφανίσθησαν 3 p. pl. 1 aor. pass. ind. . . . . .ἐμφανίζω
54 τηροῦντες pres. act. ptc. nom. pl. masc. . . . . . τηρέω
ἰδόντες 2 aor. act. ptc. nom. pl. masc. . . . . ὁράω
γινόμενα pres. mid. ptc. acc. pl. neut. . . . . . . γίνομαι
ἐφοβήθησαν 3 p. pl. 1 aor. pass. ind. . . . . φοβέω
λέγοντες pres. act. ptc. nom. pl. masc. . . . . λέγω
55 ἦσαν 3 p. pl. imperf. act. ind. . . . . εἰμί
θεωροῦσαι pres. act. ptc. nom. pl. fem. . . . . . . θεωρέω
ἠκολούθησαν 3 p. pl. 1 aor. act. ind. . . . . .ἀκολουθέω
διακονοῦσαι pres. act. ptc. nom. pl. fem. . . . διακονέω
56 ἦν 3 p. sing. imperf. act. ind. . . . . εἰμί
57 γενομένης pres. mid. ptc. gen. sing. fem. . . . .γίνομαι
ἦλθεν 3 p. sing. 2 aor. act. ind. . . . . ἔρχομαι
ἐμαθητεύθη 3 p. sing. 1 aor. pass. ind. . . . . μαθητεύω
58 προσελθών 2 aor. act. ptc. nom. sing. masc. προσέρχομαι
ᾐτήσατο 3 p. sing. 1 aor. mid. ind. . . . . αἰτέω
ἐκέλευσεν 3 p. sing. 1 aor. act. ind. . . . . . . κελεύω
ἀποδοθῆναι 1 aor. pass. infin. . . . . ἀποδίδωμι
59 λαβών 2 aor. act. ptc. nom. sing. masc. . . . . . λαμβάνω
ἐνετύλιξεν 3 p. sing. 1 aor. act. ind. . . . . ἐντυλίσσω
60 ἔθηκεν 3 p. sing. 1 aor. act. ind. . . . . τίθημι
ἐλατόμησεν 3 p. sing. 1 aor. act. ind. . . . . . λατομέω
προσκυλίσας 1 aor. act. ptc. nom. sing. masc. προσκυλίω
ἀπῆλθεν 3 p. sing. 2 aor. act. ind. . . . . . . ἀπέρχομαι
61 καθήμεναι pres. mid. ptc. nom. pl. fem. . . . . κάθημαι
62 ἐστίν 3 p. sing. pres. act. ind. . . . . εἰμί
συνήχθησαν 3 p. pl. 1 aor. pass. ind. . . . . . . συνάγω
63 λέγοντες pres. act. ptc. nom. pl. masc. . . . . λέγω
ἐμνήσθημεν 1 p. pl. 1 aor. pass. ind. . . . . . μιμνήσκω
εἶπεν 3 p. sing. 2 aor. act. ind. . . . . λέγω
ζῶν pres. act. ptc. nom. sing. masc. . . . . ζάω
ἐγείρομαι 1 p. sing. pres. mid. ind. . . . . ἐγείρω
64 κέλευσον 2 p. sing. 1 aor. act. imper. . . . . . . κελεύω
ἀσφαλισθῆναι 1 aor. pass. infin. . . . . .ἀσφαλίζω
ἐλθόντες 2 aor. act. ptc. nom. pl. masc. . . . . . ἔρχομαι
κλέψωσιν 3 p. pl. 1 aor. act. subj. . . . . κλέπτω
εἴπωσιν 3 p. pl. 2 aor. act. subj. . . . . εἶπον
ἠγέρθη 3 p. sing. 1 aor. pass. ind. . . . . .ἐγείρω
ἔσται 3 p. sing. fut. mid. ind. . . . . εἰμί
65 ἔφη 3 p. sing. 2 aor. act. ind. . . . . φημί
ἔχετε 2 p. pl. pres. act. imper. . . . . ἔχω
ὑπάγετε 2 p. pl. pres. act. imper. . . . . ὑπάγω
ἀσφαλίσασθε 2 p. pl. 1 aor. mid. imper. . . . . ἀσφαλίζω
οἴδατε 2 p. pl. 2 perf. act. ind. . . . . οἶδα
66 πορευθέντες 1 aor. pass. ptc. nom. pl. masc. . . πορεύομαι
ἠσφαλίσαντο 3 p. pl. 1 aor. mid. ind. . . . . . ἀσφαλίζω
σφραγίσαντες 1 aor. act. ptc. nom. pl. masc. . . .σφραγίζω

28

1 ἐπιφωσκούσῃ pres. act. ptc. dat. sing. fem. . . ἐπιφώσκω
ἦλθεν 3 p. sing. 2 aor. act. ind. . . . . ἔρχομαι
θεωρῆσαι 1 aor. act. infin. . . . . θεωρέω
2 ἰδού 2 p. sing. 2 aor. mid. imper. . . . . εἶδον
ἐγένετο 3 p. sing. 2 aor. mid. ind. . . . . γίνομαι
καταβάς 2 aor. act. ptc. nom. sing. masc. . . . καταβαίνω
προσελθών 2 aor. act. ptc. nom. sing. masc. προσέρχομαι
ἀπεκύλισεν 3 p. sing. 1 aor. act. ind. . . . . .ἀποκυλίω
ἐκάθητο 3 p. sing. imperf. mid. ind. . . . . .κάθημαι
3 ἦν 3 p. sing. imperf. act. ind. . . . . .εἰμί
4 ἐσείσθησαν 3 p. pl. 1 aor. pass. ind. . . . . σείω
τηροῦντες pres. act. ptc. nom. pl. masc. . . . . . .τηρέω
ἐγενήθησαν 3 p. pl. 1 aor. pass. ind. . . . . . . γίνομαι
5 ἀποκριθείς 1 aor. pass. ptc. nom. sing. m. .ἀποκρίνομαι
εἶπεν 3 p. sing. 2 aor. act. ind. . . . . .λέγω
φοβεῖσθε 2 p. pl. pres. mid. imper. . . . . φοβέω
οἶδα 1 p. sing. 2 perf. act. ind. . . . . .οἶδα
ἐσταυρωμένον perf. pass. ptc. acc. sing. masc. . σταυρόω
ζητεῖτε 2 p. pl. pres. act. ind. or imper. . . . . . .ζητέω
6 ἔστιν 3 p. sing. pres. act. ind. . . . . .εἰμί
ἠγέρθη 3 p. sing. 1 aor. pass. ind. . . . . .ἐγείρω
ἴδετε 2 p. pl. 2 aor. act. imper. . . . . .ὁράω
ἔκειτο 3 p. sing. imperf. mid. ind. . . . . .κεῖμαι
7 πορευθεῖσαι 1 aor. pass. ptc. nom. pl. fem. . πορεύομαι
εἴπατε 2 p. pl. 2 aor. act. imper. . . . . λέγω
ἠγέρθη 3 p. sing. 1 aor. pass. ind. . . . . .ἐγείρω
προάγει 3 p. sing. pres. act. ind. . . . . προάγω
ὄψεσθε 2 p. pl. fut. mid. ind. . . . . ὁράω
εἶπον 1 p. sing. 2 aor. act. ind. . . . . λέγω
8 ἀπελθοῦσαι 2 aor. act. ptc. nom. pl. fem. . . . ἀπέρχομαι
ἔδραμον 3 p. pl. 2 aor. act. ind. . . . . τρέχω
ἀπαγγεῖλαι 1 aor. act. infin. . . . . .ἀπαγγέλλω
9 ὑπήντησεν 3 p. sing. 1 aor. act. ind. . . . . .ὑπαντάω
λέγων pres. act. ptc. nom. sing. masc. . . . . λέγω
χαίρετε 2 p. pl. pres. act. imper. . . . . .χαίρω
προσελθοῦσαι 2 aor. act. ptc. nom. pl. fem. προσέρχομαι
ἐκράτησαν 3 p. pl. 1 aor. act. ind. . . . . .κρατέω
προσεκύνησαν 3 p. pl. 1 aor. act. ind. . . . . προσκυνέω
10 λέγει 3 p. sing. pres. act. ind. . . . . λέγω
φοβεῖσθε 2 p. pl. pres. mid. imper. . . . . φοβέω
ὑπάγετε 2 p. pl. pres. act. imper. . . . . .ὑπάγω
ἀπαγγείλατε 2 p. pl. 1 aor. act. imper. . . . ἀπαγγέλλω
ἀπέλθωσιν 3 p. pl. 2 aor. act. subj. . . . . . .ἀπέρχομαι
ὄψονται 3 p. pl. fut. mid. ind. . . . . .ὁράω
11 πορευομένων pres. mid. ptc. gen. pl. neut. . . πορεύομαι
ἐλθόντες 2 aor. act. ptc. nom. pl. masc. . . . . .ἔρχομαι
ἀπήγγειλαν 3 p. pl. 1 aor. act. ind. . . . . .ἀπαγγέλλω
γενόμενα 2 aor. mid. ptc. acc. pl. neut. . . . . .γίνομαι
12 συναχθέντες 1 aor. pass. ptc. nom. pl. masc. . . .συνάγω
λαβόντες 2 aor. act. ptc. nom. pl. masc. . . . .λαμβάνω
ἔδωκαν 3 p. pl. 1 aor. act. ind. . . . . .δίδωμι
13 λέγοντες pres. act. ptc. nom. pl. masc. . . . . . . .λέγω
εἴπατε 2 p. pl. 2 aor. act. imper. . . . . id.
ἔκλεψαν 3 p. pl. 1 aor. act. ind. . . . . .κλέπτω

κοιμωμένων pres. pass. ptc. gen. pl. m. or n. . . . κοιμάω
14 ἀκουσθῇ 3 p. sing. 1 aor. pass. subj. . . . . ἀκούω
πείσομεν 1 p. pl. fut. act. ind. . . . . πείθω
ποιήσομεν 1 p. pl. fut. act. ind. . . . . ποιέω
15 ἐποίησαν 3 p. pl. 1 aor. act. ind. . . . . id.
ἐδιδάχθησαν 3 p. pl. 1 aor. pass. ind. . . . . . διδάσκω
διεφημίζθη 3 p. sing. 1 aor. pass. ind. . . . . .διαφημίζω
16 ἐπορεύθησαν 3 p. pl. 1 aor. pass. ind. . . . . πορεύομαι
ἐτάξατο 3 p. sing. 1 aor. mid. ind. . . . . τάσσω
17 ἰδόντες 2 aor. act. ptc. nom. pl. masc. . . . . ὁράω
προσεκύνησαν 3 p. pl. 1 aor. act. ind. . . . . . προσκυνέω
ἐδίστασαν 3 p. pl. 1 aor. act. ind. . . . . .διστάζω
18 προσελθών 2 aor. act. ptc. nom. sing. masc. προσέρχομαι
ἐλάλησεν 3 p. sing. 1 aor. act. ind. . . . . .λαλέω
λέγων pres. act. ptc. nom. sing. masc. . . . . λέγω
ἐδόθη 3 p. sing. 1 aor. pass. ind. . . . . δίδωμι
19 πορευθέντες 1 aor. pass. ptc. nom. pl. masc. . πορεύομαι
μαθητεύσατε 2 p. pl. 1 aor. act. imper. . . . . μαθητεύω
βαπτίζοντες pres. act. ptc. nom. pl. masc. . . . βαπτίζω
20 διδάσκοντες pres. act. ptc. nom. pl. masc. . . . διδάσκω
τηρεῖν pres. act. infin. . . . . .τηρέω
ἐνετειλάμην 1 p. sing. 1 aor. mid. ind. . . . ἐντέλλομαι
ἰδού 2 p. sing. 2 aor. mid. imper. . . . . .εἶδον

Κατα Μαρκον

1

2 γέγραπται 3 p. sing. perf. pass. ind. . . . . γράφω
  ἰδού 2 p. sing. 2 aor. mid. imper. . . . . εἶδον
  ἀποστέλλω 1 p. sing. pres. act. ind. . . . . . . ἀποστέλλω
  κατασκευάσει 3 p. sing. fut. act. ind. . . . κατασκευάζω
3 βοῶντος pres. act. ptc. gen. sing. masc. . . . . βοάω
  ἑτοιμάσατε 2 p. pl. 1 aor. act. imper. . . . . . ἑτοιμάζω
  ποιεῖτε 2 p. pl. pres. act. ind. or imper. . . . . . . ποιέω
4 ἐγένετο 3 p. sing. 2 aor. mid. ind. . . . . γίνομαι
  βαπτίζων pres. act. ptc. nom. sing. masc. . . . . βαπτίζω
  κηρύσσων pres. act. ptc. nom. sing. masc. . . . . κηρύσσω
5 ἐξεπορεύετο 3 p. sing. imperf. mid. ind. . . ἐκπορεύομαι
  ἐβαπτίζοντο 3 p. pl. imperf. pass. ind. . . . . . βαπτίζω
  ἐξομολογούμενοι pres. mid. ptc. nom. pl. m. . ἐξομολογέω
6 ἦν 3 p. sing. imperf. act. ind. . . . . εἰμί
  ἐνδεδυμένος perf. pass. ptc. nom. sing. masc. . . . ἐνδύω
  ἔσθων pres. act. ptc. nom. sing. masc. . . . . ἔσθω
7 ἐκήρυσσεν 3 p. sing. imperf. act. ind. . . . . . . κηρύσσω
  λέγων pres. act. ptc. nom. sing. masc. . . . . λέγω
  ἔρχεται 3 p. sing. pres. mid. ind. . . . . ἔρχομαι
  κύψας 1 aor. act. ptc. nom. sing. masc. . . . . . . κύπτω
  λῦσαι 1 aor. act. infin. . . . . λύω
8 ἐβάπτισα 1 p. sing. 1 aor. act. ind. . . . . βαπτίζω
  βαπτίσει 3 p. sing. fut. act. ind. . . . . id.
9 ἐγένετο 3 p. sing. 2 aor. mid. ind. . . . . γίνομαι
  ἦλθεν 3 p. sing. 2 aor. act. ind. . . . . ἔρχομαι
  ἐβαπτίσθη 3 p. sing. 1 aor. pass. ind. . . . . . βαπτίζω
10 ἀναβαίνων pres. act. ptc. nom. sing. masc. . . . ἀναβαίνω
   εἶδεν 3 p. sing. 2 aor. act. ind. . . . . ὁράω
   σχιζομένους pres. mid. ptc. acc. pl. masc. . . . . σχίζω
   καταβαῖνον pres. act. ptc. nom. or acc. s. n. καταβαίνω
11 εἶ 2 p. sing. pres. act. ind. . . . . εἰμί
   εὐδόκησα 1 p. sing. 1 aor. act. ind. . . . . . . εὐδοκέω
12 ἐκβάλλει 3 p. sing. pres. act. ind. . . . . ἐκβάλλω
13 ἦν 3 p. sing. imperf. act. ind. . . . . εἰμί
   πειραζόμενος pres. pass. ptc. nom. sing. masc. . πειράζω
   διηκόνουν 3 p. pl. imperf. act. ind. . . . . . . διακονέω
14 παραδοθῆναι 1 aor. pass. infin. . . . . παραδίδωμι
   κηρύσσων pres. act. ptc. nom. sing. masc. . . . . . κηρύσσω
15 πεπλήρωται 3 p. sing. perf. pass. ind. . . . . . . πληρόω
   ἤγγικεν 3 p. sing. perf. act. ind. . . . . ἐγγίζω
   μετανοεῖτε 2 p. pl. pres. act. imper. . . . . . μετανοέω
   πιστεύετε 2 p. pl. pres. act. ind. or imper. . . πιστεύω
16 παράγων pres. act. ptc. nom. sing. masc. . . . . . παράγω
   ἀμφιβάλλοντας pres. act. ptc. acc. pl. masc. . ἀμφιβάλλω
   ἦσαν 3 p. pl. imperf. act. ind. . . . . εἰμί
17 εἶπεν 3 p. sing. 2 aor. act. ind. . . . . λέγω
   ποιήσω 1 p. sing. fut. act. ind. . . . . ποιέω
   γενέσθαι 2 aor. mid. infin. . . . . γίνομαι
18 ἀφέντες 2 aor. act. ptc. nom. pl. masc. . . . . . ἀφίημι
   ἠκολούθησαν 3 p. pl. 1 aor. act. ind. . . . . ἀκολουθέω
19 καταρτίζοντας pres. act. ptc. acc. pl. m. . . . καταρτίζω
20 ἐκάλεσεν 3 p. sing. 1 aor. act. ind. . . . . καλέω

ἀφέντες 2 aor. act. ptc. nom. pl. masc. . . . . . . ἀφίημι
ἀπῆλθον 1 p. sing. or 3 p. pl. 2 aor. act. ind.ἀπέρχομαι
21 εἰσπορεύονται 3 p. pl. pres. mid. ind. . . εἰσπορεύομαι
εἰσελθών 2 aor. act. ptc. nom. sing. masc. . . εἰσέρχομαι
ἐδίδασκεν 3 p. sing. imperf. act. ind. . . . . . . διδάσκω
22 ἐξεπλήσσοντο 3 p. pl. imperf. pass. ind. . . . .ἐκπλήσσω
ἦν 3 p. sing. imperf. act. ind. . . . . εἰμί
διδάσκων pres. act. ptc. nom. sing. masc. . . . .διδάσκω
ἔχων pres. act. ptc. nom. sing. masc. . . . . .ἔχω
23 ἀνέκραξεν 3 p. sing. 1 aor. act. ind. . . . . . ἀνακράζω
24 λέγων pres. act. ptc. nom. sing. masc. . . . . λέγω
ἦλθες 2 p. sing. 2 aor. act. ind. . . . . ἔρχομαι
ἀπολέσαι 1 aor. act. infin. . . . . .ἀπόλλυμι
οἶδα 1 p. sing. 2 perf. act. ind. . . . . .οἶδα
εἶ 2 p. sing. pres. act. ind. . . . . .εἰμί
25 ἐπετίμησεν 3 p. sing. 1 aor. act. ind. . . . . .ἐπιτιμάω
φιμώθητι 2 p. sing. 1 aor. pass. imper. . . . . . .φιμόω
ἔξελθε 2 p. sing. 2 aor. act. imper. . . . . . .ἐξέρχομαι
26 σπαράξαν 1 aor. act. ptc. nom. sing. neut. . . .σπαράσσω
φωνῆσαν 1 aor. act. ptc. nom. or acc. sing. neut. . φωνέω
ἐξῆλθεν 3 p. sing. 2 aor. act. ind. . . . . . .ἐξέρχομαι
27 ἐθαμβήθησαν 3 p. pl. 1 aor. pass. ind. . . . . . . θαμβέω
συζητεῖν pres. act. infin. . . . . συζητέω
λέγοντας pres. act. ptc. acc. pl. masc. . . . . . . λέγω
ἐστιν 3 p. sing. pres. act. ind. . . . . εἰμί
ἐπιτάσσει 3 p. sing. pres. act. ind. . . . . . .ἐπιτάσσω
ὑπακούουσιν 3 p. pl. pres. act. ind. . . . . . . ὑπακούω
29 ἦλθον 1 p. sing. or 3 p. pl. 2 aor. act. ind. . . ἔρχομαι
ἐξελθόντες 2 aor. act. ptc. nom. pl. masc. . ἐξέρχομαι
30 κατέκειτο 3 p. sing. imperf. mid. ind. . . . κατάκειμαι
πυρέσσουσα pres. act. ptc. nom. sing. fem. . . . πυρέσσω
λέγουσιν 3 p. pl. pres. act. ind. . . . . λέγω
31 προσελθών 2 aor. act. ptc. nom. sing. masc. προσέρχομαι
ἤγειρεν 3 p. sing. 1 aor. act. ind. . . . . .ἐγείρω
κρατήσας 1 aor. act. ptc. nom. sing. masc. . . . .κρατέω
ἀφῆκεν 3 p. sing. 1 aor. act. ind. . . . . ἀφίημι
διηκόνει 3 p. sing. imperf. act. ind. . . . . . . .διακονέω
32 γενομένης 2 aor. mid. ptc. gen. sing. fem. . . . γίνομαι
ἔδυσεν 3 p. sing. 1 aor. act. ind. . . . . δύνω
ἔφερον 3 p. pl. imperf. act. ind. . . . . .φέρω
ἔχοντας pres. act. ptc. acc. pl. masc. . . . . .ἔχω
δαιμονιζομένους pres. mid. ptc. acc. pl. m.δαιμονίζομαι
33 ἐπισυνηγμένη perf. pass. ptc. nom. sing. fem. .ἐπισυνάγω
34 ἐθεράπευσεν 3 p. sing. 1 aor. act. ind. . . . . . θεραπεύω
ἔχοντας pres. act. ptc. acc. pl. masc. . . . . .ἔχω
ἐξέβαλεν 3 p. sing. 2 aor. act. ind. . . . . . .ἐκβάλλω
ἤφιεν 3 p. sing. imperf. act. ind. . . . . ἀφίημι
λαλεῖν pres. act. infin. . . . . .λαλέω
ἤδεισαν 3 p. pl. plupf. act. ind. . . . . .οἶδα
35 ἀναστάς 2 aor. act. ptc. nom. sing. masc. . . . .ἀνίστημι
ἀπῆλθεν 3 p. sing. 2 aor. act. ind. . . . . . . .ἀπέρχομαι
προσηύχετο 3 p. sing. imperf. mid. ind. . . . προσεύχομαι
36 κατεδίωξεν 3 p. sing. 1 aor. act. ind. . . . . .καταδιώκω
37 εὗρον 1 p. sing. and 3 p. pl. 2 aor. act. ind. . . εὑρίσκω
ζητοῦσιν 3 p. pl. pres. act. ind. . . . . ζητέω

38 λέγει 3 p. sing. pres. act. ind. . . . . λέγω
    ἄγωμεν 1 p. pl. pres. act. subj. . . . . ἄγω
    ἐχομένας pres. pass. ptc. acc. pl. fem. . . . . ἔχω
    κηρύξω 1 p. sing. 1 aor. act. subj. . . . . κηρύσσω
    ἐξῆλθον 1 p. sing. and 3 p. pl. 2 aor. act. ind.ἐξέρχομαι
39 ἦλθεν 3 p. sing. 2 aor. act. ind. . . . . ἔρχομαι
    κηρύσσων pres. act. ptc. nom. sing. masc. . . . . κηρύσσω
    ἐκβάλλων pres. act. ptc. nom. sing. masc. . . . . ἐκβάλλω
40 ἔρχεται 3 p. sing. pres. mid. ind. . . . . .ἔρχομαι
    παρακαλῶν pres. act. ptc. nom. sing. masc. . . παρακαλέω
    γονυπετῶν pres. act. ptc. nom. sing. masc. . . γονυπετέω
    λέγων pres. act. ptc. nom. sing. masc. . . . . λέγω
    θέλῃς 2 p. sing. pres. act. subj. . . . . θέλω
    δύνασαι 2 p. sing. pres. pass. ind. . . . . δύναμαι
    καθαρίσαι 1 aor. act. infin. . . . . καθαρίζω
41 σπλαγχνισθείς 1 aor. pass. ptc. nom. s. m.σπλαγχνίζομαι
    ἐκτείνας 1 aor. act. ptc. nom. sing. masc. . . . .ἐκτείνω
    ἥψατο 3 p. sing. 1 aor. mid. ind. . . . . .ἅπτω
    καθαρίσθητι 2 p. sing. 1 aor. pass. imper. . . .καθαρίζω
42 ἀπῆλθεν 3 p. sing. 2 aor. act. ind. . . . . . . ἀπέρχομαι
    ἐκαθαρίσθη 3 p. sing. 1 aor. pass. ind. . . . . καθαρίζω
43 ἐμβριμησάμενος 1 aor. mid. ptc. nom. s. m. . ἐμβριμάομαι
    ἐξέβαλεν 3 p. sing. 2 aor. act. ind. . . . . ἐκβάλλω
44 ὅρα 2 p. sing. pres. act. imper. . . . . ὁράω
    εἴπῃς 2 p. sing. 2 aor. act. subj. . . . . εἶπον
    ὕπαγε 2 p. sing. pres. act. imper. . . . . ὑπάγω
    δεῖξον 2 p. sing. 1 aor. act. imper. . . . . . . δείκνυμι
    προσένεγκε 2 p. sing. 2 aor. act. imper. . . . . προσφέρω
    προσέταξεν 3 p. sing. 1 aor. act. ind. . . . . προστάσσω
45 ἐξελθών 2 aor. act. ptc. nom. sing. masc. . . . ἐξέρχομαι
    ἥρξατο 3 p. sing. 1 aor. mid. ind. . . . . ἄρχω
    κηρύσσειν pres. act. infin. . . . . .κηρύσσω
    διαφημίζειν pres. act. infin. . . . . .διαφημίζω
    δύνασθαι pres. pass. infin. . . . . δύναμαι
    εἰσελθεῖν 2 aor. act. infin. . . . . εἰσέρχομαι
    ἦν 3 p. sing. imperf. act. ind. . . . . εἰμί
    ἤρχοντο 3 p. pl. imperf. mid. ind. . . . . .ἔρχομαι

2

1 εἰσελθών 2 aor. act. ptc. nom. sing. masc. . .εἰσέρχομαι
    ἠκούσθη 3 p. sing. 1 aor. pass. ind. . . . . .ἀκούω
    ἐστίν 3 p. sing. pres. act. ind. . . . . εἰμί
2 συνήχθησαν 3 p. pl. 1 aor. pass. ind. . . . . . . συνάγω
    χωρεῖν pres. act. infin. . . . . χωρέω
    ἐλάλει 3 p. sing. imperf. act. ind. . . . . λαλέω
3 ἔρχονται 3 p. pl. pres. mid. ind. . . . . .ἔρχομαι
    φέροντες pres. act. ptc. nom. pl. masc. . . . . . . .φέρω
    αἰρόμενον pres. pass. ptc. acc. sing. masc. . . . . .αἴρω
4 δυνάμενοι pres. pass. ptc. nom. pl. masc. . . . .δύναμαι
    προσενέγκαι 2 aor. act. infin. . . . . .προσφέρω
    ἀπεστέγασαν 3 p. pl. 1 aor. act. ind. . . . . ἀποστεγάζω
    ἦν 3 p. sing. imperf. act. ind. . . . . εἰμί
    ἐξορύξαντες 1 aor. act. ptc. nom. pl. masc. . . ἐξορύσσω
    χαλῶσι 3 p. pl. pres. act. ind. . . . . χαλάω
    κατέκειτο 3 p. sing. imperf. mid. ind. . . . κατάκειμαι

5 ἰδών 2 aor. act. ptc. nom. sing. masc. . . . . ὁράω
  λέγει 3 p. sing. pres. act. ind. . . . . λέγω
  ἀφίενται 3 p. pl. pres. pass. ind. . . . . .ἀφίημι
6 ἦσαν 3 p. pl. imperf. act. ind. . . . . εἰμί
  καθήμενοι pres. mid. ptc. nom. pl. masc. . . . .κάθημαι
  διαλογιζόμενοι pres. mid. ptc. nom. pl. m. διαλογίζομαι
7 λαλεῖ 3 p. sing. pres. act. ind. . . . . .λαλέω
  βλασφημεῖ 3 p. sing. pres. act. ind. . . . . . .βλασφημέω
  δύναται 3 p. sing. pres. pass. ind. . . . . .δύναμαι
  ἀφιέναι pres. act. infin. . . . . ἀφίημι
8 ἐπιγνούς 2 aor. act. ptc. nom. sing. masc. . ἐπιγινώσκω
  διαλογίζονται 3 p. pl. pres. mid. ind. . . διαλογίζομαι
  διαλογίζεσθε 2 p. pl. pres. mid. ind. . . . . id.
9 εἰπεῖν 2 aor. act. infin. . . . . .λέγω
  ἔγειρε 2 p. sing. pres. act. imper. . . . . .ἐγείρω
  ἆρον 2 p. sing. 1 aor. act. imper. . . . . αἴρω
  περιπάτει 2 p. sing. pres. act. imper. . . . . περιπατέω
10 εἰδῆτε 2 p. pl. perf. act. subj. . . . . .οἶδα
  ἔχει 3 p. sing. pres. act. ind. . . . . ἔχω
  ἀφιέναι pres. act. infin. . . . . .ἀφίημι
11 ὕπαγε 2 p. sing. pres. act. imper. . . . . ὑπάγω
12 ἠγέρθη 3 p. sing. 1 aor. pass. ind. . . . . .ἐγείρω
  ἄρας 1 aor. act. ptc. nom. sing. masc. . . . . . . αἴρω
  ἐξῆλθεν 3 p. sing. 2 aor. act. ind. . . . . . . .ἐξέρχομαι
  ἐξίστασθαι pres. mid. infin. . . . . .ἐξίστημι
  δοξάζει pres. act. infin. . . . . .δοξάζω
  λέγοντας pres. act. ptc. acc. pl. masc. . . . . . . λέγω
  εἴδαμεν 1 p. pl. 2 aor. act. ind. . . . . ὁράω
13 ἤρχετο 3 p. sing. imperf. mid. ind. . . . . . . .ἔρχομαι
  ἐδίδασκεν 3 p. sing. imperf. act. ind. . . . . . διδάσκω
14 παράγων pres. act. ptc. nom. sing. masc. . . . . .παράγω
  εἶδεν 3 p. sing. 2 aor. act. ind. . . . . ὁράω
  καθήμενον pres. mid. ptc. acc. sing. masc. . . .κάθημαι
  ἀκολούθει 2 p. sing. pres. act. imper. . . . .ἀκολουθέω
  ἀναστάς 2 aor. act. ptc. nom. sing. masc. . . . ἀνίστημι
  ἠκολούθησεν 3 p. sing. 1 aor. act. ind. . . . ἀκολουθέω
15 γίνεται 3 p. sing. pres. mid. ind. . . . . .γίνομαι
  κατακεῖσθαι pres. mid. infin. . . . . .κατάκειμαι
  συνανέκειντο 3 p. pl. imperf. mid. ind. . .συνανάκειμαι
  ἠκολούθουν 3 p. pl. imperf. act. ind. . . . . .ἀκολουθέω
16 ἰδόντες 2 aor. act. ptc. nom. pl. masc. . . . . ὁράω
  ἐσθίει 2 p. sing. pres. act. ind. . . . . .ἐσθίω
  ἔλεγον 3 p. pl. imperf. act. ind. . . . . .λέγω
17 ἀκούσας 1 aor. act. ptc. nom. sing. masc. . . . . .ἀκούω
  ἔχουσιν 3 p. pl. pres. act. ind. . . . . ἔχω
  ἰσχύοντες pres. act. ptc. nom. pl. masc. . . . . . ἰσχύω
  ἔχοντες pres. act. ptc. nom. pl. masc. . . . . . . ἔχω
  ἦλθον 1 p. s. or 3 p. pl. 2 aor. act. ind. . . . .ἔρχομαι
  καλέσαι 1 aor. act. infin. . . . . .καλέω
18 νηστεύοντες pres. act. ptc. nom. pl. masc. . . .νηστεύω
  ἔρχονται 3 p. pl. pres. mid. ind. . . . . .ἔρχομαι
  λέγουσιν 3 p. pl. pres. act. ind. . . . . .λέγω
  νηστεύουσιν 3 p. pl. pres. act. ind. . . . . . . .νηστεύω
19 εἶπεν 3 p. sing. 2 aor. act. ind. . . . . .λέγω
  δύνανται 3 p. pl. pres. pass. ind. . . . . .δύναμαι

ἐστιν 3 p. sing. pres. act. ind. . . . . εἰμί
νηστεύειν pres. act. infin. . . . . νηστεύω
20 ἐλεύσονται 3 p. pl. fut. mid. ind. . . . . ἔρχομαι
ἀπαρθῇ 3 p. sing. 1 aor. pass. subj. . . . . ἀπαίρω
νηστεύσουσιν 3 p. pl. fut. act. ind. . . . . . . νηστεύω
21 ἐπιράπτει 3 p. sing. pres. act. ind. . . . . . . ἐπιρράπτω
αἴρει 3 p. sing. pres. act. ind. . . . . αἴρω
γίνεται 3 p. sing. pres. mid. ind. . . . . γίνομαι
22 βάλλει 3 p. sing. pres. act. ind. . . . . βάλλω
ῥήξει 3 p. sing. fut. act. ind. . . . . ῥήγνυμι
ἀπόλλυται 3 p. sing. pres. pass. ind. . . . . . . ἀπόλλυμι
23 ἐγένετο 3 p. sing. 2 aor. mid. ind. . . . . γίνομαι
παραπορεύεσθαι pres. mid. infin. . . . . . παραπορεύομαι
ἤρξαντο 3 p. pl. 1 aor. mid. ind. . . . . ἄρχω
ποιεῖν pres. act. infin. . . . . ποιέω
τίλλοντες pres. act. ptc. nom. pl. masc. . . . . . τίλλω
24 ἔλεγον 3 p. pl. imperf. act. ind. . . . . λέγω
ἴδε 2 p. sing. 2 aor. act. imper. . . . . εἴδον
ποιοῦσιν 3 p. pl. pres. act. ind. . . . . ποιέω
ἔξεστιν 3 sing. pres. act. impers. verb. . . . . . ἔξειμι
25 λέγει 3 p. sing. pres. act. ind. . . . . λέγω
ἀνέγνωτε 2 p. pl. 2 aor. act. ind. . . . . . . ἀναγινώσκω
ἐποίησεν 3 p. sing. 1 aor. act. ind. . . . . ποιέω
ἔσχεν 3 p. sing. 2 aor. act. ind. . . . . ἔχω
ἐπείνασεν 3 p. sing. 1 aor. act. ind. . . . . . . πεινάω
26 εἰσῆλθεν 3 p. sing. 2 aor. act. ind. . . . . . εἰσέρχομαι
ἔφαγεν 3 p. sing. 2 aor. act. ind. . . . . ἐσθίω
φαγεῖν 2 aor. act. infin. . . . . id.
ἔδωκεν 3 p. sing. 1 aor. act. ind. . . . . δίδωμι
οὖσιν pres. act. ptc. dat. pl. masc. . . . . εἰμί
27 ἔλεγεν 3 p. sing. imperf. act. ind. . . . . λέγω

3

1 εἰσῆλθεν 3 p. sing. 2 aor. act. ind. . . . . . . εἰσέρχομαι
ἦν 3 p. sing. imperf. act. ind. . . . . εἰμί
ἐξηραμμένην perf. pass. ptc. acc. sing. fem. . . . ξηραίνω
ἔχων pres. act. ptc. nom. sing. masc. . . . . ἔχω
2 παρετήρουν 3 p. pl. imperf. act. ind. . . . . . παρατηρέω
θεραπεύσει 3 p. sing. fut. act. ind. . . . . . . θεραπεύω
κατηγορήσωσιν 3 p. pl. 1 aor. act. subj. . . . κατηγορέω
3 λέγει 3 p. sing. pres. act. ind. . . . . λέγω
ἔχοντι pres. act. ptc. dat. sing. masc. . . . . ἔχω
ἔγειρε 2 p. sing. pres. act. imper. . . . . ἐγείρω
4 ἔξεστιν 3 p. sing. pres. act. impers. . . . . . . ἔξειμι
ποιῆσαι 1 aor. act. infin. . . . . ποιέω
κακοποιῆσαι 1 aor. act. infin. . . . . κακοποιέω
σῶσαι 1 aor. act. infin. . . . . σώζω
ἀποκτεῖναι 1 aor. act. infin. . . . . ἀποκτείνω
ἐσιώπων 3 p. pl. imperf. act. ind. . . . . σιωπάω
5 περιβλεψάμενος 1 aor. mid. ptc. nom. s. m. . . περιβλέπω
συλλυπούμενος pres. mid. ptc. nom. s. m. . . συλλυπέομαι
ἔκτεινον 2 p. sing. 1 aor. act. imper. . . . . . . ἐκτείνω
ἐξέτεινεν 3 p. sing. 1 aor. act. ind. . . . . id.
ἀπεκατεστάθη 3 p. sing. 1 aor. pass. ind. . ἀποκαθίστημι
6 ἐξελθόντες 2 aor. act. ptc. nom. pl. masc. . . . ἐξέρχομαι
ἐδίδουν 3 p. pl. imperf. act. ind. . . . . δίδωμι

ἀπολέσωσιν 3 p. pl. 1 aor. act. subj. . . . . . . ἀπόλλυμι
7 ἀνεχώρησεν 3 p. sing. 1 aor. act. ind. . . . . .ἀναχωρέω
ἠκολούθησεν 3 p. sing. 1 aor. act. ind. . . . .ἀκολουθέω
8 ἀκούοντες pres. act. ptc. nom. pl. masc. . . . . . ἀκούω
ποιεῖ 3 p. sing. pres. act. ind. . . . . .ποιέω
ἦλθον 1 p. sing. and 3 p. pl. 2 aor. act. ind. . .ἔρχομαι
9 εἶπεν 3 p. sing. 2 aor. act. ind. . . . . .λέγω
προσκαρτερῇ 3 p. sing. pres. act. subj. . .προσκαρτερέω
θλίβωσιν 3 p. pl. pres. act. subj. . . . . .θλίβω
10 ἐθεράπευσεν 3 p. sing. 1 aor. act. ind. . . . . .θεραπεύω
ἐπιπίπτειν pres. act. infin. . . . . .ἐπιπίπτω
ἅψωνται 3 p. pl. 1 aor. mid. subj. . . . . .ἅπτω
εἶχον 3 p. pl. imperf. act. ind. . . . . .ἔχω
11 ἐθεώρουν 1 p. sing. and 3 p. pl. imperf. act. ind. θεωρέω
προσέπιπτον 3 p. pl. imperf. act. ind. . . . . προσπίπτω
ἔκραζον 3 p. pl. imperf. act. ind. . . . . κράζω
λέγοντα pres. act. ptc. nom. pl. neut. . . . . . . .λέγω
εἶ 2 p. sing. pres. act. ind. . . . . .εἰμί
12 ἐπετίμα 3 p. sing. imperf. act. ind. . . . . . . ἐπιτιμάω
ποιήσωσιν 3 p. pl. 1 aor. aor. subj. . . . . . . ποιέω
13 ἀναβαίνει 3 p. sing. pres. act. ind. . . . . . .ἀναβαίνω
προσκαλεῖται 3 p. sing. pres. mid. ind. . .προσκαλέομαι
ἤθελεν 3 p. sing. imperf. act. ind. . . . . ἐθέλω
ἀπῆλθον 1 p. s. or 3 p. pl. 2 aor. act. ind. . .ἀπέρχομαι
14 ἐποίησεν 3 p. sing. 1 aor. act. ind. . . . . . . ποιέω
ὦσιν 3 p. pl. pres. act. subj. . . . . .εἰμί
ἀποστέλλῃ 3 p. sing. pres. act. subj. . . . . ἀποστέλλω
κηρύσσειν pres. act. infin. . . . . .κηρύσσω
15 ἔχειν pres. act. infin. . . . . ἔχω
ἐκβάλλειν pres. act. infin. . . . . .ἐκβάλλω
16 ἐπέθηκεν 3 p. sing. 1 aor. act. ind. . . . . . .ἐπιτίθημι
17 ἐστιν 3 p. sing. pres. act. ind. . . . . εἰμί
19 παρέδωκεν 3 p. sing. 1 aor. act. ind. . . . . . .παραδίδωμι
20 ἔρχεται 3 p. sing. pres. mid. ind. . . . . .ἔρχομαι
συνέρχεται 3 p. sing. pres. mid. ind. . . . . συνέρχομαι
δύνασθαι pres. pass. infin. . . . . .δύναμαι
φαγεῖν 2 aor. act. infin. . . . . ἐσθίω
21 ἀκούσαντες 1 aor. act. ptc. nom. pl. masc. . . . . ἀκούω
ἐξῆλθον 1 p. s. or 3 p. pl. 2 aor. act. ind. . .ἐξέρχομαι
κρατῆσαι 1 aor. act. infin. . . . . .κρατέω
ἔλεγον 1 p. sing. or. 3 p. pl. imperf. act. ind. . . λέγω
ἐξέστη 3 p. sing. 2 aor. act. ind. . . . . ἐξίστημι
22 καταβάντες 2 aor. act. ptc. nom. pl. masc. . . .καταβαίνω
ἔχει 3 p. sing. pres. act. ind. . . . . .ἔχω
ἐκβάλλει 3 p. sing. pres. act. ind. . . . . .ἐκβάλλω
23 προσκαλεσάμενος 1 aor. mid. ptc. nom. s. m.προσκαλέομαι
ἔλεγεν 3 p. sing. imperf. act. ind. . . . . .λέγω
δύναται 3 p. sing. pres. pass. ind. . . . . . . .δύναμαι
ἐκβάλλειν pres. act. infin. . . . . .ἐκβάλλω
24 μερισθῇ 3 p. sing. 1 aor. pass. subj. . . . . . .μερίζω
σταθῆναι 1 aor. pass. infin. . . . . ἵστημι
25 δυνήσεται 3 p. sing. fut. pass. ind. . . . . . . .δύναμαι
στῆναι 2 aor. act. infin. . . . . ἵστημι
26 ἀνέστη 3 p. sing. 2 aor. act. ind. . . . . ἀνίστημι
ἐμερίσθη 3 p. sing. 1 aor. pass. ind. . . . . . . .μερίζω

27 εἰσελθών 2 aor. act. ptc. nom. sing. masc. . .εἰσέρχομαι
   διαρπάσαι 1 aor. act. infin. . . . . .διαρπάζω
   δήσῃ 3 p. sing. 1 aor. act. subj. . . . . .δέω
   διαρπάσει 3 p. sing. fut. act. ind. . . . . . . διαρπάζω
28 ἀφεθήσεται 3 p. sing. fut. pass. ind. . . . . . . ἀφίημι
   βλασφημήσωσιν 3 p. pl. 1 aor. act. subj. . . . . βλασφημέω
29 βλασφημήσῃ 3 p. sing. 1 aor. act. subj. . . . . id.
   ἔχει 3 p. sing. pres. act. ind. . . . . .ἔχω
   ἐστιν 3 p. sing. pres. act. ind. . . . . εἰμί
30 ἔλεγον 1 p. sing. or 3 p. pl. imperf. act. ind. . . .λέγω
31 ἔρχονται 3 p. pl. pres. mid. ind. . . . . .ἔρχομαι
   στήκοντες pres. act. ptc. nom. pl. masc. . . . . . στήκω
   ἀπέστειλαν 3 p. pl. 1 aor. act. ind. . . . . . ἀποστέλλω
   καλοῦντες pres. act. ptc. nom. pl. masc. . . . . . καλέω
32 ἐκάθητο 3 p. sing. imperf. mid. ind. . . . . κάθημαι
   λέγουσιν 3 p. pl. pres. act. ind. . . . . λέγω
   ἰδού 2 p. sing. 2 aor. mid. imper. . . . . εἶδον
   ζητοῦσιν 3 p. pl. pres. act. ind. . . . . ζητέω
33 ἀποκριθείς 1 aor. pass. ptc. nom. sing. m. . ἀποκρίνομαι
   λέγει 3 p. sing. pres. act. ind. . . . . .λέγω
34 περιβλεψάμενος 1 aor. mid. ptc. nom. sing. m. .περιβλέπω
   καθημένους pres. mid. ptc. acc. pl. masc. . . . .κάθημαι
   ἴδε 2 p. sing. 2 aor. act. imper. . . . . εἶδον
35 ποιήσῃ 3 p. sing. 1 aor. act. subj. . . . . ποιέω

4

1 ἤρξατο 3 p. sing. 1 aor. mid. ind. . . . . ἄρχω
   διδάσκειν pres. act. infin. . . . . διδάσκω
   συνάγεται 3 p. sing. pres. pass. ind. . . . . . . .συνάγω
   ἐμβάντα 2 aor. act. ptc. acc. sing. masc. . . . . ἐμβαίνω
   καθῆσθαι pres. mid. infin. . . . . .κάθημαι
   ἦσαν 3 p. pl. imperf. act. ind. . . . . εἰμί
2 ἐδίδασκεν 3 p. sing. imperf. act. ind. . . . . . διδάσκω
   ἔλεγεν 3 p. sing. imperf. act. ind. . . . . .λέγω
3 ἀκούετε 2 p. pl. pres. act. imper. . . . . .ἀκούω
   ἰδού 2 p. sing. 2 aor. mid. imper. . . . . εἶδον
   ἐξῆλθεν 3 p. sing. 2 aor. act. ind. . . . . . . ἐξέρχομαι
   σπείρων pres. act. ptc. nom. sing. masc. . . . . . σπείρω
   σπεῖραι 1 aor. act. infin. . . . . id.
4 ἐγένετο 3 p. sing. 2 aor. mid. ind. . . . . γίνομαι
   σπείρειν pres. act. infin. . . . . σπείρω
   ἔπεσεν 3 p. sing. 2 aor. act. ind. . . . . .πίπτω
   ἦλθεν 3 p. sing. 2 aor. act. ind. . . . . ἔρχομαι
   κατέφαγεν 3 p. sing. 2 aor. act. ind. . . . . . κατεσθίω
5 εἶχεν 3 p. sing. imperf. act. ind. . . . . .ἔχω
   ἐξανέτειλεν 3 p. sing. 1 aor. act. ind. . . . ἐξανατέλλω
   ἔχειν pres. act. infin. . . . . .ἔχω
6 ἀνέτειλεν 3 p. sing. 1 aor. act. ind. . . . . . .ἀνατέλλω
   ἐκαυματίσθη 3 p. sing. 1 aor. pass. ind. . . . καυματίζω
   ἐξηράνθη 3 p. sing. 1 aor. pass. ind. . . . . . . ξηραίνω
7 ἀνέβησαν 3 p. pl. 2 aor. act. ind. . . . . ἀναβαίνω
   συνέπνιξαν 3 p. pl. 1 aor. act. ind. . . . . . .συμπνίγω
   ἔδωκεν 3 p. sing. 1 aor. act. ind. . . . . δίδωμι
8 ἐδίδου 3 p. sing. imperf. act. ind. . . . . id.
   ἀναβαίνοντα pres. act. ptc. acc. sing. masc. . . .ἀναβαίνω

αὐξανόμενα pres. pass. ptc. nom. pl. neut. . . . . αὐξάνω
ἔφερεν 3 p. sing. imperf. act. ind. . . . . φέρω
9 ἔλεγεν 3 p. sing. imperf. act. ind. . . . . λέγω
ἔχει 3 p. sing. pres. act. ind. . . . . .ἔχω
ἀκούειν pres. act. infin. . . . . ἀκούω
ἀκουέτω 3 p. sing. pres. act. imper. . . . . .id.
10 ἐγένετο 3 p. sing. 2 aor. mid. ind. . . . . γίνομαι
ἠρώτων 3 p. pl. imperf. act. ind. . . . . ἐρωτάω
11 δέδοται 3 p. sing. perf. pass. ind. . . . . δίδωμι
γίνεται 3 p. sing. pres. mid. ind. . . . . γίνομαι
12 βλέποντες pres. act. ptc. nom. pl. masc. . . . . . . βλέπω
βλέπωσιν 3 p. pl. pres. act. subj. . . . . id.
ἴδωσιν 3 p. pl. 2 aor. act. subj. . . . . ὁράω
ἀκούοντες pres. act. ptc. nom. pl. masc. . . . . . . ἀκούω
ἀκούωσιν 3 p. pl. pres. act. subj. . . . . id.
συνιῶσιν 3 p. pl. pres. act. subj. . . . . συνίημι
ἐπιστρέφωσιν 3 p. pl. 1 aor. act. subj. . . . .ἐπιστρέφω
ἀφεθῇ 3 p. sing. 1 aor. pass. subj. . . . . .ἀφίημι
13 λέγει 3 p. sing. pres. act. ind. . . . . λέγω
οἴδατε 2 p. pl. 2 perf. act. ind. . . . . οἶδα
γνώσεσθε 2 p. pl. fut. mid. ind. . . . . .γινώσκω
14 σπείρων pres. act. ptc. nom. sing. masc. . . . . . σπείρω
σπείρει 3 p. sing. pres. act. ind. . . . . id.
15 εἰσιν 3 p. pl. pres. act. ind. . . . . εἰμί
σπείρεται 3 p. sing. pres. pass. ind. . . . . . . σπείρω
ἀκούσωσιν 3 p. pl. 1 aor. act. subj. . . . . ἀκούω
ἔρχεται 3 p. sing. pres. mid. ind. . . . . .ἔρχομαι
αἴρει 3 p. sing. pres. act. ind. . . . . αἴρω
ἐσπαρμένον perf. pass. ptc. acc. sing. neut. . . .σπείρω
16 λαμβάνουσιν 3 p. pl. pres. act. ind. . . . . . . λαμβάνω
σπειρόμενοι pres. pass. ptc. nom. pl. masc. . . . σπείρω
17 ἔχουσιν 3 p. pl. pres. act. ind. . . . . ἔχω
γενομένης 2 aor. mid. ptc. gen. sing. fem. . . . γίνομαι
σκανδαλίζονται 3 p. pl. pres. pass. ind. . . σκανδαλίζω
18 ἀκούσαντες 1 aor. act. ptc. nom. pl. masc. . . . . ἀκούω
19 εἰσπορευόμεναι pres. mid. ptc. nom. pl. f. εἰσπορεύομαι
συμπνίγουσιν 3 p. pl. pres. act. ind. . . . . . συμπνίγω
20 σπαρέντες 2 aor. pass. ptc. nom. pl. masc. . . . .σπείρω
ἀκούουσιν 3 p. pl. pres. act. ind. . . . . ἀκούω
παραδέχονται 3 p. pl. pres. mid. ind. . . . παραδέχομαι
καρποφοροῦσιν 3 p. pl. pres. act. ind. . . . καρποφορέω
21 τεθῇ 3 p. sing. 1 aor. pass. subj. . . . . τίθημι
22 ἐστιν 3 p. sing. pres. act. ind. . . . . εἰμί
φανερωθῇ 3 p. sing. 1 aor. pass. subj. . . . . . .φανερόω
ἐγένετο 3 p. sing. 2 aor. mid. ind. . . . . γίνομαι
ἔλθῃ 3 p. sing. 2 aor. act. subj. . . . . .ἔρχομαι
24 βλέπετε 2 p. pl. pres. act. ind. or imper. . . . . .βλέπω
ἀκούετε 2 p. pl. pres. act. ind. or imper. . . . . ἀκούω
μετρεῖτε 2 p. pl. pres. act. ind. . . . . .μετρέω
μετρηθήσεται 3 p. sing. fut. pass. ind. . . . . . . .id.
προστεθήσεται 3 p. sing. fut. pass. ind. . . προστίθημι
25 δοθήσεται 3 p. sing. 1 fut. pass. ind. . . . . . .δίδωμι
ἀρθήσεται 3 p. sing. fut. pass. ind. . . . . αἴρω
26 βάλῃ 3 p. sing. 2 aor. act. subj. . . . . βάλλω
ἔλεγεν 3 p. sing. imperf. act. ind. . . . . .λέγω

27 καθεύδῃ 3 p. sing. pres. act. subj. . . . . καθεύδω
    ἐγείρηται 3 p. sing. pres. mid. subj. . . . . . . ἐγείρω
    βλαστᾷ 3 p. sing. pres. act. subj. . . . . βλαστάνω
    μηκύνηται 3 p. sing. pres. pass. subj. . . . . . μηκύνω
    οἶδεν 3 p. sing. perf. act. ind. . . . . .οἶδα
28 καρποφορεῖ 3 p. sing. pres. act. ind. . . . . καρποφορέω
29 ἀποστέλλει 3 p. sing. pres. act. ind. . . . . ἀποστέλλω
    παρέστηκεν 3 p. sing. perf. act. ind. . . . . παρίστημι
30 ὁμοιώσωμεν 1 p. pl. 1 aor. act. subj. . . . . . . ὁμοιόω
    θῶμεν 1 p. pl. 2 aor. act. subj. . . . . τίθημι
31 σπαρῇ 3 p. sing. 2 aor. pass. subj. . . . . .σπείρω
32 γίνεται 3 p. sing. pres. mid. ind. . . . . .γίνομαι
    ἀναβαίνει 3 p. sing. pres. act. ind. . . . . . . ἀναβαίνω
    ποιεῖ 3 p. sing. pres. act. ind. . . . . .ποιέω
    δύνασθαι pres. pass. infin. . . . . δύναμαι
    κατασκηνοῦν pres. act. infin. . . . . .κατασκηνόω
33 ἐλάλει 3 p. sing. imperf. act. ind. . . . . λαλέω
    ἠδύναντο 3 p. pl. imperf. pass. ind. . . . . . . .δύναμαι
    ἀκούειν pres. act. infin. . . . . ἀκούω
34 ἐπέλυεν 3 p. sing. imperf. act. ind. . . . . . . ἐπιλύω
35 λέγει 3 p. sing. pres. act. ind. . . . . λέγω
    γενομένης 2 aor. mid. ptc. gen. sing. fem. . . . γίνομαι
    διέλθωμεν 1 p. pl. 2 aor. act. subj. . . . . . διέρχομαι
36 ἀφέντες 2 aor. act. ptc. nom. pl. masc. . . . . . ἀφίημι
    παραλαμβάνουσιν 3 p. pl. pres. act. ind. . . παραλαμβάνω
    ἦν 3 p. sing. imperf. act. ind. . . . . εἰμί
37 ἐπέβαλλεν 3 p. sing. imperf. act. ind. . . . . .ἐπιβάλλω
    γεμίζεσθαι pres. pass. infin. . . . . γεμίζω
38 καθεύδων pres. act. ptc. nom. sing. masc. . . . . καθεύδω
    ἐγείρουσιν 3 p. pl. pres. act. ind. . . . . ἐγείρω
    λέγουσιν 3 p. pl. pres. act. ind. . . . . .λέγω
    μέλει 3 p. sing. pres. act. ind. impers. . . . . . . μέλω
    ἀπολλύμεθα 1 p. pl. pres. pass. ind. . . . . . .ἀπόλλυμι
39 διεγερθείς 1 aor. pass. ptc. nom. sing. masc. . διεγείρω
    ἐπετίμησεν 3 p. sing. 1 aor. act. ind. . . . . .ἐπιτιμάω
    εἶπεν 3 p. sing. 2 aor. act. ind. . . . . .λέγω
    πεφίμωσο 2 p. sing. perf. pass. imper. . . . . . .φιμόω
    ἐκόπασεν 3 p. sing. 1 aor. act. ind. . . . . . .κοπάζω
    ἐγένετο 3 p. sing. 2 aor. mid. ind. . . . . . . γίνομαι
40 ἐστε 2 p. pl. pres. act. ind. . . . . .εἰμί
    ἔχετε 2 p. pl. pres. act. ind. . . . . .ἔχω
41 ἐφοβήθησαν 3 p. pl. 1 aor. pass. ind. . . . . . . .φοβέω
    ἔλεγον 1 p. sing. or 3 p. pl. imperf. act. ind. . . .λέγω
    ἐστιν 3 p. sing. pres. act. ind. . . . . .εἰμί
    ὑπακούει 3 p. sing. pres. act. ind. . . . . ὑπακούω

5

1 ἦλθον 3 p. pl. 2 aor. act. ind. . . . . ἔρχομαι
2 ἐξελθόντος 2 aor. act. ptc. gen. sing. neut. . . ἐξέρχομαι
    ὑπήντησεν 3 p. sing. 1 aor. act. ind. . . . . . .ὑπαντάω
3 εἶχεν 3 p. sing. imperf. act. ind. . . . . .ἔχω
    ἐδύνατο 3 p. sing. imperf. pass. ind. . . . . . . δύναμαι
    δῆσαι 1 aor. act. infin. . . . . δέω
4 δεδέσθαι perf. pass. infin. . . . . .id.
    διεσπάσθαι perf. pass. infin. . . . . .διασπάω

συντετρῖφθαι perf. pass. infin. . . . . συντρίβω
ἴσχυεν 3 p. sing. imperf. act. ind. . . . . ἰσχύω
δαμάσαι 1 aor. act. infin. . . . . δαμάζω
5 ἦν 3 p. sing. imperf. act. ind. . . . . εἰμί
κράζων pres. act. ptc. nom. sing. masc. . . . . . . κράζω
κατακόπτων pres. act. ptc. nom. sing. masc. . . κατακόπτω
6 ἰδών 2 aor. act. ptc. nom. sing. masc. . . . . ὁράω
ἔδραμεν 3 p. sing. 2 aor. act. ind. . . . . τρέχω
προσεκύνησεν 3 p. sing. 1 aor. act. ind. . . . . προσκυνέω
7 κράξας 1 aor. act. ptc. nom. sing. masc. . . . . . . κράζω
λέγει 3 p. sing. pres. act. ind. . . . . λέγω
ὁρκίζω 1 p. sing. pres. act. ind. . . . . ὁρκίζω
βασανίσῃς 2 p. sing. 1 aor. act. subj. . . . . . βασανίζω
8 ἔλεγεν 3 p. sing. imperf. act. ind. . . . . λέγω
ἔξελθε 2 p. sing. 2 aor. act. imper. . . . . . . ἐξέρχομαι
9 ἐπηρώτα 3 p. sing. imperf. act. ind. . . . . . . ἐπερωτάω
ἐσμεν 1 p. pl. pres. act. ind. . . . . εἰμί
10 παρεκάλει 3 p. sing. imperf. act. ind. . . . . παρακαλέω
ἀποστείλῃ 3 p. sing. 1 aor. act. subj. . . . . ἀποστέλλω
11 βοσκομένη pres. mid. ptc. nom. sing. fem. . . . . . βόσκω
12 παρεκάλεσαν 3 p. pl. 1 aor. act. ind. . . . . . παρακαλέω
λέγοντες pres. act. ptc. nom. pl. masc. . . . . λέγω
πέμψον 2 p. sing. 1 aor. act. imper. . . . . πέμπω
εἰσέλθωμεν 1 p. pl. 2 aor. act. subj. . . . . . εἰσέρχομαι
13 ἐπέτρεψεν 3 p. sing. 1 aor. act. ind. . . . . . . ἐπιτρέπω
ἐξελθόντα 2 aor. act. pt. ac. s. m. or no. pl.n.ἐξέρχομαι
εἰσῆλθον 1 p. s. or 3 p. pl. 2 aor. act. ind. εἰσέρχομαι
ὥρμησεν 3 p. sing. 1 aor. act. ind. . . . . ὁρμάω
ἐπνίγοντο 3 p. pl. imperf. pass. ind. . . . . πνίγω
14 βόσκοντες pres. act. ptc. nom. pl. masc. . . . . . . βόσκω
ἔφυγον 3 p. pl. 2 aor. act. ind. . . . . φεύγω
ἀπήγγειλαν 3 p. pl. 1 aor. act. ind. . . . . . ἀπαγγέλλω
ἦλθον 1 p. s. or 3 p. pl. 2 aor. act. ind. . . . . ἔρχομαι
ἰδεῖν 2 aor. act. infin. . . . . ὁράω
ἐστιν 3 p. sing. pres. act. ind. . . . . εἰμί
γεγονός 2 perf. act. ptc. nom. or acc. sing. n. . γίνομαι
15 ἔρχονται 3 p. pl. pres. mid. ind. . . . . ἔρχομαι
θεωροῦσιν 3 p. pl. pres. act. ind. . . . . θεωρέω
δαιμονιζόμενον pres. mid. ptc. acc. s. m. . δαιμονίζομαι
καθήμενον pres. pass. ptc. acc. sing. masc. . . . . κάθημι
ἱματισμένον perf. pass. ptc. acc. sing. masc. . . ἱματίζω
σωφρονοῦντα pres. act. ptc. acc. sing. masc. . . σωφρονέω
ἐσχηκότα perf. act. ptc. acc. sing. masc. . . . . . . ἔχω
ἐφοβήθησαν 3 p. pl. 1 aor. pass. ind. . . . . φοβέω
16 διηγήσαντο 3 p. pl. 1 aor. mid. ind. . . . . . διηγέομαι
ἰδόντες 2 aor. act. ptc. nom. pl. masc. . . . . . . ὁράω
ἐγένετο 3 p. sing. 2 aor. mid. ind. . . . . γίνομαι
δαιμονιζομένῳ pres. mid. ptc. dat. s. m. . δαιμονίζομαι
17 ἤρξαντο 3 p. pl. 1 aor. mid. ind. . . . . ἄρχω
παρακαλεῖν pres. act. infin. . . . . παρακαλέω
ἀπελθεῖν 2 aor. act. infin. . . . . ἀπέρχομαι
18 ἐμβαίνοντος pres. act. ptc. gen. sing. masc. . . ἐμβαίνω
παρεκάλει 3 p. sing. imperf. act. ind. . . . . . παρακαλέω
δαιμονισθείς 1 aor. pass. ptc. nom. s. m. . δαιμονίζομαι
ᾖ 3 p. sing. pres. act. subj. . . . . εἰμί

19 ἀφῆκεν 3 p. sing. 1 aor. act. ind. . . . . ἀφίημι
    λέγει 3 p. sing. pres. act. ind. . . . . λέγω
    ὕπαγε 2 p. sing. pres. act. imper. . . . . ὑπάγω
    ἀπάγγειλον 2 p. sing. 1 aor. act. imper. . . . ἀπαγγέλλω
    πεποίηκεν 3 p. sing. perf. act. ind. . . . . ποιέω
    ἠλέησεν 3 p. sing. 1 aor. act. ind. . . . . ἐλεέω
20 ἀπῆλθεν 3 p. sing. 2 aor. act. ind. . . . . ἀπέρχομαι
    ἤρξατο 3 p. sing. 1 aor. mid. ind. . . . . ἄρχω
    κηρύσσειν pres. act. infin. . . . . κηρύσσω
    ἐποίησεν 3 p. sing. 1 aor. act. ind. . . . . ποιέω
    ἐθαύμαζον 3 p. pl. imperf. act. ind. . . . . . . θαυμάζω
21 διαπεράσαντος 1 aor. act. ptc. gen. sing. m. . . διαπεράω
    συνήχθη 3 p. sing. 1 aor. pass. ind. . . . . συνάγω
    ἦν 3 p. sing. imperf. act. ind. . . . . εἰμί
22 ἔρχεται 3 p. sing. pres. mid. ind. . . . . ἔρχομαι
    ἰδών 2 aor. act. ptc. nom. sing. masc. . . . . ὁράω
    πίπτει 3 p. sing. pres. act. ind. . . . . πίπτω
23 παρακαλεῖ 3 p. sing. pres. act. ind. . . . . . . παρακαλέω
    λέγων pres. act. ptc. nom. sing. masc. . . . . λέγω
    ἔχει 3 p. sing. pres. act. ind. . . . . ἔχω
    ἐλθών 2 aor. act. ptc. nom. sing. masc. . . . . . ἔρχομαι
    ἐπιθῇς 2 p. sing. 2 aor. act. subj. . . . . ἐπιτίθημι
    σωθῇ 3 p. sing. 1 aor. pass. subj. . . . . σώζω
    ζήσῃ 3 p. sing. 1 aor. act. subj. . . . . ζάω
24 ἠκολούθει 3 p. sing. imperf. act. ind. . . . . ἀκολουθέω
    συνέθλιβον 3 p. pl. imperf. act. ind. . . . . . συνθλίβω
25 οὖσα pres. act. ptc. nom. sing. fem. . . . . εἰμί
26 παθοῦσα 2 aor. act. ptc. nom. sing. fem. . . . . . . πάσχω
    δαπανήσασα 1 aor. act. ptc. nom. sing. masc. . . δαπανάω
    ὠφεληθεῖσα 1 aor. pass. ptc. nom. sing. fem. . . . ὠφελέω
    ἐλθοῦσα 2 aor. act. ptc. nom. sing. fem. . . . . . ἔρχομαι
27 ἀκούσασα 1 aor. act. ptc. nom. sing. fem. . . . . . ἀκούω
    ἥψατο 3 p. sing. 1 aor. mid. ind. . . . . ἅπτω
28 ἔλεγεν 3 p. sing. imperf. act. ind. . . . . λέγω
    ἅψωμαι 1 p. sing. 1 aor. mid. subj. . . . . ἅπτω
    σωθήσομαι 1 p. pl. fut. pass. ind. . . . . σώζω
29 ἐξηράνθη 3 p. sing. 1 aor. pass. ind. . . . . . . ξηραίνω
    ἔγνω 3 p. sing. 2 aor. act. ind. . . . . γινώσκω
    ἴαται 3 p. sing. perf. pass. ind. . . . . ἰάομαι
30 ἐπιγνούς 2 aor. act. ptc. nom. sing. masc. . . ἐπιγινώσκω
    ἐξελθοῦσαν 2 aor. act. ptc. acc. sing. fem. . . ἐξέρχομαι
    ἐπιστραφείς 2 aor. pass. ptc. nom. sing. masc. ἐπιστρέφω
31 ἔλεγον 1 p. s. or 3 p. pl. imperf. act. ind. . . . . . λέγω
    βλέπεις 2 p. sing. pres. act. ind. . . . . βλέπω
    συνθλίβοντα pres. act. ptc. acc. sing. masc. . . συνθλίβω
    λέγεις 2 p. sing. pres. act. ind. . . . . λέγω
32 περιεβλέπετο 3 p. sing. imperf. mid. ind. . . . περιβλέπω
    ἰδεῖν 2 aor. act. infin. . . . . ὁράω
    ποιήσασαν 1 aor. act. ptc. acc. sing. fem. . . . . . ποιέω
33 φοβηθεῖσα 1 aor. pas. ptc. nom. sing. fem. . . . . φοβέω
    τρέμουσα pres. act. ptc. nom. sing. fem. . . . . . . τρέμω
    εἰδυῖα perf. act. ptc. nom. sing. fem. . . . . οἶδα
    γέγονεν 3 p. sing. 2 perf. act. ind. . . . . γίνομαι
    ἦλθεν 3 p. sing. 2 aor. act. ind. . . . . ἔρχομαι
    προσέπεσεν 3 p. sing. 2 aor. act. ind. . . . . . προσπίπτω

εἶπεν 3 p. sing. 2 aor. act. ind. . . . . λέγω
34 σέσωκεν 3 p. sing. perf. act. ind. . . . . σώζω
ὕπαγε 2 p. sing. pres. act. imper. . . . . ὑπάγω
ἴσθι 2 p. sing. pres. act. imper. . . . . . . εἰμί, οἶδα
35 λαλοῦντος pres. act. ptc. gen. sing. masc. . . . . λαλέω
ἔρχονται 3 p. pl. pres. mid. ind. . . . . ἔρχομαι
λέγοντες pres. act. ptc. nom. pl. masc. . . . . . . .λέγω
ἀπέθανεν 3 p. sing. 2 aor. act. ind. . . . . . ἀποθνήσκω
σκύλλεις 2 p. sing. pres. act. ind. . . . . .σκύλλω
36 παρακούσας 1 aor. act. ptc. nom. sing. masc. . παρακούω
λαλούμενον pres. pass. ptc. acc. sing. masc. . . . λαλέω
λέγει 3 p. sing. pres. act. ind. . . . . λέγω
φοβοῦ 2 p. sing. pres. mid. imper. . . . . φοβέω
πίστευε 2 p. sing. pres. act. imper. . . . . .πιστεύω
37 ἀφῆκεν 3 p. sing. 1 aor. act. ind. . . . . ἀφίημι
συνακολουθῆσαι 1 aor. act. infin. . . . . . .συνακολουθέω
38 θεωρεῖ 3 p. sing. pres. act. ind. . . . . .θεωρέω
κλαίοντας pres. act. ptc. acc. pl. masc. . . . . . κλαίω
ἀλαλάζοντας pres. act. ptc. acc. pl. masc. . . . ἀλαλάζω
39 εἰσελθών 2 aor. act. ptc. nom. sing. masc. . εἰσέρχομαι
θορυβεῖσθε 2 p. pl. pres. pass. ind. . . . . . . θορυβέω
κλαίετε 2 p. pl. pres. act. ind. or imper. . . . . .κλαίω
καθεύδει 3 p. sing. pres. act. ind. . . . . .καθεύδω
40 κατεγέλων 3 p. pl. imperf. act. ind. . . . . . καταγελάω
ἐκβαλών 2 aor. act. ptc. nom. sing. masc. . . . . ἐκβάλλω
παραλαμβάνει 3 p. sing. pres. act. ind. . . παραλαμβάνω
εἰσπορεύεται 3 p. sing. pres. mid. ind. . . εἰσπορεύομαι
ἦν 3 p. sing. imperf. act. ind. . . . . εἰμί
41 κρατήσας 1 aor. act. ptc. nom. sing. masc. . . . . κρατέω
ἐστιν 3 p. sing. pres. act. ind. . . . . εἰμί
μεθερμηνευόμενον pres. pass. ptc. nom. s. n. μεθερμηνεύω
ἔγειρε 2 p. sing. pres. act. imper. . . . . .ἐγείρω
42 ἀνέστη 3 p. sing. 2 aor. act. ind. . . . . . . ἀνίστημι
περιεπάτει 3 p. sing. imperf. act. ind. . . . περιπατέω
ἐξέστησαν 3 p. pl. 2 aor. act. ind. . . . . . . ἐξίστημι
43 διεστείλατο 3 p. sing. 1 aor. mid. ind. . . . .διαστέλλω
γνοῖ 3 p. sing. 2 aor. act. subj. . . . . γινώσκω
εἶπον 3 p. sing. 2 aor. act. ind. . . . . .λέγω
δοθῆναι 1 aor. pass. infin. . . . . .δίδωμι
φαγεῖν 2 aor. act. infin. . . . . ἐσθίω

6

1 ἐξῆλθεν 3 p. sing. 2 aor. act. ind. . . . . . . ἐξέρχομαι
ἔρχεται 3 p. sing. pres. mid. ind. . . . . .ἔρχομαι
ἀκολουθοῦσιν 3 p. pl. pres. act. ind. . . . . ἀκολουθέω
2 γενομένου 2 aor. mid. ptc. gen. sing. masc. . . .γίνομαι
ἤρξατο 3 p. sing. 1 aor. mid. ind. . . . . ἄρχω
διδάσκειν pres. act. infin. . . . . διδάσκω
ἀκούοντες pres. act. ptc. nom. pl. masc. . . . . . ἀκούω
ἐξεπλήσσοντο 3 p. pl. imperf. pass. ind. . . . .ἐκπλήσσω
λέγοντες pres. act. ptc. nom. pl. masc. . . . . . .λέγω
δοθεῖσα 1 aor. pass. ptc. nom. sing. fem. . . . .δίδωμι
γινόμεναι pres. mid. ptc. nom. pl. fem. . . . . . γίνομαι
3 ἐστιν 3 p. sing. pres. act. ind. . . . . εἰμί
εἰσίν 3 p. pl. pres. act. ind. . . . . id.

ἐσκανδαλίζοντο 3 p. pl. imperf. pass. ind. . .σκανδαλίζω
4 ἔλεγεν 3 p. sing. imperf. act. ind. . . . . λέγω
5 ἐδύνατο 3 p. sing. imperf. pass. ind. . . . . δύναμαι
  ποιῆσαι 1 aor. act. infin. . . . . .ποιέω
  ἐπιθείς 2 aor. act. ptc. nom. sing. masc. . . . ἐπιτίθημι
  ἐθεράπευσεν 3 p. sing. 1 aor. act. ind. . . . . θεραπεύω
6 ἐθαύμασεν 3 p. sing. 1 aor. act. ind. . . . . . . θαυμάζω
  περιῆγεν 3 p. sing. imperf. act. ind. . . . . . . περιάγω
  διδάσκων pres. act. ptc. nom. sing. masc. . . . . .διδάσκω
7 προσκαλεῖται 3 p. sing. pres. mid. ind. . .προσκαλέομαι
  ἤρξατο 3 p. sing. 1 aor. mid. ind. . . . . ἄρχω
  ἀποστέλλειν pres. act. infin. . . . . ἀποστέλλω
  ἐδίδου 3 p. sing. imperf. act. ind. . . . . .δίδωμι
8 παρήγγειλεν 3 p. sing. 1 aor. act. ind. . . . παραγγέλλω
  αἴρωσιν 3 p. pl. pres. act. subj. . . . . αἴρω
9 ὑποδεδεμένους perf. pass. ptc. acc. pl. masc. . . ὑποδέω
  ἐνδύσησθη 2 p. pl. 1 aor. mid. subj. . . . . ἐνδύω
10 ἔλεγεν 3 p. sing. imperf. act. ind. . . . . λέγω
  εἰσέλθητε 2 p. pl. 2 aor. act. subj. . . . . εἰσέρχομαι
  μένετε 2 p. pl. pres. act. imper. . . . . .μένω
  ἐξέλθητε 2 p. pl. 2 aor. act. subj. . . . . . . ἐξέρχομαι
11 δέξηται 3 p. sing. 1 aor. mid. subj. . . . . . . .δέχομαι
  ἀκούσωσιν 3 p. pl. 1 aor. act. subj. . . . . ἀκούω
  ἐκπορευόμενοι pres. mid. ptc. nom. pl. m. . ἐκπορεύομαι
  ἐκτινάξατε 2 p. pl. 1 aor. act. imper. . . . ἐκτινάσσω
12 ἐξελθόντες 2 aor. act. ptc. nom. pl. masc. . . ἐξέρχομαι
  ἐκήρυξαν 3 p. pl. 1 aor. act. ind. . . . . .κηρύσσω
  μετανοῶσιν 3 p. pl. pres. act. subj. . . . . . .μετανοέω
13 ἐξέβαλλον 3 p. pl. imperf. act. ind. . . . . . . ἐκβάλλω
  ἤλειφον 3 p. pl. imperf. act. ind. . . . . ἀλείφω
  ἐθεράπευον 3 p. pl. imperf. act. ind. . . . . . θεραπεύω
14 ἤκουσεν 3 p. sing. 1 aor. act. ind. . . . . ἀκούω
  ἐγένετο 3 p. sing. 2 aor. mid. ind. . . . . . . .γίνομαι
  ἔλεγον 3 p. pl. imperf. act. ind. . . . . .λέγω
  ἐγήγερται 3 p. sing. perf. pass. ind. . . . . . .ἐγείρω
  ἐνεργοῦσιν 3 p. pl. pres. act. ind. . . . . . . .ἐνεργέω
  βαπτίζων pres. act. ptc. nom. sing. masc. . . . . βαπτίζω
15 ἐστιν 3 p. sing. pres. act. ind. . . . . εἰμί
16 ἀκούσας 1 aor. act. ptc. nom. sing. masc. . . . . . ἀκούω
  ἔλεγεν 3 p. sing. imperf. act. ind. . . . . .λέγω
  ἀπεκεφάλισα 1 p. sing. 1 aor. act. ind. . . . ἀποκεφαλίζω
  ἠγέρθη 3 p. sing. 1 aor. pass. ind. . . . . .ἐγείρω
17 ἀποστείλας 1 aor. act. ptc. nom. sing. masc. . ἀποστέλλω
  ἐκράτησεν 3 p. sing. 1 aor. act. ind. . . . . . . κρατέω
  ἔδησεν 3 p. sing. 1 aor. act. ind. . . . . .δέω
  ἐγάμησεν 3 p. sing. 1 aor. act. ind. . . . . .γαμέω
18 ἔξεστιν 3 sing. pres. act. impers. verb . . . . . .ἔξειμι
  ἔχειν pres. act. infin. . . . . .ἔχω
19 ἐνεῖχεν 3 p. sing. imperf. act. ind. . . . . ἐνέχω
  ἀποκτεῖναι 1 aor. act. infin. . . . . ἀποκτείνω
  ἠδύνατο 3 p. sing. imperf. pass. ind. . . . . . . δύναμαι
  ἤθελεν 3 p. sing. imperf. act. ind. . . . . ἐθέλω
20 ἐφοβεῖτο 3 p. sing. imperf. mid. ind. . . . . . . .φοβέω
  εἰδώς perf. act. ptc. nom. sing. masc. . . . . . . οἶδα
  συνετήρει 3 p. sing. imperf. act. ind. . . . . . συντηρέω

ἠπόρει 3 p. sing. imperf. act. ind. . . . . . . .ἀπορέω
ἤκουεν 3 p. sing. imperf. act. ind. . . . . ἀκούω
ἀκούσας 1 aor. act. ptc. nom. sing. masc. . . . . . .id.
21 γενομένης 2 aor. mid. ptc. gen. sing. fem. . . . γίνομαι
ἐποίησεν 3 p. sing. 1 aor. act. ind. . . . . ποιέω
22 εἰσελθούσης 2 aor. act. ptc. gen. sing. fem. .εἰσέρχομαι
ὀρχησαμένης 1 aor. mid. ptc. gen. sing. fem. . .ὀρχέομαι
ἤρεσεν 3 p. sing. 1 aor. act. ind. . . . . ἀρέσκω
συνανακειμένοις pres. mid. ptc. dat. pl. m.συνανάκειμαι
εἶπεν 3 p. sing. 2 aor. act. ind. . . . . λέγω
αἴτησον 2 p. sing. 1 aor. act. imper. . . . . αἰτέω
θέλῃς 2 p. sing. pres. act. subj. . . . . θέλω
δώσω 1 p. sing. fut. act. ind. . . . . δίδωμι
23 ὤμοσεν 3 p. sing. 1 aor. act. ind. . . . . . . ὄμνυμι
αἰτήσῃς 2 p. sing. 1 aor. act. subj. . . . . αἰτέω
24 ἐξελθοῦσα 2 aor. act. ptc. nom. sing. fem. . . ἐξέρχομαι
αἰτήσωμαι 1 p. sing. 1 aor. mid. subj. . . . . . αἰτέω
βαπτίζοντος pres. act. ptc. gen. sing. masc. . . βαπτίζω
25 εἰσελθοῦσα 2 aor. act. ptc. nom. sing. fem. . εἰσέρχομαι
ᾐτήσατο 3 p. sing. 1 aor. act. ind. . . . . αἰτέω
λέγουσα pres. act. ptc. nom. sing. fem. . . . . . . λέγω
δῷς 2 p. sing. 2 aor. act. subj. . . . . δίδωμι
26 γενόμενος 2 aor. mid. ptc. nom. sing. masc. . . . γίνομαι
ἀνακειμένους pres. mid. ptc. acc. pl. masc. . ἀνάκειμαι
ἠθέλησεν 3 p. sing. 1 aor. act. ind. . . . . ἐθέλω
ἀθετῆσαι 1 aor. act. infin. . . . . ἀθετέω
27 ἀποστείλας 1 aor. act. ptc. nom. sing. masc. . ἀποστέλλω
ἐπέταξεν 3 p. sing. 1 aor. act. ind. . . . . . . ἐπιτάσσω
ἐνέγκαι 1 aor. act. infin. . . . . φέρω
ἀπελθών 2 aor. act. ptc. nom. sing. masc. . . . ἀπέρχομαι
ἀπεκεφάλισεν 3 p. sing. 1 aor. act. ind. . .ἀποκεφαλίζω
28 ἤνεγκεν 3 p. sing. 1 aor. act. ind. . . . . φέρω
ἔδωκεν 3 p. sing. 1 aor. act. ind. . . . . δίδωμι
29 ἀκούσαντες 1 aor. act. ptc. nom. pl. masc. . . . ἀκούω
ἦλθαν 3 p. pl. 2 aor. act. ind. . . . . ἔρχομαι
ἦραν 3 p. pl. 1 aor. act. ind. . . . . αἴρω
ἔθηκαν 3 p. pl. 1 aor. act. ind. . . . . τίθημι
30 συνάγονται 3 p. pl. pres. pass. ind. . . . . . . .συνάγω
ἀπήγγειλαν 3 p. pl. 1 aor. act. ind. . . . . .ἀπαγγέλλω
ἐποίησαν 3 p. pl. 1 aor. act. ind. . . . . .ποιέω
ἐδίδαξαν 3 p. pl. 1 aor. act. ind. . . . . . . .διδάσκω
31 λέγει 3 p. sing. pres. act. ind. . . . . λέγω
ἀναπαύσασθε 2 p. pl. 1 aor. mid. imper. . . . . .ἀναπαύω
ἦσαν 3 p. pl. imperf. act. ind. . . . . εἰμί
ἐρχόμενοι pres. mid. ptc. nom. pl. masc. . . . . .ἔρχομαι
ὑπάγοντες pres. act. ptc. nom. pl. masc. . . . . . ὑπάγω
φαγεῖν 2 aor. act. infin. . . . . ἐσθίω
εὐκαίρουν 3 p. pl. imperf. act. ind. . . . . . . .εὐκαιρέω
32 ἀπῆλθον 3 p. pl. 2 aor. act. ind. . . . . . . ἀπέρχομαι
33 εἶδον 3 p. pl. 2 aor. act. ind. . . . . ὁράω
ὑπάγοντας pres. act. ptc. acc. pl. masc. . . . . . ὑπάγω
ἐπέγνωσαν 3 p. pl. 2 aor. act. ind. . . . . . .ἐπιγινώσκω
συνέδραμον 3 p. pl. 2 aor. act. ind. . . . . . . .συντρέχω
προῆλθον 3 p. pl. 2 aor. act. ind. . . . . . . .προέρχομαι
34 ἐξελθών 2 aor. act. ptc. nom. sing. masc. . . . ἐξέρχομαι

εἶδεν 3 p. sing. 2 aor. act. ind. . . . . ὁράω
ἐσπλαγχνίσθη 3 p. sing. 1 aor. pass. ind. σπλαγχνίζομαι
ἔχοντα pres. act. ptc. nom. pl. neut. . . . . ἔχω
ἤρξατο 3 p. sing. 1 aor. mid. ind. . . . . ἄρχω
διδάσκειν pres. act. infin. . . . . διδάσκω
35 γενομένης 2 aor. mid. ptc. gen. sing. fem. . . . γίνομαι
προσελθόντες 2 aor. act. ptc. nom. pl. m. . προσέρχομαι
ἔλεγον 1 p. sing. or 3 p. pl. imperf. act. ind. . . . λέγω
ἐστιν 3 p. sing. pres. act. ind. . . . . εἰμί
36 ἀπόλυσον 2 p. sing. 1 aor. act. imper. . . . . . . ἀπολύω
ἀπελθόντες 2 aor. act. ptc. nom. pl. masc. . . ἀπέρχομαι
ἀγοράσωσιν 3 p. pl. 1 aor. act. subj. . . . . . . ἀγοράζω
φάγωσιν 3 p. pl. 2 aor. act. subj. . . . . ἐσθίω
37 ἀποκριθείς 1 aor. pass. ptc. nom. sing. m. . ἀποκρίνομαι
εἶπεν 3 p. sing. 2 aor. act. ind. . . . . λέγω
δότε 2 p. pl. 2 aor. act. imper. . . . . δίδωμι
φαγεῖν 2 aor. act. infin. . . . . ἐσθίω
λέγουσιν 3 p. pl. pres. act. ind. . . . . λέγω
ἀγοράσωμεν 1 p. pl. 1 aor. act. subj. . . . . . . ἀγοράζω
δώσομεν 1 p. pl. fut. act. ind. . . . . δίδωμι
38 λέγει 3 p. sing. pres. act. ind. . . . . λέγω
ἔχετε 2 p. pl. pres. act. ind. or imper. . . . . ἔχω
ὑπάγετε 2 p. pl. pres. act. imper. . . . . ὑπάγω
ἴδετε 2 p. pl. 2 aor. act. imper. . . . . ὁράω
γνόντες 2 aor. act. ptc. nom. pl. masc. . . . . . γινώσκω
39 ἐπέταξεν 3 p. sing. 1 aor. act. ind. . . . . . . ἐπιτάσσω
ἀνακλιθῆναι 1 aor. pass. infin. . . . . ἀνακλίνω
40 ἀνέπεσαν 3 p. pl. 1 aor. act. ind. . . . . ἀναπίπτω
41 λαβών 2 aor. act. ptc. nom. sing. masc. . . . . . λαμβάνω
ἀναβλέψας 1 aor. act. ptc. nom. sing. masc. . . . ἀναβλέπω
εὐλόγησεν 3 p. sing. 1 aor. act. ind. . . . . . . εὐλογέω
κατέκλασεν 3 p. sing. 1 aor. act. ind. . . . . . κατακλάω
ἐδίδου 3 p. sing. imperf. act. ind. . . . . δίδωμι
παρατιθῶσιν 3 p. pl. pres. act. subj. . . . . παρατίθημι
ἐμέρισεν 3 p. sing. 1 aor. act. ind. . . . . μερίζω
42 ἔφαγον 3 p. pl. 2 aor. act. ind. . . . . ἐσθίω
ἐχορτάσθησαν 3 p. pl. 1 aor. pass. ind. . . . . χορτάζω
43 ἦραν 3 p. pl. 1 aor. act. ind. . . . . αἴρω
44 ἦσαν 3 p. pl. imperf. act. ind. . . . . εἰμί
φαγόντες 2 aor. act. ptc. nom. pl. masc. . . . . . . ἐσθίω
45 ἠνάγκασεν 3 p. sing. 1 aor. act. ind. . . . . ἀναγκάζω
ἐμβῆναι 2 aor. act. infin. . . . . ἐμβαίνω
προάγειν pres. act. infin. . . . . προάγω
ἀπολύει 3 p. sing. pres. act. ind. . . . . ἀπολύω
46 ἀποταξάμενος 1 aor. mid. ptc. nom. sing. m. ἀποτάσσομαι
ἀπῆλθεν 3 p. sing. 2 aor. act. ind. . . . . . . ἀπέρχομαι
προσεύξασθαι 1 aor. mid. infin. . . . . προσεύχομαι
47 γενομένης 2 aor. mid. ptc. gen. sing. fem. . . . . γίνομαι
ἦν 3 p. sing. imperf. act. ind. . . . . εἰμί
48 ἰδών 2 aor. act. ptc. nom. sing. masc. . . . . . . ὁράω
βασανιζομένους pres. pass. ptc. acc. pl. masc. . βασανίζω
ἐλαύνειν pres. act. infin. . . . . ἐλαύνω
ἔρχεται 3 p. sing. pres. mid. ind. . . . . ἔρχομαι
περιπατῶν pres. act. ptc. nom. sing. masc. . . . περιπατέω
ἤθελεν 3 p. sing. imperf. act. ind. . . . . ἐθέλω

παρελθεῖν 2 aor. act. infin. . . . . .παρέρχομαι
49 ἰδόντες 2 aor. act. ptc. nom. pl. masc. . . . . .ὁράω
περιπατοῦντα pres. act. ptc. acc. sing. masc. .περιπατέω
ἔδοξαν 3 p. pl. 1 aor. act. ind. . . . . .δοκέω
ἐστιν 3 p. sing. pres. act. ind. . . . . εἰμί
ἀνέκραξαν 3 p. pl. 1 aor. act. ind. . . . . . . ἀνακράζω
50 εἶδαν 3 p. pl. 2 aor. act. ind. . . . . .ὁράω
ἐταράχθησαν 3 p. pl. 1 aor. pass. ind. . . . . . .ταράσσω
ἐλάλησεν 3 p. sing. 1 aor. act. ind. . . . . λαλέω
λέγει 3 p. sing. pres. act. ind. . . . . .λέγω
θαρσεῖτε 3 p. sing. pres. act. ind. . . . . .θαρσέω
φοβεῖσθε 2 p. pl. pres. mid. imper. . . . . φοβέω
51 ἀνέβη 3 p. sing. 2 aor. act. ind. . . . . . . .ἀναβαίνω
ἐκόπασεν 3 p. sing. 1 aor. act. ind. . . . . . . .κοπάζω
ἐξίσταντο 3 p. pl. imperf. mid. ind. . . . . . .ἐξίστημι
52 συνῆκαν 3 p. pl. 1 aor. act. ind. . . . . συνίημι
ἦν 3 p. sing. imperf. act. ind. . . . . .εἰμί
πεπωρωμένη perf. pass. ptc. nom. sing. fem. . . . .πωρόω
53 διαπεράσαντες 1 aor. act. ptc. nom. pl. masc. . διαπεράω
ἦλθον 1 p. sing. or 3 p. pl. 2 aor. act. ind. . . ἔρχομαι
προσωρμίσθησαν 3 p. pl. 1 aor. pass. ind. . . προσορμίζω
54 ἐξελθόντων 2 aor. act. ptc. gen. pl. masc. . . ἐξέρχομαι
ἐπιγνόντες 2 aor. act. ptc. nom. pl. masc. . ἐπιγινώσκω
55 περιέδραμον 3 p. pl. 2 aor. act. ind. . . . . .περιτρέχω
ἤρξαντο 3 p. pl. 1 aor. mid. ind. . . . . .ἄρχω
ἔχοντας pres. act. ptc. acc. pl. masc. . . . . .ἔχω
περιφέρειν pres. act. infin. . . . . περιφέρω
ἤκουον 3 p. pl. imperf. act. ind. . . . . .ἀκούω
56 εἰσεπορεύετο 3 p. sing. imperf. mid. ind. .εἰσπορεύομαι
ἐτίθεσαν 3 p. pl. 1 aor. act. ind. . . . . . . .τίθημι
ἀσθενοῦντας pres. act. ptc. acc. pl. masc. . . .ἀσθενέω
παρεκάλουν 3 p. pl. imperf. act. ind. . . . . παρακαλέω
ἅψωνται 3 p. pl. 1 aor. mid. subj. . . . . .ἅπτω
ἤψαντο 3 p. pl. 1 aor. mid. ind. . . . . .id.
ἐσῴζοντο 3 p. pl. imperf. pass. ind. . . . . σῴζω

7
1 συνάγονται 3 p. pl. pres. pass. ind. . . . . . . .συνάγω
ἐλθόντες 2 aor. act. ptc. nom. pl. masc. . . . . ἔρχομαι
2 ἰδόντες 2 aor. act. ptc. nom. pl. masc. . . . . . . .ὁράω
ἐστιν 3 p. sing. pres. act. ind. . . . . εἰμί
ἐσθίουσιν 3 p. pl. pres. act. ind. . . . . .ἐσθίω
3 νίψωνται 3 p. pl. 1 aor. mid. subj. . . . . . . .νίπτω
κρατοῦντες pres. act. ptc. nom. pl. masc. . . . .κρατέω
4 ῥαντίσωνται 3 p. pl. 1 aor. mid. subj. . . . . .ῥαντίζω
ἐσθίουσιν 3 p. pl. pres. act. ind. . . . . .ἐσθίω
παρέλαβον 1 p. s. or 3 p.pl. 2 aor. act. ind.παραλαμβάνω
κρατεῖν pres. act. infin. . . . . .κρατέω
5 ἐπερωτῶσιν 3 p. pl. pres. act. ind. . . . . . .ἐπερωτάω
περιπατοῦσιν 3 p. pl. pres. act. ind. . . . . .περιπατέω
6 εἶπεν 3 p. sing. 2 aor. act. ind. . . . . .λέγω
ἐπροφήτευσεν 3 p. sing. 1 aor. act. ind. . . .προφητεύω
γέγραπται 3 p. sing. perf. pass. ind. . . . . . .γράφω
ἀπέχει 3 p. sing. pres. act. ind. . . . . .ἀπέχω
7 σέβονται 3 p. pl. pres. mid. ind. . . . . .σέβομαι

4

διδάσκοντες pres. act. ptc. nom. pl. masc. . . . . διδάσκω
8 ἀφέντες 2 aor. act. ptc. nom. pl. masc. . . . . . . ἀφίημι
  κρατεῖτε 2 p. pl. pres. act. ind. or imper. . . . κρατέω
9 ἔλεγεν 3 p. sing. imperf. act. ind. . . . . λέγω
  ἀθετεῖτε 2 p. pl. pres. act. ind. . . . . ἀθετέω
  τηρήσητε 2 p. pl. 1 aor. act. subj. . . . . τηρέω
10 κακολογῶν pres. act. ptc. nom. sing. masc. . . . κακολογέω
  τελευτάτω 3 p. sing. pres. act. imper. . . . . . .τελευτάω
11 λέγετε 2 p. pl. pres. act. ind. . . . . λέγω
  εἴπῃ 3 p. sing. 2 aor. act. subj. . . . . id.
  ἐστιν 3 p. sing. pres. act. ind. . . . . εἰμί
  ὠφελήθης 2 p. sing. 1 aor. pass. ind. . . . . ὠφελέω
12 ἀφίετε 2 p. pl. pres. act. ind. or imper. . . . . . ἀφίημι
  ποιῆσαι 1 aor. act. infin. . . . . ποιέω
13 ἀκυροῦντες pres. act. ptc. nom. pl. masc. . . . . . ἀκυρόω
  παρεδώκατε 2 p. pl. 1 aor. act. ind. . . . . παραδίδωμι
  ποιεῖτε 2 p. pl. pres. act. ind. or imper. . . . . . ποιέω
14 προσκαλεσάμενος 1 aor. mid. ptc. nom. s. m. προσκαλέομαι
  ἀκούσατε 2 p. pl. 1 aor. act. imper. . . . . ἀκούω
  σύνετε 2 p. pl. 2 aor. act. imper. . . . . .συνίημι
15 εἰσπορευόμενον pres. mid. ptc. nom. s. n. . εἰσπορεύομαι
  δύναται 3 p. sing. pres. pass. ind. . . . . δύναμαι
  κοινῶσαι 1 aor. act. infin. . . . . κοινόω
  ἐκπορευόμενα pres. mid. ptc. nom. pl. n. . . ἐκπορεύομαι
  κοινοῦντα pres. act. ptc. nom. pl. neut. . . . . . κοινόω
17 εἰσῆλθεν 3 p. sing. 2 aor. act. ind. . . . . . . εἰσέρχομαι
  ἐπηρώτων 3 p. pl. imperf. act. ind. . . . . . . .ἐπερωτάω
18 νοεῖτε 2 p. pl. pres. act. ind. . . . . νοέω
  λέγει 3 p. sing. pres. act. ind. . . . . λέγω
  ἐστε 2 p. pl. pres. act. ind. . . . . εἰμί
19 εἰσπορεύεται 3 p. sing. pres. mid. ind. . . εἰσπορεύομαι
  ἐκπορεύεται 3 p. sing. pres. mid. ind. . . . ἐκπορεύομαι
  καθαρίζων pres. act. ptc. nom. sing. masc. . . .καθαρίζω
20 ἐκπορευόμενον pres. mid. ptc. n. s. neut. . .ἐκπορεύομαι
  κοινοῖ 3 p. sing. pres. act. ind. . . . . .κοινόω
21 ἐκπορεύονται 3 p. pl. pres. mid. ind. . . . ἐκπορεύομαι
24 ἀναστάς 2 aor. act. ptc. nom. sing. masc. . . . .ἀνίστημι
  ἀπῆλθεν 3 p. sing. 2 aor. act. ind. . . . . . . .ἀπέρχομαι
  εἰσελθών 2 aor. act. ptc. nom. sing. masc. . .εἰσέρχομαι
  ἤθελεν 3 p. sing. imperf. act. ind. . . . . ἐθέλω
  γνῶναι 2 aor. act. infin. . . . . γινώσκω
  ἠδυνάσθη 3 p. sing. 1 aor. pass. ind. . . . . . . δύναμαι
  λαθεῖν 2 aor. act. infin. . . . . λανθάνω
25 ἀκούσασα 1 aor. act. ptc. nom. sing. fem. . . . . . ἀκούω
  εἶχεν 3 p. sing. imperf. act. ind. . . . . ἔχω
  ἐλθοῦσα 2 aor. act. ptc. nom. sing. fem. . . . . .ἔρχομαι
  προσέπεσεν 3 p. sing. 2 aor. act. ind. . . . . .προσπίπτω
26 ἠρώτα 3 p. sing. imperf. act. ind. . . . . ἐρωτάω
  ἐκβάλῃ 3 p. sing. 2 aor. act. subj. . . . . .ἐκβάλλω
  ἦν 3 p. sing. imperf. act. ind. . . . . .εἰμί
27 ἄφες 2 p. sing. 2 aor. act. imper. . . . . .ἀφίημι
  χορτασθῆναι 1 aor. pass. infin. . . . . .χορτάζω
  λαβεῖν 2 aor. act. infin. . . . . λαμβάνω
  βαλεῖν 2 aor. act. infin. . . . . βάλλω
28 ἀπεκρίθη 3 p. sing. 1 aor. pass. ind. . . . . .ἀποκρίνομαι

λέγει 3 p. sing. pres. act. ind. . . . . λέγω
ἐσθίουσιν 3 p. pl. pres. act. ind. . . . . ἐσθίω
29 εἶπεν 3 p. sing. 2 aor. act. ind. . . . . .λέγω
ὕπαγε 2 p. sing. pres. act. imper. . . . . .ὑπάγω
ἐξελήλυθεν 3 p. sing. perf. act. ind. . . . . .ἐξέρχομαι
30 ἀπελθοῦσα 2 aor. act. ptc. nom. sing. fem. . . ἀπέρχομαι
εὗρεν 3 p. sing. 2 aor. act. ind. . . . . εὑρίσκω
βεβλημένον perf. pass. ptc. acc. sing. masc. . . . βάλλω
ἐξεληλυθός perf. act. ptc. acc. sing. neut. . .ἐξέρχομαι
31 ἐξελθών 2 aor. act. ptc. nom. sing. masc. . . . . . . id.
ἦλθεν 3 p. sing. 2 aor. act. ind. . . . . ἔρχομαι
32 φέρουσιν 3 p. pl. pres. act. ind. . . . . φέρω
παρακαλοῦσιν 3 p. pl. pres. act. ind. . . . . παρακαλέω
ἐπιθῇ 3 p. sing. 2 aor. act. subj. . . . . . . ἐπιτίθημι
33 ἀπολαβόμενος 2 aor. mid. ptc. nom. sing. m. . ἀπολαμβάνω
ἔβαλεν 3 p. sing. 2 aor. act. ind. . . . . .βάλλω
πτύσας 1 aor. act. ptc. nom. sing. masc. . . . . . . πτύω
ἥψατο 3 p. sing. 1 aor. mid. ind. . . . . .ἅπτω
34 ἀναβλέψας 1 aor. act. ptc. nom. sing. masc. . . ἀναβλέπω
ἐστέναξεν 3 p. sing. 1 aor. act. ind. . . . . . .στενάζω
ἐστιν 3 p. sing. pres. act. ind. . . . . εἰμί
διανοίχθητι 2 p. sing. 1 aor. pass. imper. . . .διανοίγω
35 ἠνοίγησαν 3 p. pl. 2 aor. pass. ind. . . . . . . .ἀνοίγω
ἐλύθη 3 p. sing. 1 aor. pass. ind. . . . . λύω
ἐλάλει 3 p. sing. imperf. act. ind. . . . . .λαλέω
36 διεστείλατο 3 p. sing. 1 aor. mid. ind. . . . .διαστέλλω
λέγωσιν 3 p. pl. pres. act. subj. . . . . .λέγω
διεστέλλετο 3 p. sing. imperf. mid. ind. . . . διαστέλλω
ἐκήρυσσον 3 p. pl. imperf. act. ind. . . . . . .κηρύσσω
37 ἐξεπλήσσοντο 3 p. pl. imperf. pass. ind. . . .ἐκπλήσσω
λέγοντες pres. act. ptc. nom. sing. masc. . . . . . λέγω
πεποίηκεν 3 p. sing. perf. act. ind. . . . . ποιέω
ποιεῖ 3 p. sing. pres. act. ind. . . . . id.
ἀκούειν pres. act. infin. . . . . .ἀκούω
λαλεῖν pres. act. infin. . . . . λαλέω

8

1 ὄντος pres. act. ptc. gen. sing. masc. or neut. . . . εἰμί
ἐχόντων pres. act. ptc. gen. pl. masc. . . . . ἔχω
φάγωσιν 3 p. pl. 2 aor. act. subj. . . . . .ἐσθίω
προσκαλεσάμενος 1 aor. mid. ptc. nom. s. m.προσκαλέομαι
λέγει 3 p. sing. pres. act. ind. . . . . .λέγω
2 σπλαγχνίζομαι 1 p. sing. pres. mid. ind. .σπλαγχνίζομαι
προσμένουσιν 3 p. pl. pres. act. ind. . . . . . .προσμένω
ἔχουσιν 3 p. pl. pres. act. ind. . . . . ἔχω
3 ἀπολύσω 1 p. s. fut. act. ind. or1 aor. act. subj.ἀπολύω
ἐκλυθήσονται 3 p. pl. 1 fut. pass. ind. . . . ἐκλύομαι
εἰσίν 3 p. pl. pres. act. ind. . . . . εἰμί
4 ἀπεκρίθησαν 3 p. pl. 1 aor. pass. ind. . . .ἀποκρίνομαι
δυνήσεται 3 p. sing. fut. pass. ind. . . . . . . .δύναμαι
χορτάσαι 1 aor. act. infin. . . . . .χορτάζω
5 ἠρώτα 3 p. sing. imperf. act. ind. . . . . .ἐρωτάω
ἔχετε 2 p. pl. pres. act. ind. . . . . ἔχω
εἶπαν 3 p. pl. 2 aor. act. ind. . . . . .λέγω
6 παραγγέλλει 3 p. sing. pres. act. ind. . . . . παραγγέλλω

ἀναπεσεῖν 2 aor. act. infin. . . . . .ἀναπίπτω
λαβών 2 aor. act. ptc. nom. sing. masc. . . . . . λαμβάνω
εὐχαριστήσας 1 aor. act. ptc. nom. sing. m. . εὐχαριστέω
ἔκλασεν 3 p. sing. 1 aor. act. ind. . . . . .κλάω
ἐδίδου 3 p. sing. imperf. act. ind. . . . . .δίδωμι
παρατιθῶσιν 3 p. pl. pres. act. subj. . . . . παρατίθημι
παρέθηκαν 3 p. pl. 1 aor. act. ind. . . . . id.
7 εἶχον 1 p. s. and 3 p. pl. imperf. act. ind. . . . . . .ἔχω
εὐλογήσας 1 aor. act. ptc. nom. sing. masc. . . .εὐλογέω
εἶπεν 3 p. sing. 2 aor. act. ind. . . . . .λέγω
παρατιθέναι pres. act. infin. . . . . παρατίθημι
8 ἔφαγον 1 p. s. or 3 p. pl. 2 aor. act. ind. . . . . ἐσθίω
ἐχορτάσθησαν 3 p. pl. 1 aor. pass. ind. . . . . .χορτάζω
ἦραν 3 p. pl. 1 aor. act. ind. . . . . .αἴρω
9 ἦσαν 3 p. pl. imperf. act. ind. . . . . .εἰμί
ἀπέλυσεν 3 p. sing. 1 aor. act. ind. . . . . . . .ἀπολύω
10 ἐμβάς 2 aor. act. ptc. nom. sing. masc. . . . . . . ἐμβαίνω
ἦλθεν 3 p. sing. 2 aor. act. ind. . . . . ἔρχομαι
11 ἐξῆλθον 3 p. pl. 2 aor. act. ind. . . . . . . .ἐξέρχομαι
ἤρξαντο 3 p. pl. 1 aor. mid. ind. . . . . ἄρχω
συζητεῖν pres. act. infin. . . . . συζητέω
ζητοῦντες pres. act. ptc. nom. pl. masc. . . . . . ζητέω
πειράζοντες pres. act. ptc. nom. pl. masc. . . . πειράζω
12 ἀναστενάξας 1 aor. act. ptc. nom. sing. m. . . ἀναστενάζω
λέγει 3 p. sing. pres. act. ind. . . . . λέγω
ζητεῖ 3 p. sing. pres. act. ind. . . . . .ζητέω
δοθήσεται 3 p. sing. 1 fut. pass. ind. . . . . . .δίδωμι
13 ἀφείς 2 aor. act. ptc. nom. sing. masc. . . . . . .ἀφίημι
ἐμβάς 2 aor. act. ptc. nom. sing. masc. . . . . . ἐμβαίνω
ἀπῆλθεν 3 p. sing. 2 aor. act. ind. . . . . . .ἀπέρχομαι
14 ἐπελάθοντο 3 p. pl. 2 aor. mid. ind. . . . ἐπιλανθάνομαι
λαβεῖν 2 aor. act. infin. . . . . .λαμβάνω
15 διεστέλλετο 3 p. sing. imperf. mid. ind. . . . διαστέλλω
λέγων pres. act. ptc. nom. sing. masc. . . . . .λέγω
ὁρᾶτε 2 p. pl. pres. act. ind. or imper. . . . . . . .ὁράω
βλέπετε 2 p. pl. pres. act. ind. or imper. . . . . .βλέπω
16 διελογίζοντο 3 p. pl. imperf. mid. ind. . . .διαλογίζομαι
ἔχουσιν 3 p. pl. pres. act. ind. . . . . .ἔχω
17 διαλογίζεσθε 2 p. pl. imperf. mid. ind. . . .διαλογίζομαι
ἔχετε 2 p. pl. pres. act. ind. . . . . .ἔχω
νοεῖτε 2 p. pl. pres. act. ind. . . . . νοέω
συνίετε 2 p. pl. pres. act. ind. or imper. . . . .συνίημι
πεπωρωμένην perf. pass. ptc. acc. sing. fem. . . . πωρόω
18 ἔχοντες pres. act. ptc. nom. pl. masc. . . . . .ἔχω
βλέπετε 2 p. pl. pres. act. ind. or imper. . . . . .βλέπω
ἀκούετε 2 p. pl. pres. act. ind. or imper. . . . . .ἀκούω
μνημονεύτε 2 p. pl. pres. act. ind. . . . . . . .μνημονεύω
19 ἔκλασα 1 p. sing. 1 aor. act. ind. . . . . .κλάω
ἤρατε 2 p. pl. 1 aor. act. ind. . . . . .αἴρω
λέγουσιν 3 p. pl. pres. act. ind. . . . . .λέγω
21 ἔλεγεν 3 p. sing. imperf. act. ind. . . . . id.
22 ἔρχονται 3 p. pl. pres. mid. ind. . . . . ἔρχομαι
φέρουσιν 3 p. pl. pres. act. ind. . . . . .φέρω
παρακαλοῦσιν 3 p. pl. pres. act. ind. . . . . .παρακαλέω
ἅφηται 3 p. sing. 1 aor. mid. subj. . . . . .ἅπτω

23 ἐπιλαβόμενος 2 aor. mid. ptc. nom. sing. m. . ἐπιλαμβάνω
     ἐξήνεγκεν 3 p. sing. 1 aor. act. ind. . . . . ἐκφέρω
     πτύσας 1 aor. act. ptc. nom. sing. masc. . . . . . . πτύω
     ἐπιθείς 2 aor. act. ptc. nom. sing. masc. . . . ἐπιτίθημι
     ἐπηρώτα 3 p. sing. imperf. act. ind. . . . . . . ἐπερωτάω
     βλέπεις 2 p. sing. pres. act. ind. . . . . βλέπω
24 ἀναβλέψας 1 aor. act. ptc. nom. sing. masc. . . . ἀναβλέπω
     ὁρῶ 1 p. sing. pres. act. ind. . . . . ὁράω
     περιπατοῦντας pres. act. ptc. acc. pl. masc. . . περιπατέω
25 ἐπέθηκεν 3 p. sing. 1 aor. act. ind. . . . . . . ἐπιτίθημι
     διέβλεψεν 3 p. sing. 1 aor. act. ind. . . . . . διαβλέπω
     ἀπεκατέστη 3 p. sing. 2 aor. pass. ind. . . ἀποκαθίζτημι
     ἐνέβλεπεν 3 p. sing. imperf. act. ind. . . . . . ἐμβλέπω
26 ἀπέστειλεν 3 p. sing. 1 aor. act. ind. . . . . . ἀποστέλλω
     λέγων pres. act. ptc. nom. sing. masc. . . . . λέγω
     εἰσέλθῃς 2 p. sing. 2 aor. act. subj. . . . . εἰσέρχομαι
27 ἐξῆλθεν 3 p. sing. 2 aor. act. ind. . . . . . . ἐξέρχομαι
     λέγουσιν 3 p. pl. pres. act. ind. . . . . λέγω
     εἶναι pres. act. infin. . . . . εἰμί
28 εἶπαν 3 p. pl. 2 aor. act. ind. . . . . λέγω
     λέγοντες pres. act. ptc. nom. pl. masc. . . . . id.
29 λέγετε 2 p. pl. pres. act. ind. . . . . id.
     ἀποκριθείς 1 aor. pass. ptc. nom. sing. m. . ἀποκρίνομαι
     λέγει 3 p. sing. pres. act. ind. . . . . λέγω
30 ἐπετίμησεν 3 p. sing. 1 aor. act. ind. . . . . . ἐπιτιμάω
     λέγωσιν 3 p. pl. pres. act. subj. . . . . λέγω
31 ἤρξατο 3 p. sing. 1 aor. mid. ind. . . . . ἄρχω
     διδάσκειν pres. act. infin. . . . . διδάσκω
     δεῖ 3 p. sing. pres. act. impers. verb. . . . . δεῖ
     παθεῖν 2 aor. act. infin. . . . . πάσχω
     ἀποδοκιμασθῆναι 1 aor. pass. infin. . . . . . ἀποδοκιμάζω
     ἀποκτανθῆναι 1 aor. pass. infin. . . . . ἀποκτείνω
     ἀναστῆναι 2 aor. act. infin. . . . . ἀνίστημι
32 ἐλάλει 3 p. sing. imperf. act. ind. . . . . λαλέω
     προσλαβόμενος 2 aor. mid. ptc. nom. sing. m. προσλαμβάνω
     ἐπιτιμᾶν pres. act. infin. . . . . ἐπιτιμάω
33 ἐπιστραφείς 2 aor. pass. ptc. nom. sing. m. . . ἐπιστρέφω
     ἰδών 2 aor. act. ptc. nom. sing. masc. . . . . ὁράω
     ὕπαγε 2 p. sing. pres. act. imper. . . . . ὑπάγω
     φρονεῖς 2 p. sing. pres. act. ind. . . . . φρονέω
34 προσκαλεσάμενος 1 aor. mid. ptc. nom. s. m. προσκαλέομαι
     εἶπεν 3 p. sing. 2 aor. act. ind. . . . . λέγω
     θέλει 3 p. sing. pres. act. ind. . . . . θέλω
     ἐλθεῖν 2 aor. act. infin. . . . . ἔρχομαι
     ἀπαρνησάσθω 3 p. sing. 1 aor. mid. imper. . . ἀπαρνέομαι
     ἀκολουθείτω 3 p. sing. pres. act. imper. . . . ἀκολουθέω
35 θέλῃ 3 p. sing. pres. act. subj. . . . . θέλω
     σῶσαι 1 aor. act. infin. . . . . σώζω
     ἀπολέσει 3 p. sing. fut. act. ind. . . . . . . ἀπόλλυμι
     σώσει 3 p. sing. fut. act. ind. . . . . σώζω
36 ὠφελεῖ 3 p. sing. pres. act. ind. . . . . ὠφελέω
     κερδῆσαι 1 aor. act. infin. . . . . κερδαίνω
     ζημιωθῆναι 1 aor. pass. infin. . . . . ζημιόω
37 δοῖ 3 p. sing. 2 aor. act. subj. . . . . δίδωμι
38 ἐπαισχυνθῇ 3 p. sing. 1 aor. pass. subj. . ἐπαισχύνομαι

ἐπαισχυνθήσεται 3 p. sing. fut. pass. ind. ἐπαισχύνομαι
ἔλθῃ 3 p. sing. 2 aor. act. subj. . . . . ἔρχομαι

9

1 ἔλεγεν·3 p. sing. imperf. act. ind. . . . . λέγω
   εἰσίν 3 p. pl. pres. act. ind. . . . . εἰμί
   ἑστηκότων perf. act. ptc. gen. pl. masc. . . . . . ἵστημι
   γεύσωνται 3 p. pl. 1 aor. mid. subj. . . . . γεύομαι
   ἴδωσιν 3 p. pl. 2 aor. act. subj. . . . . ὁράω
   ἐληλυθυῖαν 2 perf. act. ptc. acc. sing. fem. . . ἔρχομαι
2 παραλαμβάνει 3 p. sing. pres. act. ind. . . . παραλαμβάνω
   ἀναφέρει 3 p. sing. pres. act. ind. . . . . .ἀναφέρω
3 μετεμορφώθη 3 p. sing. 1 aor. pass. ind. . . . μεταμορφόω
   ἐγένετο 3 p. sing. 2 aor. mid. ind. . . . . γίνομαι
   στίλβοντα pres. act. ptc. nom. pl. neut. . . . . .στίλβω
   δύναται 3 p. sing. pres. pass. ind. . . . . δύναμαι
   λευκᾶναι 1 aor. act. infin. . . . . λευκαίνω
4 ὤφθη 3 p. sing. 1 aor. pass. ind. . . . . ὁράω
   ἦσαν 3 p. pl. imperf. act. ind. . . . . εἰμί
   συλλαλοῦντες pres. act. ptc. nom. pl. masc. . . συλλαλέω
5 ἀποκριθείς 1 aor. pass. ptc. nom. s. m. . . . ἀποκρίνομαι
   λέγει 3 p. sing. pres. act. ind. . . . . λέγω
   ἐστιν 3 p. sing. pres. act. ind. . . . . εἰμί
   εἶναι pres. act. infin. . . . . id.
   ποιήσωμεν 1 p. pl. 1 aor. act. subj. . . . . ποιέω
6 ᾔδει 3 p. sing. plupf. act. ind. . . . . οἶδα
   ἀποκριθῇ 3 p. sing. 1 aor. pass. subj. . . . ἀποκρίνομαι
   ἐγένοντο 3 p. pl. 2 aor. mid. ind. . . . . . .γίνομαι
7 ἐπισκιάζουσα pres. act. ptc. nom. sing. fem. . ἐπισκιάζω
   ἀκούετε 2 p. pl. pres. act. ind. . . . . .ἀκούω
8 περιβλεψάμενοι 1 aor. mid. ptc. nom. pl. m. . .περιβλέπω
   εἶδον 3 p. pl. 2 aor. act. ind. . . . . ὁράω
9 καταβαινόντων pres. act. ptc. gen. pl. masc. . καταβαίνω
   διεστείλατο 3 p. sing. 1 aor. mid. ind. . . . .διαστέλλω
   ἀναστῇ 3 p. sing. 2 aor. act. subj. . . . . . . .ἀνίστημι
   διηγήσωνται 3 p. pl. 1 aor. mid. subj. . . . . διηγέομαι
10 ἐκράτησαν 3 p. pl. 1 aor. act. ind. . . . . κρατέω
   συζητοῦντες pres. act. ptc. nom. pl. masc. . . . συζητέω
   ἀναστῆναι 2 aor. act. infin. . . . . ἀνίστημι
11 ἐπηρώτων 3 p. pl. imperf. act. ind. . . . . . . .ἐπερωτάω
   λέγουσιν 3 p. pl. pres. act. ind. . . . . λέγω
   δεῖ 3 p. sing. pres. act. impers. verb . . . . δεῖ
   ἐλθεῖν 2 aor. act. infin. . . . . ἔρχομαι
12 ἔφη 3 p. sing. 2 aor. act. ind. . . . . φημί
   ἐλθών 2 aor. act. ptc. nom. sing. masc. . . . . . ἔρχομαι
   ἀποκαθιστάνει 3 p. sing. pres. act. ind. . . ἀποκαθίστημι
   γέγραπται 3 p. sing. perf. pass. ind. . . . . γράφω
   πάθῃ 3 p. sing. 2 aor. act. subj. . . . . πάσχω
   ἐξουδενηθῇ 3 p. sing. 1 aor. pass. subj. . . . . ἐξουδενέω
13 ἐλήλυθεν 3 p. sing. 2 perf. act. ind. . . . . . . .ἔρχομαι
   ἐποίησαν 3 p. pl. 1 aor. act. ind. . . . . ποιέω
   ἤθελον 3 p. pl. imperf. act. ind. . . . . ἐθέλω
14 ἐλθόντες 2 aor. act. ptc. nom. pl. masc. . . . . .ἔρχομαι
   εἶδον 3 p. pl. 2 aor. act. ind. . . . . ὁράω
   συζητοῦντας pres. act. ptc. acc. pl. masc. . . . . συζητέω

15 ἰδόντες 2 aor. act. ptc. nom. pl. masc. . . . . ὁράω
    ἐξεθαμβήθησαν 3 p. pl. 1 aor. pass. ind. . . .ἐκθαμβέω
    προστρέχοντες pres. act. ptc. nom. pl. masc. . προστρέχω
    ἠσπάζοντο 3 p. pl. imperf. mid. ind. . . . . . ἀσπάζομαι
16 ἐπηρώτησεν 3 p. sing. 1 aor. act. ind. . . . . .ἐπερωτάω
    συζητεῖτε 2 p. pl. pres. act. ind. . . . . συζητέω
17 ἀπεκρίθη 3 p. sing. 1 aor. pass. ind. . . . ἀποκρίνομαι
    ἤνεγκα 1 p. sing. 1 aor. act. ind. . . . . φέρω
    ἔχοντα pres. act. ptc. acc. sing. masc. . . . . ἔχω
18 καταλάβῃ 3 p. sing. 2 aor. act. subj. . . . καταλαμβάνω
    ῥήσσει 3 p. sing. pres. act. ind. . . . . ῥήσσω
    ἀφρίζει 3 p. sing. pres. act. ind. . . . . ἀφρίζω
    τρίζει 3 p. sing. pres. act. ind. . . . . τρίζω
    ξηραίνεται 3 p. sing. pres. pass. ind. . . . . . ξηραίνω
    εἶπα 1 p. sing. 2 aor. act. ind. . . . . εἶπον
    ἐκβάλωσιν 3 p. pl. 2 aor. act. subj. . . . . ἐκβάλλω
    ἴσχυσαν 3 p. pl. 1 aor. act. ind. . . . . ἰσχύω
19 ἀποκριθείς 1 aor. pass. ptc. nom. sing. m. . ἀποκρίνομαι
    λέγει 3 p. sing. pres. act. ind. . . . . λέγω
    ἔσομαι 1 p. sing. fut. mid. ind. . . . . εἰμί
    ἀνέξομαι 1 p. sing. fut. mid. ind. . . . . ἀνέχομαι
    φέρετε 2 p. pl. pres. act. ind. or imper. . . . . . φέρω
20 ἤνεγκαν 3 p. pl. 1 aor. act. ind. . . . . id.
    ἰδών 2 aor. act. ptc. nom. sing. masc. . . . . . . ὁράω
    συνεσπάραξεν 3 p. sing. 1 aor. act. ind. . . συσπαράσσω
    πεσών 2 aor. act. ptc. nom. sing. masc. . . . . . . πίπτω
    ἐκυλίετο 3 p. sing. imperf. mid. ind. . . . . κυλίω
    ἀφρίζων pres. act. ptc. nom. sing. masc. . . . . .ἀφρίζω
21 ἐπηρώτησεν 3 p. sing. 1 aor. act. ind. . . . . .ἐπερωτάω
    ἐστιν 3 p. sing. pres. act. ind. . . . . εἰμί
    γέγονεν 3 p. sing. 2 perf. act. ind. . . . . .γίνομαι
    εἶπεν 3 p. sing. 2 aor. act. ind. . . . . λέγω
22 ἔβαλεν 3 p. sing. 2 aor. act. ind. . . . . .βάλλω
    ἀπολέσῃ 3 p. sing. 1 aor. act. subj. . . . . . ἀπόλλυμι
    δύνῃ 2 p. sing. pres. pass. ind. . . . . .δύναμαι
    βοήθησον 2 p. sing. 1 aor. act. imper. . . . . . .βοηθέω
    σπλαγχνισθείς 1 aor. pass. ptc. nom. s. m.σπλαγχνίζομαι
23 πιστεύοντι pres. act. ptc. dat. sing. masc. . . .πιστεύω
24 κράξας 1 aor. act. ptc. nom. sing. masc. . . . . . .κράζω
    ἔλεγεν 3 p. sing. imperf. act. ind. . . . . .λέγω
    βοήθει 2 p. sing. pres. act. imper. . . . . .βοηθέω
25 ἰδών 2 aor. act. ptc. nom. sing. masc. . . . . ὁράω
    ἐπισυντρέχει 3 p. sing. pres. act. ind. . . ἐπισυντρέχω
    ἐπετίμησεν 3 p. sing. 1 aor. act. ind. . . . . .ἐπιτιμάω
    λέγων pres. act. ptc. nom. sing. masc. . . . . . . λέγω
    ἐπιτάσσω 1 p. sing. pres. act. ind. . . . . . . .ἐπιτάσσω
    ἔξελθε 2 p. sing. 2 aor. act. imper. . . . . . .ἐξέρχομαι
    εἰσέλθῃς 2 p. sing. 2 aor. act. subj. . . . . .εἰσέρχομαι
26 σπαράξας 1 aor. act. ptc. nom. sing. masc. . . . σπαράσσω
    ἐξῆλθεν 3 p. sing. 2 aor. act. ind. . . . . . . .ἐξέρχομαι
    ἐγένετο 3 p. sing. 2 aor. mid. ind. . . . . .γίνομαι
    λέγειν pres. act. infin. . . . . λέγω
    ἀπέθανεν 3 p. sing. 2 aor. act. ind. . . . . . . .ἀποθνήσκω
27 κρατήσας 1 aor. act. ptc. nom. sing. masc. . . . . .κρατέω
    ἤγειρεν 3 p. sing. 1 aor. act. ind. . . . . .ἐγείρω

ἀνέστη 3 p. sing. 2 aor. act. ind. . . . . ἀνίστημι
28 εἰσελθόντος 2 aor. act. ptc. gen. sing. m. . εἰσέρχομαι
ἐπηρώτων 3 p. pl. imperf. act. ind. . . . . . . ἐπερωτάω
ἠδυνήθημεν 1 p. pl. 1 aor. pass. ind. . . . . . .δύναμαι
ἐκβαλεῖν 2 aor. act. infin. . . . . .ἐκβάλλω
29 δύναται 3 p. sing. pres. pass. ind. . . . . δύναμαι
ἐξελθεῖν 2 aor. act. infin. . . . . ἐξέρχομαι
30 ἐξελθόντες 2 aor. act. ptc. nom. pl. masc. . . . . . id.
παρεπορεύοντο 3 p. pl. imperf. mid. ind. .παραπορεύομαι
ἤθελεν 3 p. sing. imperf. act. ind. . . . . ἐθέλω
31 ἐδίδασκεν 3 p. sing. imperf. act. ind. . . . . . διδάσκω
ἔλεγεν 3 p. sing. imperf. act. ind. . . . . .λέγω
παραδίδοται 3 p. sing. pres. pass. ind. . . . παραδίδωμι
ἀποκτενοῦσιν 3 p. pl. fut. act. ind. . . . . . ἀποκτείνω
ἀποκτανθείς 1 aor. pass. ptc. nom. sing. masc. . . . id.
ἀναστήσεται 3 p. sing. fut. mid. ind. . . . . . ἀνίστημι
32 ἠγνόουν 3 p. pl. imperf. act. ind. . . . . .ἀγνοέω
ἐφοβοῦντο 3 p. pl. imperf. mid. ind. . . . . φοβέω
ἐπερωτῆσαι 1 aor. act. infin. . . . . ἐπερωτάω
33 ἦλθον 3 p. pl. 2 aor. act. ind. . . . . ἔρχομαι
γενόμενος 2 aor. mid. ptc. nom. sing. masc. . . .γίνομαι
ἐπηρώτα 3 p. sing. imperf. act. ind. . . . . . . ἐπερωτάω
διελογίζεσθε 2 p. pl. imperf. mid. ind. . . διαλογίζομαι
34 ἐσιώπων 3 p. pl. imperf. act. ind. . . . . σιωπάω
διελέχθησαν 3 p. pl. 1 aor. pass. ind. . . . διαλέγομαι
35 καθίσας 1 aor. act. ptc. nom. sing. masc. . . . . .καθίζω
ἐφώνησεν 3 p. sing. 1 aor. act. ind. . . . . φωνέω
λέγει 3 p. sing. pres. act. ind. . . . . λέγω
θέλει 3 p. sing. pres. act. ind. . . . . θέλω
εἶναι pres. act. infin. . . . . .εἰμί
ἔσται 3 p. sing. fut. mid. ind. . . . . id.
36.λαβών 2 aor. act. ptc. nom. sing. masc. . . . . . λαμβάνω
ἔστησεν 3 p. sing. 1 aor. act. ind. . . . . .ἵστημι
ἐναγκαλισάμενος 1 aor. mid. ptc. no. s. m.ἐναγκαλίζομαι
εἶπεν 3 p. sing. 2 aor. act. ind. . . . . .λέγω
37 δέξηται 3 p. sing. 1 aor. mid. subj. . . . . . . .δέχομαι
δέχεται 3 p. sing. pres. mid. ind. . . . . id.
δέχηται 3 p. sing. pres. mid. subj. . . . . id.
ἀποστείλαντα 1 aor. act. ptc. acc. sing. m. . ἀποστέλλω
38 ἔφη 3 p. sing. 2 aor. act. ind. . . . . .φημί
εἴδομεν 1 p. pl. 2 aor. act. ind. . . . . .ὁράω
ἐκβάλλοντα pres. act. ptc. acc. sing. masc. . . .ἐκβάλλω
ἀκολουθεῖ 3 p. sing. pres. act. ind. . . . . . ἀκολουθέω
ἐκωλύομεν 1 p. pl. imperf. act. ind. . . . . . . .κωλύω
ἠκολούθει 3 p. sing. imperf. act. ind. . . . . ἀκολουθέω
39 κωλύετε 2 p. pl. pres. act. imper. . . . . .κωλύω
ἔστιν 3 p. sing. pres. act. ind. . . . . εἰμί
ποιήσει 3 p. sing. fut. act. ind. . . . . ποιέω
δυνήσεται 3 p. sing. fut. pass. ind. . . . . . . δύναμαι
κακολογῆσαι 1 aor. act. infin. . . . . κακολογέω
41 ποτίσῃ 3 p. sing. 1 aor. act. subj. . . . . .ποτίζω
ἔστε 2 p. pl. pres. act. ind. . . . . εἰμί
ἀπολέσῃ 3 p. sing. 1 aor. act. subj. . . . . . . ἀπόλλυμι
42 σκανδαλίσῃ 3 p. sing. 1 aor. act. subj. . . . σκανδαλίζω
πιστευόντων pres. act. ptc. gen. pl. masc. . . . πιστεύω

περίκειται 3 p. sing. pres. mid. ind. . . . . περίκειμαι
βέβληται 3 p. sing. perf. pass. ind. . . . . βάλλω
43 ἀπόκοφον 2 p. sing. 1 aor. act. imper. . . . . .ἀποκόπτω
εἰσελθεῖν 2 aor. act. infin. . . . . εἰσέρχομαι
ἔχοντα pres. act. ptc. acc. sing. masc. . . . . ἔχω
ἀπελθεῖν 2 aor. act. infin. . . . . ἀπέρχομαι
45 σκανδαλίζῃ 3 p. sing. pres. act. subj. . . . .σκανδαλίζω
βληθῆναι 1 aor. pass. infin. . . . . βάλλω
47 ἔκβαλε 2 p. sing. 2 aor. act. imper. . . . . . .ἐκβάλλω
48 τελευτᾷ 3 p. sing. pres. act. ind. . . . . . . τελευτάω
σβέννυται 3 p. sing. pres. pass. ind. . . . . . σβέννυμι
49 ἁλισθήσεται 3 p. sing. fut. pass. ind. . . . . . . ἁλίζω
50 γένηται 3 p. sing. 2 aor. mid. subj. . . . . . . .γίνομαι
ἀρτύσετε 2 p. pl. fut. act. ind. . . . . .ἀρτύω
ἔχετε 2 p. pl. pres. act. ind. . . . . .ἔχω
εἰρηνεύετε 2 p. pl. pres. act. imper. . . . . . εἰρηνεύω

10

1 ἀναστάς 2 aor. act. ptc. nom. sing. masc. . . . .ἀνίστημι
ἔρχεται 3 p. sing. pres. mid. ind. . . . . .ἔρχομαι
συμπορεύονται 3 p. pl. pres. mid. ind. . . συμπορεύομαι
εἰώθει 3 p. sing. plupf. act. ind. . . . . .ἔθω
ἐδίδασκεν 3 p. sing. imperf. act. ind. . . . . . διδάσκω
2 προσελθόντες 2 aor. act. ptc. nom. pl. m. . προσέρχομαι
ἐπηρώτων 3 p. pl. imperf. act. ind. . . . . . ἐπερωτάω
ἔξεστιν 3 p. sing. pres. act. ind. impers. . . . . ἔξειμι
ἀπολῦσαι 1 aor. act. infin. . . . . .ἀπολύω
πειράζοντες pres. act. ptc. nom. pl. masc. . . . πειράζω
3 ἀποκριθείς 1 aor. pass. ptc. nom. sing. m. . ἀποκρίνομαι
εἶπεν 3 p. sing. 2 aor. act. ind. . . . . .λέγω
ἐνετείλατο 3 p. sing. 1 aor. mid. ind. . . . ἐντέλλομαι
4 εἶπαν 3 p. pl. 2 aor. act. ind. . . . . .λέγω
ἐπέτρεψεν 3 p. sing. 1 aor. act. ind. . . . . . ἐπιτρέπω
γράψαι 1 aor. act. infin. . . . . γράφω
ἀπολῦσαι 1 aor. act. infin. . . . . .ἀπολύω
5 ἔγραψεν 3 p. sing. 1 aor. act. ind. . . . . γράφω
6 ἐποίησεν 3 p. sing. 1 aor. act. ind. . . . . . . .ποιέω
7 καταλείψει 3 p. sing. fut. act. ind. . . . . . .καταλείπω
8 ἔσονται 3 p. pl. fut. mid. ind. . . . . .εἰμί
εἰσίν 3 p. pl. pres. act. ind. . . . . id.
9 συνέζευξεν 3 p. sing. 1 aor. act. ind. . . . συζεύγνυμι
χωριζέτω 3 p. sing. pres. act. imper. . . . . .χωρίζω
10 ἐπηρώτων 3 p. pl. imperf. act. ind. . . . . . .ἐπερωτάω
11 λέγει 3 p. sing. pres. act. ind. . . . . λέγω
ἀπολύσῃ 3 p. sing. 1 aor. act. subj. . . . . . . ἀπολύω
γαμήσῃ 3 p. sing. 1 aor. act. subj. . . . . γαμέω
μοιχᾶται 3 p. sing. pres. mid. ind. . . . . . . .μοιχάω
12 ἀπολύσασα 1 aor. act. ptc. nom. sing. fem. . . . .ἀπολύω
13 προσέφερον 3 p. pl. imperf. act. ind. . . . . . προσφέρω
ἅψηται 3 p. sing. 1 aor. mid. subj. . . . . .ἅπτω
ἐπετίμησαν 3 p. pl. 1 aor. act. ind. . . . . . .ἐπιτιμάω
14 ἰδών 2 aor. act. ptc. nom. sing. masc. . . . . ὁράω
ἠγανάκτησεν 3 p. sing. 1 aor. act. ind. . . . ἀγανακτέω
ἄφετε 2 p. pl. 2 aor. act. imper. . . . . .ἀφίημι
ἔρχεσθαι pres. mid. infin. . . . . .ἔρχομαι

κωλύετε 2 p. pl. pres. act. imper. . . . . κωλύω
ἐστίν 3 p. sing. pres. act. ind. . . . . εἰμί
15 δέξηται 3 p. sing. 1 aor. mid. subj. . . . . . . .δέχομαι
εἰσέλθῃ 3 p. sing. 2 aor. act. subj. . . . . . εἰσέρχομαι
16 ἐναγκαλισάμενος 1 aor. mid. ptc. no. s. m.ἐναγκαλίζομαι
τιθείς pres. act. ptc. nom. sing. masc. . . . . . .τίθημι
κατευλόγει 3 p. sing. pres. act. ind. . . . .κατευλογέω
17 ἐκπορευομένου pres. mid. ptc. gen. sing. m. ἐκπορεύομαι
προσδραμών 2 aor. act. ptc. nom. sing. masc. . προστρέχω
γονυπετήσας 1 aor. act. ptc. nom. sing. masc. .γονυπετέω
ἐπηρώτα 3 p. sing. imperf. act. ind. . . . . . . ἐπερωτάω
ποιήσω 1 p. sing. fut.a. ind. or1 aor. act. subj. .ποιέω
κληρονομήσω 1 p. sing. fut. act. ind. . . . . κληρονομέω
18 εἶπεν 3 p. sing. 2 aor. act. ind. . . . . .λέγω
λέγεις 2 p. sing. pres. act. ind. . . . . .id.
19 οἶδας 2 p. sing. 2 perf. act. ind. . . . . .οἶδα
φονεύσῃς 2 p. sing. 1 aor. act. subj. . . . . . . .φονεύω
μοιχεύσῃς 2 p. sing. 1 aor. act. subj. . . . . . μοιχεύω
κλέψῃς 2 p. sing. 1 aor. act. subj. . . . . . . .κλέπτω
ψευδομαρτυρήσῃς 2 p. s. 1 aor. act. subj. ψευδομαρτυρέω
ἀποστερήσῃς 2 p. sing. 1 aor. act. subj. . . . ἀποστερέω
20 ἔφη 3 p. sing. 2 aor. act. ind. . . . . .φημί
ἐφυλαξάμην 1 p. sing. 1 aor. mid. ind. . . . . . φυλάσσω
21 ἐμβλέψας 1 aor. act. ptc. nom. sing. masc. . . . .ἐμβλέπω
ἠγάπησεν 3 p. sing. 1 aor. act. ind. . . . . ἀγαπάω
ὑστερεῖ 3 p. sing. pres. act. ind. . . . . . . .ὑστερέω
ὕπαγε 2 p. sing. pres. act. imper. . . . . .ὑπάγω
ἔχεις 2 p. sing. pres. act. ind. . . . . .ἔχω
πώλησον 2 p. sing. 1 aor. act. imper. . . . . πωλέω
δός 2 p. sing. 2 aor. act. imper. . . . . .δίδωμι
ἔξεις 2 p. sing. fut. act. ind. . . . . .ἔχω
ἀκολούθει 2 p. sing. pres. act. imper. . . . ἀκολουθέω
22 στυγνάσας 1 aor. act. ptc. nom. sing. masc. . . στυγνάζω
ἀπῆλθεν 3 p. sing. 2 aor. act. ind. . . . . . . ἀπέρχομαι
λυπούμενος pres. pass. ptc. nom. sing. masc. . . . .λυπέω
ἦν 3 p. sing. imperf. act. ind. . . . . .εἰμί
ἔχων pres. act. ptc. nom. sing. masc. . . . . .ἔχω
23 περιβλεψάμενος 1 aor. mid. ptc. nom. s. m. . . περιβλέπω
λέγει 3 p. sing. pres. act. ind. . . . . .λέγω
ἔχοντες pres. act. ptc. nom. pl. masc. . . . . . . .ἔχω
εἰσελεύσονται 3 p. pl. fut. mid. ind. . . . . εἰσέρχομαι
24 ἐθαμβοῦντο 3 p. pl. imperf. pass. ind. . . . . . . θαμβέω
ἀποκριθείς 1 aor. pass. ptc. nom. sing. m. .ἀποκρίνομαι
εἰσελθεῖν 2 aor. act. infin. . . . . εἰσέρχομαι
25 διελθεῖν 2 aor. act. infin. . . . . διέρχομαι
26 ἐξεπλήσσοντο 3 p. pl. imperf. pass. ind. . . . .ἐκπλήσσω
λέγοντες pres. act. ptc. nom. pl. masc. . . . . . . λέγω
δύναται 3 p. sing. pres. pass. ind. . . . . . . .δύναμαι
σωθῆναι 1 aor. pass. infin. . . . . .σώζω
27 ἐμβλέψας 1 aor. act. ptc. nom. sing. masc. . . . .ἐμβλέπω
28 ἤρξατο 3 p. sing. 1 aor. mid. ind. . . . . .ἄρχω
λέγειν pres. act. infin. . . . . .λέγω
ἰδού 2 p. sing. 2 aor. mid. imper. . . . . .εἶδον
ἀφήκαμεν 1 p. pl. 1 aor. act. ind. . . . . . . .ἀφίημι
ἠκολουθήκαμεν 1 p. pl. perf. act. ind. . . . .ἀκολουθέω

29 ἔφη 3 p. sing. 2 aor. act. ind. . . . . φημί
   ἀφῆκεν 3 p. sing. 1 aor. act. ind. . . . . ἀφίημι
30 λάβῃ 3 p. sing. 2 aor. act. subj. . . . . λαμβάνω
   ἐρχομένῳ pres. mid. ptc. dat. sing. m. or n. . . . ἔρχομαι
31 ἔσονται 3 p. pl. fut. mid. ind. . . . . εἰμί
32 ἦσαν 3 p. pl. imperf. act. ind. . . . . id.
   ἀναβαίνοντες pres. act. ptc. nom. pl. masc. . . . ἀναβαίνω
   προάγων pres. act. ptc. nom. sing. masc. . . . . . προάγω
   ἐθαμβοῦντο 3 p. pl. imperf. pass. ind. . . . . . . .θαμβέω
   ἀκολουθοῦντες pres. act. ptc. nom. pl. masc. . ἀκολουθέω
   ἐφοβοῦντο 3 p. pl. imperf. mid. ind. . . . . φοβέω
   παραλαβών 2 aor. act. ptc. nom. sing. masc. παραλαμβάνω
   μέλλοντα pres. act. ptc. nom. or acc. pl. neut. . . μέλλω
   συμβαίνειν pres. act. infin. . . . . .συμβαίνω
33 ἀναβαίνομεν 1 p. pl. pres. act. ind. . . . . . .ἀναβαίνω
   παραδοθήσεται 3 p. sing. fut. pass. ind. . . παραδίδωμι
   κατακρινοῦσιν 3 p. pl. fut. act. ind. . . . . .κατακρίνω
   παραδώσουσιν 3 p. pl. fut. act. ind. . . . . παραδίδωμι
34 ἐμπαίξουσιν 3 p. pl. fut. act. ind. . . . . .ἐμπαίζω
   ἐμπτύσουσιν 3 p. pl. fut. act. ind. . . . . .ἐμπτύω
   μαστιγώσουσιν 3 p. pl. fut. act. ind. . . . . . μαστιγόω
   ἀποκτενοῦσιν 3 p. pl. fut. act. ind. . . . . .ἀποκτείνω
   ἀναστήσεται 3 p. sing. fut. mid. ind. . . . . . ἀνίστημι
35 προσπορεύονται 3 p. pl. pres. mid. ind. . προσπορεύομαι
   λέγοντες pres. act. ptc. nom. pl. masc. . . . . λέγω
   θέλομεν 1 p. pl. pres. act. ind. . . . . θέλω
   αἰτήσωμεν 1 p. pl. 1 aor. act. subj. . . . . αἰτέω
   ποιήσῃς 2 p. sing. 1 aor. act. subj. . . . . ποιέω
36 εἶπεν 3 p. sing. 2 aor. act. ind. . . . . .λέγω
   θέλετε 2 p. pl. pres. act. ind. . . . . .θέλω
   ποιήσω 1 p. sing. fut. act. ind.or 1 aor. act. subj. ποιέω
37 εἶπαν 3 p. pl. 2 aor. act. ind. . . . . .λέγω
   δός 2 p. sing. 2 aor. act. imper. . . . . .δίδωμι
   καθίσωμεν 1 p. pl. 1 aor. act. subj. . . . . . . .καθίζω
38 οἴδατε 2 p. pl. 2 perf. act. ind. . . . . .οἶδα
   αἰτεῖσθε 2 p. pl. pres. mid. ind. . . . . αἰτέω
   δύνασθε 2 p. pl. pres. pass. ind. . . . . δύναμαι
   πιεῖν 2 aor. act. infin. . . . . πίνω
   βαπτίζομαι 1 p. sing. pres. pass. ind. . . . . . βαπτίζω
   βαπτισθῆναι 1 aor. pass. infin. . . . . id.
39 δυνάμεθα 1 p. pl. pres. pass. ind. . . . . .δύναμαι
   πίεσθε 2 p. pl. fut. mid. ind. . . . . πίνω
   βαπτισθήσεσθε 2 p. pl. fut. pass. ind. . . . . . βαπτίζω
40 καθίσαι 1 aor. act. infin. . . . . καθίζω
   ἔστιν 3 p. sing. pres. act. ind. . . . . εἰμί
   δοῦναι 2 aor. act. infin. . . . . .δίδωμι
   ἡτοίμασται 3 p. sing. perf. pass. ind. . . . . .ἑτοιμάζω
41 ἀκούσαντες 1 aor. act. ptc. nom. pl. masc. . . . . ἀκούω
   ἤρξαντο 3 p. pl. 1 aor. mid. ind. . . . . .ἄρχω
   ἀγανακτεῖν pres. act. infin. . . . . ἀγανακτέω
42 προσκαλεσάμενος 1 aor. mid. ptc. nom. s. m.προσκαλέομαι
   λέγει 3 p. sing. pres. act. ind. . . . . λέγω
   οἴδατε 2 p. pl. 2 perf. act. ind. . . . . .οἶδα
   δοκοῦντες pres. act. ptc. nom. pl. masc. . . . . . δοκέω
   ἄρχειν pres. act. infin. . . . . ἄρχω

κατακυριεύουσιν 3 p. pl. pres. act. ind. . . .κατακυριεύω
κατεξουσιάζουσιν 3 p. pl. pres. act. ind. κατεξουσιάζω
43 θέλῃ 3 p. sing. pres. act. subj. . . . . θέλω
γενέσθαι 2 aor. mid. infin. . . . . .γίνομαι
ἔσται 3 p. sing. fut. mid. ind. . . . . εἰμί
44 εἶναι pres. act. infin. . . . . id.
45 ἦλθεν 3 p. sing. 2 aor. act. ind. . . . . ἔρχομαι
διακονηθῆναι 1 aor. pass. infin. . . . . .διακονέω
διακονῆσαι 1 aor. act. infin. . . . . id.
46 ἔρχονται 3 p. pl. pres. mid. ind. . . . . .ἔρχομαι
ἐκπορευομένου pres. mid. ptc. gen. s. m. . . .ἐκπορεύομαι
ἐκάθητο 3 p. sing. imperf. mid. ind. . . . . .κάθημαι
47 ἀκούσας 1 aor. act. ptc. nom. sing. masc. . . . . . ἀκούω
ἤρξατο 3 p. sing. 1 aor. mid. ind. . . . . ἄρχω
κράζειν pres. act. infin. . . . . κράζω
λέγειν pres. act. infin. . . . . λέγω
ἐλέησον 2 p. sing. 1 aor. act. imper. . . . . ἐλεέω
48 ἐπετίμων 3 p. pl. imperf. act. ind. . . . . .ἐπιτιμάω
σιωπήσῃ 3 p. sing. 1 aor. act. subj. . . . . σιωπάω
ἔκραζεν 3 p. sing. imperf. act. ind. . . . . .κράζω
49 στάς 2 aor. act. ptc. nom. sing. masc. . . . . . . .ἵστημι
εἶπεν 3 p. sing. 2 aor. act. ind. . . . . .λέγω
φωνήσατε 2 p. pl. 1 aor. act. imper. . . . . .φωνέω
φωνοῦσιν 3 p. pl. pres. act. ind. . . . . id.
λέγοντες pres. act. ptc. nom. pl. masc. . . . . . . .λέγω
θάρσει 2 p. sing. pres. act. imper. . . . . .θαρσέω
ἔγειρε 2 p. sing. pres. act. imper. . . . . .ἐγείρω
φωνεῖ 3 p. sing. pres. act. ind. . . . . .φωνέω
50 ἀποβαλών 2 aor. act. ptc. nom. sing. masc. . . .ἀποβάλλω
ἀναπηδήσας 1 aor. act. ptc. nom. sing. masc. . .ἀναπηδάω
51 ἀποκριθείς 1 aor. pass. ptc. nom. sing. m. .ἀποκρίνομαι
θέλεις 2 p. sing. pres. act. ind. . . . . .θέλω
ποιήσω 1 p. sing. fut. act. ind. . . . . .ποιέω
ἀναβλέψω 1 p. sing. 1 aor. act. subj. . . . . . . .ἀναβλέπω
52 ὕπαγε 2 p. sing. pres. act. imper. . . . . .ὑπάγω
σέσωκεν 2 p. sing. perf. act. ind. . . . . σώζω
ἀνέβλεψεν 3 p. sing. 1 aor. act. ind. . . . . . ἀναβλέπω
ἠκολούθει 3 p. sing. imperf. act. ind. . . . . .ἀκολουθέω

11

1 ἐγγίζουσιν 3 p. pl. pres. act. ind. . . . . ἐγγίζω
ἀποστέλλει 3 p. sing. pres. act. ind. . . . . .ἀποστέλλω
2 λέγει 3 p. sing. pres. act. ind. . . . . λέγω
ὑπάγετε 2 p. pl. pres. act. imper. . . . . .ὑπάγω
εἰσπορευόμενοι pres. mid. ptc. nom. pl. m. εἰσπορεύομαι
εὑρήσετε 2 p. pl. fut. act. ind. . . . . .εὑρίσκω
δεδεμένον perf. pass. ptc. nom. or acc. sing. neut. . δέω
ἐκάθισεν 3 p. sing. 1 aor. act. ind. . . . . .καθίζω
λύσατε 2 p. pl. 1 aor. act. imper. . . . . λύω
φέρετε 2 p. pl. pres. act. ind. or imper. . . . . . .φέρω
3 εἴπῃ 3 p. sing. 2 aor. act. subj. . . . . εἶπον
ποιεῖτε 2 p. pl. pres. act. ind. or imper. . . . . .ποιέω
εἴπατε 2 p. pl. 2 aor. act. ind. or imper. . . . . .εἶπον
ἔχει 3 p. sing. pres. act. ind. . . . . ἔχω
4 ἀπῆλθον 3 p. pl. 2 aor. act. ind. . . . . .ἀπέρχομαι

εὗρον 3 p. pl. 2 aor. act. ind. . . . . εὑρίσκω
λύουσιν 3 p. pl. pres. act. ind. . . . . λύω
5 ἑστηκότων perf. act. ptc. gen. pl. masc. . . . . . ἵστημι
ἔλεγον 1 p. s. or 3 p. pl. imperf. act. ind. . . . . λέγω
λύοντες pres. act. ptc. nom. pl. masc. . . . . λύω
6 εἶπαν 3 p. pl. 2 aor. act. ind. . . . . λέγω
ἀφῆκαν 3 p. pl. 1 aor. act. ind. . . . . ἀφίημι
7 φέρουσιν 3 p. pl. pres. act. ind. . . . . φέρω
ἐπιβάλλουσιν 3 p. pl. pres. act. ind. . . . . . ἐπιβάλλω
ἐκάθισεν 3 p. sing. 1 aor. act. ind. . . . . ·καθίζω
8 ἔστρωσαν 3 p. pl. 1 aor. act. ind. . . . . . . .στρωννύω
κόψαντες 1 aor. act. ptc. nom. pl. masc. . . . . . κόπτω
9 προάγοντες pres. act. ptc. nom. pl. masc. . . . . προάγω
ἀκολουθοῦντες pres. act. ptc. nom. pl. masc. . ἀκολουθέω
ἔκραζον 3 p. pl. imperf. act. ind. . . . . κράζω
10 εὐλογημένος perf. pass. ptc. nom. sing. masc. . .εὐλογέω
ἐρχόμενος pres. mid. ptc. nom. sing. masc. . . . ἔρχομαι
εὐλογημένη perf. pass. ptc. nom. sing. fem. . . .εὐλογέω
ἐρχομένη pres. mid. ptc. nom. sing. fem. . . . . .ἔρχομαι
11 εἰσῆλθεν 3 p. sing. 2 aor. act. ind. . . . . . εἰσέρχομαι
περιβλεψάμενος 1 aor. mid. ptc. nom. sing. m. .περιβλέπω
οὔσης pres. act. ptc. gen. sing. fem. . . . . εἰμί
ἐξῆλθεν 3 p. sing. 2 aor. act. ind. . . . . . . ἐξέρχομαι
12 ἐξελθόντων 2 aor. act. ptc. gen. pl. masc. . . . . . . id.
ἐπείνασεν 3 p. sing. 1 aor. act. ind. . . . . πεινάω
13 ἰδών 2 aor. act. ptc. nom. sing. masc. . . . . ὁράω
ἔχουσαν pres. act. ptc. acc. sing. fem. . . . . ἔχω
ἦλθεν 3 p. sing. 2 aor. act. ind. . . . . ἔρχομαι
εὑρήσει 3 p. sing. fut. act. ind. . . . . εὑρίσκω
ἐλθών 2 aor. act. ptc. nom. sing. masc. . . . . . ἔρχομαι
εὗρεν 3 p. sing. 2 aor. act. ind. . . . . εὑρίσκω
ἦν 3 p. sing. imperf. act. ind. . . . . εἰμί
14 ἀποκριθείς 1 aor. pass. ptc. nom. sing. m. .ἀποκρίνομαι
φάγοι 3 p. sing. 2 aor. act. opt. . . . . ἐσθίω
ἤκουον 3 p. pl. imperf. act. ind. . . . . ἀκούω
15 ἔρχονται 3 p. pl. pres. mid. ind. . . . . ἔρχομαι
εἰσελθών 2 aor. act. ptc. nom. sing. masc. . . εἰσέρχομαι
ἤρξατο 3 p. sing. 1 aor. mid. ind. . . . . ἄρχω
ἐκβάλλειν pres. act. infin. . . . . .ἐκβάλλω
πωλοῦντας pres. act. ptc. acc. pl. masc. . . . . . πωλέω
ἀγοράζοντας pres. act. ptc. acc. pl. masc. . . . ἀγοράζω
πωλούντων pres. act. ptc. gen. pl. masc. . . . . . πωλέω
κατέστρεφεν 3 p. sing. 1 aor. act. ind. . . . καταστρέφω
16 ἤφιεν 3 p. sing. imperf. act. ind. . . . . ἀφίημι
διενέγκη 3 p. sing. 2 aor. act. subj. . . . . . . διαφέρω
17 ἐδίδασκεν 3 p. sing. imperf. act. ind. . . . . . διδάσκω
ἔλεγεν 3 p. sing. imperf. act. ind. . . . . λέγω
γέγραπται 3 p. sing. perf. pass. ind. . . . . γράφω
κληθήσεται 3 p. sing.1 fut. pass. ind. . . . . . . καλέω
πεποιήκατε 2 p. pl. perf. act. ind. . . . . ποιέω
18 ἤκουσαν 3 p. pl. 1 aor. act. ind. . . . . ἀκούω
ἐζήτουν 3 p. pl. imperf. act. ind. . . . . ζητέω
ἀπολέσωσιν 3 p. pl. 1 aor. act. subj. . . . . . . ἀπόλλυμι
ἐφοβοῦντο 3 p. pl. imperf. mid. ind. . . . . φοβέω
ἐξεπλήσσετο 3 p. sing. imperf. pass. ind. . . . ἐκπλήσσω

19 ἐγένετο 3 p. sing. 2 aor. mid. ind. . . . . γίνομαι
    ἐξεπορεύοντο 3 p. pl. imperf. mid. ind. . . ἐκπορεύομαι
20 παραπορευόμενοι pres. mid. ptc. no. pl. m. παραπορεύομαι
    εἶδον 3 p. pl. 2 aor. act. ind. . . . . ὁράω
    ἐξηραμμένην perf. pass. ptc. acc. sing. fem. . . . ξηραίνω
21 ἀναμνησθείς 1 aor. pass. ptc. nom. sing. m. ἀναμιμνήσκω
    λέγει 3 p. sing. pres. act. ind. . . . . λέγω
    ἴδε 2 p. sing. 2 aor. act. imper. . . . . εἶδον
    κατηράσω 2 p. sing. 1 aor. act. ind. . . . . καταράομαι
    ἐξήρανται 3 p. sing. perf. pass. ind. . . . . . . ξηραίνω
22 ἀποκριθείς 1 aor. pass. ptc. nom. sing. m. . ἀποκρίνομαι
    ἔχετε 2 p. pl. pres. act. ind. . . . . ἔχω
23 εἴπη 3 p. sing. 2 aor. act. subj. . . . . λέγω
    ἄρθητι 2 p. sing. 1 aor. pass. imper. . . . . αἴρω
    βλήθητι 2 p. sing. 1 aor. pass. imper. . . . . . . βάλλω
    διακριθῇ 3 p. sing. 1 aor. pass. subj. . . . . . διακρίνω
    πιστεύῃ 3 p. sing. pres. act. subj. . . . . πιστεύω
    λαλεῖ 3 p. sing. pres. act. ind. . . . . λαλέω
    γίνεται 3 p. sing. pres. mid. ind. . . . . γίνομαι
    ἔσται 3 p. sing. fut. mid. ind. . . . . εἰμί
24 προσεύχεσθε 2 p. pl. pres. mid. imper. . . . προσεύχομαι
    αἰτεῖσθε 2 p. pl. pres. mid. ind. . . . . αἰτέω
    πιστεύετε 2 p. pl. pres. act. ind. or imper. . . πιστεύω
    ἐλάβετε 2 p. pl. 2 aor. act. ind. . . . . λαμβάνω
25 στήκετε 2 p. pl. pres. act. ind. . . . . στήκω
    προσευχόμενοι pres. mid. ptc. nom. pl. m. . . προσεύχομαι
    ἀφίετε 2 p. pl. pres. act. ind. or imper. . . . . . ἀφίημι
    ἀφῇ 3 p. sing. 2 aor. act. subj. . . . . id.
27 ἔρχονται 3 p. pl. pres. mid. ind. . . . . ἔρχομαι
    περιπατοῦντος pres. act. ptc. gen. sing. m. . . περιπατέω
28 ἔλεγον 3 p. pl. imperf. act. ind. . . . . λέγω
    ποιεῖς 2 p. sing. pres. act. ind. . . . . ποιέω
    ἔδωκεν 3 p. sing. 1 aor. act. ind. . . . . δίδωμι
    ποιῇς 2 p. sing. pres. act. subj. . . . . ποιέω
29 εἶπεν 3 p. sing. 2 aor. act. ind. . . . . λέγω
    ἐπερωτήσω 1 p. sing. fut. act. ind. . . . . . . ἐπερωτάω
    ἀποκρίθητε 2 p. pl. 1 aor. pass. imper. . . . ἀποκρίνομαι
    ἐρῶ 1 p. sing. fut. act. ind. . . . . λέγω
    ποιῶ 1 p. sing. pres. act. ind. or subj. . . . . . . ποιέω
30 ἦν 3 p. sing. imperf. act. ind. . . . . εἰμί
31 διελογίζοντο 3 p. pl. imperf. mid. ind. . . διαλογίζομαι
    λέγοντες pres. act. ptc. nom. pl. masc. . . . . . . λέγω
    εἴπωμεν 1 p. pl. 2 aor. act. subj. . . . . id.
    ἐρεῖ 3 p. sing. fut. act. ind. . . . . id.
    ἐπιστεύσατε 2 p. pl. 1 aor. act. ind. . . . . . . πιστεύω
32 ἐφοβοῦντο 3 p. pl. imperf. mid. ind. . . . . φοβέω
    εἶχον 3 p. pl. imperf. act. ind. . . . . ἔχω
33 ἀποκριθέντες 1 aor. pass. ptc. nom. pl. m. . ἀποκρίνομαι
    λέγουσιν 3 p. pl. pres. act. ind. . . . . λέγω
    οἴδαμεν 1 p. pl. 2 aor. act. ind. . . . . οἶδα

12

1 ἤρξατο 3 p. sing. 1 aor. mid. ind. . . . . ἄρχω
    λαλεῖν pres. act. infin. . . . . λαλέω
    ἐφύτευσεν 3 p. sing. 1 aor. act. ind. . . . . . . φυτεύω

περιέθηκεν 3 p. sing. 1 aor. act. ind. . . . .περιτίθημι
ὤρυξεν 3 p. sing. 1 aor. act. ind. . . . . ὀρύσσω
ᾠκοδόμησεν 3 p. sing. 1 aor. act. ind. . . . . . οἰκοδομέω
ἐξέδοτο 3 p. sing. 2 aor. mid. ind. . . . . ἐκδίδωμι
ἀπεδήμησεν 3 p. sing. 1 aor. act. ind. . . . . ἀποδημέω
2 ἀπέστειλεν 3 p. sing. 1 aor. act. ind. . . . . ἀποστέλλω
λάβῃ 3 p. sing. 2 aor. act. subj. . . . . λαμβάνω
3 λαβόντες 2 aor. act. ptc. nom. pl. masc. . . . . .id.
ἔδειραν 3 p. pl. 1 aor. act. ind. . . . . δέρω
ἀπέστειλαν 3 p. pl. 1 aor. act. ind. . . . . . ἀποστέλλω
4 ἐκεφαλαίωσαν 3 p. pl. 1 aor. act. ind. . . . . κεφαλαιόω
ἠτίμασαν 3 p. pl. 1 aor. act. ind. . . . . ἀτιμάζω
5 ἀπέκτειναν 3 p. pl. 1 aor. act. ind. . . . . . ἀποκτείνω
δέροντες pres. act. ptc. nom. pl. masc. . . . . . . δέρω
ἀποκτέννοντες pres. act. ptc. nom. pl. masc. . ἀποκτέννω
6 εἶχεν 3 p. sing. imperf. act. ind. . . . . ἔχω
λέγων pres. act. ptc. nom. sing. masc. . . . . λέγω
ἐντραπήσονται 3 p. pl. 2 fut. pass. ind. . . . . ἐντρέπω
7 εἶπαν 3 p. pl. 2 aor. act. ind. . . . . .λέγω
ἐστιν 3 p. sing. pres. act. ind. . . . . εἰμί
ἀποκτείνωμεν 1 p. pl. pres. act. subj. . . . . ἀποκτείνω
ἔσται 3 p. sing. fut. mid. ind. . . . . εἰμί
8 ἐξέβαλον 3 p. pl. 2 aor. act. ind. . . . . ἐκβάλλω
9 ποιήσει 3 p. sing. fut. act. ind. . . . . ποιέω
ἐλεύσεται 3 p. sing. fut. mid. ind. . . . . .ἔρχομαι
ἀπολέσει 3 p. sing. fut. act. ind. . . . . .ἀπόλλυμι
δώσει 3 p. sing. fut. act. ind. . . . . δίδωμι
10 ἀνέγνωτε 2 p. pl. 2 aor. act. ind. . . . . . . ἀναγινώσκω
ἀπεδοκίμασαν 3 p. pl. 1 aor. act. ind. . . . ἀποδοκιμάζω
οἰκοδομοῦντες pres. act. ptc. nom. pl. masc. . οἰκοδομέω
ἐγενήθη 3 p. sing. 1 aor. pass. ind. . . . . .γίνομαι
11 ἐγένετο 3 p. sing. 2 aor. mid. ind. . . . . .id.
12 ἐζήτουν 3 p. pl. imperf. act. ind. . . . . .ζητέω
κρατῆσαι 1 aor. act. infin. . . . . .κρατέω
ἐφοβήθησαν 3 p. pl. 1 aor. pass. ind. . . . . . . .φοβέω
ἔγνωσαν 3 p. pl. 2 aor. act. ind. . . . . γινώσκω
εἶπεν 3 p. sing. 2 aor. act. ind. . . . . .λέγω
ἀφέντες 2 aor. act. ptc. nom. pl. masc. . . . . .ἀφίημι
ἀπῆλθον 3 p. pl. 2 aor. act. ind. . . . . ἀπέρχομαι
13 ἀποστέλλουσιν 3 p. pl. pres. act. ind. . . . . ἀποστέλλω
ἀγρεύσωσιν 3 p. pl. 1 aor. act. subj. . . . . . . ἀγρεύω
14 ἐλθόντες 2 aor. act. ptc. nom. pl. masc. . . . . .ἔρχομαι
λέγουσιν 3 p. pl. pres. act. ind. . . . . .λέγω
οἴδαμεν 1 p. pl. 2 perf. act. ind. . . . . οἶδα
εἶ 2 p. sing. pres. act. ind. . . . . .εἰμί
μέλει 3 p. sing. pres. act. impers. verb . . . . . . μέλω
βλέπεις 2 p. sing. pres. act. ind. . . . . .βλέπω
διδάσκεις 2 p. sing. pres. act. ind. . . . . . . .διδάσκω
ἔξεστιν 3 p. sing. pres. act. impers. verb . . . . .ἔξειμι
δοῦναι 2 aor. act. infin. . . . . .δίδωμι
δῶμεν 1 p. pl. 2 aor. act. subj. . . . . .id.
15 εἰδώς perf. act. ptc. nom. sing. masc. . . . . . . οἶδα
πειράζετε 2 p. pl. pres. act. ind. . . . . πειράζω
ἴδω 1 p. sing. 2 aor. act. subj. . . . . .ὁράω
φέρετε 2 p. pl. pres. act. imper. . . . . .φέρω

16 ἤνεγκαν 3 p. pl. 1 aor. act. ind. . . . . φέρω
17 ἀπόδοτε 2 p. pl. 2 aor. act. imper. . . . . . .ἀποδίδωμι
    ἐξεθαύμαζον 3 p. pl. imperf. act. ind. . . . . ἐκθαυμάζω
18 ἔρχονται 3 p. pl. pres. mid. ind. . . . . ἔρχομαι
    εἶναι pres. act. infin. . . . . εἰμί
    ἐπηρώτων 3 p. pl. imperf. act. ind. . . . . . . ἐπερωτάω
    λέγοντες pres. act. ptc. nom. pl. m. . . . . λέγω
19 ἔγραψεν 3 p. sing. 1 aor. act. ind. . . . . γράφω
    ἀποθάνῃ 3 p. sing. 2 aor. act. subj. . . . . . ἀποθνήσκω
    καταλίπῃ 3 p. sing. 2 aor. act. subj. . . . . καταλείπω
    ἀφῇ 3 p. sing. 2 aor. act. subj. . . . . ἀφίημι
    λάβῃ 3 p. sing. 2 aor. act. subj. . . . . λαμβάνω
    ἐξαναστήσῃ 3 p. sing. 1 aor. act. subj. . . . ἐξανίστημι
20 ἦσαν 3 p. pl. imperf. act. ind. . . . . εἰμί
    ἔλαβεν 3 p. sing. 2 aor. act. ind. . . . . λαμβάνω
    ἀποθνήσκων pres. act. ptc. nom. sing. masc. . .ἀποθνήσκω
    ἀφῆκεν 3 p. sing. 1 aor. act. ind. . . . . ἀφίημι
21 ἀπέθανεν 3 p. sing. 2 aor. act. ind. . . . . . .ἀποθνήσκω
    καταλιπών 2 aor. act. ptc. nom. sing. masc. . .καταλείπω
22 ἀφῆκαν 3 p. pl. 1 aor. act. ind. . . . . ἀφίημι
23 ἀναστῶσιν 3 p. pl. 2 aor. act. subj. . . . . . .ἀνίστημι
    ἔσται 3 p. sing. fut. mid. ind. . . . . εἰμί
    ἔσχον 3 p. pl. 2 aor. act. ind. . . . . ἔχω
24 ἔφη 3 p. sing. 2 aor. act. ind. . . . . φημί
    πλανᾶσθε 2 p. pl. pres. pass. ind. or imper. . . .πλανάω
    εἰδότες perf. act. ptc. nom. pl. masc. . . . . . . .οἶδα
25 ἀναστῶσιν 3 p. pl. 2 aor. act. subj. . . . . . .ἀνίστημι
    γαμοῦσιν 3 p. pl. pres. act. ind. . . . . γαμέω
    γαμίζονται 3 p. pl. pres. mid. ind. . . . . γαμίζω
    εἰσίν 3 p. pl. pres. act. ind. . . . . .εἰμί
26 ἐγείρονται 3 p. pl. pres. mid. ind. . . . . ἐγείρω
    ἀνέγνωτε 2 p. pl. 2 aor. act. ind. . . . . . .ἀναγινώσκω
    εἶπεν 3 p. sing. 2 aor. act. ind. . . . . λέγω
    λέγων pres. act. ptc. nom. sing. masc. . . . . id.
27 ἔστιν 3 p. sing. pres. act. ind. . . . . εἰμί
    ζώντων pres. act. ptc. gen. pl. masc. . . . . ζάω
    πλανᾶσθε 2 p. pl. pres. pass. ind. or imper. . . .πλανάω
28 προσελθών 2 aor. act. ptc. nom. sing. masc. .προσέρχομαι
    ἀκούσας 1 aor. act. ptc. nom. sing. masc. . . . . .ἀκούω
    συζητούντων pres. act. ptc. gen. pl. masc. . . . συζητέω
    εἰδώς perf. act. ptc. nom. sing. masc. . . . . .οἶδα
    ἀπεκρίθη 3 p. sing. 1 aor. pass. ind. . . . . . ἀποκρίνομαι
    ἐπηρώτησεν 3 p. sing. 1 aor. act. ind. . . . . .ἐπερωτάω
29 ἄκουε 2 p. sing. pres. act. imper. . . . . .ἀκούω
30 ἀγαπήσεις 2 p. sing. fut. act. ind. . . . . ἀγαπάω
32 εἶπες 2 p. sing. 2 aor. act. ind. . . . . λέγω
    ἀγαπᾶν pres. act. infin. . . . . ἀγαπάω
34 ἰδών 2 aor. act. ptc. nom. sing. masc. . . . . .ὁράω
    ἐτόλμα 3 p. sing. imperf. act. ind. . . . . τολμάω
    εἶ 2 p. sing. pres. act. ind. . . . . εἰμί
    ἐπερωτῆσαι 1 aor. act. infin. . . . . .ἐπερωτάω
35 ἀποκριθείς 1 aor. pass. ptc. nom. sing. m. .ἀποκρίνομαι
    ἔλεγεν 3 p. sing. imperf. act. ind. . . . . .λέγω
    διδάσκων pres. act. ptc. nom. sing. masc. . . . . διδάσκω
    λέγουσιν 3 p. pl. pres. act. ind. . . . . λέγω

36 θῶ 1 p. sing. 2 aor. act. subj. . . . . τίθημι
37 λέγει 3 p. sing. pres. act. ind. . . . . λέγω
   ἤκουεν 3 p. sing. imperf. act. ind. . . . . ἀκούω
38 βλέπετε 2 p. pl. pres. act. imper. or ind. . . . . βλέπω
   θελόντων pres. act. ptc. gen. pl. masc. . . . . . . .θέλω
   περιπατεῖν pres. act. infin. . . . . περιπατέω
40 κατέσθοντες pres. act. ptc. nom. pl. masc. . . .κατεσθίω
   προσευχόμενοι pres. mid. ptc. nom. pl. m. . .προσεύχομαι
   λήμφονται 3 p. pl. fut. mid. ind. . . . . .λαμβάνω
41 καθίσας 1 aor. act. ptc. nom. sing. masc. . . . . καθίζω
   ἐθεώρει 3 p. sing. imperf. act. ind. . . . . . . .θεωρέω
   βάλλει 3 p. sing. pres. act. ind. . . . . βάλλω
   ἔβαλλον 3 p. pl. imperf. act. ind. . . . . id.
42 ἐλθοῦσα 2 aor. act. ptc. nom. sing. fem. . . . . ἔρχομαι
   ἔβαλεν 3 p. sing. 2 aor. act. ind. . . . . βάλλω
43 προσκαλεσάμενος 1 aor. mid. ptc. no. s. m. προσκαλέομαι
   βαλλόντων pres. act. ptc. gen. pl. m. . . . . βάλλω
44 περισσεύοντος pres. act. ptc. gen. sing. n. . .περισσεύω
   ἔβαλον 3 p. pl. 2 aor. act. ind. . . . . βάλλω
   εἶχεν 3 p. sing. imperf. act. ind. . . . . ἔχω

13

1 ἐκπορευομένου pres. mid. pt. gen. s. m. or n.ἐκπορεύομαι
   λέγει 3 p. sing. pres. act. ind. . . . . λέγω
   ἴδε 2 p. sing. 2 aor. act. imper. . . . . εἴδον
2 εἶπεν 3 p. sing. 2 aor. act. ind. . . . . .λέγω
   βλέπεις 2 p. sing. pres. act. ind. . . . . βλέπω
   ἀφεθῆ 3 p. sing. 1 aor. pass. subj. . . . . .ἀφίημι
   καταλυθῆ 3 p. sing. 1 aor. pass. subj. . . . . . .καταλύω
3 καθημένου pres. mid. ptc. gen. sing. masc. . . . κάθημαι
   ἐπηρώτα 3 p. sing. imperf. act. ind. . . . . ἐπερωτάω
4 εἶπόν 2 p. sing. 2 aor. act. imper. . . . . .λέγω
   ἔσται 3 p. sing. fut. mid. ind. . . . . εἰμί
   μέλλῃ 3 p. sing. pres. act. subj. . . . . μέλλω
   συντελεῖσθαι pres. pass. infin. . . . . συντελέω
5 ἤρξατο 3 p. sing. 1 aor. mid. ind. . . . . ἄρχω
   λέγειν pres. act. infin. . . . . λέγω
   βλέπετε 2 p. pl. pres. act. ind. or imper. . . . . . βλέπω
   πλανήσῃ 3 p. sing. 1 aor. act. subj. . . . . . . .πλανάω
6 ἐλεύσονται 3 p. pl. fut. mid. ind. . . . . ἔρχομαι
   λέγοντες pres. act. ptc. nom. pl. masc. . . . . . . λέγω
   πλανήσουσιν 3 p. pl. fut. act. ind. . . . . πλανάω
7 ἀκούσητε 2 p. pl. 1 aor. act. subj. . . . . ἀκούω
   θροεῖσθε 2 p. pl. pres. pass. imper. . . . . .θροέω
   δεῖ 3 p. sing. pres. impers. . . . . .δεῖ
   γενέσθαι 2 aor. mid. infin. . . . . γίνομαι
8 ἐγερθήσεται 3 p. sing. 1 fut. pass. ind. . . . . .ἐγείρω
   ἔσονται 3 p. pl. fut. mid. ind. . . . . .εἰμί
9 παραδώσουσιν 3 p. pl. fut. act. ind. . . . . . . παραδίδωμι
   δαρήσεσθε 2 p. pl. 2 fut. pass. ind. . . . . .δέρω
   σταθήσεσθε 2 p. pl. fut. pass. ind. . . . . .ἵστημι
10 κηρυχθῆναι 1 aor. pass. infin. . . . . κηρύσσω
11 ἄγωσιν 3 p. pl. pres. act. subj. or 2 aor. act. subj. ἄγω
   παραδιδόντες pres. act. ptc. nom. pl. masc. . . παραδίδωμι
   προμεριμνᾶτε 2 p. pl. pres. act. imper. . . . προμεριμνάω
   λαλήσητε 2 p. pl. 1 aor. act. subj. . . . . .λαλέω

δοθῇ 3 p. sing. 1 aor. pass. subj. . . . . δίδωμι
λαλεῖτε 2 p. pl. pres. act. imper. . . . . λαλέω
ἐστε 2 p. pl. pres. act. ind. . . . . εἰμί
λαλοῦντες pres. act. ptc. nom. pl. masc. . . . . . λαλέω
12 παραδώσει 3 p. sing. fut. act. ind. . . . . . παραδίδωμι
ἐπαναστήσονται 3 p. pl. fut. mid. ind. . . . .ἐπανίστημι
θανατώσουσιν 3 p. pl. fut. act. ind. . . . . θανατόω
13 ἔσεσθε 2 p. pl. fut. mid. ind. . . . . εἰμί
μισούμενοι pres. pass. ptc. nom. pl. masc. . . . . . μισέω
ὑπομείνας 1 aor. act. ptc. nom. sing. masc. . . .ὑπομένω
σωθήσεται 3 p. sing. fut. pass. ind. . . . . .σώζω
14 ἴδητε 2 p. pl. 2 aor. act. subj. . . . . .ὁράω
ἑστηκότα perf. act. ptc. nom. or acc. pl. neut. . . .ἵστημι
δεῖ 3 p. sing. pres. impers. . . . . δεῖ
ἀναγινώσκων pres. act. ptc. nom. sing. masc. .ἀναγινώσκω
νοείτω 3 p. sing. pres. act. imper. . . . . νοέω
φευγέτωσαν 3 p. pl. pres. act. imper. . . . . φεύγω
15 καταβάτω 3 p. sing. 2 aor. act. imper. . . . . .καταβαίνω
εἰσελθάτω 3 p. sing. 1 aor. act. imper. . . . εἰσέρχομαι
ἆραι 1 aor. act. infin. . . . . .αἴρω
16 ἐπιστρεφάτω 3 p. sing. 1 aor. act. imper. . . .ἐπιστρέφω
17 ἐχούσαις pres. act. ptc. dat. pl. fem. . . . . ἔχω
θηλαζούσαις pres. act. ptc. dat. pl. fem. . . . . θηλάζω
18 προσεύχεσθε 2 p. pl. pres. mid. imper. . . . . προσεύχομαι
γένηται 3 p. sing. 2 aor. mid. subj. . . . . γίνομαι
19 ἔσονται 3 p. pl. fut. mid. ind. . . . . εἰμί
γέγονεν 3 p. sing. 2 perf. act. ind. . . . . .γίνομαι
ἔκτισεν 3 p. sing. 1 aor. act. ind. . . . . κτίζω
20 ἐκολόβωσεν 3 p. sing. 1 aor. act. ind. . . . . . .κολοβόω
ἐσώθη 3 p. sing. 1 aor. pass. ind. . . . . .σώζω
ἐξελέξατο 3 p. sing. 1 aor. mid. ind. . . . . . . .ἐκλέγω
21 εἴπῃ 3 p. sing. 2 aor. act. subj. . . . . .λέγω
ἴδε 2 p. sing. 2 aor. act. imper. . . . . .εἶδον
πιστεύετε 2 p. pl. pres. act. ind. . . . . .πιστεύω
22 ἐγερθήσονται 3 p. pl. 1 fut. pass. ind. . . . . . ἐγείρω
ποιήσουσιν 3 p. pl. fut. act. ind. . . . . ποιέω
ἀποπλανᾶν pres. act. infin. . . . . ἀποπλανάω
23 βλέπετε 2 p. pl. pres. act. ind. or imper. . . . . . βλέπω
προείρηκα 1 p. sing. perf. act. ind. . . . . προλέγω
24 σκοτισθήσεται 3 p. sing. fut. pass. ind. . . . . . σκοτίζω
δώσει 3 p. sing. fut. act. ind. . . . . .δίδωμι
25 πίπτοντες pres. act. ptc. nom. pl. masc. . . . . . πίπτω
σαλευθήσονται 3 p. pl. fut. pass. ind. . . . . . .σαλεύω
26 ὄψονται 3 p. pl. fut. mid. ind. . . . . .ὁράω
ἐρχόμενον pres. mid. ptc. acc. sing. m. or n. . . .ἔρχομαι
27 ἀποστελεῖ 3 p. sing. fut. act. ind. . . . . . ἀποστέλλω
ἐπισυνάξει 3 p. sing. fut. act. ind. . . . . . . ἐπισυνάγω
28 μάθετε 2 p. pl. 2 aor. act. imper. . . . . . . .μανθάνω
ἐκφύῃ 3 p. sing. pres. act. subj. . . . . ἐκφύω
γινώσκετε 2 p. pl. pres. act. ind. . . . . γινώσκω
ἐστίν 3 p. sing. pres. act. ind. . . . . εἰμί
29 ἴδητε 2 p. pl. 2 aor. act. subj. . . . . .ὁράω
γινόμενα pres. mid. ptc. acc. pl. neut. . . . . . . γίνομαι
30 παρέλθῃ 3 p. sing. 2 aor. act. subj. . . . . . παρέρχομαι
31 παρελεύσονται 3 p. pl. fut. mid. ind. . . . . id.

32 οἶδεν 3 p. sing. 2 perf. act. ind. . . . . οἶδα
33 βλέπετε 2 p. pl. pres. act. imper. . . . . βλέπω
    ἀγρυπνεῖτε 2 p. pl. pres. act. imper. . . . . . ἀγρυπνέω
    οἴδατε 2 p. pl. 2 perf. act. ind. . . . . οἶδα
34 ἀφείς 2 aor. act. ptc. nom. sing. masc. . . . . . ἀφίημι
    δούς 2 aor. act. ptc. nom. sing. masc. . . . . . . δίδωμι
    γρηγορῇ 3 p. sing. pres. act. subj. . . . . γρηγορέω
    ἐνετείλατο 3 p. sing. 1 aor. mid. ind. . . . ἐντέλλομαι
35 γρηγορεῖτε 2 p. pl. pres. act. imper. . . . . . γρηγορέω
    ἔρχεται 3 p. sing. pres. mid. ind. . . . . ἔρχομαι
36 ἐλθών 2 aor. act. ptc. nom. sing. masc. . . . . id.
    εὕρῃ 3 p. sing. 2 aor. act. subj. . . . . εὑρίσκω
    καθεύδοντας pres. act. ptc. acc. pl. masc. . . . καθεύδω

14

1 ἦν 3 p. sing. imperf. act. ind. . . . . εἰμί
    ἐζήτουν 3 p. pl. imperf. act. ind. . . . . ζητέω
    κρατήσαντες 1 aor. act. ptc. nom. pl. masc. . . . κρατέω
    ἀποκτείνωσιν 3 p. pl. pres. act. subj. . . . . ἀποκτείνω
2 ἔλεγον 3 p. pl. imperf. act. ind. . . . . λέγω
    ἔσται 3 p. sing. fut. mid. ind. . . . . εἰμί
3 ὄντος pres. act. ptc. gen. sing. masc. . . . . id.
    κατακειμένου pres. mid. ptc. gen. sing. m. . κατάκειμαι
    ἦλθεν 3 p. sing. 2 aor. act. ind. . . . . ἔρχομαι
    ἔχουσα pres. act. ptc. nom. sing. fem. . . . . ἔχω
    συντρίψασα 1 aor. act. ptc. nom. sing. fem. . . συντρίβω
    κατέχεεν 3 p. sing. 1 aor. act. ind. . . . . . . καταχέω
4 ἦσαν 3 p. pl. imperf. act. ind. . . . . εἰμί
    ἀγανακτοῦντες pres. act. ptc. nom. pl. masc. . ἀγανακτέω
    γέγονεν 3 p. sing. 2 perf. act. ind. . . . . γίνομαι
5 ἠδύνατο 3 p. sing. imperf. pass. ind. . . . . . . δύναμαι
    πραθῆναι 1 aor. pass. infin. . . . . πιπράσκω
    δοθῆναι 1 aor. pass. infin. . . . . δίδωμι
    ἐνεβριμῶντο 3 p. pl. imperf. mid. ind. . . . ἐμβριμάομαι
6 εἶπεν 3 p. sing. 2 aor. act. ind. . . . . λέγω
    ἄφετε 2 p. pl. 2 aor. act. imper. . . . . ἀφίημι
    παρέχετε 2 p. pl. pres. act. ind. . . . . παρέχω
    ἠργάσατο 3 p. sing. 1 aor. mid. ind. . . . . . . ἐργάζομαι
7 ἔχετε 2 p. pl. pres. act. ind. . . . . ἔχω
    θέλητε 2 p. pl. pres. act. subj. . . . . θέλω
    δύνασθε 2 p. pl. pres. pass. ind. . . . . δύναμαι
    ποιῆσαι 1 aor. act. infin. . . . . ποιέω
8 ἔσχεν 3 p. sing. 2 aor. act. ind. . . . . ἔχω
    ἐποίησεν 3 p. sing. 1 aor. act. ind. . . . . ποιέω
    προέλαβεν 3 p. sing. 2 aor. act. ind. . . . . προλαμβάνω
    μυρίσαι 1 aor. act. infin. . . . . μυρίζω
9 κηρυχθῇ 3 p. sing. 1 aor. pass. subj. . . . . κηρύσσω
    λαληθήσεται 3 p. sing. fut. pass. ind. . . . . . . λαλέω
10 ἀπῆλθεν 3 p. sing. 2 aor. act. ind. . . . . . . ἀπέρχομαι
    παραδοῖ 3 p. sing. 2 aor. act. subj. . . . . . παραδίδωμι
11 ἀκούσαντες 1 aor. act. ptc. nom. pl. masc. . . . . ἀκούω
    ἐχάρησαν 3 p. pl. 2 aor. pass. ind. . . . . χαίρω
    ἐπηγγείλαντο 3 p. pl. 1 aor. mid. ind. . . . . ἐπαγγέλλω
    δοῦναι 2 aor. act. infin. . . . . δίδωμι
    ἐζήτει 3 p. sing. imperf. act. ind. . . . . ζητέω

12 ἔθυον 3 p. pl. imperf. act. ind. . . . . θύω
    λέγουσιν 3 p. pl. pres. act. ind. . . . . λέγω
    θέλεις 2 p. sing. pres. act. ind. . . . . θέλω
    ἀπελθόντες 2 aor. act. ptc. nom. pl. masc. . . ἀπέρχομαι
    ἑτοιμάσωμεν 1 p. pl. 1 aor. act. subj. . . . . . .ἑτοιμάζω
    φάγῃς 2 p. sing. 2 aor. act. subj. . . . . ἐσθίω
13 ἀποστέλλει 3 p. sing. pres. act. ind. . . . . . .ἀποστέλλω
    λέγει 3 p. sing. pres. act. ind. . . . . λέγω
    ὑπάγετε 2 p. pl. pres. act. imper. . . . . .ὑπάγω
    ἀπαντήσει 3 p. sing. fut. act. ind. . . . . . . .ἀπαντάω
    βαστάζων pres. act. ptc. nom. sing. masc. . . . . βαστάζω
    ἀκολουθήσατε 2 p. pl. 1 aor. act. imper. . . . ἀκολουθέω
14 εἰσέλθῃ 3 p. sing. 2 aor. act. subj. . . . . . εἰσέρχομαι
    εἴπατε 2 p. pl. 2 aor. act. ind. or imper. . . . . . εἶπον
    ἐστιν 3 p. sing. pres. act. ind. . . . . εἰμί
    φάγω 1 p. sing. 2 aor. act. subj. . . . . ἐσθίω
15 δείξει 3 p. sing. fut. act. ind. . . . . δείκνυμι
    ἐστρωμένον perf. pass. ptc. acc. sing. neut. . .στρηνιάω
    ἑτοιμάσατε 2 p. pl. 1 aor. act. imper. . . . . .ἑτοιμάζω
16 ἐξῆλθον 3 p. pl. 2 aor. act. ind. . . . . ἐξέρχομαι
    ἦλθον 3 p. pl. 2 aor. act. ind. . . . . ἔρχομαι
    εὗρον 3 p. pl. 2 aor. act. ind. . . . . εὑρίσκω
    εἶπεν 3 p. sing. 2 aor. act. ind. . . . . λέγω
    ἡτοίμασαν 3 p. pl. 1 aor. act. ind. . . . . ἑτοιμάζω
17 γενομένης 2 aor. mid. ptc. gen. sing. fem. . . . γίνομαι
    ἔρχεται 3 p. sing. pres. mid. ind. . . . . .ἔρχομαι
18 ἀνακειμένων pres. mid. ptc. gen. pl. masc. . . ἀνάκειμαι
    ἐσθιόντων pres. act. ptc. gen. pl. masc. . . . . . . ἐσθίω
    παραδώσει 3 p. sing. fut. act. ind. . . . . . παραδίδωμι
    ἐσθίων pres. act. ptc. nom. sing. masc. . . . . . . ἐσθίω
19 ἤρξαντο 3 p. pl. 1 aor. mid. ind. . . . . ἄρχω
    λυπεῖσθαι pres. pass. infin. . . . . λυπέω
    λέγειν pres. act. infin. . . . . λέγω
20 ἐμβαπτόμενος pres. mid. ptc. nom. sing. masc. . . ἐμβάπτω
21 ὑπάγει 3 p. sing. pres. act. ind. . . . . .ὑπάγω
    γέγραπται 3 p. sing. perf. pass. ind. . . . . .γράφω
    παραδίδοται 3 p. sing. pres. pass. ind. . . . παραδίδωμι
    ἐγεννήθη 3 p. sing. 1 aor. pass. ind. . . . . . . .γεννάω
22 ἐσθιόντων pres. act. ptc. gen. pl. masc. . . . . . . ἐσθίω
    λαβών 2 aor. act. ptc. nom. sing. masc. . . . . . λαμβάνω
    εὐλογήσας 1 aor. act. ptc. nom. sing. masc. . . . εὐλογέω
    ἔκλασεν 3 p. sing. 1 aor. act. ind. . . . . .κλάω
    ἔδωκεν 3 p. sing. 1 aor. act. ind. . . . . δίδωμι
    λάβετε 2 p. pl. 2 aor. act. imper. . . . . .λαμβάνω
    εὐχαριστήσας 1 aor. act. ptc. nom. sing. m. . εὐχαριστέω
    ἔπιον 3 p. pl. 2 aor. act. ind. . . . . πίνω
24 ἐκχυννόμενον pres. pass. ptc. nom. sing. neut. . . ἐκχύννω
25 πίω 1 p. sing. 2 aor. act. subj. . . . . πίνω
26 ὑμνήσαντες 1 aor. act. ptc. nom. pl. masc. . . . . . ὑμνέω
    ἐξῆλθον 3 p. pl. 2 aor. act. ind. . . . . ἐξέρχομαι
27 λέγει 3 p. sing. pres. act. ind. . . . . λέγω
    σκανδαλισθήσεσθε 2 p. pl. fut. act. ind. . . . σκανδαλίζω
    γέγραπται 3 p. sing. perf. pass. ind. . . . . .γράφω
    πατάξω 1 p. sing. fut. act. ind. . . . . πατάσσω
    διασκορπισθήσονται 3 p. pl. 1 fut. pass. ind διασκορπίζω

28 ἐγερθῆναι 1 aor. pass. infin. . . . . ἐγείρω
   προάξω 1 p. sing. fut. act. ind. . . . . προάγω
29 ἔφη 3 p. sing. 2 aor. act. ind. . . . . φημί
   σκανδαλισθήσονται 3 p. pl. fut. pass. ind. . . σκανδαλίζω
30 φωνῆσαι 1 aor. act. infin. . . . . φωνέω
   ἀπαρνήσῃ 2 p. sing. fut. mid. ind. . . . . . . ἀπαρνέομαι
31 ἐλάλει 3 p. sing. imperf. act. ind. . . . . λαλέω
   δέῃ 3 p. sing. pres. act. subj. impers. . . . . .δεῖ
   συναποθανεῖν 2 aor. act. infin. . . . . . . συναποθνῄσκω
   ἀπαρνήσομαι 1 p. sing. fut. mid. ind. . . . . ἀπαρνέομαι
   ἔλεγον 3 p. pl. imperf. act. ind. . . . . .λέγω
32 ἔρχονται 3 p. pl. pres. mid. ind. . . . . .ἔρχομαι
   καθίσατε 2 p. pl. 1 aor. act. imper. . . . . . . .καθίζω
   προσεύξωμαι 1 p. sing. pres. act. subj. . . προσεύχομαι
33 παραλαμβάνει 3 p. sing. pres. act. ind. . . παραλαμβάνω
   ἤρξατο 3 p. sing. 1 aor. mid. ind. . . . . ἄρχω
   ἐκθαμβεῖσθαι pres. pass. infin. . . . . ἐκθαμβέω
   ἀδημονεῖν pres. act. infin. . . . . ἀδημονέω
34 ἐστιν 3 p. sing. pres. act. ind. . . . . εἰμί
   μείνατε 2 p. pl. 1 aor. act. imper. . . . . .μένω
   γρηγορεῖτε 2 p. pl. pres. act. imper. . . . . . γρηγορέω
35 προελθών 2 aor. act. ptc. nom. sing. masc. . προέρχομαι
   ἔπιπτεν 3 p. sing. imperf. act. ind. . . . . πίπτω
   προσηύχετο 3 p. sing. imperf. mid. ind. . . . προσεύχομαι
   παρέλθῃ 3 p. sing. 2 aor. act. subj. . . . . . . παρέρχομαι
36 ἔλεγεν 3 p. sing. imperf. act. ind. . . . . .λέγω
   παρένεγκε 2 p. sing. 2 aor. act. imper. . . . . . παραφέρω
37 ἔρχεται 3 p. sing. pres. mid. ind. . . . . .ἔρχομαι
   εὑρίσκει 3 p. sing. pres. act. ind. . . . . εὑρίσκω
   καθεύδοντας pres. act. ptc. acc. pl. masc. . . . καθεύδω
   καθεύδεις 2 p. sing. pres. act. ind. . . . . id.
   ἴσχυσας 2 p. sing. 1 aor. act. ind. . . . . ἰσχύω
   γρηγορῆσαι 1 aor. act. infin. . . . . γρηγορέω
38 προσεύχεσθε 2 p. pl. pres. mid. imper. . . . προσεύχομαι
   ἔλθητε 2 p. pl. 2 aor. act. subj. . . . . ἔρχομαι
39 ἀπελθών 2 aor. act. ptc. nom. sing. masc. . . . ἀπέρχομαι
   προσηύξατο 3 p. sing. 1 aor. mid. ind. . . . προσεύχομαι
   εἰπών 2 aor. act. ptc. nom. sing. masc. . . . . . . .λέγω
40 ἐλθών 2 aor. act. ptc. nom. sing. masc. . . . . . ἔρχομαι
   εὗρεν 3 p. sing. 2 aor. act. ind. . . . . εὑρίσκω
   ἦσαν 3 p. pl. imperf. act. ind. . . . . εἰμί
   καταβαρυνόμενοι pres. mid. ptc. nom. pl. m. καταβαρύνω
   ᾔδεισαν 3 p. pl. plupf. act. ind. . . . . οἶδα
   ἀποκριθῶσιν 3 p. pl. 1 aor. pass. subj. . . ἀποκρίνομαι
41 καθεύδετε 2 p. pl. pres. act. imper. . . . . καθεύδω
   ἀναπαύεσθε 2 p. pl. pres. mid. imper. . . . . . .ἀναπαύω
   ἀπέχει 3 p. sing. pres. act. ind. . . . . ἀπέχω
   ἦλθεν 3 p. sing. 2 aor. act. ind. . . . . ἔρχομαι
   ἰδού 2 p. sing. 2 aor. mid. imper. . . . . .εἶδον
   παραδίδοται 3 p. sing. pres. pass. ind. . . . παραδίδωμι
42 ἐγείρεσθε 2 p. pl. pres. mid. imper. . . . . ἐγείρω
   ἄγωμεν 1 p. pl. pres. act. subj. . . . . .ἄγω
   παραδιδούς pres. act. ptc. nom. sing. masc. . παραδίδωμι
   ἤγγικεν 3 p. sing. perf. act. ind. . . . . ἐγγίζω
43 λαλοῦντος pres. act. ptc. gen. sing. masc. . . . . λαλέω

παραγίνεται 3 p. sing. pres. mid. ind. . . . παραγίνομαι
44 δεδώκει 3 p. sing. plupf. act. ind. . . . . δίδωμι
παραδιδούς pres. act. ptc. nom. sing. masc. . παραδίδωμι
λέγων pres. act. ptc. nom. sing. masc. . . . . λέγω
φιλήσω 1 p. sing. 1 aor. act. subj. . . . . φιλέω
ἔστιν 3 p. sing. pres. act. ind. . . . . εἰμί
κρατήσατε 2 p. pl. 1 aor. act. imper. . . . . . . κρατέω
ἀπάγετε 2 p. pl. pres. act. imper. . . . . ἀπάγω
45 ἐλθών 2 aor. act. ptc. nom. sing. masc. . . . . . ἔρχομαι
προσελθών 2 aor. act. ptc. nom. sing. masc. προσέρχομαι
λέγει 3 p. sing. pres. act. ind. . . . . λέγω
κατεφίλησεν 3 p. sing. 1 aor. act. ind. . . . καταφιλέω
46 ἐπέβαλαν 3 p. pl. 2 aor. act. ind. . . . . . . ἐπιβάλλω
ἐκράτησαν 3 p. pl. 1 aor. act. ind. . . . . κρατέω
47 παρεστηκότων perf. act. ptc. gen. pl. masc. . παρίστημι
σπασάμενος 1 aor. mid. ptc. nom. sing. masc. . . . σπάω
ἔπαισεν 3 p. sing. 1 aor. act. ind. . . . . παίω
ἀφεῖλεν 3 p. sing. 2 aor. act. ind. . . . . ἀφαιρέω
48 ἀποκριθείς 1 aor. pass. ptc. nom. s. masc. . ἀποκρίνομαι
εἶπεν 3 p. sing. 2 aor. act. ind. . . . . λέγω
ἐξήλθατε 2 p. pl. 1 aor. act. ind. . . . . . . ἐξέρχομαι
συλλαβεῖν 2 aor. act. infin. . . . . συλλαμβάνω
49 ἤμην 1 p. sing. imperf. mid. ind. . . . . εἰμί
διδάσκων pres. act. ptc. nom. sing. masc. . . . . διδάσκω
ἐκρατήσατε 2 p. pl. 1 aor. act. ind. . . . . . . κρατέω
πληρωθῶσιν 3 p. pl. 1 aor. pass. subj. . . . . . . πληρόω
50 ἀφέντες 2 aor. act. ptc. nom. pl. masc. . . . . . ἀφίημι
ἔφυγον 3 p. pl. 2 aor. act. ind. . . . . φεύγω
51 συνηκολούθει 3 p. sing. imperf. act. ind. . συνακολουθέω
περιβεβλημένος perf. pass. ptc. nom. s. masc. περιβάλλω
κρατοῦσιν 3 p. pl. pres. act. ind. . . . . κρατέω
52 καταλιπών 2 aor. act. ptc. nom. sing. masc. . καταλείπω
ἔφυγεν 3 p. sing. 2 aor. act. ind. . . . . φεύγω
53 ἀπήγαγον 3 p. pl. 2 aor. act. ind. . . . . ἀπάγω
συνέρχονται 3 p. pl. pres. mid. ind. . . . . συνέρχομαι
54 ἠκολούθησεν 3 p. sing. 1 aor. act. ind. . . . . ἀκολουθέω
ἦν 3 p. sing. imperf. act. ind. . . . . εἰμί
συγκαθήμενος pres. mid. ptc. nom. s. masc. . συγκάθημαι
θερμαινόμενος pres. mid. ptc. nom. s. masc. . . θερμαίνω
55 ἐζήτουν 3 p. pl. imperf. act. ind. . . . . ζητέω
θανατῶσαι 1 aor. act. infin. . . . . θανατόω
ηὕρισκον 3 p. pl. imperf. act. ind. . . . . εὑρίσκω
56 ἐφευδομαρτύρουν 3 p. pl. imperf. act. ind ψευδομαρτυρέω
ἦσαν 3 p. pl. imperf. act. ind. . . . . εἰμί
57 ἀναστάντες 2 aor. act. ptc. nom. pl. masc. . . . ἀνίστημι
λέγοντες pres. act. ptc. nom. pl. masc. . . . . . . λέγω
58 ἠκούσαμεν 1 p. pl. 1 aor. act. ind. . . . . ἀκούω
λέγοντος pres. act. ptc. gen. sing. masc. . . . . . λέγω
καταλύσω 1 p. sing. fut. act. ind. . . . . καταλύω
οἰκοδομήσω 1 p. sing. fut. act. ind. . . . . . οἰκοδομέω
60 ἀναστάς 2 aor. act. ptc. nom. sing. masc. . . . .ἀνίστημι
ἐπηρώτησεν 3 p. sing. 1 aor. act. ind. . . . . . ἐπερωτάω
ἀποκρίνῃ 2 p. sing. pres. mid. ind. . . . . . ἀποκρίνομαι
καταμαρτυροῦσιν 3 p. pl. pres. act. ind. . . καταμαρτυρέω
61 ἐσιώπα 3 p. sing. imperf. act. ind. . . . . σιωπάω

ἀπεκρίνατο 3 p. sing. 1 aor. mid. ind. . . . ἀποκρίνομαι
ἐπηρώτα 3 p. sing. imperf. act. ind. . . . . . . ἐπερωτάω
λέγει 3 p. sing. pres. act. ind. . . . . λέγω
εἶ 2 p. sing. pres. act. ind. . . . . εἰμί
62 εἶπεν 3 p. sing. 2 aor. act. ind. . . . . λέγω
ὄψεσθε 2 p. pl. fut. mid. ind. . . . . ὁράω
καθήμενον pres. mid. ptc. acc. sing. masc. . . . κάθημαι
ἐρχόμενον pres. mid. ptc. acc. sing. masc. . . . ἔρχομαι
63 διαρήξας 1 aor. act. ptc. nom. sing. masc. . διαρρήγνυμι
ἔχομεν 1 p. pl. pres. act. ind. . . . . ἔχω
64 ἠκούσατε 2 p. pl. 1 aor. act. ind. . . . . ἀκούω
φαίνεται 3 p. sing. pres. mid. ind. . . . . φαίνω
κατέκριναν 3 p. pl. 1 aor. act. ind. . . . . . κατακρίνω
εἶναι pres. act. infin. . . . . εἰμί
65 ἤρξαντο 3 p. pl. 1 aor. mid. ind. . . . . ἄρχω
ἐμπτύειν pres. act. infin. . . . . ἐμπτύω
περικαλύπτειν pres. act. infin. . . . . περικαλύπτω
κολαφίζειν pres. act. infin. . . . . κολαφίζω
λέγειν pres. act. infin. . . . . λέγω
προφήτευσον 2 p. sing. 1 aor. act. imper. . . προφητεύω
ἔλαβον 3 p. pl. 2 aor. act. ind. . . . . λαμβάνω
66 ὄντος pres. act. ptc. gen. sing. masc. or neut. . . εἰμί
ἔρχεται 3 p. sing. pres. mid. ind. . . . . ἔρχομαι
67 ἰδοῦσα 2 aor. act. ptc. nom. sing. fem. . . . . . ὁράω
θερμαινόμενον pres. mid. ptc. acc. sing. m. . . θερμαίνω
ἐμβλέψασα 1 aor. act. ptc. nom. sing. fem. . . . ἐμβλέπω
ἦσθα 2 p. sing. imperf. mid. ind. . . . . εἰμί
68 ἠρνήσατο 3 p. sing. 1 aor. mid. ind. . . . . . . ἀρνέομαι
λέγων pres. act. ptc. nom. sing. masc. . . . . . . λέγω
οἶδα 1 p. sing. 2 perf. act. ind. . . . . οἶδα
ἐπίσταμαι 1 p. sing. pres. pass. ind. . . . . ἐπίσταμαι
λέγεις 2 p. sing. pres. act. ind. . . . . λέγω
ἐξῆλθεν 3 p. sing. 2 aor. act. ind. . . . . . . ἐξέρχομαι
69 ἤρξατο 3 p. sing. 1 aor. mid. ind. . . . . ἄρχω
παρεστῶσιν perf. act. ptc. dat. pl. masc. . . παρίστημι
ἐστιν 3 p. sing. pres. act. ind. . . . . εἰμί
70 ἠρνεῖτο 3 p. sing. imperf. mid. ind. . . . . . ἀρνέομαι
παρεστῶτες perf. act. ptc. nom. pl. masc. . . . παρίστημι
ἔλεγον 3 p. pl. imperf. act. ind. . . . . λέγω
71 ἀναθεματίζειν pres. act. infin. . . . . ἀναθεματίζω
ὀμνύναι pres. act. infin. . . . . ὀμνύω
λέγετε 2 p. pl. pres. act. ind. . . . . λέγω
72 ἐφώνησεν 3 p. sing. 1 aor. act. ind. . . . . . . φωνέω
ἀνεμνήσθη 3 p. sing. 1 aor. pass. ind. . . . ἀναμιμνήσκω
φωνῆσαι 1 aor. act. infin. . . . . φωνέω
ἀπαρνήσῃ 2 p. sing. fut. mid. ind. . . . . . . ἀπαρνέομαι
ἐπιβαλών 2 aor. act. ptc. nom. sing. masc. . . . ἐπιβάλλω
ἔκλαιεν 3 p. sing. imperf. act. ind. . . . . κλαίω

15

1 ἑτοιμάσαντες 1 aor. act. ptc. nom. pl. masc. . . ἑτοιμάζω
δήσαντες 1 aor. act. ptc. nom. pl. masc. . . . . δέω
ἀπήνεγκαν 3 p. pl. 1 aor. act. ind. . . . . ἀποφέρω
παρέδωκαν 3 p. pl. 1 aor. act. ind. . . . . . παραδίδωμι
2 ἐπηρώτησεν 3 p. sing. 1 aor. act. ind. . . . . . ἐπερωτάω

εἶ 2 p. sing. pres. act. ind. . . . . εἰμί
ἀποκριθείς 1 aor. pass. ptc. nom. sing. m. . ἀποκρίνομαι
λέγει 3 p. sing. pres. act. ind. . . . . λέγω
λέγεις 2 p. sing. pres. act. ind. . . . . id.
3 κατηγόρουν 3 p. pl. imperf. act. ind. . . . . κατηγορέω
4 ἐπηρώτα 3 p. sing. imperf. act. ind. . . . . . . ἐπερωτάω
λέγων pres. act. ptc. nom. sing. masc. . . . . λέγω
ἀποκρίνῃ 2 p. sing. pres. pass. ind. . . . ἀποκρίνομαι
ἴδε 2 p. sing. 2 aor. act. imper. . . . . εἶδον
κατηγοροῦσιν 3 p. pl. pres. act. ind. . . . . .κατηγορέω
5 ἀπεκρίθη 3 p. sing. 1 aor. pass. ind. . . . ἀποκρίνομαι
θαυμάζειν pres. act. infin. . . . . θαυμάζω
6 ἀπέλυεν 3 p. sing. imperf. act. ind. . . . . ἀπολύω
παρῃτοῦντο 3 p. pl. imperf. mid. ind. . . . παραιτέομαι
7 ἦν 3 p. sing. imperf. act. ind. . . . . εἰμί
λεγόμενος pres. pass. ptc. nom. sing. masc. . . . . λέγω
δεδεμένος perf. pass. ptc. nom. sing. masc. . . . . . δέω
πεποιήκεισαν 3 p. pl. plupf. act. ind. . . . . . . ποιέω
8 ἀναβάς 2 aor. act. ptc. nom. sing. masc. . . . . ἀναβαίνω
ἤρξατο 3 p. sing. 1 aor. mid. ind. . . . . ἄρχω
αἰτεῖσθαι pres. mid. infin. . . . . αἰτέω
ἐποίει 3 p. sing. imperf. act. ind. . . . . ποιέω
9 θέλετε 2 p. pl. pres. act. ind. . . . . θέλω
ἀπολύσω 1 p. s. fut. act. ind. or 1 aor. act. subj. ἀπολύω
10 ἐγίνωσκεν 3 p. sing. imperf. act. ind. . . . . . γινώσκω
παραδεδώκεισαν 3 p. pl. plupf. act. ind. . . παραδίδωμι
11 ἀνέσεισαν 3 p. pl. 1 aor. act. ind. . . . . ἀνασείω
ἀπολύσῃ 3 p. sing. 1 aor. act. subj. . . . . ἀπολύω
12 ἔλεγεν 3 p. sing. imperf. act. ind. . . . . λέγω
ποιήσω 1 p. s. fut. act. ind. or 1 aor. act. subj. .ποιέω
λέγετε 2 p. pl. pres. act. ind. . . . . λέγω
13 ἔκραξαν 3 p. pl. 1 aor. act. ind. . . . . κράζω
σταύρωσον 2 p. sing. 1 aor. act. imper. . . . . . .σταυρόω
14 ἐποίησεν 3 p. sing. 1 aor. act. ind. . . . . ποιέω
15 βουλόμενος pres. mid. ptc. nom. sing. masc. . . βούλομαι
ποιῆσαι 1 aor. act. infin. . . . . .ποιέω
ἀπέλυσεν 3 p. sing. 1 aor. act. ind. . . . . .ἀπολύω
παρέδωκεν 3 p. sing. 1 aor. act. ind. . . . . . παραδίδωμι
φραγελλώσας 1 aor. act. ptc. nom. sing. masc. φραγελλόω
σταυρωθῇ 3 p. sing. 1 aor. pass. subj. . . . . . . .σταυρόω
16 ἀπήγαγον 3 p. pl. 2 aor. act. ind. . . . . ἀπάγω
ἐστιν 3 p. sing. pres. act. ind. . . . . εἰμί
συγκαλοῦσιν 3 p. pl. pres. act. ind. . . . . . .συγκαλέω
17 ἐνδιδύσκουσιν 3 p. pl. pres. act. ind. . . . . ἐνδιδύσκω
περιτιθέασιν 3 p. sing. pres. act. ind. . . . . περιτίθημι
πλέξαντες 1 aor. act. ptc. nom. pl. masc. . . . . . πλέκω
18 ἤρξαντο 3 p. pl. 1 aor. mid. ind. . . . . .ἄρχω
ἀσπάζεσθαι pres. mid. infin. . . . . ἀσπάζομαι
χαῖρε 2 p. sing. pres. act. imper. . . . . χαίρω
19 ἔτυπτον 2 p. pl. imperf. act. ind. . . . . τύπτω
ἐνέπτυον 3 p. pl. imperf. act. ind. . . . . . . .ἐμπτύω
τιθέντες pres. act. ptc. nom. pl. masc. . . . . .τίθημι
προσεκύνουν 3 p. pl. imperf. act. ind. . . . . προσκυνέω
20 ἐνέπαιξαν 3 p. pl. 1 aor. act. ind. . . . . ἐμπαίζω
ἐξέδυσαν 3 p. pl. 1 aor. act. ind. . . . . ἐκδύω

ἐνέδυσαν 3 p. pl. 1 aor. act. ind. . . . . ἐνδύω
ἐξάγουσιν 3 p. pl. pres. act. ind. . . . . ἐξάγω
σταυρώσωσιν 3 p. pl. 1 aor. act. subj. . . . . . σταυρόω
21 ἀγγαρεύουσιν 3 p. pl. pres. act. ind. . . . . . ἀγγορεύω
παράγοντα pres. act. ptc. acc. sing. masc. . . . .παράγω
ἐρχόμενον pres. mid. ptc. acc. sing. masc. . . . ἔρχομαι
ἄρῃ 3 p. sing. 1 aor. act. subj. . . . . αἴρω
22 φέρουσιν 3 p. pl. pres. act. ind. . . . . φέρω
ἐστιν 3 p. sing. pres. act. ind. . . . . εἰμί
μεθερμηνευόμενος pres. pass. ptc. no. s. m. μεθερμηνεύω
23 ἐδίδουν 3 p. pl. imperf. act. ind. . . . . διδωμι
ἐσμυρνισμένον perf. pass. ptc. acc. sing. m. . .σμυρνίζω
ἔλαβεν 3 p. sing. 2 aor. act. ind. . . . . λαμβάνω
24 σταυροῦσιν 3 p. pl. pres. act. ind. . . . . . . .σταυρόω
διαμερίζονται 3 p. pl. pres. mid. ind. . . . . διαμερίζω
βάλλοντες pres. act. ptc. nom. pl. masc. . . . . . βάλλω
25 ἦν 3 p. sing. imperf. act. ind. . . . . εἰμί
ἐσταύρωσαν 3 p. pl. 1 aor. act. ind. . . . . . . σταυρόω
26 ἐπιγεγραμμένη perf. pass. ptc. nom. sing. fem. .ἐπιγράφω
29 παραπορευόμενοι pres. mid. ptc. no. pl. m.παραπορεύομαι
ἐβλασφήμουν 3 p. pl. imperf. act. ind. . . . . βλασφημέω
κινοῦντες pres. act. ptc. nom. pl. masc. . . . . . κινέω
λέγοντες pres. act. ptc. nom. pl. masc. . . . . . . .λέγω
καταλύων pres. act. ptc. nom. sing. masc. . . . . καταλύω
οἰκοδομῶν pres. act. ptc. nom. sing. masc. . . οἰκοδομέω
30 σωσον 2 p. sing. 1 aor. act. impor. . . . . .σώζω
καταβάς 2 aor. act. ptc. nom. sing. masc. . . . καταβαίνω
31 ἐμπαίζοντες pres. act. ptc. nom. pl. masc. . . . ἐμπαίζω
ἔλεγον 1 p. s. or 3 p. pl. imperf. act. ind. . . . . λέγω
ἔσωσεν 3 p. sing. 1 aor. act. ind. . . . . .σώζω
δύναται 3 p. sing. pres. pass. ind. . . . . δύναμαι
σῶσαι 1 aor. act. infin. . . . . .σώζω
32 καταβάτω 3 p. sing. 2 aor. act. imper. . . . . καταβαίνω
ἴδωμεν 1 p. pl. 2 aor. act. subj. . . . . .ὁράω
πιστεύσωμεν 1 p. pl. 1 aor. act. subj. . . . . πιστεύω
συνεσταυρωμένοι perf. pass. ptc. nom. pl. m. . συσταυρόω
ὠνείδιζον 3 p. pl. imperf. act. ind. . . . . . .ὀνειδίζω
33 γενομένης 2 aor. mid. ptc. gen. sing. fem. . . . γίνομαι
ἐγένετο 3 p. sing. 2 aor. mid. ind. . . . . id.
34 ἐβόησεν 3 p. sing. 1 aor. act. ind. . . . . βοάω
μεθερμηνευόμενον pres. pass. ptc. no. s. ne. μεθερμηνεύω
ἐγκατέλιπες 2 p. sing. 2 aor. act. ind. . . ἐγκαταλείπω
35 παρεστηκότων perf. act. ptc. gen. pl. masc. . . παρίστημι
ἀκούσαντες 1 aor. act. ptc. nom. pl. masc. . . . . ἀκούω
ἴδε 2 p. sing. 2 aor. act. imper. . . . . εἶδον
φωνεῖ 3 p. sing. pres. act. ind. . . . . .φωνέω
36 δραμών 2 aor. act. ptc. nom. sing. masc. . . . . .τρέχω
γεμίσας 1 aor. act. ptc. nom. sing. masc. . . . . .γεμίζω
περιθείς 2 aor. act. ptc. nom. sing. masc. . . περιτίθημι
ἐπότιζεν 3 p. sing. imperf. act. ind. . . . . . . .ποτίζω
λέγων pres. act. ptc. nom. sing. masc. . . . . λέγω
ἄφετε 2 p. pl. 2 aor. act. imper. . . . . .ἀφίημι
ἴδωμεν 1 p. pl. 2 aor. act. subj. . . . . .ὁράω
ἔρχεται 3 p. sing. pres. mid. ind. . . . . .ἔρχομαι
καθελεῖν 2 aor. act. infin. . . . . καθαιρέω

37 ἀφείς 2 aor. act. ptc. nom. sing. masc. . . . . . .ἀφίημι
   ἐξέπνευσεν 3 p. sing. 1 aor. act. ind. . . . . . .ἐκπνέω
38 ἐσχίσθη 3 p. sing. 1 aor. pass. ind. . . . . . . .σχίζω
39 ἰδών 2 aor. act. ptc. nom. sing. masc. . . . . . . δράω
   παρεστηκώς perf. act. ptc. nom. sing. masc. . .παρίστημι
   ἐξέπνευσεν 3 p. sing. 1 aor. act. ind. . . . . . .ἐκπνέω
   εἶπεν 3 p. sing. 2 aor. act. ind. . . . . .λέγω
   ἦν 3 p. sing. imperf. act. ind. . . . . .εἰμί
40 ἦσαν 3 p. pl. imperf. act. ind. . . . . id.
   θεωροῦσαι pres. act. ptc. nom. pl. fem. . . . . . θεωρέω
41 ἠκολούθουν 3 p. pl. imperf. act. ind. . . . . ἀκολουθέω
   διηκόνουν 3 p. pl. imperf. act. ind. . . . . . .διακονέω
   συναναβᾶσαι 2 aor. act. ptc. nom. pl. fem. . συνανβαίνω
42 γενομένης 2 aor. mid. ptc. gen. sing. fem. . . . γίνομαι
   ἐστιν 3 p. sing. pres. act. ind. . . . . εἰμί
43 ἐλθών 2 aor. act. ptc. nom. sing. masc. . . . . . ἔρχομαι
   προσδεχόμενος pres. mid. ptc. nom. sing. m. προσδέχομαι
   τολμήσας 1 aor. act. ptc. nom. sing. masc. . . . . τολμάω
   εἰσῆλθεν 3 p. sing. 2 aor. act. ind. . . . . . .εἰσέρχομαι
   ᾐτήσατο 3 p. sing. 1 aor. act. ind. . . . . αἰτέω
44 ἐθαύμασεν 3 p. sing. 1 aor. act. ind. . . . . . .θαυμάζω
   τέθνηκεν 3 p. sing. perf. act. ind. . . . . .θνήσκω
   προσκαλεσάμενος 1 aor. mid. ptc. nom. s. m.προσκαλέομαι
   ἐπηρώτησεν 3 p. sing. 1 aor. act. ind. . . . . .ἐπερωτάω
   ἀπέθανεν 3 p. sing. 2 aor. act. ind. . . . . . ἀποθνήσκω
45 γνούς 2 aor. act. ptc. nom. sing. masc. . . . . . γινώσκω
   ἐδωρήσατο 3 p. sing. 1 aor. mid. ind. . . . . . δωρέομαι
46 ἀγοράσας 1 aor. act. ptc. nom. sing. masc. . . . ἀγοράζω
   καθελών 2 aor. act. ptc. nom. sing. masc. . . . καθαιρέω
   ἐνείλησεν 3 p. sing. 1 aor. act. ind. . . . . . .ἐνειλέω
   κατέθηκεν 3 p. sing. 1 aor. act. ind. . . . .κατατίθημι
   λελατομημένον perf. pass. ptc. nom. sing. neut. .λατομέω
   προσεκύλισεν 3 p. sing. 1 aor. act. ind. . . . προσκυλίω
47 ἐθεώρουν 3 p. pl. imperf. act. ind. . . . . θεωρέω
   τέθειται 3 p. sing. perf. pass. ind. . . . . . . .τίθημι

16

1 διαγενομένου 2 aor. mid. ptc. gen. s. m. or n.διαγίνομαι
   ἠγόρασαν 3 p. pl. 1 aor. act. ind. . . . . .ἀγοράζω
   ἐλθοῦσαι 2 aor. act. ptc. nom. pl. fem. . . . . . ἔρχομαι
   ἀλείψωσιν 3 p. pl. 1 aor. act. subj. . . . . ἀλείφω
2 ἔρχονται 3 p. pl. pres. mid. ind. . . . . ἔρχομαι
   ἀνατείλαντος 1 aor. act. ptc. gen. sing. m. . . ἀνατέλλω
3 ἔλεγον 3 p. pl. imperf. act. ind. . . . . .λέγω
   ἀποκυλίσει 3 p. sing. fut. act. ind. . . . . . .ἀποκυλίω
4 ἀναβλέψασαι 1 aor. act. ptc. nom. pl. fem. . . .ἀναβλέπω
   θεωροῦσιν 3 p. pl. pres. act. ind. . . . . .θεωρέω
   ἀνακεκύλισται 3 p. sing. perf. pass. ind. . . . ἀνακυλίω
   ἦν 3 p. sing. imperf. act. ind. . . . . .εἰμί
5 εἰσελθοῦσαι 2 aor. act. ptc. nom. pl. fem. . . εἰσέρχομαι
   εἶδον 3 p. sing. 2 aor. act. ind. . . . . .δράω
   καθήμενον pres. mid. ptc. acc. sing. masc. . . . κάθημαι
   περιβεβλημένον perf. pass. ptc. acc. sing. m. περιβάλλω
   ἐξεθαμβήθησαν 3 p. pl. 1 aor. pass. ind. . . . ἐκθαμβέω
6 λέγει 3 p. sing. pres. act. ind. . . . . .λέγω

ἐκθαμβεῖσθε 2 p. pl. pres. mid. imper. . . . . .ἐκθαμβέω
ζητεῖτε 2 p. pl. pres. act. ind. . . . . .ζητέω
ἐσταυρωμένον perf. pass. ptc. acc. sing. masc. . σταυρόω
ἠγέρθη 3 p. sing. 1 aor. pass. ind. . . . . .ἐγείρω
ἔστιν 3 p. sing. pres. act. ind. . . . . εἰμί
ἴδε 2 p. sing. 2 aor. act. imper. . . . . εἶδον
ἔθηκαν 3 p. pl. 1 aor. act. ind. . . . . τίθημι
7 ὑπάγετε 2 p. pl. pres. act. imper. . . . . .ὑπάγω
εἴπατε 2 p. pl. 2 aor. act. ind. or imper. . . . . .λέγω
προάγει 3 p. sing. pres. act. ind. . . . . προάγω
ὄψεσθε 2 p. pl. fut. mid. ind. . . . . δράω
εἶπεν 3 p. sing. 2 aor. act. ind. . . . . .λέγω
8 ἐξελθοῦσαι 2 aor. act. ptc. nom. pl. fem. . . ἐξέρχομαι
ἔφυγον 3 p. pl. 2 aor. act. ind. . . . . .φεύγω
εἶχεν 3 p. sing. imperf. act. ind. . . . . .ἔχω
εἶπαν 3 p. pl. 2 aor. act. ind. . . . . .λέγω
ἐφοβοῦντο 3 p. pl. imperf. mid. ind. . . . . .φοβέω
9 ἀναστάς 2 aor. act. ptc. nom. sing. masc. . . . .ἀνίστημι
ἐφάνη 3 p. sing. 2 aor. pass. ind. . . . . .φαίνω
ἐκβεβλήκει 3 p. sing. plupf. act. ind. . . . . . ἐκβάλλω
10 πορευθεῖσα 1 aor. act. ptc. nom. sing. fem. . .πορεύομαι
ἀπήγγειλεν 3 p. sing. 1 aor. act. ind. . . . . ἀπαγγέλλω
γενομένοις 2 aor. mid. ptc. dat. pl. neut. . . . γίνομαι
πενθοῦσι 3 p. pl. pres. act. ind. . . . . .πενθέω
κλαίουσιν 3 p. pl. pres. act. ind. . . . . κλαίω
11 ἀκούσαντες 1 aor. act. ptc. nom. pl. masc. . . . . ἀκούω
ζῇ 3 p. sing. pres. act. ind. . . . . ζάω
ἐθεάθη 3 p. sing. 1 aor. pass. ind. . . . . θεάομαι
ἠπίστησαν 3 p. pl. 1 aor. act. ind. . . . . . . .ἀπιστέω
12 περιπατοῦσιν 3 p. pl. pres. act. ind. . . . . περιπατέω
ἐφανερώθη 3 p. sing. 1 aor. pass. ind. . . . . . φανερόω
πορευομένοις pres. mid. ptc. dat. pl. masc. . . πορεύομαι
13 ἀπελθόντες 2 aor. act. ptc. nom. pl. masc. . . ἀπέρχομαι
ἀπήγγειλαν 3 p. pl. 1 aor. act. ind. . . . . . ἀπαγγέλλω
ἐπίστευσαν 3 p. pl. 1 aor. act. ind. . . . . . . πιστεύω
14 ἀνακειμένοις pres. mid. ptc. dat. pl. masc. . . ἀνάκειμαι
ἐφανερώθη 3 p. sing. 1 aor. pass. ind. . . . . . φανερόω
ὠνείδισεν 3 p. sing. 1 aor. act. ind. . . . . . ὀνειδίζω
θεασαμένοις 1 aor. mid. ptc. dat. pl. masc. . . .θεάομαι
ἐγηγερμένον perf. pass. ptc. acc. sing. masc. . . ἐγείρω
15 πορευθέντες 1 aor. act. ptc. nom. pl. masc. . .πορεύομαι
κηρύξατε 2 p. pl. 1 aor. act. imper. . . . . . . κηρύσσω
16 πιστεύσας 1 aor. act. ptc. nom. sing. masc. . . .πιστεύω
βαπτισθείς 1 aor. pass. ptc. nom. sing. masc. . .βαπτίζω
σωθήσεται 3 p. sing. fut. pass. ind. . . . . .σώζω
ἀπιστήσας 1 aor. act. ptc. nom. sing. masc. . . .ἀπιστέω
κατακριθήσεται 3 p. sing. fut. pass. ind. . . . κατακρίνω
17 πιστεύσασιν 1 aor. act. ptc. dat. pl. masc. . . .πιστεύω
παρακολουθήσει 3 p. sing. fut. act. ind. . . παρακολουθέω
ἐκβαλοῦσιν 3 p. pl. fut. act. ind. . . . . ἐκβάλλω
λαλήσουσιν 3 p. pl. fut. act. ind. . . . . λαλέω
18 ἀροῦσιν 3 p. pl. fut. act. ind. . . . . αἴρω
πίωσιν 3 p. pl. 2 aor. act. subj. . . . . πίνω
βλάψη 3 p. sing. 1 aor. act. subj. . . . . βλάπτω
ἐπιθήσουσιν 3 p. pl. fut. act. ind. . . . . . . ἐπιτίθημι

ἕξουσιν 3 p. pl. fut. act. ind. . . . . ἔχω
19 λαλῆσαι 1 aor. act. infin. . . . . λαλέω
    ἀνελήμφθη 3 p. sing. 1 aor. pass. ind. . . . ἀναλαμβάνω
    ἐκάθισεν 3 p. sing. 1 aor. act. ind. . . . . καθίζω
20 ἐξελθόντες 2 aor. act. ptc. nom. pl. masc. . . ἐξέρχομαι
    ἐκήρυξαν 3 p. pl. 1 aor. act. ind. . . . . κηρύσσω
    συνεργοῦντος pres. act. ptc. gen. sing. masc. . συνεργέω
    βεβαιοῦντος pres. act. ptc. gen. sing. masc. . . βεβαιόω
    ἐπακολουθούντων pres. act. ptc. gen. pl. n. .ἐπακολουθέω

Αλλως

παρηγγελμένα 1 aor. pass. ptc. nom. pl. ne. . παραγγέλλω
ἐξήγγειλαν 3 p. pl. 1 aor. act. ind. . . . . . . ἐξαγγέλλω
ἐξαπέστειλεν 3 p. sing. 1 aor. act. ind. . . . ἐξαποστέλλω

Κατα Λουκαν

1

1 ἐπεχείρησαν 3 p. pl. 1 aor. act. ind. . . . . . ἐπιχειρέω
  ἀνατάξασθαι 1 aor. mid. infin. . . . . ἀνατάσσομαι
  πεπληροφορημένων pf. pass. ptc. gen. pl. m. πληροφορέω
2 παρέδοσαν 3 p. pl. 2 aor. act. ind. . . . . . παραδίδωμι
  γενόμενοι 2 aor. mid. ptc. nom. pl. masc. . . . . γίνομαι
3 ἔδοξε 3 p. sing. 1 aor. act. ind. . . . . δοκέω
  παρηκολουθηκότι perf. act. ptc. dat. s. m. παρακολουθέω
  γράψαι 1 aor. act. infin. . . . . γράφω
4 ἐπιγνῷς 2 p. sing. 2 aor. act. subj. . . . . . ἐπιγινώσκω
  κατηχήθης 2 p. sing. 1 aor. pass. ind. . . . . . . κατηχέω
5 ἐγένετο 3 p. sing. 2 aor. mid. ind. . . . . γίνομαι
6 ἦσαν 3 p. pl. imperf. act. ind. . . . . εἰμί
  πορευόμενοι pres. mid. ptc. nom. pl. masc. . . πορεύομαι
7 ἦν 2 p. sing. imperf. act. ind. . . . . εἰμί
  προβεβηκότες perf. act. ptc. nom. pl. masc. . . προβαίνω
8 ἱερατεύειν pres. act. infin. . . . . ἱερατεύω
9 ἔλαχε 3 p. sing. 2 aor. act. ind. . . . . λαγχάνω
  θυμιᾶσαι 1 aor. act. infin. . . . . θυμιάω
  εἰσελθών 2 aor. act. ptc. nom. sing. masc. . εἰσέρχομαι
10 προσευχόμενον pres. mid. ptc. acc. sing. m. προσεύχομαι
11 ὤφθη 3 p. sing. 1 aor. pass. ind. . . . . ὁράω
   ἑστώς perf. act. ptc. nom. sing. masc. . . . . . . ἵστημι
12 ἐταράχθη 3 p. sing. 1 aor. pass. ind. . . . . . . ταράσσω
   ἰδών 2 aor. act. ptc. nom. sing. masc. . . . . ὁράω
   ἐπέπεσεν 3 p. sing. 2 aor. act. ind. . . . . . . ἐπιπίπτω
13 φοβοῦ 2 p. sing. pres. mid. imper. . . . . φοβέω
   εἰσηκούσθη 3 p. sing. 1 aor. pass. ind. . . . . εἰσακούω
   γεννήσει 3 p. sing. fut. act. ind. . . . . γεννάω
   καλέσεις 2 p. sing. fut. act. ind. . . . . καλέω
14 ἔσται 3 p. sing. fut. act. ind. . . . . εἰμί
   χαρήσονται 3 p. pl. fut. pass. ind. . . . . χαίρω
15 πίῃ 3 p. sing. 2 aor. act. subj. . . . . πίνω
   πλησθήσεται 3 p. sing. 1 fut. pass. ind. . . . πίμπλημι
16 ἐπιστρέψει 3 p. sing. fut. act. ind. . . . . . ἐπιστρέφω
17 προελεύσεται 3 p. sing. fut. mid. ind. . . . προέρχομαι
   ἐπιστρέψαι 1 aor. act. infin. . . . . ἐπιστρέφω
   ἑτοιμάσαι 1 aor. act. infin. . . . . ἑτοιμάζω
   κατεσκευασμένον perf. pass. ptc. acc. s. m. κατασκευάζω
18 εἶπεν 3 p. sing. 2 aor. act. ind. . . . . λέγω
   γνώσομαι 1 p. sing. fut. mid. ind. . . . . γινώσκω
   προβεβηκυῖα perf. act. ptc. nom. sing. fem. . . προβαίνω
19 ἀποκριθείς 1 aor. pass. ptc. nom. sing. m. . ἀποκρίνομαι
   παρεστηκώς perf. act. ptc. nom. sing. masc. . . παρίστημι
   ἀπεστάλην 1 p. sing. 2 aor. pass. ind. . . . . ἀποστέλλω
   λαλῆσαι 1 aor. act. infin. . . . . λαλέω
   εὐαγγελίσασθαι 1 aor. mid. infin. . . . . . . εὐαγγελίζω
20 ἰδού 2 p. sing. 2 aor. mid. imper. . . . . εἶδον
   σιωπῶν pres. act. ptc. nom. sing. masc. . . . . . . σιωπάω
   ἔσῃ 2 p. sing. fut. mid. ind. . . . . εἰμί
   δυνάμενος pres. pass. ptc. nom. sing. masc. . . . δύναμαι
   γένηται 3 p. sing. 2 aor. mid. ind. . . . . γίνομαι
   ἐπίστευσας 2 p. sing. 1 aor. act. ind. . . . . . . πιστεύω

πληρωθήσονται 3 p. pl. fut. pass. ind. . . . . . . πληρόω
21 ἦν 3 p. sing. imperf. act. ind. . . . . εἰμί
προσδοκῶν pres. act. ptc. nom. sing. masc. . . προσδοκάω
ἐθαύμαζον 3 p. pl. imperf. act. ind. . . . . θαυμάζω
χρονίζειν pres. act. infin. . . . . χρονίζω
22 ἐξελθών 2 aor. act. ptc. nom. sing. masc. . . . ἐξέρχομαι
ἐδύνατο 3 p. sing. imperf. pass. ind. . . . . δύναμαι
ἐπέγνωσαν 3 p. pl. 2 aor. act. ind. . . . . . ἐπιγινώσκω
ἑώρακεν 3 p. sing. perf. act. ind. . . . . ὁράω
διανεύων pres. act. ptc. nom. sing. masc. . . . . . διανεύω
διέμενεν 3 p. sing. imperf. act. ind. . . . . διαμένω
23 ἐπλήσθησαν 3 p. pl. 1 aor. pass. ind. . . . . πίμπλημι
ἐγένετο 3 p. sing. 2 aor. mid. ind. . . . . γίνομαι
ἀπῆλθεν 3 p. sing. 2 aor. act. ind. . . . . . . ἀπέρχομαι
24 συνέλαβεν 3 p. sing. 2 aor. act. ind. . . . . συλλαμβάνω
περιέκρυβεν 3 p. sing. imperf. act. ind. . . . περικρύβω
λέγουσα pres. act. ptc. nom. sing. fem. . . . . λέγω
25 πεποίηκεν 3 p. sing. perf. act. ind. . . . . ποιέω
ἐπεῖδεν 3 p. sing. 2 aor. act. ind. . . . . ἐφοράω
ἀφελεῖν 2 aor. act. infin. . . . . ἀφαιρέω
26 ἀπεστάλη 3 p. sing. 2 aor. pass. ind. . . . . . ἀποστέλλω
27 ἐμνηστευμένην perf. pass. ptc. acc. sing. fem. . μνηστεύω
28 εἰσελθών 2 aor. act. ptc. nom. sing. masc. . . εἰσέρχομαι
εἶπεν 3 p. sing. 2 aor. act. ind. . . . . λέγω
κεχαριτωμένη perf. pass. ptc. nom. sing. fem. . . . χαριτόω
χαῖρε 2 p. sing. pres. act. imper. . . . . χαίρω
29 διεταράχθη 3 p. sing. 1 aor. pass. ind. . . . διαταράσσω
διελογίζετο 3 p. sing. imperf. mid. ind. . . διαλογίζομαι
εἴη 3 p. sing. pres. act. opt. . . . . εἰμί
30 φοβοῦ 2 p. sing. pres. mid. imper. . . . . φοβέω
εὗρες 2 p. sing. 2 aor. act. ind. . . . . εὑρίσκω
31 συλλήμψῃ 2 p. sing. fut. mid. ind. . . . . . συλλαμβάνω
τέξῃ 2 p. sing. fut. mid. ind. . . . . τίκτω
καλέσεις 2 p. sing. fut. act. ind. . . . . καλέω
32 ἔσται 3 p. sing. fut. mid. ind. . . . . εἰμί
κληθήσεται 3 p. sing. fut. pass. ind. . . . . καλέω
δώσει 3 p. sing. fut. act. ind. . . . . δίδωμι
33 βασιλεύσει 3 p. sing. fut. act. ind. . . . . . . βασιλεύω
35 ἀποκριθείς 1 aor. pass. ptc. nom. sing. m. . ἀποκρίνομαι
ἐπελεύσεται 3 p. sing. fut. mid. ind. . . . . ἐπέρχομαι
ἐπισκιάσει 3 p. sing. fut. act. ind. . . . . . ἐπισκιάζω
γεννώμενον pres. pass. ptc. nom. sing. neut. . . . γεννάω
κληθήσεται 3 p. sing.1 fut. pass. ind. . . . . καλέω
36 ἰδού 2 p. sing. 2 aor. mid. imper. . . . . εἶδον
συνείληφεν 3 p. sing. perf. act. ind. . . . . συλλαμβάνω
καλουμένῃ pres. pass. ptc. dat. sing. fem. . . . . καλέω
37 ἀδυνατήσει 3 p. sing. fut. act. ind. . . . . . . ἀδυνατέω
38 γένοιτο 3 p. sing. 2 aor. mid. opt. . . . . γίνομαι
39 ἀναστᾶσα 2 aor. act. ptc. nom. sing. fem. . . . ἀνίστημι
ἐπορεύθη 3 p. sing. 1 aor. pass. ind. . . . . . πορεύομαι
40 εἰσῆθεν 3 p. sing. 2 aor. act. ind. . . . . . εἰσέρχομαι
ἠσπάσατο 3 p. sing. 1 aor. mid. ind. . . . . . ἀσπάζομαι
41 ἤκουσεν 3 p. sing. 1 aor. act. ind. . . . . ἀκούω
ἐσκίρτησεν 3 p. sing. 1 aor. act. ind. . . . . . σκιρτάω
ἐπλήσθη 3 p. sing. 1 aor. pass. ind. . . . . . . πίμπλημι

42 ἀνεφώνησεν 3 p. sing. 1 aor. act. ind. . . . . . ἀναφωνέω
    εὐλογημένη perf. pass. ptc. nom. sing. fem. . . . εὐλογέω
    εὐλογημένος perf. pass. ptc. nom. sing. masc. . . . . . id.
43 ἔλθῃ 3 p. sing. 2 aor. act. subj. . . . . ἔρχομαι
44 ἐσκίρτησεν 3 p. sing. 1 aor. act. ind. . . . . . . σκιρτάω
45 πιστεύσασα 1 aor. act. ptc. nom. sing. fem. . . . πιστεύω
    ἔσται 3 p. sing. fut. mid. ind. . . . . εἰμί
    λελαλημένος perf. pass. ptc. nom. pl. neut. . . . . λαλέω
47 ἠγαλλίασεν 3 p. sing. 1 aor. act. ind. . . . . . ἀγαλλιάω
48 ἐπέβλεψεν 3 p. sing. 1 aor. act. ind. . . . . . ἐπιβλέπω
    μακαριοῦσιν 3 p. pl. fut. act. ind. Att. . . . . μακαρίζω
49 ἐποίησεν 3 p. sing. 1 aor. act. ind. . . . . ποιέω
50 φοβουμένοις pres. mid. ptc. dat. pl. masc. . . . . φοβέω
51 διεσκόρπισεν 3 p. sing. 1 aor. act. ind. . . διασκορπίζω
52 καθεῖλεν 3 p. sing. 2 aor. act. ind. . . . . . . καθαιρέω
    ὕψωσεν 3 p. sing. 1 aor. act. ind. . . . . ὑψόω
53 πεινῶντας pres. act. ptc. acc. pl. masc. . . . . . πεινάω
    ἐνέπλησεν 3 p. sing. 1 aor. act. ind. . . . . . ἐμπίπλημι
    ἐξαπέστειλεν 3 p. sing. 1 aor. act. ind. . . ἐξαποστέλλω
54 ἀντελάβετο 3 p. sing. 2 aor. mid. ind. . ἀντιλαμβάνομαι
    μνησθῆναι 1 aor. pass. infin. . . . . μιμνήσκω
55 ἐλάλησεν 3 p. sing. 1 aor. act. ind. . . . . λαλέω
56 ἔμεινεν 3 p. sing. 1 aor. act. ind. . . . . μένω
    ὑπέστρεψεν 3 p. sing. 1 aor. act. ind. . . . . ὑποστρέφω
57 ἐπλήσθη 3 p. sing. 1 aor. pass. ind. . . . . . πίμπλημι
    τεκεῖν 2 aor. act. infin. . . . . τίκτω
    ἐγέννησεν 3 p. sing. 1 aor. act. ind. . . . . . . γεννάω
58 ἤκουσαν 3 p. pl. 1 aor. act. ind. . . . . ἀκούω
    ἐμεγάλυνεν 3 p. sing. imperf. act. ind. . . . . μεγαλύνω
    συνέχαιρον 3 p. pl. imperf. act. ind. . . . . . συγχαίρω
59 ἐγένετο 3 p. sing. 2 aor. mid. ind. . . . . γίνομαι
    ἦλθον 1 p. s. or 3 p. pl. 2 aor. act. ind. . . . ἔρχομαι
    περιτεμεῖν 2 aor. act. infin. . . . . περιτέμνω
    ἐκάλουν 3 p. pl. imperf. act. ind. . . . . καλέω
60 ἀποκριθεῖσα 1 aor. pass. ptc. nom. sing. f. ἀποκρίνομαι
    κληθήσεται 3 p. sing.1 fut. pass. ind. . . . . καλέω
61 εἶπαν 3 p. pl. 2 aor. act. ind. . . . . λέγω
    καλεῖται 3 p. sing. pres. pass. ind. . . . . καλέω
62 ἐνένευον 3 p. pl. imperf. act. ind. . . . . ἐννεύω
    θέλοι 3 p. sing. pres. act. opt. . . . . θέλω
    καλεῖσθαι pres. pass. infin. . . . . καλέω
63 αἰτήσας 1 aor. act. ptc. nom. sing. masc. . . . . . αἰτέω
    ἔγραψεν 3 p. sing. 1 aor. act. ind. . . . . γράφω
    λέγων pres. act. ptc. nom. sing. masc. . . . . λέγω
    ἐθαύμασαν 3 p. pl. 1 aor. act. ind. . . . . . . θαυμάζω
64 ἀνεῴχθη 3 p. sing. 1 aor. pass. ind. . . . . ἀνοίγω
    ἐλάλει 3 p. sing. imperf. act. ind. . . . . λαλέω
    εὐλογῶν pres. act. ptc. nom. sing. masc. . . . . . εὐλογέω
65 περιοικοῦντας pres. act. ptc. acc. pl. masc. . . περιοικέω
    διελαλεῖτο 3 p. sing. imperf. pass. ind. . . . . διαλαλέω
66 ἔθεντο 3 p. pl. 2 aor. mid. ind. . . . . τίθημι
    ἀκούσαντες 1 aor. act. ptc. nom. pl. masc. . . . . . ἀκούω
    λέγοντες pres. act. ptc. nom. pl. masc. . . . . λέγω
    ἦν 3 p. sing. imperf. act. ind. . . . . εἰμί
67 ἐπροφήτευσεν 3 p. sing. 1 aor. act. ind. . . . προφητεύω

68 ἐπεσκέψατο 3 p. sing. 1 aor. mid. ind. . . ἐπισκέπτομαι
   ἐποίησεν 3 p. sing. 1 aor. act. ind. . . . . ποιέω
69 ἤγειρεν 3 p. sing. 1 aor. act. ind. . . . . ἐγείρω
70 ἐλάλησεν 3 p. sing. 1 aor. act. ind. . . . . λαλέω
71 μισούντων pres. act. ptc. gen. pl. masc. . . . . . μισέω
72 ποιῆσαι 1 aor. act. infin. . . . . ποιέω
   μνησθῆναι 1 aor. pass. infin. . . . . μιμνήσκω
73 ὤμοσεν 3 p. sing. 1 aor. act. ind. . . . . ὀμνύω
   δοῦναι 2 aor. act. infin. . . . . δίδωμι
74 ῥυσθέντας 1 aor. pass. ptc. acc. pl. masc. . . . . ῥύομαι
   λατρεύειν pres. act. infin. . . . . λατρεύω
76 κληθήσῃ 3 p. sing.1 fut. pass. ind. . . . . καλέω
   προπορεύσῃ 2 p. sing. fut. mid. ind. . . . προπορεύομαι
   ἑτοιμάσαι 1 aor. act. infin. . . . . ἑτοιμάζω
78 ἐπισκέψεται 3 p. sing. fut. mid. ind. . . . ἐπισκέπτομαι
79 ἐπιφᾶναι 1 aor. act. infin. . . . . ἐπιφαίνω
   καθημένοις pres. mid. ptc. dat. pl. masc. . . . . κάθημαι
   κατευθῦναι 1 aor. act. infin. . . . . κατευθύνω
80 ηὔξανεν 3 p. sing. imperf. act. ind. . . . . αὐξάνω
   ἐκραταιοῦτο 3 p. sing. imperf. pass. ind. . . . κραταιόω

2

1 ἐγένετο 3 p. sing. 2 aor. mid. ind. . . . . γίνομαι
   ἐξῆλθεν 3 p. sing. 2 aor. act. ind. . . . . . ἐξέρχομαι
   ἀπογράφεσθαι pres. pass. and mid. infin. . . ἀπογράφω
2 ἡγεμονεύοντος pres. act. ptc. gen. sing. m. . ἡγεμονεύω
3 ἐπορεύοντο 3 p. pl. imperf. mid. ind. . . . . πορεύομαι
4 ἀνέβη 3 p. sing. 2 aor. act. ind. . . . . ἀναβαίνω
   καλεῖται 3 p. sing. pres. pass. ind. . . . . καλέω
   εἶναι pres. act. infin. . . . . εἰμί
5 ἀπογράφασθαι 1 aor. mid. infin. . . . . ἀπογράφω
   ἐμνηστευμένη perf. pass. ptc. dat. sing. fem. . μνηστεύω
   οὔσῃ pres. act. ptc. dat. sing. fem. . . . . εἰμί
6 ἐπλήσθησαν 3 p. pl. 1 aor. pass. ind. . . . . πίμπλημι
   τεκεῖν 2 aor. act. infin. . . . . τίκτω
7 ἔτεκεν 3 p. sing. 2 aor. act. ind. . . . . id.
   ἐσπαργάνωσεν 3 p. sing. 1 aor. act. ind. . . . σπαργανόω
   ἀνέκλινεν 3 p. sing. 1 aor. act. ind. . . . . ἀνακλίνω
   ἦν 3 p. sing. imperf. act. ind. . . . . εἰμί
8 ἦσαν 3 p. pl. imperf. act. ind. . . . . id.
   ἀγραυλοῦντες pres. act. ptc. nom. pl. masc. . . . ἀγραυλέω
   φυλάσσοντες pres. act. ptc. nom. pl. masc. . . . φυλάσσω
9 ἐπέστη 3 p. sing. 2 aor. act. ind. . . . . ἐφίστημι
   περιέλαμψεν 3 p. sing. 1 aor. act. ind. . . . περιλάμπω
   ἐφοβήθησαν 3 p. pl. 1 aor. pass. ind. . . . . . . φοβέω
10 εἶπεν 3 p. sing. 2 aor. act. ind. . . . . λέγω
   φοβεῖσθε 2 p. pl. pres. mid. imper. . . . . φοβέω
   εὐαγγελίζομαι 1 p. sing. pres. mid. ind. . . εὐαγγελίζω
   ἔσται 3 p. sing. fut. mid. ind. . . . . εἰμί
11 ἐτέχθη 3 p. sing. 1 aor. pass. ind. . . . . τίκτω
12 εὑρήσετε 2 p. pl. fut. act. ind. . . . . εὑρίσκω
   ἐσπαργανωμένον perf. pass. ptc. acc. sing. n. σπαργανόω
   κείμενον pres. mid. ptc. acc. sing. masc. and neut. κεῖμαι
13 αἰνούντων pres. act. ptc. gen. pl. masc. . . . . . αἰνέω
   λεγόντων pres. act. ptc. gen. pl. masc. . . . . . . λέγω

15 ἀπῆλθον 3 p. pl. 2 aor. act. ind. . . . . . . ἀπέρχομαι
   ἐλάλουν 3 p. pl. imperf. act. ind. . . . . λαλέω
   διέλθωμεν 1 p. pl. 2 aor. act. subj. . . . . . . διέρχομαι
   ἴδωμεν 1 p. pl. 2 aor. act. subj. . . . . δράω
   γεγονός 2 perf. act. ptc. nom. and acc. sing. n. . γίνομαι
   ἐγνώρισεν 3 p. sing. 1 aor. act. ind. . . . . . . γνωρίζω
16 ἦλθαν 3 p. pl. 2 aor. act. ind. . . . . ἔρχομαι
   σπεύσαντες 1 aor. act. ptc. nom. pl. masc. . . . . σπεύδω
   ἀνεῦραν 3 p. pl. 2 aor. act. ind. . . . . .ἀνευρίσκω
   κείμενον pres. act. ptc. acc. sing. m. and n. . . κεῖμαι
17 ἰδόντες 2 aor. act. ptc. nom. pl. masc. . . . . δράω
   ἐγνώρισαν 3 p. pl. 1 aor. act. ind. . . . . . . .γνωρίζω
   λαληθέντος 1 aor. pass. ptc. gen. sing. neut. . . . λαλέω
18 ἀκούσαντες 1 aor. act. ptc. nom. pl. masc. . . . . ἀκούω
   ἐθαύμασαν 3 p. pl. 1 aor. act. ind. . . . . . . .θαυμάζω
   λαληθέντων 1 aor. pass. ptc. gen. pl. neut. . . . λαλέω
19 συνετήρει 3 p. sing. imperf. act. ind. . . . . .συντηρέω
   συμβάλλουσα pres. act. ptc. nom. sing. fem. . . συμβάλλω
20 ὑπέστρεφαν 3 p. pl. 1 aor. act. ind. . . . . . ὑποστρέφω
   δοξάζοντες pres. act. ptc. nom. pl. masc. . . . . δοξάζω
   αἰνοῦντες pres. act. ptc. nom. pl. masc. . . . . . αἰνέω
   ἤκουσαν 3 p. pl. 1 aor. act. ind. . . . . ἀκούω
   εἶδον 3 p. pl. 2 aor. act. ind. . . . . δράω
   ἐλαλήθη 3 p. sing. 1 aor. pass. ind. . . . . λαλέω
21 ἐπλήσθησαν 3 p. pl. 1 aor. pass. ind. . . . . . πίμπλημι
   περιτεμεῖν 2 aor. act. infin. . . . . περιτέμνω
   ἐκλήθη 3 p. sing. 1 aor. pass. ind. . . . . καλέω
   κληθέν 1 aor. pass. ptc. nom. sing. neut. . . . . . . id.
   συλλημφθῆναι 1 aor. pass. infin. . . . . . συλλαμβάνω
22 ἀνήγαγον 3 p. pl. 2 aor. act. ind. Att. . . . . . .ἀνάγω
   παραστῆσαι 1 aor. act. infin. . . . . παρίστημι
23 γέγραπται 3 p. sing. perf. pass. ind. . . . . .γράφω
   διανοῖγον pres. act. ptc. nom. sing. neut. . . .διανοίγω
   κληθήσεται 3 p. sing.1 fut. pass. ind. . . . . . .καλέω
24 δοῦναι 2 aor. act. infin. . . . . .δίδωμι
   εἰρημένον perf. pass. ptc. nom. and acc. sing. n. . εἶπον
25 ἦν 3 p. sing. imperf. act. ind. . . . . εἰμί
   προσδεχόμενος pres. mid. ptc. nom. sing. m. προσδέχομαι
26 κεχρηματισμένον perf. pass. ptc. nom. s. neut. χρηματίζω
   ἰδεῖν 2 aor. act. infin. . . . . δράω
   ἴδη 3 p. sing. 2 aor. act. subj. . . . . id.
27 ἦλθεν 3 p. sing. 2 aor. act. ind. . . . . ἔρχομαι
   εἰσαγαγεῖν 2 aor. act. infin. . . . . .εἰσάγω
   ποιῆσαι 1 aor. act. infin. . . . . .ποιέω
   εἰθισμένον perf. pass. ptc. acc. sing. neut. . . . ἐθίζω
28 ἐδέξατο 3 p. sing. 1 aor. mid. ind. . . . . δέχομαι
   εὐλόγησεν 3 p. sing. 1 aor. act. ind. . . . . . .εὐλογέω
   εἶπεν 3 p. sing. 2 aor. act. ind. . . . . .λέγω
29 ἀπολύεις 2 p. sing. pres. act. ind. . . . . ἀπολύω
31 ἡτοίμασας 2 p. sing. 1 aor. act. ind. . . . . . .ἑτοιμάζω
33 θαυμάζοντες pres. act. ptc. nom. pl. masc. . . . θαυμάζω
   λαλουμένοις pres. pass. ptc. dat. pl. neut. . . . .λαλέω
34 κεῖται 3 p. sing. pres. mid. ind. . . . . .κεῖμαι
   ἀντιλεγόμενον pres. pass. ptc. acc. s. neut. . . ἀντιλέγω
35 διελεύσεται 3 p. sing. fut. mid. ind. . . . . . .διέρχομαι

ἀποκαλυφθῶσιν 3 p. pl. 1 aor. pass. subj... ἀποκαλύπτω
36 προβεβηκυῖα perf. act. ptc. nom. sing. fem... προβαίνω
ζήσασα 1 aor. act. ptc. nom. sing. fem........ζάω
37 ἀφίστατο 3 p. sing. imperf. mid. ind...... ἀφίστημι
λατρεύουσα pres. act. ptc. nom. sing. fem.... λατρεύω
38 ἐπιστᾶσα 2 aor. act. ptc. nom. sing. fem.... ἐφίστημι
ἀνθωμολογεῖτο 3 p. sing. impf. mid. ind. ἀνθομολογέομαι
ἐλάλει 3 p. sing. imperf. act. ind......... λαλέω
προσδεχομένοις pres. mid. ptc. dat. pl. m.. προσδέχομαι
39 ἐτέλεσαν 3 p. pl. 1 aor. act. ind........ τελέω
ἐπέστρεφαν 3 p. pl. 1 aor. act. ind...... ἐπιστρέφω
40 ηὔξανεν 3 p. sing. imperf. act. ind....... αὐξάνω
ἐκραταιοῦτο 3 p. sing. imperf. pass. ind... κραταιδόω
πληρούμενον pres. pass. ptc. nom. sing. neut... πληρόω
41 ἐπορεύοντο 3 p. pl. imperf. mid. ind. ... πορεύομαι
42 ἐγένετο 3 p. sing. 2 aor. mid. ind........γίνομαι
ἀναβαινόντων pres. act. ptc. gen. pl. masc... ἀναβαίνω
43 τελειωσάντων 1 aor. act. ptc. gen. pl. masc... τελειόω
ὑποστρέφειν pres. act. infin......... ὑποστρέφω
ὑπέμεινεν 3 p. sing. 1 aor. act. ind...... ὑπομένω
ἔγνωσαν 3 p. pl. 2 aor. act. ind....... γινώσκω
44 νομίσαντες 1 aor. act. ptc. nom. pl. masc.....νομίζω
εἶναι pres. act. infin.............εἰμί
ἦλθον 1 p. sing. and 3 p. pl. 2 aor. act. ind...ἔρχομαι
ἀνεζήτουν 3 p. pl. imperf. act. ind......ἀναζητέω
45 εὑρόντες 2 aor. act. ptc. nom. pl. masc......εὑρίσκω
ὑπέστρεφαν 3 p. pl. 1 aor. act. ind...... ὑποστρέφω
ἀναζητοῦντες pres. act. ptc. nom. pl. masc... ἀναζητέω
46 εὗρον 1 p. sing. and 3 p. pl. 2 aor. act. ind.. εὑρίσκω
καθεζόμενον pres. mid. ptc. acc. sing. masc.. καθέζομαι
ἀκούοντα pres. act. ptc. acc. sing. masc...... ἀκούω
ἐπερωτῶντα pres. act. ptc. acc. sing. masc... ἐπερωτάω
47 ἐξίσταντο 3 p. pl. imperf. mid. ind....... ἐξίστημι
ἀκούοντες pres. act. ptc. nom. pl. masc...... ἀκούω
48 ἰδόντες 2 aor. act. ptc. nom. pl. masc....... δράω
ἐξεπλάγησαν 3 p. pl. 2 aor. pass. ind.....ἐκπλήσσω
εἶπεν 3 p. sing. 2 aor. act. ind..........λέγω
ἐποίησας 2 p. sing. 1 aor. act. ind.......ποιέω
ὀδυνώμενοι pres. pass. ptc. nom. pl. masc.....ὀδυνάω
ζητοῦμεν 1 p. pl. pres. act. ind.........ζητέω
49 ἐζητεῖτε 2 p. pl. imper. act. ind.........id.
ᾔδειτε 2 p. pl. plupf. act. ind..........οἶδα
δεῖ 3 p. sing. pres. act. impers..........δεῖ
50 ἐλάλησεν 3 p. sing. 1 aor. act. ind........ λαλέω
συνῆκαν 3 p. pl. 1 aor. act. ind........συνίημι
51 κατέβη 3 p. sing. 2 aor. act. ind...... καταβαίνω
ἦλθεν 3 p. sing. 2 aor. act. ind......... ἔρχομαι
ἦν 3 p. sing. imperf. act. ind..........εἰμί
ὑποτασσόμενος pres. mid. ptc. nom. sing. masc. ὑποτάσσω
διετήρει 3 p. sing. imperf. act. ind...... διατηρέω
52 προέκοπτεν 3 p. sing. imperf. act. ind..... προκόπτω

3

1 ἡγεμονεύοντος pres. act. ptc. gen. sing. m.. ἡγεμονεύω
τετρααρχοῦντος pres. act. ptc. gen. sing. m.. τετραρχέω

2 ἐγένετο 3 p. sing. 2 aor. mid. ind. . . . . γίνομαι
3 ἦλθεν 3 p. sing. 2 aor. act. ind. . . . . ἔρχομαι
  κηρύσσων pres. act. ptc. nom. sing. masc. . . . .κηρύσσω
4 γέγραπται 3 p. sing. perf. pass. ind. . . . . .γράφω
  βοῶντος pres. act. ptc. gen. sing. masc. . . . . . . βοάω
  ἑτοιμάσατε 2 p. pl. 1 aor. act. imper. . . . . .ἑτοιμάζω
  ποιεῖτε 2 p. pl. pres. act. ind. and imper. . . . .ποιέω
5 πληρωθήσεται 3 p. sing. fut. pass. ind. . . . . . πληρόω
  ταπεινωθήσεται 3 p. sing. fut. pass. ind. . . . ταπεινόω
  ἔσται 3 p. sing. fut. mid. ind. . . . . εἰμί
6 ὄψεται 3 p. sing. fut. mid. ind. . . . . ὁράω
7 ἔλεγεν 3 p. sing. imperf. act. ind. . . . . .λέγω
  ἐκπορευομένοις pres. mid. ptc. dat. pl. m. . ἐκπορεύομαι
  βαπτισθῆναι 1 aor. pass. infin. . . . . .βαπτίζω
  ὑπέδειξεν 3 p. sing. 1 aor. act. ind. . . . ὑποδείκνυμι
  φυγεῖν 2 aor. act. infin. . . . . φεύγω
  μελλούσης pres. act. ptc. gen. sing. fem. . . . . μέλλω
8 ποιήσατε 2 p. pl. 1 aor. act. imper. . . . . ποιέω
  ἄρξησθε 2 p. pl. 1 aor. mid. subj. . . . . ἄρχω
  λέγειν pres. act. infin. . . . . λέγω
  ἔχομεν 1 p. pl. pres. act. ind. . . . . ἔχω
  δύναται 3 p. sing. pres. pass. ind. . . . . . . δύναμαι
  ἐγεῖραι 1 aor. act. infin. . . . . ἐγείρω
9 κεῖται 3 p. sing. pres. mid. ind. . . . . κεῖμαι
  ποιοῦν pres. act. ptc. nom. sing. neut. . . . . . ποιέω
  ἐκκόπτεται 3 p. sing. pres. pass. ind. . . . . . ἐκκόπτω
  βάλλεται 3 p. sing. pres. pass. ind. . . . . . . βάλλω
10 ἐπηρώτων 3 p. pl. imperf. act. ind. . . . . ἐπερωτάω
  λέγοντες pres. act. ptc. nom. pl. masc. . . . . . λέγω
  ποιήσωμεν 1 p. pl. 1 aor. act. subj. . . . . . . ποιέω
11 ἀποκριθείς 1 aor. pass. ptc. nom. sing. m. . ἀποκρίνομαι
  ἔχων pres. act. ptc. nom. sing. masc. . . . . . . ἔχω
  ἔχοντι pres. act. ptc. dat. sing. masc. . . . . . . id.
  ποιείτω 3 p. sing. pres. act. imper. . . . . . . .ποιέω
12 ἦλθον 1 p. sing. and 3 p. pl. 2 aor. act. ind. . .ἔρχομαι
  βαπτισθῆναι 1 aor. pass. infin. . . . . .βαπτίζω
  εἶπαν 3 p. pl. 2 aor. act. ind. . . . . .λέγω
  ποιήσωμεν 1 p. pl. 1 aor. act. subj. . . . . . . ποιέω
13 εἶπεν 3 p. sing. 2 aor. act. ind. . . . . .λέγω
  διατεταγμένον perf. pass. ptc. acc. sing. n. . .διατάσσω
  πράσσετε 2 p. pl. pres. act. imper. . . . . . . πράσσω
14 ἐπηρώτων 3 p. pl. imperf. act. ind. . . . . . . ἐπερωτάω
  στρατευόμενοι pres. mid. ptc. nom. pl. masc. . .στρατεύω
  λέγοντες pres. act. ptc. nom. pl. masc. . . . . . . λέγω
  ποιήσωμεν 1 p. pl. 1 aor. act. subj. . . . . . . ποιέω
  διασείσητε 2 p. pl. 1 aor. act. subj. . . . . .διασείω
  συκοφαντήσητε 2 p. pl. 1 aor. act. subj. . . συκοφαντέω
  ἀρκεῖσθε 2 p. pl. pres. pass. imper. . . . . . .ἀρκέω
15 προσδοκῶντος pres. act. ptc. gen. sing. m. . . προσδοκάω
  διαλογιζομένων pres. mid. ptc. gen. pl. m. διαλογίζομαι
  εἴη 3 p. sing. pres. act. opt. . . . . εἰμί
16 ἀπεκρίνατο 3 p. sing. 1 aor. mid. ind. . . .ἀποκρίνομαι
  λέγων pres. act. ptc. nom. sing. masc. . . . . . . λέγω
  βαπτίζω 1 p. sing. pres. act. ind. . . . . βαπτίζω
  ἔρχεται 3 p. sing. pres. mid. ind. . . . . .ἔρχομαι

λῦσαι 1 aor. act. infin. . . . . λύω
βαπτίσει 3 p. sing. fut. act. ind. . . . . βαπτίζω
17 διακαθᾶραι 1 aor. act. infin. . . . . διακαθαίρω
συναγαγεῖν 2 aor. act. infin. . . . . συνάγω
κατακαύσει 3 p. sing. fut. act. ind. . . . . . .κατακαίω
18 παρακαλῶν pres. act. ptc. nom. sing. masc. . . παρακαλέω
εὐηγγελίζετο 3 p. sing. imperf. mid. ind. . . εὐαγγελίζω
19 ἐλεγχόμενος pres. pass. ptc. nom. sing. masc. . . ἐλέγχω
ἐποίησεν 3 p. sing. 1 aor. act. ind. . . . . ποιέω
20 προσέθηκεν 3 p. sing. 1 aor. act. ind. . . . προστίθημι
κατέκλεισεν 3 p. sing. 1 aor. act. ind. . . . κατακλείω
21 ἐγένετο 3 p. sing. 2 aor. mid. ind. . . . . . . .γίνομαι
βαπτισθῆναι 1 aor. pass. infin. . . . . .βαπτίζω
βαπτισθέντος 1 aor. pass. ptc. gen. sing. masc. . . . id.
προσευχομένου pres. mid. ptc. gen. sing. m. προσεύχομαι
ἀνεῳχθῆναι 1 aor. pass. infin. . . . . .ἀνοίγω
22 καταβῆναι 2 aor. act. infin. . . . . καταβαίνω
γενέσθαι 2 aor. act. infin. . . . . .γίνομαι
εὐδόκησα 1 p. sing. 1 aor. act. ind. . . . . . . εὐδοκέω
23 ἦν 3 p. sing. imperf. act. ind. . . . . .εἰμί
ἀρχόμενος pres. mid. ptc. nom. sing. masc. . . . . .ἄρχω
ὤν pres. act. ptc. nom. sing. masc. . . . . εἰμί
ἐνομίζετο 3 p. sing. imperf. pass. ind. . . . . . νομίζω

4

1 ὑπέστρεφεν 3 p. sing. 1 aor. act. ind. . . . . ὑποστρέφω
ἤγετο 3 p. sing. imperf. pass. ind. . . . . ἄγω
2 πειραζόμενος pres. pass. ptc. nom. sing. masc. . πειράζω
ἔφαγεν 3 p. sing. 2 aor. act. ind. . . . . .ἐσθίω
συντελεσθεισῶν 1 aor. pass. ptc. gen. pl. fem. .συντελέω
ἐπείνασεν 3 p. sing. 1 aor. act. ind. . . . . . . πεινάω
3 εἶπεν 3 p. sing. 2 aor. act. ind. . . . . .λέγω
εἶ 2 p. sing. pres. act. ind. . . . . .εἰμί
εἰπέ 2 p. sing. 2 aor. act. imper. . . . . λέγω
γένηται 3 p. sing. 2 aor. mid. subj. . . . . . . .γίνομαι
4 ἀπεκρίθη 3 p. sing. 1 aor. pass. ind. . . . ἀποκρίνομαι
γέγραπται 3 p. sing. perf. pass. ind. . . . . . . .γράφω
ζήσεται 3 p. sing. fut. mid. ind. . . . . ζάω
5 ἀναγαγών 2 aor. act. ptc. nom. sing. masc. . . . . ἀνάγω
ἔδειξεν 3 p. sing. 1 aor. act. ind. . . . . . . .δείκνυμι
6 δώσω 1 p. sing. fut. act. ind. . . . . δίδωμι
παραδέδοται 3 p. sing. perf. pass. ind. . . . παραδίδωμι
7 προσκυνήσῃς 2 p. sing. 1 aor. act. subj. . . . προσκυνέω
ἔσται 3 p. sing. fut. mid. ind. . . . . .εἰμί
8 ἀποκριθείς 1 aor. pass. ptc. nom. sing. m. .ἀποκρίνομαι
προσκυνήσεις 2 p. sing. fut. act. ind. . . . . . προσκυνέω
λατρεύσεις 2 p. sing. fut. act. ind. . . . . . . .λατρεύω
9 ἤγαγεν 3 p. sing. 2 aor. act. ind. . . . . .ἄγω
ἔστησεν 3 p. sing. 1 aor. act. ind. . . . . .ἵστημι
βάλε 2 p. sing. 2 aor. act. imper. . . . . .βάλλω
10 ἐντελεῖται 3 p. sing. fut. mid. ind. . . . . . .ἐντέλλομαι
διαφυλάξαι 1 aor. act. infin. . . . . διαφυλάσσω
11 προσκόψῃς 2 p. sing. 1 aor. act. subj. . . . . προσκόπτω
12 εἴρηται 3 p. sing. perf. pass. ind. . . . . .εἶπον
ἐκπειράσεις 2 p. sing. fut. act. ind. . . . . . .ἐκπειράζω

13 συντελέσας 1 aor. act. ptc. nom. sing. masc. . .συντελέω
    ἀπέστη 3 p. sing. 2 aor. act. ind. . . . . ἀφίστημι
14 ὑπέστρεφεν 3 p. sing. 1 aor. act. ind. . . . . ὑποστρέφω
    ἐξῆλθεν 3 p. sing. 2 aor. act. ind. . . . . . .ἐξέρχομαι
15 ἐδίδασκεν 3 p. sing. imperf. act. ind. . . . . . . διδάσκω
    δοξαζόμενος pres. pass. ptc. nom. sing. masc. . . δοξάζω
16 ἦλθεν 3 p. sing. 2 aor. act. ind. . . . . ἔρχομαι
    ἦν 3 p. sing. imperf. act. ind. . . . . εἰμί
    τεθραμμένος perf. pass. ptc. nom. sing. masc. . . .τρέφω
    εἰσῆλθεν 3 p. sing. 2 aor. act. ind. . . . . .εἰσέρχομαι
    ἀνέστη 3 p. sing. 2 aor. act. ind. . . . . ἀνίστημι
    ἀναγνῶναι 2 aor. act. infin. . . . . .ἀναγινώσκω
    εἰωθός 2 perf. act. ptc. acc. sing. neut. . . . . . . ἔθω
17 ἐπεδόθη 3 p. sing. 1 aor. pass. ind. . . . . . ἐπιδίδωμι
    ἀνοίξας 1 aor. act. ptc. nom. sing. masc. . . . . ἀνοίγω
    εὖρεν 3 p. sing. 2 aor. act. ind. . . . . εὑρίσκω
    γεγραμμένον perf. pass. ptc. nom. or acc. s. neut. γράφω
18 ἔχρισεν 3 p. sing. 1 aor. act. ind. . . . . χρίω
    εὐαγγελίσασθαι 1 aor. mid. infin. . . . . . εὐαγγελίζω
    ἀπέσταλκεν 3 p. sing. perf. act. ind. . . . .ἀποστέλλω
    κηρῦξαι 1 aor. act. infin. . . . . .κηρύσσω
    ἀποστεῖλαι 1 aor. act. infin. . . . . ἀποστέλλω
    τεθραυσμένους perf. pass. ptc. acc. pl. masc. . . .θραύω
20 πτύξας 1 aor. act. ptc. nom. sing. masc. . . . . . .πτύσσω
    ἀποδούς 2 aor. act. ptc. nom. sing. masc. . . . ἀποδίδωμι
    ἐκάθισεν 3 p. sing. 1 aor. act. ind. . . . . . . καθίζω
    ἀτενίζοντες pres. act. ptc. nom. pl. masc. . . . ἀτενίζω
    ἦσαν 3 p. pl. imperf. act. ind. . . . . εἰμί
21 ἤρξατο 3 p. sing. 1 aor. mid. ind. . . . . ἄρχω
    λέγειν pres. act. infin. . . . . λέγω
    πεπλήρωται 3 p. sing. perf. pass. ind. . . . . . .πληρόω
22 ἐμαρτύρουν 3 p. pl. imperf. act. ind. . . . . . .μαρτυρέω
    ἐθαύμαζον 3 p. pl. imperf. act. ind. . . . . . . θαυμάζω
    ἐκπορευομένος pres. mid. ptc. dat. pl. m. . . ἐκπορεύομαι
    ἔλεγον 1 p. sing. and 3 p. pl. imperf. act. ind. . . λέγω
    ἐστιν 3 p. sing. pres. act. ind. . . . . εἰμί
23 εἶπεν 3 p. sing. 2 aor. act. ind. . . . . .λέγω
    ἐρεῖτε 2 p. pl. fut. act. ind. . . . . id.
    θεράπευσον 2 p. sing. 1 aor. act. imper. . . . .θεραπεύω
    ἠκούσαμεν 1 p. pl. 1 aor. act. ind. . . . . .ἀκούω
    γενόμενα 2 aor. mid. ptc. acc. pl. neut. . . . . .γίνομαι
    ποίησον 2 p. sing. 1 aor. act. imper. . . . . . . .ποιέω
25 ἐκλείσθη 3 p. sing. 1 aor. pass. ind. . . . . . . .κλείω
    ἐγένετο 3 p. sing. 2 aor. mid. ind. . . . . . . .γίνομαι
26 ἐπέμφθη 3 p. sing. 1 aor. pass. ind. . . . . .πέμπω
27 ἐκαθαρίσθη 3 p. sing. 1 aor. pass. ind. . . . . καθαρίζω
28 ἐπλήσθησαν 3 p. pl. 1 aor. pass. ind. . . . . . .πίμπλημι
    ἀκούοντες pres. act. ptc. nom. pl. masc. . . . . . ἀκούω
29 ἀναστάντες 2 aor. act. ptc. nom. pl. masc. . . ἀνίστημι
    ἐξέβαλον 3 p. pl. 2 aor. act. ind. . . . . . . .ἐκβάλλω
    ἤγαγον 3 p. pl. 2 aor. act. ind. . . . . ἄγω
    ᾠκοδόμητο 3 p. sing. plupf. pass. ind. . . . . οἰκοδομέω
    κατακρημνίσαι 1 aor. act. infin. . . . . . .κατακρημνίζω
30 διελθών 2 aor. act. ptc. nom. sing. masc. . . . διέρχομαι
    ἐπορεύετο 3 p. sing. imperf. mid. ind. . . . . .πορεύομαι

31 κατῆλθεν 3 p. sing. 2 aor. act. ind. . . . . .κατέρχομαι
   ἦν 3 p. sing. imperf. act. ind. . . . . εἰμί
   διδάσκων pres. act. ptc. nom. sing. masc. . . . . .διδάσκω
32 ἐξεπλήσσοντο 3 p. pl. imperf. pass. ind. . . . . . ἐκπλήσσω
33 ἔχων pres. act. ptc. nom. sing. masc. . . . . .ἔχω
   ἀνέκραξεν 3 p. sing. 1 aor. act. ind. . . . . . . ἀνακράζω
34 ἦλθες 2 p. sing. 2 aor. act. ind. . . . . ἔρχομαι
   ἀπολέσαι 1 aor. act. infin. . . . . ἀπόλλυμι
   οἶδα 1 p. sing. perf. act. ind. . . . . .οἶδα
35 ἐπετίμησεν 3 p. sing. 1 aor. act. ind. . . . . . .ἐπιτιμάω
   λέγων pres. act. ptc. nom. sing. masc. . . . . λέγω
   φιμώθητι 2 p. sing. 1 aor. pass. imper. . . . . . . .φιμόω
   ἔξελθε 2 p. sing. 2 aor. act. imper. . . . . . .ἐξέρχομαι
   ῥῖψαν 1 aor. act. ptc. nom. sing. neut. . . . . . . .ῥίπτω
   ἐξῆλθεν 3 p. sing. 2 aor. act. ind. . . . . . .ἐξέρχομαι
   βλάψαν 1 aor. act. ptc. nom. sing. neut. . . . . . .βλάπτω
36 ἐγένετο 3 p. sing. 2 aor. mid. ind. . . . . . . .γίνομαι
   συνελάλουν 3 p. pl. imperf. act. ind. . . . . . .συλλαλέω
   λέγοντες pres. act. ptc. nom. pl. masc. . . . . . . λέγω
   ἐπιτάσσει 3 p. sing. pres. act. ind. . . . . . .ἐπιτάσσω
   ἐξέρχονται 3 p. pl. pres. mid. ind. . . . . . .ἐξέρχομαι
37 ἐξεπορεύετο 3 p. sing. imperf. mid. ind. . . .ἐκπορεύομαι
38 ἀναστάς 2 aor. act. ptc. nom. sing. masc. . . . .ἀνίστημι
   εἰσῆλθεν 3 p. sing. 2 aor. act. ind. . . . . .εἰσέρχομαι
   συνεχομένη pres. pass. ptc. acc. sing. masc. . . .συνέχω
   ἠρώτησαν 3 p. pl. 1 aor. act. ind. . . . . .ἐρωτάω
39 ἐπιστάς 2 aor. act. ptc. nom. sing. masc. . . . .ἐφίστημι
   ἐπετίμησεν 3 p. sing. 1 aor. act. ind. . . . . .ἐπιτιμάω
   ἀφῆκεν 3 p. sing. 1 aor. act. ind. . . . . .ἀφίημι
   ἀναστᾶσα 2 aor. act. ptc. nom. sing. fem. . . . .ἀνίστημι
   διηκόνει 3 p. sing. imperf. act. ind. . . . . . .διακονέω
40 δύνοντος pres. act. ptc. gen. sing. masc. . . . . . .δύνω
   εἶχον 1 p. sing. and 3 p. pl. imperf. act. ind. . . . .ἔχω
   ἀσθενοῦντας pres. act. ptc. acc. pl. masc. . . .ἀσθενέω
   ἤγαγον 3 p. pl. 2 aor. act. ind. . . . . .ἄγω
   ἐπιτιθείς pres. act. ptc. nom. sing. masc. . . .ἐπιτίθημι
   ἐθεράπευεν 3 p. sing. imperf. act. ind. . . . . .θεραπεύω
41 ἐξήρχετο 3 p. sing. imperf. mid. ind. . . . . .ἐξέρχομαι
   κραυγάζοντα pres. act. ptc. nom. pl. neut. . . .κραυγάζω
   λέγοντα pres. act. ptc. nom. pl. neut. . . . . . . .λέγω
   ἐπιτιμῶν pres. act. ptc. nom. sing. masc. . . . .ἐπιτιμάω
   εἴα 3 p. sing. imperf. act. ind. . . . . .ἐάω
   λαλεῖν pres. act. infin. . . . . .λαλέω
   ᾔδεισαν 3 p. pl. plupf. act. ind. . . . . .οἶδα
   εἶναι pres. act. infin. . . . . εἰμί
42 γενομένης 2 aor. mid. ptc. gen. sing. fem. . . . γίνομαι
   ἐξελθών 2 aor. act. ptc. nom. sing. masc. . . .ἐξέρχομαι
   ἐπορεύθη 3 p. sing. 1 aor. pass. ind. . . . . .πορεύομαι
   ἐπεζήτουν 3 p. pl. imperf. act. ind. . . . . . .ἐπιζητέω
   ἦλθον 1 p. sing. and 3 p. pl. 2 aor. act. ind. . .ἔρχομαι
   κατεῖχον 3 p. pl. imperf. act. ind. . . . . . . .κατέχω
   πορεύεσθαι pres. mid. infin. . . . . .πορεύομαι
43 εἶπεν 3 p. sing. 2 aor. act. ind. . . . . .λέγω
   εὐαγγελίσασθαι 1 aor. mid. infin. . . . . . . .εὐαγγελίζω
   δεῖ 3 p. sing. pres. act. impers. . . . . .δεῖ

ἀπεστάλην 1 p. sing. 2 aor. pass. ind. . . . . ἀποστέλλω
44 ἦν 3 p. sing. imperf. act. ind. . . . . εἰμί
κηρύσσων pres. act. ptc. nom. sing. masc. . . . .κηρύσσω

5

1 ἐγένετο 3 p. sing. 2 aor. mid. ind. . . . . γίνομαι
ἐπικεῖσθαι pres. mid. infin. . . . . .ἐπίκειμαι
ἀκούειν pres. act. infin. . . . . .ἀκούω
ἑστώς perf. act. ptc. nom. sing. m. or acc. s. ne. ἵστημι
2 εἶδεν 3 p. sing. 2 aor. act. ind. . . . . ὁράω
ἑστῶτα perf. act. ptc. acc. sing. m. and pl. ne. . ἵστημι
ἀποβάντες 2 aor. act. ptc. nom. pl. masc. . . . ἀποβαίνω
ἔπλυνον 3 p. pl. imperf. act. ind. . . . . πλύνω
3 ἐμβάς 2 aor. act. ptc. nom. sing. masc. . . . . . ἐμβαίνω
ἠρώτησεν 3 p. sing. 1 aor. act. ind. . . . . . .ἐρωτάω
ἐπαναγαγεῖν 2 aor. act. infin. . . . . ἐπανάγω
καθίσας 1 aor. act. ptc. nom. sing. masc. . . . .καθίζω
ἐδίδασκεν 3 p. sing. imperf. act. ind. . . . . . διδάσκω
4 ἐπαύσατο 3 p. sing. 1 aor. mid. ind. . . . . . . .παύω
λαλῶν pres. act. ptc. nom. sing. masc. . . . . . .λαλέω
εἶπεν 3 p. sing. 2 aor. act. ind. . . . . .λέγω
ἐπανάγαγε 2 p. pl. 2 aor. act. imper. . . . . . .ἐπανάγω
χαλάσατε 2 p. pl. 1 aor. act. imper. . . . . χαλάω
5 ἀποκριθείς 1 aor. pass. ptc. nom. s. masc. . ἀποκρίνομαι
κοπιάσαντες 1 aor. act. ptc. nom. pl. masc. . . . κοπιάω
ἐλάβομεν 1 p. pl. 2 aor. act. ind. . . . . λαμβάνω
χαλάσω 1 p. sing. fut. act. ind. . . . . .χαλάω
6 ποιήσαντες 1 aor. act. ptc. nom. pl. masc. . . . .ποιέω
συνέκλεισαν 3 p. pl. 1 aor. act. ind. . . . . .συγκλείω
διερρήσσετο 3 p. sing. imperf. pass. ind. . . .διαρρήσσω
7 κατένευσαν 3 p. pl. 1 aor. act. ind. . . . . . .κατανεύω
ἐλθόντας 2 aor. act. ptc. acc. pl. masc. . . . . ἔρχομαι
συλλαβέσθαι 2 aor. mid. infin. . . . . .συλλαμβάνω
ἦλθαν 3 p. pl. 2 aor. act. ind. . . . . ἔρχομαι
ἔπλησαν 3 p. pl. 1 aor. act. ind. . . . . . . .πίμπλημι
βυθίζεσθαι pres. pass. infin. . . . . βυθίζω
8 ἰδών 2 aor. act. ptc. nom. sing. masc. . . . . ὁράω
προσέπεσεν 3 p. sing. 2 aor. act. ind. . . . . .προσπίπτω
λέγων pres. act. ptc. nom. sing. masc. . . . . λέγω
ἔξελθε 2 p. sing. 2 aor. act. imper. . . . . . .ἐξέρχομαι
9 περιέσχεν 3 p. sing. 2 aor. act. ind. . . . . . .περιέχω
συνέλαβον 3 p. pl. 2 aor. act. ind. . . . . . .συλλαμβάνω
10 ἦσαν 3 p. pl. imperf. act. ind. . . . . εἰμί
φοβοῦ 2 p. sing. pres. mid. imper. . . . . .φοβέω
ἔσῃ 2 p. sing. fut. mid. ind. . . . . .εἰμί
ζωγρῶν pres. act. ptc. nom. sing. masc. . . . . . ζωγρέω
11 καταγαγόντες 2 aor. act. ptc. nom. pl. masc. . . .κατάγω
ἀφέντες 2 aor. act. ptc. nom. pl. masc. . . . . .ἀφίημι
ἠκολούθησαν 3 p. pl. 1 aor. act. ind. . . . . ἀκολουθέω
12 εἶναι pres. act. infin. . . . . εἰμί
πεσών 2 aor. act. ptc. nom. sing. masc. . . . . . .πίπτω
ἐδεήθη 3 p. sing. 1 aor. pass. ind. . . . . . . .δέομαι
θέλῃς 2 p. sing. pres. act. subj. . . . . .θέλω
δύνασαι 2 p. sing. pres. pass. ind. . . . . . . .δύναμαι
καθαρίσαι 1 aor. act. infin. . . . . .καθαρίζω

13 ἐκτείνας 1 aor. act. ptc. nom. sing. masc. . . . ἐκτείνω
   ἥψατο 3 p. sing. 1 aor. mid. ind. . . . . ἅπτω
   καθαρίσθητι 2 p. sing. 1 aor. pass. imper. . . καθαρίζω
   ἀπῆλθεν 3 p. sing. 2 aor. act. ind. . . . . . . ἀπέρχομαι
14 παρήγγειλεν 3 p. sing. 1 aor. act. ind. . . . παραγγέλλω
   εἰπεῖν 2 aor. act. infin. . . . . λέγω
   ἀπελθών 2 aor. act. ptc. nom. sing. masc. . . . ἀπέρχομαι
   προσένεγκε 2 p. sing. 2 aor. act. imper. . . . .προσφέρω
   προσέταξεν 3 p. sing. 1 aor. act. ind. . . . . προστάσσω
15 διήρχετο 3 p. sing. imperf. mid. ind. . . . . .διέρχομαι
   συνήρχοντο 3 p. pl. imperf. mid. ind. . . . . .συνέρχομαι
   ἀκούειν pres. act. infin. . . . . ἀκούω
   θεραπεύεσθαι pres. pass. infin. . . . . θεραπεύω
16 ὑποχωρῶν pres. act. ptc. nom. sing. masc. . . . ὑποχωρέω
   προσευχόμενος pres. mid. ptc. nom. sing. m. προσεύχομαι
   ἦν 3 p. sing. imperf. act. ind. . . . . εἰμί
17 ἐγένετο 3 p. sing. 2 aor. mid. ind. . . . . γίνομαι
   διδάσκων pres. act. ptc. nom. sing. masc. . . . . διδάσκω
   ἦσαν 3 p. pl. imperf. act. ind. . . . . εἰμί
   καθήμενοι pres. mid. ptc. nom. pl. masc. . . . . κάθημαι
   ἐληλυθότες 2 perf. act. ptc. nom. pl. masc. . . .ἔρχομαι
   ἰᾶσθαι pres. mid. infin. . . . . ἰάομαι
18 φέροντες pres. act. ptc. nom. pl. masc. . . . . . . .φέρω
   παραλελυμένος perf. pass. ptc. nom. sing. masc. .παραλύω
   ἐζήτουν 3 p. pl. imperf. act. ind. . . . . .ζητέω
   εἰσενεγκεῖν 2 aor. act. infin. . . . . εἰσφέρω
   θεῖναι 2 aor. act. infin. . . . . τίθημι
19 εὑρόντες 2 aor. act. ptc. nom. pl. masc. . . . . .εὑρίσκω
   εἰσενέγκωσιν 3 p. pl. 2 aor. act. subj. . . . . .εἰσφέρω
   ἀναβάντες 2 aor. act. ptc. nom. pl. masc. . . . ἀναβαίνω
   καθῆκαν 3 p. pl. 1 aor. act. ind. . . . . .καθίημι
20 ἰδών 2 aor. act. ptc. nom. sing. masc. . . . . δράω
   εἶπεν 3 p. sing. 2 aor. act. ind. . . . . λέγω
   ἀφέωνται 3 p. pl. perf. pass. ind. . . . . .ἀφίημι
21 ἤρξαντο 3 p. pl. 1 aor. mid. ind. . . . . .ἄρχω
   διαλογίζεσθαι pres. mid. infin. . . . . . . .διαλογίζομαι
   λέγοντες pres. act. ptc. nom. pl. masc. . . . . . . .λέγω
   λαλεῖ 3 p. sing. pres. act. ind. . . . . .λαλέω
   δύναται 3 p. sing. pres. pass. ind. . . . . δύναμαι
   ἀφεῖναι pres. act. infin. . . . . ἀφίημι
22 ἐπιγνούς 2 aor. act. ptc. nom. sing. masc. . . ἐπιγινώσκω
   ἀποκριθείς 1 aor. pass. ptc. nom. s. masc. . .ἀποκρίνομαι
   διαλογίζεσθε 2 p. pl. pres. mid. ind. . . . διαλογίζομαι
23 ἐστιν 3 p. sing. pres. act. ind. . . . . εἰμί
   ἀφέωνται 3 p. pl. perf. pass. ind. . . . . .ἀφίημι
   ἔγειρε 2 p. sing. pres. act. imper. . . . . .ἐγείρω
   περιπάτει 2 p. sing. pres. act. imper. . . . περιπατέω
24 εἰδῆτε 2 p. pl. perf. act. subj. . . . . οἶδα
   ἔχει 3 p. sing. pres. act. ind. . . . . ἔχω
   ἀφιέναι pres. act. infin. . . . . .ἀφίημι
   παραλελυμένῳ perf. pass. ptc. dat. sing. m. . . .παραλύω
   ἄρας 1 aor. act. ptc. nom. sing. masc. . . . . αἴρω
   πορεύου 2 p. sing. pres. mid. imper. . . . . . πορεύομαι
25 ἀναστάς 2 aor. act. ptc. nom. sing. masc. . . . .ἀνίστημι
   κατέκειτο 3 p. sing. imperf. mid. ind. . . . κατάκειμαι

ἀπῆλθεν 3 p. sing. 2 aor. act. ind. . . . . . ἀπέρχομαι
δοξάζων pres. act. ptc. nom. sing. masc. . . . . .δοξάζω
26 ἔλαβεν 3 p. sing. 2 aor. act. ind. . . . . λαμβάνω
ἐδόξαζον 3 p. pl. imperf. act. ind. . . . . δοξάζω
ἐπλήσθησαν 3 p. pl. 1 aor. pass. ind. . . . . . πίμπλημι
λέγοντες pres. act. ptc. nom. pl. masc. . . . . . . λέγω
εἴδομεν 1 p. pl. 2 aor. act. ind. . . . . ὁράω
27 ἐξῆλθεν 3 p. sing. 2 aor. act. ind. . . . . . .ἐξέρχομαι
ἐθεάσατο 3 p. sing. 1 aor. mid. ind. . . . . . . θεάομαι
καθήμενον pres. mid. ptc. acc. sing. masc. . . . κάθημαι
εἶπεν 3 p. sing. 2 aor. act. ind. . . . . .λέγω
ἀκολούθει 2 p. sing. pres. act. imper. . . . . ἀκολουθέω
28 καταλιπών 2 aor. act. ptc. nom. sing. masc. . καταλείπω
ἀναστάς 2 aor. act. ptc. nom. sing. masc. . . . .ἀνίστημι
ἠκολούθει 3 p. sing. imperf. act. ind. . . . ἀκολουθέω
29 ἐποίησεν 3 p. sing. 1 aor. act. ind. . . . . . . ποιέω
ἦσαν 3 p. pl. imperf. act. ind. . . . . εἰμί
κατακείμενοι pres. mid. ptc. nom. pl. masc. . κατάκειμαι
30 ἐγόγγυζον 3 p. pl. imperf. act. ind. . . . . . . γογγύζω
ἐσθίετε 2 p. pl. pres. act. imper. . . . . . . .ἐσθίω
πίνετε 2 p. pl. pres. act. ind. . . . . .πίνω
31 ἀποκριθείς 1 aor. pass. ptc. nom. s. m. . . . ἀποκρίνομαι
ἔχουσιν 3 p. pl. pres. act. ind. . . . . ἔχω
ὑγιαίνοντες pres. act. ptc. nom. pl. masc. . . . ὑγιαίνω
ἔχοντες pres. act. ptc. nom. pl. masc. . . . . ἔχω
32 ἐλήλυθα 1 p. sing. 2 perf. act. ind. . . . . . . ἔρχομαι
καλέσαι 1 aor. act. infin. . . . . καλέω
33 εἶπαν 3 p. pl. 2 aor. act. ind. . . . . .λέγω
νηστεύουσιν 3 p. pl. pres. act. ind. . . . . . . νηστεύω
ποιοῦνται 3 p. pl. pres. mid. ind. . . . . ποιέω
ἐσθίουσιν 3 p. pl. pres. act. ind. . . . . ἐσθίω
πίνουσιν 3 p. pl. pres. act. ind. . . . . πίνω
34 δύνασθε 2 p. pl. pres. pass. ind. . . . . δύναμαι
ποιῆσαι 1 aor. act. infin. . . . . ποιέω
νηστεῦσαι 1 aor. act. infin. . . . . νηστεύω
35 ἐλεύσονται 3 p. pl. fut. mid. ind. . . . . . . .ἔρχομαι
ἀπαρθῇ 3 p. sing. 1 aor. pass. subj. . . . . . . .ἀπαίρω
νηστεύσουσιν 3 p. pl. fut. act. ind. . . . . . . νηστεύω
36 ἔλεγεν 3 p. sing. imperf. act. ind. . . . . λέγω
ἐπιβάλλει 3 p. sing. pres. act. ind. . . . . . ἐπιβάλλω
σχίσει 3 p. sing. fut. act. ind. . . . . σχίζω
συμφωνήσει 3 p. sing. fut. act. ind. . . . . .συμφωνέω
37 βάλλει 3 p. sing. pres. act. ind. . . . . βάλλω
ῥήξει 3 p. sing. fut. act. ind. . . . . .ῥήγνυμι
ἐκχυθήσεται 3 p. sing. 1 fut. pass. ind. . . . . . ἐκχέω
ἀπολοῦνται 3 p. pl. fut. mid. ind. . . . . . . ἀπόλλυμι
39 θέλει 3 p. sing. pres. act. ind. . . . . θέλω
λέγει 3 p. sing. pres. act. ind. . . . . λέγω
ἔστιν 3 p. sing. pres. act. ind. . . . . εἰμί

6

1 ἐγένετο 3 p. sing. 2 aor. mid. ind. . . . . γίνομαι
διαπορεύεσθαι pres. mid. infin. . . . . . .διαπορεύομαι
ἔτιλλον 3 p. pl. imperf. act. ind. . . . . τίλλω
ἤσθιον 3 p. pl. imperf. act. ind. . . . . ἐσθίω

ψώχοντες pres. act. ptc. nom. pl. masc. . . . . . . ψώχω
2 εἶπαν 3 p. pl. 2 aor. act. ind. . . . . λέγω
  ποιεῖτε 2 p. pl. pres. act. ind. and imper. . . . .ποιέω
  ἔξεστιν 3 p. sing. pres. impers. verb . . . . . . ἔξειμι
3 ἀποκριθείς 1 aor. pass. ptc. nom. s. masc. . ἀποκρίνημαι
  εἶπεν 3 p. sing. 2 aor. act. ind. . . . . λέγω
  ἀνέγνωτε 2 p. pl. 2 aor. act. ind. . . . . . ἀναγινώσκω
  ἐποίησεν 3 p. sing. 1 aor. act. ind. . . . . . . ποιέω
  ἐπείνασεν 3 p. sing. 1 aor. act. ind. . . . . . . πεινάω
  ὄντες pres. act. ptc. nom. pl. masc. . . . . εἰμί
4 εἰσῆλθεν 3 p. sing. 2 aor. act. ind. . . . . εἰσέρχομαι
  λαβών 2 aor. act. ptc. nom. sing. masc. . . . . . λαμβάνω
  ἔφαγεν 3 p. sing. 2 aor. act. ind. . . . . ἐσθίω
  ἔδωκεν 3 p. sing. 1 aor. act. ind. . . . . δίδωμι
  φαγεῖν 2 aor. act. infin. . . . . ἐσθίω
5 ἔλεγεν 3 p. sing. imperf. act. ind. . . . . λέγω
6 ἐγένετο 3 p. sing. 2 aor. mid. ind. . . . . . . γίνομαι
  εἰσελθεῖν 2 aor. act. infin. . . . . εἰσέρχομαι
  διδάσκειν pres. act. infin. . . . . .διδάσκω
  ἦν 3 p. sing. imperf. act. ind. . . . . εἰμί
7 παρετηροῦντο 3 p. pl. imperf. mid. ind. . . . . παρατηρέω
  θεραπεύει 3 p. sing. pres. act. ind. . . . . . .θεραπεύω
  εὕρωσιν 3 p. pl. 2 aor. act. subj. . . . . εὑρίσκω
  κατηγορεῖν pres. act. infin. . . . . κατηγορέω
8 ᾔδει 3 p. sing. plupf. act. ind. . . . . οἶδα
  ἔχοντι pres. act. ptc. dat. sing. masc. . . . . . . ἔχω
  ἔγειρε 2 p. sing. pres. act. imper. . . . . . . .ἐγείρω
  στῆθι 2 p. sing. 2 aor. act. imper. . . . . . . .ἵστημι
  ἀναστάς 2 aor. act. ptc. nom. sing. masc. . . . ἀνίστημι
  ἔστη 3 p. sing. 2 aor. act. ind. . . . . ἵστημι
9 ἐπερωτῶ 1 p. sing. pres. act. ind. . . . . ἐπερωτάω
  ἀγαθοποιῆσαι 1 aor. act. infin. . . . . .ἀγαθοποιέω
  κακοποιῆσαι 1 aor. act. infin. . . . . κακοποιέω
  σῶσαι 1 aor. act. infin. . . . . σώζω
  ἀπολέσαι 1 aor. act. infin. . . . . .ἀπόλλυμι
10 περιβλεψάμενος 1 aor. mid. ptc. nom. s. masc. περιβλέπω
  ἔκτεινον 2 p. sing. 1 aor. act. imper. . . . . . ἐκτείνω
  ἀπεκατεστάθη 3 p. sing. 1 aor. pass. ind. .ἀποκαθίστημι
11 ἐπλήσθησαν 3 p. pl. 1 aor. pass. ind. . . . . . πίμπλημι
  διελάλουν 3 p. pl. imperf. act. ind. . . . . . .διαλαλέω
  ποιήσαιεν 3 p. pl. 1 aor. act. opt. . . . . . . .ποιέω
12 ἐξελθεῖν 2 aor. act. infin. . . . . .ἐξέρχομαι
  προσεύξασθαι 1 aor. mid. infin. . . . . προσεύχομαι
  διανυκτερεύων pres. act. ptc. nom. s. m. . . διανυκτερεύω
13 προσεφώνησεν 3 p. sing. 1 aor. act. ind. . . . .προσφωνέω
  ἐκλεξάμενος 1 aor. mid. ptc. nom. sing. masc. . . ἐκλέγω
  ὠνόμασεν 3 p. sing. 1 aor. act. ind. . . . . . . ὀνομάζω
15 καλούμενον pres. act. pass. ptc. acc. sing. masc. . . . καλέω
17 καταβάς 2 aor. act. ptc. nom. sing. masc. . . . καταβαίνω
18 ἦλθον 1 p. s. and 3 p. pl. 2 aor. act. ind. . . . ἔρχομαι
  ἀκοῦσαι 1 aor. act. infin. . . . . .ἀκούω
  ἰαθῆναι 1 aor. pass. infin. . . . . .ἰάομαι
  ἐνοχλούμενοι pres. pass. ptc. nom. pl. masc. . . ἐνοχλέω
  ἐθεραπεύοντο 3 p. pl. imperf. pass. ind. . . . .θεραπεύω
19 ἐζήτουν 3 p. pl. imperf. act. ind. . . . . .ζητέω

ἅπτεσθαι pres. mid. infin. . . . . ἅπτω
ἐξήρχετο 3 p. sing. imperf. mid. ind. . . . . ἐξέρχομαι
ἰᾶτο 3 p. sing. imperf. mid. ind. . . . . ἰάομαι
20 ἐπάρας 1 aor. act. ptc. nom. sing. masc. . . . . . . ἐπαίρω
ἔλεγεν 3 p. sing. imperf. act. ind. . . . . λέγω
21 πεινῶντες pres. act. ptc. nom. pl. masc. . . . . . .πεινάω
χορτασθήσεσθε 2 p. pl. fut. pass. ind. . . . . . .χορτάζω
κλαίοντες pres. act. ptc. nom. pl. masc. . . . . κλαίω
γελάσετε 2 p. pl. fut. act. ind. . . . . γελάω
22 ἐστε 2 p. pl. pres. act. ind. . . . . .εἰμί
μισήσωσιν 3 p. pl. 1 aor. act. subj. . . . . .μισέω
ἀφορίσωσιν 3 p. pl. 1 aor. act. subj. . . . . . .ἀφορίζω
ὀνειδίσωσιν 3 p. pl. 1 aor. act. subj. . . . . .ὀνειδίζω
ἐκβάλωσιν 3 p. pl. 2 aor. act. subj. . . . . . .ἐκβάλλω
23 χάρητε 2 p. pl. 2 aor. pass. imper. . . . . χαίρω
σκιρτήσατε 2 p. pl. 1 aor. act. imper. . . . . . σκιρτάω
ἐποίουν 3 p. pl. imperf. act. ind. . . . . ποιέω
24 ἀπέχετε 2 p. pl. pres. act. ind. . . . . ἀπέχω
25 ἐμπεπλησμένοι perf. pass. ptc. nom. pl. masc. ἐμπίπλημι
πεινάσετε 2 p. pl. fut. act. ind. . . . . πεινάω
γελῶντες pres. act. ptc. nom. pl. masc. . . . . . .γελάω
πενθήσετε 2 p. pl. fut. act. ind. . . . . πενθέω
κλαύσετε 2 p. pl. fut. act. ind. . . . . κλαίω
26 εἴπωσιν 3 p. pl. 2 aor. act. subj. . . . . εἶπον
27 ἀκούουσιν pres. act. ptc. dat. pl. masc. . . . . . ἀκούω
ἀγαπᾶτε 2 p. pl. pres. act. imper. . . . . ἀγαπάω
ποιεῖτε 2 p. pl. pres. act. ind. or imper. . . . . . .ποιέω
μισοῦσιν pres. act. ptc. dat. pl. masc. . . . . . .μισέω
28 εὐλογεῖτε 2 p. pl. pres. act. imper. . . . . . εὐλογέω
καταρωμένους pres. mid. ptc. acc. pl. masc. . καταράομαι
προσεύχεσθε 2 p. pl. pres. mid. imper. . . . προσεύχομαι
ἐπηρεαζόντων pres. act. ptc. gen. pl. masc. . . . ἐπηρεάζω
29 τύπτοντι pres. act. ptc. dat. sing. masc. . . . . . τύπτω
πάρεχε 2 p. sing. pres. act. imper. . . . . .παρέχω
αἴροντος pres. act. ptc. gen. sing. masc. . . . . . . αἴρω
κωλύσῃς 2 p. sing. 1 aor. act. subj. . . . . .κωλύω
30 αἰτοῦντι pres. act. ptc. dat. sing. masc. . . . . . αἰτέω
δίδου 2 p. sing. pres. act. imper. . . . . δίδωμι
ἀπαίτει 2 p. sing. pres. act. imper. . . . . . . ἀπαιτέω
31 θέλετε 2 p. pl. pres. act. ind. . . . . .θέλω
ποιῶσιν 3 p. pl. pres. act. subj. . . . . ποιέω
32 ἀγαπᾶτε 2 p. pl. pres. act. ind. or imper. . . . .ἀγαπάω
ἀγαπῶντας pres. act. ptc. acc. pl. masc. . . . . id.
ἀγαπῶσιν 3 p. pl. pres. act. ind. . . . . id.
33 ἀγαθοποιῆτε 2 p. pl. pres. act. subj. . . . . ἀγαθοποιέω
ἀγαθοποιοῦντας pres. act. ptc. acc. pl. masc. . . . . id.
ποιοῦσιν 3 p. pl. pres. act. ind. . . . . ποιέω
34 δανείσητε 2 p. pl. 1 aor. act. subj. . . . . δανείζω
ἐλπίζετε 2 p. pl. pres. act. ind. . . . . ἐλπίζω
λαβεῖν 2 aor. act. infin. . . . . λαμβάνω
δανείζουσιν 3 p. pl. pres. act. ind. . . . . δανείζω
ἀπολάβωσιν 3 p. pl. 2 aor. act. subj. . . . . . ἀπολαμβάνω
35 ἀγαπᾶτε 2 p. pl. pres. act. imper. . . . . .ἀγαπάω
ἀγαθοποιεῖτε 2 p. pl. pres. act. imper. . . . ἀγαθοποιέω
δανείζετε 2 p. pl. pres. act. imper. . . . . δανείζω

ἀπελπίζοντες pres. act. ptc. nom. pl. masc. . . . ἀπελπίζω
ἔσται 3 p. sing. fut. mid. ind. . . . . εἰμί
ἔσεσθε 2 p. pl. fut. mid. ind. . . . . id.
36 γίνεσθε 2 p. pl. pres. mid. imper. . . . . γίνομαι
ἐστίν 3 p. sing. pres. act. ind. . . . . εἰμί
37 κρίνετε 2 p. pl. pres. act. ind. or imper. . . . . .κρίνω
κριθῆτε 2 p. pl. 1 aor. pass. subj. . . . . id.
καταδικάζετε 2 p. pl. pres. act. imper. . . . καταδικάζω
καταδικασθῆτε 2 p. pl. 1 aor. pass. subj. . . . . . . id.
ἀπολυθήσεσθε 2 p. pl. 1 fut. pass. ind. . . . . . . ἀπολύω
ἀπολύετε 2 p. pl. pres. act. ind. . . . . id.
38 δίδοτε 2 p. pl. pres. act. imper. . . . . δίδωμι
δοθήσεται 3 p. sing. 1 fut. pass. ind. . . . . id.
πεπιεσμένον perf. pass. ptc. acc. sing. neut. . . .πιέζω
σεσαλευμένον perf. pass. ptc. acc. sing. neut. . .σαλεύω
ὑπερεκχυννόμενον pres. pass. ptc. acc. s. n. ὑπερεκχύννω
δώσουσιν 3 p. pl. fut. act. ind. . . . . δίδωμι
μετρεῖτε 2 p. pl. pres. act. ind. . . . . μετρέω
ἀντιμετρηθήσεται 3 p. sing. 1 fut. pass. ind. ἀντιμετρέω
39 εἶπεν 3 p. sing. 2 aor. act. ind. . . . . λέγω
δύναται 3 p. sing. pres. pass. ind. . . . . δύναμαι
ὁδηγεῖν pres. act. infin. . . . . .ὁδηγέω
ἐμπεσοῦνται 3 p. pl. fut. act. ind. . . . . ἐμπίπτω
40 κατηρτισμένος perf. pass. ptc. nom. sing. m. . καταρτίζω
41 βλέπεις 2 p. sing. pres. act. ind. . . . . .βλέπω
κατανοεῖς 2 p. sing. pres. act. ind. . . . . . . κατανοέω
42 δύνασαι 2 p. sing. pres. pass. ind. . . . . δύναμαι
λέγειν pres. act. infin. . . . . λέγω
ἐκβάλω 1 p. sing. 2 aor. act. subj. . . . . ἐκβάλλω
βλέπων pres. act. ptc. nom. sing. masc. . . . . . . βλέπω
ἔκβαλε 2 p. sing. 2 aor. act. imper. . . . . ἐκβάλλω
διαβλέψεις 2 p. sing. fut. act. ind. . . . . . . .διαβλέπω
ἐκβαλεῖν 2 aor. act. infin. . . . . ἐκβάλλω
ἄφες 2 p. sing. 2 aor. act. imper. . . . . ἀφίημι
43 ποιοῦν pres. act. ptc. nom. sing. neut. . . . . . . ποιέω
44 γινώσκεται 3 p. sing. pres. pass. ind. . . . . . γινώσκω
συλλέγουσιν 3 p. pl. pres. act. ind. . . . . . . συλλέγω
τρυγῶσιν 3 p. pl. pres. act. ind. . . . . .τρυγάω
45 προφέρει 3 p. sing. pres. act. ind. . . . . προφέρω
λαλεῖ 3 p. sing. pres. act. ind. . . . . .λαλέω
46 καλεῖτε 2 p. pl. pres. act. ind. . . . . .καλέω
ποιεῖτε 2 p. pl. pres. act. ind. and imper. . . . . ποιέω
47 ἐρχόμενος pres. mid. ptc. nom. sing. masc. . . . ἔρχομαι
ἀκούων pres. act. ptc. nom. sing. masc. . . . . . . ἀκούω
ὑποδείξω 1 p. sing. fut. act. ind. . . . . . ὑποδείκνυμι
ποιῶν pres. act. ptc. nom. sing. masc. . . . . . . ποιέω
48 οἰκοδομοῦντι pres. act. ptc. dat. sing. masc. .οἰκοδομέω
ἔσκαψεν 3 p. sing. 1 aor. act. ind. . . . . .σκάπτω
ἐβάθυνεν 3 p. sing. 1 aor. act. ind. . . . . βαθύνω
ἔθηκεν 3 p. sing. 1 aor. act. ind. . . . . .τίθημι
γενομένης 2 aor. mid. ptc. gen. sing. fem. . . . .γίνομαι
προσέρρηξεν 3 p. sing. 1 aor. act. ind. . . . . προσρήσσω
ἴσχυσεν 3 p. sing. 1 aor. act. ind. . . . . .ἰσχύω
σαλεῦσαι 1 aor. act. infin. . . . . σαλεύω
οἰκοδομῆσθαι perf. pass. infin. . . . . οἰκοδομέω

49 ἀκούσας 1 aor. act. ptc. nom. sing. masc. . . . . . . ἀκούω
   ποιήσας 1 aor. act. ptc. nom. sing. masc. . . . . . . ποιέω
   οἰκοδομήσαντι 1 aor. act. ptc. dat. s. masc. . . οἰκοδομέω
   συνέπεσεν 3 p. sing. 2 aor. act. ind. . . . . . . συμπίπτω
   ἐγένετο 3 p. sing. 2 aor. mid. ind. . . . . γίνομαι

7

1 ἐπλήρωσεν 3 p. sing. 1 aor. act. ind. . . . . . . πληρόω
   εἰσῆλθεν 3 p. sing. 2 aor. act. ind. . . . . εἰσέρχομαι
2 ἔχων pres. act. ptc. nom. sing. masc. . . . . ἔχω
   ἤμελλεν 3 p. sing. imperf. act. ind. Att. . . . . . μέλλω
   τελευτᾶν pres. act. infin. . . . . .τελευτάω
   ἦν 3 p. sing. imperf. act. ind. . . . . εἰμί
3 ἀκούσας 1 aor. act. ptc. nom. sing. masc. . . . . . ἀκούω
   ἀπέστειλεν 3 p. sing. 1 aor. act. ind. . . . . . ἀποστέλλω
   ἐρωτῶν pres. act. ptc. nom. sing. masc. . . . . .ἐρωτάω
   ἐλθών 2 aor. act. ptc. nom. sing. masc. . . . . . ἔρχομαι
   διασώσῃ 3 p. sing. 1 aor. act. subj. . . . . . . .διασῴζω
4 παραγενόμενοι 2 aor. mid. ptc. nom. pl. m. . παραγίνομαι
   παρεκάλουν 3 p. pl. imperf. act. ind. . . . . παρακαλέω
   λέγοντες pres. act. ptc. nom. pl. masc. . . . . . . λέγω
   ἐστιν 3 p. sing. pres. act. ind. . . . . εἰμί
   παρέξῃ 3 p. sing. 1 aor. act. subj. . . . . παρέχω
5 ἀγαπᾷ 3 p. sing. pres. act. ind. or subj. . . . . .ἀγαπάω
   ᾠκοδόμησεν 3 p. sing. 1 aor. act. ind. . . . . οἰκοδομέω
6 ἐπορεύετο 3 p. sing. imperf. mid. ind. . . . .πορεύομαι
   ἀπέχοντος pres. act. ptc. gen. sing. masc. . . . . ἀπέχω
   ἔπεμψεν 3 p. sing. 1 aor. act. ind. . . . . πέμπω
   λέγων pres. act. ptc. nom. sing. masc. . . . . λέγω
   σκύλλου 2 p. sing. pres. pass. imper. . . . . σκύλλω
   εἰσέλθῃς 2 p. sing. 2 aor. act. subj. . . . . εἰσέρχομαι
7 ἠξίωσα 1 p. sing. 1 aor. act. ind. . . . . ἀξιόω
   ἐλθεῖν 2 aor. act. infin. . . . . .ἔρχομαι
   ἰαθήτω 3 p. sing. 1 aor. pass. imper. . . . . . . .ἰάομαι
8 τασσόμενος pres. pass. ptc. nom. sing. masc. . . . τάσσω
   πορεύθητι 2 p. sing. 1 aor. pass. imper. . . . πορεύομαι
   πορεύεται 3 p. sing. pres. mid. ind. . . . . id.
   ἔρχου 2 p. sing. pres. mid. imper. . . . . ἔρχομαι
   ἔρχεται 3 p. sing. pres. mid. ind. . . . . id.
   ποίησον 2 p. sing. 1 aor. act. ind. . . . . ποιέω
   ποιεῖ 3 p. sing. pres. act. ind. . . . . id.
9 ἐθαύμασεν 3 p. sing. 1 aor. act. ind. . . . . . .θαυμάζω
   στραφείς 2 aor. pass. ptc. nom. sing. masc. . . . .στρέφω
   ἀκολουθοῦντι pres. act. ptc. dat. sing. masc. ἀκολουθέω
   εἶπεν 3 p. sing. 2 aor. act. ind. . . . . λέγω
   εὗρον 1 p. sing. 2 aor. act. ind. . . . . εὑρίσκω
10 ὑποστρέψαντες 1 aor. act. ptc. nom. pl. masc. ὑποστρέφω
   πεμφθέντες 1 aor. pass. ptc. nom. pl. masc. . . . .πέμπω
   ὑγιαίνοντα pres. act. ptc. acc. sing. masc. . . .ὑγιαίνω
11 ἐγένετο 3 p. sing. 2 aor. mid. ind. . . . . . . .γίνομαι
   ἐπορεύθη 3 p. sing. 1 aor. pass. ind. . . . . .πορεύομαι
   καλουμένην pres. pass. ptc. acc. sing. fem. . . . .καλέω
   συνεπορεύοντο 3 p. pl. imperf. mid. ind. . . συμπορεύομαι
12 ἤγγισεν 3 p. sing. 1 aor. act. ind. . . . . .ἐγγίζω
   ἐξεκομίζετο 3 p. sing. imperf. pass. ind. . . . ἐκκομίζω

τεθνηκώς perf. act. ptc. nom. sing. masc. . . . . . θνῄσκω
13 ἦν 3 p. sing. imperf. act. ind. . . . . εἰμί
    ἰδών 2 aor. act. ptc. nom. sing. masc. . . . . ὁράω
    ἐσπλαγχνίσθη 3 p. sing. 1 aor. pass. ind. σπλαγχνίζομαι
    εἶπεν 3 p. sing. 2 aor. act. ind. . . . . λέγω
    κλαῖε 2 p. sing. pres. act. imper. . . . . κλαίω
14 προσελθών 2 aor. act. ptc. nom. sing. masc. προσέρχομαι
    ἥψατο 3 p. sing. 1 aor. mid. ind. . . . . ἅπτω
    βαστάζοντες pres. act. ptc. nom. pl. masc. . . . βαστάζω
    ἔστησαν 3 p. pl. 2 aor. act. ind. . . . . ἵστημι
    ἐγέρθητι 2 p. sing. 1 aor. pass. imper. . . . . . . ἐγείρω
15 ἀνεκάθισεν 3 p. sing. 1 aor. act. ind. . . . . ἀνακαθίζω
    ἥρξατο 3 p. sing. 1 aor. mid. ind. . . . . ἄρχω
    λαλεῖν pres. act. infin. . . . . λαλέω
    ἔδωκεν 3 p. sing. 1 aor. act. ind. . . . . δίδωμι
16 ἔλαβεν 3 p. sing. 2 aor. act. ind. . . . . λαμβάνω
    ἐδόξαζον 3 p. pl. imperf. act. ind. . . . . δοξάζω
    λέγοντες pres. act. ptc. nom. pl. masc. . . . . . . λέγω
    ἠγέρθη 3 p. sing. 1 aor. pass. ind. . . . . ἐγείρω
    ἐπεσκέψατο 3 p. sing. 1 aor. mid. ind. . . . ἐπισκέπτομαι
17 ἐξῆλθεν 3 p. sing. 2 aor. act. ind. . . . . . . ἐξέρχομαι
18 ἀπήγγειλαν 3 p. pl. 1 aor. act. ind. . . . . . ἀπαγγέλλω
    προσκαλεσάμενος 1 aor. mid. ptc. no. s. m. προσκαλέομαι
19 ἔπεμψεν 3 p. sing. 1 aor. act. ind. . . . . πέμπω
    λέγων pres. act. ptc. nom. sing. masc. . . . . λέγω
    ἐρχόμενος pres. mid. ptc. nom. sing. masc. . . . ἔρχομαι
    προσδοκῶμεν 1 p. sing. pres. act. ind. . . . . προσδοκάω
20 παραγενόμενοι 2 aor. mid. ptc. nom. pl. m. . παραγίνομαι
    εἶπαν 3 p. pl. 2 aor. act. ind. . . . . λέγω
    ἀπέστειλεν 3 p. sing. 1 aor. act. ind. . . . . ἀποστέλλω
    εἶ 2 p. sing. pres. act. ind. . . . . εἰμί
21 ἐθεράπευσεν 3 p. sing. 1 aor. act. ind. . . . . θεραπεύω
    ἐχαρίσατο 3 p. sing. 1 aor. mid. ind. . . . . χαρίζομαι
    βλέπειν pres. act. infin. . . . . βλέπω
22 ἀποκριθείς 1 aor. pass. ptc. nom. sing. m. . ἀποκρίνομαι
    πορευθέντες 1 aor. act. ptc. nom. pl. masc. . πορεύομαι
    ἀπαγγείλατε 2 p. pl. 1 aor. act. imper. . . . ἀπαγγέλλω
    εἴδετε 2 p. pl. 2 aor. act. ind. . . . . ὁράω
    ἠκούσατε 2 p. pl. 1 aor. act. ind. . . . . ἀκούω
    ἀναβλέπουσιν 3 p. pl. pres. act. ind. . . . . . ἀναβλέπω
    περιπατοῦσιν 3 p. pl. pres. act. ind. . . . . περιπατέω
    καθαρίζονται 3 p. pl. pres. pass. ind. . . . . . καθαρίζω
    ἀκούουσιν 3 p. pl. pres. act. ind. . . . . ἀκούω
    ἐγείρονται 3 p. pl. pres. mid. ind. . . . . ἐγείρω
    εὐαγγελίζονται 3 p. pl. pres. pass. ind. . . . εὐαγγελίζω
23 ἐστιν 3 p. sing. pres. act. ind. . . . . εἰμί
    σκανδαλισθῇ 3 p. sing. 1 aor. pass. subj. . . σκανδαλίζω
24 ἀπελθόντων 2 aor. act. ptc. gen. pl. masc. . . ἀπέρχομαι
    λέγειν pres. act. infin. . . . . λέγω
    ἐξήλθατε 2 p. pl. 1 aor. act. ind. . . . . . . ἐξέρχομαι
    θεάσασθαι 1 aor. mid. infin. . . . . θεάομαι
    σαλευόμενον pres. pass. ptc. acc. sing. masc. . . σαλεύω
25 ἰδεῖν 2 aor. act. infin. . . . . ὁράω
    ἠμφιεσμένον perf. pass. ptc. acc. s. masc. . . ἀμφιέννυμι
    ὑπάρχοντες pres. act. ptc. nom. pl. masc. . . . . ὑπάρχω

26 ἐξήλθατε 2 p. pl. 1 aor. act. ind. . . . . ἐξέρχομαι
27 γέγραπται 3 p. sing. perf. pass. ind. . . . . γράφω
   κατασκευάσει 3 p. sing. fut. act. ind. . . . κατασκευάζω
29 ἀκούσας 1 aor. act. ptc. nom. sing. masc. . . . . . ἀκούω
   ἐδικαίωσαν 3 p. pl. 1 aor. act. ind. . . . . δικαιόω
   βαπτισθέντες 1 aor. pass. ptc. nom. pl. masc. . . βαπτίζω
30 ἠθέτησαν 2 p. pl. 1 aor. act. ind. . . . . ἀθετέω
31 ὁμοιώσω 1 p. sing. fut. act. ind. . . . . ὁμοιόω
   εἰσιν 3 p. pl. pres. act. ind. . . . . εἰμί
32 καθημένοις pres. mid. ptc. dat. pl. masc. . . . κάθημαι
   προσφωνοῦσιν pres. act. ptc. dat. pl. masc. . προσφωνέω
   λέγει 3 p. sing. pres. act. ind. . . . . λέγω
   ηὐλήσαμεν 1 p. pl. 1 aor. act. ind. . . . . αὐλέω
   ὠρχήσασθε 2 p. pl. 1 aor. mid. ind. . . . . . . ὀρχέομαι
   ἐθρηνήσαμεν 1 p. pl. 1 aor. act. ind. . . . . . . θρηνέω
   ἐκλαύσατε 2 p. pl. 1 aor. act. ind. . . . . κλαίω
33 ἐλήλυθεν 3 p. sing. 2 perf. act. ind. . . . . . . ἔρχομαι
   ἐσθίων pres. act. ptc. nom. sing. masc. . . . . . ἐσθίω
   πίνων pres. act. ptc. nom. sing. masc. . . . . . . πίνω
   λέγετε 2 p. pl. pres. act. ind. and imper. . . . . . λέγω
   ἔχει 3 p. sing. pres. act. ind. . . . . ἔχω
35 ἐδικαιώθη 3 p. sing. 1 aor. pass. ind. . . . . . . δικαιόω
36 ἠρώτα 3 p. sing. imperf. act. ind. . . . . ἐρωτάω
   φάγῃ 3 p. sing. 2 aor. act. subj. . . . . ἐσθίω
   εἰσελθών 2 aor. act. ptc. nom. sing. masc. . . εἰσέρχομαι
   κατεκλίθη 3 p. sing. 1 aor. pass. ind. . . . . κατακλίνω
37 ἰδού 3 p. sing. 2 aor. mid. imper. . . . . εἶδον
   ἦν 3 p. sing. imperf. act. ind. . . . . εἰμί
   ἐπιγνοῦσα 2 aor. act. ptc. nom. sing. fem. . . ἐπιγινώσκω
   κατάκειται 3 p. sing. pres. mid. ind. . . . . κατάκειμαι
   κομίσασα 1 aor. act. ptc. nom. sing. fem. . . . . . κομίζω
38 στᾶσα 2 aor. act. ptc. nom. sing. fem. . . . . . . ἵστημι
   κλαίουσα pres. act. ptc. nom. sing. fem. . . . . . κλαίω
   ἤρξατο 3 p. sing. 1 aor. mid. ind. . . . . ἄρχω
   βρέχειν pres. act. infin. . . . . βρέχω
   ἐξέμασσεν 3 p. sing. imperf. act. ind. . . . . . ἐκμάσσω
   κατεφίλει 3 p. sing. imperf. act. ind. . . . . καταφιλέω
   ἤλειφεν 3 p. sing. imperf. act. ind. . . . . ἀλείφω
39 ἰδών 2 aor. act. ptc. nom. sing. masc. . . . . ὁράω
   καλέσας 1 aor. act. ptc. nom. sing. masc. . . . . . καλέω
   εἶπεν 3 p. sing. 2 aor. act. ind. . . . . λέγω
   λέγων pres. act. ptc. nom. sing. masc. . . . . id.
   ἐγίνωσκεν 3 p. sing. imperf. act. ind. . . . . . γινώσκω
   ἅπτεται 3 p. sing. pres. pass. ind. . . . . ἅπτω
   ἐστιν 3 p. sing. pres. act. ind. . . . . εἰμί
40 ἀποκριθείς 1 aor. pass. ptc. nom. s. masc. . ἀποκρίνομαι
   εἰπεῖν 2 aor. act. infin. . . . . λέγω
   εἰπέ 2 p. sing. 2 aor. act. imper. . . . . id.
   φησίν 3 p. sing. pres. act. ind. . . . . φημί
41 ἦσαν 3 p. pl. imperf. act. ind. . . . . εἰμί
   ὤφειλεν 3 p. sing. imperf. act. ind. . . . . ὀφείλω
42 ἐχόντων pres. act. ptc. gen. pl. masc. . . . . ἔχω
   ἀποδοῦναι 2 aor. act. infin. . . . . ἀποδίδωμι
   ἐχαρίσατο 3 p. sing. 1 aor. mid. ind. . . . . . χαρίζομαι
   ἀγαπήσει 3 p. sing. fut. act. ind. . . . . ἀγαπάω

43 ὑπολαμβάνω 1 p. sing. pres. act. ind. . . . . . ὑπολαμβάνω
    ἔκρινας 2 p. sing. 1 aor. act. ind. . . . . κρίνω
44 στραφείς 2 aor. pass. ptc. nom. sing. masc. . . . στρέφω
    ἔφη 3 p. sing. 2 aor. act. ind. . . . . φημί
    βλέπεις 2 p. sing. pres. act. ind. . . . . βλέπω
    εἰσῆλθον 1 p. s. and 3 p. pl. 2 aor. act. ind.εἰσέρχομαι
    ἔδωκας 2 p. sing. 1 aor. act. ind. . . . . δίδωμι
    ἔβρεξεν 3 p. sing. 1 aor. act. ind. . . . . βρέχω
    ἐξέμαξεν 3 p. sing. 1 aor. act. ind. . . . . ἐκμάσσω
45 διέλειπεν 3 p. sing. imperf. act. ind. . . . . .διαλείπω
    καταφιλοῦσα pres. act. ptc. nom. sing. fem. . καταφιλέω
46 ἤλειψας 2 p. sing. 1 aor. act. ind. . . . . ἀλείφω
    ἤλειψεν 3 p. sing. 1 aor. act. ind. . . . . id.
47 ἀφέωνται 3 p. pl. perf. pass. ind. . . . . .ἀφίημι
    ἠγάπησεν 3 p. sing. 1 aor. act. ind. . . . . . . .ἀγαπάω
    ἀφίεται 3 p. sing. pres. pass. ind. . . . . . . .ἀφίημι
    ἀγαπᾷ 3 p. sing. pres. act. ind. or subj. . . . .ἀγαπάω
48 ἀφέωνται 3 p. pl. perf. pass. ind. . . . . .ἀφίημι
49 ἤρξαντο 3 p. pl. 1 aor. mid. ind. . . . . .ἄρχω
    συνανακείμενοι pres. mid. ptc. nom. pl. m. συνανάκειμαι
    λέγειν pres. act. infin. . . . . λέγω
    ἐστιν 3 p. sing. pres. act. ind. . . . . εἰμί
    ἀφίησιν 3 p. sing. pres. act. ind. . . . . .ἀφίημι
50 σέσωκεν 3 p. sing. perf. act. ind. . . . . .σῴζω
    πορεύου 2 p. sing. pres. mid. imper. . . . . . πορεύομαι

8

1 ἐγένετο 3 p. sing. 2 aor. mid. ind. . . . . γίνομαι
    διώδευεν 3 p. sing. imperf. act. ind. . . . . . . διοδεύω
    κηρύσσων pres. act. ptc. nom. sing. masc. . . . . .κηρύσσω
    εὐαγγελιζόμενος pres. mid. ptc. nom. s. masc. εὐαγγελίζω
2 ἦσαν 3 p. pl. imperf. act. ind. . . . . .εἰμί
    τεθεραπευμέναι perf. pass. ptc. nom. pl. fem. . θεραπεύω
    καλουμένη pres. pass. ptc. nom. sing. fem. . . . καλέω
    ἐξεληλύθει 3 p. sing. plupf. act. ind. . . . . .ἐξέρχομαι
3 διηκόνουν 3 p. pl. imperf. act. ind. . . . . . .διακονέω
    ὑπαρχόντων pres. act. ptc. gen. pl. neut. . . . . ὑπάρχω
4 συνιόντος pres. act. ptc. gen. sing. masc. . . . σύνειμι
    ἐπιπορευομένων pres. mid. ptc. gen. pl. m. ἐπιπορεύομαι
    εἶπεν 3 p. sing. 2 aor. act. ind. . . . . .λέγω
5 ἐξῆλθεν 3 p. sing. 2 aor. act. ind. . . . . . . .ἐξέρχομαι
    σπείρων pres. act. ptc. nom. sing. masc. . . . . . σπείρω
    σπεῖραι 1 aor. act. infin. . . . . id.
    σπείρειν pres. act. infin. . . . . id.
    ἔπεσεν 3 p. sing. 2 aor. act. ind. . . . . .πίπτω
    κατεπατήθη 3 p. sing. 1 aor. pass. ind. . . . . καταπατέω
    κατέφαγεν 3 p. sing. 2 aor. act. ind. . . . . . κατεσθίω
6 κατέπεσεν 3 p. sing. 2 aor. act. ind. . . . . καταπίπτω
    φυέν 2 aor. pass. ptc. nom. sing. neut. . . . . φύω
    ἐξηράνθη 3 p. sing. 1 aor. pass. ind. . . . . . . ξηραίνω
    ἔχειν pres. act. infin. . . . . ἔχω
7 συμφυεῖσαι 2 aor. pass. ptc. nom. pl. fem. . . . .συμφύω
    ἀπέπνιξαν 3 p. pl. 1 aor. act. ind. . . . . . . .ἀποπνίγω
8 ἐποίησεν 3 p. sing. 1 aor. act. ind. . . . . ποιέω
    λέγων pres. act. ptc. nom. sing. masc. . . . . .λέγω

ἐφώνει 3 p. sing. imperf. act. ind. . . . . φωνέω
ἔχων pres. act. ptc. nom. sing. masc. . . . . ἔχω
ἀκούειν pres. act. infin. . . . . ἀκούω
ἀκουέτω 3 p. sing. pres. act. imper. . . . . id.
9 ἐπηρώτων 3 p. pl. imperf. act. ind. . . . . . . ἐπερωτάω
εἴη 3 p. sing. pres. act. opt. . . . . εἰμί
10 δέδοται 3 p. sing. perf. pass. ind. . . . . δίδωμι
γνῶναι 2 aor. act. infin. . . . . γινώσκω
βλέποντες pres. act. ptc. nom. pl. masc. . . . . . . βλέπω
βλέπωσιν 3 p. pl. pres. act. subj. . . . . id.
ἀκούοντες pres. act. ptc. nom. pl. masc. . . . . . . ἀκούω
συνιῶσιν 3 p. pl. pres. act. subj. . . . . συνίημι
11 ἐστίν 3 p. sing. pres. act. ind. . . . . εἰμί
12 εἰσιν 3 p. pl. pres. act. ind. . . . . id.
ἀκούσαντες 1 aor. act. ptc. nom. pl. masc. . . . . ἀκούω
ἔρχεται 3 p. sing. pres. mid. ind. . . . . ἔρχομαι
αἴρει 3 p. sing. pres. act. ind. . . . . αἴρω
πιστεύσαντες 1 aor. act. ptc. nom. pl. masc. . . πιστεύω
σωθῶσιν 3 p. pl. 1 aor. pass. subj. . . . . σώζω
13 ἀκούωσιν 3 p. pl. 1 aor. act. subj. . . . . ἀκούω
δέχονται 3 p. pl. pres. mid. ind. . . . . .δέχομαι
ἔχουσιν 3 p. pl. pres. act. ind. . . . . ἔχω
πιστεύουσιν 3 p. pl. pres. act. ind. . . . . . . πιστεύω
ἀφίστανται 3 p. pl. pres. mid. ind. . . . . . ἀφίστημι
14 πεσόν 2 aor. act. ptc. nom. sing. neut. . . . . . . πίπτω
πορευόμενοι pres. mid. ptc. nom. pl. masc. . . πορεύομαι
συμπνίγονται 3 p. pl. pres. pass. ind. . . . .συμπνίγω
τελεσφοροῦσιν 3 p. pl. pres. act. ind. . . . τελεσφορέω
15 κατέχουσιν 3 p. pl. pres. act. ind. . . . . κατέχω
καρποφοροῦσιν 3 p. pl. pres. act. ind. . . . καρποφορέω
16 ἅψας 1 aor. act. ptc. nom. sing. masc. . . . . ἅπτω
καλύπτει 3 p. sing. pres. act. ind. . . . . καλύπτω
τίθησιν 3 p. sing. pres. act. ind. . . . . τίθημι
εἰσπορευόμενοι pres. mid. ptc. nom. pl. m. εἰσπορεύομαι
17 γενήσεται 3 p. sing. fut. mid. ind. . . . . . . .γίνομαι
γνωσθῇ 3 p. sing. 1 aor. pass. subj. . . . . γινώσκω
ἔλθῃ 3 p. sing. 2 aor. act. subj. . . . . ἔρχομαι
18 βλέπετε 2 p. pl. pres. act. ind. or imper. . . . . βλέπω
ἀκούετε 2 p. pl. pres. act. ind. or imper. . . . . ἀκούω
ἔχῃ 3 p. sing. pres. act. subj. . . . . ἔχω
δοθήσεται 3 p. sing. 1 fut. pass. ind. . . . . . . δίδωμι
δοκεῖ 3 p. sing. pres. act. ind. . . . . .δοκέω
ἔχειν pres. act. infin. . . . . ἔχω
ἀρθήσεται 3 p. sing. fut. pass. ind. . . . . .αἴρω
19 παρεγένετο 3 p. sing. 2 aor. mid. ind. . . . παραγίνομαι
ἠδύναντο 3 p. pl. imperf. pass. ind. Att. . . . . δύναμαι
συντυχεῖν 2 aor. act. infin. . . . . συντυγχάνω
20 ἀπηγγέλη 3 p. sing. 2 aor. pass. ind. . . . . ἀπαγγέλλω
ἑστήκασιν 3 p. pl. perf. act. ind. . . . . .ἵστημι
ἰδεῖν 2 aor. act. infin. . . . . ὁράω
θέλοντες pres. act. ptc. nom. pl. masc. . . . . . . .θέλω
21 ἀποκριθείς 1 aor. pass. ptc. nom. sing. m. .ἀποκρίνομαι
εἶπεν 3 p. sing. 2 aor. act. ind. . . . . .λέγω
ποιοῦντες pres. act. ptc. nom. pl. masc. . . . . . ποιέω
22 ἐγένετο 3 p. sing. 2 aor. mid. ind. . . . . γίνομαι

ἐνέβη 3 p. sing. 2 aor. act. ind. . . . . ἐμβαίνω
διέλθωμεν 1 p. pl. 2 aor. act. subj. . . . . . διέρχομαι
ἀνήχθησαν 3 p. pl. 1 aor. pass. ind. . . . . ἀνάγω
23 πλεόντων pres. act. ptc. gen. pl. masc. . . . . πλέω
ἀφύπνωσεν 3 p. sing. 1 aor. act. ind. . . . . . .ἀφυπνόω
κατέβη 3 p. sing. 2 aor. act. ind. . . . . . .καταβαίνω
συνεπληροῦντο 3 p. pl. imperf. pass. ind. . . συμπληρόω
ἐκινδύνευον 3 p. pl. imperf. act. ind. . . . . κινδυνεύω
24 προσελθόντες 2 aor. act. ptc. nom. pl. masc. προσέρχομαι
διήγειραν 3 p. pl. 1 aor. act. ind. . . . . . . διεγείρω
λέγοντες pres. act. ptc. nom. pl. masc. . . . . . . λέγω
ἀπολλύμεθα 1 p. pl. pres. pass. ind. . . . . . .ἀπόλλυμι
διεγερθείς 1 aor. pass. ptc. nom. sing. masc. . διεγείρω
ἐπετίμησεν 3 p. sing. 1 aor. act. ind. . . . . .ἐπιτιμάω
ἐπαύσαντο 3 p. pl. 1 aor. mid. ind. . . . . παύω
25 φοβηθέντες 1 aor. pas. ptc. nom. pl. masc. . . . . . φοβέω
ἐθαύμασαν 3 p. pl. 1 aor. act. ind. . . . . .θαυμάζω
ἐπιτάσσει 3 p. sing. pres. act. ind. . . . . . .ἐπιτάσσω
ὑπακούουσιν 3 p. pl. pres. act. ind. . . . . ὑπακούω
26 κατέπλευσαν 3 p. pl. 1 aor. act. ind. . . . . . καταπλέω
27 ἐξελθόντι 2 aor. act. ptc. dat. sing. masc. . . ἐξέρχομαι
ὑπήντησεν 3 p. sing. 1 aor. act. ind. . . . . . . ὑπαντάω
ἔχων pres. act. ptc. nom. sing. masc. . . . . ἔχω
ἐνεδύσατο 3 p. sing. 1 aor. mid. ind. . . . . ἐνδύω
ἔμενεν 3 p. sing. imperf. act. ind. . . . . .μένω
28 ἰδών 2 aor. act. ptc. nom. sing. masc. . . . . ὁράω
ἀνακράξας 1 aor. act. ptc. nom. sing. masc. . . ἀνακρίζω
προσέπεσεν 3 p. sing. 2 aor. act. ind. . . . . προσπίπτω
δέομαι 1 p. sing. pres. mid. ind. . . . . .δέομαι
βασανίσης 2 p. sing. 1 aor. act. subj. . . . . .βασανίζω
29 παρήγγελλεν 3 p. sing. imperf. act. ind. . . . παραγγέλλω
ἐξελθεῖν 2 aor. act. infin. . . . . ἐξέρχομαι
συνηρπάκει 3 p. sing. plupf. act. ind. . . . . συναρπάζω
ἐδεσμεύετο 3 p. sing. imperf. pass. ind. . . . . δεσμεύω
φυλασσόμενος pres. mid. ptc. nom. sing. masc. . . φυλάσσω
διαρήσσων pres. act. ptc. nom. sing. masc. . . .διαρήσσω
ἠλαύνετο 3 p. sing. imperf. pass. ind. . . . . . . ἐλαύνω
30 ἐπηρώτησεν 3 p. sing. 1 aor. act. ind. . . . . .ἐπερωτάω
εἰσῆλθεν 3 p. sing. 2 aor. act. ind. . . . . . εἰσέρχομαι
31 παρεκάλουν 3 p. pl. imperf. act. ind. . . . . . παρακαλέω
ἐπιτάξῃ 3 p. sing. 1 aor. act. subj. . . . . . .ἐπιτάσσω
ἀπελθεῖν 2 aor. act. infin. . . . . ἀπέρχομαι
32 ἦν 3 p. sing. imperf. act. ind. . . . . εἰμί
βοσκομένη pres. mid. ptc. nom. sing. fem. . . . . . βόσκω
παρεκάλεσαν 3 p. pl. 1 aor. act. ind. . . . . παρακαλέω
ἐπιτρέψῃ 3 p. sing. 1 aor. act. subj. . . . . . .ἐπιτρέπω
εἰσελθεῖν 2 aor. act. infin. . . . . εἰσέρχομαι
ἐπέτρεψεν 3 p. sing. 1 aor. act. ind. . . . . . .ἐπιτρέπω
33 ἐξελθόντα 2 aor. act. pt. ac. s. m. or n. pl. n.ἐξέρχομαι
εἰσῆλθον 1 p. s. and 3 p. pl. 2 aor. act. ind. εἰσέρχομαι
ὥρμησεν 3 p. sing. 1 aor. act. ind. . . . . .ὁράω
ἀπεπνίγη 3 p. sing. 2 aor. pass. ind. . . . . . ἀποπνίγω
34 ἰδόντες 2 aor. act. ptc. nom. pl. masc. . . . . . . .ὁράω
βόσκοντες pres. act. ptc. nom. pl. masc. . . . . . .βόσκω
γεγονός 2 perf. act. ptc. nom. and acc. s. neut. .γίνομαι

ἔφυγον 3 p. pl. 2 aor. act. ind. . . . . φεύγω
ἀπήγγειλαν 3 p. pl. 1 aor. act. ind. . . . . . ἀπαγγέλλω
35 ἐξῆλθον 1 p. s. or 3 p. pl. 2 aor. act. ind. . ἐξέρχομαι
ἰδεῖν 2 aor. act. infin. . . . . ὁράω
ἦλθον 1 p. s. or 3 p. pl. 2 aor. act. ind. . . . . ἔρχομαι
εὗρον 1 p. s. or 3 p. pl. 2 aor. act. ind. . . . . εὑρίσκω
καθήμενον pres. mid. ptc. acc. sing. masc. . . . κάθημαι
ἐξῆλθεν 3 p. sing. 2 aor. act. ind. . . . . . ἐξέρχομαι
ἱματισμένον perf. pass. ptc. acc. sing. masc. . . ἱματίζω
σωφρονοῦντα pres. act. ptc. acc. sing. masc. . . σωφρονέω
ἐφοβήθησαν 3 p. pl. 1 aor. pass. ind. . . . . φοβέω
36 ἰδόντες 2 aor. act. ptc. nom. pl. masc. . . . . . . ὁράω
ἐσώθη 3 p. sing. 1 aor. pass. ind. . . . . σῴζω
δαιμονισθείς 1 aor. pass. ptc. nom. s. m. . δαιμονίζομαι
37 ἠρώτησεν 3 p. sing. 1 aor. act. ind. . . . . ἐρωτάω
ἀπελθεῖν 2 aor. act. infin. . . . . ἀπέρχομαι
συνείχοντο 3 p. pl. imperf. pass. ind. . . . . . . συνέχω
ἐμβάς 2 aor. act. ptc. nom. sing. masc. . . . . . ἐμβαίνω
ὑπέστρεφεν 3 p. sing. 1 aor. act. ind. . . . . ὑποστρέφω
38 ἐδεῖτο 3 p. sing. imperf. mid. ind. . . . . δέομαι
ἐξεληλύθει 3 p. sing. plupf. act. ind. . . . ἐξέρχομαι
εἶναι pres. act. infin. . . . . εἰμί
ἀπέλυσεν 3 p. sing. 1 aor. act. ind. . . . . . . ἀπολύω
λέγων pres. act. ptc. nom. sing. masc. . . . . λέγω
39 ὑπόστρεφε 2 p. sing. pres. act. imper. . . . . ὑποστρέφω
διηγοῦ 2 p. sing. pres. mid. imper. . . . . . . διηγέομαι
ἐποίησεν 3 p. sing. 1 aor. act. ind. . . . . ποιέω
ἀπῆλθεν 3 p. sing. 2 aor. act. ind. . . . . . . ἀπέρχομαι
κηρύσσων pres. act. ptc. nom. sing. masc. . . . . κηρύσσω
40 ὑποστρέφειν pres. act. infin. . . . . ὑποστρέφω
ἀπεδέξατο 3 p. sing. 1 aor. mid. ind. . . . . ἀποδέχομαι
ἦσαν 3 p. pl. imperf. act. ind. . . . . εἰμί
προσδοκῶντες pres. act. ptc. nom. pl. masc. . . προσδοκάω
41 ἦλθεν 3 p. sing. 2 aor. act. ind. . . . . ἔρχομαι
ὑπῆρχεν 3 p. sing. imperf. act. ind. . . . . ὑπάρχω
πεσών 2 aor. act. ptc. nom. sing. masc. . . . . . . πίπτω
παρεκάλει 3 p. sing. imperf. act. ind. . . . . παρακαλέω
εἰσελθεῖν 2 aor. act. infin. . . . . εἰσέρχομαι
42 ἦν 3 p. sing. imperf. act. ind. . . . . εἰμί
ἀπέθνησκεν 3 p. sing. imperf. act. ind. . . . ἀποθνῄσκω
ὑπάγειν pres. act. infin. . . . . ὑπάγω
συνέπνιγον 3 p. pl. imperf. act. ind. . . . . . συμπνίγω
43 οὖσα pres. act. ptc. nom. sing. fem. . . . . εἰμί
ἴσχυσεν 3 p. sing. 1 aor. act. ind. . . . . ἰσχύω
θεραπευθῆναι 1 aor. pass. infin. . . . . θεραπεύω
44 προσελθοῦσα 2 aor. act. ptc. nom. s. fem. . προσέρχομαι
ἥψατο 3 p. sing. 1 aor. mid. ind. . . . . ἅπτω
ἔστη 3 p. sing. 2 aor. act. ind. . . . . ἵστημι
45 εἶπεν 3 p. sing. 2 aor. act. ind. . . . . λέγω
ἁψάμενος 1 aor. mid. ptc. nom. sing. masc. . . . . . ἅπτω
ἀρνουμένων pres. mid. ptc. gen. pl. masc. . . . ἀρνέομαι
συνέχουσιν 3 p. pl. pres. act. ind. . . . . συνέχω
ἀποθλίβουσιν 3 p. pl. pres. act. ind. . . . . . ἀποθλίβω
46 ἔγνων 1 p. sing. 2 aor. act. ind. . . . . γινώσκω
ἐξεληλυθυῖαν perf. act. ptc. acc. sing. fem. . ἐξέρχομαι

47 ἰδοῦσα 2 aor. act. ptc. nom. sing. fem. . . . . ὁράω
    ἔλαθεν 3 p. sing. 2 aor. act. ind. . . . . .λανθάνω
    τρέμουσα pres. act. ptc. nom. sing. fem. . . . . . . τρέμω
    ἦλθεν 3 p. sing. 2 aor. act. ind. . . . . ἔρχομαι
    προσπεσοῦσα 2 aor. act. ptc. nom. sing. fem. . προσπίπτω
    ἀπήγγειλεν 3 p. sing. 1 aor. act. ind. . . . . ἀπαγγέλλω
    ἰάθη 3 p. sing. 1 aor. pass. ind. . . . . .ἰάομαι
48 σέσωκεν 3 p. sing. perf. act. ind. . . . . σῴζω
    πορεύου 2 p. sing. pres. mid. imper. . . . . . πορεύομαι
49 λαλοῦντος pres. act. ptc. gen. sing. masc. . . . . λαλέω
    ἔρχεται 3 p. sing. pres. mid. ind. . . . . .ἔρχομαι
    λέγων pres. act. ptc. nom. sing. masc. . . . . λέγω
    τέθνηκεν 3 p. sing. perf. act. ind. . . . . θνήσκω
    σκύλλε 2 p. sing. pres. act. imper. . . . . .σκύλλω
50 ἀκούσας 1 aor. act. ptc. nom. sing. masc. . . . . . ἀκούω
    ἀπεκρίθη 3 p. sing. 1 aor. pass. ind. . . . . ἀποκρίνομαι
    φοβοῦ 2 p. sing. pres. mid. imper. . . . . .φοβέω
    πίστευσον 2 p. sing. 1 aor. act. imper. . . . . .πιστεύω
    σωθήσεται 3 p. sing. fut. pass. ind. . . . . σῴζω
51 ἐλθών 2 aor. act. ptc. nom. sing. masc. . . . . . ἔρχομαι
    ἀφῆκεν 3 p. sing. 1 aor. act. ind. . . . . ἀφίημι
    εἰσελθεῖν 2 aor. act. infin. . . . . εἰσέρχομαι
52 ἔκλαιον 1 p. s. and 3 p. pl. imperf. act. ind. . . .κλαίω
    ἐκόπτοντο 3 p. pl. imperf. mid. ind. . . . . κόπτω
    κλαίετε 2 p. pl. pres. act. ind. and imper. . . . .κλαίω
    ἀπέθανεν 3 p. sing. 2 aor. act. ind. . . . . . ἀποθνήσκω
    καθεύδει 3 p. sing. pres. act. ind. . . . . . . .καθεύδω
53 κατεγέλων 3 p. pl. imperf. act. ind. . . . . . καταγελάω
    εἰδότες perf. act. ptc. nom. pl. masc. . . . . . . .οἶδα
54 κρατήσας 1 aor. act. ptc. nom. sing. masc. . . . .κρατέω
    ἐφώνησεν 3 p. sing. 1 aor. act. ind. . . . . . . .φωνέω
    ἔγειρε 2 p. sing. pres. act. imper. . . . . ἐγείρω
55 ἐπέστρεψεν 3 p. sing. 1 aor. act. ind. . . . . ἐπιστρέφω
    ἀνέστη 3 p. sing. 2 aor. act. ind. . . . . . . .ἀνίστημι
    διέταξεν 3 p. sing. 1 aor. act. ind. . . . . . .διατάσσω
    δοθῆναι 1 aor. pass. infin. . . . . .δίδωμι
    φαγεῖν 2 aor. act. infin. . . . . .ἐσθίω
56 ἐξέστησαν 3 p. pl. 2 aor. act. ind. . . . . . . ἐξίστημι
    παρήγγειλεν 3 p. sing. 1 aor. act. ind. . . . παραγγέλλω
    εἰπεῖν 2 aor. act. infin. . . . . .εἶπον
    γεγονός 2 perf. act. ptc. nom. and acc. s. neut. .γίνομαι

9

1 συγκαλεσάμενος 1 aor. mid. ptc. nom. s. masc. . συγκαλέω
   ἔδωκεν 3 p. sing. 1 aor. act. ind. . . . . δίδωμι
   θεραπεύειν pres. act. infin. . . . . .θεραπεύω
2 ἀπέστειλεν 3 p. sing. 1 aor. act. ind. . . . . ἀποστέλλω
   κηρύσσειν pres. act. infin. . . . . .κηρύσσω
   ἰᾶσθαι pres. mid. infin. . . . . ἰάομαι
3 εἶπεν 3 p. sing. 2 aor. act. ind. . . . . .λέγω
   αἴρετε 2 p. pl. imperf. act. ind. . . . . αἴρω
   ἔχειν pres. act. infin. . . . . ἔχω
4 εἰσέλθητε 2 p. pl. 2 aor. act. subj. . . . . . εἰσέρχομαι
   μένετε 2 p. pl. pres. act. imper. . . . . .μένω
   ἐξέρχεσθε 2 p. pl. pres. mid. imper. . . . . . ἐξέρχομαι

5 δέχωνται 3 p. pl. pres. mid. subj. . . . . δέχομαι
  ἐξερχόμενοι pres. mid. ptc. nom. pl. masc. . . ἐξέρχομαι
  ἀποτινάσσετε 2 p. pl. pres. act. ind. . . . . ἀποτινάσσω
6 διήρχοντο 3 p. pl. imperf. mid. ind. . . . . . διέρχομαι
  εὐαγγελιζόμενοι pres. mid. ptc. nom. pl. m. . εὐαγγελίζω
  θεραπεύοντες pres. act. ptc. nom. pl. masc. . . θεραπεύω
7 ἤκουσεν 3 p. sing. 1 aor. act. ind. . . . . ἀκούω
  γινόμενα pres. mid. ptc. acc. pl. neut. . . . . . γίνομαι
  διηπόρει 3 p. sing. imperf. act. ind. . . . . . . διαπορέω
  λέγεσθαι pres. pass. infin. . . . . λέγω
  ἠγέρθη 3 p. sing. 1 aor. pass. ind. . . . . ἐγείρω
8 ἐφάνη 3 p. sing. 2 aor. pass. ind. . . . . φαίνω
  ἀνέστη 3 p. sing. 2 aor. act. ind. . . . . ἀνίστημι
9 εἶπεν 3 p. sing. 2 aor. act. ind. . . . . λέγω
  ἀπεκεφάλισα 1 p. sing. 1 aor. act. ind. . . . ἀποκεφαλίζω
  ἐστιν 3 p. sing. pres. act. ind. . . . . εἰμί
  ἐζήτει 3 p. sing. imperf. act. ind. . . . . ζητέω
  ἰδεῖν 2 aor. act. infin. . . . . ὁράω
10 ὑποστρέψαντες 1 aor. act. ptc. nom. pl. masc. .ὑποστρέφω
  διηγήσαντο 3 p. pl. 1 aor. mid. ind. . . . . . διηγέομαι
  ἐποίησαν 3 p. pl. 1 aor. act. ind. . . . . ποιέω
  παραλαβών 2 aor. act. ptc. nom. sing. masc. παραλαμβάνω
  ὑπεχώρησεν 3 p. sing. 1 aor. act. ind. . . . .ὑποχωρέω
  καλουμένην pres. pass. ptc. acc. sing. fem. . . . .καλέω
11 γνόντες 2 aor. act. ptc. nom. pl. masc. . . . . . γινώσκω
  ἠκολούθησαν 3 p. pl. 1 aor. act. ind. . . . . ἀκολουθέω
  ἀποδεξάμενος 1 aor. mid. ptc. nom. s. masc. . ἀποδέχομαι
  ἐλάλει 3 p. sing. imperf. act. ind. . . . . λαλέω
  ἔχοντας pres. act. ptc. acc. pl. masc. . . . . ἔχω
  ἰᾶτο 3 p. sing. imperf. mid. ind. . . . . ἰάομαι
12 ἤρξατο 3 p. sing. 1 aor. mid. ind. . . . . ἄρχω
  κλίνειν pres. act. infin. . . . . κλίνω
  προσελθόντες 2 aor. act. ptc. nom. pl. masc.προσέρχομαι
  εἶπαν 3 p. pl. 2 aor. act. ind. . . . . λέγω
  πορευθέντες 1 aor. act. ptc. nom. pl. masc. . πορεύομαι
  καταλύσωσιν 3 p. pl. 1 aor. act. subj. . . . . . καταλύω
  εὕρωσιν 3 p. pl. 2 aor. act. ind. or subj. . . . εὑρίσκω
  ἐσμέν 1 p. pl. pres. act. ind. . . . . εἰμί
  ἀπόλυσον 2 p. sing. 1 aor. act. imper. . . . . .ἀπολύω
13 δότε 2 p. pl. 2 aor. act. imper. . . . . δίδωμι
  φαγεῖν 2 aor. act. infin. . . . . ἐσθίω
  εἰσίν 3 p. pl. pres. act. ind. . . . . εἰμί
  ἀγοράσωμεν 1 p. pl. 1 aor. act. subj. . . . . .ἀγοράζω
14 ἦσαν 3 p. pl. imperf. act. ind. . . . . εἰμί
  κατακλίνατε 2 p. pl. 1 aor. act. imper. . . . κατακλίνω
15 κατέκλιναν 3 p. pl. imperf. act. ind. . . . . κατακλίνω
16 λαβών 2 aor. act. ptc. nom. sing. masc. . . . . λαμβάνω
  ἀναβλέψας 1 aor. act. ptc. nom. sing. masc. . . ἀναβλέπω
  εὐλόγησεν 3 p. sing. 1 aor. act. ind. . . . . . . εὐλογέω
  κατέκλασεν 3 p. sing. 1 aor. act. ind. . . . . . κατακλάω
  ἐδίδου 3 p. sing. imperf. act. ind. . . . . δίδωμι
  παραθεῖναι 2 aor. act. infin. . . . . παρατίθημι
17 ἔφαγον 1 p. s. and 3 p. pl. 2 aor. act. ind. . . . . ἐσθίω
  ἐχορτάσθησαν 3 p. pl. 1 aor. pass. ind. . . . .χορτάζω
  ἤρθη 3 p. sing. 1 aor. pass. ind. . . . . αἴρω

περισσεῦσαν 1 aor. act. ptc. nom. sing. neut. .περισσεύω
18 ἐγένετο 3 p. sing. 2 aor. mid. ind. . . . . .γίνομαι
εἶναι pres. act. infin. . . . . .εἰμί
προσευχόμενον pres. mid. ptc. acc. s. masc. προσεύχομαι
συνῆσαν 3 p. pl. imperf. act. ind. . . . . .σύνειμι
ἐπηρώτησεν 3 p. sing. 1 aor. act. ind. . . . . .ἐπερωτάω
λέγων pres. act. ptc. nom. sing. masc. . . . . λέγω
λέγουσιν 3 p. pl. pres. act. ind. . . . . id.
19 ἀποκριθέντες 1 aor. pass. ptc. nom. pl. m. . ἀποκρίνομαι
εἶπαν 3 p. pl. 2 aor. act. ind. . . . . λέγω
ἀνέστη 3 p. sing. 2 aor. act. ind. . . . . ἀνίστημι
20 λέγετε 2 p. pl. pres. act. ind. and imper. . . . . . λέγω
εἶναι pres. act. infin. . . . . .εἰμί
ἀποκριθείς 1 aor. pass. ptc. nom. s. masc. .ἀποκρίνομαι
ἐπιτιμήσας 1 aor. act. ptc. nom. sing. masc. . .ἐπιτιμάω
παρήγγειλεν 3 p. sing. 1 aor. act. ind. . . . παραγγέλλω
λέγειν pres. act. infin. . . . . λέγω
22 εἰπών 2 aor. act. ptc. nom. sing. masc. . . . . id.
δεῖ 3 p. sing. pres. act. impers. . . . . δεῖ
παθεῖν 2 aor. act. infin. . . . . .πάσχω
ἀποδοκιμασθῆναι 1 aor. pass. infin. . . . . ἀποδοκιμάζω
ἀποκτανθῆναι 1 aor. pass. infin. . . . . . . ἀποκτείνω
ἐγερθῆναι 1 aor. pass. infin. . . . . .ἐγείρω
23 ἔλεγεν 3 p. sing. imperf. act. ind. . . . . .λέγω
θέλει 3 p. sing. pres. act. ind. . . . . θέλω
ἔρχεσθαι pres. mid. infin. . . . . .ἔρχομαι
ἀρνησάσθω 3 p. sing. 1 aor. mid. imper. . . . ἀρνέομαι
ἀράτω 3 p. sing. 1 aor. act. imper. . . . . αἴρω
ἀκολουθείτω 3 p. sing. pres. act. imper. . . . ἀκολουθέω
24 θέλη 3 p. sing. pres. act. subj. . . . . θέλω
σῶσαι 1 aor. act. infin. . . . . σῴζω
ἀπολέσει 3 p. sing. fut. act. ind. . . . . ἀπόλλυμι
ἀπολέση 3 p. sing. 1 aor. act. subj. . . . . id.
σώσει 3 p. sing. fut. act. ind. . . . . .σῴζω
25 ὠφελεῖται 3 p. sing. pres. pass. ind. . . . . . . .ὠφελέω
κερδήσας 1 aor. act. ptc. nom. sing. masc. . . .κερδαίνω
ἀπολέσας 1 aor. act. ptc. nom. sing. masc. . . .ἀπόλλυμι
ζημιωθείς 1 aor. pass. ptc. nom. sing. masc. . . .ζημιόω
26 ἐπαισχυνθῇ 3 p. sing. 1 aor. pass. subj. . ἐπαισχύνομαι
ἐπαισχυνθήσεται 3 p. sing. fut. pass. ind. . . . . . id.
ἔλθη 3 p. sing. 2 aor. act. subj. . . . . .ἔρχομαι
27 ἑστηκότων perf. act. ptc. gen. pl. masc. . . . . .ἵστημι
γεύσωνται 3 p. pl. 1 aor. mid. subj. . . . . . . γεύομαι
ἴδωσιν 3 p. pl. 2 aor. act. subj. . . . . .δράω
28 παραλαβών 2 aor. act. ptc. nom. sing. masc. παραλαμβάνω
ἀνέβη 3 p. sing. 2 aor. act. ind. . . . . .ἀναβαίνω
προσεύξασθαι 1 aor. mid. infin. . . . . προσεύχομαι
29 προσεύχεσθαι pres. mid. infin. . . . . προσεύχομαι
ἐξαστράπτων pres. act. ptc. nom. sing. masc. ἐξαστράπτω
30 συνελάλουν 3 p. pl. imperf. act. ind. . . . . . . συλλαλέω
ἦσαν 3 p. pl. imperf. act. ind. . . . . εἰμί
31 ὀφθέντες 1 aor. pass. ptc. nom. pl. masc. . . . . . .δράω
ἔλεγον 3 p. pl. imperf. act. ind. . . . . .λέγω
ἤμελλεν 3 p. sing. imperf. act. ind. Att. . . . . . μέλλω
πληροῦν pres. act. infin. . . . . .πληρόω

32 βεβαρημένοι perf. pass. ptc. nom. pl. masc. . . . . . βαρέω
     διαγρηγορήσαντες 1 aor. act. ptc. n. pl. m. διαγρηγορέω
     εἶδαν 3 p. pl. 2 aor. act. ind. . . . . ὀράω
     συνεστῶτας perf. act. ptc. acc. pl. masc. . . συνίστημι
33 ἐγένετο 3 p. sing. 2 aor. mid. ind. . . . . . . .γίνομαι
     διαχωρίζεσθαι pres. mid. infin. . . . . . . διαχωρίζομαι
     εἶπεν 3 p. sing. 2 aor. act. ind. . . . . λέγω
     εἶναι pres. act. infin. . . . . εἰμί
     ποιήσωμεν 1 p. pl. 1 aor. act. subj. . . . . ποιέω
     εἰδώς perf. act. ptc. nom. sing. masc. . . . . οἶδα
     λέγει 3 p. sing. pres. act. ind. . . . . λέγω
34 λέγοντος pres. act. ptc. gen. sing. masc. . . . . . . id.
     ἐπεσκίαζεν 3 p. sing. imperf. act. ind. . . . ἐπισκιάζω
     ἐφοβήθησαν 3 p. pl. 1 aor. pass. ind. . . . . . . .φοβέω
     εἰσελθεῖν 2 aor. act. infin. . . . . εἰσέρχομαι
35 λέγουσα pres. act. ptc. nom. sing. fem. . . . . λέγω
     ἐστιν 3 p. sing. pres. act. ind. . . . . εἰμί
     ἐκλελεγμένος perf. pass. ptc. nom. sing. masc. . .ἐκλέγω
     ἀκούετε 2 p. pl. pres. act. ind. or imper. . . . . ἀκούω
36 γενέσθαι 2 aor. pass. infin. . . . . .γίνομαι
     εὑρέθη 3 p. sing. 1 aor. pass. ind. . . . . εὑρίσκω
     ἐσίγησαν 3 p. pl. 1 aor. act. ind. . . . . σιγάω
     ἀπήγγειλαν 3 p. pl. 1 aor. act. ind. . . . . ἀπαγγέλλω
     ἑώρακαν 3 p. pl. perf. act. ind. . . . . ὀράω
37 κατελθόντων 2 aor. act. ptc. gen. pl. masc. . κατέρχομαι
     συνήντησεν 3 p. sing. 1 aor. act. ind. . . . . .συναντάω
38 ἐβόησεν 3 p. sing. 1 aor. act. ind. . . . . βοάω
     λέγων pres. act. ptc. nom. sing. masc. . . . . λέγω
     δέομαι 1 p. sing. pres. mid. ind. . . . . .δέομαι
     ἐπιβλέψαι 2 p. sing. 1 aor. mid. imper. . . . . ἐπιβλέπω
39 λαμβάνει 3 p. sing. pres. act. ind. . . . . λαμβάνω
     κράζει 3 p. sing. pres. act. ind. . . . . κράζω
     σπαράσσει 3 p. sing. pres. act. ind. . . . . . . σπαράσσω
     ἀποχωρεῖ 3 p. sing. pres. act. ind. . . . . . . ἀποχωρέω
     συντρῖβον pres. act. ptc. nom. sing. neut. . . συντρίβω
40 ἐδεήθην 1 p. sing. 1 aor. pass. ind. . . . . . . .δέομαι
     ἐκβάλωσιν 3 p. pl. 2 aor. act. subj. . . . . . .ἐκβάλλω
     ἠδυνήθησαν 3 p. pl. 1 aor. pass. ind. . . . . . δύναμαι
41 ἀποκριθείς 1 aor. pass. ptc. nom. s. masc. .ἀποκρίνομαι
     διεστραμμένη perf. pass. ptc. nom. sing. fem. διαστρέφω
     ἔσομαι 1 p. sing. fut. mid. ind. . . . . εἰμί
     ἀνέξομαι 1 p. sing. fut. mid. ind. . . . . ἀνέχομαι
     προσάγαγε 2 p. sing. 2 aor. act. imper. . . . . .προσάγω
42 προσερχομένου pres. mid. ptc. gen. s. masc. προσέρχομαι
     ἔρρηξεν 3 p. sing. 1 aor. act. ind. . . . . ῥήγνυμι
     συνεσπάραξεν 3 p. sing. 1 aor. act. ind. . . συσπαράσσω
     ἐπετίμησεν 3 p. sing. 1 aor. act. ind. . . . . . ἐπιτιμάω
     ἰάσατο 3 p. sing. 1 aor. mid. ind. . . . . ἰάομαι
     ἀπέδωκεν 3 p. sing. 1 aor. act. ind. . . . . . .ἀποδίδωμι
43 ἐξεπλήσσοντο 3 p. pl. imperf. pass. ind. . . .ἐκπλήσσω
     θαυμαζόντων pres. act. ptc. gen. pl. masc. . . .θαυμάζω
     ἐποίει 3 p. sing. imperf. act. ind. . . . . ποιέω
44 θέσθε 2 p. pl. 2 aor. mid. imper. . . . . .τίθημι
     μέλλει 3 p. sing. pres. act. ind. . . . . μέλλω
     παραδίδοσθαι pres. pass. infin. . . . . παραδίδωμι

45 ἠγνόουν 3 p. pl. imperf. act. ind. . . . . ἀγνοέω
   ἦν 3 p. sing. imperf. act. ind. . . . . εἰμί
   παρακεκαλυμμένον pf. pass. ptc. n. s. neut. παρακαλύπτω
   αἴσθωνται 3 p. pl. 2 aor. mid. subj. . . . . .αἰσθάνομαι
   ἐφοβοῦντο 3 p. pl. imperf. mid. ind. . . . . φοβέω
   ἐρωτῆσαι 1 aor. act. infin. . . . . ἐρωτάω
46 εἰσῆλθεν 3 p. sing. 2 aor. act. ind. . . . . .εἰσέρχομαι
   εἴη 3 p. sing. pres. act. opt. . . . . εἰμί
47 εἰδώς perf. act. ptc. nom. sing. masc. . . . . οἶδα
   ἐπιλαβόμενος 2 aor. mid. ptc. nom. s. masc. . ἐπιλαμβάνω
   ἔστησεν 3 p. sing. 1 aor. act. ind. . . . . ἵστημι
48 εἶπεν 3 p. sing. 2 aor. act. ind. . . . . λέγω
   δέξηται 3 p. sing. 1 aor. mid. subj. . . . . . . .δέχομαι
   δέχεται 3 p. sing. pres. mid. ind. . . . . id.
   ἀποστείλαντα 1 aor. act. ptc. acc. s. masc. . .ἀποστέλλω
   ὑπάρχων pres. act. ptc. nom. sing. masc. . . . . . ὑπάρχω
   ἐστιν 3 p. sing. pres. act. ind. . . . . εἰμί
49 ἀποκριθείς 1 aor. pass. ptc. nom. s. masc. .ἀποκρίνομαι
   εἴδομεν 1 p. pl. 2 aor. act. ind. . . . . ὁράω
   ἐκβάλλοντα pres. act. ptc. acc. sing. masc. . . .ἐκβάλλω
   ἐκωλύομεν 1 p. pl. imperf. act. ind. . . . . . . κωλύω
   ἀκολουθεῖ 3 p. sing. pres. act. ind. . . . . . ἀκολουθέω
50 κωλύετε 2 p. pl. pres. act. imper. . . . . κωλύω
51 συμπληροῦσθαι pres. pass. infin. . . . . συμπληρόω
   ἐγένετο 3 p. sing. 2 aor. mid. ind. . . . . γίνομαι
   ἐστήρισεν 3 p. sing. 1 aor. act. ind. . . . . . .στηρίζω
   πορεύεσθαι pres. mid. infin. . . . . πορεύομαι
52 ἀπέστειλεν 3 p. sing. 1 aor. act. ind. . . . . ἀποστέλλω
   πορευθέντες 1 aor. act. ptc. nom. pl. masc. . πορεύομαι
   εἰσῆλθον 1 p. s. and 3 p. pl. 2 aor. act. ind.εἰσέρχομαι
   ἑτοιμάσαι 1 aor. act. infin. . . . . .ἑτοιμάζω
53 ἐδέξαντο 3 p. pl. 1 aor. mid. ind. . . . . δέχομαι
   πορευόμενον pres. mid. ptc. acc. sing. masc. . πορεύομαι
54 ἰδόντες 2 aor. act. ptc. nom. pl. masc. . . . . ὁράω
   εἶπαν 3 p. pl. 2 aor. act. ind. . . . . λέγω
   θέλεις 2 p. sing. pres. act. ind. . . . . .θέλω
   εἴπωμεν 1 p. pl. 2 aor. act. subj. . . . . λέγω
   καταβῆναι 2 aor. act. infin. . . . . καταβαίνω
   ἀναλῶσαι 1 aor. act. infin. . . . . . ἀναλόω or ἀναλίσκω
55 στραφείς 2 aor. pass. ptc. nom. sing. masc. . . . . .στρέφω
   ἐπετίμησεν 3 p. sing. 1 aor. act. ind. . . . . .ἐπιτιμάω
56 ἐπορεύθησαν 3 p. pl. 1 aor. pass. ind. . . . . πορεύομαι
57 πορευομένων pres. mid. ptc. gen. pl. masc. . . . . . . id.
   ἀκολουθήσω 1 p. sing. fut. act. ind. . . . . . ἀκολουθέω
   ἀπέρχῃ 2 p. sing. pres. mid. subj. . . . . . . .ἀπέρχομαι
58 ἔχουσιν 3 p. pl. pres. act. ind. . . . . ἔχω
   ἔχει 3 p. sing. pres. act. ind. . . . . id.
   κλίνῃ 3 p. sing. pres. act. subj. . . . . κλίνω
59 ἀκολούθει 2 p. sing. pres. act. imper. . . . . .ἀκολουθέω
   ἐπίτρεφον 2 p. sing. 1 aor. act. imper. . . . . .ἐπιτρέπω
   ἀπελθόντι 2 aor. act. ptc. dat. sing. masc. . . ἀπέρχομαι
   θάψαι 1 aor. act. infin. . . . . θάπτω
60 ἄφες 2 p. sing. 2 aor. act. imper. . . . . ἀφίημι
   ἀπελθών 2 aor. act. ptc. nom. sing. masc. . . . ἀπέρχομαι
   διάγγελλε 2 p. sing. pres. act. imper. . . . . . διαγγέλλω

61 ἀκολουθήσω 1 p. sing. fut. act. ind. . . . . . . ἀκολουθέω
    ἐπίτρεφον 2 p. sing. 1 aor. act. imper. . . . . ἐπιτρέπω
    ἀποτάξασθαι 1 aor. mid. infin. . . . . ἀποτάσσομαι
62 ἐπιβαλών 2 aor. act. ptc. nom. sing. masc. . . .ἐπιβάλλω
    βλέπων pres. act. ptc. nom. sing. masc. . . . . . . βλέπω

10

1 ἀνέδειξεν 3 p. sing. 1 aor. act. ind. . . . ἀναδείκνυμι
  ἀπέστειλεν 3 p. sing. 1 aor. act. ind. . . . . ἀποστέλλω
  ἤμελλεν 3 p. sing. imperf. act. ind. Att. . . . . .μέλλω
  ἔρχεσθαι pres. mid. infin. . . . . ἔρχομαι
2 ἔλεγεν 3 p. sing. imperf. act. ind. . . . . λέγω
  δεήθητε 2 p. pl. 1 aor. pass. imper. . . . . . . .δέομαι
  ἐκβάλῃ 3 p. sing. 2 aor. act. subj. . . . . ἐκβάλλω
3 ὑπάγετε 2 p. pl. pres. act. imper. . . . . .ὑπάγω
  ἀποστέλλω 1 p. sing. pres. act. ind. . . . . . ἀποστέλλω
4 βαστάζετε 2 p. pl. pres. act. imper. . . . . . . βαστάζω
  ἀσπάσησθε 2 p. pl. 1 aor. mid. subj. . . . . . ἀσπάζομαι
5 εἰσέλθητε 2 p. pl. 2 aor. act. subj. . . . . .εἰσέρχομαι
  λέγετε 2 p. pl. pres. act. ind. or imper. . . . . . .λέγω
6 ἐπαναπαήσεται 3 p. sing. 2 fut. pass. ind. ἐπαναπαύομαι
  ἀνακάμψει 3 p. sing. fut. act. ind. . . . . . ἀνακάμπτω
7 μένετε 2 p. pl. pres. act. imper. . . . . .μένω
  ἐσθίοντες pres. act. ptc. nom. pl. masc. . . . . . . ἐσθίω
  πίνοντες pres. act. ptc. nom. pl. masc. . . . . . . πίνω
  μεταβαίνετε 2 p. pl. pres. act. imper. . . . . μεταβαίνω
8 εἰσέρχησθε 2 p. pl. pres. mid. subj. . . . . εἰσέρχομαι
  δέχωνται 3 p. pl. pres. mid. subj. . . . . .δέχομαι
  ἐσθίετε 2 p. pl. pres. act. imper. . . . . .ἐσθίω
  παρατιθέμενα pres. pass. ptc. acc. pl. neut. παρατίθημι
9 θεραπεύετε 2 p. pl. pres. act. imper. . . . . . θεραπεύω
  ἤγγικεν 3 p. sing. perf. act. ind. . . . . ἐγγίζω
10 δέχωνται 3 p. pl. pres. mid. subj. . . . . δέχομαι
   ἐξελθόντες 2 aor. act. ptc. nom. pl. masc. . . ἐξέρχομαι
   εἴπατε 2 p. pl. 2 aor. act. ind. or imper. . . . . . λέγω
11 κολληθέντα 1 aor. pass. ptc. acc. sing. masc. . . κολλάω
   ἀπομασσόμεθα 1 p. pl. pres. mid. ind. . . . . . ἀπομάσσω
   γινώσκετε 2 p. pl. pres. act. ind. or imper. . . γινώσκω
12 ἔσται 3 p. sing. fut. mid. ind. . . . . .εἰμί
13 ἐγενήθησαν 3 p. pl. 1 aor. pass. ind. . . . . . .γίνομαι
   γενόμεναι 2 aor. pass. ptc. nom. pl. fem. . . . . . . id.
   καθήμενοι pres. mid. ptc. nom. pl. masc. . . . . κάθημαι
   μετενόησαν 3 p. pl. 1 aor. act. ind. . . . . . .μετανοέω
15 ὑψωθήσῃ 2 p. sing. fut. pass. ind. . . . . ὑψόω
   καταβήσῃ 2 p. sing. fut. mid. ind. . . . . . . καταβαίνω
16 ἀκούων pres. act. ptc. nom. sing. masc. . . . . . . .ἀκούω
   ἀκούει 3 p. sing. pres. act. ind. . . . . id.
   ἀθετῶν pres. act. ptc. nom. sing. masc. . . . . . ἀθετέω
   ἀθετεῖ 3 p. sing. pres. act. ind. . . . . id.
   ἀποστείλαντα 1 aor. act. ptc. acc. s. masc. . .ἀποστέλλω
17 ὑπέστρεφαν 3 p. pl. 1 aor. act. ind. . . . . . ὑποστρέφω
   λέγοντες pres. act. ptc. nom. pl. masc. . . . . . . .λέγω
   ὑποτάσσεται 3 p. sing. pres. mid. ind. . . . . .ὑποτάσσω
18 ἐθεώρουν 1 p. sing. imperf. act. ind. . . . . . . θεωρέω
   πεσόντα 2 aor. act. ptc. acc. sing. masc. . . . . .πίπτω

19 δέδωκα 1 p. sing. perf. act. ind. . . . . δίδωμι
   πατεῖν pres. act. infin. . . . . πατέω
   ἀδικήσει 3 p. sing. fut. act. ind. . . . . ἀδικέω
20 χαίρετε 2 p. pl. pres. act. imper. . . . . χαίρω
   ὑποτάσσεται 3 p. sing. pres. mid. ind. . . . . ὑποτάσσω
   ἐγγέγραπται 3 p. sing. perf. pass. ind. . . . . .ἐγγράφω
21 ἠγαλλιάσατο 3 p. sing. 1 aor. mid. ind. . . . . ἀγαλλιάω
   εἶπεν 3 p. sing. 2 aor. act. ind. . . . . λέγω
   ἐξομολογοῦμαι 1 p. sing. pres. mid. ind. . . ἐξομολογέω
   ἀπέκρυψας 2 p. sing. 1 aor. act. ind. . . . . .ἀποκρύπτω
   ἀπεκάλυψας 2 p. sing. 1 aor. act. ind. . . . ἀποκαλύπτω
   ἐγένετο 3 p. sing. 2 aor. mid. ind. . . . . γίνομαι
22 παρεδόθη 3 p. sing. 1 aor. pass. ind. . . . . παραδίδωμι
   γινώσκει 3 p. sing. pres. act. ind. . . . . γινώσκω
   ἐστιν 3 p. sing. pres. mid. ind. . . . . εἰμί
   βούληται 3 p. sing. pres. mid. subj. . . . . . . .βούλομαι
   ἀποκαλύψαι 1 aor. act. infin. . . . . ἀποκαλύπτω
23 στραφείς 2 aor. pass. ptc. nom. sing. masc. . . . στρέφω
   βλέποντες pres. act. ptc. nom. pl. masc. . . . . . βλέπω
   βλέπετε 2 p. pl. pres. act. ind. or imper. . . . . . . id.
24 ἠθέλησαν 3 p. pl. 2 aor. act. ind. . . . . ἐθέλω
   ἰδεῖν 2 aor. act. infin. . . . . ὁράω
   εἶδαν 3 p. pl. 2 aor. act. ind. . . . . id.
   ἀκοῦσαι 1 aor. act. infin. . . . . ἀκούω
   ἀκούετε 2 p. pl. pres. act. ind. or imper. . . . . . . id.
   ἤκουσαν 3 p. pl. 1 aor. act. ind. . . . . .id.
25 ἰδού 2 p. sing. 2 aor. mid. imper. . . . . εἶδον
   ἀνέστη 3 p. sing. 2 aor. act. ind. . . . . ἀνίστημι
   ἐκπειράζων pres. act. ptc. nom. sing. masc. . .ἐκπειράζω
   λέγων pres. act. ptc. nom. sing. masc. . . . . λέγω
   ποιήσας 1 aor. act. ptc. nom. sing. masc. . . . . . ποιέω
   κληρονομήσω 1 p. sing. fut. act. ind. . . . . κληρονομέω
26 γέγραπται 3 p. sing. perf. pass. ind. . . . . γράφω
   ἀναγινώσκεις 2 p. sing. pres. act. ind. . . . ἀναγινώσκω
27 ἀποκριθείς 1 aor. pass. ptc. nom. sing. m. .ἀποκρίνομαι
   ἀγαπήσεις 2 p. sing. fut. act. ind. . . . . ἀγαπάω
28 ἀπεκρίθης 2 p. sing. 1 aor. pass. ind. . . .ἀποκρίνομαι
   ποιει 2 p. sing. pres. act. imper. . . . . ποιέω
   ζήσῃ 2 p. sing. fut. mid. ind. . . . . ζάω
29 θέλων pres. act. ptc. nom. sing. masc. . . . . θέλω
   δικαιῶσαι 1 aor. act. infin. . . . . δικαιόω
30 ὑπολαβών 2 aor. act. ptc. nom. sing. masc. . ὑπολαμβάνω
   κατέβαινεν 3 p. sing. imperf. act. ind. . . . καταβαίνω
   περιέπεσεν 3 p. sing. 2 aor. act. ind. . . . . περιπίπτω
   ἐκδύσαντες 1 aor. act. ptc. nom. pl. masc. . . . . ἐκδύω
   ἐπιθέντες 2 aor. act. ptc. nom. pl. masc. . . ἐπιτίθημι
   ἀπῆλθον 1 p. s. or 3 p. pl. 2 aor. act. ind. . . ἀπέρχομαι
   ἀφέντες 2 aor. act. ptc. nom. pl. masc. . . . . . .ἀφίημι
31 κατέβαινεν 3 p. sing. imperf. act. ind. . . . . καταβαίνω
   ἰδών 2 aor. act. ptc. nom. sing. masc. . . . . ὁράω
   ἀντιπαρῆλθεν 3 p. sing. 2 aor. act. ind. ἀντιπαρέρχομαι
32 ἐλθών 2 aor. act. ptc. nom. sing. masc. . . . . . ἔρχομαι
33 ὁδεύων pres. act. ptc. nom. sing. masc. . . . . . . ὁδεύω
   ἦλθεν 3 p. sing. 2 aor. act. ind. . . . . ἔρχομαι
   ἐσπλαγχνίσθη 3 p. sing. 1 aor. pass. ind. σπλαγχνίζομαι

34 προσελθών 2 aor. act. ptc. nom. sing. masc. προσέρχομαι
    κατέδησεν 3 p. sing. 1 aor. act. ind. . . . . . . καταδέω
    ἐπιχέων pres. act. ptc. nom. sing. masc. . . . . . ἐπιχέω
    ἐπιβιβάσας 1 aor. act. ptc. nom. sing. masc. . ἐπιβιβάζω
    ἤγαγεν 3 p. sing. 2 aor. act. ind. . . . . ἄγω
    ἐπεμελήθη 3 p. sing. 1 aor. pass. ind. . . . ἐπιμελέομαι
35 ἐκβαλλών 2 aor. act. ptc. nom. sing. masc. . . . ἐκβάλλω
    ἔδωκεν 3 p. sing. 1 aor. act. ind. . . . . δίδωμι
    εἶπεν 3 p. sing. 2 aor. act. ind. . . . . λέγω
    ἐπιμελήθητι 1 p. sing. 1 aor. pass. imper. . ἐπιμελέομαι
    προσδαπανήσῃς 2 p. sing. 1 aor. act. subj. . προσδαπανάω
    ἐπανέρχεσθαι pres. mid. infin. . . . . ἐπανέρχομαι
    ἀποδώσω 1 p. sing. fut. act. ind. . . . . ἀποδίδωμι
36 δοκεῖ 3 p. sing. pres. act. ind. . . . . δοκέω
    γεγονέναι 2 perf. act. infin. . . . . γίνομαι
    ἐμπεσόντος 2 aor. act. ptc. gen. sing. masc. . . . ἐμπίπτω
37 ποιήσας 1 aor. act. ptc. nom. sing. masc. . . . . . ποιέω
    πορεύου 2 p. sing. pres. mid. imper. . . . . . πορεύομαι
    ποίει 2 p. sing. pres. act. imper. . . . . ποιέω
38 πορεύεσθαι pres. mid. infin. . . . . πορεύομαι
    εἰσῆλθεν 3 p. sing. 2 aor. act. ind. . . . . εἰσέρχομαι
    ὑπεδέξατο 3 p. sing. 1 aor. mid. ind. . . . . ὑποδέχομαι
39 ἦν 3 p. sing. imperf. act. ind. . . . . εἰμί
    καλουμένη pres. pass. ptc. nom. sing. fem. . . . καλέω
    παρακαθεσθεῖσα 1 aor. pass. ptc. n. s. f. παρακαθέζομαι
    ἤκουεν 3 p. sing. imperf. act. ind. . . . . ἀκούω
40 περιεσπᾶτο 3 p. sing. imperf. pass. ind. . . . . περισπάω
    ἐπιστᾶσα 2 aor. act. ptc. nom. sing. fem. . . . ἐφίστημι
    μέλει 3 p. sing. pres. act. impers. verb . . . . . μέλω
    κατέλειπεν 3 p. sing. imperf. act. ind. . . . καταλείπω
    διακονεῖν pres. act. infin. . . . . διακονέω
    εἰπόν 2 p. sing. 2 aor. act. imper. . . . . λέγω
    συναντιλάβηται 3 p. s. 2 aor. m. subj. συναντιλαμβάνομαι
41 ἀποκριθείς 1 aor. pass. ptc. nom. sing. m. . ἀποκρίνομαι
    μεριμνᾷς 2 p. sing. pres. act. ind. . . . . . . μεριμνάω
    θορυβάζῃ 2 p. sing. pres. pass. ind. . . . . θορυβάζομαι
42 ἐξελέξατο 3 p. sing. 1 aor. mid. ind. . . . . . . ἐκλέγω
    ἀφαιρεθήσεται 3 p. sing. fut. pass. ind. . . . . ἀφαιρέω

11

1 ἐγένετο 3 p. sing. 2 aor. mid. ind. . . . . γίνομαι
   εἶναι pres. act. infin. . . . . εἰμί
   προσευχόμενον pres. mid. ptc. acc. s. masc. προσεύχομαι
   εἶπεν 3 p. sing. 2 aor. act. ind. . . . . λέγω
   δίδαξον 2 p. sing. 1 aor. act. imper. . . . . . . διδάσκω
   προσεύχεσθαι pres. mid. infin. . . . . προσεύχομαι
   ἐδίδαξεν 3 p. sing. 1 aor. act. ind. . . . . . . διδάσκω
   ἐπαύσατο 3 p. sing. 1 aor. mid. ind. . . . . . . παύω
2 προσεύχησθε 2 p. pl. pres. mid. subj. . . . προσεύχομαι
   λέγετε 2 p. pl. pres. act. ind. and imper. . . . . λέγω
   ἁγιασθήτω 3 p. sing. 1 aor. pass. imper. . . . . ἁγιάζω
   ἐλθάτω 3 p. sing. 1 aor. act. imper. . . . . . . ἔρχομαι
3 δίδου 2 p. sing. pres. act. imper. . . . . δίδωμι
4 ἄφες 2 p. sing. 2 aor. act. imper. . . . . ἀφίημι
   ἀφίομεν 1 p. pl. pres. act. ind. . . . . id.

ὀφείλοντι pres. act. ptc. dat. sing. masc. . . . . . ὀφείλω
εἰσενέγκῃς 2 p. sing. 1 aor. act. subj. . . . . . . εἰσφέρω
5 εἶπεν 3 p. sing. 2 aor. act. ind. . . . . λέγω
πορεύσεται 3 p. sing. fut. mid. ind. . . . . . . πορεύομαι
εἴπῃ 3 p. sing. 2 aor. act. subj. . . . . εἶπον
χρῆσον 2 p. sing. 1 aor. act. imper. . . . . κίχρημι
6 παρεγένετο 3 p. sing. 2 aor. mid. ind. . . . παργίνομαι
παραθήσω 1 p. sing. fut. act. ind. . . . . . παρατίθημι
7 ἀποκριθείς 1 aor. pass. ptc. nom. sing. m. . ἀποκρίνομαι
πάρεχε 2 p. sing. pres. act. imper. . . . . παρέχω
κέκλεισται 3 p. sing. perf. pass. ind. . . . . . . κλείω
εἰσίν 3 p. pl. pres. act. ind. . . . . εἰμί
ἀναστάς 2 aor. act. ptc. nom. sing. masc. . . . . ἀνίστημι
δοῦναι 2 aor. act. infin. . . . . δίδωμι
8 δώσει 3 p. sing. fut. act. ind. . . . . id.
εἶναι pres. act. infin. . . . . εἰμί
ἐγερθείς 1 aor. pass. ptc. nom. sing. masc. . . . ἐγείρω
χρῄζει 3 p. sing. pres. act. ind. . . . . χρῄζω
9 αἰτεῖτε 2 p. pl. pres. act. imper. . . . . αἰτέω
δοθήσεται 3 p. sing. 1 fut. pass. ind. . . . . . . δίδωμι
ζητεῖτε 2 p. pl. pres. act. ind. or imper. . . . . . ζητέω
εὑρήσετε 2 p. pl. fut. act. ind. . . . . εὑρίσκω
κρούετε 2 p. pl. pres. act. imper. . . . . κρούω
ἀνοιγήσεται 3 p. sing. 2 fut. pass. ind. . . . . . ἀνοίγω
10 αἰτῶν pres. act. ptc. nom. sing. masc. . . . . αἰτέω
λαμβάνει 3 p. sing. pres. act. ind. . . . . λαμβάνω
ζητῶν pres. act. ptc. nom. sing. masc. . . . . ζητέω
εὑρίσκει 3 p. sing. pres. act. ind. . . . . εὑρίσκω
κρούοντι pres. act. ptc. dat. sing. masc. . . . . . κρούω
11 αἰτήσει 3 p. sing. fut. act. ind. . . . . αἰτέω
ἐπιδώσει 3 p. sing. fut. act. ind. . . . . ἐπιδίδωμι
13 ὑπάρχοντες pres. act. ptc. nom. pl. masc. . . . . . ὑπάρχω
οἴδατε 2 p. pl. 2 perf. act. ind. . . . . οἶδα
διδόναι pres. act. infin. . . . . δίδωμι
αἰτοῦσιν pres. act. ptc. dat. pl. masc. . . . . . . αἰτέω
δώσει 3 p. sing. fut. act. ind. . . . . δίδωμι
14 ἦν 3 p. sing. imperf. act. ind. . . . . εἰμί
ἐκβάλλων pres. act. ptc. nom. sing. masc. . . . . ἐκβάλλω
ἐγένετο 3 p. sing. 2 aor. mid. ind. . . . . γίνομαι
ἐξελθόντος 2 aor. act. ptc. gen. sing. neut. . ἐξέρχομαι
ἐλάλησεν 3 p. sing. 1 aor. act. ind. . . . . λαλέω
ἐθαύμασαν 3 p. pl. 1 aor. act. ind. . . . . θαυμάζω
15 εἶπαν 3 p. pl. 2 aor. act. ind. . . . . λέγω
ἐκβάλλει 3 p. sing. pres. act. ind. . . . . ἐκβάλλω
16 πειράζοντες pres. act. ptc. nom. pl. masc. . . . πειράζω
ἐζήτουν 3 p. pl. imperf. act. ind. . . . . ζητέω
17 εἰδώς 2 perf. act. ptc. nom. sing. masc. . . . . . . οἶδα
διαμερισθεῖσα 1 aor. pass. ptc. nom. s. fem. . διαμερίζω
ἐρημοῦται 3 p. sing. pres. pass. ind. . . . . . . ἐρημόω
πίπτει 3 p. sing. pres. act. ind. . . . . πίπτω
18 διεμερίσθη 3 p. sing. 1 aor. pass. ind. . . . . διαμερίζω
σταθήσεται 3 p. sing. fut. pass. ind. . . . . . . ἵστημι
λέγετε 2 p. pl. pres. act. ind. and imper. . . . . . λέγω
ἐκβάλλειν pres. act. infin. . . . . ἐκβάλλω
19 ἐκβάλλουσιν 3 p. pl. pres. act. ind. . . . . id.

ἔσονται 3 p. pl. fut. mid. ind. . . . . εἰμί
20 ἔφθασεν 3 p. sing. 1 aor. act. ind. . . . . φθάνω
21 καθωπλισμένος perf. pass. ptc. nom. sing. m. . καθοπλίζω
    φυλάσσῃ 3 p. sing. pres. act. subj. . . . . φυλάσσω
    ὑπάρχοντα pres. act. ptc. nom. pl. neut. . . . . . ὑπάρχω
22 ἐπελθών 2 aor. act. ptc. nom. sing. masc. . . . ἐπέρχομαι
    νικήσῃ 3 p. sing. 1 aor. act. subj. . . . . νικάω
    αἴρει 3 p. sing. pres. act. ind. . . . . αἴρω
    ἐπεποίθει 3 p. sing. 2 plupf. act. ind. . . . . . . πείθω
    διαδίδωσιν 3 p. sing. pres. act. ind. . . . . . διαδίδωμι
23 συνάγων pres. act. ptc. nom. sing. masc. . . . . . συνάγω
    σκορπίζει 3 p. sing. pres. act. ind. . . . . . . σκορπίζω
24 ἐξέλθῃ 3 p. sing. 2 aor. act. subj. . . . . ἐξέρχομαι
    διέρχεται 3 p. sing. pres. mid. ind. . . . . . διέρχομαι
    ζητοῦν pres. act. ptc. nom. sing. neut. . . . . . . ζητέω
    εὑρίσκον pres. act. ptc. nom. sing. neut. . . . . εὑρίσκω
    λέγει 3 p. sing. pres. act. ind. . . . . λέγω
    ὑποστρέφω 1 p. sing. fut. act. ind. . . . . . . ὑποστρέφω
    ἐξῆλθον 1 p. s. and 3 p. pl. 2 aor. act. ind. .ἐξέρχομαι
25 ἐλθόν 2 aor. act. ptc. nom. sing. neut. . . . . . ἔρχομαι
    εὑρίσκει 3 p. sing. pres. act. ind. . . . . εὑρίσκω
    σεσαρωμένον perf. pass. ptc. acc. sing. masc. . . . σαρόω
    κεκοσμημένον perf. pass. ptc. acc. sing. masc. . . κοσμέω
26 πορεύεται 3 p. sing. pres. mid. ind. . . . . . πορεύομαι
    παραλαμβάνει 3 p. sing. pres. act. ind. . . παραλαμβάνω
    εἰσελθόντα 2 aor. act. ptc. acc. sing. masc. . εἰσέρχομαι
    κατοικεῖ 3 p. sing. pres. act. ind. . . . . . . κατοικέω
    γίνεται 3 p. sing. pres. mid. ind. . . . . γίνομαι
27 ἐγένετο 3 p. sing. 2 aor. mid. ind. . . . . id.
    λέγειν pres. act. infin. . . . . λέγω
    ἐπάρασα 1 aor. act. ptc. nom. sing. fem. . . . . . ἐπαίρω
    εἶπεν 3 p. sing. 2 aor. act. ind. . . . . λέγω
    βαστάσασα 1 aor. act. ptc. nom. sing. fem. . . . βαστάζω
    ἐθήλασας 2 p. sing. 1 aor. act. ind. . . . . θηλάζω
28 ἀκούοντες pres. act. ptc. nom. pl. masc. . . . . . ἀκούω
    φυλάσσοντες pres. act. ptc. nom. pl. masc. . . . φυλάσσω
29 ἐπαθροιζομένων pres. pass. ptc. gen. pl. masc. ἐπαθροίζω
    ἤρξατο 3 p. sing. 1 aor. mid. ind. . . . . ἄρχω
    ἐστιν 3 p. sing. pres. act. ind. . . . . εἰμί
    ζητεῖ 3 p. sing. pres. act. ind. . . . . ζητέω
    δοθήσεται 3 p. sing. 1 fut. pass. ind. . . . . . . δίδωμι
30 ἔσται 3 p. sing. fut. mid. ind. . . . . εἰμί
31 ἐγερθήσεται 3 p. sing. 1 fut. pass. ind. . . . . . ἐγείρω
    κατακρινεῖ 3 p. sing. fut. act. ind. . . . . . κατακρίνω
    ἦλθεν 3 p. sing. 2 aor. act. ind. . . . . ἔρχομαι
    ἀκοῦσαι 1 aor. act. infin. . . . . ἀκούω
32 ἀναστήσονται 3 p. pl. fut. mid. ind. . . . . . ἀνίστημι
    κατακρινοῦσιν 3 p. pl. fut. act. ind. . . . . . κατακρίνω
    μετενόησαν 3 p. pl. 1 aor. act. ind. . . . . . . μετανοέω
33 ἅψας 1 aor. act. ptc. nom. sing. masc. . . . . . . ἅπτω
    τίθησιν 3 p. sing. pres. act. ind. . . . . τίθημι
    εἰσπορευόμενοι pres. mid. ptc. nom. pl. m. εἰσπορεύομαι
    βλέπωσιν 3 p. pl. pres. act. subj. . . . . βλέπω
34 ᾖ 3 p. sing. pres. act. subj. . . . . εἰμί
35 σκόπει 2 p. sing. pres. act. imper. . . . . σκοπέω

36 ἔχον pres. act. ptc. nom. and acc. sing. neut. . . . . ἔχω
   φωτίζῃ 3 p. sing. pres. act. subj. . . . . φωτίζω
37 λαλῆσαι 1 aor. act. infin. . . . . λαλέω
   ἐρωτᾷ 3 p. sing. pres. act. ind. or subj. . . . . . ἐρωτάω
   ἀριστήσῃ 3 p. sing. 1 aor. act. subj. . . . . . . ἀριστάω
   εἰσελθών 2 aor. act. ptc. nom. sing. masc. . εἰσέρχομαι
   ἀνέπεσεν 3 p. sing. 2 aor. act. ind. . . . . . .ἀναπίπτω
38 ἰδών 2 aor. act. ptc. nom. sing. masc. . . . . δράω
   ἐθαύμασεν 3 p. sing. 1 aor. act. ind. . . . . . .θαυμάζω
   ἐβαπτίσθη 3 p. sing. 1 aor. pass. ind. . . . . . βαπτίζω
39 καθαρίζετε 2 p. pl. pres. act. ind. or imper. . καθαρίζω
   γέμει 3 p. sing. pres. act. ind. . . . . γέμω
40 ποιήσας 1 aor. act. ptc. nom. sing. masc. . . . . . ποιέω
   ἐποίησεν 3 p. sing. 1 aor. act. ind. . . . . id.
41 ἐνόντα pres. act. ptc. acc. pl. neut. . . . . . . .ἔνειμι
   δότε 2 p. pl. 2 aor. act. imper. . . . . δίδωμι
42 ἀποδεκατοῦτε 2 p. pl. pres. act. ind. . . . . ἀποδεκατόω
   παρέρχεσθε 2 p. pl. pres. mid. ind. . . . . . παρέρχομαι
   ἔδει 3 p. sing. imperf. act. impers. . . . . δεῖ
   ποιῆσαι 1 aor. act. infin. . . . . ποιέω
   παρεῖναι pres. act. infin. . . . . πάρειμι
43 ἀγαπᾶτε 2 p. pl. pres. act. ind. . . . . ἀγαπάω
44 ἐστέ 2 p. pl. pres. act. ind. . . . . εἰμί
   περιπατοῦντες pres. act. ptc. nom. pl. masc. . περιπατέω
   οἴδασιν 3 p. pl. perf. act. ind. . . . . οἶδα
45 ἀποκριθείς 1 aor. pass. ptc. nom. s. masc. .ἀποκρίνομαι
   λέγει 3 p. sing. pres. act. ind. . . . . λέγω
   λέγων pres. act. ptc. nom. sing. masc. . . . . id.
   ὑβρίζεις 2 p. sing. pres. act. ind. . . . . ὑβρίζω
46 εἶπεν 3 p. sing. 2 aor. act. ind. . . . . λέγω
   φορτίζετε 2 p. pl. pres. act. ind. . . . . φορτίζω
   προσφαύετε 2 p. pl. pres. act. ind. . . . . προσφαύω
47 οἰκοδομεῖτε 2 p. pl. pres. act. ind. and imper.οἰκοδομέω
   ἀπέκτειναν 3 p. pl. 1 aor. act. ind. . . . . . ἀποκτείνω
48 ἐστε 2 p. pl. pres. act. ind. . . . . εἰμί
   συνευδοκεῖτε 2 p. pl. pres. act. ind. . . . . συνευδοκέω
   οἰκοδομεῖτε 2 p. pl. pres. act. ind. . . . . . οἰκοδομέω
49 εἶπεν 3 p. sing. 2 aor. act. ind. . . . . λέγω
   ἀποστελῶ 1 p. sing. fut. act. ind. . . . . . . ἀποστέλλω
   ἀποκτενοῦσιν 3 p. pl. fut. act. ind. . . . . . ἀποκτείνω
   διώξουσιν 3 p. pl. fut. act. ind. . . . . διώκω
50 ἐκζητηθῇ 1 p. sing. 1 aor. pass. subj. . . . . . ἐκζητέω
   ἐκκεχυμένον perf. pass. ptc. nom. sing. neut. . . .ἐκχέω
51 ἀπολομένου 2 aor. mid. ptc. gen. sing. masc. . .ἀπόλλυμι
   ἐκζητηθήσεται 3 p. sing. 1 fut. pass. ind. . . . ἐκζητέω
52 ἤρατε 2 p. pl. 1 aor. act. ind. . . . . αἴρω
   εἰσήλθατε 2 p. pl. 1 aor. act. ind. . . . . . εἰσέρχομαι
   εἰσερχομένους pres. mid. ptc. acc. pl. masc. . . . . id.
   ἐκωλύσατε 2 p. pl. 1 aor. act. ind. . . . . κωλύω
53 ἐξελθόντος 2 aor. act. ptc. gen. sing. neut. . ἐξέρχομαι
   ἤρξαντο 3 p. pl. 1 aor. mid. ind. . . . . ἄρχω
   ἐνέχειν pres. act. infin. . . . . .ἐνέχω
   ἀποστοματίζειν pres. act. infin. . . . . . . ἀποστοματίζω
54 ἐνεδρεύοντες pres. act. ptc. nom. pl. masc. . . . ἐνεδρεύω
   θηρεῦσαι 1 aor. act. infin. . . . . θηρεύω

12

1 ἐπισυναχθεισῶν 1 aor. pass. ptc. gen. pl. fem. ἐπισυνάγω
   καταπατεῖν pres. act. infin. . . . . καταπατέω
   ἤρξατο 3 p. sing. 1 aor. mid. ind. . . . . ἄρχω
   λέγειν pres. act. infin. . . . . λέγω
   προσέχετε ? p. pl. pres. act. imper. . . . . . . προσέχω
   ἐστίν 3 p. sing. pres. act. ind. . . . . εἰμί
2 συγκεκαλυμμένον perf. pass. ptc. nom. s. n. . συγκαλύπτω
   ἀποκαλυφθήσεται 3 p. sing. fut. pass. ind. . .ἀποκαλύπτω
   γνωσθήσεται 3 p. sing. 1 fut. pass. ind. . . . . γινώσκω
3 εἴπατε 2 p. pl. 2 aor. act. ind. or imper. . . . . . λέγω
   ἀκουσθήσεται 3 p. sing. fut. pass. ind. . . . . . .ἀκούω
   ἐλαλήσατε 2 p. pl. 1 aor. act. ind. . . . . .λαλέω
   κηρυχθήσεται 3 p. sing. fut. pass. ind. . . . . .κηρύσσω
4 φοβηθῆτε 2 p. pl. 1 aor. pas. subj. . . . . .φοβέω
   ἀποκτεννόντων pres. act. ptc. gen. pl. masc. . ἀποκτέννω
   ἐχόντων pres. act. ptc. gen. pl. masc. . . . . .ἔχω
   ποιῆσαι 1 aor. act. infin. . . . . .ποιέω
5 ὑποδείξω 1 p. sing. fut. act. ind. . . . . . ὑποδείκνυμι
   ἀποκτεῖναι 1 aor. act. infin. . . . . .ἀποκτείνω
   ἔχοντα pres. act. ptc. acc. sing. and nom. pl. neut. . ἔχω
   ἐμβαλεῖν 2 aor. act. infin. . . . . .ἐμβάλλω
6 πωλοῦνται 3 p. pl. pres. pass. ind. . . . . .πωλέω
   ἐπιλελησμένον perf. pass. ptc. nom. s. n. ἐπιλανθάνομαι
7 ἠρίθμηνται 3 p. pl. perf. pass. ind. . . . . . . .ἀριθμέω
   φοβεῖσθε 2 p. pl. pres. mid. imper. . . . . .φοβέω
   διαφέρετε 2 p. pl. pres. act. ind. . . . . διαφέρω
8 ὁμολογήσῃ 3 p. sing. 1 aor. act. subj. . . . . .ὁμολογέω
   ὁμολογήσει 3 p. sing. fut. act. ind. . . . . id.
9 ἀρνησάμενος 1 aor. mid. ptc. nom. sing. masc. . ἀρνέομαι
   ἀπαρνηθήσεται 3 p. sing. 1 fut. pass. ind. . . ἀπαρνέομαι
10 ἐρεῖ 3 p. sing. fut. act. ind. . . . . λέγω
   ἀφεθήσεται 3 p. sing. fut. pass. ind. . . . . . . ἀφίημι
   βλασφημήσαντι 1 aor. act. ptc. dat. s. masc. . βλασφημέω
11 εἰσφέρωσιν 3 p. pl. pres. act. subj. . . . . . . εἰσφέρω
   μεριμνήσητε 2 p. pl. 1 aor. act. subj. . . . . .μεριμνάω
   ἀπολογήσησθε 2 p. pl. 1 aor. mid. subj. . . ἀπολογέομαι
   εἴπητε 2 p. pl. 2 aor. act. subj. . . . . εἶπον
12 διδάξει 3 p. sing. fut. act. ind. . . . . .διδάσκω
   δεῖ 3 p. sing. pres. act. impers. . . . . .δεῖ
   εἰπεῖν 2 aor. act. infin. . . . . .λέγω
13 εἶπεν 3 p. sing. 2 aor. act. ind. . . . . id.
   εἰπέ 2 p. sing. 2 aor. act. imper. . . . . id.
   μερίσασθαι 1 aor. mid. infin. . . . . .μερίζω
14 κατέστησεν 3 p. sing. 1 aor. act. ind. . . . . .καθίστημι
15 ὁρᾶτε 2 p. pl. pres. act. ind. and imper. . . . . . . .ὁράω
   φυλάσσεσθε 2 p. pl. pres. mid. imper. . . . . . .φυλάσσω
   περισσεύειν pres. act. infin. . . . . περισσεύω
   ὑπαρχόντων pres. act. ptc. gen. pl. neut. . . . . .ὑπάρχω
16 λέγων pres. act. ptc. nom. sing. masc. . . . . .λέγω
   εὐφόρησεν 3 p. sing. 1 aor. act. ind. . . . . . .εὐφορέω
17 ποιήσω 1 p. sing. fut. act. ind. . . . . .ποιέω
   διελογίζετο 3 p. sing. imperf. mid. ind. . . διαλογίζομαι
   συνάξω 1 p. sing. fut. act. ind. . . . . συνάγω
18 καθελῶ 1 p. sing. fut. act. ind. . . . . .καθαιρέω

οἰκοδομήσω 1 p. sing. fut. act. ind. . . . . . οἰκοδομέω
19 ἐρῶ 1 p. sing. fut. act. ind. . . . . λέγω
ἔχεις 2 p. sing. pres. act. ind. . . . . ἔχω
κείμενα pres. mid. ptc. acc. pl. neut. . . . . . . κεῖμαι
ἀναπαύου 2 p. sing. pres. mid. imper. . . . . . ἀναπαύω
φάγε 2 p. sing. 2 aor. act. imper. . . . . ἐσθίω
πίε 2 p. sing. 2 aor. act. imper. . . . . πίνω
εὐφραίνου 2 p. sing. pres. pass. imper. . . . . εὐφραίνω
20 ἀπαιτοῦσιν 3 p. pl. pres. act. ind. . . . . ἀπαιτέω
ἡτοίμασας 2 p. sing. 1 aor. act. ind. . . . . . ἑτοιμάζω
ἔσται 3 p. sing. fut. mid. ind. . . . . εἰμί
21 θησαυρίζων pres. act. ptc. nom. sing. masc. . .θησαυρίζω
πλουτῶν pres. act. ptc. nom. sing. masc. . . . . .πλουτέω
22 μεριμνᾶτε 2 p. pl. pres. act. ind. or imper. . μεριμνάω
φάγητε 2 p. pl. 2 aor. act. subj. . . . . ἐσθίω
ἐνδύσησθε 2 p. pl. 1 aor. mid. subj. . . . . ἐνδύω
24 κατανοήσατε 2 p. pl. 1 aor. act. imper. . . . . . κατανοέω
σπείρουσιν 3 p. pl. pres. act. ind. . . . . σπείρω
θερίζουσιν 3 p. pl. pres. act. ind. . . . . θερίζω
τρέφει 3 p. sing. pres. act. ind. . . . . τρέφω
διαφέρετε 2 p. pl. pres. act. ind. . . . . διαφέρω
25 μεριμνῶν pres. act. ptc. nom. sing. masc. . . . . μεριμνάω
δύναται 3 p. sing. pres. pass. ind. . . . . δύναμαι
προσθεῖναι 2 aor. act. infin. . . . . προστίθημι
26 δύνασθε 2 p. pl. pres. pass. ind. . . . . δύναμαι
μεριμνᾶτε 2 p. pl. pres. act. ind. or imper. . μεριμνάω
27 νήθει 3 p. sing. pres. act. ind. . . . . νήθω
ὑφαίνει 3 p. sing. pres. act. ind. . . . . ὑφαίνω
περιεβάλετο 3 p. sing. 2 aor. mid. ind. . . . .περιβάλλω
28 ὄντα pres. act. ptc. acc. sing. neut. . . . . εἰμί
βαλλόμενον pres. pass. ptc. acc. sing. masc. . . . βάλλω
ἀμφιάζει 3 p. sing. pres. act. ind. . . . . .ἀμφιάζω
29 ζητεῖτε 2 p. pl. pres. act. ind. or imper. . . . . . .ζητέω
φάγητε 2 p. pl. 2 aor. act. subj. . . . . ἐσθίω
πίητε 2 p. pl. 2 aor. act. subj. . . . . πίνω
μετεωρίζεσθε 2 p. pl. pres. pass. imper. . . . μετεωρίζω
30 ἐπιζητοῦσιν 3 p. pl. pres. act. ind. . . . . . .ἐπιζητέω
οἶδεν 3 p. sing. perf. act. ind. . . . . οἶδα
χρῄζετε 2 p. pl. pres. act. ind. . . . . .χρῄζω
31 προστεθήσεται 3 p. sing. fut. pass. ind. . . . προστίθημι
32 φοβοῦ 2 p. sing. pres. mid. imper. . . . . .φοβέω
εὐδόκησεν 3 p. sing. 1 aor. act. ind. . . . . . . εὐδοκέω
δοῦναι 2 aor. act. infin. . . . . δίδωμι
33 ὑπάρχοντα pres. act. ptc. acc. pl. neut. . . . . . ὑπάρχω
πωλήσατε 2 p. pl. 1 aor. act. imper. . . . . πωλέω
δότε 2 p. pl. 2 aor. act. imper. . . . . δίδωμι
ποιήσατε 2 p. pl. 1 aor. act. imper. . . . . ποιέω
παλαιούμενα pres. pass. ptc. acc. pl. neut. . . . .παλαιόω
ἐγγίζει 3 p. sing. pres. act. ind. . . . . ἐγγίζω
διαφθείρει 3 p. sing. pres. act. ind. . . . . . . .διαφθείρω
34 ἐστιν 3 p. sing. pres. act. ind. . . . . εἰμί
35 ἔστωσαν 3 p. pl. pres. act. imper. . . . . id.
περιεζωσμέναι perf. pass. ptc. nom. pl. fem. περιζώννυμι
καιόμενοι pres. pass. ptc. nom. pl. masc. . . . . . καίω
36 προσδεχομένοις pres. mid. ptc. dat. pl. m. . .προσδέχομαι

ἀναλύσῃ 3 p. sing. pres. act. subj. . . . . ἀναλύω
ἐλθόντος 2 aor. act. ptc. gen. sing. masc. . . . ἔρχομαι
κρούσαντος 1 aor. act. ptc. gen. sing. masc. . . . κρούω
ἀνοίξωσιν 3 p. pl. 1 aor. act. subj. . . . . ἀνοίγω
37 ἐλθών 2 aor. act. ptc. nom. sing. masc. . . . . . ἔρχομαι
εὑρήσει 3 p. sing. fut. act. ind. . . . . εὑρίσκω
γρηγοροῦντας pres. act. ptc. acc. pl. masc. . . γρηγορέω
περιζώσεται 3 p. sing. fut. mid. ind. . . . περιζώννυμι
ἀνακλινεῖ 3 p. sing. fut. act. ind. . . . . . . ἀνακλίνω
παρελθών 2 aor. act. ptc. nom. sing. masc. . . παρέρχομαι
διακονήσει 3 p. sing. fut. act. ind. . . . . . . διακονέω
38 ἔλθῃ 3 p. sing. 2 aor. act. subj. . . . . ἔρχομαι
εὕρῃ 3 p. sing. 2 aor. act. subj. . . . . εὑρίσκω
εἰσίν 3 p. pl. pres. act. ind. . . . . εἰμί
39 γινώσκετε 2 p. pl. pres. act. ind. . . . . γινώσκω
ᾔδει 3 p. sing. plupf. act. ind. . . . . οἶδα
ἔρχεται 3 p. sing. pres. mid. ind. . . . . ἔρχομαι
ἀφῆκεν 3 p. sing. 1 aor. act. ind. . . . . ἀφίημι
διορυχθῆναι 1 aor. pass. infin. . . . . διορύσσω
40 γίνεσθε 2 p. pl. pres. mid. imper. . . . . γίνομαι
δοκεῖτε 2 p. pl. pres. act. ind. . . . . δοκέω
41 εἶπεν 3 p. sing. 2 aor. act. ind. . . . . λέγω
λέγεις 2 p. sing. pres. act. ind. . . . . id.
42 καταστήσει 3 p. sing. fut. act. ind. . . . . . . καθίστημι
διδόναι pres. act. infin. . . . . δίδωμι
43 ἐλθών 2 aor. act. ptc. nom. sing. masc. . . . . . ἔρχομαι
ποιοῦντα pres. act. ptc. acc. sing. masc. . . . . . ποιέω
44 ὑπάρχουσιν pres. act. ptc. dat. pl. neut. . . . . ὑπάρχω
καταστήσει 3 p. sing. fut. act. ind. . . . . . . καθίστημι
45 εἴπῃ 3 p. sing. 2 aor. act. subj. . . . . εἶπον
χρονίζει 3 p. sing. pres. act. ind. . . . . χρονίζω
ἔρχεσθαι pres. mid. infin. . . . . ἔρχομαι
ἄρξηται 3 p. sing. 1 aor. mid. subj. . . . . ἄρχω
τύπτειν pres. act. infin. . . . . τύπτω
ἐσθίειν pres. act. infin. . . . . ἐσθίω
πίνειν pres. act. infin. . . . . πίνω
μεθύσκεσθαι pres. pass. infin. . . . . μεθύσκω
46 ἥξει 3 p. sing. fut. act. ind. . . . . ἥκω
προσδοκᾷ 3 p. sing. pres. act. ind. . . . . . . προσδοκάω
γινώσκει 3 p. sing. pres. act. ind. . . . . γινώσκω
διχοτομήσει 3 p. sing. fut. act. ind. . . . . διχοτομέω
θήσει 3 p. sing. fut. act. ind. . . . . τίθημι
47 γνούς 2 aor. act. ptc. nom. sing. masc. . . . . . γινώσκω
ἑτοιμάσας 1 aor. act. ptc. nom. sing. masc. . . . ἑτοιμάζω
ποιήσας 1 aor. act. ptc. nom. sing. masc. . . . . . ποιέω
δαρήσεται 3 p. sing. 2 fut. pass. ind. . . . . . . δέρω
48 ἐδόθη 3 p. sing. 1 aor. pass. ind. . . . . δίδωμι
ζητηθήσεται 3 p. sing. 1 fut. pass. ind. . . . . . ζητέω
παρέθεντο 3 p. pl. 2 aor. mid. ind. . . . . . παρατίθημι
αἰτήσουσιν 3 p. pl. fut. act. ind. . . . . αἰτέω
49 ἦλθον 1 p. sing. 2 aor. act. ind. . . . . ἔρχομαι
βαλεῖν 2 aor. act. infin. . . . . βάλλω
ἀνήφθη 3 p. sing. 1 aor. pass. ind. . . . . ἀνάπτω
50 βαπτισθῆναι 1 aor. pass. infin. . . . . βαπτίζω
συνέχομαι 1 p. sing. pres. pass. ind. . . . . . . συνέχω

τελεσθῇ 3 p. sing. 1 aor. pass. subj. . . . . τελέω
51 δοκεῖτε 2 p. pl. pres. act. ind. or imper. . . . . δοκέω
παρεγενόμην 1 p. sing. 2 aor. mid. ind. . . παραγίνομαι
δοῦναι 2 aor. act. infin. . . . . δίδωμι
52 ἔσονται 3 p. pl. fut. mid. ind. . . . . εἰμί
διαμεμερισμένοι perf. pass. ptc. nom. pl. m. . . διαμερίζω
53 διαμερισθήσονται 3 p. pl. 1 fut. pass. ind. . . . . id.
54 ἔλεγεν 3 p. sing. imperf. act. ind. . . . . λέγω
ἴδητε 2 p. pl. 2 aor. act. subj. . . . . ὁράω
ἀνατέλλουσαν pres. act. ptc. acc. sing. fem. . .ἀνατέλλω
λέγετε 2 p. pl. pres. act. ind. . . . . .λέγω
ἔρχεται 3 p. sing. pres. mid. ind. . . . . ἔρχομαι
γίνεται 3 p. sing. pres. mid. ind. . . . . γίνομαι
55 πνέοντα pres. act. ptc. acc. sing. masc. . . . . . πνέω
ἔσται 3 p. sing. fut. mid. ind. . . . . εἰμί
56 οἴδατε 2 p. pl. perf. act. ind. . . . . .οἶδα
δοκιμάζειν pres. act. infin. . . . . .δοκιμάζω
δοκιμάζετε 2 p. pl. pres. act. ind. . . . . id.
57 κρίνετε 2 p. pl. pres. act. ind. or imper. . . . . κρίνω
58 ὑπάγεις 2 p. sing. pres. act. ind. . . . . ὑπάγω
ἀπηλλάχθαι perf. pass. infin. . . . . .ἀπαλλάσσω
κατασύρῃ 3 p. sing. pres. act. subj. . . . . . .κατασύρω
παραδώσει 3 p. sing. fut. act. ind. . . .παραδίδωμι
βαλεῖ 3 p. sing. fut. act. ind. . . . . βάλλω
59 ἐξέλθῃς 2 p. sing. 2 aor. act. subj. . . . . .ἐξέρχομαι
ἀποδῷς 2 p. sing. 2 aor. act. subj. . . . . . .ἀποδίδωμι

13

1 παρῆσαν 3 p. pl. imperf. act. ind. . . . . . . .πάρειμι
ἀπαγγέλλοντες pres. act. ptc. nom. pl. masc. . .ἀπαγγέλλω
ἔμιξεν 3 p. sing. 1 aor. act. ind. . . . . .μείγνυμι
2 ἀποκριθείς 1 aor. pass. ptc. nom. s. masc. .ἀποκρίνομαι
εἶπεν 3 p. sing. 2 aor. act. ind. . . . . .λέγω
δοκεῖτε 2 p. pl. pres. act. ind. or imper. . . . . . δοκέω
ἐγένοντο 3 p. pl. 2 aor. mid. ind. . . . . γίνομαι
πεπόνθασιν 3 p. pl. 2 perf. act. ind. . . . . . .πάσχω
3 μετανοῆτε 2 p. pl. pres. act. subj. . . . . . . μετανοέω
ἀπολεῖσθε 2 p. pl. fut. mid. ind. . . . . .ἀπόλλυμι
4 ἔπεσεν 3 p. sing. 2 aor. act. ind. . . . . .πίπτω
ἀπέκτεινεν 3 p. sing. 1 aor. act. ind. . . . . .ἀποκτείνω
κατοικοῦντας pres. act. ptc. acc. pl. masc. . . κατοικέω
5 μετανοήσητε 2 p. pl. 1 aor. act. subj. . . . . .μετανοέω
ἀπολεῖσθε 2 p. pl. fut. mid. ind. . . . . .ἀπόλλυμι
6 ἔλεγεν 3 p. sing. imperf. act. ind. . . . . .λέγω
εἶχεν 3 p. sing. imperf. act. ind. . . . . .ἔχω
πεφυτευμένην perf. pass. ptc. acc. sing. fem. . . φυτεύω
ἦλθεν 3 p. sing. 2 aor. act. ind. . . . . .ἔρχομαι
ζητῶν pres. act. ptc. nom. sing. masc. . . . . . . .ζητέω
εὗρεν 3 p. sing. 2 aor. act. ind. . . . . .εὑρίσκω
7 ἰδού 2 p. sing. 2 aor. mid. imper. . . . . .εἶδον
ἔκκοψον 2 p. sing. 1 aor. act. imper. . . . . . . .ἐκκόπτω
καταργεῖ 3 p. sing. pres. act. ind. . . . . . . .καταργέω
8 ἀποκριθείς 1 aor. pass. ptc. nom. s. masc. .ἀποκρίνομαι
λέγει 3 p. sing. pres. act. ind. . . . . .λέγω
ἄφες 2 p. sing. 2 aor. act. imper. . . . . .ἀφίημι
βαλῶ 1 p. s. ft. act. ind. or 2 aor. act.subj. . . βάλλω

σκάψω 1 p. sing. 1 aor. act. subj. . . . . σκάπτω
9 ποιήσῃ 3 p. sing. 1 aor. act. subj. . . . . ποιέω
ἐκκόψεις 2 p. sing. fut. act. ind. . . . . ἐκκόπτω
10 ἦν 3 p. sing. imperf. act. ind. . . . . εἰμί
διδάσκων pres. act. ptc. nom. sing. masc. . . . .διδάσκω
11 ἔχουσα pres. act. ptc. nom. sing. fem. . . . . ἔχω
συγκύπτουσα pres. act. ptc. nom. sing. fem. . . συγκύπτω
δυναμένη pres. pass. ptc. nom. sing. fem. . . . .δύναμαι
ἀνακῦψαι 1 aor. act. infin. . . . . ἀνακύπτω
12 ἰδών 2 aor. act. ptc. nom. sing. masc. . . . . δράω
προσεφώνησεν 3 p. sing. 1 aor. act. ind. . . . . προσφωνέω
ἀπολέλυσαι 2 p. sing. perf. pass. ind. . . . . . .ἀπολύω
13 ἐπέθηκεν 3 p. sing. 1 aor. act. ind. . . . . . . ἐπιτίθημι
ἀνωρθώθη 3 p. sing. 1 aor. pass. ind. . . . . . .ἀνορθόω
ἐδόξαζεν 3 p. sing. imperf. act. ind. . . . . . . δοξάζω
14 ἐθεράπευσεν 3 p. sing. 1 aor. act. ind. . . . . θεραπεύω
ἔλεγεν 3 p. sing. imperf. act. ind. . . . . λέγω
εἰσίν 3 p. pl. pres. act. ind. . . . . εἰμί
δεῖ 3 p. sing. pres. act. impers. . . . . .δεῖ
ἐργάζεσθαι pres. mid. infin. . . . . ἐργάζομαι
ἐρχόμενοι pres. mid. ptc. nom. pl. masc. . . . . ἔρχομαι
θεραπεύεσθε 2 p. pl. pres. pass. imper. . . . . θεραπεύω
15 ἀπεκρίθη 3 p. sing. 1 aor. pass. ind. . . . . ἀποκρίνομαι
λύει 3 p. sing. pres. act. ind. . . . . λύω
ἀπαγαγών 2 aor. act. ptc. nom. sing. masc. . . . ἀπάγω
ποτίζει 3 p. sing. pres. act. ind. . . . . ποτίζω
16 οὖσαν pres. act. ptc. acc. sing. fem. . . . . εἰμί
ἔδησεν 3 p. sing. 1 aor. act. ind. . . . . δέω
ἔδει 3 p. sing. imperf. act. impers. . . . . δεῖ
λυθῆναι 1 aor. pass. infin. . . . . λύω
17 λέγοντος pres. act. ptc. gen. sing. masc. . . . . . . λέγω
κατῃσχύνοντο 3 p. pl. imperf. pass. ind. . . καταισχύνω
ἔχαιρεν 3 p. sing. imperf. act. ind. . . . . χαίρω
γινομένοις pres. mid. ptc. dat. pl. neut. . . .γίνομαι
ἀντικείμενοι pres. mid. ptc. nom. pl. masc. . ἀντίκειμαι
18 ὁμοιώσω 1 p. sing. fut. act. ind. . . . . .ὁμοιόω
ἐστίν 3 p. sing. pres. act. ind. . . . . εἰμί
19 λαβών 2 aor. act. ptc. nom. sing. masc. . . . . . . λαμβάνω
ἔβαλεν 3 p. sing. 2 aor. act. ind. . . . . βάλλω
ηὔξησεν 3 p. sing. 1 aor. act. ind. . . . . αὐξάνω
ἐγένετο 3 p. sing. 2 aor. mid. ind. . . . . .γίνομαι
κατεσκήνωσεν 3 p. sing. 1 aor. act. ind. . . . κατασκηνόω
21 λαβοῦσα 2 aor. act. ptc. nom. sing. fem. . . . . . .λαμβάνω
ἔκρυψεν 3 p. sing. 1 aor. act. ind. . . . . .κρύπτω
ἐζυμώθη 3 p. sing. 1 aor. pass. ind. . . . . .ζυμόω
22 διεπορεύετο 3 p. sing. imperf. mid. ind. . . διαπορεύομαι
ποιούμενος pres. mid. ptc. nom. sing. masc. . . . .ποιέω
23 σωζόμενοι pres. pass. ptc. nom. pl. masc. . . . . . .σώζω
24 ἀγωνίζεσθε 2 p. pl. pres. mid. imper. . . . . ἀγωνίζομαι
εἰσελθεῖν 2 aor. act. infin. . . . . εἰσέρχομαι
ζητήσουσιν 3 p. pl. fut. act. ind. . . . . ζητέω
ἰσχύσουσιν 3 p. pl. fut. act. ind. . . . . ἰσχύω
25 ἐγερθῇ 3 p. sing. 1 aor. pass. subj. . . . . ἐγείρω
ἀποκλείσῃ 3 p. sing. 1 aor. act. subj. . . . . .ἀποκλείω
ἄρξησθε 2 p. pl. 1 aor. mid. subj. . . . . ἄρχω

ἑστάναι perf. act. infin. . . . . ἵστημι
κρούειν pres. act. infin. . . . . κρούω
λέγοντες pres. act. ptc. nom. pl. masc. . . . . . . λέγω
ἄνοιξον 2 p. sing. 1 aor. act. imper. . . . . ἀνοίγω
ἀποκριθείς 1 aor. pass. ptc. nom. s. masc. . ἀποκρίνομαι
ἐρεῖ 3 p. sing. fut. act. ind. . . . . λέγω
οἶδα 1 p. sing. perf. act. ind. . . . . οἶδα
ἐστέ 2 p. pl. pres. act. ind. . . . . εἰμί
26 ἄρξεσθε 2 p. pl. fut. mid. ind. . . . . ἄρχω
λέγειν pres. act. infin. . . . . λέγω
ἐφάγομεν 1 p. pl. 2 aor. act. ind. . . . . ἐσθίω
ἐπίομεν 1 p. pl. 2 aor. act. ind. . . . . πίνω
ἐδίδαξας 2 p. sing. 1 aor. act. ind. . . . . . . διδάσκω
27 λέγων pres. act. ptc. nom. sing. masc. . . . . λέγω
ἀπόστητε 2 p. pl. 2 aor. act. imper. . . . . . . ἀφίστημι
28 ἔσται 3 p. sing. fut. mid. ind. . . . . εἰμί
ὄψησθε 2 p. pl. 1 aor. mid. subj. . . . . ὁράω
ἐκβαλλομένους pres. pass. ptc. acc. pl. masc. . . ἐκβάλλω
29 ἥξουσιν 3 p. pl. fut. act. ind. . . . . ἥκω
ἀνακλιθήσονται 3 p. pl. fut. pass. ind. . . . . ἀνακλίνω
30 ἰδού 2 p. sing. 2 aor. mid. imper. . . . . εἶδον
ἔσονται 3 p. pl. fut. mid. ind. . . . . εἰμί
εἰσίν 3 p. pl. pres. act. ind. . . . . id.
31 προσῆλθαν 3 p. pl. 1 aor. act. ind. . . . . προσέρχομαι
ἔξελθε 2 p. sing. 2 aor. act. imper. . . . . . . ἐξέρχομαι
θέλει 3 p. sing. pres. act. ind. . . . . θέλω
ἀποκτεῖναι 1 aor. act. infin. . . . . ἀποκτείνω
32 εἶπεν 3 p. sing. 2 aor. act. ind. . . . . λέγω
πορευθέντες 1 aor. act. ptc. nom. pl. masc. . . πορεύομαι
εἴπατε 2 p. pl. 2 aor. act. imper. . . . . εἶπον
ἀποτελῶ 1 p. sing. pres. act. ind. contr. . . . ἀποτελέω
τελειοῦμαι 1 p. sing. pres. pass. ind. . . . . . τελειόω
33 ἐχομένη pres. pass. ptc. dat. sing. fem. . . . . ἔχω
πορεύεσθαι pres. mid. infin. . . . . πορεύομαι
ἐνδέχεται 3 p. sing. pres. impers. verb . . . ἐνδέχομαι
ἀπολέσθαι 2 aor. mid. infin. . . . . ἀπόλλυμι
34 ἀποκτείνουσα pres. act. ptc. nom. sing. fem. . ἀποκτείνω
λιθοβολοῦσα pres. act. ptc. nom. sing. fem. . λιθοβολέω
ἀπεσταλμένους perf. pass. ptc. acc. pl. masc. .ἀποστέλλω
ἠθέλησα 1 p. sing. 1 aor. act. ind. . . . . ἐθέλω
ἐπισυνάξαι 1 aor. act. infin. . . . . ἐπισυνάγω
ἠθελήσατε 2 p. pl. 1 aor. act. ind. . . . . ἐθέλω
35 ἀφίεται 3 p. sing. pres. pass. ind. . . . . ἀφίημι
ἴδητε 2 p. pl. 2 aor. act. subj. . . . . ὁράω
ἥξει 3 p. sing. fut. act. ind. . . . . ἥκω
εἴπητε 2 p. pl. 2 aor. act. subj. . . . . λέγω
εὐλογημένος perf. pass. ptc. nom. sing. masc. . εὐλογέω

14

1 ἐγένετο 3 p. sing. 2 aor. mid. ind. . . . . . . γίνομαι
ἐλθεῖν 2 aor. act. infin. . . . . ἔρχομαι
φαγεῖν 2 aor. act. infin. . . . . ἐσθίω
ἦσαν 3 p. pl. imperf. act. ind. . . . . εἰμί
παρατηρούμενοι pres. mid. ptc. nom. pl. masc. .παρατηρέω
3 ἀποκριθείς 1 aor. pass. ptc. nom. sing. m. . ἀποκρίνομαι

εἶπεν 3 p. sing. 2 aor. act. ind. . . . . λέγω
λέγων pres. act. ptc. nom. sing. masc. . . . . id.
ἔξεστιν 3 p. sing. pres. impers. verb . . . . . . .ἔξειμι
θεραπεῦσαι 1 aor. act. infin. . . . . θεραπεύω
4 ἡσύχασαν 3 p. pl. 1 aor. act. ind. . . . . . . .ἡσυχάζω
ἐπιλαβόμενος 2 aor. mid. ptc. nom. sing. m. . ἐπιλαμβάνω
ἰάσατο 3 p. sing. 1 aor. mid. ind. . . . . ἰάομαι
ἀπέλυσεν 3 p. sing. 1 aor. act. ind. . . . . . . .ἀπολύω
5 πεσεῖται 3 p. sing. fut. act. ind. . . . . πίπτω
ἀνασπάσει 3 p. sing. fut. act. ind. . . . . . . .ἀνασπάω
6 ἴσχυσαν 3 p. pl. 1 aor. act. ind. . . . . ἰσχύω
ἀνταποκριθῆναι 1 aor. pass. infin. . . . ἀνταποκρίνομαι
7 ἔλεγεν 3 p. sing. imperf. act. ind. . . . . .λέγω
κεκλημένους perf. pass. ptc. acc. pl. masc. . . . καλέω
ἐπέχων pres. act. ptc. nom. sing. masc. . . . . . . ἐπέχω
ἐξελέγοντο 3 p. pl. imperf. mid. ind. . . . . . . ἐκλέγω
8 κληθῇς 2 p. sing. 1 aor. pass. subj. . . . . . . .καλέω
κατακλιθῇς 2 p. sing. 1 aor. pass. subj. . . . κατακλίνω
κεκλημένος perf. pass. ptc. nom. sing. masc. . . . καλέω
9 ἐλθών 2 aor. act. ptc. nom. sing. masc. . . . . . ἔρχομαι
καλέσας 1 aor. act. ptc. nom. sing. masc. . . . . . καλέω
ἐρεῖ 3 p. sing. fut. act. ind. . . . . λέγω
δός 2 p. sing. 2 aor. act. imper. . . . . .δίδωμι
ἄρξῃ 2 p. sing. 1 aor. mid. subj. . . . . .ἄρχω
κατέχειν pres. act. infin. . . . . .κατέχω
10 κληθῇς 2 p. sing. 1 aor. pass. subj. . . . . . . .καλέω
πορευθείς 1 aor. pass. ptc. nom. sing. masc. . πορεύομαι
ἀνάπεσε 2 p. sing. 2 aor. act. imper. . . . . . .ἀναπίπτω
ἔλθῃ 3 p. sing. 2 aor. act. subj. . . . . ἔρχομαι
κεκληκώς perf. act. ptc. nom. sing. masc. . . . . .καλέω
ἔσται 3 p. sing. fut. mid. ind. . . . . .εἰμί
συνανακειμένων pres. mid. ptc. gen. pl. m. συνανάκειμαι
προσανάβηθι 2 p. sing. 2 aor. act. imper. .προσαναβαίνω
11 ὑψῶν pres. act. ptc. nom. sing. masc. . . . . . . .ὑψόω
ταπεινωθήσεται 3 p. sing. fut. pass. ind. . . . ταπεινόω
ὑψωθήσεται 3 p. sing. fut. pass. ind. . . . . . . .ὑψόω
ταπεινῶν pres. act. ptc. nom. sing. masc. . . . ταπεινόω
12 κεκληκότι perf. act. ptc. dat. sing. masc. . . . .καλέω
ποιῇς 2 p. sing. pres. act. subj. . . . . ποιέω
φώνει 2 p. sing. pres. act. imper. . . . . .φωνέω
ἀντικαλέσωσιν 3 p. pl. 1 aor. act. subj. . . . ἀντικαλέω
γένηται 3 p. sing. 2 aor. mid. subj. . . . . . .γίνομαι
13 κάλει 2 p. sing. pres. act. imper. . . . . .καλέω
14 ἔσῃ 2 p. sing. fut. mid. ind. . . . . .εἰμί
ἔχουσιν 3 p. pl. pres. act. ind. . . . . .ἔχω
ἀνταποδοῦναι 2 aor. act. infin. . . . . . . .ἀνταποδίδωμι
ἀνταποδοθήσεται 3 p. sing. 1 fut. pass. ind. . . . . id.
15 ἀκούσας 1 aor. act. ptc. nom. sing. masc. . . . . . ἀκούω
φάγεται 3 p. sing. fut. mid. ind. . . . . .ἐσθίω
16 ἐποίει 3 p. sing. imperf. act. ind. . . . . ποιέω
ἐκάλεσεν 3 p. sing. 1 aor. act. ind. . . . . . . .καλέω
17 ἀπέστειλεν 3 p. sing. 1 aor. act. ind. . . . . ἀποστέλλω
εἰπεῖν 2 aor. act. infin. . . . . .εἶπον
κεκλημένοις perf. pass. ptc. dat. pl. masc. . . . .καλέω
ἔρχεσθε 2 p. pl. pres. mid. imper. . . . . .ἔρχομαι

18 ἤρξαντο 3 p. pl. 1 aor. mid. ind. . . . . ἄρχω
   παραιτεῖσθαι pres. mid. infin. . . . . παραιτέομαι
   εἶπεν 3 p. sing. 2 aor. act. ind. . . . . λέγω
   ἠγόρασα 1 p. sing. 1 aor. act. ind. . . . . ἀγοράζω
   ἐξελθών 2 aor. act. ptc. nom. sing. masc. . . . ἐξέρχομαι
   ἰδεῖν 2 aor. act. infin. . . . . ὁράω
   ἐρωτῶ 1 p. sing. pres. act. ind. . . . . ἐρωτάω
   ἔχε 2 p. sing. pres. act. imper. . . . . ἔχω
   παρῃτημένον perf. pass. ptc. acc. s. masc. . παραιτέομαι
19 πορεύομαι 1 p. sing. pres. mid. ind. . . . . . πορεύομαι
   δοκιμάσαι 1 aor. act. infin. . . . . δοκιμάζω
20 ἔγημα 1 p. sing. 1 aor. act. ind. . . . . γαμέω
   ἐλθεῖν 2 aor. act. infin. . . . . ἔρχομαι
21 παραγενόμενος 2 aor. mid. ptc. nom. s. masc. παραγίνομαι
   ἀπήγγειλεν 3 p. sing. 1 aor. act. ind. . . . . ἀπαγγέλλω
   ὀργισθείς 1 aor. pass. ptc. nom. sing. masc. . . . ὀργίζω
   ἔξελθε 2 p. sing. 2 aor. act. imper. . . . . . ἐξέρχομαι
   εἰσάγαγε 2 p. sing. 2 aor. act. imper. . . . . . εἰσάγω
22 γέγονεν 3 p. sing. 2 perf. act. ind. . . . . . . γίνομαι
   ἐπέταξας 2 p. sing. 1 aor. act. ind. . . . . . . ἐπιτάσσω
   ἐστίν 3 p. sing. pres. act. ind. . . . . εἰμί
23 εἰσελθεῖν 2 aor. act. infin. . . . . εἰσέρχομαι
   γεμισθῇ 3 p. sing. 1 aor. pass. subj. . . . . . . γεμίζω
24 κεκλημένων perf. pass. ptc. gen. pl. masc. . . . . καλέω
   γεύσεται 3 p. sing. fut. mid. ind. . . . . γεύομαι
25 συνεπορεύοντο 3 p. pl. imperf. mid. ind. . συμπορεύομαι
   στραφείς 2 aor. pass. ptc. nom. sing. masc. . . . . στρέφω
26 ἔρχεται 3 p. sing. pres. mid. ind. . . . . ἔρχομαι
   μισεῖ 3 p. sing. pres. act. ind. . . . . μισσέω
   δύναται 3 p. sing. pres. pass. ind. . . . . δύναμαι
   εἶναι pres. act. infin. . . . . εἰμί
27 βαστάζει 3 p. sing. pres. act. ind. . . . . βαστάζω
28 θέλων pres. act. ptc. nom. sing. masc. . . . . . . θέλω
   οἰκοδομῆσαι 1 aor. act. infin. . . . . οἰκοδομέω
   καθίσας 1 aor. act. ptc. nom. sing. masc. . . . . καθίζω
   ψηφίζει 3 p. sing. pres. act. ind. . . . . ψηφίζω
   ἔχει 3 p. sing. pres. act. ind. . . . . ἔχω
29 θέντος 2 aor. act. ptc. gen. sing. masc. . . . . . τίθημι
   ἰσχύοντος pres. act. ptc. gen. sing. masc. . . . . ἰσχύω
   ἐκτελέσαι 1 aor. act. infin. . . . . ἐκτελέω
   θεωροῦντες pres. act. ptc. nom. pl. masc. . . . . θεωρέω
   ἄρξωνται 3 p. pl. 1 aor. mid. subj. . . . . ἄρχω
   ἐμπαίζειν pres. act. infin. . . . . ἐμπαίζω
30 λέγοντες pres. act. ptc. nom. pl. masc. . . . . . . λέγω
   ἤρξατο 3 p. sing. 1 aor. mid. ind. . . . . ἄρχω
   οἰκοδομεῖν pres. act. infin. . . . . οἰκοδομέω
   ἴσχυσεν 3 p. sing. 1 aor. act. ind. . . . . ἰσχύω
31 πορευόμενος pres. mid. ptc. nom. sing. masc. . πορεύομαι
   συμβαλεῖν 2 aor. act. infin. . . . . συμβάλλω
   βουλεύσεται 3 p. sing. fut. mid. ind. . . . . . . βουλεύω
   ὑπαντῆσαι 1 aor. act. infin. . . . . ὑπαντάω
   ἐρχομένῳ pres. mid. ptc. dat. sing. masc. . . . . ἔρχομαι
32 ὄντος pres. act. ptc. gen. sing. masc. and neut. . . εἰμί
   ἀποστείλας 1 aor. act. ptc. nom. sing. masc. . ἀποστέλλω
   ἐρωτᾷ 3 p. sing. pres. act. ind. or subj. . . . . ἐρωτάω

33 ἀποτάσσεται 3 p. sing. pres. mid. ind. . . . ἀποτάσσομαι
    ὑπάρχουσιν pres. act. ptc. dat. pl. neut. . . . . ὑπάρχω
    δύναται 3 p. sing. pres. pass. ind. . . . . δύναμαι
    εἶναι pres. act. infin. . . . . εἰμί
34 μωρανθῇ 3 p. sing. 1 aor. pass. subj. . . . . . . μωραίνω
    ἀριυθήσεται 3 p. sing. 1 fut. pass. ind. . . . . . ἀρτύω
35 βάλλουσιν 3 p. pl. pres. act. ind. . . . . βάλλω
    ἔχων pres. act. ptc. nom. sing. masc. . . . . ἔχω
    ἀκούειν pres. act. infin. . . . . ἀκούω
    ἀκουέτω 3 p. sing. pres. act. imper. . . . . id.

15

1 ἦσαν 3 p. pl. imperf. act. ind. . . . . εἰμί
    ἐγγίζοντες pres. act. ptc. nom. pl. masc. . . . . . ἐγγίζω
2 διεγόγγυζον 3 p. pl. imperf. act. ind. . . . . διαγογγύζω
    λέγοντες pres. act. ptc. nom. pl. masc. . . . . λέγω
    προσδέχεται 3 p. sing. pres. mid. ind. . . . προσδέχομαι
    συνεσθίει 3 p. sing. pres. act. ind. . . . . . . συνεσθίω
3 εἶπεν 3 p. sing. 2 aor. act. ind. . . . . λέγω
    λέγων pres. act. ptc. nom. sing. masc. . . . . id.
4 ἔχων pres. act. ptc. nom. sing. masc. . . . . ἔχω
    ἀπολέσας 1 aor. aot. ptc. nom. sing. masc. . . . ἀπόλλυμι
    καταλείπει 3 p. sing. pres. act. ind. . . . . καταλείπω
    πορεύεται 3 p. sing. pres. mid. ind. . . . . . . πορεύομαι
    ἀπολωλός 2 perf. act. ptc. acc. sing. neut. . . ἀπόλλυμι
    εὕρῃ 3 p. sing. 2 aor. act. subj. . . . . εὑρίσκω
5 εὑρών 2 aor. act. ptc. nom. sing. masc. . . . . id.
    ἐπιτίθησιν 3 p. sing. pres. act. ind. . . . . . ἐπιτίθημι
    χαίρων pres. act. ptc. nom. sing. masc. . . . . . . χαίρω
6 ἐλθών 2 aor. act. ptc. nom. sing. masc. . . . . . ἔρχομαι
    συγκαλεῖ 3 p. sing. pres. act. ind. . . . . . . συγκαλέω
    συγχάρητε 2 p. pl. 2 aor. act. imper. . . . . . συγχαίρω
    εὑρόν 1 p. sing. 2 aor. act. ind. . . . . εὑρίσκω
7 ἔσται 3 p. sing. fut. mid. ind. . . . . εἰμί
    μετανοοῦντι pres. act. ptc. dat. sing. masc. . . μετανοέω
    ἔχουσιν 3 p. pl. pres. act. ind. . . . . ἔχω
8 ἔχουσα pres. act. ptc. nom. sing. fem. . . . . id.
    ἀπολέσῃ 3 p. sing. 1 aor. act. ind. . . . . . . ἀπόλλυμι
    ἅπτει 3 p. sing. pres. act. ind. . . . . ἅπτω
    σαροῖ 3 p. sing. pres. act. ind. . . . . σαρόω
    ζητεῖ 3 p. sing. pres. act. ind. . . . . ζητέω
9 εὑροῦσα 2 aor. act. ptc. nom. sing. fem. . . . . . εὑρίσκω
    συγκαλεῖ 3 p. sing. pres. act. ind. . . . . . . συγκαλέω
    λέγουσα pres. act. ptc. nom. sing. fem. . . . . λέγω
    ἀπώλεσα 1 p. sing. 1 aor. act. ind. . . . . ἀπόλλυμι
10 γίνεται 3 p. sing. pres. mid. ind. . . . . γίνομαι
11 εἶχεν 3 p. sing. imperf. act. ind. . . . . ἔχω
12 δός 2 p. sing. 2 aor. act. imper. . . . . δίδωμι
    ἐπιβάλλον pres. act. ptc. acc. sing. neut. . . . ἐπιβάλλω
    διεῖλεν 3 p. sing. 2 aor. act. ind. . . . . διαιρέω
13 συναγαγών 2 aor. act. ptc. nom. sing. masc. . . . συνάγω
    ἀπεδήμησεν 3 p. sing. 1 aor. act. ind. . . . . ἀποδημέω
    διεσκόρπισεν 3 p. sing. 1 aor. act. ind. . . . διασκορπίζω
    ζῶν pres. act. ptc. nom. or acc. sing. neut. . . . . . ζάω
14 δαπανήσαντος 1 aor. act. ptc. gen. sing. masc. . . δαπανάω

ἐγένετο 3 p. sing. 2 aor. mid. ind. . . . . . . .γίνομαι
ἤρξατο 3 p. sing. 1 aor. mid. ind. . . . . .ἄρχω
ὑστερεῖσθαι pres. mid. and pass. infin. . . . . .ὑστερέω
15 πορευθείς 1 aor. pass. ptc. nom. sing. masc. . πορεύομαι
ἐκολλήθη 3 p. sing. 1 aor. pass. ind. . . . . . . κολλάω
ἔπεμψεν 3 p. sing. 1 aor. act. ind. . . . . .πέμπω
βόσκειν pres. act. infin. . . . . .βόσκω
16 ἐπεθύμει 3 p. sing. imperf. act. ind. . . . . . ἐπιθυμέω
γεμίσαι 1 aor. act. infin. . . . . .γεμίζω
ἤσθιον 3 p. pl. imperf. act. ind. . . . . .ἐσθίω
ἐδίδου 3 p. sing. imperf. act. ind. . . . . .δίδωμι
17 ἐλθών 2 aor. act. ptc. nom. sing. masc. . . . . . ἔρχομαι
ἔφη 3 p. sing. 2 aor. act. ind. . . . . .φημί
περισσεύονται 3 p. pl. pres. mid. ind. . . . . περισσεύω
ἀπόλλυμαι 1 p. sing. pres. pass. ind. . . . . . .ἀπόλλυμι
18 ἀναστάς 2 aor. act. ptc. nom. sing. masc. . . . ἀνίστημι
πορεύσομαι 1 p. sing. fut. mid. ind. . . . . . πορεύομαι
ἐρῶ 1 p. sing. fut. act. ind. . . . . .λέγω
ἥμαρτον 1 p. sing. 2 aor. act. ind. . . . . . . .ἁμαρτάνω
19 κληθῆναι 1 aor. pass. infin. . . . . καλέω
ποίησον 2 p. sing. 1 aor. act. imper. . . . . . . .ποιέω
20 ἦλθεν 3 p. sing. 2 aor. act. ind. . . . . ἔρχομαι
ἀπέχοντος pres. act. ptc. gen. sing. masc. . . . . ἀπέχω
εἶδεν 3 p. sing. 2 aor. act. ind. . . . . .ὁράω
ἐσπλαγχνίσθη 3 p. sing. 1 aor. pass. ind. σπλαγχνίζομαι
δραμών 2 aor. act. ptc. nom. sing. masc. . . . . . .τρέχω
ἐπέπεσεν 3 p. sing. 2 aor. act. ind. . . . . . .ἐπιπίπτω
κατεφίλησεν 3 p. sing. 1 aor. act. ind. . . . .καταφιλέω
21 εἶπεν 3 p. sing. 2 aor. act. ind. . . . . .λέγω
22 ἐξενέγκατε 2 p. pl. 1 aor. act. imper. . . . . .ἐκφέρω
ἐνδύσατε 2 p. pl. 1 aor. act. imper. . . . . . . .ἐνδύω
δότε 2 p. pl. 2 aor. act. imper. . . . . .δίδωμι
23 φέρετε 2 p. pl. pres. act. ind. and imper. . . . . φέρω
θύσατε 2 p. pl. 1 aor. act. imper. . . . . .θύω
φαγόντες 2 aor. act. ptc. nom. pl. masc. . . . . . .ἐσθίω
εὐφρανθῶμεν 1 p. pl. 1 aor. pass. subj. . . . . εὐφραίνω
24 ἦν 3 p. sing. imperf. act. ind. . . . . .εἰμί
ἀνέζησεν 3 p. sing. 1 aor. act. ind. . . . . . . .ἀναζάω
εὑρέθη 3 p. sing. 1 aor. pass. ind. . . . . .εὑρίσκω
ἤρξαντο 3 p. pl. 1 aor. mid. ind. . . . . .ἄρχω
εὐφραίνεσθαι pres. mid. infin. . . . . .εὐφραίνω
25 ἐρχόμενος pres. mid. ptc. nom. sing. masc. . . . ἔρχομαι
ἤγγισεν 3 p. sing. 1 aor. act. ind. . . . . .ἐγγίζω
ἤκουσεν 3 p. sing. 1 aor. act. ind. . . . . .ἀκούω
26 προσκαλεσάμενος 1 aor. mid. ptc. nom. s. m. προσκαλέομαι
ἐπυνθάνετο 3 p. sing. imperf. mid. ind. . . . πυνθάνομαι
εἴη 3 p. sing. pres. act. opt. . . . . .εἰμί
27 ἥκει 3 p. sing. pres. act. ind. . . . . .ἥκω
ἔθυσεν 3 p. sing. 1 aor. act. ind. . . . . .θύω
ὑγιαίνοντα pres. act. ptc. acc. sing. masc. . . .ὑγιαίνω
ἀπέλαβεν 3 p. sing. 2 aor. act. ind. . . . . . ἀπολαμβάνω
28 ὠργίσθη 3 p. sing. 1 aor. pass. ind. . . . . . . .ὀργίζω
ἤθελεν 3 p. sing. imperf. act. ind. . . . . .ἐθέλω
εἰσελθεῖν 2 aor. act. infin. . . . . εἰσέρχομαι
ἐξελθών 2 aor. act. ptc. nom. sing. masc. . . . ἐξέρχομαι

παρεκάλει 3 p. sing. imperf. act. ind. . . . . παρακαλέω
29 ἀποκριθείς 1 aor. pass. ptc. nom. sing. m. . ἀποκρίνομαι
δουλεύω 1 p. sing. pres. act. ind. . . . . . . .δουλεύω
παρῆλθον 1 p. sing. 2 aor. act. ind. . . . . παρέρχομαι
ἔδωκας 2 p. sing. 1 aor. act. ind. . . . . δίδωμι
εὐφρανῶ 1 p. sing. 1 aor. pass. subj. . . . . .εὐφραίνω
30 καταφαγών 2 aor. act. ptc. nom. sing. masc. . . κατεσθίω
ἦλθεν 3 p. sing. 2 aor. act. ind. . . . . ἔρχομαι
ἔθυσας 2 p. sing. 1 aor. act. ind. . . . . θύω
31 εἶπεν 3 p. sing. 2 aor. act. ind. . . . . λέγω
εἶ 2 p. sing. pres. act. ind. . . . . εἰμί
32 εὐφρανθῆναι 1 aor. pass. infin. . . . . εὐφραίνω
χαρῆναι 2 aor. pass. infin. . . . . χαίρω
ἔδει 3 p. sing. imperf. act. impers. . . . . δεῖ
ἔζησεν 3 p. sing. 1 aor. act. ind. . . . . ζάω
ἀπολωλώς 2 perf. act. ptc. nom. sing. masc. . . ἀπόλλυμι
εὑρέθη 3 p. sing. 1 aor. pass. ind. . . . . εὑρίσκω

16

1 ἔλεγεν 3 p. sing. imperf. act. ind. . . . . λέγω
ἦν 3 p. sing. imperf. act. ind. . . . . εἰμί
εἶχεν 3 p. sing. imperf. act. ind. . . . . ἔχω
διεβλήθη 3 p. sing. 1 aor. pass. ind. . . . . . .διαβάλλω
διασκορπίζων pres. act. ptc. nom. sing. m. . διασκορπίζω
2 φωνήσας 1 aor. act. ptc. nom. sing. masc. . . . . φωνέω
εἶπεν 3 p. sing. 2 aor. act. ind. . . . . λέγω
δύνῃ 2 p. sing. pres. pass. ind. contr. . . . . . δύναμαι
οἰκονομεῖν pres. act. infin. . . . . οἰκονομέω
ἀπόδος 2 p. sing. 2 aor. act. imper. . . . . . ἀποδίδωμι
3 ποιήσω 1 p. sing. fut. act. ind. . . . . ποιέω
ἀφαιρεῖται 3 p. sing. pres. mid. ind. . . . . . ἀφαιρέω
σκάπτειν pres. act. infin. . . . . .σκάπτω
ἰσχύω 1 p. sing. pres. act. ind. . . . . .ἰσχύω
ἐπαιτεῖν pres. act. infin. . . . . ἐπαιτέω
αἰσχύνομαι 1 p. sing. pres. mid. ind. . . . . . αἰσχύνω
4 ἔγνων 1 p. sing. 2 aor. act. ind. . . . . γινώσκω
μετασταθῶ 1 p. sing. 1 aor. pass. subj. . . . μεθίστημι
δέξωνται 3 p. pl. 1 aor. mid. subj. . . . . . . δέχομαι
5 προσκαλεσάμενος 1 aor. mid. ptc. nom. s. m.προσκαλέομαι
ὀφείλεις 2 p. sing. pres. act. ind. . . . . . . .ὀφείλω
6 δέξαι 2 p. sing. 1 aor. mid. imper. . . . . . . .δέχομαι
καθίσας 1 aor. act. ptc. nom. sing. masc. . . . .καθίζω
γράφον 2 p. sing. 1 aor. act. imper. . . . . γράφω
7 λέγει 3 p. sing. pres. act. ind. . . . . λέγω
ὀφείλεις 2 p. sing. pres. act. ind. . . . . ὀφείλω
8 ἐπῄνεσεν 3 p. sing. 1 aor. act. ind. . . . . . . ἐπαινέω
ἐποίησεν 3 p. sing. 1 aor. act. ind. . . . . . . .ποιέω
εἰσιν 3 p. pl. pres. act. ind. . . . . εἰμί
9 ποιήσατε 2 p. pl. 1 aor. act. imper. . . . . . . .ποιέω
ἐκλίπῃ 3 p. sing. 2 aor. act. subj. . . . . ἐκλείπω
δέξωνται 3 p. pl. 1 aor. mid. subj. . . . . δέχομαι
11 ἐγένεσθε 2 p. pl. 2 aor. mid. ind. . . . . . . .γίνομαι
πιστεύσει 3 p. sing. fut. act. ind. . . . . πιστεύω
12 δώσει 3 p. sing. fut. act. ind. . . . . δίδωμι
13 δύναται 3 p. sing. pres. pass. ind. . . . . δύναμαι

δουλεύειν pres. act. infin. . . . . δουλεύω
μισήσει 3 p. sing. fut. act. ind. . . . . μισέω
ἀγαπήσει 3 p. sing. fut. act. ind. . . . . ἀγαπάω
ἀνθέξεται 3 p. sing. fut. mid. ind. . . . . . . ἀντέχομαι
καταφρονήσει 3 p. sing. fut. act. ind. . . . καταφρονέω
δύνασθε 2 p. pl. pres. pass. ind. . . . . δύναμαι
14 ἤκουον 3 p. pl. imperf. act. ind. . . . . ἀκούω
ὑπάρχοντες pres. act. ptc. nom. pl. masc. . . . . . ὑπάρχω
ἐξεμυκτήριζον 3 p. pl. imperf. act. ind. . . . ἐκμυκτηρίζω
15 εἶπεν 3 p. sing. 2 aor. act. ind. . . . . λέγω
ἐστε 2 p. pl. pres. act. ind. . . . . εἰμί
γινώσκει 3 p. sing. pres. act. ind. . . . . γινώσκω
δικαιοῦντες pres. act. ptc. nom. pl. masc. . . . δικαιόω
16 εὐαγγελίζεται 3 p. s. pres. mid. or pass. ind εὐαγγελίζω
βιάζεται 3 p. sing. pres. mid. and pass. ind. . . . βιάζω
17 παρελθεῖν 2 aor. act. infin. . . . . παρέρχομαι
πεσεῖν 2 aor. act. infin. . . . . πίπτω
18 ἀπολύων pres. act. ptc. nom. sing. masc. . . . . . . ἀπολύω
γαμῶν pres. act. ptc. nom. sing. masc. . . . . γαμέω
μοιχεύει 3 p. sing. pres. act. ind. . . . . μοιχεύω
ἀπολελυμένην perf. pass. ptc. acc. sing. fem. . . ἀπολύω
19 ἦν 3 p. sing. imperf. act. ind. . . . . εἰμί
ἐνεδιδύσκετο 3 p. sing. imperf. mid. ind. . . ἐνδιδύσκω
εὐφραινόμενος pres. mid. ptc. nom. sing. masc. εὐφραίνω
20 ἐβέβλητο 3 p. sing. plupf. pass. ind. . . . . βάλλω
εἱλκωμένος perf. pass. ptc. nom. sing. masc. . . . ἑλκόω
21 ἐπιθυμῶν pres. act. ptc. nom. sing. masc. . . . ἐπιθυμέω
χορτασθῆναι 1 aor. pass. infin. . . . . χορτάζω
πιπτόντων pres. act. ptc. gen. pl. neut. . . . . . πίπτω
ἐρχόμενοι pres. mid. ptc. nom. pl. masc. . . . . ἔρχομαι
ἐπέλειχον 3 p. pl. imperf. act. ind. . . . . . ἐπιλείχω
22 ἐγένετο 3 p. sing. 2 aor. mid. ind. . . . . γίνομαι
ἀποθανεῖν 2 aor. act. infin. . . . . ἀποθνήσκω
ἀπενεχθῆναι 1 aor. pass. infin. . . . . ἀποφέρω
ἀπέθανεν 3 p. sing. 2 aor. act. ind. . . . . . ἀποθνήσκω
ἐτάφη 3 p. sing. 2 aor. pass. ind. . . . . θάπτω
23 ἐπάρας 1 aor. act. ptc. nom. sing. masc. . . . . . ἐπαίρω
ὑπάρχων pres. act. ptc. nom. sing. masc. . . . . . ὑπάρχω
ὁρᾷ 3 p. sing. pres. act. ind. . . . . ὁράω
24 φωνήσας 1 aor. act. ptc. nom. sing. masc. . . . . . φωνέω
ἐλέησον 2 p. sing. 1 aor. act. imper. . . . . ἐλεέω
πέμψον 2 p. sing. 1 aor. act. imper. . . . . πέμπω
βάψῃ 3 p. sing. 1 aor. act. subj. . . . . βάπτω
καταψύξῃ 3 p. sing. 1 aor. act. subj. . . . . . καταψύχω
ὀδυνῶμαι 1 p. sing. pres. pass. ind. . . . . ὀδυνάω
25 μνήσθητι 2 p. sing. 1 aor. pass. imper. . . . . μιμνήσκω
ἀπέλαβες 2 p. sing. 2 aor. act. ind. . . . . ἀπολαμβάνω
παρακαλεῖται 3 p. sing. pres. pass. ind. . . . παρακαλέω
ὀδυνᾶσαι 2 p. sing. pres. pass. ind. . . . . ὀδυνάω
26 ἐστήρικται 3 p. sing. perf. pass. ind. . . . . . στηρίζω
θέλοντες pres. act. ptc. nom. pl. masc. . . . . . . θέλω
διαβῆναι 2 aor. act. infin. . . . . διαβαίνω
δύνωνται 3 p. pl. pres. pass. subj. . . . . δύναμαι
διαπερῶσιν 3 p. pl. pres. act. subj. . . . . . . διαπεράω
27 ἐρωτῶ 1 p. sing. pres. act. ind. . . . . ἐρωτάω

πέμψῃς 2 p. sing. 1 aor. act. subj. . . . . πέμπω
28 διαμαρτύρηται 3 p. sing. pres. mid. subj. διαμαρτύρομαι
ἔλθωσιν 3 p. pl. 2 aor. act. subj. . . . . ἔρχομαι
29 λέγει 3 p. sing. pres. act. ind. . . . . λέγω
ἔχουσι 3 p. pl. pres. act. ind. . . . . ἔχω
ἀκουσάτωσαν 3 p. pl. 1 aor. act. imper. . . . . . . ἀκούω
30 πορευθῇ 3 p. sing. 1 aor. pass. subj. . . . . . πορεύομαι
μετανοήσουσιν 3 p. pl. fut. act. ind. . . . . . μετανοέω
31 ἀκούουσιν 3 p. pl. pres. act. ind. . . . . ἀκούω
ἀναστῇ 3 p. sing. 2 aor. act. subj. . . . . .ἀνίστημι
πεισθήσονται 3 p. pl. fut. pass. ind. . . . . . . .πείθω

17

1 ἐλθεῖν 2 aor. act. infin. . . . . ἔρχομαι
ἔρχεται 3 p. sing. pres. mid. ind. . . . . id.
2 λυσιτελεῖ 3 p. sing. pres. act. ind. . . . . . λυσιτελέω
περίκειται 3 p. sing. pres. mid. ind. . . . . περίκειμαι
ἔρριπται 3 p. sing. perf. pass. ind. . . . . ῥίπτω
σκανδαλίσῃ 3 p. sing. 1 aor. act. subj. . . . σκανδαλίζω
3 προυέχετε 2 p. pl. pres. act. imper. . . . . . . προσέχω
ἁμάρτῃ 3 p. sing. 2 aor. act. subj. . . . . .ἁμαρτάνω
ἐπιτίμησον 2 p. sing. 1 aor. act. imper. . . . .ἐπιτιμάω
μετανοήσῃ 3 p. sing. 1 aor. act. subj. . . . . .μετανοέω
ἄφες 2 p. sing. 2 aor. act. imper. . . . . ἀφίημι
4 ἁμαρτήσῃ 3 p. sing. 1 aor. act. subj. . . . . . .ἁμαρτάνω
ἐπιστρέψῃ 3 p. sing. 1 aor. act. subj. . . . . .ἐπιστρέφω
λέγων pres. act. ptc. nom. sing. masc. . . . . λέγω
μετανοῶ 1 p. sing. pres. act. ind. . . . . μετανοέω
ἀφήσεις 2 p. sing. fut. act. ind. . . . . .ἀφίημι
5 εἶπαν 3 p. pl. 2 aor. act. ind. . . . . .λέγω
πρόσθες 2 p. sing. 2 aor. act. imper. . . . . . προστίθημι
6 ἔχετε 2 p. pl. pres. act. ind. . . . . ἔχω
ἐλέγετε 2 p. pl. imperf. act. ind. or imper. . . . . λέγω
ἐκριζώθητι 2 p. sing. 1 aor. pass. imper. . . . .ἐκριζόω
φυτεύθητι 2 p. sing. 1 aor. pass. imper. . . . . .φυτεύω
ὑπήκουσεν 3 p. sing. 1 aor. act. ind. . . . . . .ὑπακούω
7 ἔχων pres. act. ptc. nom. sing. masc. . . . . ἔχω
ἀροτριῶντα pres. act. ptc. acc. sing. masc. . . ἀροτριάω
ποιμαίνοντα pres. act. ptc. acc. sing. masc. . ποιμαίνω
εἰσελθόντι 2 aor. act. ptc. dat. sing. masc. εἰσέρχομαι
ἐρεῖ 3 p. sing. fut. act. ind. . . . . λέγω
παρελθών 2 aor. act. ptc. nom. sing. masc. . .παρέρχομαι
ἀνάπεσε 2 p. sing. 2 aor. act. imper. . . . . . . .ἀναπίπτω
8 ἑτοίμασον 2 p. sing. 1 aor. act. imper. . . . . ἑτοιμάζω
δειπνήσω 1 p. s. fut. ac. ind. or 1 aor. ac. subj.δειπνέω
περιζωσάμενος 1 aor. mid. ptc. nom. s. masc.περιζώννυμι
διακόνει 2 p. sing. pres. act. imper. . . . . . . .διακονέω
φάγω 1 p. sing. 2 aor. act. subj. . . . . .ἐσθίω
πίω 1 p. sing. 2 aor. act. subj. . . . . .πίνω
φάγεσαι 2 p. sing. fut. mid. ind. . . . . .ἐσθίω
πίεσαι 2 p. sing. fut. mid. ind. . . . . .πίνω
9 ἔχει 3 p. sing. pres. act. ind. . . . . ἔχω
ἐποίησεν 3 p. sing. 1 aor. act. ind. . . . . .ποιέω
διαταχθέντα 1 aor. pass. ptc. acc. pl. neut. . .διατάσσω
10 ποιήσητε 2 p. pl. 1 aor. act. subj. . . . . ποιέω

λέγετε 2 p. pl. pres. act. ind. or imper. . . . . . λέγω
ἐσμεν 1 p. pl. pres. act. ind. . . . . εἰμί
ὠφείλομεν 1 p. pl. imperf. act. ind. . . . . ὀφείλω
ποιῆσαι 1 aor. act. infin. . . . . ποιέω
πεποιήκαμεν 1 p. pl. perf. act. ind. . . . . id.
11 ἐγένετο 3 p. sing. 2 aor. mid. ind. . . . . γίνομαι
πορεύεσθαι pres. mid. infin. . . . . πορεύομαι
διήρχετο 3 p. sing. imperf. mid. ind. . . . . .διέρχομαι
12 εἰσερχομένου pres. mid. ptc. gen. s. masc. . εἰσέρχομαι
ἀπήντησαν 3 p. pl. 1 aor. act. ind. . . . . .ἀπαντάω
ἔστησαν 3 p. pl. 2 aor. act. ind. . . . . ἵστημι
13 ἦραν 3 p. pl. 1 aor. act. ind. . . . . αἴρω
λέγοντες pres. act. ptc. nom. pl. masc. . . . . . . λέγω
ἐλέησον 2 p. sing. 1 aor. act. imper. . . . . ἐλεέω
14 ἰδών 2 aor. act. ptc. nom. sing. masc. . . . . ὁράω
εἶπεν 3 p. sing. 2 aor. act. ind. . . . . .λέγω
πορευθέντες 1 aor. act. ptc. nom. pl. masc. . πορεύομαι
ἐπιδείξατε 2 p. pl. 1 aor. act. imper. . . . ἐπιδείκνυμι
ὑπάγειν pres. act. infin. . . . . ὑπάγω
ἐκαθαρίσθησαν 3 p. pl. 1 aor. pass. ind. . . . .καθαρίζω
15 ἰάθη 3 p. sing. 1 aor. pass. ind. . . . . ἰάομαι
ὑπέστρεψεν 3 p. sing. 1 aor. act. ind. . . . . ὑποστρέφω
δοξάζων pres. act. ptc. nom. sing. masc. . . . . .δοξάζω
16 ἔπεσεν 3 p. sing. 2 aor. act. ind. . . . . .πίπτω
εὐχαριστῶν pres. act. ptc. nom. sing. masc. . εὐχαριστέω
ἦν 3 p. sing. imperf. act. ind. . . . . εἰμί
17 ἀποκριθείς 1 aor. pass. ptc. nom. s. masc. .ἀποκρίνομαι
ἐκαθαρίσθησαν 3 p. pl. 1 aor. pass. ind. . . . .καθαρίζω
18 εὑρέθησαν 3 p. pl. 1 aor. pass. ind. . . . . εὑρίσκω
ὑποστρέφαντες 1 aor. act. ptc. nom. pl. masc. ὑποστρέφω
δοῦναι 2 aor. act. infin. . . . . δίδωμι
19 ἀναστάς 2 aor. act. ptc. nom. sing. masc. . . . .ἀνίστημι
πορεύου 2 p. sing. pres. mid. imper. . . . . . . πορεύομαι
σέσωκεν 3 p. sing. perf. act. ind. . . . . σῴζω
20 ἐπερωτηθείς 1 aor. pass. ptc. nom. sing. masc. .ἐπερωτάω
ἔρχεται 3 p. sing. pres. mid. ind. . . . . .ἔρχομαι
ἀπεκρίθη 3 p. sing. 1 aor. pass. ind. . . . ἀποκρίνομαι
21 ἐροῦσιν 3 p. pl. fut. act. ind. . . . . .λέγω
ἰδού 2 p. sing. 2 aor. mid. imper. . . . . εἶδον
ἐστιν 3 p. sing. pres. act. ind. . . . . εἰμί
22 ἐλεύσονται 3 p. pl. fut. mid. ind. . . . . ἔρχομαι
ἐπιθυμήσετε 2 p. pl. fut. act. ind. . . . . . . ἐπιθυμέω
ἰδεῖν 2 aor. act. infin. . . . . ὁράω
ὄψεσθε 2 p. pl. fut. mid. ind. . . . . id.
23 ἀπέλθητε 2 p. pl. 2 aor. act. subj. . . . . . . ἀπέρχομαι
διώξητε 2 p. pl. 1 aor. act. subj. . . . . διώκω
24 ἀστράπτουσα pres. act. ptc. nom. sing. fem. . . ἀστράπτω
λάμπει 3 p. sing. pres. act. ind. . . . . .λάμπω
ἔσται 3 p. sing. fut. mid. ind. . . . . εἰμί
25 δεῖ 3 p. sing. pres. act. impers. . . . . δεῖ
παθεῖν 2 aor. act. infin. . . . . .πάσχω
ἀποδοκιμασθῆναι 1 aor. pass. infin. . . . . . ἀποδοκιμάζω
27 ἤσθιον 3 p. pl. imperf. act. ind. . . . . .ἐσθίω
ἔπινον 3 p. pl. imperf. act. ind. . . . . .πίνω
ἐγάμουν 3 p. pl. imperf. act. ind. . . . . .γαμέω

ἐγαμίζοντο 3 p. pl. imperf. pass. ind. . . . . . .γαμίζω
εἰσῆλθεν 3 p. sing. 2 aor. act. ind. . . . . . εἰσέρχομαι
ἦλθεν 3 p. sing. 2 aor. act. ind. . . . . ἔρχομαι
ἀπώλεσεν 3 p. sing. 1 aor. act. ind. . . . . . .ἀπόλλυμι
28 ἠγόραζον 3 p. pl. imperf. act. ind. . . . . . . .ἀγοράζω
ἐπώλουν 3 p. pl. imperf. act. ind. . . . . .πωλέω
ἐφύτευον 3 p. pl. imperf. act. ind. . . . . . . .φυτεύω
ᾠκοδόμουν 3 p. pl. imperf. act. ind. . . . . . οἰκοδομέω
29 ἐξῆλθεν 3 p. sing. 2 aor. act. ind. . . . . . . ἐξέρχομαι
ἔβρεξεν 3 p. sing. 1 aor. act. ind. . . . . βρέχω
30 ἔσται 3 p. sing. fut. mid. ind. . . . . .εἰμί
ἀποκαλύπτεται 3 p. sing. pres. pass. ind. . . ἀποκαλύπτω
31 καταβάτω 3 p. sing. 2 aor. act. imper. . . . . καταβαίνω
ἄραι 1 aor. act. infin. . . . . .αἴρω
ἐπιστρεφάτω 3 p. sing. 1 aor. act. imper. . . ἐπιστρέφω
32 μνημονεύετε 2 p. pl. pres. act. ind. or imper. μνημονεύω
33 ζητήσῃ 3 p. sing. 1 aor. act. subj. . . . . ζητέω
περιποήσασθαι 1 aor. mid. infin. . . . . περιποιέω
ἀπολέσει 3 p. sing. fut. act. ind. . . . . . . ἀπόλλυμι
ζωογονήσει 3 p. sing. fut. act. ind. . . . . . .ζωογονέω
34 ἔσονται 3 p. pl. fut. mid. ind. . . . . εἰμί
παραλημφθήσεται 3 p. sing. fut. pass. ind. . παραλαμβάνω
ἀφεθήσεται 3 p. sing. fut. pass. ind. . . . . . . ἀφίημι
35 ἀλήθουσαι pres. act. ptc. nom. pl. fem. . . . . ἀλήθω
37 ἀποκριθέντες 1 aor. pass. ptc. nom. pl. m. .ἀποκρίνομαι
λέγουσιν 3 p. pl. pres. act. ind. . . . . .λέγω
εἶπεν 3 p. sing. 2 aor. act. ind. . . . . id.
ἐπισυναχθήσονται 3 p. pl. 1 fut. pass. ind. . .ἐπισυνάγω

18

1 ἔλεγεν 2 p. sing. imperf. act. ind. . . . . .λέγω
δεῖν pres. act. infin. . . . . δεῖ
προσεύχεσθαι pres. mid. infin . . . . . προσεύχομαι
ἐγκακεῖν pres. act. infin. . . . . .ἐγκακέω
2 λέγων pres. act. ptc. nom. sing. masc. . . . . λέγω
ἦν 3 p. sing. imperf. act. ind. . . . . .εἰμί
φοβούμενος pres. mid. ptc. nom. sing. masc. . . . .φοβέω
ἐντρεπόμενος pres. mid. ptc. nom. sing. masc. . .ἐντρέπω
3 ἤρχετο 3 p. sing. imper. mid. ind. . . . . .ἔρχομαι
λέγουσα pres. act. ptc. nom. sing. fem. . . . . . .λέγω
ἐκδίκησον 2 p. sing. 1 aor. act. imper. . . . . . .ἐκδικέω
4 ἤθελεν 3 p. sing. imperf. act. ind. . . . . ἐθέλω
εἶπεν 3 p. sing. 2 aor. act. ind. . . . . .λέγω
φοβοῦμαι 1 p. sing. pres. mid. ind. . . . . .φοβέω
ἐντρέπομαι 1 p. sing. pres. mid. ind. . . . . . .ἐντρέπω
5 παρέχειν pres. act. infin. . . . . .παρέχω
ἐκδικήσω 1 p. sing. fut. act. ind. . . . . ἐκδικέω
ἐρχομένη pres. mid. ptc. nom. sing. fem. . . . . ἔρχομαι
ὑπωπιάζῃ 3 p. sing. pres. act. subj. . . . . . .ὑπωπιάζω
6 ἀκούσατε 2 p. pl. 1 aor. act. imper. . . . . . . .ἀκούω
λέγει 3 p. sing. pres. act. ind. . . . . .λέγω
7 ποιήσῃ 3 p. sing. 1 aor. act. subj. . . . . .ποιέω
βοώντων pres. act. ptc. gen. pl. masc. . . . . . . .βοάω
μακροθυμεῖ 3 p. sing. pres. act. ind. . . . . μακροθυμέω
8 ποιήσει 3 p. sing. fut. act. ind. . . . . .ποιέω

ἐλθών 2 aor. act. ptc. nom. sing. masc. . . . . . . ἔρχομαι
εὑρήσει 3 p. sing. fut. act. ind. . . . . εὑρίσκω
9 πεποιθότας 2 perf. act. ptc. acc. pl. masc. . . . . πείθω
εἰσίν 3 p. pl. pres. act. ind. . . . . εἰμί
ἐξουθενοῦντας pres. act. ptc. acc. pl. masc. . . ἐξουθενέω
10 ἀνέβησαν 3 p. pl. 2 aor. act. ind. . . . . . . .ἀναβαίνω
προσεύξασθαι 1 aor. mid. infin. . . . . προσεύχομαι
11 σταθείς 1 aor. pass. ptc. nom. sing. masc. . . . . .ἵστημι
προσηύχετο 3 p. sing. imperf. mid. ind. . . προσεύχομαι
εὐχαριστῶ 1 p. sing. pres. act. ind. . . . . .εὐχαριστέω
12 νηστεύω 1 p. sing. pres. act. ind. . . . . νηστεύω
ἀποδεκατεύω 1 p. sing. pres. act. ind. . . . ἀποδεκατεύω
κτῶμαι 1 p. sing. pres. mid. ind. contr. . . . . κτάομαι
13 ἑστώς perf. act. ptc. nom. sing. masc. . . . . ἵστημι
ἤθελεν 3 p. sing. imperf. act. ind. . . . . ἐθέλω
ἐπᾶραι 1 aor. act. infin. . . . . .ἐπαίρω
ἔτυπτεν 3 p. sing. imperf. act. ind. . . . . .τύπτω
ἱλάσθητι 2 p. sing. 1 aor. pass. impers. . . . . ἱλάσκομαι
14 κατέβη 3 p. sing. 2 aor. act. ind. . . . . .καταβαίνω
δεδικαιωμένος perf. pass. ptc. nom. sing. masc. .δικαιόω
ὑψῶν pres. act. ptc. nom. sing. masc. . . . . .ὑψόω
ταπεινωθήσεται 3 p. sing. fut. pass. ind. . . . ταπεινόω
ταπεινῶν pres. act. ptc. nom. sing. masc. . . . . . . id.
ὑψωθήσεται 3 p. sing. fut. pass. ind. . . . . ὑψόω
15 προσέφερον 3 p. pl. imperf. act. ind. . . . . . . προσφέρω
ἅπτηται 3 p. sing. pres. mid. subj. . . . . .ἅπτω
ἰδόντες 2 aor. act. ptc. nom. pl. masc. . . . . . . .ὁράω
ἐπετίμων 3 p. pl. imperf. act. ind. . . . . ἐπιτιμάω
16 προσεκαλέσατο 3 p. sing. 1 aor. mid. ind. .προσκαλέομαι
ἄφετε 2 p. pl. 2 aor. act. imper. . . . . .ἀφίημι
ἔρχεσθαι pres. mid. infin. . . . . ἔρχομαι
κωλύετε 2 p. pl. pres. act. imper. . . . . κωλύω
17 δέξηται 3 p. sing. 1 aor. mid. subj. . . . . . . .δέχομαι
εἰσέλθῃ 3 p. sing. 2 aor. act. subj. . . . . . εἰσέρχομαι
18 ἐπηρώτησεν 3 p. sing. 1 aor. act. ind. . . . . .ἐπερωτάω
ποιήσας 1 aor. act. ptc. nom. sing. masc. . . . . . ποιέω
κληρονομήσω 1 p. sing. fut. act. ind. . . . . κληρονομέω
19 εἶπεν 3 p. sing. 2 aor. act. ind. . . . . .λέγω
λέγεις 2 p. sing. pres. act. ind. . . . . id.
20 οἶδας 2 p. sing. perf. act. ind. . . . . οἶδα
μοιχεύσῃς 2 p. sing. 1 aor. act. subj. . . . . . . μοιχεύω
φονεύσῃς 2 p. sing. 1 aor. act. subj. . . . . φονεύω
κλέψῃς 2 p. sing. 1 aor. act. subj. . . . . . . .κλέπτω
ψευδομαρτυρήσῃς 2 p. s. 1 aor. act. subj. ψευδομαρτυρέω
21 ἐφύλαξα 1 p. sing. 1 aor. act. ind. . . . . φυλάσσω
22 ἀκούσας 1 aor. act. ptc. nom. sing. masc. . . . . ἀκούω
λείπει 3 p. sing. pres. act. ind. . . . . λείπω
ἔχεις 2 p. sing. pres. act. ind. . . . . .ἔχω
πώλησον 2 p. sing. 1 aor. act. imper. . . . . πωλέω
διάδος 2 p. sing. 2 aor. act. imper. . . . . . . .διαδίδωμι
ἕξεις 2 p. sing. fut. act. ind. . . . . .ἔχω
ἀκολούθει 2 p. sing. pres. act. imper. . . . . ἀκολουθέω
23 ἐγενήθη 3 p. sing. 1 aor. pass. ind. . . . . . . .γίνομαι
ἦν 3 p. sing. imperf. act. ind. . . . . .εἰμί
24 ἰδών 2 aor. act. ptc. nom. sing. masc. . . . . ὁράω

ἔχοντες pres. act. ptc. nom. pl. masc. . . . . ἔχω
εἰσπορεύονται 3 p. pl. pres. mid. ind. . . εἰσπορεύομαι
25 ἐστιν 3 p. sing. pres. act. ind. . . . . εἰμί
εἰσελθεῖν 2 aor. act. infin. . . . . εἰσέρχομαι
26 εἶπαν 3 p. pl. 2 aor. act. ind. . . . . λέγω
ἀκούσαντες 1 aor. act. ptc. nom. pl. masc. . . . . ἀκούω
δύναται 3 p. sing. pres. pass. ind. . . . . δύναμαι
σωθῆναι 1 aor. pass. infin. . . . . σώζω
28 ἀφέντες 2 aor. act. ptc. nom. pl. masc. . . . . . . ἀφίημι
ἠκολουθήσαμεν 1 p. pl. 1 aor. act. ind. . . . .ἀκολουθέω
29 ἀφῆκεν 3 p. sing. 1 aor. act. ind. . . . . ἀφίημι
30 λάβῃ 3 p. sing. 2 aor. act. subj. . . . . λαμβάνω
ἐρχομένῳ pres. mid. ptc. dat. s. masc. and neut. ἔρχομαι
31 παραλαβών 2 aor. act. ptc. nom. sing. masc. παραλαμβάνω
ἀναβαίνομεν 1 p. pl. pres. act. ind. . . . . . .ἀναβαίνω
τελεσθήσεται 3 p. sing. 1 fut. pass. ind. . . . . . .τελέω
γεγραμμένα perf. pass. ptc. nom. and acc. pl. neut. γράφω
32 παραδοθήσεται 3 p. sing. fut. pass. ind. . . παραδίδωμι
ἐμπαιχθήσεται 3 p. sing. 1 fut. pass. ind. . . . . ἐμπαίζω
ὑβρισθήσεται 3 p. sing. fut. pass. ind. . . . . . ὑβρίζω
ἐμπτυσθήσεται 3 p. sing. 1 fut. pass. ind. . . . . . ἐμπτύω
33 μαστιγώσαντες 1 aor. act. ptc. nom. pl. masc. . μαστιγόω
ἀποκτενοῦσιν 3 p. pl. fut. act. ind. . . . . . . ἀποκτείνω
ἀναστήσεται 3 p. sing. fut. mid. ind. . . . . . ἀνίστημι
34 συνῆκαν 3 p. pl. 1 aor. act. ind. . . . . συνίημι
κεκρυμμένον perf. pass. ptc. nom. sing. neut. . . κρύπτω
ἐγίνωσκον 3 p. pl. imperf. act. ind. . . . . . . γινώσκω
λεγόμενα pres. pass. ptc. acc. pl. neut. . . . . . . λέγω
ἦν 3 p. sing. imperf. act. ind. . . . . εἰμί
35 ἐγένετο 3 p. sing. 2 aor. mid. ind. . . . . . . γίνομαι
ἐγγίζειν pres. act. infin. . . . . ἐγγίζω
ἐκάθητο 3 p. sing. imperf. mid. ind. . . . . . .κάθημαι
ἐπαιτῶν pres. act. ptc. nom. sing. masc. . . . . .ἐπαιτέω
36 ἀκούσας 1 aor. act. ptc. nom. sing. masc. . . . . ἀκούω
διαπορευομένου pres. mid. ptc. gen. s. m. .διαπορεύομαι
ἐπυνθάνετο 3 p. sing. imperf. mid. ind. . . .πυνθάνομαι
εἴη 3 p. sing. pres. act. opt. . . . . εἰμί
37 ἀπήγγειλαν 3 p. pl. 1 aor. act. ind. . . . . .ἀπαγγέλλω
παρέρχεται 3 p. sing. pres. mid. ind. . . . . .παρέρχομαι
38 ἐβόησεν 3 p. sing. 1 aor. act. ind. . . . . βοάω
λέγων pres. act. ptc. nom. sing. masc. . . . . λέγω
ἐλέησον 2 p. sing. 1 aor. act. imper. . . . . ἐλεέω
39 προάγοντες pres. act. ptc. nom. pl. masc. . . . . προάγω
ἐπετίμων 3 p. pl. imperf. act. ind. . . . . . .ἐπιτιμάω
σιγήσῃ 3 p. sing. 1 aor. act. subj. . . . . σιγάω
ἔκραζεν 3 p. sing. imperf. act. ind. . . . . . . .κράζω
40 σταθείς 1 aor. pass. ptc. nom. sing. masc. . . . . ἵστημι
ἐκέλευσεν 3 p. sing. 1 aor. act. ind. . . . . . .κελεύω
ἀχθῆναι 1 aor. pass. infin. . . . . ἄγω
ἐγγίσαντος 1 aor. act. ptc. gen. sing. masc. . . .ἐγγίζω
ἐπηρώτησεν 3 p. sing. 1 aor. act. ind. . . . .ἐπερωτάω
41 θέλεις 2 p. sing. pres. act. ind. . . . . θέλω
ποιήσω 1 p. sing. fut. act. ind. . . . . .ποιέω
ἀναβλέψω 1 p. sing. 1 aor. act. subj. . . . . . ἀναβλέπω
42 εἶπεν 3 p. sing. 2 aor. act. ind. . . . . λέγω

ἀνάβλεφον 2 p. sing. 1 aor. act. imper. . . . . ἀναβλέπω
σέσωκεν 3 p. sing. perf. act. ind. . . . . σώζω
43 ἀνέβλεφεν 3 p. sing. 1 aor. act. ind. . . . . . ἀναβλέπω
ἠκολούθει 3 p. sing. imperf. act. ind. . . . . . ἀκολουθέω
δοξάζων pres. act. ptc. nom. sing. masc. . . . . . δοξάζω
ἰδών 2 aor. act. ptc. nom. sing. masc. . . . . δράω
ἔδωκεν 3 p. sing. 1 aor. act. ind. . . . . δίδωμι

19

1 εἰσελθών 2 aor. act. ptc. nom. sing. masc. . . εἰσέρχομαι
διήρχετο 3 p. sing. imperf. mid. ind. . . . . . . διέρχομαι
2 καλούμενος pres. pass. ptc. nom. sing. masc. . . . καλέω
ἦν 3 p. sing. imperf. act. ind. . . . . εἰμί
3 ἐζήτει 3 p. sing. imperf. act. ind. . . . . ζητέω
ἰδεῖν 2 aor. act. infin. . . . . δράω
ἔστιν 3 p. sing. pres. act. ind. . . . . εἰμί
ἠδύνατο 3 p. sing. imperf. pass. ind. Att. . . . .δύναμαι
4 προδραμών 2 aor. act. ptc. nom. sing. masc. . . προτρέχω
ἀνέβη 3 p. sing. 2 aor. act. ind. . . . . .ἀναβαίνω
ἴδη 3 p. sing. 2 aor. act. subj. . . . . δράω
ἤμελλεν 3 p. sing. imperf. act. ind. Att. . . . . . . μέλλω
διέρχεσθαι pres. mid. infin. . . . . διέρχομαι
5 ἦλθεν 3 p. sing. 2 aor. act. ind. . . . . ἔρχομαι
ἀναβλέφας 1 aor. act. ptc. nom. sing. masc. . . ἀναβλέπω
εἶπεν 3 p. sing. 2 aor. act. ind. . . . . .λέγω
σπεύσας 1 aor. act. ptc. nom. sing. masc. . . . . .σπεύδω
κατάβηθι 2 p. sing. 2 aor. act. imper. . . . . κατάβαινω
δεῖ 3 p. sing. pres. act. impers. . . . . δεῖ
μεῖναι 1 aor. act. infin. . . . . μένω
6 κατέβη 3 p. sing. 2 aor. act. ind. . . . . καταβαίνω
ὑπεδέξατο 3 p. sing. 1 aor. mid. ind. . . . . ὑποδέχομαι
χαίρων pres. act. ptc. nom. sing. masc. . . . . . . χαίρω
7 ἰδόντες 2 aor. act. ptc. nom. pl. masc. . . . . . . δράω
διεγόγγυζον 3 p. pl. imperf. act. ind. . . . διαγογγύζω
λέγοντες pres. act. ptc. nom. pl. masc. . . . . . . .λέγω
εἰσῆλθεν 3 p. sing. 2 aor. act. ind. . . . . . . εἰσέρχομαι
καταλῦσαι 1 aor. act. infin. . . . . καταλύω
8 σταθείς 1 aor. pass. ptc. nom. sing. masc. . . . . . ἵστημι
ὑπαρχόντων pres. act. ptc. gen. pl. neut. . . . . ὑπάρχω
ἐσυκοφάντησα 1 p. sing. 1 aor. act. ind. . . συκοφαντέω
ἀποδίδωμι 1 p. sing. pres. act. ind. . . . . . . ἀποδίδωμι
9 ἐγένετο 3 p. sing. 2 aor. mid. ind. . . . . γίνομαι
10 ζητῆσαι 1 aor. act. infin. . . . . .ζητέω
σῶσαι 1 aor. act. infin. . . . . σώζω
ἀπολωλός 2 perf. act. ptc. acc. sing. neut. . . ἀπόλλυμι
11 ἀκουόντων pres. act. ptc. gen. pl. masc. . . . . . . ἀκούω
προσθείς 2 aor. act. ptc. nom. sing. masc. . . . προστίθημι
εἶναι pres. act. infin. . . . . εἰμί
δοκεῖν pres. act. infin. . . . . δοκέω
μέλλει 3 p. sing. pres. act. ind. . . . . μέλλω
ἀναφαίνεσθαι pres. pass. infin. . . . . ἀναφαίνω
12 ἐπορεύθη 3 p. sing. 1 aor. pass. ind. . . . . . πορεύομαι
λαβεῖν 2 aor. act. infin. . . . . λαμβάνω
ὑποστρέφαι 1 aor. act. infin. . . . . .ὑποστρέφω
13 καλέσας 1 aor. act. ptc. nom. sing. masc. . . . . . . καλέω

ἔδωκεν 3 p. sing. 1 aor. act. ind. . . . . δίδωμι
πραγματεύσασθε 2 p. pl. 1 aor. mid. imper. πραγματεύομαι
ἔρχομαι 1 p. sing. pres. mid. ind. . . . . ἔρχομαι
14 ἐμίσουν 3 p. pl. imperf. act. ind. . . . . μισέω
ἀπέστειλαν 3 p. pl. 1 aor. act. ind. . . . . . ἀποστέλλω
λέγοντες pres. act. ptc. nom. pl. masc. . . . . . . λέγω
θέλομεν 1 p. pl. pres. act. ind. . . . . θέλω
βασιλεῦσαι 1 aor. act. infin. . . . . βασιλεύω
15 ἐγένετο 3 p. sing. 2 aor. mid. ind. . . . . γίνομαι
ἐπανελθεῖν 2 aor. act. infin. . . . . ἐπανέρχομαι
λαβόντα 2 aor. act. ptc. acc. sing. masc. . . . . λαμβάνω
εἶπεν 3 p. sing. 2 aor. act. ind. . . . . λέγω
φωνηθῆναι 1 aor. pass. infin. . . . . φωνέω
δεδώκει 3 p. sing. plupf. act. ind. All. . . . . . δίδωμι
γνοῖ 3 p. sing. 2 aor. act. subj. . . . . γινώσκω
διεπραγματεύσατο 3 p. s. 1 aor. m. ind. διαπραγματεύομαι
16 παρεγένετο 3 p. sing. 2 aor. mid. ind. . . . παραγίνομαι
λέγων pres. act. ptc. nom. sing. masc. . . . . λέγω
προσηργάσατο 3 p. sing. 1 aor. mid. ind. . προσεργάζομαι
17 ἐγένου 2 p. sing. 2 aor. mid. ind. . . . . .γίνομαι
ἴσθι 2 p. sing. pres. act. imper. . . . . . . οἶδα or εἰμί
ἔχων pres. act. ptc. nom. sing. masc. . . . . ἔχω
18 ἦλθεν 3 p. sing. 2 aor. act. ind. . . . . ἔρχομαι
ἐποίησεν 3 p. sing. 1 aor. act. ind. . . . . ποιέω
19 γύνου 2 p. sing. pres. mid. imper. . . . . .γίνομαι
20 εἶχον 1 p. sing. imperf. act. ind. . . . . .ἔχω
ἀποκειμένην pres. mid. ptc. acc. sing. fem. . ἀπόκειμαι
21 ἐφοβούμην 1 p. sing. imperf. mid. ind. . . . . . . φοβέω
εἶ 2 p. sing. pres. act. ind. . . . . εἰμί
αἴρεις 2 p. sing. pres. act. ind. . . . . αἴρω
ἔθηκας 2 p. sing. 1 aor. act. ind. . . . . τίθημι
θερίζεις 2 p. sing. pres. act. ind. . . . . θερίζω
ἔσπειρας 2 p. sing. 1 aor. act. ind. . . . . σπείρω
22 λέγει 3 p. sing. pres. act. ind. . . . . λέγω
κρινῶ 1 p. sing. fut. act. ind. . . . . κρίνω
ᾔδεις 2 p. sing. plupf. act. ind. . . . . .οἶδα
αἴρων pres. act. ptc. nom. sing. masc. . . . . αἴρω
ἔθηκα 1 p. sing. 1 aor. act. ind. . . . . .τίθημι
θερίζων pres. act. ptc. nom. sing. masc. . . . . . θερίζω
ἔσπειρα 1 p. sing. 1 aor. act. ind. . . . . σπείρω
23 ἔδωκας 2 p. sing. 1 aor. act. ind. . . . . δίδωμι
ἐλθών 2 aor. act. ptc. nom. sing. masc. . . . . . ἔρχομαι
ἔπραξα 1 p. sing. 1 aor. act. ind. . . . . πράσσω
24 παρεστῶσιν perf. act. ptc. dat. pl. masc. . . παρίστημι
ἄρατε 2 p. pl. 1 aor. act. imper. . . . . .αἴρω
δότε 2 p. pl. 2 aor. act. imper. . . . . δίδωμι
ἔχοντι pres. act. ptc. dat. sing. masc. . . . . ἔχω
25 εἶπαν 3 p. pl. 2 aor. act. ind. . . . . λέγω
ἔχει 3 p. sing. pres. act. ind. . . . . ἔχω
26 δοθήσεται 3 p. sing. 1 fut. pass. ind. . . . . . . δίδωμι
ἔχοντος pres. act. ptc. gen. sing. masc. . . . . . . ἔχω
ἀρθήσεται 3 p. sing. fut. pass. ind. . . . . .αἴρω
27 θελήσαντας 1 aor. act. ptc. acc. pl. masc. . . . . .θέλω
βασιλεῦσαι 1 aor. act. infin. . . . . βασιλεύω
ἀγάγετε 2 p. pl. 2 aor. act. imper. . . . . ἄγω

κατασφάξατε 2 p. pl. 1 aor. act. imper. . . . κατασφάζω
28 εἰπών 2 aor. act. ptc. nom. sing. masc. . . . . εἶπον
ἐπορεύετο 3 p. sing. imperf. mid. ind. . . . . . πορεύομαι
ἀναβαίνων, pres. act. ptc. nom. sing. masc. . . . ἀναβαίνω
29 ἐγένετο 3 p. sing. 2 aor. mid. ind. . . . . γίνομαι
ἤγγισεν 3 p. sing. 1 aor. act. ind. . . . . ἐγγίζω
καλούμενον pres. pass. ptc. acc. sing. masc. . . . καλέω
ἀπέστειλεν 3 p. sing. 1 aor. act. ind. . . . . ἀποστέλλω
30 λέγων pres. act. ptc. nom. sing. masc. . . . . λέγω
ὑπάγετε 2 p. pl. pres. act. imper. . . . . ὑπάγω
εἰσπορευόμενοι pres. mid. ptc. nom. pl. m. εἰσπορεύομαι
εὑρήσετε 2 p. pl. fut. act. ind. . . . . εὑρίσκω
δεδεμένον pres. pass. ptc. acc. sing. neut. . . . . . δέω
ἐκάθισεν 3 p. sing. 1 aor. act. ind. . . . . καθίζω
λύσαντες 1 aor. act. ptc. nom. pl. masc. . . . . . . λύω
ἀγάγετε 2 p. pl. 2 aor. act. imper. . . . . ἄγω
31 ἐρωτᾷ 3 p. sing. pres. act. ind. . . . . ἐρωτάω
λύετέ 2 p. pl. pres. act. ind. . . . . λύω
ἐρεῖτε 2 p. pl. fut. act. ind. . . . . λέγω
ἔχει 3 p. sing. pres. act. ind. . . . . ἔχω
32 ἀπελθόντες 2 aor. act. ptc. nom. pl. masc. . . . ἀπέρχομαι
ἀπεσταλμένοι perf. pass. ptc. nom. pl. masc. . . ἀποστέλλω
εὗρον 3 p. pl. 2 aor. act. ind. . . . . εὑρίσκω
εἶπεν 3 p. sing. 2 aor. act. ind. . . . . λέγω
33 λυόντων pres. act. ptc. gen. pl. masc. . . . . λύω
εἶπαν 3 p. pl. 2 aor. act. ind. . . . . λέγω
35 ἤγαγον 3 p. pl. 2 aor. act. ind. . . . . ἄγω
ἐπιρίψαντες 1 aor. act. ptc. nom. pl. masc. . . ἐπιρρίπτω
ἐπεβίβασαν 3 p. pl. 1 aor. act. ind. . . . . . ἐπιβιβάζω
36 πορευομένου pres. mid. ptc. gen. sing. masc. . πορεύομαι
ὑπεστρώννυον 3 p. pl. imperf. act. ind. . . ὑποστρώννυμι
37 ἐγγίζοντος pres. act. ptc. gen. sing. masc. . . . ἐγγίζω
ἤρξαντο 3 p. pl. 1 aor. mid. ind. . . . . ἄρχω
χαίροντες pres. act. ptc. nom. pl. masc. . . . . . χαίρω
αἰνεῖν pres. act. infin. . . . . αἰνέω
εἶδον 3 p. pl. 2 aor. act. ind. . . . . ὁράω
38 λέγοντες pres. act. ptc. nom. pl. masc. . . . . λέγω
εὐλογημένος perf. pass. ptc. nom. sing. masc. . . εὐλογέω
ἐρχόμενος pres. mid. ptc. nom. sing. masc. . . . ἔρχομαι
39 ἐπιτίμησον 2 p. sing. 1 aor. act. imper. . . . . ἐπιτιμάω
40 ἀποκριθείς 1 aor. pass. ptc. nom. s. masc. . ἀποκρίνομαι
σιωπήσουσιν 3 p. pl. fut. act. ind. . . . . σιωπάω
κράξουσιν 3 p. pl. fut. act. ind. . . . . κράζω
41 ἤγγισεν 3 p. sing. 1 aor. act. ind. . . . . ἐγγίζω
ἰδών 2 aor. act. ptc. nom. sing. masc. . . . . ὁράω
ἔκλαυσεν 3 p. sing. 1 aor. act. ind. . . . . κλαίω
42 ἔγνως 2 p. sing. 2 aor. act. ind. . . . . γινώσκω
ἐκρύβη 3 p. sing. 2 aor. pass. ind. . . . . κρύπτω
43 ἥξουσιν 3 p. pl. fut. act. ind. . . . . ἥκω
παρεμβαλοῦσιν 3 p. pl. fut. act. ind. . . . . παρεμβάλλω
περικυκλώσουσιν 3 p. pl. fut. act. ind. . . . περικυκλόω
συνέξουσιν 3 p. pl. fut. act. ind. . . . . συνέχω
44 ἐδαφιοῦσιν 3 p. pl. fut. act. ind. Att . . . . . ἐδαφίζω
ἀφήσουσιν 3 p. pl. fut. act. ind. . . . . ἀφίημι
ἔγνως 2 p. sing. 2 aor. act. ind. . . . . γινώσκω

45 εἰσελθών 2 aor. act. ptc. nom. sing. masc. . εἰσέρχομαι
   ἤρξατο 3 p. sing. 1 aor. mid. ind. . . . . ἄρχω
   ἐκβάλλειν pres. act. infin. . . . . ἐκβάλλω
   πωλοῦντας pres. act. ptc. acc. pl. masc. . . . . . πωλέω
46 λέγων pres. act. ptc. nom. sing. masc. . . . . λέγω
   γέγραπται 3 p. sing. perf. pass. ind. . . . . γράφω
   ἔσται 3 p. sing. fut. mid. ind. . . . . εἰμί
   ἐποιήσατε 2 p. pl. 1 aor. act. ind. . . . . ποιέω
47 ἦν 3 p. sing. imperf. act. ind. . . . . εἰμί
   διδάσκων pres. act. ptc. nom. sing. masc. . . . .διδάσκω
   ἐζήτουν 3 p. pl. imperf. act. ind. . . . . .ζητέω
   ἀπολέσαι 1 aor. act. infin. . . . . .ἀπόλλυμι
48 εὕρισκον 3 p. pl. imperf. act. ind. . . . . εὑρίσκω
   ποιήσωσιν 3 p. pl. 1 aor. act. subj. . . . . ποιέω
   ἐξεκρέματο 3 p. sing. imperf. mid. ind. . .ἐκκρεμάννυμι
   ἀκούων pres. act. ptc. nom. sing. masc. . . . . . . ἀκούω

20
1 ἐγένετο 3 p. sing. 2 aor. mid. ind. . . . . . . .γίνομαι
   διδάσκοντος pres. act. ptc. gen. sing. masc. . . διδάσκω
   εὐαγγελιζομένου pres. mid. ptc. gen. s. m. . εὐαγγελίζω
   ἐπέστησαν 3 p. pl. 2 aor. act. ind. . . . . . . ἐφίστημι
2 εἶπαν 3 p. pl. 2 aor. act. ind. . . . . .λέγω
   λέγοντες pres. act. ptc. nom. pl. masc. . . . . id.
   εἶπόν 2 p. sing. 2 aor. act. imper. . . . . id.
   ποιεῖς 2 p. sing. pres. act. ind. . . . . ποιέω
   ἐστιν 3 p. sing. pres. act. ind. . . . . εἰμί
   δούς 2 aor. act. ptc. nom. sing. masc. . . . . . . δίδωμι
3 ἀποκριθείς 1 aor. pass. ptc. nom. s. masc. .ἀποκρίνομαι
   εἶπεν 3 p. sing. 2 aor. act. ind. . . . . .λέγω
   ἐρωτήσω 1 p. sing. fut. act. ind. . . . . .ἐρωτάω
   εἴπατε 2 p. pl. 2 aor. act. imper. . . . . λέγω
4 ἦν 3 p. sing. imperf. act. ind. . . . . εἰμί
5 συνελογίσαντο 3 p. pl. 1 aor. mid. ind. . .συλλογίζομαι
   εἴπωμεν 1 p. pl. 2 aor. act. subj. . . . . .λέγω
   ἐρεῖ 3 p. sing. fut. act. ind. . . . . id.
   ἐπιστεύσατε 2 p. pl. 1 aor. act. ind. . . . . . πιστεύω
6 καταλιθάσει 3 p. sing. fut. act. ind. . . . . .καταλιθάζω
   πεπεισμένος perf. pass. ptc. nom. sing. masc. . . .πείθω
   εἶναι pres. act. infin. . . . . εἰμί
7 ἀπεκρίθησαν 3 p. pl. 1 aor. pass. ind. . . .ἀποκρίνομαι
   εἰδέναι perf. act. infin. . . . . οἶδα
8 ποιῶ 1 p. sing. pres. act. ind. and subj. . . . . . ποιέω
9 ἤρξατο 3 p. sing. 1 aor. mid. ind. . . . . ἄρχω
   λέγειν pres. act. infin. . . . . λέγω
   ἐφύτευσεν 3 p. sing. 1 aor. act. ind. . . . . . . φυτεύω
   ἐξέδοτο 3 p. sing. 2 aor. mid. ind. . . . . . . .ἐκδίδωμι
   ἀπεδήμησεν 3 p. sing. 1 aor. act. ind. . . . .ἀποδημέω
10 ἀπέστειλεν 3 p. sing. 1 aor. act. ind. . . . .ἀποστέλλω
   δώσουσιν 3 p. pl. fut. act. ind. . . . . .δίδωμι
   ἐξαπέστειλαν 3 p. pl. 1 aor. act. ind. . . .ἐξαποστέλλω
   δείραντες 1 aor. act. ptc. nom. pl. masc. . . . . . δέρω
11 προσέθετο 3 p. sing. 2 aor. mid. ind. . . . . .προστίθημι
   πέμψαι 1 aor. act. infin. . . . . πέμπω
   ἀτιμάσαντες 1 aor. act. ptc. nom. pl. masc. . . .ἀτιμάζω

12 τραυματίσαντες 1 aor. act. ptc. nom. pl. m. . τραυματίζω
    ἐξέβαλον 3 p. pl. 2 aor. act. ind. . . . . ἐκβάλλω
13 εἶπεν 3 p. sing. 2 aor. act. ind. . . . . .λέγω
    ποιήσω 1 p. sing. fut. act. ind.or 1 aor. a. subj. . ποιέω
    πέμψω 1 p. sing. fut. act. ind.or 1 aor. act. subj. πέμπω
    ἐντραπήσονται 3 p. pl. 2 fut. pass. ind. . . . . ἐντρέπω
14 ἰδόντες 2 aor. act. ptc. nom. pl. masc. . . . . ὁράω
    διελογίζοντο 3 p. pl. imperf. mid. ind. . . διαλογίζομαι
    λέγοντες pres. act. ptc. nom. pl. masc. . . . . . . λέγω
    ἐστιν 3 p. sing. pres. act. ind. . . . . εἰμί
    ἀποκτείνωμεν 1 p. pl. pres. act. subj. . . . . ἀποκτείνω
    γένηται 3 p. sing. 2 aor. mid. subj. . . . . . . γίνομαι
15 ἐκβαλόντες 2 aor. act. ptc. nom. pl. masc. . . . ἐκβάλλω
    ἀπέκτειναν 3 p. pl. 1 aor. act. ind. . . . . . ἀποκτείνω
    ποιήσει 3 p. sing. fut. act. ind. . . . . ποιέω
16 ἐλεύσεται 3 p. sing. fut. mid. ind. . . . . . . .ἔρχομαι
    ἀπολέσει 3 p. sing. fut. act. ind. . . . . . . .ἀπόλλυμι
    δώσει 3 p. sing. fut. act. ind. . . . . δίδωμι
    ἀκούσαντες 1 aor. act. ptc. nom. pl. masc. . . . . ἀκούω
    εἶπαν 3 p. pl. 2 aor. act. ind. . . . . .λέγω
    γένοιτο 3 p. sing. 2 aor. mid. opt. . . . . . . .γίνομαι
17 ἐμβλέψας 1 aor. act. ptc. nom. sing. masc. . . . ἐμβλέπω
    γεγραμμένον pres. pass. ptc. nom. and acc. s. neut. γράφω
    ἀπεδοκίμασαν 3 p. pl. 1 aor. act. ind. . . . ἀποδοκιμάζω
    οἰκοδομοῦντες pres. act. ptc. nom. pl. masc. . . οἰκοδομέω
    ἐγενήθη 3 p. sing. 1 aor. pass. ind. . . . . . . γίνομαι
18 πεσών 2 aor. act. ptc. nom. sing. masc. . . . . . . πίπτω
    συνθλασθήσεται 3 p. sing. fut. pass. ind. . . . .συνθλάω
    πέσῃ 3 p. sing. 2 aor. act. subj. . . . . πίπτω
    λικμήσει 3 p. sing. fut. act. ind. . . . . λικμάω
19 ἐζήτησαν 3 p. pl. 1 aor. act. ind. . . . . ζητέω
    ἐπιβαλεῖν 2 aor. act. infin. . . . . .ἐπιβάλλω
    ἐφοβήθησαν 3 p. pl. 1 aor. pass. ind. . . . . . . .φοβέω
    ἔγνωσαν 3 p. pl. 2 aor. act. ind. . . . . γινώσκω
20 παρατηρήσαντες 1 aor. act. ptc. nom. pl. masc. παρατηρέω
    ἀπέστειλαν 3 p. pl. 1 aor. act. ind. . . . . . ἀποστέλλω
    ὑποκρινομένους pres. mid. ptc. acc. pl. m. . ὑποκρίνομαι
    εἶναι pres. act. infin. . . . . εἰμί
    ἐπιλάβωνται 3 p. pl. 2 aor. mid. subj. . . . ἐπιλαμβάνω
    παραδοῦναι 2 aor. act. infin. . . . . παραδίδωμι
21 ἐπηρώτησαν 3 p. pl. 1 aor. act. ind. . . . . . .ἐπερωτάω
    οἴδαμεν 1 p. pl. perf. act. ind. . . . . οἶδα
    λέγεις 2 p. sing. pres. act. ind. . . . . .λέγω
    διδάσκεις 2 p. sing. pres. act. ind. . . . . . . διδάσκω
    λαμβάνεις 2 p. sing. pres. act. ind. . . . . . . λαμβάνω
22 ἔξεστιν 3 p. sing. pres. act. ind. . . . . ἔξειμι
    δοῦναι 2 aor. act. infin. . . . . δίδωμι
23 κατανοήσας 1 aor. act. ptc. nom. sing. masc. . . κατανοέω
24 δείξατε 2 p. pl. 1 aor. act. imper. . . . . . . .δείκνυμι
    ἔχει 3 p. sing. pres. act. ind. . . . . ἔχω
25 ἀπόδοτε 2 p. pl. 2 aor. act. imper. . . . . . . ἀποδίδωμι
26 ἴσχυσαν 3 p. pl. 1 aor. act. ind. . . . . ἰσχύω
    ἐπιλαβέσθαι 2 aor. mid. infin. . . . . ἐπιλαμβάνω
    θαυμάσαντες 1 aor. act. ptc. nom. pl. masc. . . .θαυμάζω
    ἐσίγησαν 3 p. pl. 1 aor. act. ind. . . . . σιγάω

27 προσελθόντες 2 aor. act. ptc. nom. pl. masc. προσέρχομαι
    ἀντιλέγοντες pres. act. ptc. nom. pl. masc. . . . ἀντιλέγω
    εἶναι pres. act. infin. . . . . εἰμί
    ἐπηρώτησαν 3 p. pl. 1 aor. act. ind. . . . . . .ἐπερωτάω
28 λέγοντες pres. act. ptc. nom. pl. masc. . . . . . . λέγω
    ἔγραψεν 3 p. sing. 1 aor. act. ind. . . . . γράφω
    ἀποθάνῃ 3 p. sing. 2 aor. act. subj. . . . . . . ἀποθνήσκω
    ἔχων pres. act. ptc. nom. sing. masc. . . . . ἔχω
    λάβῃ 3 p. sing. 2 aor. act. subj. . . . . λαμβάνω
    ἐξαναστήσῃ 3 p. sing. 1 aor. act. subj. . . . ἐξανίστημι
29 ἦσαν 3 p. pl. imperf. act. ind. . . . . εἰμί
    λαβών 2 aor. act. ptc. nom. sing. masc. . . . . . λαμβάνω
    ἀπέθανεν 3 p. sing. 2 aor. act. ind. . . . . . ἀποθνήσκω
31 ἔλαβεν 3 p. sing. 2 aor. act. ind. . . . . .λαμβάνω
    κατέλιπον 3 p. pl. 2 aor. act. ind. . . . . . καταλείπω
    ἀπέθανον 3 p. pl. 2 aor. act. ind. . . . . . . ἀποθνήσκω
33 γίνεται 3 p. sing. pres. mid. ind. . . . . γίνομαι
    ἔσχον 1 p. sing. or 3 p. pl. 2 aor. act. ind. . . . . ἔχω
34 γαμοῦσιν 3 p. pl. pres. act. ind. . . . . .γαμέω
    γαμίσκονται 3 p. pl. pres. mid. ind. . . . . . . γαμίσκω
35 καταξιωθέντες 1 aor. pass. ptc. nom. pl. masc. .καταξιόω
    τυχεῖν 2 aor. act. infin. . . . . τυγχάνω
    γαμίζονται 3 p. pl. pres. mid. ind. . . . . γαμίζω
36 ἀποθανεῖν 2 aor. act. infin. . . . . ἀποθνήσκω
    δύνανται 3 p. pl. pres. pass. ind. . . . . δύναμαι
    εἰσιν 3 p. pl. pres. act. ind. . . . . εἰμί
    ὄντες pres. act. ptc. nom. pl. masc. . . . . .id.
37 ἐγείρονται 3 p. pl. pres. mid. ind. . . . . ἐγείρω
    ἐμήνυσεν 3 p. sing. 1 aor. act. ind. . . . . μηνύω
    λέγει 3 p. sing. pres. act. ind. . . . . λέγω
38 ζώντων pres. act. ptc. gen. pl. masc. . . . . ζάω
    ζῶσιν 3 p. pl. pres. act. ind. or subj. . . . . id.
39 ἀποκριθέντες 1 aor. pass. ptc. nom. pl. m. . ἀποκρίνομαι
    εἶπαν 3 p. pl. 2 aor. act. ind. . . . . λέγω
    εἶπας 2 p. sing. 2 aor. act. ind. . . . . id.
40 ἐτόλμων 3 p. pl. imperf. act. ind. . . . . τολμάω
    ἐπερωτᾶν pres. act. infin. . . . . .ἐπερωτάω
41 λέγουσιν 3 p. pl. pres. act. ind. . . . . λέγω
42 κάθου 2 p. sing. pres. mid. imper. . . . . .κάθημαι
43 θῶ 1 p. sing. 2 aor. act. subj. . . . . .τίθημι
44 καλεῖ 3 p. sing. pres. act. ind. . . . . .καλέω
45 ἀκούοντος pres. act. ptc. gen. sing. masc. . . . . .ἀκούω
46 προσέχετε 2 p. pl. pres. act. imper. . . . . . . .προσέχω
    θελόντων pres. act. ptc. gen. pl. masc. . . . . . . θέλω
    περιπατεῖν pres. act. infin. . . . . περιπατέω
    φιλούντων pres. act. ptc. gen. pl. masc. . . .φιλοτιμέομαι
47 κατεσθίουσιν 3 p. pl. pres. act. ind. . . . . . κατεσθίω
    προσεύχονται 3 p. pl. pres. mid. ind. . . . . προσεύχομαι
    λήμφονται 3 p. pl. fut. mid. ind. . . . . λαμβάνω

21

1 ἀναβλέψας 1 aor. act. ptc. nom. sing. masc. . . .ἀναβλέπω
    εἶδεν 3 p. sing. 2 aor. act. ind. . . . . ὁράω
    βάλλοντας pres. act. ptc. acc. pl. masc. . . . . . .βάλλω
2 βάλλουσαν pres. act. ptc. acc. sing. fem. . . . . . . id.

3 εἶπεν 3 p. sing. 2 aor. act. ind. . . . . .λέγω
   ἔβαλεν 3 p. sing. 2 aor. act. ind. . . . . .βάλλω
4 περισσεύοντος pres. act. ptc. gen. sing. neut. περισσεύω
   ἔβαλον 3 p. pl. 2 aor. act. ind. . . . . .βάλλω
   εἶχεν 3 p. sing. imperf. act. ind. . . . . .ἔχω
5 λεγόντων pres. act. ptc. gen. pl. masc. . . . . . . .λέγω
   κεκόσμηται 3 p. sing. perf. pass. ind. . . . . . κοσμέω
6 θεωρεῖτε 2 p. pl. pres. act. ind. . . . . θεωρέω
   ἐλεύσονται 3 p. pl. fut. mid. ind. . . . . ἔρχομαι
   ἀφεθήσεται 3 p. sing. fut. pass. ind. . . . . . . ἀφίημι
   καταλυθήσεται 3 p. sing. fut. pass. ind. . . . . καταλύω
7 ἐπηρώτησαν 3 p. pl. 1 aor. act. ind. . . . . . .ἐπερωτάω
   λέγοντες pres. act. ptc. nom. pl. masc. . . . . . . .λέγω
   ἔσται 3 p. sing. fut. mid. ind. . . . . .εἰμί
   μέλλῃ 3 p. sing. pres. act. subj. . . . . .μέλλω
   γίνεσθαι pres. mid. infin. . . . . .γίνομαι
8 βλέπετε 2 p. pl. pres. act. ind. or imper. . . . . βλέπω
   πλανηθῆτε 2 p. pl. 1 aor. pass. subj. . . . . . . πλανάω
   ἐλεύσονται 3 p. pl. fut. mid. ind. . . . . .ἀφίημι
   ἤγγικεν 3 p. sing. perf. act. ind. . . . . ἐγγίζω
   πορευθῆτε 2 p. pl. 1 aor. pass. subj. . . . . πορεύομαι
9 ἀκούσητε 2 p. pl. 1 aor. act. subj. . . . . .ἀκούω
   πτοηθῆτε 2 p. pl. 1 aor. pass. subj. . . . . . . .πτοέω
   δεῖ 3 p. sing. pres. act. impers. . . . . .δεῖ
   γενέσθαι 2 aor. pass. infin. . . . . γίνομαι
10 ἔλεγεν 3 p. sing. imperf. act. ind. . . . . .λέγω
   ἐγερθήσεται 3 p. sing. 1 fut. pass. ind. . . . . .ἐγείρω
11 ἔσονται 3 p. pl. fut. mid. ind. . . . . .εἰμί
   ἔσται 3 p. sing. fut. mid. ind. . . . . .id.
12 ἐπιβαλοῦσιν 3 p. pl. fut. act. ind. . . . . . . ἐπιβάλλω
   διώξουσιν 3 p. pl. fut. act. ind. . . . . .διώκω
   παραδιδόντες pres. act. ptc. nom. pl. masc. . παραδίδωμι
   ἀπαγομένους pres. pass. ptc. acc. pl. masc. . . . .ἀπάγω
13 ἀποβήσεται 3 p. sing. fut. mid. ind. . . . . . .ἀποβαίνω
14 θέτε 2 p. pl. 2 aor. act. imper. . . . . τίθημι
   προμελετᾶν pres. act. infin. . . . . προμελετάω
   ἀπολογηθῆναι 1 aor. pass. infin. . . . . . . ἀπολογέομαι
15 δώσω 1 p. sing. fut. act. ind. . . . . δίδωμι
   δυνήσονται 3 p. pl. fut. pass. ind. . . . . . . δύναμαι
   ἀντιστῆναι 2 aor. act. infin. . . . . .ἀνθίστημι
   ἀντειπεῖν 2 aor. act. infin. . . . . .ἀντιλέγω
   ἀντικείμενοι pres. pass. ptc. nom. pl. masc. ἀντίκειμαι
16 παραδοθήσεσθε 2 p. pl. fut. pass. ind. . . . παραδίδωμι
   θανατώσουσιν 3 p. pl. fut. act. ind. . . . . . .θανατόω
17 ἔσεσθε 2 p. pl. fut. mid. ind. . . . . εἰμί
   μισούμενοι pres. pass. ptc. nom. pl. masc. . . . . μισέω
18 ἀπόληται 3 p. sing. 2 aor. mid. subj. . . . . . .ἀπόλλυμι
19 κτήσεσθε 2 p. pl. fut. mid. ind. . . . . κτάομαι
20 ἴδητε 2 p. pl. 2 aor. act. subj. . . . . .ὁράω
   κυκλουμένην pres. pass. ptc. acc. sing. fem. . . .κυκλόω
   γνῶτε 2 p. pl. 2 aor. act. subj. . . . . γινώσκω
21 φευγέτωσαν 3 p. pl. pres. act. imper. . . . . . . .φεύγω
   ἐκχωρείτωσαν 3 p. pl. pres. act. imper. . . . . .ἐκχωρέω
   εἰσερχέσθωσαν 3 p. pl. pres. mid. imper. . . εἰσέρχομαι
22 εἰσιν 3 p. pl. pres. act. ind. . . . . εἰμί

πλησθῆναι 1 aor. pass. infin. . . . . πίμπλημι
γεγραμμένα perf. pass. ptc. nom. and acc. pl. neut. γράφω
23 ἐχούσαις pres. act. ptc. dat. pl. fem. . . . . ἔχω
θηλαζούσαις pres. act. ptc. dat. pl. fem. . . . . θηλάζω
ἔσται 3 p. sing. fut. mid. ind. . . . . εἰμί
24 πεσοῦνται 3 p. pl. fut. mid. ind. . . . . πίπτω
αἰχμαλωτισθήσονται 3 p. pl. 1 fut. pas. ind αἰχμαλωτίζω
πατουμένη pres. pass. ptc. nom. sing. fem. . . . . πατέω
πληρωθῶσιν 3 p. pl. 1 aor. pass. subj. . . . . . . πληρόω
25 ἔσονται 3 p. pl. fut. mid. ind. . . . . εἰμί
26 ἀποψυχόντων pres. act. ptc. gen. pl. masc. . . . ἀποψύχω
ἐπερχομένων pres. mid. ptc. gen. pl. masc. . . . ἐπέρχομαι
σαλευθήσονται 3 p. pl. fut. pass. ind. . . . . . . σαλεύω
27 ὄψονται 3 p. pl. fut. mid. ind. . . . . ὁράω
ἐρχόμενον pres. mid. ptc. acc. s. masc. and ne. . ἔρχομαι
28 ἀρχομένων pres. mid. ptc. gen. pl. masc. . . . . . . ἄρχω
γίνεσθαι pres. mid. infin. . . . . γίνομαι
ἀνακύψατε 2 p. pl. 1 aor. act. imper. . . . . . ἀνακύπτω
ἐπάρατε 2 p. pl. 1 aor. act. imper. . . . . . . ἐπαίρω
ἐγγίζει 3 p. sing. pres. act. ind. . . . . ἐγγίζω
29 εἶπεν 3 p. sing. 2 aor. act. ind. . . . . λέγω
ἴδετε 2 p. pl. 2 aor. act. imper. . . . . ὁράω
30 προβάλλωσιν 3 p. sing. 2 aor. act. subj. . . . . προβάλλω
βλέποντες pres. act. ptc. nom. pl. masc. . . . . . βλέπω
γινώσκετε 2 p. pl. pres. act. ind. or imper. . . γινώσκω
31 ἴδητε 2 p. pl. 2 aor. act. subj. . . . . ὁράω
γινόμενα pres. mid. ptc. acc. pl. neut. . . . . . γίνομαι
32 παρέλθῃ 3 p. sing. 2 aor. act. subj. . . . . . παρέρχομαι
γένηται 3 p. sing. 2 aor. mid. subj. . . . . γίνομαι
33 παρελεύσονται 3 p. pl. fut. mid. ind. . . . . παρέρχομαι
34 προσέχετε 2 p. pl. pres. act. imper. . . . . προσέχω
βαρηθῶσιν 3 p. pl. 1 aor. pass. subj. . . . . βαρέω
ἐπιστῇ 3 p. sing. 2 aor. act. subj. . . . . ἐφίστημι
35 ἐπεισελεύσεται 3 p. sing. fut. mid. ind. . . ἐπεισέρχομαι
καθημένους pres. mid. ptc. acc. pl. masc. . . . . κάθημαι
36 ἀγρυπνεῖτε 2 p. pl. pres. act. imper. . . . . . ἀγρυπνέω
δεόμενοι pres. mid. ptc. nom. pl. masc. . . . . . δέομαι
κατισχύσητε 2 p. pl. 1 aor. act. subj. . . . . κατισχύω
ἐκφυγεῖν 2 aor. act. infin. . . . . ἐκφεύγω
μέλλοντα pres. act. ptc. nom. and acc. pl. neut. . . μέλλω
σταθῆναι 1 aor. pass. infin. . . . . ἵστημι
37 ἦν 3 p. sing. imperf. act. ind. . . . . εἰμί
διδάσκων pres. act. ptc. nom. sing. masc. . . . . διδάσκω
ἐξερχόμενος pres. mid. ptc. nom. sing. masc. . ἐξέρχομαι
ηὐλίζετο 3 p. sing. imperf. mid. ind. . . . . . αὐλίζομαι
καλούμενον pres. pass. ptc. acc. sing. masc. . . . καλέω
38 ὤρθριζεν 3 p. sing. imperf. act. ind. . . . . . . ὀρθρίζω
ἀκούειν pres. act. infin. . . . . ἀκούω

22

1 ἤγγιζεν 3 p. sing. imperf. act. ind. . . . . . . ἐγγίζω
λεγομένη pres. pass. ptc. nom. sing. fem. . . . . . λέγω
2 ἐζήτουν 3 p. pl. imperf. act. ind. . . . . ζητέω
ἀνέλωσιν 3 p. pl. 2 aor. act. subj. . . . . ἀναιρέω
ἐφοβοῦντο 3 p. pl. imperf. mid. ind. . . . . φοβέω

3 εἰσῆλθεν 3 p. sing. 2 aor. act. ind. . . . . . εἰσέρχομαι
  καλούμενον pres. pass. ptc. acc. sing. masc. . . . καλέω
  ὄντα pres. act. ptc. acc. sing. masc. . . . . εἰμί
4 ἀπελθών 2 aor. act. ptc. nom. sing. masc. . . . ἀπέρχομαι
  συνελάλησεν 3 p. sing. 1 aor. act. ind. . . . . . συλλαλέω
  παραδῷ 3 p. sing. 2 aor. act. subj. . . . . . . παραδίδωμι
5 ἐχάρησαν 3 p. pl. 2 aor. pass. ind. . . . . χαίρω
  συνέθεντο 3 p. pl. 2 aor. mid. ind. . . . . . .συντίθημι
  δοῦναι 2 aor. act. infin. . . . . δίδωμι
6 ἐξωμολόγησεν 3 p. sing. 1 aor. act. ind. . . . ἐξομολογέω
  ἐζήτει 3 p. sing. imperf. act. ind. . . . . ζητέω
  παραδοῦναι 2 aor. act. infin. . . . . παραδίδωμι
7 ἦλθεν 3 p. sing. 2 aor. act. ind. . . . . ἔρχομαι
  ἔδει 3 p. sing. imperf. act. impers. . . . . δεῖ
  θύεσθαι pres. pass. infin. . . . . .θύω
8 ἀπέστειλεν 3 p. sing. 1 aor. act. ind. . . . . . ἀποστέλλω
  εἰπών 2 aor. act. ptc. nom. sing. masc. . . . . . . εἶπον
  πορευθέντες 1 aor. act. ptc. nom. pl. masc. . . πορεύομαι
  ἑτοιμάσατε 2 p. pl. 1 aor. act. imper. . . . . .ἑτοιμάζω
  φάγωμεν 1 p. pl. 2 aor. act. subj. . . . . ἐσθίω
9 εἶπαν 3 p. pl. 2 aor. act. ind. . . . . .λέγω
  θέλεις 2 p. sing. pres. act. ind. . . . . .θέλω
  ἑτοιμάσωμεν 1 p. pl. 1 aor. act. subj. . . . . .ἑτοιμάζω
10 εἰσελθόντων 2 aor. act. ptc. gen. pl. masc. . .εἰσέρχομαι
  συναντήσει 3 p. sing. fut. act. ind. . . . . . .συναντάω
  βαστάζων pres. act. ptc. nom. sing. masc. . . . .βαστάζω
  ἀκολουθήσατε 2 p. pl. 1 aor. act. imper. . . . ἀκολουθέω
  εἰσπορεύεται 3 p. sing. pres. mid. ind. . . εἰσπορεύομαι
11 ἐρεῖτε 2 p. pl. fut. act. ind. . . . . λέγω
  λέγει 3 p. sing. pres. act. ind. . . . . id.
  φάγω 1 p. sing. 2 aor. act. subj. . . . . ἐσθίω
12 δείξει 3 p. sing. fut. act. ind. . . . . δείκνυμι
  ἐστρωμένον perf. pass. ptc. acc. sing. neut. . .στρηνιάω
  ἑτοιμάσατε 2 p. pl. 1 aor. act. imper. . . . . .ἑτοιμάζω
13 ἀπελθόντες 2 aor. act. ptc. nom. pl. masc. . . ἀπέρχομαι
  εὗρον 3 p. pl. 2 aor. act. ind. . . . . εὑρίσκω
  εἰρήκει 3 p. sing. plupf. act. ind. . . . . εἶπον
  ἡτοίμασαν 3 p. pl. 1 aor. act. ind. . . . . . . ἑτοιμάζω
14 ἐγένετο 3 p. sing. 2 aor. mid. ind. . . . . . . .γίνομαι
  ἀνέπεσεν 3 p. sing. 2 aor. act. ind. . . . . . . ἀναπίπτω
15 ἐπεθύμησα 1 p. sing. 1 aor. act. ind. . . . . . .ἐπιθυμέω
  φαγεῖν 2 aor. act. infin. . . . . ἐσθίω
  παθεῖν 2 aor. act. infin. . . . . πάσχω
16 πληρωθῇ 3 p. sing. 1 aor. pass. subj. . . . . . . .πληρόω
17 δεξάμενος 1 aor. mid. ptc. nom. sing. masc. . . .δέχομαι
  εὐχαριστήσας 1 aor. act. ptc. nom. sing. m. . εὐχαριστέω
  λάβετε 2 p. pl. 2 aor. act. imper. . . . . .λαμβάνω
  διαμερίσατε 2 p. pl. 1 aor. act. imper. . . . .διαμερίζω
  εἶπεν 3 p. sing. 2 aor. act. ind. . . . . λέγω
18 πίω 1 p. sing. 2 aor. act. subj. . . . . πίνω
  ἔλθῃ 3 p. sing. 2 aor. act. subj. . . . . ἔρχομαι
19 λαβών 2 aor. act. ptc. nom. sing. masc. . . . . . λαμβάνω
  ἔκλασεν 3 p. sing. 1 aor. act. ind. . . . . .κλάω
  ἔδωκεν 3 p. sing. 1 aor. act. ind. . . . . δίδωμι
  λέγων pres. act. ptc. nom. sing. masc. . . . . λέγω

διδόμενον pres. pass. ptc. nom. sing. neut. . . . δίδωμι
ποιεῖτε 2 p. pl. pres. act. ind. and imper. . . . . . ποιέω
20 ἐκχυννόμενον pres. pass. ptc. nom. sing. neut. . . . ἐκχέω
δειπνῆσαι 1 aor. act. infin. . . . . δειπνέω
21 παραδιδόντος pres. act. ptc. gen. sing. m. . . παραδίδωμι
22 ὡρισμένον perf. pass. ptc. acc. sing. neut. . . . . ὁρίζω
πορεύεται 3 p. sing. pres. mid. ind. . . . . . . πορεύομαι
παραδίδοται 3 p. sing. pres. pass. ind. . . . παραδίδωμι
23 ἤρξαντο 3 p. pl. 1 aor. mid. ind. . . . . ἄρχω
συζητεῖν pres. act. infin. . . . . συζητέω
εἴη 3 p. sing. pres. act. opt. . . . . εἰμί
μέλλων pres. act. ptc. nom. sing. masc. . . . . . . μέλλω
πράσσειν pres. act. infin. . . . . τράσσω
24 ἐγένετο 3 p. sing. 2 aor. mid. ind. . . . . γίνομαι
δοκεῖ 3 p. sing. pres. act. ind. . . . . δοκέω
εἶναι pres. act. infin. . . . . εἰμί
25 κυριεύουσιν 3 p. pl. pres. act. ind. . . . . . κυριεύω
ἐξουσιάζοντες pres. act. ptc. nom. pl. masc. . ἐξουσιάζω
καλοῦνται 3 p. pl. pres. pass. ind. . . . . καλέω
26 γινέσθω 3 p. sing. pres. mid. imper. . . . . γίνομαι
ἡγούμενος pres. mid. ptc. nom. sing. masc. . . . ἡγέομαι
διακονῶν pres. act. ptc. nom. sing. masc. . . . διακονέω
27 ἀνακείμενος pres. mid. ptc. nom. sing. masc. . ἀνάκειμαι
28 ἐστε 2 p. pl. pres. act. ind. . . . . εἰμί
διαμεμενηκότες perf. act. ptc. nom. pl. masc. . . διαμένω
29 διατίθεμαι 1 p. sing. pres. mid. ind. . . . . . διατίθημι
διέθετο 3 p. sing. 2 aor. mid. ind. . . . . id.
30 ἔσθητε 2 p. pl. pres. act. subj. . . . . ἔσθω
πίνητε 2 p. pl. pres. act. subj. . . . . πίνω
καθήσεσθε 2 p. pl. fut. mid. ind. . . . . κάθημαι
κρίνοντες pres. act. ptc. nom. pl. masc. . . . . . κρίνω
31 ἐξῃτήσατο 3 p. sing. 1 aor. mid. ind. . . . . . . ἐξαιτέω
σινιάσαι 1 aor. act. infin. . . . . σινιάζω
32 ἐδεήθην 1 p. sing. 1 aor. pass. ind. . . . . δέομαι
ἐκλίπῃ 3 p. sing. 2 aor. act. subj. . . . . ἐκλείπω
ἐπιστρέψας 1 aor. act. ptc. nom. sing. masc. . ἐπιστρέφω
33 εἶπεν 3 p. sing. 2 aor. act. ind. . . . . λέγω
πορεύεσθαι pres. mid. infin. . . . . πορεύομαι
34 φωνήσει 3 p. sing. fut. act. ind. . . . . φωνέω
ἀπαρνήσῃ 2 p. sing. fut. mid. ind. . . . . . ἀπαρνέομαι
εἰδέναι perf. act. infin. . . . . οἶδα
35 ἀπέστειλα 1 p. sing. 1 aor. act. ind. . . . . . ἀποστέλλω
ὑστερήσατε 2 p. pl. 1 aor. act. ind. . . . . . . ὑστερέω
36 ἔχων pres. act. ptc. nom. sing. masc. . . . . ἔχω
ἀράτω 3 p. sing. 1 aor. act. imper. . . . . αἴρω
πωλησάτω 3 p. sing. 1 aor. act. imper. . . . . . . πωλέω
ἀγορασάτω 3 p. sing. 1 aor. act. imper. . . . . .ἀγοράζω
37 γεγραμμένον perf. pass. ptc. nom. or acc. s. neut. γράφω
δεῖ 3 p. sing. pres. act. impers. . . . . δεῖ
τελεσθῆναι 1 aor. pass. infin. . . . . τελέω
ἐλογίσθη 3 p. sing. 1 aor. pass. ind. . . . . . λογίζομαι
ἔχει 3 p. sing. pres. act. ind. . . . . ἔχω
38 εἶπαν 3 p. pl. 2 aor. act. ind. . . . . λέγω
39 ἐξελθών 2 aor. act. ptc. nom. sing. masc. . . . . ἐξέρχομαι
ἐπορεύθη 3 p. sing. 1 aor. pass. ind. . . . . . . πορεύομαι

ἠκολούθησαν 3 p. pl. 1 aor. act. ind. . . . . .ἀκολουθέω
40 γενόμενος 2 aor. mid. ptc. nom. sing. masc. . . .γίνομαι
προσεύχεσθε 2 p. pl. pres. mid. imper. . . . προσεύχομαι
εἰσελθεῖν 2 aor. act. infin. . . . . .εἰσέρχομαι
41 ἀπεσπάσθη 3 p. sing. 1 aor. pass. ind. . . . . . ἀποσπάω
θείς 2 aor. act. ptc. nom. sing. masc. . . . . . . τίθημι
προσηύχετο 3 p. sing. imperf. mid. ind. . . . προσεύχομαι
42 λέγων pres. act. ptc. nom. sing. masc. . . . . λέγω
βούλει 2 p. sing. pres. act. ind. Att. . . . . . .βούλομαι
παρένεγκε 2 p. sing. 2 aor. act. imper. . . . . . παραφέρω
γινέσθω 3 p. sing. pres. mid. imper. . . . . . . γίνομαι
43 ὤφθη 3 p. sing. 1 aor. pass. ind. . . . . .ὁράω
ἐνισχύων pres. act. ptc. nom. sing. masc. . . . . .ἐνισχύω
44 ἐγένετο 3 p. sing. 2 aor. mid. ind. . . . . .γίνομαι
καταβαίνοντες pres. act. ptc. nom. pl. masc. . καταβαίνω
45 ἀναστάς 2 aor. act. ptc. nom. sing. masc. . . . .ἀνίστημι
ἐλθών 2 aor. act. ptc. nom. sing. masc. . . . . . . ἔρχομαι
εὗρεν 3 p. sing. 2 aor. act. ind. . . . . εὑρίσκω
κοιμωμένους pres. pass. ptc. acc. pl. masc. . . . κοιμάω
46 καθεύδετε 2 p. pl. pres. act. ind. and imper. . .καθεύδω
ἀναστάντες 2 aor. act. ptc. nom. pl. masc. . . ἀνίστημι
εἰσέλθητε 2 p. pl. 2 aor. act. subj. . . . . εἰσέρχομαι
47 λαλοῦντος pres. act. ptc. gen. sing. masc. . . . . λαλέω
λεγόμενος pres. pass. ptc. nom. sing. masc. . . . . λέγω
προήρχετο 3 p. sing. imperf. mid. ind. . . . προέρχομαι
ἤγγισεν 3 p. sing. 1 aor. act. ind. . . . . .ἐγγίζω
φιλῆσαι 1 aor. act. infin. . . . . .φιλέω
48 εἶπεν 3 p. sing. 2 aor. act. ind. . . . . .λέγω
παραδίδως 2 p. sing. pres. act. ind. . . . . . παραδίδωμι
49 ἰδόντες 2 aor. act. ptc. nom. pl. masc. . . . . . . .ὁράω
ἐσόμενον fut. mid. ptc. acc. sing. neut. . . . . . .εἰμί
πατάξομεν 1 p. pl. fut. act. ind. . . . . πατάσσω
50 ἐπάταξεν 3 p. sing. 1 aor. act. ind. . . . . id.
ἀφεῖλεν 3 p. sing. 2 aor. act. ind. . . . . . . ἀφαιρέω
51 ἀποκριθείς 1 aor. pass. ptc. nom. s. masc. .ἀποκρίνομαι
ἐᾶτε 2 p. pl. pres. act. imper. . . . . .ἐάω
ἁψάμενος 1 aor. mid. ptc. nom. sing. masc. . . . . . ἅπτω
ἰάσατο 3 p. sing. 1 aor. mid. ind. . . . . ἰάομαι
52 παραγενομένους 2 aor. mid. ptc. acc. pl. m. παραγίνομαι
ἐξήλθατε 2 p. pl. 1 aor. mid. ind. . . . . . .ἐξέρχομαι
53 ὄντος pres. act. ptc. gen. sing. masc. . . . . . . .εἰμί
ἐξετείνατε 2 p. pl. 1 aor. act. ind. . . . . . .ἐκτείνω
54 συλλαβόντες 2 aor. act. ptc. nom. pl. masc. . συλλαμβάνω
ἤγαγον 3 p. pl. 2 aor. act. ind. . . . . .ἄγω
εἰσήγαγον 3 p. pl. 2 aor. act. ind. . . . . . . εἰσάγω
ἠκολούθει 3 p. sing. imperf. act. ind. . . . . ἀκολουθέω
55 περιαψάντων 1 aor. act. ptc. gen. pl. masc. . . περιάπτω
συγκαθισάντων 1 aor. act. ptc. gen. pl. masc. συγκαθίζω
ἐκάθητο 3 p. sing. imperf. mid. ind. . . . . . . .κάθημαι
56 ἰδοῦσα 2 aor. act. ptc. nom. sing. fem. . . . . . . .ὁράω
καθήμενον pres. mid. ptc. acc. sing. masc. . . . κάθημαι
ἀτενίσασα 1 aor. act. ptc. nom. sing. fem. . . . ἀτενίζω
ἦν 3 p. sing. imperf. act. ind. . . . . .εἰμί
57 ἠρνήσατο 3 p. sing. 1 aor. mid. ind. . . . . . . .ἀρνέομαι
οἶδα 1 p. sing. perf. act. ind. . . . . .οἶδα

58 ἰδών 2 aor. act. ptc. nom. sing. masc. . . . . ὁράω
   ἔφη 3 p. sing. 2 aor. act. ind. . . . . φημί
   εἶ 2 p. sing. pres. act. ind. . . . . εἰμί
59 διαστάσης 2 aor. act. ptc. gen. sing. fem. . . . διΐστημι
   διϊσχυρίζετο 3 p. s. imperf. mid. ind. . . διϊσχυρίζομαι
   λέγων pres. act. ptc. nom. sing. masc. . . . . λέγω
60 λέγεις 2 p. sing. pres. act. ind. . . . . id.
   λαλοῦντος pres. act. ptc. gen. sing. masc. . . . . . λαλέω
   ἐφώνησεν 3 p. sing. 1 aor. act. ind. . . . . φωνέω
61 στραφείς 2 aor. pass. ptc. nom. sing. masc. . . . στρέφω
   ἐνέβλεψεν 3 p. sing. 1 aor. act. ind. . . . . . .ἐμβλέπω
   ὑπεμνήσθη 3 p. sing. 1 aor. act. ind. . . . ὑπομιμνήσκω
   φωνῆσαι 1 aor. act. infin. . . . . φωνέω
   ἀπαρνήσῃ 2 p. sing. fut. mid. ind. . . . . . . ἀπαρνέομαι
62 ἐξελθών 2 aor. act. ptc. nom. sing. masc. . . . ἐξέρχομαι
   ἔκλαυσεν 3 p. sing. 1 aor. act. ind. . . . . .κλαίω
63 συνέχοντες pres. act. ptc. nom. pl. masc. . . . . . συνέχω
   ἐνέπαιζον 3 p. pl. imperf. act. ind. . . . . ἐμπαίζω
   δέροντες pres. act. ptc. nom. pl. masc. . . . . δέρω
64 περικαλύψαντες 1 aor. act. ptc. nom. pl. m. περικαλύπτω
   ἐπηρώτων 3 p. pl. imperf. act. ind. . . . . . . .ἐπερωτάω
   λέγοντες pres. act. ptc. nom. pl. masc. . . . . λέγω
   προφήτευσον 2 p. sing. 1 aor. act. imper. . . προφητεύω
   ἐστιν 3 p. sing. pres. act. ind. . . . . εἰμί
   παίσας 1 aor. act. ptc. nom. sing. masc. . . . . . . παίω
65 βλασφημοῦντες pres. act. ptc. nom. pl. masc. . βλασφημέω
   ἔλεγον 3 p. pl. imperf. act. ind. . . . . λέγω
66 ἐγένετο 3 p. sing. 2 aor. mid. ind. . . . . γίνομαι
   συνήχθη 3 p. sing. 1 aor. pass. ind. . . . . συνάγω
   ἀπήγαγον 3 p. pl. 2 aor. act. ind. . . . . .ἀπάγω
67 εἰπόν 2 p. sing. 2 aor. act. imper. . . . . .λέγω
   εἶπεν 3 p. sing. 2 aor. act. ind. . . . . id.
   εἴπω 1 p. sing. 2 aor. act. subj. . . . . id.
   πιστεύσητε 2 p. pl. 1 aor. act. subj. . . . . . .πιστεύω
68 ἐρωτήσω 1 p. s. fut. act. ind. or 1 aor. act. subj.ἐρωτάω
   ἀποκριθῆτε 2 p. pl. 1 aor. pass. subj. . . ἀποκρίνομαι
69 ἔσται 3 p. sing. fut. mid. ind. . . . . εἰμί
   καθήμενος pres. mid. ptc. nom. sing. masc. . . . .κάθημαι
70 ἔφη 3 p. sing. 2 aor. act. ind. . . . . .φημι
   λέγετε 2 p. pl. pres. act. ind. or imper. . . . . . λέγω
71 ἔχομεν 1 p. pl. pres. act. ind. . . . . .ἔχω
   ἠκούσαμεν 1 p. pl. 1 aor. act. ind. . . . . .ἀκούω

23

1 ἀναστάν 2 aor. act. ptc. nom. sing. neut. . . . ἀνίστημι
   ἤγαγον 3 p. pl. 2 aor. act. ind. . . . . .ἄγω
2 ἤρξαντο 3 p. pl. 1 aor. mid. ind. . . . . .ἄρχω
   κατηγορεῖν pres. act. infin. . . . . .κατηγορέω
   λέγοντες pres. act. ptc. nom. pl. masc. . . . . . . λέγω
   εὕραμεν 1 p. pl. 2 aor. act. ind. . . . . εὑρίσκω
   διαστρέφοντα pres. act. ptc. acc. sing. masc. διαστρέφω
   κωλύοντα pres. act. ptc. acc. sing. masc. . . . . . κωλύω
   διδόναι pres. act. infin. . . . . .δίδωμι
   λέγοντα pres. act. ptc. acc. sing. masc. . . . . . . λέγω
   εἶναι pres. act. infin. . . . . εἰμί

3 ἠρώτησεν 3 p. sing. 1 aor. act. ind. . . . . ἐρωτάω
λέγων pres. act. ptc. nom. sing. masc. . . . . λέγω
εἶ 2 p. sing. pres. act. ind. . . . . εἰμί
ἀποκριθείς 1 aor. pass. ptc. nom. s. masc. . ἀποκρίνομαι
ἔφη 3 p. sing. 2 aor. act. ind. . . . . φημί
λέγεις 2 p. sing. pres. act. ind. . . . . λέγω
4 εἶπεν 3 p. sing. 2 aor. act. ind. . . . . id.
εὑρίσκω 1 p. sing. pres. act. ind. . . . . εὑρίσκω
5 ἐπίσχυον 3 p. pl. imperf. act. ind. . . . . ἐπισχύω
λέγοντες pres. act. ptc. nom. pl. masc. . . . . λέγω
ἀνασείει 3 p. sing. pres. act. ind. . . . . ἀνασείω
διδάσκων pres. act. ptc. nom. sing. masc. . . . . . διδάσκω
ἀρξάμενος 1 aor. mid. ptc. nom. sing. masc. . . . . . ἄρχω
6 ἀκούσας 1 aor. act. ptc. nom. sing. masc. . . . . . . ἀκούω
ἐπηρώτησεν 3 p. sing. 1 aor. act. ind. . . . . . ἐπερωτάω
7 ἐπιγνούς 2 aor. act. ptc. nom. sing. masc. . . . ἐπιγινώσκω
ἀνέπεμψεν 3 p. sing. 1 aor. act. ind. . . . . . . ἀναπέμπω
ὄντα pres. act. ptc. acc. sing. masc. . . . . εἰμί
8 ἰδών 2 aor. act. ptc. nom. sing. masc. . . . . ὁράω
ἐχάρη 3 p. sing. 2 aor. pass. ind. . . . . χαίρω
ἦν 3 p. sing. imperf. act. ind. . . . . εἰμί
θέλων pres. act. ptc. nom. sing. masc. . . . . θέλω
ἰδεῖν 2 aor. act. infin. . . . . ὁράω
ἀκούειν pres. act. infin. . . . . ἀκούω
ἤλπιζεν 3 p. sing. imperf. act. ind. . . . . ἐλπίζω
γινόμενον pres. mid. ptc. acc. sing. masc. . . . γίνομαι
9 ἐπηρώτα 3 p. sing. imperf. act. ind. . . . . . . ἐπερωτάω
ἀπεκρίνατο 3 p. sing. 1 aor. mid. ind. . . . ἀποκρίνομαι
10 εἱστήκεισαν 3 p. pl. plupf. act. ind. . . . . . . ἵστημι
κατηγοροῦντες pres. act. ptc. nom. pl. masc. . κατηγορέω
11 ἐξουθενήσας 1 aor. act. ptc. nom. sing. masc. .ἐξουθενέω
ἐμπαίξας 1 aor. act. ptc. nom. sing. masc. . . . ἐμπαίζω
περιβαλών 2 aor. act. ptc. nom. sing. masc. . . περιβάλλω
ἀνέπεμψεν 3 p. sing. 1 aor. act. ind. . . . . . . ἀναπέμπω
12 ἐγένοντο 3 p. pl. 2 aor. mid. ind. . . . . γίνομαι
προυπῆρχον 3 p. pl. imperf. act. ind. . . . . . προυπάρχω
ὄντες pres. act. ptc. nom. pl. masc. . . . . εἰμί
13 συγκαλεσάμενος 1 aor. mid. ptc. nom. s. masc. . συγκαλέω
14 προσηνέγκατε 2 p. pl. 1 aor. act. ind. . . . . . προσφέρω
ἀποστρέφοντα pres. act. ptc. acc. sing. masc. ἀποστρέφω
ἀνακρίνας 1 aor. act. ptc. nom. sing. masc. . . ἀνακρίνω
εὗρον 1 p. sing. 2 aor. act. ind. . . . . εὑρίσκω
κατηγορεῖτε 2 p. pl. pres. act. ind. . . . . . κατηγορέω
15 ἀνέπεμψεν 3 p. sing. 1 aor. act. ind. . . . . . ἀναπέμπω
πεπραγμένον perf. pass. ptc. nom. sing. neut. . . πράσσω
16 παιδεύσας 1 aor. act. ptc. nom. sing. masc. . . . παιδεύω
ἀπολύσω 1 p. sing. fut. act. ind. . . . . ἀπολύω
18 ἀνέκραγον 3 p. pl. 2 aor. act. ind. . . . . ἀνακράζω
αἶρε 2 p. sing. pres. act. imper. . . . . αἴρω
ἀπόλυσον 2 p. sing. 1 aor. act. imper. . . . . . .ἀπολύω
19 γενομένην 2 aor. mid. ptc. acc. sing. fem. . . . γίνομαι
βληθείς 1 aor. pass. ptc. nom. sing. masc. . . . . . βάλλω
20 προσεφώνησεν 3 p. sing. 1 aor. act. ind. . . . . προσφωνέω
θέλων pres. act. ptc. nom. sing. masc. . . . . θέλω
ἀπολῦσαι 1 aor. act. infin. . . . . .ἀπολύω

21 ἐπεφώνουν 3 p. pl. imperf. act. ind. . . . . . .ἐπιφωνέω
   λέγοντες pres. act. ptc. nom. pl. masc. . . . . . . λέγω
22 εἶπεν 3 p. sing. 2 aor. act. ind. . . . . id.
   ἐποίησεν 3 p. sing. 1 aor. act. ind. . . . . ποιέω
   εὗρον 1 p. sing. 2 aor. act. ind. . . . . εὑρίσκω
   παιδεύσας 1 aor. act. ptc. nom. sing. masc. . . . παιδεύω
   ἀπολύσω 1 p. sing. fut. act. ind. . . . . .ἀπολύω
23 ἐπέκειντο 3 p. pl. imperf. mid. ind. . . . . .ἐπίκειμαι
   αἰτούμενοι pres. mid. ptc. nom. pl. masc. . . . .αἰτέω
   σταυρωθῆναι 1 aor. pass. infin. . . . . .σταυρόω
   κατίσχυον 3 p. pl. imperf. act. ind. . . . . . .κατισχύω
24 ἐπέκρινεν 3 p. sing. 1 aor. act. ind. . . . . . ἐπικρίνω
   γενέσθαι 2 aor. pass. infin. . . . . .γίνομαι
25 ἀπέλυσεν 3 p. sing. 1 aor. act. ind. . . . . ἀπολύω
   βεβλημένον perf. pass. ptc. acc. sing. masc. . . . βάλλω
   ᾐτοῦντο 3 p. pl. imperf. mid. ind. . . . . .αἰτέω
   παρέδωκεν 3 p. sing. 1 aor. act. ind. . . . . παραδίδωμι
26 ἀπήγαγον 3 p. pl. 2 aor. act. ind. . . . . ἀπάγω
   ἐπιλαβόμενοι 2 aor. mid. ptc. nom. pl. masc. ἐπιλαμβάνω
   ἐρχόμενον pres. mid. ptc. acc. sing. masc. and n. ἔρχομαι
   ἐπέθηκαν 3 p. pl. 1 aor. act. ind. . . . . . . ἐπιτίθημι
   φέρειν pres. act. infin. . . . . φέρω
27 ἠκολούθει 3 p. sing. imperf. act. ind. . . . .ἀκολουθέω
   ἐκόπτοντο 3 p. pl. imperf. mid. ind. . . . . κόπτω
   ἐθρήνουν 3 p. pl. imperf. act. ind. . . . . Θρηνέω
28 στραφείς 2 aor. pass. ptc. nom. sing. masc. . . . στρέφω
   κλαίετε 2 p. pl. pres. act. imper. and ind. . . . . κλαίω
29 ἔρχονται 3 p. pl. pres. mid. ind. . . . . ἔρχομαι
   ἐροῦσιν 3 p. pl. fut. act. ind. . . . . .λέγω
   ἐγέννησαν 3 p. pl. 1 aor. act. ind. . . . . γεννάω
   ἔθρεψαν 3 p. pl. 1 aor. act. ind. . . . . .τρέφω
30 ἄρξονται 3 p. pl. fut. mid. ind. . . . . .ἄρχω
   λέγειν pres. act. infin. . . . . λέγω
   πέσατε 2 p. pl. 1 aor. act. imper. . . . . .πίπτω
   καλύψατε 2 p. pl. 1 aor. act. imper. . . . . . . καλύπτω
31 ποιοῦσιν 3 p. pl. pres. act. ind. . . . . ποιέω
   γένηται 3 p. sing. 2 aor. mid. subj. . . . . . . .γίνομαι
32 ἤγοντο 3 p. pl. imperf. pass. ind. . . . . .ἄγω
   ἀναιρεθῆναι 1 aor. pass. infin. . . . . .ἀναιρέω
33 ἦλθον 3 p. pl. 2 aor. act. ind. . . . . .ἔρχομαι
   καλούμενον pres. pass. ptc. acc. sing. masc. . . . καλέω
   ἐσταύρωσαν 3 p. pl. 1 aor. act. ind. . . . . . . .σταυρόω
34 ἔλεγεν 3 p. sing. imperf. act. ind. . . . . .λέγω
   ἄφες 2 p. sing. 2 aor. act. imper. . . . . .ἀφίημι
   οἴδασιν 3 p. pl. perf. act. ind. . . . . .οἶδα
   διαμεριζόμενοι pres. mid. ptc. nom. pl. masc. δαιμερίζω
   ἔβαλον 3 p. pl. 2 aor. act. ind. . . . . .βάλλω
35 εἱστήκει 3 p. sing. plupf. act. ind. . . . . . . .ἵστημι
   θεωρῶν pres. act. ptc. nom. sing. masc. . . . . . .θεωρέω
   ἐξεμυκτήριζον 3 p. pl. imperf. act. ind. . . .ἐκμυκτηρίζω
   ἔσωσεν 3 p. sing. 1 aor. act. ind. . . . . σῴζω
   σωσάτω 3 p. sing. 1 aor. act. imper. . . . . id.
36 ἐνέπαιξαν 3 p. pl. 1 aor. act. ind. . . . . . . .ἐμπαίζω
   προσερχόμενοι pres. mid. ptc. nom. pl. m. . προσέρχομαι
   προσφέροντες pres. act. ptc. nom. pl. masc. . . . προσφέρω

37 σῶσον 2 p. sing. 1 aor. act. imper. . . . . σώζω
   λέγοντες pres. act. ptc. nom. pl. masc. . . . . . . λέγω
39 κρεμασθέντων 1 aor. pass. ptc. gen. pl. m. . . κρεμάννυμι
   ἐβλασφήμει 3 p. sing. imperf. act. ind. . . . . βλασφημέω
40 ἀποκριθείς 1 aor. pass. ptc. nom. sing. m. . ἀποκρίνομαι
   ἐπιτιμῶν pres. act. ptc. nom. sing. masc. . . . ἐπιτιμάω
   ἔφη 3 p. sing. 2 aor. act. ind. . . . . φημί
   φοβῇ 2 p. sing. pres. mid. ind. . . . . φοβέω
41 ἐπράξαμεν 1 p. pl. 1 aor. act. ind. . . . . πράσσω
   ἀπολαμβάνομεν 1 p. pl. pres. act. ind. . . . ἀπολαμβάνω
   ἔπραξεν 3 p. sing. 1 aor. act. ind. . . . . . . πράσσω
42 ἔλεγεν 3 p. sing. imperf. act. ind. . . . . λέγω
   μνήσθητι 2 p. sing. 1 aor. pass. imper. . . . . μιμνήσκω
   ἔλθῃς 2 p. sing. 2 aor. act. subj. . . . . ἔρχομαι
43 εἶπέν 3 p. sing. 2 aor. act. ind. . . . . λέγω
   ἔσῃ 2 p. sing. fut. mid. ind. . . . . εἰμί
44 ἐγένετο 3 p. sing. 2 aor. mid. ind. . . . . γίνομαι
45 ἐκλιπόντος 1 aor. act. ptc. gen. sing. masc. . . ἐκλείπω
   ἐσχίσθη 3 p. sing. 1 aor. pass. ind. . . . . σχίζω
46 φωνήσας 1 aor. act. ptc. nom. sing. masc. . . . . . . φωνέω
   παρατίθεμαι 1 p. sing. pres. mid. ind. . . . παρατίθημι
   εἰπών 2 aor. act. ptc. nom. sing. masc. . . . . . . εἶπον
   ἐξέπνευσεν 3 p. sing. 1 aor. act. ind. . . . . . . ἐκπνέω
47 ἰδών 2 aor. act. ptc. nom. sing. masc. . . . . ὁράω
   γενόμενον 2 aor. mid. ptc. acc. sing. m. and ne. γίνομαι
   ἐδόξαζεν 3 p. sing. imperf. act. ind. . . . . δοξάζω
   λέγων pres. act. ptc. nom. sing. masc. . . . . λέγω
   ἦν 3 p. sing. imperf. act. ind. . . . . εἰμί
48 συμπαραγενόμενοι 2 aor. m. ptc. n. pl. m.συμπαραγίνομαι
   θεωρήσαντες 1 aor. act. ptc. nom. pl. masc. . . . θεωρέω
   γενόμενα 2 aor. mid. ptc. acc. pl. neut. . . . . . γίνομαι
   τύπτοντες pres. act. ptc. nom. pl. masc. . . . . . τύπτω
   ὑπέστρεφον 3 p. pl. imperf. act. ind. . . . . ὑποστρέφω
49 εἱστήκεισαν 3 p. pl. plupf. act. ind. . . . . . . ἵστημι
   συνακολουθοῦσαι pres. act. ptc. no. pl. f. συνακολουθέω
   ὁρῶσαι pres. act. ptc. nom. pl. fem. . . . . ὁράω
50 ὑπάρχων pres. act. ptc. nom. sing. masc. . . . . . ὑπάρχω
51 συγκατατεθειμένος pf. pass. ptc. no. s. m.συγκατατίθημι
   προσεδέχετο 3 p. sing. imperf. mid. ind. . . προσδέχομαι
52 προσελθών 2 aor. act. ptc. nom. sing. masc. . προσέρχομαι
   ᾐτήσατο 3 p. sing. 1 aor. mid. ind. . . . . . . αἰτέω
53 καθελών 2 aor. act. ptc. nom. sing. masc. . . . καθαιρέω
   ἐνετύλιξεν 3 p. sing. 1 aor. act. ind. . . . . ἐντυλίσσω
   ἔθηκεν 3 p. sing. 1 aor. act. ind. . . . . τίθημι
   ἦν 3 p. sing. imperf. act. ind. . . . . εἰμί
   κείμενος pres. mid. ptc. nom. sing. masc. . . . . κεῖμαι
54 ἐπέφωσκεν 3 p. sing. imperf. act. ind. . . . . ἐπιφώσκω
55 κατακολουθήσασαι 1 aor. act. ptc. n. pl. f.κατακολουθέω
   ἦσαν 3 p. pl. imperf. act. ind. . . . . εἰμί
   συνεληλυθυῖαι perf. act. ptc. nom. pl. fem. . συνέρχομαι
   ἐθεάσαντο 3 p. pl. 1 aor. mid. ind. . . . . . . θεάομαι
   ἐτέθη 3 p. sing. 1 aor. pass. ind. . . . . τίθημι
56 ὑποστρέψασαι 1 aor. act. ptc. nom. pl. fem. . ὑποστρέφω
   ἡτοίμασαν 3 p. pl. 1 aor. act. ind. . . . . . . ἑτοιμάζω
   ἡσύχασαν 3 p. pl. 1 aor. act. ind. . . . . ἡσυχάζω

24

1 ἦλθον 3 p. pl. 2 aor. act. ind. . . . . .ἔρχομαι
  φέρουσαι pres. act. ptc. nom. pl. fem. . . . . . . .φέρω
2 εὗρον 3 p. pl. 2 aor. act. ind. . . . . .εὑρίσκω
  ἀποκεκυλισμένον perf. pass. ptc. acc. s. masc. ἀποκυλίω
3 εἰσελθοῦσαι 2 aor. act. ptc. nom. pl. fem. . εἰσέρχομαι
4 ἐγένετο 3 p. sing. 2 aor. mid. ind. . . . . . .γίνομαι
  ἀπορεῖσθαι pres. mid. infin. . . . . .ἀπορέω
  ἐπέστησαν 3 p. pl. 2 aor. act. ind. . . . . . ἐφίστημι
  ἀστραπτούσῃ pres. act. ptc. dat. sing. fem. . . ἀστράπτω
5 γενομένων 2 aor. mid. ptc. gen. pl. masc. . . .γίνομαι
  κλινουσῶν pres. act. ptc. gen. pl. fem. . . . . .κλίνω
  εἶπαν 3 p. pl. 2 aor. act. ind. . . . . λέγω
  ζητεῖτε 2 p. pl. pres. act. ind. or imper. . . . . .ζητέω
  ζῶντα pres. act. ptc. acc. sing. masc. . . . . ζάω
6 ἔστιν 3 p. sing. pres. act. ind. . . . . εἰμί
  ἠγέρθη 3 p. sing. 1 aor. pass. ind. . . . . . . .ἐγείρω
  ἐλάλησεν 3 p. sing. 1 aor. act. ind. . . . . . . λαλέω
  ὢν pres. act. ptc. nom. sing. masc. . . . . . . .εἰμί
  μνήσθητε 2 p. pl. 1 aor. pass. imper. . . . . . μιμνήσκω
7 λέγων pres. act. ptc. nom. sing. masc. . . . . λέγω
  δεῖ 3 p. sing. pres. impers. . . . . .δεῖ
  παραδοθῆναι 1 aor. pass. infin. . . . . παραδίδωμι
  σταυρωθῆναι 1 aor. pass. infin. . . . . .σταυρόω
  ἀναστῆναι 2 aor. act. infin. . . . . .ἀνίστημι
8 ἐμνήσθησαν 3 p. pl. 1 aor. pass. ind. . . . . . μιμνήσκω
9 ὑποστρέψασαι 1 aor. act. ptc. nom. pl. fem. . ὑποστρέφω
  ἀπήγγειλαν 3 p. pl. 1 aor. act. ind. . . . . . ἀπαγγέλλω
10 ἦσαν 3 p. pl. imperf. act. ind. . . . . .εἰμί
  ἔλεγον 3 p. pl. imperf. act. ind. . . . . .λέγω
11 ἐφάνησαν 3 p. pl. 2 aor. pass. ind. . . . . . . .φαίνω
  ἠπίστουν 3 p. pl. imperf. act. ind. . . . . . . .ἀπιστέω
12 ἀναστάς 2 aor. act. ptc. nom. sing. masc. . . . ἀνίστημι
  ἔδραμεν 3 p. sing. 2 aor. act. ind. . . . . τρέχω
  παρακύψας 1 aor. act. ptc. nom. sing. masc. . παρακύπτω
  βλέπει 3 p. sing. pres. act. ind. . . . . βλέπω
  κείμενα pres. mid. ptc. acc. pl. neut. . . . . . . κεῖμαι
  ἀπῆλθεν 3 p. sing. 2 aor. act. ind. . . . . . . ἀπέρχομαι
13 πορευόμενοι pres. mid. ptc. nom. pl. masc. . . πορεύομαι
  ἀπέχουσαν pres. act. ptc. acc. sing. fem. . . . . .ἀπέχω
14 ὡμίλουν 3 p. pl. imperf. act. ind. . . . . . . .ὁμιλέω
  συμβεβηκότων perf. act. ptc. gen. pl. neut. . . συμβαίνω
15 ὁμιλεῖν pres. act. infin. . . . . .ὁμιλέω
  συζητεῖν pres. act. infin. . . . . .συζητέω
  ἐγγίσας 1 aor. act. ptc. nom. sing. masc. . . . . ἐγγίζω
  συνεπορεύετο 3 p. sing. imperf. mid. ind. .συμπορεύομαι
16 ἐκρατοῦντο 3 p. pl. imperf. pass. ind. . . . . . .κρατέω
  ἐπιγνῶναι 2 aor. act. infin. . . . . .ἐπιγινώσκω
17 εἶπεν 3 p. sing. 2 aor. act. ind. . . . . λέγω
  ἀντιβάλλετε 2 p. pl. pres. act. ind. . . . . . ἀντιβάλλω
  περιπατοῦντες pres. act. ptc. nom. pl. masc. . περιπατέω
  ἐστάθησαν 3 p. pl. 1 aor. pass. ind. . . . . . . ἵστημι
18 ἀποκριθείς 1 aor. pass. ptc. nom. s. masc. .ἀποκρίνομαι
  ἔγνως 2 p. sing. 2 aor. act. ind. . . . . .γινώσκω
  γενόμενα 2 aor. mid. ptc. acc. pl. neut. . . . . .γίνομαι

19 εἶπαν 3 p. pl. 2 aor. act. ind. . . . . λέγω
   ἐγένετο 3 p. sing. 2 aor. mid. ind. . . . . γίνομαι
20 παρέδωκαν 3 p. pl. 1 aor. act. ind. . . . . . παραδίδωμι
   ἐσταύρωσαν 3 p. pl. 1 aor. act. ind. . . . . . . σταυρόω
21 ἠλπίζομεν 1 p. pl. imperf. act. ind. . . . . ἐλπίζω
   μέλλων pres. act. ptc. nom. sing. masc. . . . . . . μέλλω
   λυτροῦσθαι pres. mid. infin. . . . . λυτρόω
   ἄγει 3 p. sing. pres. act. ind. . . . . ἄγω
22 ἐξέστησαν 3 p. pl. 2 aor. mid. ind. . . . . ἐξίστημι
   γενόμεναι 2 aor. mid. ptc. nom. pl. fem. . . . . γίνομαι
23 εὑροῦσαι 2 aor. act. ptc. nom. pl. fem. . . . . . εὑρίσκω
   ἦλθον 3 p. pl. 2 aor. act. ind. . . . . ἔρχομαι
   λέγουσαι pres. act. ptc. nom. pl. fem. . . . . λέγω
   ἑωρακέναι perf. act. infin. Att. . . . . ὁράω
   λέγουσιν 3 p. pl. pres. act. ind. . . . . λέγω
   ζῆν pres. act. infin. . . . . ζάω
24 ἀπῆλθον 3 p. pl. 2 aor. act. ind. . . . . ἀπέρχομαι
   εὗρον 3 p. pl. 2 aor. act. ind. . . . . εὑρίσκω
   εἶπον 3 p. pl. 2 aor. act. ind. . . . . λέγω
   εἶδον 3 p. pl. 2 aor. act. ind. . . . . ὁράω
25 πιστεύειν pres. act. infin. . . . . πιστεύω
   ἐλάλησαν 3 p. pl. 1 aor. act. ind. . . . . λαλέω
26 ἔδει 3 p. sing. imperf. act. impers. . . . . δεῖ
   παθεῖν 2 aor. act. infin. . . . . πάσχω
   εἰσελθεῖν 2 aor. act. infin. . . . . .εἰσέρχομαι
27 ἀρξάμενος 1 aor. mid. ptc. nom. sing. masc. . . . . ἄρχω
   διηρμήνευσεν 3 p. sing. 1 aor. act. ind. . . .διερμηνεύω
28 ἤγγισαν 3 p. pl. 1 aor. act. ind. . . . . .ἐγγίζω
   ἐπορεύοντο 3 p. pl. imperf. mid. ind. . . . . .πορεύομαι
   προσεποιήσατο 3 p. sing. 1 aor. mid. ind. . . .προσποιέω
   πορεύεσθαι pres. mid. infin. . . . . .πορεύομαι
29 παρεβιάσαντο 3 p. pl. 1 aor. mid. ind. . . παραβιάζομαι
   λέγοντες pres. act. ptc. nom. pl. masc. . . . . λέγω
   μεῖνον 2 p. sing. 1 aor. act. imper. . . . . μένω
   κέκλικεν 3 p. sing. perf. act. ind. . . . . κλίνω
   εἰσῆλθεν 3 p. sing. 2 aor. act. ind. . . . . . εἰσέρχομαι
   μεῖναι 1 aor. act. infin. . . . . μένω
30 κατακλιθῆναι 1 aor. pass. infin. . . . . .κατακλίνω
   λαβών 2 aor. act. ptc. nom. sing. masc. . . . . . λαμβάνω
   εὐλόγησεν 3 p. sing. 1 aor. act. ind. . . . . . . εὐλογέω
   κλάσας 1 aor. act. ptc. nom. sing. masc. . . . . . . κλάω
   ἐπεδίδου 3 p. sing. imperf. act. ind. . . . . . ἐπιδίδωμι
31 διηνοίχθησαν 3 p. pl. 1 aor. pass. ind. . . . . διανοίγω
   ἐπέγνωσαν 3 p. pl. 2 aor. act. ind. . . . . . ἐπιγινώσκω
32 καιομένη pres. pass. ptc. nom. sing. fem. . . . . . . καίω
   ἦν 3 p. sing. imperf. act. ind. . . . . εἰμί
   ἐλάλει 3 p. sing. imperf. act. ind. . . . . λαλέω
33 ἀναστάντες 2 aor. act. ptc. nom. pl. masc. . . ἀνίστημι
   ὑπέστρεφαν 3 p. pl. 1 aor. act. ind. . . . . . ὑποστρέφω
   ἠθροισμένους perf. pass. ptc. acc. pl. masc. . . ἀθροίζω
34 λέγοντας pres. act. ptc. acc. pl. masc. . . . . . . .λέγω
   ἠγέρθη 3 p. sing. 1 aor. pass. ind. . . . . ἐγείρω
   ὤφθη 3 p. sing. 1 aor. pass. ind. . . . . .ὁράω
35 ἐξηγοῦντο 3 p. pl. imperf. mid. ind. . . . . . . ἐξηγέομαι
   ἐγνώσθη 3 p. sing. 2 aor. act. ind. . . . . γινώσκω

36 λαλούντων pres. act. ptc. gen. pl. masc. . . . . . . λαλέω
   ἔστη 3 p. sing. 2 aor. act. ind. . . . . ἵστημι
37 πτοηθέντες 1 aor. pass. ptc. nom. pl. masc. . . . . πτοέω
   γενόμενοι 2 aor. mid. ptc. nom. pl. masc. . . . . γίνομαι
   ἐδόκουν 3 p. pl. imperf. act. ind. . . . . δοκέω
   θεωρεῖν pres. act. infin. . . . . θεωρέω
38 εἶπεν 3 p. sing. 2 aor. act. ind. . . . . λέγω
   τεταραγμένοι perf. pass. ptc. nom. pl. masc. . . ταράσσω
   ἐστέ 2 p. pl. pres. act. ind. . . . . εἰμί
   ἀναβαίνουσιν 3 p. pl. pres. act. ind. . . . . . ἀναβαίνω
39 ψηλαφήσατε 2 p. pl. 1 aor. act. imper. . . . . . ψηλαφάω
   ἴδετε 2 p. pl. 2 aor. act. imper. . . . . ὁράω
   ἔχει 3 p. sing. pres. act. ind. . . . . ἔχω
   θεωρεῖτε 2 p. pl. pres. act. ind. . . . . θεωρέω
   ἔχοντα pres. act. ptc. acc. sing. masc. . . . . ἔχω
41 ἀπιστούντων pres. act. ptc. gen. pl. masc. . . . ἀπιστέω
   θαυμαζόντων pres. act. ptc. gen. pl. masc. . . . θαυμάζω
   ἔχετε 2 p. pl. pres. act. ind. . . . . ἔχω
42 ἐπέδωκαν 3 p. pl. 1 aor. act. ind. . . . . . . ἐπιδίδωμι
43 λαβών 2 aor. act. ptc. nom. sing. masc. . . . . . λαμβάνω
   ἔφαγεν 3 p. sing. 2 aor. act. ind. . . . . ἐσθίω
44 ἐλάλησα 1 p. sing. 1 aor. act. ind. . . . . λαλέω
   ὤν pres. act. ptc. nom. sing. masc. . . . . εἰμί
   δεῖ 3 p. sing. pres. act. impers. . . . . δεῖ
   πληρωθῆναι 1 aor. pass. infin. . . . . πληρόω
   γεγραμμένα perf. pass. ptc. nom. and acc. pl. neut. γράφω
45 διήνοιξεν 3 p. sing. 1 aor. act. ind. . . . . . διανοίγω
   συνιέναι pres. act. infin. . . . . συνίημι
46 γέγραπται 3 p. sing. perf. pass. ind. . . . . γράφω
   παθεῖν 2 aor. act. infin. . . . . πάσχω
   ἀναστῆναι 2 aor. act. infin. . . . . ἀνίστημι
47 κηρυχθῆναι 1 aor. pass. infin. . . . . κηρύσσω
   ἀρξάμενοι 1 aor. mid. ptc. nom. pl. masc. . . . . ἄρχω
49 ἐξαποστέλλω 1 p. sing. pres. act. ind. . . . ἐξαποστέλλω
   ἐνδύσησθε 2 p. pl. 1 aor. mid. subj. . . . . ἐνδύω
50 ἐξήγαγεν 3 p. sing. 2 aor. act. ind. . . . . ἐξάγω
   ἐπάρας 1 aor. act. ptc. nom. sing. masc. . . . . . ἐπαίρω
   εὐλόγησεν 3 p. sing. 1 aor. act. ind. . . . . . . εὐλογέω
51 ἐγένετο 3 p. sing. 2 aor. mid. ind. . . . . γίνομαι
   εὐλογεῖν pres. act. infin. . . . . εὐλογέω
   διέστη 3 p. sing. 2 aor. act. ind. . . . . διΐστημι
52 ὑπέστρεφαν 3 p. pl. 1 aor. act. ind. . . . . . . ὑποστρέφω
53 ἦσαν 3 p. pl. imperf. act. ind. . . . . εἰμί
   εὐλογοῦντες pres. act. ptc. nom. pl. masc. . . . εὐλογέω

1

1 ἦν 3 p. sing. imperf. act. ind. . . . . εἰμί
3 ἐγένετο 3 p. sing. 2 aor. mid. ind. . . . . γίνομαι
  γέγονεν 3 p. sing. 2 perf. act. ind. . . . . id.
5 φαίνει 3 p. sing. pres. act. ind. . . . . φαίνω
  κατέλαβεν 3 p. sing. 2 aor. act. ind. . . . καταλαμβάνω
6 ἀπεσταλμένος perf. pass. ptc. nom. sing. masc. ἀποστέλλω
7 ἦλθεν 3 p. sing. 2 aor. act. ind. . . . . ἔρχομαι
  μαρτυρήσῃ 3 p. sing. 1 aor. act. subj. . . . . . μαρτυρέω
  πιστεύσωσιν 3 p. pl. 1 aor. act. subj. . . . . . πιστεύω
9 φωτίζει 3 p. sing. pres. act. ind. . . . . φωτίζω
  ἐρχόμενον pres. mid. ptc. acc. sing. masc. . . . ἔρχομαι
10 ἔγνω 3 p. sing. 2 aor. act. ind. . . . . γινώσκω
11 παρέλαβον 3 p. pl. 2 aor. act. ind. . . . . παραλαμβάνω
12 ἔλαβον 3 p. pl. 2 aor. act. ind. . . . . λαμβάνω
  ἔδωκεν 3 p. sing. 1 aor. act. ind. . . . . δίδωμι
  γενέσθαι 2 aor. mid. infin. . . . . γίνομαι
  πιστεύουσιν pres. act. ptc. dat. pl. masc. . . . πιστεύω
13 ἐγεννήθησαν 3 p. pl. 1 aor. pass. ind. . . . . . . γεννάω
14 ἐσκήνωσεν 3 p. sing. 1 aor. act. ind. . . . . . . σκηνόω
  ἐθεασάμεθα 1 p. pl. 1 aor. mid. ind. . . . . θεάομαι
15 μαρτυρεῖ 3 p. sing. pres. act. ind. . . . . μαρτυρέω
  κέκραγεν 3 p. sing. 2 perf. act. ind. . . . . κράζω
  λέγων pres. act. ptc. nom. sing. masc. . . . . λέγω
  εἶπον 1 p. sing. 2 aor. act. ind. . . . . .id.
  ἐρχόμενος pres. mid. ptc. nom. sing. masc. . . . .ἔρχομαι
16 ἐλάβομεν 1 p. pl. 2 aor. act. ind. . . . . .λαμβάνω
17 ἐδόθη 3 p. sing. 1 aor. pass. ind. . . . . δίδωμι
18 ἑώρακεν 3 p. sing. perf. act. ind. . . . . δράω
  ὤν pres. act. ptc. nom. sing. masc. . . . . εἰμί
  ἐξηγήσατο 3 p. sing. 1 aor. mid. ind. . . . . .ἐξηγέομαι
19 ἐστιν 3 p. sing. pres. act. ind. . . . . εἰμί
  ἀπέστειλαν 3 p. pl. 1 aor. act. ind. . . . . .ἀποστέλλω
  ἐρωτήσωσιν 3 p. pl. 1 aor. act. subj. . . . . . . ἐρωτάω
20 ὡμολόγησεν 3 p. sing. 1 aor. act. ind. . . . . .ὁμολογέω
  ἠρνήσατο 3 p. sing. 1 aor. mid. ind. . . . . . .ἀρνέομαι
21 ἠρώτησαν 3 p. pl. 1 aor. act. ind. . . . . . . .ἐρωτάω
  εἶ 2 p. sing. pres. act. ind. . . . . εἰμί
  λέγει 3 p. sing. pres. act. ind. . . . . λέγω
  ἀπεκρίθη 3 p. sing. 1 aor. pass. ind. . . . ἀποκρίνομαι
22 εἶπαν 3 p. pl. 2 aor. act. ind. . . . . λέγω
  δῶμεν 1 p. pl. 2 aor. act. subj. . . . . .δίδωμι
  πέμψασιν 1 aor. act. ptc. dat. pl. masc. . . . . . πέμπω
  λέγεις 2 p. sing. pres. act. ind. . . . . .λέγω
23 ἔφη 3 p. sing. 2 aor. act. ind. . . . . .φημί
  βοῶντος pres. act. ptc. gen. sing. masc. . . . . . . βοάω
  εὐθύνατε 2 p. pl. 1 aor. act. imper. . . . . εὐθύνω
  εἶπεν 3 p. sing. 2 aor. act. ind. . . . . λέγω
24 ἀπεσταλμένοι perf. pass. ptc. nom. pl. masc. . .ἀποστέλλω
  ἦσαν 3 p. pl. imperf. act. ind. . . . . εἰμί
25 βαπτίζεις 2 p. sing. pres. act. ind. . . . . . . βαπτίζω
26 στήκει 3 p. sing. pres. act. ind. . . . . στήκω
  οἴδατε 2 p. pl. 2 perf. act. ind. . . . . .οἶδα

27 ἐρχόμενος pres. mid. ptc. nom. sing. masc. . . . ἔρχομαι
    λύσω 1 p. s. 1 aor. act. subj. or fut. act. ind. . . . λύω
28 ἐγένετο 3 p. sing. 2 aor. mid. ind. . . . . γίνομαι
    ἦν 3 p. sing. imperf. act. ind. . . . . εἰμί
    βαπτίζων pres. act. ptc. nom. sing. masc. . . . . βαπτίζω
29 βλέπει 3 p. sing. pres. act. ind. . . . . βλέπω
    ἐρχόμενον pres. mid. ptc. acc. sing. masc. . . . . ἔρχομαι
    λέγει 3 p. sing. pres. act. ind. . . . . λέγω
    αἴρων pres. act. ptc. nom. sing. masc. . . . . αἴρω
30 εἶπον 1 p. sing. 2 aor. act. ind. . . . . λέγω
    ἔρχεται 3 p. sing. pres. mid. ind. . . . . ἔρχομαι
    γέγονεν 3 p. sing. 2 perf. act. ind. . . . . γίνομαι
31 ᾔδειν 1 p. sing. plupf. act. ind. . . . . οἶδα
    φανερωθῇ 3 p. sing. 1 aor. pass. subj. . . . . . . φανερόω
    ἦλθον 1 p. sing. 2 aor. act. ind. . . . . ἔρχομαι
    βαπτίζων pres. act. ptc. nom. sing. masc. . . . . βαπτίζω
32 ἐμαρτύρησεν 3 p. sing. 1 aor. act. ind. . . . . μαρτυρέω
    λέγων pres. act. ptc. nom. sing. masc. . . . . λέγω
    τεθέαμαι 1 p. sing. perf. mid. ind. . . . . θεάομαι
    καταβαῖνον pres. act. ptc. nom. or acc. s. ne. καταβαίνω
    ἔμεινεν 3 p. sing. 1 aor. act. ind. . . . . μένω
33 πέμψας 1 aor. act. ptc. nom. sing. masc. . . . . . . πέμπω
    βαπτίζειν pres. act. infin. . . . . βαπτίζω
    εἶπεν 3 p. sing. 2 aor. act. ind. . . . . λέγω
    ἴδῃς 2 p. sing. 2 aor. act. subj. . . . . ὁράω
    μένον pres. act. ptc. nom. or acc. sing. neut. . . . μένω
34 ἑώρακα 1 p. sing. perf. act. ind. . . . . ὁράω
    μεμαρτύρηκα 1 p. sing. perf. act. ind. . . . . . μαρτυρέω
35 εἱστήκει 3 p. sing. plupf. act. ind. . . . . ἵστημι
36 ἐμβλέψας 1 aor. act. ptc. nom. sing. masc. . . . ἐμβλέπω
    περιπατοῦντι pres. act. ptc. dat. sing. masc. περιπατέω
    ἴδε 2 p. sing. 2 aor. act. imper. . . . . ὁράω
37 ἤκουσαν 3 p. pl. 1 aor. act. ind. . . . . ἀκούω
    λαλοῦντος pres. act. ptc. gen. sing. masc. . . . . λαλέω
    ἠκολούθησαν 3 p. pl. 1 aor. act. ind. . . . . ἀκολουθέω
38 στραφείς 2 aor. pass. ptc. nom. sing. masc. . . . στρέφω
    θεασάμενος 1 aor. mid. ptc. nom. sing. masc. . . θεάομαι
    ἀκολουθοῦντας pres. act. ptc. acc. pl. masc. . ἀκολουθέω
    ζητεῖτε 2 p. pl. pres. act. ind. . . . . ζητέω
    εἶπαν 3 p. pl. 2 aor. act. ind. . . . . λέγω
    λέγεται 3 p. sing. pres. pass. ind. . . . . id.
    μεθερμηνευόμενον pres. pass. ptc. nom. s. n. μεθερμηνεύω
    μένεις 2 p. sing. pres. act. ind. . . . . μένω
39 ἔρχεσθε 2 p. pl. pres. mid. imper. . . . . ἔρχομαι
    ὄψεσθε 2 p. pl. fut. mid. ind. . . . . ὁράω
    ἦλθαν 3 p. pl. 2 aor. act. ind. . . . . ἔρχομαι
    εἶδαν 3 p. pl. 2 aor. act. ind. . . . . ὁράω
    μένει 3 p. sing. pres. act. ind. . . . . μένω
    ἔμειναν 3 p. pl. 1 aor. act. ind. . . . . id.
40 ἀκουσάντων 1 aor. act. ptc. gen. pl. masc. . . . . ἀκούω
    ἀκολουθησάντων 1 aor. act. ptc. gen. pl. masc. ἀκολουθέω
41 εὑρίσκει 3 p. sing. pres. act. ind. . . . . εὑρίσκω
    εὑρήκαμεν 1 p. pl. perf. act. ind. . . . . id.
    ἐστιν 3 p. sing. pres. act. ind. . . . . εἰμί
42 ἤγαγεν 3 p. sing. 2 aor. act. ind. . . . . ἄγω

ἐμβλέψας 1 aor. act. ptc. nom. sing. masc. . . . . ἐμβλέπω
εἶπεν 3 p. sing. 2 aor. act. ind. . . . . λέγω
εἶ 2 p. sing. pres. act. ind. . . . . εἰμί
κληθήσῃ 2 p. sing. 1 fut. pass. ind. . . . . καλέω
ἑρμηνεύεται 3 p. sing. pres. pass. ind. . . . . . ἑρμηνεύω
43 ἠθέλησεν 3 p. sing. 1 aor. act. ind. . . . . ἐθέλω
ἐξελθεῖν 2 aor. act. infin. . . . . .ἐξέρχομαι
εὑρίσκει 3 p. sing. pres. act. ind. . . . . εὑρίσκω
λέγει 3 p. sing. pres. act. ind. . . . . λέγω
ἀκολούθει 2 p. sing. pres. act. imper. . . . . ἀκολουθέω
44 ἦν 3 p. sing. imperf. act. ind. . . . . εἰμί
45 ἔγραψεν 3 p. sing. 1 aor. act. ind. . . . . γράφω
εὑρήκαμεν 1 p. pl. perf. act. ind. . . . . εὑρίσκω
46 δύναται 3 p. sing. pres. pass. ind. . . . . δύναμαι
εἶναι pres. act. infin. . . . . εἰμί
ἔρχου 2 p. sing. pres. mid. imper. . . . . .ἔρχομαι
ἴδε 2 p. sing. 2 aor. act. imper. . . . . ὁράω
47 εἶδεν 3 p. sing. 2 aor. act. ind. . . . . id.
ἐρχόμενον pres. mid. ptc. acc. s. masc. or neut. ἔρχομαι
48 γινώσκεις 2 p. sing. pres. act. ind. . . . . . . γινώσκω
ἀπεκρίθη 3 p. sing. 1 aor. pass. ind. . . . . .ἀποκρίνομαι
φωνῆσαι 1 aor. act. infin. . . . . .φωνέω
ὄντα pres. act. ptc. acc. sing. masc. or neut. . . . εἰμί
εἶδον 1 p. sing. 2 aor. act. ind. . . . . ὁράω
50 εἶπον 1 p. sing. 2 aor. act. ind. . . . . λέγω
πιστεύεις 2 p. sing. pres. act. ind. . . . . . . πιστεύω
ὄψῃ 2 p. sing. fut. mid. ind. . . . . ὁράω
51 ὄψεσθε 2 p. pl. fut. mid. ind. . . . . id.
ἀνεῳγότα 2 perf. act. ptc. acc. sing. masc. . . . .ἀνοίγω
ἀναβαίνοντας pres. act. ptc. acc. pl. masc. . . ἀναβαίνω
καταβαίνοντας pres. act. ptc. acc. pl. masc. . καταβαίνω

2

1 ἐγένετο 3 p. sing. 2 aor. mid. ind. . . . . γίνομαι
ἦν 3 p. sing. imperf. act. ind. . . . . εἰμί
2 ἐκλήθη 3 p. sing. 1 aor. pass. ind. . . . . καλέω
3 ὑστερήσαντος 1 aor. act. ptc. gen. sing. masc. . ὑστερέω
λέγει 3 p. sing. pres. act. ind. . . . . λέγω
ἔχουσιν 3 p. pl. pres. act. ind. . . . . ἔχω
4 ἥκει 3 p. sing. pres. act. ind. . . . . ἥκω
5 λέγῃ 3 p. sing. pres. act. subj. . . . . λέγω
ποιήσατε 2 p. pl. 1 aor. act. imper. . . . . ποιέω
6 ἦσαν 3 p. pl. imperf. act. ind. . . . . εἰμί
κείμεναι pres. mid. ptc. nom. pl. fem. . . . . . . κεῖμαι
χωροῦσαι pres. act. ptc. nom. pl. fem. . . . . . . χωρέω
7 γεμίσατε 2 p. pl. 1 aor. act. imper. . . . . γεμίζω
ἐγέμισαν 3 p. pl. 1 aor. act. ind. . . . . id.
8 ἀντλήσατε 2 p. pl. 1 aor. act. imper. . . . . ἀντλέω
φέρετε 2 p. pl. pres. act. ind. or imper. . . . . . .φέρω
ἤνεγκαν 3 p. pl. 1 aor. act. ind. . . . . id.
9 ἐγεύσατο 3 p. sing. 1 aor. mid. ind. . . . . . .γεύομαι
γεγενημένον perf. pass. ptc. acc. sing. neut. . .γίνομαι
ᾔδει 3 p. sing. plupf. act. ind. . . . . οἶδα
ἠντληκότες perf. act. ptc. nom. pl. masc. . . . . ἀντλέω
ᾔδεισαν 3 p. pl. plupf. act. ind. . . . . οἶδα

181 Κατα Ιωαννην 2.10-3.2

φωνεῖ 3 p. sing. pres. act. ind. . . . . φωνέω
10 λέγει 3 p. sing. pres. act. ind. . . . . λέγω
τίθησιν 3 p. sing. pres. act. ind. . . . . τίθημι
μεθυσθῶσιν 3 p. pl. 1 aor. pass. subj. . . . . . . μεθύσκω
τετήρηκας 2 p. sing. perf. act. ind. . . . . τηρέω
11 ἐποίησεν 3 p. sing. 1 aor. act. ind. . . . . ποιέω
ἐφανέρωσεν 3 p. sing. 1 aor. act. ind. . . . . . . φανερόω
ἐπίστευσαν 3 p. pl. 1 aor. act. ind. . . . . . . πιστεύω
12 κατέβη 3 p. sing. 2 aor. act. ind. . . . . καταβαίνω
ἔμειναν 3 p. pl. 1 aor. act. ind. . . . . μένω
13 ἦν 3 p. sing. imperf. act. ind. . . . . εἰμί
ἀνέβη 3 p. sing. 2 aor. act. ind. . . . . .ἀναβαίνω
14 εὗρεν 3 p. sing. 2 aor. act. ind. . . . . εὑρίσκω
πωλοῦντας pres. act. ptc. acc. pl. masc. . . . . . πωλέω
καθημένους pres. mid. ptc. acc. pl. masc. . . . .κάθημαι
15 ποιήσας 1 aor. act. ptc. nom. sing. masc. . . . . . ποιέω
ἐξέβαλεν 3 p. sing. 2 aor. act. ind. . . . . . . .ἐκβάλλω
ἐξέχεεν 3 p. sing. 1 aor. act. ind. . . . . ἐκχέω
ἀνέτρεφεν 3 p. sing. 1 aor. act. ind. . . . . . . ἀνατρέφω
16 πωλοῦσιν pres. act. ptc. dat. pl. masc. . . . . . . πωλέω
εἶπεν 3 p. sing. 2 aor. act. ind. . . . . .λέγω
ἄρατε 2 p. pl. 1 aor. act. imper. . . . . .αἴρω
ποιεῖτε 2 p. pl. pres. act. ind. or imper. . . . . . ποιέω
17 ἐμνήσθησαν 3 p. pl. 1 aor. pass. ind. . . . . . . μιμνήσκω
γεγραμμένον perf. pass. ptc. nom. or acc. s. neut. γράφω
ἐστίν 3 p. sing. pres. act. ind. . . . . εἰμί
καταφάγεταί 3 p. sing. fut. mid. ind. . . . . . . κατεσθίω
18 ἀπεκρίθησαν 3 p. pl. 1 aor. act. ind. . . . . . ἀποκρίνομαι
εἶπαν 3 p. pl. 2 aor. act. ind. . . . . .λέγω
δεικνύεις 2 p. sing. pres. act. ind. . . . . . . δείκνυμι
ποιεῖς 2 p. sing. pres. act. ind. . . . . ποιέω
19 ἀπεκρίθη 3 p. sing. 1 aor. pass. ind. . . . ἀποκρίνομαι
λύσατε 2 p. pl. 1 aor. act. imper. . . . . .λύω
ἐγερῶ 1 p. sing. fut. act. ind. . . . . .ἐγείρω
20 οἰκοδομήθη 3 p. sing. 1 aor. pass. ind. . . .οἰκοδομέω
ἐγερεῖς 2 p. sing. fut. act. ind. . . . . .ἐγείρω
21 ἔλεγεν 3 p. sing. imperf. act. ind. . . . . .λέγω
22 ἠγέρθη 3 p. sing. 1 aor. pass. ind. . . . . . . .ἐγείρω
ἐμνήσθησαν 3 p. pl. 1 aor. pass. ind. . . . . . μιμνήσκω
23 θεωροῦντες pres. act. ptc. nom. pl. masc. . . . . θεωρέω
ἐποίει 3 p. sing. imperf. act. ind. . . . . ποιέω
24 ἐπίστευεν 3 p. sing. imperf. act. ind. . . . . . πιστεύω
γινώσκειν pres. act. infin. . . . . .γινώσκω
25 εἶχεν 3 p. sing. imperf. act. ind. . . . . .ἔχω
μαρτυρήσῃ 3 p. sing. 1 aor. act. subj. . . . . . μαρτυρέω
ἐγίνωσκεν 3 p. sing. imperf. act. ind. . . . . . γινώσκω

3

2 ἦλθεν 3 p. sing. 2 aor. act. ind. . . . . ἔρχομαι
εἶπεν 3 p. sing. 2 aor. act. ind. . . . . .λέγω
ἐλήλυθας 2 p. sing. 2 perf. act. ind. . . . . . . ἔρχομαι
οἴδαμεν 1 p. pl. perf. act. ind. . . . . οἶδα
δύναται 3 p. sing. pres. pass. ind. . . . . δύναμαι
ποιεῖν pres. act. infin. . . . . ποιέω
ποιεῖς 2 p. sing. pres. act. ind. . . . . id.

ᾖ 3 p. sing. pres. act. subj. . . . . εἰμί
3 ἀπεκρίθη 3 p. sing. 1 aor. pass. ind. . . . . ἀποκρίνομαι
γεννηθῇ 3 p. sing. 1 aor. pass. subj. . . . . γεννάω
ἰδεῖν 2 aor. act. infin. . . . . ὁράω
4 λέγει 3 p. sing. pres. act. ind. . . . . λέγω
δύναται 3 p. sing. pres. pass. ind. . . . . δύναμαι
γεννηθῆναι 1 aor. pass. infin. . . . . γεννάω
ὤν pres. act. ptc. nom. sing. masc. . . . . εἰμί
εἰσελθεῖν 2 aor. act. infin. . . . . εἰσέρχομαι
6 γεγεννημένον perf. pass. ptc. no. or acc. s. ne. . γεννάω
ἐστιν 3 p. sing. pres. act. ind. . . . . εἰμί
7 εἶπον 3 p. pl. 2 aor. act. ind. . . . . λέγω
θαυμάσῃς 2 p. sing. 1 aor. act. subj. . . . . . θαυμάζω
8 θέλει 3 p. sing. pres. act. ind. . . . . θέλω
πνεῖ 3 p. sing. pres. act. ind. . . . . πνέω
ἀκούεις 2 p. sing. pres. act. ind. . . . . ἀκούω
οἶδας 2 p. sing. 2 perf. act. ind. . . . . οἶδα
ἔρχεται 3 p. sing. pres. mid. ind. . . . . ἔρχομαι
ὑπάγει 3 p. sing. pres. act. ind. . . . . ὑπάγω
γεγεννημένος perf. pass. ptc. nom. sing. masc. . . γεννάω
9 εἶπεν 3 p. sing. 2 aor. act. ind. . . . . λέγω
γενέσθαι 2 aor. pass. infin. . . . . γίνομαι
10 εἶ 2 p. sing. pres. act. ind. . . . . εἰμί
γινώσκεις 2 p. sing. pres. act. ind. . . . . . . γινώσκω
11 οἴδαμεν 1 p. pl. 2 perf. act. ind. . . . . οἶδα
λαλοῦμεν 1 p. pl. pres. act. ind. . . . . λαλέω
ἑωράκαμεν 1 p. pl. perf. act. ind. Att. . . . . . . ὁράω
μαρτυροῦμεν 1 p. pl. pres. act. ind. . . . . . . μαρτυρέω
λαμβάνετε 2 p. pl. pres. act. ind. . . . . λαμβάνω
12 πιστεύετε 2 p. pl. pres. act. ind. . . . . πιστεύω
εἴπω 1 p. sing. 2 aor. act. subj. . . . . λέγω
πιστεύσετε 2 p. pl. fut. act. ind. . . . . πιστεύω
13 ἀναβέβηκεν 3 p. sing. perf. act. ind. . . . . . ἀναβαίνω
καταβάς 2 aor. act. ptc. nom. sing. masc. . . . καταβαίνω
14 ὕψωσεν 3 p. sing. 1 aor. act. ind. . . . . ὑψόω
ὑψωθῆναι 1 aor. pass. infin. . . . . id.
15 πιστεύων pres. act. ptc. nom. sing. masc. . . . . πιστεύω
ἔχῃ 3 p. sing. pres. act. subj. . . . . ἔχω
16 ἠγάπησεν 3 p. sing. 1 aor. act. ind. . . . . . . ἀγαπάω
ἔδωκεν 3 p. sing. 1 aor. act. ind. . . . . δίδωμι
ἀπόληται 3 p. sing. 2 aor. mid. subj. . . . . . . ἀπόλλυμι
17 ἀπέστειλεν 3 p. sing. 1 aor. act. ind. . . . . ἀποστέλλω
κρίνῃ 3 p. sing. pres. act. subj. . . . . κρίνω
σωθῇ 3 p. sing. 1 aor. pass. subj. . . . . σώζω
18 κρίνεται 3 p. sing. pres. pass. ind. . . . . κρίνω
κέκριται 3 p. sing. perf. pass. ind. . . . . id.
πεπίστευκεν 3 p. sing. perf. act. ind. . . . . . πιστεύω
19 ἐλήλυθεν 3 p. sing. 2 perf. act. ind. . . . . . . ἔρχομαι
ἠγάπησαν 3 p. pl. 1 aor. act. ind. . . . . ἀγαπάω
ἦν 3 p. sing. imperf. act. ind. . . . . εἰμί
20 πράσσων pres. act. ptc. nom. sing. masc. . . . . . πράσσω
μισεῖ 3 p. sing. pres. act. ind. . . . . μισέω
ἐλεγχθῇ 3 p. sing. 1 aor. pass. subj. . . . . . . ἐλέγχω
21 ποιῶν pres. act. ptc. nom. sing. masc. . . . . . . ποιέω
φανερωθῇ 3 p. sing. 1 aor. pass. subj. . . . . . . φανερόω

εἰργασμένα perf. pass. ptc. nom. pl. neut. . . . ἐργάζομαι
22 ἦλθεν 3 p. sing. 2 aor. act. ind. . . . . ἔρχομαι
     διέτριβεν 3 p. sing. imperf. act. ind. . . . . . . διατρίβω
     ἐβάπτιζεν 3 p. sing. imperf. act. ind. . . . . . . βαπτίζω
23 ἦν 3 p. sing. imperf. act. ind. . . . . εἰμί
     βαπτίζων pres. act. ptc. nom. sing. masc. . . . . βαπτίζω
     παρεγίνοντο 3 p. pl. imperf. mid. ind. . . . παραγίνομαι
     ἐβαπτίζοντο 3 p. pl. imperf. pass. ind. . . . . . βαπτίζω
24 βεβλημένος perf. pass. ptc. nom. sing. masc. . . . βάλλω
25 ἐγένετο 3 p. sing. 2 aor. mid. ind. . . . . γίνομαι
26 ἦλθον 3 p. pl. 2 aor. act. ind. . . . . ἔρχομαι
     εἶπαν 3 p. pl. 2 aor. act. ind. . . . . λέγω
     μεμαρτύρηκας 2 p. sing. perf. act. ind. . . . . μαρτυρέω
     βαπτίζει 3 p. sing. pres. act. ind. . . . . βαπτίζω
     ἔρχονται 3 p. pl. pres. mid. ind. . . . . ἔρχομαι
27 ἀπεκρίθη 3 p. sing. 1 aor. pass. ind. . . . . ἀποκρίνομαι
     εἶπεν 3 p. sing. 2 aor. act. ind. . . . . λέγω
     δύναται 3 p. sing. pres. pass. ind. . . . . δύναμαι
     λαμβάνειν pres. act. infin. . . . . λαμβάνω
     ᾖ 3 p. sing. pres. act. subj. . . . . εἰμί
     δεδομένον perf. pass. ptc. nom. sing. neut. . . . δίδωμι
28 μαρτυρεῖτε 2 p. pl. pres. act. ind. . . . . . . μαρτυρέω
     εἶπον 1 p. sing. 2 aor. act. ind. . . . . λέγω
     ἀπεσταλμένος perf. pass. ptc. nom. sing. masc. ἀποστέλλω
29 ἔχων pres. act. ptc. nom. sing. masc. . . . . ἔχω
     ἐστιν 3 p. sing. pres. act. ind. . . . . εἰμί
     ἑστηκώς perf. act. ptc. nom. sing. masc. . . . . . ἵστημι
     ἀκούων pres. act. ptc. nom. sing. masc. . . . . . . ἀκούω
     χαίρει 3 p. sing. pres. act. ind. . . . . χαίρω
     πεπλήρωται 3 p. sing. perf. pass. ind. . . . . . . πληρόω
30 αὐξάνειν pres. act. infin. . . . . αὐξάνω
     ἐλαττοῦσθαι pres. pass. infin. . . . . ἐλαττόω
     δεῖ 3 p. sing. pres. impers. verb . . . . δεῖ
31 ἐρχόμενος pres. mid. ptc. nom. sing. masc. . . . . ἔρχομαι
     ὤν pres. act. ptc. nom. sing. masc. . . . . εἰμί
     λαλεῖ 3 p. sing. pres. act. ind. . . . . λαλέω
32 ἑώρακεν 3 p. sing. perf. act. ind. Att. . . . . δράω
     ἤκουσεν 3 p. sing. 1 aor. act. ind. . . . . ἀκούω
     μαρτυρεῖ 3 p. sing. pres. act. ind. . . . . μαρτυρέω
     λαμβάνει 3 p. sing. pres. act. ind. . . . . λαμβάνω
33 λαβών 2 aor. act. ptc. nom. sing. masc. . . . . id.
     ἐσφράγισεν 3 p. sing. 1 aor. act. ind. . . . . . σφραγίζω
34 ἀπέστειλεν 3 p. sing. 1 aor. act. ind. . . . . ἀποστέλλω
     δίδωσιν 3 p. sing. pres. act. ind. . . . . δίδωμι
35 ἀγαπᾷ 3 p. sing. pres. act. ind. . . . . ἀγαπάω
     δέδωκεν 3 p. sing. perf. act. ind. . . . . δίδωμι
36 πιστεύων pres. act. ptc. nom. sing. masc. . . . . . πιστεύω
     ἔχει 3 p. sing. pres. act. ind. . . . . ἔχω
     ἀπειθῶν pres. act. ptc. nom. sing. masc. . . . . . ἀπειθέω
     ὄψεται 3 p. sing. fut. mid. ind. . . . . δράω
     μένει 3 p. sing. pres. act. ind. . . . . μένω

4

1 ἔγνω 3 p. sing. 2 aor. act. ind. . . . . γινώσκω
     ἤκουσαν 3 p. pl. 1 aor. act. ind. . . . . ἀκούω

ποιεῖ 3 p. sing. pres. act. ind. . . . . .ποιέω
βαπτίζει 3 p. sing. pres. act. ind. . . . . βαπτίζω
2 ἐβάπτιζεν 3 p. sing. imperf. act. ind. . . . . id.
3 ἀφῆκεν 3 p. sing. 1 aor. act. ind. . . . . ἀφίημι
ἀπῆλθεν 3 p. sing. 2 aor. act. ind. . . . . . . ἀπέρχομαι
4 ἔδει 3 p. sing. imperf. act. impers . . . . δεῖ
διέρχεσθαι pres. mid. infin. . . . . διέρχομαι
5 ἔρχεται 3 p. sing. pres. mid. ind. . . . . .ἔρχομαι
λεγομένην pres. mid. ptc. acc. sing. fem. . . . . . λέγω
ἔδωκεν 3 p. sing. 1 aor. act. ind. . . . . δίδωμι
6 ἦν 3 p. sing. imperf. act. ind. . . . . .εἰμί
κεκοπιακώς perf. act. ptc. nom. sing. masc. . . . κοπιάω
ἐκαθέζετο 3 p. sing. imperf. mid. ind. . . . . . καθέζομαι
7 ἀντλῆσαι 1 aor. act. infin. . . . . .ἀντλέω
λέγει 3 p. sing. pres. act. ind. . . . . λέγω
δός 2 p. sing. 2 aor. act. imper. . . . . .δίδωμι
πεῖν pres. act. infin. . . . . πίνω
8 ἀπεληλύθεισαν 3 p. pl. plupf. act. ind. . . . ἀπέρχομαι
ἀγοράσωσιν 3 p. pl. 1 aor. act. subj. . . . . . .ἀγοράζω
9 ὤν pres. act. ptc. nom. sing. masc. . . . . .εἰμί
αἰτεῖς 2 p. sing. pres. act. ind. . . . . αἰτέω
οὔσης pres. act. ptc. gen. sing. fem. . . . . .εἰμί
συγχρῶνται 3 p. pl. pres. mid. ind. . . . . . συγχράομαι
10 ἀπεκρίθη 3 p. sing. 1 aor. pass. ind. . . . . ἀποκρίνομαι
εἶπεν 3 p. sing. 2 aor. act. ind. . . . . .λέγω
ἤδεις 2 p. sing. plupf. act. ind. . . . . .οἶδα
ἔστιν 3 p. sing. pres. act. ind. . . . . εἰμί
λέγων pres. act. ptc. nom. sing. masc. . . . . λέγω
ᾔτησας 2 p. sing. 1 aor. act. ind. . . . . .αἰτέω
ἔδωκεν 3 p. sing. 1 aor. act. ind. . . . . δίδωμι
ζῶν pres. act. ptc. nom. sing. masc. . . . . .ζάω
11 ἔχεις 2 p. sing. pres. act. ind. . . . . .ἔχω
12 εἶ 2 p. sing. pres. act. ind. . . . . .εἰμί
ἔπιεν 3 p. sing. 2 aor. act. ind. . . . . .πίνω
13 πίνων pres. act. ptc. nom. sing. masc. . . . . id.
διψήσει 3 p. sing. fut. act. ind. . . . . διψάω
14 πίῃ 3 p. sing. 2 aor. act. subj. . . . . πίνω
δώσω 1 p. sing. fut. act. ind. . . . . δίδωμι
γενήσεται 3 p. sing. fut. mid. ind. . . . . .γίνομαι
ἁλλομένου pres. mid. ptc. gen. sing. neut. . . . ἅλλομαι
15 διψῶ 1 p. sing. pres. act. subj. or ind. . . . . . .διψάω
διέρχωμαι 1 p. pl. pres. mid. subj. . . . . . διέρχομαι
ἀντλεῖν pres. act. infin. . . . . .ἀντλέω
16 ὕπαγε 2 p. sing. pres. act. imper. . . . . .ὑπάγω
φώνησον 2 p. sing. 1 aor. act. imper. . . . . φωνέω
ἐλθέ 2 p. sing. 2 aor. act. imper. . . . . .ἔρχομαι
17 εἶπες 2 p. sing. 2 aor. act. ind. . . . . .λέγω
18 ἔσχες 2 p. sing. 2 aor. act. ind. . . . . .ἔχω
εἴρηκας 2 p. sing. perf. act. ind. . . . . .εἶπον
19 θεωρῶ 1 p. sing. pres. act. ind. contr. . . . . . . .θεωρέω
20 προσεκύνησαν 3 p. pl. 1 aor. act. ind. . . . . .προσκυνέω
λέγετε 2 p. pl. pres. act. ind. . . . . λέγω
προσκυνεῖν pres. act. infin. . . . . προσκυνέω
21 πίστευε 2 p. sing. pres. act. imper. . . . . προσκυνέω
προσκυνήσετε 2 p. pl. fut. act. ind. . . . . . . προσκυνέω

22 προσκυνεῖτε 2 p. pl. pres. act. ind. . . . . . προσκυνέω
    οἴδατε 2 p. pl. perf. act. ind. . . . . οἶδα
    προσκυνοῦμεν 1 p. pl. pres. act. ind. . . . . προσκυνέω
    οἴδαμεν 1 p. pl. perf. act. ind. . . . . οἶδα
    ἐστίν 3 p. sing. pres. act. ind. . . . . εἰμί
23 ἔρχεται 3 p. sing. pres. mid. ind. . . . . ἔρχομαι
    προσκυνήσουσιν 3 p. pl. fut. act. ind. . . . . . προσκυνέω
    ζητεῖ 3 p. sing. pres. act. ind. . . . . ζητέω
    προσκυνοῦντας pres. act. ptc. acc. pl. masc. . προσκυνέω
24 προσκυνεῖν pres. act. infin. . . . . id.
    δεῖ 3 p. sing. pres. act. impers. . . . . δεῖ
25 λέγει 3 p. sing. pres. act. ind. . . . . λέγω
    οἶδα 1 p. sing. perf. act. ind. . . . . οἶδα
    λεγόμενος pres. pass. ptc. nom. sing. masc. . . . . λέγω
    ἔλθῃ 3 p. sing. 2 aor. act. subj. . . . . ἔρχομαι
    ἀναγγελεῖ 3 p. sing. fut. act. ind. . . . . . ἀναγγέλλω
26 λαλῶν pres. act. ptc. nom. sing. masc. . . . . λαλέω
27 ἦλθαν 3 p. pl. 2 aor. act. ind. . . . . ἔρχομαι
    ἐθαύμαζον 3 p. pl. imperf. act. ind. . . . . . . θαυμάζω
    ἐλάλει 3 p. sing. imperf. act. ind. . . . . λαλέω
    εἶπεν 3 p. sing. 2 aor. act. ind. . . . . λέγω
    ζητεῖς 2 p. sing. pres. act. ind. . . . . ζητέω
    λαλεῖς 2 p. sing. pres. act. ind. . . . . λαλέω
28 ἀφῆκεν 3 p. sing. 1 aor. act. ind. . . . . ἀφίημι
    ἀπῆλθεν 3 p. sing. 2 aor. act. ind. . . . . . . ἀπέρχομαι
29 ἴδετε 2 p. pl. 2 aor. act. impor. . . . . ὁράω
    ἐποίησα 1 p. sing. 1 aor. act. ind. . . . . ποιέω
30 ἐξῆλθον 3 p. pl. 2 aor. act. ind. . . . . ἐξέρχομαι
    ἤρχοντο 3 p. pl. imperf. mid. ind. . . . . ἔρχομαι
31 ἠρώτων 3 p. pl. imperf. act. ind. . . . . ἐρωτάω
    λέγοντες pres. act. ptc. nom. pl. masc. . . . . . . λέγω
    φάγε 2 p. sing. 2 aor. act. imper. . . . . ἐσθίω
32 φαγεῖν 2 aor. act. infin. . . . . id.
33 ἔλεγον 3 p. pl. imperf. act. ind. . . . . λέγω
    ἤνεγκεν 3 p. sing. 1 aor. act. ind. . . . . φέρω
34 ποιῶ 1 p. sing. pres. act. ind. or subj. . . . . . . ποιέω
    πέμψαντος 1 aor. act. ptc. gen. sing. masc. . . . . πέμπω
    τελειώσω 1 p. sing. 1 aor. act. subj. . . . . . . τελειόω
35 λέγετε 2 p. pl. pres. act. ind. . . . . λέγω
    ἰδού 2 p. sing. 2 aor. mid. imper. . . . . εἶδον
    ἐπάρατε 2 p. pl. 1 aor. act. imper. . . . . ἐπαίρω
    θεάσασθε 2 p. pl. 1 aor. mid. imper. . . . . . . θεάομαι
    εἰσιν 3 p. pl. pres. act. ind. . . . . εἰμί
36 θερίζων pres. act. ptc. nom. sing. masc. . . . . . θερίζω
    λαμβάνει 3 p. sing. pres. act. ind. . . . . λαμβάνω
    συνάγει 3 p. sing. pres. act. ind. . . . . συνάγω
    σπείρων pres. act. ptc. nom. sing. masc. . . . . . σπείρω
    χαίρῃ 3 p. sing. pres. act. subj. . . . . χαίρω
38 θερίζειν pres. act. infin. . . . . θερίζω
    ἀπέστειλα 1 p. sing. 1 aor. act. ind. . . . . . ἀποστέλλω
    κεκοπιάκασιν 3 p. pl. perf. act. ind. . . . . . . κοπιάω
    εἰσεληλύθατε 2 p. pl. 2 perf. act. ind. . . . εἰσέρχομαι
    κεκοπιάκατε 2 p. pl. perf. act. ind. . . . . . . κοπιάω
39 ἐπίστευσαν 3 p. pl. 1 aor. act. ind. . . . . πιστεύω
    ἐποίησα 1 p. sing. 1 aor. act. ind. . . . . ποιέω

40 ἦλθον 3 p. pl. 2 aor. act. ind. . . . . ἔρχομαι
   ἠρώτων 3 p. pl. imperf. act. ind. . . . . .ἐρωτάω
   μεῖναι 1 aor. act. infin. . . . . .μένω
   ἔμεινεν 3 p. sing. 1 aor. act. ind. . . . . id.
41 ἐπίστευσαν 3 p. pl. 1 aor. act. ind. . . . . . . πιστεύω
42 ἔλεγον 3 p. pl. imperf. act. ind. . . . . .λέγω
   πιστεύομεν 1 p. pl. pres. act. ind. . . . . .πιστεύω
   ἀκηκόαμεν 1 p. pl. 2 perf. act. ind. . . . . ἀκούω
   οἴδαμεν 1 p. pl. perf. act. ind. . . . . οἶδα
43 ἐξῆλθεν 3 p. sing. 2 aor. act. ind. . . . . . . ἐξέρχομαι
44 ἐμαρτύρησεν 3 p. sing. 1 aor. act. ind. . . . . μαρτυρέω
   ἔχει 3 p. sing. pres. act. ind. . . . . ἔχω
45 ἦλθεν 3 p. sing. 2 aor. act. ind. . . . . ἔρχομαι
   ἐδέξαντο 3 p. pl. 1 aor. mid. ind. . . . . δέχομαι
   ἑωρακότες perf. act. ptc. nom. pl. masc. . . . . . .ὁράω
   ἐποίησεν 3 p. sing. 1 aor. act. ind. . . . . .ποιέω
46 ἦν 3 p. sing. imperf. act. ind. . . . . .εἰμί
   ἠσθένει 3 p. sing. imperf. act. ind. . . . . . .ἀσθενέω
47 ἀκούσας 1 aor. act. ptc. nom. sing. masc. . . . . . ἀκούω
   ἥκει 3 p. sing. pres. act. ind. . . . . ἥκω
   ἀπῆλθεν 3 p. sing. 2 aor. act. ind. . . . . . .ἀπέρχομαι
   ἠρώτα 3 p. sing. imperf. act. ind. . . . . ἐρωτάω
   καταβῇ 3 p. sing. 2 aor. act. subj. . . . . . . .καταβαίνω
   ἰάσηται 3 p. sing. 1 aor. mid. subj. . . . . ἰάομαι
   ἤμελλεν 3 p. sing. imperf. act. ind. . . . . .μέλλω
   ἀποθνῄσκειν pres. act. infin. . . . . .ἀποθνῄσκω
48 εἶπεν 3 p. sing. 2 aor. act. ind. . . . . .λέγω
   ἴδητε 2 p. pl. 2 aor. act. subj. . . . . .ὁράω
   πιστεύσητε 2 p. pl. 1 aor. act. subj. . . . . . .πιστεύω
49 λέγει 3 p. sing. pres. act. ind. . . . . .λέγω
   κατάβηθι 2 p. sing. 2 aor. act. imper. . . . .καταβαίνω
   ἀποθανεῖν 2 aor. act. infin. . . . . .ἀποθνῄσκω
50 πορεύου 2 p. sing. pres. mid. imper. . . . . . .πορεύομαι
   ζῇ 3 p. sing. pres. act. ind. . . . . ζάω
   ἐπίστευσεν 3 p. sing. 1 aor. act. ind. . . . . .πιστεύω
   ἐπορεύετο 3 p. sing. imperf. mid. ind. . . . . .πορεύομαι
51 καταβαίνοντος pres. act. ptc. gen. sing. masc. καταβαίνω
   ὑπήντησαν 3 p. pl. 1 aor. act. ind. . . . . . .ὑπαντάω
   λέγοντες pres. act. ptc. nom. sing. masc. . . . . .λέγω
52 ἐπύθετο 3 p. sing. 2 aor. mid. ind. . . . . . πυνθάνομαι
   ἔσχεν 3 p. sing. 2 aor. act. ind. . . . . ἔχω
   εἶπαν 3 p. pl. 2 aor. act. ind. . . . . .λέγω
   ἀφῆκεν 3 p. sing. 1 aor. act. ind. . . . . .ἀφίημι
53 ἔγνω 3 p. sing. 2 aor. act. ind. . . . . γινώσκω
54 ἐλθών 2 aor. act. ptc. nom. sing. masc. . . . . . ἔρχομαι

5

1 ἦν 3 p. sing. imperf. act. ind. . . . . .εἰμί
  ἀνέβη 3 p. sing. 2 aor. act. ind. . . . . ἀναβαίνω
2 ἔστιν 3 p. sing. pres. act. ind. . . . . .εἰμί
  ἐπιλεγομένη pres. pass. ptc. nom. sing. fem. . . ἐπιλέγω
  ἔχουσα pres. act. ptc. nom. sing. fem. . . . . . . .ἔχω
3 κατέκειτο 3 p. sing. imperf. mid. ind. . . . .κατάκειμαι
  ἀσθενούντων pres. act. ptc. gen. pl. masc. . . . ἀσθενέω
5 ἔχων pres. act. ptc. nom. sing. masc. . . . . ἔχω

6 ἰδών 2 aor. act. ptc. nom. sing. masc. . . . . ὁράω
κατακείμενον pres. mid. ptc. acc. s. masc. . . κατάκειμαι
γνούς 2 aor. act. ptc. nom. sing. masc. . . . . . . γινώσκω
ἔχει 3 p. sing. pres. act. ind. . . . . ἔχω
λέγει 3 p. sing. pres. act. ind. . . . . λέγω
θέλεις 2 p. sing. pres. act. ind. . . . . θέλω
γένεσθαι 2 aor. mid. infin. . . . . γίνομαι
7 ἀπεκρίθη 3 p. sing. 1 aor. pass. ind. . . . ἀποκρίνομαι
ἀσθενῶν pres. act. ptc. nom. sing. masc. . . . . ἀσθενέω
ταραχθῇ 3 p. sing. 1 aor. pass. subj. . . . . . . ταράσσω
βάλῃ 3 p. sing. 2 aor. act. subj. . . . . βάλλω
ἔρχομαι 1 p. sing. pres. mid. ind. . . . . ἔρχομαι
καταβαίνει 3 p. sing. pres. act. ind. . . . . καταβαίνω
8 ἔγειρε 2 p. sing. pres. act. imper. . . . . ἐγείρω
ἆρον 2 p. sing. 1 aor. act. imper. . . . . αἴρω
περιπάτει 2 p. sing. pres. act. imper. . . . . περιπατέω
9 ἐγένετο 3 p. sing. 2 aor. mid. ind. . . . . γίνομαι
ἦρεν 3 p. sing. 1 aor. act. ind. . . . . αἴρω
περιεπάτει 3 p. sing. imperf. act. ind. . . . περιπατέω
ἦν 3 p. sing. imperf. act. ind. . . . . εἰμί
10 ἔλεγον 3 p. pl. imperf. act. ind. . . . . λέγω
τεθεραπευμένῳ perf. pass. ptc. dat. s. masc. . θεραπεύω
ἐστιν 3 p. sing. pres. act. ind. . . . . εἰμί
ἔξεστιν 3 p. sing. impers. verb . . . . ἔξεστι
ἆραι 1 aor. act. infin. . . . . αἴρω
11 ποιήσας 1 aor. act. ptc. nom. sing. masc. . . . . . ποιέω
εἶπεν 3 p. sing. 2 aor. act. ind. . . . . λέγω
12 ἠρώτησαν 3 p. pl. 1 aor. act. ind. . . . . ἐρωτάω
εἰπών 2 aor. act. ptc. nom. sing. masc. . . . . . . λέγω
13 ἰαθείς 1 aor. pass. ptc. nom. sing. masc. . . . . ἰάομαι
ᾔδει 3 p. sing. plupf. act. ind. . . . . οἶδα
ἐξένευσεν 3 p. sing. 1 aor. act. ind. . . . . . ἐκνεύω
ὄντος pres. act. ptc. gen. sing. masc. or neut. . . εἰμί
14 εὑρίσκει 3 p. sing. pres. act. ind. . . . . εὑρίσκω
γέγονας 2 p. sing. 2 perf. act. ind. . . . . γίνομαι
ἁμάρτανε 2 p. sing. pres. act. imper. . . . . . ἁμαρτάνω
γένηται 3 p. sing. 2 aor. mid. subj. . . . . γίνομαι
15 ἀπῆλθεν 3 p. sing. 2 aor. act. ind. . . . . . . ἀπέρχομαι
16 ἐδίωκον 3 p. pl. imperf. act. ind. . . . . διώκω
ἐποίει 3 p. sing. imperf. act. ind. . . . . ποιέω
17 ἀπεκρίνατο 3 p. sing. 1 aor. mid. ind. . . . ἀποκρίνομαι
ἐργάζεται 3 p. sing. pres. mid. ind. . . . . . . ἐργάζομαι
18 ἐζήτουν 3 p. pl. imperf. act. ind. . . . . ζητέω
ἀποκτεῖναι 1 aor. act. infin. . . . . ἀποκτείνω
ἔλυεν 3 p. sing. imperf. act. ind. . . . . λύω
ἔλεγεν 3 p. sing. imperf. act. ind. . . . . λέγω
ποιῶν pres. act. ptc. nom. sing. masc. . . . . ποιέω
19 δύναται 3 p. pl. pres. pass. ind. . . . . δύναμαι
ποιεῖν pres. act. infin. . . . . ποιέω
βλέπῃ 3 p. sing. pres. act. subj. . . . . βλέπω
ποιοῦντα pres. act. ptc. acc. sing. masc. . . . . ποιέω
ποιῇ 3 p. sing. pres. act. subj. . . . . id.
ποιεῖ 3 p. sing. pres. act. ind. . . . . id.
20 φιλεῖ 3 p. sing. pres. act. ind. . . . . φιλέω
δείκνυσιν 3 p. sing. pres. act. ind. . . . . . . δείκνυμι

δείξει 3 p. sing. fut. act. ind. . . . . δείκνυμι
θαυμάζητε 2 p. pl. pres. act. subj. . . . . . . .θαυμάζω
21 ἐγείρει 3 p. sing. pres. act. ind. . . . . ἐγείρω
ζωοποιεῖ 3 p. sing. pres. act. ind. . . . . . . .ζωοποιέω
θέλει 3 p. sing. pres. act. ind. . . . . θέλω
22 κρίνει 3 p. sing. pres. act. ind. . . . . κρίνω
δέδωκεν 3 p. sing. perf. act. ind. . . . . δίδωμι
23 τιμῶσι 3 p. pl. pres. act. ind. or subj. . . . . . . .τιμάω
τιμῶν pres. act. ptc. nom. sing. masc. . . . . id.
τιμᾷ 3 p. sing. pres. act. ind. . . . . id.
πέμψαντα 1 aor. act. ptc. acc. sing. masc. . . . . . .πέμπω
24 ἀκούων pres. act. ptc. nom. sing. masc. . . . . . . .ἀκούω
πιστεύων pres. act. ptc. nom. sing. masc. . . . . πιστεύω
πέμψαντι 1 aor. act. ptc. dat. sing. masc. . . . . . .πέμπω
ἔχει 3 p. sing. pres. act. ind. . . . . ἔχω
ἔρχεται 3 p. sing. pres. mid. ind. . . . . .ἔρχομαι
μεταβέβηκεν 3 p. sing. perf. act. ind. . . . . .μεταβαίνω
25 ἐστιν 3 p. sing. pres. act. ind. . . . . εἰμί
ἀκούσουσιν 3 p. pl. fut. act. ind. . . . . ἀκούω
ἀκούσαντες 1 aor. act. ptc. nom. pl. masc. . . . . . . id.
ζήσουσιν 3 p. pl. fut. act. ind. . . . . ζάω
26 ἔδωκεν 3 p. sing. 1 aor. act. ind. . . . . δίδωμι
ἔχειν pres. act. infin. . . . . ἔχω
27 ποιεῖν pres. act. infin. . . . . .ποιέω
28 θαυμάζετε 2 p. pl. pres. act. ind. or imper. . . θαυμάζω
29 ἐκπορεύσονται 3 p. pl. fut. mid. ind. . . . ἐκπορεύομαι
ποιήσαντες 1 aor. act. ptc. nom. pl. masc. . . . . ποιέω
πράξαντες 1 aor. act. ptc. nom. pl. masc. . . . . πράσσω
30 δύναμαι 1 p. sing. pres. pass. ind. . . . . δύναμαι
ζητῶ 1 p. sing. pres. act. ind. . . . . ζητέω
πέμψαντος 1 aor. act. ptc. gen. sing. masc. . . . . πέμπω
31 μαρτυρῶ 1 p. sing. pres. act. ind. or subj. . . .μαρτυρέω
32 μαρτυρῶν pres. act. ptc. nom. sing. masc. . . . . . . id.
οἶδα 1 p. sing. perf. act. ind. . . . . .οἶδα
μαρτυρεῖ 3 p. sing. pres. act. ind. . . . . .μαρτυρέω
33 ἀπεστάλκατε 2 p. pl. perf. act. ind. . . . . . . ἀποστέλλω
μεμαρτύρηκεν 3 p. sing. perf. act. ind. . . . . .μαρτυρέω
34 σωθῆτε 2 p. pl. 1 aor. pass. subj. . . . . σώζω
35 ἦν 3 p. sing. imperf. act. ind. . . . . .εἰμί
καιόμενος pres. pass. ptc. nom. sing. masc. . . . . . καίω
φαίνων pres. act. ptc. nom. sing. masc. . . . . . . φαίνω
ἠθελήσατε 2 p. pl. 1 aor. act. ind. . . . . .ἐθέλω
ἀγαλλιαθῆναι 1 aor. pass. infin. . . . . .ἀγαλλιάω
36 δέδωκεν 3 p. sing. perf. act. ind. . . . . δίδωμι
τελειώσω 1 p. sing. 1 aor. act. subj. . . . . . . τελειόω
ποιῶ 1 p. sing. pres. act. ind. or subj. . . . . . .ποιέω
μαρτυρεῖ 3 p. sing. pres. act. ind. . . . . .μαρτυρέω
ἀπέσταλκεν 3 p. sing. perf. act. ind. . . . . . ἀποστέλλω
37 πέμψας 1 aor. act. ptc. nom. sing. masc. . . . . . .πέμπω
μεμαρτύρηκεν 3 p. sing. perf. act. ind. . . . . .μαρτυρέω
ἀκηκόατε 2 p. pl. 2 perf. act. ind. Att. . . . . . .ἀκούω
ἑωράκατε 2 p. pl. perf. act. ind. Att. . . . . ὁράω
38 ἔχετε 2 p. pl. pres. act. ind. . . . . ἔχω
μένοντα pres. act. ptc. acc. sing. masc. . . . . . . μένω
ἀπέστειλεν 3 p. sing. 1 aor. act. ind. . . . . .ἀποστέλλω

πιστεύετε 2 p. pl. pres. act. ind. . . . . πιστεύω
39 ἐρευνᾶτε 2 p. pl. pres. act. imper. . . . . . . .ἐρευνάω
δοκεῖτε 2 p. pl. pres. act. imper. or ind. . . . . δοκέω
ἔχειν pres. act. infin. . . . . ἔχω
εἰσιν 3 p. pl. pres. act. ind. . . . . εἰμί
μαρτυροῦσαι pres. act. ptc. nom. pl. ſem. . . . μαρτυρέω
40 θέλετε 2 p. pl. pres. act. ind. . . . . θέλω
ἐλθεῖν 2 aor. act. infin. . . . . .ἔρχομαι
ἔχητε 2 p. pl. pres. act. subj. . . . . ἔχω
42 ἔγνωκα 1 p. sing. perf. act. ind. . . . . γινώσκω
ἔχετε 2 p. pl. pres. act. ind. . . . . ἔχω
43 ἐλήλυθα 1 p. sing. 2 perf. act. ind. . . . . . .ἔρχομαι
λαμβάνετε 2 p. pl. pres. act. ind. . . . . λαμβάνω
ἔλθῃ 3 p. sing. 2 aor. act. subj. . . . . .ἔρχομαι
λήμψεσθε 2 p. pl. fut. mid. ind. . . . . .λαμβάνω
44 δύνασθε 2 p. pl. pres. pass. ind. . . . . .δύναμαι
πιστεῦσαι 1 aor. act. infin. . . . . πιστεύω
λαμβάνοντες pres. act. ptc. nom. pl. masc. . . . λαμβάνω
ζητεῖτε 2 p. pl. pres. act. imper. . . . . ζητέω
45 δοκεῖτε 2 p. pl. pres. act. imper. or ind. . . . . δοκέω
κατηγορήσω 1 p. sing. fut. act. ind. . . . . . . κατηγορέω
ἔστιν 3 p. sing. pres. act. ind. . . . . εἰμί
κατηγορῶν pres. act. ptc. nom. sing. masc. . . κατηγορέω
ἠλπίκατο 2 p. pl. perf. act. ind. . . . . ἐλπίζω
46 ἐπιστεύετε 2 p. pl. imperf. act. ind. . . . . . .πιστεύω
ἔγραψεν 3 p. sing. 1 aor. act. ind. . . . . γράψω
47 πιστεύσετε 2 p. pl. fut. act. ind. . . . . πιστεύω

6

1 ἀπῆλθεν 3 p. sing. 2 aor. act. ind. . . . . . . ἀπέρχομαι
2 ἠκολούθει 3 p. sing. imperf. act. ind. . . . . ἀκολουθέω
ἑώρων 3 p. pl. imperf. act. ind. . . . . δράω
ἐποίει 3 p. sing. imperf. act. ind. . . . . ποιέω
ἀσθενούντων pres. act. ptc. gen. pl. masc. . . . ἀσθενέω
3 ἀνῆλθεν 3 p. sing. 2 aor. act. ind. . . . . . . ἀνέρχομαι
ἐκάθητο 3 p. sing. imperf. mid. ind. . . . . κάθημαι
4 ἦν 3 p. sing. imperf. act. ind. . . . . εἰμί
5 ἐπάρας 1 aor. act. ptc. nom. sing. masc. . . . . ἐπαίρω
θεασάμενος 1 aor. mid. ptc. nom. sing. masc. . . θεάομαι
ἔρχεται 3 p. sing. pres. mid. ind. . . . . ἔρχομαι
λέγει 3 p. sing. pres. act. ind. . . . . λέγω
ἀγοράσωμεν 1 p. pl. 1 aor. act. subj. . . . . . .ἀγοράζω
φάγωσιν 3 p. pl. 2 aor. act. subj. . . . . ἐσθίω
6 ἔλεγεν 3 p. sing. imperf. act. ind. . . . . . . .λέγω
πειράζων pres. act. ptc. nom. sing. masc. . . . πειράζω
ἤδει 3 p. sing. plupf. act. ind. . . . . οἶδα
ἔμελλεν 3 p. sing. imperf. act. ind. . . . . . . .μέλλω
ποιεῖν pres. act. infin. . . . . .ποιέω
7 ἀπεκρίθη 3 p. sing. 1 aor. pass. ind. . . . . ἀποκρίνομαι
ἀρκοῦσιν 3 p. pl. pres. act. ind. . . . . ἀρκέω
λάβῃ 3 p. sing. 2 aor. act. subj. . . . . λαμβάνω
9 ἔστιν 3 p. sing. pres. act. ind. . . . . εἰμί
ἔχει 3 p. sing. pres. act. ind. . . . . ἔχω
10 εἶπεν 3 p. sing. 2 aor. act. ind. . . . . .λέγω
ποιήσατε 2 p. pl. 1 aor. act. imper. . . . . . . .ποιέω

ἀναπεσεῖν 2 aor. act. infin. . . . . .ἀναπίπτω
ἀνέπεσαν 3 p. pl. 1 aor. act. ind. . . . . id.
11 ἔλαβεν 3 p. sing. 2 aor. act. ind. . . . . . . .λαμβάνω
εὐχαριστήσας 1 aor. act. ptc. nom. s. masc. . εὐχαριστέω
διέδωκεν 3 p. sing. 1 aor. act. ind. . . . . . .διαδίδωμι
ἀνακειμένοις pres. mid. ptc. dat. pl. masc. . .ἀνάκειμαι
ἤθελον 3 p. pl. imperf. act. ind. . . . . ἐθέλω
12 ἐνεπλήσθησαν 3 p. pl. 1 aor. pass. ind. . . . .ἐμπίπλημι
λέγει 3 p. sing. pres. act. ind. . . . . λέγω
συναγάγετε 2 p. pl. 2 aor. act. imper. . . . . .συνάγω
περισσεύσαντα 1 aor. act. ptc. acc. pl. neut. περισσεύω
ἀπόληται 3 p. sing. 2 aor. mid. subj. . . . . . .ἀπόλλυμι
13 συνήγαγον 3 p. pl. 2 aor. act. ind. . . . . . . συνάγω
ἐγέμισαν 3 p. pl. 1 aor. act. ind. . . . . γεμίζω
ἐπερίσσευσαν 3 p. pl. 1 aor. act. ind. . . . .περισσεύω
βεβρωκόσιν perf. act. ptc. dat. pl. masc. . . . βιβρώσκω
14 ἰδόντες 2 aor. act. ptc. nom. pl. masc. . . . . ὁράω
ἐποίησεν 3 p. sing. 1 aor. act. ind. . . . . ποιέω
ἔλεγον 3 p. pl. imperf. act. ind. . . . . .λέγω
ἐρχόμενος pres. mid. ptc. nom. sing. masc. . . . .ἔρχομαι
15 γνούς 2 aor. act. ptc. nom. sing. masc. . . . . . γινώσκω
μέλλουσιν 3 p. pl. pres. act. ind. . . . . μέλλω
ἔρχεσθαι pres. mid. infin. . . . . ἔρχομαι
ἁρπάζειν pres. act. infin. . . . . .ἁρπάζω
ποιήσωσιν 3 p. pl. 1 aor. act. subj. . . . . ποιέω
ἀνεχώρησεν 3 p. sing. 1 aor. act. ind. . . . . .ἀναχωρέω
16 ἐγένετο 3 p. sing. 2 aor. mid. ind. . . . . γίνομαι
κατέβησαν 3 p. pl. 2 aor. act. ind. . . . . . .καταβαίνω
17 ἐμβάντες 2 aor. act. ptc. nom. pl. masc. . . . . .ἐμβαίνω
ἤρχοντο 3 p. pl. imperf. mid. ind. . . . . .ἔρχομαι
ἐγεγόνει 3 p. sing. plupf. act. ind. . . . . . . γίνομαι
ἐληλύθει 3 p. sing. plupf. act. ind. . . . . . . .ἔρχομαι
18 πνέοντος pres. act. ptc. gen. sing. masc. . . . . . .πνέω
διηγείρετο 3 p. sing. imperf. pass. ind. . . . .διεγείρω
19 ἐληλακότες perf. act. ptc. nom. pl. masc. Att. . .ἐλαύνω
θεωροῦσιν 3 p. pl. pres. act. ind. . . . . .θεωρέω
περιπατοῦντα pres. act. ptc. acc. sing. masc. .περιπατέω
γινόμενον pres. mid. ptc. acc. sing. masc. . . . γίνομαι
ἐφοβήθησαν 3 p. pl. 1 aor. pass. ind. . . . . . . .φοβέω
20 φοβεῖσθε 2 p. pl. pres. mid. imper. . . . . id.
21 λαβεῖν 2 aor. act. infin. . . . . λαμβάνω
ὑπῆγον 3 p. pl. imperf. act. ind. . . . . ὑπάγω
22 ἑστηκώς perf. act. ptc. nom. sing. masc. . . . . . .ἵστημι
εἶδον 1 p. s. or 3 p. pl. 2 aor. act. ind. . . . . . ὁράω
συνεισῆλθεν 3 p. sing. 2 aor. act. ind. . . συνεισέρχομαι
ἀπῆλθον 3 p. pl. 2 aor. act. ind. . . . . .ἀπέρχομαι
23 ἦλθεν 3 p. sing. 2 aor. act. ind. . . . . .ἔρχομαι
ἔφαγον 3 p. pl. 2 aor. act. ind. . . . . .ἐσθίω
εὐχαριστήσαντος 1 aor. act. ptc. gen. s. m. . εὐχαριστέω
24 εἶδεν 3 p. sing. 2 aor. act. ind. . . . . ὁράω
ἐνέβησαν 3 p. pl. 2 aor. act. ind. . . . . .ἐμβαίνω
ἦλθον 3 p. pl. 2 aor. act. ind. . . . . .ἔρχομαι
ζητοῦντες pres. act. ptc. nom. pl. masc. . . . . . .ζητέω
25 εὑρόντες 2 aor. act. ptc. nom. pl. masc. . . . . .εὑρίσκω
εἶπον 3 p. pl. 2 aor. act. ind. . . . . .λέγω

γέγονας 2 p. sing. 2 perf. act. ind. . . . . γίνομαι
26 ἀπεκρίθη 3 p. sing. 1 aor. pass. ind. . . . . ἀποκρίνομαι
   εἶπεν 3 p. sing. 2 aor. act. ind. . . . . λέγω
   ζητεῖτε 2 p. pl. pres. act. ind. . . . . ζητέω
   εἴδετε 2 p. pl. 2 aor. act. ind. . . . . ὁράω
   ἐφάγετε 2 p. pl. 2 aor. act. ind. . . . . ἐσθίω
   ἐχορτάσθητε 2 p. pl. 1 aor. pass. ind. . . . . . . χορτάζω
27 ἐργάζεσθε 2 p. pl. pres. mid. ind. or imper. . ἐργάζομαι
   ἀπολλυμένην pres. pass. ptc. acc. sing. fem. . .ἀπόλλυμι
   μένουσαν pres. act. ptc. acc. sing. fem. . . . . . . μένω
   δώσει 3 p. sing. fut. act. ind. . . . . .δίδωμι
   ἐσφράγισεν 3 p. sing. 1 aor. act. ind. . . . . .σφραγίζω
28 ποιῶμεν 1 p. pl. pres. act. subj. . . . . ποιέω
   ἐργαζώμεθα 1 p. pl. pres. mid. subj. . . . . . .ἐργάζομαι
29 πιστεύητε 2 p. pl. pres. act. subj. . . . . πιστεύω
   ἀπέστειλεν 3 p. sing. 1 aor. act. ind. . . . . ἀποστέλλω
30 ποιεῖς 2 p. sing. pres. act. ind. . . . . ποιέω
   ἴδωμεν 1 p. pl. 2 aor. act. subj. . . . . ὁράω
   πιστεύσωμεν 1 p. pl. 1 aor. act. subj. . . . . . . πιστεύω
31 ἔφαγον 3 p. pl. 2 aor. act. ind. . . . . .ἐσθίω
   γεγραμμένον perf. pass. ptc. nom. or acc. s. neut. γράφω
   ἔδωκεν 3 p. sing. 1 aor. act. ind. . . . . .δίδωμι
   φαγεῖν 2 aor. act. infin. . . . . ἐσθίω
32 δέδωκεν 3 p. sing. perf. act. ind. . . . . δίδωμι
   δίδωσιν 3 p. sing. pres. act. ind. . . . . id.
33 καταβαίνων pres. act. ptc. nom. sing. masc. . καταβαίνω
   διδούς pres. act. ptc. nom. sing. masc. . . . . . .δίδωμι
34 εἶπον 3 p. pl. 2 aor. act. ind. . . . . λέγω
   δός 2 p. sing. 2 aor. act. imper. . . . . .δίδωμι
35 ἐρχόμενος pres. mid. ptc. nom. sing. masc. . . . ἔρχομαι
   πεινάσῃ 3 p. sing. 1 aor. act. subj. . . . . πεινάω
   πιστεύων pres. act. ptc. nom. sing. masc. . . . .πιστεύω
   διψήσει 3 p. sing. fut. act. ind. . . . . διψάω
36 ἑωράκατε 2 p. pl. perf. act. ind. . . . . ὁράω
   πιστεύετε 2 p. pl. pres. act. ind. . . . . .πιστεύω
37 δίδωσιν 3 p. sing. pres. act. ind. . . . . δίδωμι
   ἥξει 3 p. sing. fut. act. ind. . . . . ἥκω
   ἐρχόμενον pres. mid. ptc. acc. sing. masc. . . . ἔρχομαι
   ἐκβάλω 1 p. sing. 2 aor. act. subj. . . . . ἐκβάλλω
38 καταβέβηκα 1 p. sing. perf. act. ind. . . . . καταβαίνω
   ποιῶ 1 p. sing. pres. act. subj. . . . . ποιέω
   πέμψαντος 1 aor. act. ptc. gen. sing. masc. . . . . πέμπω
39 ἀπολέσω 1 p. sing. 1 aor. act. subj. . . . . . . ἀπόλλυμι
   ἀναστήσω 1 p. sing. fut. act. ind. . . . . ἀνίστημι
40 θεωρῶν pres. act. ptc. nom. sing. masc. . . . . . .θεωρέω
   πιστεύων pres. act. ptc. nom. sing. masc. . . . .πιστεύω
   ἔχῃ 3 p. sing. pres. act. subj. . . . . .ἔχω
41 ἐγόγγυζον 3 p. pl. imperf. act. ind. . . . . . . γογγύζω
   καταβάς 2 aor. act. ptc. nom. sing. masc. . . . καταβαίνω
42 ἔλεγον 3 p. pl. imperf. act. ind. . . . . λέγω
   οἴδαμεν 1 p. pl. 1 perf. act. ind. . . . . .οἶδα
   λέγει 3 p. sing. pres. act. ind. . . . . λέγω
   καταβέβηκα 1 p. sing. perf. act. ind. . . . . . καταβαίνω
43 γογγύζετε 2 p. pl. pres. act. imper. . . . . γογγύζω
44 δύναται 3 p. sing. pres. pass. ind. . . . . δύναμαι

ἐλθεῖν 2 aor. act. infin. . . . . ἔρχομαι
πέμψας 1 aor. act. ptc. nom. sing. masc. . . . . πέμπω
ἑλκύσῃ 3 p. sing. 1 aor. act. subj. . . . . ἑλκύω
ἀναστήσω 1 p. sing. fut. act. ind. . . . . .ἀνίστημι
45 ἔστιν 3 p. sing. pres. act. ind. . . . . εἰμί
γεγραμμένον perf. pass. ptc. acc. sing. neut. . . . γράφω
ἔσονται 3 p. pl. fut. mid. ind. . . . . εἰμί
ἀκούσας 1 aor. act. ptc. nom. sing. masc. . . . . . ἀκούω
μαθών 2 aor. act. ptc. nom. sing. masc. . . . . . . μανθάνω
ἔρχεται 3 p. sing. pres. mid. ind. . . . . .ἔρχομαι
46 ἑώρακεν 3 p. sing. perf. act. ind. . . . . ὁράω
ὤν pres. act. ptc. nom. sing. masc. . . . . .εἰμί
47 πιστεύων pres. act. ptc. nom. sing. masc. . . . .πιστεύω
ἔχει 3 p. sing. pres. act. ind. . . . . ἔχω
49 ἔφαγον 3 p. pl. 2 aor. act. ind. . . . . .ἐσθίω
ἀπέθανον 1 p. s. or 3 p. pl. 2 aor. act. ind. ἀποθνήσκω
50 καταβαίνων pres. act. ptc. nom. sing. masc. . . καταβαίνω
φάγῃ 3 p. sing. 2 aor. act. subj. . . . . .ἐσθίω
ἀποθάνῃ 3 p. sing. 2 aor. act. subj. . . . . . . ἀποθνήσκω
51 ζῶν pres. act. ptc. nom. sing. masc. . . . . .ζάω
καταβάς 2 aor. act. ptc. nom. sing. masc. . . . καταβαίνω
δώσω 1 p. sing. fut. act. ind. . . . . δίδωμι
ζήσει 3 p. sing. fut. act. ind. . . . . ζάω
52 ἐμάχοντο 3 p. pl. imperf. mid. ind. . . . . .μάχομαι
λέγοντες pres. act. ptc. nom. pl. masc. . . . . . . λέγω
δύναται 3 p. sing. pres. pass. ind. . . . . δύναμαι
δοῦναι 2 aor. act. infin. . . . . .δίδωμι
φαγεῖν 2 aor. act. infin. . . . . ἐσθίω
53 εἶπεν 3 p. sing. 2 aor. act. ind. . . . . .λέγω
φάγητε 2 p. pl. 2 aor. act. subj. . . . . .ἐσθίω
πίητε 2 p. pl. 2 aor. act. subj. . . . . πίνω
ἔχετε 2 p. pl. pres. act. ind. . . . . .ἔχω
54 τρώγων pres. act. ptc. nom. sing. masc. . . . . . . τρώγω
πίνων pres. act. ptc. nom. sing. masc. . . . . πίνω
ἀναστήσω 1 p. sing. fut. act. ind. . . . . ἀνίστημι
56 μένει 3 p. sing. pres. act. ind. . . . . μένω
57 ἀπέστειλεν 3 p. sing. 1 aor. act. ind. . . . . .ἀποστέλλω
ζῶν pres. act. ptc. nom. sing. masc. . . . . ζάω
ζῶ 1 p. sing. pres. act. ind. . . . . id.
ζήσει 3 p. sing. fut. act. ind. . . . . id.
58 καταβάς 2 aor. act. ptc. nom. sing. masc. . . . καταβαίνω
ἔφαγον 3 p. pl. 2 aor. act. subj. . . . . .ἐσθίω
59 διδάσκων pres. act. ptc. nom. sing. masc. . . . . διδάσκω
60 ἀκούσαντες 1 aor. act. ptc. nom. pl. masc. . . . . ἀκούω
εἶπαν 3 p. pl. 2 aor. act. ind. . . . . .λέγω
ἀκούειν pres. act. infin. . . . . ἀκούω
61 εἰδώς perf. act. ptc. nom. sing. masc. . . . . οἶδα
γογγύζουσιν 3 p. pl. pres. act. ind. . . . . γογγύζω
σκανδαλίζει 3 p. sing. pres. act. ind. . . . σκανδαλίζω
62 θεωρῆτε 2 p. pl. pres. act. subj. . . . . .θεωρέω
ἀναβαίνοντα pres. act. ptc. acc. sing. masc. . .ἀναβαίνω
ἦν 3 p. sing. imperf. act. ind. . . . . .εἰμί
63 ζωοποιοῦν pres. act. ptc. nom. or acc. s. neut. ζωοποιέω
ὠφελεῖ 3 p. sing. pres. act. ind. . . . . .ὠφελέω
λελάληκα 1 p. sing. perf. act. ind. . . . . λαλέω

64 πιστεύουσιν pres. act. ptc. dat. pl. masc. . . . . πιστεύω
ᾔδει 3 p. sing. plupf. act. ind. . . . . οἶδα
εἰσιν 3 p. pl. pres. act. ind. . . . . εἰμί
πιστεύοντες pres. act. ptc. nom. pl. masc. . . . . πιστεύω
παραδώσων fut. act. ptc. nom. sing. masc. . . . παραδίδωμι
65 ἔλεγεν 3 p. sing. imperf. act. ind. . . . . λέγω
εἴρηκα 1 p. sing. perf. act. ind. . . . . id.
δύναται 3 p. sing. pres. pass. ind. . . . . δύναμαι
ἐλθεῖν 2 aor. act. infin. . . . . ἔρχομαι
ᾖ 3 p. sing. pres. act. subj. . . . . εἰμί
δεδομένον perf. pass. ptc. nom. sing. neut. . . . δίδωμι
66 ἀπῆλθον 3 p. pl. 2 aor. act. ind. . . . . ἀπέρχομαι
περιεπάτουν 3 p. pl. imperf. act. ind. . . . . περιπατέω
67 εἶπεν 3 p. sing. 2 aor. act. ind. . . . . λέγω
θέλετε 2 p. pl. pres. act. ind. . . . . θέλω
ὑπάγειν pres. act. infin. . . . . ὑπάγω
68 ἀπεκρίθη 3 p. sing. 1 aor. pass. ind. . . . . ἀποκρίνομαι
ἀπελευσόμεθα 1 p. pl. fut. mid. ind. . . . . . ἀπέρχομαι
ἔχεις 2 p. sing. pres. act. ind. . . . . ἔχω
69 πεπιστεύκαμεν 1 p. pl. perf. act. ind. . . . . . πιστεύω
ἐγνώκαμεν 1 p. pl. perf. act. ind. . . . . γινώσκω
εἶ 2 p. sing. pres. act. ind. . . . . εἰμί
70 ἐξελεξάμην 1 p. sing. 1 aor. mid. ind. . . . . ἐκλέγω
71 ἔμελλον 3 p. sing. imperf. act. ind. . . . . μέλλω
παραδιδόναι pres. act. infin. . . . . παραδίδωμι

7

1 περιεπάτει 3 p. sing. imperf. act. ind. . . . . περιπατέω
ἤθελεν 3 p. sing. imperf. act. ind. . . . . ἐθέλω
περιπατεῖν pres. act. infin. . . . . περιπατέω
ἐζήτουν 3 p. pl. imperf. act. ind. . . . . ζητέω
ἀποκτεῖναι 1 aor. act. infin. . . . . ἀποκτείνω
2 ἦν 3 p. sing. imperf. act. ind. . . . . εἰμί
3 εἶπον 3 p. pl. 2 aor. act. ind. . . . . λέγω
μετάβηθι 2 p. sing. 2 aor. act. imper. . . . . μεταβαίνω
ὕπαγε 2 p. sing. pres. act. imper. . . . . ὑπάγω
θεωρήσουσιν 3 p. pl. fut. act. ind. . . . . . . θεωρέω
ποιεῖς 2 p. sing. pres. act. ind. . . . . ποιέω
4 ποιεῖ 3 p. sing. pres. act. ind. . . . . id.
ζητεῖ 3 p. sing. pres. act. ind. . . . . ζητέω
εἶναι pres. act. infin. . . . . εἰμί
φανέρωσον 2 p. sing. 1 aor. act. imper. . . . . . φανερόω
5 ἐπίστευον 3 p. pl. imperf. act. ind. . . . . πιστεύω
6 λέγει 3 p. sing. pres. act. ind. . . . . λέγω
πάρεστιν 3 p. sing. pres. act. ind. . . . . πάρειμι
7 δύναται 3 p. sing. pres. pass. ind. . . . . δύναμαι
μισεῖν pres. act. infin. . . . . μισέω
μισεῖ 3 p. sing. pres. act. ind. . . . . id.
8 ἀνάβητε 2 p. pl. 2 aor. act. imper. . . . . . . ἀναβαίνω
πεπλήρωται 3 p. sing. perf. pass. ind. . . . . . πληρόω
9 εἰπών 2 aor. act. ptc. nom. sing. masc. . . . . . . λέγω
ἔμεινεν 3 p. sing. 1 aor. act. ind. . . . . μένω
10 ἀνέβησαν 3 p. pl. 2 aor. act. ind. . . . . . . ἀναβαίνω
ἀνέβη 3 p. sing. 2 aor. act. ind. . . . . id.
11 ἔλεγον 3 p. pl. imperf. act. ind. . . . . λέγω

12 ἦν 3 p. sing. imperf. act. ind. . . . . εἰμί
    πλανᾷ 3 p. sing. pres. act. ind. or subj. . . . . . πλανάω
13 ἐλάλει 3 p. sing. imperf. act. ind. . . . . λαλέω
14 μεσούσης pres. act. ptc. gen. sing. fem. . . . . . . μεσόω
    ἀνέβη 3 p. sing. 2 aor. act. ind. . . . . ἀναβαίνω
    ἐδίδασκεν 3 p. sing. imperf. act. ind. . . . . . . διδάσκω
15 ἐθαύμαζον 3 p. pl. imperf. act. ind. . . . . θαυμάζω
    λέγοντες pres. act. ptc. nom. pl. masc. . . . . λέγω
    οἶδεν 3 p. sing. perf. act. ind. . . . . οἶδα
    μεμαθηκώς perf. act. ptc. nom. sing. masc. . . . μανθάνω
16 ἀπεκρίθη 3 p. sing. 1 aor. pass. ind. . . . . ἀποκρίνομαι
    εἶπεν 3 p. sing. 2 aor. act. ind. . . . . λέγω
    ἔστιν 3 p. sing. pres. act. ind. . . . . εἰμί
    πέμψαντος 1 aor. act. ptc. gen. sing. masc. . . . . πέμπω
17 θέλῃ 3 p. sing. pres. act. subj. . . . . θέλω
    ποιεῖν pres. act. infin. . . . . ποιέω
    γνώσεται 3 p. sing. fut. mid. ind. . . . . γινώσκω
    λαλῶ 1 p. sing. pres. act. ind. or subj. . . . . . . λαλέω
18 λαλῶν pres. act. ptc. nom. sing. masc. . . . . id.
    ζητεῖ 3 p. sing. pres. act. ind. . . . . ζητέω
    ζητῶν pres. act. ptc. nom. sing. masc. . . . . id.
19 ἔδωκεν 3 p. sing. 1 aor. act. ind. . . . . δίδωμι
    ποιεῖ 3 p. sing. pres. act. ind. . . . . ποιέω
    ζητεῖτε 2 p. pl. pres. act. ind. . . . . ζητέω
    ἀποκτεῖναι 1 aor. act. infin. . . . . ἀποκτείνω
20 ἔχεις 2 p. sing. pres. act. ind. . . . . ἔχω
21 ἐποίησα 1 p. sing. 1 aor. act. ind. . . . . ποιέω
    θαυμάζετε 3 p. sing. pres. act. ind. . . . . θαυμάζω
22 δέδωκεν 3 p. sing. perf. act. ind. . . . . δίδωμι
    περιτέμνετε 2 p. pl. pres. act. ind. . . . . . . περιτέμνω
23 λαμβάνει 3 p. sing. pres. act. ind. . . . . λαμβάνω
    λυθῇ 3 p. sing. 1 aor. pass. subj. . . . . λύω
    χολᾶτε 2 p. pl. pres. act. ind. . . . . χολάω
24 κρίνατε 2 p. pl. 1 aor. act. imper. . . . . κρίνω
25 ἔλεγον 3 p. pl. imperf. act. ind. . . . . λέγω
    ζητοῦσιν 3 p. pl. pres. act. ind. . . . . ζητέω
26 ἴδε 2 p. sing. 2 aor. act. imper. . . . . ὁράω
    λαλεῖ 3 p. sing. pres. act. ind. . . . . λαλέω
    λέγουσιν 3 p. pl. pres. act. ind. . . . . λέγω
    ἔγνωσαν 3 p. pl. 2 aor. act. ind. . . . . γινώσκω
27 οἴδαμεν 1 p. pl. perf. act. ind. . . . . οἶδα
    ἔρχηται 3 p. sing. pres. mid. subj. . . . . ἔρχομαι
    γινώσκει 3 p. sing. pres. act. ind. . . . . γινώσκω
28 ἔκραξεν 3 p. sing. 1 aor. act. ind. . . . . κράζω
    διδάσκων pres. act. ptc. nom. sing. masc. . . . . . διδάσκω
    λέγων pres. act. ptc. nom. sing. masc. . . . . λέγω
    οἴδατε 2 p. sing. perf. act. ind. . . . . οἶδα
    ἐλήλυθα 1 p. sing. 2 perf. act. ind. . . . . ἔρχομαι
    πέμψας 1 aor. act. ptc. nom. sing. masc. . . . . . . πέμπω
29 ἀπέστειλεν 3 p. sing. 1 aor. act. ind. . . . . ἀποστέλλω
30 ἐζήτουν 3 p. pl. imperf. act. ind. . . . . ζητέω
    πιάσαι 1 aor. act. infin. . . . . πιάζω
    ἐπέβαλεν 3 p. sing. 2 aor. act. ind. . . . . ἐπιβάλλω
    ἐληλύθει 3 p. sing. plupf. act. ind. . . . . ἔρχομαι
31 ἐπίστευσαν 3 p. pl. 1 aor. act. ind. . . . . πιστεύω

ἔλεγον 3 p. pl. imperf. act. ind. . . . . λέγω
ἔλθῃ 3 p. sing. 2 aor. act. subj. . . . . ἔρχομαι
ποιήσει 3 p. sing. fut. act. ind. . . . . ποιέω
ἐποίησεν 1 p. sing. 1 aor. act. ind. . . . . id.
32 ἤκουσαν 3 p. pl. 1 aor. act. ind. . . . . ἀκούω
γογγύζοντος pres. act. ptc. gen. sing. masc. . . . γογγύζω
ἀπέστειλαν 3 p. pl. 1 aor. act. ind. . . . . . . ἀποστέλλω
πιάσωσιν 3 p. pl. 1 aor. act. subj. . . . . πιάζω
33 εἶπεν 3 p. sing. 2 aor. act. ind. . . . . λέγω
ὑπάγω 1 p. sing. pres. act. ind. . . . . ὑπάγω
πέμψαντα 1 aor. act. ptc. acc. sing. masc. . . . . . πέμπω
34 ζητήσετε 2 p. pl. fut. act. ind. . . . . ζητέω
εὑρήσετε 2 p. pl. fut. act. ind. . . . . εὑρίσκω
δύνασθε 2 p. pl. pres. pass. ind. . . . . δύναμαι
ἐλθεῖν 2 aor. act. infin. . . . . ἔρχομαι
35 εἶπον 3 p. pl. 2 aor. act. ind. . . . . λέγω
μέλλει 3 p. sing. pres. act. ind. . . . . μέλλω
πορεύεσθαι pres. mid. infin. . . . . πορεύομαι
εὑρήσομεν 1 p. pl. fut. act. ind. . . . . εὑρίσκω
διδάσκειν pres. act. infin. . . . . διδάσκω
37 εἰστήκει 3 p. sing. plupf. act. ind. . . . . ἵστημι
ἔκραξεν 3 p. sing. 1 aor. act. ind. . . . . κράζω
λέγων pres. act. ptc. nom. sing. masc. . . . . λέγω
διψᾷ 3 p. sing. pres. act. subj. . . . . διψάω
ἐρχέσθω 3 p. sing. pres. mid. imper. . . . . ἔρχομαι
πινέτω 3 p. sing. pres. act. imper. . . . . πίνω
38 πιστεύων pres. act. ptc. nom. sing. masc. . . . . πιστεύω
ῥεύσουσιν 3 p. pl. fut. act. ind. . . . . ῥέω
ζῶντος pres. act. ptc. gen. sing. masc. or neut. . . . ζάω
39 ἔμελλον 3 p. pl. imperf. act. ind. . . . . μέλλω
λαμβάνειν pres. act. infin. . . . . λαμβάνω
πιστεύσαντες 1 aor. act. ptc. nom. pl. masc. . . . πιστεύω
ἦν 3 p. sing. imperf. act. ind. . . . . εἰμί
ἐδοξάσθη 3 p. sing. 1 aor. pass. ind. . . . . δοξάζω
40 ἀκούσαντες 1 aor. act. ptc. nom. pl. masc. . . . . ἀκούω
ἐστιν 3 p. sing. pres. act. ind. . . . . εἰμί
41 ἔρχεται 3 p. sing. pres. mid. ind. . . . . ἔρχομαι
43 ἐγίνετο 3 p. sing. 2 aor. mid. ind. . . . . γίνομαι
44 ἤθελον 3 p. pl. imperf. act. ind. . . . . ἐθέλω
πιάσαι 1 aor. act. infin. . . . . πιάζω
ἐπέβαλεν 3 p. sing. 2 aor. act. ind. . . . . ἐπιβάλλω
45 ἦλθον 3 p. pl. 2 aor. act. ind. . . . . ἔρχομαι
ἠγάγετε 2 p. pl. 2 aor. act. ind. . . . . ἄγω
46 ἀπεκρίθησαν 3 p. pl. 1 aor. pass. ind. . . . ἀποκρίνομαι
ἐλάλησεν 3 p. sing. 1 aor. act. ind. . . . . λαλέω
λαλεῖ 3 p. sing. pres. act. ind. . . . . id.
47 πεπλάνησθε 2 p. pl. perf. pass. ind. . . . . πλανάω
48 ἐπίστευσεν 3 p. sing. 1 aor. act. ind. . . . . . . πιστεύω
49 γινώσκων pres. act. ptc. nom. sing. masc. . . . . . γινώσκω
εἰσιν 3 p. pl. pres. act. ind. . . . . εἰμί
50 λέγει 3 p. sing. pres. act. ind. . . . . λέγω
ἐλθών 2 aor. act. ptc. nom. sing. masc. . . . . . . ἔρχομαι
ὤν pres. act. ptc. nom. sing. masc. . . . . εἰμί
51 κρίνει 3 p. sing. pres. act. ind. . . . . κρίνω
ἀκούσῃ 3 p. sing. 1 aor. act. subj. . . . . ἀκούω

γνῶ 3 p. sing. 2 aor. act. subj. . . . . .γινώσκω
ποιεῖ 3 p. sing. pres. act. ind. . . . . .ποιέω
52 εἶπαν 3 p. pl. 2 aor. act. ind. . . . . .λέγω
εἶ 2 p. sing. pres. act. ind. . . . . .εἰμί
ἐρεύνησον 2 p. sing. 1 aor. act. imper. . . . . . .ἐρευνάω
ἴδε 2 p. sing. 2 aor. act. imper. . . . . .ὁράω
ἐγείρεται 3 p. sing. pres. mid. ind. . . . . .ἐγείρω
ἀπεκρίθησαν 3 p. pl. 1 aor. pass. ind. . . . ἀποκρίνομαι
53 ἐπορεύθησαν 3 p. pl. 1 aor. pass. ind. . . . . . πορεύομαι

8

1 ἐπορεύθη 3 p. sing. 1 aor. pass. ind. . . . . . .πορεύομαι
2 παρεγένετο 3 p. sing. 2 aor. mid. ind. . . . παραγίνομαι
ἤρχετο 3 p. sing. imperf. mid. ind. . . . . ἔρχομαι
καθίσας 1 aor. act. ptc. nom. sing. masc. . . . . . καθίζω
ἐδίδασκεν 3 p. sing. imperf. act. ind. . . . . . . διδάσκω
3 ἄγουσιν 3 p. pl. pres. act. ind. . . . . .ἄγω
κατειλημμένην perf. pass. ptc. acc. s. fem. καταλαμβάνω
στήσαντες 1 aor. act. ptc. nom. pl. masc. . . . ἵστημι
4 λέγουσιν 3 p. pl. pres. act. ind. . . . . .λέγω
κατείληπται 3 p. sing. perf. pass. ind. . . . καταλαμβάνω
μοιχευομένη pres. mid. ptc. nom. sing. fem. . . .μοιχεύω
5 ἐνετείλατο 3 p. sing. 1 aor. mid. ind. . . . ἐντέλλομαι
λιθάζειν pres. act. infin. . . . . .λιθάζω
λέγεις 2 p. sing. pres. act. ind. . . . . .λέγω
6 ἔλεγον 3 p. pl. imperf. act. ind. . . . . id.
πειράζοντες pres. act. ptc. nom. pl. masc. . . . πειράζω
ἔχωσιν 3 p. pl. pres. act. subj. . . . . .ἔχω
κατηγορεῖν pres. act. infin. . . . . .κατηγορέω
κύψας 1 aor. act. ptc. nom. sing. masc. . . . . . . .κύπτω
κατέγραφεν 3 p. sing. imperf. act. ind. . . . . καταγράφω
7 ἐπέμενον 3 p. pl. imperf. act. ind. . . . . .ἐπιμένω
ἐρωτῶντες pres. act. ptc. nom. pl. masc. . . . . . .ἐρωτάω
ἀνέκυψεν 3 p. sing. 1 aor. act. ind. . . . . ἀνακύπτω
εἶπεν 3 p. sing. 2 aor. act. ind. . . . . .λέγω
βαλέτω 3 p. sing. 2 aor. act. imper. . . . . .βάλλω
8 κατακύψας 1 aor. act. ptc. nom. sing. masc. . . κατακύπτω
ἔγραφεν 3 p. sing. imperf. act. ind. . . . . .γράφω
9 ἀκούσαντες 1 aor. act. ptc. nom. pl. masc. . . . . .ἀκούω
ἐξήρχοντο 3 p. pl. imperf. mid. ind. . . . . . . ἐξέρχομαι
ἀρξάμενοι 1 aor. mid. ptc. nom. pl. masc. . . . . . .ἄρχω
κατελείφθη 3 p. sing. 1 aor. pass. ind. . . . καταλείπω
οὖσα pres. act. ptc. nom. sing. fem. . . . . .εἰμί
10 ἀνακύψας 1 aor. act. ptc. nom. sing. masc. . . . ἀνακύπτω
εἰσιν 3 p. pl. pres. act. ind. . . . . .εἰμί
κατέκρινεν 3 p. sing. 1 aor. act. ind. . . . . . κατακρίνω
11 πορεύου 2 p. sing. pres. mid. imper. . . . . . . πορεύομαι
ἁμάρτανε 2 p. sing. pres. act. imper. . . . . . . ἁμαρτάνω
12 ἐλάλησεν 3 p. sing. 1 aor. act. ind. . . . . .λαλέω
λέγων pres. act. ptc. nom. sing. masc. . . . . .λέγω
ἀκολουθῶν pres. act. ptc. nom. sing. masc. . . ἀκολουθέω
περιπατήσῃ 3 p. sing. 1 aor. act. subj. . . . . περιπατέω
ἕξει 3 p. sing. fut. act. ind. . . . . .ἔχω
13 εἶπον 3 p. pl. 2 aor. act. ind. . . . . .λέγω
μαρτυρεῖς 2 p. sing. pres. act. ind. . . . . . . μαρτυρέω

14 ἀπεκρίθη 3 p. sing. 1 aor. pass. ind. . . . . ἀποκρίνομαι
   εἶπεν 3 p. sing. 2 aor. act. ind. . . . . λέγω
   μαρτυρῶ 1 p. sing. pres. act. ind. or subj. . . μαρτυρέω
   οἶδα 1 p. sing. perf. act. ind. . . . . οἶδα
   ἦλθον 1 p. sing. 2 aor. act. ind. . . . . ἔρχομαι
   ὑπάγω 1 p. sing. pres. act. ind. . . . . ὑπάγω
   οἴδατε 2 p. pl. perf. act. ind. . . . . οἶδα
15 κρίνετε 2 p. pl. pres. act. ind. . . . . κρίνω
16 ἐστιν 3 p. sing. pres. act. ind. . . . . εἰμί
   πέμψας 1 aor. act. ptc. nom. sing. masc. . . . . . . πέμπω
17 γέγραπται 3 p. sing. perf. pass. ind. . . . . γράφω
18 μαρτυρῶν pres. act. ptc. nom. sing. masc. . . . μαρτυρέω
   μαρτυρεῖ 3 p. sing. pres. act. ind. . . . . id.
19 ἔλεγον 1 p. s. or 3 p. pl. imperf. act. ind. . . . . λέγω
   ᾔδειτε 2 p. pl. plupf. act. ind. . . . . οἶδα
20 ἐλάλησεν 3 p. sing. 1 aor. act. ind. . . . . λαλέω
   διδάσκων pres. act. ptc. nom. sing. masc. . . . . διδάσκω
   ἐπίασεν 3 p. sing. 1 aor. act. ind. . . . . πιάζω
   ἐληλύθει 3 p. sing. plupf. act. ind. . . . . ἔρχομαι
21 ζητήσετε 2 p. pl. fut. act. ind. . . . . ζητέω
   ἀποθανεῖσθε 2 p. pl. fut. mid. ind. . . . . ἀποθνήσκω
   δύνασθε 2 p. pl. pres. pass. ind. . . . . δύναμαι
   ἐλθεῖν 2 aor. act. infin. . . . . ἔρχομαι
22 ἀποκτενεῖ 3 p. sing. fut. act. ind. . . . . . ἀποκτείνω
   λέγει 3 p. sing. pres. act. ind. . . . . λέγω
23 ἔλεγεν 3 p. sing. imperf. act. ind. . . . . id.
   ἐστέ 2 p. pl. pres. act. ind. . . . . εἰμί
24 εἶπον 1 p. sing. or 3 p. pl. 2 aor. act. ind. . . . λέγω
   πιστεύσητε 2 p. pl. 1 aor. act. subj. . . . . . . πιστεύω
25 εἶ 2 p. sing. pres. act. ind. . . . . εἰμί
   λαλῶ 1 p. sing. pres. act. subj. or ind. . . . . . λαλέω
26 λαλεῖν pres. act. infin. . . . . id.
   κρίνειν pres. act. infin. . . . . κρίνω
   ἤκουσα 1 p. sing. 1 aor. act. ind. . . . . ἀκούω
27 ἔγνωσαν 3 p. pl. 2 aor. act. ind. . . . . γινώσκω
28 ὑψώσητε 2 p. pl. 1 aor. act. subj. . . . . ὑψόω
   γνώσεσθε 2 p. pl. fut. mid. ind. . . . . γινώσκω
   ποιῶ 1 p. sing. pres. act. ind. . . . . ποιέω
   ἐδίδαξεν 3 p. sing. 1 aor. act. ind. . . . . διδάσκω
29 ἀφῆκεν 3 p. sing. 1 aor. act. ind. . . . . ἀφίημι
30 λαλοῦντος pres. act. ptc. gen. sing. masc. . . . . λαλέω
   ἐπίστευσαν 3 p. pl. 1 aor. act. ind. . . . . . πιστεύω
31 πεπιστευκότας perf. act. ptc. acc. pl. masc. . . . . id.
   μείνητε 2 p. pl. 1 aor. act. subj. . . . . μένω
32 ἐλευθερώσει 3 p. sing. fut. act. ind. . . . . . ἐλευθερόω
33 ἀπεκρίθησαν 3 p. pl. 1 aor. pass. ind. . . . . ἀποκρίνομαι
   ἐσμεν 1 p. pl. pres. act. ind. . . . . εἰμί
   δεδουλεύκαμεν 1 p. pl. perf. act. ind. . . . . . . δουλεύω
   λέγεις 2 p. pl. pres. act. ind. . . . . λέγω
   γενήσεσθε 2 p. pl. fut. mid. ind. . . . . γίνομαι
34 ποιῶν pres. act. ptc. nom. sing. masc. . . . . . . ποιέω
35 μένει 3 p. sing. pres. act. ind. . . . . μένω
36 ἐλευθερώσῃ 3 p. sing. 1 aor. act. subj. . . . . ἐλευθερόω
   ἔσεσθε 2 p. pl. fut. mid. ind. . . . . εἰμί
37 ζητεῖτε 2 p. pl. pres. act. ind. or imper. . . . . . ζητέω

ἀποκτεῖναι 1 aor. act. infin. . . . . .ἀποκτείνω
χωρεῖ 3 p. sing. pres. act. ind. . . . . χωρέω
38 ἑώρακα 1 p. sing. perf. act. ind. . . . . ὁράω
λαλῶ 1 p. sing. pres. act. subj. or ind. . . . . . . λαλέω
ἠκούσατε 2 p. pl. 1 aor. act. ind. . . . . ἀκούω
ποιεῖτε 2 p. pl. pres. act. ind. . . . . ποιέω
39 ἀπεκρίθησαν 3 p. pl. 1 aor. pass. ind. . . . ἀποκρίνομαι
εἶπαν 3 p. pl. 2 aor. act. ind. . . . . λέγω
λέγει 3 p. sing. pres. act. ind. . . . . id.
ἐστε 2 p. pl. pres. act. ind. . . . . εἰμί
40 ζητεῖτε 2 p. pl. pres. act. ind. or imper. . . . . . ζητέω
λελάληκα 1 p. sing. perf. act. ind. . . . . λαλέω
ἤκουσα 1 p. sing. 1 aor. act. ind. . . . . ἀκούω
ἐποίησεν 3 p. sing. 1 aor. act. ind. . . . . ποιέω
41 ἐγεννήθημεν 1 p. pl. 1 aor. pass. ind. . . . . . . γεννάω
ἔχομεν 1 p. pl. pres. act. ind. . . . . ἔχω
42 εἶπεν 3 p. sing. 2 aor. act. ind. . . . . λέγω
ἦν 3 p. sing. imperf. act. ind. . . . . εἰμί
ἠγαπᾶτε 2 p. pl. imperf. act. ind. . . . . ἀγαπάω
ἐξῆλθον 1 p. s. or 3 p. pl. 2 aor. act. ind. . .ἐξέρχομαι
ἥκω 1 p. sing. pres. act. ind. . . . . ἥκω
ἐλήλυθα 1 p. sing. 2 perf. act. ind. . . . . . . .ἔρχομαι
ἀπέστειλεν 3 p. sing. 1 aor. act. ind. . . . . ἀποστέλλω
43 γινώσκετε 2 p. pl. pres. act. ind. . . . . γινώσκω
δύνασθε 2 p. pl. pres. pass. ind. . . . . δύναμαι
ἀκούειν pres. act. infin. . . . . ἀκούω
44 θέλετε 2 p. pl. pres. act. ind. . . . . θέλω
ποιεῖν pres. act. infin. . . . . ποιέω
ἔστηκεν 3 p. sing. perf. act. ind. . . . . ἵστημι
λαλῇ 3 p. sing. pres. act. subj. . . . . λαλέω
λαλεῖ 3 p. sing. pres. act. ind. . . . . id.
45 πιστεύετε 2 p. pl. pres. act. ind. . . . . πιστεύω
46 ἐλέγχει 3 p. sing. pres. act. ind. . . . . ἐλέγχω
47 ὤν pres. act. ptc. nom. sing. masc. . . . . εἰμί
ἀκούει 3 p. sing. pres. act. ind. . . . . ἀκούω
ἀκούετε 2 p. pl. pres. act. ind. . . . . id.
48 λέγομεν 1 p. pl. pres. act. ind. . . . . λέγω
εἶ 2 p. sing. pres. act. ind. . . . . εἰμί
ἔχεις 2 p. sing. pres. act. ind. . . . . ἔχω
49 ἀπεκρίθη 3 p. sing. 1 aor. pass. ind. . . . . ἀποκρίνομαι
τιμῶ 1 p. sing. pres. act. ind. . . . . τιμάω
ἀτιμάζετε 2 p. pl. pres. act. ind. . . . . ἀτιμάζω
50 ζητῶ 1 p. sing. pres. act. ind. . . . . ζητέω
ἔστιν 3 p. sing. pres. act. ind. . . . . εἰμί
ζητῶν pres. act. ptc. nom. sing. masc. . . . . . . ζητέω
κρίνων pres. act. ptc. nom. sing. masc. . . . . . κρίνω
51 τηρήσῃ 3 p. sing. 1 aor. act. subj. . . . . . . τηρέω
θεωρήσῃ 3 p. sing. 1 aor. act. subj. . . . . . . θεωρέω
52 ἐγνώκαμεν 1 p. pl. perf. act. ind. . . . . γινώσκω
ἀπέθανεν 3 p. sing. 2 aor. act. ind. . . . . . .ἀποθνήσκω
λέγεις 2 p. sing. pres. act. ind. . . . . λέγω
γεύσηται 3 p. sing. 1 aor. mid. subj. . . . . . . γεύομαι
53 ἀπέθανον 1 p. sing. 2 aor. act. ind. . . . . . ἀποθνήσκω
ποιεῖς 2 p. sing. pres. act. ind. . . . . ποιέω
54 δοξάσω 1 p. sing. fut. act. ind. . . . . δοξάζω

δοξάζων pres. act. ptc. nom. sing. masc. . . . . . δοξάζω
λέγετε 2 p. pl. pres. act. ind. . . . . λέγω
55 ἐγνώκατε 2 p. pl. perf. act. ind. . . . . γινώσκω
οἶδα 1 p. sing. perf. act. ind. . . . . οἶδα
εἴπω 1 p. sing. 2 aor. act. subj. . . . . λέγω
ἔσομαι 1 p. sing. ful. mid. ind. . . . . εἰμί
τηρῶ 1 p. sing. pres. act. ind. . . . . τηρέω
56 ἠγαλλιάσατο 3 p. sing. 1 aor. mid. ind. . . . . ἀγαλλιάω
ἴδῃ 3 p. sing. 2 aor. act. subj. . . . . ὁράω
εἶδεν 3 p. sing. 2 aor. act. ind. . . . . id.
ἐχάρη 3 p. sing. 2 aor. pass. ind. . . . . χαίρω
57 εἶπαν 3 p. pl. 2 aor. act. ind. . . . . λέγω
ἔχεις 2 p. sing. pres. act. ind. . . . . ἔχω
ἑώρακας 2 p. sing. perf. act. ind. . . . . ὁράω
58 εἶπεν 3 p. sing. 2 aor. act. ind. . . . . λέγω
γενέσθαι 2 aor. mid. infin. . . . . γίνομαι
59 ἦραν 3 p. pl. 1 aor. act. ind. . . . . αἴρω
βάλωσιν 3 p. pl. 2 aor. act. subj. . . . . βάλλω
ἐκρύβη 3 p. sing. 2 aor. pass. ind. . . . . κρύπτω
ἐξῆλθεν 3 p. sing. 2 aor. act. ind. . . . . ἐξέρχομαι

9

1 παράγων pres. act. ptc. nom. sing. masc. . . . . . παράγω
εἶδεν 3 p. sing. 2 aor. act. ind. . . . . ὁράω
2 ἠρώτησαν 3 p. pl. 1 aor. act. ind. . . . . ἐρωτάω
λέγοντες pres. act. ptc. nom. pl. masc. . . . . . . λέγω
ἥμαρτεν 3 p. sing. 2 aor. act. ind. . . . . ἁμαρτάνω
γεννηθῇ 3 p. sing. 1 aor. pass. subj. . . . . γεννάω
3 ἀπεκρίθη 3 p. sing. 1 aor. pass. ind. . . . . . . ἀποκρίνομαι
φανερωθῇ 3 p. sing. 1 aor. pass. subj. . . . . . . φανερόω
4 δεῖ 3 p. sing. pres. act. imper. . . . . δεῖ
ἐργάζεσθαι pres. mid. infin. . . . . ἐργάζομαι
πέμψαντος 1 aor. act. ptc. gen. sing. masc. . . . . πέμπω
ἔστιν 3 p. sing. pres. act. ind. . . . . εἰμί
ἔρχεται 3 p. sing. pres. mid. ind. . . . . ἔρχομαι
δύναται 3 p. sing. pres. pass. ind. . . . . δύναμαι
5 ὦ 1 p. sing. pres. act. subj. . . . . εἰμί
6 εἰπών 2 aor. act. ptc. nom. sing. masc. . . . . . λέγω
ἐπτυσεν 3 p. sing. 1 aor. act. ind. . . . . πτύω
ἐποίησεν 3 p. sing. 1 aor. act. ind. . . . . ποιέω
ἐπέθηκεν 3 p. sing. 1 aor. act. ind. . . . . ἐπιτίθημι
7 εἶπεν 3 p. sing. 2 aor. act. ind. . . . . λέγω
ὕπαγε 2 p. sing. pres. act. imper. . . . . ὑπάγω
νίψαι 2 p. sing. 1 aor. mid. imper. . . . . νίπτω
ἑρμηνεύεται 3 p. sing. pres. pass. ind. . . . . . . ἑρμηνεύω
ἀπεσταλμένος pres. pass. ptc. nom. sing. masc. ἀποστέλλω
ἀπῆλθεν 3 p. sing. 2 aor. act. ind. . . . . ἀπέρχομαι
ἐνίψατο 3 p. sing. 1 aor. mid. ind. . . . . νίπτω
ἦλθεν 3 p. sing. 2 aor. act. ind. . . . . ἔρχομαι
βλέπων pres. act. ptc. nom. sing. masc. . . . . . . βλέπω
8 θεωροῦντες pres. act. ptc. nom. pl. masc. . . . . θεωρέω
ἦν 3 p. sing. imperf. act. ind. . . . . εἰμί
ἔλεγον 3 p. pl. imperf. act. ind. . . . . λέγω
καθήμενος pres. mid. ptc. nom. sing. masc. . . . . κάθημαι
προσαιτῶν pres. act. ptc. nom. sing. masc. . . . προσαιτέω

```
9  ἔλεγεν 3 p. sing. imperf. act. ind. . . . . . . . . λέγω
10 ἔλεγον 3 p. pl. imperf. act. ind. . . . . . . . . . . id.
   ἠνεώχθησαν 3 p. pl. 1 aor. pass. ind. . . . . . . . ἀνοίγω
11 ἀπεκρίθη 3 p. sing. 1 aor. pass. ind. . . . ἀποκρίνομαι
   λεγόμενος pres. pass. ptc. nom. sing. masc. . . . . λέγω
   ἐποίησεν 3 p. sing. 1 aor. act. ind. . . . . . . . . ποιέω
   ἐπέχρισεν 3 p. sing. 1 aor. act. ind. . . . . . . . ἐπιχρίω
   εἶπεν 3 p. sing. 2 aor. act. ind. . . . . . . . . . λέγω
   ὕπαγε 2 p. sing. pres. act. imper. . . . . . . . . . ὑπάγω
   νίψαι 2 p. sing. 1 aor. mid. imper. . . . . . . . . νίπτω
   ἀπελθών 2 aor. act. ptc. nom. sing. masc. . . . ἀπέρχομαι
   νιψάμενος 1 aor. mid. ptc. nom. sing. masc. . . . . νίπτω
   ἀνέβλεψα 1 p. sing. 1 aor. act. ind. . . . . . . . ἀναβλέπω
12 εἶπαν 3 p. pl. 2 aor. act. ind. . . . . . . . . . . λέγω
   ἐστιν 3 p. sing. pres. act. ind. . . . . . . . . . . εἰμί
   λέγει 3 p. sing. pres. act. ind. . . . . . . . . . . λέγω
   οἶδα 1 p. sing. perf. act. ind. . . . . . . . . . . οἶδα
13 ἄγουσιν 3 p. pl. pres. act. ind. . . . . . . . . . . ἄγω
14 ἦν 3 p. sing. imperf. act. ind. . . . . . . . . . . εἰμί
   ἐποίησεν 3 p. sing. 1 aor. act. ind. . . . . . . . . ποιέω
   ἀνέῳξεν 3 p. sing. 1 aor. act. ind. . . . . . . . . ἀνοίγω
15 ἠρώτων 3 p. pl. imperf. act. ind. . . . . . . . . . ἐρωτάω
   ἀνέβλεψεν 3 p. sing. 1 aor. act. ind. . . . . . . ἀναβλέπω
   ἐπέθηκεν 3 p. sing. 1 aor. act. ind. . . . . . . . ἐπιτίθημι
   ἐνιψάμην 1 p. sing. 1 aor. mid. ind. . . . . . . . . νίπτω
16 τηρεῖ 3 p. sing. pres. act. ind. . . . . . . . . . . τηρέω
   δύναται 3 p. sing. pres. pass. ind. . . . . . . . . δύναμαι
   ποιεῖν pres. act. infin. . . . . . . . . . . . . . . ποιέω
17 λέγουσιν 3 p. pl. pres. act. ind. . . . . . . . . . λέγω
   λέγεις 2 p. sing. pres. act. ind. . . . . . . . . . . id.
   ἠνέῳξεν 3 p. sing. 1 aor. act. ind. . . . . . . . . ἀνοίγω
18 ἐπίστευσαν 3 p. pl. 1 aor. act. ind. . . . . . . . πιστεύω
   ἀνέβλεψεν 3 p. sing. 1 aor. act. ind. . . . . . . ἀναβλέπω
   ἐφώνησαν 3 p. pl. 1 aor. act. ind. . . . . . . . . φωνέω
   ἀναβλέψαντος 1 aor. act. ptc. gen. sing. masc. . ἀναβλέπω
19 ἠρώτησαν 3 p. pl. 1 aor. act. ind. . . . . . . . . ἐρωτάω
   λέγοντες pres. act. ptc. nom. pl. masc. . . . . . . λέγω
   λέγετε 2 p. pl. pres. act. ind. . . . . . . . . . . id.
   ἐγεννήθη 3 p. sing. 1 aor. pass. ind. . . . . . . . γεννάω
   βλέπει 3 p. sing. pres. act. ind. . . . . . . . . . βλέπω
20 ἀπεκρίθησαν 3 p. pl. 1 aor. pass. ind. . . . ἀποκρίνομαι
   οἴδαμεν 1 p. pl. perf. act. ind. . . . . . . . . . . οἶδα
21 ἤνοιξεν 3 p. sing. 1 aor. act. ind. . . . . . . . . ἀνοίγω
   ἐρωτήσατε 2 p. pl. 1 aor. act. imper. . . . . . . . ἐρωτάω
   ἔχει 3 p. sing. pres. act. ind. . . . . . . . . . . ἔχω
   λαλήσει 3 p. sing. fut. act. ind. . . . . . . . . . λαλέω
22 ἐφοβοῦντο 3 p. pl. imperf. pass. ind. . . . . . . φοβέομαι
   συνετέθειντο 3 p. pl. plupf. pass. ind. . . . συντίθημι
   ὁμολογήσῃ 3 p. sing. 1 aor. act. subj. . . . . . . ὁμολογέω
   γένηται 3 p. sing. 2 aor. mid. subj. . . . . . . . γίνομαι
23 ἔχει 3 p. sing. pres. act. ind. . . . . . . . . . . ἔχω
   ἐπερωτήσατε 2 p. pl. 1 aor. act. ind. or imper. ἐπερωτάω
24 ἐφώνησαν 3 p. pl. 1 aor. act. ind. . . . . . . . . φωνέω
   δός 2 p. sing. 2 aor. act. imper. . . . . . . . . . δίδωμι
25 ἀπεκρίθη 3 p. sing. 1 aor. pass. ind. . . . . ἀποκρίνομαι
```

οἶδα 1 p. sing. perf. act. ind. . . . . οἶδα
ὤν pres. act. ptc. nom. sing. masc. . . . . εἰμί
26 εἶπαν 3 p. pl. 2 aor. act. ind. . . . . λέγω
ἐποίησεν 3 p. sing. 1 aor. act. ind. . . . . ποιέω
ἤνοιξεν 3 p. sing. 1 aor. act. ind. . . . . ἀνοίγω
27 ἀπεκρίθη 3 p. sing. 1 aor. pass. ind. . . . ἀποκρίνομαι
εἶπον 1 p. sing. or 3 p. pl. 2 aor. act. ind. . . . . λέγω
ἠκούσατε 2 p. pl. 1 aor. act. ind. . . . . ἀκούω
θέλετε 2 p. pl. pres. act. ind. . . . . θέλω
ἀκούειν pres. act. infin. . . . . ἀκούω
γενέσθαι 2 aor. mid. infin. . . . . γίνομαι
28 ἐλοιδόρησαν 3 p. pl. 1 aor. act. ind. . . . . . . λοιδορέω
εἶ 2 p. sing. pres. act. ind. . . . . εἰμί
ἐσμέν 1 p. pl. pres. act. ind. . . . . id.
29 οἴδαμεν 1 p. pl. perf. act. ind. . . . . οἶδα
λελάληκεν 3 p. sing. perf. act. ind. . . . . λαλέω
ἐστιν 3 p. sing. pres. act. ind. . . . . εἰμί
30 ἀπεκρίθη 3 p. sing. 1 aor. pass. ind. . . . ἀποκρίνομαι
εἶπεν 3 p. sing. 2 aor. act. ind. . . . . λέγω
οἴδατε 2 p. pl. perf. act. ind. . . . . οἶδα
31 ἀκούει 3 p. sing. pres. act. ind. . . . . ἀκούω
ᾖ 3 p. sing. pres. act. subj. . . . . εἰμί
ποιῇ 3 p. sing. pres. act. subj. . . . . ποιέω
32 ἠκούσθη 3 p. sing. 1 aor. pass. ind. . . . . ἀκούω
ἠνέῳξεν 3 p. sing. 1 aor. act. ind. . . . . ἀνοίγω
γεγεννημένου perf. pass. ptc. gen. sing. masc. . . γεννάω
33 ἦν 3 p. sing. imperf. act. ind. . . . . εἰμί
ἠδύνατο 3 p. sing. imperf. pass. ind. . . . . . . δύναμαι
ποιεῖν pres. act. infin. . . . . ποιέω
34 ἀπεκρίθησαν 3 p. pl. 1 aor. pass. ind. . . . ἀποκρίνομαι
ἐγεννήθης 2 p. sing. 1 aor. pass. ind. . . . . . . γεννάω
διδάσκεις 2 p. sing. pres. act. ind. . . . . διδάσκω
ἐξέβαλον 3 p. pl. 2 aor. act. ind. . . . . ἐκβάλλω
35 ἤκουσεν 3 p. sing. 1 aor. act. ind. . . . . ἀκούω
εὑρών 2 aor. act. ptc. nom. sing. masc. . . . . . εὑρίσκω
πιστεύεις 2 p. sing. pres. act. ind. . . . . πιστεύω
36 πιστεύσω 1 p. s. 1 aor. act. subj. or fut. act. ind.   id.
37 ἑώρακας 2 p. sing. perf. act. ind. . . . . ὁράω
λαλῶν pres. act. ptc. nom. sing. masc. . . . . . . λαλέω
38 ἔφη 3 p. sing. 2 aor. act. ind. . . . . φημί
προσεκύνησεν 3 p. sing. 1 aor. act. ind. . . . προσκυνέω
39 ἦλθον 1 p. sing. 2 aor. act. ind. . . . . ἔρχομαι
βλέποντες pres. act. ptc. nom. pl. masc. . . . . . βλέπω
βλέπωσιν 3 p. pl. pres. act. subj. . . . . id.
γένωνται 3 p. pl. 2 aor. mid. subj. . . . . γίνομαι
40 ἤκουσαν 3 p. pl. 1 aor. act. ind. . . . . ἀκούω
ὄντες pres. act. ptc. nom. pl. masc. . . . . εἰμί
41 ἦτε 2 p. pl. imperf. act. ind. . . . . id.
εἴχετε 2 p. pl. imperf. act. ind. . . . . ἔχω
λέγετε 2 p. pl. pres. act. ind. . . . . λέγω
βλέπομεν 1 p. pl. pres. act. ind. . . . . βλέπω
μένει 3 p. sing. pres. act. ind. . . . . μένω

10

1 εἰσερχόμενος pres. mid. ptc. nom. sing. masc. εἰσέρχομαι

ἀναβαίνων pres. act. ptc. nom. sing. masc. . . .ἀναβαίνω
ἐστίν 3 p. sing. pres. act. ind. . . . . εἰμί
3 ἀνοίγει 3 p. sing. pres. act. ind. . . . . ἀνοίγω
ἀκούει 3 p. sing. pres. act. ind. . . . . ἀκούω
φωνεῖ 3 p. sing. pres. act. ind. . . . . .φωνέω
ἐξάγει 3 p. sing. pres. act. ind. . . . . ἐξάγω
4 ἐκβάλῃ 3 p. sing. 2 aor. act. subj. . . . . ἐκβάλλω
πορεύεται 3 p. sing. pres. mid. ind. . . . . . . πορεύομαι
ἀκολουθεῖ 3 p. sing. pres. act. ind. . . . . . ἀκολουθέω
οἴδασιν 3 p. pl. perf. act. ind. . . . . .οἶδα
5 ἀκολουθήσουσιν 3 p. pl. fut. act. ind. . . . . ἀκολουθέω
φεύξονται 3 p. pl. fut. mid. ind. . . . . .φεύγω
6 εἶπεν 3 p. sing. 2 aor. act. ind. . . . . .λέγω
ἔγνωσαν 3 p. pl. 2 aor. act. ind. . . . . .γινώσκω
ἦν 3 p. sing. imperf. act. ind. . . . . .εἰμί
ἐλάλει 3 p. sing. imperf. act. ind. . . . . λαλέω
8 ἦλθον 3 p. pl. 2 aor. act. ind. . . . . ἔρχομαι
εἰσίν 3 p. pl. pres. act. ind. . . . . εἰμί
ἤκουσαν 3 p. pl. 1 aor. act. ind. . . . . ἀκούω
9 εἰσέλθῃ 3 p. sing. 2 aor. act. subj. . . . . . εἰσέρχομαι
σωθήσεται 3 p. sing. fut. pass. ind. . . . . σῴζω
εἰσελεύσεται 3 p. sing. fut. mid. ind. . . . εἰσέρχομαι
ἐξελεύσεται 3 p. sing. fut. mid. ind. . . . . . ἐξέρχομαι
εὑρήσει 3 p. sing. fut. act. ind. . . . . εὑρίσκω
10 ἔρχεται 3 p. sing. pres. mid. ind. . . . . .ἔρχομαι
κλέψῃ 3 p. sing. 1 aor. act. subj. . . . . κλέπτω
θύσῃ 3 p. sing. 1 aor. act. subj. . . . . .θύω
ἀπολέσῃ 3 p. sing. 1 aor. act. subj. . . . . . ἀπόλλυμι
ἔχωσιν 3 p. pl. pres. act. subj. . . . . ἔχω
11 τίθησιν 3 p. sing. pres. act. ind. . . . . τίθημι
12 ὤν pres. act. ptc. nom. sing. masc. . . . . εἰμί
θεωρεῖ 3 p. sing. pres. act. ind. . . . . .θεωρέω
ἐρχόμενον pres. mid. ptc. acc. sing. m. or ne. . ἔρχομαι
ἀφίησιν 3 p. sing. pres. act. ind. . . . . .ἀφίημι
φεύγει 3 p. sing. pres. act. ind. . . . . φεύγω
ἁρπάζει 3 p. sing. pres. act. ind. . . . . ἁρπάζω
σκορπίζει 3 p. sing. pres. act. ind. . . . . . . σκορπίζω
13 μέλει 3 p. sing. pres. act. impers. . . . . .μέλω
14 γινώσκουσιν 3 p. pl. pres. act. ind. . . . . . . γινώσκω
15 γινώσκει 3 p. sing. pres. act. ind. . . . . id.
τίθημι 1 p. sing. pres. act. ind. . . . . τίθημι
16 δεῖ 3 p. sing. pres. act. impers. . . . . .δεῖ
ἀγαγεῖν 2 aor. act. infin. . . . . .ἄγω
ἀκούσουσιν 3 p. pl. fut. act. ind. . . . . ἀκούω
γενήσεται 3 p. sing. fut. mid. ind. . . . . . . .γίνομαι
17 ἀγαπᾷ 3 p. sing. pres. act. subj. or ind. . . . . .ἀγαπάω
λάβω 1 p. sing. 2 aor. act. subj. . . . . λαμβάνω
18 ἦρεν 3 p. sing. 1 aor. act. ind. . . . . .αἴρω
θεῖναι 2 aor. act. infin. . . . . .τίθημι
λαβεῖν 2 aor. act. infin. . . . . λαμβάνω
ἔλαβον 1 p. s. or 3 p. pl. 2 aor. act. ind. . . . . . id.
19 ἐγένετο 3 p. sing. 2 aor. mid. ind. . . . . .γίνομαι
20 ἔλεγον 3 p. pl. imperf. act. ind. . . . . .λέγω
ἔχει 3 p. sing. pres. act. ind. . . . . .ἔχω
μαίνεται 3 p. sing. pres. mid. ind. . . . . . . .μαίνομαι

ἀκούετε 2 p. pl. pres. act. ind. . . . . ἀκούω
21 ἔστιν 3 p. sing. pres. act. ind. . . . . εἰμί
δαιμονιζομένου pres. mid. ptc. gen. s. masc.δαιμονίζομαι
δύναται 3 p. sing. pres. pass. ind. . . . . δύναμαι
ἀνοῖξαι 1 aor. act. infin. . . . . ἀνοίγω
22 ἐγένετο 3 p. sing. 2 aor. mid. ind. . . . . γίνομαι
ἦν 3 p. sing. imperf. act. ind. . . . . εἰμί
23 περιεπάτει 3 p. sing. imperf. act. ind. . . . περιπατέω
24 ἐκύκλωσαν 3 p. pl. 1 aor. act. ind. . . . . κυκλόω
ἔλεγον 3 p. pl. imperf. act. ind. . . . . λέγω
αἴρεις 2 p. sing. pres. act. ind. . . . . αἴρω
εἶ 2 p. sing. pres. act. ind. . . . . εἰμί
εἰπόν 2 p. sing. 2 aor. act. imper. . . . . λέγω
25 ἀπεκρίθη 3 p. sing. 1 aor. pass. ind. . . . . ἀποκρίνομαι
πιστεύετε 2 p. pl. pres. act. ind. . . . . πιστεύω
ποιῶ 1 p. sing. pres. act. ind. . . . . ποιέω
μαρτυρεῖ 3 p. sing. pres. act. ind. . . . . .μαρτυρέω
26 ἐστε 2 p. pl. pres. act. ind. . . . . εἰμί
27 ἀκούουσιν 3 p. pl. pres. act. ind. . . . . ἀκούω
ἀκολουθοῦσιν 3 p. pl. pres. act. ind. . . . . .ἀκολουθέω
28 δίδωμι 1 p. sing. pres. act. ind. . . . . .δίδωμι
ἁρπάσωνται 3 p. pl. 2 aor. mid. subj. . . . . . .ἀπόλλυμι
ἁρπάσει 3 p. sing. fut. act. ind. . . . . ἁρπάζω
29 δέδωκεν 3 p. sing. perf. act. ind. . . . . δίδωμι
ἁρπάζειν pres. act. infin. . . . . ἁρπάζω
30 ἐσμεν 1 p. pl. pres. act. ind. . . . . εἰμί
31 ἐβάστασαν 3 p. pl. 1 aor. act. ind. . . . . .βαστάζω
λιθάσωσιν 3 p. pl. 1 aor. act. subj. . . . . .λιθάζω
32 λιθάζετε 2 p. pl. pres. act. ind. . . . . id.
ἔδειξα 1 p. sing. 1 aor. act. ind. . . . . .δείκνυμι
ἀπεκρίθησαν 3 p. pl. 1 aor. pass. ind. . . . ἀποκρίνομαι
λιθάζομεν 1 p. pl. pres. act. ind. . . . . .λιθάζω
ὤν pres. act. ptc. nom. sing. masc. . . . . εἰμί
ποιεῖς 2 p. sing. pres. act. ind. . . . . ποιέω
34 γεγραμμένον perf. pass. ptc. nom. or acc. s. neut. γράφω
εἶπα 1 p. sing. 2 aor. act. ind. . . . . λέγω
35 εἶπεν 3 p. sing. 2 aor. act. ind. . . . . id.
λυθῆναι 1 aor. pass. infin. . . . . λύω
36 ἡγίασεν 3 p. sing. 1 aor. act. ind. . . . . ἁγιάζω
ἀπέστειλεν 3 p. sing. 1 aor. act. ind. . . . . . ἀποστέλλω
λέγετε 2 p. pl. pres. act. ind. . . . . λέγω
βλασφημεῖς 2 p. sing. pres. act. ind. . . . . . .βλασφημέω
εἶπον 1 p. sing. 2 aor. act. ind. . . . . λέγω
38 πιστεύητε 2 p. pl. pres. act. subj. . . . . . . .πιστεύω
γνῶτε 2 p. pl. 2 aor. act. imper. or subj. . . . . .γινώσκω
γινώσκητε 2 p. pl. pres. act. subj. . . . . id.
39 ἐζήτουν 3 p. pl. imperf. act. ind. . . . . ζητέω
πιάσαι 1 aor. act. infin. . . . . πιάζω
ἐξῆλθεν 3 p. sing. 2 aor. act. ind. . . . . ἐξέρχομαι
40 ἀπῆλθεν 3 p. sing. 2 aor. act. ind. . . . . ἀπέρχομαι
βαπτίζων pres. act. ptc. nom. sing. masc. . . . . βαπτίζω
ἔμενεν 3 p. sing. imperf. act. ind. . . . . .μένω
41 ἦλθον 3 p. pl. 2 aor. act. ind. . . . . ἔρχομαι
ἐποίησεν 3 p. sing. 1 aor. act. ind. . . . . ποιέω
42 ἐπίστευσαν 3 p. pl. 1 aor. act. ind. . . . . πιστεύω

11

1 ἀσθενῶν pres. act. ptc. nom. sing. masc. . . . . . .ἀσθενέω
2 ἦν 3 p. sing. imp. act. ind. . . . . εἰμί
  ἀλείφασα 1 aor. act. ptc. nom. sing. fem. . . . . .ἀλείφω
  ἐκμάξασα 1 aor. act. ptc. nom. sing. fem. . . . . ἐκμάσσω
  ἠσθένει 3 p. sing. imperf. act. ind. . . . . .ἀσθενέω
3 ἀπέστειλαν 3 p. pl. 1 aor. act. ind. . . . . . . ἀποστέλλω
  λέγουσαι pres. act. ptc. nom. pl. fem. . . . . λέγω
  φιλεῖς 2 p. sing. pres. act. ind. . . . . φιλέω
  ἀσθενεῖ 3 p. sing. pres. act. ind. . . . . .ἀσθενέω
  ἴδε 2 p. sing. 2 aor. act. imper. . . . . ὁράω
4 ἀκούσας 1 aor. act. ptc. nom. sing. masc. . . . . . ἀκούω
  εἶπεν 3 p. sing. 2 aor. act. ind. . . . . λέγω
  ἐστιν 3 p. sing. pres. act. ind. . . . . εἰμί
  δοξασθῇ 3 p. sing. 1 aor. pass. subj. . . . . .δοξάζω
5 ἠγάπα 3 p. sing. imperf. act. ind. . . . . ἀγαπάω
6 ἤκουσεν 3 p. sing. 1 aor. act. ind. . . . . ἀκούω
  ἔμεινεν 3 p. sing. 1 aor. act. ind. . . . . .μένω
7 λέγει 3 p. sing. pres. act. ind. . . . . λέγω
  ἄγωμεν 1 p. pl. pres. act. subj. . . . . .ἄγω
8 λέγουσιν 3 p. pl. pres. act. ind. . . . . .λέγω
  ἐζήτουν 3 p. pl. imperf. act. ind. . . . . .ζητέω
  λιθάσαι 1 aor. act. infin. . . . . .λιθάζω
  ὑπάγεις 2 p. sing. pres. act. ind. . . . . .ὑπάγω
9 ἀπεκρίθη 3 p. sing. 1 aor. pass. ind. . . . .ἀποκρίνομαι
  εἰσιν 3 p. pl. pres. act. ind. . . . . εἰμί
  περιπατῇ 3 p. sing. pres. act. subj. . . . . . περιπατέω
  προσκόπτει 3 p. sing. pres. act. ind. . . . . . .προσκόπτω
  βλέπει 3 p. sing. pres. act. ind. . . . . βλέπω
11 κεκοίμηται 3 p. sing. perf. pass. ind. . . . . . . .κοιμάω
  πορεύομαι 1 p. sing. pres. mid. ind. . . . . . .πορεύομαι
  ἐξυπνίσω 1 p. sing. 1 aor. act. subj. . . . . . . ἐξυπνίζω
12 εἶπαν 3 p. pl. 2 aor. act. ind. . . . . .λέγω
  σωθήσεται 3 p. sing. fut. pass. ind. . . . . σῴζω
13 εἰρήκει 3 p. sing. plupf. act. ind. . . . . εἶπον
  ἔδοξαν 3 p. pl. 1 aor. act. ind. . . . . .δοκέω
14 ἀπέθανεν 3 p. sing. 2 aor. act. ind. . . . . . . ἀποθνῄσκω
15 χαίρω 1 p. sing. pres. act. ind. . . . . .χαίρω
  πιστεύσητε 2 p. pl. 1 aor. act. subj. . . . . πιστεύω
  ἤμην 1 p. sing. imperf. act. ind. . . . . εἰμί
16 λεγόμενος pres. pass. ptc. nom. sing. masc. . . . . .λέγω
  ἀποθάνωμεν 1 p. pl. 2 aor. act. subj. . . . . . ἀποθνῄσκω
17 ἐλθών 2 aor. act. ptc. nom. sing. masc. . . . . . ἔρχομαι
  εὗρεν 3 p. sing. 2 aor. act. ind. . . . . εὑρίσκω
  ἔχοντα pres. act. ptc. acc. sing. masc. . . . . ἔχω
19 ἐληλύθεισαν 3 p. pl. plupf. act. ind. . . . . .ἔρχομαι
  παραμυθήσωνται 3 p. pl. 1 aor. mid. subj. . παραμυθέομαι
20 ἔρχεται 3 p. sing. pres. mid. ind. . . . . .ἔρχομαι
  ὑπήντησεν 3 p. sing. 1 aor. act. ind. . . . . . . .ὑπαντάω
  ἐκαθέζετο 3 p. sing. imperf. mid. ind. . . . . . καθέζομαι
21 ἦς 2 p. sing. imperf. act. ind. . . . . εἰμί
22 οἶδα 1 p. sing. 2 perf. act. ind. . . . . .οἶδα
  αἰτήσῃ 2 p. s.1 aor. m.subj.or 3 p. s. 1 aor. a. subj. αἰτέω
  δώσει 3 p. sing. fut. act. ind. . . . . .δίδωμι
23 ἀναστήσεται 3 p. sing. fut. mid. ind. . . . . . . ἀνίστημι

25 εἶπεν 3 p. sing. 2 aor. act. ind. . . . . .λέγω
πιστεύων pres. act. ptc. nom. sing. masc. . . . . πιστεύω
ἀποθάνῃ 3 p. sing. 2 aor. act. subj. . . . . . . ἀποθνῄσκω
ζήσεται 3 p. sing. fut. mid. ind. . . . . ζάω
26 ζῶν pres. act. ptc. nom. sing. masc. . . . . id.
πιστεύεις 2 p. sing. pres. act. ind. . . . . πιστεύω
27 λέγει 3 p. sing. pres. act. ind. . . . . λέγω
πεπίστευκα 1 p. sing. perf. act. ind. . . . . πιστεύω
εἶ 2 p. sing. pres. act. ind. . . . . εἰμί
ἐρχόμενος pres. mid. ptc. nom. sing. masc. . . . ἔρχομαι
28 ἀπῆλθεν 3 p. sing. 2 aor. act. ind. . . . . . . ἀπέρχομαι
ἐφώνησεν 3 p. sing. 1 aor. act. ind. . . . . .φωνέω
εἰποῦσα 2 aor. act. ptc. nom. sing. fem. . . . . . . λέγω
πάρεστιν 3 p. sing. pres. act. ind. . . . . .πάρειμι
φωνεῖ 3 p. sing. pres. act. ind. . . . . .φωνέω
29 ἤκουσεν 3 p. sing. 1 aor. act. ind. . . . . ἀκούω
ἐγείρεται 3 p. sing. pres. mid. ind. . . . . ἐγείρω
ἤρχετο 3 p. sing. imprf. mid. ind. . . . . .ἔρχομαι
30 ἐληλύθει 3 p. sing. plupf. act. ind. . . . . id.
ἦν 3 p. sing. imperf. act. ind. . . . . εἰμί
ὑπήντησεν 3 p. sing. 1 aor. act. ind. . . . . . . ὑπαντάω
31 ὄντες pres. act. ptc. nom. pl. masc. . . . . εἰμί
παραμυθούμενοι pres. mid. ptc. nom. pl. m. παραμυθέομαι
ἰδόντες 2 aor. act. ptc. nom. pl. masc. . . . . . .ὁράω
ἀνέστη 3 p. sing. 2 aor. act. ind. . . . . .ἀνίστημι
ἐξῆλθεν 3 p. sing. 2 aor. act. ind. . . . . . . ἐξέρχομαι
ἠκολούθησαν 3 p. pl. 1 aor. act. ind. . . . . ἀκολουθέω
δόξαντες 1 aor. act. ptc. nom. pl. masc. . . . . . .δοκέω
ὑπάγει 3 p. sing. pres. act. ind. . . . . ὑπάγω
κλαύσῃ 3 p. sing. 1 aor. act. subj. . . . . κλαίω
32 ἦλθεν 3 p. sing. 2 aor. act. ind. . . . . .ἔρχομαι
ἰδοῦσα 2 aor. act. ptc. nom. sing. fem. . . . . . . .ὁράω
ἔπεσεν 3 p. sing. 2 aor. act. ind. . . . . .πίπτω
λέγουσα pres. act. ptc. nom. sing. fem. . . . . . . .λέγω
ἧς 2 p. sing. imperf. act. ind. . . . . εἰμί
ἀπέθανεν 3 p. sing. 2 aor. act. ind. . . . . . . ἀποθνῄσκω
33 εἶδεν 3 p. sing. 2 aor. act. ind. . . . . .ὁράω
κλαίουσαν pres. act. ptc. acc. sing. fem. . . . . . κλαίω
συνελθόντας 2 aor. act. ptc. acc. pl. masc. . συνέρχομαι
κλαίοντας pres. act. ptc. acc. pl. masc. . . . . . .κλαίω
ἐνεβριμήσατο 3 p. sing. 1 aor. mid. ind. . .ἐμβριμάομαι
ἐτάραξεν 3 p. sing. 1 aor. act. ind. . . . . .ταράσσω
34 τεθείκατε 2 p. pl. perf. act. ind. . . . . τίθημι
λέγουσιν 3 p. pl. pres. act. ind. . . . . .λέγω
ἔρχου 2 p. sing. pres. mid. imper. . . . . .ἔρχομαι
ἴδε 2 p. sing. 2 aor. act. imper. . . . . .ὁράω
35 ἐδάκρυσεν 3 p. sing. 1 aor. act. ind. . . . . . .δακρύω
36 ἔλεγον 3 p. pl. imperf. act. ind. . . . . .λέγω
ἐφίλει 3 p. sing. imperf. act. ind. . . . . .φιλέω
37 εἶπαν 3 p. pl. 2 aor. act. ind. . . . . .λέγω
ἐδύνατο 3 p. sing. imperf. pass. ind. . . . . δύναμαι
ἀνοίξας 1 aor. act. ptc. nom. sing. masc. . . . . .ἀνοίγω
ποιῆσαι 1 aor. act. infin. . . . . ποιέω
38 ἐμβριμώμενος pres. mid. ptc. nom. sing. m. .ἐμβριμάομαι
ἔρχεται 3 p. sing. pres. mid. ind. . . . . ἔρχομαι

ἦν 3 p. sing. imperf. act. ind. . . . . εἰμί
ἐπέκειτο 3 p. sing. imperf. mid. ind. . . . . . . ἐπίκειμαι
39 λέγει 3 p. sing. pres. act. ind. . . . . λέγω
ἄρατε 2 p. pl. 1 aor. act. imper. . . . . αἴρω
τετελευτηκότος perf. act. ptc. gen. sing. masc. τελευτάω
ὄζει 3 p. sing. pres. act. ind. . . . . ὄζω
ἐστιν 3 p. sing. pres. act. ind. . . . . εἰμί
40 εἶπον 1 p. sing. 2 aor. act. ind. . . . . λέγω
πιστεύσῃς 2 p. sing. 1 aor. act. subj. . . . . . . πιστεύω
ὄψῃ 2 p. sing. fut. mid. ind. . . . . ὁράω
41 ἦραν 3 p. pl. 1 aor. act. ind. . . . . αἴρω
ἦρεν 3 p. sing. 1 aor. act. ind. . . . . id.
εἶπεν 3 p. sing. 2 aor. act. ind. . . . . λέγω
εὐχαριστῶ 1 p. sing. pres. act. ind. . . . . . . εὐχαριστέω
ἤκουσας 2 p. sing. 1 aor. act. ind. . . . . ἀκούω
42 ᾔδειν 1 p. sing. plupf. act. ind. . . . . οἶδα
ἀκούεις 2 p. sing. pres. act. ind. . . . . .ἀκούω
περιεστῶτα perf. act. ptc. acc. sing. masc. . . περιΐστημι
πιστεύσωσιν 3 p. pl. 1 aor. act. subj. . . . . . . πιστεύω
ἀπέστειλας 2 p. sing. 1 aor. act. ind. . . . . ἀποστέλλω
43 εἰπών 2 aor. act. ptc. nom. sing. masc. . . . . λέγω
ἐκραύγασεν 3 p. sing. 1 aor. act. ind. . . . . . .κραυγάζω
44 ἐξῆλθεν 3 p. sing. 2 aor. act. ind. . . . . . .ἐξέρχομαι
τεθνηκώς perf. act. ptc. nom. sing. masc. . . . . . θνήσκω
δεδεμένος perf. pass. ptc. nom. sing. masc. . . . . . δέω
περιεδέδετο 3 p. sing. plupf. pass. ind. . . . . περιδέω
λύσατε 2 p. pl. 1 aor. act. imper. . . . . λύω
ἄφετε 2 p. pl. 2 aor. act. imper. . . . . .ἀφίημι
ὑπάγειν pres. act. infin. . . . . ὑπάγω
45 ἐλθόντες 2 aor. act. ptc. nom. pl. masc. . . . . ἔρχομαι
θεασάμενοι 1 aor. mid. ptc. nom. pl. masc. . . . θεάομαι
ἐποίησεν 3 p. sing. 1 aor. act. ind. . . . . ποιέω
ἐπίστευσαν 3 p. pl. 1 aor. act. ind. . . . . πιστεύω
46 ἀπῆλθον 3 p. pl. 2 aor. act. ind. . . . . ἀπέρχομαι
εἶπαν 3 p. pl. 2 aor. act. ind. . . . . .λέγω
47 συνήγαγον 3 p. pl. 2 aor. act. ind. . . . . συνάγω
ἔλεγον 3 p. pl. imperf. act. ind. . . . . λέγω
ποιοῦμεν 1 p. pl. pres. act. ind. . . . . ποιέω
ποιεῖ 3 p. sing. pres. act. ind. . . . . id.
48 ἀφῶμεν 1 p. pl. 2 aor. act. subj. . . . . .ἀφίημι
πιστεύσουσιν 3 p. pl. fut. act. ind. . . . . πιστεύω
ἐλεύσονται 3 p. pl. fut. mid. ind. . . . . ἔρχομαι
ἀροῦσιν 3 p. pl. fut. act. ind. . . . . αἴρω
49 ὤν pres. act. ptc. nom. sing. masc. . . . . εἰμί
οἴδατε 2 p. pl. perf. act. ind. . . . . οἶδα
50 λογίζεσθε 2 p. pl. pres. mid. ind. . . . . λογίζομαι
συμφέρει 3 p. sing. pres. act. ind. . . . . συμφέρω
ἀποθάνῃ 3 p. sing. 2 aor. act. subj. . . . . . . .ἀποθνήσκω
ἀπόληται 3 p. sing. 2 aor. mid. subj. . . . . . . ἀπόλλυμι
51 ἐπροφήτευσεν 3 p. sing. 1 aor. act. ind. . . . . προφητεύω
ἔμελλεν 3 p. sing. imperf. act. ind. . . . . .μέλλω
ἀποθνήσκειν pres. act. infin. . . . . .ἀποθνήσκω
52 διεσκορπισμένα perf. pass. ptc. acc. pl. ne. διασκορπίζω
συναγάγῃ 3 p. sing. 2 aor. act. subj. . . . . .συνάγω
53 ἐβουλεύσαντο 3 p. pl. 1 aor. mid. ind. . . . . . . βουλεύω

ἀποκτείνωσιν 3 p. pl. pres. act. subj. . . . . . ἀποκτείνω
54 περιεπάτει 3 p. sing. imperf. act. ind. . . . .περιπατέω
    ἀπῆλθεν 3 p. sing. 2 aor. act. ind. . . . . . .ἀπέρχομαι
    λεγομένην pres. mid. ptc. acc. sing. fem. . . . . . λέγω
    ἔμεινεν 3 p. sing. 1 aor. act. ind. . . . . μένω
55 ἦν 3 p. sing. imperf. act. ind. . . . . εἰμί
    ἀνέβησαν 3 p. pl. 2 aor. act. ind. . . . . . .ἀναβαίνω
    ἁγνίσωσιν 3 p. pl. 1 aor. act. subj. . . . . . .ἁγνίζω
56 ἐζήτουν 3 p. pl. imperf. act. ind. . . . . ζητέω
    ἔλεγον 3 p. pl. imperf. act. ind. . . . . .λέγω
    ἑστηκότες perf. act. ptc. nom. pl. masc. . . . . .ἵστημι
    δοκεῖν pres. act. infin. . . . . .δοκέω
    ἔλθῃ 3 p. sing. 2 aor. act. subj. . . . . ἔρχομαι
57 δεδώκεισαν 3 p. pl. plupf. act. ind. . . . . . .δίδωμι
    γνῷ 3 p. sing. 2 aor. act. subj. . . . . .γινώσκω
    ἐστιν 3 p. sing. pres. act. ind. . . . . εἰμί
    μηνύσῃ 3 p. sing. 1 aor. act. subj. . . . . μηνύω
    πιάσωσιν 3 p. pl. 1 aor. act. subj. . . . . .πιάζω

12

1 ἦλθεν 3 p. sing. 2 aor. act. ind. . . . . ἔρχομαι
    ἦν 3 p. sing. imperf. act. ind. . . . . εἰμί
    ἤγειρεν 3 p. sing. 1 aor. act. ind. . . . . .ἐγείρω
2 ἐποίησαν 3 p. pl. 1 aor. act. ind. . . . . ποιέω
    διηκόνει 3 p. sing. imperf. act. ind. . . . . .διακονέω
    ἀνακειμένων pres. mid. ptc. gen. pl. masc. . . .ἀνάκειμαι
3 λαβοῦσα 2 aor. act. ptc. nom. sing. fem. . . . . .λαμβάνω
    ἤλειψεν 3 p. sing. 1 aor. act. ind. . . . . . . .ἀλείφω
    ἐξέμαξεν 3 p. sing. 1 aor. act. ind. . . . . . .ἐκμάσσω
    ἐπληρώθη 3 p. sing. 1 aor. pass. ind. . . . . . .πληρόω
4 λέγει 3 p. sing. pres. act. ind. . . . . λέγω
    μέλλων pres. act. ptc. nom. sing. masc. . . . . . .μέλλω
    παραδιδόναι pres. act. infin. . . . . .παραδίδωμι
5 ἐπράθη 3 p. sing. 1 aor. pass. ind. . . . . . .πιπράσκω
    ἐδόθη 3 p. sing. 1 aor. pass. ind. . . . . .δίδωμι
6 εἶπεν 3 p. sing. 2 aor. act. ind. . . . . .λέγω
    ἔμελεν 3 p. sing. imperf. act. ind. . . . . .μέλω
    ἔχων pres. act. ptc. nom. sing. masc. . . . . ἔχω
    βαλλόμενα pres. pass. ptc. nom. pl. neut. . . . . . βάλλω
    ἐβάσταζεν 3 p. sing. imperf. act. ind. . . . . .βαστάζω
7 ἄφες 2 p. sing. 2 aor. act. imper. . . . . .ἀφίημι
    τηρήσῃ 3 p. sing. 1 aor. act. subj. . . . . . . .τηρέω
8 ἔχετε 2 p. pl. pres. act. ind. . . . . .ἔχω
9 ἔγνω 3 p. sing. 2 aor. act. ind. . . . . .γινώσκω
    ἐστιν 3 p. sing. pres. act. ind. . . . . εἰμί
    ἦλθον 3 p. pl. 2 aor. act. ind. . . . . ἔρχομαι
    ἴδωσιν 3 p. pl. 2 aor. act. subj. . . . . .ὁράω
10 ἐβουλεύσαντο 3 p. sing. 1 aor. mid. ind. . . . . βουλεύω
    ἀποκτείνωσιν 3 p. pl. pres. act. subj. . . . . .ἀποκτείνω
11 ὑπῆγον 3 p. pl. imperf. act. ind. . . . . ὑπάγω
    ἐπίστευον 3 p. pl. imperf. act. ind. . . . . . . πιστεύω
12 ἐλθών 2 aor. act. ptc. nom. sing. masc. . . . . . ἔρχομαι
    ἀκούσαντες 1 aor. act. ptc. nom. pl. masc. . . . . ἀκούω
    ἔρχεται 3 p. sing. pres. mid. ind. . . . . .ἔρχομαι
13 ἔλαβον 3 p. pl. 2 aor. act. ind. . . . . .λαμβάνω

ἐξῆλθον 3 p. pl. 2 aor. act. ind. . . . . ἐξέρχομαι
ἐκραύγαζον 3 p. pl. imperf. act. ind. . . . . . κραυγάζω
εὐλογημένος perf. pass. ptc. nom. sing. masc. . . εὐλογέω
ἐρχόμενος pres. mid. ptc. nom. sing. masc. . . . ἔρχομαι
14 εὑρών 2 aor. act. ptc. nom. sing. masc. . . . . . εὑρίσκω
ἐκάθισεν 3 p. sing. 1 aor. act. ind. . . . . καθίζω
ἐστιν 3 p. sing. pres. act. ind. . . . . εἰμί
γεγραμμένον perf. pass. ptc. nom. or acc. s. neut. γράφω
15 φοβοῦ 2 p. sing. pres. mid. imper. . . . . φοβέω
ἰδού 2 p. sing. 2 aor. mid. imper. . . . . εἶδον
ἔρχεται 3 p. sing. pres. mid. ind. . . . . ἔρχομαι
καθήμενος pres. mid. ptc. nom. sing. masc. . . . . κάθημαι
16 ἔγνωσαν 3 p. pl. 2 aor. act. ind. . . . . γινώσκω
ἐδοξάσθη 3 p. sing. 1 aor. pass. ind. . . . . δοξάζω
ἐμνήσθησαν 3 p. pl. 1 aor. pass. ind. . . . . . . μιμνήσκω
ἦν 3 p. sing. imperf. act. ind. . . . . εἰμί
γεγραμμένα perf. pass. ptc. nom. or acc. pl. neut. . γράφω
ἐποίησαν 3 p. pl. 1 aor. act. ind. . . . . ποιέω
17 ἐμαρτύρει 3 p. sing. imperf. act. ind. . . . . . μαρτυρέω
ὤν pres. act. ptc. nom. sing. masc. . . . . εἰμί
ἐφώνησεν 3 p. sing. 1 aor. act. ind. . . . . φωνέω
ἤγειρεν 3 p. sing. 1 aor. act. ind. . . . . ἐγείρω
18 ὑπήντησεν 3 p. sing. 1 aor. act. ind. . . . . . . ὑπαντάω
ἤκουσαν 3 p. pl. 1 aor. act. ind. . . . . ἀκούω
πεποιηκέναι perf. act. infin. . . . . ποιέω
19 εἶπαν 3 p. pl. 2 aor. act. ind. . . . . λέγω
θεωρεῖτε 2 p. pl. pres. act. imper. or ind. . . . . θεωρέω
ὠφελεῖτε 2 p. pl. pres. act. ind. . . . . ὠφελέω
ἴδε 2 p. sing. 2 aor. act. imper. . . . . εἶδον
ἀπῆλθεν 3 p. sing. 2 aor. act. ind. . . . . ἀπέρχομαι
20 ἦσαν 3 p. pl. imperf. act. ind. . . . . εἰμί
ἀναβαινόντων pres. act. ptc. gen. pl. masc. . . ἀναβαίνω
προσκυνήσωσιν 3 p. pl. 1 aor. act. subj. . . . προσκυνέω
21 προσῆλθον 3 p. pl. 2 aor. act. ind. . . . . . προσέρχομαι
ἠρώτων 3 p. pl. imperf. act. ind. . . . . ἐρωτάω
λέγοντες pres. act. ptc. nom. pl. masc. . . . . . . λέγω
θέλομεν 1 p. pl. pres. act. ind. . . . . θέλω
ἰδεῖν 2 aor. act. infin. . . . . ὁράω
22 λέγει 3 p. sing. pres. act. ind. . . . . λέγω
λέγουσιν 3 p. pl. pres. act. ind. . . . . id.
23 ἀποκρίνεται 3 p. sing. pres. mid. ind. . . . ἀποκρίνομαι
λέγων pres. act. ptc. nom. sing. masc. . . . . λέγω
ἐλήλυθεν 3 p. sing. 2 perf. act. ind. . . . . ἔρχομαι
δοξασθῇ 3 p. sing. 1 aor. pass. subj. . . . . δοξάζω
24 πεσών 2 aor. act. ptc. nom. sing. masc. . . . . . . πίπτω
ἀποθάνη 3 p. sing. 2 aor. act. subj. . . . . . . ἀποθνήσκω
μένει 3 p. sing. pres. act. ind. . . . . μένω
φέρει 3 p. sing. pres. act. ind. . . . . φέρω
25 φιλῶν pres. act. ptc. nom. sing. masc. . . . . φιλέω
ἀπολλύει 3 p. sing. pres. act. ind. . . . . . . ἀπόλλυμι
μισῶν pres. act. ptc. nom. sing. masc. . . . . μισέω
φυλάξει 3 p. sing. fut. act. ind. . . . . φυλάσσω
26 διακονῇ 3 p. sing. pres. act. subj. . . . . διακονέω
ἀκολουθείτω 3 p. sing. pres. act. imper. . . . ἀκολουθέω
ἔσται 3 p. sing. fut. mid. ind. . . . . εἰμί

τιμήσει 3 p. sing. fut. act. ind. . . . . τιμάω
27 τετάρακται 3 p. sing. perf. pass. ind. . . . . . ταράσσω
εἴπω 1 p. sing. 2 aor. act. subj. . . . . λέγω
σῶσον 2 p. sing. 1 aor. act. imper. . . . . σώζω
ἦλθον 1 p. sing. 2 aor. act. ind. . . . . ἔρχομαι
28 δόξασον 2 p. sing. 1 aor. act. imper. . . . . δοξάζω
ἦλθεν 3 p. sing. 2 aor. act. ind. . . . . ἔρχομαι
ἐδόξασα 1 p. sing. 1 aor. act. ind. . . . . δοξάζω
δοξάσω 1 p. sing. fut. act. ind. . . . . id.
29 ἑστώς perf. act. ptc. acc. sing. masc. . . . . . . ἵστημι
ἀκούσας 1 aor. act. ptc. nom. sing. masc. . . . . . ἀκούω
ἔλεγεν 3 p. sing. imperf. act. ind. . . . . λέγω
γεγονέναι 2 perf. act. infin. . . . . γίνομαι
ἔλεγον 3 p. pl. imperf. act. ind. . . . . λέγω
λελάληκεν 3 p. sing. perf. act. ind. . . . . λαλέω
30 ἀπεκρίθη 3 p. sing. 1 aor. pass. ind. . . . . ἀποκρίνομαι
εἶπεν 3 p. sing. 2 aor. act. ind. . . . . λέγω
γέγονεν 3 p. sing. 2 perf. act. ind. . . . . γίνομαι
31 ἐκβληθήσεται 3 p. sing. fut. pass. ind. . . . . . ἐκβάλλω
32 ὑψωθῶ 1 p. sing. 1 aor. pass. subj. . . . . ὑψόω
ἑλκύσω 1 p. sing. fut. act. ind. . . . . ἑλκύω
33 σημαίνων pres. act. ptc. nom. sing. masc. . . . . σημαίνω
ἤμελλεν 3 p. sing. imperf. act. ind. . . . . μέλλω
ἀποθνήσκειν pres. act. infin. . . . . ἀποθνήσκω
34 ἠκούσαμεν 1 p. pl. 1 aor. act. ind. . . . . ἀκούω
μένει 3 p. sing. pres. act. ind. . . . . μένω
λέγεις 2 p. sing. pres. act. ind. . . . . λέγω
δεῖ 3 p. sing. pres. act. impers. . . . . δεῖ
ὑψωθῆναι 1 aor. pass. infin. . . . . ὑψόω
ἐστιν 3 p. sing. pres. act. ind. . . . . εἰμί
35 περιπατεῖτε 2 p. pl. pres. act. ind. or imper. περιπατέω
ἔχετε 2 p. pl. pres. act. ind. . . . . ἔχω
καταλάβῃ 3 p. sing. 2 aor. act. subj. . . . . καταλαμβάνω
περιπατῶν pres. act. ptc. nom. sing. masc. . . περιπατέω
οἶδεν 3 p. sing. perf. act. ind. . . . . οἶδα
ὑπάγει 3 p. sing. pres. act. ind. . . . . ὑπάγω
36 πιστεύετε 2 p. pl. pres. act. ind. . . . . πιστεύω
γένηται 2 p. pl. 2 aor. mid. subj. . . . . γίνομαι
ἐλάλησεν 3 p. sing. 1 aor. act. ind. . . . . λαλέω
ἀπελθών 2 aor. act. ptc. nom. sing. masc. . . . ἀπέρχομαι
ἐκρύβη 3 p. sing. 2 aor. pass. ind. . . . . κρύπτω
37 πεποιηκότος perf. act. ptc. gen. sing. masc. . . . ποιέω
ἐπίστευον 1 p. s. or 3 p. pl. imperf. act. ind. . . πιστεύω
38 πληρωθῇ 3 p. sing. 1 aor. pass. subj. . . . . πληρόω
ἐπίστευσεν 3 p. sing. 1 aor. act. ind. . . . . . . πιστεύω
ἀπεκαλύφθη 3 p. sing. 1 aor. pass. ind. . . . ἀποκαλύπτω
39 ἠδύναντο 3 p. pl. imperf. pass. ind. . . . . δύναμαι
πιστεύειν pres. act. infin. . . . . πιστεύω
40 τετύφλωκεν 3 p. sing. perf. act. ind. . . . . . . τυφλόω
ἐπώρωσεν 3 p. sing. 1 aor. act. ind. . . . . πωρόω
ἴδωσιν 3 p. pl. 2 aor. act. subj. . . . . ὁράω
νοήσωσιν 3 p. pl. 1 aor. act. subj. . . . . νοέω
στραφῶσιν 3 p. pl. 2 aor. pass. subj. . . . . στρέφω
ἰάσομαι 1 p. sing. fut. mid. ind. . . . . ἐάομαι
41 εἶδεν 3 p. sing. 2 aor. act. ind. . . . . ὁράω

ἐλάλησεν 3 p. sing. 1 aor. act. ind. . . . . .λαλέω
42 ἐπίστευσαν 3 p. pl. 1 aor. act. ind. . . . . . . πιστεύω
ὡμολόγουν 3 p. pl. imperf. act. ind. . . . . . .ὁμολογέω
γένωνται 3 p. pl. 2 aor. mid. subj. . . . . γίνομαι
43 ἠγάπησαν 3 p. pl. 1 aor. act. ind. . . . . ἀγαπάω
44 ἔκραξεν 3 p. sing. 1 aor. act. ind. . . . . κράζω
εἶπεν 3 p. sing. 2 aor. act. ind. . . . . .λέγω
πιστεύων pres. act. ptc. nom. sing. masc. . . . .πιστεύω
πιστεύει 3 p. sing. pres. act. ind. . . . . .id.
πέμψαντα 1 aor. act. ptc. acc. sing. masc. . . . . πέμπω
45 θεωρῶν pres. act. ptc. nom. sing. masc. . . . . . .θεωρέω
θεωρεῖ 3 p. sing. pres. act. ind. . . . . id.
46 ἐλήλυθα 1 p. sing. 2 perf. act. ind. . . . . . . .ἔρχομαι
πιστεύων pres. act. ptc. nom. sing. masc. . . . . πιστεύω
μείνῃ 3 p. sing. 1 aor. act. subj. . . . . μένω
47 ἀκούσῃ 3 p. sing. 1 aor. act. subj. . . . . ἀκούω
φυλάξῃ 3 p. sing. 1 aor. act. subj. . . . . φυλάσσω
κρίνω 1 p. sing. pres. act. ind. . . . . .κρίνω
ἦλθον 1 p. sing. 2 aor. act. ind. . . . . ἔρχομαι
σώσω 1 p. sing. fut. act. ind. . . . . σώζω
48 ἀθετῶν pres. act. ptc. nom. sing. masc. . . . . . .ἀθετέω
λαμβάνων pres. act. ptc. nom. sing. masc. . . . . λαμβάνω
ἔχει 3 p. sing. pres. act. ind. . . . . ἔχω
κρίνοντα pres. act. ptc. acc. sing. masc. . . . . . κρίνω
ἐλάλησα 1 p. sing. 1 aor. act. ind. . . . . λαλέω
κρινεῖ 3 p. sing. fut. act. ind. . . . . .κρίνω
49 πέμψας 1 aor. act. ptc. nom. sing. masc. . . . . .πέμπω
δέδωκεν 3 p. sing. perf. act. ind. . . . . δίδωμι
εἴπω 1 p. sing. 2 aor. act. subj. . . . . .λέγω
λαλήσω 1 p. sing. fut. act. ind.or1aor. act. subj..λαλέω
50 οἶδα 1 p. sing. perf. act. ind. . . . . .οἶδα
ἐστιν 3 p. sing. pres. act. ind. . . . . εἰμί
λαλῶ 1 p. sing. pres. act. ind. . . . . λαλέω
εἴρηκεν 3 p. sing. perf. act. ind. . . . . .εἶπον

13

1 εἰδώς perf. act. ptc. nom. sing. masc. . . . . οἶδα
ἦλθεν 3 p. sing. 2 aor. act. ind. . . . . ἔρχομαι
μεταβῇ 3 p. sing. 2 aor. act. subj. . . . . . . .μεταβαίνω
ἀγαπήσας 1 aor. act. ptc. nom. sing. masc. . . . . ἀγαπάω
ἠγάπησεν 3 p. sing. 1 aor. act. ind. . . . . .id.
2 γινομένου pres. mid. ptc. gen. sing. masc. or ne.γίνομαι
βεβληκότος perf. act. ptc. gen. sing. masc. . . . . βάλλω
παραδοῖ 3 p. sing. 2 aor. act. subj. . . . . . . .παραδίδωμι
3 ἔδωκεν 3 p. sing. 1 aor. act. ind. . . . . δίδωμι
ἐξῆλθεν 3 p. sing. 2 aor. act. ind. . . . . . . .ἐξέρχομαι
ὑπάγει 3 p. sing. pres. act. ind. . . . . ὑπάγω
4 ἐγείρεται 3 p. sing. pres. mid. ind. . . . . . . .ἐγείρω
τίθησιν 3 p. sing. pres. act. ind. . . . . τίθημι
λαβών 2 aor. act. ptc. nom. sing. masc. . . . . . .λαμβάνω
διέζωσεν 3 p. sing. 1 aor. act. ind. . . . . . . .διαζώννυμι
5 βάλλει 3 p. sing. pres. act. ind. . . . . βάλλω
ἤρξατο 3 p. sing. 1 aor. mid. ind. . . . . ἄρχω
νίπτειν pres. act. infin. . . . . νίπτω
ἐκμάσσειν pres. act. infin. . . . . .ἐκμάσσω

ἦν 3 p. sing. imperf. act. ind. . . . . εἰμί
διεζωσμένος perf. pass. ptc. nom. s. masc. . διαζώννυμι
6 ἔρχεται 3 p. sing. pres. mid. ind. . . . . .ἔρχομαι
λέγει 3 p. sing. pres. act. ind. . . . . λέγω
νίπτεις 2 p. sing. pres. act. ind. . . . . .νίπτω
7 ἀπεκρίθη 3 p. sing. 1 aor. pass. ind. . . . . ἀποκρίνομαι
εἶπεν 3 p. sing. 2 aor. act. ind. . . . . .λέγω
ποιῶ 1 p. sing. pres. act. ind. . . . . ποιέω
οἶδας 2 p. sing. perf. act. ind. . . . . οἶδα
γνώσῃ 2 p. sing. fut. mid. ind. . . . . γινώσκω
8 νίψῃς 2 p. sing. 1 aor. act. subj. . . . . .νίπτω
νίψω 1 p. sing. 1 aor. act. subj. . . . . id.
ἔχεις 2 p. sing. pres. act. ind. . . . . ἔχω
10 λελουμένος perf. pass. ptc. nom. sing. masc. . . . .λούω
ἔχει 3 p. sing. pres. act. ind. . . . . ἔχω
νίψασθαι 1 aor. mid. infin. . . . . νίπτω
ἔστιν 3 p. sing. pres. act. ind. . . . . εἰμί
ἐστε 2 p. pl. pres. act. ind. . . . . id.
11 ᾔδει 3 p. sing. plupf. act. ind. . . . . οἶδα
παραδιδόντα pres. act. ptc. acc. sing. masc. . παραδίδωμι
12 ἔνιψεν 3 p. sing. 1 aor. act. ind. . . . . .νίπτω
ἔλαβεν 3 p. sing. 2 aor. act. ind. . . . . .λαμβάνω
ἀνέπεσεν 3 p. sing. 2 aor. act. ind. . . . . ἀναπίπτω
γινώσκετε 2 p. pl. pres. act. ind. . . . . γινώσκω
πεποίηκα 1 p. sing. perf. act. ind. . . . . ποιέω
13 φωνεῖτε 2 p. pl. pres. act. ind. . . . . .φωνέω
λέγετε 2 p. pl. pres. act. ind. . . . . .λέγω
14 ἔνιψα 1 p. sing. 1 aor. act. ind. . . . . νίπτω
ὀφείλετε 2 p. pl. pres. act. ind. or imper. . . .ὀφείλω
νίπτειν pres. act. infin. . . . . νίπτω
15 ἔδωκα 1 p. sing. 1 aor. act. ind. . . . . .δίδωμι
ἐποίησα 1 p. sing. 1 aor. act. ind. . . . . ποιέω
ποιῆτε 2 p. pl. pres. act. subj. . . . . id.
16 πέμψαντος 1 aor. act. ptc. gen. sing. masc. . . . .πέμπω
17 οἴδατε 2 p. pl. perf. act. ind. . . . . οἶδα
18 ἐξελεξάμην 1 p. sing. 1 aor. mid. ind. . . . . . .ἐκλέγω
πληρωθῇ 3 p. sing. 1 aor. pass. subj. . . . . . . .πληρόω
τρώγων pres. act. ptc. nom. sing. masc. . . . . . τρώγω
ἐπῆρεν 3 p. sing. 1 aor. act. ind. . . . . ἐπαίρω
19 γενέσθαι 2 aor. mid. infin. . . . . γίνομαι
πιστεύητε 2 p. pl. pres. act. subj. . . . . .πιστεύω
γένηται 3 p. sing. 2 aor. mid. subj. . . . . .γίνομαι
20 λαμβάνων pres. act. ptc. nom. sing. masc. . . . . λαμβάνω
πέμψω 1 p. sing. fut. act. ind. . . . . πέμπω
λαμβάνει 3 p. sing. pres. act. ind. . . . . .λαμβάνω
πέμψαντα 1 aor. act. ptc. acc. sing. masc. . . . . πέμπω
21 εἰπών 2 aor. act. ptc. nom. sing. masc. . . . . . .λέγω
ἐταράχθη 3 p. sing. 1 aor. pass. ind. . . . . . .ταράσσω
ἐμαρτύρησεν 3 p. sing. 1 aor. act. ind. . . . . . μαρτυρέω
παραδώσει 3 p. sing. fut. act. ind. . . . . . . παραδίδωμι
22 ἔβλεπον 3 p. pl. imperf. act. ind. . . . . .βλέπω
ἀπορούμενοι pres. mid. ptc. nom. pl. masc. . . . .ἀπορέω
23 ἀνακείμενος pres. mid. ptc. nom. sing. masc. . ἀνάκειμαι
ἠγάπα 3 p. sing. imperf. act. ind. . . . . ἀγαπάω
24 νεύει 3 p. sing. pres. act. ind. . . . . νεύω

25 ἀναπεσών 2 aor. act. ptc. nom. sing. masc. . . .ἀναπίπτω
26 ἀποκρίνεται 3 p. sing. pres. mid. ind. . . .ἀποκρίνομαι
   ἐστιν 3 p. sing. pres. act. ind. . . . . .εἰμί
   βάψω 1 p. sing. fut. act. ind. . . . . .βάπτω
   δώσω 1 p. sing. fut. act. ind. . . . . .δίδωμι
   βάψας 1 aor. act. ptc. nom. sing. masc. . . . . . . βάπτω
   λαμβάνει 3 p. sing. pres. act. ind. . . . . λαμβάνω
   δίδωσιν 3 p. sing. pres. act. ind. . . . . δίδωμι
27 εἰσῆλθεν 3 p. sing. 2 aor. act. ind. . . . . . εἰσέρχομαι
   λέγει 3 p. sing. pres. act. ind. . . . . λέγω
   ποιεῖς 2 p. sing. pres. act. ind. . . . . ποιέω
   ποίησον 2 p. sing. 1 aor. act. imper. . . . . id.
28 ἔγνω 3 p. sing. 2 aor. act. ind. . . . . .γινώσκω
   ἀνακειμένων pres. mid. ptc. gen. pl. masc. . . ἀνάκειμαι
   εἶπεν 3 p. sing. 2 aor. act. ind. . . . . .λέγω
   ἐδόκουν 3 p. pl. imperf. act. ind. . . . . .δοκέω
29 εἶχεν 3 p. sing. imperf. act. ind. . . . . .ἔχω
   ἀγόρασον 2 p. sing. 1 aor. act. imper. . . . . . ἀγοράζω
   ἔχομεν 1 p. pl. pres. act. ind. . . . . .ἔχω
   δῷ 3 p. sing. 2 aor. act. subj. . . . . .δίδωμι
30 λαβών 2 aor. act. ptc. nom. sing. masc. . . . . . λαμβάνω
   ἐξῆλθεν 3 p. sing. 2 aor. act. ind. . . . . . . ἐξέρχομαι
   ἦν 3 p. sing. imperf. act. ind. . . . . .εἰμί
31 ἐδοξάσθη 3 p. sing. 1 aor. pass. ind. . . . . . . .δοξάζω
32 δοξάσει 3 p. sing. fut. act. ind. . . . . id.
33 ζητήσετε 2 p. pl. fut. act. ind. . . . . ζητέω
   εἶπον 1 p. sing. 2 aor. act. ind. . . . . .λέγω
   ὑπάγω 1 p. sing. pres. act. ind. . . . . .ὑπάγω
   δύνασθε 2 p. pl. pres. pass. ind. . . . . δύναμαι
   ἐλθεῖν 2 aor. act. infin. . . . . ἔρχομαι
34 ἀγαπᾶτε 2 p. pl. pres. act. subj. or imper. . . . .ἀγαπάω
   ἠγάπησα 1 p. sing. 1 aor. act. ind. . . . . id.
35 γνώσονται 3 p. pl. fut. mid. ind. . . . . γινώσκω
   ἐστέ 2 p. pl. pres. act. ind. . . . . εἰμί
   ἔχητε 2 p. pl. pres. act. subj. . . . . ἔχω
36 ὑπάγεις 2 p. sing. pres. act. ind. . . . . .ὑπάγω
   ἀπεκρίθη 3 p. sing. 1 aor. pass. ind. . . . .ἀποκρίνομαι
   δύνασαι 2 p. sing. pres. pass. ind. . . . . δύναμαι
   ἀκολουθῆσαι 1 aor. act. infin. . . . . ἀκολουθέω
   ἀκολουθησεις 2 p. sing. fut. act. ind. . . . . id.
37 θήσω 1 p. sing. fut. act. ind. . . . . τίθημι
38 ἀποκρίνεται 3 p. sing. pres. mid. ind. . . .ἀποκρίνομαι
   θήσεις 2 p. sing. fut. act. ind. . . . . τίθημι
   φωνήσῃ 3 p. sing. 1 aor. act. subj. . . . . φωνέω
   ἀρνήσῃ 2 p. sing. fut. mid. ind. . . . . ἀρνέομαι

14

1 ταρασσέσθω 3 p. sing. pres. pass. imper. . . . . ταράσσω
   πιστεύετε 2 p. pl. pres. act. ind. or imper. . . .πιστεύω
2 εἰσιν 3 p. pl. pres. act. ind. . . . . εἰμί
   εἶπον 1 p. sing. 2 aor. act. ind. . . . . .λέγω
   πορεύομαι 1 p. sing. pres. mid. ind. . . . . . πορεύομαι
   ἑτοιμάσαι 1 aor. act. infin. . . . . .ἑτοιμάζω
3 πορευθῶ 1 p. sing. 1 aor. act. subj. . . . . . .πορεύομαι
   ἑτοιμάσω 1 p. sing. 1 aor. act.subj.or fut.a.ind.ἑτοιμάζω

παραλήμφομαι 1 p. sing. fut. mid. ind. . . . . παραλαμβάνω
ἦτε 2 p. pl. imperf. act. ind. . . . . εἰμί
4 ὑπάγω 1 p. sing. pres. act. ind. . . . . ὑπάγω
οἴδατε 2 p. pl. perf. act. ind. . . . . οἶδα
5 λέγει 3 p. sing. pres. act. ind. . . . . λέγω
οἴδαμεν 1 p. pl. perf. act. ind. . . . . οἶδα
ὑπάγεις 2 p. sing. pres. act. ind. . . . . ὑπάγω
6 ἔρχεται 3 p. sing. pres. mid. ind. . . . . ἔρχομαι
7 ἐγνώκειτε 2 p. pl. plupf. act. ind. . . . . γινώσκω
ᾔδειτε 2 p. pl. plupf. act. ind. . . . . οἶδα
γινώσκετε 2 p. pl. pres. act. ind. . . . . γινώσκω
ἑωράκατε 2 p. pl. perf. act. ind. . . . . ὁράω
8 δεῖξον 2 p. sing. 1 aor. act. imper. . . . . δείκνυμι
ἀρκεῖ 3 p. sing. pres. act. ind. . . . . ἀρκέω
9 ἔγνωκας 2 p. sing. perf. act. ind. . . . . γινώσκω
ἑωρακώς perf. act. ptc. nom. sing. masc. . . . . . . ὁράω
ἑώρακεν 3 p. sing. perf. act. ind. . . . . id.
λέγεις 2 p. sing. pres. act. ind. . . . . λέγω
10 πιστεύεις 2 p. sing. pres. act. ind. . . . . πιστεύω
ἐστιν 3 p. sing. pres. act. ind. . . . . εἰμί
λαλῶ 1 p. sing. pres. act. ind. . . . . λαλέω
μένων pres. act. ptc. nom. sing. masc. . . . . μένω
ποιεῖ 3 p. sing. pres. act. ind. . . . . ποιέω
11 πιστεύετε 2 p. pl. pres. act. ind. . . . . . . πιστεύω
12 πιστεύων pres. act. ptc. nom. sing. masc. . . . . . . id.
ποιῶ 1 p. sing. pres. act. ind. . . . . ποιέω
ποιήσει 3 p. sing. fut. act. ind. . . . . id.
πορεύομαι 1 p. sing. pres. mid. ind. . . . . . . πορεύομαι
13 αἰτήσητε 2 p. pl. 1 aor. act. subj. . . . . αἰτέω
ποιήσω 1 p. sing. fut. act. ind. . . . . ποιέω
δοξασθῇ 3 p. sing. 1 aor. pass. subj. . . . . δοξάζω
15 ἀγαπᾶτε 2 p. pl. pres. act. ind. or imper. . . . . ἀγαπάω
τηρήσετε 2 p. pl. fut. act. ind. . . . . τηρέω
16 ἐρωτήσω 1 p. s. fut. act. ind. or 1 aor. act. subj. ἐρωτάω
δώσει 3 p. sing. fut. act. ind. . . . . δίδωμι
ᾖ 3 p. sing. pres. act. subj. . . . . εἰμί
17 δύναται 3 p. sing. pres. pass. ind. . . . . δύναμαι
λαβεῖν 2 aor. act. infin. . . . . λαμβάνω
θεωρεῖ 3 p. sing. pres. act. ind. . . . . θεωρέω
γινώσκει 3 p. sing. pres. act. ind. . . . . γινώσκω
γινώσκετε 2 p. pl. pres. act. ind. . . . . id.
μένει 3 p. sing. pres. act. ind. . . . . μένω
ἔσται 3 p. sing. fut. mid. ind. . . . . εἰμί
18 ἀφήσω 1 p. sing. fut. act. ind. . . . . ἀφίημι
19 θεωρεῖτε 2 p. pl. pres. act. ind. . . . . θεωρέω
ζῶ 1 p. sing. pres. act. ind. . . . . ζάω
ζήσετε 2 p. pl. fut. act. ind. . . . . id.
20 γνώσεσθε 2 p. pl. fut. mid. ind. . . . . γινώσκω
21 ἔχων pres. act. ptc. nom. sing. masc. . . . . ἔχω
τηρῶν pres. act. ptc. nom. sing. masc. . . . . τηρέω
ἀγαπῶν pres. act. ptc. nom. sing. masc. . . . . . . ἀγαπάω
ἀγαπηθήσεται 3 p. sing. fut. pass. ind. . . . . id.
ἀγαπήσω 1 p. sing. fut. act. ind. . . . . id.
ἐμφανίσω 1 p. sing. fut. act. ind. . . . . ἐμφανίζω
22 γέγονεν 3 p. sing. 2 perf. act. ind. . . . . γίνομαι

μέλλεις 2 p. sing. pres. act. ind. . . . . μέλλω
ἐμφανίζειν pres. act. infin. . . . . .ἐμφανίζω
23 ἀπεκρίθη 3 p. sing. 1 aor. pass. ind. . . . ἀποκρίνομαι
εἶπεν 3 p. sing. 2 aor. act. ind. . . . . .λέγω
ἀγαπᾷ 3 p. sing. pres. act. ind. or subj. . . . . .ἀγαπάω
τηρήσει 3 p. sing. fut. act. ind. . . . . τηρέω
ἀγαπήσει 3 p. sing. fut. act. ind. . . . . ἀγαπάω
ἐλευσόμεθα 1 p. sing. fut. mid. ind. . . . . ἔρχομαι
ποιησόμεθα 1 p. pl. fut. mid. ind. . . . . ποιέω
24 ἀγαπῶν pres. act. ptc. nom. sing. masc. . . . . . .ἀγαπάω
τηρεῖ 3 p. sing. pres. act. ind. . . . . .τηρέω
ἀκούετε 2 p. pl. pres. act. ind. . . . . .ἀκούω
ἔστιν 3 p. sing. pres. act. ind. . . . . εἰμί
πέμψαντος 1 aor. act. ptc. gen. sing. masc. . . . .πέμπω
25 λελάληκα 1 p. sing. perf. act. ind. . . . . .λαλέω
μένων pres. act. ptc. nom. sing. masc. . . . . . . .μένω
26 πέμψει 3 p. sing. fut. act. ind. . . . . .πέμπω
διδάξει 3 p. sing. fut. act. ind. . . . . διδάσκω
ὑπομνήσει 3 p. sing. fut. act. ind. . . . . . ὑπομιμνήσκω
εἶπον 1 p. sing. 2 aor. act. ind. . . . . .λέγω
27 ἀφίημι 1 p. sing. pres. act. ind. . . . . .ἀφίημι
δίδωσιν 3 p. sing. pres. act. ind. . . . . δίδωμι
ταρασσέσθω 3 p. sing. pres. pass. imper. . . . . ταράσσω
δειλιάτω 3 p. sing. pres. act. imper. . . . . . .δειλιάω
28 ἠκούσατε 2 p. pl. 1 aor. act. ind. . . . . .ἀκούω
ὑπάγω 1 p. sing. pres. act. ind. . . . . .ὑπάγω
ἠγαπᾶτε 2 p. pl. imperf. act. ind. . . . . ἀγαπάω
ἐχάρητε 2 p. pl. 2 aor. pass. ind. . . . . .χαίρω
πορεύομαι 1 p. sing. pres. mid. ind. . . . . . . πορεύομαι
29 εἴρηκα 1 p. sing. perf. act. ind. . . . . εἶπον
γενέσθαι 2 aor. mid. infin. . . . . γίνομαι
γένηται 3 p. sing. 2 aor. mid. subj. . . . . id.
πιστεύσητε 2 p. pl. 1 aor. act. subj. . . . . . .πιστεύω
30 λαλήσω 1 p. sing. fut. act. ind. . . . . .λαλέω
ἔρχεται 3 p. sing. pres. mid. ind. . . . . .ἔρχομαι
ἔχει 3 p. sing. pres. act. ind. . . . . .ἔχω
31 γνῶ 3 p. sing. 2 aor. act. subj. . . . . .γινώσκω
ἀγαπῶ 1 p. sing. pres. act. ind. . . . . ἀγαπάω
ἐνετείλατο 3 p. sing. 1 aor. mid. ind. . . . . ἐντέλλομαι
ποιῶ 1 p. sing. pres. act. ind. . . . . .ποιέω
ἐγείρεσθε 2 p. pl. pres. mid. imper. . . . . .ἐγείρω
ἄγωμεν 1 p. pl. pres. act. subj. . . . . .ἄγω

15
1 ἔστιν 3 p. sing. pres. act. ind. . . . . εἰμί
2 φέρον pres. act. ptc. nom. sing. neut. . . . . . . φέρω
αἴρει 3 p. sing. pres. act. ind. . . . . αἴρω
καθαίρει 3 p. sing. pres. act. ind. . . . . . . καθαιρέω
φέρῃ 3 p. sing. pres. act. subj. . . . . φέρω
3 ἐστέ 2 p. pl. pres. act. ind. . . . . εἰμί
λελάληκα 1 p. sing. perf. act. ind. . . . . .λαλέω
4 μείνατε 2 p. pl. 1 aor. act. imper. . . . . . . .μένω
δύναται 3 p. sing. pres. pass. ind. . . . . δύναμαι
φέρειν pres. act. infin. . . . . φέρω
μένῃ 3 p. sing. pres. act. subj. . . . . .μένω

μένητε 2 p. pl. pres. act. subj. . . . . μένω
5 μένων pres. act. ptc. nom. sing. masc. . . . . id.
φέρει 3 p. sing. pres. act. ind. . . . . φέρω
δύνασθε 2 p. pl. pres. pass. ind. . . . . δύναμαι
ποιεῖν pres. act. infin. . . . . ποιέω
6 μένη 3 p. sing. pres. act. subj. . . . . μένω
ἐβλήθη 3 p. sing. 1 aor. pass. ind. . . . . βάλλω
ἐξηράνθη 3 p. sing. 1 aor. pass. ind. . . . . ξηραίνω
συνάγουσιν 3 p. pl. pres. act. ind. . . . . συνάγω
βάλλουσιν 3 p. pl. pres. act. ind. . . . . βάλλω
καίεται 3 p. sing. pres. pass. ind. . . . . καίω
7 μείνητε 2 p. pl. 1 aor. act. subj. . . . . μένω
μείνῃ 3 p. sing. 1 aor. act. subj. . . . . id.
θέλητε 2 p. pl. pres. act. subj. . . . . θέλω
αἰτήσασθε 2 p. pl. 1 aor. mid. imper. . . . . αἰτέω
γενήσεται 3 p. sing. fut. mid. ind. . . . . γίνομαι
8 ἐδοξάσθη 3 p. sing. 1 aor. pass. ind. . . . . . . δοξάζω
φέρητε 2 p. pl. pres. act. subj. . . . . φέρω
γενήσεσθε 2 p. pl. fut. mid. ind. . . . . γίνομαι
9 ἠγάπησεν 3 p. sing. 1 aor. act. ind. . . . . ἀγαπάω
ἠγάπησα 1 p. sing. 1 aor. act. ind. . . . . id.
μείνατε 2 p. pl. 1 aor. act. imper. . . . . μένω
10 τηρήσητε 2 p. pl. 1 aor. act. subj. . . . . τηρέω
μενεῖτε 2 p. pl. fut. act. ind. . . . . μένω
τετήρηκα 1 p. sing. perf. act. ind. . . . . τηρέω
11 λελάληκα 1 p. sing. perf. act. ind. . . . . λαλέω
ᾖ 3 p. sing. pres. act. subj. . . . . εἰμί
πληρωθῇ 3 p. sing. 1 aor. pass. subj. . . . . πληρόω
12 ἔστιν 3 p. sing. pres. act. ind. . . . . εἰμί
ἀγαπᾶτε 2 p. pl. pres. act. ind. . . . . ἀγαπάω
ἠγάπησα 1 p. sing. 1 aor. act. ind. . . . . id.
13 ἔχει 3 p. sing. pres. act. ind. . . . . ἔχω
θῇ 3 p. sing. 2 aor. act. subj. . . . . τίθημι
14 ἐστε 2 p. pl. pres. act. ind. . . . . εἰμί
ποιῆτε 2 p. pl. pres. act. subj. . . . . ποιέω
ἐντέλλομαι 1 p. sing. pres. mid. ind. . . . . . ἐντέλλομαι
15 οἶδεν 3 p. sing. perf. act. ind. . . . . οἶδα
ποιεῖ 3 p. sing. pres. act. ind. . . . . ποιέω
εἴρηκα 1 p. sing. perf. act. ind. . . . . εἶπον
ἤκουσα 1 p. sing. 1 aor. act. ind. . . . . ἀκούω
ἐγνώρισα 1 p. sing. 1 aor. act. ind. . . . . γνωρίζω
16 ἐξελέξασθε 2 p. pl. 1 aor. mid. ind. . . . . ἐκλέγω
ἐξελεξάμην 1 p. sing. 1 aor. mid. ind. . . . . id.
ἔθηκα 3 p. sing. 1 aor. act. ind. . . . . τίθημι
ὑπάγητε 2 p. pl. pres. act. subj. . . . . ὑπάγω
αἰτήσητε 2 p. pl. 1 aor. act. subj. . . . . αἰτέω
δῷ 3 p. sing. 2 aor. act. subj. . . . . δίδωμι
18 μισεῖ 3 p. sing. pres. act. ind. . . . . μισέω
γινώσκετε 2 p. pl. pres. act. ind. . . . . γινώσκω
μεμίσηκεν 3 p. sing. perf. act. ind. . . . . μισέω
19 ἦτε 2 p. pl. imperf. act. ind. . . . . εἰμί
ἐφίλει 3 p. sing. imperf. act. ind. . . . . φιλέω
20 μνημονεύετε 2 p. pl. pres. act. imper. . . . . . μνημονεύω
εἶπον 1 p. sing. 2 aor. act. ind. . . . . λέγω
ἐδίωξαν 3 p. pl. 1 aor. act. ind. . . . . διώκω

διώξουσιν 3 p. pl. fut. act. ind. . . . . διώκω
ἐτήρησαν 3 p. pl. 1 aor. act. ind. . . . . τηρέω
τηρήσουσιν 3 p. pl. fut. act. ind. . . . . id.
21 ποιήσουσιν 3 p. pl. fut. act. ind. . . . . ποιέω
οἴδασιν 3 p. pl. perf. act. ind. . . . . οἶδα
πέμψαντα 1 aor. act. ptc. acc. sing. masc. . . . . πέμπω
22 ἦλθον 1 p. sing. 2 aor. act. ind. . . . . ἔρχομαι
ἐλάλησα 1 p. sing. 1 aor. act. ind. . . . . λαλέω
εἴχοσαν 3 p. pl. imperf. act. ind. . . . . ἔχω
ἔχουσιν 3 p. pl. pres. act. ind. . . . . id.
23 μισῶν pres. act. ptc. nom. sing. masc. . . . . . . μισέω
μισεῖ 3 p. sing. pres. act. ind. . . . . id.
24 ἐποίησα 1 p. sing. 1 aor. act. ind. . . . . ποιέω
ἐποίησεν 3 p. sing. 1 aor. act. ind. . . . . id.
ἑωράκασιν 3 p. pl. perf. act. ind. . . . . ὁράω
μεμισήκασιν 3 p. pl. perf. act. ind. . . . . μισέω
25 πληρωθῇ 3 p. sing. 1 aor. pass. subj. . . . . πληρόω
γεγραμμένος perf. mid. ptc. nom. sing. masc. . . . γράφω
ἐμίσησαν 3 p. pl. 1 aor. act. ind. . . . . μισέω
26 ἔλθῃ 3 p. sing. 2 aor. act. subj. . . . . ἔρχομαι
πέμψω 1 p. sing. fut. act. ind. . . . . πέμπω
ἐκπορεύεται 3 p. sing. pres. mid. ind. . . . ἐκπορεύομαι
μαρτυρήσει 3 p. sing. fut. act. ind. . . . . . . .μαρτυρέω
27 μαρτυρεῖτε 2 p. pl. pres. act. ind. . . . . id.
ἐστε 2 p. pl. pres. act. ind. . . . . εἰμί

16

1 λελάληκα 1 p. sing. perf. act. ind. . . . . .λαλέω
σκανδαλισθῆτε 2 p. pl. 1 aor. pass. subj. . . σκανδαλίζω
2 ποιήσουσιν 3 p. pl. fut. act. ind. . . . . ποιέω
ἔρχεται 3 p. sing. pres. mid. ind. . . . . .ἔρχομαι
ἀποκτείνας 1 aor. act. ptc. nom. sing. masc. . ἀποκτείνω
δόξῃ 3 p. sing. 1 aor. act. subj. . . . . δοκέω
προσφέρει 3 p. sing. pres. act. ind. . . . . . . .προσφέρω
3 ἔγνωσαν 3 p. pl. 2 aor. act. ind. . . . . .γινώσκω
4 ἔλθῃ 3 p. sing. 2 aor. act. subj. . . . . ἔρχομαι
μνημονεύητε 2 p. pl. pres. act. subj. . . . . .μνημονεύω
εἶπον 1 p. sing. 2 aor. act. ind. . . . . λέγω
ἤμην 1 p. sing. imperf. mid. ind. . . . . εἰμί
5 πέμψαντα 1 aor. act. ptc. acc. sing. masc. . . . . . πέμπω
ἐρωτᾷ 3 p. sing. pres. act. subj. or ind. . . . . .ἐρωτάω
ὑπάγεις 2 p. sing. pres. act. ind. . . . . .ὑπάγω
6 πεπλήρωκεν 3 p. sing. perf. act. ind. . . . . πληρόω
7 συμφέρει 3 p. sing. pres. act. ind. . . . . συμφέρω
ἀπέλθω 1 p. sing. 2 aor. act. subj. . . . . ἀπέρχομαι
πορευθῶ 1 p. sing. 1 aor. act. subj. . . . . . . πορεύομαι
πέμψω 1 p. sing. fut. act. ind. . . . . πέμπω
8 ἐλθών 2 aor. act. ptc. nom. sing. masc. . . . . . ἔρχομαι
ἐλέγξει 3 p. sing. fut. act. ind. . . . . ἐλέγχω
9 πιστεύουσιν 3 p. pl. pres. act. ind. . . . . . . πιστεύω
10 θεωρεῖτε 2 p. pl. pres. act. ind. or imper. . . . . θεωρέω
11 κέκριται 3 p. sing. perf. pass. ind. . . . . . . .κρίνω
12 λέγειν pres. act. infin. . . . . λέγω
δύνασθε 2 p. pl. pres. pass. ind. . . . . δύναμαι
βαστάζειν pres. act. infin. . . . . βαστάζω

13 ἔλθῃ 3 p. sing. 2 aor. act. subj. . . . . ἔρχομαι
ὁδηγήσει 3 p. sing. fut. act. ind. . . . . ὁδηγέω
λαλήσει 3 p. sing. fut. act. ind. . . . . λαλέω
ἀκούει 3 p. sing. pres. act. ind. . . . . ἀκούω
ἐρχόμενα pres. mid. ptc. nom. or acc. pl. neut. . ἔρχομαι
ἀναγγελεῖ 3 p. sing. fut. act. ind. . . . . . . .ἀναγγέλλω
14 δοξάσει 3 p. sing. fut. act. ind. . . . . δοξάζω
λήμφεται 3 p. sing. fut. mid. ind. . . . . λαμβάνω
15 ἔχει 3 p. sing. pres. act. ind. . . . . ἔχω
ἐστιν 3 p. sing. pres. act. ind. . . . . εἰμί
εἶπον 1 p. sing. 2 aor. act. ind. . . . . λέγω
λαμβάνει 3 p. sing. pres. act. ind. . . . . . . .λαμβάνω
16 θεωρεῖτε 2 p. pl. pres. act. imper. or ind. . . . θεωρέω
ὄψεσθε 2 p. pl. fut. act. ind. . . . . δράω
17 εἶπαν 3 p. pl. 2 aor. act. ind. . . . . .λέγω
λέγει 3 p. sing. pres. act. ind. . . . . id.
ὑπάγω 1 p. sing. pres. act. ind. . . . . ὑπάγω
18 ἔλεγον 3 p. pl. imperf. act. ind. . . . . .λέγω
οἴδαμεν 1 p. pl. perf. act. ind. . . . . .οἶδα
λαλεῖ 3 p. sing. pres. act. ind. . . . . .λαλέω
19 ἔγνω 3 p. sing. 2 aor. act. ind. . . . . .γινώσκω
ἤθελον 3 p. pl. imperf. act. ind. . . . . .ἐθέλω
ἐρωτᾶν pres. act. infin. . . . . ἐρωτάω
εἶπεν 3 p. sing. 2 aor. act. ind. . . . . .λέγω
ζητεῖτε 2 p. pl. pres. act. ind. . . . . .ζητέω
20 κλαύσετε 2 p. pl. fut. act. ind. . . . . .κλαίω
θρηνήσετε 2 p. pl. fut. act. ind. . . . . .θρηνέω
χαρήσεται 3 p. sing. fut. pass. ind. . . . . . . .χαίρω
λυπηθήσεσθε 2 p. pl. fut. pass. ind. . . . . λυπέω
γενήσεται 3 p. sing. fut. mid. ind. . . . . . . .γίνομαι
21 τίκτῃ 3 p. sing. pres. act. subj. . . . . .τίκτω
ἦλθεν 3 p. sing. 2 aor. act. ind. . . . . ἔρχομαι
γεννήσῃ 3 p. sing. 1 aor. act. subj. . . . . . . γεννάω
μνημονεύει 3 p. sing. pres. act. ind. . . . . .μνημονεύω
ἐγεννήθη 3 p. sing. 1 aor. pass. ind. . . . . . . .γεννάω
22 ἔχετε 2 p. pl. pres. act. ind. . . . . .ἔχω
ὄψομαι 1 p. sing. fut. mid. ind. . . . . .δράω
χαρήσεται 3 p. sing. 2 fut. pass. ind. . . . . . . χαίρω
αἴρει 3 p. sing. pres. act. ind. . . . . .αἴρω
23 ἐρωτήσετε 2 p. pl. fut. act. ind. . . . . ἐρωτάω
αἰτήσητε 2 p. pl. 1 aor. act. subj. . . . . . . .αἰτέω
δώσει 3 p. sing. fut. act. ind. . . . . .δίδωμι
24 ᾐτήσατε 2 p. pl. 1 aor. act. ind. . . . . αἰτέω
αἰτεῖτε 2 p. pl. pres. act. imper. . . . . id.
λήμφεσθε 2 p. pl. fut. mid. ind. . . . . λαμβάνω
ᾖ 3 p. sing. pres. act. subj. . . . . .εἰμί
πεπληρωμένη perf. pass. ptc. nom. sing. fem. . . .πληρόω
25 λελάληκα 1 p. sing. perf. act. ind. . . . . .λαλέω
ἔρχεται 3 p. sing. pres. mid. ind. . . . . .ἔρχομαι
λαλήσω 1 p. sing. fut. act. ind. . . . . .λαλέω
ἀπαγγελῶ 1 p. sing. fut. act. ind. . . . . . . .ἀπαγγέλλω
26 αἰτήσεσθε 2 p. pl. fut. mid. ind. . . . . .αἰτέω
ἐρωτήσω 1 p. sing. fut. act. ind. . . . . .ἐρωτάω
27 φιλεῖ 3 p. sing. pres. act. ind. . . . . .φιλέω
πεφιλήκατε 2 p. pl. perf. act. ind. . . . . id.

πεπιστεύκατε 2 p. pl. perf. act. ind. . . . . . . πιστεύω
ἐξῆλθον 1 p. sing. 2 aor. act. ind. . . . . ἐξέρχομαι
28 ἐλήλυθα 1 p. sing. perf. act. ind. . . . . ἔρχομαι
ἀφίημι 1 p. sing. pres. act. ind. . . . . ἀφίημι
πορεύομαι 1 p. sing. pres. mid. ind. . . . . . . πορεύομαι
29 λέγουσιν 3 p. pl. pres. act. ind. . . . . λέγω
ἴδε 2 p. sing. 2 aor. act. imper. . . . . ὁράω
λαλεῖς 2 p. sing. pres. act. ind. . . . . λαλέω
λέγεις 2 p. sing. pres. act. ind. . . . . λέγω
30 οἴδαμεν 1 p. pl. perf. act. ind. . . . . οἶδα
οἶδας 2 p. sing. perf. act. ind. . . . . id.
ἔχεις 2 p. sing. pres. act. ind. . . . . ἔχω
ἐρωτᾷ 3 p. sing. pres. act. ind. or subj. . . . . . ἐρωτάω
πιστεύομεν 1 p. pl. pres. act. ind. . . . . πιστεύω
ἐξῆλθες 2 p. sing. 2 aor. act. ind. . . . . ἐξέρχομαι
31 ἀπεκρίθη 3 p. sing. 1 aor. pass. ind. . . . . ἀποκρίνομαι
πιστεύετε 2 p. pl. pres. act. ind. . . . . πιστεύω
32 ἰδού 2 p. sing. 2 aor. mid. imper. . . . . εἴδον
ἔρχεται 3 p. sing. pres. mid. ind. . . . . .ἔρχομαι
ἐλήλυθεν 3 p. sing. perf. act. ind. . . . . id.
σκορπισθῆτε 2 p. pl. 1 aor. pass. subj. . . . . σκορπίζω
ἀφῆτε 2 p. pl. 2 aor. act. subj. . . . . ἀφίημι
ἐστιν 3 p. sing. pres. act. ind. . . . . εἰμί
33 λελάληκα 1 p. sing. perf. act. ind. . . . . . . λαλέω
ἔχητε 2 p. pl. pres. act. subj. . . . . ἔχω
ἔχετε 2 p. pl. pres. act. ind. . . . . id.
θαρσεῖτε 2 p. pl. pres. act. imper. . . . . θαρσέω
νενίκηκα 1 p. sing. perf. act. ind. . . . . νικάω

17
1 ἐλάλησεν 3 p. sing. 1 aor. act. ind. . . . . λαλέω
ἐπάρας 1 aor. act. ptc. nom. sing. masc. . . . . . . ἐπαίρω
εἶπεν 3 p. sing. 2 aor. act. ind. . . . . λέγω
ἐλήλυθεν 3 p. sing. 2 perf. act. ind. . . . . . . ₒ ἔρχομαι
δόξασον 2 p. sing. 1 aor. act. imper. . . . . δοξάζω
δοξάσῃ 3 p. sing. 1 aor. act. subj. . . . . id.
2 ἔδωκας 2 p. sing. 1 aor. act. ind. . . . . δίδωμι
δέδωκας 2 p. sing. perf. act. ind. . . . . id.
δώσῃ 3 p. sing. 1 aor. act. subj. . . . . id.
3 ἐστιν 3 p. sing. pres. act. ind. . . . . εἰμί
γινώσκωσιν 3 p. pl. pres. act. subj. . . . . γινώσκω
ἀπέστειλας 2 p. sing. 1 aor. act. ind. . . . . . . ἀποστέλλω
4 ἐδόξασα 1 p. sing. 1 aor. act. ind. . . . . δοξάζω
τελειώσας 1 aor. act. ptc. nom. sing. masc. . . . .τελειόω
ποιήσω 1 p. sing. 1 aor. act. subj. . . . . ποιέω
5 εἶχον 1 p. s. or 3 p. pl. imperf. act. ind. . . . . . . ἔχω
εἶναι pres. act. infin. . . . . εἰμί
6 ἐφανέρωσα 1 p. sing. 1 aor. act. ind. . . . . . . .φανερόω
ἦσαν 3 p. pl. imperf. act. ind. . . . . εἰμί
τετήρηκαν 3 p. pl. perf. act. ind. . . . . τηρέω
7 ἔγνωκαν 3 p. pl. perf. act. ind. . . . . γινώσκω
εἰσιν 3 p. pl. pres. act. ind. . . . . εἰμί
8 δέδωκα 1 p. sing. perf. act. ind. . . . . .δίδωμι
ἔλαβον 3 p. pl. 2 aor. act. ind. . . . . .λαμβάνω
ἔγνωσαν 3 p. pl. 2 aor. act. ind. . . . . γινώσκω

ἐξῆλθον 1 p. sing. 2 aor. act. ind. . . . . ἔρχομαι
ἐπίστευσαν 3 p. pl. 1 aor. act. ind. . . . . . . πιστεύω
ἀπέστειλας 2 p. sing. 1 aor. act. ind. . . . . ἀποστέλλω
9 ἐρωτῶ 1 p. sing. pres. act. ind. . . . . ἐρωτάω
δέδωκας 2 p. sing. perf. act. ind. . . . . δίδωμι
10 δεδόξασμαι 1 p. sing. perf. pass. ind. . . . . . . δοξάζω
11 τήρησον 2 p. sing. 1 aor. act. imper. . . . . τηρέω
ὦσιν 3 p. pl. pres. act. subj. . . . . εἰμί
12 ἤμην 1 p. sing. imperf. mid. ind. . . . . εἰμί
ἐτήρουν 1 p. sing. imperf. act. ind. . . . . τηρέω
ἐφύλαξα 1 p. sing. 1 aor. act. ind. . . . . φυλάσσω
ἀπώλετο 3 p. sing. 2 aor. mid. ind. . . . . . . ἀπόλλυμι
πληρωθῇ 3 p. sing. 1 aor. pass. subj. . . . . . . πληρόω
13 λαλῶ 1 p. sing. pres. act. ind. . . . . λαλέω
ἔχωσιν 3 p. sing. pres. act. subj. . . . . ἔχω
πεπληρωμένην perf. pass. ptc. acc. sing. fem. . . πληρόω
14 δέδωκα 1 p. sing. perf. act. ind. . . . . δίδωμι
ἐμίσησεν 3 p. sing. 1 aor. act. ind. . . . . μισέω
εἰσιν 3 p. pl. pres. act. ind. . . . . εἰμί
15 ἄρῃς 2 p. sing. 1 aor. act. subj. . . . . αἴρω
τηρήσῃς 2 p. sing. 1 aor. act. subj. . . . . τηρέω
17 ἁγίασον 2 p. sing. 1 aor. act. imper. . . . . . . ἁγιάζω
ἐστιν 3 p. sing. pres. act. ind. . . . . εἰμί
18 ἀπέστειλας 2 p. sing. 1 aor. act. ind. . . . . ἀποστέλλω
ἀπέστειλα 1 p. sing. 1 aor. act. ind. . . . . id.
19 ἁγιάζω 1 p. sing. pres. act. ind. . . . . ἁγιάζω
ἡγιασμένοι perf. pass. ptc. nom. pl. masc. . . . . . id.
20 πιστευόντων pres. act. ptc. gen. pl. masc. . . . πιστεύω
21 πιστεύῃ 3 p. sing. pres. act. subj. . . . . id.
23 τετελειωμένοι perf. pass. ptc. nom. pl. masc. . . τελειόω
γινώσκῃ 3 p. sing. pres. act. subj. . . . . γινώσκω
ἠγάπησας 2 p. sing. 1 aor. act. ind. . . . . . . ἀγαπάω
24 θεωρῶσιν 3 p. pl. pres. act. subj. . . . . θεωρέω
25 ἔγνω 3 p. sing. 2 aor. act. ind. . . . . γινώσκω
ἔγνων 1 p. sing. 2 aor. act. ind. . . . . id.
ἔγνωσαν 3 p. pl. 2 aor. act. ind. . . . . id.
26 ἐγνώρισα 1 p. sing. 1 aor. act. ind. . . . . . . γνωρίζω
γνωρίσω 1 p. sing. fut. act. ind. . . . . id.
ᾖ 3 p. sing. pres. act. subj. . . . . εἰμί

18

1 εἰπών 2 aor. act. ptc. nom. sing. masc. . . . . λέγω
ἐξῆλθεν 3 p. sing. 2 aor. act. ind. . . . . ἐξέρχομαι
ἦν 3 p. sing. imperf. act. ind. . . . . εἰμί
εἰσῆλθεν 3 p. sing. 2 aor. act. ind. . . . . . εἰσέρχομαι
2 ᾔδει 3 p. sing. plupf. act. ind. . . . . οἶδα
παραδιδούς pres. act. ptc. nom. sing. masc. . παραδίδωμι
συνήχθη 3 p. sing. 1 aor. pass. ind. . . . . συνάγω
3 λαβών 2 aor. act. ptc. nom. sing. masc. . . . . . . λαμβάνω
ἔρχεται 3 p. sing. pres. mid. ind. . . . . ἔρχομαι
4 εἰδώς perf. act. ptc. nom. sing. masc. . . . . οἶδα
ἐρχόμενα pres. mid. ptc. acc. pl. neut. . . . . . . ἔρχομαι
λέγει 3 p. sing. pres. act. ind. . . . . λέγω
ζητεῖτε 2 p. pl. pres. act. ind. . . . . ζητέω
5 ἀπεκρίθησαν 3 p. pl. 1 aor. pass. ind. . . . ἀποκρίνομαι

εἱστήκει 3 p. sing. plupf. act. ind. . . . . ἵστημι
παραδιδούς pres. act. ptc. nom. sing. masc. . παραδίδωμι
6 εἶπεν 3 p. sing. 2 aor. act. ind. . . . . λέγω
ἀπῆλθαν 3 p. pl. 1 aor. act. ind. . . . . .ἀπέρχομαι
ἔπεσαν 3 p. pl. 1 aor. act. ind. . . . . πίπτω
7 ἐπηρώτησεν 3 p. sing. 1 aor. act. ind. . . . . .ἐπερωτάω
ζητεῖτε 2 p. pl. pres. act. ind. . . . . ζητέω
εἶπαν 3 p. pl. 2 aor. act. ind. . . . . λέγω
8 ἀπεκρίθη 3 p. sing. 1 aor. pass. ind. . . . ἀποκρίνομαι
εἶπον 1 p. sing. 2 aor. act. ind. . . . . λέγω
ἄφετε 2 p. pl. 2 aor. act. imper. . . . . .ἀφίημι
ὑπάγειν pres. act. infin. . . . . ὑπάγω
9 πληρωθῇ 3 p. sing. 1 aor. pass. subj. . . . . . . πληρόω
δέδωκας 2 p. sing. perf. act. ind. . . . . .δίδωμι
ἀπώλεσα 1 p. sing. 1 aor. act. ind. . . . . . . ἀπόλλυμι
10 ἔχων pres. act. ptc. nom. sing. masc. . . . . ἔχω
εἵλκυσεν 3 p. sing. 1 aor. act. ind. . . . . ἑλκύω
ἔπαισεν 3 p. sing. 1 aor. act. ind. . . . . παίω
ἀπέκοψεν 3 p. sing. 1 aor. act. ind. . . . . . . ἀποκόπτω
ἦν 3 p. sing. imperf. act. ind. . . . . εἰμί
11 βάλε 2 p. sing. 2 aor. act. imper. . . . . .βάλλω
δέδωκεν 3 p. sing. perf. act. ind. . . . . δίδωμι
πίω 1 p. sing. 2 aor. act. subj. . . . . πίνω
12 συνέλαβον 3 p. pl. 2 aor. act. ind. . . . . . συλλαμβάνω
ἔδησαν 3 p. pl. 1 aor. act. ind. . . . . δέω
13 ἤγαγον 3 p. pl. 2 aor. act. ind. . . . . ἄγω
14 συμβουλεύσας 1 aor. act. ptc. nom. s. masc. . συμβουλεύω
συμφέρει 3 p. sing. pres. act. ind. . . . . συμφέρω
ἀποθανεῖν 2 aor. act. infin. . . . . ἀποθνήσκω
15 ἠκολούθει 3 p. sing. imperf. act. ind. . . . . ἀκολουθέω
συνεισῆλθεν 3 p. sing. 2 aor. act. ind. . . συνεισέρχομαι
16 ἐξῆλθεν 3 p. sing. 2 aor. act. ind. . . . . ἐξέρχομαι
εἰσήγαγεν 3 p. sing. 2 aor. act. ind. . . . . εἰσάγω
17 λέγει 3 p. sing. pres. act. ind. . . . . λέγω
εἶ 2 p. sing. pres. act. ind. . . . . εἰμί
18 εἱστήκεισαν 3 p. pl. plupf. act. ind. . . . . ἵστημι
πεποιηκότες perf. act. ptc. nom. pl. masc. . . . . . ποιέω
ἐθερμαίνοντο 3 p. pl. imperf. mid. ind. . . . . . θερμαίνω
ἑστώς perf. act. ptc. nom. sing. masc. . . . . . . ἵστημι
θερμαινόμενος pres. mid. ptc. nom. sing. masc. θερμαίνω
19 ἠρώτησεν 3 p. sing. 1 aor. act. ind. . . . . .ἐρωτάω
20 λελάληκα 1 p. sing. perf. act. ind. . . . . λαλέω
ἐδίδαξα 1 p. sing. 1 aor. act. ind. . . . . διδάσκω
συνέρχονται 3 p. pl. pres. mid. ind. . . . . . συνέρχομαι
ἐλάλησα 1 p. sing. 1 aor. act. ind. . . . . λαλέω
21 ἐρωτᾷς 2 p. sing. pres. act. ind. . . . . .ἐρωτάω
ἐρώτησον 2 p. sing. 1 aor. act. imper. . . . . id.
ἀκηκοότας perf. act. ptc. acc. pl. masc. . . . . . ἀκούω
ἴδε 2 p. sing. 2 aor. act. imper. . . . . ὁράω
οἴδασιν 3 p. pl. perf. act. ind. . . . . οἶδα
22 εἰπόντος 2 aor. act. ptc. gen. sing. masc. . . . . . λέγω
παρεστηκώς perf. act. ptc. nom. sing. masc. . παρίστημι
ἔδωκεν 3 p. sing. 1 aor. act. ind. . . . . δίδωμι
εἰπών 2 aor. act. ptc. nom. sing. masc. . . . . . . .λέγω
ἀποκρίνῃ 2 p. sing. pres. mid. ind. . . . . . ἀποκρίνομαι

23 ἀπεκρίθη 3 p. sing. 1 aor. pass. ind. . . . ἀποκρίνομαι
ἐλάλησα 1 p. sing. 1 aor. act. ind. . . . . λαλέω
μαρτύρησον 2 p. sing. 1 aor. act. imper. . . . . .μαρτυρέω
δέρεις 2 p. sing. pres. act. ind. . . . . δέρω
24 ἀπέστειλεν 3 p. sing. 1 aor. act. ind. . . . . ἀποστέλλω
δεδεμένον perf. pass. ptc. acc. sing. masc. . . . . . δέω
25 ἦν 3 p. sing. imperf. act. ind. . . . . εἰμί
ἑστώς perf. act. ptc. nom. sing. masc. . . . . . . ἵστημι
θερμαινόμενος pres. mid. ptc. nom. sing. masc. .θερμαίνω
εἶπον 3 p. pl. 2 aor. act. ind. . . . . λέγω
εἶ 2 p. sing. pres. act. ind. . . . . εἰμί
ἠρνήσατο 3 p. sing. 1 aor. mid. ind. . . . . . .ἀρνέομαι
εἶπεν 3 p. sing. 2 aor. act. ind. . . . . λέγω
26 λέγει 3 p. sing. pres. act. ind. . . . . id.
ὤν pres. act. ptc. nom. sing. masc. . . . . εἰμί
ἀπέκοψεν 3 p. sing. 1 aor. act. ind. . . . . ἀποκόπτω
εἶδον 1 p. sing. 2 aor. act. ind. . . . . ὁράω
27 ἐφώνησεν 3 p. sing. 1 aor. act. ind. . . . . . . φωνέω
28 ἄγουσιν 3 p. pl. pres. act. ind. . . . . ἄγω
εἰσῆλθον 3 p. pl. 2 aor. act. ind. . . . . . . εἰσέρχομαι
μιανθῶσιν 3 p. pl. 1 aor. pass. subj. . . . . . μιαίνω
φάγωσιν 3 p. pl. 2 aor. act. subj. . . . . ἐσθίω
29 ἐξῆλθεν 3 p. sing. 2 aor. act. ind. . . . . . . ἐξέρχομαι.
φησίν 3 p. sing. pres. act. ind. . . . . φημί
φέρετε 2 p. pl. pres. act. ind. . . . . .φέρω
30 ἀπεκρίθησαν 3 p. pl. 1 aor. pass. ind. . . . ἀποκρίνομαι
εἶπαν 3 p. pl. 2 aor. act. ind. . . . . λέγω
ποιῶν pres. act. ptc. nom. sing. masc. . . . . ποιέω
παρεδώκαμεν 1 p. pl. 1 aor. act. ind. . . . . παραδίδωμι
31 λάβετε 2 p. pl. 2 aor. act. imper. . . . . .λαμβάνω
κρίνατε 2 p. pl. 1 aor. act. imper. . . . . .κρίνω
ἔξεστιν 3 p. sing. pres. act. ind. impers. . . . . ἔξειμι
ἀποκτεῖναι 1 aor. act. infin. . . . . ἀποκτείνω
32 πληρωθῇ 3 p. sing. 1 aor. pass. subj. . . . . . . .πληρόω
σημαίνων pres. act. ptc. nom. sing. masc. . . . .σημαίνω
ἤμελλεν 3 p. sing. imperf. act. ind. . . . . . . .μέλλω
ἀποθνήσκειν pres. act. infin. . . . . ἀποθνήσκω
33 εἰσῆλθεν 3 p. sing. 2 aor. act. ind. . . . . εἰσέρχομαι
ἐφώνησεν 3 p. sing. 1 aor. act. ind. . . . . φωνέω
34 λέγεις 3 p. sing. pres. act. ind. . . . . .λέγω
παρέδωκαν 3 p. pl. 1 aor. act. ind. . . . . . . .παραδίδωμι
ἐποίησας 2 p. sing. 1 aor. act. ind. . . . . ποιέω
36 ἔστιν 3 p. sing. pres. act. ind. . . . . εἰμί
ἠγωνίζοντο 3 p. pl. imperf. mid. ind. . . . .ἀγωνίζομαι
παραδοθῶ 1 p. sing. 1 aor. pass. subj. . . . . .παραδίδωμι
37 γεγέννημαι 1 p. sing. perf. pass. ind. . . . . . .γεννάω
ἐλήλυθα 1 p. sing. 2 perf. act. ind. . . . . . . .ἔρχομαι
μαρτυρήσω 1 p. sing. 1 aor. act. subj. . . . . . μαρτυρέω
ἀκούει 3 p. sing. pres. act. ind. . . . . ἀκούω
38 εἰπών 2 aor. act. ptc. nom. sing. masc. . . . . . . .λέγω
εὑρίσκω 1 p. sing. pres. act. ind. . . . . . . .εὑρίσκω
39 ἀπολύσω 1 p. sing. 1 aor. act. subj.or ft. a. ind. ἀπολύω
βούλεσθε 2 p. pl. pres. mid. ind. . . . . βούλομαι
40 ἐκραύγασαν 3 p. pl. 1 aor. act. ind. . . . . . .κραυγάζω
λέγοντες pres. act. ptc. nom. pl. masc. . . . . . . .λέγω

19

1 ἔλαβεν 3 p. sing. 2 aor. act. ind. . . . . λαμβάνω
  ἐμαστίγωσεν 3 p. sing. 1 aor. act. ind. . . . . μαστιγόω
2 πλέξαντες 1 aor. act. ptc. nom. pl. masc. . . . . . . πλέκω
  ἐπέθηκαν 3 p. pl. 1 aor. act. ind. . . . . ·ἐπιτίθημι
  περιέβαλον 3 p. pl. 2 aor. act. ind. . . . . . . περιβάλλω
3 ἤρχοντο 3 p. pl. imperf. mid. ind. . . . . ἔρχομαι
  ἔλεγον 3 p. pl. imperf. act. ind. . . . . λέγω
  ἐδίδοσαν 3 p. pl. imperf. act. ind. . . . . δίδωμι
  χαῖρε 2 p. sing. pres. act. imper. . . . . χαίρω
4 ἐξῆλθεν 3 p. sing. 2 aor. act. ind. . . . . . . ἐξέρχομαι
  λέγει 3 p. sing. pres. act. ind. . . . . λέγω
  γνῶτε 2 p. pl. 2 aor. act. imper. . . . . γινώσκω
  εὑρίσκω 1 p. sing. pres. act. ind. . . . . ·εὑρίσκω
5 φορῶν pres. act. ptc. nom. sing. masc. . . . . φορέω
  ἰδού 2 p. sing. 2 aor. mid. imper. . . . . εἶδον
6 εἶδον 3 p. pl. 2 aor. act. ind. . . . . ὁράω
  ἐκραύγασαν 3 p. pl. 1 aor. act. ind. . . . . . . ·κραυγάζω
  λέγοντες pres. act. ptc. nom. pl. masc. . . . . . . λέγω
  σταύρωσον 2 p. sing. 1 aor. act. imper. . . . . ·σταυρόω
  λάβετε 2 p. pl. 2 aor. act. imper. . . . . ·λαμβάνω
  σταυρώσατε 2 p. pl. 1 aor. act. imper. . . . . . σταυρόω
7 ἀπεκρίθησαν 3 p. pl. 1 aor. pass. ind. . . . ἀποκρίνομαι
  ἔχομεν 1 p. pl. pres. act. ind. . . . . ἔχω
  ὀφείλει 3 p. sing. pres. act. ind. . . . . ὀφείλω
  ἀποθανεῖν 2 aor. act. infin. . . . . ἀποθνήσκω
  ἐποίησεν 3 p. sing. 1 aor. act. ind. . . . . ποιέω
8 ἤκουσεν 3 p. sing. 1 aor. act. ind. . . . . ἀκούω
  ἐφοβήθη 3 p. sing. 1 aor. pass. ind. . . . . . . ·φοβέω
9 εἰσῆλθεν 3 p. sing. 2 aor. act. ind. . . . . . εἰσέρχομαι
  εἶ 2 p. sing. pres. act. ind. . . . . εἰμί
  ἔδωκεν 3 p. sing. 1 aor. act. ind. . . . . δίδωμι
10 λαλεῖς 2 p. sing. pres. act. ind. . . . . λαλέω
  οἶδας 2 p. sing. perf. act. ind. . . . . οἶδα
  ἀπολῦσαι 1 aor. act. infin. . . . . ἀπολύω
  σταυρῶσαι 1 aor. act. infin. . . . . σταυρόω
11 ἀπεκρίθη 3 p. sing. 1 aor. pass. ind. . . . . ἀποκρίνομαι
  εἶχες 2 p. sing. imperf. act. ind. . . . . ἔχω
  ἦν 3 p. sing. imperf. act. ind. . . . . εἰμί
  δεδομένον perf. pass. ptc. nom. sing. neut. . . . δίδωμι
  παραδούς 2 aor. act. ptc. nom. sing. masc. . . παραδίδωμι
  ἔχει 3 p. sing. pres. act. ind. . . . . ἔχω
12 ἐζήτει 3 p. sing. imperf. act. ind. . . . . ζητέω
  ἐκραύγασαν 3 p. pl. 1 aor. act. ind. . . . . . . ·κραυγάζω
  ἀπολύσῃς 2 p. sing. 1 aor. act. subj. . . . . . . ἀπολύω
  ποιῶν pres. act. ptc. nom. sing. masc. . . . . . . ·ποιέω
  ἀντιλέγει 3 p. sing. pres. act. ind. . . . . . . ·ἀντιλέγω
13 ἀκούσας 1 aor. act. ptc. nom. sing. masc. . . . . . ἀκούω
  ἤγαγεν 3 p. sing. 2 aor. act. ind. . . . . ἄγω
  ἐκάθισεν 3 p. sing. 1 aor. act. ind. . . . . . . ·καθίζω
  λεγόμενον pres. pass. ptc. acc. sing. masc. . . . . λέγω
14 ἴδε 2 p. sing. 2 aor. act. imper. . . . . ὁράω
15 ἆρον 2 p. sing. 1 aor. act. imper. . . . . αἴρω
  σταύρωσον 2 p. sing. 1 aor. act. imper. . . . . . ·σταυρόω
  σταυρώσω 1 p. sing. fut. act. ind. . . . . id.

16 παρέδωκεν 3 p. sing. 1 aor. act. ind. . . . . . παραδίδωμι
    σταυρωθῇ 3 p. sing. 1 aor. pass. subj. . . . . . . σταυρόω
    παρέλαβον 3 p. pl. 2 aor. act. ind. . . . παραλαμβάνω
17 βαστάζων pres. act. ptc. nom. sing. masc. . . . . βαστάζω
    ἐξῆλθεν 3 p. sing. 2 aor. act. ind. . . . . . .ἐξέρχομαι
    λεγόμενον pres. pass. ptc. acc. sing. masc. . . . . λέγω
    λέγεται 3 p. sing. pres. pass. ind. . . . . id.
18 ἐσταύρωσαν 3 p. pl. 1 aor. act. ind. . . . . . . σταυρόω
19 ἔγραψεν 3 p. sing. 1 aor. act. ind. . . . . γράφω
    ἔθηκεν 3 p. sing. 1 aor. act. ind. . . . . τίθημι
    ἦν 3 p. sing. imperf. act. ind. . . . . .εἰμί
    γεγραμμένον perf. pass. ptc. nom. or acc. s. neut. γράφω
20 ἀνέγνωσαν 3 p. pl. 2 aor. act. ind. . . . . . ἀναγινώσκω
    ἐσταυρώθη 3 p. sing. 1 aor. pass. ind. . . . . . σταυρόω
21 ἔλεγον 3 p. pl. imperf. act. ind. . . . . λέγω
    γράφε 2 p. sing. pres. act. imper. . . . . .γράφω
    εἶπεν 3 p. sing. 2 aor. act. ind. . . . . .λέγω
22 ἀπεκρίθη 3 p. sing. 1 aor. pass. ind. . . . ἀποκρίνομαι
    γέγραφα 1 p. sing. perf. act. ind. . . . . γράφω
23 ἔλαβον 3 p. pl. 2 aor. act. ind. . . . . .λαμβάνω
    ἐποίησαν 3 p. pl. 1 aor. act. ind. . . . . ποιέω
24 εἶπαν 3 p. pl. 2 aor. act. ind. . . . . .λέγω
    σχίσωμεν 1 p. pl. 1 aor. act. subj. . . . . .σχίζω
    λάχωμεν 1 p. pl. 2 aor. act. subj. . . . . .λαγχάνω
    ἔσται 3 p. sing. fut. mid. ind. . . . . .εἰμί
    πληρωθῇ 3 p. sing. 1 aor. pass. subj. . . . . . . .πληρόω
    διεμερίσαντο 3 p. pl. 2 aor. mid. ind. . . . . διαμερίζω
25 εἱστήκεισαν 3 p. pl. plupf. act. ind. . . . . . . .ἵστημι
26 ἰδών 2 aor. act. ptc. nom. sing. masc. . . . . ὁράω
    παρεστῶτα perf. act. ptc. acc. sing. masc. . . παρίστημι
    ἠγάπα 3 p. sing. imperf. act. ind. . . . . ἀγαπάω
    λέγει 3 p. sing. pres. act. ind. . . . . λέγω
    ἴδε 2 p. sing. 2 aor. act. imper. . . . . .ὁράω
27 ἔλαβεν 3 p. sing. 2 aor. act. ind. . . . . .λαμβάνω
28 εἰδώς perf. act. ptc. nom. sing. masc. . . . . οἶδα
    τετέλεσται 3 p. sing. perf. pass. ind. . . . . . . τελέω
    τελειωθῇ 3 p. sing. 1 aor. pass. subj. . . . . . τελειόω
    διψῶ 1 p. sing. pres. act. ind. or subj. . . . . . . .διψάω
29 ἔκειτο 3 p. sing. imperf. mid. ind. . . . . .κεῖμαι
    περιθέντες 2 aor. act. ptc. nom. pl. masc. . . περιτίθημι
    προσήνεγκαν 3 p. pl. 1 aor. act. ind. . . . . . προσφέρω
30 εἶπεν 3 p. sing. 2 aor. act. ind. . . . . .λέγω
    κλίνας 1 aor. act. ptc. nom. sing. masc. . . . . . .κλίνω
31 μείνῃ 3 p. sing. 1 aor. act. subj. . . . . μένω
    ἠρώτησαν 3 p. pl. 1 aor. act. ind. . . . . ἐρωτάω
    κατεαγῶσιν 3 p. pl. 2 aor. pass. subj. . . . . κατάγνυμι
    ἀρθῶσιν 3 p. pl. 1 aor. pass. subj. . . . . .αἴρω
32 ἦλθον 3 p. pl. 2 aor. act. ind. . . . . ἔρχομαι
    κατέαξαν 3 p. pl. 1 aor. act. ind. . . . . . . κατάγνυμι
    συσταυρωθέντος 1 aor. pass. ptc. gen. s. masc. συσταυρόω
33 ἐλθόντες 2 aor. act. ptc. nom. pl. masc. . . . . ἔρχομαι
    εἶδον 3 p. pl. 2 aor. act. ind. . . . . .ὁράω
    τεθνηκότα perf. act. ptc. acc. sing. masc. . . . . .θνήσκω
34 ἔνυξεν 3 p. sing. 1 aor. act. ind. . . . . .νύσσω
    ἐξῆλθεν 3 p. sing. 2 aor. act. ind. . . . . . . .ἐξέρχομαι

35 ἑωρακώς perf. act. ptc. nom. sing. masc. . . . . ὁράω
    μεμαρτύρηκεν 3 p. sing. perf. act. ind. . . . . μαρτυρέω
    ἔστιν 3 p. sing. pres. act. ind. . . . . εἰμί
    οἶδεν 3 p. sing. perf. act. ind. . . . . οἶδα
    λέγει 3 p. sing. pres. act. ind. . . . . λέγω
    πιστεύητε 2 p. pl. pres. act. subj. . . . . .πιστεύω
36 ἐγένετο 3 p. sing. 2 aor. mid. ind. . . . . γίνομαι
    πληρωθῇ 3 p. sing. 1 aor. pass. subj. . . . . . . .πληρόω
    συντριβήσεται 3 p. sing. fut. pass. ind. . . . .συντρίβω
37 ὄψονται 3 p. pl. fut. mid. ind. . . . . .ὁράω
    ἐξεκέντησαν 3 p. pl. 1 aor. act. ind. . . . . . . ἐκκεντέω
38 ἠρώτησεν 3 p. sing. 1 aor. act. ind. . . . . . . .ἐρωτάω
    ὤν pres. act. ptc. nom. sing. masc. . . . . εἰμί
    κεκρυμμένος perf. pass. ptc. nom. sing. masc. . . κρύπτω
    ἄρῃ 3 p. sing. 1 aor. act. subj. . . . . αἴρω
    ἐπέτρεψεν 3 p. sing. 1 aor. act. ind. . . . . . . ἐπιτρέπω
    ἦλθεν 3 p. sing. 2 aor. act. ind. . . . . ἔρχομαι
    ἦρεν 3 p. sing. 1 aor. act. ind. . . . . αἴρω
39 ἐλθών 2 aor. act. ptc. nom. sing. masc. . . . . . . ἔρχομαι
    φέρων pres. act. ptc. nom. sing. masc. . . . . φέρω
40 ἔλαβον 3 p. pl. 2 aor. act. ind. . . . . .λαμβάνω
    ἔδησαν 3 p. pl. 1 aor. act. ind. . . . . δέω
    ἐνταφιάζειν pres. act. infin. . . . . .ἐνταφιάζω
41 ἦν 3 p. sing. imperf. act. ind. . . . . εἰμί
    ἐσταυρώθη 3 p. sing. 1 aor. pass. ind. . . . . . σταυρόω
    τεθειμένος perf. pass. ptc. nom. sing. masc. . . . .τίθημι
42 ἔθηκαν 3 p. pl. 1 aor. act. ind. . . . . id.

20

1 ἔρχεται 3 p. sing. pres. mid. ind. . . . . .ἔρχομαι
    οὔσης pres. act. ptc. gen. sing. fem. . . . . εἰμί
    βλέπει 3 p. sing. pres. act. ind. . . . . βλέπω
    ἠρμένον perf. pass. ptc. acc. sing. masc. . . . . . . αἴρω
2 τρέχει 3 p. sing. pres. act. ind. . . . . τρέχω
    ἐφίλει 3 p. sing. imperf. act. ind. . . . . φιλέω
    λέγει 3 p. sing. pres. act. ind. . . . . λέγω
    ἦραν 3 p. pl. 1 aor. act. ind. . . . . αἴρω
    οἴδαμεν 1 p. pl. perf. act. ind. . . . . οἶδα
    ἔθηκαν 3 p. pl. 1 aor. act. ind. . . . . τίθημι
3 ἐξῆλθεν 3 p. sing. 2 aor. act. ind. . . . . ἐξέρχομαι
    ἤρχοντο 3 p. pl. imperf. mid. ind. . . . . .ἔρχομαι
4 ἔτρεχον 3 p. pl. imperf. act. ind. . . . . .τρέχω
    προέδραμεν 3 p. sing. 2 aor. act. ind. . . . . . προτρέχω
    ἦλθεν 3 p. sing. 2 aor. act. ind. . . . . ἔρχομαι
5 παρακύψας 1 aor. act. ptc. nom. sing. masc. . . παρακύπτω
    κείμενα pres. mid. ptc. acc. pl. neut. . . . . κεῖμαι
    εἰσῆλθεν 3 p. sing. 2 aor. act. ind. . . . . . εἰσέρχομαι
6 ἀκολουθῶν pres. act. ptc. nom. sing. masc. . . ἀκολουθέω
    θεωρεῖ 3 p. sing. pres. act. ind. . . . . θεωρέω
7 ἦν 3 p. sing. imperf. act. ind. . . . . εἰμί
    κείμενον pres. mid. ptc. acc. sing. masc. . . . . .κεῖμαι
    ἐντετυλιγμένον perf. pass. ptc. acc. s. neut. ἐντυλίσσω
8 ἐλθών 2 aor. act. ptc. nom. sing. masc. . . . . . . ἔρχομαι
    εἶδεν 3 p. sing. 2 aor. act. ind. . . . . ὁράω
    ἐπίστευσεν 3 p. sing. 1 aor. act. ind. . . . . . . πιστεύω

9 ᾔδεισαν 3 p. pl. plupf. act. ind. . . . . .οἶδα
δεῖ 3 p. sing. pres. act. impers. . . . . .δεῖ
ἀναστῆναι 2 aor. act. infin. . . . . .ἀνίστημι
10 ἀπῆλθον 3 p. pl. 2 aor. act. ind. . . . . . . .ἀπέρχομαι
11 εἰστήκει 3 p. sing. plupf. act. ind. . . . . . . .ἵστημι
κλαίουσα pres. act. ptc. nom. sing. fem. . . . . . κλαίω
ἔκλαιεν 3 p. sing. imperf. act. ind. . . . . id.
παρέκυψεν 3 p. sing. 1 aor. act. ind. . . . . . .παρακύπτω
12 θεωρεῖ 3 p. sing. pres. act. ind. . . . . .θεωρέω
καθεζομένους pres. mid. ptc. acc. pl. masc. . καθέζομαι
ἔκειτο 3 p. sing. imperf. mid. ind. . . . . .κεῖμαι
13 λέγουσιν 3 p. pl. pres. act. ind. . . . . λέγω
κλαίεις 2 p. sing. pres. act. ind. . . . . κλαίω
λέγει 3 p. sing. pres. act. ind. . . . . λέγω
ἦραν 3 p. pl. 1 aor. act. ind. . . . . αἴρω
ἔθηκαν 3 p. pl. 1 aor. act. ind. . . . . τίθημι
14 εἰποῦσα 2 aor. act. ptc. nom. sing. fem. . . . . . . λέγω
ἐστράφη 3 p. sing. 2 aor. pass. ind. . . . . στρέφω
ἑστῶτα perf. act. ptc. acc. s. masc. or pl. neut. .ἵστημι
ᾔδει 3 p. sing. plupf. act. ind. . . . . οἶδα
ἐστιν 3 p. sing. pres. act. ind. . . . . εἰμί
15 κλαίεις 2 p. sing. pres. act. ind. . . . . .κλαίω
ζητεῖς 2 p. sing. pres. act. ind. . . . . ζητέω
δοκοῦσα pres. act. ptc. nom. sing. fem. . . . . . . δοκέω
ἐβάστασας 2 p. sing. 1 aor. act. ind. . . . . . .βαστάζω
εἰπέ 2 p. sing. 2 aor. act. imper. . . . . λέγω
ἔθηκας 2 p. sing. 1 aor. act. ind. . . . . τίθημι
ἀρῶ 1 p. sing. fut. act. ind. . . . . .αἴρω
16 στραφεῖσα 2 aor. pass. ptc. nom. sing. fem. . . . . .στρέφω
17 ἅπτου 2 p. sing. pres. mid. imper. . . . . .ἅπτω
ἀναβέβηκα 1 p. sing. perf. act. ind. . . . . ἀναβαίνω
πορεύου 2 p. sing. pres. mid. imper. . . . . . . .πορεύομαι
ἀναβαίνω 1 p. sing. pres. act. ind. . . . . .ἀναβαίνω
18 ἔρχεται 3 p. sing. pres. mid. ind. . . . . .ἔρχομαι
ἀγγέλλουσα pres. act. ptc. nom. sing. fem. . . . .ἀγγέλλω
ἑώρακα 1 p. sing. perf. act. ind. . . . . δράω
εἶπεν 3 p. sing. 2 aor. act. ind. . . . . .λέγω
19 οὔσης pres. act. ptc. gen. sing. fem. . . . . . . .εἰμί
κεκλεισμένων perf. pass. ptc. gen. pl. masc. . . . κλείω
ἦσαν 3 p. sing. imperf. act. ind. . . . . .εἰμί
ἦλθεν 3 p. sing. 2 aor. act. ind. . . . . .ἔρχομαι
ἔστη 3 p. sing. 2 aor. act. ind. . . . . ἵστημι
20 εἰπών 2 aor. act. ptc. nom. sing. masc. . . . . . . .λέγω
ἔδειξεν 3 p. sing. 1 aor. act. ind. . . . . δείκνυμι
ἐχάρησαν 3 p. pl. 2 aor. pass. ind. . . . . .χαίρω
ἰδόντες 2 aor. act. ptc. nom. pl. masc. . . . . . . .δράω
21 ἀπέσταλκεν 3 p. sing. perf. act. ind. . . . . . . .ἀποστέλλω
22 ἐνεφύσησεν 3 p. sing. 1 aor. act. ind. . . . . . . ἐμφυσάω
λάβετε 2 p. pl. 2 aor. act. imper. . . . . . . .λαμβάνω
23 ἀφῆτε 2 p. pl. 2 aor. act. subj. . . . . .ἀφίημι
ἀφέωνται 3 p. pl. perf. pass. ind. . . . . id.
κρατῆτε 2 p. pl. pres. act. subj. . . . . .κρατέω
κεκράτηνται 3 p. pl. perf. pass. ind. . . . . id.
24 λεγόμενος pres. mid. ptc. nom. sing. masc. . . . . . λέγω
ἦν 3 p. sing. imperf. act. ind. . . . . .εἰμί

25 ἔλεγον 3 p. pl. imperf. act. ind. . . . . λέγω
   ἑωράκαμεν 1 p. pl. perf. act. ind. . . . . ὁράω
   εἶπεν 3 p. sing. 2 aor. act. ind. . . . . .λέγω
   ἴδω 1 p. sing. 2 aor. act. subj. . . . . ὁράω
   βάλω 1 p. sing. 2 aor. act. subj. . . . . βάλλω
   πιστεύσω 1 p. sing. fut. act. ind. . . . . πιστεύω
26 ἦσαν 3 p. pl. imperf. act. ind. . . . . .εἰμί
   ἔρχεται 3 p. sing. pres. mid. ind. . . . . .ἔρχομαι
   κεκλεισμένων perf. pass. ptc. gen. pl. masc. . . . κλείω
   ἔστη 3 p. sing. 2 aor. act. ind. . . . . ἵστημι
27 φέρε 2 p. sing. pres. act. imper. . . . . φέρω
   ἴδε 2 p. sing. 2 aor. act. imper. . . . . .ὁράω
   βάλε 2 p. sing. 2 aor. act. imper. . . . . .βάλλω
   γίνου 2 p. sing. pres. mid. imper. . . . . .γίνομαι
28 ἀπεκρίθη 3 p. sing. 1 aor. pass. ind. . . . ἀποκρίνομαι
29 ἑώρακας 2 p. sing. perf. act. ind. . . . . ὁράω
   πεπίστευκας 2 p. sing. perf. act. ind. . . . . . . πιστεύω
   ἰδόντες 2 aor. act. ptc. nom. pl. masc. . . . . . . .ὁράω
   πιστεύσαντες 1 aor. act. ptc. nom. pl. masc. . . πιστεύω
30 ἐποίησεν 3 p. sing. 1 aor. act. ind. . . . . ποιέω
   γεγραμμένα perf. pass. ptc. nom. or acc. pl. neut. γράφω
31 γέγραπται 3 p. sing. perf. pass. ind. . . . . id.
   πιστεύητε 2 p. pl. pres. act. subj. . . . . .πιστεύω
   πιστεύοντες pres. act. ptc. nom. pl. masc. . . . . . id.
   ἔχητε 2 p. pl. pres. act. subj. . . . . ἔχω

                              21

1 ἐφανέρωσεν 3 p. sing. 1 aor. act. ind. . . . . . . φανερόω
2 ἦσαν 3 p. pl. imperf. act. ind. . . . . .εἰμί
   λεγόμενος pres. pass. ptc. nom. sing. masc. . . . . . λέγω
3 λέγει 3 p. sing. pres. act. ind. . . . . id.
   ἁλιεύειν pres. act. infin. . . . . .ἁλιεύω
   λέγουσιν 3 p. pl. pres. act. ind. . . . . λέγω
   ἐρχόμεθα 1 p. pl. pres. mid. ind. . . . . .ἔρχομαι
   ἐξῆλθον 1 p. s. or 3 p. pl. 2 aor. act. ind. . .ἐξέρχομαι
   ἐνέβησαν 3 p. pl. 2 aor. act. ind. . . . . ἐμβαίνω
   ἐπίασαν 3 p. pl. 1 aor. act. ind. . . . . πιάζω
4 γινομένης pres. mid. ptc. gen. sing. fem. . . . .γίνομαι
   ἔστη 3 p. sing. 2 aor. act. ind. . . . . ἵστημι
   ᾔδεισαν 3 p. pl. plupf. act. ind. . . . . .οἶδα
   ἔστιν 3 p. sing. pres. act. ind. . . . . εἰμί
5 ἔχετε 2 p. pl. pres. act. ind. . . . . .ἔχω
   ἀπεκρίθησαν 3 p. pl. 1 aor. pass. ind. . . . ἀποκρίνομαι
6 εἶπεν 3 p. sing. 2 aor. act. ind. . . . . λέγω
   βάλετε 2 p. pl. 2 aor. act. imper. . . . . βάλλω
   εὑρήσετε 2 p. pl. fut. act. ind. . . . . .εὑρίσκω
   ἔβαλον 3 p. pl. 2 aor. act. ind. . . . . βάλλω
   ἑλκύσαι 1 aor. act. infin. . . . . .ἑλκύω
   ἴσχυον 3 p. pl. imperf. act. ind. . . . . ἰσχύω
7 ἠγάπα 3 p. sing. imperf. act. ind. . . . . .ἀγαπάω
   ἀκούσας 1 aor. act. ptc. nom. sing. masc. . . . . . .ἀκούω
   διεζώσατο 3 p. sing. 1 aor. mid. ind. . . . . . διαζώννυμι
   ἔβαλεν 3 p. sing. 2 aor. act. ind. . . . . .βάλλω
8 ἦλθον 3 p. pl. 2 aor. act. ind. . . . . .ἔρχομαι
   σύροντες pres. act. ptc. nom. pl. masc. . . . . . . .σύρω

9 ἀπέβησαν 3 p. pl. 2 aor. act. ind. . . . . . . .ἀποβαίνω
  βλέπουσιν 3 p. pl. pres. act. ind. . . . . βλέπω
  κειμένην pres. mid. ptc. acc. sing. fem. . . . . .κεῖμαι
  ἐπικείμενον pres. mid. ptc. acc. sing. neut. . . ἐπίκειμαι
10 λέγει 3 p. sing. pres. act. ind. . . . . λέγω
  ἐνέγκατε 2 p. pl. 1 aor. aot. imper. . . . . φέρω
  ἐπιάσατε 2 p. pl. 1 aor. act. ind. . . . . .πιάζω
11 ἀνέβη 3 p. sing. 2 aor. act. ind. . . . . .ἀναβαίνω
  εἵλκυσεν 3 p. sing. 2 aor. act. ind. . . . . .ἑλκύω
  ὄντων pres. act. ptc. gen. pl. masc. or neut. . . . . .εἰμί
  ἐσχίσθη 3 p. sing. 1 aor. pass. ind. . . . . .σχίζω
12 ἀριστήσατε 2 p. pl. 1 aor. act. imper. . . . . . ἀριστάω
  ἐτόλμα 3 p. sing. imperf. act. ind. . . . . .τολμάω
  ἐξετάσαι 1 aor. act. infin. . . . . ἐξετάζω
  εἶ 2 p. sing. pres. act. ind. . . . . .εἰμί
  εἰδότες perf. act. ptc. nom. pl. masc. . . . . οἶδα
  ἐστιν 3 p. sing. pres. act. ind. . . . . .εἰμί
13 ἔρχεται 3 p. sing. pres. mid. ind. . . . . .ἔρχομαι
  λαμβάνει 3 p. sing. pres. act. ind. . . . . . . .λαμβάνω
  δίδωσιν 3 p. sing. pres. act. ind. . . . . δίδωμι
14 ἐφανερώθη 3 p. sing. 1 aor. pass. ind. . . . . . φανερόω
  ἐγερθείς 1 aor. pass. ptc. nom. sing. masc. . . . .ἐγείρω
15 ἠρίστησαν 3 p. pl. 1 aor. act. ind. . . . . ἀριστάω
  λέγει 3 p. sing. pres. act. ind. . . . . λέγω
  ἀγαπᾷς 2 p. sing. pres. act. ind. . . . . .ἀγαπάω
  οἶδας 2 p. sing. perf. act. ind. . . . . οἶδα
  φιλῶ 1 p. sing. pres. act. ind. . . . . φιλέω
  βόσκε 2 p. sing. pres. act. imper. . . . . βόσκω
16 ἀγαπᾷς 2 p. sing. pres. act. ind. . . . . .ἀγαπάω
  οἶδας 2 p. sing. perf. act. ind. . . . . οἶδα
  ποίμαινε 2 p. sing. pres. act. imper. . . . . . . .ποιμαίνω
17 λέγει 3 p. sing. pres. act. ind. . . . . λέγω
  φιλεῖς 2 p. sing. pres. act. ind. . . . . φιλέω
  ἐλυπήθη 3 p. sing. 1 aor. pass. ind. . . . . λυπέω
  εἶπεν 3 p. sing. 2 aor. act. ind. . . . . .λέγω
  βόσκε 2 p. sing. pres. act. imper. . . . . βόσκω
  γινώσκεις 2 p. sing. pres. act. ind. . . . . . . γινώσκω
18 ἦς 2 p. sing. imperf. act. ind. . . . . .εἰμί
  ἐζώννυες 2 p. sing. imperf. act. ind. . . . . . . .ζώννυμι
  περιεπάτεις 2 p. sing. imperf. act. ind. . . . περιπατέω
  ἤθελες 2 p. sing. imperf. act. ind. . . . . .ἐθέλω
  γηράσῃς 2 p. sing. fut. mid. ind. Att. . . . . . . γηράσκω
  ἐκτενεῖς 2 p. sing. fut. act. ind. . . . . .ἐκτείνω
  ζώσει 3 p. sing. fut. act. ind. . . . . ζώννυμι
  οἴσει 3 p. sing. fut. act. ind. . . . . .φέρω
  θέλεις 2 p. sing. pres. act. ind. . . . . .θέλω
19 εἶπεν 3 p. sing. 2 aor. act. ind. . . . . .λέγω
  σημαίνων pres. act. ptc. nom. sing. masc. . . . . .σημαίνω
  δοξάσει 3 p. sing. fut. act. ind. . . . . .δοξάζω
  εἰπών 2 aor. act. ptc. nom. sing. masc. . . . . . . .λέγω
  λέγει 3 p. sing. pres. act. ind. . . . . id.
  ἀκολούθει 2 p. sing. pres. act. imper. . . . . ἀκολουθέω
20 ἐπιστραφείς 2 aor. pass. ptc. nom. sing. masc. ἐπιστρέφω
  βλέπει 3 p. sing. pres. act. ind. . . . . .βλέπω
  ἠγάπα 3 p. sing. imperf. act. ind. . . . . .ἀγαπάω

ἀκολουθοῦντα pres. act. ptc. acc. sing. masc. ἀκολουθέω
ἀνέπεσεν 3 p. sing. 2 aor. act. ind. . . . . . . .ἀναπίπτω
παραδιδούς pres. act. ptc. nom. sing. masc. . . παραδίδωμι
21 ἰδών 2 aor. act. ptc. nom. sing. masc. . . . . ὁράω
λέγει 3 p. sing. pres. act. ind. . . . . λέγω
22 θέλω 1 p. sing. pres. act. ind. . . . . θέλω
μένειν pres. act. infin. . . . . μένω
ἔρχομαι 1 p. sing. pres. mid. ind. . . . . ἔρχομαι
ἀκολούθει 2 p. sing. pres. act. imper. . . . . ἀκολουθέω
23 ἐξῆλθεν 3 p. sing. 2 aor. act. ind. . . . . . . .ἐξέρχομαι
ἀποθνήσκει 3 p. sing. pres. act. ind. . . . . .ἀποθνήσκω
εἶπεν 3 p. sing. 2 aor. act. ind. . . . . λέγω
24 ἐστιν 3 p. sing. pres. act. ind. . . . . εἰμί
μαρτυρῶν pres. act. ptc. nom. sing. masc. . . . . μαρτυρέω
γράψας 1 aor. act. ptc. nom. sing. masc. . . . . γράφω
οἴδαμεν 1 p. pl. perf. act. ind. . . . . οἶδα
25 ἐποίησεν 3 p. sing. 1 aor. act. ind. . . . . ποιέω
γράφηται 3 p. sing. pres. pass. subj. . . . . γράφω
οἶμαι 1 p. sing. pres. mid. ind. contr. . . . . . . .οἴομαι
χωρήσειν 1 aor. act. infin. . . . . χωρέω
γραφόμενα pres. pass. ptc. acc. pl. neut. . . . . . . γράφω

Πραξεις Αποστολων

1

1 ἐποιησάμην 1 p. sing. 1 aor. mid. ind. . . . . ποιέω
  ἤρξατο 3 p. sing. 1 aor. mid. ind. . . . . ἄρχω
  ποιεῖν pres. act. infin. . . . . ποιέω
  διδάσκειν pres. act. infin. . . . . διδάσκω
2 ἐντειλάμενος 1 aor. mid. ptc. nom. s. masc. . . ἐντέλλομαι
  ἐξελέξατο 3 p. sing. 1 aor. mid. ind. . . . . . . ἐκλέγω
  ἀνελήμφθη 3 p. sing. 1 aor. pass. ind. . . . ἀναλαμβάνω
3 παρέστησεν 3 p. sing. 1 aor. act. ind. . . . . . παρίστημι
  ζῶντα pres. act. ptc. acc. sing. masc. . . . . ζάω
  παθεῖν 2 aor. act. infin. . . . . πάσχω
  ὀπτανόμενος pres. mid. ptc. nom. sing. masc. . ὀπτάνομαι
  λέγων pres. act. ptc. nom. sing. masc. . . . . λέγω
4 συναλιζόμενος pres. mid. ptc. nom. sing. masc. . συναλίζω
  παρήγγειλεν 3 p. sing. 1 aor. act. ind. . . . παραγγέλλω
  χωρίζεσθαι pres. mid. infin. . . . . χωρίζω
  περιμένειν pres. act. infin. . . . . περιμένω
  ἠκούσατε 2 p. pl. 1 aor. act. ind. . . . . ἀκούω
5 ἐβάπτισεν 3 p. sing. 1 aor. act. ind. . . . . . . βαπτίζω
  βαπτισθήσεσθε 2 p. pl. fut. pass. ind. . . . . id.
6 συνελθόντες 2 aor. act. ptc. nom. pl. masc. . συνέρχομαι
  ἠρώτων 3 p. pl. imperf. act. ind. . . . . ἐρωτάω
  λέγοντες pres. act. ptc. nom. pl. masc. . . . . λέγω
  ἀποκαθιστάνεις 2 p. sing. pres. act. ind. . ἀποκαθιστάνω
7 εἶπεν 3 p. sing. 2 aor. act. ind. . . . . λέγω
  ἔστιν 3 p. sing. pres. act. ind. . . . . εἰμί
  γνῶναι 2 aor. act. infin. . . . . γινώσκω
  ἔθετο 3 p. sing. 2 aor. mid. ind. . . . . τίθημι
8 λήμφεσθε 2 p. pl. fut. mid. ind. . . . . λαμβάνω
  ἐπελθόντος 2 aor. act. ptc. gen. sing. neut. . ἐπέρχομαι
  ἔσεσθε 2 p. pl. fut. mid. ind. . . . . εἰμί
9 εἰπών 2 aor. act. ptc. nom. sing. masc. . . . . . . λέγω
  βλεπόντων pres. act. ptc. gen. pl. masc. . . . . . βλέπω
  ἐπήρθη 3 p. sing. 1 aor. pass. ind. . . . . ἐπαίρω
  ὑπέλαβεν 3 p. sing. 2 aor. act. ind. . . . . . ὑπολαμβάνω
10 ἀτενίζοντες pres. act. ptc. nom. pl. masc. . . . ἀτενίζω
  ἦσαν 3 p. pl. imperf. act. ind. . . . . εἰμί
  πορευομένου pres. mid. ptc. gen. sing. masc. . πορεύομαι
  ἰδού 2 p. sing. 2 aor. mid. imper. . . . . εἶδον
  παρειστήκεισαν 3 p. pl. plupf. act. ind. . . . παρίστημι
11 εἶπαν 3 p. pl. 2 aor. act. ind. . . . . λέγω
  ἐστήκατε 2 p. pl. perf. act. ind. . . . . ἵστημι
  βλέποντες pres. act. ptc. nom. pl. masc. . . . . . βλέπω
  ἀναλημφθείς 1 aor. pas. ptc. nom. sing. masc. ἀναλαμβάνω
  ἐλεύσεται 3 p. sing. fut. mid. ind. . . . . . . ἔρχομαι
  ἐθεάσασθε 2 p. pl. 1 aor. mid. ind. . . . . . . θεάομαι
  πορευόμενον pres. mid. ptc. acc. sing. masc. . πορεύομαι
12 ὑπέστρεφαν 3 p. pl. 1 aor. act. ind. . . . . . ὑποστρέφω
  καλουμένου pres. pass. ptc. gen. sing. masc. . . . . καλέω
  ἔχον pres. act. ptc. nom. and acc. sing. neut. . . . ἔχω
13 εἰσῆλθον 3 p. pl. 2 aor. act. ind. . . . . . . εἰσέρχομαι
  ἀνέβησαν 3 p. pl. 2 aor. act. ind. . . . . . . ἀναβαίνω
  καταμένοντες pres. act. ptc. nom. pl. masc. . . καταμένω

14 προσκαρτεροῦντες pres. act. ptc. n. pl. m. προσκαρτερέω
15 ἀναστάς 2 aor. act. ptc. nom. sing. masc. . . . .ἀνίστημι
εἶπεν 3 p. sing. 2 aor. act. ind. . . . . .λέγω
ἦν 3 p. sing. imperf. act. ind. . . . . .εἰμί
16 ἔδει 3 p. sing. imperf. act. impers. . . . . .δεῖ
πληρωθῆναι 1 aor. pass. infin. . . . . .πληρόω
προεῖπεν 3 p. sing. 2 aor. act. ind. . . . . . . .προλέγω
γενομένου 2 aor. mid. ptc. gen. sing. masc. . . .γίνομαι
συλλαβοῦσιν 2 aor. act. ptc. dat. pl. masc. . συλλαμβάνω
17 κατηριθμημένος perf. pass. ptc. nom. s. masc. καταριθμέω
ἔλαχεν 3 p. sing. 2 aor. act. ind. . . . . .λαγχάνω
18 ἐκτήσατο 3 p. sing. 1 aor. mid. ind. . . . . . . κτάομαι
γενόμενος 2 aor. mid. ptc. nom. sing. masc. . . .γίνομαι
ἐλάκησεν 3 p. sing. 1 aor. act. ind. . . . . λακέω
ἐξεχύθη 3 p. sing. 1 aor. pass. ind. . . . . . . ἐκχέω
19 ἐγένετο 3 p. sing. 2 aor. mid. ind. . . . . . . .γίνομαι
κατοικοῦσιν pres. act. ptc. dat. pl. masc. . . .κατοικέω
κληθῆναι 1 aor. pass. infin. . . . . καλέω
ἔστιν 3 p. sing. pres. act. ind. . . . . εἰμί
20 γέγραπται 3 p. sing. perf. pass. ind. . . . . . .γράφω
γενηθήτω 3 p. sing. 1 aor. pass. imper. . . . . .γίνομαι
ἔστω 3 p. sing. pres. act. imper. . . . . .εἰμί
κατοικῶν pres. act. ptc. nom. sing. masc. . . κατοικέω
λαβέτω 3 p. sing. 2 aor. act. imper. . . . . . .λαμβάνω
21 δεῖ 3 p. sing. pres. act. impers. verb . . . . .δεῖ
συνελθόντων 2 aor. act. ptc. gen. pl. masc. . συνέρχομαι
εἰσῆλθεν 3 p. sing. 2 aor. act. ind. . . . . εἰσέρχομαι
ἐξῆλθεν 3 p. sing. 2 aor. act. ind. . . . . . . ἐξέρχομαι
22 ἀρξάμενος 1 aor. mid. ptc. nom. sing. masc. . . . . . ἄρχω
ἀνελήμφθη 3 p. sing. 1 aor. pass. ind. . . . . ἀναλαμβάνω
γενέσθαι 2 aor. pass. infin. . . . . .γίνομαι
23 ἔστησαν 3 p. pl. 1 aor. act. or 2 aor. act. ind. . ἵστημι
καλούμενον pres. pass. ptc. acc. sing. masc. . . . καλέω
ἐπεκλήθη 3 p. sing. 1 aor. pass. ind. . . . . . .ἐπικαλέω
24 προσευξάμενοι 1 aor. mid. ptc. nom. pl. m. . προσεύχομαι
εἶπαν 3 p. pl. 2 aor. act. ind. . . . . .λέγω
ἀνάδειξον 2 p. sing. 1 aor. act. imper. . . . ἀναδείκνυμι
ἐξελέξω 2 p. sing. 1 aor. mid. ind. . . . . .ἐκλέγω
25 λαβεῖν 2 aor. act. infin. . . . . .λαμβάνω
παρέβη 3 p. sing. 2 aor. act. ind. . . . παραβαίνω
πορευθῆναι 1 aor. mid. infin. . . . . .πορεύομαι
26 ἔδωκαν 3 p. pl. 1 aor. act. ind. . . . . δίδωμι
ἔπεσεν 3 p. sing. 2 aor. act. ind. . . . . .πίπτω
συγκατεφηφίσθη 3 p. sing. 1 aor. pas. ind. συγκαταφηφίζω

2

1 συμπληροῦσθαι pres. pass. infin. . . . . συμπληρόω
ἦσαν 3 p. pl. imperf. act. ind. . . . . εἰμί
2 ἐγένετο 3 p. sing. 2 aor. mid. ind. . . . . . . γίνομαι
φερομένης pres. mid. ptc. gen. sing. fem. . . . . . φέρω
ἐπλήρωσεν 3 p. sing. 1 aor. act. ind. . . . . . . πληρόω
καθήμενοι pres. mid. ptc. nom. pl. masc. . . . . .κάθημαι
3 ὤφθησαν 3 p. pl. 1 aor. pass. ind. . . . . ὁράω
διαμεριζόμεναι pres. pass. ptc. nom. pl. fem. .διαμερίζω
ἐκάθισεν 3 p. sing. 1 aor. act. ind. . . . . . . .καθίζω

4 ἐπλήσθησαν 3 p. pl. 1 aor. pass. ind. . . . . . . πίμπλημι
ἤρξαντο 3 p. pl. 1 aor. mid. ind. . . . . ἄρχω
λαλεῖν pres. act. infin. . . . . λαλέω
ἐδίδου 3 p. sing. imperf. act. ind. . . . . δίδωμι
ἀποφθέγγεσθαι pres. mid. infin. . . . . . . ἀποφθέγγομαι
5 ἦσαν 3 p. pl. imperf. act. ind. . . . . εἰμί
κατοικοῦντες pres. act. ptc. nom. pl. masc. . . κατοικέω
6 γενομένης 2 aor. mid. ptc. gen. sing. fem. . . . . γίνομαι
συνῆλθεν 3 p. sing. 2 aor. act. ind. . . . . . . συνέρχομαι
συνεχύθη 3 p. sing. 1 aor. pass. ind. . . . . συγχέω
ἤκουον 3 p. pl. imperf. act. ind. . . . . ἀκούω
λαλούντων pres. act. ptc. gen. pl. masc. . . . . . . λαλέω
7 ἐξίσταντο 3 p. pl. imperf. mid. ind. . . . . ἐξίστημι
ἐθαύμαζον 3 p. pl. imperf. act. ind. . . . . . . θαυμάζω
λέγοντες pres. act. ptc. nom. pl. masc. . . . . λέγω
εἰσιν 3 p. pl. pres. act. ind. . . . . εἰμί
λαλοῦντες pres. act. ptc. nom. pl. masc. . . . . . . λαλέω
8 ἀκούομεν 1 p. pl. pres. act. ind. . . . . ἀκούω
ἐγεννήθημεν 1 p. pl. 1 aor. pass. ind. . . . . γεννάω
10 ἐπιδημοῦντες pres. act. ptc. nom. pl. masc. . . ἐπιδημέω
12 διηποροῦντο 3 p. pl. imperf. mid. ind. . . . . . διαπορέω
θέλει 3 p. sing. pres. act. ind. . . . . θέλω
εἶναι pres. act. infin. . . . . εἰμί
13 διαχλευάζοντες pres. act. ptc. nom. pl. masc. διαχλευάζω
ἔλεγον 3 p. pl. imperf. act. ind. . . . . λέγω
μεμεστωμένοι perf. pass. ptc. nom. pl. masc. . . . μεστόω
14 σταθείς 1 aor. pass. ptc. nom. sing. masc. . . . . . ἵστημι
ἐπῆρεν 3 p. sing. 1 aor. act. ind. . . . . ἐπαίρω
ἀπεφθέγξατο 3 p. sing. 1 aor. mid. ind. . . ἀποφθέγγομαι
κατοικοῦντες pres. act. ptc. nom. pl. masc. . . κατοικέω
ἔστω 3 p. sing. pres. act. imper. . . . . εἰμί
ἐνωτίσασθε 2 p. pl. 1 aor. mid. imper. . . . ἐνωτίζομαι
15 ὑπολαμβάνετε 2 p. pl. pres. act. ind. . . . . ὑπολαμβάνω
μεθύουσιν 3 p. pl. pres. act. ind. . . . . μεθύω
ἔστιν 3 p. sing. pres. act. ind. . . . . εἰμί
16 εἰρημένον perf. pass. ptc. nom. or acc. sing. neut. εἶπον
17 ἔσται 3 p. sing. fut. mid. ind. . . . . εἰμί
λέγει 3 p. sing. pres. act. ind. . . . . λέγω
ἐκχεῶ 1 p. sing. fut. act. ind. . . . . ἐκχέω
προφητεύσουσιν 3 p. pl. fut. act. ind. . . . . . προφητεύω
ὄφονται 3 p. pl. fut. mid. ind. . . . . ὁράω
ἐνυπνιασθήσονται 3 p. pl. 1 fut. pass. ind. . ἐνυπνιάζω
18 προφητεύσουσιν 3 p. pl. fut. act. ind. . . . . . προφητεύω
19 δώσω 1 p. sing. fut. act. ind. . . . . δίδωμι
20 μεταστραφήσεται 3 p. sing. 2 fut. pass. ind. μεταστρέφω
ἐλθεῖν 2 aor. act. infin. . . . . ἔρχομαι
21 ἐπικαλέσηται 3 p. sing. 1 aor. mid. subj. . . . ἐπικαλέω
σωθήσεται 3 p. sing. fut. pass. ind. . . . . σώζω
22 ἀκούσατε 2 p. pl. 1 aor. act. imper. . . . . ἀκούω
ἀποδεδειγμένον perf. pass. ptc. acc. s. m. . ἀποδείκνυμι
ἐποίησεν 3 p. sing. 1 aor. act. ind. . . . . ποιέω
οἴδατε 2 p. pl. perf. act. ind. . . . . οἶδα
23 προσπήξαντες 1 aor. act. ptc. nom. pl. masc. προσπήγνυμι
ἀνείλατε 2 p. pl. 2 aor. act. ind. . . . . ἀναιρέω
24 ἀνέστησεν 3 p. sing. 1 aor. act. ind. . . . . . ἀνίστημι

λύσας 1 aor. act. ptc. nom. sing. masc. . . . . λύω
ἦν 3 p. sing. imperf. act. ind. . . . . .εἰμί
κρατεῖσθαι pres. pass. infin. . . . . κρατέω
25 λέγει 3 p. sing. pres. act. ind. . . . . λέγω
προορώμην 1 p. pl. imperf. mid. ind. . . . . προοράω
ἔστιν 3 p. sing. pres. act. ind. . . . . εἰμί
σαλευθῶ 1 p. sing. 1 aor. pass. subj. . . . . . . σαλεύω
26 ηὐφράνθη 3 p. sing. 1 aor. pass. ind. . . . . . εὐφραίνω
ἠγαλλιάσατο 3 p. sing. 1 aor. mid. ind. . . . . ἀγαλλιάω
κατασκηνώσει 3 p. sing. fut. act. ind. . . . κατασκηνόω
27 ἐγκαταλείψεις 2 p. sing. fut. act. ind. . . . ἐγκαταλείπω
δώσεις 2 p. sing. fut. act. ind. . . . . δίδωμι
ἰδεῖν 2 aor. act. infin. . . . . ὁράω
28 ἐγνώρισας 2 p. sing. 1 aor. act. ind. . . . . . .γνωρίζω
πληρώσεις 2 p. sing. fut. act. ind. . . . . πληρόω
29 ἐξόν pres. act. ptc. nom. sing. neut. . . . . . . .ἔξεστι
εἰπεῖν 2 aor. act. infin. . . . . λέγω
ἐτελεύτησεν 3 p. sing. 1 aor. act. ind. . . . . τελευτάω
ἐτάφη 3 p. sing. 2 aor. pass. ind. . . . . θάπτω
30 ὑπάρχων pres. act. ptc. nom. sing. masc. . . . . . .ὑπάρχω
εἰδώς perf. act. ptc. nom. sing. masc. . . . . οἶδα
ὤμοσεν 3 p. sing. 1 aor. act. ind. . . . . ὄμνυμι
καθίσαι 1 aor. act. infin. . . . . καθίζω
31 προϊδών 2 aor. act. ptc. nom. sing. masc. . . . . προοράω
ἐλάλησεν 3 p. sing. 1 aor. act. ind. . . . . .λαλέω
ἐγκατελείφθη 3 p. sing. 1 aor. pass. ind. . . ἐγκαταλείπω
εἶδεν 3 p. sing. 2 aor. act. ind. . . . . ὁράω
32 ἀνέστησεν 3 p. sing. 1 aor. act. ind. . . . . . ἀνίστημι
ἐσμεν 1 p. pl. pres. act. ind. . . . . εἰμί
33 ὑψωθείς 1 aor. pass. ptc. nom. sing. masc. . . . . . ὑψόω
λαβών 2 aor. act. ptc. nom. sing. masc. . . . . . λαμβάνω
ἐξέχεεν 3 p. sing. 1 aor. act. ind. . . . . ἐκχέω
βλέπετε 2 p. pl. pres. act. ind. or imper. . . . . βλέπω
ἀκούετε 2 p. pl. pres. act. ind. or imper. . . . . ἀκούω
34 ἀνέβη 3 p. sing. 2 aor. act. ind. . . . . .ἀναβαίνω
εἶπεν 3 p. sing. 2 aor. act. ind. . . . . .λέγω
35 θῶ 1 p. sing. 2 aor. act. subj. . . . . .τίθημι
36 γινωσκέτω 3 p. sing. pres. act. imper. . . . . . γινώσκω
ἐποίησεν 3 p. sing. 1 aor. act. ind. . . . . ποιέω
ἐσταυρώσατε 2 p. pl. 1 aor. act. ind. . . . . . . .σταυρόω
37 ἀκούσαντες 1 aor. act. ptc. nom. pl. masc. . . . . ἀκούω
κατενύγησαν 3 p. pl. 2 aor. pass. ind. . . . . κατανύσσω
εἶπον 3 p. pl. 2 aor. act. ind. . . . . .λέγω
ποιήσωμεν 1 p. pl. 1 aor. act. subj. . . . . ποιέω
38 μετανοήσατε 2 p. pl. 1 aor. act. imper. . . . . . μετανοέω
βαπτισθήτω 3 p. sing. 1 aor. pass. imper. . . . .βαπτίζω
λήμφεσθε 2 p. pl. fut. mid. ind. . . . . λαμβάνω
39 προσκαλέσηται 3 p. sing. 1 aor. mid. subj. προσκαλέομαι
40 διεμαρτύρατο 3 p. sing. 1 aor. mid. ind. .διαμαρτύρομαι
παρεκάλει 3 p. sing. imperf. act. ind. . . . . παρακαλέω
λέγων pres. act. ptc. nom. sing. masc. . . . . . . λέγω
σώθητε 2 p. pl. 1 aor. pass. imper. . . . . σώζω
41 ἀποδεξάμενοι 1 aor. mid. ptc. nom. pl. masc. ἀποδέχομαι
ἐβαπτίσθησαν 3 p. pl. 1 aor. pass. ind. . . . . . βαπτίζω
προσετέθησαν 3 p. pl. 1 aor. pass. ind. . . . προστίθημι

42 ἦσαν 3 p. pl. imperf. act. ind. . . . . εἰμί
προσκαρτεροῦντες pres. act. ptc. n. pl. m. προσκαρτερέω
43 ἐγίνετο 3 p. sing. imperf. mid. ind. . . . . .γίνομαι
44 πιστεύσαντες 1 aor. act. ptc. nom. pl. masc. . . πιστεύω
εἶχον 3 p. pl. imperf. act. ind. . . . . ἔχω
45 ἐπίπρασκον 3 p. pl. imperf. act. ind. . . . . . πιπράσκω
διεμέριζον 3 p. pl. imperf. act. ind. . . . . . .διαμερίζω
εἶχεν 3 p. sing. imperf. act. ind. . . . . ἔχω
46 κλῶντες pres. act. ptc. nom. pl. masc. . . . . κλάω
μετελάμβανον 3 p. pl. imperf. act. ind. . . μεταλαμβάνω
47 αἰνοῦντες pres. act. ptc. nom. pl. masc. . . . . . . αἰνέω
ἔχοντες pres. act. ptc. nom. pl. masc. . . . . .ἔχω
προσετίθει 3 p. sing. imperf. act. ind. . . . προστίθημι
σῳζομένους pres. pass. ptc. acc. pl. masc. . . . . . .σῴζω

3
1 ἀνέβαινον 3 p. pl. imperf. act. ind. . . . . . .ἀναβαίνω
2 ὑπάρχων pres. act. ptc. nom. sing. masc. . . . . . .ὑπάρχω
ἐβαστάζετο 3 p. sing. imperf. pass. ind. . . . . . βαστάζω
ἐτίθουν 3 p. pl. imperf. act. ind. . . . . τίθημι
λεγομένην pres. pass. ptc. acc. sing. fem. . . . . . .λέγω
αἰτεῖν pres. act. infin. . . . . αἰτέω
εἰσπορευομένων pres. mid. ptc. gen. pl. m. εἰσπορεύομαι
3 ἰδών 2 aor. act. ptc. nom. sing. masc. . . . . ὁράω
μέλλοντας pres. act. ptc. acc. pl. masc. . . . . . .μέλλω
εἰσιέναι pres. act. infin. . . . . εἴσειμι
ἠρώτα 3 p. sing. imperf. act. ind. . . . . ἐρωτάω
λαβεῖν 2 aor. act. infin. . . . . λαμβάνω
4 ἀτενίσας 1 aor. act. ptc. nom. sing. masc. . . . ἀτενίζω
εἶπεν 3 p. sing. 2 aor. act. ind. . . . . .λέγω
βλέψον 2 p. sing. 1 aor. act. imper. . . . . βλέπω
5 ἐπεῖχεν 3 p. sing. imperf. act. ind. . . . . .ἐπέχω
προσδοκῶν pres. act. ptc. nom. sing. masc. . . .προσδοκάω
6 ὑπάρχει 3 p. sing. pres. act. ind. . . . . ὑπάρχω
δίδωμι 1 p. sing. pres. act. ind. . . . . .δίδωμι
περιπάτει 2 p. sing. pres. act. imper. . . . . . περιπατέω
7 πιάσας 1 aor. act. ptc. nom. sing. masc. . . . . . . πιάζω
ἤγειρεν 3 p. sing. 1 aor. act. ind. . . . . .ἐγείρω
ἐστερεώθησαν 3 p. pl. 1 aor. pass. ind. . . . . .στερεόω
8 ἐξαλλόμενος pres. mid. ptc. nom. sing. masc. . ἐξάλλομαι
ἔστη 3 p. sing. 2 aor. act. ind. . . . . ἵστημι
περιεπάτει 3 p. sing. imperf. act. ind. . . . . περιπατέω
εἰσῆλθεν 3 p. sing. 2 aor. act. ind. . . . . . εἰσέρχομαι
περιπατῶν pres. act. ptc. nom. sing. masc. . . περιπατέω
ἁλλόμενος pres. mid. ptc. nom. sing. masc. . . . . ἅλλομαι
αἰνῶν pres. act. ptc. nom. sing. masc. . . . . αἰνέω
9 εἶδεν 3 p. sing. 2 aor. act. ind. . . . . ὁράω
περιπατοῦντα pres. act. ptc. acc. sing. masc. περιπατέω
αἰνοῦντα pres. act. ptc. acc. sing. masc. . . . . . αἰνέω
10 ἐπεγίνωσκον 3 p. pl. imperf. act. ind. . . . ἐπιγινώσκω
ἦν 3 p. sing. imperf. act. ind. . . . . εἰμί
καθήμενος pres. mid. ptc. nom. sing. masc. . . . κάθημαι
ἐπλήσθησαν 3 p. pl. 1 aor. pass. ind. . . . . . . πίμπλημι
συμβεβηκότι perf. act. ptc. dat. sing. neut. . . συμβαίνω
11 κρατοῦντος pres. act. ptc. gen. sing. masc. . . . . κρατέω

συνέδραμεν 3 p. sing. 2 aor. act. ind. . . . . συντρέχω
καλουμένη pres. pass. ptc. dat. sing. fem. . . . . καλέω
12 ἰδών 2 aor. act. ptc. nom. sing. masc. . . . . ὁράω
ἀπεκρίνατο 3 p. sing. 1 aor. mid. ind. . . . ἀποκρίνομαι
θαυμάζετε 2 p. pl. pres. act. ind. or imper. . . θαυμάζω
ἀτενίζετε 2 p. pl. pres. act. ind. . . . . ἀτενίζω
πεποιηκόσιν perf. act. ptc. dat. pl. masc. . . . . ποιέω
περιπατεῖν pres. act. infin. . . . . περιπατέω
13 ἐδόξασεν 3 p. sing. 1 aor. act. ind. . . . . δοξάζω
παρεδώκατε 2 p. pl. 1 aor. act. ind. . . . . παραδίδωμι
ἠρνήσασθε 2 p. pl. 1 aor. mid. ind. . . . . ἀρνέομαι
κρίναντος 1 aor. act. ptc. gen. sing. masc. . . . . κρίνω
ἀπολύειν pres. act. infin. . . . . ἀπολύω
14 ἠτήσασθε 2 p. pl. 1 aor. mid. ind. . . . . αἰτέω
χαρισθῆναι 1 aor. pass. infin. . . . . χαρίζομαι
15 ἀπεκτείνατε 2 p. pl. 1 aor. act. ind. . . . . ἀποκτείνω
ἤγειρεν 3 p. sing. 1 aor. act. ind. . . . . ἐγείρω
ἐσμεν 1 p. pl. pres. act. ind. . . . . εἰμί
16 θεωρεῖτε 2 p. pl. pres. act. ind. or imper. . . . . θεωρέω
οἴδατε 2 p. pl. 2 perf. act. ind. . . . . οἶδα
ἐστερέωσεν 3 p. sing. 1 aor. act. ind. . . . . . . στερεόω
ἔδωκεν 3 p. sing. 1 aor. act. ind. . . . . δίδωμι
17 ἐπράξατε 2 p. pl. 1 aor. act. ind. . . . . πράσσω
18 προκατήγγειλεν 3 p. sing. 1 aor. act. ind. προκαταγγέλλω
παθεῖν 2 aor. act. infin. . . . . πάσχω
ἐπλήρωσεν 3 p. sing. 1 aor. act. ind. . . . . . . πληρόω
19 μετανοήσατε 2 p. pl. 1 aor. act. imper. . . . . . μετανοέω
ἐπιστρέψατε 2 p. pl. 1 aor. act. imper. . . . . .ἐπιστρέφω
ἐξαλειφθῆναι 1 aor. pass. infin. . . . . ἐξαλείφω
20 ἔλθωσιν 3 p. pl. 2 aor. act. subj. . . . . ἔρχομαι
ἀποστείλῃ 3 p. sing. 1 aor. act. subj. . . . . . ἀποστέλλω
προκεχειρισμένον perf. mid. ptc. ac. s. m. προχειρίζομαι
21 δεῖ 3 p. sing. pres. act. impers. . . . . δεῖ
δέξασθαι 1 aor. mid. infin. . . . . .δέχομαι
ἐλάλησεν 3 p. sing. 1 aor. act. ind. . . . . λαλέω
22 εἶπεν 3 p. sing. 2 aor. act. ind. . . . . λέγω
ἀναστήσει 3 p. sing. fut. act. ind. . . . . ἀνίστημι
ἀκούσεσθε 2 p. pl. fut. mid. ind. . . . . .ἀκούω
λαλήσῃ 3 p. sing. 1 aor. act. subj. . . . . λαλέω
23 ἔσται 3 p. sing. fut. mid. ind. . . . . εἰμί
ἀκούσῃ 3 p. sing. 1 aor. act. subj. . . . . ἀκούω
ἐξολεθρευθήσεται 3 p. sing. 1 fut. pass. ind. ἐξολεθρεύω
24 ἐλάλησαν 3 p. pl. 1 aor. act. ind. . . . . λαλέω
κατήγγειλαν 3 p. pl. 1 aor. act. ind. . . . . . καταγγέλλω
25 ἐστε 2 p. pl. pres. act. ind. . . . . εἰμί
διέθετο 3 p. sing. 2 aor. mid. ind. . . . . . .διατίθημι
λέγων pres. act. ptc. nom. sing. masc. . . . . λέγω
ἐνευλογηθήσονται 3 p. pl. 1 fut. pass. ind. . .ἐνευλογέω
26 ἀναστήσας 1 aor. act. ptc. nom. sing. masc. . . ἀνίστημι
ἀπέστειλεν 3 p. sing. 1 aor. act. ind. . . . . ἀποστέλλω
εὐλογοῦντα pres. act. ptc. acc. sing. masc. . . .εὐλογέω
ἀποστρέφειν pres. act. infin. . . . . ἀποστρέφω

4

1 λαλούντων pres. act. ptc. gen. pl. masc. . . . . . . λαλέω

ἐπέστησαν 3 p. pl. 2 aor. act. ind. . . . . . . ἐφίστημι
2 διαπονούμενοι pres. mid. ptc. nom. pl. masc. διαπονέομαι
   διδάσκειν pres. act. infin. . . . . .διδάσκω
   καταγγέλλειν pres. act. infin. . . . . καταγγέλλω
3 ἐπέβαλον 3 p. pl. 2 aor. act. ind. . . . . ἐπιβάλλω
   ἔθεντο 3 p. pl. 2 aor. mid. ind. . . . . τίθημι
   ἦν 3 p. sing. imperf. act. ind. . . . . εἰμί
4 ἀκουσάντων 1 aor. act. ptc. gen. pl. masc. . . . ἀκούω
   ἐπίστευσαν 3 p. pl. 1 aor. act. ind. . . . . . . πιστεύω
   ἐγενήθη 3 p. sing. 1 aor. pass. ind. . . . . γίνομαι
5 ἐγένετο 3 p. sing. 2 aor. mid. ind. . . . . id.
   συναχθῆναι 1 aor. pass. infin. . . . . .συνάγω
6 ἦσαν 3 p. pl. imperf. act. ind. . . . . εἰμί
7 στήσαντες 1 aor. act. ptc. nom. pl. masc. . . . . ἵστημι
   ἐπυνθάνοντο 3 p. pl. imperf. mid. ind. . . . πυνθάνομαι
   ἐποιήσατε 2 p. pl. 1 aor. act. ind. . . . . ποιέω
8 πλησθείς 1 aor. pass. ptc. nom. sing. masc. . . . πίμπλημι
   εἶπεν 3 p. sing. 2 aor. act. ind. . . . . λέγω
9 ἀνακρινόμεθα 1 p. pl. pres. pass. ind. . . . . . .ἀνακρίνω
   σέσωσται 3 p. sing. perf. pass. ind. . . . . σῴζω
10 ἔστω 3 p. sing. pres. act. imper. . . . . εἰμί
   ἐσταυρώσατε 2 p. pl. 1 aor. act. ind. . . . . . . .σταυρόω
   ἤγειρεν 3 p. sing. 1 aor. act. ind. . . . . .ἐγείρω
   παρέστηκεν 3 p. sing. perf. act. ind. . . . . . .παρίστημι
11 ἐστιν 3 p. sing. pres. act. ind. . . . . εἰμί
   ἐξουθενηθείς 1 aor. pass. ptc. nom. sing. masc.ἐξουθενέω
   γενόμενος 2 aor. mid. ptc. nom. sing. masc. . . .γίνομαι
12 δεδομένον perf. pass. ptc. nom. sing. neut. . . . δίδωμι
   σωθῆναι 1 aor. pass. infin. . . . . σῴζω
   δεῖ 3 p. sing. pres. act. impers. verb . . . . δεῖ
13 θεωροῦντες pres. act. ptc. nom. pl. masc. . . . . θεωρέω
   καταλαβόμενοι 2 aor. mid. ptc. nom. pl. m. .καταλαμβάνω
   εἰσιν 3 p. pl. pres. act. ind. . . . . εἰμί
   ἐθαύμαζον 3 p. pl. imperf. act. ind. . . . . . . θαυμάζω
   ἐπεγίνωσκον 3 p. pl. imperf. act. ind. . . . ἐπιγινώσκω
14 βλέποντες pres. act. ptc. nom. pl. masc. . . . . . . βλέπω
   ἑστῶτα perf. act. ptc. acc. s. masc. or pl. neut. .ἵστημι
   τεθεραπευμένον perf. pass. ptc. acc. sing. masc.θεραπεύω
   εἶχον 3 p. pl. imperf. act. ind. . . . . ἔχω
   ἀντειπεῖν 2 aor. act. infin. . . . . .ἀντιλέγω
15 κελεύσαντες 1 aor. act. ptc. nom. pl. masc. . . . κελεύω
   ἀπελθεῖν 2 aor. act. infin. . . . . .ἀπέρχομαι
   συνέβαλλον 3 p. pl. imperf. act. ind. . . . . . .συμβάλλω
16 λέγοντες pres. act. ptc. nom. pl. masc. . . . . . . .λέγω
   ποιήσωμεν 1 p. pl. 1 aor. act. subj. . . . . ποιέω
   γέγονεν 3 p. sing. 2 perf. act. ind. . . . . . . .γίνομαι
   κατοικοῦσιν pres. act. ptc. dat. pl. masc. . . κατοικέω
   δυνάμεθα 1 p. pl. pres. pass. ind. . . . . .δύναμαι
   ἀρνεῖσθαι pres. mid. infin. . . . . .ἀρνέομαι
17 διανεμηθῇ 3 p. sing. 1 aor. pass. subj. . . . . .διανέμω
   ἀπειλησώμεθα 1 p. pl. 1 aor. mid. subj. . . . .ἀπειλέω
   λαλεῖν pres. act. infin. . . . . .λαλέω
18 καλέσαντες 1 aor. act. ptc. nom. pl. masc. . . . . . καλέω
   παρήγγειλαν 3 p. pl. 1 aor. act. ind. . . . . .παραγγέλλω
   φθέγγεσθαι pres. mid. infin. . . . . .φθέγγομαι

διδάσκειν pres. act. infin. . . . . .διδάσκω
19 ἀποκριθέντες 1 aor. pass. ptc. nom. pl. m. .ἀποκρίνομαι
εἶπον 3 p. pl. 2 aor. act. ind. . . . . .λέγω
ἔστιν 3 p. sing. pres. act. ind. . . . . εἰμί
ἀκούειν pres. act. infin. . . . . ἀκούω
κρίνατε 2 p. pl. 1 aor. act. imper. . . . . κρίνω
20 δυνάμεθα 1 p. pl. pres. pass. ind. . . . . δύναμαι
εἴδαμεν 1 p. pl. 2 aor. act. ind. . . . . ὁράω
ἠκούσαμεν 1 p. pl. 1 aor. act. ind. . . . . .ἀκούω
λαλεῖν pres. act. infin. . . . . .λαλέω
21 προσαπειλησάμενοι 1 aor. pas. pt. n. pl. m. προσαπειλέω
ἀπέλυσαν 3 p. pl. 1 aor. act. ind. . . . . .ἀπολύω
εὑρίσκοντες pres. act. ptc. nom. pl. masc. . . . εὑρίσκω
κολάσωνται 3 p. pl. 1 aor. mid. subj. . . . . κολάζω
ἐδόξαζον 3 p. pl. imperf. act. ind. . . . . δοξάζω
γεγονότι 2 perf. mid. ptc. dat. sing. neut. . . .γίνομαι
22 ἦν 3 p. sing. imperf. act. ind. . . . . εἰμί
γεγόνει 3 p. sing. plupf. act. ind. . . . . γίνομαι
23 ἀπολυθέντες 1 aor. pass. ptc. nom. pl. masc. . . ἀπολύω
ἦλθον 3 p. pl. 2 aor. act. ind. . . . . Ἔρχομαι
ἀπήγγειλαν 3 p. pl. 1 aor. act. ind. . . . . . ἀπαγγέλλω
εἶπαν 3 p. pl. 2 aor. act. ind. . . . . .λέγω
24 ἀκούσαντες 1 aor. act. ptc. nom. pl. masc. . . . . . ἀκούω
ἦραν 3 p. pl. 1 aor. act. ind. . . . . αἴρω
ποιήσας 1 aor. act. ptc. nom. sing. masc. . . . . . . ποιέω
25 εἰπών 2 aor. act. ptc. nom. sing. masc. . . . . . . .λέγω
ἐφρύαξαν 3 p. pl. 1 aor. act. ind. . . . . .φρυάσσω
ἐμελέτησαν 3 p. pl. 1 aor. act. ind. . . . . . . μελετάω
26 παρέστησαν 3 p. pl. 1 aor. act. ind. . . . . . παρίστημι
συνήχθησαν 3 p. pl. 1 aor. pass. ind. . . . . . συνάγω
27 ἔχρισας 2 p. sing. 1 aor. act. ind. . . . . χρίω
28 ποιῆσαι 1 aor. act. infin. . . . . ποιέω
προώρισεν 3 p. sing. 1 aor. act. ind. . . . . .προρίζω
γενέσθαι 2 aor. pass. infin. . . . . .γίνομαι
29 ἔπιδε 2 p. sing. 2 aor. act. imper. . . . . ἐφοράω
δός 2 p. sing. 2 aor. act. imper. . . . . .δίδωμι
30 ἐκτείνειν pres. act. infin. . . . . .ἐκτείνω
γίνεσθαι pres. pass. infin. . . . . .γίνομαι
31 δεηθέντων 1 aor. pass. ptc. gen. pl. masc. . . . . .δέομαι
ἐσαλεύθη 3 p. sing. 1 aor. pass. ind. . . . . . . .σαλεύω
ἦσαν 3 p. pl. imperf. act. ind. . . . . εἰμί
συνηγμένοι perf. pass. ptc. nom. pl. masc. . . . . .συνάγω
ἐπλήσθησαν 3 p. pl. 1 aor. pass. ind. . . . . . πίμπλημι
ἐλάλουν 3 p. pl. imperf. act. ind. . . . . .λαλέω
32 πιστευσάντων 1 aor. act. ptc. gen. pl. masc. . . πιστεύω
ὑπαρχόντων pres. act. ptc. gen. pl. neut. . . . . . ὑπάρχω
ἔλεγεν 3 p. sing. imperf. act. ind. . . . . .λέγω
εἶναι pres. act. infin. . . . . εἰμί
33 ἀπεδίδουν 3 p. pl. imperf. act. ind. . . . . . . ἀποδίδωμι
34 ὑπῆρχον 3 p. pl. imperf. act. ind. . . . . .ὑπάρχω
πωλοῦντες pres. act. ptc. nom. pl. masc. . . . . . .πωλέω
ἔφερον 3 p. pl. imperf. act. ind. . . . . .φέρω
πιπρασκομένων pres. pass. ptc. gen. pl. m. or n πιπράσκω
35 ἐτίθουν 3 p. pl. imperf. act. ind. . . . . τίθημι
διεδίδοτο 3 p. sing. imperf. mid. ind. . . . . . διαδίδωμι

εἶχεν 3 p. sing. imperf. act. ind. . . . . ἔχω
36 ἐπικληθείς 1 aor. pass. ptc. nom. sing. masc. . ἐπικαλέω
ἔστιν 3 p. sing. pres. act. ind. . . . . εἰμί
μεθερμηνευόμενον pres. pass. ptc. n. s. ne. μεθερμηνεύω
37 ὑπάρχοντος pres. act. ptc. gen. s. masc. or neut. ὑπάρχω
πωλήσας 1 aor. act. ptc. nom. sing. masc. . . . . . πωλέω
ἤνεγκεν 3 p. sing. 1 aor. act. ind. . . . . φέρω
ἔθηκεν 3 p. sing. 1 aor. act. ind. . . . . τίθημι

5

1 ἐπώλησεν 3 p. sing. 1 aor. act. ind. . . . . πωλέω
2 ἐνοσφίσατο 3 p. sing. 1 aor. mid. ind. . . . . . νοσφίζω
συνειδυίης perf. act. ptc. gen. s. f. w. pr. mng. σύνοιδα
ἐνέγκας 1 aor. act. ptc. nom. sing. masc. . . . . . . φέρω
ἔθηκεν 3 p. sing. 1 aor. act. ind. . . . . τίθημι
3 εἶπεν 3 p. sing. 2 aor. act. ind. . . . . λέγω
ἐπλήρωσεν 3 p. sing. 1 aor. act. ind. . . . . . . πληρόω
ψεύσασθαι 1 aor. mid. infin. . . . . ψεύδομαι
νοσφίσασθαι 1 aor. mid. infin. . . . . νοσφίζω
4 μένον pres. act. ptc. nom. or acc. sing. neut. . . . μένω
ἔμενεν 3 p. sing. imperf. act. ind. . . . . id.
πραθέν 1 aor. pass. ptc. nom. sing. neut. . . . . . πιπράσκω
ὑπῆρχεν 3 p. sing. imperf. act. ind. . . . . ὑπάρχω
ἐψεύσω 2 p. sing. 1 aor. mid. ind. . . . . ψεύδομαι
5 ἀκούων pres. act. ptc. nom. sing. masc. . . . . . . ἀκούω
πεσών 2 aor. act. ptc. nom. sing. masc. . . . . πίπτω
ἐξέψυξεν 3 p. sing. 1 aor. act. ind. . . . . ἐκψύχω
ἐγένετο 3 p. sing. 2 aor. mid. ind. . . . . γίνομαι
ἀκούοντας pres. act. ptc. acc. pl. masc. . . . . . . ἀκούω
6 ἀναστάντες 2 aor. act. ptc. nom. pl. masc. . . . ἀνίστημι
συνέστειλαν 3 p. pl. 1 aor. act. ind. . . . . . συστέλλω
ἐξενέγκαντες 1 aor. act. ptc. nom. pl. masc. . . . ἐκφέρω
ἔθαψαν 3 p. pl. 1 aor. act. ind. . . . . θάπτω
7 εἰδυῖα perf. act. ptc. nom. sing. fem. . . . . οἶδα
γεγονός 2 perf. act. ptc. nom. or acc. sing. ne. . γίνομαι
εἰσῆλθεν 3 p. sing. 2 aor. act. ind. . . . . εἰσέρχομαι
8 ἀπεκρίθη 3 p. sing. 1 aor. pass. ind. . . . . ἀποκρίνομαι
εἰπέ 2 p. sing. 2 aor. act. impar. . . . . λέγω
ἀπέδοσθε 2 p. pl. 2 aor. mid. ind. . . . . . . ἀποδίδωμι
9 συνεφωνήθη 3 p. sing. 1 aor. pass. ind. . . . . . συμφωνέω
πειράσαι 1 aor. act. infin. . . . . πειράζω
θαψάντων 1 aor. act. ptc. gen. pl. masc. . . . . . . θάπτω
ἐξοίσουσιν 3 p. pl. fut. act. ind. . . . . ἐκφέρω
ἰδού 2 p. sing. 2 aor. mid. imper. . . . . εἶδον
10 ἔπεσεν 3 p. sing. 2 aor. act. ind. . . . . πίπτω
ἐξέψυξεν 3 p. sing. 1 aor. act. ind. . . . . ἐκψύχω
εἰσελθόντες 2 aor. act. ptc. nom. pl. masc. . . εἰσέρχομαι
εὗρον 3 p. pl. 2 aor. act. ind. . . . . εὑρίσκω
ἐξενέγκαντες 1 aor. act. ptc. nom. pl. masc. . . . ἐκφέρω
ἔθαψαν 3 p. pl. 1 aor. act. ind. . . . . θάπτω
12 ἐγίνετο 3 p. sing. imperf. mid. ind. . . . . . . γίνομαι
ἦσαν 3 p. pl. imperf. act. ind. . . . . εἰμί
13 ἐτόλμα 3 p. sing. imperf. act. ind. . . . . τολμάω
κολλᾶσθαι pres. mid. infin. . . . . κολλάω
ἐμεγάλυνεν 3 p. sing. imperf. act. ind. . . . . μεγαλύνω

14 προσετίθεντο 3 p. pl. imperf. pass. ind. . . . προστίθημι
πιστεύοντες pres. act. ptc. nom. pl. masc. . . . πιστεύω
15 ἐκφέρειν pres. act. infin. . . . . ἐκφέρω
τιθέναι pres. act. infin. . . . . τίθημι
ἐρχομένου pres. mid. ptc. gen. sing. masc. . . . ἔρχομαι
ἐπισκιάσῃ 3 p. sing. 1 aor. act. subj. . . . . . ἐπισκιάζω
16 συνήρχετό 3 p. sing. imperf. mid. ind. . . . συνέρχομαι
φέροντες pres. act. ptc. nom. pl. masc. . . . . φέρω
ὀχλουμένους pres. pass. ptc. acc. pl. masc. . . . . . ὀχλέω
ἐθεραπεύοντο 3 p. pl. imperf. pass. ind. . . . . θεραπεύω
17 ἀναστάς 2 aor. act. ptc. nom. sing. masc. . . . . ἀνίστημι
οὖσα pres. act. ptc. nom. sing. fem. . . . . εἰμί
ἐπλήσθησαν 3 p. pl. 1 aor. pass. ind. . . . . . . πίμπλημι
18 ἐπέβαλον 3 p. pl. 2 aor. act. ind. . . . . ἐπιβάλλω
ἔθεντο 3 p. pl. 2 aor. mid. ind. . . . . τίθημι
19 ἤνοιξε 3 p. sing. 1 aor. act. ind. . . . . ἀνοίγω
ἐξαγαγών 2 aor. act. ptc. nom. sing. masc. . . . . . ἐξάγω
εἶπεν 3 p. sing. 2 aor. act. ind. . . . . λέγω
20 πορεύεσθε 2 p. pl. pres. mid. imper. . . . . . . πορεύομαι
σταθέντες 1 aor. pass. ptc. nom. pl. masc. . . . . ἵστημι
λαλεῖτε 2 p. pl. pres. act. imper. . . . . λαλέω
21 ἀκούσαντες 1 aor. act. ptc. nom. pl. masc. . . . . ἀκούω
εἰσῆλθον 1 p. s. and 2 p. pl. 2 aor. act. ind. εἰσέρχομαι
ἐδίδασκον 3 p. pl. imperf. act. ind. . . . . . . διδάσκω
παραγενόμενος 2 aor. mid. ptc. nom. s. masc. παραγίνομαι
συνεκάλεσαν 3 p. pl. 1 aor. act. ind. . . . . . συγκαλέω
ἀπέστειλαν 3 p. pl. 1 aor. act. ind. . . . . . ἀποστέλλω
ἀχθῆναι 1 aor. pass. infin. . . . . ἄγω
22 παραγενόμενοι 2 aor. mid. ptc. nom. pl. m. . παραγίνομαι
εὗρον 3 p. pl. 2 aor. act. ind. . . . . εὑρίσκω
ἀναστρέψαντες 1 aor. act. ptc. nom. pl. masc. .ἀναστρέφω
ἀπήγγειλαν 3 p. pl. 1 aor. act. ind. . . . . . ἀπαγγέλλω
23 λέγοντες pres. act. ptc. nom. pl. masc. . . . . . . λέγω
εὕρομεν 1 p. pl. 2 aor. act. ind. . . . . εὑρίσκω
κεκλεισμένον perf. pass. ptc. acc. sing. neut. . . κλείω
ἑστῶτας perf. act. ptc. acc. pl. masc. . . . . . . ἵστημι
ἀνοίξαντες 1 aor. act. ptc. nom. pl. masc. . . . .ἀνοίγω
24 ἤκουσαν 3 p. pl. 1 aor. act. ind. . . . . .ἀκούω
διηπόρουν 3 p. pl. imperf. act. ind. . . . . . . διαπορέω
γένοιτο 3 p. sing. 2 aor. mid. opt. . . . . γίνομαι
25 ἀπήγγειλεν 3 p. sing. 1 aor. act. ind. . . . . ἀπαγγέλλω
ἰδού 2 p. sing. 2 aor. mid. imper. . . . . εἶδον
ἔθεσθε 2 p. pl. 2 aor. mid. ind. . . . . τίθημι
εἰσίν 3 p. pl. pres. act. ind. . . . . εἰμί
ἑστῶτες perf. act. ptc. nom. pl. masc. . . . . . . ἵστημι
διδάσκοντες pres. act. ptc. nom. pl. masc. . . . διδάσκω
26 ἀπελθών 2 aor. act. ptc. nom. sing. masc. . . ἀπέρχομαι
ἤγεν 3 p. sing. 2 aor. act. ind. . . . . ἄγω
ἐφοβοῦντο 3 p. pl. imperf. mid. ind. . . . . φοβέω
λιθασθῶσιν 3 p. pl. 1 aor. pass. subj. . . . . . .λιθάζω
27 ἀγαγόντες 2 aor. act. ptc. nom. pl. masc. . . . . . ἄγω
ἔστησαν 3 p. pl. 1 aor. act. ind. . . . . ἵστημι
ἐπηρώτησεν 3 p. sing. 1 aor. act. ind. . . . . .ἐπερωτάω
28 λέγων pres. act. ptc. nom. sing. masc. . . . . λέγω
παρηγγείλαμεν 1 p. pl. 1 aor. act. ind. . . . παραγγέλλω

διδάσκειν pres. act. infin. . . . . διδάσκω
πεπληρώκατε 2 p. pl. perf. act. ind. . . . . . . .πληρόω
βούλεσθε 2 p. pl. pres. mid. ind. . . . . βούλομαι
ἐπαγαγεῖν 2 aor. act. infin. . . . . ἐπάγω
ἰδού 2 p. sing. 2 aor. mid. imper. . . . . εἶδον
29 ἀποκριθείς 1 aor. pass. ptc. nom. s. masc. . ἀποκρίνομαι
εἶπαν 3 p. pl. 2 aor. act. ind. . . . . λέγω
πειθαρχεῖν pres. act. infin. . . . . πειθάρχέω
δεῖ 3 p. sing. pres. act. impers. . . . . δεῖ
30 ἤγειρεν 3 p. sing. 1 aor. act. ind. . . . . ἐγείρω
διεχειρίσασθε 2 p. pl. 1 aor. mid. ind. . . . διαχειρίζω
κρεμάσαντες 1 aor. act. ptc. nom. pl. masc. . κρεμάννυμι
31 ὕψωσεν 3 p. sing. 1 aor. act. ind. . . . . ὑψόω
δοῦναι 2 aor. act. infin. . . . . δίδωμι
32 ἐσμεν 1 p. pl. pres. act. ind. . . . . εἰμί
ἔδωκεν 3 p. sing. 1 aor. act. ind. . . . . δίδωμι
πειθαρχοῦσιν pres. act. ptc. dat. pl. masc. . . πειθάρχέω
33 ἀκούσαντες 1 aor. act. ptc. nom. pl. masc. . . . . ἀκούω
διεπρίοντο 3 p. pl. imperf. pass. ind. . . . . . διαπρίω
ἐβούλοντο 3 p. pl. imperf. mid. ind. . . . . . .βούλομαι
ἀνελεῖν 2 aor. act. infin. . . . . ἀναιρέω
34 ἀναστάς 2 aor. act. ptc. nom. sing. masc. . . . ἀνίστημι
ἐκέλευσεν 3 p. sing. 1 aor. act. ind. . . . . . . κελεύω
ποιῆσαι 1 aor. act. infin. . . . . ποιέω
35 εἶπεν 3 p. sing. 2 aor. act. ind. . . . . .λέγω
προσέχετε 2 p. pl. pres. act. imper. . . . . . . προσέχω
μέλλετε 2 p. pl. pres. act. ind. . . . . .μέλλω
πράσσειν pres. act. infin. . . . . πράσσω
36 ἀνέστη 3 p. sing. 2 aor. act. ind. . . . . ἀνίστημι
λέγων pres. act. ptc. nom. sing. masc. . . . . λέγω
εἶναι pres. act. infin. . . . . εἰμί
προσεκλίθη 3 p. sing. 1 aor. pass. ind. . . . .προσκλίνω
ἀνηρέθη 3 p. sing. 1 aor. pass. ind. . . . . . . .ἀναιρέω
ἐπείθοντο 3 p. pl. imperf. mid. ind. . . . . πείθω
διελύθησαν 3 p. pl. 1 aor. pass. ind. . . . . . . διαλύω
ἐγένοντο 3 p. pl. 2 aor. mid. ind. . . . . γίνομαι
37 ἀπέστησεν 3 p. sing. 1 aor. act. ind. . . . . . ἀφίστημι
ἀπώλετο 3 p. sing. 2 aor. mid. ind. . . . . . . ἀπόλλυμι
διεσκορπίσθησαν 3 p. pl. 1 aor. pass. ind. . . διασκορπίζω
38 ἀπόστητε 2 p. pl. 2 aor. act. imper. . . . . . . .ἀφίστημι
ἄφετε 2 p. pl. 2 aor. act. imper. . . . . .ἀφίημι
ἦ 3 p. sing. pres. act. subj. . . . . εἰμί
καταλυθήσεται 3 p. sing. fut. pass. ind. . . . . καταλύω
39 ἐστιν 3 p. sing. pres. act. ind. . . . . εἰμί
δυνήσεσθε 2 p. pl. fut. pass. ind. . . . . δύναμαι
καταλῦσαι 1 aor. act. infin. . . . . καταλύω
εὑρεθῆτε 2 p. pl. 1 aor. pass. subj. . . . . . . εὑρίσκω
ἐπείσθησαν 3 p. pl. 1 aor. pass. ind. . . . . πείθω
40 προσκαλεσάμενοι 1 aor. mid. ptc. n. pl. m. προσκαλέομαι
δείραντες 1 aor. act. ptc. nom. pl. masc. . . . . . δέρω
παρήγγειλαν 3 p. pl. 1 aor. act. ind. . . . . . παραγγέλλω
λαλεῖν pres. act. infin. . . . . λαλέω
ἀπέλυσαν 3 p. pl. 1 aor. act. ind. . . . . ἀπολύω
41 ἐπορεύοντο 3 p. pl. imperf. mid. ind. . . . . .πορεύομαι
χαίροντες pres. act. ptc. nom. pl. masc. . . . . . χαίρω

κατηξιώθησαν 3 p. pl. 1 aor. pass. ind. . . . . . καταξιόω
άτιμασθῆναι 1 aor. pass. infin. . . . . .άτιμάζω
42 έπαύοντο 3 p. pl. imperf. mid. ind. . . . . παύω
διδάσκοντες pres. act. ptc. nom. pl. masc. . . . διδάσκω
εὐαγγελιζόμενοι pres. mid. ptc. nom. pl. m. . εὐαγγελίζω

6

1 πληθυνόντων pres. act. ptc. gen. pl. masc. . . . . πληθύνω
έγένετο 3 p. sing. 2 aor. mid. ind. . . . . . . .γίνομαι
παρεθεωροῦντο 3 p. pl. imperf. pass. ind. . . παραθεωρέω
2 προσκαλεσάμενοι 1 aor. mid. ptc. n. pl. m. προσκαλέομαι
εἶπαν 3 p. pl. 2 aor. act. ind. . . . . λέγω
έστιν 3 p. sing. pres. act. ind. . . . . εἰμί
καταλείψαντας 1 aor. act. ptc. acc. pl. masc. .καταλείπω
διακονεῖν pres. act. infin. . . . . διακονέω
3 έπισκέψασθε 2 p. pl. 1 aor. mid. imper. . .έπισκέπτομαι
μαρτυρουμένους pres. mid. or pas. pt. ac. pl. m.μαρτυρέω
καταστήσομεν 1 p. pl. fut. act. ind. . . . . . καθίστημι
4 προσκαρτερήσομεν 1 p. pl. fut. act. ind. . .προσκαρτερέω
5 ἤρεσεν 3 p. sing. 1 aor. act. ind. . . . . άρέσκω
έξελέξαντο 3 p. pl. 1 aor. mid. ind. . . . . . . .έκλέγω
6 έστησαν 3 p. pl. 1 aor. act. or 2 aor. act. ind. .ἵστημι
προσευξάμενοι 1 aor. mid. ptc. nom. pl. m. . προσεύχομαι
έπέθηκαν 3 p. pl. 1 aor. act. ind. . . . . . . έπιτίθημι
7 ηὔξανεν 3 p. sing. imperf. act. ind. . . . . αὐξάνω
έπληθύνετο 3 p. sing. imperf. pass. ind. . . . . . πληθύνω
ὑπήκουον 3 p. pl. imperf. act. ind. . . . . ὑπακούω
8 έποίει 3 p. sing. imperf. act. ind. . . . . ποιέω
9 άνέστησαν 3 p. pl. 1 aor. act. ind. . . . . άνίστημι
λεγομένης pres. pass. ptc. gen. sing. fem. . . . . . . λέγω
συζητοῦντες pres. act. ptc. nom. pl. masc. . . . συζητέω
10 ἴσχυον 3 p. pl. imperf. act. ind. . . . . ἰσχύω
άντιστῆναι 2 aor. act. infin. . . . . .άνθίστημι
έλάλει 3 p. sing. imperf. act. ind. . . . . λαλέω
11 ὑπέβαλον 3 p. pl. 2 aor. act. ind. . . . . . . .ὑποβάλλω
λέγοντας pres. act. ptc. acc. pl. masc. . . . . λέγω
άκηκόαμεν 1 p. pl. 2 perf. act. ind. Att. . . . . .άκούω
λαλοῦντος pres. act. ptc. gen. sing. masc. . . . . λαλέω
12 συνεκίνησαν 3 p. pl. 1 aor. act. ind. . . . . . συγκινέω
έπιστάντες 2 aor. act. ptc. nom. pl. masc. . . .έφίστημι
συνήρπασαν 3 p. pl. 1 aor. act. ind. . . . . . συναρπάζω
ἤγαγον 3 p. pl. 2 aor. act. ind. . . . . άγω
13 παύεται 3 p. sing. pres. mid. ind. . . . . παύω
λαλῶν pres. act. ptc. nom. sing. masc. . . . . λαλέω
14 λέγοντος pres. act. ptc. gen. sing. masc. or neut. .λέγω
καταλύσει 3 p. sing. fut. act. ind. . . . . . . .καταλύω
άλλάξει 3 p. sing. fut. act. ind. . . . . .άλλάσσω
παρέδωκεν 3 p. sing. 1 aor. act. ind. . . . παραδίδωμι
15 άτενίσαντες 1 aor. act. ptc. nom. pl. masc. . .άτενίζω
καθεζόμενοι pres. mid. ptc. nom. pl. masc. . . καθέζομαι
εἶδον 3 p. pl. 2 aor. act. ind. . . . . όράω

7

1 εἶπεν 3 p. sing. 2 aor. act. ind. . . . . λέγω
έχει 3 p. sing. pres. act. ind. . . . . έχω

2 ἔφη 3 p. sing. 2 aor. act. ind. . . . . φημί
ἀκούσατε 2 p. pl. 1 aor. act. imper. . . . . ἀκούω
ὤφθη 3 p. sing. 1 aor. pass. ind. . . . . ὁράω
ὄντι pres. act. ptc. dat. sing. masc. . . . . εἰμί
κατοικῆσαι 1 aor. act. infin. . . . . κατοικέω
3 εἶπεν 3 p. sing. 2 aor. act. ind. . . . . λέγω
ἔξελθε 2 p. sing. 2 aor. act. imper. . . . . . ἐξέρχομαι
δείξω 1 p. sing. fut. act. ind. . . . . δείκνυμι
4 ἐξελθών 2 aor. act. ptc. nom. sing. masc. . . . ἐξέρχομαι
κατώκησεν 3 p. sing. 1 aor. act. ind. . . . . . κατοικέω
ἀποθανεῖν 2 aor. act. infin. . . . . ἀποθνήσκω
μετώκισεν 3 p. sing. 1 aor. act. ind. . . . . . μετοικίζω
κατοικεῖτε 2 p. pl. pres. act. ind. . . . . . . κατοικέω
5 ἔδωκεν 3 p. sing. 1 aor. act. ind. . . . . δίδωμι
ἐπηγγείλατο 3 p. sing. 1 aor. mid. ind. . . . .ἐπαγγέλλω
δοῦναι 2 aor. act. infin. . . . . δύναμαι
ὄντος pres. act. ptc. gen. sing. masc. or neut. . . . εἰμί
6 ἐλάλησεν 3 p. sing. 1 aor. act. ind. . . . . λαλέω
ἔσται 3 p. sing. fut. mid. ind. . . . . .εἰμί
δουλώσουσιν 3 p. pl. fut. act. ind. . . . . δουλόω
κακώσουσιν 3 p. pl. fut. act. ind. . . . . κακόω
7 δουλεύσουσιν 3 p. pl. fut. act. ind. . . . . . . δουλεύω
κρινῶ 1 p. sing. fut. act. ind. . . . . κρίνω
ἐξελεύσονται 3 p. pl. fut. mid. ind. . . . . . ἐξέρχομαι
λατρεύσουσιν 3 p. pl. fut. act. ind. . . . . λατρεύω
8 ἐγέννησεν 3 p. sing. 1 aor. act. ind. . . . . γεννάω
περιέτεμεν 3 p. sing. 2 aor. act. ind. . . . . περιτέμνω
9 ζηλώσαντες 1 aor. act. ptc. nom. pl. masc. . . . . ζηλόω
ἀπέδοντο 3 p. pl. 2 aor. mid. ind. . . . . . . ἀποδίδωμι
ἦν 3 p. sing. imperf. act. ind. . . . . εἰμί
10 ἐξείλατο 3 p. sing. 1 aor. mid. ind. . . . . . . ἐξαιρέω
κατέστησεν 3 p. pl. 1 aor. act. ind. . . . . . καθίστημι
11 ἦλθεν 3 p. sing. 2 aor. act. ind. . . . . ἔρχομαι
ηὕρισκον 3 p. pl. imperf. act. ind. . . . . εὑρίσκω
12 ἀκούσας 1 aor. act. ptc. nom. sing. masc. . . . . .ἀκούω
ὄντα pres. act. ptc. acc. sing. masc. . . . . εἰμί
ἐξαπέστειλεν 3 p. sing. 1 aor. act. ind. . . ἐξαποστέλλω
13 ἐγνωρίσθη 3 p. sing. 1 aor. pass. ind. . . . . . γνωρίζω
ἐγένετο 3 p. sing. 2 aor. mid. ind. . . . . γίνομαι
14 ἀποστείλας 1 aor. act. ptc. nom. sing. masc. . ἀποστέλλω
μετεκαλέσατο 3 p. sing. 1 aor. mid. ind. . . . μετακαλέω
15 κατέβη 3 p. sing. 2 aor. act. ind. . . . . . . καταβαίνω
ἐτελεύτησεν 3 p. sing. 1 aor. act. ind. . . . . τελευτάω
16 μετετέθησαν 3 p. pl. 1 aor. pass. ind. . . . .μετατίθημι
ἐτέθησαν 3 p. pl. 1 aor. pass. ind. . . . . τίθημι
ὠνήσατο 3 p. sing. 1 aor. mid. ind. . . . . ὠνέομαι
17 ἤγγιζεν 3 p. sing. imperf. act. ind. . . . . ἐγγίζω
ὡμολόγησεν 3 p. sing. 1 aor. act. ind. . . . . .ὁμολογέω
ηὔξησεν 3 p. sing. 1 aor. act. ind. . . . . αὐξάνω
ἐπληθύνθη 3 p. sing. 1 aor. pass. ind. . . . . . .πληθύνω
18 ἀνέστη 3 p. sing. 2 aor. act. ind. . . . . ἀνίστημι
ᾔδει 3 p. sing. plupf. act. ind. . . . . οἶδα
19 κατασοφισάμενος 1 aor. mid. ptc. n. s. m.κατασοφίζομαι
ἐκάκωσεν 3 p. sing. 1 aor. act. ind. . . . . κακόω
ποιεῖν pres. act. infin. . . . . ποιέω

ζωογονεῖσθαι pres. pass. infin. . . . . ζωογονέω
20 ἐγεννήθη 3 p. sing. 1 aor. pass. ind. . . . . . . γεννάω
ἦν 3 p. sing. imperf. act. ind. . . . . εἰμί
ἀνετράφη 3 p. sing. 2 aor. pass. ind. . . . . . .ἀνατρέφω
21 ἐκτεθέντος 1 aor. pass. ptc. gen. sing. masc. . ἐκτίθημι
ἀνείλατο 3 p. sing. 1 aor. mid. ind. . . . . . . ἀναιρέω
ἀνεθρέψατο 3 p. sing. 1 aor. mid. ind. . . . . .ἀνατρέφω
22 ἐπαιδεύθη 3 p. sing. 1 aor. pass. ind. . . . . παιδεύω
23 ἐπληροῦτο 3 p. sing. imperf. pass. ind. . . . . . πληρόω
ἀνέβη 3 p. sing. 2 aor. act. ind. . . . . .ἀναβαίνω
ἐπισκέψασθαι 1 aor. mid. infin. . . . . . .ἐπισκέπτομαι
24 ἰδών 2 aor. act. ptc. nom. sing. masc. . . . . δράω
ἀδικούμενον pres. pass. ptc. acc. sing. masc. . . ἀδικέω
ἠμύνατο 3 p. sing. 1 aor. mid. ind. . . . . ἀμύνω
ἐποίησεν 3 p. sing. 1 aor. act. ind. . . . . ποιέω
καταπονουμένῳ pres. pass. ptc. dat. s. masc. . καταπονέω
πατάξας 1 aor. act. ptc. nom. sing. masc. . . . . πατάσσω
25 ἐνόμιζεν 3 p. sing. imperf. act. ind. . . . . . . νομίζω
συνιέναι pres. act. infin. . . . . συνίημι
δίδωσιν 3 p. sing. pres. act. ind. . . . . δίδωμι
συνῆκαν 3 p. pl. 1 aor. act. ind. . . . . συνίημι
26 ὤφθη 3 p. sing. 1 aor. pass. ind. . . . . δράω
μαχομένοις pres. mid. ptc. dat. pl. masc. . . . .μάχομαι
συνήλλασσεν 3 p. sing. imperf. act. ind. . . . συναλλάσσω
εἰπών 2 aor. act. ptc. nom. sing. masc. . . . . λέγω
ἐστε 2 p. pl. pres. act. ind. . . . . εἰμί
ἀδικεῖτε 2 p. pl. pres. act. ind. . . . . ἀδικέω
27 ἀδικῶν pres. act. ptc. nom. sing. masc. . . . . id.
ἀπώσατο 3 p. sing. 1 aor. mid. ind. . . . . . . .ἀπωθέω
κατέστησεν 3 p. pl. 1 aor. act. ind. . . . . . καθίστημι
28 ἀνελεῖν 2 aor. act. infin. . . . . ἀναιρέω
θέλεις 2 p. sing. pres. act. ind. . . . . θέλω
ἀνεῖλες 2 p. sing. 2 aor. act. ind. . . . . ἀναιρέω
29 ἔφυγεν 3 p. sing. 2 aor. act. ind. . . . . φεύγω
ἐγένετο 3 p. sing. 2 aor. mid. ind. . . . . γίνομαι
ἐγέννησεν 3 p. sing. 1 aor. act. ind. . . . . γεννάω
30 πληρωθέντων 1 aor. pass. ptc. gen. pl. neut. . . .πληρόω
31 ἐθαύμαζεν 3 p. sing. imperf. act. ind. . . . . . θαυμάζω
προσερχομένου pres. mid. ptc. gen. s. masc. προσέρχομαι
κατανοῆσαι 1 aor. act. infin. . . . . κατανοέω
32 γενόμενος 2 aor. mid. ptc. nom. sing. masc. . . .γίνομαι
ἐτόλμα 3 p. sing. imperf. act. ind. . . . . τολμάω
33 εἶπεν 3 p. sing. 2 aor. act. ind. . . . . λέγω
λῦσον 2 p. sing. 1 aor. act. imper. . . . . λύω
ἕστηκας 2 p. sing. perf. act. ind. . . . . ἵστημι
ἐστίν 3 p. sing. pres. act. ind. . . . . εἰμί
34 εἶδον 1 p. sing. 2 aor. act. ind. . . . . δράω
ἤκουσα 1 p. sing. 1 aor. act. ind. . . . . .ἀκούω
κατέβην 1 p. sing. 2 aor. act. ind. . . . . . . καταβαίνω
ἐξελέσθαι 2 aor. mid. infin. . . . . ἐξαιρέω
ἀποστείλω 1 p. sing. pres. act. ind. Pont. . . ἀποστέλλω
35 ἠρνήσαντο 3 p. pl. 1 aor. mid. ind. . . . . . . ἀρνέομαι
εἰπόντες 2 aor. act. ptc. nom. pl. masc. . . . . . . λέγω
κατέστησεν 3 p. pl. 1 aor. act. ind. . . . . . . καθίστημι
ἀπέσταλκεν 3 p. sing. perf. act. ind. . . . . .ἀποστέλλω

ὀφθέντος 1 aor. pass. ptc. gen. sing. masc. . . . . . ὀράω
36 ἐξήγαγεν 3 p. sing. 2 aor. act. ind. . . . . ἐξάγω
 ποιήσας 1 aor. act. ptc. nom. sing. masc. . . . . . ποιέω
37 ἐστιν 3 p. sing. pres. act. ind. . . . . εἰμί
 εἴπας 2 aor. act. ptc. nom. sing. masc. . . . . λέγω
 ἀναστήσει 3 p. sing. fut. act. ind. . . . . . . ἀνίστημι
38 γενόμενος 2 aor. mid. ptc. nom. sing. masc. . . . γίνομαι
 λαλοῦντος pres. act. ptc. gen. sing. masc. . . . . . λαλέω
 ἐδέξατο 3 p. sing. 1 aor. mid. ind. . . . . δέχομαι
 ζῶντα pres. act. ptc. acc. s. masc. or pl. neut. . . . ζάω
 δοῦναι 2 aor. act. infin. . . . . δίδωμι
39 ἠθέλησαν 3 p. pl. 1 aor. act. ind. . . . . ἐθέλω
 γενέσθαι 2 aor. pass. infin. . . . . γίνομαι
 ἀπώσαντο 3 p. pl. 1 aor. mid. ind. . . . . .ἀπωθέω
 ἐστράφησαν 3 p. pl. 2 aor. pass. ind. . . . . στρέφω
40 εἰπόντες 2 aor. act. ptc. nom. pl. masc. . . . . . . λέγω
 ποίησον 2 p. sing. 1 aor. act. imper. . . . . ποιέω
 προπορεύσονται 3 p. pl. fut. mid. ind. . . προπορεύομαι
 ἐξήγαγεν 3 p. sing. 2 aor. act. ind. . . . . ἐξάγω
 οἴδαμεν 1 p. pl. 2 perf. act. ind. . . . . οἶδα
 ἐγένετο 3 p. sing. 2 aor. mid. ind. . . . . γίνομαι
41 ἐμοσχοποίησαν 3 p. pl. 1 aor. act. ind. . . . μοσχοποιέω
 ἀνήγαγον 3 p. pl. 2 aor. act. ind. Att. . . . . . .ἀνάγω
 εὐφραίνοντο 3 p. pl. imperf. mid. ind. . . . . εὐφραίνω
42 ἔστρεψεν 3 p. sing. 1 aor. act. ind. . . . . .στρέφω
 παρέδωκεν 3 p. sing. 1 aor. act. ind. . . . . παραδίδωμι
 λατρεύειν pres. act. infin. . . . . .λατρεύω
 γέγραπται 3 p. sing. perf. pass. ind. . . . . .γράφω
 προσηνέγκατε 2 p. pl. 1 aor. act. ind. . . . . . .προσφέρω
43 ἀνελάβετε 2 p. pl. 2 aor. act. ind. . . . . . ἀναλαμβάνω
 ἐποιήσατε 2 p. pl. 1 aor. act. ind. . . . . ποιέω
 προσκυνεῖν pres. act. infin. . . . . προσκυνέω
 μετοικιῶ 1 p. sing. fut. act. ind. Att. . . . μετοικίζω
44 ἦν 3 p. sing. imperf. act. ind. . . . . εἰμί
 διετάξατο 3 p. sing. 1 aor. mid. ind. . . . . . .διατάσσω
 λαλῶν pres. act. ptc. nom. sing. masc. . . . . . . .λαλέω
 ποιῆσαι 1 aor. act. infin. . . . . .ποιέω
 ἑωράκει 3 p. sing. plupf. act. ind. Att. . . . . . . ὀράω
45 εἰσήγαγον 3 p. pl. 2 aor. act. ind. . . . . . . εἰσάγω
 διαδεξάμενοι 1 aor. mid. ptc. nom. pl. masc. διαδέχομαι
 ἐξῶσεν 3 p. sing. 1 aor. act. ind. . . . . ἐξωθέω
46 εὗρεν 3 p. sing. 2 aor. act. ind. . . . . εὑρίσκω
 ᾐτήσατο 3 p. sing. 1 aor. act. ind. . . . . αἰτέω
 εὑρεῖν 2 aor. act. infin. . . . . εὑρίσκω
47 οἰκοδόμησεν 3 p. sing. 1 aor. act. ind. . . . οἰκοδομέω
48 κατοικεῖ 3 p. sing. pres. act. ind. . . . . . .κατοικέω
 λέγει 3 p. sing. pres. act. ind. . . . . λέγω
49 οἰκοδομήσετε 2 p. pl. fut. act. ind. . . . . . οἰκοδομέω
50 ἐποίησεν 3 p. sing. 1 aor. act. ind. . . . . . . ποιέω
51 ἀντιπίπτετε 2 p. pl. pres. act. ind. . . . . . ἀντιπίπτω
52 ἐδίωξαν 3 p. pl. 1 aor. act. ind. . . . . διώκω
 ἀπέκτειναν 3 p. pl. 1 aor. act. ind. . . . . . ἀποκτείνω
 προκαταγγείλαντας 1 aor. ac. pt. a. pl. m.προκαταγγέλλω
 ἐγένεσθε 2 p. pl. 2 aor. mid. ind. . . . . γίνομαι
53 ἐλάβετε 2 p. pl. 2 aor. act. ind. . . . . λαμβάνω

ἐφυλάξατε 2 p. pl. 1 aor. act. ind. . . . . φυλάσσω
54 ἀκούοντες pres. act. ptc. nom. pl. masc. . . . . . .ἀκούω
διεπρίοντο 3 p. pl. imperf. pass. ind. . . . . . . διαπρίω
ἔβρυχον 3 p. pl. imperf. act. ind. . . . . βρύχω
55 ὑπάρχων pres. act. ptc. nom. sing. masc. . . . . .ὑπάρχω
ἀτενίσας 1 aor. act. ptc. nom. sing. masc. . . . ἀτενίζω
εἶδεν 3 p. sing. 2 aor. act. ind. . . . . .ὁράω
ἐστῶτα perf. act. ptc. acc. sing. masc. . . . . . .ἵστημι
56 εἶπεν 3 p. sing. 2 aor. act. ind. . . . . .λέγω
ἰδού 2 p. sing. 2 aor. mid. imper. . . . . .εἶδον
θεωρῶ 1 p. sing. pres. act. ind. . . . . θεωρέω
διηνοιγμένους perf. pass. ptc. acc. pl. masc. . διανοίγω
57 κράξαντες 1 aor. act. ptc. nom. pl. masc. . . . . .κράζω
συνέσχον 3 p. pl. 2 aor. act. ind. . . . . συνέχω
ὥρμησαν 3 p. pl. 1 aor. act. ind. . . . . .ὁρμάω
58 ἐκβαλόντες 2 aor. act. ptc. nom. pl. masc. . . . ἐκβάλλω
ἐλιθοβόλουν 3 p. pl. imperf. act. ind. . . . . λιθοβολέω
ἀπέθεντο 3 p. pl. 2 aor. mid. ind. . . . . ἀποτίθημι
καλουμένου pres. pass. ptc. gen. sing. masc. . . . καλέω
59 ἐπικαλούμενον pres. mid. or pass. ptc. a. s. m. ἐπικαλέω
λέγοντα pres. act. ptc. acc. sing. masc. . . . . . . λέγω
δέξαι 2 p. sing. 1 aor. mid. imper. . . . . δέχομαι
60 θείς 2 aor. act. ptc. nom. sing. masc. . . . . . . .τίθημι
ἔκραξεν 3 p. sing. 1 aor. act. ind. . . . . κράζω
στήσῃς 2 p. sing. 1 aor. act. subj. . . . . .ἵστημι
εἰπών 2 aor. act. ptc. nom. sing. masc. . . . . . . .λέγω
ἐκοιμήθη 3 p. sing. 1 aor. pass. ind. . . . . . . .κοιμάω

8

1 ἦν 3 p. sing. imperf. act. ind. . . . . .εἰμί
συνευδοκῶν pres. act. ptc. nom. sing. masc. . συνευδοκέω
ἐγένετο 3 p. sing. 2 aor. mid. ind. . . . . γίνομαι
διεσπάρησαν 3 p. pl. 1 aor. pass. ind. . . . . διασπείρω
2 συνεκόμισαν 3 p. pl. 1 aor. act. ind. . . . . συγκομίζω
ἐποίησαν 3 p. pl. 1 aor. act. ind. . . . . .ποιέω
3 ἐλυμαίνετο 3 p. sing. imperf. mid. ind. . . .λυμαίνομαι
εἰσπορευόμενος pres. mid. ptc. nom. s. m. .εἰσπορεύομαι
παρεδίδου 3 p. sing. imperf. act. ind. . . . παραδίδωμι
σύρων pres. act. ptc. nom. sing. masc. . . . . σύρω
4 διασπαρέντες 2 aor. pass. ptc. nom. pl. masc. .διασπείρω
διῆλθον 3 p. pl. 2 aor. act. ind. . . . . . . .διέρχομαι
εὐαγγελιζόμενοι pres. mid. ptc. nom. pl. m. .εὐαγγελίζω
5 κατελθών 2 aor. act. ptc. nom. sing. masc. . . κατέρχομαι
ἐκήρυσσεν 3 p. sing. imperf. act. ind. . . . . . κηρύσσω
6 προσεῖχον 3 p. pl. imperf. act. ind. . . . . . . προσέχω
λεγομένοις pres. pass. ptc. dat. pl. neut. . . . . .λέγω
ἀκούειν pres. act. infin. . . . . .ἀκούω
βλέπειν pres. act. infin. . . . . .βλέπω
ἐποίει 3 p. sing. imperf. act. ind. . . . . .ποιέω
7 ἐχόντων pres. act. ptc. gen. pl. masc. . . . . ἔχω
βοῶντα pres. act. ptc. nom. pl. neut. . . . . .βοάω
ἐξήρχοντο 3 p. pl. imperf. mid. ind. . . . . . ἐξέρχομαι
παραλελυμένοι perf. pass. ptc. nom. pl. masc. . παραλύω
ἐθεραπεύθησαν 3 p. pl. 1 aor. pass. ind. . . . .θεραπεύω
8 ἐγένετο 3 p. sing. 2 aor. mid. ind. . . . . . . .γίνομαι

9 προϋπῆρχεν 3 p. sing. imperf. act. ind. . . . προϋπάρχω
μαγεύων pres. act. ptc. nom. sing. masc. . . . . . μαγεύω
ἐξιστάνων pres. act. ptc. nom. sing. masc. . . . ἐξιστάνω
λέγων pres. act. ptc. nom. sing. masc. . . . . λέγω
εἶναι pres. act. infin. . . . . εἰμί
10 προσεῖχον 3 p. pl. imperf. act. ind. . . . . . . προσέχω
λέγοντες pres. act. ptc. nom. pl. masc. . . . . . . λέγω
ἐστιν 3 p. sing. pres. act. ind. . . . . εἰμί
καλουμένη pres. pass. ptc. nom. sing. fem. . . . . καλέω
11 ἐξεσταικέναι perf. act. infin. . . . . ἐξίστημι
12 ἐπίστευσαν 3 p. pl. 1 aor. act. ind. . . . . . . πιστεύω
εὐαγγελιζομένῳ pres. mid. ptc. dat. s. masc. εὐαγγελίζω
ἐβαπτίζοντο 3 p. pl. imperf. pass. ind. . . . . . βαπτίζω
13 ἐπίστευσεν 3 p. sing. 1 aor. act. ind. . . . . . πιστεύω
βαπτισθείς 1 aor. pass. ptc. nom. sing. masc. . . βαπτίζω
ἦν 3 p. sing. imperf. act. ind. . . . . εἰμί
προσκαρτερῶν pres. act. ptc. nom. s. masc. προσκαρτερέω
θεωρῶν pres. act. ptc. nom. sing. masc. . . . . . . θεωρέω
γινομένας pres. mid. ptc. acc. pl. fem. . . . . . . γίνομαι
ἐξίστατο 3 p. sing. imperf. mid. ind. . . . . . . ἐξίστημι
14 ἀκούσαντες 1 aor. act. ptc. nom. pl. masc. . . . ἀκούω
δέδεκται 3 p. sing. perf. mid. ind. . . . . δέχομαι
ἀπέστειλαν 3 p. pl. 1 aor. act. ind. . . . . ἀποστέλλω
15 καταβάντες 2 aor. act. ptc. nom. pl. masc. . . καταβαίνω
προσηύξαντο 3 p. pl. 1 aor. mid. ind. . . . προσεύχομαι
λάβωσιν 3 p. pl. 2 aor. act. subj. . . . . λαμβάνω
16 ἐπιπεπτωκός perf. act. ptc. nom. sing. neut. . . ἐπιπίπτω
βεβαπτισμένοι perf. pass. ptc. nom. pl. masc. . . βαπτίζω
ὑπῆρχον 3 p. pl. imperf. act. ind. . . . . ὑπάρχω
17 ἐπετίθεσαν 3 p. pl. imperf. act. ind. . . . . . . ἐπιτίθημι
ἐλάμβανον 3 p. pl. imperf. act. ind. . . . . λαμβάνω
18 ἰδών 2 aor. act. ptc. nom. sing. masc. . . . . ὁράω
δίδοται 3 p. sing. pres. pass. ind. . . . . δίδωμι
προσήνεγκεν 3 p. sing. 1 aor. act. ind. . . . . . προσφέρω
19 δότε 2 p. pl. 2 aor. act. imper. . . . . δίδωμι
ἐπιθῶ 1 p. sing. 2 aor. act. subj. . . . . ἐπιτίθημι
λαμβάνῃ 3 p. sing. pres. act. subj. . . . . λαμβάνω
20 εἶπεν 3 p. sing. 2 aor. act. ind. . . . . λέγω
εἴη 3 p. sing. pres. act. opt. . . . . εἰμί
ἐνόμισας 2 p. sing. 1 aor. act. ind. . . . . νομίζω
κτᾶσθαι pres. mid. infin. . . . . κτάομαι
22 μετανόησον 2 p. sing. 1 aor. act. imper. . . . . μετανοέω
δεήθητι 2 p. sing. 1 aor. pass. imper. . . . . . . δέομαι
ἀφεθήσεται 3 p. sing. fut. pass. ind. . . . . . . ἀφίημι
23 ὁρῶ 1 p. sing. pres. act. ind. . . . . ὁράω
ὄντα pres. act. ptc. acc. sing. masc. . . . . εἰμί
24 ἀποκριθείς 1 aor. pass. ptc. nom. s. masc. . ἀποκρίνομαι
δεήθητε 2 p. pl. 1 aor. pass. imper. . . . . δέομαι
ἐπέλθῃ 3 p. sing. 2 aor. act. subj. . . . . ἐπέρχομαι
εἰρήκατε 2 p. pl. perf. act. ind. . . . . εἶπον
25 διαμαρτυράμενοι 1 aor. mid. pt. no. pl. m. διαμαρτύρομαι
λαλήσαντες 1 aor. act. ptc. nom. pl. masc. . . . λαλέω
ὑπέστρεφον 3 p. pl. imperf. act. ind. . . . . . ὑποστρέφω
εὐηγγελίζοντο 3 p. pl. imperf. mid. ind. . . εὐαγγελίζω
26 ἐλάλησεν 3 p. sing. 1 aor. act. ind. . . . . λαλέω

λέγων pres. act. ptc. nom. sing. masc. . . . . λέγω
ἀνάστηθι 2 p. sing. 2 aor. act. imper. . . . . .ἀνίστημι
πορεύου 2 p. sing. pres. mid. imper. . . . . . πορεύομαι
καταβαίνουσαν pres. act. ptc. acc. sing. fem. καταβαίνω
ἐστιν 3 p. sing. pres. act. ind. . . . . εἰμί
27 ἀναστάς 2 aor. act. ptc. nom. sing. masc. . . . .ἀνίστημι
ἐπορεύθη 3 p. sing. 1 aor. pass. ind. . . . . πορεύομαι
ἰδού 2 p. sing. 2 aor. mid. imper. . . . . εἶδον
ἦν 3 p. sing. imperf. act. ind. . . . . εἰμί
ἐληλύθει 3 p. sing. plupf. act. ind. . . . . . . .ἔρχομαι
προσκυνήσων fut. act. ptc. nom. sing. masc. . προσκυνέω
28 ὑποστρέφων pres. act. ptc. nom. sing. masc. . ὑποστρέφω
καθήμενος pres. mid. ptc. nom. sing. masc. . . . κάθημαι
ἀνεγίνωσκεν 3 p. sing. imperf. act. ind. . . ἀναγινώσκω
29 εἶπεν 3 p. sing. 2 aor. act. ind. . . . . .λέγω
πρόσελθε 2 p. sing. 2 aor. act. imper. . . . προσέρχομαι
κολλήθητι 2 p. sing. 1 aor. pass. imper. . . . . .κολλάω
30 προσδραμών 2 aor. act. ptc. nom. sing. masc. . προστρέχω
ἤκουσεν 3 p. sing. 1 aor. act. ind. . . . . ἀκούω
ἀναγινώσκοντος pres. act. ptc. gen. s. masc. ἀναγινώσκω
ἀναγινώσκεις 2 p. sing. pres. act. ind. . . . . id.
γινώσκεις 2 p. sing. pres. act. ind. . . . . . . γινώσκω
31 δυναίμην 1 p. sing. pres. pass. opt. . . . . . . δύναμαι
ὁδηγήσει 3 p. sing. fut. act. ind. . . . . .ὁδηγέω
παρεκάλεσεν 3 p. sing. 1 aor. act. ind. . . . παρακαλέω
ἀναβάντα 2 aor. act. ptc. acc. sing. masc. . . .ἀναβαίνω
καθίσαι 1 aor. act. infin. . . . . καθίζω
32 ἀνεγίνωσκεν 3 p. sing. imperf. act. ind. . . ἀναγινώσκω
ἤχθη 3 p. sing. 1 aor. pass. ind. . . . . ἄγω
κείροντος pres. act. ptc. gen. sing. masc. . . . . κείρω
ἀνοίγει 3 p. sing. pres. act. ind. . . . . ἀνοίγω
33 ἤρθη 3 p. sing. 1 aor. pass. ind. . . . . .αἴρω
διηγήσεται 3 p. sing. fut. mid. ind. . . . . . διηγέομαι
αἴρεται 3 p. sing. pres. pass. ind. . . . . αἴρω
34 ἀποκριθείς 1 aor. pass. ptc. nom. sing. m. .ἀποκρίνομαι
εἶπεν 3 p. sing. 2 aor. act. ind. . . . . .λέγω
δέομαι 1 p. sing. pres. mid. ind. . . . . .δέομαι
λέγει 3 p. sing. pres. act. ind. . . . . λέγω
35 ἀνοίξας 1 aor. act. ptc. nom. sing. masc. . . . . .ἀνοίγω
ἀρξάμενος 1 aor. mid. ptc. nom. sing. masc. . . . ἄρχω
εὐηγγελίσατο 3 p. sing. 1 aor. mid. ind. . . εὐαγγελίζω
36 ἐπορεύοντο 3 p. pl. imperf. mid. ind. . . . . πορεύομαι
ἦλθον 3 p. pl. 2 aor. act. ind. . . . . .ἔρχομαι
φησιν 3 p. sing. pres. act. ind. . . . . φημί
κωλύει 3 p. sing. pres. act. ind. . . . . κωλύω
βαπτισθῆναι 1 aor. pass. infin. . . . . .βαπτίζω
38 ἐκέλευσεν 3 p. sing. 1 aor. act. ind. . . . . . . κελεύω
στῆναι 2 aor. act. infin. . . . . .ἵστημι
κατέβησαν 3 p. pl. 2 aor. act. ind. . . . . . καταβαίνω
ἐβάπτισεν 3 p. sing. 1 aor. act. ind. . . . . . .βαπτίζω
39 ἀνέβησαν 3 p. pl. 2 aor. act. ind. . . . . . . .ἀναβαίνω
ἥρπασεν 3 p. sing. 1 aor. act. ind. . . . . . . .ἁρπάζω
εἶδεν 3 p. sing. 2 aor. act. ind. . . . . δράω
ἐπορεύετο 3 p. sing. imperf. mid. ind. . . . . . πορεύομαι
χαίρων pres. act. ptc. nom. sing. masc. . . . . . . χαίρω

40 εὑρέθη 3 p. sing. 1 aor. pass. ind. . . . . εὑρίσκω
   διερχόμενος pres. mid. ptc. nom. sing. masc. . διέρχομαι
   εὐηγγελίζετο 3 p. sing. imperf. mid. ind. . . . εὐαγγελίζω
   ἐλθεῖν 2 aor. act. infin. . . . . ἔρχομαι

9

1 ἐμπνέων pres. act. ptc. nom. sing. masc. . . . . . ἐμπνέω
   προσελθών 2 aor. act. ptc. nom. sing. masc. προσέρχομαι
2 ᾐτήσατο 3 p. sing. 1 aor. act. ind. . . . . αἰτέω
   εὕρῃ 3 p. sing. 2 aor. act. subj. . . . . εὑρίσκω
   ὄντας pres. act. ptc. acc. pl. masc. . . . . εἰμί
   δεδεμένους perf. pass. ptc. acc. pl. masc. . . . . . δέω
   ἀγάγῃ 3 p. sing. 2 aor. act. subj. . . . . ἄγω
3 πορεύεσθαι pres. mid. infin. . . . . πορεύομαι
   ἐγένετο 3 p. sing. 2 aor. mid. ind. . . . . γίνομαι
   ἐγγίζειν pres. act. infin. . . . . ἐγγίζω
   περιήστραψεν 3 p. sing. 1 aor. act. ind. . περιαστράπτω
4 πεσών 2 aor. act. ptc. nom. sing. masc. . . . . . . πίπτω
   ἤκουσεν 3 p. sing. 1 aor. act. ind. . . . . ἀκούω
   λέγουσαν pres. act. ptc. acc. sing. fem. . . . . . . λέγω
   διώκεις 2 p. sing. pres. act. ind. . . . . διώκω
5 εἶπεν 3 p. sing. 2 aor. act. ind. . . . . λέγω
   εἶ 2 p. sing. pres. act. ind. . . . . εἰμί
6 ἀνάστηθι 2 p. sing. 2 aor. act. imper. . . . . ἀνίστημι
   εἴσελθε 2 p. sing. 2 aor. act. imper. . . . . εἰσέρχομαι
   λαληθήσεται 3 p. sing. fut. pass. ind. . . . . . λαλέω
   δεῖ 3 p. sing. pres. act. impers. . . . . δεῖ
   ποιεῖν pres. act. infin. . . . . ποιέω
7 συνοδεύοντες pres. act. ptc. nom. pl. masc. . . . συνοδεύω
   εἱστήκεισαν 3 p. pl. plupf. act. ind. . . . . . . ἵστημι
   ἀκούοντες pres. act. ptc. nom. pl. masc. . . . . . ἀκούω
   θεωροῦντες pres. act. ptc. nom. pl. masc. . . . . θεωρέω
8 ἠγέρθη 3 p. sing. 1 aor. pass. ind. . . . . ἐγείρω
   ἀνεῳγμένων perf. pass. ptc. gen. pl. masc. . . . . ἀνοίγω
   ἔβλεπεν 3 p. sing. imperf. act. ind. . . . . βλέπω
   χειραγωγοῦντες pres. act. ptc. nom. pl. masc. χειραγωγέω
   εἰσήγαγον 3 p. pl. 2 aor. act. ind. . . . . εἰσάγω
9 ἦν 3 p. sing. imperf. act. ind. . . . . εἰμί
   βλέπων pres. act. ptc. nom. sing. masc. . . . . . . βλέπω
   ἔφαγεν 3 p. sing. 2 aor. act. ind. . . . . ἐσθίω
   ἔπιεν 3 p. sing. 2 aor. act. ind. . . . . πίνω
10 ἰδού 2 p. sing. 2 aor. mid. imper. . . . . εἶδον
11 ἀναστάς 2 aor. act. ptc. nom. sing. masc. . . . ἀνίστημι
   πορεύθητι 2 p. sing. 1 aor. pass. imper. . . . πορεύομαι
   καλουμένην pres. pass. ptc. acc. sing. fem. . . . . καλέω
   ζήτησον 2 p. sing. 1 aor. act. imper. . . . . . . ζητέω
   προσεύχεται 3 p. sing. pres. mid. ind. . . . προσεύχομαι
12 εἶδεν 3 p. sing. 2 aor. act. ind. . . . . δράω
   εἰσελθόντα 2 aor. act. ptc. acc. sing. masc. εἰσέρχομαι
   ἐπιθέντα 2 aor. act. ptc. acc. sing. masc. . . . ἐπιτίθημι
   ἀναβλέψῃ 3 p. sing. 1 aor. act. subj. . . . . . ἀναβλέπω
13 ἀπεκρίθη 3 p. sing. 1 aor. pass. ind. . . . . ἀποκρίνομαι
   ἤκουσα 1 p. sing. 1 aor. act. ind. . . . . ἀκούω
   ἐποίησεν 3 p. sing. 1 aor. act. ind. . . . . ποιέω
14 ἔχει 3 p. sing. pres. act. ind. . . . . ἔχω

δῆσαι 1 aor. act. infin. . . . . δέω
ἐπικαλουμένους pres. mid. ptc. acc. pl. masc. . ἐπικαλέω
15 εἶπεν 3 p. sing. 2 aor. act. ind. . . . . λέγω
πορεύου 2 p. sing. pres. mid. imper. . . . . . . πορεύομαι
ἔστιν 3 p. sing. pres. act. ind. . . . . εἰμί
βαστάσαι 1 aor. act. infin. . . . . βαστάζω
16 ὑποδείξω 1 p. sing. fut. act. ind. . . . . . ὑποδείκνυμι
δεῖ 3 p. sing. pres. act. impers. . . . . δεῖ
παθεῖν 2 aor. act. infin. . . . . πάσχω
17 ἀπῆλθεν 3 p. sing. 2 aor. act. ind. . . . . . ἀπέρχομαι
εἰσῆλθεν 3 p. sing. 2 aor. act. ind. . . . . εἰσέρχομαι
ἐπιθείς 2 aor. act. ptc. nom. sing. masc. . . . ἐπιτίθημι
ἀπέσταλκεν 3 p. sing. perf. act. ind. . . . . ἀποστέλλω
ὀφθείς 1 aor. pass. ptc. nom. sing. masc. . . . . . . ὁράω
ἤρχου 2 p. sing. imperf. mid. ind. . . . . ἔρχομαι
ἀναβλέψῃς 2 p. sing. 1 aor. act. subj. . . . . . .ἀναβλέπω
πλησθῇς 2 p. sing. 1 aor. pass. subj. . . . . . .πίμπλημι
18 ἀπέπεσαν 3 p. pl. 1 aor. act. ind. . . . . ἀποπίπτω
ἀνέβλεψεν 3 p. sing. 1 aor. act. ind. . . . . . . ἀναβλέπω
ἀναστάς 2 aor. act. ptc. nom. sing. masc. . . . .ἀνίστημι
ἐβαπτίσθη 3 p. sing. 1 aor. pass. ind. . . . . . . βαπτίζω
19 λαβών 2 aor. act. ptc. nom. sing. masc. . . . . . . λαμβάνω
ἐνίσχυσεν 3 p. sing. 1 aor. act. ind. . . . . . . ἐνισχύω
ἐγένετο 3 p. sing. 2 aor. mid. ind. . . . . γίνομαι
20 ἐκήρυσσεν 3 p. sing. imperf. act. ind. . . . . . κηρύσσω
21 ἐξίσταντο 3 p. pl. imperf. mid. ind. . . . . . .ἐξίστημι
ἀκούοντες pres. act. ptc. nom. pl. masc. . . . . . ἀκούω
ἔλεγον 3 p. pl. imperf. act. ind. . . . . .λέγω
πορθήσας 1 aor. act. ptc. nom. sing. masc. . . . . . πορθέω
ἐπικαλουμένους pres. mid. ptc. acc. pl. masc. . ἐπικαλέω
ἐληλύθει 3 p. sing. plupf. act. ind. . . . . . . ἔρχομαι
δεδεμένους perf. pass. ptc. acc. pl. masc. . . . . . δέω
ἀγάγῃ 3 p. sing. 2 aor. act. subj. . . . . .ἄγω
22 ἐνεδυναμοῦντο 3 p. sing. imperf. pass. ind. . .ἐνδυναμόω
συνέχυννεν 3 p. sing. imperf. act. ind. . . . . . συγχέω
κατοικοῦντας pres. act. ptc. acc. pl. masc. . . κατοικέω
συμβιβάζων pres. act. ptc. nom. sing. masc. . . συμβιβάζω
23 ἐπληροῦντο 3 p. pl. imperf. pass. ind. . . . . . . .πληρόω
συνεβουλεύσαντο 3 p. pl. 1 aor. mid. ind. . . συμβουλεύω
ἀνελεῖν 2 aor. act. infin. . . . . ἀναιρέω
24 ἐγνώσθη 3 p. sing. 1 aor. pass. ind. . . . . . . γινώσκω
παρετηροῦντο 3 p. pl. imperf. mid. ind. . . . παρατηρέω
ἀνέλωσιν 3 p. pl. 2 aor. act. subj. . . . . . . .ἀναιρέω
25 λαβόντες 2 aor. act. ptc. nom. pl. masc. . . . . λαμβάνω
καθῆκαν 3 p. pl. 1 aor. act. ind. . . . . καθίημι
χαλάσαντες 1 aor. act. ptc. nom. pl. masc. . . . . . χαλάω
26 παραγενόμενος 2 aor. mid. ptc. nom. s. masc. παραγίνομαι
ἐπείραζεν 3 p. sing. imperf. act. ind. . . . . . πειράζω
κολλᾶσθαι pres. mid. infin. . . . . κολλάω
ἐφοβοῦντο 3 p. pl. imperf. mid. ind. . . . . φοβέω
πιστεύοντες pres. act. ptc. nom. pl. masc. . . . πιστεύω
27 ἐπιλαβόμενος 2 aor. mid. ptc. nom. s. masc. . ἐπιλαμβάνω
ἤγαγεν 3 p. sing. 2 aor. act. ind. . . . . .ἄγω
διηγήσατο 3 p. sing. 1 aor. mid. ind. . . . . . .διηγέομαι
εἶδεν 3 p. sing. 2 aor. act. ind. . . . . ὁράω

ἐλάλησεν 3 p. sing. 1 aor. act. ind. . . . . λαλέω
ἐπαρρησιάσατο 3 p. sing. 1 aor. mid. ind. παρρησιάζομαι
28 ἦν 3 p. sing. imperf. act. ind. . . . . εἰμί
εἰσπορευόμενος pres. mid. ptc. nom. s. m. . εἰσπορεύομαι
ἐκπορευόμενος pres. mid. ptc. nom. sing. m. ἐκπορεύομαι
παρρησιαζόμενος pres. mid. ptc. nom. s. m. παρρησιάζομαι
29 ἐλάλει 3 p. sing. imperf. act. ind. . . . . λαλέω
συνεζήτει 3 p. sing. imperf. act. ind. . . . . . .συζητέω
ἐπεχείρουν 3 p. pl. imperf. act. ind. . . . . .ἐπιχειρέω
ἀνελεῖν 2 aor. act. infin. . . . . ἀναιρέω
30 ἐπιγνόντες 2 aor. act. ptc. nom. pl. masc. . ἐπιγινώσκω
κατήγαγον 3 p. pl. 2 aor. act. ind. . . . . κατάγω
ἐξαπέστειλαν 3 p. pl. 1 aor. act. ind. . . . ἐξαποστέλλω
31 εἶχεν 3 p. sing. imperf. act. ind. . . . . ἔχω
οἰκοδομουμένη pres. mid. ptc. nom. sing. fem. .οἰκοδομέω
πορευομένη pres. pass. ptc. nom. sing. fem. . πορεύομαι
ἐπληθύνετο 3 p. sing. imperf. pass. ind. . . . . πληθύνω
32 ἐγένετο 3 p. sing. 2 aor. mid. ind. . . . . . . .γίνομαι
διερχόμενον pres. mid. ptc. acc. sing. masc. . διέρχομαι
κατελθεῖν 2 aor. act. infin. . . . . κατέρχομαι
κατοικοῦντας pres. act. ptc. acc. pl. masc. . . κατοικέω
33 εὗρεν 3 p. sing. 2 aor. act. ind. . . . . εὑρίσκω
κατακείμενον pres. mid. ptc. acc. sing. masc. κατάκειμαι
παραλελυμένος perf. pass. ptc. nom. sing. masc. .παραλύω
34 εἶπεν 3 p. sing. 2 aor. act. ind. . . . . .λέγω
ἴαται 3 p. sing. pres. mid. ind. . . . . .ἰάομαι
ἀνάστηθι 2 p. sing. 2 aor. act. imper. . . . . .ἀνίστημι
στρῶσον 2 p. sing. 1 aor. act. imper. . . . . . στρώννυμι
ἀνέστη 3 p. sing. 2 aor. act. ind. . . . . ἀνίστημι
35 εἶδαν 3 p. pl. 2 aor. act. ind. . . . . .ὁράω
κατοικοῦντες pres. act. ptc. nom. pl. masc. . . κατοικέω
ἐπέστρεψαν 3 p. pl. 1 aor. act. ind. . . . . . ἐπιστρέφω
36 διερμηνευομένη pres. pass. ptc. nom. s. fem. διερμηνεύω
λέγεται 3 p. sing. pres. pass. ind. . . . . .λέγω
ἐποίει 3 p. sing. imperf. act. ind. . . . . ποιέω
37 ἀσθενήσασαν 1 aor. act. ptc. acc. sing. fem. . . ἀσθενέω
λούσαντες 1 aor. act. ptc. nom. pl. masc. . . . . . λούω
ἀποθανεῖν 2 aor. act. infin. . . . . ἀποθνήσκω
ἔθηκαν 3 p. pl. 1 aor. act. ind. . . . . τίθημι
38 οὔσης pres. act. ptc. gen. sing. fem. . . . . .εἰμί
ἀκούσαντες 1 aor. act. ptc. nom. pl. masc. . . . . ἀκούω
ἐστίν 3 p. sing. pres. act. ind. . . . . .εἰμί
ἀπέστειλαν 3 p. pl. 1 aor. act. ind. . . . . . ἀποστέλλω
παρακαλοῦντες pres. act. ptc. nom. pl. masc. . παρακαλέω
ὀκνήσῃς 2 p. sing. 1 aor. act. subj. . . . . .ὀκνέω
διελθεῖν 2 aor. act. infin. . . . . .διέρχομαι
39 ἀναστάς 2 aor. act. ptc. nom. sing. masc. . . . .ἀνίστημι
συνῆλθεν 3 p. sing. 2 aor. act. ind. . . . . . συνέρχομαι
παραγενόμενον 2 aor. mid. ptc. acc. s. masc. παραγίνομαι
ἀνήγαγον 3 p. pl. 2 aor. act. ind. . . . . ἀνάγω
παρέστησαν 3 p. pl. 1 aor. act. ind. . . . . . παρίστημι
κλαίουσαι pres. act. ptc. nom. pl. fem. . . . . . κλαίω
ἐπιδεικνύμεναι pres. mid. ptc. nom. pl. fem. ἐπιδείκνυμι
οὖσα pres. act. ptc. nom. sing. fem. . . . . εἰμί
40 ἐκβαλών 2 aor. act. ptc. nom. sing. masc. . . . . ἐκβάλλω

θείς 2 aor. act. ptc. nom. sing. masc. . . . . τίθημι
προσηύξατο 3 p. sing. 1 aor. mid. ind. . . . προσεύχομαι
ἐπιστρέψας 1 aor. act. ptc. nom. sing. masc. . ἐπιστρέφω
εἶπεν 3 p. sing. 2 aor. act. ind. . . . . λέγω
ἀνάστηθι 2 p. sing. 2 aor. act. imper. . . . . .ἀνίστημι
ἤνοιξεν 3 p. sing. 1 aor. act. ind. . . . . .ἀνοίγω
ἰδοῦσα 2 aor. act. ptc. nom. sing. fem. . . . . ὁράω
ἀνεκάθισεν 3 p. sing. 1 aor. act. ind. . . . . ἀνακαθίζω
41 δούς 2 aor. act. ptc. nom. sing. masc. . . . . . . δίδωμι
ἀνέστησεν 3 p. sing. 1 aor. act. ind. . . . . . .ἀνίστημι
φωνήσας 1 aor. act. ptc. nom. sing. masc. . . . . . . φωνέω
παρέστησεν 3 p. sing. 1 aor. act. ind. . . . . παρίστημι
ζῶσαν pres. act. ptc. acc. sing. fem. . . . . ζάω
42 ἐγένετο 3 p. sing. 2 aor. mid. ind. . . . . γίνομαι
ἐπίστευσαν 3 p. pl. 1 aor. act. ind. . . . . πιστεύω
43 μεῖναι 1 aor. act. infin. . . . . μένω

10

1 καλουμένης pres. pass. ptc. gen. sing. fem. . . . . καλέω
2 φοβούμενος pres. mid. ptc. nom. sing. masc. . . . .φοβέω
ποιῶν pres. act. ptc. nom. sing. masc. . . . . . . .ποιέω
δεόμενος pres. mid. ptc. nom. sing. masc. . . . . δέομαι
3 εἶδεν 3 p. sing. 2 aor. act. ind. . . . . .ὁράω
εἰσελθόντα 2 aor. act. ptc. acc. sing. masc. .εἰσέρχομαι
εἰπόντα 2 aor. act. ptc. acc. sing. masc. . . . . . . λέγω
4 ἀτενίσας 1 aor. act. ptc. nom. sing. masc. . . . ἀτενίζω
γενόμενος 2 aor. mid. ptc. nom. sing. masc. . . .γίνομαι
εἶπεν 3 p. sing. 2 aor. act. ind. . . . . .λέγω
ἔστιν 3 p. sing. pres. act. ind. . . . . εἰμί
ἀνέβησαν 3 p. pl. 2 aor. act. ind. . . . . ἀναβαίνω
5 πέμψον 2 p. sing. 1 aor. act. imper. . . . . .πέμπω
μετάπεμψαι 2 p. sing. 1 aor. mid. imper. . . . .μεταπέμπω
ἐπικαλεῖται 3 p. sing. pres. pass. ind. . . . . ἐπικαλέω
6 ξενίζεται 3 p. sing. pres. pass. ind. . . . . ξενίζω
7 ἀπῆλθεν 3 p. sing. 2 aor. act. ind. . . . . . .ἀπέρχομαι
λαλῶν pres. act. ptc. nom. sing. masc. . . . . λαλέω
φωνήσας 1 aor. act. ptc. nom. sing. masc. . . . . . φωνέω
προσκαρτερούντων pres. act. ptc. g. pl. m. προσκαρτερέω
8 ἐξηγησάμενος 1 aor. mid. ptc. nom. sing. masc. ἐξηγέομαι
ἀπέστειλεν 3 p. sing. 1 aor. act. ind. . . . . ἀποστέλλω
9 ὁδοιπορούντων pres. act. ptc. gen. pl. masc. . ὁδοιπορέω
ἐγγιζόντων pres. act. ptc. gen. pl. masc. . . . . ἐγγίζω
ἀνέβη 3 p. sing. 2 aor. act. ind. . . . . .ἀναβαίνω
προσεύξασθαι 1 aor. mid. infin. . . . . προσεύχομαι
10 ἐγένετο 3 p. sing. 2 aor. mid. ind. . . . . .γίνομαι
ἤθελεν 3 p. sing. imperf. act. ind. . . . . ἐθέλω
γεύσασθαι 1 aor. mid. infin. . . . . γεύομαι
παρασκευαζόντων pres. act. ptc. gen. pl. m. παρασκευάζω
11 θεωρεῖ 3 p. sing. pres. act. ind. . . . . θεωρέω
ἀνεῳγμένον perf. pass. ptc. acc. s. masc. or neut.ἀνοίγω
καταβαῖνον pres. act. ptc. nom. or acc. s. ne. καταβαίνω
καθιέμενον pres. pass. ptc. acc. sing. neut. . . καθίημι
12 ὑπῆρχεν 3 p. sing. imperf. act. ind. . . . . ὑπάρχω
13 ἀναστάς 2 aor. act. ptc. nom. sing. masc. . . . . .ἀνίστημι
θῦσον 2 p. sing. 1 aor. act. imper. . . . . .θύω

φάγε 2 p. sing. 2 aor. act. imper. . . . . ἐσθίω
14 εἶπεν 3 p. sing. 2 aor. act. ind. . . . . λέγω
ἔφαγον 1 p. sing. 2 aor. act. ind. . . . . ἐσθίω
15 ἐκαθάρισεν 3 p. sing. 1 aor. act. ind. . . . . . καθαρίζω
κοίνου 2 p. sing. pres. act. imper. . . . . κοινόω
16 ἀνελήμφθη 3 p. sing. 1 aor. pass. ind. . . . ἀναλαμβάνω
ἐγένετο 3 p. sing. 2 aor. mid. ind. . . . . . . γίνομαι
17 διηπόρει 3 p. sing. imperf. act. ind. . . . . . διαπορέω
εἴη 3 p. sing. pres. act. opt. . . . . εἰμί
εἶδεν 3 p. sing. 2 aor. act. ind. . . . . ὁράω
ἰδού 2 p. sing. 2 aor. mid. imper. . . . . εἶδον
ἀπεσταλμένοι perf. pass. ptc. nom. pl. masc. . ἀποστέλλω
διερωτήσαντες 1 aor. act. ptc. nom. pl. masc. . διερωτάω
ἐπέστησαν 3 p. pl. 2 aor. act. ind. . . . . . . ἐφίστημι
18 φωνήσαντες 1 aor. act. ptc. nom. pl. masc. . . . . φωνέω
ἐπυνθάνοντο 3 p. pl. imperf. mid. ind. . . . πυνθάνομαι
ἐπικαλούμενος pres. pass. ptc. nom. s. masc. . .ἐπικαλέω
ξενίζεται 3 p. sing. pres. pass. ind. . . . . . ξενίζω
19 διενθυμουμένου pres. mid. ptc. gen. s. m. . διενθυμέομαι
ζητοῦντες pres. act. ptc. nom. pl. masc. . . . . . ζητέω
20 ἀναστάς 2 aor. act. ptc. nom. sing. masc. . . . ἀνίστημι
κατάβηθι 2 p. sing. 2 aor. act. imper. . . . . καταβαίνω
πορεύου 2 p. sing. pres. mid. imper. . . . . . πορεύομαι
διακρινόμενος pres. mid. ptc. nom. sing. masc. . .διακρίνω
ἀπέσταλκα 1 p. sing. perf. act. ind. . . . . . ἀποστέλλω
21 καταβάς 2 aor. act. ptc. nom. sing. masc. . . .καταβαίνω
ζητεῖτε 2 p. pl. pres. act. ind. or imper. . . . . ζητέω
πάρεστε 2 p. pl. pres. act. ind. . . . . πάρειμι
22 εἶπαν 3 p. pl. 2 aor. act. ind. . . . . λέγω
φοβούμενος pres. mid. ptc. nom. sing. masc. . . . . φοβέω
μαρτυρούμενος pres. pass. or mid. ptc. n. s. m.μαρτυρέω
ἐχρηματίσθη 3 p. sing. 1 aor. pass. ind. . . . χρηματίζω
μεταπέμψασθαι 1 aor. mid. infin. . . . . μεταπέμπω
ἀκοῦσαι 1 aor. act. infin. . . . . ἀκούω
23 εἰσκαλεσάμενος 1 aor. mid. ptc. nom. sing. masc.εἰσκαλέω
ἐξένισεν 3 p. sing. 1 aor. act. ind. . . . . ξενίζω
ἐξῆλθεν 3 p. sing. 2 aor. act. ind. . . . . . .ἐξέρχομαι
συνῆλθον 3 p. pl. 2 aor. act. ind. . . . . . .συνέρχομαι
24 εἰσῆλθεν 3 p. sing. 2 aor. act. ind. . . . . .εἰσέρχομαι
ἦν 3 p. sing. imperf. act. ind. . . . . εἰμί
προσδοκῶν pres. act. ptc. nom. sing. masc. . . προσδοκάω
συγκαλεσάμενος 1 aor. mid. ptc. nom. sing. masc.συγκαλέω
25 ἐγένετο 3 p. sing. 2 aor. mid. ind. . . . . .γίνομαι
εἰσελθεῖν 2 aor. act. infin. . . . . .εἰσέρχομαι
συναντήσας 1 aor. act. ptc. nom. sing. masc. . . .συναντάω
πεσών 2 aor. act. ptc. nom. sing. masc. . . . . . . πίπτω
προσεκύνησεν 3 p. sing. 1 aor. act. ind. . . . . προσκυνέω
26 ἤγειρεν 3 p. sing. 1 aor. act. ind. . . . . ἐγείρω
λέγων pres. act. ptc. nom. sing. masc. . . . . λέγω
ἀνάστηθι 2 p. sing. 2 aor. act. imper. . . . . .ἀνίστημι
27 συνομιλῶν pres. act. ptc. nom. sing. masc. . . συνομιλέω
εὑρίσκει 3 p. sing. pres. act. ind. . . . . εὑρίσκω
συνεληλυθότας perf. act. ptc. acc. pl. masc. συνέρχομαι
28 ἔφη 3 p. sing. 2 aor. act. ind. . . . . φημί
ἐπίστασθε 2 p. pl. pres. pass. ind. . . . . . . .ἐπίσταμαι

ἐστιν 3 p. sing. pres. act. ind. . . . . εἰμί
κολλᾶσθαι pres. mid. infin. . . . . κολλάω
προσέρχεσθαι pres. mid. infin. . . . . προσέρχομαι
ἔδειξεν 3 p. sing. 1 aor. act. ind. . . . . δείκνυμι
λέγειν pres. act. infin. . . . . λέγω
29 ἦλθον 1 p. s. and 3 p. pl. 2 aor. act. ind. . . . ἔρχομαι
μεταπεμφθείς 1 aor. pass. ptc. nom. sing. masc.μεταπέμπω
πυνθάνομαι 1 p. sing. pres. mid. ind. . . . . . πυνθάνομαι
μετεπέμφασθε 2 p. pl. 1 aor. mid. ind. . . . . μεταπέμπω
30 ἔφη 3 p. sing. 2 aor. act. ind. . . . . φημί
ἤμην 1 p. sing. imperf. mid. ind. . . . . εἰμί
προσευχόμενος pres. mid. ptc. nom. s. masc. προσεύχομαι
ἰδού 2 p. sing. 2 aor. mid. imper. . . . . εἶδον
ἔστη 3 p. sing. 2 aor. act. ind. . . . . ἵστημι
31 φησίν 3 p. sing. pres. act. ind. . . . . .φημί
εἰσηκούσθη 3 p. sing. 1 aor. pass. ind. . . . . εἰσακούω
ἐμνήσθησαν 3 p. pl. 1 aor. pass. ind. . . . . . μιμνήσκω
32 πέμψον 2 p. sing. 1 aor. act. imper. . . . . πέμπω
μετακάλεσαι 2 p. sing. 1 aor. mid. imper. . . .μετακαλέω
ἐπικαλεῖται 3 p. sing. pres. pass. ind. . . . . . ἐπικαλέω
ξενίζεται 3 p. sing. pres. pass. ind. . . . . ξενίζω
33 ἔπεμφα 1 p. sing. 1 aor. act. ind. . . . . πέμπω
ἐποίησας 2 p. sing. 1 aor. act. ind. . . . . ποιέω
παραγενόμενος 2 aor. mid. ptc. nom. s. masc. παραγίνομαι
πάρεσμεν 1 p. pl. pres. act. ind. . . . . .πάρειμι
ἀκοῦσαι 1 aor. act. infin. . . . . ἀκούω
προστεταγμένα perf. pass. ptc. acc. pl. neut. προστάσσω
34 ἀνοίξας 1 aor. act. ptc. nom. sing. masc. . . . . . .ἀνοίγω
εἶπεν 3 p. sing. 2 aor. act. ind. . . . . λέγω
καταλαμβάνομαι 1 p. sing. pres. mid. ind. . . καταλαμβάνω
35 φοβούμενος pres. mid. ptc. nom. sing. masc. . . . . φοβέω
ἐργαζόμενος pres. mid. ptc. nom. sing. masc. . . ἐργάζομαι
36 ἀπέστειλεν 3 p. sing. 1 aor. act. ind. . . . . ἀποστέλλω
εὐαγγελιζόμενος pres. mid. ptc. nom. s. masc. εὐαγγελίζω
37 οἴδατε 2 p. pl. perf. act. ind. . . . . οἶδα
γενόμενον 2 aor. mid. ptc. acc. s. masc. or neut.γίνομαι
ἀρξάμενος 1 aor. mid. ptc. nom. sing. masc. . . . . . ἄρχω
ἐκήρυξεν 3 p. sing. 1 aor. act. ind. . . . . κηρύσσω
38 ἔχρισεν 3 p. sing. 1 aor. act. ind. . . . . χρίω
διῆλθεν 3 p. sing. 2 aor. act. ind. . . . . . . διέρχομαι
εὐεργετῶν pres. act. ptc. nom. sing. masc. . . . εὐεργετέω
ἰώμενος pres. mid. ptc. nom. sing. masc. . . . . . ἰάομαι
καταδυναστευομένους pres. p. pt. a. pl. m.καταδυναστεύω
ἦν 3 p. sing. imperf. act. ind. . . . . εἰμί
39 ἐποίησεν 3 p. sing. 1 aor. act. ind. . . . . ποιέω
ἀνεῖλαν 3 p. pl. 2 aor. act. ind. . . . . ἀναιρέω
κρεμάσαντες 1 aor. act. ptc. nom. s. masc. . . κρεμάννυμι
40 ἤγειρεν 3 p. sing. 1 aor. act. ind. . . . . ἐγείρω
ἔδωκεν 3 p. sing. 1 aor. act. ind. . . . . δίδωμι
γενέσθαι 2 aor. mid. infin. . . . . γίνομαι
41 προκεχειροτονημένοις pf. p. pt. dt. p. m.προχειροτονέω
συνεφάγομεν 1 p. pl. 2 aor. act. ind. . . . . . συνεσθίω
συνεπίομεν 1 p. pl. 2 aor. act. ind. . . . . . . συμπίνω
ἀναστῆναι 2 aor. act. infin. . . . . .ἀνίστημι
42 παρήγγειλεν 3 p. sing. 1 aor. act. ind. . . . . παραγγέλλω

κηρῦξαι 1 aor. act. infin. . . . . .κηρύσσω
διαμαρτύρασθαι 1 aor. mid. infin. . . . . διαμαρτύρομαι
ὡρισμένος perf. pass. ptc. nom. sing. masc. . . . . .ὁρίζω
ζώντων pres. act. ptc. gen. pl. masc. . . . . .ζάω
43 μαρτυροῦσιν 3 p. pl. pres. act. ind. . . . . . .μαρτυρέω
λαβεῖν 2 aor. act. infin. . . . . λαμβάνω
πιστεύοντα pres. act. ptc. acc. sing. masc. . . .πιστεύω
44 λαλοῦντος pres. act. ptc. gen. sing. masc. . . . . λαλέω
ἐπέπεσεν 3 p. sing. 2 aor. act. ind. . . . . . .ἐπιπίπτω
ἀκούοντας pres. act. ptc. acc. pl. masc. . . . . . ἀκούω
45 ἐξέστησαν 3 p. pl. 2 aor. act. ind. . . . . . . .ἐξίστημι
συνῆλθαν 3 p. pl. 2 aor. act. ind. . . . . . συνέρχομαι
ἐκκέχυται 3 p. sing. perf. pass. ind. . . . . .ἐκχέω
46 ἤκουον 3 p. pl. imperf. act. ind. . . . . ἀκούω
λαλούντων pres. act. ptc. gen. pl. masc. . . . . . λαλέω
μεγαλυνόντων pres. act. ptc. gen. pl. masc. . . μεγαλύνω
ἀπεκρίθη 1 p. sing. 1 aor. pass. ind. . . . . .ἀποκρίνομαι
47 δύναται 3 p. sing. pres. pass. ind. . . . . δύναμαι
κωλῦσαι 1 aor. act. infin. . . . . .κωλύω
βαπτισθῆναι 1 aor. pass. infin. . . . . .βαπτίζω
ἔλαβον 3 p. pl. 2 aor. act. ind. . . . . .λαμβάνω
48 προσέταξεν 3 p. sing. 1 aor. act. ind. . . . . προστάσσω
ἠρώτησαν 3 p. pl. 1 aor. act. ind. . . . . .ἐρωτάω
ἐπιμεῖναι 1 aor. act. infin. . . . . ἐπιμένω

11
1 ἤκουσαν 3 p. pl. 1 aor. act. ind. . . . . .ἀκούω
ὄντες pres. act. ptc. nom. pl. masc. . . . . εἰμί
ἐδέξαντο 3 p. pl. 1 aor. mid. ind. . . . . .δέχομαι
2 ἀνέβη 3 p. sing. 2 aor. act. ind. . . . . . . .ἀναβαίνω
διεκρίνοντο 3 p. pl. imperf. mid. ind. . . . . .διακρίνω
3 λέγοντες pres. act. ptc. nom. pl. masc. . . . . . . .λέγω
εἰσῆλθες 2 p. sing. 2 aor. act. ind. . . . . εἰσέρχομαι
ἔχοντας pres. act. ptc. acc. pl. masc. . . . . .ἔχω
συνέφαγες 2 p. sing. 2 aor. act. ind. . . . . . .συνεσθίω
4 ἀρξάμενος 1 aor. mid. ptc. nom. sing. masc. . . . . .ἄρχω
ἐξετίθετο 3 p. sing. imperf. mid. ind. . . . . . .ἐκτίθημι
λέγων pres. act. ptc. nom. sing. masc. . . . . .λέγω
5 ἤμην 1 p. sing. imperf. mid. ind. . . . . εἰμί
προσευχόμενος pres. mid. ptc. nom. s. masc. προσεύχομαι
εἶδον 1 p. sing. 2 aor. act. ind. . . . . .ὁράω
καταβαῖνον pres. act. ptc. nom. or acc. s. ne. καταβαίνω
καθιεμένην pres. pass. ptc. acc. sing. fem. . . καθίημι
ἦλθεν 3 p. sing. 2 aor. act. ind. . . . . .ἔρχομαι
6 ἀτενίσας 1 aor. act. ptc. nom. sing. masc. . . . .ἀτενίζω
κατενόουν 1 p. sing. imperf. act. ind. . . . . . κατανοέω
7 ἤκουσα 1 p. sing. 1 aor. act. ind. . . . . ἀκούω
λεγούσης pres. act. ptc. gen. sing. fem. . . . . . . λέγω
ἀναστάς 2 aor. act. ptc. nom. sing. masc. . . . .ἀνίστημι
θῦσον 2 p. sing. 1 aor. act. imper. . . . . .θύω
φάγε 2 p. sing. 2 aor. act. imper. . . . . .ἐσθίω
8 εἶπον 1 p. sing. 2 aor. act. ind. . . . . .λέγω
εἰσῆλθεν 3 p. sing. 2 aor. act. ind. . . . . . εἰσέρχομαι
9 ἀπεκρίθη 3 p. sing. 1 aor. pass. ind. . . . .ἀποκρίνομαι
ἐκαθάρισεν 3 p. sing. 1 aor. act. ind. . . . . .καθαρίζω

10 ἐγένετο 3 p. sing. 2 aor. mid. ind. . . . . . . .γίνομαι
    ἀνεσπάσθη 3 p. sing. 1 aor. pass. ind. . . . . . ἀνασπάω
11 ἰδού 2 p. sing. 2 aor. mid. imper. . . . . .εἶδον
    ἐπέστησαν 3 p. pl. 2 aor. act. ind. . . . . . . ἐφίστημι
    ἦμεν 1 p. pl. imperf. act. ind. . . . . εἰμί
    ἀπεσταλμένοι perf. pass. ptc. nom. pl. masc. . ἀποστέλλω
12 συνελθεῖν 2 aor. act. infin. . . . . συνέρχομαι
    διακρίναντα 1 aor. act. ptc. acc. sing. masc. . διακρίνω
    ἦλθον 3 p. pl. 2 aor. act. ind. . . . . ἔρχομαι
    εἰσήλθομεν 1 p. pl. 2 aor. act. ind. . . . . .εἰσέρχομαι
13 ἀπήγγειλεν 3 p. sing. 1 aor. act. ind. . . . . ἀπαγγέλλω
    εἶδεν 3 p. sing. 2 aor. act. ind. . . . . ὁράω
    σταθέντα 1 aor. pass. ptc. acc. sing. masc. . . . . ἵστημι
    εἰπόντα 2 aor. act. ptc. acc. sing. masc. . . . . . . λέγω
    ἀπόστειλον 2 p. sing. 1 aor. act. imper. . . . ἀποστέλλω
    μετάπεμψαι 2 p. sing. 1 aor. mid. imper. . . . μεταπέμπω
    ἐπικαλούμενον pres. pass. and mid. ptc. a. s. m.ἐπικαλέω
14 λαλήσει 3 p. sing. fut. act. ind. . . . . λαλέω
    σωθήσῃ 2 p. sing. fut. pass. ind. . . . . .σώζω
15 ἄρξασθαι 1 aor. mid. infin. . . . . .ἄρχω
    λαλεῖν pres. act. infin. . . . . .λαλέω
    ἐπέπεσεν 3 p. sing. 2 aor. act. ind. . . . . . . ἐπιπίπτω
16 ἐμνήσθην 1 p. sing. 1 aor. pass. ind. . . . . . .μιμνήσκω
    ἔλεγεν 3 p. sing. imperf. act. ind. . . . . .λέγω
    ἐβάπτισεν 3 p. sing. 1 aor. act. ind. . . . . . .βαπτίζω
    βαπτισθήσεσθε 2 p. pl. fut. pass. ind. . . . . id.
17 ἔδωκεν 3 p. sing. 1 aor. act. ind. . . . . δίδωμι
    πιστεύσασιν 1 aor. act. ptc. dat. pl. masc. . . .πιστεύω
    κωλῦσαι 1 aor. act. infin. . . . . .κωλύω
18 ἀκούσαντες 1 aor. act. ptc. nom. pl. masc. . . . . ἀκούω
    ἡσύχασαν 3 p. pl. 1 aor. act. ind. . . . . ἡσυχάζω
    ἐδόξασαν 3 p. pl. 1 aor. act. ind. . . . . .δοξάζω
19 διασπαρέντες 2 aor. pass. ptc. nom. pl. masc. διασπείρω
    γενομένης 2 aor. mid. ptc. gen. sing. fem. . . . γίνομαι
    διῆλθον 3 p. pl. 2 aor. act. ind. . . . . διέρχομαι
    λαλοῦντες pres. act. ptc. nom. pl. masc. . . . . . λαλέω
20 ἦσαν 3 p. pl. imperf. act. ind. . . . . .εἰμί
    ἐλθόντες 2 aor. act. ptc. nom. pl. masc. . . . . . ἔρχομαι
    ἐλάλουν 3 p. pl. imperf. act. ind. . . . . .λαλέω
    εὐαγγελιζόμενοι pres. mid. ptc. nom. pl. m. . εὐαγγελίζω
21 ἦν 3 p. sing. imperf. act. ind. . . . . .εἰμί
    πιστεύσας 1 aor. act. ptc. nom. sing. masc. . . .πιστεύω
    ἐπέστρεφεν 3 p. sing. 1 aor. act. ind. . . . . .ἐπιστρέφω
22 ἠκούσθη 3 p. sing. 1 aor. pass. ind. . . . . .ἀκούω
    ἐξαπέστειλαν 3 p. pl. 1 aor. act. ind. . . . ἐξαποστέλλω
23 παραγενόμενος 2 aor. mid. ptc. nom. s. masc.παραγίνομαι
    ἰδών 2 aor. act. ptc. nom. sing. masc. . . . . ὁράω
    ἐχάρη 3 p. sing. 2 aor. pass. ind. . . . . .χαίρω
    παρεκάλει 3 p. sing. imperf. act. ind. . . . . παρακαλέω
    προσμένειν pres. act. infin. . . . . προσμένω
24 προσετέθη 3 p. sing. 1 aor. pass. ind. . . . . προστίθημι
25 ἐξῆλθεν 3 p. sing. 2 aor. act. ind. . . . . . . ἐξέρχομαι
    ἀναζητῆσαι 1 aor. act. infin. . . . . .ἀναζητέω
26 εὑρών 2 aor. act. ptc. nom. sing. masc. . . . . . εὑρίσκω
    ἤγαγεν 3 p. sing. 2 aor. act. ind. . . . . .ἄγω

συναχθῆναι 1 aor. pass. infin. . . . . .συνάγω
διδάξαι 1 aor. act. infin. . . . . .διδάσκω
χρηματίσαι 1 aor. act. infin. . . . . χρηματίζω
27 κατῆλθον 3 p. pl. 2 aor. act. ind. . . . . . κατέρχομαι
28 ἀναστάς 2 aor. act. ptc. nom. sing. masc. . . . ἀνίστημι
ἐσήμαινεν 3 p. sing. imperf. act. ind. . . . . . σημαίνω
μέλλειν pres. act. infin. . . . . μέλλω
ἔσεσθαι fut. mid. infin. . . . . εἰμί
ἐγένετο 3 p. sing. 2 aor. act. ind. . . . . γίνομαι
29 εὐπορεῖτο 3 p. sing. imperf. mid. ind. . . . . . εὐπορέω
πέμψαι 1 aor. act. infin. . . . . πέμπω
κατοικοῦσιν pres. act. ptc. dat. pl. masc. . . κατοικέω
ὥρισαν 3 p. pl. 1 aor. act. ind. . . . . ὁρίζω
30 ἐποίησαν 3 p. pl. 1 aor. act. ind. . . . . .ποιέω
ἀποστείλαντες 1 aor. act. ptc. nom. pl. masc. ἀποστέλλω

12

1 ἐπέβαλεν 3 p. sing. 2 aor. act. ind. . . . . . .ἐπιβάλλω
κακῶσαι 1 aor. act. infin. . . . . κακόω
2 ἀνεῖλεν 3 p. sing. 2 aor. act. ind. . . . . ἀναιρέω
3 ἰδών 2 aor. act. ptc. nom. sing. masc. . . . . ὁράω
ἔστιν 3 p. sing. pres. act. ind. . . . . εἰμί
προσέθετο 3 p. sing. 2 aor. mid. ind. . . . . προστίθημι
συλλαβεῖν 2 aor. act. infin. . . . . συλλαμβάνω
ἦσαν 3 p. pl. imperf. act. ind. . . . . εἰμί
4 πιάσας 1 aor. act. ptc. nom. sing. masc. . . . . . . πιάζω
ἔθετο 3 p. sing. 2 aor. mid. ind. . . . . .τίθημι
παραδούς 2 aor. act. ptc. nom. sing. masc. . . παραδίδωμι
φυλάσσειν pres. act. infin. . . . . .φυλάσσω
βουλόμενος pres. mid. ptc. nom. sing. masc. . . βούλομαι
ἀναγαγεῖν 2 aor. act. infin. . . . . .ἀνάγω
5 ἐτηρεῖτο 3 p. sing. imperf. pass. ind. . . . . . . .τηρέω
ἦν 3 p. sing. imperf. act. ind. . . . . .εἰμί
γινομένη pres. mid. ptc. nom. sing. fem. . . . . .γίνομαι
6 ἤμελλεν 3 p. sing. imperf. act. ind. . . . . . . .μέλλω
προαγαγεῖν 2 aor. act. infin. . . . . προάγω
κοιμώμενος pres. pass. ptc. nom. sing. masc. . . .κοιμάω
δεδεμένος perf. pass. ptc. nom. sing. masc. . . . . .δέω
ἐτήρουν 1 p. s. or 3 p. pl. imperf. act. ind. . . . τηρέω
7 ἰδού 2 p. sing. 2 aor. mid. imper. . . . . .εἶδον
ἐπέστη 3 p. sing. 2 aor. act. ind. . . . . ἐφίστημι
ἔλαμψεν 3 p. sing. 1 aor. act. ind. . . . . .λάμπω
πατάξας 1 aor. act. ptc. nom. sing. masc. . . . . πατάσσω
ἤγειρεν 3 p. sing. 1 aor. act. ind. . . . . .ἐγείρω
λέγων pres. act. ptc. nom. sing. masc. . . . . λέγω
ἀνάστα 2 p. sing. 2 aor. act. imper. . . . . . . ἀνίστημι
ἐξέπεσαν 3 p. pl. 1 aor. act. ind. . . . . ἐκπίπτω
8 εἶπεν 3 p. sing. 2 aor. act. ind. . . . . .λέγω
ζῶσαι 2 p. sing. 1 aor. mid. imper. . . . . . . ζώννυμι
ὑπόδησαι 2 p. sing. 1 aor. mid. imper. . . . . . .ὑποδέω
ἐποίησεν 3 p. sing. 1 aor. act. ind. . . . . ποιέω
λέγει 3 p. sing. pres. act. ind. . . . . λέγω
περιβαλοῦ 2 p. sing. 2 aor. mid. imper. . . . . περιβάλλω
ἀκολούθει 2 p. sing. pres. act. imper. . . . . . ἀκολουθέω
9 ἐξελθών 2 aor. act. ptc. nom. sing. masc. . . . ἐξέρχομαι

ἠκολούθει 3 p. sing. imperf. act. ind. . . . . ἀκολουθέω
ᾔδει 3 p. sing. plupf. act. ind. . . . . οἶδα
ἐστιν·3 p. sing. pres. act. ind. . . . . εἰμί
γινόμενον pres. mid. ptc. acc. s. masc. or neut. γίνομαι
ἐδόκει 3 p. sing. imperf. act. ind. . . . . δοκέω
βλέπειν pres. act. infin. . . . . βλέπω
10 διελθόντες 2 aor. act. ptc. nom. pl. masc. . . διέρχομαι
ἦλθαν 3 p. pl. 2 aor. act. ind. . . . . ἔρχομαι
φέρουσαν pres. act. ptc. acc. sing. fem. . . . . . . φέρω
ἠνοίγη 3 p. sing. 2 aor. pass. ind. . . . . .ἀνοίγω
ἐξελθόντες 2 aor. act. ptc. nom. pl. masc. . . ἐξέρχομαι
προῆλθον 3 p. pl. 2 aor. act. ind. . . . . . . προέρχομαι
ἀπέστη 3 p. sing. 2 aor. act. ind. . . . . ἀφίστημι
11 γενόμενος 2 aor. mid. ptc. nom. sing. masc. . . .γίνομαι
εἶπεν 3 p. sing. 2 aor. act. ind. . . . . .λέγω
ἐξαπέστειλεν 3 p. sing. 1 aor. act. ind. . . ἐξαποστέλλω
ἐξείλατο 3 p. sing. 1 aor. mid. ind. . . . . . . .ἐξαιρέω
12 συνιδών 2 aor. act. ptc. nom. sing. masc. . . . . συνοράω
ἦλθεν 3 p. sing. 2 aor. act. ind. . . . . ἔρχομαι
ἐπικαλουμένου pres. pass. ptc. gen. s. masc. . .ἐπικαλέω
ἦσαν 3 p. pl. imperf. act. ind. . . . . εἰμί
συνηθροισμένοι perf. pass. ptc. nom. pl. m. . συναθροίζω
προσευχόμενοι pres. mid. ptc. nom. pl. masc. προσεύχομαι
13 κρούσαντος 1 aor. act. ptc. gen. sing. masc. . . . κρούω
προσῆλθεν 3 p. sing. 2 aor. act. ind. . . . προσέρχομαι
ὑπακοῦσαι 1 aor. act. infin. . . . . ὑπακούω
14 ἐπιγνοῦσα 2 aor. act. ptc. nom. sing. fem. . ἐπιγινώσκω
ἤνοιξεν 3 p. sing. 1 aor. act. ind. . . . . ἀνοίγω
εἰσδραμοῦσα 2 aor. act. ptc. nom. sing. fem. . εἰστρέχω
ἀπήγγειλεν 3 p. sing. 1 aor. act. ind. . . . . ἀπαγγέλλω
ἑστάναι perf. act. infin. . . . . ἵστημι
15 εἶπαν 3 p. pl. 2 aor. act. ind. . . . . .λέγω
μαίνῃ 2 p. sing. pres. mid. ind. . . . . μαίνομαι
διϊσχυρίζετο 3 p. s. imperf. mid. ind. . .διϊσχυρίζομαι
ἔχειν pres. act. infin. . . . . ἔχω
ἔλεγον 1 p. s. or 3 p. pl. imperf. act. ind. . . . . . λέγω
16 ἐπέμενεν 3 p. sing. imperf. act. ind. . . . . . .ἐπιμένω
κρούων pres. act. ptc. nom. sing. masc. . . . . . .κρούω
ἀνοίξαντες 1 aor. act. ptc. nom. pl. masc. . . .ἀνοίγω
εἶδαν 3 p. pl. 2 aor. act. ind. . . . . .δράω
ἐξέστησαν 3 p. pl. 2 aor. act. ind. . . . . . . ἐξίστημι
17 κατασείσας 1 aor. act. ptc. nom. sing. masc. . .κατασείω
σιγᾶν pres. act. infin. . . . . σιγάω
διηγήσατο 3 p. sing. 1 aor. mid. ind. . . . . . διηγέομαι
ἐξήγαγεν 3 p. sing. 2 aor. act. ind. . . . . ἐξάγω
εἶπεν 3 p. sing. 2 aor. act. ind. . . . . .λέγω
ἀπαγγείλατε 2 p. pl. 1 aor. act. imper. . . . . ἀπαγγέλλω
ἐξελθών 2 aor. act. ptc. nom. sing. masc. . . . ἐξέρχομαι
ἐπορεύθη 3 p. sing. 1 aor. pass. ind. . . . . . . πορεύομαι
18 γενομένης 2 aor. mid. ptc. gen. sing. fem. . . . γίνομαι
ἦν 3 p. sing. imperf. act. ind. . . . . .εἰμί
ἐγένετο 3 p. sing. 2 aor. mid. ind. . . . . . . .γίνομαι
19 ἐπιζητήσας 1 aor. act. ptc. nom. sing. masc. . .ἐπιζητέω
εὑρών 2 aor. act. ptc. nom. sing. masc. . . . . . εὑρίσκω
ἀνακρίνας 1 aor. act. ptc. nom. sing. masc. . . ἀνακρίνω

ἐκέλευσεν 3 p. sing. 1 aor. act. ind. . . . . . . κελεύω
ἀπαχθῆναι 1 aor. pass. infin. . . . . .ἀπάγω
κατελθών 2 aor. act. ptc. nom. sing. masc. . . κατέρχομαι
διέτριβεν 3 p. sing. imperf. act. ind. . . . . . . διατρίβω
20 ἦν 3 p. sing. imperf. act. ind. . . . . εἰμί
θυμομαχῶν pres. act. ptc. nom. sing. masc. . . θυμομαχέω
παρῆσαν 3 p. pl. imperf. act. ind. . . . . .πάρειμι
πείσαντες 1 aor. act. ptc. nom. pl. masc. . . . . . .πείθω
ἠτοῦντο 3 p. pl. imperf. mid. ind. . . . . .αἰτέω
τρέφεσθαι pres. pass. infin. . . . . τρέφω
21 ἐνδυσάμενος 1 aor. mid. ptc. nom. sing. masc. . . .ἐνδύω
καθίσας 1 aor. act. ptc. nom. sing. masc. . . . . .καθίζω
ἐδημηγόρει 3 p. sing. imperf. act. ind. . . . .δημηγορέω
22 ἐπεφώνει 3 p. sing. imperf. act. ind. . . . . . ἐπιφωνέω
23 ἐπάταξεν 3 p. sing. 1 aor. act. ind. . . . . πατάσσω
ἔδωκεν 3 p. sing. 1 aor. act. ind. . . . . δίδωμι
γενόμενος 2 aor. mid. ptc. nom. sing. masc. . . .γίνομαι
ἐξέψυξεν 3 p. sing. 1 aor. act. ind. . . . . . . .ἐκψύχω
24 ηὔξανεν 3 p. sing. imperf. act. ind. . . . . . . .αὐξάνω
ἐπληθύνετο 3 p. sing. imperf. pass. ind. . . . . πληθύνω
25 ὑπέστρεφαν 3 p. pl. 1 aor. act. ind. . . . . . . ὑποστρέφω
πληρώσαντες 1 aor. act. ptc. nom. pl. masc. . . . πληρόω
συμπαραλαβόντες 2 aor. act. pt. n. pl. m.συμπαραλαμβάνω
ἐπικληθέντα 1 aor. pass. ptc. acc. sing. masc. .ἐπικαλέω

13
1 ἦσαν 3 p. pl. imperf. act. ind. . . . . .εἰμί
οὖσαν pres. act. ptc. acc. sing. fem. . . . . id.
καλούμενος pres. pass. ptc. nom. sing. masc. . . . καλέω
2 λειτουργούντων pres. act. ptc. gen. pl. masc. λειτουργέω
νηστευόντων pres. act. ptc. gen. pl. masc. . . . νηστεύω
εἶπεν 3 p. sing. 2 aor. act. ind. . . . . λέγω
ἀφορίσατε 2 p. pl. 1 aor. act. imper. . . . . . .ἀφορίζω
προσκέκλημαι 1 p. sing. perf. mid. ind. . . .προσκαλέομαι
3 νηστεύσαντες 1 aor. act. ptc. nom. pl. masc. . . νηστεύω
προσευξάμενοι 1 aor. mid. ptc. nom. pl. m. . .προσεύχομαι
ἐπιθέντες 2 aor. act. ptc. nom. pl. masc. . . ἐπιτίθημι
ἀπέλυσαν 3 p. pl. 1 aor. act. ind. . . . . ἀπολύω
4 ἐκπεμφθέντες 1 aor. pass. ptc. nom. pl. masc. . .ἐκπέμπω
κατῆλθον 3 p. pl. 2 aor. act. ind. . . . . . κατέρχομαι
ἀπέπλευσαν 3 p. pl. 1 aor. act. ind. . . . . . . ἀποπλέω
5 γενόμενοι 2 aor. mid. ptc. nom. pl. masc. . . . .γίνομαι
κατήγγελλον 3 p. pl. imperf. act. ind. . . . καταγγέλλω
εἶχον 3 p. pl. imperf. act. ind. . . . . .ἔχω
6 διελθόντες 2 aor. act. ptc. nom. pl. masc. . . διέρχομαι
εὗρον 3 p. pl. 2 aor. act. ind. . . . . εὑρίσκω
7 ἦν 3 p. sing. imperf. act. ind. . . . . .εἰμί
προσκαλεσάμενος 1 aor. mid. ptc. n. s. m. .προσκαλέομαι
ἐπεζήτησεν 3 p. sing. 1 aor. act. ind. . . . . .ἐπιζητέω
ἀκοῦσαι 1 aor. act. infin. . . . . ἀκούω
8 ἀνθίστατο 3 p. sing. imperf. mid. ind. . . . . ἀνθίστημι
μεθερμηνεύεται 3 p. sing. pres. pass. ind. . .μεθερμηνεύω
ζητῶν pres. act. ptc. nom. sing. masc. . . . . . . .ζητέω
διαστρέψαι 1 aor. act. infin. . . . . .διαστρέφω
9 πλησθείς 1 aor. pass. ptc. nom. sing. masc. . . πίμπλημι

ἀτενίσας 1 aor. act. ptc. nom. sing. masc. . . . ἀτενίζω
10 εἶπεν 3 p. sing. 2 aor. act. ind. . . . . λέγω
παύσῃ 2 p. sing. fut. mid. ind. . . . . παύω
διαστρέφων pres. act. ptc. nom. sing. masc. . διαστρέφω
11 ἰδού 2 p. sing. 2 aor. mid. imper. . . . . εἶδον
ἔσῃ 2 p. sing. fut. mid. ind. . . . . εἰμί
βλέπων pres. act. ptc. nom. sing. masc. . . . . βλέπω
ἔπεσεν 3 p. sing. 2 aor. act. ind. . . . . πίπτω
περιάγων pres. act. ptc. nom. sing. masc. . . . .περιάγω
ἐζήτει 3 p. sing. imperf. act. ind. . . . . ζητέω
12 ἰδών 2 aor. act. ptc. nom. sing. masc. . . . . ὁράω
γεγονός 2 perf. act. ptc. nom. and acc. s. masc. .γίνομαι
ἐπίστευσεν 3 p. sing. 1 aor. act. ind. . . . . . . πιστεύω
ἐκπλησσόμενος pres. pass. ptc. nom. sing. masc. ἐκπλήσσω
13 ἀναχθέντες 1 aor. pass. ptc. nom. pl. masc. . . . . .ἀνάγω
ἦλθον 3 p. pl. 2 aor. act. ind. . . . . ἔρχομαι
ἀποχωρήσας 1 aor. act. ptc. nom. sing. masc. . . ἀποχωρέω
ὑπέστρεφεν 3 p. sing. 1 aor. act. ind. . . . . . ὑποστρέφω
14 διελθόντες 2 aor. act. ptc. nom. pl. masc. . . διέρχομαι
παρεγένοντο 3 p. pl. 2 aor. mid. ind. . . . παραγίνομαι
ἐλθόντες 2 aor. act. ptc. nom. pl. masc. . . . . . ἔρχομαι
ἐκάθισαν 3 p. pl. 1 aor. act. ind. . . . . .καθίζω
15 ἀπέστειλαν 3 p. pl. 1 aor. act. ind. . . . . . . ἀποστέλλω
λέγοντες pres. act. ptc. nom. pl. masc. . . . . .λέγω
ἐστιν 3 p. sing. pres. act. ind. . . . . εἰμί
λέγετε 2 p. pl. pres. act. ind. and imper. . . . . . .λέγω
16 ἀναστάς 2 aor. act. ptc. nom. sing. masc. . . . ἀνίστημι
κατασείσας 1 aor. act. ptc. nom. sing. masc. . κατασείω
φοβούμενοι pres. mid. ptc. nom. pl. masc. . . . . . .φοβέω
ἀκούσατε 2 p. pl. 1 aor. act. imper. . . . . ἀκούω
17 ἐξελέξατο 3 p. sing. 1 aor. mid. ind. . . . . ἐκλέγω
ὕψωσεν 3 p. sing. 1 aor. act. ind. . . . . .ὑψόω
ἐξήγαγεν 3 p. sing. 2 aor. act. ind. . . . . ἐξάγω
18 ἐτροποφόρησεν 3 p. sing. 1 aor. act. ind. . . . τροποφορέω
19 καθελών 2 aor. act. ptc. nom. sing. masc. . . . καθαιρέω
κατεκληρονόμησεν 3 p. s. 1 aor. act. ind.κατακληρονομέω
21 ᾐτήσαντο 3 p. pl. 1 aor. mid. ind. . . . . αἰτέω
22 μεταστήσας 1 aor. act. ptc. nom. sing. masc. . μεθίστημι
ἤγειρεν 3 p. sing. 1 aor. act. ind. . . . . .ἐγείρω
μαρτυρήσας 1 aor. act. ptc. nom. sing. masc. . .μαρτυρέω
εὗρον 1 p. sing. 2 aor. act. ind. . . . . εὑρίσκω
ποιήσει 3 p. sing. fut. act. ind. . . . . ποιέω
23 ἤγαγεν 3 p. sing. 2 aor. act. ind. . . . . .ἄγω
24 προκηρύξαντος 1 aor. act. ptc. gen. s. masc. προκηρύσσω
25 ἐπλήρου 3 p. sing. imperf. act. ind. . . . . . . .πληρόω
ἔλεγεν 3 p. sing. imperf. act. ind. . . . . .λέγω
ὑπονοεῖτε 2 p. pl. pres. act. ind. . . . . ὑπονοέω
εἶναι pres. act. infin. . . . . εἰμί
ἔρχεται 3 p. sing. pres. mid. ind. . . . . .ἔρχομαι
λῦσαι 1 aor. act. infin. . . . . .λύω
26 φοβούμενοι pres. mid. ptc. nom. pl. masc. . . . . .φοβέω
ἐξαπεστάλη 3 p. sing. 2 aor. pass. ind. . . ἐξαποστέλλω
27 κατοικοῦντες pres. act. ptc. nom. pl. masc. . . κατοικέω
ἀγνοήσαντες 1 aor. act. ptc. nom. pl. masc. . . . ἀγνοέω
ἀναγινωσκομένας pres. pass. ptc. acc. pl. f. ἀναγινώσκω

κρίναντες 1 aor. act. ptc. nom. pl. masc. . . . . . κρίνω
ἐπλήρωσαν 3 p. pl. 1 aor. act. ind. . . . . πληρόω
28 εὑρόντες 2 aor. act. ptc. nom. pl. masc. . . . . εὑρίσκω
ἀναιρεθῆναι 1 aor. pass. infin. . . . . .ἀναιρέω
ἡτήσαντο 3 p. pl. 1 aor. mid. ind. . . . . αἰτέω
29 ἐτέλεσαν 3 p. pl. 1 aor. act. ind. . . . . τελέω
γεγραμμένα perf. pass. ptc. nom. and acc. pl. ne. . γράφω
καθελόντες 2 aor. act. ptc. nom. pl. masc. . . .καθαιρέω
ἔθηκαν 3 p. pl. 1 aor. act. ind. . . . . τίθημι
30 ἤγειρεν 3 p. sing. 1 aor. act. ind. . . . . .ἐγείρω
31 ὤφθη 3 p. sing. 1 aor. pass. ind. . . . . .δράω
συναναβᾶσιν 2 aor. act. ptc. dat. pl. masc. συναναβαίνω
εἰσιν 3 p. pl. pres. act. ind. . . . . εἰμί
32 εὐαγγελιζόμεθα 1 p. pl. pres. mid. ind. . . . εὐαγγελίζω
γενομένην 2 aor. mid. ptc. acc. sing. fem. . . . .γίνομαι
33 ἐκπεπλήρωκεν 3 p. sing. perf. act. ind. . . . . ἐκπληρόω
ἀναστήσας 1 aor. act. ptc. nom. pl. masc. . . . ἀνίστημι
γέγραπαται 3 p. sing. perf. pass. ind. . . . . . . γράφω
γεγέννηκα 1 p. sing. perf. act. ind. . . . . .γεννάω
34 ἀνέστησεν 3 p. sing. 1 aor. act. ind. . . . . . ἀνίστημι
μέλλοντα pres. act. ptc. acc. sing. masc. . . . . . μέλλω
ὑποστρέφειν pres. act. infin. . . . . .ὑποστρέφω
εἴρηκεν 3 p. sing. perf. act. ind. . . . . εἶπον
λύσω 1 p. sing. fut. act. ind. . . . . δίδωμι
35 λέγει 3 p. sing. pres. act. ind. . . . . λέγω
δώσεις 2 p. sing. fut. act. ind. . . . . δίδωμι
ἰδεῖν 2 aor. act. infin. . . . . δράω
36 ὑπηρετήσας 1 aor. act. ptc. nom. sing. masc. . . ὑπηρετέω
ἐκοιμήθη 3 p. sing. 1 aor. pass. ind. . . . . . . .κοιμάω
προσετέθη 3 p. sing. 1 aor. pass. ind. . . . προστίθημι
εἶδεν 3 p. sing. 2 aor. act. ind. . . . . .δράω
38 ἔστω 3 p. sing. pres. act. imper. . . . . εἰμί
καταγγέλλεται 3 p. sing. pres. pass. ind. . . καταγγέλλω
ἠδυνήθητε 2 p. pl. 1 aor. pass. ind. . . . . δύναμαι
δικαιωθῆναι 1 aor. pass. infin. . . . . .δικαιόω
39 πιστεύων pres. act. ptc. nom. sing. masc. . . . . . πιστεύω
δικαιοῦται 3 p. sing. pres. pass. ind. . . . . . . δικαιόω
40 βλέπετε 2 p. pl. pres. act. ind. or imper. . . . . . βλέπω
ἐπέλθῃ 3 p. sing. 2 aor. act. subj. . . . . ἐπέρχομαι
εἰρημένον perf. pass. ptc. nom. and acc. s. neut. . εἶπον
41 ἴδετε 2 p. pl. 2 aor. act. imper. . . . . .δράω
θαυμάσατε 2 p. pl. 1 aor. act. imper. . . . . . . .θαυμάζω
ἀφανίσθητε 2 p. pl. 1 aor. pass. imper. . . . . . .ἀφανίζω
ἐργάζομαι 1 p. sing. pres. mid. ind. . . . . . . ἐργάζομαι
πιστεύσητε 2 p. pl. 1 aor. act. subj. . . . . . . .πιστεύω
ἐκδιηγῆται 3 p. sing. pres. mid. subj. . . . ἐκδιηγέομαι
42 ἐξιόντων 2 aor. act. ptc. gen. pl. masc. . . . . . .ἔξειμι
παρεκάλουν 3 p. pl. imperf. act. ind. . . . . . παρακαλέω
λαληθῆναι 1 aor. pass. infin. . . . . .λαλέω
43 λυθείσης 1 aor. pass. ptc. gen. sing. fem. . . . . . λύω
ἠκολούθησαν 3 p. pl. 1 aor. act. ind. . . . . ἀκολουθέω
σεβομένων pres. mid. ptc. gen. pl. masc. or ne. .σέβομαι
προσλαλοῦντες pres. act. ptc. nom. pl. masc. . προσλαλέω
ἔπειθον 3 p. pl. imperf. act. ind. . . . . .πείθω
προσμένειν pres. act. infin. . . . . .προσμένω

44 ἐρχομένῳ pres. mid. ptc. dat. sing. masc. or ne. ἔρχομαι
   συνήχθη 3 p. sing. 1 aor. pass. ind. . . . . συνάγω
   ἀκοῦσαι 1 aor. act. infin. . . . . ἀκούω
45 ἰδόντες 2 aor. act. ptc. nom. pl. masc. . . . . . . ὁράω
   ἐπλήσθησαν 3 p. pl. 1 aor. pass. ind. . . . . . πίμπλημι
   ἀντέλεγον 3 p. pl. imperf. act. ind. . . . . . .ἀντιλέγω
   λαλουμένοις pres. pass. ptc. dat. pl. neut. . . . . λαλέω
   βλασφημοῦντες pres. act. ptc. nom. pl. masc. . βλασφημέω
46 παρρησιασάμενοι 1 aor. mid. ptc. n. pl. m.παρρησιάζομαι
   εἶπαν 3 p. pl. 2 aor. act. ind. . . . . λέγω
   ἦν 3 p. sing. imperf. act. ind. . . . . εἰμί
   λαληθῆναι 1 aor. pass. infin. . . . . λαλέω
   ἀπωθεῖσθε 2 p. pl. pres. mid. ind. . . . . .ἀπωθέω
   κρίνετε 2 p. pl. pres. act. ind. or imper. . . . . .κρίνω
   ἰδού 2 p. sing. 2 aor. mid. imper. . . . . εἶδον
   στρεφόμεθα 1 p. pl. pres. mid. ind. . . . . στρέφω
47 ἐντέταλται 3 p. sing. perf. pass. ind. . . . ἐντέλλομαι
   τέθεικα 1 p. sing. perf. act. ind. . . . . τίθημι
   εἶναι pres. act. infin. . . . . εἰμί
48 ἀκούοντα pres. act. ptc. acc. sing. masc. . . . . . ἀκούω
   ἔχαιρον 3 p. pl. imperf. act. ind. . . . . .χαίρω
   ἐδόξαζον 3 p. pl. imperf. act. ind. . . . . .δοξάζω
   ἐπίστευσαν 3 p. pl. 1 aor. act. ind. . . . . . . πιστεύω
   ἦσαν 3 p. pl. imperf. act. ind. . . . . εἰμί
   τεταγμένοι perf. pass. ptc. nom. pl. masc. . . . . τάσσω
49 διεφέρετο 3 p. sing. imperf. pass. ind. . . . . .διαφέρω
50 παρώτρυναν 3 p. pl. 1 aor. act. ind. . . . . . παροτρύνω
   σεβομένας pres. mid. ptc. acc. pl. fem. . . . . . .σέβομαι
   ἐπήγειραν 3 p. pl. 1 aor. act. ind. . . . . ἐπεγείρω
   ἐξέβαλον 3 p. pl. 2 aor. act. ind. . . . . .ἐκβάλλω
51 ἐκτιναξάμενοι 1 aor. mid. ptc. nom. pl. masc. .ἐκτινάσσω
   ἦλθον 3 p. pl. 2 aor. act. ind. . . . . ἔρχομαι
52 ἐπληροῦντο 3 p. pl. imperf. pass. ind. . . . . . .πληρόω

14
1 ἐγένετο 3 p. sing. 2 aor. mid. ind. . . . . γίνομαι
  εἰσελθεῖν 2 aor. act. infin. . . . . εἰσέρχομαι
  λαλῆσαι 1 aor. act. infin. . . . . λαλέω
  πιστεῦσαι 1 aor. act. infin. . . . . πιστεύω
2 ἀπειθήσαντες 1 aor. act. ptc. nom. pl. masc. . . . ἀπειθέω
  ἐπήγειραν 3 p. pl. 1 aor. act. ind. . . . . ἐπεγείρω
  ἐκάκωσαν 3 p. pl. 1 aor. act. ind. . . . . κακόω
3 διέτριψαν 3 p. pl. 1 aor. act. ind. . . . . διατρίβω
  παρρησιαζόμενοι pres. mid. ptc. n. pl. m. παρρησιάζομαι
  μαρτυροῦντι pres. act. ptc. dat. sing. masc. . . .μαρτυρέω
  διδόντι pres. act. ptc. dat. sing. masc. . . . . . δίδωμι
  γίνεσθαι pres. mid. infin. . . . . γίνομαι
4 ἐσχίσθη 3 p. sing. 1 aor. pass. ind. . . . . σχίζω
  ἦσαν 3 p. pl. imperf. act. ind. . . . . εἰμί
5 ἐγένετο 3 p. sing. 2 aor. mid. ind. . . . . .γίνομαι
  ὑβρίσαι 1 aor. act. infin. . . . . .ὑβρίζω
  λιθοβολῆσαι 1 aor. act. infin. . . . . λιθοβολέω
6 συνιδόντες 2 aor. act. ptc. nom. pl. masc. . . . . συνοράω
  κατέφυγον 3 p. pl. 2 aor. act. ind. . . . . . . καταφεύγω
7 εὐαγγελιζόμενοι pres. mid. ptc. nom. pl. m. . εὐαγγελίζω

8 ἐκάθητο 3 p. sing. imperf. mid. ind. . . . . . . κάθημαι
  περιεπάτησεν 3 p. sing. 1 aor. act. ind. . . . περιπατέω
9 ἤκουεν 3 p. sing. imperf. act. ind. . . . . ἀκούω
  λαλοῦντος pres. act. ptc. gen. sing. masc. . . . . λαλέω
  ἀτενίσας 1 aor. act. ptc. nom. sing. masc. . . . ἀτενίζω
  ἰδών 2 aor. act. ptc. nom. sing. masc. . . . . ὁράω
  ἔχει 3 p. sing. pres. act. ind. . . . . ἔχω
  σωθῆναι 1 aor. pass. infin. . . . . σῴζω
10 εἶπεν 3 p. sing. 2 aor. act. ind. . . . . .λέγω
  ἀνάστηθι. 2 p. sing. 2 aor. act. imper. . . . . .ἀνίστημι
  ἥλατο 3 p. sing. 1 aor. mid. ind. . . . . ἅλλομαι
  περιεπάτει 3 p. sing. imperf. act. ind. . . . περιπατέω
11 ἰδόντες 2 aor. act. ptc. nom. pl. masc. . . . . ὁράω
  ἐποίησεν 3 p. sing. 1 aor. act. ind. . . . . ποιέω
  ἐπῆραν 3 p. pl. 1 aor. act. ind. . . . . ἐπαίρω
  λέγοντες pres. act. ptc. nom. pl. masc. . . . . . . λέγω
  ὁμοιωθέντες 1 aor. pass. ptc. nom. pl. masc. . . .ὁμοιόω
  κατέβησαν 3 p. pl. 2 aor. act. ind. . . . . . καταβαίνω
12 ἐκάλουν 3 p. pl. imperf. act. ind. . . . . καλέω
  ἦν 3 p. sing. imperf. act. ind. . . . . .εἰμί
  ἡγούμενος pres. mid. ptc. nom. sing. masc. . . . ἡγέομαι
13 ὄντος pres. act. ptc. gen. sing. masc. or neut. . . εἰμί
  ἐνέγκας 1 aor. act. ptc. nom. sing. masc. . . . . . φέρω
  ἤθελεν 3 p. sing. imperf. act. ind. . . . . .ἐθέλω
  θύειν pres. act. infin. . . . . .θύω
14 ἀκούσαντες 1 aor. act. ptc. nom. pl. masc. . . . . ἀκούω
  διαρρήξαντες 1 aor. act. ptc. nom. pl. masc. διαρρήγνυμι
  ἐξεπήδησαν 3 p. pl. 1 aor. act. ind. . . . . . . ἐκπηδάω
  κράζοντες pres. act. ptc. nom. pl. masc. . . . . . κράζω
15 λέγοντες pres. act. ptc. nom. pl. masc. . . . . . . λέγω
  ποιεῖτε 2 p. pl. pres. act. ind. and imper. . . . . ποιέω
  ἐσμεν 1 p. pl. pres. act. ind. . . . . εἰμί
  εὐαγγελιζόμενοι pres. mid. ptc. nom. pl. masc εὐαγγελίζω
  ἐπιστρέφειν pres. act. infin. . . . . .ἐπιστρέφω
  ζῶντα pres. act. ptc. acc. sing. masc. or pl. neut. . ζάω
  ἐποίησεν 3 p. sing. 1 aor. act. ind. . . . . ποιέω
16 παρῳχημέναις perf. pass. ptc. dat. pl. fem. . παροίχομαι
  εἴασεν 3 p. sing. 1 aor. act. ind. . . . . .ἐάω
  πορεύεσθαι pres. mid. infin. . . . . πορεύομαι
17 ἀφῆκεν 3 p. sing. 1 aor. act. ind. . . . . ἀφίημι
  ἀγαθουργῶν pres. act. ptc. nom. sing. masc. . ἀγαθοεργέω
  διδούς pres. act. ptc. nom. sing. masc. . . . . . .δίδωμι
  ἐμπιπλῶν pres. act. ptc. nom. sing. masc. . . . ἐμπιπλάω
18 κατέπαυσαν 3 p. pl. 1 aor. act. ind. . . . . . καταπαύω
  θύειν pres. act. infin. . . . . θύω
19 ἐπῆλθαν 3 p. pl. 1 aor. act. ind. . . . . .ἐπέρχομαι
  πείσαντες 1 aor. act. ptc. nom. pl. masc. . . . .πείθω
  λιθάσαντες 1 aor. act. ptc. nom. pl. masc. . . .λιθάζω
  ἔσυρον 3 p. pl. imperf. act. ind. . . . . σύρω
  νομίζοντες pres. act. ptc. nom. pl. masc. . . . . νομίζω
  τεθνηκέναι perf. act. infin. . . . . .θνήσκω
20 κυκλωσάντων 1 aor. act. ptc. gen. pl. masc. . . . κυκλόω
  ἀναστάς 2 aor. act. ptc. nom. sing. masc. . . . .ἀνίστημι
  εἰσῆλθεν 3 p. sing. 2 aor. act. ind. . . . . . εἰσέρχομαι
  ἐξῆλθεν 3 p. sing. 2 aor. act. ind. . . . . . . ἐξέρχομαι

21 εὐαγγελιζόμενοι pres. mid. ptc. nom. pl. m. .εὐαγγελίζω
μαθητεύσαντες 1 aor. act. ptc. nom. pl. masc. . μαθητεύω
ὑπέστρεφαν 3 p. pl. 1 aor. act. ind. . . . . . . ὑποστρέφω
22 ἐπιστηρίζοντες pres. act. ptc. nom. pl. masc. ἐπιστηρίζω
παρακαλοῦντες pres. act. ptc. nom. pl. masc. . παρακαλέω
ἐμμένειν pres. act. infin. . . . . ἐμμένω
εἰσελθεῖν 2 aor. act. infin. . . . . .εἰσέρχομαι
δεῖ 3 p. sing. pres. act. impers. verb . . . . δεῖ
23 χειροτονήσαντες 1 aor. act. ptc. nom. pl. m. χειροτονέω
προσευξάμενοι 1 aor. mid. ptc. nom. pl. m. . προσεύχομαι
πεπιστεύκεισαν 3 p. pl. plupf. act. ind. . . . . πιστεύω
παρέθεντο 3 p. pl. 2 aor. mid. ind. . . . . . . παρατίθημι
24 διελθόντες 2 aor. act. ptc. nom. pl. masc. . . . διέρχομαι
ἦλθον 1 p. sing. and 2 p. pl. 2 aor. act. ind. . . .ἔρχομαι
25 λαλήσαντες 1 aor. act. ptc. nom. pl. masc. . . . . . λαλέω
κατέβησαν 3 p. pl. 2 aor. act. ind. . . . . . .καταβαίνω
26 ἀπέπλευσαν 3 p. pl. 1 aor. act. ind. . . . . ἀποπλέω
ἦσαν 3 p. pl. imperf. act. ind. . . . . .εἰμί
παραδεδομένοι perf. pass. ptc. nom. pl. masc. παραδίδωμι
ἐπλήρωσαν 3 p. pl. 1 aor. act. ind. . . . . πληρόω
27 παραγενόμενοι 2 aor. mid. ptc. nom. pl. m. . παραγίνομαι
συναγαγόντες 2 aor. act. ptc. nom. pl. masc. . . .συνάγω
ἀνήγγελλον 3 p. pl. imperf. act. ind. . . . . .ἀναγγέλλω
ἐποίησεν 3 p. sing. 1 aor. act. ind. . . . . ποιέω
ἤνοιξεν 3 p. sing. 1 aor. act. ind. . . . . .ἀνοίγω
28 διέτριβον 3 p. pl. imperf. act. ind. . . . . . . διατρίβω

15

1 κατελθόντες 2 aor. act. ptc. nom. pl. masc. . . κατέρχομαι
ἐδίδασκον 3 p. pl. imperf. act. ind. . . . . διδάσκω
περιτμηθῆτε 2 p. pl. 1 aor. pass. subj. . . . . περιτέμνω
δύνασθε 2 p. pl. pres. pass. ind. . . . . δύναμαι
σωθῆναι 1 aor. pass. infin. . . . . .σῴζω
2 γενομένης 2 aor. mid. ptc. gen. sing. fem. . . . . γίνομαι
ἔταξαν 3 p. pl. 1 aor. act. ind. . . . . .τάσσω
ἀναβαίνειν pres. act. infin. . . . . .ἀναβαίνω
3 προπεμφθέντες 1 aor. pass. ptc. nom. pl. masc. .προπέμπω
διήρχοντο 3 p. pl. imperf. mid. ind. . . . . . . διέρχομαι
ἐκδιηγούμενοι pres. mid. ptc. nom. pl. masc. ἐκδιηγέομαι
ἐποίουν 3 p. pl. imperf. act. ind. . . . . .ποιέω
4 παραγενόμενοι 2 aor. mid. ptc. nom. pl. m. . παραγίνομαι
παρεδέχθησαν 3 p. pl. 1 aor. pass. ind. . . . παραδέχομαι
ἀνήγγειλαν 3 p. pl. 1 aor. act. ind. . . . . . .ἀναγγέλλω
ἐποίησεν 3 p. sing. 1 aor. act. ind. . . . . .ποιέω
5 ἐξανέστησαν 3 p. pl. 2 aor. act. ind. . . . . ἐξανίστημι
πεπιστευκότες pf. act. ptc. nom. pl. masc. . . . . πιστεύω
λέγοντες pres. act. ptc. nom. pl. masc. . . . . .λέγω
δεῖ 3 p. sing. pres. act. impers. . . . . δεῖ
περιτέμνειν pres. act. infin. . . . . περιτέμνω
παραγγέλλειν pres. act. infin. . . . . παραγγέλλω
τηρεῖν pres. act. infin. . . . . .τηρέω
6 συνήχθησαν 3 p. pl. 1 aor. pass. ind. . . . . . . συνάγω
ἰδεῖν 2 aor. act. infin. . . . . ὁράω
7 γενομένης 2 aor. mid. ptc. gen. sing. fem. . . . .γίνομαι
ἀναστάς 2 aor. act. ptc. nom. sing. masc. . . . .ἀνίστημι

εἶπεν 3 p. sing. 2 aor. act. ind. . . . . λέγω
ἐπίστασθε 2 p. pl. pres. pass. ind. . . . . . .ἐπίσταμαι
ἐξελέξατο 3 p. sing. 1 aor. mid. ind. . . . . . . ἐκλέγω
ἀκοῦσαι 1 aor. act. infin. . . . . ἀκούω
πιστεῦσαι 1 aor. act. infin. . . . . πιστεύω
8 ἐμαρτύρησεν 3 p. sing. 1 aor. act. ind. . . . . μαρτυρέω
δούς 2 aor. act. ptc. nom. sing. masc. . . . . δίδωμι
9 διέκρινεν 3 p. sing. 1 aor. act. ind. . . . . . διακρίνω
καθαρίσας 1 aor. act. ptc. nom. sing. masc. . . καθαρίζω
10 πειράζετε 2 p. pl. pres. act. ind. and imper. . .πειράζω
ἐπιθεῖναι 2 aor. act. infin. . . . . .ἐπιτίθημι
ἰσχύσαμεν 1 p. pl. 1 aor. act. ind. . . . . ἰσχύω
βαστάσαι 1 aor. act. infin. . . . . .βαστάζω
11 πιστεύομεν 1 p. pl. pres. act. ind. . . . . .πιστεύω
σωθῆναι 1 aor. pass. infin. . . . . σῴζω
12 ἐσίγησεν 3 p. sing. 1 aor. act. ind. . . . . σιγάω
ἤκουον 3 p. pl. imperf. act. ind. . . . . ἀκούω
ἐξηγουμένων pres. mid. ptc. gen. pl. masc. . . ἐξηγέομαι
ἐποίησεν 3 p. sing. 1 aor. act. ind. . . . . ποιέω
13 σιγῆσαι 1 aor. act. infin. . . . . σιγάω
ἀπεκρίθη 3 p. sing. 1 aor. pass. ind. . . . . .ἀποκρίνομαι
λέγων pres. act. ptc. nom. sing. masc. . . . . λέγω
ἀκούσατε 2 p. pl. 1 aor. act. imper. . . . . ἀκούω
14 ἐξηγήσατο 3 p. sing. 1 aor. mid. ind. . . . . .ἐξηγέομαι
ἐπεσκέψατο 3 p. sing. 1 aor. mid. ind. . . ἐπισκέπτομαι
λαβεῖν 2 aor. act. infin. . . . . λαμβάνω
15 συμφωνοῦσιν 3 p. pl. pres. act. ind. . . . . . .συμφωνέω
γέγραπται 3 p. sing. perf. pass. ind. . . . . γράφω
16 ἀναστρέφω 1 p. sing. fut. act. ind. . . . . . ἀναστρέφω
ἀνοικοδομήσω 1 p. sing. fut. act. ind. . . . ἀνοικοδομέω
πεπτωκυῖαν perf. act. ptc. acc. sing. fem. . . . . πίπτω
κατεστραμμένα perf. pass. ptc. acc. pl. neut. καταστρέφω
ἀνορθώσω 1 p. sing. fut. act. ind. . . . . ἀνορθόω
17 ἐκζητήσωσιν 3 p. pl. 1 aor. act. subj. . . . . . ἐκζητέω
ἐπικέκληται 3 p. sing. perf. pass. ind. . . . . ἐπικαλέω
λέγει 3 p. sing. pres. act. ind. . . . . λέγω
ποιῶν pres. act. ptc. nom. sing. masc. . . . . ποιέω
19 κρίνω 1 p. sing. pres. act. subj. or ind. . . . . . κρίνω
παρενοχλεῖν pres. act. infin. . . . . παρενοχλέω
ἐπιστρέφουσιν pres. act. ptc. dat. pl. masc. . ἐπιστρέφω
20 ἐπιστεῖλαι 1 aor. act. infin. . . . . .ἐπιστέλλω
ἀπέχεσθαι pres. mid. infin. . . . . ἀπέχω
21 κηρύσσοντας pres. act. ptc. acc. pl. masc. . . . κηρύσσω
ἔχει 3 p. sing. pres. act. ind. . . . . ἔχω
ἀναγινωσκόμενος pres. pass. ptc. nom. s. m. . ἀναγινώσκω
22 ἔδοξε 3 p. sing. 1 aor. act. ind. . . . . δοκέω
ἐκλεξαμένους 1 aor. mid. ptc. acc. pl. masc. . . .ἐκλέγω
πέμψαι 1 aor. act. infin. . . . . πέμπω
καλούμενον pres. pass. ptc. acc. sing. masc. . . . καλέω
ἡγουμένους pres. mid. ptc. acc. pl. masc. . . . . ἡγέομαι
23 γράψαντες 1 aor. act. ptc. nom. pl. masc. . . . . γράφω
χαίρειν pres. act. infin. . . . . χαίρω
24 ἠκούσαμεν 1 p. pl. 1 aor. act. ind. . . . . ἀκούω
ἐτάραξαν 3 p. pl. 1 aor. act. ind. . . . . ταράσσω
ἀνασκευάζοντες pres. act. ptc. nom. pl. masc. ἀνασκευάζω

διεστειλάμεθα 1 p. pl. 1 aor. mid. ind. . . . .διαστέλλω
25 ἔδοξεν 3 p. sing. 1 aor. act. ind. . . . . .δοκέω
γενομένοις 1 aor. mid. ptc. dat. pl. neut. . . . γίνομαι
ἐκλεξαμένους 1 aor. mid. ptc. acc. pl. masc. . . .ἐκλέγω
πέμψαι 1 aor. act. infin. . . . . πέμπω
26 παραδεδωκόσι perf. act. ptc. dat. pl. masc. . παραδίδωμι
27 ἀπεστάλκαμεν 1 p. pl. perf. act. ind. . . . . ἀποστέλλω
ἀπαγγέλλοντας pres. act. ptc. acc. pl. masc. . ἀπαγγέλλω
28 ἐπιτίθεσθαι pres. mid. infin. . . . . ἐπιτίθημι
29 ἀπέχεσθαι pres. mid. infin. . . . . .ἀπέχω
διατηροῦντες pres. act. ptc. nom. pl. masc. . . διατηρέω
πράξετε 2 p. pl. fut. act. ind. . . . . .πράσσω
ἔρρωσθε 2 p. pl. perf. pass. imper. . . . . ῥώννυμι
30 ἀπολυθέντες 1 aor. pass. ptc. nom. pl. masc. . . .ἀπολύω
κατῆλθον 3 p. pl. 2 aor. act. ind. . . . . . κατέρχομαι
συναγαγόντες 2 aor. act. ptc. nom. pl. masc. . . .συνάγω
ἐπέδωκαν 3 p. pl. 1 aor. act. ind. . . . . . ἐπιδίδωμι
31 ἀναγνόντες 2 aor. act. ptc. nom. pl. masc. . ἀναγινώσκω
ἐχάρησαν 3 p. pl. 2 aor. pass. ind. . . . . .χαίρω
32 ὄντες pres. act. ptc. nom. pl. masc. . . . . .εἰμί
παρεκάλεσαν 3 p. pl. 1 aor. act. ind. . . . . παρακαλέω
ἐπεστήριξαν 3 p. pl. 1 aor. act. ind. . . . . ἐπιστηρίζω
33 ποιήσαντες 1 aor. act. ptc. nom. pl. masc. . . . . ποιέω
ἀπελύθησαν 3 p. pl. 1 aor. pass. ind. . . . . . . .ἀπολύω
ἀποστείλαντας 1 aor. act. ptc. acc. pl. masc. ἀποστέλλω
35 διέτριβον 3 p. pl. imperf. act. ind. . . . . . διατρίβω
διδάσκοντες pres. act. ptc. nom. pl. masc. . . . διδάσκω
εὐαγγελιζόμενοι pres. mid. ptc. no. pl. m. . εὐαγγελίζω
36 εἶπεν 3 p. sing. 2 aor. act. ind. . . . . .λέγω
ἐπιστρέψαντες 1 aor. act. ptc. nom. pl. masc. .ἐπιστρέφω
ἐπισκεψώμεθα 1 p. pl. 1 aor. mid. subj. . . ἐπισκέπτομαι
κατηγγείλαμεν 1 p. pl. 1 aor. act. ind. . . . καταγγέλλω
ἔχουσιν 3 p. pl. pres. act. ind. . . . . .ἔχω
37 ἐβούλετο 3 p. sing. imperf. mid. ind. . . . . . . βούλομαι
συμπαραλαβεῖν 2 aor. act. infin. . . . . συμπαραλαμβάνω
καλούμενον pres. pass. ptc. acc. sing. masc. . . . .καλέω
38 ἠξίου 3 p. sing. imperf. act. ind. . . . . .ἀξιόω
ἀποστάντα 2 aor. act. ptc. acc. sing. masc. . . ἀφίστημι
συνελθόντα 2 aor. act. ptc. acc. sing. masc. συνέρχομαι
συμπαραλαμβάνειν pres. act. infin. . . .συμπαραλαμβάνω
39 ἐγένετο 3 p. sing. 2 aor. mid. ind. . . . . .γίνομαι
ἀποχωρισθῆναι 1 aor. pass. infin. . . . . . . ἀποχωρίζω
παραλαβόντα 2 aor. act. ptc. acc. sing. m. . παραλαμβάνω
ἐκπλεῦσαι 1 aor. act. infin. . . . . .ἐκπλέω
40 ἐπιλεξάμενος 1 aor. mid. ptc. nom. sing. masc. . ἐπιλέγω
ἐξῆλθεν 3 p. sing. 2 aor. act. ind. . . . . . . ἐξέρχομαι
παραδοθείς 1 aor. pass. ptc. nom. sing. masc. .παραδίδωμι
41 διήρχετο 3 p. sing. imperf. mid. ind. . . . . . διέρχομαι
ἐπιστηρίζων pres. act. ptc. nom. sing. masc. . ἐπιστηρίζω

16

1 κατήντησεν 3 p. sing. 1 aor. act. ind. . . . . .κατανταω
ἰδού 2 p. sing. 2 aor. mid. imper. . . . . .εἶδον
ἦν 3 p. sing. imperf. act. ind. . . . . .εἰμί
2 ἐμαρτυρεῖτο 3 p. sing. imperf. pass. ind. . . . .μαρτυρέω

3 ἠθέλησεν 3 p. sing. 1 aor. act. ind. . . . . ἐθέλω
ἐξελθεῖν 2 aor. act. infin. . . . . .ἐξέρχομαι
λαβών 2 aor. act. ptc. nom. sing. masc. . . . . . λαμβάνω
περιέτεμεν 3 p. sing. 2 aor. act. ind. . . . . . περιτέμνω
ὄντας pres. act. ptc. acc. pl. masc. . . . . εἰμί
ᾔδεισαν 3 p. pl. plupf. act. ind. . . . . οἶδα
ὑπῆρχεν 3 p. sing. imperf. act. ind. . . . . ὑπάρχω
4 διεπορεύοντο 3 p. pl. imperf. mid. ind. . . διαπορεύομαι
παρεδίδοσαν 3 p. pl. imperf. act. ind. . . . . παραδίδωμι
φυλάσσειν pres. act. infin. . . . . .φυλάσσω
κεκριμένα perf. pass. ptc. acc. pl. neut. . . . . .κρίνω
5 ἐστερεοῦντο 3 p. pl. imperf. pass. ind. . . . . .στερεόω
ἐπερίσσευον 3 p. pl. imperf. act. ind. . . . . περισσεύω
6 διῆλθον 3 p. pl. 2 aor. act. ind. . . . . διέρχομαι
κωλυθέντες 1 aor. pass. ptc. nom. pl. masc. . . . .κωλύω
λαλῆσαι 1 aor. act. infin. . . . . λαλέω
7 ἐλθόντες 2 aor. act. ptc. nom. pl. masc. . . . . .ἔρχομαι
ἐπείραζον 3 p. pl. imperf. act. ind. . . . . . . πειράζω
πορευθῆναι 1 aor. pass. infin. . . . . πορεύομαι
εἴασεν 3 p. sing. 1 aor. act. ind. . . . . ἐάω
8 παρελθόντες 2 aor. act. ptc. nom. pl. masc. . παρέρχομαι
κατέβησαν 3 p. pl. 2 aor. act. ind. . . . . . κατάβαινω
9 ὤφθη 3 p. sing. 1 aor. pass. ind. . . . . .ὁράω
ἦν 3 p. sing. imperf. act. ind. . . . . εἰμί
ἑστώς perf. act. ptc. nom. s. masc. and acc. neut. ἵστημι
παρακαλῶν pres. act. ptc. nom. sing. masc. . . παρακαλέω
λέγων pres. act. ptc. nom. sing. masc. . . . . λέγω
διαβάς 2 aor. act. ptc. nom. sing. masc. . . . . διαβαίνω
βοήθησον 2 p. sing. 1 aor. act. imper. . . . . βοηθέω
10 εἶδεν 3 p. sing. 2 aor. act. ind. . . . . .ὁράω
ἐζητήσαμεν 1 p. pl. 1 aor. act. ind. . . . . ζητέω
ἐξελθεῖν 2 aor. act. infin. . . . . .ἐξέρχομαι
συμβιβάζοντες pres. act. ptc. nom. pl. masc. . συμβιβάζω
προσκέκληται 3 p. sing. perf. mid. ind. . . προσκαλέομαι
εὐαγγελίσασθαι 1 aor. mid. infin. . . . . . . εὐαγγελίζω
11 ἀναχθέντες 1 aor. pass. ptc. nom. pl. masc. . . . .ἀνάγω
εὐθυδρομήσαμεν 1 p. pl. 1 aor. act. ind. . . εὐθυδρομέω
12 ἐστίν 3 p. sing. pres. act. ind. . . . . εἰμί
ἦμεν 1 p. pl. imperf. act. ind. . . . . id.
διατρίβοντες pres. act. ptc. nom. pl. masc. . . διατρίβω
13 ἐξήλθομεν 1 p. pl. 2 aor. act. ind. . . . . . .ἐξέρχομαι
ἐνομίζομεν 1 p. pl. imperf. act. ind. . . . . . . νομίζω
εἶναι pres. act. infin. . . . . εἰμί
καθίσαντες 1 aor. act. ptc. nom. pl. masc. . . . .καθίζω
ἐλαλοῦμεν 1 p. pl. imperf. act. ind. . . . . λαλέω
συνελθούσαις 2 aor. act. ptc. dat. pl. fem. . συνέρχομαι
14 σεβομένη pres. mid. ptc. nom. sing. fem. . . . . σέβομαι
ἤκουεν 3 p. sing. imperf. act. ind. . . . . ἀκούω
διήνοιξεν 3 p. sing. 1 aor. act. ind. . . . . . διανοίγω
προσέχειν pres. act. infin. . . . . .προσέχω
λαλουμένοις pres. pass. ptc. dat. pl. neut. . . . .λαλέω
15 ἐβαπτίσθη 3 p. sing. 1 aor. pass. ind. . . . . . βαπτίζω
παρεκάλεσεν 3 p. sing. 1 aor. act. ind. . . . . παρακαλέω
λέγουσα pres. act. ptc. nom. sing. fem. . . . . λέγω
κεκρίκατε 2 p. pl. perf. act. ind. . . . . κρίνω

εἶναι pres. act. infin. . . . . εἰμί
εἰσελθόντες 2 aor. act. ptc. nom. pl. masc. . εἰσέρχομαι
μένετε 2 p. pl. pres. act. imper. . . . . μένω
παρεβιάσατο 3 p. sing. 1 aor. mid. ind. . . . παραβιάζομαι
16 ἐγένετο 3 p. sing. 2 aor. mid. ind. . . . . γίνομαι
πορευομένων pres. mid. ptc. gen. pl. masc. . . . πορεύομαι
ἔχουσαν pres. act. ptc. acc. sing. fem. . . . . ἔχω
παρεῖχεν 3 p. sing. imperf. act. ind. . . . . . . παρέχω
μαντευομένη pres. mid. ptc. nom. sing. fem. . μαντεύομαι
ὑπαντῆσαι 1 aor. act. infin. . . . . ὑπαντάω
17 κατακολουθοῦσα pres. act. ptc. nom. sing. f. κατακολουθέω
ἔκραζεν 3 p. sing. imperf. act. ind. . . . . κράζω
λέγουσα pres. act. ptc. nom. sing. fem. . . . . . . λέγω
εἰσίν 3 p. pl. pres. act. ind. . . . . εἰμί
καταγγέλλουσιν 3 p. pl. pres. act. ind. . . . καταγγέλλω
18 ἐποίει 3 p. sing. imperf. act. ind. . . . . ποιέω
διαπονηθείς 1 aor. pass. ptc. nom. s. masc. .διαπονέομαι
ἐπιστρέψας 1 aor. act. ptc. nom. sing. masc. . ἐπιστρέφω
εἶπεν 3 p. sing. 2 aor. act. ind. . . . . λέγω
παραγγέλλω 1 p. sing. pres. act. ind. . . . . παραγγέλλω
ἐξελθεῖν 2 aor. act. infin. . . . . .ἐξέρχομαι
ἐξῆλθεν 3 p. sing. 2 aor. act. ind. . . . . id.
19 ἰδόντες 2 aor. act. ptc. nom. pl. masc. . . . . . . ὁράω
ἐπιλαβόμενοι 2 aor. mid. ptc. nom. pl. masc. .ἐπιλαμβάνω
εἵλκυσαν 3 p. pl. 1 aor. act. ind. . . . . ἑλκύω
20 προσαγαγόντες 2 aor. act. ptc. nom. pl. masc. . .προσάγω
εἶπαν 3 p. pl. 2 aor. act. ind. . . . . λέγω
ἐκταράσσουσιν 3 p. pl. pres. act. ind. . . . . ἐκταράσσω
ὑπάρχοντες pres. act. ptc. nom. pl. masc. . . . . ὑπάρχω
21 καταγγέλλουσιν 3 p. pl. pres. act. ind. . . . καταγγέλλω
ἔξεστιν 3 p. sing. pres. act. impers. verb . . . . ἔξειμι
παραδέχεσθαι pres. mid. infin. . . . . παραδέχομαι
ποιεῖν pres. act. infin. . . . . ποιέω
οὖσιν pres. act. ptc. dat. pl. masc. . . . . εἰμί
22 συνεπέστη 3 p. sing. 2 aor. act. ind. . . . συνέφιστημι
περιρήξαντες 1 aor. act. ptc. nom. pl. m. . περιρρήγνυμι
ἐκέλευον 3 p. pl. imperf. act. ind. . . . . κελεύω
ῥαβδίζειν pres. act. infin. . . . . .ῥαβδίζω
23 ἐπιθέντες 2 aor. act. ptc. nom. pl. masc. . . .ἐπιτίθημι
ἔβαλον 3 p. pl. 2 aor. act. ind. . . . . βάλλω
παραγγείλαντες 1 aor. act. ptc. nom. pl. m. . παραγγέλλω
τηρεῖν pres. act. infin. . . . . τηρέω
24 λαβών 2 aor. act. ptc. nom. sing. masc. . . . . . λαμβάνω
ἔβαλεν 3 p. sing. 2 aor. act. ind. . . . . βάλλω
ἠσφαλίσατο 3 p. sing. 1 aor. mid. ind. . . . . .ἀσφαλίζω
25 προσευχόμενοι pres. mid. ptc. nom. pl. masc. προσεύχομαι
ὕμνουν 3 p. pl. imperf. act. ind. . . . . ὑμνέω
ἐπηκροῶντο 3 p. pl. imperf. mid. ind. . . . . . παηροάομαι
26 σαλευθῆναι 1 aor. pass. infin. . . . . σαλεύω
ἠνεώχθησαν 3 p. pl. 1 aor. pass. ind. . . . . . . ἀνοίγω
ἀνέθη 3 p. sing. 1 aor. pass. ind. . . . . ἀνίημι
27 γενόμενος 2 aor. mid. ptc. nom. sing. masc. . . .γίνομαι
ἰδών 2 aor. act. ptc. nom. sing. masc. . . . . ὁράω
ἀνεωγμένας perf. pass. ptc. acc. pl. fem. . . . . ἀνοίγω
σπασάμενος 1 aor. mid. ptc. nom. sing. masc. . . . . . σπάω

ἤμελλεν 3 p. sing. imperf. act. ind. . . . . μέλλω
ἀναιρεῖν pres. act. infin. . . . . ἀναιρέω
νομίζων pres. act. ptc. nom. sing. masc. . . . . . νομίζω
ἐκπεφευγέναι 2 perf. act. infin. . . . . ἐκφεύγω
28 ἐφώνησεν 3 p. sing. 1 aor. act. ind. . . . . φωνέω
λέγων pres. act. ptc. nom. sing. masc. . . . . λέγω
πράξῃς 2 p. sing. 1 aor. act. subj. . . . . πράσσω
ἐσμεν 1 p. pl. pres. act. ind. . . . . εἰμί
29 αἰτήσας 1 aor. act. ptc. nom. sing. masc. . . . . . αἰτέω
εἰσεπήδησεν 3 p. sing. 1 aor. act. ind. . . . . εἰσπηδάω
γενόμενος 2 aor. mid. ptc. nom. sing. masc. . . . γίνομαι
προσέπεσεν 3 p. sing. 2 aor. act. ind. . . . . προσπίπτω
30 προαγαγών 2 aor. act. ptc. nom. sing. masc. . . . προάγω
ἔφη 3 p. sing. 2 aor. act. ind. . . . . φημί
δεῖ 3 p. sing. pres. act. impers. . . . . δεῖ
ποιεῖν pres. act. infin. . . . . ποιέω
σωθῶ 1 p. sing. 1 aor. pass. subj. . . . . σώζω
31 εἶπαν 3 p. pl. 2 aor. act. ind. . . . . λέγω
πίστευσον 2 p. sing. 1 aor. act. imper. . . . . . πιστεύω
σωθήσῃ 2 p. sing. fut. pass. ind. . . . . σώζω
32 ἐλάλησαν 3 p. pl. 1 aor. act. ind. . . . . λαλέω
33 παραλαβών 2 aor. act. ptc. nom. sing. masc. παραλαμβάνω
ἔλουσεν 3 p. sing. 1 aor. act. ind. . . . . λούω
ἐβαπτίσθη 3 p. sing. 1 aor. pass. ind. . . . . . βαπτίζω
34 ἀναγαγών 2 aor. act. ptc. nom. sing. masc. . . . . ἀνάγω
παρέθηκεν 3 p. sing. 1 aor. act. ind. . . . . παρατίθημι
ἠγαλλιάσατο 3 p. sing. 1 aor. mid. ind. . . . . ἀγαλλιάω
πεπιστευκώς perf. act. ptc. nom. sing. masc. . . πιστεύω
35 γενομένης 2 aor. mid. ptc. gen. sing. fem. . . . γίνομαι
ἀπέστειλαν 3 p. pl. 1 aor. act. ind. . . . . . . ἀποστέλλω
λέγοντες pres. act. ptc. nom. pl. masc. . . . . . . λέγω
ἀπόλυσον 2 p. sing. 1 aor. act. imper. . . . . . . ἀπολύω
36 ἀπήγγειλεν 3 p. sing. 1 aor. act. ind. . . . . ἀπαγγέλλω
ἀπέσταλκαν 1 p. sing. perf. act. ind. . . . . . ἀποστέλλω
ἀπολυθῆτε 2 p. pl. 1 aor. pass. subj. . . . . . . ἀπολύω
ἐξελθόντες 2 aor. act. ptc. nom. pl. masc. . . . ἐξέρχομαι
πορεύεσθε 2 p. pl. pres. mid. imper. . . . . . . πορεύομαι
37 ἔφη 3 p. sing. 2 aor. act. ind. . . . . φημί
δείραντες 1 aor. act. ptc. nom. pl. masc. . . . . . . δέρω
ὑπάρχοντας pres. act. ptc. acc. pl. masc. . . . . ὑπάρχω
ἔβαλαν 3 p. pl. 2 aor. act. ind. . . . . βάλλω
ἐκβάλλουσιν 3 p. pl. pres. act. ind. . . . . . . ἐκβάλλω
ἐλθόντες 2 aor. act. ptc. nom. pl. masc. . . . . ἔρχομαι
ἐξαγαγέτωσαν 3 p. pl. 2 aor. act. imper. . . . . . ἐξάγω
38 ἀπήγγειλαν 3 p. pl. 1 aor. act. ind. . . . . . ἀπαγγέλλω
ἐφοβήθησαν 3 p. pl. 1 aor. pass. ind. . . . . . . φοβέω
ἀκούσαντες 1 aor. act. ptc. nom. pl. masc. . . . . ἀκούω
εἰσιν 3 p. pl. pres. act. ind. . . . . εἰμί
39 ἐλθόντες 2 aor. act. ptc. nom. pl. masc. . . . . ἔρχομαι
παρεκάλεσαν 3 p. pl. 1 aor. act. ind. . . . . παρακαλέω
ἐξαγαγόντες 2 aor. act. ptc. nom. pl. masc. . . . . ἐξάγω
ἠρώτων 3 p. pl. imperf. act. ind. . . . . ἐρωτάω
ἀπελθεῖν 2 aor. act. infin. . . . . ἀπέρχομαι
40 ἐξελθόντες 2 aor. act. ptc. nom. pl. masc. . . ἐξέρχομαι
εἰσῆλθον 3 p. pl. 2 aor. act. ind. . . . . . . εἰσέρχομαι

ἰδόντες 2 aor. act. ptc. nom. pl. masc. . . . . ὁράω
παρεκάλεσαν 3 p. pl. 1 aor. act. ind. . . . . παρακαλέω
ἐξῆλθαν 3 p. pl. 2 aor. act. ind. . . . . ἐξέρχομαι

17

1 διοδεύσαντες 1 aor. act. ptc. nom. pl. masc. . . διοδεύω
ἦλθον 3 p. pl. 2 aor. act. ind. . . . . ἔρχομαι
ἦν 3 p. sing. imperf. act. ind. . . . . εἰμί
2 εἰωθός 2 perf. act. ptc. acc. sing. neut. . . . . ἔθω
εἰσῆλθεν 3 p. sing. 2 aor. act. ind. . . . . εἰσέρχομαι
διελέξατο 3 p. sing. 1 aor. mid. ind. . . . . διαλέγομαι
3 διανοίγων pres. act. ptc. nom. sing. masc. . . .διανοίγω
παρατιθέμενος pres. mid. ptc. nom. s. masc. . παρατίθημι
ἔδει 3 p. sing. imperf. act. ind. . . . . δεῖ
παθεῖν 2 aor. act. infin. . . . . πάσχω
ἀναστῆναι 2 aor. act. infin. . . . . .ἀνίστημι
καταγγέλλω 1 p. sing. pres. act. ind. . . . . καταγγέλλω
4 ἐπείσθησαν 3 p. pl. 1 aor. pass. ind. . . . . πείθω
προσεκληρώθησαν 3 p. pl. 1 aor. pass. ind. . . προσκληρόω
σεβομένων pres. mid. ptc. gen. pl. masc. or ne. .σέβομαι
5 ζηλώσαντες 1 aor. act. ptc. nom. pl. masc. . . . . ζηλόω
προσλαβόμενοι 2 aor. mid. ptc. nom. pl. m. . προσλαμβάνω
ὀχλοποιήσαντες 1 aor. act. ptc. nom. pl. masc. ὀχλοποιέω
ἐθορύβουν 3 p. pl. imperf. act. ind. . . . . . . .θορυθέω
ἐπιστάντες 2 aor. act. ptc. nom. pl. masc. . . .ἐφίστημι
ἐζήτουν 3 p. pl. imperf. act. ind. . . . . ζητέω
προαγαγεῖν 2 aor. act. infin. . . . . προάγω
6 εὑρόντες 2 aor. act. ptc. nom. pl. masc. . . . . . εὑρίσκω
ἔσυρον 3 p. pl. imperf. act. ind. . . . . σύρω
βοῶντες pres. act. ptc. nom. pl. masc. . . . . βοάω
ἀναστατώσαντες 1 aor. act. ptc. nom. pl. masc. ἀναστατόω
πάρεισιν 3 p. pl. pres. act. ind. . . . . πάρειμι
7 ὑποδέδεκται 3 p. sing. perf. mid. ind. . . . .ὑποδέχομαι
εἶναι pres. act. infin. . . . . εἰμί
πράσσουσιν pres. act. ptc. dat. pl. masc. . . . . . πράσσω
λέγοντες pres. act. ptc. nom. pl. masc. . . . . λέγω
8 ἐτάραξαν 3 p. pl. 1 aor. act. ind. . . . . .ταράσσω
ἀκούοντας pres. act. ptc. acc. pl. masc. . . . . . . ἀκούω
9 λαβόντες 2 aor. act. ptc. nom. pl. masc. . . . . λαμβάνω
ἀπέλυσαν 3 p. pl. 1 aor. act. ind. . . . . ἀπολύω
10 ἐξέπεμψαν 3 p. pl. 1 aor. act. ind. . . . . .ἐκπέμπω
παραγενόμενοι 2 aor. mid. ptc. nom. pl. m. . παραγίνομαι
ἀπῄεσαν 3 p. pl. imperf. act. ind. . . . . ἄπειμι
11 ἦσαν 3 p. pl. imperf. act. ind. . . . . εἰμί
ἐδέξαντο 3 p. pl. 1 aor. mid. ind. . . . . .δέχομαι
ἀνακρίνοντες pres. act. ptc. nom. pl. masc. . . . ἀνακρίνω
ἔχοι 3 p. sing. pres. act. opt. . . . . ἔχω
12 ἐπίστευσαν 3 p. pl. 1 aor. act. ind. . . . . . .πιστεύω
13 ἔγνωσαν 3 p. pl. 2 aor. act. ind. . . . . γινώσκω
κατηγγέλη 3 p. sing. 2 aor. pass. ind. . . . καταγγέλλω
σαλεύοντες pres. act. ptc. nom. pl. masc. . . . . σαλεύω
ταράσσοντες pres. act. ptc. nom. pl. masc. . . . ταράσσω
14 ἐξαπέστειλαν 3 p. pl. 1 aor. act. ind. . . . . ἐξαποστέλλω
πορευέσθαι pres. mid. infin. . . . . πορεύομαι
ὑπέμειναν 3 p. pl. 1 aor. act. ind. . . . . . . .ὑπομένω

15 καθιστάνοντες pres. act. ptc. nom. pl. masc. . καθιστάνω
   ἤγαγον 3 p. pl. 2 aor. act. ind. . . . . ἄγω
   λαβόντες 2 aor. act. ptc. nom. pl. masc. . . . . λαμβάνω
   ἔλθωσιν 3 p. pl. 2 aor. act. subj. . . . . ἔρχομαι
   ἐξῄεσαν 3 p. pl. imperf. act. ind. . . . . ἔξειμι
16 ἐκδεχομένου pres. mid. ptc. gen. sing. masc. . ἐκδέχομαι
   παρωξύνετο 3 p. sing. imperf. pass. ind. . . . .παροξύνω
   θεωροῦντος pres. act. ptc. gen. sing. masc. . . . θεωρέω
   οὖσαν pres. act. ptc. acc. sing. fem. . . . . εἰμί
17 διελέγετο 3 p. sing. imperf. mid. ind. . . . διαλέγομαι
   σεβομένοις pres. mid. ptc. dat. pl. masc. . . . .σέβομαι
   παρατυγχάνοντας pres. act. pt. acc. pl. m. . παρατυγχάνω
18 συνέβαλλον 3 p. pl. imperf. act. ind. . . . . . συμβάλλω
   ἔλεγον 1 p. s. and 3 p. pl. imperf. act. ind. . . . λέγω
   λέγειν pres. act. infin. . . . . id.
   δοκεῖ 3 p. sing. pres. act. ind. . . . . δοκέω
   εἶναι pres. act. infin. . . . . εἰμί
   εὐηγγελίζετο 3 p. sing. imperf. mid. ind. . . εὐαγγελίζω
19 ἐπιλαβόμενοι 2 aor. mid. ptc. nom. pl. masc. .ἐπιλαμβάνω
   λέγοντες pres. act. ptc. nom. pl. masc. . . . . . . λέγω
   δυνάμεθα 1 p. pl. pres. pass. ind. . . . . δύναμαι
   γνῶναι 2 aor. act. infin. . . . . γινώσκω
   λαλουμένη pres. pass. ptc. nom. sing. fem. . . . λαλέω
20 ξενίζοντα pres. act. ptc. acc. pl. neut. . . . . . ξενίζω
   εἰσφέρεις 2 p. sing. pres. act. ind. . . . . . . εἰσφέρω
   βουλόμεθα 1 p. pl. pres. mid. ind. . . . . . .βούλομαι
   θέλει 3 p. sing. pres. act. ind. . . . . .θέλω
21 ἐπιδημοῦντες pres. act. ptc. nom. pl. masc. . . ἐπιδημέω
   ηὐκαίρουν 3 p. pl. imperf. act. ind. . . . . . .εὐκαιρέω
   ἀκούειν pres. act. infin. . . . . ἀκούω
22 σταθείς 1 aor. pass. ptc. nom. sing. masc. . . . . ἵστημι
   ἔφη 3 p. sing. 2 aor. act. ind. . . . . .φημί
   θεωρῶ 1 p. sing. pres. act. ind. . . . . θεωρέω
23 διερχόμενος pres. mid. ptc. nom. sing. masc. . διέρχομαι
   ἀναθεωρῶν pres. act. ptc. nom. sing. masc. . . ἀναθεωρέω
   εὗρον 1 p. sing. 2 aor. act. ind. . . . . εὑρίσκω
   ἐπεγέγραπτο 3 p. sing. plupf. pass. ind. . . . .ἐπιγράφω
   ἀγνοοῦντες pres. act. ptc. nom. pl. masc. . . . . ἀγνοέω
   εὐσεβεῖτε 2 p. pl. pres. act. ind. . . . . εὐσεβέω
   καταγγέλλω 1 p. sing. pres. act. ind. . . . . καταγγέλλω
24 ποιήσας 1 aor. act. ptc. nom. sing. masc. . . . . . ποιέω
   ὑπάρχων pres. act. ptc. nom. sing. masc. . . . . . ὑπάρχω
   κατοικεῖ 3 p. sing. pres. act. ind. . . . . . . .κατοικέω
25 θεραπεύεται 3 p. sing. pres. pass. ind. . . . . θεραπεύω
   προσδεόμενος pres. mid. ptc. nom. sing. masc. προσδέομαι
   διδούς pres. act. ptc. nom. sing. masc. . . . . . . δίδωμι
26 ἐποίησεν 3 p. sing. 1 aor. act. ind. . . . . ποιέω
   κατοικεῖν pres. act. infin. . . . . κατοικέω
   ὁρίσας 1 aor. act. ptc. nom. sing. masc. . . . . . . ὁρίζω
   προστεταγμένους perf. pass. ptc. acc. pl. m. . προστάσσω
27 ζητεῖν pres. act. infin. . . . . ζητέω
   ψηλαφήσειαν 3 p. pl. 1 aor. act. ind. . . . . . .ψηλαφάω
   εὕροιεν 3 p. pl. 2 aor. act. opt. . . . . εὑρίσκω
   ὑπάρχοντα pres. act. ptc. acc. sing. masc. . . . . ὑπάρχω
28 ζῶμεν 1 p. pl. pres. act. ind. or subj. . . . . ζάω

ἐσμέν 1 p. pl. pres. act. ind. . . . . εἰμί
εἰρήκασιν 3 p. pl. perf. act. ind. . . . . εἶπον
29 ὑπάρχοντες pres. act. ptc. nom. pl. masc. . . . . . ὑπάρχω
ὀφείλομεν 1 p. pl. pres. act. ind. . . . . ὀφείλω
νομίζειν pres. act. infin. . . . . νομίζω
εἶναι pres. act. infin. . . . . εἰμί
30 ὑπεριδών 2 aor. act. ptc. nom. sing. masc. . . .ὑπεροράω
ἀπαγγέλλει 3 p. sing. pres. act. ind. . . . . . .ἀπαγγέλλω
μετανοεῖν pres. act. infin. . . . . μετανοέω
31 ἔστησεν 3 p. sing. 1 aor. act. ind. . . . . ἵστημι
μέλλει pres. act. infin. . . . . .μέλλω
κρίνειν pres. act. infin. . . . . κρίνω
ὥρισεν 3 p. sing. 1 aor. act. ind. . . . . .ὁρίζω
παρασχών 2 aor. act. ptc. nom. sing. masc. . . . . .παρέχω
ἀναστήσας 1 aor. act. ptc. nom. sing. masc. . . . ἀνίστημι
32 ἀκούσαντες 1 aor. act. ptc. nom. pl. masc. . . . . ἀκούω
ἐχλεύαζον 3 p. pl. imperf. act. ind. . . . . . . χλευάζω
εἶπαν 3 p. pl. 2 aor. act. ind. . . . . .λέγω
ἀκουσόμεθα 1 p. pl. fut. mid. ind. . . . . ἀκούω
33 ἐξῆλθεν 3 p. sing. 2 aor. act. ind. . . . . . .ἐξέρχομαι
34 κολληθέντες 1 aor. pass. ptc. nom. pl. masc. . . .κολλάω
ἐπίστευσαν 3 p. pl. 1 aor. act. ind. . . . . . . πιστεύω

18
1 χωρισθείς 1 aor. pass. ptc. nom. sing. masc. . . .χωρίζω
ἦλθεν 3 p. sing. 2 aor. act. ind. . . . . ἔρχομαι
2 εὑρών 2 aor. act. ptc. nom. sing. masc. . . . . . εὑρίσκω
ἐληλυθότα 2 perf. act. ptc. acc. sing. masc. . . ἔρχομαι
διατεταχέναι perf. act. infin. . . . . .διατάσσω
χωρίζεσθαι pres. mid. infin. . . . . .χωρίζω
προσῆλθεν 3 p. sing. 2 aor. act. ind. . . . προσέρχομαι
3 εἶναι pres. act. infin. . . . . εἰμί
ἔμενεν 3 p. sing. imperf. act. ind. . . . . .μένω
ἠργάζοντο 3 p. pl. imperf. mid. ind. . . . . . . ἐργάζομαι
ἦσαν 3 p. pl. imperf. act. ind. . . . . .εἰμί
4 διελέγετο 3 p. sing. imperf. mid. ind. . . . .διαλέγομαι
ἔπειθεν 3 p. sing. imperf. act. ind. . . . . . . .πείθω
5 κατῆλθον 3 p. pl. 2 aor. act. ind. . . . . . κατέρχομαι
συνείχετο 3 p. sing. imperf. pass. ind. . . . συνέρχομαι
διαμαρτυρόμενος pres. mid. ptc. n. s. m. . .διαμαρτύρομαι
6 ἀντιτασσομένων pres. mid. ptc. gen. pl. masc. ἀντιτάσσω
βλασφημούντων pres. act. ptc. gen. pl. masc. . βλασφημέω
ἐκτιναξάμενος 1 aor. mid. ptc. nom. sing. masc.ἐκτινάσσω
εἶπεν 3 p. sing. 2 aor. act. ind. . . . . .λέγω
πορεύσομαι 1 p. sing. fut. mid. ind. . . . . . πορεύομαι
7 μεταβάς 2 aor. act. ptc. nom. sing. masc. . . . μεταβαίνω
σεβομένου pres. mid. ptc. gen. sing. masc. . . . σέβομαι
ἦν 3 p. sing. imperf. act. ind. . . . . .εἰμί
συνομοροῦσα pres. act. ptc. nom. sing. fem. . συνομορέω
8 ἐπίστευσεν 3 p. sing. 1 aor. act. ind. . . . . . πιστεύω
ἀκούοντες pres. act. ptc. nom. pl. masc. . . . . . ἀκούω
ἐπίστευον 3 p. pl. imperf. act. ind. . . . . . . πιστεύω
ἐβαπτίζοντο 3 p. pl. imperf. pass. ind. . . . . . βαπτίζω
9 λάλει 2 p. sing. pres. act. imper. . . . . .λαλέω
σιωπήσῃς 2 p. sing. 1 aor. act. subj. . . . . . . σιωπάω

φοβοῦ 2 p. sing. pres. mid. imper. . . . . φοβέω
ἐπιθήσεται 3 p. sing. fut. mid. ind. . . . . . ἐπιτίθημι
κακῶσαι 1 aor. act. infin. . . . . κακόω
ἐστί 3 p. sing. pres. act. ind. . . . . εἰμί
11 ἐκάθισεν 3 p. sing. 1 aor. act. ind. . . . . καθίζω
διδάσκων pres. act. ptc. nom. sing. masc. . . . . . διδάσκω
12 κατεπέστησαν 3 p. pl. 2 aor. act. ind. . . κατεφίσταμαι
ἤγαγον 3 p. pl. 2 aor. act. ind. . . . . ἄγω
13 λέγοντες pres. act. ptc. nom. pl. masc. . . . . . . λέγω
ἀναπείθει 3 p. sing. pres. act. ind. . . . . . .ἀναπείθω
σέβεσθαι pres. mid. infin. . . . . σέβομαι
14 μέλλοντος pres. act. ptc. gen. sing. masc. or neut. μέλλω
ἀνοίγειν pres. act. infin. . . . . ἀνοίγω
εἶπεν 3 p. sing. 2 aor. act. ind. . . . . λέγω
ἦν 3 p. sing. imperf. act. ind. . . . . εἰμί
ἀνεσχόμην 1 p. sing. imperf. mid. ind. . . . . ἀνέχομαι
15 ὄφεσθε 2 p. pl. fut. mid. ind. . . . . ὁράω
βούλομαι 1 p. sing. pres. mid. ind. . . . . βούλομαι
εἶναι pres. act. infin. . . . . εἰμί
16 ἀπήλασεν 3 p. sing. 1 aor. act. ind. . . . . .ἀπελαυνω
17 ἐπιλαβόμενοι 2 aor. mid. ptc. nom. pl. masc. ἐπιλαμβάνω
ἔτυπτον 2 p. pl. imperf. act. ind. . . . . τύπτω
ἔμελεν 3 p. sing. imperf. act. ind. . . . . μέλω
18 προσμείνας 1 aor. act. ptc. nom. sing. masc. . προσμένω
ἀποταξάμενος 1 aor. mid. ptc. nom. s. masc. ἀποτάσσομαι
ἐξέπλει 3 p. sing. imperf. act. ind. . . . . ἐκπλέω
εἶχεν 3 p. sing. imperf. act. ind. . . . . ἔχω
κειράμενος 1 aor. mid. ptc. nom. sing. masc. . . . κείρω
19 κατήντησαν 3 p. pl. 1 aor. act. ind. . . . . . καταντάω
κατέλιπεν 3 p. sing. 2 aor. act. ind. . . . . καταλείπω
εἰσελθών 2 aor. act. ptc. nom. sing. masc. . εἰσέρχομαι
διελέξατο 3 p. sing. 1 aor. mid. ind. . . . . διαλέγομαι
20 ἐρωτώντων pres. act. ptc. gen. pl. masc. . . . . . ἐρωτάω
μεῖναι 1 aor. act. infin. . . . . μένω
ἐπένευσεν 3 p. sing. 1 aor. act. ind. . . . . . ἐπινεύω
21 ἀποταξάμενος 1 aor. mid. ptc. nom. s. masc. ἀποτάσσομαι
εἰπών 2 aor. act. ptc. nom. sing. masc. . . . . . . λέγω
ἀνακάμψω 1 p. sing. fut. act. ind. . . . . . . ἀνακάμπτω
θέλοντος pres. act. ptc. gen. sing. masc. . . . . . θέλω
ἀνήχθη 3 p. sing. 1 aor. pass. ind. . . . . ἀνάγω
22 κατελθών 2 aor. act. ptc. nom. sing. masc. . κατέρχομαι
ἀναβάς 2 aor. act. ptc. nom. sing. masc. . . . ἀναβαίνω
ἀσπασάμενος 1 aor. mid. ptc. nom. sing. masc. ἀσπάζομαι
κατέβη 3 p. sing. 2 aor. act. ind. . . . . . . καταβαίνω
23 ποιήσας 1 aor. act. ptc. nom. sing. masc. . . . . ποιέω
ἐξῆλθεν 3 p. sing. 2 aor. act. ind. . . . . . . ἐξέρχομαι
διερχόμενος pres. mid. ptc. nom. sing. masc. . διέρχομαι
στηρίζων pres. act. ptc. nom. sing. masc. . . . στηρίζω
24 κατήντησεν 3 p. sing. 1 aor. act. ind. . . . . καταντάω
ὤν pres. act. ptc. nom. sing. masc. . . . . εἰμί
25 κατηχημένος perf. pass. ptc. nom. sing. masc. . κατηχέω
ζέων pres. act. ptc. nom. sing. masc. . . . . ζέω
ἐλάλει 3 p. sing. imperf. act. ind. . . . . λαλέω
ἐδίδασκεν 3 p. sing. imperf. act. ind. . . . . . διδάσκω
ἐπιστάμενος pres. pass. ptc. nom. sing. masc. ἐπίσταμαι

26 ἤρξατο 3 p. sing. 1 aor. mid. ind. . . . . ἄρχω
　 παρρησιάζεσθαι pres. mid. infin. . . . . .παρρησιάζομαι
　 ἀκούσαντες 1 aor. act. ptc. nom. pl. masc. . . . . . . ἀκούω
　 προσελάβοντο 3 p. pl. 2 aor. mid. ind. . . . προσλαμβάνω
　 ἐξέθεντο 3 p. pl. 2 aor. mid. ind. . . . . .ἐκτίθημι
27 βουλομένου pres. mid. ptc. gen. sing. masc. . . βούλομαι
　 διελθεῖν 2 aor. act. infin. . . . . .διέρχομαι
　 προτρεψάμενοι 1 aor. mid. ptc. nom. pl. masc. . προτρέπω
　 ἔγραψαν 3 p. pl. 1 aor. act. ind. . . . . γράφω
　 ἀποδέξασθαι 1 aor. mid. infin. . . . . ἀποδέχομαι
　 παραγενόμενος 2 aor. mid. ptc. nom. s. masc. παραγίνομαι
　 συνεβάλετο 3 p. sing. 2 aor. mid. ind. . . . . .συμβάλλω
　 πεπιστευκόσιν perf. act. ptc. dat. pl. masc. . . . πιστεύω
28 διακατηλέγχετο 3 p. s. impf. mid. ind. .διακατελέγχομαι
　 ἐπιδεικνύς pres. act. ptc. nom. sing. masc. ἐπιδείκνυμι
　 εἶναι pres. act. infin. . . . . εἰμί

19

1 ἐγένετο 3 p. sing. 2 aor. mid. ind. . . . . γίνομαι
　 διελθόντα 2 aor. act. ptc. acc. sing. masc. . διέρχομαι
　 ἐλθεῖν 2 aor. act. infin. . . . . ἔρχομαι
　 εὑρεῖν 2 aor. act. infin. . . . . εὑρίσκω
2 εἶπεν 3 p. sing. 2 aor. act. ind. . . . . λέγω
　 ἐλάβετε 2 p. pl. 2 aor. act. ind. . . . . λαμβάνω
　 πιστεύσαντες 1 aor. act. ptc. nom. pl. masc. . . πιστεύω
　 ἔστιν 3 p. sing. pres. act. ind. . . . . εἰμί
　 ἠκούσαμεν 1 p. pl. 1 aor. act. ind. . . . . .ἀκούω
　 ἐβαπτίσθητε 2 p. pl. 1 aor. pass. ind. . . . . . βαπτίζω
3 εἶπαν 3 p. pl. 2 aor. act. ind. . . . . .λέγω
4 ἐβάπτισεν 3 p. sing. 1 aor. act. ind. . . . . . .βαπτίζω
　 λέγων pres. act. ptc. nom. sing. masc. . . . . λέγω
　 ἐρχόμενον pres. mid. ptc. acc. s. masc. or neut. ἔρχομαι
　 πιστεύσωσιν 3 p. pl. 1 aor. act. subj. . . . . . πιστεύω
5 ἀκούσαντες 1 aor. act. ptc. nom. pl. masc. . . . ἀκούω
　 ἐβαπτίσθησαν 3 p. pl. 1 aor. pass. ind. . . . . .βαπτίζω
6 ἐπιθέντος 2 aor. act. ptc. gen. sing. masc. . . ἐπιτίθημι
　 ἦλθε 3 p. sing. 2 aor. act. ind. . . . . ἔρχομαι
　 ἐλάλουν 3 p. pl. imperf. act. ind. . . . . λαλέω
　 ἐπροφήτευον 3 p. pl. imperf. act. ind. . . . . προφητεύω
7 ἦσαν 3 p. pl. imperf. act. ind. . . . . εἰμί
8 εἰσελθών 2 aor. act. ptc. nom. sing. masc. . . εἰσέρχομαι
　 ἐπαρρησιάζετο 3 p. sing. imperf. mid. ind. παρρησιάζομαι
　 διαλεγόμενος pres. mid. ptc. nom. sing. masc. διαλέγομαι
　 πείθων pres. act. ptc. nom. sing. masc. . . . . . . πείθω
9 ἐσκληρύνοντο 3 p. pl. imperf. pass. ind. . . . .σκληρύνω
　 ἠπείθουν 3 p. pl. imperf. act. ind. . . . . ἀπειθω
　 κακολογοῦντες pres. act. ptc. nom. pl. masc. . κακολογέω
　 ἀποστάς 2 aor. act. ptc. nom. sing. masc. . . . .ἀφίστημι
　 ἀφώρισεν 3 p. sing. 1 aor. act. ind. . . . . . . ἀφορίζω
10 κατοικοῦντας pres. act. ptc. acc. pl. masc. . . κατοικέω
　 ἀκοῦσαι 1 aor. act. infin. . . . . .ἀκούω
11 ἐποίει 3 p. sing. imperf. act. ind. . . . . ποιέω
12 ἀσθενοῦντας pres. act. ptc. acc. pl. masc. . . . ἀσθενέω
　 ἀποφέρεσθαι pres. pass. infin. . . . . ἀποφέρω
　 ἀπαλλάσσεσθαι pres. pass. infin. . . . . ἀπαλλάσσω

ἐκπορεύεσθαι pres. mid. infin. . . . . ἐκπορεύομαι
13 περιερχομένων pres. mid. ptc. gen. pl. m. . περιέρχομαι
ἐπεχείρησαν 3 p. pl. 1 aor. act. ind. . . . . .ἐπιχειρέω
ὀνομάζειν pres. act. infin. . . . . .ὀνομάζω
ἔχοντας pres. act. ptc. acc. pl. masc. . . . . .ἔχω
λέγοντες pres. act. ptc. nom. pl. masc. . . . . . . λέγω
ὁρκίζω 1 p. sing. pres. act. ind. . . . . .ὁρκίζω
κηρύσσει 3 p. sing. pres. act. ind. . . . . . . .κηρύσσω
14 ἦσαν 3 p. pl. imperf. act. ind. . . . . εἰμί
ποιοῦντες pres. act. ptc. nom. pl. masc. . . . . . ποιέω
15 ἀποκριθέν 1 aor. pass. ptc. nom. sing. neut. ἀποκρίνομαι
εἶπεν 3 p. sing. 2 aor. act. ind. . . . . λέγω
ἐπίσταμαι 1 p. sing. pres. pass. ind. dep. . . ἐπίσταμαι
ἐστέ 2 p. pl. pres. act. ind. . . . . εἰμί
16 ἐφαλόμενος pres. mid. ptc. nom. sing. masc. . .ἐφάλλομαι
ἦν 3 p. sing. imperf. act. ind. . . . . εἰμί
κατακυριεύσας 1 aor. act. ptc. nom. s. masc. κατακυριεύω
ἴσχυσεν 3 p. sing. 1 aor. act. ind. . . . . ἰσχύω
τετραυματισμένους perf. pass. pt. ac. pl. m. τραυματίζω
ἐκφυγεῖν 2 aor. act. infin. . . . . .ἐκφεύγω
17 ἐγένετο 3 p. sing. 2 aor. mid. ind. . . . . γίνομαι
κατοικοῦσιν pres. act. ptc. dat. pl. masc. . . .κατοικέω
ἐπέπεσεν 3 p. sing. 2 aor. act. ind. . . . . . .ἐπιπίπτω
ἐμεγαλύνετο 3 p. sing. imperf. pass. ind. . . . μεγαλύνω
18 πεπιστευκότων perf. act. ptc. gen. pl. masc. . . πιστεύω
ἤρχοντο 3 p. pl. imperf. mid. ind. . . . . .ἔρχομαι
ἐξομολογούμενοι pres. mid. ptc. nom. pl. m. . ἐξομολογέω
ἀναγγέλλοντες pres. act. ptc. nom. pl. masc. . ἀναγγέλλω
19 πραξάντων 1 aor. act. ptc. gen. pl. masc. . . . . πράσσω
συνενέγκαντες 1 aor. act. ptc. nom. pl. masc. . .συμφέρω
κατέκαιον 3 p. pl. imperf. act. ind. . . . . . .κατακαίω
συνεψήφισαν 3 p. pl. 1 aor. act. ind. . . . . .συμψηφίζω
εὗρον 3 p. pl. 2 aor. act. ind. . . . . εὑρίσκω
20 ηὔξανεν 3 p. sing. imperf. act. ind. . . . . . . .αὐξάνω
ἴσχυεν 3 p. sing. imperf. act. ind. . . . . ἰσχύω
21 ἐπληρώθη 3 p. sing. 1 aor. pass. ind. . . . . . . πληρόω
ἔθετο 3 p. sing. 2 aor. mid. ind. . . . . .τίθημι
διελθών 2 aor. act. ptc. nom. sing. masc. . . . διέρχομαι
πορεύεσθαι pres. mid. infin. . . . . πορεύομαι
εἰπών 2 aor. act. ptc. nom. sing. masc. . . . . . . .λέγω
γενέσθαι 2 aor. pass. infin. . . . . γίνομαι
δεῖ 3 p. sing. pres. act. impers. . . . . δεῖ
ἰδεῖν 2 aor. act. infin. . . . . ὁράω
22 ἀποστείλας 1 aor. act. ptc. nom. sing. masc. . ἀποστέλλω
διακονούντων pres. act. ptc. gen. pl. masc. . . διακονέω
ἐπέσχεν 3 p. sing. 2 aor. act. ind. . . . . .ἐπέχω
24 ποιῶν pres. act. ptc. nom. sing. masc. . . . . . .ποιέω
παρείχετο 3 p. sing. imperf. mid. ind. . . . . . .παρέχω
25 συναθροίσας 1 aor. act. ptc. nom. s. masc. . .συναθροίζω
ἐπίστασθε 2 p. pl. pres. pass. ind. . . . . . .ἐπίσταμαι
ἔστιν 3 p. sing. pres. act. ind. . . . . εἰμί
26 θεωρεῖτε 2 p. pl. pres. act. ind. . . . . θεωρέω
ἀκούετε 2 p. pl. pres. act. ind. . . . . ἀκούω
πείσας 1 aor. act. ptc. nom. sing. masc. . . . . . πείθω
μετέστησεν 3 p. sing. 1 aor. act. ind. . . . . μεθίστημι

λέγων pres. act. ptc. nom. sing. masc. . . . . λέγω
εἰσίν 3 p. pl. pres. act. ind. . . . . εἰμί
γινόμενοι pres. mid. ptc. nom. pl. masc. . . . . γίνομαι
27 κινδυνεύει 3 p. sing. pres. act. ind. . . . . κινδυνεύω
ἐλθεῖν 2 aor. act. infin. . . . . ἔρχομαι
λογισθῆναι 1 aor. pass. infin. . . . . λογίζομαι
μέλλειν pres. act. infin. . . . . μέλλω
καθαιρεῖσθαι pres. pass. infin. . . . . καθαιρέω
σέβεται 3 p. sing. pres. mid. ind. . . . . .σέβομαι
28 ἀκούσαντες 1 aor. act. ptc. nom. pl. masc. . . . . ἀκούω
γενόμενοι 2 aor. mid. ptc. nom. pl. masc. . . . .γίνομαι
ἔκραζον 3 p. pl. imperf. act. ind. . . . . .κράζω
λέγοντες pres. act. ptc. nom. pl. masc. . . . . . . .λέγω
29 ἐπλήσθη 3 p. sing. 1 aor. pass. ind. . . . . πίμπλημι
ὥρμησαν 3 p. pl. 1 aor. act. ind. . . . . ὁρμάω
συναρπάσαντες 1 aor. act. ptc. nom. pl. masc. .συναρπάζω
30 βουλομένου pres. mid. ptc. gen. sing. masc. . . βούλομαι
εἰσελθεῖν 2 aor. act. infin. . . . . εἰσέρχομαι
εἴων 3 p. pl. imperf. act. ind. . . . . ἐάω
31 ὄντες pres. act. ptc. nom. pl. masc. . . . . εἰμί
πέμψαντες 1 aor. act. ptc. nom. pl. masc. . . . . . .πέμπω
παρεκάλουν 3 p. pl. imperf. act. ind. . . . . . παρακαλέω
δοῦναι 2 aor. act. infin. . . . . .δίδωμι
32 ἔκραζον 3 p. pl. imperf. act. ind. . . . . κράζω
ἦν 3 p. sing. imperf. act. ind. . . . . εἰμί
συγκεχυμένη perf. pass. ptc. nom. sing. fem. . . .συγχέω
ᾔδεισαν 3 p. pl. plupf. act. ind. . . . . .οἶδα
συνεληλύθεισαν 3 p. pl. plupf. act. ind. . . . συνέρχομαι
33 συνεβίβασαν 3 p. pl. 1 aor. act. ind. . . . . . .συμβιβάζω
προβαλόντων 2 aor. act. ptc. gen. pl. masc. . . προβάλλω
κατασείσας 1 aor. act. ptc. nom. sing. masc. . .κατασείω
ἤθελεν 3 p. sing. imperf. act. ind. . . . . ἐθέλω
ἀπολογεῖσθαι pres. mid. infin. . . . . ἀπολογέομαι
34 ἐπιγνόντες 2 aor. act. ptc. nom. pl. masc. . . ἐπιγινώσκω
ἐστιν 3 p. sing. pres. act. ind. . . . . εἰμί
ἐγένετο 3 p. sing. 2 aor. mid. ind. . . . . γίνομαι
κράζοντες pres. act. ptc. nom. pl. masc. . . . . . . κράζω
35 καταστείλας 1 aor. act. ptc. nom. s. masc. . . καταστέλλω
φησίν 3 p. sing. pres. act. ind. . . . . φημί
γινώσκει 3 p. sing. pres. act. ind. . . . . .γινώσκω
οὖσαν pres. act. ptc. acc. sing. fem. . . . . εἰμί
36 ὄντων pres. act. ptc. gen. pl. masc. or neut. . . . . . id.
κατεσταλμένους pf. pass. ptc. acc. pl. masc. . κατεστέλλω
ὑπάρχειν pres. act. infin. . . . . ὑπάρχω
πράσσειν pres. act. infin. . . . . .πράσσω
37 ἠγάγετε 2 p. pl. 2 aor. act. ind. . . . . ἄγω
βλασφημοῦντας pres. act. ptc. acc. pl. masc. . βλασφημέω
38 ἔχουσι 3 p. pl. pres. act. ind. . . . . ἔχω
ἄγονται 3 p. pl. pres. pass. ind. . . . . ἄγω
ἐγκαλείτωσαν 3 p. pl. pres. act. imper. . . . . .ἐγκαλέω
39 ἐπιζητεῖτε 3 p. pl. pres. act. ind. . . . . ἐπιζητέω
ἐπιλυθήσεται 3 p. sing. 1 fut. pass. ind. . . . . ἐπιλύω
40 κινδυνεύομεν 1 p. pl. pres. act. ind. . . . . κινδυνεύω
ἐγκαλεῖσθαι pres. pass. infin. . . . . ἐγκαλέω
ὑπάρχοντος pres. act. ptc. gen. s. masc. or neut. ὑπάρχω

δυνησόμεθα 1 p. pl. fut. pass. ind. . . . . .δύναμαι
ἀποδοῦναι 2 aor. act. infin. . . . . .ἀποδίδωμι
εἰπών 2 aor. act. ptc. nom. sing. masc. . . . . .λέγω
ἀπέλυσεν 3 p. sing. 1 aor. act. ind. . . . . . . .ἀπολύω

20

1 παύσασθαι 1 aor. mid. infin. . . . . .παύω
μεταπεμψάμενος 1 aor. mid. ptc. nom. s. masc.   μεταπέμπω
παρακαλέσας 1 aor. act. ptc. nom. sing. masc.   παρακαλέω
ἀσπασάμενος 1 aor. mid. ptc. nom. sing. masc.   ἀσπάζομαι
ἐξῆλθεν 3 p. sing. 2 aor. act. ind. . . . . . . .ἐξέρχομαι
πορεύεσθαι pres. mid. infin. . . . . .πορεύομαι
2 διελθών 2 aor. act. ptc. nom. sing. masc. . . .διέρχομαι
ἦλθεν 3 p. sing. 2 aor. act. ind. . . . . .ἔρχομαι
3 ποιήσας 1 aor. act. ptc. nom. sing. masc. . . . . . .ποιέω
γενομένης 2 aor. mid. ptc. gen. sing. fem. . . . γίνομαι
μέλλοντι pres. act. ptc. dat. sing. masc. . . . . . .μέλλω
ἀνάγεσθαι pres. mid. infin. . . . . .ἀνάγω
ἐγένετο 3 p. sing. 2 aor. mid. ind. . . . . γίνομαι
ὑποστρέφειν pres. act. infin. . . . . .ὑποστρέφω
4 συνείπετο 3 p. sing. imperf. mid. ind. . . . .συνέπομαι
5 προελθόντες 2 aor. act. ptc. nom. pl. masc. . προέρχομαι
ἔμενον 3 p. pl. imperf. act. ind. . . . . .μένω
6 ἐξεπλεύσαμεν 1 p. pl. 1 aor. act. ind. . . . . . .ἐκπλέω
ἤλθομεν 1 p. pl. 2 aor. act. ind. . . . . .ἔρχομαι
διετρίψαμεν 1 p. pl. 1 aor. act. ind. . . . . . διατρίβω
7 συνηγμένων perf. pass. ptc. gen. pl. masc. or ne. συνάγω
κλάσαι 1 aor. act. infin. . . . . .κλάω
διελέγετο 3 p. sing. imperf. mid. ind. . . . διαλέγομαι
μέλλων pres. act. ptc. nom. sing. masc. . . . . . . .μέλλω
ἐξιέναι pres. act. infin. . . . . .ἔξειμι
παρέτεινεν 3 p. sing. imperf. act. ind. . . . παρατείνω
8 ἦσαν 3 p. pl. imperf. act. ind. . . . . .εἰμί
ἦμεν 1 p. pl. imperf. act. ind. . . . . id.
συνηγμένοι perf. pass. ptc. nom. pl. masc. . . . .συνάγω
9 καθεζόμενος pres. mid. ptc. nom. sing. masc. . καθέζομαι
καταφερόμενος pres. pass. ptc. nom. s. masc. . .καταφέρω
διαλεγομένου pres. mid. ptc. gen. sing. masc. διαλέγομαι
κατενεχθείς 1 aor. pass. ptc. nom. sing. masc. .καταφέρω
ἔπεσεν 3 p. sing. 2 aor. act. ind. . . . . .πίπτω
ἤρθη 3 p. sing. 1 aor. pass. ind. . . . . .αἴρω
10 καταβάς 2 aor. act. ptc. nom. sing. masc. . . . καταβαίνω
ἐπέπεσεν 3 p. sing. 2 aor. act. ind. . . . . . .ἐπιπίπτω
συμπεριλαβών 2 aor. act. ptc. nom. s. m. συμπεριλαμβάνω
εἶπεν 3 p. sing. 2 aor. act. ind. . . . . .λέγω
θορυβεῖσθε 2 p. pl. pres. pass. imper. . . . . . θορυβέω
ἐστιν 3 p. sing. pres. act. ind. . . . . εἰμί
11 ἀναβάς 2 aor. act. ptc. nom. sing. masc. . . . . ἀναβαίνω
κλάσας 1 aor. act. ptc. nom. sing. masc. . . . . . . κλάω
γευσάμενος 1 aor. mid. ptc. nom. sing. masc. . . γεύομαι
ὁμιλήσας 1 aor. act. ptc. nom. sing. masc. . . . . ὁμιλέω
ἐξῆλθεν 3 p. sing. 2 aor. act. ind. . . . . . . .ἐξέρχομαι
12 ἤγαγον 3 p. pl. 2 aor. act. ind. . . . . .ἄγω
ζῶντα pres. act. ptc. acc. sing. masc. or pl. neut. . ζάω
παρεκλήθησαν 3 p. pl. 1 aor. pass. ind. . . . .παρακαλέω

13 προελθόντες 2 aor. act. ptc. nom. pl. masc. . προέρχομαι
     ἀνήχθημεν 1 p. pl. 1 aor. pass. ind. . . . . ἀνάγω
     μέλλοντες pres. act. ptc. nom. pl. masc. . . . . . . μέλλω
     ἀναλαμβάνειν pres. act. infin. . . . . ἀναλαμβάνω
     διατεταγμένος perf. pass. ptc. nom. s. masc. . . διατάσσω
     μέλλων pres. act. ptc. nom. sing. masc. . . . . . . μέλλω
     πεζεύειν pres. act. infin. . . . . πεζεύω
14 συνέβαλλεν 3 p. sing. imperf. act. ind. . . . . συμβάλλω
     ἀναλαβόντες 2 aor. act. ptc. nom. pl. masc. . ἀναλαμβάνω
     ἤλθομεν 1 p. pl. 2 aor. act. ind. . . . . ἔρχομαι
15 ἀποπλεύσαντες 1 aor. act. ptc. nom. pl. masc. . .ἀποπλέω
     κατηντήσαμεν 1 p. pl. 1 aor. act. ind. . . . . καταντάω
     παρεβάλομεν 1 p. pl. 2 aor. act. ind. . . . . παραβάλλω
     ἐχομένη pres. pass. ptc. dat. sing. fem. . . . . ἔχω
16 κεκρίκει 3 p. sing. plupf. act. ind. . . . . κρίνω
     παραπλεῦσαι 1 aor. act. infin. . . . . παραπλέω
     γένηται 3 p. sing. 2 aor. mid. subj. . . . . .γίνομαι
     χρονοτριβῆσαι 1 aor. act. infin. . . . . . . χρονοτριβέω
     ἔσπευδεν 3 p. sing. imperf. act. ind. . . . . σπεύδω
     εἴη 3 p. sing. pres. act. opt. . . . . εἰμί
     γενέσθαι 2 aor. pass. infin. . . . . γίνομαι
17 πέμψας 1 aor. act. ptc. nom. sing. masc. . . . . . . πέμπω
     μετεκαλέσατο 3 p. sing. 1 aor. mid. ind. . . . μετακαλέω
18 παρεγένοντο 3 p. pl. 2 aor. mid. ind. . . . παραγίνομαι
     εἶπεν 3 p. sing. 2 aor. act. ind. . . . . λέγω
     ἐπίστασθε 2 p. pl. pres. pass. ind. . . . . . . ἐπίσταμαι
     ἐπέβην 1 p. sing. 2 aor. act. ind. . . . . ἐπιβαίνω
     ἐγενόμην 1 p. sing. 2 aor. mid. ind. . . . . . . γίνομαι
19 δουλεύων pres. act. ptc. nom. sing. masc. . . . .δουλεύω
     συμβάντων 2 aor. act. ptc. gen. pl. masc. . . . συμβαίνω
20 ὑπεστειλάμην 1 p. sing. 1 aor. mid. ind. . . . ὑποστέλλω
     συμφερόντων pres. act. ptc. gen. pl. neut. . . . συμφέρω
     ἀναγγεῖλαι 1 aor. act. infin. . . . . ἀναγγέλλω
     διδάξαι 1 aor. act. infin. . . . . διδάσκω
21 διαμαρτυρόμενος pres. mid. ptc. n. s. m. .διαμαρτύρομαι
22 ἰδού 2 p. sing. 2 aor. mid. imper. . . . . εἶδον
     δεδεμένος perf. pass. ptc. nom. sing. masc. . . . . . δέω
     πορεύομαι 1 p. sing. pres. pass. ind. . . . . . πορεύομαι
     συναντήσοντα fut. act. ptc. acc. pl. neut. . . .συναντάω
     εἰδώς perf. act. ptc. nom. sing. masc. . . . . οἶδα
23 διαμαρτύρεται 3 p. sing. pres. mid. ind. .διαμαρτύρομαι
     λέγον pres. act. ptc. nom. sing. neut. . . . . λέγω
     μένουσιν 3 p. pl. pres. act. ind. . . . . μένω
24 ποιοῦμαι 1 p. sing. pres. mid. ind. . . . . .ποιέω
     τελειώσω 1 p. sing. 1 aor. act. subj. . . . . . .τελειόω
     ἔλαβον 1 p. s. or 3 p. pl. 2 aor. act. ind. . . . λαμβάνω
     διαμαρτύρασθαι 1 aor. mid. infin. . . . . διαμαρτύρομαι
25 οἶδα 1 p. sing. perf. act. ind. . . . . οἶδα
     ὄφεσθε 2 p. pl. fut. mid. ind. . . . . δράω
     διῆλθον 1 p. s. or 3 p. pl. 2 aor. act. ind. . . διέρχομαι
     κηρύσσων pres. act. ptc. nom. sing. masc. . . . .κηρύσσω
26 μαρτύρομαι 1 p. sing. pres. mid. ind. . . . . μαρτύρομαι
27 ὑπεστειλάμην 1 p. sing. 1 aor. mid. ind. . . . ὑποστέλλω
     ἀναγγεῖλαι 1 aor. act. infin. . . . . ἀναγγέλλω
28 προσέχετε 2 p. pl. pres. act. imper. . . . . προσέχω

ἔθετο 3 p. sing. 2 aor. mid. ind. . . . . τίθημι
ποιμαίνειν pres. act. infin. . . . . ποιμαίνω
περιεποιήσατο 3 p. sing. 1 aor. mid. ind. . . . περιποιέω
29 εἰσελεύσονται 3 p. pl. fut. mid. ind. . . . . εἰσέρχομαι
φειδόμενοι pres. mid. ptc. nom. pl. masc. . . . φείδομαι
30 ἀναστήσονται 3 p. pl. fut. mid. ind. . . . . . .ἀνίστημι
λαλοῦντες pres. act. ptc. nom. pl. masc. . . . . . λαλέω
διεστραμμένα perf. pass. ptc. acc. pl. neut. . . διαστρέφω
ἀποσπᾶν pres. act. infin. . . . . .ἀποσπάω
31 γρηγορεῖτε 2 p. pl. pres. act. imper. . . . . . γρηγορέω
μνημονεύοντο pres. act. ptc. nom. pl. masc. . .μνημονεύω
ἐπαυσάμην 1 p. sing. 1 aor. mid. ind. . . . . παύω
νουθετῶν pres. act. ptc. nom. sing. masc. . . . νουθετέω
32 παρατίθεμαι 1 p. sing. pres. mid. ind. . . . παρατίθημι
δυναμένῳ pres. pass. ptc. dat. sing. masc. . . . δύναμαι
οἰκοδομῆσαι 1 aor. act. infin. . . . . οἰκοδομέω
ἡγιασμένοις perf. pass. ptc. dat. pl. masc. . . . ἁγιάζω
33 ἐπεθύμησα 1 p. sing. 1 aor. act. ind. . . . . . ἐπιθυμέω
34 γινώσκετε 2 p. pl. pres. act. ind. . . . . γινώσκω
οὖσιν pres. act. ptc. dat. pl. masc. . . . . εἰμί
ὑπηρέτησαν 3 p. pl. 1 aor. act. ind. . . . . . .ὑπηρετέω
35 ὑπέδειξα 1 p. sing. 1 aor. act. ind. . . . . ὑποδείκνυμι
κοπιῶντας pres. act. ptc. acc. pl. masc. . . . . .κοπιάω
δεῖ 3 p. sing. pres. act. impers. . . . . .δεῖ
ἀντιλαμβάνεσθαι pres. mid. infin. . . . ἀντιλαμβάνομαι
ἀσθενούντων pres. act. ptc. gen. pl. masc. . . . ἀσθενέω
μνημονεύειν pres. act. infin. . . . . .μνημονεύω
εἶπεν 3 p. sing. 2 aor. act. ind. . . . . λέγω
36 ἔστιν 3 p. sing. pres. act. ind. . . . . εἰμί
διδόναι pres. act. infin. . . . . δίδωμι
λαμβάνειν pres. act. infin. . . . . .λαμβάνω
εἰπών 2 aor. act. ptc. nom. sing. masc. . . . . . . .λέγω
θείς 2 aor. act. ptc. nom. sing. masc. . . . . . . τίθημι
προσηύξατο 3 p. sing. 1 aor. mid. ind. . . . προσεύχομαι
37 ἐγένετο 3 p. sing. 2 aor. mid. ind. . . . . . . .γίνομαι
ἐπιπεσόντες 2 aor. act. ptc. nom. pl. masc. . . ἐπιπίπτω
κατεφίλουν 3 p. pl. imperf. act. ind. . . . . καταφιλέω
38 ὀδυνώμενοι pres. pass. ptc. nom. pl. masc. . . . .ὀδυνάω
εἰρήκει 3 p. sing. plupf. act. ind. . . . . .εἶπον
μέλλουσιν 3 p. pl. pres. act. ind. . . . . μέλλω
θεωρεῖν pres. act. infin. . . . . θεωρέω
προέπεμπον 3 p. pl. imperf. act. ind. . . . . . . προπέμπω

21
1 ἐγένετο 3 p. sing. 2 aor. mid. ind. . . . . γίνομαι
ἀναχθῆναι 1 aor. pass. infin. . . . . .ἀνάγω
ἀποσπασθέντας 1 aor. pass. ptc. acc. pl. masc. . . ἀποσπάω
εὐθυδρομήσαντες 1 aor. act. ptc. nom. pl. m. εὐθυδρομέω
ἤλθομεν 1 p. pl. 2 aor. act. ind. . . . . ἔρχομαι
2 εὑρόντες 2 aor. act. ptc. nom. pl. masc. . . . . .εὑρίσκω
διαπερῶν pres. act. ptc. acc. sing. neut. . . . .διαπεράω
ἐπιβάντες 2 aor. act. ptc. nom. sing. masc. . . ἐπιβαίνω
ἀνήχθημεν 1 p. pl. 1 aor. pass. ind. . . . . ἀνάγω
3 ἀναφάναντες 2 aor. act. ptc. nom. pl. masc. . . ἀναφαίνω
καταλιπόντες 2 aor. act. ptc. nom. pl. masc. . .καταλείπω

ἐπλέομεν 1 p. pl. imperf. act. ind. . . . . πλέω
κατήλθομεν 1 p. pl. 2 aor. act. ind. . . . . κατέρχομαι
ἦν 3 p. sing. imperf. act. ind. . . . . εἰμί
ἀποφορτιζόμενον pres. mid. ptc. n. s. ne. ἀποφορτίζομαι
4 ἀνευρόντες 2 aor. act. ptc. nom. pl. masc. . . ἀνευρίσκω
ἐπεμείναμεν 1 p. pl. 1 aor. act. ind. . . . . . . ἐπιμένω
ἔλεγον 3 p. pl. imperf. act. ind. . . . . λέγω
ἐπιβαίνειν pres. act. infin. . . . . .ἐπιβαίνω
5 ἐγένετο 3 p. sing. 2 aor. mid. ind. . . . . .γίνομαι
ἐξαρτίσαι 1 aor. act. infin. . . . . .ἐξαρτίζω
ἐξελθόντες 2 aor. act. ptc. nom. pl. masc. . . ἐξέρχομαι
ἐπορευόμεθα 1 p. pl. imperf. mid. ind. . . . . πορεύομαι
προπεμπόντων pres. act. ptc. gen. pl. masc. . . προπέμπω
θέντες 2 aor. act. ptc. nom. pl. masc. . . . . . . τίθημι
προσευξάμενοι 1 aor. mid. ptc. nom. pl. m. . προσεύχομαι
6 ἐνέβημεν 1 p. pl. 2 aor. act. ind. . . . . ἐμβαίνω
ὑπέστρεψαν 3 p. pl. 1 aor. act. ind. . . . . . ὑποστρέφω
ἀπησπασάμεθα 1 p. pl. 1 aor. mid. ind. . . .ἀπασπάζομαι
7 διανύσαντες 1 aor. act. ptc. nom. pl. masc. . . . διανύω
κατηντήσαμεν 1 p. pl. 1 aor. act. ind. . . . . .καταντάω
ἀσπασάμενοι 1 aor. mid. ptc. nom. pl. masc. . .ἀσπάζομαι
ἐμείναμεν 1 p. pl. 1 aor. act. ind. . . . . μένω
8 ἐξελθόντες 2 aor. act. ptc. nom. pl. masc. . . ἐξέρχομαι
ἤλθομεν 1 p. pl. 2 aor. act. ind. . . . . ἔρχομαι
εἰσελθόντες 2 aor. act. ptc. nom. pl. masc. . εἰσέρχομαι
ὄντος pres. act. ptc. gen. sing. masc. and neut. . . εἰμί
9 ἦσαν 3 p. pl. imperf. act. ind. . . . . id.
προφητεύουσαι pres. act. ptc. nom. pl. fem. . .προφητεύω
10 ἐπιμενόντων pres. act. ptc. gen. pl. masc. . . . ἐπιμένω
κατῆλθεν 3 p. sing. 2 aor. act. ind. . . . . κατέρχομαι
11 ἐλθών 2 aor. act. ptc. nom. sing. masc. . . . . . . ἔρχομαι
δήσας 1 aor. act. ptc. nom. sing. masc. . . . . .δέω
εἶπεν 3 p. sing. 2 aor. act. ind. . . . . λέγω
λέγει 3 p. sing. pres. act. ind. . . . . id.
ἔστιν 3 p. sing. pres. act. ind. . . . . εἰμί
δήσουσιν 3 p. pl. fut. act. ind. . . . . .δέω
παραδώσουσιν 3 p. pl. fut. act. ind. . . . παραδίδωμι
12 ἠκούσαμεν 1 p. pl. 1 aor. act. ind. . . . . .ἀκούω
παρεκαλοῦμεν 1 p. pl. imperf. act. ind. . . . . παρακαλέω
ἀναβαίνειν pres. act. infin. . . . . .ἀναβαίνω
13 ἀπεκρίθη 3 p. sing. 1 aor. pass. ind. . . . ἀποκρίνομαι
ποιεῖτε 2 p. pl. pres. act. ind. and imper. . . . .ποιέω
κλαίοντες pres. act. ptc. nom. pl. masc. . . . . . κλαίω
συνθρύπτοντες pres. act. ptc. nom. pl. masc. . συνθρύπτω
δεθῆναι 1 aor. pass. infin. . . . . δέω
ἀποθανεῖν 2 aor. act. infin. . . . . .ἀποθνήσκω
ἔχω 1 p. sing. pres. act. ind. or subj. . . . . .ἔχω
14 πειθομένου pres. mid. ptc. gen. sing. masc. . . . . .πείθω
ἡσυχάσαμεν 1 p. pl. 1 aor. act. ind. . . . . ἡσυχάζω
εἰπόντες 2 aor. act. ptc. nom. pl. masc. . . . . . .λέγω
γινέσθω 3 p. sing. pres. mid. imper. . . . . . . .γίνομαι
15 ἐπισκευασάμενοι 1 aor. mid. ptc. nom. pl. m. ἐπισκευάζομαι
ἀνεβαίνομεν 1 p. pl. pres. act. ind. . . . . . .ἀναβαίνω
16 συνῆλθον 3 p. pl. 2 aor. act. ind. . . . . . . συνέρχομαι
ἄγοντες pres. act. ptc. nom. pl. masc. . . . . ἄγω

ξενισθῶμεν 1 p. pl. 1 aor. pass. subj. . . . . . . ξενίζω
17 γενομένων 2 aor. mid. ptc. gen. pl. masc. or ne. γίνομαι
ἀπεδέξαντο 3 p. pl. 1 aor. mid. ind. . . . . ἀποδέχομαι
18 ἐπιούσῃ pres. act. ptc. dat. sing. fem. . . . . . ἔπειμι
εἰσῇει 3 p. sing. imperf. act. ind. . . . . εἴσειμι
παρεγένοντο 3 p. pl. 2 aor. mid. ind. . . . παραγίνομαι
19 ἀσπασάμενος 1 aor. mid. ptc. nom. sing. masc. . ἀσπάζομαι
ἐξηγεῖτο 3 p. sing. imperf. mid. ind. . . . . . . ἐξηγέομαι
ἐποίησεν 3 p. sing. 1 aor. act. ind. . . . . ποιέω
20 ἀκούσαντες 1 aor. act. ptc. nom. pl. masc. . . . . ἀκούω
ἐδόξαζον 3 p. pl. imperf. act. ind. . . . . δοξάζω
εἶπαν 3 p. pl. 2 aor. act. ind. . . . . λέγω
θεωρεῖς 2 p. sing. pres. act. ind. . . . . θεωρέω
εἰσίν 3 p. pl. pres. act. ind. . . . . εἰμί
πεπιστευκότων perf. act. ptc. gen. pl. masc. . . πιστεύω
ὑπάρχουσιν 3 p. pl. pres. act. ind. . . . . ὑπάρχω
21 κατηχήθησαν 3 p. pl. 1 aor. pass. ind. . . . . . κατηχέω
διδάσκεις 2 p. sing. pres. act. ind. . . . . . . διδάσκω
λέγων pres. act. ptc. nom. sing. masc. . . . . . . λέγω
περιτέμνειν pres. act. infin. . . . . περιτέμνω
περιπατεῖν pres. act. infin. . . . . περιπατέω
22 ἐστιν 3 p. sing. pres. act. ind. . . . . εἰμί
ἀκούσονται 3 p. pl. fut. mid. ind. . . . . ἀκούω
ἐλήλυθας 2 p. sing. 2 perf. act. ind. . . . . . . ἔρχομαι
23 ποίησον 2 p. sing. 1 aor. act. imper. . . . . . . ποιέω
λέγομεν 1 p. pl. pres. act. ind. . . . . λέγω
ἔχοντες pres. act. ptc. nom. pl. masc. . . . . ἔχω
24 παραλαβών 2 aor. act. ptc. nom. sing. masc. παραλαμβάνω
ἁγνίσθητι 2 p. sing. 1 aor. pass. imper. . . . . . ἁγνίζω
δαπάνησον 2 p. sing. 1 aor. act. imper. . . . . . δαπανάω
ξυρήσονται 3 p. pl. fut. mid. ind. . . . . ξυράω
γνώσονται 3 p. pl. fut. mid. ind. . . . . γινώσκω
κατήχηνται 3 p. pl. perf. pass. ind. . . . . κατηχέω
στοιχεῖς 2 p. sing. pres. act. ind. . . . . στοιχέω
φυλάσσων pres. act. ptc. nom. sing. masc. . . . . φυλάσσω
25 πεπιστευκότων perf. act. ptc. gen. pl. masc. . . . πιστεύω
ἐπεστείλαμεν 1 p. pl. 1 aor. act. ind. . . . . . ἐπιστέλλω
κρίναντες 1 aor. act. ptc. nom. pl. masc. . . . . . κρίνω
φυλάσσεσθαι pres. mid. infin. . . . . φυλάσσω
26 παραλαβών 2 aor. act. ptc. nom. sing. masc. παραλαμβάνω
ἐχομένῃ pres. pass. ptc. dat. sing. fem. . . . . ἔχω
ἁγνισθείς 1 aor. pass. ptc. nom. sing. masc. . . ἁγνίζω
διαγγέλλων pres. act. ptc. nom. sing. masc. . διαγγέλλω
προσηνέχθη 3 p. sing. 1 aor. pass. ind. . . . . . προσφέρω
εἰσῄει 3 p. sing. imperf. act. ind. . . . . εἴσειμι
27 ἔμελλον 3 p. pl. imperf. act. ind. . . . . μέλλω
συντελεῖσθαι pres. pass. infin. . . . . συντελέω
θεασάμενοι 1 aor. mid. ptc. nom. pl. masc. . . . θεάομαι
συνέχεον 3 p. pl. imperf. act. ind. . . . . συγχέω
ἐπέβαλαν 3 p. pl. 2 aor. act. ind. . . . . ἐπιβάλλω
28 κράζοντες pres. act. ptc. nom. pl. masc. . . . . . κράζω
βοηθεῖτε 2 p. pl. pres. act. imper. . . . . βοηθέω
διδάσκων pres. act. ptc. nom. sing. masc. . . . . διδάσκω
εἰσήγαγεν 3 p. sing. 2 aor. act. ind. . . . . . . εἰσάγω
κεκοίνωκεν 3 p. sing. perf. act. ind. . . . . . . κοινόω

29 ἦσαν 3 p. pl. imperf. act. ind. . . . . εἰμί
     προεωρακότες perf. act. ptc. nom. pl. masc. . . .προοράω
     ἐνόμιζον 3 p. pl. imperf. act. ind. . . . . νομίζω
30 ἐκινήθη 3 p. sing. 1 aor. pass. ind. . . . . .κινέω
     ἐγένετο 3 p. sing. 2 aor. mid. ind. . . . . γίνομαι
     ἐπιλαβόμενοι 2 aor. mid. ptc. nom. pl. masc. ἐπιλαμβάνω
     εἷλκον 3 p. pl. imperf. act. ind. . . . . ἕλκω
     ἐκλείσθησαν 3 p. pl. 1 aor. pass. ind. . . . . . . κλείω
31 ζητούντων pres. act. ptc. gen. pl. masc. . . . . . ζητέω
     ἀποκτεῖναι 1 aor. act. infin. . . . . .ἀποκτείνω
     ἀνέβη 3 p. sing. 2 aor. act. ind. . . . . .ἀναβαίνω
     συγχύννεται 3 p. sing. pres. pass. ind. . . . . .συγχύνω
32 παραλαβών 2 aor. act. ptc. nom. sing. masc. παραλαμβάνω
     κατέδραμεν 3 p. sing. 2 aor. act. ind. . . . . κατατρέχω
     ἰδόντες 2 aor. act. ptc. nom. pl. masc. . . . . ὁράω
     ἐπαύσαντο 3 p. pl. 1 aor. mid. ind. . . . . παύω
     τύπτοντες pres. act. ptc. nom. pl. masc. . . . . . . τύπτω
33 ἐγγίσας 1 aor. act. ptc. nom. sing. masc. . . . . . ἐγγίζω
     ἐπελάβετο 3 p. sing. 2 aor. mid. ind. . . . . ἐπιλαμβάνω
     ἐκέλευσεν 3 p. sing. 1 aor. act. ind. . . . . κελεύω
     δεθῆναι 1 aor. pass. infin. . . . . δέω
     ἐπυνθάνετο 3 p. sing. imperf. mid. ind. . . . πυνθάνομαι
     εἴη 3 p. sing. pres. act. opt. . . . . εἰμί
     ἐστιν 3 p. sing. pres. act. ind. . . . . id.
     πεποιηκώς perf. act. ptc. nom. sing. masc. . . . . ποιέω
34 ἐπεφώνουν 3 p. pl. imperf. act. ind. . . . . . .ἐπιφωνέω
     δυναμένου pres. pass. ptc. gen. sing. masc. . . .δύναμαι
     γνῶναι 2 aor. act. infin. . . . . γινώσκω
     ἄγεσθαι pres. pass. infin. . . . . ἄγω
35 ἐγένετο 3 p. sing. 2 aor. mid. ind. . . . . γίνομαι
     συνέβη 3 p. sing. 2 aor. act. ind. . . . . συμβαίνω
     βαστάζεσθαι pres. pass. infin. . . . . βαστάζω
36 ἠκολούθει 3 p. sing. imperf. act. ind. . . . . ἀκολουθέω
     κράζοντες pres. act. ptc. nom. pl. masc. . . . . . . κράζω
     αἶρε 2 p. sing. pres. act. imper. . . . . .αἴρω
37 μέλλων pres. act. ptc. nom. sing. masc. . . . . . . .μέλλω
     εἰσάγεσθαι pres. pass. infin. . . . . εἰσάγω
     λέγει 3 p. sing. pres. act. ind. . . . . λέγω
     ἔξεστίν 3 p. sing. pres. act. impers. verb . . . .ἔξειμι
     εἰπεῖν 2 aor. act. infin. . . . . .λέγω
     ἔφη 3 p. sing. 2 aor. act. ind. . . . . φημί
     γινώσκεις 2 p. sing. pres. act. ind. . . . . γινώσκω
38 εἶ 2 p. sing. pres. act. ind. . . . . εἰμί
     ἀναστατώσας 1 aor. act. ptc. nom. sing. masc. ἀναστατόω
     ἐξαγαγών 2 aor. act. ptc. nom. sing. masc. . . . . ἐξάγω
39 εἶπεν 3 p. sing. 2 aor. act. ind. . . . . .λέγω
     δέομαι 1 p. sing. pres. mid. ind. . . . . .δέομαι
     ἐπίτρεφον 2 p. sing. 1 aor. act. imper. . . . . ἐπιτρέπω
     λαλῆσαι 1 aor. act. infin. . . . . .λαλέω
40 ἐπιτρέφαντος 1 aor. act. ptc. gen. sing. masc. .ἐπιτρέπω
     ἑστώς perf. act. ptc. nom. sing. masc. . . . . . . ἵστημι
     κατέσεισεν 3 p. sing. 1 aor. act. ind. . . . . . κατασείω
     γενομένης 2 aor. mid. ptc. gen. sing. fem. . . . γίνομαι
     προσεφώνησεν 3 p. sing. 1 aor. act. ind. . . . . προσφωνέω
     λέγων pres. act. ptc. nom. sing. masc. . . . . λέγω

22
1 ἀκούσατε 2 p. pl. 1 aor. act. imper. . . . . ἀκούω
2 ἀκούσαντες 1 aor. act. ptc. nom. pl. masc. . . . . . id.
προσεφώνει 3 p. sing. imperf. act. ind. . . . προσφωνέω
παρέσχον 3 p. pl. 2 aor. act. ind. . . . . παρέχω
3 φησίν 3 p. sing. pres. act. ind. . . . . φημί
γεγεννημένος perf. pass. ptc. nom. sing. masc. . . . γεννάω
ἀνατεθραμμένος perf. pass. ptc. nom. s. masc. . . ἀνατρέφω
πεπαιδευμένος perf. pass. ptc. nom. sing. masc. . παιδεύω
ὑπάρχων pres. act. ptc. nom. sing. masc. . . . . . . ὑπάρχω
ἐστε 2 p. pl. pres. act. ind. . . . . εἰμί
4 ἐδίωξα 1 p. sing. 1 aor. act. ind. . . . . διώκω
δεσμεύων pres. act. ptc. nom. sing. masc. . . . . δεσμεύω
παραδιδούς pres. act. ptc. nom. sing. masc. . . παραδίδωμι
5 μαρτυρεῖ 3 p. sing. pres. act. ind. . . . . . . μαρτυρέω
δεξάμενος 1 aor. mid. ptc. nom. sing. masc. . . . δέχομαι
ἐπορευόμην 1 p. sing. imperf. mid. ind. . . . πορεύομαι
ἄξων fut. act. ptc. nom. sing. masc. . . . . ἄγω
ὄντας pres. act. ptc. acc. pl. masc. . . . . εἰμί
δεδεμένους perf. pass. ptc. acc. pl. masc. . . . . . δέω
τιμωρηθῶσιν 3 p. pl. 1 aor. pass. subj. . . . . . τιμαρέω
6 ἐγένετο 3 p. sing. 2 aor. mid. ind. . . . . . . γίνομαι
πορευομένῳ pres. mid. ptc. dat. sing. masc. . πορεύομαι
ἐγγίζοντι pres. act. ptc. dat. sing. masc. . . . . ἐγγίζω
περιαστράψαι 1 aor. act. infin. . . . . . . περιαστράπτω
7 ἔπεσα 1 p. sing. 1 aor. act. ind. . . . . πίπτω
ἤκουσα 1 p. sing. 1 aor. act. ind. . . . . ἀκούω
λεγούσης pres. act. ptc. gen. sing. fem. . . . . λέγω
διώκεις 2 p. sing. pres. act. ind. . . . . διώκω
8 ἀπεκρίθην 1 p. sing. 1 aor. pass. ind. . . . ἀποκρίνομαι
εἶ 2 p. sing. pres. act. ind. . . . . εἰμί
εἶπεν 3 p. sing. 2 aor. act. ind. . . . . λέγω
9 ὄντες pres. act. ptc. nom. pl. masc. . . . . εἰμί
ἐθεάσαντο 3 p. pl. 1 aor. mid. ind. . . . . θεάομαι
ἤκουσαν 3 p. pl. 1 aor. act. ind. . . . . ἀκούω
λαλοῦντος pres. act. ptc. gen. sing. masc. . . . . . λαλέω
10 εἶπον 1 p. sing. 2 aor. act. ind. . . . . λέγω
ποιήσω 1 p. sing. fut. act. ind. . . . . ποιέω
ἀναστάς 2 aor. act. ptc. nom. sing. masc. . . . ἀνίστημι
πορεύου 2 p. sing. pres. mid. imper. . . . . . . πορεύομαι
λαληθήσεται 3 p. sing. fut. pass. ind. . . . . λαλέω
τέτακται 3 p. sing. perf. pass. ind. . . . . τάσσω
ποιῆσαι 1 aor. act. infin. . . . . ποιέω
11 ἐνέβλεπον 3 p. pl. imperf. act. ind. . . . . ἐμβλέπω
χειραγωγούμενος pres. pass. ptc. n. s. masc. χειραγωγέω
συνόντων pres. act. ptc. gen. pl. masc. . . . . . σύνειμι
ἦλθον 1 p. sing. 2 aor. act. ind. . . . . ἔρχομαι
12 μαρτυρούμενος pres. pass. and mid. pt. n. s. m. μαρτυρέω
κατοικούντων pres. act. ptc. gen. pl. masc. . . . κατοικέω
13 ἐλθών 2 aor. act. ptc. nom. sing. masc. . . . . . ἔρχομαι
ἐπιστάς 2 aor. act. ptc. nom. sing. masc. . . . . ἐφίστημι
ἀνάβλεψον 2 p. sing. 1 aor. act. imper. . . . . ἀναβλέπω
ἀνέβλεψα 1 p. sing. 1 aor. act. ind. . . . . id.
14 προεχειρίσατο 3 p. sing. 1 aor. mid. ind. προχειρίζομαι
γνῶναι 2 aor. act. ind. . . . . γινώσκω

ἰδεῖν 2 aor. act. infin. . . . . ὁράω
ἀκοῦσαι 1 aor. act. infin. . . . . ἀκούω
15 ἔση 2 p. sing. fut. mid. ind. . . . . εἰμί
ἑώρακας 2 p. sing. perf. act. ind. . . . . ὁράω
ἤκουσας 2 p. sing. 1 aor. act. ind. . . . . ἀκούω
16 μέλλεις 2 p. sing. pres. act. ind. . . . . μέλλω
ἀναστάς 2 aor. act. ptc. nom. sing. masc. . . . ἀνίστημι
βάπτισαι 2 p. sing. 1 aor. mid. imper. . . . . . . βαπτίζω
ἀπόλουσαι 2 p. sing. 1 aor. mid. imper. . . . . . . ἀπολούω
ἐπικαλεσάμενος 1 aor. mid. ptc. nom. s. masc. . ἐπικαλέω
17 ἐγένετο 3 p. sing. 2 aor. mid. ind. . . . . γίνομαι
ὑποστρέψαντι 1 aor. act. ptc. dat. s. masc. . .ὑποστρέφω
προσευχομένου pres. mid. ptc. gen. s. masc. προσεύχομαι
γενέσθαι 2 aor. pass. infin. . . . . γίνομαι
18 λέγοντα pres. act. ptc. acc. sing. masc. . . . . . . λέγω
σπεῦσον 2 p. sing. 1 aor. act. imper. . . . . . . .σπεύδω
ἔξελθε 2 p. sing. 2 aor. act. imper. . . . . . .ἐξέρχομαι
παραδέξονται 3 p. pl. fut. mid. ind. . . . . παραδέχομαι
εἶπον 1 p. sing. 2 aor. act. ind. . . . . λέγω
19 ἐπίστανται 3 p. pl. pres. pass. ind. . . . . . ἐπίσταμαι
ἤμην 1 p. sing. imperf. mid. ind. . . . . εἰμί
φυλακίζων pres. act. ptc. nom. sing. masc. . . .φυλακίζω
δέρων pres. act. ptc. nom. sing. masc. . . . . δέρω
πιστεύοντας pres. act. ptc. acc. pl. masc. . . . πιστεύω
20 ἐξεχύννετο 3 p. sing. imperf. pass. ind. . . . . . .ἐκχύνω
ἐφεστώς perf. act. ptc. nom. sing. masc. . . . . .ἐφίστημι
συνευδοκῶν pres. act. ptc. nom. sing. masc. . συνευδοκέω
φυλάσσων pres. act. ptc. nom. sing. masc. . . . . .φυλάσσω
ἀγαιρούντων pres. act. ptc. gen. pl. masc. . . . ἀναιρέω
21 εἶπεν 3 p. sing. 2 aor. act. ind. . . . . λέγω
πορεύου 2 p. sing. pres. mid. imper. . . . . . . πορεύομαι
ἐξαποστελῶ 1 p. sing. fut. act. ind. . . . . . ἐξαποστέλλω
22 ἐπῆραν 3 p. pl. 1 aor. act. ind. . . . . ἐπαίρω
ἤκουον 3 p. pl. imperf. act. ind. . . . . ἀκούω
λέγοντες pres. act. ptc. nom. pl. masc. . . . . λέγω
αἶρε 2 p. sing. pres. act. imper. . . . . αἴρω
καθῆκεν 3 p. sing. imperf. act. impers. . . . . . . καθήκω
ζῆν pres. act. infin. . . . . .ζάω
23 κραυγαζόντων pres. act. ptc. gen. pl. masc. . . . κραυγάζω
ῥιπτούντων pres. act. ptc. gen. pl. masc. . . . . . ῥιπτέω
βαλλόντων pres. act. ptc. gen. pl. masc. . . . . . . βάλλω
24 ἐκέλευσεν 3 p. sing. 1 aor. act. ind. . . . . κελεύω
εἰσάγεσθαι pres. pass. infin. . . . . εἰσάγω
εἴπας 2 aor. act. ptc. nom. sing. masc. . . . . λέγω
ἀνετάζεσθαι pres. pass. infin. . . . . ἀνετάζω
ἐπιγνῶ 3 p. sing. 2 aor. act. subj. . . . . . .ἐπιγινώσκω
ἐπεφώνουν 3 p. pl. imperf. act. ind. . . . . . . .ἐπιφωνέω
25 προέτειναν 3 p. pl. 1 aor. act. ind. . . . . . .προτείνω
ἑστῶτα perf. act. ptc. acc. s. m. or pl. neut. . . . ἵστημι
ἔξεστιν 3 p. sing. pres. act. impers. verb . . . . .ἔξειμι
μαστίζειν pres. act. infin. . . . . .μαστίζω
26 ἀκούσας 1 aor. act. ptc. nom. sing. masc. . . . . . ἀκούω
προσελθών 2 aor. act. ptc. nom. sing. masc. προσέρχομαι
ἀπήγγειλεν 3 p. sing. 1 aor. act. ind. . . . . ἀπαγγέλλω
λέγων pres. act. ptc. nom. sing. masc. . . . . λέγω

μέλλεις 2 p. sing. pres. act. ind. . . . . μέλλω
ποιεῖν pres. act. infin. . . . . ποιέω
ἐστιν 3 p. sing. pres. act. ind. . . . . εἰμί
27 λέγε 2 p. sing. pres. act. imper. . . . . λέγω
εἶ 2 p. sing. pres. act. ind. . . . . εἰμί
ἔφη 3 p. sing. 2 aor. act. ind. . . . . φημί
28 ἀπεκρίθη 3 p. sing. 1 aor. pass. ind. . . . ἀποκρίνομαι
ἐκτησάμην 1 p. sing. 1 aor. mid. ind. . . . . . . κτάομαι
γεγέννημαι 1 p. sing. perf. pass. ind. . . . . γεννάω
29 ἀπέστησαν 3 p. pl. 2 aor. act. ind. . . . . ἀφίστημι
μέλλοντες pres. act. ptc. nom. pl. masc. . . . . . . μέλλω
ἀνετάζειν pres. act. infin. . . . . ἀνετάζω
ἐφοβήθη 3 p. sing. 1 aor. pass. ind. . . . . φοβέω
ἐπιγνούς 2 aor. act. ptc. nom. sing. masc. . . ἐπιγινώσκω
ἦν 3 p. sing. imperf. act. ind. . . . . εἰμί
δεδεκώς perf. act. ptc. nom. sing. masc. . . . . . . .δέω
30 βουλόμενος pres. mid. ptc. nom. sing. masc. . . . βούλομαι
γνῶναι 2 aor. act. infin. . . . . γινώσκω
κατηγορεῖται 3 p. sing. pres. pass. ind. . . . κατηγορέω
ἔλυσεν 3 p. sing. 1 aor. act. ind. . . . . λύω
ἐκέλευσεν 3 p. sing. 1 aor. act. ind. . . . . κελεύω
συνελθεῖν 2 aor. act. infin. . . . . συνέρχομαι
καταγαγών 2 aor. act. ptc. nom. sing. masc. . . . . κατάγω
ἔστησεν 3 p. sing. 1 aor. act. ind. . . . . ἵστημι

23

1 ἀτενίσας 1 aor. act. ptc. nom. sing. masc. . . . . ἀτενίζω
εἶπεν 3 p. sing. 2 aor. act. ind. . . . . λέγω
πεπολίτευμαι 1 p. sing. perf. pass. ind. . . . . πολιτεύω
2 ἐπέταξεν 3 p. sing. 1 aor. act. ind. . . . . . . ἐπιτάσσω
τύπτειν pres. act. infin. . . . . τύπτω
παρεστῶσιν perf. act. ptc. dat. pl. masc. . . . παρίστημι
3 μέλλει 3 p. sing. pres. act. ind. . . . . μέλλω
κεκονιαμένε perf. pass. ptc. voc. sing. masc. . . κονιάω
κάθῃ 2 p. sing. pres. mid. ind. Att. . . . . κάθημαι
κρίνων pres. act. ptc. nom. sing. masc. . . . . . . κρίνω
κελεύεις 2 p. sing. pres. act. ind. . . . . κελεύω
τύπτεσθαι pres. pass. infin. . . . . τύπτω
4 παρεστῶτες perf. act. ptc. nom. pl. masc. . . παρίστημι
εἶπαν 3 p. pl. 2 aor. act. ind. . . . . λέγω
λοιδορεῖς 2 p. sing. pres. act. ind. . . . . . . λοιδορέω
5 ἔφη 3 p. sing. 2 aor. act. ind. . . . . φημί
ᾔδειν 1 p. sing. plupf. act. ind. . . . . οἶδα
ἐστιν 3 p. sing. pres. act. ind. . . . . εἰμί
γέγραπται 3 p. sing. perf. pass. ind. . . . . γράφω
ἐρεῖς 2 p. sing. fut. act. ind. . . . . λέγω
6 γνούς 2 aor. act. ptc. nom. sing. masc. . . . . . γινώσκω
ἔκραζεν 3 p. sing. imperf. act. ind. . . . . κράζω
κρίνομαι 1 p. sing. pres. pass. ind. . . . . κρίνω
7 λαλοῦντος pres. act. ptc. gen. sing. masc. . . . . . λαλέω
ἐγένετο 3 p. sing. 2 aor. mid. ind. . . . . γίνομαι
ἐσχίσθη 3 p. sing. 1 aor. pass. ind. . . . . σχίζω
8 λέγουσιν 3 p. pl. pres. act. ind. . . . . λέγω
εἶναι pres. act. infin. . . . . εἰμί
ὁμολογοῦσιν 3 p. pl. pres. act. ind. . . . . . . ὁμολογέω

9 ἐγένετο 3 p. sing. 2 aor. mid. ind. . . . . γίνομαι
 ἀναστάντες 2 aor. act. ptc. nom. pl. masc. . . .ἀνίστημι
 διεμάχοντο 3 p. pl. imperf. mid. ind. . . . . διαμάχομαι
 λέγοντες pres. act. ptc. nom. pl. masc. . . . . λέγω
 εὑρίσκομεν 1 p. pl. pres. act. ind. . . . . . . .εὑρίσκω
 ἐλάλησεν 3 p. sing. 1 aor. act. ind. . . . . λαλέω
10 γινομένης pres. mid. ptc. gen. sing. fem. . . . . γίνομαι
 φοβηθείς 1 aor. pass. ptc. nom. sing. masc. . . . . .φοβέω
 διασπασθῇ 3 p. sing. 1 aor. pass. subj. . . . . .διασπάω
 ἐκέλευσεν 3 p. sing. 1 aor. act. ind. . . . . . . κελεύω
 καταβάν 2 aor. act. ptc. acc. sing. neut. . . καταβαίνω
 ἁρπάσαι 1 aor. act. infin. . . . . .ἁρπάζω
 ἄγειν pres. act. infin. . . . . ἄγω
11 ἐπιστάς 2 aor. act. ptc. nom. sing. masc. . . . .ἐφίστημι
 εἶπεν 3 p. sing. 2 aor. act. ind. . . . . .λέγω
 θάρσει 2 p. sing. pres. act. imper. . . . . .θαρσέω
 διεμαρτύρω 2 p. sing. 1 aor. mid. ind. . .διαμαρτύρομαι
 δεῖ 3 p. sing. pres. act. impers. . . . . .δεῖ
 μαρτυρῆσαι 1 aor. act. infin. . . . . .μαρτυρέω
12 γενομέμης 2 aor. mid. ptc. gen. sing. fem. . . . γίνομαι
 ποιήσαντες 1 aor. act. ptc. nom. pl. masc. . . . . ποιέω
 ἀνεθεμάτισαν 3 p. pl. 1 aor. act. ind. . . .ἀναθεματίζω
 φαγεῖν 2 aor. act. infin. . . . . ἐσθίω
 πεῖν pres. act. infin. contr. . . . . πίνω
 ἀποκτείνωσιν 3 p. pl. pres. act. subj. . . . . . ἀποκτείνω
13 ἦσαν 3 p. pl. imperf. act. ind. . . . . .εἰμί
 ποιησάμενοι 1 aor. mid. ptc. nom. pl. masc. . . . . .ποιέω
14 προσελθόντες 2 aor. act. ptc. nom. pl. masc. προσέρχομαι
 εἶπαν 3 p. pl. 2 aor. act. ind. . . . . .λέγω
 ἀνεθεματίσαμεν 1 p. pl. 1 aor. act. ind. . .ἀναθεματίζω
 γεύσασθαι 2 aor. mid. infin. . . . . γεύομαι
 ἀποκτείνωμεν 1 p. pl. pres. act. subj. . . . . ἀποκτείνω
15 ἐμφανίσατε 2 p. pl. 1 aor. act. imper. . . . . . .ἐμφανίζω
 καταγάγῃ 3 p. sing. 2 aor. act. subj. . . . . . . .κατάγω
 μέλλοντάς pres. act. ptc. acc. pl. masc. . . . . . . .μέλλω
 διαγινώσκειν pres. act. infin. . . . . διαγινώσκω
 ἐγγίσαι 1 aor. act. infin. . . . . ἐγγίζω
 ἐσμεν 1 p. pl. pres. act. ind. . . . . εἰμί
 ἀνελεῖν 2 aor. act. infin. . . . . .ἀναιρέω
16 ἀκούσας 1 aor. act. ptc. nom. sing. masc. . . . . . ἀκούω
 παραγενόμενος 2 aor. mid. ptc. nom. s. masc. παραγίνομαι
 εἰσελθών 2 aor. act. ptc. nom. sing. masc. . . εἰσέρχομαι
 ἀπήγγειλεν 3 p. sing. 1 aor. act. ind. . . . . ἀπαγγέλλω
17 προσκαλεσάμενος 1 aor. mid. ptc. n. s. m. . .προσκαλέομαι
 ἔφη 3 p. sing. 2 aor. act. ind. . . . . .φημί
 ἄπαγε 2 p. sing. pres. act. imper. . . . . .ἀπάγω
 ἔχει 3 p. sing. pres. act. ind. . . . . .ἔχω
 ἀπαγγεῖλαι 1 aor. act. infin. . . . . .ἀπαγγέλλω
18 παραλαβών 2 aor. act. ptc. nom. sing. masc. παραλαμβάνω
 ἤγαγεν 3 p. sing. 2 aor. act. ind. . . . . .ἄγω
 φησίν 3 p. sing. pres. act. ind. . . . . .φημί
 ἀγαγεῖν 2 aor. act. infin. . . . . .ἄγω
 ἠρώτησεν 3 p. sing. 1 aor. act. ind. . . . . .ἐρωτάω
 ἔχοντα pres. act. ptc. acc. sing. masc. . . . . .ἔχω
 λαλῆσαι 1 aor. act. infin. . . . . .λαλέω

19 ἐπιλαβόμενος 2 aor. mid. ptc. nom. s. masc. . ἐπιλαμβάνω
ἀναχωρήσας 1 aor. act. ptc. nom. sing. masc. . . .ἀναχωρέω
ἐπυνθάνετο 3 p. sing. imperf. mid. ind. . . . . πυνθάνομαι
ἐστιν 3 p. sing. pres. act. ind. . . . . εἰμί
ἔχεις 2 p. sing. pres. act. ind. . . . . ἔχω
ἀπαγγεῖλαι 1 aor. act. infin. . . . . ἀπαγγέλλω
20 εἶπεν 3 p. sing. 2 aor. act. ind. . . . . λέγω
συνέθεντο 3 p. pl. 2 aor. mid. ind. . . . . . . συντίθημι
ἐρωτῆσαι 1 aor. act. infin. . . . . ἐρωτάω
καταγάγῃς 2 p. sing. 2 aor. act. subj. . . . . . . κατάγω
μέλλον pres. act. ptc. nom. or acc. sing. neut. . . μέλλω
πυνθάνεσθαι pres. mid. infin. . . . . πυνθάνομαι
21 πεισθῇς 2 p. sing. 1 aor. pass. subj. . . . . πείθω
ἐνεδρεύουσιν 3 p. pl. pres. act. ind. . . . . . . ἐνεδρεύω
ἀνεθεμάτισαν 3 p. pl. 1 aor. act. ind. . . . ἀναθεματίζω
φαγεῖν 2 aor. act. infin. . . . . ἐσθίω
πεῖν pres. act. infin. contr. . . . . πίνω
ἀνέλωσιν 3 p. pl. 2 aor. act. subj. . . . . .ἀναιρέω
εἰσιν 3 p. pl. pres. act. ind. . . . . εἰμί
προσδεχόμενοι pres. mid. ptc. nom. pl. masc. προσδέχομαι
22 ἀπέλυσε 3 p. sing. 1 aor. act. ind. . . . . ἀπολύω
παραγγείλας 1 aor. act. ptc. nom. sing. masc. παραγγέλλω
ἐκλαλῆσαι 1 aor. act. infin. . . . . ἐκλαλέω
ἐνφανίσας 2 p. sing. 1 aor. act. ind. . . . . . ἐμφανίζω
23 προσκαλεσάμενος 1 aor. mid. ptc. nom. s. m. προσκαλέομαι
ἑτοιμασατε 2 p. pl. 1 aor. act. imper. . . . . .ἑτοιμάζω
πορευθῶσιν 3 p. pl. 1 aor. act. subj. . . . . .πορεύομαι
24 παραστῆσαι 1 aor. act. infin. . . . . .παρίστημι
ἐπιβιβάσαντες 1 aor. act. ptc. nom. pl. masc. .ἐπιβιβάζω
διασώσωσι 3 p. pl. 1 aor. act. subj. . . . . . . διασώζω
25 ἔχουσαν pres. act. ptc. acc. sing. fem. . . . . ἔχω
γράφας 1 aor. act. ptc. nom. sing. masc. . . . . γράφω
26 χαίρειν pres. act. infin. . . . . χαίρω
27 συλλημφθέντα 1 aor. pass. ptc. acc. s. masc. συλλαμβάνω
μέλλοντα pres. act. ptc. acc. sing. masc. . . . . . μέλλω
ἀναιρεῖσθαι pres. pass. infin. . . . . ἀναιρέω
ἐπιστάς 2 aor. act. ptc. nom. sing. masc. . . . .ἐφίστημι
ἐξειλάμην 1 p. pl. 2 aor. mid. ind. . . . . . . .ἐξαιρέω
μαθών 2 aor. act. ptc. nom. sing. masc. . . . . . μανθάνω
28 βουλόμενος pres. mid. ptc. nom. sing. masc. . . βούλομαι
ἐπιγνῶναι 2 aor. act. infin. . . . . ἐπιγινώσκω
ἐνεκάλουν 3 p. pl. imperf. act. ind. . . . . . . ἐγκαλέω
κατήγαγον 1 p. sing. 2 aor. act. ind. . . . . . . κατάγω
29 ἐγκαλούμενον pres. pass. ptc. acc. sing. masc. . ἐγκαλέω
εὗρον 1 p. sing. 2 aor. act. ind. . . . . εὑρίσκω
ἔχοντα pres. act. ptc. acc. sing. masc. . . . . .ἔχω
30 μηνυθείσης 1 aor. pass. ptc. gen. sing. fem. . . . μηνύω
ἔσεσθαι fut. mid. infin. . . . . εἰμί
ἔπεμψα 1 p. sing. 1 aor. act. ind. . . . . πέμπω
παραγγείλας 1 aor. act. ptc. nom. sing. masc. παραγγέλλω
λέγειν pres. act. infin. . . . . λέγω
31 διατεταγμένον perf. pass. ptc. acc. sing. neut. διατάσσω
ἀναλαβόντες 2 aor. act. ptc. nom. pl. masc. . ἀναλαμβάνω
ἤγαγον 3 p. pl. 2 aor. act. ind. . . . . ἄγω
32 ἐάσαντες 1 aor. act. ptc. nom. pl. masc. . . . . . . ἐάω

ἀπέρχεσθαι pres. mid. infin. . . . . ἀπέρχομαι
ὑπέστρεφαν 3 p. pl. 1 aor. act. ind. . . . . . ὑποστρέφω
33 εἰσελθόντες 2 aor. act. ptc. nom. pl. masc. . εἰσέρχομαι
ἀναδόντες 2 aor. act. ptc. nom. pl. masc. . . .ἀναδίδωμι
παρέστησαν 3 p. pl. 1 aor. act. ind. . . . . . παρίστημι
34 ἀναγνούς 2 aor. act. ptc. nom. sing. masc. . ἀναγινώσκω
ἐπερωτήσας 1 aor. act. ptc. nom. sing. masc. . .ἐπερωτάω
ἐστίν 3 p. sing. pres. act. ind. . . . . εἰμί
πυθόμενος 2 aor. mid. ptc. nom. sing. masc. . πυνθάνομαι
35 διακούσομαι 1 p. sing. fut. mid. ind. . . . . . . .διακούω
ἔφη 3 p. sing. 2 aor. act. ind. . . . . .φημί
παραγένωνται 3 p. pl. 2 aor. mid. subj. . . . παραγίνομαι
κελεύσας 1 aor. act. ptc. nom. sing. masc. . . . . .κελεύω
φυλάσσεσθαι pres. mid. infin. . . . . .φυλάσσω

24
1 κατέβη 3 p. sing. 2 aor. act. ind. . . . . . . .καταβαίνω
ἐνεφάνισαν 3 p. pl. 1 aor. act. ind. . . . . . .ἐμφανίζω
2 κληθέντος 1 aor. pass. ptc. gen. sing. masc. . . . καλέω
ἤρξατο 3 p. sing. 1 aor. mid. ind. . . . . ἄρχω
κατηγορεῖν pres. act. infin. . . . . .κατηγορέω
λέγων pres. act. ptc. nom. sing. masc. . . . . λέγω
τυγχάνοντες pres. act. ptc. nom. pl. masc. . . . . τυγχάνω
γινομένων pres. mid. ptc. gen. pl. masc. or neut.γίνομαι
3 ἀποδεχόμεθα 1 p. pl. pres. mid. ind. . . . . ἀποδέχομαι
4 ἐγκόπτω 1 p. sing. pres. act. ind. or subj. . . .ἐγκόπτω
παρακαλῶ 1 p. sing. pres. act. ind. . . . . . . παρακαλέω
ἀκοῦσαι 1 aor. act. infin. . . . . ἀκούω
5 εὑρόντες 2 aor. act. ptc. nom. pl. masc. . . . . εὑρίσκω
κινοῦντα pres. act. ptc. acc. sing. masc. . . . . . .κινέω
6 ἐπείρασεν 3 p. sing. 1 aor. act. ind. . . . . . .πειράζω
βεβηλῶσαι 1 aor. act. infin. . . . . βεβηλόω
ἐκρατήσαμεν 1 p. pl. 1 aor. act. ind. . . . . . . κρατέω
8 δυνήσῃ 2 p. sing. fut. pass. ind. . . . . δύναμαι
ἀνακρίνας 1 aor. act. ptc. nom. sing. masc. . . ἀνακρίνω
ἐπιγνῶναι 2 aor. act. infin. . . . . ἐπιγινώσκω
κατηγοροῦμεν 1 p. pl. pres. act. ind. . . . . . κατηγορέω
9 συνεπέθεντο 3 p. pl. 2 aor. mid. ind. . . . συνεπιτίθεμαι
φάσκοντες pres. act. ptc. nom. pl. masc. . . . . . φάσκω
ἔχειν pres. act. infin. . . . . ἔχω
10 ἀπεκρίθη 3 p. sing. 1 aor. pass. ind. . . . . ἀποκρίνομαι
νεύσαντος 1 aor. act. ptc. gen. sing. masc. . . . . νεύω
λέγειν pres. act. infin. . . . . λέγω
ὄντα pres. act. ptc. acc. sing. masc. . . . . εἰμί
ἐπιστάμενος pres. pass. ptc. nom. sing. masc. .ἐπίσταμαι
ἀπολογοῦμαι 1 p. sing. pres. mid. ind. contr.ἀπολογέομαι
11 δυναμένου pres. pass. ptc. gen. sing. masc. . . .δύναμαι
εἰσίν 3 p. pl. pres. act. ind. . . . . εἰμί
ἀνέβην 1 p. sing. 2 aor. act. ind. . . . . ἀναβαίνω
προσκυνήσων fut. act. ptc. nom. sing. masc. . . προσκυνέω
12 εὗρον 3 p. pl. 2 aor. act. ind. . . . . εὑρίσκω
διαλεγόμενον pres. mid. ptc. acc. s. masc. . . διαλέγομαι
ποιοῦντα pres. act. ptc. acc. sing. masc. . . . . . ποιέω
13 παραστῆσαι 1 aor. act. infin. . . . . παρίστημι
δύνανται 3 p. pl. pres. pass. ind. . . . . δύναμαι

κατηγοροῦσιν 3 p. pl. pres. act. ind. . . . . . κατηγορέω
14 ὁμολογῶ 1 p. sing. pres. act. ind. . . . . . . .ὁμολογέω
λέγουσιν 3 p. pl. pres. act. ind. . . . . λέγω
λατρεύω 1 p. sing. pres. act. ind. . . . . λατρεύω
πιστεύων pres. act. ptc. nom. sing. masc. . . . .πιστεύω
γεγραμμένοις perf. pass. ptc. dat. pl. masc. or ne. γράφω
15 ἔχων pres. act. ptc. nom. sing. masc. . . . . ἔχω
προσδέχονται 3 p. pl. pres. mid. ind. . . . προσδέχομαι
μέλλειν pres. act. infin. . . . . .μέλλω
ἔσεσθαι fut. mid. infin. . . . . εἰμί
16 ἀσκῶ 1 p. sing. pres. act. ind. contr. . . . . . . .ἀσκέω
ἔχειν pres. act. infin. . . . . ἔχω
17 ποιήσων fut. act. ptc. nom. sing. masc. . . . . . .ποιέω
παρεγενόμην 1 p. sing. 2 aor. mid. ind. . . παραγίνομαι
18 εὗρον 3 p. pl. 2 aor. act. ind. . . . . εὑρίσκω
ἡγνισμένον perf. pass. ptc. acc. sing. masc. . . .ἁγνίζω
19 ἔδει 3 p. sing. imperf. act. ind. impers. . . . . . . δεῖ
παρεῖναι pres. act. infin. . . . . πάρειμι
κατηγορεῖν pres. act. infin. . . . . κατηγορέω
ἔχοιεν 3 p. pl. pres. act. opt. . . . . ἔχω
20 εἰπάτωσαν 3 p. pl. 2 aor. act. imper. . . . . λέγω
στάντος 2 aor. aot. ptc. gen. sing. masc. . . . . ἵστημι
21 ἐκέκραξα 1 p. sing. 1 aor. act. ind. . . . . κράζω
ἑστώς perf. act. ptc. nom. sing. masc. . . . . . . ἵστημι
κρίνομαι 1 p. sing. pres. pass. ind. . . . . κρίνω
22 ἀνεβάλετο 3 p. sing. 2 aor. mid. ind. . . . . . . ἀναβάλλω
εἰδώς perf. act. ptc. nom. sing. masc. . . . . οἶδα
εἴπας 2 aor. act. ptc. nom. sing. masc. . . . . . . λέγω
καταβῇ 3 p. sing. 2 aor. act. subj. . . . . . . καταβαίνω
διαγνώσομαι 1 p. sing. fut. mid. ind. . . . . διαγινώσκω
23 διαταξάμενος 1 aor. mid. ptc. nom. sing. masc. .διατάσσω
τηρεῖσθαι pres. pass. infin. . . . . τηρέω
ἔχειν pres. act. infin. . . . . ἔχω
κωλύειν pres. act. infin. . . . . κωλύω
ὑπηρετεῖν pres. act. infin. . . . . ὑπηρετέω
24 παραγενόμενος 2 aor. mid. ptc. nom. s. masc. παραγίνομαι
οὔσῃ pres. act. ptc. dat. sing. fem. . . . . εἰμί
μετεπέμψατο 3 p. sing. 1 aor. mid. ind. . . . μεταπέμπω
ἤκουσεν 3 p. sing. 1 aor. act. ind. . . . . ἀκούω
25 διαλεγομένου pres. mid. ptc. gen. sing. masc. διαλέγομαι
μέλλοντος pres. act. ptc. gen. sing. masc. or neut. μέλλω
γενόμενος 2 aor. mid. ptc. nom. sing. masc. . . .γίνομαι
ἀπεκρίθη 3 p. sing. 1 aor. pass. ind. . . . . ἀποκρίνομαι
ἔχον pres. act. ptc. acc. sing. neut. . . . . ἔχω
πορεύου 2 p. sing. pres. mid. imper. . . . . . . πορεύομαι
μεταλαβών 2 aor. act. ptc. nom. sing. masc. μεταλαμβάνω
μετακαλέσομαι 1 p. sing. fut. mid. ind. . . . μετακαλέω
26 ἐλπίζων pres. act. ptc. nom. sing. masc. . . . . . .ἐλπίζω
δοθήσεται 3 p. sing. 1 fut. pass. ind. . . . . . . δίδωμι
μεταπεμπόμενος pres. mid. ptc. nom. s. masc. . μεταπέμπω
ὡμίλει 3 p. sing. imperf. act. ind. . . . . .ὁμιλέω
27 πληρωθείσης 1 aor. pass. ptc. gen. sing. fem. . . πληρόω
ἔλαβεν 3 p. sing. 2 aor. act. ind. . . . . λαμβάνω
θέλων pres. act. ptc. nom. sing. masc. . . . . θέλω
καταθέσθαι 2 aor. mid. infin. . . . . κατατίθημι

κατέλιπε 3 p. sing. 2 aor. act. ind. . . . . . καταλείπω
δεδεμένον perf. pass. ptc. acc. sing. masc. . . . . . . δέω

25

1 ἐπιβάς 2 aor. act. ptc. nom. sing. masc. . . . . . ἐπιβαίνω
ἀνέβη 3 p. sing. 2 aor. act. ind. . . . . .ἀναβαίνω
2 ἐνεφάνισαν 3 p. pl. 1 aor. act. ind. . . . . . .ἐμφανίζω
παρεκάλουν 3 p. pl. imperf. act. ind. . . . . .παρακαλέω
3 αἰτούμενοι pres. mid. ptc. nom. pl. masc. . . . . . .αἰτέω
μεταπέμψηται 3 p. sing. 1 aor. mid. subj. . . .μεταπέμπω
ποιοῦντες pres. act. ptc. nom. pl. masc. . . . . . . ποιέω
ἀνελεῖν 2 aor. act. infin. . . . . .ἀναιρέω
4 ἀπεκρίθη 3 p. sing. 1 aor. pass. ind. . . . ἀποκρίνομαι
τηρεῖσθαι pres. pass. infin. . . . . ιηρέω
μέλλειν pres. act. infin. . . . . .μέλλω
ἐκπορεύεσθαι pres. pass. infin. . . . . ἐκπορεύομαι
5 φησίν 3 p. sing. pres. act. ind. . . . . φημί
συγκαταβάντες 2 aor. act. ptc. nom. pl. m. συγκαταβαίνω
κατηγορείτωσαν 3 p. pl. pres. act. imper. . . κατηγορέω
6 διατρίψας 1 aor. act. ptc. nom. sing. masc. . . διατρίβω
καταβάς 2 aor. act. ptc. nom. sing. masc. . . . καταβαίνω
καθίσας 1 aor. act. ptc. nom. sing. masc. . . . . . .καθίζω
ἐκέλευσεν 3 p. sing. 1 aor. act. ind. . . . . . . κελεύω
ἀχθῆναι 1 aor. pass. infin. . . . . ἄγω
7 παραγενομένου 2 aor. mid. ptc. gen. s. m. . . παραγίνομαι
περιέστησαν 3 p. pl. 2 aor. act. ind. . . . . .περιίστημι
καταβεβηκότες perf. act. ptc. nom. pl. masc. . καταβαίνω
καταφέροντες pres. act. ptc. nom. sing. masc. . καταφέρω
ἴσχυον 3 p. pl. imperf. act. ind. . . . . ἰσχύω
ἀποδεῖξαι 1 aor. act. infin. . . . . ἀποδείκνυμι
8 ἀπολογουμένου pres. mid. ptc. gen. s. masc. ἀπολογέομαι
ἥμαρτον 1 p. sing. 2 aor. act. ind. . . . . . . .ἁμαρτάνω
9 θέλων pres. act. ptc. nom. sing. masc. . . . . θέλω
καταθέσθαι 2 aor. mid. infin. . . . . .κατατίθημι
ἀποκριθείς 1 aor. pass. ptc. nom. sing. m. . ἀποκρίνομαι
εἶπεν 3 p. sing. 2 aor. act. ind. . . . . λέγω
θέλεις 2 p. sing. pres. act. ind. . . . . θέλω
ἀναβάς 2 aor. act. ptc. nom. sing. masc. . . . . . ἀναβαίνω
κριθῆναι 1 aor. pass. infin. . . . . .κρίνω
10 ἐστώς perf. act. ptc. nom. sing. masc. . . . . . . ἵστημι
δεῖ 3 p. sing. pres. act. impers. . . . . δεῖ
κρίνεσθαι pres. pass. infin. . . . . .κρίνω
ἠδίκηκα 1 p. sing. perf. act. ind. . . . . ἀδικέω
ἐπιγινώσκεις 2 p. sing. pres. act. ind. . . . ἐπιγινώσκω
11 ἀδικῶ 1 p. sing. pres. act. ind. . . . . ἀδικέω
πέπραχα 1 p. sing. perf. act. ind. . . . . πράσσω
παραιτοῦμαι 1 p. sing. pres. mid. ind. . . . .παραιτέομαι
ἀποθανεῖν 2 aor. act. infin. . . . . .ἀποθνήσκω
κατηγοροῦσιν 3 p. pl. pres. act. ind. . . . . . κατηγορέω
δύναται 3 p. sing. pres. pass. ind. . . . . δύναμαι
χαρίσασθαι 1 aor. mid. infin. . . . . .χαρίζομαι
ἐπικαλοῦμαι 1 p. sing. pres. mid. ind. . . . . . .ἐπικαλέω
12 συλλαλήσας 1 aor. act. ptc. nom. sing. masc. . .συλλαλέω
ἐπικέκλησαι 2 p. sing. perf. pass. ind. . . . . ἐπικαλέω
πορεύσῃ 2 p. sing. fut. mid. ind. . . . . πορεύομαι

13 διαγενομένων 2 aor. mid. ptc. gen. pl. masc. .διαγίνομαι
κατήντησαν 3 p. pl. 1 aor. act. ind. . . . . . .καταντάω
ἀσπασάμενοι 1 aor. mid. ptc. nom. pl. masc. . ἀσπάζομαι
14 διέτριβον 3 p. pl.imperf. act. ind. . . . . . . διατρίβω
ἀνέθετο 3 p. sing. 2 aor. mid. ind. . . . . . .ἀνατίθημι
λέγων pres. act. ptc. nom. sing. masc. . . . . λέγω
καταλελειμμένος perf. pass. ptc. nom. s. masc. καταλείπω
15 γενομένου 2 aor. mid. ptc. gen. sing. masc. . . .γίνομαι
ἐνεφάνισαν 3 p. pl. 1 aor. act. ind. . . . . . .ἐμφανίζω
αἰτούμενοι pres. mid. ptc. nom. pl. masc. . . . . .αἰτέω
16 ἀπεκρίθην 1 p. sing. 1 aor. pass. ind. . . . ἀποκρίνομαι
ἔστιν 3 p. sing. pres. act. ind. . . . . εἰμί
χαρίζεσθαι pres. mid. infin. . . . . χαρίζομαι
κατηγορούμενος pres. pass. ptc. nom. s. masc. .κατηγορέω
ἔχοι 3 p. sing. pres. act. opt. . . . . .ἔχω
λάβοι 3 p. sing. 2 aor. act. opt. . . . . λαμβάνω
17 συνελθόντων 2 aor. act. ptc. gen. pl. masc. . συνέρχομαι
ποιησάμενος 1 aor. mid. ptc. nom. sing. masc. . . . ποιέω
καθίσας 1 aor. act. ptc. nom. sing. masc. . . . . . καθίζω
ἐπιλθοῦσα 1 p. sing. 1 aor. act. ind. . . . . κελεύω
ἀχθῆναι 1 aor. pass. infin. . . . . ἄγω
18 σταθέντες 1 aor. pass. ptc. nom. pl. masc. . . . . .ἵστημι
ἔφερον 3 p. pl. imperf. act. ind. . . . . φέρω
ὑπενόουν 1 p. sing. imperf. act. ind. . . . . . . .ὑπονοέω
19 εἶχον 3 p. pl. imperf. act. ind. . . . . .ἔχω
τεθνηκότος perf. act. ptc. gen. sing. masc. . . . θνήσκω
ἔφασκεν 3 p. sing. imperf. act. ind. . . . . φάσκω
ζῆν pres. act. infin. . . . . ζάω
20 ἀπορούμενος pres. mid. ptc. nom. sing. masc. . . .ἀπορέω
ἔλεγον 1 p. sing. imperf. act. ind. . . . . .λέγω
βούλοιτο 3 p. sing. pres. mid. opt. . . . . .βούλομαι
πορεύεσθαι pres. mid. infin. . . . . πορεύομαι
κρίνεσθαι pres. pass. infin. . . . . κρίνω
21 ἐπικαλεσαμένου 1 aor. mid. ptc. gen. sing. masc.ἐπικαλέω
τηρηθῆναι 1 aor. pass. infin. . . . . τηρέω
ἀναπέμψω 1 p. sing. 1 aor. act. subj. . . . . . . ἀναπέμπω
ἐκέλευσα 1 p. sing. 1 aor. act. ind. . . . . κελεύω
τηρεῖσθαι pres. pass. infin. . . . . τηρέω
22 ἐβουλόμην 1 p. sing. imperf. mid. ind. . . . . . .βούλομαι
ἀκοῦσαι 1 aor. act. infin. . . . . ἀκούω
φησίν 3 p. sing. pres. act. ind. . . . . φημί
ἀκούσῃ 2 p. sing. fut. mid. ind. . . . . .ἀκούω
23 ἐλθόντος 2 aor. act. ptc. gen. sing. masc. . . . ἔρχομαι
εἰσελθόντων 2 aor. act. ptc. gen. pl. masc. . . εἰσέρχομαι
κελεύσαντος 1 aor. act. ptc. gen. sing. masc. . . κελεύω
ἤχθη 3 p. sing. 1 aor. pass. ind. . . . . ἄγω
24 συμπαρόντες pres. act. ptc. nom. pl. masc. . . συμπάρειμι
θεωρεῖτε 2 p. pl. pres. act. ind. . . . . .θεωρέω
ἐνέτυχον 3 p. pl. 2 aor. act. ind. . . . . .ἐντυγχάνω
βοῶντες pres. act. ptc. nom. pl. masc. . . . . βοάω
δεῖν pres. act. infin. . . . . .δεῖ
25 κατελαβόμην 1 p. sing. 2 aor. mid. ind. . . . καταλαμβάνω
πεπραχέναι perf. act. infin. . . . . πράσσω
ἐπικαλεσαμένου 1 aor. mid. ptc. gen. sing. masc.ἐπικαλέω
ἔκρινα 1 p. sing. 1 aor. act. ind. . . . . .κρίνω

πέμπειν pres. act. infin. . . . . πέμπω
26 γράψαι 1 aor. act. infin. . . . . γράφω
προήγαγον 1 p. sing. 2 aor. act. ind. . . . . . . προάγω
γενομένης 2 aor. mid. ptc. gen. sing. fem. . . . γίνομαι
σχῶ 1 p. sing. 2 aor. act. subj. . . . . ἔχω
γράφω 1 p. sing. fut. act. ind. . . . . γράφω
27 δοκεῖ 3 p. sing. pres. act. ind. . . . . δοκέω
πέμποντα pres. act. ptc. acc. sing. masc. . . . . . πέμπω
σημᾶναι 1 aor. act. infin. . . . . σημαίνω

26

1 ἔφη 3 p. sing. 2 aor. act. ind. . . . . φημί
ἐπιτρέπεται 3 p. sing. pres. pass. ind. . . . . ἐπιτρέπω
λέγειν pres. act. infin. . . . . λέγω
ἀπελογεῖτο 3 p. sing. imperf. mid. ind. . . ἀπολογέομαι
2 ἐγκαλοῦμαι 1 p. sing. pres. pass. ind. . . . . . . ἐγκαλέω
ἥγημαι 1 p. sing. perf. pass. ind. . . . . .ἡγέομαι
μέλλων pres. act. ptc. nom. sing. masc. . . . . . . μέλλω
ἀπολογεῖσθαι pres. mid. infin. . . . . ἀπολογέομαι
3 ὄντα pres. act. ptc. acc. sing. masc. . . . . εἰμί
δέομαι 1 p. sing. pres. mid. ind. . . . . .δέομαι
ἀκοῦσαι 1 aor. act. infin. . . . . ἀκούω
4 γενομένην 2 aor. mid. ptc. acc. sing. fem. .,. . γίνομαι
ἴσασι 3 p. pl. perf. act. ind. . . . . for οἴδασιν, οἶδα
5 προγινώσκοντες pres. act. ptc. nom. pl. masc. προγινώσκω
θέλωσι 3 p. pl. pres. act. subj. . . . . θέλω
μαρτυρεῖν pres. act. infin. . . . . μαρτυρέω
ἔζησα 1 p. sing. 1 aor. act. ind. . . . . .ζάω
6 γενομένης 2 aor. mid. ptc. gen. sing. fem. . . . γίνομαι
ἕστηκα 1 p. sing. perf. act. ind. . . . . .ἵστημι
κρινόμενος pres. pass. ptc. nom. sing. masc. . . . κρίνω
7 λατρεῦον pres. act. ptc. nom. sing. neut. . . . .λατρεύω
ἐλπίζει 3 p. sing. pres. act. ind. . . . . .ἐλπίζω
καταντῆσαι 1 aor. act. infin. . . . . καταντάω
ἐγκαλοῦμαι 1 p. sing. pres. pass. ind. . . . . . . ἐγκαλέω
8 κρίνεται 3 p. sing. pres. pass. ind. . . . . κρίνω
ἐγείρει 3 p. sing. pres. act. ind. . . . . .ἐγείρω
9 ἔδοξα 1 p. sing. 1 aor. act. ind. . . . . δοκέω
δεῖν pres. act. infin. . . . . δεῖ
πρᾶξαι 1 aor. act. infin. . . . . πράσσω
10 ἐποίησα 1 p. sing. 1 aor. act. ind. . . . . ποιέω
κατέκλεισα 1 p. sing. 1 aor. act. ind. . . . . κατακλείω
λαβών 2 aor. act. ptc. nom. sing. masc. . . . . . λαμβάνω
ἀναιρουμένων pres. pass. ptc. gen. pl. masc. . . ἀναιρέω
κατήνεγκα 1 p. sing. 1 aor. act. ind. . . . . . . καταφέρω
11 τιμωρῶν pres. act. ptc. nom. sing. masc. . . . . .τιμωρέω
ἠνάγκαζον 1 p. sing. imperf. act. ind. . . . . .ἀναγκάζω
βλασφημεῖν pres. act. infin. . . . . βλασφημέω
ἐμμαινόμενος pres. mid. ptc. nom. sing. masc. ἐμμαίνομαι
ἐδίωκον 1 p. sing. imperf. act. ind. . . . . δίδωμι
12 πορευόμενος pres. mid. ptc. nom. sing. masc. . πορεύομαι
13 εἶδον 1 p. sing. 2 aor. act. ind. . . . . .ὁράω
περιλάμψαν 1 aor. act. ptc. acc. sing. neut. . περιλάμπω
14 καταπεσόντων 2 aor. act. ptc. gen. pl. masc. . καταπίπτω
ἤκουσα 1 p. sing. 1 aor. act. ind. . . . . ἀκούω

λέγουσαν pres. act. ptc. acc. sing. fem. . . . . . .λέγω
διώκεις 2 p. sing. pres. act. ind. . . . . .διώκω
λακτίζειν pres. act. infin. . . . . .λακτίζω
15 εἶπα 1 p. sing. 2 aor. act. ind. . . . . .λέγω
εἶ 2 p. sing. pres. act. ind. . . . . εἰμί
εἶπεν 3 p. sing. 2 aor. act. ind. . . . . .λέγω
16 ἀνάστηθι 2 p. sing. 2 aor. act. imper. . . . . .ἀνίστημι
στῆθι 2 p. sing. 2 aor. act. imper. . . . . .ἵστημι
ὤφθην 1 p. sing. 1 aor. pass. ind. . . . . .ὁράω
προχειρίσασθαι 1 aor. mid. infin. . . . . προχειρίζομαι
εἶδες 2 p. sing. 2 aor. act. ind. . . . . .ὁράω
ὀφθήσομαι 1 p. sing. fut. pass. ind. . . . . id.
17 ἐξαιρούμενος pres. mid. ptc. nom. sing. masc. . .ἐξαιρέω
ἀποστέλλω 1 p. sing. pres. act. ind. . . . . . .ἀποστέλλω
18 ἀνοῖξαι 1 aor. act. infin. . . . . ἀνοίγω
ἐπιστρέψαι 1 aor. act. infin. . . . . .ἐπιστρέφω
λαβεῖν 2 aor. act. infin. . . . . λαμβάνω
ἡγιασμένοις perf. pass. ptc. dat. pl. masc. . . . ἁγιάζω
19 ἐγενόμην 1 p. sing. 2 aor. mid. ind. . . . . γίνομαι
20 ἀπήγγελλον 1 p. sing. imperf. act. ind. . . . .ἀπαγγέλλω
μετανοεῖν pres. act. infin. . . . . μετανοέω
ἐπιστρέφειν pres. act. infin. . . . . .ἐπιστρέφω
πράσσοντας pres. act. ptc. acc. pl. masc. . . . . . πράσσω
21 συλλαβόμενοι 2 aor. mid. ptc. nom. pl. masc. συλλαμβάνω
ἐπειρῶντο 3 p. pl. imperf. mid. ind. . . . . . . πειράομαι
διαχειρίσασθαι 1 aor. mid. infin. . . . . . . διαχειρίζω
22 τυχών 2 aor. act. ptc. nom. sing. masc. . . . . . τυγχάνω
ἕστηκα 1 p. sing. perf. act. ind. . . . . ἵστημι
μαρτυρόμενος pres. pass. and mid. ptc. n. s. m. μαρτυρέω
γίνεσθαι pres. mid. infin. . . . . γίνομαι
λέγων pres. act. ptc. nom. sing. masc. . . . . λέγω
ἐλάλησαν 3 p. pl. 1 aor. act. ind. . . . . λαλέω
μελλόντων pres. act. ptc. gen. pl. masc. or neut. . μέλλω
23 μέλλει 3 p. sing. pres. act. ind. . . . . id.
καταγγέλλειν pres. act. infin. . . . . καταγγέλλω
24 ἀπολογουμένου pres. mid. ptc. gen. s. masc. ἀπολογέομαι
φησιν 3 p. sing. pres. act. ind. . . . . φημί
περιτρέπει 3 p. sing. pres. act. ind. . . . . . περιτρέπω
μαίνῃ 2 p. sing. pres. mid. ind. . . . . μαίνομαι
25 ἀποφθέγγομαι 1 p. sing. pres. mid. ind. . . ἀποφθέγγομαι
26 ἐπίσταται 3 p. sing. pres. pass. ind. . . . . .ἐπίσταμαι
παρρησιαζόμενος pres. mid. ptc. n. s. m. . παρρησιάζομαι
λαλῶ 1 p. sing. pres. act. ind. and subj. . . . . . . λαλέω
λανθάνειν pres. act. infin. . . . . .λανθάνω
πείθομαι 1 p. sing. pres. mid. ind. . . . . πείθω
πεπραγμένον perf. pass. ptc. nom. sing. neut. . . πράσσω
27 πιστεύεις 2 p. sing. pres. act. ind. . . . . πιστεύω
οἶδα 1 p. sing. perf. act. ind. . . . . .οἶδα
28 πείθεις 2 p. sing. pres. act. ind. . . . . .πείθω
ποιῆσαι 1 aor. act. infin. . . . . .ποιέω
29 ἀκούοντας pres. act. ptc. acc. pl. masc. . . . . . .ἀκούω
γενέσθαι 2 aor. pass. infin. . . . . γίνομαι
30 ἀνέστη 3 p. sing. 2 aor. act. ind. . . . . ἀνίστημι
συγκαθήμενοι pres. mid. ptc. nom. pl. masc. . συγκάθημαι
31 ἀναχωρήσαντες 1 aor. act. ptc. nom. pl. masc. . ἀναχωρέω

ἐλάλουν 3 p. pl. imperf. act. ind. . . . . λαλέω
λέγοντες pres. act. ptc. nom. pl. masc. . . . . . . λέγω
πράσσει 3 p. sing. pres. act. ind. . . . . πράσσω
32 ἔφη 3 p. sing. 2 aor. act. ind. . . . . φημί
ἀπολελύσθαι perf. pass. infin. . . . . ἀπολύω
ἐδύνατο 3 p. sing. imperf. pass. ind. . . . . . . δύναμαι
ἐπεκέκλητο 3 p. sing. plupf. pass. ind. . . . . ἐπικαλέω

27
1 ἐκρίθη 3 p. sing. 1 aor. pass. ind. . . . . κρίνω
ἀποπλεῖν pres. act. infin. . . . . ἀποπλέω
παρεδίδουν 3 p. pl. imperf. act. ind. . . . . . παραδίδωμι
2 ἐπιβάντες 2 aor. act. ptc. nom. sing. masc. . . ἐπιβαίνω
μέλλοντι pres. act. ptc. dat. sing. masc. . . . . . . μέλλω
πλεῖν pres. act. infin. . . . . πλέω
ἀνήχθημεν 1 p. pl. 1 aor. pass. ind. . . . . ἀνάγω
ὄντος pres. act. ptc. gen. sing. masc. or neut. . . . εἰμί
3 κατήχθημεν 1 p. pl. 1 aor. pass. ind. . . . . κατάγω
χρησάμενος 1 aor. mid. ptc. nom. sing. masc. . . . χράομαι
ἐπέτρεψεν 3 p. sing. 1 aor. act. ind. . . . . . . ἐπιτρέπω
πορευθέντι 1 aor. pass. ptc. dat. sing. masc. πορεύομαι
τυχεῖν 2 aor. act. infin. . . . . τυγχάνω
4 ἀναχθέντες 1 aor. pass. ptc. nom. pl. masc. . . . . . ἀνάγω
ὑπεπλεύσαμεν 1 p. pl. 1 aor. act. ind. . . . . . . ὑποπλέω
εἶναι pres. act. infin. . . . . εἰμί
5 διαπλεύσαντες 1 aor. act. ptc. nom. pl. masc. . . .διαπλέω
κατήλθαμεν 1 p. pl. 2 aor. act. ind. . . . . . κατέρχομαι
6 εὑρών 2 aor. act. ptc. nom. sing. masc. . . . . . . εὑρίσκω
πλέον pres. act. ptc. acc. sing. neut. . . . . πλέω
ἐνεβίβασεν 3 p. sing. 1 aor. act. ind. . . . . .ἐμβιβάζω
7 βραδυπλοοῦντες pres. act. ptc. nom. pl. masc. βραδυπλοέω
γενόμενοι 2 aor. mid. ptc. nom. pl. masc. . . . . γίνομαι
προσεῶντος pres. act. ptc. gen. sing. masc. . . . .προσεάω
ὑπεπλεύσαμεν 1 p. pl. 1 aor. act. ind. . . . . . ὑποπλέω
8 παραλεγόμενοι pres. mid. ptc. nom. pl. m. . . παραλέγομαι
ἤλθομεν 1 p. pl. 2 aor. act. ind. . . . . .ἔρχομαι
καλούμενον pres. pass. ptc. acc. sing. masc. . . . . καλέω
ἦν 3 p. sing. imperf. act. ind. . . . . εἰμί
9 διαγενομένου 2 aor. mid. ptc. gen. s. m. or n.διαγίνομαι
ὄντος pres. act. ptc. gen. sing. masc. or neut. . . . εἰμί
παρεληλυθέναι 2 perf. act. infin. . . . . παρέρχομαι
παρῄνει 3 p. sing. imperf. act. ind. . . . . . . παραινέω
10 λέγων pres. act. ptc. nom. sing. masc. . . . . λέγω
θεωρῶ 1 p. sing. pres. act. ind. . . . . θεωρέω
μέλλειν pres. act. infin. . . . . μέλλω
ἔσεσθαι fut. pass. infin. . . . . εἰμί
11 ἐπείθετο 3 p. sing. imperf. mid. ind. . . . . .πείθω
λεγομένοις pres. pass. ptc. dat. pl. neut. . . . . . . λέγω
12 ὑπάρχοντος pres. act. ptc. gen. s. masc. or neut. ὑπάρχω
ἔθεντο 3 p. pl. 2 aor. mid. ind. . . . . τίθημι
ἀναχθῆναι 1 aor. pass. infin. . . . . .ἀνάγω
δύναιντο 3 p. pl. pres. pass. opt. . . . . δύναμαι
καταντήσαντες 1 aor. act. ptc. nom. pl. masc. .κανταντάω
παραχειμάσαι 1 aor. act. infin. . . . . παραχειμάζω
βλέποντα pres. act. ptc. acc. sing. masc. . . . . . . βλέπω

13 ὑποπνεύσαντος 1 aor. act. ptc. gen. sing. masc. . ὑποπνέω
δόξαντες 1 aor. act. ptc. nom. pl. masc. . . . . . . δοκέω
κεκρατηκέναι perf. act. infin. . . . . κρατέω
ἄραντες 1 aor. act. ptc. nom. pl. masc. . . . . αἴρω
παρελέγοντο 3 p. pl. imperf. mid. ind. . . . παραλέγομαι
14 ἔβαλεν 3 p. sing. 2 aor. act. ind. . . . . βάλλω
καλούμενος pres. pass. ptc. nom. sing. masc. . . . καλέω
15 συναρπασθέντος 1 aor. pass. ptc. gen. s. neut. συναρπάζω
δυναμένου pres. mid. ptc. gen. sing. masc. . . . δύναμαι
ἀντοφθαλμεῖν pres. act. infin. . . . . ἀντοφθαλμέω
ἐπιδόντες 2 aor. act. ptc. nom. pl. masc. . . .ἐπιδίδωμι
ἐφερόμεθα 1 p. pl. imperf. pass. ind. . . . . φέρω
16 ὑποδραμόντες 2 aor. act. ptc. nom. pl. masc. . .ὑποτρέχω
καλούμενον pres. pass. ptc. acc. sing. masc. . . . καλέω
ἰσχύσαμεν 1 p. pl. 1 aor. act. ind. . . . . ἰσχύω
γενέσθαι 2 aor. pass. infin. . . . . γίνομαι
17 ἄραντες 1 aor. act. ptc. nom. pl. masc. . . . . αἴρω
ἐχρῶντο 3 p. pl. imperf. mid. ind. . . . . .χράομαι
ὑποζωννύντες pres. act. ptc. nom. pl. masc. . . ὑποζώννυμι
φοβούμενοι pres. mid. ptc. nom. pl. masc. . . . . .φοβέω
ἐκπέσωσιν 3 p. pl. 2 aor. act. subj. . . . . . . ἐκπίπτω
ἐφέροντο 3 p. pl. imperf. pass. ind. . . . . φέρω
χαλάσαντες 1 aor. act. ptc. nom. pl. masc. . . . . χαλάω
18 χειμαζομένων pres. pass. ptc. gen. pl. masc. . . χειμάζω
ἐποιοῦντο 3 p. pl. imperf. pass. ind. . . . . . . .ποιέω
19 ἔρριφαν 3 p. pl. 1 aor. act. ind. . . . . .ῥίπτω
20 ἐπιφαινόντων pres. act. ptc. gen. pl. neut. . . .ἐπιφαίνω
ἐπικειμένου pres. mid. ptc. gen. sing. masc. . . ἐπίκειμαι
περιῃρεῖτο 3 p. sing. imperf. pass. ind. . . . περιαιρέω
σῴζεσθαι pres. pass. infin. . . . . σῴζω
21 ὑπαρχούσης pres. act. ptc. gen. sing. fem. . . . . .ὑπάρχω
σταθείς 1 aor. pass. ptc. nom. sing. masc. . . . . ἵστημι
εἶπεν 3 p. sing. 2 aor. act. ind. . . . . λέγω
ἔδει 3 p. sing. imperf. act. impers. . . . . δεῖ
πειθαρχήσαντας 1 aor. act. ptc. acc. pl. masc. πειθαρχέω
ἀνάγεσθαι pres. mid. infin. . . . . .ἀνάγω
κερδῆσαι 1 aor. act. infin. . . . . .κερδαίνω
22 παραινῶ 1 p. sing. pres. act. ind. . . . . παραινέω
εὐθυμεῖν pres. act. infin. . . . . εὐθυμέω
ἔσται 3 p. sing. fut. mid. ind. . . . . εἰμί
23 παρέστη 3 p. sing. 2 aor. act. ind. . . . . . . .παρίστημι
λατρεύω 1 p. sing. pres. act. ind. . . . . .λατρεύω
24 φοβοῦ 2 p. sing. pres. mid. imper. . . . . .φοβέω
λέγων pres. act. ptc. nom. sing. masc. . . . . .λέγω
δεῖ 3 p. sing. pres. act. impers. . . . . .δεῖ
παραστῆναι 2 aor. act. infin. . . . . .παρίστημι
ἰδού 2 p. sing. 2 aor. mid. imper. . . . . εἶδον
κεχάρισται 3 p. sing. perf. mid. ind. . . . . χαρίζομαι
πλέοντας pres. act. ptc. acc. pl. masc. . . . . πλέω
25 εὐθυμεῖτε 2 p. pl. pres. act. imper. . . . . . . εὐθυμέω
πιστεύω 1 p. sing. pres. act. ind. . . . . .πιστεύω
λελάληται 3 p. sing. perf. pass. ind. . . . . λαλέω
26 ἐκπεσεῖν 2 aor. act. infin. . . . . .ἐκπίπτω
27 ἐγένετο 3 p. sing. 2 aor. mid. ind. . . . . . . .γίνομαι
διαφερομένων pres. pass. ptc. gen. pl. masc. . . διαφέρω

ὑπενόουν 1 p. s. and 3 p. pl. imperf. act. ind. .ὑπονοέω
προσάγειν pres. act. infin. . . . . .προσάγω
28 βολίσαντες 1 aor. act. ptc. nom. pl. masc. . . . . .βολίζω
εὗρον 3 p. pl. 2 aor. act. ind. . . . . εὑρίσκω
διαστήσαντες 1 aor. act. ptc. nom. pl. masc. . .διΐστημι
29 φοβούμενοι pres. mid. ptc. nom. pl. masc. . . . . . .φοβέω
ἐκπέσωμεν 1 p. pl. 2 aor. act. subj. . . . . . . ἐκπίπτω
ῥίψαντες 1 aor. act. ptc. nom. pl. masc. . . . . . .ῥίπτω
ηὔχοντο 3 p. pl. imperf. mid. ind. . . . . .εὔχομαι
γενέσθαι 2 aor. pass. infin. . . . . .γίνομαι
30 ζητούντων pres. act. ptc. gen. pl. masc. . . . . . .ζητέω
φυγεῖν 2 aor. act. infin. . . . . .φεύγω
χαλασάντων 1 aor. act. ptc. gen. pl. masc. . . . .χαλάω
μελλόντων pres. act. ptc. gen. pl. masc. or neut. .μέλλω
ἐκτείνειν pres. act. infin. . . . . .ἐκτείνω
31 εἶπεν 3 p. sing. 2 aor. act. ind. . . . . .λέγω
μείνωσιν 3 p. pl. 1 aor. act. subj. . . . . .μένω
σωθῆναι 1 aor. pass. infin. . . . . σῴζω
δύνασθε 2 p. pl. pres. pass. ind. . . . . .δύναμαι
32 ἀπέκοψαν 3 p. pl. 1 aor. act. ind. . . . . .ἀποκόπτω
εἴασαν 3 p. pl. 1 aor. act. ind. . . . . .ἐάω
ἐκπεσεῖν 2 aor. act. infin. . . . . .ἐκπίπτω
33 ἤμελλεν 3 p. sing. imperf. act. ind. . . . . .μέλλω
γίνεσθαι pres. mid. infin. . . . . .γίνομαι
παρεκάλει 3 p. sing. imperf. act. ind. . . . . .παρακαλέω
μεταλαβεῖν 2 aor. act. infin. . . . . .μεταλαμβάνω
λέγων pres. act. ptc. nom. sing. masc. . . . . .λέγω
προσδοκῶντες pres. act. ptc. nom. pl. masc. . .προσδοκάω
διατελεῖτε 2 p. pl. pres. act. ind. . . . . . . .διατελέω
προσλαβόμενοι 2 aor. mid. ptc. nom. pl. m. . .προσλαμβάνω
34 παρακαλῶ 1 p. sing. pres. act. ind. . . . . . . .παρακαλέω
ὑπάρχει 3 p. sing. pres. act. ind. . . . . .ὑπάρχω
ἀπολεῖται 3 p. sing. 2 fut. mid. ind. . . . . . .ἀπόλλυμι
35 εἴπας 2 aor. act. ptc. nom. sing. masc. . . . . . . .λέγω
λαβών 2 aor. act. ptc. nom. sing. masc. . . . . .λαμβάνω
εὐχαρίστησεν 3 p. sing. 1 aor. act. ind. . . .εὐχαριστέω
κλάσας 1 aor. act. ptc. nom. sing. masc. . . . . . .κλάω
ἤρξατο 3 p. sing. 1 aor. mid. ind. . . . . .ἄρχω
ἐσθίειν pres. act. infin. . . . . .ἐσθίω
36 γενόμενοι 2 aor. mid. ptc. nom. pl. masc. . . . .γίνομαι
προσελάβοντο 3 p. pl. 2 aor. mid. ind. . . . .προσλαμβάνω
37 ἤμεθα 1 p. pl. imperf. mid. ind. . . . . .εἰμί
38 κορεσθέντες 1 aor. pass. ptc. nom. pl. masc. . .κορέννυμι
ἐκούφιζον 3 p. pl. imperf. act. ind. . . . . . . .κουφίζω
ἐκβαλλόμενοι pres. mid. ptc. nom. pl. masc. . . .ἐκβάλλω
39 ἐγένετο 3 p. sing. 2 aor. mid. ind. . . . . . . .γίνομαι
ἐπεγίνωσκον 3 p. pl. imperf. act. ind. . . . ἐπιγινώσκω
κατενόουν 3 p. pl. imperf. act. ind. . . . . . .κατανοέω
ἔχοντα pres. act. ptc. acc. s. masc. or nom. pl. neut. ἔχω
ἐβουλεύοντο 3 p. pl. imperf. mid. ind. . . . . . βουλεύω
δύναιντο 3 p. pl. pres. pass. opt. . . . . . . .δύναμαι
ἐξῶσαι 1 aor. act. infin. . . . . .ἐξωθέω
40 περιελόντες 2 aor. act. ptc. nom. pl. masc. . . περιαιρέω
εἴων 3 p. pl. imperf. act. ind. . . . . .ἐάω
ἀνέντες 2 aor. act. ptc. nom. pl. masc. . . . . . .ἀνίημι

ἐπάραντες 1 aor. act. ptc. nom. pl. masc. . . . . ἐπαίρω
κατεῖχον 3 p. pl. imperf. act. ind. . . . . κατέχω
41 περιπεσόντες 2 aor. act. ptc. nom. pl. masc. . περιπίπτω
ἐπέκειλαν 2 p. pl. 1 aor. act. ind. . . . . . . ἐπικέλλω
ἐρείσασα 1 aor. act. ptc. nom. sing. fem. . . . . ἐρείδω
ἔμεινεν 3 p. sing. 1 aor. act. ind. . . . . μένω
ἐλύετο 3 p. sing. imperf. pass. ind. . . . . λύω
42 ἐγένετο 3 p. sing. 2 aor. mid. ind. . . . . γίνομαι
ἀποκτείνωσιν 3 p. pl. pres. act. subj. . . . . ἀποκτείνω
ἐκκολυμβήσας 1 aor. act. ptc. nom. sing. masc.ἐκκολυμβάω
διαφύγῃ 3 p. sing. 2 aor. act. subj. . . . . . . διαφεύγω
43 βουλόμενος pres. mid. ptc. nom. sing. masc. . . βούλομαι
διασῶσαι 1 aor. act. infin. . . . . διασώζω
ἐκώλυσεν 3 p. sing. 1 aor. act. ind. . . . . κωλύω
ἐκέλευσεν 3 p. sing. 1 aor. act. ind. . . . . . . κελεύω
δυναμένους pres. pass. ptc. acc. pl. masc. . . . δύναμαι
κολυμβᾶν pres. act. infin. . . . . κολυμβάω
ἀπορίψαντας 1 aor. act. ptc. acc. pl. masc. . . ἀπορρίπτω
ἐξιέναι pres. act. infin. . . . . ἔξειμι
44 διασωθῆναι 1 aor. pass. infin. . . . . διασώζω

28

1 διασωθέντες 1 aor. pass. ptc. nom. pl. masc. . . διασώζω
ἐπέγνωμεν 1 p. pl. 2 aor. act. ind. . . . . . ἐπιγινώσκω
καλεῖται 3 p. sing. pres. pass. ind. . . . . καλέω
2 παρεῖχον 3 p. pl. imperf. act. ind. . . . . παρέχω
ἅψαντες 1 aor. act. ptc. nom. pl. masc. . . . . ἅπτω
προσελάβοντο 3 p. pl. 2 aor. mid. ind. . . . προσλαμβάνω
ἐφεστῶτα perf. act. ptc. acc. sing. masc. . . . .ἐφίστημι
3 συστρέψαντος 1 aor. act. ptc. gen. sing. masc. .συστρέφω
ἐπιθέντος 2 aor. act. ptc. gen. sing. masc. . .ἐπιτίθημι
ἐξελθοῦσα 2 aor. act. ptc. nom. sing. fem. . . ἐξέρχομαι
καθῆψεν 3 p. sing. 1 aor. act. ind. . . . . .καθάπτω
4 εἶδον 3 p. pl. 2 aor. act. ind. . . . . ὁράω
κρεμάμενον pres. mid. ptc. acc. sing. neut. . .κρεμάννυμι
ἔλεγον 3 p. pl. imperf. act. ind. . . . . λέγω
ἐστιν 3 p. sing. pres. act. ind. . . . . εἰμί
διασωθέντα 1 aor. pass. ptc. acc. sing. masc. . .διασώζω
ζῆν pres. act. infin. . . . . .ζάω
εἴασεν 3 p. sing. 1 aor. act. ind. . . . . ἐάω
5 ἀποτινάξας 1 aor. act. ptc. nom. s. masc. . . . ἀποτινάσσω
ἔπαθεν 3 p. sing. 2 aor. act. ind. . . . . πάσχω
6 προσεδόκων 3 p. pl. imperf. act. ind. . . . . προσδοκάω
μέλλειν pres. act. infin. . . . . μέλλω
πίμπρασθαι pres. pass. infin. . . . . πίμπρημι
καταπίπτειν pres. act. infin. . . . . .καταπίπτω
προσδοκώντων pres. act. ptc. gen. pl. masc. . .προσδοκάω
θεωρούντων pres. act. ptc. gen. pl. masc. . . . . θεωρέω
γινόμενον pres. mid. ptc. acc. sing. masc. . . . γίνομαι
μεταβαλόμενοι pres. mid. ptc. nom. pl. masc. . . μεταβάλλω
εἶναι pres. act. infin. . . . . εἰμί
7 ὑπῆρχεν 3 p. sing. imperf. act. ind. . . . . ὑπάρχω
ἀναδεξάμενος 1 aor. mid. ptc. nom. s. masc. . ἀναδέχομαι
ἐξένισεν 3 p. sing. 1 aor. act. ind. . . . . ξενίζω
8 ἐγένετο 3 p. sing. 2 aor. mid. ind. . . . . . . γίνομαι

συνεχόμενον pres. pass. ptc. acc. sing. masc. . . συνέχω
κατακεῖσθαι pres. mid. infin. . . . . κατάκειμαι
εἰσελθών 2 aor. act. ptc. nom. sing. masc. . εἰσέρχομαι
προσευξάμενος 1 aor. mid. ptc. nom. s. masc. προσεύχομαι
ἐπιθείς 2 aor. act. ptc. nom. sing. masc. . . .ἐπιτίθημι
ἰάσατο 3 p. sing. 1 aor. mid. ind. . . . . ἰάομαι
9 γενομένου 2 aor. mid. ptc. gen. sing. masc. . . .γίνομαι
ἔχοντες pres. act. ptc. nom. pl. masc. . . . . .ἔχω
ἐθεραπεύοντο 3 p. pl. imperf. pass. ind. . . . . .θεραπεύω
προσήρχοντο 3 p. pl. imperf. mid. ind. . . . προσέρχομαι
10 ἐτίμησαν 3 p. pl. 1 aor. act. ind. . . . . τιμάω
ἀναγομένοις pres. pass. ptc. dat. pl. masc. . . . .ἀνάγω
ἐπέθεντο 3 p. pl. 2 aor. mid. ind. . . . . ἐπιτίθημι
11 ἀνήχθημεν 1 p. pl. 1 aor. pass. ind. . . . . ἀνάγω
παρακεχειμακότι perf. act. ptc. dat. s. m. παραχειμάζω
12 καταχθέντες 1 aor. pass. ptc. nom. pl. masc. . . .κατάγω
ἐπεμείναμεν 1 p. pl. 1 aor. act. ind. . . . . . .ἐπιμένω
13 περιελθόντες 2 aor. act. ptc. nom. pl. masc. περιέρχομαι
κατηντήσαμεν 1 p. pl. 1 aor. act. ind. . . . . .κατανταω
ἐπιγενομένου 2 aor. mid. ptc. gen. s. masc. . ἐπιγίνομαι
ἤλθομεν 1 p. pl. 2 aor. act. ind. . . . . ἔρχομαι
14 εὑρόντες 2 aor. act. ptc. nom. pl. masc. . . . . εὑρίσκω
παρεκλήθημεν 1 p. pl. 1 aor. pass. ind. . . . .παρακαλέω
ἐπιμεῖναι 1 aor. act. infin. . . . . ἐπιμένω
ἤλθαμεν 1 p. pl. 2 aor. act. ind. . . . . ἔρχομαι
15 ἀκούσαντες 1 aor. act. ptc. nom. pl. masc. . . . . ἀκούω
ἦλθαν 3 p. pl. 2 aor. act. ind. . . . . ἔρχομαι
ἰδών 2 aor. act. ptc. nom. sing. masc. . . . . ὁράω
εὐχαριστήσας 1 aor. act. ptc. nom. sing. masc.εὐχαριστέω
ἔλαβε 3 p. sing. 1 aor. act. ind. . . . . λαμβάνω
16 εἰσήλθομεν 1 p. pl. 2 aor. act. ind. . . . . εἰσέρχομαι
ἐπετράπη 3 p. sing. 2 aor. pass. ind. . . . . . ἐπιτρέπω
μένειν pres. act. infin. . . . . μένω
φυλάσσοντι pres. act. ptc. dat. sing. masc. . . . .φυλάσσω
17 ὄντας pres. act. ptc. acc. pl. masc. . . . . εἰμί
ἐγένετο 3 p. sing. 2 aor. mid. ind. . . . . . . .γίνομαι
συγκαλέσασθαι 1 aor. mid. infin. . . . . .συγκαλέω
συνελθόντων 2 aor. act. ptc. gen. pl. masc. . συνέρχομαι
ἔλεγεν 3 p. sing. imperf. act. ind. . . . . λέγω
ποιήσας 1 aor. act. ptc. nom. sing. masc. . . . . . ποιέω
παρεδόθην 1 p. sing. 1 aor. pass. ind. . . . παραδίδωμι
18 ἀνακρίναντες 1 aor. act. ptc. nom. pl. masc. . .ἀνακρίνω
ἐβούλοντο 3 p. pl. imperf. mid. ind. . . . . . .βούλομαι
ἀπολῦσαι 1 aor. act. infin. . . . . ἀπολύω
ὑπάρχειν pres. act. infin. . . . . ὑπάρχω
19 ἀντιλεγόντων pres. act. ptc. gen. pl. masc. . . . ἀντιλέγω
ἠναγκάσθην 1 p. sing. 1 aor. pass. ind. . . . . . ἀναγκάζω
ἐπικαλέσασθαι 1 aor. mid. infin. . . . . .ἐπικαλέω
ἔχων pres. act. ptc. nom. sing. masc. . . . . ἔχω
κατηγορεῖν pres. act. infin. . . . . κατηγορέω
20 παρεκάλεσα 1 p. sing. 1 aor. act. ind. . . . . παρακαλέω
ἰδεῖν 2 aor. act. infin. . . . . ὁράω
προσλαλῆσαι 1 aor. act. infin. . . . . προσλαλέω
περίκειμαι 1 p. sing. pres. mid. ind. . . . . . περίκειμαι
21 εἶπαν 3 p. pl. 2 aor. act. ind. . . . . λέγω

ἐδεξάμεθα 1 p. pl. 1 aor. mid. ind. . . . . .δέχομαι
παραγενόμενος 2 aor. mid. ptc. nom. s. m. . παραγίνομαι
ἀπήγγειλεν 3 p. sing. 1 aor. act. ind. . . . . ἀπαγγέλλω
ἐλάλησεν 3 p. sing. 1 aor. act. ind. . . . . λαλέω
22 ἀξιοῦμεν 1 p. pl. pres. act. ind. . . . . .ἀξιόω
ἀκοῦσαι 1 aor. act. infin. . . . . ἀκούω
φρονεῖς 2 p. sing. pres. act. ind. . . . . .φρονέω
ἔστιν 3 p. sing. pres. act. ind. . . . . εἰμί
ἀντιλέγεται 3 p. sing. pres. pass. ind. . . . . ἀντιλέγω
23 ταξάμενοι 1 aor. mid. ptc. nom. pl. masc. . . . . . τάσσω
ἦλθον 1 p. s. or 3 p. pl. 2 aor. act. ind. . . . .ἔρχομαι
ἐξετίθετο 3 p. sing. imperf. mid. ind. . . . . .ἐκτίθημι
διαμαρτυρόμενος pres. mid. ptc. n. s. m. . διαμαρτύρομαι
πείθων pres. act. ptc. nom. sing. masc. . . . . . . .πείθω
24 ἐπείθοντο 3 p. pl. imperf. mid. ind. . . . . .id.
λεγομένοις pres. pass. ptc. dat. pl. neut. . . . . . λέγω
ἠπίστουν 3 p. pl. imperf. act. ind. . . . . .ἀπιστέω
25 ὄντες pres. act. ptc. nom. pl. masc. . . . . εἰμί
ἀπελύοντο 3 p. pl. imperf. pass. ind. . . . . ἀπολύω
εἰπόντος 2 aor. act. ptc. gen. sing. masc. . . . . . λέγω
ἐλάλησεν 3 p. sing. 1 aor. act. ind. . . . . λαλέω
26 λέγων pres. act. ptc. nom. sing. masc. . . . . λέγω
πορεύθητι 2 p. sing. 1 aor. pass. impor. . . . πορεύομαι
εἰπόν 2 p. sing. 2 aor. act. impor. . . . . .λέγω
ἀκούσετε 2 p. pl. fut. act. ind. . . . . ἀκούω
συνῆτε 2 p. pl. 2 aor. act. subj. . . . . συνίημι
βλέποντες pres. act. ptc. nom. pl. masc. . . . . . . βλέπω
βλέψετε 2 p. pl. fut. act. ind. . . . . .id.
ἴδητε 2 p. pl. 2 aor. act. subj. . . . . ὁράω
27 ἐπαχύνθη 3 p. sing. 1 aor. pass. ind. . . . . παχύνω
ἤκουσαν 3 p. pl. 1 aor. act. ind. . . . . ἀκούω
ἐκάμμυσαν 3 p. pl. 1 aor. act. ind. . . . . καμμύω
ἴδωσιν 3 p. pl. 2 aor. act. subj. . . . . ὁράω
ἀκούσωσιν 3 p. pl. 1 aor. act. subj. . . . . ἀκούω
συνῶσιν 3 p. pl. 2 aor. act. subj. . . . . συνίημι
ἐπιστρέψωσιν 3 p. pl. 1 aor. act. subj. . . . ἐπιστρέφω
ἰάσομαι 1 p. sing. fut. mid. ind. . . . . ἰάομαι
28 ἔστω 3 p. sing. pres. act. imper. . . . . εἰμί
ἀπεστάλη 3 p. sing. 2 aor. pass. ind. . . . . .ἀποστέλλω
ἀκούσονται 3 p. pl. fut. mid. ind. . . . . ἀκούω
30 ἐνέμεινεν 3 p. sing. 1 aor. act. ind. . . . . . . ἐμμένω
ἀπεδέχετο 3 p. sing. imperf. mid. ind. . . . ἀποδέχομαι
εἰσπορευομένους pres. mid. ptc. acc. pl. m. εἰσπορεύομαι
31 κηρύσσων pres. act. ptc. nom. sing. masc. . . . .κηρύσσω
διδάσκων pres. act. ptc. nom. sing. masc. . . . .διδάσκω

1 ἀφωρισμένος perf. pass. ptc. nom. sing. masc. . . ἀφορίζω
2 προεπηγγείλατο 3 p. s. 1 aor. mid. ind. προεπαγγέλλομαι
3 γενομένου 2 aor. mid. ptc. gen. sing. masc. . . . . γίνομαι
4 ὁρισθέντος 1 aor. pass. ptc. gen. sing. masc. . . . ὁρίζω
5 ἐλάβομεν 1 p. pl. 2 aor. act. ind. . . . . λαμβάνω
6 ἐστε 2 p. pl. pres. act. ind. . . . . εἰμί
7 οὖσιν pres. act. ptc. dat. pl. masc. or neut. . . . . id.
8 εὐχαριστῶ 1 p. sing. pres. act. ind. contr. . εὐχαριστέω
καταγγέλλεται 3 p. sing. pres. pass. ind. . . καταγγέλλω
9 ἐστιν 3 p. sing. pres. act. ind. . . . . .εἰμί
λατρεύω 1 p. sing. pres. act. ind. . . . . λατρεύω
ποιοῦμαι 1 p. sing. pres. mid. ind. . . . . ποιέω
10 δεόμενος pres. mid. ptc. nom. sing. masc. . . . . . . δέω
εὐοδωθήσομαι 1 p. sing. fut. pass. ind. . . . . . εὐοδόω
ἐλθεῖν 2 aor. act. infin. . . . . ἔρχομαι
11 ἐπιποθῶ 1 p. sing. pres. act. ind. contr. . . . . .ἐπιποθέω
ἰδεῖν 2 aor. act. infin. . . . . ὁράω
μεταδῶ 1 p. sing. 2 aor. act. subj. . . . . . .μεταδίδωμι
στηριχθῆναι 1 aor. pass. infin. . . . . .στηρίζω
12 συμπαρακληθῆναι 1 aor. pass. infin. . . . . συμπαρακαλέω
13 ἀγνοεῖν pres. act. infin. . . . . .ἀγνοέω
προεθέμην 1 p. sing. 2 aor. mid. ind. . . . . . προτίθημι
ἐλθεῖν 2 aor. act. infin. . . . . ἔρχομαι
ἐκωλύθην 1 p. sing. 1 aor. pass. ind. . . . . .κωλύω
σχῶ 1 p. sing. 2 aor. act. subj. . . . . .ἔχω
15 εὐαγγελίσασθαι 1 aor. mid. infin. . . . . εὐαγγελίζω
16 ἐπαισχύνομαι 1 p. sing. pres. mid. ind. . . ἐπαισχύνομαι
πιστεύοντι pres. act. ptc. dat. sing. masc. . . . .πιστεύω
17 ἀποκαλύπτεται 3 p. sing. pres. pass. ind. . . ἀποκαλύπτω
γέγραπται 3 p. sing. perf. pass. ind. . . . . γράφω
ζήσεται 3 p. sing. fut. mid. ind. . . . . ζάω
18 κατεχόντων pres. act. ptc. gen. pl. masc. . . . . . κατέχω
19 ἐφανέρωσεν 3 p. sing. 1 aor. act. ind. . . . . . . φανερόω
20 νοούμενα pres. pass. ptc. nom. pl. neut. . . . . . . νοέω
καθορᾶται 3 p. sing. pres. pass. ind. . . . . . . καθοράω
εἶναι pres. act. infin. . . . . .εἰμί
21 γνόντες 2 aor. act. ptc. nom. pl. masc. . . . . . . γινώσκω
ἐδόξασαν 3 p. pl. 1 aor. act. ind. . . . . δοξάζω
ηὐχαρίστησαν 3 p. pl. 1 aor. act. ind. . . . εὐχαριστέω
ἐματαιώθησαν 3 p. pl. 1 aor. pass. ind. . . . .ματαιόω
ἐσκοτίσθη 3 p. sing. 1 aor. pass. ind. . . . . . . σκοτίζω
22 φάσκοντες pres. act. ptc. nom. pl. masc. . . . . . . φάσκω
ἐμωράνθησαν 3 p. pl. 1 aor. pass. ind. . . . . . . μωραίνω
23 ἤλλαξαν 3 p. sing. 1 aor. act. ind. . . . . . . .ἀλλάσσω
24 παρέδωκεν 3 p. sing. 1 aor. act. ind. . . . . παραδίδωμι
ἀτιμάζεσθαι pres. pass. infin. . . . . ἀτιμάζω
25 μετήλλαξαν 3 p. pl. 1 aor. act. ind. . . . μεταλλάσσω
ἐσεβάσθησαν 3 p. pl. 1 aor. pass. ind. . . . . σεβάζομαι
ἐλάτρευσαν 3 p. pl. 1 aor. act. ind. . . . . . . λατρεύω
κτίσαντα 1 aor. act. ptc. acc. sing. masc. . . . . .κτίζω
27 ἐξεκαύθησαν 3 p. pl. 1 aor. pass. ind. . . . . . .ἐκκαίω
ἀφέντες 2 aor. act. ptc. nom. pl. masc. . . . . . .ἀφίημι

κατεργαζόμενοι pres. mid. ptc. nom. pl. m. κατεργάζομαι
ἔδει 3 p. sing. imperf. act. ind. . . . . .δεῖ
ἀπολαμβάνοντες pres. act. ptc. nom. pl. masc. ἀπολαμβάνω
28 ἐδοκίμασαν 3 p. pl. 1 aor. act. ind. . . . . . .δοκιμάζω
ἔχειν pres. act. infin. . . . . .ἔχω
παρέδωκεν 3 p. sing. 1 aor. act. ind. . . . . παραδίδωμι
ποιεῖν pres. act. infin. . . . . .ποιέω
καθήκοντα pres. act. ptc. acc. pl. neut. . . . . .καθήκω
29 πεπληρωμένους perf. pass. ptc. acc. pl. masc. . . πληρόω
32 ἐπιγνόντες 2 aor. act. ptc. nom. pl. masc. . .ἐπιγινώσκω
πράσσοντες pres. act. ptc. nom. pl. masc. . . . . πράσσω
εἰσίν 3 p. pl. pres. act. ind. . . . . εἰμί
ποιοῦσιν 3 p. pl. pres. act. ind. . . . . .ποιέω
συνευδοκοῦσιν 3 p. pl. pres. act. ind. . . . συνευδοκέω
πράσσουσιν pres. act. ptc. dat. pl. masc. . . . . . πράσσω

2

1 εἶ 2 p. sing. pres. act. ind. . . . . εἰμί
κρίνων pres. act. ptc. nom. sing. masc. . . . . κρίνω
κρίνεις 2 p. sing. pres. act. ind. . . . . id.
κατακρίνεις 2 p. sing. pres. act. ind. . . . . κατακρίνω
πράσσεις 2 p. sing. pres. act. ind. . . . . πράσσω
2 οἴδαμεν 1 p. pl. perf. act. ind. . . . . .οἶδα
ἔστιν 3 p. sing. pres. act. ind. . . . . εἰμί
πράσσοντας pres. act. ptc. acc. pl. masc. . . . . . πράσσω
3 λογίζῃ 2 p. sing. pres. mid. ind. . . . . λογίζομαι
ποιῶν pres. act. ptc. nom. sing. masc. . . . . .ποιέω
ἐκφεύξῃ 2 p. sing. fut. mid. ind. . . . . ἐκφεύγω
4 καταφρονεῖς 2 p. sing. pres. act. ind. . . . καταφρονέω
ἀγνοῶν pres. act. ptc. nom. sing. masc. . . . . . . .ἀγνοέω
ἄγει 3 p. sing. pres. act. ind. . . . . ἄγω
5 θησαυρίζεις 2 p. sing. pres. act. ind. . . . . θησαυρίζω
6 ἀποδώσει 3 p. sing. fut. act. ind. . . . . . . ἀποδίδωμι
7 ζητοῦσιν 3 p. pl. pres. act. ind. . . . . ζητέω
8 ἀπειθοῦσι pres. act. ptc. dat. pl. masc. . . . . . ἀπειθέω
πειθομένοις pres. mid. ptc. dat. pl. masc. . . . . πείθω
9 κατεργαζομένου pres. mid. ptc. gen. s. m. .κατεργάζομαι
10 ἐργαζομένῳ pres. mid. ptc. dat. sing. masc. . .ἐργάζομαι
12 ἥμαρτον 1 p. s. or 3 p. pl. 2 aor. act. ind. . .ἁμαρτάνω
ἀπολοῦνται 3 p. pl. fut. mid. ind. . . . . ἀπόλυμι
κριθήσονται 3 p. pl. fut. pass. ind. . . . . κρίνω
13 δικαιωθήσονται 3 p. pl. fut. pass. ind. . . . . . .δικαιόω
14 ἔχοντα pres. act. ptc. nom. pl. neut. . . . . .ἔχω
ποιῶσιν 3 p. pl. pres. act. subj. . . . . .ποιέω
ἔχοντες pres. act. ptc. nom. pl. masc. . . . . .ἔχω
εἰσιν 3 p. pl. pres. act. ind. . . . . εἰμί
15 ἐνδείκνυνται 3 p. pl. pres. mid. ind. . . . . ἐνδείκνυμι
συμμαρτυρούσης pres. act. ptc. gen. s. fem. συμμαρτυρέω
κατηγορούντων pres. act. ptc. gen. pl. masc. . κατηγορέω
ἀπολογουμένων pres. mid. ptc. gen. pl. masc. ἀπολογέομαι
16 κρίνει 3 p. sing. pres. act. ind. . . . . κρίνω
17 ἐπονομάζῃ 2 p. sing. pres. pass. ind. . . . . .ἐπονομάζω
ἐπαναπαύῃ 2 p. sing. pres. mid. ind. . . . ἐπαναπαύομαι
καυχᾶσαι 2 p. sing. pres. mid. ind. . . . . . .καυχάομαι
18 γινώσκεις 2 p. sing. pres. act. ind. . . . . . . γινώσκω

δοκιμάζεις 2 p. sing. pres. act. ind. . . . . . . δοκιμάζω
διαφέροντα pres. act. ptc. acc. pl. neut. . . . .διαφέρω
κατηχούμενος pres. pass. ptc. nom. sing. masc. . κατηχέω
19 πέποιθας 2 p. sing. 2 perf. act. ind. . . . . πείθω
εἶναι pres. act. infin. . . . . εἰμί
20 ἔχοντα pres. act. ptc. acc. sing. masc. . . . . ἔχω
21 διδάσκων pres. act. ptc. nom. sing. masc. . . . .διδάσκω
διδάσκεις 2 p. sing. pres. act. ind. . . . . id.
κηρύσσων pres. act. ptc. nom. sing. masc. . . . .κηρύσσω
κλέπτειν pres. act. infin. . . . . .κλέπτω
κλέπτεις 2 p. sing. pres. act. ind. . . . . id.
22 λέγων pres. act. ptc. nom. sing. masc. . . . . λέγω
μοιχεύειν pres. act. infin. . . . . .μοιχεύω
μοιχεύεις 2 p. sing. pres. act. ind. . . . . id.
βδελυσσόμενος pres. mid. ptc. nom. s. masc. βδελύσσομαι
ἱεροσυλεῖς 2 p. sing. pres. act. ind. . . . . . .ἱεροσυλέω
23 καυχᾶσαι 2 p. sing. pres. mid. ind. . . . . . .καυχάομαι
ἀτιμάζεις 2 p. sing. pres. act. ind. . . . . . . ἀτιμάζω
24 βλασφημεῖται 3 p. sing. pres. pass. ind. . . . βλασφημέω
γέγραπται 3 p. sing. perf. pass. ind. . . . . γράφω
25 ὠφελεῖ 3 p. sing. pres. act. ind. . . . . .ὠφελέω
πράσσῃς 2 p. sing. pres. act. subj. . . . . .πράσσω
ἦς 2 p. sing. imperf. act. ind. . . . . .εἰμί
γέγονεν 3 p. sing. 2 perf. act. ind. . . . . γίνομαι
26 φυλάσσῃ 3 p. sing. pres. act. subj. . . . . . . .φυλάσσω
λογισθήσεται 3 p. sing. fut. pass. ind. . . . λογίζομαι
27 κρινεῖ 3 p. sing. fut. act. ind. . . . . .κρίνω
τελοῦσα pres. act. ptc. nom. sing. fem. . . . . . . τελέω
28 ἐστιν 3 p. sing. pres. act. ind. . . . . εἰμί

3

2 ἐπιστεύθησαν 3 p. pl. 1 aor. pass. ind. . . . . . .πιστεύω
3 ἠπίστησαν 3 p. pl. 1 aor. act. ind. . . . . id.
καταργήσει 3 p. sing. fut. act. ind. . . . . . καταργέω
4 γένοιτο 3 p. sing. 2 aor. mid. opt. . . . . .γίνομαι
γινέσθω 3 p. sing. pres. mid. imper. . . . . id.
γέγραπται 3 p. sing. perf. pass. ind. . . . . γράφω
δικαιωθῇς 2 p. sing. 1 aor. pass. subj. . . . . .δικαιόω
νικήσεις 2 p. sing. fut. act. ind. . . . . νικάω
κρίνεσθαι pres. pass. infin. . . . . κρίνω
5 συνίστησιν 3 p. sing. pres. act. ind. . . . . . .συνίστημι
ἐροῦμεν 1 p. pl. fut. act. ind. . . . . λέγω
ἐπιφέρων pres. act. ptc. nom. sing. masc. . . . .ἐπιφέρω
6 κρινεῖ 3 p. sing. fut. act. ind. . . . . .κρίνω
7 ἐπερίσσευσεν 3 p. sing. 1 aor. act. ind. . . . περισσεύω
κρίνομαι 1 p. sing. pres. pass. ind. . . . . κρίνω
8 βλασφημούμεθα 1 p. pl. pres. pass. ind. . . . .βλασφημέω
φασίν 3 p. pl. pres. act. ind. . . . . φημί
λέγειν pres. act. infin. . . . . λέγω
ποιήσωμεν 1 p. pl. 1 aor. act. subj. . . . . ποιέω
ἔλθῃ 3 p. sing. 2 aor. act. subj. . . . . .ἔρχομαι
ἐστιν 3 p. sing. pres. act. ind. . . . . εἰμί
9 προεχόμεθα 1 p. pl. pres. mid. ind. . . . . προέχω
προητιασάμεθα 1 p. pl. 1 aor. mid. ind. . . .προαιτιάομαι
εἶναι pres. act. infin. . . . . εἰμί

10 γέγραπται 3 p. sing. perf. pass. ind. . . . . γράφω
 ἔστιν 3 p. sing. pres. act. ind. . . . . εἰμί
11 συνίων pres. act. ptc. nom. sing. masc. . . . . . . συνίημι
 ἐκζητῶν pres. act. ptc. nom. sing. masc. . . . . . .ἐκζητέω
12 ἐξέκλιναν 3 p. pl. 1 aor. act. ind. . . . . .ἐκκλίνω
 ἠχρεώθησαν 3 p. pl. 1 aor. pass. ind. . . . . . . .ἀχρειόω
 ποιῶν pres. act. ptc. nom. sing. masc. . . . . . . .ποιέω
13 ἀνεωγμένος perf. pass. ptc. nom. sing. masc. . . .ἀνοίγω
 ἐδολιοῦσαν 3 p. pl. imperf. act. ind. . . . . . . δολιόω
14 γέμει 3 p. sing. pres. act. ind. . . . . γέμω
15 ἐκχέαι 1 aor. act. infin. . . . . ἐκχέω
17 ἔγνωσαν 3 p. pl. 2 aor. act. ind. . . . . γινώσκω
19 οἴδαμεν 1 p. pl. perf. act. ind. . . . . οἶδα
 λέγει 3 p. sing. pres. act. ind. . . . . λέγω
 λαλεῖ 3 p. sing. pres. act. ind. . . . . .λαλέω
 φραγῇ 3 p. sing. 2 aor. pass. subj. . . . . .φράσσω
 γένηται 3 p. sing. 2 aor. mid. subj. . . . . . . .γίνομαι
20 δικαιωθήσεται 3 p. sing. fut. pass. ind. . . . . δικαιόω
21 πεφανέρωται 3 p. sing. perf. pass. ind. . . . . .φανερόω
 μαρτυρουμένη pres. pass. ptc. nom. sing. fem. . μαρτυρέω
22 πιστεύοντας pres. act. ptc. acc. pl. masc. . . . πιστεύω
23 ἥμαρτον 1 p. s. or 3 p. pl. 2 aor. act. ind. . . ἁμαρτάνω
 ὑστεροῦνται 3 p. pl. pres. mid. ind. . . . . . . ὑστερέω
24 δικαιούμενοι pres. pass. ptc. nom. pl. masc. . . δικαιόω
25 προέθετο 3 p. sing. 2 aor. mid. ind. . . . . . προτίθημι
 προγεγονότων perf. act. ptc. gen. pl. neut. . προγίνομαι
26 εἶναι pres. act. infin. . . . . .εἰμί
 δικαιοῦντα pres. act. ptc. acc. sing. masc. . . .δικαιόω
27 ἐξεκλείσθη 3 p. sing. 1 aor. pass. ind. . . . . .ἐκκλείω
28 λογιζόμεθα 1 p. pl. pres. mid. ind. . . . . . λογίζομαι
 δικαιοῦσθαι pres. pass. infin. . . . . δικαιόω
30 δικαιώσει 3 p. sing. fut. act. ind. . . . . id.
31 καταργοῦμεν 1 p. pl. pres. act. ind. . . . . . . καταργέω
 γένοιτο 3 p. sing. 2 aor. mid. opt. . . . . γίνομαι
 ἱστάνομεν 1 p. pl. pres. act. ind. . . . . . . .ἱστάνω

4

1 ἐροῦμεν 1 p. pl. fut. act. ind. . . . . λέγω
 εὑρηκέναι perf. act. infin. . . . . εὑρίσκω
2 ἐδικαιώθη 3 p. sing. 1 aor. pass. ind. . . . . . .δικαιόω
 ἔχει 3 p. sing. pres. act. ind. . . . . ἔχω
3 λέγει 3 p. sing. pres. act. ind. . . . . λέγω
 ἐπίστευσεν 3 p. sing. 1 aor. act. ind. . . . . . πιστεύω
 ἐλογίσθη 3 p. sing. 1 aor. pass. ind. . . . . . λογίζομαι
4 ἐργαζομένῳ pres. mid. ptc. dat. sing. masc. . . ἐργάζομαι
 λογίζεται 3 p. sing. pres. mid. ind. . . . . . λογίζομαι
5 πιστεύοντι pres. act. ptc. dat. sing. masc. . . .πιστεύω
 δικαιοῦντα pres. act. ptc. acc. sing. masc. . . .δικαιόω
7 ἀφέθησαν 3 p. pl. 1 aor. pass. ind. . . . . ἀφίημι
 ἐπεκαλύφθησαν 3 p. pl. 1 aor. pass. ind. . . . ἐπικαλύπτω
8 λογίσηται 3 p. sing. 1 aor. mid. subj. . . . . λογίζομαι
9 λέγομεν 1 p. pl. pres. act. ind. . . . . .λέγω
10 ὄντι pres. act. ptc. dat. sing. masc. or neut. . . . εἰμί
11 ἔλαβεν 3 p. sing. 2 aor. act. ind. . . . . .λαμβάνω
 εἶναι pres. act. infin. . . . . .εἰμί

πιστευόντων pres. act. ptc. gen. pl. masc. . . . πιστεύω
λογισθῆναι 1 aor. pass. infin. . . . . λογίζομαι
12 στοιχοῦσιν 3 p. pl. pres. act. ind. . . . . . . .στοιχέω
14 κεκένωται 3 p. sing. perf. pass. ind. . . . . . . .κενόω
κατήργηται 3 p. sing. perf. pass. ind. . . . . .καταργέω
15 κατεργάζεται 3 p. sing. pres. mid. ind. . . κατεργάζομαι
ἔστιν 3 p. sing. pres. act. ind. . . . . εἰμί
16 εἶναι pres. act. infin. . . . . id.
17 γέγραπται 3 p. sing. perf. pass. ind. . . . . . . .γράφω
τέθεικα 1 p. sing. perf. act. ind. . . . . .τίθημι
ἐπίστευσεν 3 p. sing. 1 aor. act. ind. . . . . . πιστεύω
ζωοποιοῦντος pres. act. ptc. gen. sing. masc. . ζωοποιέω
καλοῦντος pres. act. ptc. gen. sing. masc. . . . . καλέω
ὄντα pres. act. ptc. acc. pl. neut. . . . . .εἰμί
18 γενέσθαι 2 aor. pass. infin. . . . . γίνομαι
εἰρημένον perf. pass. ptc. nom. or acc. sing. neut. λέγω
ἔσται 3 p. sing. fut. mid. ind. . . . . .εἰμί
19 ἀσθενήσας 1 aor. act. ptc. nom. sing. masc. . . .ἀσθενέω
κατενόησεν 3 p. sing. 1 aor. act. ind. . . . . .κατανοέω
νενεκρωμένον perf. pass. ptc. acc. sing. neut. . . νεκρόω
ὑπάρχων pres. act. ptc. nom. sing. masc. . . . . . .ὑπάρχω
20 διεκρίθη 3 p. sing. 1 aor. pass. ind. . . . . . διακρίνω
ἐνεδυναμώθη 3 p. sing. 1 aor. pass. ind. . . . ἐνδυναμόω
δούς 2 aor. act. ptc. nom. sing. masc. . . . . . . δίδωμι
21 πληροφορηθείς 1 aor. pass. ptc. nom. s. masc. πληροφορέω
ἐπήγγελται 3 p. sing. perf. pass. ind. . . . . ἐπαγγέλλω
ποιῆσαι 1 aor. act. infin. . . . . .ποιέω
22 ἐλογίσθη 3 p. sing. 1 aor. pass. ind. . . . . . λογίζομαι
23 ἐγράφη 3 p. sing. 2 aor. pass. ind. . . . . .γράφω
24 μέλλει 3 p. sing. pres. act. ind. . . . . .μέλλω
λογίζεσθαι pres. mid. infin. . . . . λογίζομαι
πιστεύουσιν pres. act. ptc. dat. pl. masc. . . . πιστεύω
ἐγείραντα 1 aor. act. ptc. acc. sing. masc. . . . . ἐγείρω
25 παρεδόθη 3 p. sing. 1 aor. pass. ind. . . . . . παραδίδωμι
ἠγέρθη 3 p. sing. 1 aor. pass. ind. . . . . .ἐγείρω

5

1 δικαιωθέντες 1 aor. pass. ptc. nom. pl. masc. . . δικαιόω
ἔχομεν 1 p. pl. pres. act. ind. . . . . ἔχω
2 ἐσχήκαμεν 1 p. pl. perf. act. ind. . . . . id.
ἑστήκαμεν 1 p. pl. perf. act. ind. . . . . .ἵστημι
καυχώμεθα 1 p. pl. pres. mid. ind. . . . . . . καυχάομαι
3 εἰδότες perf. act. ptc. nom. pl. masc. . . . . οἶδα
κατεργάζεται 3 p. sing. pres. mid. ind. . . .κατεργάζομαι
5 καταισχύνει 3 p. sing. pres. act. ind. . . . . καταισχύνω
ἐκκέχυται 3 p. sing. perf. pass. ind. . . . . . . ἐκχέω
δοθέντος 1 aor. pass. ptc. gen. sing. neut. . . . δίδωμι
6 ὄντων pres. act. ptc. gen. pl. masc. or neut. . . . . εἰμί
ἀσθενῶν pres. act. ptc. nom. sing. masc. . . . . . ἀσθενέω
ἀπέθανεν 3 p. sing. 2 aor. act. ind. . . . . . .ἀποθνήσκω
7 ἀποθανεῖται 3 p. sing. fut. mid. ind. . . . . id.
τολμᾷ 3 p. sing. pres. act. ind. or subj. . . . . . τολμάω
ἀποθανεῖν 2 aor. act. infin. . . . . ἀποθνήσκω
9 δικαιωθέντες 1 aor. pass. ptc. nom. pl. masc. . . δικαιόω
σωθησόμεθα 1 p. pl. fut. pass. ind. . . . . σώζω

10 ὄντες pres. act. ptc. nom. pl. masc. . . . . εἰμί
κατηλλάγημεν 1 p. pl. 2 aor. pass. ind. . . . καταλλάσσω
καταλλαγέντες 2 aor. pass. ptc. nom. pl. masc. . . . id.
11 καυχώμενοι pres. mid. ptc. nom. pl. masc. . . καυχάομαι
ἐλάβομεν 1 p. pl. 2 aor. act. ind. . . . . λαμβάνω
12 εἰσῆλθεν 3 p. sing. 2 aor. act. ind. . . . . . εἰσέρχομαι
διῆλθεν 3 p. sing. 2 aor. act. ind. . . . . . . .διέρχομαι
ἥμαρτον 1 p. s. or 3 p. pl. 2 aor. act. ind. . .ἁμαρτάνω
13 ἦν 3 p. sing. imperf. act. ind. . . . . εἰμί
ἐλλογεῖται 3 p. sing. pres. pass. ind. . . . . . . ἐλλογέω
14 ἐβασίλευσεν 3 p. sing. 1 aor. act. ind. . . . . βασιλεύω
ἁμαρτήσαντας 1 aor. act. ptc. acc. pl. masc. . .ἁμαρτάνω
ἔστιν 3 p. sing. pres. act. ind. . . . . εἰμί
μέλλοντος pres. act. ptc. gen. s. masc. or neut. . μέλλω
15 ἀπέθανον 3 p. pl. 2 aor. act. ind. . . . . ἀποθνήσκω
ἐπερίσσευσεν 3 p. sing. 1 aor. act. ind. . . . περισσεύω
16 ἁμαρτήσαντος 1 aor. act. ptc. gen. sing. masc. .ἁμαρτάνω
17 ἐβασίλευσεν 3 p. sing. 1 aor. act. ind. . . . . βασιλεύω
λαμβάνοντες pres. act. ptc. nom. pl. masc. . . . λαμβάνω
βασιλεύσουσιν 3 p. pl. fut. act. ind. . . . . . βασιλεύω
19 κατεστάθησαν 3 p. pl. 1 aor. pass. ind. . . . καθίστημι
κατασπαθήσονται 3 p. pl. fut. pass. ind. . . . . . . id.
20 παρεισῆλθεν 3 p. s. 2 aor. act. ind. . . παρεισέρχομαι
πλεονάσῃ 3 p. sing. 1 aor. act. subj. . . . . . . πλεονάζω
ἐπλεόνασεν 3 p. sing. 1 aor. act. ind. . . . . id.
ὑπερεπερίσσευσεν 3 p. s. 1 aor. act. ind.ὑπερπερισσεύω
21 ἐβασίλευσεν 3 p. sing. 1 aor. act. ind. . . . . βασιλεύω
βασιλεύσῃ 3 p. sing. 1 aor. act. subj. . . . . id.

6
1 ἐροῦμεν 1 p. pl. fut. act. ind. . . . . .λέγω
ἐπιμένωμεν 1 p. pl. pres. act. subj. . . . . . . ἐπιμένω
πλεονάσῃ 3 p. sing. 1 aor. act. subj. . . . . . . πλεονάζω
2 γένοιτο 3 p. sing. 2 aor. mid. opt. . . . . . . γίνομαι
ἀπεθάνομεν 1 p. pl. 2 aor. act. ind. . . . . . ἀποθνήσκω
ζήσομεν 1 p. pl. fut. act. ind. . . . . ζάω
3 ἀγνοεῖτε 2 p. pl. pres. act. ind. . . . . .ἀγνοέω
ἐβαπτίσθημεν 1 p. pl. 1 aor. pass. ind. . . . . . βαπτίζω
4 συνετάφημεν 1 p. pl. 2 aor. pass. ind. . . . . .συνθάπτω
ἠγέρθη 3 p. sing. 1 aor. pass. ind. . . . . ἐγείρω
περιπατήσωμεν 1 p. pl. 1 aor. act. subj. . . . περιπατέω
5 γεγόναμεν 1 p. pl. 2 perf. act. ind. . . . . . γίνομαι
ἐσόμεθα 1 p. pl. fut. mid. ind. . . . . εἰμί
6 γινώσκοντες pres. act. ptc. nom. pl. masc. . . . γινώσκω
συνεσταυρώθη 3 p. sing. 1 aor. pass. ind. . . . συσταυρόω
καταργηθῇ 3 p. sing. 1 aor. pass. subj. . . . . . καταργέω
δουλεύειν pres. act. infin. . . . . .δουλεύω
7 ἀποθανών 2 aor. act. ptc. nom. sing. masc. . . ἀποθνήσκω
δεδικαίωται 3 p. sing. perf. pass. ind. . . . . . .δικαιόω
8 ἀπεθάνομεν 1 p. pl. 2 aor. act. ind. . . . . . ἀποθνήσκω
πιστεύομεν 1 p. pl. pres. act. ind. . . . . .πιστεύω
συζήσομεν 1 p. pl. fut. act. ind. . . . . συζάω
9 εἰδότες perf. act. ptc. nom. pl. masc. . . . . οἶδα
ἐγερθείς 1 aor. pass. ptc. nom. sing. masc. . . . ἐγείρω
ἀποθνήσκει 3 p. sing. pres. act. ind. . . . . . ἀποθνήσκω

κυριεύει 3 p. sing. pres. act. ind. . . . . . . .κυριεύω
10 ἀπέθανεν 3 p. sing. 2 aor. act. ind. . . . . . ἀποθνήσκω
ζῇ 3 p. sing. pres. act. ind. . . . . .ζάω
11 λογίζεσθε 2 p. pl. pres. mid. ind. . . . . . . λογίζομαι
εἶναι pres. act. infin. . . . . εἰμί
ζῶντας pres. act. ptc. acc. pl. masc. . . . . ζάω
12 βασιλευέτω 3 p. sing. pres. act. imper. . . . . βασιλεύω
ὑπακούειν pres. act. infin. . . . . .ὑπακούω
13 παριστάνετε 2 p. pl. pres. act. ind. or imper. παρίστάνω
παραστήσατε 2 p. pl. 1 aor. act. imper. . . . . id.
14 κυριεύσει 3 p. sing. fut. act. ind. . . . . . . .κυριεύω
ἔστε 2 p. pl. pres. act. ind. . . . . εἰμί
15 ἁμαρτήσωμεν 1 p. pl. 1 aor. act. subj. . . . . .ἁμαρτάνω
ἐσμέν 1 p. pl. pres. act. ind. . . . . εἰμί
γένοιτο 3 p. sing. 2 aor. mid. opt. . . . . γίνομαι
16 οἴδατε 2 p. pl. perf. act. ind. . . . . .οἶδα
ὑπακούετε 2 p. pl. pres. act. ind. or imper. . . ὑπακούω
17 ἦτε 2 p. pl. imperf. act. ind. . . . . εἰμί
ὑπηκούσατε 2 p. pl. 1 aor. act. ind. . . . . ὑπακούω
παρεδόθητε 2 p. pl. 1 aor. pass. ind. . . . . . παραδίδωμι
18 ἐλευθερωθέντες 1 aor. pass. ptc. nom. pl. m. . . ἐλευθερόω
ἐδουλώθητε 2 p. pl. 1 aor. pass. ind. . . . . δουλόω
19 παρεστήσατε 2 p. pl. 1 aor. act. ind. . . . . . παρίστημι
21 εἴχετε 2 p. pl. imperf. act. ind. . . . . ἔχω
ἐπαισχύνεσθε 2 p. pl. pres. mid. ind. . . . ἐπαισχύνομαι
22 ἐλευθερωθέντες 1 aor. pass. ptc. nom. pl. m. . . ἐλευθερόω
δουλωθέντες 1 aor. pass. ptc. nom. pl. masc. . . .δουλόω
ἔχετε 2 p. pl. pres. act. ind. . . . . ἔχω

7

1 ἀγνοεῖτε 2 p. pl. pres. act. ind. . . . . ἀγνοέω
γινώσκουσιν pres. act. ptc. dat. pl. masc. . . . . γινώσκω
λαλῶ 1 p. sing. pres. act. ind. . . . . λαλέω
κυριεύει 3 p. sing. pres. act. ind. . . . . . . .κυριεύω
ζῇ 3 p. sing. pres. act. ind. . . . . .ζάω
2 ζῶντι pres. act. ptc. dat. sing. masc. . . . . id.
δέδεται 3 p. sing. perf. pass. ind. . . . . .δέω
ἀποθάνῃ 3 p. sing. 2 aor. act. subj. . . . . . . ἀποθνήσκω
κατήργηται 3 p. sing. perf. pass. ind. . . . . .καταργέω
3 ζῶντος pres. act. ptc. gen. sing. masc. or neut. . . .ζάω
χρηματίσει 3 p. sing. fut. act. ind. . . . . . χρηματίζω
γένηται 3 p. sing. 2 aor. mid. subj. . . . . . . .γίνομαι
ἔστιν 3 p. sing. pres. act. ind. . . . . εἰμί
εἶναι pres. act. infin. . . . . id.
γενομένην 2 aor. pass. ptc. acc. sing. fem. . . .γίνομαι
4 ἐθανατώθητε 2 p. pl. 1 aor. pass. ind. . . . . . . θανατόω
γενέσθαι 2 aor. pass. infin. . . . . .γίνομαι
ἐγερθέντι 1 aor. pass. ptc. dat. sing. masc. . . .ἐγείρω
καρποφορήσωμεν 1 p. pl. 1 aor. act. subj. . . .καρποφορέω
5 ἦμεν 1 p. pl. imperf. act. ind. . . . . εἰμί
ἐνηργεῖτο 3 p. sing. imperf. mid. ind. . . . . . ἐνεργέω
καρποφορῆσαι 1 aor. act. infin. . . . . .καρποφορέω
6 κατηργήθημεν 1 p. pl. 1 aor. pass. ind. . . . . καταργέω
ἀποθανόντες 2 aor. act. ptc. nom. pl. masc. . . ἀποθνήσκω
κατειχόμεθα 1 p. pl. imperf. pass. ind. . . . . . κατέχω

δουλεύειν pres. act. infin. . . . . δουλόω
7 ἐροῦμεν 1 p. pl. fut. act. ind. . . . . λέγω
γένοιτο 3 p. sing. 2 aor. mid. opt. . . . . .γίνομαι
ἔγνων 1 p. sing. 2 aor. act. ind. . . . . γινώσκω
ᾔδειν 1 p. sing. plupf. act. ind. . . . . .οἶδα
ἔλεγεν 3 p. sing. imperf. act. ind. . . . . .λέγω
ἐπιθυμήσεις 2 p. sing. fut. act. ind. . . . . . . ἐπιθυμέω
8 λαβοῦσα 2 aor. act. ptc. nom. sing. fem. . . . . .λαμβάνω
κατειργάσατο 3 p. sing. 1 aor. mid. ind. . . κατεργάζομαι
9 ἔζων 1 p. sing. imperf. act. ind. . . . . ζάω
ἐλθούσης 2 aor. act. ptc. gen. sing. fem. . . . . .ἔρχομαι
ἀνέζησεν 2 p. sing. 1 aor. act. ind. . . . . ἀναζάω
10 ἀπέθανον 1 p. s. or 3 p. pl. 2 aor. act. ind. .ἀποθνήσκω
εὑρέθη 3 p. sing. 1 aor. pass. ind. . . . . εὑρίσκω
11 λαβοῦσα 2 aor. act. ptc. nom. sing. fem. . . . . .λαμβάνω
ἐξηπάτησεν 3 p. sing. 1 aor. act. ind. . . . . .ἐξαπατάω
ἀπέκτεινεν 3 p. sing. 1 aor. act. ind. . . . . ἀποκτείνω
13 ἐγένετο 3 p. sing. 2 aor. mid. ind. . . . . . .γίνομαι
φανῇ 3 p. sing. 2 aor. pass. subj. . . . . .φαίνω
κατεργαζομένη pres. mid. ptc. nom. s. fem. κατεργάζομαι
γένηται 3 p. sing. 2 aor. mid. subj. . . . . .γίνομαι
14 οἴδαμεν 1 p. pl. perf. act. ind. . . . . οἶδα
ἐστιν 3 p. sing. pres. act. ind. . . . . .εἰμί
πεπραμένος perf. pass. ptc. nom. sing. masc. . . πιπράσκω
15 κατεργάζομαι 1 p. sing. pres. mid. ind. . . .κατεργάζομαι
πράσσω 1 p. sing. pres. act. ind. . . . . πράσσω
μισῶ 1 p. sing. pres. act. ind. . . . . μισέω
ποιῶ 1 p. sing. pres. act. ind. . . . . ποιέω
16 σύμφημι 1 p. sing. pres. act. ind. . . . . . . .σύμφημι
17 ἐνοικοῦσα pres. act. ptc. nom. sing. fem. . . . . ἐνοικέω
18 οἰκεῖ 3 p. sing. pres. act. ind. . . . . .οἰκέω
θέλειν pres. act. infin. . . . . .θέλω
παράκειται 3 p. sing. pres. mid. ind. . . . .παράκειμαι
κατεργάζεσθαι pres. mid. infin. . . . . . .κατεργάζομαι
20 οἰκοῦσα pres. act. ptc. nom. sing. fem. . . . . . οἰκέω
21 εὑρίσκω 1 p. sing. pres. act. ind. . . . . .εὑρίσκω
θέλοντι pres. act. ptc. dat. sing. masc. . . . . . . θέλω
ποιεῖν pres. act. infin. . . . . .ποιέω
22 συνήδομαι 1 p. sing. pres. mid. ind. . . . . . συνήδομαι
23 ἀντιστρατευόμενον pres. m. pt. a. s. m.ἀντιστρατεύομαι
αἰχμαλωτίζοντα pres. act. ptc. acc. s. masc. αἰχμαλωτίζω
ὄντι pres. act. ptc. dat. sing. masc. or neut. . . . εἰμί
24 ῥύσεται 3 p. sing. fut. mid. ind. . . . . .ῥύομαι
25 δουλεύω 1 p. sing. pres. act. ind. . . . . .δουλεύω

8

2 ἠλευθέρωσεν 3 p. sing. 1 aor. act. ind. . . . . ἐλευθερόω
3 ἠσθένει 3 p. sing. imperf. act. ind. . . . . . . .ἀσθενέω
πέμψας 1 aor. act. ptc. nom. sing. masc. . . . . . .πέμπω
κατέκρινεν 3 p. sing. 1 aor. act. ind. . . . . .κατακρίνω
4 πληρωθῇ 3 p. sing. 1 aor. pass. subj. . . . . . .πληρόω
περιπατοῦσιν pres. act. ptc. dat. pl. masc. . . περιπατέω
5 ὄντες pres. act. ptc. nom. pl. masc. . . . . εἰμί
φρονοῦσιν 3 p. pl. pres. act. ind. . . . . .φρονέω
7 ὑποτάσσεται 3 p. sing. pres. mid. ind. . . . . .ὑποτάσσω

δύναται 3 p. sing. pres. mid. ind. . . . . δύναμαι
8 ὄντες pres. act. ptc. nom. pl. masc. . . . . εἰμί
δύναναται 3 p. pl. pres. pass. ind. . . . . .δύναμαι
ἀρέσαι 1 aor. act. infin. . . . . .ἀρέσκω
9 ἐστέ 2 p. pl. pres. act. ind. . . . . εἰμί
οἰκεῖ 3 p. sing. pres. act. ind. . . . . .οἰκέω
ἔχει 3 p. sing. pres. act. ind. . . . . ἔχω
ἔστιν 3 p. sing. pres. act. ind. . . . . εἰμί
11 ἐγείραντος 1 aor. act. ptc. gen. pl. masc. . . . . .ἐγείρω
ἐγείρας 1 aor. act. ptc. nom. sing. masc. . . . . . . id.
ζῳοποιήσει 3 p. sing. fut. act. ind. . . . . . . .ζῳοποιέω
ἐνοικοῦντος pres. act. ptc. gen. sing. neut. . . . ἐνοικέω
12 ἐσμέν 1 p. pl. pres. act. ind. . . . . εἰμί
ζῆν pres. act. infin. . . . . ζάω
13 ζῆτε 2 p. pl. pres. act. ind. . . . . id.
μέλλετε 2 p. pl. pres. act. ind. . . . . μέλλω
ἀποθνήσκειν pres. act. infin. . . . . .ἀποθνήσκω
θανατοῦτε 2 p. pl. pres. act. ind. . . . . θανατόω
ζήσεσθε 2 p. pl. fut. mid. ind. . . . . .ζάω
14 ἄγονται 3 p. pl. pres. pass. ind. . . . . .ἄγω
εἰσιν 3 p. pl. pres. act. ind. . . . . εἰμί
15 ἐλάβετε 2 p. pl. 2 aor. act. ind. . . . . λαμβάνω
κράζομεν 1 p. pl. pres. act. ind. . . . . κράζω
16 συμμαρτυρεῖ 3 p. sing. pres. act. ind. . . . .συμμαρτυρέω
17 συμπάσχομεν 1 p. pl. pres. act. ind. . . . . . . .συμπάσχω
συνδοξασθῶμεν 1 p. pl. 1 aor. pass. subj. . . . συνδοξάζω
18 λογίζομαι 1 p. sing. pres. mid. ind. . . . . . . λογίζομαι
μέλλουσαν pres. act. ptc. acc. sing. fem. . . . . . . μέλλω
ἀποκαλυφθῆναι 1 aor. pass. infin. . . . . .ἀποκαλύπτω
19 ἀπεκδέχεται 3 p. sing. pres. mid. ind. . . . .ἀπεκδέχομαι
20 ὑπετάγη 3 p. sing. 2 aor. pass. ind. . . . . ὑποτάσσω
ὑποτάξαντα 1 aor. act. ptc. acc. sing. masc. . . . . . id.
21 ἐλευθερωθήσεται 3 p. sing. fut. pass. ind. . . ἐλευθερόω
22 οἴδαμεν 1 p. pl. perf. act. ind. . . . . οἶδα
συστενάζει 3 p. sing. pres. act. ind. . . . . . συστενάζω
συνωδίνει 3 p. sing. pres. act. ind. . . . . . . .συνωδίνω
23 ἔχοντες pres. act. ptc. nom. pl. masc. . . . . .ἔχω
στενάζομεν 1 p. pl. pres. act. ind. . . . . .στενάζω
ἀπεκδεχόμενοι pres. mid. ptc. nom. pl. masc.ἀπεκδέχομαι
24 ἐσώθημεν 1 p. pl. 1 aor. pass. ind. . . . . σώζω
βλεπομένη pres. pass. ptc. nom. sing. fem. . . . . . βλέπω
βλέπει 3 p. sing. pres. act. ind. . . . . id.
ἐλπίζει 3 p. sing. pres. act. ind. . . . . .ἐλπίζω
25 βλέπομεν 1 p. pl. pres. act. ind. . . . . .βλέπω
ἐλπίζομεν 1 p. pl. pres. act. ind. . . . . .ἐλπίζω
ἀπεκδεχόμεθα 1 p. pl. pres. mid. ind. . . . ἀπεκδέχομαι
26 συναντιλαμβάνεται 3 p. s. pr. m. ind.συναντιλαμβάνομαι
προσευξώμεθα 1 p. pl. fut. mid. ind. . . . .προσεύχομαι
δεῖ 3 p. sing. pres. act. impers. verb . . . . .δεῖ
ὑπερεντυγχάνει 3 p. sing. pres. act. ind. ὑπερεντυγχάνω
27 ἐρευνῶν pres. act. ptc. nom. sing. masc. . . . . . ἐρευνάω
οἶδεν 3 p. sing. perf. act. ind. . . . . οἶδα
ἐντυγχάνει 3 p. sing. pres. act. ind. . . . . . .ἐντυγχάνω
28 ἀγαπῶσιν pres. act. ptc. dat. pl. masc. . . . . . .ἀγαπάω
συνεργεῖ 3 p. sing. pres. act. ind. . . . . συνεργέω

οὖσιν pres. act. ptc. dat. pl. masc. or neut. . . . . εἰμί
29 προέγνω 3 p. sing. 2 aor. act. ind. . . . . . προγινώσκω
προώρισεν 3 p. sing. 1 aor. act. ind. . . . . . προορίζω
εἶναι pres. act. infin. . . . . εἰμί
30 ἐκάλεσεν 3 p. sing. 1 aor. act. ind. . . . . καλέω
ἐδικαίωσεν 3 p. sing. 1 aor. act. ind. . . . . . δικαιόω
ἐδόξασεν 3 p. sing. 1 aor. act. ind. . . . . δοξάζω
31 ἐροῦμεν 1 p. pl. fut. act. ind. . . . . λέγω
32 ἐφείσατο 3 p. sing. 1 aor. act. ind. . . . . . . .φείδομαι
παρέδωκεν 3 p. sing. 1 aor. act. ind. . . . . παραδίδωμι
χαρίσεται 3 p. sing. fut. mid. ind. . . . . . .χαρίζομαι
33 ἐγκαλέσει 3 p. sing. fut. act. ind. . . . . .ἐγκαλέω
δικαιῶν pres. act. ptc. nom. sing. masc. . . . . δικαιόω
34 κατακρινῶν pres. act. ptc. nom. sing. masc. . κατακρίνω
ἀποθανών 2 aor. act. ptc. nom. sing. masc. . . ἀποθνήσκω
ἐγερθείς 1 aor. pass. ptc. nom. sing. masc. . . . ἐγείρω
ἐστιν 3 p. sing. pres. act. ind. . . . . εἰμί
ἐντυγχάνει 3 p. sing. pres. act. ind. . . . . . .ἐντυγχάνω
35 χωρίσει 3 p. sing. fut. act. ind. . . . . χωρίζω
36 γέγραπται 3 p. sing. perf. pass. ind. . . . . .γράφω
θανατούμεθα 1 p. pl. pres. pass. ind. . . . . . .θανατόω
ἐλογίσθημεν 1 p. pl. 1 aor. pass. ind. . . . . λογίζομαι
37 ὑπερνικῶμεν 1 p. pl. pres. act. ind. . . . . . ὑπερνικάω
ἀγαπήσαντος 1 aor. act. ptc. gen. sing. masc. . . ἀγαπάω
38 πέπεισμαι 1 p. sing. perf. pass. ind. . . . . .πείθω
ἐνεστῶτα perf. act. ptc. nom. pl. neut. . . . . . ἐνίστημι
μέλλοντα pres. act. ptc. nom. or acc. pl. neut. . . μέλλω
39 δυνήσεται 3 p. sing. fut. mid. ind. . . . . .δύναμαι
χωρίσαι 1 aor. act. infin. . . . . .χωρίζω

9

1 ψεύδομαι 1 p. sing. pres. mid. ind. . . . . . . ψεύδομαι
συμμαρτυρούσης pres. act. ptc. gen. s. fem. συμμαρτυρέω
2 ἐστιν 3 p. sing. pres. act. ind. . . . . εἰμί
3 ηὐχόμην 1 p. sing. imperf. mid. ind. . . . . εὔχομαι
εἶναι pres. act. infin. . . . . εἰμί
4 εἰσιν 3 p. pl. pres. act. ind. . . . . id.
5 ὧν pres. act. ptc. nom. sing. masc. . . . . id.
6 ἐκπέπτωκεν 3 p. sing. perf. act. ind. . . . . . .ἐκπίπτω
7 κληθήσεται 3 p. sing. fut. pass. ind. . . . . καλέω
8 λογίζεται 3 p. sing. pres. pass. ind. . . . . . λογίζομαι
9 ἐλεύσομαι 1 p. sing. fut. mid. ind. . . . . .ἔρχομαι
ἔσται 3 p. sing. fut. mid. ind. . . . . εἰμί
10 ἔχουσα pres. act. ptc. nom. sing. masc. . . . . .ἔχω
11 γεννηθέντων 1 aor. pass. ptc. gen. pl. masc. . . .γεννάω
πραξάντων 1 aor. act. ptc. gen. pl. masc. . . . . . πράσσω
μένη 3 p. sing. pres. act. subj. . . . . μένω
12 καλοῦντος pres. act. ptc. gen. sing. masc. . . . . . καλέω
ἐρρέθη 3 p. sing. 1 aor. pass. ind. . . . . εἶπον
δουλεύσει 3 p. sing. fut. act. ind. . . . . .δουλεύω
13 γέγραπται 3 p. sing. perf. pass. ind. . . . . .γράφω
ἠγάπησα 1 p. sing. 1 aor. act. ind. . . . . .ἀγαπάω
ἐμίσησα 1 p. sing. 1 aor. act. ind. . . . . μισέω
14 ἐροῦμεν 1 p. pl. fut. act. ind. . . . . λέγω
γένοιτο 3 p. sing. 2 aor. mid. opt. . . . . γίνομαι

15 λέγει 3 p. sing. pres. act. ind. . . . . λέγω
　 ἐλεήσω 1 p. sing. fut. act. ind. . . . . ἐλεέω
　 ἐλεῶ 1 p. sing. pres. act. subj. . . . . id.
　 οἰκτιρήσω 1 p. sing. fut. act. ind. . . . . οἰκτίρω
16 θέλοντος pres. act. ptc. gen. sing. masc. . . . . . θέλω
　 τρέχοντος pres. act. ptc. gen. sing. masc. . . . . τρέχω
　 ἐλεῶντος pres. act. ptc. gen. sing. masc. . . . . . ἐλεάω
17 ἐξήγειρα 1 p. sing. 1 aor. act. ind. . . . . ἐξεγείρω
　 ἐνδείξωμαι 1 p. sing. 1 aor. mid. subj. . . . . ἐνδείκνυμι
　 διαγγελῇ 3 p. sing. 2 aor. pass. subj. . . . . . διαγγέλλω
18 θέλει 3 p. sing. pres. act. ind. . . . . θέλω
　 ἐλεεῖ 3 p. sing. pres. act. ind. . . . . ἐλεέω
　 σκληρύνει 3 p. sing. pres. act. ind. . . . . σκληρύνω
19 ἐρεῖς 2 p. sing. fut. act. ind. . . . . λέγω
　 μέμφεται 3 p. sing. pres. mid. ind. . . . . μέμφομαι
　 ἀνθέστηκεν 3 p. sing. perf. act. ind. . . . . . ἀνθίστημι
20 εἶ 2 p. sing. pres. act. ind. . . . . εἰμί
　 ἀνταποκρινόμενος pres. mid. ptc. n. s. m. ἀνταποκρίνομαι
　 ἐρεῖ 3 p. sing. fut. act. ind. . . . . λέγω
　 πλάσαντι 1 aor. act. ptc. dat. sing. masc. . . . . πλάσσω
　 ἐποίησας 2 p. sing. 1 aor. act. ind. . . . . ποιέω
21 ἔχει 3 p. sing. pres. act. ind. . . . . ἔχω
　 ποιῆσαι 1 aor. act. infin. . . . . ποιέω
22 θέλων pres. act. ptc. nom. sing. masc. . . . . θέλω
　 ἐνδείξασθαι 1 aor. mid. infin. . . . . ἐνδείκνυμι
　 γνωρίσαι 1 aor. act. infin. . . . . γνωρίζω
　 ἤνεγκεν 3 p. sing. 1 aor. act. ind. . . . . φέρω
　 κατηρτισμένα perf. pass. ptc. acc. pl. neut. . καταρτίζω
23 γνωρίσῃ 3 p. sing. 1 aor. act. subj. . . . . γνωρίζω
　 προητοίμασεν 3 p. sing. 1 aor. act. ind. . . προετοιμάζω
24 ἐκάλεσεν 3 p. sing. 1 aor. act. ind. . . . . καλέω
25 καλέσω 1 p. sing. fut. act. ind. . . . . id.
　 ἠγαπημένην perf. pass. ptc. acc. sing. fem. . . . ἀγαπάω
26 ἔσται 3 p. pl. fut. mid. ind. . . . . εἰμί
　 ἐρρέθη 3 p. sing. 1 aor. pass. ind. . . . . εἶπον
　 κληθήσονται 3 p. pl. fut. pass. ind. . . . . καλέω
　 ζῶντος pres. act. ptc. gen. sing. masc. . . . . ζάω
27 κράζει 3 p. sing. pres. act. ind. . . . . κράζω
　 ᾖ 3 p. sing. pres. act. subj. . . . . εἰμί
　 σωθήσεται 3 p. sing. fut. pass. ind. . . . . σώζω
28 συντελῶν pres. act. ptc. nom. sing. masc. . . . συντελέω
　 συντέμνων pres. act. ptc. nom. sing. masc. . . . συντέμνω
　 ποιήσει 3 p. sing. fut. act. ind. . . . . ποιέω
29 προείρηκεν 3 p. sing. perf. act. ind. . . . . . . προλέγω
　 ἐγκατέλιπεν 3 p. sing. 2 aor. act. ind. . . . ἐγκαταλείπω
　 ἐγενήθημεν 1 p. pl. 1 aor. pass. ind. . . . . . γίνομαι
　 ὡμοιώθημεν 1 p. pl. 1 aor. pass. ind. . . . . . . ὁμοιόω
30 ἐροῦμεν 1 p. pl. fut. act. ind. . . . . λέγω
　 διώκοντα pres. act. ptc. nom. pl. neut. . . . . . . διώκω
　 κατέλαβεν 3 p. sing. 2 aor. act. ind. . . . καταλαμβάνω
31 διώκων pres. act. ptc. nom. sing. masc. . . . . . . διώκω
　 ἔφθασεν 3 p. sing. 1 aor. act. ind. . . . . φθάνω
32 προσέκοψαν 3 p. pl. 1 aor. act. ind. . . . . . . προσκόπτω
33 γέγραπται 3 p. sing. perf. pass. ind. . . . . γράφω
　 ἰδού 2 p. sing. 2 aor. mid. imper. . . . . εἶδον

τίθημι 1 p. sing. pres. act. ind. . . . . .τίθημι
πιστεύων pres. act. ptc. nom. sing. masc. . . . .πιστεύω
καταισχυνθήσεται 3 p. sing. fut. pass. ind. καταισχύνω

10

2 μαρτυρῶ 1 p. sing. pres. act. ind. or subj. . . .μαρτυρέω
ἔχουσιν 3 p. pl. pres. act. ind. . . . . ἔχω
3 ἀγνοοῦντες pres. act. ptc. nom. pl. masc. . . . . ἀγνοέω
ζητοῦντες pres. act. ptc. nom. pl. masc. . . . . . ζητέω
στῆσαι 1 aor. act. infin. . . . . ἵστημι
ὑπετάγησαν 3 p. pl. 2 aor. pass. ind. . . . . . ὑποτάσσω
4 πιστεύοντι pres. act. ptc. dat. sing. masc. . . .πιστεύω
5 γράφει 3 p. sing. pres. act. ind. . . . . γράφω
ποιήσας 1 aor. act. ptc. nom. sing. masc. . . . . . .ποιέω
ζήσεται 3 p. sing. fut. mid. ind. . . . . ζάω
6 λέγει 3 p. sing. pres. act. ind. . . . . λέγω
εἴπῃς 2 p. sing. 2 aor. act. subj. . . . . id.
ἀναβήσεται 3 p. sing. fut. mid. ind. . . . . . .ἀναβαίνω
ἔστιν 3 p. sing. pres. act. ind. . . . . εἰμί
καταγαγεῖν 2 aor. act. infin. . . . . κατάγω
7 καταβήσεται 3 p. sing. fut. pas. ind. . . . . καταβαίνω
ἀναγαγεῖν 2 aor. act. infin. . . . . ἀνάγω
8 κηρύσσομεν 1 p. pl. pres. act. ind. . . . . . . .κηρύσσω
9 ὁμολογήσῃς 2 p. sing. 1 aor. act. subj. . . . . ὁμολογέω
πιστεύσῃς 2 p. sing. 1 aor. act. subj. . . . . . πιστεύω
ἤγειρεν 3 p. sing. 1 aor. act. ind. . . . . .ἐγείρω
σωθήσῃ 2 p. sing. fut. pass. ind. . . . . σῴζω
10 πιστεύεται 3 p. sing. pres. pass. ind. . . . . . . πιστεύω
ὁμολογεῖται 3 p. sing. pres. pass. ind. . . . . ὁμολογέω
11 πιστεύων pres. act. ptc. nom. sing. masc. . . . .πιστεύω
καταισχυνθήσεται 3 p. sing. fut. pass. ind. καταισχύνω
12 πλουτῶν pres. act. ptc. nom. sing. masc. . . . . .πλουτέω
ἐπικαλουμένους pres. mid. ptc. acc. pl. masc. . ἐπικαλέω
13 ἐπικαλέσηται 3 p. sing. 1 aor. mid. subj. . . . . id.
σωθήσεται 3 p. sing. fut. pass. ind. . . . . σῴζω
14 ἐπικαλέσωνται 3 p. pl. 1 aor. mid. subj. . . . .ἐπικαλέω
ἐπίστευσαν 3 p. pl. 1 aor. act. ind. . . . . . . πιστεύω
πιστεύσωσιν 3 p. pl. 1 aor. act. subj. . . . . 1d.
ἤκουσαν 3 p. pl. 1 aor. act. ind. . . . . .ἀκούω
ἀκούσωσιν 3 p. pl. 1 aor. act. subj. . . . . id.
κηρύσσοντος pres. act. ptc. gen. sing. masc. . . κηρύσσω
15 κηρύξωσιν 3 p. pl. 1 aor. act. subj. . . . . id.
ἀποσταλῶσιν 3 p. pl. 2 aor. pass. subj. . . . . ἀποστέλλω
γέγραπται 3 p. sing. perf. pass. ind. . . . . .γράφω
εὐαγγελιζομένων pres. mid. ptc. gen. pl. m. εὐαγγελίζω
16 ὑπήκουσαν 3 p. pl. 1 aor. act. ind. . . . . . . .ὑπακούω
ἐπίστευσεν 3 p. sing. 1 aor. act. ind. . . . . . πιστεύω
18 ἐξῆλθεν 3 p. sing. 2 aor. act. ind. . . . . . . ἐξέρχομαι
19 ἔγνω 3 p. sing. 2 aor. act. ind. . . . . .γινώσκω
παραζηλώσω 1 p. sing. fut. act. ind. . . . . . .παραζηλόω
παροργιῶ 1 p. sing. fut. act. ind. Att. . . . . παροργίζω
20 ἀποτολμᾷ 3 p. sing. pres. act. ind. . . . . . . ἀποτολμάω
εὑρέθην 1 p. sing. 1 aor. pass. ind. . . . . εὑρίσκω
ζητοῦσιν pres. act. ptc. dat. pl. masc. . . . . . . ζητέω
ἐγενόμην 1 p. sing. 2 aor. mid. ind. . . . . . . .γίνομαι

ἐπερωτῶσιν pres. act. ptc. dat. pl. masc. . . . . ἐπερωτάω
21 ἐξεπέτασα 1 p. sing. 1 aor. act. ind. . . . ἐκπετάννυμι
ἀπειθοῦντα pres. act. ptc. acc. sing. masc. . . .ἀπειθέω
ἀντιλέγοντα pres. act. ptc. acc. sing. masc. . . ἀντιλέω

11

1 ἀπώσατο 3 p. sing. 1 aor. mid. ind. . . . . ἀπωθέω
γένοιτο 3 p. sing. 1 aor. mid. opt. . . . . . . .γίνομαι
2 προέγνω 3 p. sing. 2 aor. act. ind. . . . . . προγινώσκω
οἴδατε 2 p. pl. perf. act. ind. . . . . .οἶδα
λέγει 3 p. sing. pres. act. ind. . . . . λέγω
ἐντυγχάνει 3 p. sing. pres. act. ind. . . . . .ἐντυγχάνω
3 ἀπέκτειναν 3 p. pl. 1 aor. act. ind. . . . . . ἀποκτείνω
κατέσκαψαν 3 p. pl. 1 aor. act. ind. . . . . κατασκάπτω
ὑπελείφθην 1 p. sing. 1 aor. pass. ind. . . . . ὑπολείπω
ζητοῦσιν 3 p. pl. pres. act. ind. . . . . .ζητέω
4 κατέλιπον 1 p. sing. 2 aor. act. ind. . . . . καταλείπω
ἔκαμψαν 3 p. pl. 1 aor. act. ind. . . . . .κάμπτω
5 γέγονεν 3 p. sing. 2 perf. act. ind. . . . . . . .γίνομαι
6 γίνεται 3 p. sing. pres. mid. ind. . . . . id.
7 ἐπιζητεῖ 3 p. sing. pres. act. ind. . . . . . . .ἐπιζητέω
ἐπέτυχεν 3 p. sing. 2 aor. act. ind. . . . . . ἐπιτυγχάνω
ἐπωρώθησαν 3 p. pl. 1 aor. pass. ind. . . . . πωρόω
8 γέγραπται 3 p. sing. perf. pass. ind. . . . . . . γράφω
ἔδωκεν 3 p. sing. 1 aor. act. ind. . . . . δίδωμι
βλέπειν pres. act. infin. . . . . βλέπω
ἀκούειν pres. act. infin. . . . . ἀκούω
9 γενηθήτω 3 p. sing. 1 aor. pass. imper. . . . . .γίνομαι
10 σκοτισθήτωσαν 3 p. pl. 1 aor. pass. imper. . . . σκοτίζω
σύγκαμψον 2 p. sing. 1 aor. act. imper. . . . συγκάμπτω
11 ἔπταισαν 3 p. pl. 1 aor. act. ind. . . . . πταίω
πέσωσιν 3 p. pl. 2 aor. act. subj. . . . . πίπτω
παραζηλῶσαι 1 aor. act. infin. . . . . παραζηλόω
13 δοξάζω 1 p. sing. pres. act. ind. . . . . δοξάζω
14 παραζηλώσω 1 p. s. ft. a. ind. or 1 aor. act. subj. . παραζηλόω
σώσω 1 p. sing. fut. act. ind. . . . . σώζω
17 ἐξεκλάσθησαν 3 p. pl. 1 aor. pass. ind. . . . . . ἐκκλάω
ὤν pres. act. ptc. nom. sing. masc. . . . . .εἰμί
ἐνεκεντρίσθης 2 p. sing. 1 aor. pass. ind. . . ἐγκεντρίζω
ἐγένου 2 p. sing. 2 aor. mid. ind. . . . . .γίνομαι
18 κατακαυχῶ 2 p. sing. pres. mid. imper. . .κατακαυχάομαι
κατακαυχᾶσαι 2 p. sing. pres. mid. ind. . . . . . . id.
βαστάζεις 2 p. sing. pres. act. ind. . . . . βαστάζω
19 ἐρεῖς 2 p. sing. fut. act. ind. . . . . .λέγω
ἐγκεντρισθῶ 1 p. sing. 1 aor. pass. subj. . . ἐγκεντρίζω
20 ἔστηκας 2 p. sing. perf. act. ind. . . . . ἵστημι
φρόνει 2 p. sing. pres. act. imper. . . . . .φρονέω
φοβοῦ 2 p. sing. pres. mid. imper. . . . . .φοβέω
21 ἐφείσατο 3 p. sing. 1 aor. act. ind. . . . . . φείδομαι
φείσεται 3 p. sing. fut. mid. ind. . . . . id.
22 ἴδε 2 p. sing. 2 aor. act. imper. . . . . εἶδον
πεσόντας 2 aor. act. ptc. acc. pl. masc. . . . . . . πίπτω
ἐπιμένῃς 3 p. sing. 1 aor. act. subj. . . . . . . ἐπιμένω
ἐκκοπήσῃ 2 p. sing. fut. pass. ind. . . . . . . ἐκκόπτω
23 ἐπιμένωσιν 3 p. pl. 1 aor. act. subj. . . . . . . ἐπιμένω

ἐγκεντρισθήσονται 3 p. pl. fut. pass. ind. . ἐγκεντρίζω
ἐστιν 3 p. sing. pres. act. ind. . . . . εἰμί
ἐγκεντρίσαι 1 aor. act. infin. . . . . ἐγκεντρίζω
24 ἐξεκόπης 2 p. sing. 2 aor. pass. ind. . . . . . . ἐκκομίζω
ἐνεκεντρίσθης 2 p. sing. 1 aor. pass. ind. . . ἐγκεντρίζω
25 ἀγνοεῖν pres. act. infin. . . . . ἀγνοέω
ἦτε 2 p. pl. imperf. act. ind. . . . . εἰμί
γέγονεν 3 p. sing. 2 perf. act. ind. . . . . γίνομαι
εἰσέλθῃ 3 p. sing. 2 aor. act. subj. . . . . εἰσέρχομαι
26 σωθήσεται 3 p. sing. fut. pass. ind. . . . . σώζω
γέγραπται 3 p. sing. perf. pass. ind. . . . . γράφω
ἥξει 3 p. sing. fut. act. ind. . . . . ἥκω
ῥυόμενος pres. mid. ptc. nom. sing. masc. . . . . . . ῥύομαι
ἀποστρέψει 3 p. sing. fut. act. ind. . . . . . . ἀποστρέφω
27 ἀφέλωμαι 1 p. sing. 2 aor. mid. subj. . . . . ἀφαιρέω
30 ἠπειθήσατε 2 p. pl. 1 aor. act. ind. . . . . ἀπειθέω
ἠλεήθητε 2 p. pl. 1 aor. pass. ind. . . . . ἐλεέω
31 ἠπείθησαν 3 p. pl. 1 aor. act. ind. . . . . ἀπειθέω
ἐλεηθῶσιν 3 p. pl. 1 aor. pass. subj. . . . . ἐλεέω
32 συνέκλεισεν 3 p. sing. 1 aor. act. ind. . . . . . . συγκλείω
ἐλεήσῃ 3 p. sing. 1 aor. act. subj. . . . . ἐλεέω
34 ἔγνω 3 p. sing. 2 aor. act. ind. . . . . γινώσκω
ἐγένετο 3 p. sing. 2 aor. mid. ind. . . . . γίνομαι
35 προέδωκεν 3 p. sing. 1 aor. act. ind. . . . . . προδίδωμι
ἀνταποδοθήσεται 3 p. sing. 1 fut. pas. ind. ἀνταποδίδωμι

12
1 παρακαλῶ 1 p. sing. pres. act. ind. . . . . παρακαλέω
παραστῆσαι 1 aor. act. infin. . . . . παρίστημι
ζῶσαν pres. act. ptc. acc. sing. fem. . . . . ζάω
2 συσχηματίζεσθε 2 p. pl. pres. mid. imper. . συσχηματίζω
μεταμορφοῦσθε 2 p. pl. pres. pass. imper. . . μεταμορφόω
δοκιμάζειν pres. act. infin. . . . . δοκιμάζω
3 δοθείσης 1 aor. pass. ptc. gen. sing. fem. . . . . δίδωμι
ὄντι pres. act. ptc. dat. sing. masc. or neut. . . . εἰμί
ὑπερφρονεῖν pres. act. infin. . . . . ὑπερφρονέω
δεῖ 3 p. sing. pres. act. impers. verb. . . . . δεῖ
φρονεῖν pres. act. infin. . . . . φρονέω
σωφρονεῖν pres. act. infin. . . . . σωφρονέω
ἐμέρισεν 3 p. sing. 1 aor. act. ind. . . . . μερίζω
4 ἔχομεν 1 p. pl. pres. act. ind. . . . . ἔχω
ἔχει 3 p. sing. pres. act. ind. . . . . id.
5 ἐσμεν 1 p. pl. pres. act. ind. . . . . εἰμί
6 ἔχοντες pres. act. ptc. nom. pl. masc. . . . . ἔχω
δοθεῖσαν 1 aor. pass. ptc. acc. sing. fem. . . . δίδωμι
7 διδάσκων pres. act. ptc. nom. sing. masc. . . . . διδάσκω
8 παρακαλῶν pres. act. ptc. nom. sing. masc. . . παρακαλέω
μεταδιδούς pres. act. ptc. nom. sing. masc. . μεταδίδωμι
προϊστάμενος pres. mid. ptc. nom. sing. masc. προΐστημι
ἐλεῶν pres. act. ptc. nom. sing. masc. . . . . . . ἐλεέω
9 ἀποστυγοῦντες pres. act. ptc. nom. pl. masc. ἀποστυγέω
κολλώμενοι pres. mid. ptc. nom. pl. masc. . . . κολλάω
10 προηγούμενοι pres. act. ptc. nom. pl. masc. . προηγέομαι
11 ζέοντες pres. act. ptc. nom. pl. masc. . . . . ζέω
δουλεύοντες pres. act. ptc. nom. pl. masc. . . . δουλεύω

12 χαίροντες pres. act. ptc. nom. pl. masc. . . . . . χαίρω
   ὑπομένοντες pres. act. ptc. nom. pl. masc. . . . ὑπομένω
   προσκαρτεροῦντες pres. act. ptc. n. pl. m. προσκαρτερέω
13 κοινωνοῦντες pres. act. ptc. nom. pl. masc. . . κοινωνέω
   διώκοντες pres. act. ptc. nom. pl. masc. . . . . . . διώκω
14 εὐλογεῖτε 2 p. pl. pres. act. imper. . . . . εὐλογέω
   διώκοντας pres. act. ptc. acc. pl. masc. . . . . . . διώκω
   καταρᾶσθε 2 p. pl. pres. mid. imper. . . . . καταράομαι
15 χαίρειν pres. act. infin. . . . . χαίρω
   χαιρόντων pres. act. ptc. gen. pl. masc. . . . . id.
   κλαιόντων pres. act. ptc. gen. pl. masc. . . . . . . κλαίω
   κλαίειν pres. act. infin. . . . . id.
16 φρονοῦντες pres. act. ptc. nom. pl. masc. . . . . . φρονέω
   συναπαγόμενοι pres. mid. ptc. nom. pl. masc. . συναπάγω
   γίνεσθε 2 p. pl. pres. mid. imper. . . . . γίνομαι
17 ἀποδιδόντες pres. act. ptc. nom. pl. masc. . . ἀποδίδωμι
   προνοούμενοι pres. mid. ptc. nom. pl. masc. . . . προνοέω
18 εἰρηνεύοντες pres. act. ptc. nom. pl. masc. . . εἰρηνεύω
19 ἐκδικοῦντες pres. act. ptc. nom. pl. masc. . . . ἐκδικέω
   δότε 2 p. pl. 2 aor. act. imper. . . . . δίδωμι
   γέγραπται 3 p. sing. perf. pass. ind. . . . . γράφω
   ἀνταποδώσω 1 p. sing. fut. act. ind. . . . ἀνταποδίδωμι
   λέγει 3 p. sing. pres. act. ind. . . . . λέγω
20 πεινᾷ 3 p. sing. pres. act. ind. and subj. . . . . πεινάω
   ψώμιζε 2 p. sing. pres. act. imper. . . . . ψωμίζω
   διψᾷ 3 p. sing. pres. act. subj. . . . . διψάω
   πότιζε 2 p. sing. pres. act. imper. . . . . ποτίζω
   ποιῶν pres. act. ptc. nom. sing. masc. . . . . ποιέω
   σωρεύσεις 2 p. sing. fut. act. ind. . . . . σωρεύω
21 νικῶ 2 p. sing. pres. pass. imper. . . . . νικάω
   νίκα 2 p. sing. pres. act. imper. . . . . id.

13

1 ὑπερεχούσαις pres. act. ptc. dat. pl. fem. . . . ὑπερέχω
  ὑποτασσέσθω 3 p. sing. pres. mid. imper. . . . . ὑποτάσσω
  ἔστιν 3 p. sing. pres. act. ind. . . . . εἰμί
  οὖσαι pres. act. ptc. nom. pl. fem. . . . . id.
  τεταγμέναι perf. pass. ptc. nom. pl. fem. . . . . . τάσσω
  εἰσίν 3 p. pl. pres. act. ind. . . . . εἰμί
2 ἀντιτασσόμενος pres. mid. ptc. nom. s. masc. . ἀντιτάσσω
  ἀνθέστηκεν 3 p. sing. perf. act. ind. . . . . ἀνθίστημι
  ἀνθεστηκότες perf. act. ptc. nom. pl. masc. . . . . id.
  λήμψονται 3 p. pl. fut. mid. ind. . . . . λαμβάνω
3 θέλεις 2 p. sing. pres. act. ind. . . . . θέλω
  φοβεῖσθαι pres. mid. infin. . . . . φοβέω
  ποίει 3 p. sing. pres. act. ind. . . . . ποιέω
  ἕξεις 2 p. sing. fut. act. ind. . . . . ἔχω
4 ποιῇς 2 p. sing. pres. act. subj. . . . . ποιέω
  φοβοῦ 2 p. sing. pres. mid. imper. . . . . φοβέω
  φορεῖ 3 p. sing. pres. act. ind. . . . . φορέω
  πράσσοντι pres. act. ptc. dat. sing. masc. . . . . πράσσω
5 ὑποτάσσεσθαι pres. mid. infin. . . . . ὑποτάσσω
6 τελεῖτε 2 p. pl. pres. act. ind. . . . . τελέω
  προσκαρτεροῦντες pres. act. ptc. n. pl. m. προσκαρτερέω
7 ἀπόδοτε 2 p. pl. 2 aor. act. imper. . . . . ἀποδίδωμι

8 ὀφείλετε 2 p. pl. pres. act. ind. or imper. . . . ὀφείλω
ἀγαπῶν pres. act. ptc. nom. sing. masc. . . . . . . ἀγαπάω
πεπλήρωκεν 3 p. sing. perf. act. ind. . . . . . . πληρόω
9 μοιχεύσεις 2 p. sing. fut. act. ind. . . . . . . μοιχεύω
φονεύσεις 2 p. sing. fut. act. ind. . . . . φονεύω
κλέψεις 2 p. sing. fut. act. ind. . . . . κλέπτω
ἐπιθυμήσεις 2 p. sing. fut. act. ind. . . . . . . ἐπιθυμέω
ἀνακεφαλαιοῦται 3 p. sing. pres. pass. ind. ἀνακεφαλαιόω
ἀγαπήσεις 2 p. sing. fut. act. ind. . . . . ἀγαπάω
10 ἐργάζεται 3 p. sing. pres. mid. ind. . . . . . ἐργάζομαι
11 εἰδότες perf. act. ptc. nom. pl. masc. . . . . οἶδα
ἐγερθῆναι 1 aor. pass. infin. . . . . ἐγείρω
ἐπιστεύσαμεν 1 p. pl. 1 aor. act. ind. . . . . . πιστεύω
12 προέκοψεν 3 p. sing. 1 aor. act. ind. . . . . . προκόπτω
ἤγγικεν 3 p. sing. perf. act. ind. . . . . ἐγγίζω
ἀποθώμεθα 1 p. pl. 2 aor. mid. subj. . . . . . ἀποτίθημι
ἐνδυσώμεθα 1 p. pl. 1 aor. mid. subj. . . . . ἐνδύω
13 περιπατήσωμεν 1 p. pl. 1 aor. act. subj. . . . περιπατέω
14 ἐνδύσασθε 2 p. pl. 1 aor. mid. imper. . . . . ἐνδύω
ποιεῖσθε 2 p. pl. pres. mid. imper. . . . . ποιέω

14

1 ἀσθενοῦντα pres. act. ptc. acc. sing. masc. . . . ἀσθενέω
προσλαμβάνεσθε 2 p. pl. pres. mid. imper. . . προσλαμβάνω
2 πιστεύει 3 p. sing. pres. act. ind. . . . . πιστεύω
φαγεῖν 2 aor. act. infin. . . . . ἐσθίω
ἀσθενῶν pres. act. ptc. nom. sing. masc. . . . . ἀσθενέω
ἐσθίει 3 p. sing. pres. act. ind. . . . . ἐσθίω
3 ἐσθίων pres. act. ptc. nom. sing. masc. . . . . id.
ἐσθίοντα pres. act. ptc. acc. sing. masc. . . . . . . id.
ἐξουθενείτω 3 p. sing. pres. act. imper. . . . ἐξουθενέω
κρινέτω 2 p. sing. pres. act. imper. . . . . κρίνω
προσελάβετο 3 p. sing. 2 aor. mid. ind. . . προσλαμβάνω
4 εἶ 2 p. sing. pres. act. ind. . . . . εἰμί
κρίνων pres. act. ptc. nom. sing. masc. . . . . . . κρίνω
στήκει 3 p. sing. pres. act. ind. . . . . στήκω
πίπτει 3 p. sing. pres. act. ind. . . . . πίπτω
σταθήσεται 3 p. sing. fut. pass. ind. . . . . . . ἵστημι
δυνατεῖ 3 p. sing. pres. act. ind. . . . . δυνατέω
στῆσαι 1 aor. act. infin. . . . . ἵστημι
5 κρίνει 3 p. sing. pres. act. ind. . . . . κρίνω
πληροφορείσθω 3 p. sing. pres. pass. imper. . πληροφορέω
6 φρονῶν pres. act. ptc. nom. sing. masc. . . . . . .φρονέω
φρονεῖ 3 p. sing. pres. act. ind. . . . . id.
εὐχαριστεῖ 3 p. sing. pres. act. ind. . . . . εὐχαριστέω
7 ζῇ 3 p. sing. pres. act. ind. . . . . ζάω
ἀποθνῄσκει 3 p. sing. pres. act. ind. . . . . . ἀποθνῄσκω
8 ζῶμεν 1 p. pl. pres. act. subj. . . . . ζάω
ἀποθνῄσκωμεν 1 p. pl. pres. act. subj. . . . . ἀποθνῄσκω
ἀποθνῄσκομεν 1 p. pl. pres. act. ind. . . . . id.
ἐσμέν 1 p. pl. pres. act. ind. . . . . εἰμί
9 ἀπέθανεν 3 p. sing. 2 aor. act. ind. . . . . . ἀποθνῄσκω
ἔζησεν 3 p. sing. 1 aor. act. ind. . . . . ζάω
ζώντων pres. act. ptc. gen. pl. masc. . . . . id.
κυριεύσῃ 3 p. sing. 1 aor. act. subj. . . . . . . κυριεύω

10 κρίνεις 2 p. sing. pres. act. ind. . . . . κρίνω
   ἐξουθενεῖς 2 p. sing. pres. act. ind. . . . . ἐξουθενέω
   παραστησόμεθα 1 p. pl. fut. mid. ind. . . . . παρίστημι
11 γέγραπται 3 p. sing. perf. pass. ind. . . . . γράφω
   ζῶ 1 p. sing. pres. act. ind. . . . . ζάω
   λέγει 3 p. sing. pres. act. ind. . . . . λέγω
   κάμψει 3 p. sing. fut. act. ind. . . . . κάμπτω
   ἐξομολογήσεται 3 p. sing. fut. mid. ind. . . ἐξομολογέω
12 δώσει 3 p. sing. fut. act. ind. . . . . δίδωμι
13 κρίνωμεν 1 p. pl. pres. act. subj. . . . . κρίνω
   κρίνατε 2 p. pl. 1 aor. act. imper. . . . . id.
   τιθέναι pres. act. infin. . . . . τίθημι
14 οἶδα 1 p. sing. perf. act. ind. . . . . οἶδα
   πέπεισμαι 1 p. sing. perf. pass. ind. . . . . πείθω
   λογιζομένῳ pres. mid. ptc. dat. sing. masc. . λογίζομαι
   εἶναι pres. act. infin. . . . . εἰμί
15 λυπεῖται 3 p. sing. pres. pass. ind. . . . . λυπέω
   περιπατεῖς 2 p. sing. pres. act. ind. . . . . . περιπατέω
   ἀπόλλυε 2 p. sing. pres. act. imper. . . . . ἀπόλλυμι
   ἀπέθανεν 3 p. sing. 2 aor. act. ind. . . . . . . ἀποθνήσκω
16 βλασφημείσθω 3 p. sing. pres. pass. imper. . . βλασφημέω
17 ἔστιν 3 p. sing. pres. act. ind. . . . . εἰμί
18 δουλεύων pres. act. ptc. nom. sing. masc. . . . . δουλεύω
19 διώκωμεν 1 p. pl. pres. act. subj. . . . . διώκω
20 κατάλυε 2 p. sing. pres. act. imper. . . . . καταλύω
   ἐσθίοντι pres. act. ptc. dat. sing. masc. . . . . . ἐσθίω
21 φαγεῖν 2 aor. act. infin. . . . . id.
   πιεῖν 2 aor. act. infin. . . . . πίνω
   προσκόπτει 3 p. sing. pres. act. ind. . . . . . προσκόπτω
22 ἔχεις 2 p. sing. pres. act. ind. . . . . ἔχω
   ἔχε 2 p. pl. pres. act. imper. . . . . id.
   κρίνων pres. act. ptc. nom. sing. masc. . . . . . . κρίνω
   δοκιμάζει 3 p. sing. pres. act. ind. . . . . . . δοκιμάζω
23 διακρινόμενος pres. mid. ptc. acc. pl. masc. . . διακρίνω
   φάγῃ 3 p. sing. 2 aor. act. subj. . . . . ἐσθίω
   κατακέκριται 3 p. sing. perf. pass. ind. . . . κατακρίνω

15

1 ὀφείλομεν 1 p. pl. pres. act. ind. . . . . ὀφείλω
   βαστάζειν pres. act. infin. . . . . βαστάζω
   ἀρέσκειν pres. act. infin. . . . . ἀρέσκω
2 ἀρεσκέτω 3 p. sing. pres. act. imper. . . . . id.
3 ἤρεσεν 3 p. sing. 1 aor. act. ind. . . . . id.
   γέγραπται 3 p. sing. perf. pass. ind. . . . . γράφω
   ὀνειδιζόντων pres. act. ptc. gen. pl. masc. . . . ὀνειδίζω
   ἐπέπεσαν 3 p. pl. 1 aor. act. ind. . . . . . . ἐπιπίπτω
4 προεγράφη 3 p. sing. 2 aor. pass. ind. . . . . . προγράφω
   ἐγράφη 3 p. sing. 2 aor. pass. ind. . . . . γράφω
   ἔχωμεν 1 p. pl. pres. act. subj. . . . . ἔχω
5 δῴη 3 p. sing. 2 aor. act. opt. . . . . δίδωμι
   φρονεῖν pres. act. infin. . . . . φρονέω
6 δοξάζητε 2 p. pl. pres. act. ind. . . . . δοξάζω
7 προσλαμβάνεσθε 2 p. pl. pres. mid. imper. . . προσλαμβάνω
   προσελάβετο 3 p. sing. 2 aor. mid. ind. . . . . id.
8 γεγενῆσθαι perf. pass. infin. . . . . γίνομαι

βεβαιῶσαι 1 aor. act. infin. . . . . βεβαιόω
9 δοξάσαι 1 aor. act. infin. . . . . δοξάζω
γέγραπται 3 p. sing. perf. pass. ind. . . . . γράφω
ἐξομολογήσομαι 1 p. sing. fut. mid. ind. . . ἐξομολογέω
φαλῶ 1 p. sing. fut. act. ind. . . . . φάλλω
10 λέγει 3 p. sing. pres. act. ind. . . . . λέγω
εὐφράνθητε 2 p. pl. 1 aor. pass. imper. . . . . . εὐφραίνω
11 αἰνεῖτε 2 p. pl. pres. act. imper. . . . . αἰνέω
ἐπαινεσάτωσαν 3 p. pl. 1 aor. act. imper. . . . .ἐπαινέω
12 ἔσται 3 p. sing. fut. mid. ind. . . . . .εἰμί
ἀνιστάμενος pres. mid. ptc. nom. sing. masc. . ἀνίστημι
ἄρχειν pres. act. infin. . . . . ἄρχω
ἐλπιοῦσιν 3 p. pl. fut. act. ind. . . . . ἐλπίζω
13 πληρῶσαι 3 p. sing. 1 aor. act. opt. . . . . . . .πληρόω
πιστεύειν pres. act. infin. . . . . .πιστεύω
περισσεύειν pres. act. infin. . . . . περισσεύω
14 πέπεισμαι 1 p. sing. perf. pass. ind. . . . . . . .πείθω
ἐστε 2 p. pl. pres. act. ind. . . . . .εἰμί
πεπληρωμένοι perf. pass. ptc. nom. pl. masc. . . .πληρόω
δυνάμενοι pres. mid. ptc. nom. pl. masc. . . . . δύναμαι
νουθετεῖν pres. act. infin. . . . . νουθετέω
15 ἔγραφα 1 p. sing. 1 aor. act. ind. . . . . .γράφω
ἐπαναμιμνῄσκων pres. act. ptc. nom. s. m. ἐπαναμιμνῄσκω
ὁρθεῖσαν 1 aor. pass. ptc. acc. sing. fem. . . . .δίδωμι
16 εἶναι pres. act. infin. . . . . εἰμί
ἱερουργοῦντα pres. act. ptc. acc. sing. masc. .ἱερουργέω
γένηται 3 p. sing. 2 aor. mid. subj. . . . . . . γίνομαι
ἡγιασμένη perf. pass. ptc. nom. sing. masc. . . . .ἁγιάζω
18 τολμήσω 1 p. sing. fut. act. ind. . . . . .τολμάω
λαλεῖν pres. act. infin. . . . . .λαλέω
κατειργάσατο 3 p. sing. 1 aor. mid. ind. . κατεργάζομαι
19 πεπληρωκέναι perf. act. infin. . . . . .πληρόω
20 φιλοτιμούμενον pres. mid. ptc. acc. s. m. .φιλοτιμέομαι
εὐαγγελίζεσθαι pres. mid. infin. . . . . . εὐαγγελίζω
ὠνομάσθη 3 p. sing. 1 aor. pass. ind. . . . . . . ὀνομάζω
οἰκοδομῶ 1 p. sing. pres. act. ind. or subj. . οἰκοδομέω
21 γέγραπται 3 p. sing. perf. pass. ind. . . . . .γράφω
ὄψονται 3 p. pl. fut. mid. ind. . . . . .ὁράω
ἀνηγγέλη 3 p. sing. 2 aor. pass. ind. . . . . . ἀναγγέλλω
ἀκηκόασιν 3 p. pl. 2 perf. act. ind. Att. . . . . .ἀκούω
συνήσουσιν 3 p. pl. fut. act. ind. . . . . συνίημι
22 ἐνεκοπτόμην 1 p. sing. imperf. pass. ind. . . . .ἐγκόπτω
ἐλθεῖν 2 aor. act. infin. . . . . .ἔρχομαι
23 ἔχων pres. act. ptc. nom. sing. masc. . . . . ἔχω
24 πορεύωμαι 1 p. sing. pres. mid. subj. . . . . πορεύομαι
ἐλπίζω 1 p. sing. pres. act. ind. . . . . .ἐλπίζω
διαπορευόμενος pres. mid. ptc. nom. s. m. .διαπορεύομαι
θεάσασθαι 1 aor. mid. infin. . . . . θεάομαι
προπεμφθῆναι 1 aor. pass. infin. . . . . προπέμπω
ἐμπλησθῶ 1 p. sing. 1 aor. pass. subj. . . . ἐμπίπλημι
25 διακονῶν pres. act. ptc. nom. sing. masc. . . . . διακονέω
26 ηὐδόκησαν 3 p. pl. 1 aor. act. ind. . . . . . . .εὐδοκέω
ποιήσασθαι 1 aor. mid. infin. . . . . .ποιέω
27 εἰσίν 3 p. pl. pres. act. ind. . . . . εἰμί
ἐκοινώνησαν 3 p. pl. 1 aor. act. ind. . . . . . . κοινωνέω

ὀφείλουσιν 3 p. pl. pres. act. ind. . . . . ὀφείλω
λειτουργῆσαι 1 aor. act. infin. . . . . λειτουργέω
28 ἐπιτελέσας 1 aor. act. ptc. nom. sing. masc. . . ἐπιτελέω
σφραγισάμενος 1 aor. mid. ptc. nom. sing. masc. σφραγίζω
ἀπελεύσομαι 1 p. sing. fut. mid. ind. . . . . ἀπέρχομαι
29 οἶδα 1 p. sing. perf. act. ind. . . . . οἶδα
ἐρχόμενος pres. mid. ptc. nom. sing. masc. . . . ἔρχομαι
ἐλεύσομαι 1 p. sing. fut. mid. ind. . . . . id.
30 παρακαλῶ 1 p. sing. pres. act. ind. . . . . . . .παρακαλέω
συναγωνίσασθαι 1 aor. mid. infin. . . . . συναγωνίζομαι
31 ῥυσθῶ 1 p. sing. 1 aor. pass. subj. . . . . .ῥύομαι
ἀπειθούντων pres. act. ptc. gen. pl. masc. . . . ἀπειθέω
γένηται 3 p. sing. 2 aor. mid. subj. . . . . . . γίνομαι
32 ἐλθών 2 aor. act. ptc. nom. sing. masc. . . . . . . ἔρχομαι
συναναπαύσωμαι 1 p. s. 1 aor. mid. subj. συναναπαύομαι

16

1 συνίστημι 1 p. sing. pres. act. ind. . . . . . . συνίστημι
οὖσαν pres. act. ptc. acc. sing. fem. . . . . εἰμί
2 προσδέξησθε 2 p. pl. 1 aor. mid. subj. . . . προσδέχομαι
παραστῆτε 2 p. pl. 2 aor. act. subj. . . . . . παρίστημι
χρῄζῃ 3 p. sing. pres. act. subj. . . . . χρῄζω
ἐγενήθη 3 p. sing. 1 aor. pass. ind. . . . . .γίνομαι
3 ἀσπάσασθε 2 p. pl. 1 aor. mid. imper. . . . . . . ἀσπάζομαι
4 ὑπέθηκαν 3 p. pl. 1 aor. act. ind. . . . . . . .ὑποτίθημι
εὐχαριστῶ 1 p. sing. pres. act. ind. . . . . . εὐχαριστέω
5 ἔστιν 3 p. sing. pres. act. ind. . . . . εἰμί
6 ἐκοπίασεν 3 p. sing. 1 aor. act. ind. . . . . κοπιάω
7 εἰσιν 3 p. pl. pres. act. ind. . . . . εἰμί
γέγοναν 3 p. pl. 2 perf. act. ind. . . . . .γίνομαι
11 ὄντας pres. act. ptc. acc. pl. masc. . . . . εἰμί
12 κοπιώσας pres. act. ptc. acc. pl. fem. . . . . . . .κοπιάω
ἐκοπίασεν 3 p. sing. 1 aor. act. ind. . . . . id.
16 ἀσπάζονται 3 p. pl. pres. mid. ind. . . . . . ἀσπάζομαι
17 παρακαλῶ 1 p. sing. pres. act. ind. . . . . . παρακαλέω
σκοπεῖν pres. act. infin. . . . . σκοπέω
ἐμάθετε 2 p. pl. 2 aor. act. ind. . . . . .μανθάνω
ποιοῦντας pres. act. ptc. acc. pl. masc. . . . . . . ποιέω
ἐκκλίνετε 2 p. pl. pres. act. ind. . . . . ἐκκλίνω
18 δουλεύουσιν 3 p. pl. pres. act. ind. . . . . . . δουλεύω
ἐξαπατῶσιν 3 p. pl. pres. act. ind. . . . . . . ἐξαπατάω
19 ἀφίκετο 3 p. sing. 2 aor. mid. ind. . . . . . .ἀφικνέομαι
χαίρω 1 p. sing. pres. act. ind. . . . . .χαίρω
εἶναι pres. act. infin. . . . . εἰμί
20 συντρίψει 3 p. sing. fut. act. ind. . . . . . . συντρίβω
21 ἀσπάζεται 3 p. sing. pres. mid. ind. . . . . . ἀσπάζομαι
22 γράψας 1 aor. act. ptc. nom. sing. masc. . . . . . .γράφω
25 συναμένῳ pres. pass. ptc. dat. sing. masc. . . . δύναμαι
στηρίξαι 1 aor. act. infin. . . . . .στηρίζω
σεσιγημένου perf. pass. ptc. gen. sing. neut. . . .σιγάω
26 φανερωθέντος 1 aor. pass. ptc. gen. sing. masc. .φανερόω
γνωρισθέντος 1 aor. pass. ptc. gen. sing. neut. .γνωρίζω

Προς Κορινθιους α΄

1

2 οὔσῃ pres. act. ptc. dat. sing. fem. . . . . εἰμί
ἡγιασμένοις perf. pass. ptc. dat. pl. masc. . . . . ἁγιάζω
ἐπικαλουμένοις pres. mid. ptc. dat. pl. masc. . . ἐπικαλέω
4 εὐχαριστῶ 1 p. sing. pres. act. ind. . . . . . εὐχαριστέω
δοθείσῃ 1 aor. pass. ptc. dat. sing. fem. . . . . . δίδωμι
5 ἐπλουτίσθητε 2 p. pl. 1 aor. pass. ind. . . . . . πλουτίζω
6 ἐβεβαιώθη 3 p. sing. 1 aor. pass. ind. . . . . . . βεβαιόω
7 ὑστερεῖσθαι pres. mid. infin. . . . . ὑστερέω
ἀπεκδεχομένους pres. mid. ptc. acc. pl. m. . . ἀπεκδέχομαι
8 βεβαιώσει 3 p. sing. fut. act. ind. . . . . βεβαιόω
9 ἐκλήθητε 2 p. pl. 1 aor. pass. ind. . . . . καλέω
10 παρακαλῶ 1 p. sing. pres. act. ind. . . . . . . παρακαλέω
λέγητε 2 p. pl. pres. act. subj. . . . . λέγω
ᾖ 3 p. sing. pres. act. subj. . . . . εἰμί
κατηρτισμένοι perf. pass. ptc. nom. pl. masc. καταρτίζω
ἦτε 2 p. pl. pres. act. subj. . . . . εἰμί
11 ἐδηλώθη 3 p. sing. 1 aor. pass. ind. . . . . δηλόω
εἰσίν 3 p. pl. pres. act. ind. . . . . εἰμί
12 λέγει 3 p. sing. pres. act. ind. . . . . λέγω
13 μεμέρισται 3 p. sing. perf. pass. ind. . . . . . . μερίζω
ἐσταυρώθη 3 p. sing. 1 aor. pass. ind. . . . . . . σταυρόω
ἐβαπτίσθητε 2 p. pl. 1 aor. pass. ind. . . . . . . βαπτίζω
14 εὐχαριστῶ 1 p. sing. pres. act. ind. . . . . . εὐχαριστέω
ἐβάπτισα 1 p. sing. 1 aor. act. ind. . . . . βαπτίζω
15 εἴπῃ 3 p. sing. 2 aor. act. subj. . . . . λέγω
16 οἶδα 1 p. sing. perf. act. ind. . . . . οἶδα
17 ἀπέστειλεν 3 p. sing. 1 aor. act. ind. . . . . . ἀποστέλλω
βαπτίζειν pres. act. infin. . . . . βαπτίζω
εὐαγγελίζεσθαι pres. mid. infin. . . . . . . εὐαγγελίζω
κενωθῇ 3 p. sing. 1 aor. pass. subj. . . . . κενόω
18 ἀπολλυμένοις pres. pass. ptc. dat. pl. masc. . . ἀπόλλυμι
ἐστιν 3 p. sing. pres. act. ind. . . . . εἰμί
σωζομένοις pres. pass. ptc. dat. pl. masc. . . . . . σώζω
19 γέγραπται 3 p. sing. perf. pass. ind. . . . . γράφω
ἀθετήσω 1 p. sing. fut. act. ind. . . . . ἀθετέω
ἀπολῶ 1 p. sing. fut. act. ind. Att. . . . . . . ἀπόλλυμι
20 ἐμώρανεν 3 p. sing. 1 aor. act. ind. . . . . . . μωραίνω
21 ἔγνω 3 p. sing. 2 aor. act. ind. . . . . γινώσκω
εὐδόκησεν 3 p. sing. 1 aor. act. ind. . . . . . . εὐδοκέω
σῶσαι 1 aor. act. infin. . . . . σώζω
πιστεύοντας pres. act. ptc. acc. pl. masc. . . . . πιστεύω
22 αἰτοῦσιν 3 p. pl. pres. act. ind. . . . . αἰτέω
ζητοῦσιν 3 p. pl. pres. act. ind. . . . . ζητέω
23 κηρύσσομεν 1 p. pl. pres. act. ind. . . . . κηρύσσω
ἐσταυρωμένον perf. pass. ptc. acc. sing. masc. . σταυρόω
26 βλέπετε 2 p. pl. pres. act. ind. . . . . βλέπω
27 ἐξελέξατο 3 p. sing. 1 aor. mid. ind. . . . . ἐκλέγω
καταισχύνῃ 3 p. sing. pres. act. subj. . . . . καταισχύνω
28 ἐξουθενημένα perf. pass. ptc. acc. pl. neut. . ἐξουθενέω
ὄντα pres. act. ptc. acc. sing. masc. . . . . εἰμί
καταργήσῃ 3 p. sing. 1 aor. act. subj. . . . . . καταργέω
29 καυχήσηται 3 p. sing. 1 aor. mid. subj. . . . . καυχάομαι

30 ἐστε 2 p. pl. pres. act. ind. . . . . εἰμί
   ἐγενήθη 3 p. sing. 2 aor. pass. ind. . . . . . . .γίνομαι
31 γέγραπται 3 p. sing. perf. mid. ind. . . . . γράφω
   καυχώμενος pres. mid. ptc. nom. sing. masc. . .καυχάομαι
   καυχάσθω 3 p. sing. pres. mid. imper. . . . . id.

2

1 ἐλθών 2 aor. act. ptc. nom. sing. masc. . . . . . . ἔρχομαι
   ἦλθον 3 p. pl. 2 aor. act. ind. . . . . id.
   καταγγέλλων pres. act. ptc. nom. sing. masc. καταγγέλλω
2 ἔκρινα 1 p. sing. 1 aor. act. ind. . . . . .κρίνω
   εἰδέναι perf. act. infin. . . . . .οἶδα
   ἐσταυραμένον perf. pass. ptc. acc. sing. masc. . σταυρόω
3 ἐγενόμην 1 p. sing. 2 aor. mid. ind. . .ʹ . . . . γίνομαι
5 ᾖ 3 p. sing. pres. act. subj. . . . . εἰμί
6 λαλοῦμεν 1 p. pl. pres. act. ind. . . . . .λαλέω
   καταργουμένων pres. pass. ptc. gen. pl. masc. . καταργέω
7 ἀποκεκρυμμένην perf. pass. ptc. acc. s. fem. . ἀπόκειμαι
   προώρισεν 3 p. sing. 1 aor. act. ind. . . . . . . προορίζω
8 ἔγνωκεν 3 p. sing. perf. act. ind. . . . . γινώσκω
   ἔγνωσαν 3 p. pl. 2 aor. act. ind. . . . . id.
   ἐσταύρωσαν 3 p. pl. 1 aor. act. ind. . . . . σταυρόω
9 γέγραπται 3 p. sing. perf. pass. ind. . . . . .γράφω
   εἶδεν 3 p. sing. 2 aor. act. ind. . . . . .ὁράω
   ἤκουσεν 3 p. sing. 1 aor. act. ind. . . . . ἀκούω
   ἀνέβη 3 p. sing. 2 aor. act. ind. . . . . .ἀναβαίνω
   ἡτοίμασεν 3 p. sing. 1 aor. act. ind. . . . . . . ἡτοιμάζω
   ἀγαπῶσιν pres. act. ptc. dat. pl. masc. . . . . . . ἀγαπάω
10 ἀπεκάλυψεν 3 p. sing. 1 aor. act. ind. . . . ἀποκαλύπτω
   ἐρευνᾷ 3 p. sing. pres. act. ind. . . . . ἐρευνάω
11 οἶδεν 3 p. sing. perf. act. ind. . . . . οἶδα
12 ἐλάβομεν 1 p. pl. 1 aor. act. ind. . . . . λαμβάνω
   εἰδῶμεν 1 p. pl. perf. act. subj. . . . . οἶδα
   χαρισθέντα 1 aor. pass. ptc. acc. pl. neut. . . χαρίζομαι
13 λαλοῦμεν 1 p. pl. pres. act. ind. . . . . .λαλέω
   συγκρίοντες pres. act. ptc. nom. pl. masc. . . .συγκρίνω
14 δέχεται 3 p. sing. pres. mid. ind. . . . . .δέχομαι
   ἐστιν 3 p. sing. pres. act. ind. . . . . εἰμί
   δύναται 3 p. sing. pres. pass. ind. . . . . . . .δύναμαι
   γνῶναι 2 aor. act. infin. . . . . γινώσκω
   ἀνακρίνεται 3 p. sing. pres. pass. ind. . . . . ἀνακρίνω
15 ἀνακρίνει 3 p. sing. pres. act. ind. . . . . id.
16 ἔγνω 3 p. sing. 2 aor. act. ind. . . . . .γινώσκω
   συμβιβάσει 3 p. sing. fut. act. ind. . . . . . συμβιβάζω
   ἔχομεν 1 p. pl. pres. act. ind. . . . . ἔχω

3

1 ἠδυνήθην 1 p. sing. 1 aor. pass. ind. . . . . . . .δύναμαι
   λαλῆσαι 1 aor. act. infin. . . . . λαλέω
2 ἐπότισα 1 p. sing. 1 aor. act. ind. . . . . ποτίζω
   ἐδύνασθε 2 p. pl. imperf. pass. ind. . . . . . . .δύναμαι
   δύνασθε 2 p. pl. pres. pass. ind. . . . . id.
3 ἐστε 2 p. pl. pres. act. ind. . . . . .εἰμί
   περιπατεῖτε 2 p. pl. pres. act. ind. or imper. περιπατέω
4 λέγῃ 2 p. sing. pres. mid. ind. . . . . .λέγω

5 ἐστιν 3 p. sing. pres. act. ind. . . . . εἰμί
ἐπιστεύσατε 2 p. pl. 1 aor. act. ind. . . . . . .πιστεύω
ἔδωκεν 3 p. sing. 1 aor. act. ind. . . . . δίδωμι
6 ἐφύτευσα 1 p. sing. 1 aor. act. ind. . . . . φυτεύω
ἐπότισεν 3 p. sing. 1 aor. act. ind. . . . . ποτίζω
ηὔξανεν 3 p. sing. imperf. act. ind. . . . . αὐξάνω
7 φυτεύων pres. act. ptc. nom. sing. masc. . . . . . φυτεύω
ποτίζων pres. act. ptc. nom. sing. masc. . . . . . ποτίζω
αὐξάνων pres. act. ptc. nom. sing. masc. . . . . . αὐξάνω
8 εἰσιν 3 p. pl. pres. act. ind. . . . . εἰμί
λήμφεται 3 p. sing. fut. mid. ind. . . . . .λαμβάνω
9 ἐσμεν 1 p. pl. pres. act. ind. . . . . εἰμί
ἐστε 2 p. pl. pres. act. ind. . . . . id.
10 δοθεῖσαν 1 aor. pass. ptc. acc. sing. fem. . . . .δίδωμι
ἔθηκα 1 p. sing. 1 aor. act. ind. . . . . .τίθημι
ἐποικοδομεῖ 3 p. sing. pres. act. ind. . . . .ἐποικοδομέω
βλεπέτω 3 p. sing. pres. act. imper. . . . . .βλέπω
11 δύναται 3 p. sing. pres. pass. ind. . . . . δύναμαι
θεῖναι 2 aor. act. infin. . . . . .τίθημι
κείμενον pres. mid. ptc. acc. sing. masc. or ne. .κεῖμαι
12 ἐποικοδομεῖ 3 p. sing. pres. act. ind. . . . .ἐποικοδομέω
13 γενήσεται 3 p. sing. fut. mid. ind. . . . . . . .γίνομαι
δηλώσει 3 p. sing. fut. act. ind. . . . . .δηλόω
ἀποκαλύπτεται 3 p. sing. pres. pass. ind. . .ἀποκαλύπτω
δοκιμάσει 3 p. sing. fut. act. ind. . . . . . . .δοκιμάζω
14 μενεῖ 3 p. sing. fut. act. ind. . . . . μένω
ἐποικοδόμησεν 3 p. sing. 1 aor. act. ind. . .ἐποικοδομέω
15 κατακαήσεται 3 p. sing. fut. pass. ind. . . . . .κατακαίω
ζημιωθήσεται 3 p. sing. fut. pass. ind. . . . . . .ζημιόω
σωθήσεται 3 p. sing. fut. pass. ind. . . . . .σῴζω
16 οἴδατε 2 p. pl. perf. act. ind. . . . . .οἶδα
οἰκεῖ 3 p. sing. pres. act. ind. . . . . .οἰκέω
17 φθείρει 3 p. sing. pres. act. ind. . . . . .φθείρω
φθερεῖ 3 p. sing. fut. act. ind. . . . . id.
18 ἐξαπατάτω 3 p. sing. pres. act. imper. . . . . .ἐξαπατάω
δοκεῖ 3 p. sing. pres. act. ind. . . . . .δοκέω
εἶναι pres. act. infin. . . . . .εἰμί
γενέσθω 3 p. sing. 2 aor. mid. imper. . . . . γίνομαι
γένηται 3 p. sing. 2 aor. mid. subj. . . . . id.
19 γέγραπται 3 p. sing. perf. pass. ind. . . . . . . .γράφω
δρασσόμενος pres. mid. ptc. nom. sing. masc. . .δράσσομαι
20 γινώσκει 3 p. sing. pres. act. ind. . . . . .γινώσκω
21 καυχάσθω 3 p. sing. pres. mid. imper. . . . . . .καυχάομαι
22 ἐνεστῶτα perf. act. ptc. nom. pl. neut. . . . . .ἐνίστημι
μέλλοντα pres. act. ptc. acc. sing. masc. . . . . .μέλλω

4

1 λογιζέσθω 3 p. sing. pres. mid. imper. . . . . .λογίζομαι
2 ζητεῖται 3 p. sing. pres. pass. ind. . . . . . . .ζητέω
εὑρευθῇ 3 p. sing. 1 aor. pass. subj. . . . . . . .εὑρίσκω
3 ἐστιν 3 p. sing. pres. act. ind. . . . . .εἰμί
ἀνακριθῶ 1 p. sing. 1 aor. pass. subj. . . . . .ἀνακρίνω
4 σύνοιδα 1 p. sing. perf. act. ind. . . . . .σύνοιδα
δεδικαίωμαι 1 p. sing. perf. pass. ind. . . . . .δικαιόω
ἀνακρίνων perf. act. ptc. nom. sing. masc. . . .ἀνακρίνω

5 κρίνετε 2 p. pl. pres. act. ind. or imper. . . . . . .κρίνω
  ἔλθῃ 3 p. sing. 2 aor. act. subj. . . . . ἔρχομαι
  φωτίσει 3 p. sing. fut. act. ind. . . . . .φωτίζω
  φανερώσει 3 p. sing. fut. act. ind. . . . . φανερόω
  γενήσεται 3 p. pl. fut. mid. ind. . . . . γίνομαι
6 μετεσχημάτισα 1 p. sing. 1 aor. act. ind. μετασχηματίζω
  μάθητε 2 p. pl. 2 aor. act. subj. . . . . μανθάνω
  γέγραπται 3 p. sing. perf. pass. ind. . . . . .γράφω
  φυσιοῦσθε 2 p. pl. pres. pass. subj. . . . . . . .φυσιόω
7 διακρίνει 3 p. sing. pres. act. ind. . . . . . .διακρίνω
  ἔχεις 2 p. sing. pres. act. ind. . . . . ἔχω
  ἔλαβες 2 p. sing. 2 aor. act. ind. . . . . .λαμβάνω
  καυχᾶσαι 2 p. sing. pres. mid. ind. . . . . . καυχάομαι
  λαβών 2 aor. act. ptc. nom. sing. masc. . . . . . λαμβάνω
8 κεκορεσμένοι perf. pass. ptc. nom. pl. masc. . κορέννυμι
  ἐστέ 2 p. pl. pres. act. ind. . . . . εἰμί
  ἐπλουτήσατε 2 p. pl. 2 aor. act. ind. . . . . . .πλουτέω
  ἐβασιλεύσατε 2 p. pl. 1 aor. act. ind. . . . . .βασιλεύω
  ὄφελον 1 p. sing. 2 aor. act. ind. or particle . . ὀφείλω
  συμβασιλεύσωμεν 1 p. pl. fut. act. ind. . . συμβασιλεύω
9 δοκῶ 1 p. sing. pres. act. ind. contr. . . . . δοκέω
  ἀπέδειξεν 3 p. sing. 1 aor. act. ind. . . . ἀποδείκνυμι
  ἐγενήθημεν 1 p. pl. 2 aor. pass. ind. . . . . . .γίνομαι
11 πεινῶμεν 1 p. pl. pres. act. ind. . . . . πεινάω
  διψῶμεν 1 p. pl. pres. act. subj. . . . . .διψάω
  γυμνιτεύομεν 1 p. pl. pres. act. ind. . . . . .γυμνιτεύω
  κολαφιζόμεθα 1 p. pl. pres. pass. ind. . . . . .κολαφίζω
  ἀστατοῦμεν 1 p. pl. pres. act. ind. . . . . . . .ἀστατέω
12 κοπιῶμεν 1 p. pl. pres. act. ind. . . . . κοπιάω
  ἐργαζόμενοι pres. mid. pass. ptc. nom. pl. m. .ἐργάζομαι
  λοιδορούμενοι pres. pass. ptc. nom. pl. masc. . λοιδορέω
  εὐλογοῦμεν 1 p. pl. pres. act. ind. . . . . εὐλογέω
  διωκόμενοι pres. pass. ptc. nom. pl. masc. . . . . διώκω
  ἀνεχόμεθα 1 p. pl. pres. mid. ind. . . . . . . .ἀνέχομαι
13 δυσφημούμενοι pres. mid. ptc. nom. pl. masc. . .δυσφημέω
  παρακαλοῦμεν 1 p. pl. pres. act. ind. . . . . παρακαλέω
14 ἐντρέπων pres. act. ptc. nom. sing. masc. . . . . ἐντρέπω
  γράφω 1 p. sing. pres. act. ind. . . . . .γράφω
  νουθετῶν pres. act. ptc. nom. sing. masc. . . . .νουθετέω
15 ἔχητε 2 p. pl. pres. act. subj. . . . . ἔχω
  ἐγέννησα 1 p. sing. 1 aor. act. ind. . . . . γεννάω
16 παρακαλῶ 1 p. sing. pres. act. ind. . . . . . . παρακαλέω
  γίνεσθε 2 p. pl. pres. mid. imper. . . . . .γίνομαι
17 ἔπεμψα 1 p. sing. 1 aor. act. ind. . . . . .πέμπω
  ἐστιν 3 p. sing. pres. act. ind. . . . . εἰμί
  ἀναμνήσει 3 p. sing. fut. act. ind. . . . . . ἀναμιμνήσκω
  διδάσκω 1 p. sing. pres. act. ind. . . . . .διδάσκω
18 ἐρχομένου pres. mid. ptc. gen. sing. masc. . . . . ἔρχομαι
  ἐφυσιώθησαν 3 p. pl. 1 aor. pass. ind. . . . . . .φυσιόω
19 ἐλεύσομαι 1 p. sing. fut. mid. ind. . . . . . . .ἔρχομαι
  θελήσῃ 3 p. sing. 1 aor. act. subj. . . . . .θέλω
  γνώσομαι 1 p. sing. fut. mid. ind. . . . . . . .γινώσκω
  πεφυσιωμένων perf. pass. ptc. gen. pl. m. f. or n.φυσιόω
21 θέλετε 2 p. pl. pres. act. ind. . . . . .θέλω
  ἔλθω 1 p. sing. 2 aor. act. subj. . . . . ἔρχομαι

5

1 ἀκούεται 3 p. sing. pres. pass. ind. . . . . ἀκούω
 ἔχειν pres. act. infin. . . . . ἔχω
2 πεφυσιωμένοι pres. pass. ptc. nom. pl. masc. . . . φυσιόω
 ἐστέ 2 p. pl. pres. act. ind. . . . . εἰμί
 ἐπενθήσατε ? p. pl. 1 aor. act. ind. . . . . πενθέω
 ἀρθῇ 3 p. sing. 1 aor. pass. subj. . . . . αἴρω
 πράξας 1 aor. act. ptc. nom. sing. masc. . . . . . πράσσω
3 ἀπών pres. act. ptc. nom. sing. masc. . . . . ἄπειμι
 παρών pres. act. ptc. nom. sing. masc. . . . . . . πάρειμι
 κέκρικα 1 p. sing. perf. act. ind. . . . . κρίνω
 κατεργασάμενον 1 aor. mid. ptc. acc. s. m. κατεργάζομαι
4 συναχθέντων 1 aor. pass. ptc. gen. pl. masc. . . . συνάγω
5 παραδοῦναι 1 aor. act. infin. . . . . παραδίδωμι
 σωθῇ 3 p. sing. 1 aor. pass. subj. . . . . σῴζω
6 οἴδατε 2 p. pl. perf. act. ind. . . . . οἶδα
 ζυμοῖ 3 p. sing. pres. act. ind. . . . . ζυμόω
7 ἐκκαθάρατε 2 p. pl. 1 aor. act. imper. . . . . ἐκκαθαίρω
 ἦτε 2 p. pl. imperf. act. ind. or pres. act. subj. . εἰμί
 ἐτύθη 3 p. sing. 2 aor. pass. ind. . . . . θύω
8 ἑορτάζωμεν 1 p. pl. pres. act. subj. . . . . ἑορτάζω
9 ἔγραψα 1 p. sing. 1 aor. act. ind. . . . . γράφω
 συναναμίγνυσθαι pres. mid. infin. . . . . συναναμίγνυμι
10 ὠφείλετε 2 p. pl. imperf. act. ind. . . . . ὀφείλω
 ἐξελθεῖν 2 aor. act. infin. . . . . ἐξέρχομαι
11 ὀνομαζόμενος pres. pass. ptc. nom. sing. masc. . ὀνομάζω
 ἦ 3 p. sing. pres. act. subj. . . . . εἰμί
 συνεσθίειν pres. act. infin. . . . . συνεσθίω
12 κρίνειν pres. act. infin. . . . . κρίνω
 κρίνετε 2 p. pl. pres. act. ind. . . . . id.
13 κρινεῖ 3 p. sing. pres. act. ind. . . . . id.
 ἐξάρατε 2 p. pl. 1 aor. act. imper. . . . . ἐξαίρω

6

1 τολμᾷ 3 p. sing. pres. act. ind. or subj. . . . . . τολμάω
 ἔχων pres. act. ptc. nom. sing. masc. . . . . ἔχω
 κρίνεσθαι pres. pass. infin. . . . . κρίνω
2 οἴδατε 2 p. pl. perf. act. ind. . . . . οἶδα
 κρινοῦσιν 3 p. pl. fut. act. ind. . . . . κρίνω
 κρίνεται 3 p. sing. pres. pass. ind. . . . . id.
 ἐστε 2 p. pl. pres. act. ind. . . . . εἰμί
3 κρινοῦμεν 1 p. pl. fut. act. ind. . . . . κρίνω
4 ἔχητε 2 p. pl. pres. act. subj. . . . . ἔχω
 ἐξουθενημένους perf. pass. ptc. acc. pl. m. . . ἐξουθενέω
 καθίζετε 2 p. pl. pres. act. imper. . . . . καθίζω
5 ἔνι(ἔνεστι) 3 p. sing. pres. act. ind. . . . . . . ἔνειμι
 δυνήσεται 3 p. sing. fut. pass. ind. . . . . δύναμαι
 διακρῖναι 1 aor. act. infin. . . . . διακρίνω
6 κρίνεται 3 p. sing. pres. pass. ind. . . . . κρίνω
7 ἐστιν 3 p. sing. pres. act. ind. . . . . εἰμί
 ἔχετε 2 p. pl. pres. act. ind. . . . . ἔχω
 ἀδικεῖσθε 2 p. pl. pres. pass. ind. . . . . ἀδικέω
 ἀποστερεῖσθε 2 p. pl. pres. pass. ind. . . . . . ἀποστερέω
8 ἀδικεῖτε 2 p. pl. pres. act. ind. . . . . ἀδικέω
 ἀποστερεῖτε 2 p. pl. pres. act. ind. . . . . . . ἀποστερέω

9 οἴδατε 2 p. pl. perf. act. ind. . . . . οἶδα
κληρονομήσουσιν 3 p. pl. fut. act. ind. . . . κληρονομέω
πλανᾶσθε 2 p. pl. pres. pass. ind. or imper. . . . πλανάω
11 ἦτε 2 p. pl. pres. act. subj. or impf. act. ind. . . . εἰμί
ἀπελούσασθε 2 p. pl. 1 aor. mid. ind. . . . . . . .ἀπολούω
ἡγιάσθητε 2 p. pl. 1 aor. pass. ind. . . . . . . .ἁγιάζω
ἐδικαιώθητε 2 p. pl. 1 aor. pass. ind. . . . . . . δικαιόω
12 ἔξεστιν 3 p. sing. pres. act. impers. . . . . ἔξειμι
συμφέρει 3 p. sing. pres. act. ind. . . . . . . .συμφέρω
ἐξουσιασθήσομαι 1 p. sing. fut. pass. ind. . . . ἐξουσιάζω
13 καταργήσει 3 p. sing. fut. act. ind. . . . . . . καταργέω
14 ἤγειρεν 3 p. sing. 1 aor. act. ind. . . . . .ἐγείρω
ἐξεγερεῖ 3 p. sing. fut. act. ind. . . . . ἐξεγείρω
15 ἐστιν 3 p. sing. pres. act. ind. . . . . εἰμί
ἄρας 1 aor. act. ptc. nom. sing. masc. . . . . αἴρω
ποιήσω 1 p. sing. fut. act. ind. or 1 aor. act. subj. ποιέω
γένοιτο 3 p. sing. 2 aor. mid. opt. . . . . γίνομαι
16 κολλώμενος pres. mid. ptc. nom. pl. masc. . . . . . κολλάω
ἔσονται 3 p. pl. fut. mid. ind. . . . . .εἰμί
φησίν 3 p. sing. pres. act. ind. . . . . φημί
18 φεύγετε 2 p. pl. pres. act. imper. . . . . .φεύγω
ποιήσῃ 3 p. sing. 1 aor. act. subj. . . . . ποιέω
πορνεύων pres. act. ptc. nom. sing. masc. . . . .πορνεύω
ἁμαρτάνει 3 p. sing. pres. act. ind. . . . . . . ἁμαρτάνω
19 ἔχετε 2 p. pl. pres. act. ind. . . . . ἔχω
ἐστε 2 p. pl. pres. act. ind. . . . . .εἰμί
20 ἠγοράσθητε 2 p. pl. 1 aor. pass. ind. . . . . . . .ἀγοράζω
δοξάσατε 2 p. pl. 1 aor. act. imper. . . . . δοξάζω

7

1 ἐγράψατε 3 p. pl. 1 aor. act. ind. . . . . γράφω
ἅπτεσθαι pres. mid. infin. . . . . .ἅπτω
2 ἐχέτω 3 p. sing. pres. act. imper. . . . . .ἔχω
3 ἀποδιδότω 3 p. sing. pres. act. imper. . . . . .ἀποδίδωμι
4 ἐξουσιάζει 3 p. sing. pres. act. ind. . . . . . ἐξουσιάζω
5 ἀποστερεῖτε 2 p. pl. pres. act. ind. or imper. ἀποστερέω
σχολάσητε 2 p. pl. 1 aor. act. subj. . . . . σχολάζω
ἦτε 2 p. pl. pres. act. subj. or imperf. act. ind. . . εἰμί
πειράζῃ 3 p. sing. pres. act. subj. . . . . πειράζω
7 εἶναι pres. act. infin. . . . . .εἰμί
ἔχει 3 p. sing. pres. act. ind. . . . . ἔχω
8 μείνωσιν 3 p. pl. 1 aor. act. subj. . . . . μένω
9 ἐγκρατεύονται 3 p. pl. pres. mid. ind. . . . ἐγκρατεύομαι
ἐστιν 3 p. sing. pres. act. ind. . . . . εἰμί
γαμεῖν pres. act. infin. . . . . γαμέω
πυροῦσθαι pres. pass. infin. . . . . πυρόω
γαμησάτωσαν 3 p. pl. 1 aor. act. imper. . . . . . . .γαμέω
10 γεγαμηκόσιν perf. act. ptc. dat. pl. masc. . . . . . . id.
παραγγέλλω 1 p. sing. pres. act. ind. . . . . παραγγέλλω
χωρισθῆναι 1 aor. pass. infin. . . . . .χωρίζω
11 χωρισθῇ 3 p. sing. 1 aor. pass. subj. . . . . id.
μενέτω 3 p. sing. pres. act. imper. . . . . μένω
καταλλαγήτω 3 p. sing. 1 aor. pass. imper. . . καταλλάσσω
ἀφιέναι pres. act. infin. . . . . .ἀφίημι
12 συνευδοκεῖ 3 p. sing. pres. act. ind. . . . . . συνευδοκέω

οἰκεῖν pres. act. infin. . . . . οἰκέω
ἀφιέτω 3 p. sing. pres. act. imper. . . . . .ἀφίημι
14 ἡγίασται 3 p. sing. perf. pass. ind. . . . . . . .ἁγιάζω
ἔστιν 3 p. sing. pres. act. ind. . . . . εἰμί
15 χωρίζεται 3 p. sing. pres. mid. ind. . . . . . . .χωρίζω
χωριζέσθω 3 p. sing. pres. mid. imper. . . . . id.
δεδούλωται 3 p. sing. perf. pass. ind. . . . . . .δουλόω
κέκληκεν 3 p. sing. perf. act. ind. . . . . .καλέω
16 οἶδας 2 p. sing. perf. act. ind. . . . . οἶδα
σώσεις 2 p. sing. fut. act. ind. . . . . σώζω
17 μεμέρικεν 3 p. sing. perf. act. ind. . . . . .μερίζω
περιπατείτω 3 p. sing. pres. act. imper. . . . περιπατέω
διατάσσομαι 1 p. sing. pres. mid. ind. . . . . .διατάσσω
18 περιτετμημένος perf. pass. ptc. nom. sing. m. περιτέμνω
ἐκλήθη 3 p. sing. 1 aor. pass. ind. . . . . καλέω
ἐπισπάσθω 2 p. sing. pres. mid. imper. . . . . . . ἐπισπάω
κέκληται 3 p. sing. perf. pass. ind. . . . . καλέω
περιτεμνέσθω 3 p. sing. pres. pass. imper. . . περιτέμνω
20 μενέτω 3 p. sing. pres. act. imper. . . . . μένω
21 ἐκλήθης 2 p. sing. 1 aor. pass. ind. . . . . .καλέω
μελέτω 3 p. sing. pres. act. imper. . . . . μέλω
δύνασαι 2 p. sing. pres. pass. ind. . . . . δύναμαι
γενέσθαι 2 aor. pass. infin. . . . . .γίνομαι
χρῆσαι 2 p. sing. 1 aor. act. imper. . . . . . . .χράομαι
κληθείς 1 aor. pass. ptc. nom. sing. masc. . . . . καλέω
23 ἠγοράσθητε 2 p. pl. 1 aor. pass. ind. . . . . . .ἀγοράζω
γίνεσθε 2 p. pl. pres. mid. imper. . . . . γίνομαι
25 δίδωμι 1 p. sing. pres. act. ind. . . . . δίδωμι
ἠλεημένος perf. pass. ptc. nom. sing. masc. . . . .ἐλεέω
εἶναι pres. act. infin. . . . . εἰμί
26 νομίζω 1 p. sing. pres. act. ind. . . . . .νομίζω
ὑπάρχειν pres. act. infin. . . . . .ὑπάρχω
ἐνεστῶσαν perf. act. ptc. acc. sing. fem. . . . ἐνίστημι
27 δέδεσαι 2 p. sing. perf. pass. ind. . . . . δέω
ζήτει 2 p. sing. pres. act. imper. . . . . .ζητέω
λέλυσαι 2 p. sing. perf. pass. ind. . . . . λύω
28 γαμήσῃς 2 p. sing. 1 aor. act. subj. . . . . .γαμέω
ἥμαρτες 2 p. sing. 2 aor. act. ind. . . . . . . .ἁμαρτάνω
γήμῃ 3 p. sing. 1 aor. act. subj. . . . . γαμέω
ἥμαρτεν 3 p. sing. 2 aor. act. ind. . . . . ἁμαρτάνω
ἕξουσιν 3 p. pl. fut. act. ind. . . . . ἕχω
φείδομαι 1 p. sing. pres. mid. ind. . . . . . . .φείδομαι
29 φημί 1 p. sing. pres. act. ind. . . . . φημί
συνεσταλμένος perf. pass. ptc. nom. sing. masc. συστέλλω
ἔχοντες pres. act. ptc. nom. pl. masc. . . . . ἔχω
ὦσιν 3 p. pl. pres. act. subj. . . . . εἰμί
30 κλαίοντες pres. act. ptc. nom. pl. masc. . . . . . κλαίω
χαίροντες pres. act. ptc. nom. pl. masc. . . . . . χαίρω
ἀγοράζοντες pres. act. ptc. nom. pl. masc. . . . ἀγοράζω
κατέχοντες pres. act. ptc. nom. pl. masc. . . . . κατέχω
31 χρώμενοι pres. mid. ptc. nom. pl. masc. . . . . . χράομαι
καταχρώμενοι pres. mid. ptc. nom. pl. masc. καταχράομαι
παράγει 3 p. sing. pres. act. ind. . . . . παράγω
32 μεριμνᾷ 3 p. sing. pres. act. ind. . . . . .μεριμνάω
ἀρέσῃ 3 p. sing. 2 aor. act. subj. . . . . ἀρέσκω

33 γαμήσας 1 aor. act. ptc. nom. sing. masc. . . . . . . γαμέω
34 μεμέρισται 3 p. sing. perf. pass. ind. . . . . μερίζω
   μεριμνᾷ 3 p. sing. pres. act. ind. . . . . μεριμνάω
   ᾖ 3 p. sing. pres. act. subj. . . . . εἰμί
   γαμήσασα 1 aor. act. ptc. nom. sing. fem. . . . . . . γαμέω
   ἀρέσῃ 3 p. sing. 2 aor. act. subj. . . . . ἀρέσκω
35 ἐπιβάλω 1 p. sing. 2 aor. act. subj. . . . . ἐπιβάλλω
36 ἀσχημονεῖν pres. act. infin. . . . . ἀσχημονέω
   νομίζει 3 p. sing. pres. act. ind. . . . . νομίζω
   ὀφείλει 3 p. sing. pres. act. ind. . . . . ὀφείλω
   γίνεσθαι pres. mid. infin. . . . . γίνομαι
   θέλει 3 p. sing. pres. act. ind. . . . . θέλω
   ποιείτω 3 p. sing. pres. act. imper. . . . . ποιέω
   ἁμαρτάνει 3 p. sing. pres. act. ind. . . . . . . ἁμαρτάνω
   γαμείτωσαν 3 p. pl. pres. act. imper. . . . . γαμέω
37 ἕστηκεν 3 p. sing. perf. act. ind. . . . . ἵστημι
   ἔχων pres. act. ptc. nom. sing. masc. . . . . ἔχω
   ἔχει 3 p. sing. pres. act. ind. . . . . id.
   κέκρικεν 3 p. sing. perf. act. ind. . . . . κρίνω
   τηρεῖν pres. act. infin. . . . . τηρέω
   ποιήσει 3 p. sing. fut. act. ind. . . . . ποιέω
38 γαμίζων pres. act. ptc. nom. sing. masc. . . . . . . γαμέω
   ποιεῖ 3 p. sing. pres. act. ind. . . . . ποιέω
39 δέδεται 3 p. sing. perf. pass. ind. . . . . δέω
   ζῇ 2 p. sing. pres. act. ind. . . . . ζάω
   κοιμηθῇ 3 p. sing. 1 aor. pass. subj. . . . . κοιμάω
   ἐστίν 3 p. sing. pres. act. ind. . . . . εἰμί
   γαμηθῆναι 1 aor. pass. infin. . . . . γαμέω
40 μείνῃ 3 p. sing. 1 aor. act. subj. . . . . μένω
   δοκῶ 1 p. sing. pres. act. ind. contr. . . . . δοκέω
   ἔχειν pres. act. infin. . . . . ἔχω

                              8
1 οἴδαμεν 1 p. pl. perf. act. ind. . . . . οἶδα
  ἔχομεν 1 p. pl. pres. act. ind. . . . . ἔχω
  φυσιοῖ 3 p. sing. pres. act. ind. . . . . φυσιόω
  οἰκοδομεῖ 3 p. sing. pres. act. ind. . . . . . . οἰκοδομέω
2 δοκεῖ 3 p. sing. pres. act. ind. . . . . δοκέω
  ἐγνωκέναι perf. act. infin. . . . . γινώσκω
  ἔγνω 3 p. sing. 2 aor. act. ind. . . . . id.
  δεῖ 3 p. sing. pres. act. imper. . . . . δεῖ
  γνῶναι 2 aor. act. infin. . . . . γινώσκω
3 ἀγαπᾷ 3 p. sing. pres. act. subj. . . . . ἀγαπάω
  ἔγνωσται 3 p. sing. perf. pass. ind. . . . . γινώσκω
5 εἰσιν 3 p. pl. pres. act. ind. . . . . εἰμί
  λεγόμενοι pres. act. ptc. nom. pl. masc. . . . . λέγω
7 ἐσθίουσιν 3 p. pl. pres. act. ind. . . . . ἐσθίω
  οὖσα pres. act. ptc. nom. sing. fem. . . . . εἰμί
  μολύνεται 3 p. sing. pres. pass. ind. . . . . μολύνω
8 παραστήσει 3 p. sing. fut. act. ind. . . . . . . παρίστημι
  φάγωμεν 1 p. pl. 2 aor. act. subj. . . . . ἐσθίω
  ὑστερούμεθα 1 p. pl. pres. mid. ind. . . . . ὑστερέω
  περισσεύομεν 1 p. pl. pres. act. ind. . . . . . περισσεύω
9 βλέπετε 2 p. pl. pres. act. ind. . . . . βλέπω
  γένηται 3 p. sing. 2 aor. mid. subj. . . . . γίνομαι

10 ἴδῃ 3 p. sing. 2 aor. act. imper. . . . . ὁράω
    ἔχοντα pres. act. ptc. acc. sing. masc. . . . . ἔχω
    κατακείμενον pres. mid. ptc. acc. s. masc. . . κατάκειμαι
    οἰκοδομηθήσεται 3 p. sing. fut. pass. ind. . . οἰκοδομέω
    ἐσθίειν pres. act. infin. . . . . ἐσθίω
11 ἀπόλλυται 3 p. sing. pres. pass. ind. . . . . . . ἀπόλλυμι
    ἀσθενῶν pres. act. ptc. nom. sing. masc. . . . . ἀσθενέω
    ἀπέθανεν 3 p. sing. 2 aor. act. ind. . . . . . . ἀποθνῄσκω
12 ἁμαρτάνοντες pres. act. ptc. gen. pl. masc. . . ἁμαρτάνω
    τύπτοντες pres. act. ptc. nom. pl. masc. . . . . . . τύπτω
    ἀσθενοῦσαν pres. act. ptc. acc. sing. fem. . . . ἀσθενέω
    ἁμαρτάνετε 2 p. pl. pres. act. ind. or imper. . ἁμαρτάνω
13 σκανδαλίζει 3 p. sing. pres. act. ind. . . . σκανδαλίζω
    φάγω 1 p. sing. 2 aor. act. subj. . . . . ἐσθίω
    σκανδαλίσω 1 p. sing. 1 aor. act. subj. . . . σκανδαλίζω

9

1 ἑόρακα 1 p. sing. perf. act. ind. . . . . ὁράω
    ἐστε 2 p. pl. pres. act. ind. . . . . εἰμί
3 ἀνακρίνουσιν pres. act. ptc. dat. pl. masc. . . ἀνακρίνω
4 ἔχομεν 1 p. pl. pres. act. ind. . . . . ἔχω
    φαγεῖν 2 aor. act. infin. . . . . ἐσθίω
    πεῖν 2 aor. act. infin. . . . . πίνω
5 περιάγειν pres. act. infin. . . . . περιάγω
6 ἐργάζεσθαι pres. mid. infin. . . . . ἐργάζομαι
7 στρατεύεται 3 p. sing. pres. mid. ind. . . . . . . στρατεύω
    φυτεύει 3 p. sing. pres. act. ind. . . . . φυτεύω
    ἐσθίει 3 p. sing. pres. act. ind. . . . . ἐσθίω
    ποιμαίνει 3 p. sing. fut. act. ind. . . . . ποιμαίνω
8 λαλῶ 1 p. sing. pres. act. subj. or ind. . . . . . . λαλέω
    λέγει 3 p. sing. pres. act. ind. . . . . λέγω
9 γέγραπται 3 p. sing. perf. pass. ind. . . . . γράφω
    κημώσεις 2 p. sing. fut. act. ind. . . . . κημόω
    ἀλοῶντα pres. act. ptc. acc. sing. masc. . . . . . . ἀλοάω
    μέλει 3 p. sing. pres. act. impers. verb . . . . . . μέλω
10 ἐγράφη 3 p. sing. 1 aor. pass. ind. . . . . γράφω
    ὀφείλει 3 p. sing. pres. act. ind. . . . . ὀφείλω
    ἀροτριῶν pres. act. ptc. nom. sing. masc. . . . ἀροτριάω
    ἀροτριᾶν pres. act. infin. contr. . . . . id.
    ἀλοῶν pres. act. ptc. nom. sing. masc. . . . . ἀλοάω
    μετέχειν pres. act. infin. . . . . μετέχω
11 ἐσπείραμεν 1 p. pl. 1 aor. act. ind. . . . . σπείρω
    θερίσομεν 1 p. pl. fut. act. ind. . . . . θερίζω
12 μετέχουσιν 3 p. pl. pres. act. ind. . . . . μετέχω
    ἐχρησάμεθα 1 p. pl. 1 aor. mid. ind. . . . . . . χράομαι
    στέγομεν 1 p. pl. pres. act. ind. . . . . στέγω
    δῶμεν 1 p. pl. 2 aor. act. subj. . . . . δίδωμι
13 οἴδατε 2 p. pl. perf. act. ind. . . . . οἶδα
    ἐργαζόμενοι pres. mid. ptc. nom. pl. masc. . . ἐργάζομαι
    ἐσθίουσιν 3 p. pl. pres. act. ind. . . . . ἐσθίω
    παρεδρεύοντες pres. act. ptc. nom. pl. masc. . . παρεδρεύω
    συμμερίζονται 3 p. pl. pres. mid. ind. . . . συμμερίζομαι
14 διέταξεν 3 p. sing. 1 aor. act. ind. . . . . . . διατάσσω
    καταγγέλλουσιν 3 p. pl. pres. act. ind. . . . . καταγγέλλω
    ζῆν pres. act. infin. . . . . ζάω

15 κέχρημαι 1 p. sing. perf. pass. ind. . . . . χράω
   ἔγραφα 1 p. sing. 1 aor. act. ind. . . . . γράφω
   γένηται 3 p. sing. 2 aor. mid. subj. . . . . .γίνομαι
   ἀποθανεῖν 2 aor. act. infin. . . . . .ἀποθνήσκω
   κενώσει 3 p. sing. 1 aor. act. subj. . . . . .κενόω
16 εὐαγγελίζωμαι 1 p. sing. pres. mid. subj. . . εὐαγγελίζω
   ἔστιν 3 p. sing. pres. act. ind. . . . . εἰμί
   ἐπίκειται 3 p. sing. pres. mid. ind. . . . . . ἐπίκειμαι
   εὐαγγελίσωμαι 1 p. sing. fut. mid. subj. . . εὐαγγελίζω
17 πράσσω 1 p. sing. pres. act. ind. . . . . .πράσσω
   πεπίστευμαι 1 p. sing. perf. pass. ind. . . . . .πιστεύω
18 εὐαγγελιζόμενος perf. mid. ptc. nom. s. masc. εὐαγγελίζω
   θήσω 1 p. s. 1 aor. act. subj. . . . . τίθημι
   καταχρήσασθαι 1 aor. mid. infin. . . . . . . .καταχράομαι
19 ὤν pres. act. ptc. nom. sing. masc. . . . . .εἰμί
   ἐδούλωσα 1 p. sing. 1 aor. act. ind. . . . . δουλόω
   κερδήσω 1 p. sing. 1 aor. act. subj. . . . . . . .κερδαίνω
20 ἐγενόμην 1 p. sing. 2 aor. mid. ind. . . . . . . γίνομαι
21 κερδάνω 1 p. sing. 1 aor. act. subj. . . . . . .κερδαίνω
22 γέγονα 1 p. sing. perf. act. ind. . . . . γίνομαι
   σώσω 1 p. sing. fut. act. ind. . . . . σώζω
23 ποιῶ 1 p. sing. pres. act. ind. or subj. . . . . . .ποιέω
   γένωμαι 1 p. sing. 2 aor. mid. subj. . . . . . . .γίνομαι
24 οἴδατε 2 p. pl. perf. act. ind. . . . . .οἶδα
   τρέχοντες pres. act. ptc. nom. pl. masc. . . . . . τρέχω
   τρέχουσιν 3 p. pl. pres. act. ind. . . . . id.
   λαμβάνει 3 p. sing. pres. act. ind. . . . . . . λαμβάνω
   τρέχετε 2 p. pl. pres. act. ind. . . . . .τρέχω
   καταλάβητε 2 p. pl. 2 aor. act. subj. . . . καταλαμβάνω
25 ἀγωνιζόμενος pres. mid. ptc. nom. sing. m. . ἀγωνίζομαι
   ἐγκρατεύεται 3 p. sing. pres. mid. ind. . . .ἐγκρατεύομαι
   λάβωσιν 3 p. pl. 2 aor. act. subj. . . . . .λαμβάνω
26 πυκτεύω 1 p. sing. pres. act. ind. . . . . .πυκτεύω
   δέρων pres. act. ptc. nom. sing. masc. . . . . δέρω
27 ὑπωπιάζω 1 p. sing. pres. act. ind. . . . . . .ὑπωπιάζω
   δουλαγωγῶ 1 p. sing. pres. act. ind. . . . . δουλαγωγέω
   κηρύξας 1 aor. act. ptc. nom. sing. masc. . . . . κηρύσσω
   γένωμαι 1 p. sing. 2 aor. mid. subj. . . . . . . .γίνομαι

10
1 ἀγνοεῖν pres. act. infin. . . . . ἀγνοέω
   ἦσαν 3 p. pl. imperf. act. ind. . . . . .εἰμί
   διῆλθον 3 p. pl. 2 aor. act. ind. . . . . . διέρχομαι
2 ἐβαπτίσαντο 3 p. pl. 1 aor. mid. ind. . . . . . .βαπτίζω
3 ἔφαγον 3 p. pl. 2 aor. act. ind. . . . . .ἐσθίω
4 ἔπιον 3 p. pl. 2 aor. act. ind. . . . . .πίνω
   ἔπιονον 3 p. pl. imperf. act. ind. . . . . id.
   ἀκολουθούσης pres. act. ptc. gen. sing. fem. . ἀκολουθέω
   ἦν 3 p. sing. imperf. act. ind. . . . . .εἰμί
5 εὐδόκησεν 3 p. sing. 1 aor. act. ind. . . . . . .εὐδοκέω
   κατεστρώθησαν 3 p. pl. 1 aor. pass. ind. . . καταστρώννυμι
6 ἐγενήθησαν 3 p. pl. 1 aor. pass. ind. . . . . . .γίνομαι
   εἶναι pres. act. infin. . . . . .εἰμί
   ἐπεθύμησαν 3 p. pl. 1 aor. act. ind. . . . . . .ἐπιθυμέω
7 γίνεσθε 2 p. pl. pres. mid. imper. . . . . .γίνομαι

γέγραπται 3 p. sing. perf. pass. ind. . . . . γράφω
ἐκάθισεν 3 p. sing. 1 aor. act. ind. . . . . καθίζω
φαγεῖν 2 aor. act. infin. . . . . ἐσθίω
πεῖν 2 aor. act. infin. contr. . . . . πίνω
ἀνέστησαν 3 p. pl. 1 aor. act. ind. . . . . ἀνίστημι
παίζειν pres. act. infin. . . . . παίζω
8 πορνεύωμεν 1 p. pl. pres. act. subj. . . . . πορνεύω
ἐπόρνευσαν 3 p. pl. 1 aor. act. ind. . . . . id.
ἔπεσαν 3 p. pl. 1 aor. act. ind. . . . . πίπτω
9 ἐκπειράζωμεν 1 p. pl. pres. act. subj. . . . . ἐκπειράζω
ἐπείρασαν 3 p. pl. 1 aor. act. ind. . . . . πειράζω
ἀπώλλυντο 3 p. pl. imperf. mid. ind. . . . . . . ἀπόλλυμι
10 γογγύζετε 2 p. pl. pres. act. imper. . . . . . . γογγύζω
ἐγόγγυσαν 3 p. pl. 1 aor. act. ind. . . . . id.
ἀπώλοντο 3 p. pl. 2 aor. mid. ind. . . . . ἀπόλλυμι
11 συνέβαινεν 3 p. sing. imperf. act. ind. . . . . συμβαίνω
ἐγράφη 3 p. sing. 1 aor. pass. ind. . . . . γράφω
κατήντηκεν 3 p. sing. perf. act. ind. . . . . . . κατανταω
12 δοκῶν pres. act. ptc. nom. sing. masc. . . . . . . δοκέω
ἑστάναι perf. act. infin. . . . . ἵστημι
βλεπέτω 3 p. sing. pres. act. imper. . . . . βλέπω
πέσῃ 3 p. sing. 2 aor. act. subj. . . . . πίπτω
13 εἴληφεν 3 p. sing. perf. act. ind. . . . . λαμβάνω
ἐάσει 3 p. sing. fut. act. ind. . . . . ἐάω
πειρασθῆναι 1 aor. pass. infin. . . . . πειράζω
δύνασθε 2 p. pl. pres. pass. ind. . . . . δύναμαι
ποιήσει 3 p. sing. fut. act. ind. . . . . ποιέω
δύνασθαι pres. pass. infin. . . . . δύναμαι
ὑπενεγκεῖν 2 aor. act. infin. . . . . ὑποφέρω
14 φεύγετε 2 p. pl. pres. act. imper. . . . . φεύγω
15 κρίνατε 2 p. pl. 1 aor. act. imper. . . . . κρίνω
φημι 1 p. sing. pres. act. ind. . . . . φημί
16 εὐλογοῦμεν 1 p. pl. pres. act. ind. . . . . . . εὐλογέω
ἐστιν 3 p. sing. pres. act. ind. . . . . εἰμί
κλῶμεν 1 p. pl. pres. act. ind. . . . . κλάω
17 ἐσμεν 1 p. pl. pres. act. ind. . . . . εἰμί
μετέχομεν 1 p. pl. pres. act. ind. . . . . μετέχω
18 βλέπετε 2 p. pl. pres. act. ind. . . . . βλέπω
ἐσθίοντες pres. act. ptc. nom. pl. masc. . . . . . ἐσθίω
εἰσίν 3 p. pl. pres. act. ind. . . . . εἰμί
20 θύουσιν 3 p. pl. pres. act. ind. . . . . θύω
γίνεσθαι pres. mid. infin. . . . . γίνομαι
21 πίνειν pres. act. infin. . . . . πίνω
μέτεχειν pres. act. infin. . . . . μετέχω
22 παραζηλοῦμεν 1 p. pl. pres. act. ind. . . . . . παραζηλόω
23 ἔξεστιν 3 p. sing. pres. act. impers. verb . . . . ἔξειμι
συμφέρει 3 p. sing. pres. act. ind. . . . . συμφέρω
οἰκοδομεῖ 3 p. sing. pres. act. ind. . . . . . . οἰκοδομέω
24 ζητείτω 3 p. sing. pres. act. imper. . . . . ζητέω
25 πωλούμενον pres. pass. ptc. acc. sing. neut. . . . πωλέω
ἐσθίετε 2 p. pl. pres. act. ind. . . . . ἐσθίω
ἀνακρίνοντες pres. act. ptc. nom. pl. masc. . . . ἀνακρίνω
27 καλεῖ 2 p. sing. pres. act. imper. . . . . καλέω
θέλετε 2 p. pl. pres. act. ind. . . . . θέλω
πορεύεσθαι pres. mid. infin. . . . . πορεύομαι

παρατιθέμενον pres. pass. ptc. acc. s. neut. παρατίθημι
ἐσθίετε 2 p. pl. pres. act. ind. . . . . .ἐσθίω
ἀνακρίνοντες pres. act. ptc. nom. pl. masc. . . ἀνακρίνω
28 εἴπη 3 p. sing. 2 aor. act. subj. . . . . εἴπον
ἐστίν 3 p. sing. pres. act. ind. . . . . εἰμί
μηνύσαντα 1 aor. act. ptc. acc. sing. masc. . . . . μηνύω
29 κρίνεται 3 p. sing. pres. pass. ind. . . . . κρίνω
30 μετέχω 1 p. sing. pres. act. ind. . . . . .μετέχω
βλασφημοῦμαι 1 p. sing. pres. pass. ind. . . . βλασφημέω
εὐχαριστῶ 1 p. sing. pres. act. ind. . . . . .εὐχαριστέω
31 πίνετε 2 p. pl. pres. act. ind. . . . . πίνω
ποιεῖτε 2 p. pl. pres. act. ind. . . . . .ποιέω
32 γίνεσθε 2 p. pl. pres. mid. imper. . . . . .γίνομαι
33 ζητῶν pres. act. ptc. nom. sing. masc. . . . . . . .ζητέω
σωθῶσιν 3 p. pl. 1 aor. pass. subj. . . . . σῴζω

11

1 γίνεσθε 2 p. pl. pres. mid. imper. . . . . .γίνομαι
2 ἐπαινῶ 1 p. sing. pres. act. ind. . . . . ἐπαινέω
μέμνησθε 2 p. pl. perf. mid. ind. . . . . μιμνήσκω
παρέδωκα 1 p. sing. 1 aor. act. ind. . . . . παραδίδωμι
κατέχετε 2 p. pl. pres. act. ind. or imper. . . . κατέχω
3 εἰδέναι perf. act. infin. . . . . οἶδα
ἐστίν 3 p. sing. pres. act. ind. . . . . εἰμί
4 προσευχόμενος pres. mid. ptc. nom. s. masc. προσεύχομαι
προφητεύων pres. act. ptc. nom. sing. masc. . .προφητεύω
ἔχων pres. act. ptc. nom. sing. masc. . . . . ἔχω
καταισχύνει 3 p. sing. pres. act. ind. . . . καταισχύνω
5 προσευχομένη pres. mid. ptc. nom. sing. fem. προσεύχομαι
προφητεύουσα pres. act. ptc. nom. sing. fem. . προφητεύω
ἐξυρημένη perf. pass. ptc. dat. sing. fem. . . . . . .ξυράω
6 κατακαλύπτεται 3 p. sing. pres. pass. ind. . κατακαλύπτω
κειράσθω 3 p. sing. 1 aor. mid. imper. . . . . κείρω
κείρασθαι 1 aor. pass. infin. . . . . id.
ξυράσθαι pres. pass. infin. . . . . .ξυράω
κατακαλυπτέσθω 3 p. s. pres. pass. imper. . . κατακαλύπτω
7 ὀφείλει 3 p. sing. pres. act. ind. . . . . .ὀφείλω
κατακαλύπτεσθαι pres. pass. infin. . . . . . . κατακαλύπτω
ὑπάρχων pres. act. ptc. nom. sing. masc. . . . . . . ὑπάρχω
9 ἐκτίσθη 3 p. sing. 1 aor. pass. ind. . . . . κτίζω
10 ἔχειν pres. act. infin. . . . . ἔχω
13 κρίνατε 2 p. pl. 1 aor. act. imper. . . . . κρίνω
προσεύχεσθαι pres. mid. infin. . . . . προσεύχομαι
14 διδάσκει 3 p. sing. pres. act. ind. . . . . .διδάσκω
15 δέδοται 3 p. sing. perf. pass. ind. . . . . δίδωμι
16 δοκεῖ 3 p. sing. pres. act. ind. . . . . .δοκέω
εἶναι pres. act. infin. . . . . εἰμί
ἔχομεν 1 p. pl. pres. act. ind. . . . . ἔχω
17 παραγγέλλων pres. act. ptc. nom. sing. masc. παραγγέλλω
ἐπαινῶ 1 p. sing. pres. act. ind. . . . . ἐπαινέω
συνέρχεσθε 2 p. pl. pres. mid. ind. or imper. συνέρχομαι
18 συνερχομένων pres. mid. ptc. gen. pl. masc. . . . . . id.
ἀκούω 1 p. sing. pres. act. ind. . . . . ἀκούω
ὑπάρχειν pres. act. infin. . . . . .ὑπάρχω
πιστεύω 1 p. sing. pres. act. ind. . . . . πιστεύω

19 δεῖ 3 p. sing. pres. act. impers. . . . . δεῖ
   εἶναι pres. act. infin. . . . . εἰμί
   γένωνται 3 p. pl. 2 aor. mid. subj. . . . . .γίνομαι
20 συνερχομένων pres. mid. ptc. gen. pl. masc. . συνέρχομαι
   ἔστιν 3 p. sing. pres. act. ind. . . . . εἰμί
   φαγεῖν 2 aor. act. infin. . . . . ἐσθίω
21 προλαμβάνει 3 p. sing. pres. act. ind. . . . προλαμβάνω
   πεινᾷ 3 p. sing. pres. act. ind. or subj. . . . . πεινάω
   μεθύει 3 p. sing. pres. act. ind. . . . . μεθύω
22 ἔχετε 2 p. pl. pres. act. ind. . . . . ἔχω
   ἐσθίειν pres. act. infin. . . . . ἐσθίω
   πίνειν pres. act. infin. . . . . πίνω
   καταφρονεῖτε 2 p. pl. pres. act. ind. . . . . καταφρονέω
   καταισχύνετε 2 p. pl. pres. act. ind. . . . . καταισχύνω
   ἔχοντας pres. act. ptc. acc. pl. masc. . . . . ἔχω
   εἴπω 1 p. sing. 2 aor. act. subj. . . . . λέγω
   ἐπαινέσω 1 p. sing. fut. act. ind. . . . . ἐπαινέω
   ἐπαινῶ 1 p. sing. pres. act. ind. . . . . id.
23 παρέλαβον 1 p. sing. 2 aor. act. ind. . . . παραλαμβάνω
   παρέδωκα 1 p. sing. 1 aor. act. ind. . . . . . παραδίδωμι
   παρεδίδοτο 3 p. sing. imperf. mid. ind. . . . . id.
   ἔλαβεν 3 p. sing. 2 aor. act. ind. . . . . . . .λαμβάνω
24 εὐχαριστήσας 1 aor. act. ptc. nom. s. masc. . εὐχαριστέω
   ἔκλασεν 3 p. sing. 1 aor. act. ind. . . . . κλάω
   εἶπεν 3 p. sing. 2 aor. act. ind. . . . . λέγω
   ποιεῖτε 2 p. pl. pres. act. ind. or imper. . . . . ποιέω
25 δειπνῆσαι 1 aor. act. infin. . . . . δειπνέω
   λέγων pres. act. ptc. nom. sing. masc. . . . . λέγω
   πίνητε 2 p. pl. pres. act. subj. . . . . πίνω
26 ἐσθίητε 2 p. pl. pres. act. subj. . . . . ἐσθίω
   καταγγέλλετε 2 p. pl. pres. act. ind. . . . . καταγγέλλω
   ἔλθῃ 3 p. sing. 2 aor. act. subj. . . . . ἔρχομαι
27 ἐσθίῃ 3 p. sing. pres. act. subj. . . . . ἐσθίω
   πίνῃ 3 p. sing. pres. act. subj. . . . . πίνω
   ἔσται 3 p. sing. fut. mid. ind. . . . . εἰμί
28 δοκιμαζέτω 3 p. sing. pres. act. imper. . . . . δοκιμάζω
   ἐσθιέτω 3 p. sing. pres. act. imper. . . . . ἐσθίω
   πινέτω 3 p. sing. pres. act. imper. . . . . πίνω
29 ἐσθίων pres. act. ptc. nom. sing. masc. . . . . . . ἐσθίω
   πίνων pres. act. ptc. nom. sing. masc. . . . . πίνω
   ἐσθίει 3 p. sing. pres. act. ind. . . . . ἐσθίω
   πίνει 3 p. sing. pres. act. ind. . . . . πίνω
   διακρίνων pres. act. ptc. nom. sing. masc. . . . διακρίνω
30 κοιμῶνται 3 p. pl. pres. pass. ind. . . . . .κοιμάω
31 διεκρίνομεν 1 p. pl. imperf. act. ind. . . . . .διακρίνω
   ἐκρινόμεθα 1 p. pl. imperf. pass. ind. . . . . . . κρίνω
32 κρινόμενοι pres. pass. ptc. nom. pl. masc. . . . . . id.
   παιδευόμεθα 1 p. pl. pres. pass. ind. . . . . . .παιδεύω
   κατακριθῶμεν 1 p. pl. 1 aor. pass. subj. . . . . κατακρίνω
33 συνερχόμενοι pres. mid. ptc. nom. pl. masc. . συνέρχομαι
   ἐκδέχεσθε 2 p. pl. pres. mid. imper. . . . . . . ἐκδέχομαι
34 ἐσθιέτω 3 p. sing. pres. act. imper. . . . . ἐσθίω
   συνέρχησθε 2 p. pl. pres. mid. subj. . . . . . συνέρχομαι
   ἔλθω 1 p. sing. 2 aor. act. subj. . . . . ἔρχομαι
   διατάξομαι 1 p. sing. fut. mid. ind. . . . . . .διατάσσω

12

1 ἀγνοεῖν pres. act. infin. . . . . ἀγνοέω
2 οἴδατε 2 p. pl. perf. act. ind. . . . . οἶδα
  ἦτε 2 p. pl. imperf. act. ind. . . . . εἰμί
  ἤγεσθε 2 p. pl. imperf. pass. ind. . . . . ἄγω
  ἀπαγόμενοι pres. pass. ptc. nom. pl. masc. . . . . ἀπάγω
3 γνωρίζω 1 p. sing. pres. act. ind. . . . . γνωρίζω
  λαλῶν pres. act. ptc. nom. sing. masc. . . . . . . .λαλέω
  λέγει 3 p. sing. pres. act. ind. . . . . λέγω
  δύναται 3 p. sing. pres. pass. ind. . . . . δύναμαι
  εἰπεῖν 2 aor. act. infin. . . . . .λέγω
4 εἰσιν 3 p. pl. pres. act. ind. . . . . εἰμί
6 ἐνεργῶν pres. act. ptc. nom. sing. masc. . . . . . .ἐνεργέω
7 δίδοται 3 p. sing. pres. pass. ind. . . . . .δίδωμι
11 ἐνεργεῖ 3 p. sing. pres. act. ind. . . . . .ἐνεργέω
   διαιροῦν pres. act. ptc. nom. sing. neut. . . . .διαιρέω
   βούλεται 3 p. sing. pres. mid. ind. . . . . βούλομαι
12 ἔστιν 3 p. sing. pres. act. ind. . . . . εἰμί
   ἔχει 3 p. sing. pres. act. ind. . . . . ἔχω
   ὄντα pres. act. ptc. acc. sing. masc. . . . . .εἰμί
13 ἐβαπτίσθημεν 1 p. pl. 1 aor. pass. ind. . . . . . .βαπτίζω
   ἐποτίσθημεν 1 p. pl. 1 aor. pass. ind. . . . . . .ποτίζω
15 εἴπῃ 3 p. sing. 2 aor. act. subj. . . . . .λέγω
18 ἔθετο 3 p. sing. 2 aor. mid. ind. . . . . .τίθημι
   ἠθέλησεν 3 p. sing. 1 aor. act. ind. . . . . ἐθέλω
19 ἦν 3 p. sing. imperf. act. ind. . . . . .εἰμί
22 δοκοῦντα pres. act. ptc. acc. sing. neut. . . . . . δοκέω
   ὑπάρχειν pres. act. infin. . . . . ὑπάρχω
23 δοκοῦμεν 1 p. pl. pres. act. ind. . . . . δοκέω
   εἶναι pres. act. infin. . . . . .εἰμί
   περιτίθεμεν 1 p. pl. pres. act. ind. . . . . . περιτίθημι
24 συνεκέρασεν 3 p. sing. 1 aor. act. ind. . .συγκεράννυμι
   ὑστερουμένῳ pres. mid. ptc. dat. sing. masc. . . ὑστερέω
   δούς 2 aor. act. ptc. nom. sing. masc. . . . . . . .δίδωμι
25 ᾖ 3 p. sing. pres. act. subj. . . . . εἰμί
   μεριμνῶσιν 3 p. pl. pres. act. subj. . . . . . .μεριμνάω
26 πάσχει 3 p. sing. pres. act. ind. . . . . πάσχω
   συγχαίρει 3 p. sing. pres. act. ind. . . . . . . .συγχαίρω
   δοξάζεται 3 p. sing. pres. pass. ind. . . . . . . δοξάζω
27 ἐστε 2 p. pl. pres. act. ind. . . . . εἰμί
28 ἔθετο 3 p. sing. 2 aor. mid. ind. . . . . .τίθημι
30 ἔχουσιν 3 p. pl. pres. act. ind. . . . . ἔχω
   λαλοῦσιν 3 p. pl. pres. act. ind. . . . . .λαλέω
   διερμηνεύουσιν 3 p. pl. pres. act. ind. . . . διερμηνεύω
31 ζηλοῦτε 2 p. pl. pres. act. imper. . . . . .ζηλόω
   δείκνυμι 1 p. sing. pres. act. ind. . . . . δείκνυμι

13

1 λαλῶ 1 p. sing. pres. act. ind. . . . . λαλέω
  γέγονα 1 p. sing. 2 perf. act. ind. . . . . γίνομαι
  ἠχῶν pres. act. ptc. nom. sing. masc. . . . . .ἠχέω
  ἀλαλάζον pres. act. ptc. nom. sing. neut. . . . .ἀλαλάζω
2 εἰδῶ 1 p. sing. perf. act. subj. . . . . οἶδα
  μεθιστάναι pres. act. infin. . . . . μεθίστημι
3 ψωμίσω 1 p. sing. 1 aor. act. subj. . . . . ψωμίζω

ὑπάρχοντα pres. act. ptc. acc. sing. masc. . . . . ὑπάρχω
παραδῶ 1 p. sing. 2 aor. act. subj. . . . . . . παραδίδωμι
καυθήσομαι 1 p. sing. 1 fut. pass. ind. . . . . καίω
ὠφελοῦμαι 1 p. sing. pres. pass. ind. . . . . . . ὠφελέω
4 μακροθυμεῖ 3 p. sing. pres. act. ind. . . . . μακροθυμέω
χρηστεύεται 3 p. sing. pres. mid. ind. . . . χρηστεύομαι
ζηλοῖ 3 p. sing. pres. act. ind. . . . . ζηλόω
περπερεύεται 3 p. sing. pres. mid. ind. . . περπερεύομαι
φυσιοῦται 3 p. sing. pres. pass. ind. . . . . φυσιόω
5 ἀσχημονεῖ 3 p. sing. pres. act. ind. . . . . . ἀσχημονέω
ζητεῖ 3 p. sing. pres. act. ind. . . . . ζητέω
παροξύνεται 3 p. sing. pres. pass. ind. . . . . . παροξύνω
λογίζεται 3 p. sing. pres. pass. ind. . . . . . λογίζομαι
6 χαίρει 3 p. sing. pres. act. ind. . . . . χαίρω
συγχαίρει 3 p. sing. pres. act. ind. . . . . συγχαίρω
7 στέγει 3 p. sing. pres. act. ind. . . . . στέγω
πιστεύει 3 p. sing. pres. act. ind. . . . . πιστεύω
ἐλπίζει 3 p. sing. pres. act. ind. . . . . ἐλπίζω
ὑπομένει 3 p. sing. pres. act. ind. . . . . ὑπομένω
8 πίπτει 3 p. sing. pres. act. ind. . . . . πίπτω
καταργηθήσονται 3 p. pl. fut. pass. ind. . . . καταργέω
παύσονται 3 p. pl. fut. mid. ind. . . . . παύω
καταργηθήσεται 3 p. sing. fut. pass. ind. . . . καταργέω
9 γινώσκομεν 1 p. pl. pres. act. ind. . . . . γινώσκω
προφητεύομεν 1 p. pl. pres. act. ind. . . . . . προφητεύω
10 ἔλθῃ 3 p. sing. 2 aor. act. subj. . . . . ἔρχομαι
11 ἤμην 1 p. sing. imperf. mid. ind. . . . . εἰμί
ἐλάλουν 1 p. s. or 3 p. pl. imperf. act. ind. . . . λαλέω
ἐφρόνουν 1 p. sing. imperf. act. ind. . . . . φρονέω
ἐλογιζόμην 1 p. sing. imperf. mid. ind. . . . . λογίζομαι
γέγονα 1 p. sing. 2 perf. act. ind. . . . . γίνομαι
κατήργηκα 1 p. sing. perf. act. ind. . . . . . . καταργέω
12 βλέπομεν 1 p. pl. pres. act. ind. . . . . βλέπω
ἐπιγνώσομαι 1 p. sing. fut. mid. ind. . . . . . ἐπιγινώσκω
ἐπεγνώσθην 1 p. sing. 1 aor. pass. ind. . . . . id.
13 μένει 3 p. sing. pres. act. ind. . . . . μένω

14

1 διώκετε 2 p. pl. pres. act. imper. . . . . διώκω
ζηλοῦτε 2 p. pl. pres. act. subj., imper. or ind. . ζηλόω
προφητεύητε 2 p. pl. pres. act. subj. . . . . . προφητεύω
2 λαλῶν pres. act. ptc. nom. sing. masc. . . . . λαλέω
λαλεῖ 3 p. sing. pres. act. ind. . . . . id.
ἀκούει 3 p. sing. pres. act. ind. . . . . ἀκούω
3 προφητεύων pres. act. ptc. nom. sing. masc. . . προφητεύω
4 οἰκοδομεῖ 3 p. sing. pres. act. ind. . . . . οἰκοδομέω
5 λαλεῖν pres. act. infin. . . . . λαλέω
διερμηνεύῃ 3 p. sing. pres. act. subj. . . . . διερμηνεύω
λάβῃ 3 p. sing. 2 aor. act. subj. . . . . λαμβάνω
6 ἔλθω 1 p. sing. 2 aor. act. subj. . . . . ἔρχομαι
ὠφελήσω 1 p. sing. fut. act. ind. . . . . ὠφελέω
λαλήσω 1 p. sing. fut. act. ind. . . . . λαλέω
7 διδόντα pres. act. ptc. nom. pl. neut. . . . . δίδωμι
δῶ 3 p. sing. 2 aor. act. subj. . . . . id.
γνωσθήσεται 3 p. sing. fut. pass. ind. . . . . . . γινώσκω

αὐλούμενον pres. pass. ptc. nom. sing. neut. . . . αὐλέω
κιθαριζόμενον pres. pass. ptc. nom. s. neut. . κιθαρίζω
8 παρασκευάσεται 3 p. sing. fut. mid. ind. . . . παρασκευάζω
9 δῶτε 2 p. pl. 2 aor. act. subj. . . . . δίδωμι
γνωσθήσεται 3 p. sing. fut. pass. ind. . . . . . . γινώσκω
λαλούμενον pres. pass. ptc. acc. sing. masc. . . . λαλέω
ἔσεσθε 2 p. pl. fut. mid. ind. . . . . εἰμί
λαλοῦντες pres. act. ptc. nom. pl. masc. . . . . . . λαλέω
10 τύχοι 3 p. sing. 2 aor. act. opt. . . . . τυγχάνω
εἰσιν 3 p. pl. pres. act. ind. . . . . εἰμί
11 εἰδῶ 1 p. sing. perf. act. subj. . . . . οἶδα
ἔσομαι 1 p. sing. fut. mid. ind. . . . . εἰμί
λαλοῦντι pres. act. ptc. dat. sing. masc. . . . . . . λαλέω
λαλῶν pres. act. ptc. nom. sing. masc. . . . . id.
12 ἐστε 2 p. pl. pres. act. ind. . . . . εἰμί
ζητεῖτε 2 p. pl. pres. act. ind. or imper. . . . . . .ζητέω
περισσεύητε 2 p. pl. pres. act. subj. . . . . . περισσεύω
13 προσευχέσθω 3 p. sing. pres. mid. imper. . . προσεύχομαι
διερμηνεύῃ 3 p. sing. pres. act. subj. . . . .διερμηνεύω
14 προσεύχωμαι 1 p. sing. pres. mid. subj. . . . προσεύχομαι
προσεύχεται 3 p. sing. pres. mid. ind. . . . . id.
ἐστιν 3 p. sing. pres. act. ind. . . . . εἰμί
15 προσεύξομαι 1 p. sing. fut. mid. ind. . . . προσεύχομαι
ψαλῶ 1 p. sing. fut. act. ind. . . . . .ψάλλω
16 εὐλογῇς 2 p. sing. pres. act. subj. . . . . εὐλογέω
ἀναπληρῶν pres. act. ptc. nom. sing. masc. . . ἀναπληρόω
ἐρεῖ 3 p. sing. fut. act. ind. . . . . λέγω
λέγεις 2 p. sing. pres. act. ind. . . . . id.
οἶδεν 3 p. sing. perf. act. ind. . . . . οἶδα
17 εὐχαριστεῖς 2 p. sing. pres. act. ind. . . . εὐχαριστέω
οἰκοδομεῖται 3 p. sing. pres. pass. ind. . . . οἰκοδομέω
18 εὐχαριστῶ 1 p. sing. pres. act. ind. . . . . εὐχαριστέω
λαλῶ 1 p. sing. pres. act. ind. contr. . . . . .λαλέω
19 λαλῆσαι 1 aor. act. infin. . . . . id.
κατηχήσω 1 p. sing. 1 aor. act. subj. . . . . κατηχέω
20 γίνεσθε 2 p. pl. pres. mid. imper. . . . . . . .γίνομαι
νηπιάζετε 2 p. pl. pres. act. imper. . . . . νηπιάζω
21 γέγραπται 3 p. sing. perf. pass. ind. . . . . γράφω
λαλήσω 1 p. sing. fut. act. ind. . . . . .λαλέω
εἰσακούσονται 3 p. pl. fut. mid. ind. . . . . . . εἰσακούω
λέγει 3 p. sing. pres. act. ind. . . . . λέγω
22 πιστεύουσιν pres. act. ptc. dat. pl. masc. . . . πιστεύω
23 συνέλθῃ 3 p. sing. 2 aor. act. subj. . . . . . . συνέρχομαι
λαλῶσιν 3 p. pl. pres. act. subj. . . . . λαλέω
εἰσέλθωσιν 3 p. pl. 2 aor. act. subj. . . . . εἰσέρχομαι
ἐροῦσιν 3 p. pl. fut. act. ind. . . . . λέγω
μαίνεσθε 2 p. pl. pres. mid. ind. . . . . .μαίνομαι
24 προφητεύωσιν 3 p. pl. pres. act. subj. . . . . . προφητεύω
εἰσελθῃ 3 p. sing. 2 aor. act. subj. . . . . . . εἰσέρχομαι
ἐλέγχεται 3 p. sing. pres. pass. ind. . . . . ἐλέγχω
ἀνακρίνεται 3 p. sing. pres. pass. ind. . . . . . ἀνακρίνω
25 γίνεται 3 p. sing. pres. midd. ind. . . . . γίνομαι
πεσών 2 aor. act. ptc. nom. sing. masc. . . . . πίπτω
προσκυνήσει 3 p. sing. fut. act. ind. . . . . προσκυνέω
ἀπαγγέλλων pres. act. ptc. nom. sing. masc. . . ἀπαγγέλλω

26 συνέρχησθε 2 p. pl. pres. mid. subj. . . . . συνέρχομαι
   ἔχει 3 p. sing. pres. act. ind. . . . . ἔχω
   γινέσθω 3 p. sing. pres. mid. imper. . . . . .γίνομαι
27 λαλεῖ 3 p. sing. pres. act. ind. . . . . λαλέω
   διερμηνευέτω 3 p. sing. pres. act. imper. . . . διερμηνεύω
28 ἤ 3 p. sing. pres. act. subj. . . . . εἰμί
   σιγάτω 3 p. sing. pres. act. imper. . . . . .σιγάω
   λαλείτω 3 p. sing. pres. act. imper. . . . . λαλέω
29 λαλείτωσαν 3 p. pl. pres. act. imper. . . . . id.
   διακρινέτωσαν 3 p. pl. pres. act. imper. . . . . . .διακρίνω
30 ἀποκαλυφθῇ 3 p. sing. 1 aor. pass. subj. . . ἀποκαλύπτω
   καθημένῳ pres. mid. ptc. dat. sing. masc. . . . .κάθημαι
31 δύνασθε 2 p. pl. pres. pass. ind. . . . . δύναμαι
   προφητεύειν pres. act. infin. . . . . προφητεύω
   μανθάνωσιν 3 p. pl. pres. act. subj. . . . . . . μανθάνω
   παρακαλῶνται 3 p. pl. pres. pass. subj. . . . . παρακαλέω
32 ὑποτάσσεται 3 p. sing. pres. mid. ind. . . . . .ὑποτάσσω
34 σιγάτωσαν 3 p. pl. pres. act. imper. . . . . σιγάω
   ἐπιτρέπεται 3 p. sing. pres. pass. ind. . . . . ἐπιτρέπω
   λαλεῖν pres. act. infin. . . . . .λαλέω
   ὑποτασσέσθωσαν 3 p. pl. pres. mid. imper. . . . ὑποτάσσω
   λέγει 3 p. sing. pres. act. ind. . . . . λέγω
35 μαθεῖν 2 aor. act. infin. . . . . μανθάνω
   θέλουσιν 3 p. pl. pres. act. ind. . . . . θέλω
   ἐπερωτάτωσαν 3 p. pl. pres. act. imper. . . . . .ἐπερωτάω
36 ἐξῆλθεν 3 p. sing. 2 aor. act. ind. . . . . . . ἐξέρχομαι
   κατήντησεν 3 p. sing. 1 aor. act. ind. . . . . . κατάω
37 δοκεῖ 3 p. sing. pres. act. ind. . . . . .δοκέω
   εἶναι pres. act. infin. . . . . εἰμί
   ἐπιγινωσκέτω 3 p. sing. pres. act. imper. . . . ἐπιγινώσκω
38 ἀγνοεῖ 3 p. sing. pres. act. ind. . . . . .ἀγνοέω
   ἀγνοεῖται 3 p. sing. pres. mid. ind. . . . . id.
39 ζηλοῦτε 2 p. pl. pres. act. ind. or imper. . . . . . .ζηλόω
   κωλύετε 2 p. pl. pres. act. imper. . . . . .κωλύω

15
1 γνωρίζω 1 p. sing. pres. act. ind. . . . . γνωρίζω
   εὐηγγελισάμην 1 p. sing. 1 aor. mid. ind. . . . εὐαγγελίζω
   παρελάβετε 2 p. pl. 2 aor. act. ind. . . . . παραλαμβάνω
   ἑστήκατε 2 p. pl. perf. act. ind. . . . . ἵστημι
2 σῴζεσθε 2 p. pl. pres. pass. ind. . . . . .σῴζω
   κατέχετε 2 p. pl. pres. act. ind. or imper. . . . .κατέχω
   ἐπιστεύσατε 2 p. pl. 1 aor. act. ind. . . . . . . πιστεύω
3 παρέδωκα 1 p. sing. 1 aor. act. ind. . . . . . . παραδίδωμι
   παρέλαβον 1 p. sing. 2 aor. act. ind. . . . παραλαμβάνω
   ἀπέθανεν 3 p. sing. 2 aor. act. ind. . . . . . ἀποθνήσκω
4 ἐτάφη 3 p. sing. 2 aor. pass. ind. . . . . θάπτω
   ἐγήγερται 3 p. sing. perf. pass. ind. . . . . ἐγείρω
5 ὤφθη 3 p. sing. 1 aor. pass. ind. . . . . ὁράω
6 μένουσιν 3 p. pl. pres. act. ind. . . . . μένω
   ἐκοιμήθησαν 3 p. pl. 1 aor. pass. ind. . . . . . .κοιμάω
9 καλεῖσθαι pres. pass. infin. . . . . καλέω
   ἐδίωξα 1 p. sing. 1 aor. act. ind. . . . . διώκω
10 ἐγενήθη 3 p. sing. 1 aor. pass. ind. . . . . . . .γίνομαι
   ἐκοπίασα 1 p. sing. 1 aor. act. ind. . . . . κοπιάω

11 κηρύσσομεν 1 p. pl. pres. act. ind. . . . . . . κηρύσσω
 ἐπιστεύσατε 2 p. pl. 1 aor. act. ind. . . . . . πιστεύω
12 κηρύσσεται 3 p. sing. pres. pass. ind. . . . . . κηρύσσω
 ἐγήγερται 3 p. sing. perf. pass. ind. . . . . . . ἐγείρω
 λέγουσιν 3 p. pl. pres. act. ind. . . . . λέγω
 ἔστιν 3 p. pl. pres. act. ind. . . . . εἰμί
15 εὑρισκόμεθα 1 p. pl. pres. pass. ind. . . . . . .εὑρίσκω
 ἐμαρτυρήσαμεν 1 p. pl. 1 aor. act. ind. . . . . μαρτυρέω
 ἤγειρεν 3 p. sing. 1 aor. act. ind. . . . . .ἐγείρω
 ἐγείρονται 3 p. pl. pres. mid. ind. . . . . id.
17 ἐστέ 2 p. pl. pres. act. ind. . . . . εἰμί
18 κοιμηθέντες 1 aor. pass. ptc. nom. pl. masc. . . .κοιμάω
 ἀπώλοντο 3 p. pl. 2 aor. mid. ind. . . . . ἀπόλλυμι
19·ἐσμέν 1 p. pl. pres. act. ind. . . . . εἰμί
20 κεκοιμημένων perf. pass. ptc. gen. pl. masc. . . .κοιμάω
22 ἀποθνῄσκουσιν 3 p. pl. pres. act. ind. . . . . ἀποθνῄσκω
 ζωοποιηθήσονται 3 p. pl. fut. pass. ind. . . . .ζωοποιέω
24 παραδιδοῖ 3 p. sing. pres. act. subj. . . . . παραδίδωμι
 καταργήσῃ 3 p. sing. 1 aor. act. subj. . . . . .καταργέω
25 δεῖ 3 p. sing. pres. act. impers. . . . . .δεῖ
 βασιλεύειν pres. act. infin. . . . . .βασιλεύω
 θῇ 3 p. sing. 2 aor. act. subj. . . . . .τίθημι
26 καταργεῖται 3 p. sing. pres. pass. ind. . . . . καταργέω
27 ὑπέταξεν 3 p. sing. 1 aor. act. ind. . . . . . .ὑποτάσσω
 εἴπῃ 3 p. sing. 2 aor. act. subj. . . . . .λέγω
 ὑποτέτακται 3 p. sing. perf. pass. ind. . . . . ὑποτάσσω
 ὑποτάξαντος 1 aor. act. ptc. gen. sing. masc. . . . . . id.
28 ὑποταγῇ 3 p. sing. 2 aor. pass. subj. . . . . id.
 ὑποταγήσεται 3 p. sing. fut. pass. ind. . . . . id.
 ὑποτάξαντι 1 aor. act. ptc. dat. sing. masc. . . . . . id.
 ᾖ 3 p. sing. pres. act. subj. . . . . εἰμί
29 ποιήσουσιν 3 p. pl. fut. act. ind. . . . . ποιέω
 βαπτιζόμενοι pres. pass. ptc. nom. pl. masc. . . βαπτίζω
 ἐγείρονται 3 p. pl. pres. mid. ind. . . . . .ἐγείρω
 βαπτίζονται 3 p. pl. pres. pass. ind. . . . . . .βαπτίζω
30 κινδυνεύομεν 1 p. pl. pres. act. ind. . . . . .κινδυνεύω
31 ἀποθνῄσκω 1 p. sing. pres. act. ind. . . . . . ἀποθνῄσκω
32 ἐθηριομάχησα 1 p. sing. 1 aor. act. ind. . . .θηριομαχέω
 φάγωμεν 1 p. pl. 2 aor. act. subj. . . . . ἐσθίω
 πίωμεν 1 p. pl. 2 aor. act. subj. . . . . πίνω
 ἀποθνῄσκομεν 1 p. pl. pres. act. ind. . . . . ἀποθνῄσκω
33 πλανᾶσθε 2 p. pl. pres. mid. ind. or imper. . . . πλανάω
 φθείρουσιν 3 p. pl. pres. act. ind. . . . . φθείρω
34 ἐκνήψατε 2 p. pl. 1 aor. act. imper. . . . . . . .ἐκνήφω
 ἁμαρτάνετε 2 p. pl. pres. act. ind. or imper. . ἁμαρτάνω
 ἔχουσιν 3 p. pl. pres. act. ind. . . . . ἔχω
 λαλῶ 1 p. sing. pres. act. ind. . . . . λαλέω
35 ἐρεῖ 3 p. sing. fut. act. ind. . . . . λέγω
 ἐγείρονται 3 p. pl. pres. mid. ind. . . . . .ἐγείρω
 ἔρχονται 3 p. pl. pres. mid. ind. . . . . .ἔρχομαι
36 σπείρεις 2 p. sing. pres. act. ind. . . . . .σπείρω
 ζωοποιεῖται 3 p. sing. pres. pass. ind. . . . .ζωοποιέω
 ἀποθάνῃ 3 p. sing. 2 aor. act. subj. . . . . . ἀποθνῄσκω
37 γενησόμενον fut. mid. ptc. acc. sing. neut. . . .γίνομαι
 τύχοι 3 p. sing. 2 aor. act. opt. . . . . τυγχάνω

38 δίδωσιν 3 p. sing. pres. act. ind. . . . . δίδωμι
   ἠθέλησεν 3 p. sing. 1 aor. act. ind. . . . . .ἐθέλω
41 διαφέρει 3 p. sing. pres. act. ind. . . . . διαφέρω
42 σπείρεται 3 p. sing. pres. pass. ind. . . . . . . σπείρω
   ἐγείρεται 3 p. sing. pres. mid. ind. . . . . ἐγείρω
44 ἔσιιν 3 p. sing. pres. act. ind. . . . . εἰμί
45 γέγραπται 3 p. sing. perf. pass. ind. . . . . γράφω
   ἐγένετο 3 p. sing. 2 aor. mid. ind. . . . . γίνομαι
   ζῶσαν pres. act. ptc. acc. sing. fem. . . . . ζάω
   ζῳοποιοῦν pres. act. ptc. nom. or acc. s. neut. ζωοποιέω
49 ἐφορέσαμεν 1 p. pl. 1 aor. act. ind. . . . . φορέω
   φορέσομεν 1 p. pl. fut. act. ind. . . . . id.
50 φημί 1 p. sing. pres. act. ind. . . . . .φημί
   κληρονομῆσαι 1 aor. act. infin. . . . . .κληρονομέω
   δύναται 3 p. sing. pres. pass. ind. . . . . δύναμαι
   κληρονομεῖ 3 p. sing. pres. act. ind. . . . . κληρονομέω
51 ἰδού 2 p. sing. 2 aor. mid. imper. . . . . εἶδον
   κοιμηθησόμεθα 1 p. pl. fut. pass. ind. . . . . . .κοιμάω
   ἀλλαγησόμεθα 1 p. pl. fut. pass. ind. . . . . . . .ἀλλάσσω
52 ἐγερθήσονται 3 p. pl. fut. pass. ind. . . . . . . ἐγείρω
53 δεῖ 3 p. sing. pres. act. impers. . . . . δεῖ
   ἐνδύσασθαι 1 aor. mid. infin. . . . . .ἐνδύω
54 ἐνδύσηται 3 p. sing. 1 aor. mid. subj. . . . . . . id.
   γενήσεται 3 p. sing. fut. mid. ind. . . . . . . .γίνομαι
   γεγραμμένος perf. pass. ptc. nom. sing. masc. . . .γράφω
   κατεπόθη 3 p. sing. 1 aor. pass. ind. . . . . . καταπίνω
57 διδόντι pres. act. ptc. dat. sing. masc. . . . . .δίδωμι
58 γίνεσθε 2 p. pl. pres. mid. ind. . . . . γίνομαι
   περισσεύοντες pres. act. ptc. nom. pl. neut. . περισσεύω
   εἰδότες perf. act. ptc. nom. pl. masc. . . . . οἶδα

16

1 διέταξα 1 p. sing. 1 aor. act. ind. . . . . . . .διατάσσω
   ποιήσατε 2 p. pl. 1 aor. act. imper. . . . . . . .ποιέω
2 τιθέτω 3 p. sing. pres. act. imper. . . . . .τίθημι
   θησαυρίζων pres. act. ptc. nom. sing. masc. . θησαυρίζω
   εὐοδῶται 3 p. sing. pres. pass. subj. . . . . . . εὐοδόω
   ἔλθω 1 p. sing. 2 aor. act. subj. . . . . ἔρχομαι
   γίνωνται 3 p. pl. pres. mid. subj. . . . . γίνομαι
3 παραγένωμαι 1 p. sing. 2 aor. mid. subj. . . παραγίνομαι
   δοκιμάσητε 2 p. pl. 1 aor. act. subj. . . . . . δοκιμάζω
   πέμψω 1 p. sing. fut. act. ind. . . . . πέμπω
   ἀπενεγκεῖν 2 aor. act. infin. . . . . .ἀποφέρω
4 ᾖ 3 p. sing. pres. act. subj. . . . . εἰμί
   πορεύεσθαι pres. mid. infin. . . . . .πορεύομαι
   πορεύσονται 3 p. pl. fut. mid. ind. . . . . id.
5 ἐλεύσομαι 1 p. sing. fut. mid. ind. . . . . . . .ἔρχομαι
   διέλθω 1 p. sing. 2 aor. act. subj. . . . . . . διέρχομαι
6 τυχόν 2 aor. act. ptc. nom. or acc. sing. neut. . τυγχάνω
   καταμενῶ 1 p. sing. fut. act. ind. . . . . . . καταμένω
   παραχειμάσω 1 p. sing. fut. act. ind. . . . παραχειμάζω
   προπέμψητε 2 p. pl. 1 aor. act. ind. . . . . . προπέμπω
   πορεύωμαι 1 p. sing. pres. mid. subj. . . . . πορεύομαι
7 ἰδεῖν 2 aor. act. infin. . . . . ὁράω
   ἐλπίζω 1 p. sing. pres. act. ind. . . . . .ἐλπίζω

```
       ἐπιμεῖναι 1 aor. act. infin. . . . . . . . . . . ἐπιμένω
       ἐπιτρέψῃ 3 p. sing. 1 aor. act. subj. . . . . . ἐπιτρέπω
 8     ἐπιμενῶ 1 p. sing. fut. act. ind. . . . . . . . .ἐπιμένω
 9     ἀνέῳγεν 3 p. sing. 2 perf. act. ind. . . . . . . .ἀνοίγω
       ἀντικείμενοι pres. mid. ptc. nom. pl. masc. . ἀντίκειμαι
10     ἔλθῃ 3 p. sing. 2 aor. act. subj. . . . . . . . . ἔρχομαι
       βλέπετε 2 p. pl. pres. act. ind. . . . . . . . . . βλέπω
       γένηται 3 p. sing. 2 aor. mid. subj. . . . . . . γίνομαι
       ἐργάζεται 3 p. sing. pres. mid. ind. . . . . . .ἐργάζομαι
11     ἐξουθενήσῃ 3 p. sing. 1 aor. act. subj. . . . .ἐξουθενέω
       προπέμψατε 2 p. pl. 1 aor. act. imper. . . . . προπέμπω
       ἐκδέχομαι 1 p. sing. pres. mid. ind. . . . . . ἐκδέχομαι
12     παρεκάλεσα 1 p. sing. 1 aor. act. ind. . . . . παρακαλέω
       ἐλεύσεται 3 p. sing. fut. mid. ind. . . . . . . .ἔρχομαι
       εὐκαιρήσῃ 3 p. sing. 1 aor. act. subj. . . . . .εὐκαιρέω
       ἦν 3 p. sing. imperf. act. ind. . . . . . . . . . . εἰμί
13     γρηγορεῖτε 2 p. pl. pres. act. imper. . . . . . γρηγορέω
       στήκετε 2 p. pl. pres. act. ind. or imper. . . . . .στήκω
       ἀνδρίζεσθε 2 p. pl. pres. mid. imper. . . . . . .ἀνδρίζω
       κραταιοῦσθε 3 p. pl. pres. pass. imper. . . . . κραταιόω
14     γινέσθω 2 p. pl. pres. mid. imper. . . . . . . . .γίνομαι
15     παρακαλῶ 1 p. sing. pres. act. ind. . . . . . . παρακαλέω
       οἴδατε 2 p. pl. perf. act. ind. . . . . . . . . . . οἶδα
       ἔστιν 3 p. sing. pres. act. ind. . . . . . . . . . . εἰμί
       ἔταξαν 3 p. pl. 1 aor. act. ind. . . . . . . . . . τάσσω
16     ὑποτάσσησθε 2 p. pl. pres. mid. subj. . . . . . ὑποτάσσω
       συνεργοῦντι pres. act. ptc. dat. sing. masc. . .συνεργέω
       κοπιῶντι pres. act. ptc. dat. sing. masc. . . . . κοπιάω
17     ἀνεπλήρωσαν 3 p. pl. 1 aor. act. ind. . . . . .ἀναπληρόω
18     ἀνέπαυσαν 3 p. pl. 1 aor. act. ind. . . . . . . .ἀναπαύω
       ἐπιγινώσκετε 2 p. pl. pres. act. ind. . . . . ἐπιγινώσκω
19     ἀσπάζονται 3 p. pl. pres. mid. ind. . . . . . .ἀσπάζομαι
       ἀσπάζεται 3 p. sing. pres. mid. ind. . . . . . . . . . id.
20     ἀσπάσασθε 2 p. pl. 1 aor. mid. imper. . . . . . . . . .id.
22     φιλεῖ 3 p. sing. pres. act. ind. . . . . . . . . . .φιλέω
       ἤτω 3 p. sing. pres. act. imper. . . . . . . . . . . εἰμί
```

1

1 οὔσῃ pres. act. ptc. dat. sing. fem. . . . . εἰμί
οὖσιν pres. act. ptc. dat. pl. masc. . . . . id.
4 παρακαλῶν pres. act. ptc. nom. sing. masc. . . παρακαλέω
δύνασθαι pres. pass. infin. . . . . .δύναμαι
παρακαλεῖν pres. act. infin. . . . . παρακαλέω
παρακαλούμεθα 1 p. pl. pres. pass. ind. . . . . id.
5 περισσεύει 3 p. sing. pres. act. ind. . . . . . περισσεύω
6 θλιβόμεθα 1 p. pl. pres. pass. ind. . . . . . . .θλίβω
ἐνεργουμένης pres. mid. ptc. gen. sing. fem. . . ἐνεργέω
πάσχομεν 1 p. pl. pres. act. ind. . . . . .πάσχω
7 εἰδότες perf. act. ptc. nom. pl. masc. . . . . οἶδα
ἐστε 2 p. pl. pres. act. ind. . . . . .εἰμί
8 θέλομεν 1 p. pl. pres. act. ind. . . . . .θέλω
ἀγνοεῖν pres. act. infin. . . . . ἀγνοέω
γενομένης 2 aor. mid. ptc. gen. sing. fem. . . . γίνομαι
ἐβαρήθημεν 1 p. pl. 1 aor. pass. ind. . . . . .βαρέω
ἐξαπορηθῆναι 1 aor. pass. infin. . . . . .ἐξαπορέω
ζῆν pres. act. infin. . . . . ζάω
9 ἐσχήκαμεν 1 p. sing. perf. act. ind. . . . . ἔχω
πεποιθότες 2 perf. act. ptc. nom. pl. masc. . . . . .πείθω
ὦμεν 1 p. pl. pres. act. subj. . . . . εἰμί
ἐγείροντι pres. act. ptc. dat. sing. masc. . . . . .ἐγείρω
10 ἐρρύσατο 3 p. sing. 1 aor. mid. ind. . . . . . . .ῥύομαι
ῥύσεται 3 p. sing. fut. mid. ind. . . . . id.
ἠλπίκαμεν 1 p. pl. perf. act. ind. . . . . .ἐλπίζω
11 συνυπουργούντων pres. act. ptc. gen. pl. m. συνυπουργέω
εὐχαριστηθῇ 3 p. sing. 1 aor. pass. subj. . . εὐχαριστέω
12 ἐστίν 3 p. sing. pres. act. ind. . . . . εἰμί
ἀνεστράφημεν 1 p. pl. 2 aor. pass. ind. . . . . ἀναστρέφω
13 γράφομεν 1 p. pl. pres. act. ind. . . . . .γράφω
ἀναγινώσκετε 2 p. pl. pres. act. ind. . . . . ἀναγινώσκω
ἐπιγινώσκετε 2 p. pl. pres. act. ind. . . . . ἐπιγινώσκω
ἐλπίζω 1 p. sing. pres. act. ind. . . . . ἐλπίζω
ἐπιγνώσεσθε 2 p. pl. fut. mid. ind. . . . . . . ἐπιγινώσκω
14 ἐπέγνωτε 2 p. pl. 2 aor. act. ind. . . . . id.
ἐσμεν 1 p. pl. pres. act. ind. . . . . εἰμί
15 ἐβουλόμην 1 p. sing. imperf. mid. ind. . . . . .βούλομαι
ἐλθεῖν 2 aor. act. infin. . . . . ἔρχομαι
σχῆτε 2 p. pl. 2 aor. act. subj. . . . . .ἔχω
16 διελθεῖν 2 aor. act. infin. . . . . .διέρχομαι
προπεμφθῆναι 1 aor. pass. infin. . . . . .προπέμπω
17 βουλόμενος pres. mid. ptc. nom. sing. masc. . . βούλομαι
ἐχρησάμην 1 p. sing. 1 aor. mid. ind. . . . . . .χράομαι
βουλεύομαι 1 p. sing. pres. mid. ind. . . . . . .βουλεύω
ᾖ 3 p. sing. pres. act. subj. . . . . .εἰμί
19 κηρυχθείς 1 aor. pass. ptc. acc. sing. masc. . . κηρύσσω
ἐγένετο 3 p. sing. 2 aor. mid. ind. . . . . .γίνομαι
γέγονεν 3 p. sing. 2 perf. act. ind. . . . . id.
21 βεβαιῶν pres. act. ptc. nom. sing. masc. . . . . βεβαιόω
χρίσας 1 aor. act. ptc. nom. sing. masc. . . . . . .χρίω
22 σφραγισάμενος 1 aor. mid. ptc. nom. sing. masc. σφραγίζω
δούς 2 aor. act. ptc. nom. sing. masc. . . . . . . δίδωμι

23 ἐπικαλοῦμαι 1 p. sing. pres. mid. ind. . . . . .ἐπικαλέω
   φειδόμενος pres. mid. ptc. nom. sing. masc. . . . φείδομαι
   ἦλθον 1 p. sing. or 3 p. pl. 2 aor. act. ind. . . . ἔρχομαι
24 κυριεύομεν 1 p. pl. pres. act. ind. . . . . κυριεύω
   ἐσμεν 1 p. sing. pres. act. ind. . . . . εἰμί
   ἑστήκατε 2 p. pl. perf. act. ind. . . . . ἵστημι

2

1 ἔκρινα 1 p. sing. 1 aor. act. ind. . . . . .κρίνω
   ἐλθεῖν 2 aor. act. infin. . . . . ἔρχομαι
2 λυπῶ 1 p. sing. pres. act. ind. . . . . λυπέω
   εὐφραίνων pres. act. ptc. nom. sing. masc. . . .εὐφραίνω
   λυπούμενος pres. pass. ptc. nom. sing. masc. . . . λυπέω
3 ἔγραψα 1 p. sing. 1 aor. act. ind. . . . . .γράφω
   ἐλθών 2 aor. act. ptc. nom. sing. masc. . . . . . . ἔρχομαι
   σχῶ 1 p. sing. 2 aor. act. subj. . . . . .ἔχω
   ἔδει 3 p. sing. imperf. act. ind. . . . . δεῖ
   χαίρειν pres. act. infin. . . . . χαίρω
   ἐστιν 3 p. sing. pres. act. ind. . . . . εἰμί
4 λυπηθῆτε 2 p. pl. 1 aor. pass. subj. . . . . .λυπέω
   γνῶτε 2 p. pl. 2 aor. act. imper. or subj. . . . .γινώσκω
5 λελύπηκεν 3 p. sing. perf. act. ind. . . . . λυπέω
   ἐπιβαρῶ 1 p. sing. pres. act. subj. . . . . . . .ἐπιβαρέω
7 χαρίσασθαι 1 aor. mid. infin. . . . . .χαρίζομαι
   παρακαλέσαι 1 aor. act. infin. . . . . παρακαλέω
   καταποθῇ 3 p. sing. 1 aor. pass. subj. . . . . . καταπίνω
8 παρακαλῶ 1 p. sing. pres. act. ind. . . . . . . παρακαλέω
   κυρῶσαι 1 aor. act. infin. . . . . κυρόω
9 γνῶ 1 p. sing. 2 aor. act. subj. . . . . .γινώσκω
   ἐστε 2 p. pl. pres. act. ind. . . . . εἰμί
10 χαρίζεσθε 2 p. pl. pres. mid. ind. . . . . χαρίζομαι
   κεχάρισμαι 1 p. sing. perf. mid. ind. . . . . id.
11 πλεονεκτηθῶμεν 1 p. pl. 1 aor. pass. subj. . . πλεονεκτέω
   ἀγνοοῦμεν 1 p. pl. pres. act. ind. . . . . .ἀγνοέω
12 ἀνεωγμένης perf. pass. ptc. gen. sing. fem. . . . ἀνοίγω
13 ἔσχηκα 1 p. sing. perf. act. ind. . . . . ἔχω
   εὑρεῖν 2 aor. act. infin. . . . . εὑρίσκω
   ἀποταξάμενος 1 aor. mid. ptc. nom. s. masc. ἀποτάσσομαι
   ἐξῆλθον 1 p. s. or 3 p. pl. 2 aor. act. ind. . .ἐξέρχομαι
14 θριαμβεύοντι pres. act. ptc. dat. sing. masc. .θριαμβεύω
   φανεροῦντι pres. act. ptc. dat. sing. masc. . . .φανερόω
15 ἐσμέν 1 p. pl. pres. act. ind. . . . . εἰμί
   σωζομένοις pres. pass. ptc. dat. pl. masc. . . . . . .σώζω
   ἀπολλυμένοις pres. pass. ptc. dat. pl. masc. . .ἀπόλλυμι
17 καπηλεύοντες pres. act. ptc. nom. pl. masc. . . καπηλεύω
   λαλοῦμεν 1 p. pl. pres. act. ind. . . . . .λαλέω

3

1 ἀρχόμεθα 1 p. pl. pres. mid. ind. . . . . ἄρχω
   συνιστάνειν pres. act. infin. . . . . συνιστάνω
   χρῄζομεν 1 p. pl. pres. act. ind. . . . . .χρῄζω
2 ἐστε 2 p. pl. pres. act. ind. . . . . εἰμί
   ἐγγεγραμμένη perf. pass. ptc. nom. sing. fem. . .ἐγγράφω
   γινωσκομένη pres. pass. ptc. nom. sing. fem. . . γινώσκω
   ἀναγινωσκομένη perf. pass. ptc. nom. s. fem. ἀναγινώσκω

3 φανερούμενοι pres. pass. ptc. nom. pl. masc. . . φανερόω
  διακονηθεῖσα 1 aor. pass. ptc. nom. sing. fem. .διακονέω
  ζῶντος pres. act. ptc. gen. sing. masc. . . . . ζάω
4 ἔχομεν 1 p. pl. pres. act. ind. . . . . ἔχω
5 ἐσμεν 1 p. pl. pres. act. ind. . . . . εἰμί
  λογίσασθαι 1 aor. mid. infin. . . . . λογίζομαι
6 ἱκάνωσεν 3 p. sing. 1 aor. act. ind. . . . . . . ἱκανόω
  ἀποκτείνει 3 p. sing. pres. act. ind. . . . . . ἀποκτείνω
  ζωοποιεῖ 3 p. sing. pres. act. ind. . . . . . . ζωοποιέω
7 ἐντετυπωμένη perf. pass. ptc. nom. sing. fem. . .ἐντυπόω
  ἐγενήθη 3 p. sing. 2 aor. pass. ind. . . . . . . .γίνομαι
  δύνασθαι pres. pass. infin. . . . . δύναμαι
  ἀτενίσαι 1 aor. act. infin. . . . . ἀτενίζω
  καταργουμένην pres. pass. ptc. acc. sing. fem. καταργέω
8 ἔσται 3 p. pl. pres. act. ind. . . . . εἰμί
9 περισσεύει 3 p. sing. pres. act. ind. . . . . περισσεύω
10 δεδόξασται 3 p. sing. perf. pass. ind. . . . . . .δοξάζω
  δεδοξασμένον perf. pass. ptc. nom. sing. neut. . . . id.
  ὑπερβαλλούσης pres. act. ptc. gen. sing. fem. ὑπερβάλλω
11 καταργούμενον pres. pass. ptc. nom. sing. neut. καταργέω
  μένον pres. act. ptc. nom. or acc. sing. neut. . . . μένω
12 ἔχοντες pres. act. ptc. nom. pl. masc. . . . . ἔχω
  χρώμεθα 1 p. pl. pres. mid. ind. . . . . .χράομαι
13 ἐτίθει 3 p. sing. imperf. act. ind. . . . . .τίθημι
  καταργουμένου pres. pass. ptc. gen. s. neut. . καταργέω
14 ἐπωρώθη 3 p. sing. 1 aor. pass. ind. . . . . .πωρόω
  μένει 3 p. sing. pres. act. ind. . . . . μένω
  ἀνακαλυπτόμενον perf. pass. ptc. n. s. ne. . ἀνακαλύπτω
  καταργεῖται 3 p. sing. pres. pass. ind. . . . . καταργέω
15 ἀναγινώσκηται 3 p. sing. pres. pass. subj. . ἀναγινώσκω
  κεῖται 3 p. sing. pres. mid. ind. . . . . .κεῖμαι
16 ἐπιστρέψῃ 3 p. sing. 1 aor. act. subj. . . . . ἐπιστρέφω
  περιαιρεῖται 3 p. sing. pres. pass. ind. . . . περιαιρέω
17 ἐστιν 3 p. sing. pres. act. ind. . . . . εἰμί
18 κατοπτριζόμενοι pres. mid. ptc. nom. pl. m. . κατοπτρίζω
  μεταμορφούμεθα 1 p. pl. pres. pass. ind. . . μεταμορφόω
  ἀνακεκαλυμμένῳ perf. pass. ptc. dat. sing. m. ἀνακαλύπτω

4

1 ἔχοντες pres. act. ptc. nom. pl. masc. . . . . ἔχω
  ἠλεήθημεν 1 p. pl. 1 aor. pass. ind. . . . . ἐλεέω
  ἐγκακοῦμεν 1 p. pl. pres. act. ind. . . . . . . .ἐγκακέω
2 ἀπειπάμεθα 1 p. pl. 2 aor. mid. ind. . . . . . . ἀπεῖπον
  περιπατοῦντες pres. act. ptc. nom. pl. masc. . περιπατέω
  δολοῦντες pres. act. ptc. nom. pl. masc. . . . . . δολόω
  συνιστάνοντες pres. act. ptc. nom. pl. masc. .συνιστάνω
3 ἔστιν 3 p. sing. pres. act. ind. . . . . εἰμί
  κεκαλυμμένον perf. pass. ptc. nom. sing. neut. .καλύπτω
  ἀπολλυμένοις pres. pass. ptc. dat. pl. masc. . .ἀπόλλυμι
4 ἐτύφλωσεν 3 p. sing. 1 aor. act. ind. . . . . . . τυφλόω
  αὐγάσαι 1 aor. act. infin. . . . . αὐγάζω
5 κηρύσσομεν 1 p. pl. pres. act. ind. . . . . . . .κηρύσσω
6 εἰπών 2 aor. act. ptc. nom. sing. masc. . . . . . . .λέγω
  λάμψει 3 p. sing. fut. act. ind. . . . . .λάμπω
  ἔλαμψεν 3 p. sing. 1 aor. act. ind. . . . . id.

7 ἔχομεν 1 p. pl. pres. act. ind. . . . . ἔχω
 ᾖ 3 p. sing. pres. act. subj. . . . . .εἰμί
8 θλιβόμενοι pres. pass. ptc. nom. pl. masc. . . . . θλίβω
 στενοχωρούμενοι pres. pass. ptc. nom. pl. m. στενοχωρέω
 ἀπορούμενοι pres. mid. ptc. nom. pl. masc. . . . .ἀπορέω
 ἐξαπορούμενοι pres. mid. ptc. nom. pl. masc. . .ἐξαπορέω
9 διωκόμενοι pres. pass. ptc. nom. pl. masc. . . . . . διώκω
 ἐγκαταλειπόμενοι pres. pass. ptc. n. pl. m. ἐγκαταλείπω
 καταβαλλόμενοι pres. pass. ptc. nom. pl. masc. καταβαίνω
 ἀπολλύμενοι pres. pass. ptc. nom. pl. masc. . . ἀπόλλυμι
10 περιφέροντες pres. act. ptc. nom. pl. masc. . . . περιφέρω
 φανερωθῇ 3 p. sing. 1 aor. pass. ind. . . . . . . .φανερόω
11 ζῶντες pres. act. ptc. nom. pl. masc. . . . . ζάω
 παραδιδόμεθα 1 p. pl. pres. pass. ind. . . . παραδίδωμι
12 ἐνεργεῖται 3 p. sing. pres. mid. ind. . . . . . . .ἐνεργέω
13 ἔχοντες pres. act. ptc. nom. pl. masc. . . . . ἔχω
 γεγραμμένον perf. pass. ptc. nom. or acc. s. neut. γράφω
 ἐπίστευσα 1 p. sing. 1 aor. act. ind. . . . . . πιστεύω
 ἐλάλησα 1 p. sing. 1 aor. act. ind. . . . . : λαλέω
 πιστεύομεν 1 p. pl. pres. act. ind. . . . . . . πιστεύω
 λαλοῦμεν 1 p. pl. pres. act. ind. . . . . .λαλέω
14 εἰδότες perf. act. ptc. nom. pl. masc. . . . . οἶδα
 ἐγείρας 1 aor. act. ptc. nom. sing. masc. . . . . . .ἐγείρω
 ἐγερεῖ 3 p. sing. fut. act. ind. . . . . id.
 παραστήσει 3 p. sing. fut. act. ind. . . . . . παρίστημι
15 πλεονάσασα 1 aor. act. ptc. nom. sing. fem. . . πλεονάζω
 περισσεύσῃ 3 p. sing. 1 aor. act. subj. . . . περισσεύω
16 ἐγκακοῦμεν 1 p. pl. pres. act. ind. . . . . . . .ἐγκακέω
 διαφθείρεται 3 p. sing. pres. pass. ind. . . . διαφθείρω
 ἀνακαινοῦται 3 p. sing. pres. pass. ind. . . . ἀνακαινόω
17 κατεργάζεται 3 p. sing. pres. mid. ind. . . κατεργάζομαι
18 σκοπούντων pres. act. ptc. gen. pl. masc. . . . . . σκοπέω
 βλεπόμενα pres. pass. ptc. nom. or acc. pl. neut. . βλέπω

5

1 οἴδαμεν 1 p. pl. perf. act. ind. . . . . οἶδα
 καταλυθῇ 3 p. sing. 1 aor. pass. subj. . . . . . . καταλύω
 ἔχομεν 1 p. pl. pres. act. ind. . . . . ἔχω
2 στενάζομεν 1 p. pl. pres. act. ind. . . . . . . .στενάζω
 ἐπενδύσασθαι 1 aor. mid. infin. . . . . .ἐπενδύω
 ἐπιποθοῦντες pres. act. ptc. nom. pl. masc. . . .ἐπιποθέω
3 ἐνδυσάμενοι 1 aor. mid. ptc. nom. pl. masc. . . . .ἐνδύω
 εὑρεθησόμεθα 1 p. pl. fut. pass. ind. . . . . . .εὑρίσκω
4 ὄντες pres. act. ptc. nom. pl. masc. . . . . εἰμί
 στενάζομεν 1 p. pl. pres. act. ind. . . . . . . .στενάζω
 βαρούμενοι pres. pass. ptc. nom. pl. masc. . . . . . βαρέω
 θέλομεν 1 p. pl. pres. act. ind. . . . . θέλω
 ἐκδύσασθαι 1 aor. mid. infin. . . . . .ἐκδύω
 ἐπενδύσασθαι 1 aor. mid. infin. . . . . .ἐπενδύω
 καταποθῇ 3 p. sing. 1 aor. pass. subj. . . . . καταπίνω
5 κατεργασάμενος 1 aor. mid. ptc. n. s. m. . κατεργάζομαι
 δούς 2 aor. act. ptc. nom. sing. masc. . . . . . . δίδωμι
6 θαρροῦντες pres. act. ptc. nom. pl. masc. . . . . . θαρρέω
 εἰδότες perf. act. ptc. nom. pl. masc. . . . . οἶδα
 ἐνδημοῦντες pres. act. ptc. nom. pl. masc. . . . . ἐνδημέω

ἐκδημοῦμεν 1 p. pl. pres. act. ind. . . . . . . .ἐκδημέω
7 περιπατοῦμεν 1 p. pl. pres. act. ind. . . . . περιπατέω
8 θαρροῦμεν 1 p. pl. pres. act. ind. . . . . .θαρρέω
εὐδοκοῦμεν 1 p. pl. pres. act. ind. . . . . . . .εὐδοκέω
ἐκδημῆσαι 1 aor. act. infin. . . . . ἐκδημέω
ἐνδημῆσαι 1 aor. act. infin. . . . . ἐνδημέω
9 φιλοτιμούμεθα 1 p. pl. pres. mid. ind. . . φιλοτιμέομαι
ἐνδημοῦντες pres. act. ptc. nom. pl. masc. . . . ἐνδημέω
ἐκδημοῦντες pres. act. ptc. nom. pl. masc. . . . ἐκδημέω
εἶναι pres. act. infin. . . . . εἰμί
10 φανερωθῆναι 1 aor. pass. infin. . . . . .φανερόω
δεῖ 3 p. sing. pres. act. impers. . . . . δεῖ
κομίσηται 3 p. sing. 1 aor. mid. subj. . . . . . .κομίζω
ἔπραξεν 3 p. sing. 1 aor. act. ind. . . . . .πράσσω
11 εἰδότες perf. act. ptc. nom. pl. masc. . . . . . . οἶδα
πείθομεν 1 p. pl. pres. act. ind. . . . . .πείθω
πεφανερώμεθα 1 p. pl. perf. pass. ind. . . . . . φανερόω
ἐλπίζω 1 p. sing. pres. act. ind. . . . . .ἐλπίζω
πεφανερῶσθαι perf. pass. infin. . . . . .φανερόω
12 συνιστάνομεν 1 p. pl. pres. act. ind. . . . .συνιστάνω
διδόντες pres. act. ptc. nom. pl. masc. . . . . . δίδωμι
ἔχητε 2 p. pl. pres. act. subj. . . . . ἔχω
καυχωμένους pres. mid. ptc. acc. pl. masc. . . καυχάομαι
13 ἐξέστημεν 1 p. pl. 2 aor. act. ind. . . . . ἐξίστημι
σωφρονοῦμεν 1 p. pl. pres. act. ind. . . . . . σωφρονέω
14 συνέχει 3 p. sing. pres. act. ind. . . . . συνέχω
κρίναντας 1 aor. act. ptc. acc. pl. masc. . . . . .κρίνω
ἀπέθανεν 3 p. sing. 2 aor. act. ind. . . . . . ἀποθνήσκω
ἀπέθανον 1 p. sing. or 3 p. pl. 2 aor. act. ind. . . id.
15 ζῶντες pres. act. ptc. nom. pl. masc. . . . . .ζάω
ζῶσιν 3 p. pl. pres. act. ind. or subj. . . . . id.
ἀποθανόντι 2 aor. act. ptc. dat. sing. masc. . ἀποθνήσκω
ἐγερθέντι 1 aor. pass. ptc. dat. sing. masc. . . .ἐγείρω
16 οἴδαμεν 1 p. pl. perf. act. ind. . . . . οἶδα
ἐγνώκαμεν 1 p. pl. perf. act. ind. . . . . γινώσκω
γινώσκομεν 1 p. pl. pres. act. ind. . . . . id.
17 παρῆλθεν 3 p. sing. 2 aor. act. ind. . . . . .παρέρχομαι
ἰδού 2 p. sing. 2 aor. mid. imper. . . . . .εἶδον
γέγονεν 3 p. sing. 2 perf. act. ind. . . . . . . .γίνομαι
18 καταλλάξαντος 1 aor. act. ptc. gen. s. masc. καταλλάσσω
δόντος 2 aor. act. ptc. gen. pl. masc. . . . . . δίδωμι
19 ἦν 3 p. sing. imperf. act. ind. . . . . εἰμί
καταλλάσσων pres. act. ptc. nom. s. masc. . .καταλλάσσω
λογιζόμενος pres. mid. ptc. nom. sing. masc. . .λογίζομαι
θέμενος 2 aor. mid. ptc. nom. sing. masc. . . . .τίθημι
20 πρεσβεύομεν 1 p. pl. pres. act. ind. . . . . . πρεσβεύω
παρακαλοῦντος pres. act. ptc. gen. sing. masc. παρακαλέω
δεόμεθα 1 p. pl. pres. mid. ind. . . . . δέομαι
καταλλάγητε 2 p. pl. 2 aor. pass. imper. . . καταλλάσσω
21 γνόντα 2 aor. act. ptc. acc. sing. masc. . . . . .γινώσκω
ἐποίησεν 3 p. sing. 1 aor. act. ind. . . . . . . .ποιέω
γενώμεθα 1 p. pl. 2 aor. mid. subj. . . . . . . .γίνομαι

6
1 συνεργοῦντες pres. act. ptc. nom. pl. masc. . . συνεργέω

παρακαλοῦμεν 1 p. pl. pres. act. ind. . . . . . παρακαλέω
δέξασθαι 1 aor. mid. infin. . . . . δέχομαι
2 λέγει 3 p. sing. pres. act. ind. . . . . λέγω
ἐπήκουσα 1 p. sing. 1 aor. act. ind. . . . . ἐπακούω
ἐβοήθησα 1 p. sing. 1 aor. act. ind. . . . . βοηθέω
ἰδού 2 p. sing. 2 aor. mid. imper. . . . . εἶδον
3 διδόντες pres. act. ptc. nom. pl. masc. . . . . . . δίδωμι
μωμηθῇ 3 p. sing. 1 aor. pass. subj. . . . . μωμέομαι
4 συνιστάνοντες pres. act. ptc. nom. pl. masc. . . συνιστάνω
9 ἀγνοούμενοι pres. pass. ptc. nom. pl. masc. . . . . ἀγνοέω
ἐπιγινωσκόμενοι pres. pass. ptc. nom. pl. m. .ἐπιγινώσκω
ἀποθνήσκοντες pres. act. ptc. nom. pl. masc. . . ἀποθνήσκω
ζῶμεν 1 p. pl. pres. act. subj. or ind. . . . . ζάω
παιδευόμενοι pres. pass. ptc. nom. pl. masc. . . . παιδεύω
θανατούμενοι perf. pass. ptc. nom. pl. masc. . . . θανατόω
10 λυπούμενοι pres. pass. ptc. nom. pl. masc. . . . . . λυπέω
χαίροντες pres. act. ptc. nom. pl. masc. . . . . . . χαίρω
πλουτίζοντες pres. act. ptc. nom. pl. masc. . . πλουτίζω
ἔχοντες pres. act. ptc. nom. pl. masc. . . . . ἔχω
κατέχοντες pres. act. ptc. nom. pl. masc. . . . . . κατέχω
11 ἀνέῳγεν 3 p. sing. perf. act. ind. . . . . ἀνοίγω
πεπλάτυνται 3 p. sing. perf. pass. ind. . . . . .πλατύνω
12 στενοχωρεῖσθε 2 p. pl. pres. pass. ind. . . . στενοχωρέω
13 πλατύνθητε 2 p. pl. 1 aor. pass. imper. . . . . πλατύνω
14 γίνεσθε 2 p. pl. pres. mid. ind. . . . . γίνομαι
ἑτεροζυγοῦντες pres. act. ptc. nom. pl. m. . ἑτεροζυγέω
16 ἐσμεν 1 p. pl. pres. act. ind. . . . . εἰμί
ζῶντος pres. act. ptc. gen. sing. masc. . . . . ζάω
εἶπεν 3 p. sing. 2 aor. act. ind. . . . . λέγω
ἐνοικήσω 1 p. sing. fut. act. ind. . . . . .ἐνοικέω
ἐμπεριπατήσω 1 p. sing. fut. act. ind. . . . ἐμπεριπατέω
ἔσομαι 1 p. sing. fut. mid. ind. . . . . εἰμί
ἔσονται 3 p. pl. fut. mid. ind. . . . . id.
17 ἐξέλθατε 2 p. pl. 1 aor. act. imper. . . . . . . ἐξέρχομαι
ἀφορίσθητε 2 p. pl. 1 aor. pass. imper. . . . . .ἀφορίζω
ἅπτεσθε 2 p. pl. pres. mid. imper. . . . . ἅπτω
εἰσδέξομαι 1 p. sing. fut. mid. ind. . . . . . εἰσδέχομαι
18 ἔσεσθε 2 p. pl. fut. mid. ind. . . . . εἰμί

7

1 ἔχοντες pres. act. ptc. nom. pl. masc. . . . . .ἔχω
καθαρίσωμεν 1 p. pl. 1 aor. act. subj. . . . . καθαρίζω
ἐπιτελοῦντες pres. act. ptc. nom. pl. masc. . . . ἐπιτελέω
2 ἠδικήσαμεν 1 p. pl. 1 aor. act. ind. . . . . . . .ἀδικέω
ἐφθείραμεν 1 p. pl. 1 aor. act. ind. . . . . .φθείρω
ἐπλεονεκτήσαμεν 1 p. pl. 1 aor. act. ind. . . πλεονεκτέω
χωρήσατε 2 p. pl. 1 aor. act. imper. . . . . .χωρέω
3 προείρηκα 1 p. sing. perf. act. ind. . . . . . . .προλέγω
ἐστε 2 p. pl. pres. act. ind. . . . . εἰμί
συναποθανεῖν 2 aor. act. infin. . . . . . . συναποθνήσκω
συζῆν pres. act. infin. . . . . .συζάω
4 πεπλήρωμαι 1 p. sing. perf. pass. ind. . . . . . .πληρόω
ὑπερπερισσεύομαι 1 p. s. pres. mid. ind. .ὑπερπερισσεύω
5 ἐλθόντων 2 aor. act. ptc. gen. pl. masc. . . . . ἔρχομαι
ἔσχηκεν 3 p. sing. perf. act. ind. . . . . ἔχω

θλιβόμενοι pres. pass. ptc. nom. pl. masc. . . . . θλίβω
6 παρακαλῶν pres. act. ptc. nom. sing. masc. . . παρακαλέω
παρεκάλεσεν 3 p. sing. 1 aor. act. ind. . . . . id.
7 παρεκλήθη 3 p. sing. 1 aor. pass. ind. . . . . id.
ἀναγγέλλων pres. act. ptc. nom. sing. masc. . . ἀναγγέλλω
χαρῆναι 2 aor. pass. infin. . . . . χαίρω
8 ἐλύπησα 1 p. sing. 1 aor. act. ind. . . . . λυπέω
μεταμ'? ομαι 1 p. sing. pres. pass. ind. . . μεταμέλομαι
μετεμελόμην 1 p. sing. imperf. pass. ind. . . . . . . id.
ἐλύπησεν 3 p. sing. 1 aor. act. ind. . . . . λυπέω
9 ἐλυπήθητε 2 p. pl. 1 aor. pass. ind. . . . . id.
ζημιωθῆτε 2 p. pl. 1 aor. pass. subj. . . . . ζημιόω
10 ἐργάζεται 3 p. sing. pres. mid. ind. . . . . . ἐργάζομαι
κατεργάζεται 3 p. sing. pres. mid. ind. . . κατεργάζομαι
11 ἰδού 2 p. sing. 2 aor. mid. imper. . . . . εἶδον
λυπηθῆναι 1 aor. pass. infin. . . . . λυπέω
κατειργάσατο 3 p. sing. 1 aor. mid. ind. . . κατεργάζομαι
συνεστήσατε 2 p. pl. 1 aor. mid. ind. . . . . . συνίστημι
εἶναι pres. act. infin. . . . . εἰμί
12 ἔγραψα 1 p. sing. 1 aor. act. ind. . . . . γράφω
ἀδικήσαντος 1 aor. pass. ptc. gen. sing. masc. . . ἀδικέω
ἀδικηθέντος 1 aor. act. ptc. gen. sing. masc. . . . . id.
φανερωθῆναι 1 aor. pass. infin. . . . . φανερόω
13 παρακεκλήμεθα 1 p. pl. perf. pass. ind. . . . . παρακαλέω
ἐχάρημεν 1 p. pl. 2 aor. pass. ind. . . . . χαίρω
ἀναπέπαυται 3 p. sing. porf. pass. ind. . . . . . ἀναπαύω
14 κεκαύχημαι 1 p. sing. perf. mid. ind. . . . . . καυχάομαι
κατησχύνθην 1 p. sing. 1 aor. pass. ind. . . . καταισχύνω
ἐλαλήσαμεν 1 p. pl. 1 aor. act. ind. . . . . λαλέω
ἐγενήθη 3 p. sing. 1 aor. pass. ind. . . . . γίνομαι
15 ἐστιν 3 p. sing. pres. act. ind. . . . . εἰμί
ἀναμιμνησκομένου pres. mid. ptc. gen. s. m. ἀναμιμνήσκω
ἐδέξασθε 2 p. pl. 1 aor. mid. ind. . . . . δέχομαι
16 θαρρῶ 1 p. sing. pres. act. ind. . . . . θαρρέω

8

1 γνωρίζομεν 1 p. pl. pres. act. ind. . . . . γνωρίζω
δεδομένην perf. pass. ptc. acc. sing. fem. . . . . . δίδωμι
2 ἐπερίσσευσεν 3 p. sing. 1 aor. act. ind. . . . . περισσεύω
3 μαρτυρῶ 1 p. sing. pres. act. ind. or subj. . . μαρτυρέω
4 δεόμενοι pres. pass. ptc. nom. pl. masc. . . . . . δέομαι
5 ἠλπίσαμεν 1 p. pl. 1 aor. act. ind. . . . . ἐλπίζω
ἔδωκαν 3 p. pl. 1 aor. act. ind. . . . . δίδωμι
6 παρακαλέσαι 1 aor. act. infin. . . . . παρακαλέω
προενήρξατο 3 p. sing. 1 aor. mid. ind. . . προενάρχομαι
ἐπιτελέσῃ 3 p. sing. 1 aor. act. subj. . . . . . ἐπιτελέω
7 περισσεύετε 2 p. pl. pres. act. ind. . . . . . περισσεύω
περισσεύητε 2 p. pl. pres. act. subj. . . . . id.
8 δοκιμάζων pres. act. ptc. nom. sing. masc. . . . δοκιμάζω
9 γινώσκετε 2 p. pl. pres. act. ind. . . . . γινώσκω
ἐπτώχευσεν 3 p. sing. 1 aor. act. ind. . . . . . πτωχεύω
ὤν pres. act. ptc. nom. sing. masc. . . . . εἰμί
πλουτήσητε 2 p. pl. 1 aor. act. subj. . . . . . . πλουτέω
10 συμφέρει 3 p. sing. pres. act. ind. . . . . συμφέρω
ποιῆσαι 1 aor. act. infin. . . . . ποιέω

θέλειν pres. act. infin. . . . . θέλω
προενήρξασθε 2 p. pl. 1 aor. mid. ind. . . προενάρχομαι
11 ἐπιτελέσατε 2 p. pl. 1 aor. act. imper. . . . . . ἐπιτελέω
ἔχειν pres. act. infin. . . . . ἔχω
ἐπιτελέσαι 1 aor. act. infin. . . . . ἐπιτελέω
12 πρόκειται 3 p. sing. pres. mid. ind. . . . . . πρόκειμαι
ἔχῃ 3 p. sing. pres. act. subj. . . . . .ἔχω
ἔχει 3 p. sing. pres. act. ind. . . . . id.
14 γένηται 3 p. sing. 2 aor. mid. subj. . . . . . . γίνομαι
15 γέγραπται 3 p. sing. perf. pass. ind. . . . . γράφω
ἐπλεόνασεν 3 p. sing. 1 aor. act. ind. . . . . πλεονάζω
ἠλαττόνησεν 3 p. sing. 1 aor. act. ind. . . . ἐλαττονέω
16 διδόντι pres. act. ptc. dat. sing. masc. . . . . . δίδωμι
17 ἐδέξατο 3 p. sing. 1 aor. mid. ind. . . . . δέχομαι
ὑπάρχων pres. act. ptc. nom. sing. masc. . . . . . ὑπάρχω
ἐξῆλθεν 3 p. sing. 2 aor. act. ind. . . . . . . ἐξέρχομαι
18 συνεπέμψαμεν 1 p. pl. 1 aor. act. ind. . . . . . συμπέμπω
19 χειροτονηθείς 1 aor. pass. ptc. nom. s. masc. χειροτονέω
διακονουμένῃ pres. pass. ptc. dat. sing. fem. . διακονέω
20 στελλόμενοι pres. mid. ptc. nom. pl. masc. . . . . στέλλω
μωμήσηται 3 p. sing. 1 aor. mid. subj. . . . . .μωμέομαι
21 προνοοῦμεν 1 p. pl. pres. act. ind. . . . . . . .προνοέω
22 συνεπέμψαμεν 1 p. pl. 1 aor. act. ind. . . . . συμπέμπω
ἐδοκιμάσαμεν 1 p. pl. 1 aor. act. ind. . . . . δοκιμάζω
ὄντα pres. act. ptc. acc. s. masc. or pl. neut. . . .εἰμί
24 ἐνδεικνύμενοι pres. mid. ptc. nom. pl. masc. ἐνδείκνυμι

9
1 ἐστιν 3 p. sing. pres. act. ind. . . . . εἰμί
γράφειν pres. act. infin. . . . . γράφω
2 οἶδα 1 p. sing. perf. act. ind. . . . . .οἶδα
καυχῶμαι 1 p. sing. pres. mid. ind. . . . . . καυχάομαι
παρεσκεύασται 3 p. sing. perf. pass. ind. . . παρασκευάζω
ἠρέθισεν 3 p. sing. 1 aor. act. ind. . . . . . . .ἐρεθίζω
3 ἔπεμψα 1 p. sing. 1 aor. act. ind. . . . . πέμπω
κενωθῇ 3 p. sing. 1 aor. pass. subj. . . . . .κενόω
ἔλεγον 1 p. s. or 3 p. pl. imperf. act. ind. . . . . . λέγω
παρεσκευασμένοι perf. pass. ptc. n. pl. m. . παρασκευάζω
ἦτε 2 p. pl. imperf. act. ind. . . . . εἰμί
4 εὕρωσιν 3 p. pl. 2 aor. act. subj. . . . . εὑρίσκω
ἔλθωσιν 3 p. pl. 2 aor. act. subj. . . . . ἔρχομαι
καταισχυνθῶμεν 1 p. pl. 1 aor. pass. subj. . . καταισχύνω
λέγωμεν 1 p. pl. pres. act. subj. . . . . .λέγω
5 ἡγησάμην 1 p. sing. 1 aor. mid. ind. . . . . . . ἡγέομαι
παρακαλέσαι 1 aor. act. infin. . . . . παρακαλέω
προέλθωσιν 3 p. pl. 2 aor. act. subj. . . . . .προέρχομαι
προκαταρτίσωσιν 3 p. pl. 1 aor. act. subj. προκαταρτίζω
προεπηγγελμένην perf. pass. pt. a. s. f.προεπαγγέλλομαι
εἶναι pres. act. infin. . . . . εἰμί
6 σπείρων pres. act. ptc. nom. sing. masc. . . . . . . σπείρω
θερίσει 3 p. sing. fut. act. ind. . . . . θερίζω
7 προῄρηται 3 p. sing. perf. mid. ind. . . . . . . .προαιρέω
ἀγαπᾷ 3 p. sing. pres. act. ind. or subj. . . . . . .ἀγαπάω
8 δυνατεῖ 3 p. sing. pres. act. ind. . . . . .δυνατέω
περισσεῦσαι 1 aor. act. infin. . . . . περισσεύω

ἔχοντες pres. act. ptc. nom. pl. masc. . . . . ἔχω
περισσεύητε 2 p. pl. pres. act. subj. . . . . περισσεύω
9 γέγραπται 3 p. sing. perf. pass. ind. . . . . γράφω
ἐσκόρπισεν 3 p. sing. 1 aor. act. ind. . . . . .σκορπίζω
ἔδωκεν 3 p. sing. 1 aor. act. ind. . . . . δίδωμι
μένει 3 p. sing. pres. act. ind. . . . . μένω
10 ἐπιχορηγῶν pres. act. ptc. nom. sing. masc. . ἐπιχορηγέω
σπείροντι pres. act. ptc. dat. sing. masc. . . . .σπείρω
χορηγήσει 3 p. sing. pres. act. ind. . . . . . . χορηγέω
πληθυνεῖ 3 p. sing. fut. act. ind. . . . . πληθύνω
αὐξήσει 3 p. sing. fut. act. ind. . . . . αὐξάνω
11 πλουτιζόμενοι pres. pass. ptc. nom. pl. masc. . πλουτίζω
κατεργάζεται 3 p. sing. pres. mid. ind. . .κατεργάζομαι
12 ἐστιν 3 p. sing. pres. act. ind. . . . . εἰμί
προσαναπληροῦσα pres. act. ptc. n. s. f. .προσαναπληρόω
περισσεύουσα pres. act. ptc. nom. sing. fem. . περισσεύω
13 δοξάζοντες pres. act. ptc. nom. pl. masc. . . . . δοξάζω
14 ἐπιποθούντων pres. act. ptc. nom. pl. masc. . . ἐπιποθέω
ὑπερβάλλουσαν pres. act. ptc. acc. sing. fem. .ὑπερβάλλω

10

1 παρακαλῶ 1 p. sing. pres. act. ind. . . . . . . παρακαλέω
ἀπών pres. act. ptc. nom. sing. masc. . . . . . . .ἄπειμι
θαρρῶ 1 p. sing. pres. act. ind. . . . . θαρρέω
2 δέομαι 1 p. sing. pres. pass. ind. . . . . δέω
παρών pres. act. ptc. nom. sing. masc. . . . . . .πάρειμι
θαρρῆσαι 1 aor. act. infin. . . . . θαρρέω
λογίζομαι 1 p. sing. pres. mid. ind. . . . . . λογίζομαι
τολμῆσαι 1 aor. act. infin. . . . . τολμάω
λογιζομένους pres. mid. ptc. acc. pl. masc. . . λογίζομαι
περιπατοῦντας pres. act. ptc. acc. pl. masc. . περιπατέω
3 περιπατοῦντες pres. act. ptc. nom. pl. masc. . . . . id.
στρατευόμεθα 1 p. pl. pres. mid. ind. . . . . . στρατεύω
4 καθαιροῦντες pres. act. ptc. nom. pl. masc. . . καθαιρέω
5 ἐπαιρόμενον pres. mid. ptc. acc. sing. neut. . . .ἐπαίρω
αἰχμαλωτίζοντες pres. act. ptc. nom. pl. m. αἰχμαλωτίζω
6 ἔχοντες pres. act. ptc. nom. pl. masc. . . . . ἔχω
ἐκδικῆσαι 1 aor. act. infin. . . . . ἐκδικέω
πληρωθῇ 3 p. sing. 1 aor. pass. subj. . . . . . .πληρόω
7 βλέπετε 2 p. pl. pres. act. ind. . . . . βλέπω
πέποιθεν 3 p. sing. 2 perf. act. ind. . . . . . . πείθω
εἶναι pres. act. infin. . . . . εἰμί
λογιζέσθω 3 p. sing. pres. mid. imper. . . . . λογίζομαι
8 καυχήσωμαι 1 p. sing. 1 aor. act. subj. . . . .καυχάομαι
ἔδωκεν 3 p. sing. 1 aor. act. ind. . . . . δίδωμι
αἰσχυνθήσομαι 1 p. sing. fut. pass. ind. . . .αἰσχύνομαι
9 δόξω 1 p. sing. 1 aor. act. subj. . . . . δοκέω
ἐκφοβεῖν pres. act. infin. . . . . ἐκφοβέω
10 φησίν 3 p. sing. pres. act. ind. . . . . φημί
ἐξουθενημένος perf. pass. ptc. nom. s. masc. . ἐξουθενέω
11 ἐσμεν 1 p. pl. pres. act. ind. . . . . εἰμί
ἀπόντες pres. act. ptc. nom. pl. masc. . . . . . . .ἄπειμι
παρόντες pres. act. ptc. nom. pl. masc. . . . . . .πάρειμι
12 τολμῶμεν 1 p. pl. pres. act. ind. . . . . τολμάω
ἐγκρῖναι 1 aor. act. infin. . . . . ἐγκρίνω

συγκρῖναι 1 aor. act. infin. . . . . συγκρίνω
συνιστανόντων pres. act. ptc. gen. pl. masc. . συνίστημι
μετροῦντες pres. act. ptc. nom. pl. masc. . . . . μετρέω
συγκρίνοντες pres. act. ptc. nom. pl. masc. . . συγκρίνω
συνιᾶσιν 3 p. pl. pres. act. ind. . . . . συνίημι
13 καυχησόμεθα 1 p. pl. fut. mid. ind. . . . . . καυχάομαι
ἐμέρισεν 3 p. sing. 1 aor. act. ind. . . . . μερίζω
ἐφικέσθαι 2 aor. mid. infin. . . . . ἐφικνέομαι
14 ἐφικνούμενοι pres. mid. ptc. nom. pl. masc. . . . . . id.
ὑπερεκτείνομεν 1 p. pl. pres. act. ind. . . ὑπερεκτείνω
ἐφθάσαμεν 1 p. pl. 1 aor. act. ind. . . . . φθάνω
15 καυχώμενοι pres. mid. ptc. nom. pl. masc. . . καυχάομαι
ἔχοντες pres. act. ptc. nom. pl. masc. . . . . ἔχω
αὐξανομένης pres. pass. ptc. gen. sing. fem. . . . αὐξάνω
μεγαλυνθῆναι 1 aor. pass. infin. . . . . μεγαλύνω
16 εὐαγγελίσασθαι 1 aor. mid. infin. . . . . . . εὐαγγελίζω
καυχήσασθαι 1 aor. mid. infin. . . . . καυχάομαι
17 καυχώμενος pres. mid. ptc. nom. sing. masc. . . . . . id.
καυχάσθω 3 p. sing. pres. mid. imper. . . . . id.
18 ἐστιν 3 p. sing. pres. act. ind. . . . . εἰμί
συνιστάνων pres. act. ptc. nom. sing. masc. . . συνίστημι
συνίστησιν 3 p. sing. pres. act. ind. . . . . id.

11

1 ὄφελον 1 p. sing. 2 aor. act. ind. or particle. . . ὀφείλω
ἀνείχεσθε 2 p. pl. imperf. mid. ind. . . . . . . ἀνέχομαι
ἀνέχεσθε 2 p. pl. pres. mid. ind. or imper. . . . . . id.
2 ζηλῶ 1 p. sing. pres. act. ind. contr. . . . . ζηλόω
ἡρμοσάμην 1 p. sing. 1 aor. mid. ind. . . . . . . ἁρμόζω
παραστῆσαι 1 aor. act. infin. . . . . παρίστημι
3 φοβοῦμαι 1 p. sing. pres. mid. ind. . . . . φοβέω
ἐξηπάτησεν 3 p. sing. 1 aor. act. ind. . . . . . ἐξαπατάω
φθαρῇ 3 p. sing. 2 aor. pass. subj. . . . . φθείρω
4 ἐρχόμενος pres. mid. ptc. nom. sing. masc. . . . ἔρχομαι
κηρύσσει 3 p. sing. pres. act. ind. . . . . κηρύσσω
ἐκηρύξαμεν 1 p. pl. 1 aor. act. ind. . . . . id.
λαμβάνετε 2 p. pl. pres. act. ind. . . . . λαμβάνω
ἐλάβετε 2 p. pl. 2 aor. act. ind. . . . . id.
ἐδέξασθε 2 p. pl. 1 aor. mid. ind. . . . . δέχομαι
ἀνέχεσθε 2 p. pl. pres. mid. ind. or imper. . . . ἀνέχομαι
5 λογίζομαι 1 p. sing. pres. mid. ind. . . . . . λογίζομαι
ὑστερηκέναι perf. act. infin. . . . . ὑστερέω
6 φανερώσαντες 1 aor. act. ptc. nom. pl. masc. . . φανερόω
7 ταπεινῶν pres. act. ptc. nom. sing. masc. . . . ταπεινόω
ἐποίησα 1 p. sing. 1 aor. act. ind. . . . . ποιέω
ὑψωθῆτε 2 p. pl. 1 aor. pass. subj. . . . . ὑψόω
εὐηγγελισάμην 1 p. sing. 1 aor. mid. ind. . . . εὐαγγελίζω
8 ἐσύλησα 1 p. sing. 1 aor. act. ind. . . . . συλάω
λαβών 2 aor. act. ptc. nom. sing. masc. . . . . . λαμβάνω
9 παρών pres. act. ptc. nom. sing. masc. . . . . . . πάρειμι
ὑστερηθείς 1 aor. pass. ptc. nom. sing. masc. . . ὑστερέω
κατενάρκησα 1 p. sing. 1 aor. act. ind. . . . καταναρκάω
προσανεπλήρωσαν 3 p. pl. 1 aor. act. ind. προσαναπληρόω
ἐλθόντες 2 aor. act. ptc. nom. pl. masc. . . . . ἔρχομαι
ἐτήρησα 1 p. sing. 1 aor. act. ind. . . . . τηρέω

```
    τηρήσω 1 p. sing. fut. act. ind. . . . . . . . . . τηρέω
10  ἔστιν 3 p. sing. pres. act. ind. . . . . . . . . . εἰμί
    φραγήσεται 3 p. sing. fut. pass. ind. . . . . . . φράσσω
11  ἀγαπῶ 1 p. sing. pres. act. ind. or subj. . . . . ἀγαπάω
    οἶδεν 3 p. sing. perf. act. ind. . . . . . . . . . οἶδα
12  ποιῶ 1 p. sing. pres. act. ind. or subj. . . . . . ποιέω
    ποιήσω 1 p. sing. fut. act. ind. . . . . . . . . . id.
    ἐκκόψω 1 p. s. 1 aor. act. subj. or fut. act. ind. ἐκκόπτω
    θελόντων pres. act. ptc. gen. pl. masc. . . . . . θέλω
    καυχῶνται 3 p. pl. pres. mid. ind. . . . . . . . καυχάομαι
    εὑρεθῶσιν 3 p. pl. 1 aor. pass. subj. . . . . . . εὑρίσκω
13  μετασχηματιζόμενοι pres. m. pt. n. pl. m. μετασχηματίζω
14  μετασχηματίζεται 3 p. sing. pres. pass. ind. . . . . id.
15  μετασχηματίζονται 3 p. pl. pres. pass. ind. . . . . id.
    ἔσται 3 p. sing. fut. mid. ind. . . . . . . . . . . εἰμί
16  εἶναι pres. act. infin. . . . . . . . . . . . . . . id.
    δέξασθε 2 p. pl. 1 aor. mid. imper. . . . . . . . δέχομαι
    καυχήσωμαι 1 p. sing. 1 aor. mid. subj. . . . καυχάομαι
17  λαλῶ 1 p. sing. pres. act. ind. . . . . . . . . . λαλέω
18  καυχῶνται 3 p. pl. mid. ind. . . . . . . . . καυχάομαι
    καυχήσομαι 1 p. pl. fut. mid. ind. . . . . . . . . id.
19  ἀνέχεσθε 2 p. pl. pres. mid. ind. or imper. . . ἀνέχομαι
    ὄντες pres. act. ptc. nom. pl. masc. . . . . . . . εἰμί
20  κατεσθίει 3 p. sing. pres. act. ind. . . . . . . κατεσθίω
    λαμβάνει 3 p. sing. pres. act. ind. . . . . . . . λαμβάνω
    ἐπαίρεται 3 p. sing. pres. mid. ind. . . . . . . . ἐπαίρω
    δέρει 3 p. sing. pres. act. ind. . . . . . . . . . δέρω
21  ἠσθενήκαμεν 1 p. pl. perf. act. ind. . . . . . . ἀσθενέω
    τολμᾷ 3 p. sing. pres. act. ind. or subj. . . . . τολμάω
    τολμῶ 1 p. sing. pres. act. ind. . . . . . . . . . id.
22  εἰσιν 3 p. pl. pres. act. ind. . . . . . . . . . . εἰμί
23  παραφρονῶν pres. act. ptc. nom. sing. masc. . παραφρονέω
24  ἔλαβον 1 p. sing. 2 aor. act. ind. . . . . . . . λαμβάνω
    ἐρραβδίσθην 1 p. sing. 1 aor. pass. ind. . . . . ῥηβδίζω
    ἐλιθάσθην 1 p. sing. 1 aor. pass. ind. . . . . . . λιθάζω
    ἐναυάγησα 1 p. sing. 1 aor. act. ind. . . . . . . ναυαγέω
    πεποίηκα 1 p. sing. perf. act. ind. . . . . . . . ποιέω
29  ἀσθενεῖ 3 p. sing. pres. act. ind. . . . . . . . ἀσθενέω
    ἀσθενῶ 1 p. sing. pres. act. subj. . . . . . . . . id.
    σκανδαλίζεται 3 p. sing. pres. pass. ind. . . . σκανδαλίζω
    πυροῦμαι 1 p. sing. pres. pass. ind. . . . . . . . πυρόω
30  καυχᾶσθαι pres. mid. infin. . . . . . . . . . καυχάομαι
    δεῖ 3 p. sing. pres. act. impers. verb . . . . . . δεῖ
    καυχήσομαι 1 p. sing. fut. mid. ind. . . . . . καυχάομαι
31  ὤν pres. act. ptc. nom. sing. masc. . . . . . . . εἰμί
    ψεύδομαι 1 p. sing. pres. mid. ind. . . . . . . ψεύδομαι
32  ἐφρούρει 3 p. sing. imperf. act. ind. . . . . . . φρουρέω
    πιάσαι 1 aor. act. infin. . . . . . . . . . . . . πιάζω
33  ἐχαλάσθην 1 p. sing. 1 aor. pass. ind. . . . . . . χαλάω
    ἐξέφυγον 1 p. s. or 3 p. pl. 2 aor. act. ind. . . ἐκφεύγω

                        12
1   καυχᾶσθαι pres. mid. infin. . . . . . . . . . καυχάομαι
    συμφέρον pres. act. ptc. acc. sing. neut. . . . . συμφέρω
    ἐλεύσομαι 1 p. sing. fut. mid. ind. . . . . . . . ἔρχομαι
```

2 οἶδα 1 p. sing. perf. act. ind. . . . . οἶδα
οἶδεν 3 p. sing. perf. act. ind. . . . . id.
ἁρπαγέντα 2 aor. pass. ptc. acc. sing. masc. . . . ἁρπάζω
4 ἡρπάγη 3 p. sing. 2 aor. pass. ind. . . . . id.
ἤκουσεν 3 p. sing. 1 aor. act. ind. . . . . ἀκούω
ἐξον pres. act. ptc. nom. sing. neut. . . . . ἔξεστιν
λαλῆσαι 1 aor. act. infin. . . . . λαλέω
5 καυχήσομαι 1 p. sing. fut. mid. ind. . . . . . καυχάομαι
6 θελήσω 1 p. sing. 1 aor. act. subj. . . . . θέλω
καυχήσασθαι 1 aor. mid. infin. . . . . καυχάομαι
ἔσομαι 1 p. sing. fut. mid. ind. . . . . εἰμί
ἐρῶ 1 p. sing. fut. act. ind. . . . . λέγω
φείδομαι 1 p. sing. pres. mid. ind. . . . . φείδομαι
λογίσηται 3 p. sing. 1 aor. mid. subj. . . . . λογίζομαι
βλέπει 3 p. sing. pres. act. ind. . . . . βλέπω
ἀκούει 3 p. sing. pres. act. ind. . . . . ἀκούω
7 ὑπεραίρωμαι 1 p. sing. pres. pass. subj. . . . . ὑπεραίρω
ἐδόθη 3 p. sing. 1 aor. pass. ind. . . . . δίδωμι
κολαφίζῃ 3 p. sing. pres. act. subj. . . . . . . .κολαφίζω
8 παρεκάλεσα 1 p. sing. 1 aor. act. ind. . . . . . παρακαλέω
ἀποστῇ 3 p. sing. 2 aor. act. subj. . . . . ἀφίστημι
9 εἴρηκέν 3 p. sing. perf. act. ind. . . . . εἶπον
ἀρκεῖ 3 p. sing. pres. act. ind. . . . . .ἀρκέω
τελεῖται 3 p. sing. pres. pass. ind. . . . . τελέω
καυχήσομαι 1 p. sing. fut. mid. ind. . . . . . . καυχάομαι
ἐπισκηνώσῃ 3 p. sing. 1 aor. act. subj. . . . . ἐπισκηνόω
10 εὐδοκῶ 1 p. sing. pres. act. ind. . . . . εὐδοκέω
ἀσθενῶ 1 p. sing. pres. act. subj. . . . . .ἀσθενέω
11 γέγονα 1 p. sing. 2 perf. act. ind. . . . . γίνομαι
ἠναγκάσατε 2 p. pl. 1 aor. act. ind. . . . . . .ἀναγκάζω
ὤφειλον 1 p. sing. imperf. act. ind. . . . . ὀφείλω
συνίστασθαι pres. pass. infin. . . . . συνίστημι
ὑστέρησα 1 p. sing. 1 aor. act. ind. . . . . . . .ὑστερέω
12 κατειργάσθη 3 p. sing. 1 aor. pass. ind. . . κατεργάζομαι
13 ἐστιν 3 p. sing. pres. act. ind. . . . . εἰμί
ἡσσώθητε 2 p. pl. 1 aor. pass. ind. . . . . . . .ἐσσόομαι
κατενάρκησα 1 p. sing. 1 aor. act. ind. . . . καταναρκάω
χαρίσασθε 2 p. pl. 1 aor. mid. imper. . . . . . χαρίζομαι
14 ἴδου 2 p. sing. 2 aor. mid. imper. . . . . εἴδον
ἐλθεῖν 2 aor. act. infin. . . . . ἔρχομαι
καταναρκήσω 1 p. sing. fut. act. ind. . . . . καταναρκάω
ζητῶ 1 p. sing. pres. act. ind. . . . . ζητέω
ὀφείλει 3 p. sing. pres. act. ind. . . . . ὀφείλω
θησαυρίζειν pres. act. infin. . . . . .θησαυρίζω
15 δαπανήσω 1 p. sing. fut. act. ind. . . . . δαπανάω
ἐκδαπανηθήσομαι 1 p. sing. fut. pass. ind. . . ἐκδαπανάω
ἀγαπῶ 1 p. sing. pres. act. ind. . . . . ἀγαπάω
ἀγαπῶμαι 1 p. sing. pres. pass. ind. . . . . id.
16 ἔστω 3 p. sing. pres. act. imper. . . . . .εἰμί
κατεβάρησα 1 p. sing. 1 aor. act. ind. . . . . καταβαρέω
ὑπάρχων pres. act. ptc. nom. sing. masc. . . . . . . ὑπάρχω
ἔλαβον 1 p. sing. 2 aor. act. ind. . . . . .λαμβάνω
17 ἀπέσταλκα 1 p. sing. perf. act. ind. . . . . . . ἀποστέλλω
ἐπλεονέκτησα 1 p. sing. 1 aor. act. ind. . . . πλεονεκτέω
18 παρεκάλεσα 1 p. sing. 1 aor. act. ind. . . . . . παρακαλέω

συναπέστειλα 1 p. sing. 1 aor. act. ind. . συναποστέλλω
ἐπλεονέκτησεν 3 p. sing. 1 aor. act. ind. . . πλεονεκτέω
περιεπατήσαμεν 1 p. pl. 1 aor. act. ind. . . . περιπατέω
19 δοκεῖτε 2 p. pl. pres. act. ind. or imper. . . . . . δοκέω
ἀπολογούμεθα 1 p. pl. pres. act. ind. . . . ἀπολογέομαι
λαλοῦμεν 1 p. pl. pres. act. ind. . . . . λαλέω
20 φοβοῦμαι 1 p. sing. pres. mid. ind. . . . . φοβέω
ἐλθών 2 aor. act. ptc. nom. sing. masc. . . . . . . ἔρχομαι
θέλω 1 p. sing. pres. act. ind. . . . . θέλω
εὕρω 1 p. sing. 2 aor. act. subj. . . . . εὑρίσκω
εὑρεθῶ 1 p. sing. 1 aor. pass. subj. . . . . id.
θέλετε 2 p. pl. pres. act. ind. . . . . θέλω
21 ἐλθόντος 2 aor. act. ptc. gen. sing. masc. . . . ἔρχομαι
ταπεινώσῃ 3 p. sing. 1 aor. act. subj. . . . . . ταπεινόω
πενθήσω 1 p. sing. 1 aor. act. subj. . . . . πενθέω
προημαρτηκότων perf. act. ptc. gen. pl. m. . προαμαρτάνω
μετανοησάντων 1 aor. act. ptc. gen. pl. masc. . μετανοέω
ἔπραξαν 3 p. pl. 1 aor. act. ind. . . . . πράσσω

13
1 ἔρχομαι 1 p. sing. pres. mid. ind. . . . . ἔρχομαι
σταθήσεται 3 p. sing. fut. pass. ind. . . . . ἵστημι
2 προείρηκα 1 p. sing. perf. act. ind. . . . . προλέγω
προλέγω 1 p. sing. pres. act. ind. . . . . id.
παρών pres. act. ptc. nom. sing. masc. . . . . . . πάρειμι
ἀπών pres. act. ptc. nom. sing. masc. . . . . ἄπειμι
προημαρτηκόσιν perf. act. ptc. dat. pl. m. . προαμαρτάνω
ἔλθω 1 p. sing. 2 aor. act. subj. . . . . ἔρχομαι
φείσομαι 1 p. sing. fut. mid. ind. . . . . φείδομαι
3 ζητεῖτε 2 p. pl. pres. act. ind. . . . . ζητέω
λαλοῦντος pres. act. ptc. gen. sing. masc. . . . . . λαλέω
ἀσθενεῖ 3 p. sing. pres. act. ind. . . . . ἀσθενέω
δυνατεῖ 3 p. sing. pres. act. ind. . . . . δυνατέω
4 ἐσταυρώθη 3 p. sing. 1 aor. pass. ind. . . . . . . σταυρόω
ζῇ 3 p. sing. pres. act. ind. . . . . ζάω
ἀσθενοῦμεν 1 p. pl. pres. act. ind. . . . . ἀσθενέω
ζήσομεν 1 p. pl. fut. act. ind. . . . . ζάω
5 πειράζετε 2 p. pl. pres. act. ind. or imper. . . πειράζω
ἐστε 2 p. pl. pres. act. ind. . . . . εἰμί
δοκιμάζετε 2 p. pl. pres. act. imper. . . . . . δοκιμάζω
ἐπιγινώσκετε 2 p. pl. pres. act. ind. . . . . ἐπιγινώσκω
6 ἐλπίζω 1 p. sing. pres. act. ind. . . . . ἐλπίζω
γνώσεσθε 2 p. pl. fut. mid. ind. . . . . γινώσκω
ἐσμέν 1 p. pl. pres. act. ind. . . . . εἰμί
7 εὐχόμεθα 1 p. pl. pres. mid. ind. . . . . εὔχομαι
ποιῆσαι 1 aor. act. infin. . . . . ποιέω
φανῶμεν 1 p. pl. 2 aor. pass. subj. . . . . φαίνω
ποιῆτε 2 p. pl. pres. act. subj. . . . . ποιέω
ὦμεν 1 p. pl. pres. act. subj. . . . . εἰμί
8 δυνάμεθα 1 p. pl. pres. pass. ind. . . . . δύναμαι
9 χαίρομεν 1 p. pl. pres. act. ind. . . . . χαίρω
ἀσθενῶμεν 1 p. pl. pres. act. subj. . . . . ἀσθενέω
εὐχόμεθα 1 p. pl. pres. mid. ind. . . . . εὔχομαι
ἦτε 2 p. pl. imperf. act. ind. . . . . εἰμί
10 ἀπών pres. act. ptc. nom. sing. masc. . . . . . . ἄπειμι

χρήσωμαι 1 p. sing. 1 aor. act. subj. . . . . . .χράομαι
ἔδωκεν 3 p. sing. 1 aor. act. ind. . . . . δίδωμι
11 χαίρετε 2 p. pl. pres. act. imper. . . . . .χαίρω
καταρτίζεσθε 2 p. pl. pres. pass. imper. . . . καταρτίζω
παρακαλεῖσθε 2 p. pl. pres. pass. imper. . . . παρακαλέω
φρονεῖτε 2 p. pl. pres. act. ind. or imper. . . . φρονέω
εἰρηνεύετε 2 p. pl. pres. act. imper. . . . . . εἰρηνεύω
ἔσται 3 p. pl. fut. mid. ind. . . . . .εἰμί
12 ἀσπάσασθε 2 p. pl. 1 aor. mid. imper. . . . . ἀσπάζομαι
ἀσπάζονται 3 p. pl. pres. mid. ind. . . . . id.

1

1 ἐγείραντος 1 aor. act. ptc. gen. sing. masc. . . . .ἐγείρω
4 δόντος 2 aor. act. ptc. gen. sing. masc. . . . . . . δίδωμι
ἐξέληται 3 p. sing. 2 aor. mid. subj. . . . . ἐξαιρέω
6 θαυμάζω 1 p. sing. pres. act. ind. . . . . .θαυμάζω
μετατίθεσθε 2 p. pl. pres. pass. ind. . . . . μετατίθημι
καλέσαντος 1 aor. act. ptc. gen. sing. masc. . . . καλέω
7 ἔστιν 3 p. sing. pres. act. ind. . . . . εἰμί
εἰσιν 3 p. pl. pres. act. ind. . . . . id.
ταράσσοντες pres. act. ptc. nom. pl. masc. . . . ταράσσω
θέλοντες pres. act. ptc. gen. sing. masc. . . . . . θέλω
μεταστρέψαι 1 aor. act. infin. . . . . μεταστρέφω
8 εὐαγγελίσηται 3 p. sing. 1 aor. mid. subj. . εὐαγγελίζω
εὐηγγελισάμεθα 1 p. pl. 1 aor. mid. ind. . . . . . . id.
ἔστω 3 p. sing. pres. act. imper. . . . . εἰμί
9 προειρήκαμεν 1 p. pl. perf. act. ind. . . . . . .προλέγω
εὐαγγελίζεται 3 p. sing. pres. mid. ind. . . . εὐαγγελίζω
παρελάβετε 2 p. pl. 2 aor. act. ind. . . . . παραλαμβάνω
10 πείθω 1 p. sing. pres. act. ind. . . . . .πείθω
ζητῶ 1 p. sing. pres. act. ind. . . . . ζητέω
ἀρέσκειν pres. act. infin. . . . . ἀρέσκω
ἤρεσκον 1 p. sing. imperf. act. ind. . . . . id.
ἤμην 1 p. sing. imperf. mid. ind. . . . . εἰμί
11 γνωρίζω 1 p. sing. pres. act. ind. . . . . γνωρίζω
εὐαγγελισθέν 1 aor. pass. ptc. n. or a. s. n. εὐαγγελίζω
12 παρέλαβον 1 p. s. or 3 p. pl. 2 aor ac. ind. παραλαμβάνω
ἐδιδάχθην 1 p. sing. 1 aor. pass. ind. . . . . . διδάσκω
13 ἠκούσατε 2 p. pl. 1 aor. act. ind. . . . . ἀκούω
ἐδίωκον 1 p. s. or 3 p. pl. imperf. act. ind. . . .διώκω
ἐπόρθουν 1 p. sing. imperf. act. ind. . . . . . . πορθέω
14 προέκοπτον 1 p. sing. imperf. act. ind. . . . . προκόπτω
ὑπάρχων pres. act. ptc. nom. sing. masc. . . . . . .ὑπάρχω
15 εὐδόκησεν 3 p. sing. 1 aor. act. ind. . . . . . .εὐδοκέω
ἀφορίσας 1 aor. act. ptc. nom. sing. masc. . . . ἀφορίζω
καλέσας 1 aor. act. ptc. nom. sing. masc. . . . . . καλέω
16 ἀποκαλύψαι 1 aor. act. infin. . . . . ἀποκαλύπτω
εὐαγγελίζωμαι 1 p. sing. pres. mid. subj. . . εὐαγγελίζω
προσανεθέμην 1 p. sing. 2 aor. mid. ind. .προσανατίθημι
17 ἀνῆλθον 1 p. sing. 2 aor. act. ind. . . . . . ἀνέρχομαι
ἀπῆλθον 1 p. s. or 3 p. pl. 2 aor. act. ind. . ἀπέρχομαι
ὑπέστρεψα 1 p. sing. 1 aor. act. ind. . . . . ὑποστρέφω
18 ἱστορῆσαι 1 aor. act. infin. . . . . ἱστορέω
ἐπέμεινα 1 p. sing. 1 aor. act. ind. . . . . . .ἐπιμένω
19 εἶδον 1 p. sing. 2 aor. act. ind. . . . . ὀράω
20 ἰδού 2 p. sing. 2 aor. mid. imper. . . . . εἶδον
ψεύδομαι 1 p. sing. pres. mid. ind. . . . . . . .ψεύδομαι
21 ἦλθον 1 p. sing. 2 aor. act. ind. . . . . ἔρχομαι
22 ἀγνοούμενος pres. pass. ptc. nom. sing. masc. . . ἀγνοέω
23 ἀκούοντες pres. act. ptc. nom. pl. masc. . . . . . ἀκούω
ἦσαν 3 p. pl. imperf. act. ind. . . . . εἰμί
διώκων pres. act. ptc. nom. sing. masc. . . . . . . διώκω
ἐπόρθει 3 p. sing. imperf. act. ind. . . . . . . πορθέω
24 ἐδόξαζον 3 p. pl. imperf. act. ind. . . . . δοξάζω

2

1 ἀνέβην 1 p. sing. 2 aor. act. ind. . . . . ἀναβαίνω
συμπαραλαβών 2 aor. act. ptc. nom. s. m. συμπαραλαμβάνω
2 ἀνεθέμην 1 p. sing. 2 aor. mid. ind. . . . . . ἀνατίθημι
κηρύσσω 1 p. sing. pres. act. ind. . . . . κηρύσσω
δοκοῦσιν pres. act. ptc. dat. pl. masc. . . . . . . .δοκέω
τρέχω 1 p. sing. pres. act. subj. . . . . τρέχω
ἔδραμον 1 p. sing. 2 aor. act. ind. . . . . id.
3 ὧν pres. act. ptc. nom. sing. masc. . . . . .εἰμί
ἠναγκάσθη 3 p. sing. 1 aor. pass. ind. . . . . .ἀναγκάζω
περιτμηθῆναι 1 aor. pass. infin. . . . . περιτέμνω
4 παρεισῆλθον 3 p. pl. 2 aor. act. ind. . . παρεισέρχομαι
κατασκοπῆσαι 1 aor. act. infin. . . . . . . .κατασκοπέω
ἔχομεν 1 p. pl. pres. act. ind. . . . . .ἔχω
καταδουλώσουσιν 3 p. pl. fut. act. ind. . . . καταδουλόω
5 εἴξαμεν 1 p. pl. 1 aor. act. ind. . . . . εἴκω
διαμείνῃ 3 p. sing. 1 aor. act. subj. . . . . . .διαμένω
6 δοκούντων pres. act. ptc. gen. pl. masc. . . . . . δοκέω
εἶναι pres. act. infin. . . . . εἰμί
ἦσαν 3 p. pl. imperf. act. ind. . . . . id.
διαφέρει 3 p. sing. pres. act. ind. . . . . . . .διαφέρω
λαμβάνει 3 p. sing. pres. act. ind. . . . . . . .λαμβάνω
δοκοῦντες pres. act. ptc. nom. pl. masc. . . . . . δοκέω
προσανέθεντο 3 p. pl. 2 aor. mid. ind. . . προσανατίθημι
7 ἰδόντες 2 aor. act. ptc. nom. pl. masc. . . . . . . δράω
πεπίστευμαι 1 p. sing. perf. pass. ind. . . . . .πιστεύω
8 ἐνεργήσας 1 aor. act. ptc. nom. sing. masc. . . .ἐνεργέω
ἐνήργησεν 3 p. sing. 1 aor. act. ind. . . . . id.
9 γνόντες 2 aor. act. ptc. nom. pl. masc. . . . . . .γινώσκω
ἔδωκαν 3 p. pl. 1 aor. act. ind. . . . . .δίδωμι
10 μνημονεύωμεν 1 p. pl. pres. act. subj. . . . . μνημονεύω
ἐσπούδασα 1 p. sing. 1 aor. act. ind. . . . . . σπουδάζω
ποιῆσαι 1 aor. act. infin. . . . . .ποιέω
11 ἦλθεν 3 p. sing. 2 aor. act. ind. . . . . ἔρχομαι
ἀντέστην 1 p. sing. 2 aor. act. ind. . . . . . .ἀνθίστημι
κατεγνωσμένος perf. pass. ptc. nom. s. masc. καταγινώσκω
12 ἐλθεῖν 2 aor. act. infin. . . . . ἔρχομαι
συνήσθιεν 3 p. sing. imperf. act. ind. . . . . .συνεσθίω
ἦλθον 3 p. pl. 2 aor. act. ind. . . . . ἔρχομαι
ὑπέστελλεν 3 p. sing. imperf. act. ind. . . . ὑποστέλλω
ἀφώριζεν 3 p. sing. imperf. act. ind. . . . . . .ἀφορίζω
φοβούμενος pres. mid. ptc. nom. sing. masc. . . . . .φοβέω
13 συνυπεκρίθησαν 3 p. pl. 1 aor. pass. ind.συνυποκρίνομαι
συναπήχθη 3 p. sing. 1 aor. pass. ind. . . . . . .συναπάγω
14 εἶδον 1 p. sing. 2 aor. act. ind. . . . . δράω
ὀρθοποδοῦσιν 3 p. pl. pres. act. ind. . . . . ὀρθοποδέω
εἶπον 1 p. sing. 2 aor. act. ind. . . . . λέγω
ὑπάρχων pres. act. ptc. nom. sing. masc. . . . . . .ὑπάρχω
ζῇς 2 p. sing. pres. act. ind. . . . . .ζάω
ἀναγκάζεις 2 p. sing. pres. act. ind. . . . . .ἀναγκάζω
ἰουδαΐζειν pres. act. infin. . . . . .ἰουδαΐζω
16 εἰδότες perf. act. ptc. nom. pl. masc. . . . . . . .οἶδα
δικαιοῦται 3 p. sing. pres. pass. ind. . . . . . .δικαιόω
ἐπιστεύσαμεν 1 p. pl. 1 aor. act. ind. . . . . . πιστεύω
δικαιωθῶμεν 1 p. pl. 1 aor. pass. subj. . . . . .δικαιόω

δικαιωθήσεται 3 p. sing. fut. pass. ind. . . . . . δικαιόω
17 ζητοῦντες pres. act. ptc. nom. pl. masc. . . . . . . ζητέω
δικαιωθῆναι 1 aor. pass. infin. . . . . .δικαιόω
εὑρέθημεν 1 p. pl. 1 aor. pass. ind. . . . . εὑρίσκω
γένοιτο 3 p. sing. 2 aor. mid. opt. . . . . γίνομαι
18 κατέλυσα 1 p. sing. 1 aor. act. ind. . . . . καταλύω
οἰκοδομῶ 1 p. sing. pres. act. ind. or subj. . οἰκοδομέω
συνιστάνω 1 p. sing. pres. act. ind. . . . . . . συνίστημι
19 ἀπέθανον 1 p. sing. 2 aor. act. ind. . . . . . ἀποθνήσκω
ζήσω 1 p. sing. 1 aor. act. subj. . . . . ζάω
συνεσταύρωμαι 1 p. sing. perf. pass. ind. . . . συσταυρόω
20 ζῶ 1 p. sing. pres. act. ind. . . . . ζάω
ζῇ 3 p. sing. pres. act. ind. . . . . id.
ἀγαπήσαντος 1 aor. act. ptc. gen. sing. masc. . . . ἀγαπάω
παραδόντος 2 aor. act. ptc. gen. sing. masc. παραδίδωμι
21 ἀθετῶ 1 p. sing. pres. act. ind. contr. . . . . . .ἀθετέω
ἀπέθανεν 3 p. sing. 2 aor. act. ind. . . . . . .ἀποθνήσκω

3

1 ἐβάσκανον 3 p. sing. 1 aor. act. ind. . . . . . . βασκαίνω
προεγράφη 3 p. sing. 2 aor. pass. ind. . . . . . προγράφω
ἐσταυρωμένος perf. pass. ptc. nom. sing. masc. . σταυρόω
2 μαθεῖν 2 aor. act. infin. . . . . μανθάνω
ἐλάβετε 2 p. pl. 2 aor. act. ind. . . . . λαμβάνω
3 ἐστε 2 p. pl. pres. act. ind. . . . . εἰμί
ἐναρξάμενοι 1 aor. mid. ptc. nom. pl. masc. . . ἐνάρχομαι
ἐπιτελεῖσθε 2 p. pl. pres. mid. ind. . . . . . . ἐπιτελέω
4 ἐπάθετε 2 p. pl. 2 aor. act. ind. . . . . πάσχω
5 ἐπιχορηγῶν pres. act. ptc. nom. sing. masc. . ἐπιχορηγέω
ἐνεργῶν pres. act. ptc. nom. sing. masc. . . . . . .ἐνεργέω
6 ἐπίστευσεν 3 p. sing. 1 aor. act. ind. . . . . . .πιστεύω
ἐλογίσθη 3 p. sing. 1 aor. pass. ind. . . . . .λογίζομαι
7 γινώσκετε 2 p. pl. pres. act. ind. or imper. . . γινώσκω
εἰσιν 3 p. pl. pres. act. ind. . . . . εἰμί
8 προϊδοῦσα 2 aor. act. ptc. nom. sing. fem. . . . προοράω
δικαιοῖ 3 p. sing. pres. act. ind. . . . . .δικαιόω
προευηγγελίσατο 3 p. s. 1 aor. m. ind. προευαγγελίζομαι
ἐνευλογηθήσονται 3 p. pl. fut. pass. ind. . . .ἐνευλογέω
9 εὐλογοῦνται 3 p. pl. pres. pass. ind. . . . . . .εὐλογέω
10 γέγραπται 3 p. sing. perf. pass. ind. . . . . γράφω
ἐμμένει 3 p. sing. pres. act. ind. . . . . ἐμμένω
γεγραμμένοις perf. pass. ptc. dat. pl. masc. . . . γράφω
ποιῆσαι 1 aor. act. infin. . . . . .ποιέω
11 δικαιοῦται 3 p. sing. pres. pass. ind. . . . . . .δικαιόω
ζήσεται 3 p. sing. fut. mid. ind. . . . . ζάω
12 ἔστιν 3 p. sing. pres. act. ind. . . . . εἰμί
ποιήσας 1 aor. act. ptc. nom. sing. masc. . . . . . ποιέω
13 ἐξηγόρασεν 3 p. sing. 1 aor. act. ind. . . . . ἐξαγοράζω
γενόμενος 2 aor. mid. ptc. nom. sing. masc. . . . γίνομαι
κρεμάμενος pres. mid. ptc. nom. sing. masc. . .κρεμάννυμι
14 γένηται 3 p. sing. 2 aor. mid. subj. . . . . . . .γίνομαι
λάβωμεν 1 p. pl. 2 aor. act. subj. . . . . λαμβάνω
15 κεκυρωμένην perf. pass. ptc. acc. sing. fem. . . . κυρόω
ἀθετεῖ 3 p. sing. pres. act. ind. . . . . .ἀθετέω
ἐπιδιατάσσεται 3 p. sing. pres. m. ind. .ἐπιδιατάσσομαι

16 ἐρρέθησαν 3 p. pl. 1 aor. pass. ind. . . . . εἶπον
    λέγει 3 p. sing. pres. act. ind. . . . . λέγω
    ἐστιν 3 p. sing. pres. act. ind. . . . . εἰμί
17 προκεκυρωμένην perf. pass. ptc. acc. sing. fem. προκυρόω
    γεγονώς 2 perf. act. ptc. nom. sing. masc. . . . .γίνομαι
    ἀκυροῖ 3 p. sing. pres. act. ind. . . . . .ἀκυρόω
    καταργῆσαι 1 aor. act. infin. . . . . καταργέω
18 κεχάρισται 3 p. sing. perf. mid. ind. . . . . .χαρίζομαι
19 προσετέθη 3 p. sing. 1 aor. pass. ind. . . . προστίθημι
    ἔλθῃ 3 p. sing. 2 aor. act. subj. . . . . Ἔρχομαι
    ἐπήγγελται 3 p. sing. perf. pass. ind. . . . . ἐπαγγέλλω
    διαταγείς 2 aor. pass. ptc. nom. sing. masc. . .διατάσσω
20 ἔστιν 3 p. sing. pres. act. ind. . . . . εἰμί
21 γένοιτο 3 p. sing. 2 aor. mid. opt. . . . . . . .γίνομαι
    ἐδόθη 3 p. sing. 1 aor. pass. ind. . . . . δίδωμι
    δυνάμενος pres. pass. ptc. nom. sing. masc. . . .δύναμαι
    ζωοποιῆσαι 1 aor. act. infin. . . . . ζωοποιέω
    ἦν 3 p. sing. imperf. act. ind. . . . . .εἰμί
22 συνέκλεισεν 3 p. sing. 1 aor. act. ind. . . . . συγκλείω
    δοθῇ 3 p. sing. 1 aor. pass. subj. . . . . δίδωμι
    πιστεύουσιν pres. act. ptc. dat. pl. masc. . . . πιστεύω
23 ἐλθεῖν 2 aor. act. infin. . . . . Ἔρχομαι
    ἐφρουρούμεθα 1 p. pl. imperf. pass. ind. . . . . φρουρέω
    συγκλειόμενοι pres. pass. ptc. nom. pl. masc. . . συγκλείω
    μέλλουσαν pres. act. ptc. acc. sing. fem. . . . . .μέλλω
    ἀποκαλυφθῆναι 1 aor. pass. infin. . . . . . . .ἀποκαλύπτω
24 γέγονεν 3 p. sing. 2 perf. act. ind. . . . . . . .γίνομαι
    δικαιωθῶμεν 1 p. pl. 1 aor. pass. subj. . . . . .δικαιόω
25 ἐλθούσης 2 aor. act. ptc. gen. sing. fem. . . . .Ἔρχομαι
    ἐσμεν 1 p. pl. pres. act. ind. . . . . εἰμί
27 ἐστε 2 p. pl. pres. act. ind. . . . . id.
    ἐβαπτίσθητε 2 p. pl. 1 aor. pass. ind. . . . . . βαπτίζω
    ἐνεδύσασθε 2 p. pl. 1 aor. mid. ind. . . . . ἐνδύω
28 ἔνι 3 p. sing. pres. act. ind. . . . for ἔνεστι. ἔνειμι

4

1 ἐστιν 3 p. sing. pres. act. ind. . . . . εἰμί
    διαφέρει 3 p. sing. pres. act. ind. . . . . διαφέρω
    ὤν pres. act. ptc. nom. sing. masc. . . . . .εἰμί
3 ἦμεν 1 p. pl. imperf. act. ind. . . . . id.
    ἤμεθα 1 p. pl. imperf. mid. ind. . . . . .id.
    δεδουλωμένοι perf. pass. ptc. nom. pl. masc. . . .δουλόω
4 ἦλθεν 3 p. sing. 2 aor. act. ind. . . . . Ἔρχομαι
    ἐξαπέστειλεν 3 p. sing. 1 aor. act. ind. . . ἐξαποστέλλω
    γενόμενον 2 aor. pass. ptc. acc. sing. masc. . . γίνομαι
5 ἐξαγοράσῃ 3 p. sing. 1 aor. act. subj. . . . . .ἐξαγοράζω
    ἀπολάβωμεν 1 p. pl. 2 aor. act. subj. . . . . .ἀπολαμβάνω
6 ἐστε 2 p. pl. pres. act. ind. . . . . εἰμί
    ἐξαπέστειλεν 3 p. sing. 1 aor. act. ind. . . ἐξαποστέλλω
    κρᾶζον pres. act. ptc. nom. or acc. sing. neut. . . κράζω
7 εἶ 2 p. sing. pres. act. ind. . . . . .εἰμί
8 εἰδότες perf. act. ptc. nom. pl. masc. . . . . οἶδα
    ἐδουλεύσατε 2 p. pl. 1 aor. act. ind. . . . . . .δουλεύω
    οὖσιν pres. act. ptc. dat. pl. masc. or neut. . . . .εἰμί
9 γνόντες 2 aor. act. ptc. nom. pl. masc. . . . . . γινώσκω

γνωσθέντες 1 aor. pass. ptc. nom. pl. masc. . . . .γινώσκω
ἐπιστρέφετε 2 p. pl. pres. act. ind. . . . . . . ἐπιστρέφω
δουλεῦσαι 1 aor. act. infin. . . . . δουλεύω
θέλετε 2 p. pl. pres. act. ind. . . . . .θέλω
10 παρατηρεῖσθε 2 p. pl. pres. mid. ind. . . . . παρατηρέω
11 φοβοῦμαι 1 p. sing. pres. mid. ind. . . . . .φοβέω
κεκοπίακα 1 p. sing. perf. act. ind. . . . . . . .κοπιάω
12 γίνεσθε 2 p. pl. pres. mid. imper. . . . . γίνομαι
δέομαι 1 p. sing. pres. pass. ind. . . . . .δέω
ἠδικήσατε 2 p. pl. 1 aor. act. ind. . . . . .ἀδικέω
13 οἴδατε 2 p. pl. perf. act. ind. . . . . .οἶδα
εὐηγγελισάμην 1 p. sing. 1 aor. mid. ind. . . εὐαγγελίζω
14 ἐξουθενήσατε 2 p. pl. 1 aor. act. ind. . . . . ἐξουθενέω
ἐξεπτύσατε 2 p. pl. 1 aor. act. ind. . . . . .ἐκπτύω
ἐδέξασθε 2 p. pl. 1 aor. mid. ind. . . . . .δέχομαι
15 μαρτυρῶ 1 p. sing. pres. act. ind. or subj. . . .μαρτυρέω
ἐξορύξαντες 1 aor. act. ptc. nom. pl. masc. . . .ἐξορύσσω
ἐδώκατε 2 p. pl. 1 aor. act. ind. . . . . .δίδωμι
16 γέγονα 1 p. sing. 2 perf. act. ind. . . . . .γίνομαι
ἀληθεύων pres. act. ptc. nom. sing. masc. . . . . ἀληθεύω
17 ζηλοῦσιν 3 p. pl. pres. act. ind. . . . . .ζηλόω
ἐκκλεῖσαι 1 aor. act. infin. . . . . .ἐκκλείω
θέλουσιν 3 p. pl. pres. act. ind. . . . . .θέλω
ζηλοῦτε 2 p. pl. pres. act. ind. or imper.or subj. .ζηλόω
18 ζηλοῦσθαι pres. pass. infin. . . . . id.
παρεῖναι pres. act. infin. . . . . .πάρειμι
19 ὠδίνω 1 p. sing. pres. act. ind. . . . . .ὠδίνω
μορφωθῇ 3 p. sing. 1 aor. pass. subj. . . . . . . .μορφόω
20 ἤθελον 1 p. sing. imperf. act. ind. . . . . .θέλω
ἀλλάξαι 1 aor. act. infin. . . . . .ἀλλάσσω
ἀποροῦμαι 1 p. sing. pres. mid. ind. . . . . .ἀπορέω
21 λέγετε 2 p. pl. pres. act. ind. . . . . .λέγω
θέλοντες pres. act. ptc. nom. sing. masc. . . . . . .θέλω
ἀκούετε 2 p. pl. pres. act. ind. . . . . .ἀκούω
22 γέγραπται 3 p. sing. perf. pass. ind. . . . . γράφω
ἔσχεν 3 p. sing. 2 aor. act. ind. . . . . ἔχω
23 γεγέννηται 3 p. sing. perf. pass. ind. . . . . . .γεννάω
24 ἐστιν 3 p. sing. pres. act. ind. . . . . εἰμί
ἀλληγορούμενα pres. pass. ptc. nom. pl. neut. ἀλληγορέω
εἰσιν 3 p. pl. pres. act. ind. . . . . εἰμί
γεννῶσα pres. act. ptc. nom. sing. masc. . . . . . γεννάω
25 συστοιχεῖ 3 p. sing. pres. act. ind. . . . . . συστοιχέω
δουλεύει 3 p. sing. pres. act. ind. . . . . .δουλεύω
27 εὐφράνθητι 2 p. sing. 1 aor. pass. imper. . . . εὐφραίνω
τίκτουσα pres. act. ptc. nom. sing. masc. . . . . . τίκτω
ῥῆξον 2 p. sing. 1 aor. act. imper. . . . . .ῥήγνυμι
βόησον 2 p. sing. 1 aor. act. imper. . . . . βοάω
ὠδίνουσα pres. act. ptc. nom. sing. fem. . . . . . ὠδίνω
ἐχούσης pres. act. ptc. gen. sing. fem. . . . . ἔχω
28 ἐστέ 2 p. pl. pres. act. ind. . . . . εἰμί
29 γεννηθείς 1 aor. pass. ptc. nom. sing. masc. . . .γεννάω
ἐδίωκεν 3 p. sing. imperf. act. ind. . . . . .διώκω
30 λέγει 3 p. sing. pres. act. ind. . . . . .λέγω
ἔκβαλε 2 p. sing. 2 aor. act. imper. . . . . . . .ἐκβάλλω
κληρονομήσει 3 p. sing. fut. act. ind. . . . .κληρονομέω

31 ἐσμέν 1 p. pl. pres. act. ind. . . . . εἰμί

5

1 ἠλευθέρωσεν 3 p. sing. 1 aor. act. ind. . . . .ἐλευθερόω
στήκετε 2 p. pl. pres. act. ind. or imper. . . . . στήκω
ἐνέχεσθε 2 p. pl. pres. pass. imper. . . . . ἐνέχω
2 ἴδε 2 p. sing. 2 aor. act. imper. . . . . .ὁράω
περιτέμνησθε 2 p. pl. pres. pass. subj. . . . περιτέμνω
ὠφελήσει 3 p. sing. fut. act. ind. . . . . .ὠφελέω
3 μαρτύρομαι 1 p. sing. pres. mid. ind. . . . . μαρτύρομαι
περιτεμνομένῳ pres. pass. ptc. dat. sing. m. . περιτέμνω
ἐστιν 3 p. sing. pres. act. ind. . . . . εἰμί
ποιῆσαι 1 aor. act. infin. . . . . ποιέω
4 κατηργήθητε 2 p. pl. 1 aor. pass. ind. . . . . . καταργέω
δικαιοῦσθε 2 p. pl. pres. pass. ind. . . . . δικαιόω
ἐξεπέσατε 2 p. pl. 1 aor. act. ind. . . . . ἐκπίτω
5 ἀπεκδεχόμεθα 1 p. pl. pres. mid. ind. . . . . ἀπεκδέχομαι
6 ἰσχύει 3 p. sing. pres. act. ind. . . . . ἰσχύω
ἐνεργουμένη pres. mid. ptc. nom. sing. masc. . . . ἐνεργέω
7 ἐτρέχετε 2 p. pl. imperf. act. ind. . . . . .τρέχω
ἐνέκοφεν 3 p. sing. 1 aor. act. ind. . . . . ἐγκόπτω
πείθεσθαι pres. mid. infin. . . . . .πείθω
8 καλοῦντος pres. act. ptc. gen. sing. masc. . . . . . καλέω
9 ζυμοῖ 3 p. sing. pres. act. ind. . . . . .ζυμόω
10 πέποιθα 1 p. sing. 2 perf. act. ind. . . . . .πείθω
φρονήσετε 2 p. pl. fut. act. ind. . . . . φρονέω
ταράσσων pres. act. ptc. nom. sing. masc. . . . .ταράσσω
βαστάσει 3 p. sing. pres. act. ind. . . . . .βαστάζω
ᾖ 3 p. sing. pres. act. subj. . . . . εἰμί
11 κηρύσσω 1 p. sing. pres. act. ind. . . . . κηρύσσω
διώκομαι 1 p. sing. pres. pass. ind. . . . . διώκω
κατήργηται 3 p. sing. perf. pass. ind. . . . . .καταργέω
12 ὄφελον 1 p. sing. 2 aor. act. ind. or particle . . ὀφείλω
ἀποκόφονται 3 p. pl. fut. mid. ind. . . . . . .ἀποκόπτω
ἀναστατοῦντες pres. act. ptc. nom. pl. masc. . ἀναστατόω
13 ἐκλήθητε 2 p. pl. 1 aor. pass. ind. . . . . .καλέω
δουλεύετε 2 p. pl. pres. act. imper. or ind. . . δουλεύω
14 πεπλήρωται 3 p. sing. perf. pass. ind. . . . . . .πληρόω
ἀγαπήσεις 2 p. sing. fut. act. ind. . . . . ἀγαπάω
15 δάκνετε 2 p. pl. pres. act. ind. . . . . δάκνω
κατεσθίετε 2 p. pl. pres. act. ind. . . . . .κατεσθίω
βλέπετε 2 p. pl. pres. act. ind. . . . . .βλέπω
ἀναλωθῆτε 2 p. pl. 1 aor. pass. subj. ἀναλόω or ἀναλίσκω
16 περιπατεῖτε 2 p. pl. pres. act. ind. or imper. περιπατέω
τελέσητε 2 p. pl. 1 aor. act. subj. . . . . τελέω
17 ἐπιθυμεῖ 3 p. sing. pres. act. ind. . . . . .ἐπιθυμέω
ἀντίκειται 3 p. sing. pres. mid. ind. . . . . .ἀντίκειμαι
θέλητε 2 p. pl. pres. act. subj. . . . . θέλω
ποιῆτε 2 p. pl. pres. act. subj. . . . . .ποιέω
18 ἄγεσθε 2 p. pl. pres. pass. ind. . . . . ἄγω
ἐστέ 2 p. pl. pres. act. ind. . . . . εἰμί
21 προλέγω 1 p. sing. pres. act. ind. . . . . .προλέγω
προεῖπον 1 p. sing. 2 aor. act. ind. . . . . id.
πράσσοντες pres. act. ptc. nom. pl. masc. . . . . . πράσσω
κληρονομήσουσιν 3 p. pl. fut. act. ind. . . . .κληρονομέω

24 ἐσταύρωσαν 3 p. pl. 1 aor. act. ind. . . . . . . σταυρόω
25 ζῶμεν 1 p. pl. pres. act. ind. or subj. . . . . ζάω
     στοιχῶμεν 1 p. pl. pres. act. subj. . . . . .στοιχέω
26 γινώμεθα 1 p. pl. pres. mid. subj. . . . . γίνομαι
     προκαλούμενοι pres. mid. ptc. nom. pl. m. . προκαλέομαι
     φθονοῦντες pres. act. ptc. nom. pl. masc. . . . . . φθονέω

6

1 προλημφθῇ 3 p. sing. 1 aor. pass. subj. . . . προλαμβάνω
    καταρτίζετε 2 p. pl. pres. act. imper. . . . . . καταρτίζω
    πειρασθῇς 2 p. sing. 1 aor. pass. subj. . . . . .πειράζω
2 βαστάζετε 2 p. pl. pres. act. ind. . . . . βαστάζω
    ἀναπληρώσετε 2 p. pl. fut. act. ind. . . . . . . ἀναπληρόω
3 δοκεῖ 3 p. sing. pres. act. ind. . . . . .δοκέω
    εἶναι pres. act. infin. . . . . εἰμί
    ὤν pres. act. ptc. nom. sing. masc. . . . . id.
    φρεναπατᾷ 3 p. sing. pres. act. ind. . . . . . φρεναπατάω
4 δοκιμαζέτω 3 p. sing. pres. act. imper. . . . . δοκιμάζω
    ἕξει 3 p. sing. fut. act. ind. . . . . .ἔχω
5 βαστάσει 3 p. sing. fut. act. ind. . . . . βαστάζω
6 κοινωνείτω 3 p. sing. pres. act. imper. . . . . . κοινωνέω
    κατηχούμενος pres. pass. ptc. nom. sing. masc. . κατηχέω
    κατηχοῦντι pres. act. ptc. dat. sing. masc. . . . . . id.
7 μυκτηρίζεται 3 p. sing. pres. pass. ind. . . . μυκτηρίζω
    σπείρῃ 3 p. sing. pres. act. subj. . . . . σπείρω
    θερίσει 3 p. sing. fut. act. ind. . . . . θερίζω
    πλανᾶσθε 2 p. pl. pres. mid. ind. or imper. . . . πλανάω
8 σπείρων pres. act. ptc. nom. sing. masc. . . . . . .σπείρω
9 ποιοῦντες pres. act. ptc. nom. pl. masc. . . . . . . ποιέω
    ἐγκακῶμεν 1 p. pl. pres. act. subj. . . . . . . .ἐγκακέω
    θερίσομεν 1 p. pl. fut. act. ind. . . . . θερίζω
    ἐκλυόμενοι pres. mid. ptc. nom. pl. masc. . . . ἐκλύομαι
10 ἔχομεν 1 p. pl. pres. act. ind. . . . . ἔχω
    ἐργαζώμεθα 1 p. pl. pres. mid. subj. . . . . . . ἐργάζομαι
11 ἴδετε 2 p. pl. 2 aor. act. imper. . . . . .ὁράω
    ἔγραψα 1 p. sing. 1 aor. act. ind. . . . . .γράφω
12 θέλουσιν 3 p. pl. pres. act. ind. . . . . .θέλω
    εὐπροσωπῆσαι 1 aor. act. infin. . . . . εὐπροσωπέω
    ἀναγκαζουσιν 3 p. pl. pres. act. ind. . . . . . ἀναγκάζω
    περιτέμνεσθαι pres. pass. infin. . . . . περιτέμνω
    διώκωνται 3 p. pl. pres. pass. subj. . . . . . . διώκω
13 περιτεμνόμενοι pres. pass. ptc. nom. pl. masc. περιτέμνω
    φυλάσσουσιν 3 p. pl. pres. act. ind. . . . . . . φυλάσσω
    καυχήσωνται 3 p. pl. 1 aor. mid. subj. . . . . καυχάομαι
14 γένοιτο 3 p. sing. 2 aor. mid. opt. . . . . γίνομαι
    καυχᾶσθαι pres. mid. infin. . . . . καυχάομαι
    ἐσταύρωται 3 p. sing. perf. pass. ind. . . . . . . σταυρόω
15 ἐστιν 3 p. sing. pres. act. ind. . . . . εἰμί
16 στοιχήσουσιν 3 p. pl. fut. act. ind. . . . . . . στοιχέω
17 παρεχέτω 3 p. sing. pres. act. imper. . . . . . . παρέχω
    βαστάζω 1 p. sing. pres. act. ind. . . . . βαστάζω

Προς Εφεσιους

1

1 οὖσιν pres. act. ptc. dat. pl. masc. . . . . εἰμί
3 εὐλογήσας 1 aor. act. ptc. nom. sing. masc. . . .εὐλογέω
4 ἐξελέξατο 3 p. sing. 1 aor. mid. ind. . . . . . . ἐκλέγω
  εἶναι pres. act. infin. . . . . εἰμί
5 προορίσας 1 aor. act. ptc. nom. sing. masc. . . προορίζω
6 ἐχαρίτωσεν 3 p. sing. 1 aor. act. ind. . . . . . χαριτόω
  ἠγαπημένῳ perf. pass. ptc. dat. sing. masc. . . . ἀγαπάω
7 ἔχομεν 1 p. pl. pres. act. ind. . . . . ἔχω
8 ἐπερίσσευσεν 3 p. sing. 1 aor. act. ind. . . . περισσεύω
9 γνωρίσας 1 aor. act. ptc. nom. sing. masc. . . . .γνωρίζω
  προέθετο 3 p. sing. 2 aor. mid. ind. . . . . . .προτίθημι
10 ἀνακεφαλαιώσασθαι 1 aor. pass. infin. . . ἀνακεφαλαιόω
11 ἐκληρώθημεν 1 p. pl. 1 aor. pass. ind. . . . . . . κληρόω
   προορισθέντες 1 aor. pass. ptc. nom. pl. masc. προορίζω
   ἐνεργοῦντος pres. act. ptc. gen. sing. m. or ne. ἐνεργέω
12 προηλπικότας perf. act. ptc. acc. pl. masc. . . προελπίζω
13 ἀκούσαντες 1 aor. act. ptc. nom. pl. masc. . . . . ἀκούω
   πιστεύσαντες 1 aor. act. ptc. nom. pl. masc. . . πιστεύω
   ἐσφραγίσθητε 2 p. pl. 1 aor. pass. ind. . . . . σφραγίζω
14 ἔστιν 3 p. sing. pres. act. ind. . . . . εἰμί
15 ἀκούσας 1 aor. act. ptc. nom. sing. masc. . . . . . ἀκούω
16 παύομαι 1 p. sing. pres. mid. ind. . . . . παύω
   εὐχαριστῶν pres. act. ptc. nom. sing. masc. . εὐχαριστέω
   ποιούμενος pres. mid. ptc. nom. sing. masc. . . . .ποιέω
17 δώῃ 3 p. sing. 2 aor. act. opt. . . . . .δίδωμι
18 πεφωτισμένους perf. pass. ptc. acc. pl. masc. . . φωτίζω
   εἰδέναι perf. act. infin. . . . . .οἶδα
19 ὑπερβάλλον pres. act. ptc. nom. sing. neut. . ὑπερβάλλω
   πιστεύοντας pres. act. ptc. acc. pl. masc. . . . .πιστεύω
20 ἐνήργηκεν 3 p. sing. perf. act. ind. . . . . . . ἐνεργέω
   ἐγείρας 1 aor. act. ptc. nom. sing. masc. . . . . .ἐγείρω
   καθίσας 1 aor. act. ptc. nom. sing. masc. . . . . .καθίζω
21 ὀνομαζομένου pres. pass. ptc. gen. sing. neut. . ὀνομάζω
   μέλλοντι pres. act. ptc. dat. sing. masc. . . . . . μέλλω
22 ὑπέταξεν 3 p. sing. 1 aor. act. ind. . . . . . . ὑποτάσσω
   ἔδωκεν 3 p. sing. 1 aor. act. ind. . . . . δίδωμι
23 πληρουμένου pres. pass. ptc. gen. sing. masc. . . πληρόω

2

1 ὄντας pres. act. ptc. acc. pl. masc. . . . . εἰμί
2 περιεπατήσατε 2 p. pl. 1 aor. act. ind. . . . περιπατέω
  ἐνεργοῦντος pres. act. ptc. gen. s. masc. or ne. ἐνεργέω
3 ἀνεστράφημεν 1 p. pl. 2 aor. pass. ind. . . . ἀναστηρέφω
  ποιοῦντες pres. act. ptc. nom. pl. masc. . . . . . ποιέω
  ἤμεθα 1 p. pl. imperf. mid. ind. . . . . εἰμί
4 ὤν pres. act. ptc. nom. sing. masc. . . . . id.
  ἠγάπησεν 3 p. sing. 1 aor. act. ind. . . . . ἀγαπάω
5 συνεζωοποίησεν 3 p. sing. 1 aor. act. ind. . . συζωποιέω
  ἐστε 2 p. pl. pres. act. ind. . . . . εἰμί
  σεσωσμένοι perf. pass. ptc. nom. pl. masc. . . . . . σώζω
6 συνήγειρεν 3 p. sing. 1 aor. act. ind. . . . . συνεγείρω
  συνεκάθισεν 3 p. sing. 1 aor. act. ind. . . . συγκαθίζω

7 ἐνδείξηται 3 p. sing. 1 aor. mid. subj. . . . ἐνδείκνυμι
ἐπερχομένοις pres. mid. ptc. dat. pl. masc. . ἐπέρχομαι
ὑπερβάλλον pres. act. ptc. nom. sing. neut. . ὑπερβάλλω
8 ἐστε 2 p. pl. pres. act. ind. . . . . εἰμί
σεσωσμένοι perf. pass. ptc. nom. pl. masc. . . . . . σώζω
9 καυχήσηται 3 p. sing. 1 aor. mid. subj. . . . καυχάομαι
10 ἐσμεν 1 p. pl. pres. act. ind. . . . . εἰμί
κτισθέντες 1 aor. pass. ptc. nom. pl. masc. . . . . κτίζω
προητοίμασεν 3 p. sing. 1 aor. act. ind. . . προετοιμάζω
περιπατήσωμεν 1 p. pl. 1 aor. act. subj. . . . περιπατέω
11 μνημονεύετε 2 p. pl. pres. act. ind. or imper. μνημονεύω
λεγόμενοι pres. pass. ptc. nom. pl. masc. . . . . . . λέγω
λεγομένης pres. pass. ptc. gen. sing. fem. . . . . . . id.
12 ἦτε 2 p. pl. imperf. act. ind. . . . . εἰμί
ἀπηλλοτριωμένοι perf. pass. ptc. nom. pl. m. ἀπαλλοτριόω
ἔχοντες pres. act. ptc. nom. pl. masc. . . . . ἔχω
13 ὄντες pres. act. ptc. nom. pl. masc. . . . . εἰμί
ἐγενήθητε 2 p. pl. 1 aor. pass. ind. . . . . γίνομαι
14 ἐστιν 3 p. sing. pres. act. ind. . . . . εἰμί
ποιήσας 1 aor. act. ptc. nom. sing. masc. . . . . . ποιέω
λύσας 1 aor. act. ptc. nom. sing. masc. . . . . λύω
15 καταργήσας 1 aor. act. ptc. nom. sing. masc. . καταργέω
ποιῶν pres. act. ptc. nom. sing. masc. . . . . ποιέω
16 ἀποκαταλλάξῃ 3 p. sing. 1 aor. act. subj. ἀποκαταλλάσσω
ἀποκτείνας 1 aor. act. ptc. nom. sing. masc. . ἀποκτείνω
17 ἐλθών 2 aor. act. ptc. nom. sing. masc. . . . . ἔρχομαι
εὐηγγελίσατο 3 p. sing. 1 aor. mid. ind. . . εὐαγγελίζω
18 ἔχομεν 1 p. pl. pres. act. ind. . . . . ἔχω
20 ἐποικοδομηθέντες 1 aor. pass. ptc. n. pl. m.ἐποικοδομέω
ὄντος pres. act. ptc. gen. pl. masc. or neut. . . . . εἰμί
21 συναρμολογουμένη pres. pass. ptc. n. s. f.συναρμολογέω
αὔξει 3 p. sing. pres. act. ind. . . . . αὔξω
22 συνοικοδομεῖσθε 2 p. pl. pres. pass. ind. . συνοικοδομέω

3

2 ἠκούσατε 2 p. pl. 1 aor. act. ind. . . . . ἀκούω
δοθείσης 1 aor. pass. ptc. gen. sing. fem. . . . .δίδωμι
3 ἐγνωρίσθη 3 p. sing. 1 aor. pass. ind. . . . . . γνωρίζω
προέγραφα 1 p. sing. 1 aor. act. ind. . . . . . προγράφω
4 δύνασθε 2 p. pl. pres. pass. ind. . . . . δύναμαι
ἀναγινώσκοντες pres. act. ptc. nom. pl. masc. ἀναγινώσκω
νοῆσαι 1 aor. act. infin. . . . . νοέω
5 ἀπεκαλύφθη 3 p. sing. 1 aor. pass. ind. . . . ἀποκαλύπτω
6 εἶναι pres. act. infin. . . . . εἰμί
7 ἐγενήθην 1 p. sing. 1 aor. pass. ind. . . . . . .γίνομαι
δοθείσης 1 aor. pass. ptc. gen. sing. fem. . . . .δίδωμι
8 ἐδόθη 3 p. sing. 1 aor. pass. ind. . . . . id.
εὐαγγελίσασθαι 1 aor. mid. infin. . . . . . . εὐαγγελίζω
9 ἀποκεκρυμμένου pf. pass. ptc. gen. sing. neut. ἀποκρύπτω
κτίσαντι 1 aor. act. ptc. gen. sing. masc. . . . . . κτίζω
10 γνωρισθῇ 3 p. sing. 1 aor. pass. subj. . . . . . γνωρίζω
11 ἐποίησεν 3 p. sing. 1 aor. act. ind. . . . . ποιέω
12 ἔχομεν 1 p. pl. pres. act. ind. . . . . ἔχω
13 αἰτοῦμαι 1 p. sing. pres. mid. ind. . . . . αἰτέω
ἐγκακεῖν pres. act. infin. . . . . ἐγκακέω

ἐστιν 3 p. sing. pres. act. ind. . . . . εἰμί
14 κάμπτω 1 p. sing. pres. act. ind. . . . . .κάμπτω
15 ὀνομάζεται 3 p. sing. pres. pass. ind. . . . . . ὀνομάζω
16 δῷ 3 p. sing. 2 aor. act. subj. . . . . .δίδωμι
κραταιωθῆναι 1 aor. pass. infin. . . . . κραταιόω
17 κατοικῆσαι 1 aor. act. infin. . . . . κατοικέω
ἐρριζωμένοι perf. pass. ptc. nom. pl. masc. . . . . .ῥιζόω
τεθεμελιωμένοι perf. pass. ptc. nom. pl. masc. .θεμελιόω
18 ἐξισχύσητε 2 p. pl. 1 aor. act. subj. . . . . . . .ἐξισχύω
καταλαβέσθαι 2 aor. mid. infin. . . . . καταλαμβάνω
19 γνῶναι 2 aor. act. infin. . . . . γινώσκω
ὑπερβάλλουσαν pres. act. ptc. acc. sing. fem. ὑπερβάλλω
πληρωθῆτε 2 p. pl. 1 aor. pass. subj. . . . . πληρόω
20 δυναμένῳ pres. pass. ptc. dat. sing. masc. . . . δύναμαι
ποιῆσαι 1 aor. act. infin. . . . . .ποιέω
αἰτούμεθα 1 p. pl. pres. mid. ind. . . . . αἰτέω
νοοῦμεν 1 p. pl. pres. act. ind. . . . . νοέω
ἐνεργουμένην pres. mid. ptc. acc. sing. fem. . . . ἐνεργέω

4

1 παρακαλῶ 1 p. sing. pres. act. ind. . . . . . . παρακαλέω
περιπατῆσαι 1 aor. act. infin. . . . . περιπατέω
ἐκλήθητε 2 p. pl. 1 aor. pass. ind. . . . . .καλέω
2 ἀνεχόμενοι pres. mid. ptc. nom. pl. masc. . . . ἀνέχομαι
3 σπουδάζοντες pres. act. ptc. nom. pl. masc. . . σπουδάζω
τηρεῖν pres. act. infin. . . . . .τηρέω
7 ἐδόθη 3 p. sing. 1 aor. pass. ind. . . . . δίδωμι
8 λέγει 3 p. sing. pres. act. ind. . . . . λέγω
ἀναβάς 2 aor. act. ptc. nom. sing. masc. . . . . . ἀναβαίνω
ἔδωκεν 3 p. sing. 1 aor. act. ind. . . . . δίδωμι
ἠχμαλώτευσεν 3 p. sing. 1 aor. act. ind. . .αἰχμαλωτεύω
9 ἀνέβη 3 p. sing. 2 aor. act. ind. . . . . ἀναβαίνω
ἐστιν 3 p. sing. pres. act. ind. . . . . εἰμί
κατέβη 3 p. sing. 2 aor. act. ind. . . . . καταβαίνω
10 καταβάς 2 aor. act. ptc. nom. sing. masc. . . . . id.
ἀναβάς 2 aor. act. ptc. nom. sing. masc. . . . . ἀναβαίνω
πληρώσῃ 3 p. sing. 1 aor. act. subj. . . . . πληρόω
13 καταντήσωμεν 1 p. pl. 1 aor. act. subj. . . . . καταντάω
14 ὦμεν 1 p. pl. pres. act. subj. . . . . εἰμί
κλυδωνιζόμενοι pres. mid. ptc. nom. pl. m. κλυδωνίζομαι
περιφερόμενοι pres. pass. ptc. nom. pl. masc. . περιφέρω
15 ἀληθεύοντες pres. act. ptc. nom. pl. masc. . . . ἀληθεύω
αὐξήσωμεν 1 p. pl. 1 aor. act. subj. . . . . . . αὐξάνω
16 συναρμολογούμενον pres. pas. pt. n. s. n. συναρμολογέω
συμβιβαζόμενον pres. pass. ptc. nom. s. neut. συμβιβάζω
ποιεῖται 3 p. sing. pres. mid. ind. . . . . .ποιέω
17 μαρτύρομαι 1 p. sing. pres. mid. ind. . . . . .μαρτύρομαι
περιπατεῖν pres. act. infin. . . . . περιπατέω
18 ἐσκοτωμένοι perf. pass. ptc. nom. pl. masc. . . . σκοτόω
ὄντες pres. act. ptc. nom. pl. masc. . . . . εἰμί
ἀπηλλοτριωμένοι perf. pass. ptc. n. pl. m. ἀπαλλοτριόω
οὖσαν pres. act. ptc. acc. sing. fem. . . . . εἰμί
19 ἀπηλγηκότες perf. act. ptc. nom. pl. masc. . . . ἀπαλγέω
παρέδωκαν 3 p. pl. 1 aor. act. ind. . . . . . . παραδίδωμι
20 ἐμάθετε 2 p. pl. 2 aor. act. ind. . . . . μανθάνω

21 ἠκούσατε 2 p. pl. 1 aor. act. ind. . . . . ἀκούω
   ἐδιδάχθητε 2 p. pl. 1 aor. pass. ind. . . . . . .διδάσκω
   ἐστιν 3 p. sing. pres. act. ind. . . . . εἰμί
22 φθειρόμενον pres. pass. ptc. acc. sing. masc. . . φθείρω
   ἀποθέσθαι 2 aor. mid. infin. . . . . ἀποτίθημι
23 ἀνανεοῦσθαι pres. pass. infin. . . . . ἀνανεόω
24 ἐνδύσασθαι 1 aor. mid. infin. . . . . ἐνδύω
   κτισθέντα 1 aor. pass. ptc. acc. sing. masc. . . . κτίζω
25 ἀποθέμενοι 2 aor. mid. ptc. nom. pl. masc. . . ἀποτίθημι
   λαλεῖτε 2 p. pl. pres. act. ind. . . . . λαλέω
   ἐσμέν 1 p. pl. pres. act. ind. . . . . εἰμί
26 ὀργίζεσθε 2 p. pl. pres. pass. imper. . . . . . . ὀργίζω
   ἁμαρτάνετε 2 p. pl. pres. act. ind. or imper. . ἁμαρτάνω
   ἐπιδυέτω 3 p. sing. pres. act. imper. . . . . . . ἐπιδύω
27 δίδοτε 2 p. pl. pres. act. imper. . . . . .δίδωμι
28 κλέπτων pres. act. ptc. nom. sing. masc. . . . . .κλέπτω
   κλεπτέτω 3 p. sing. pres. act. imper. . . . . id.
   κοπιάτω 3 p. sing. pres. act. imper. . . . . κοπιάω
   ἐργαζόμενος pres. mid. ptc. nom. sing. masc. . ἐργάζομαι
   ἔχῃ 3 p. sing. pres. act. subj. . . . . ἔχω
   μεταδιδόναι pres. act. infin. . . . . .μεταδίδωμι
   ἔχοντι pres. act. ptc. dat. sing. masc. . . . . ἔχω
29 ἐκπορευέσθω 3 p. sing. pres. mid. impor. . .ἐκπορεύομαι
   δῷ 3 p. sing. 2 aor. act. subj. . . . . .δίδωμι
   ἀκούουσιν pres. act. ptc. dat. pl. masc. . . . . . ἀκούω
30 λυπεῖτε 2 p. pl. pres. act. impor. . . . . .λυπέω
   ἐσφραγίσθητε 2 p. pl. 1 aor. pass. ind. . . . . .σφραγίζω
31 ἀρθήτω 3 p. sing. 1 aor. pass. imper. . . . . αἴρω
32 γίνεσθε 2 p. pl. pres. mid. imper. . . . . .γίνομαι
   χαρισόμενοι pres. mid. ptc. nom. pl. masc. . . χαρίζομαι
   ἐχαρίσατο 3 p. sing. 1 aor. mid. ind. . . . . id.

5

1 γίνεσθε 2 p. pl. pres. mid. imper. . . . . .γίνομαι
2 περιπατεῖτε 2 p. pl. pres. act. ind. or imper. περιπατέω
   ἠγάπησεν 3 p. sing. 1 aor. act. ind. . . . . ἀγαπάω
   παρέδωκεν 3 p. sing. 1 aor. act. ind. . . . .παραδίδωμι
3 ὀνομαζέσθω 3 p. sing. pres. pass. imper. . . . . ὀνομάζω
   πρέπει 3 p. sing. pres. act. impers. constr. . . . .πρέπω
4 ἀνῆκεν 3 p. sing. impf. act. ind. . . . . ἀνήκω
5 ἴστε 2 p. pl. perf. act. imper. or ind. . . . . οἶδα
   γινώσκοντες pres. act. ptc. nom. pl. masc. . . . γινώσκω
   ἐστιν 3 p. sing. pres. act. ind. . . . . εἰμί
   ἔχει 3 p. sing. pres. act. ind. . . . . ἔχω
6 ἀπατάτω 3 p. sing. pres. act. imper. . . . . ἀπατάω
   ἔρχεται 3 p. sing. pres. mid. ind. . . . . .ἔρχομαι
8 ἦτε 2 p. pl. imperf. act. ind. . . . . εἰμί
   περιπατεῖτε 2 p. pl. pres. act. ind. or imper. περιπατέω
10 δοκιμάζοντες pres. act. ptc. nom. pl. masc. . . δοκιμάζω
11 συγκοινωνεῖτε 2 p. pl. pres. act. imper. . . συγκοινωνέω
   ἐλέγχετε 2 p. pl. pres. act. imper. . . . . .ἐλέγχω
12 γινόμενα pres. mid. ptc. acc. pl. neut. . . . . . γίνομαι
   λέγειν pres. act. infin. . . . . λέγω
13 ἐλεγχόμενα pres. pass. ptc. nom. pl. neut. . . . ἐλέγχω
   φανεροῦται 3 p. sing. pres. pass. ind. . . . . . φανερόω

14 φανερούμενον pres. pass. ptc. nom. sing. neut. . φανερόω
ἐστιν 3 p. sing. pres. act. ind. . . . . εἰμί
λέγει 3 p. sing. pres. act. ind. . . . . λέγω
ἔγειρε 2 p. sing. pres. act. imper. . . . . ἐγείρω
καθεύδων pres. act. ptc. nom. sing. masc. . . . .καθεύδω
ἀνάστα 2 p. sing. 2 aor. act. imper. . . . . ἀνίστημι
ἐπιφαύσει 3 p. sing. fut. act. ind. . . . . . . .ἐπιφαύσκω
15 βλέπετε 2 p. pl. pres. act. ind. . . . . βλέπω
περιπατεῖτε 2 p. pl. pres. act. ind. or imper. περιπατέω
16 ἐξαγοραζόμενοι pres. mid. ptc. n. pl. masc. . ἐξαγοράζω
εἰσιν 3 p. pl. pres. act. ind. . . . . εἰμί
17 γίνεσθε 2 p. pl. pres. mid. imper. . . . . γίνομαι
συνίετε 2 p. pl. pres. act. ind. or imper. . . . συνίημι
18 μεθύσκεσθε 2 p. pl. pres. pass. imper. . . . . . μεθύσκω
πληροῦσθε 2 p. pl. pres. pass. imper. . . . . πληρόω
19 λαλοῦντες pres. act. ptc. nom. pl. masc. . . . . . . λαλέω
ᾄδοντες pres. act. ptc. nom. pl. masc. . . . . .ᾄδω
ψάλλοντες pres. act. ptc. nom. pl. masc. . . . . . . ψάλλω
20 εὐχαριστοῦντες pres. act. ptc. nom. pl. masc. εὐχαριστέω
21 ὑποτασσόμενοι pres. mid. ptc. nom. pl. masc. . . ὑποτάσσω
23 ἐστιν 3 p. sing. pres. act. ind. . . . . εἰμί
24 ὑποτάσσεται 3 p. sing. pres. mid. ind. . . . . . .ὑποτάσσω
25 ἀγαπᾶτε 2 p. pl. pres. act. imper. . . . . ἀγαπάω
ἠγάπησεν 3 p. sing. 1 aor. act. ind. . . . . id.
παρέδωκεν 3 p. sing. 1 aor. act. ind. . . . . . . παραδίδωμι
26 ἁγιάσῃ 3 p. sing. 1 aor. act. subj. . . . . . . .ἁγιάζω
καθαρίσας 1 aor. act. ptc. nom. sing. masc. . . καθαρίζω
27 παραστήσῃ 3 p. sing. 1 aor. act. subj. . . . . . παρίστημι
ἔχουσαν pres. act. ptc. acc. sing. fem. . . . . ἔχω
ᾖ 3 p. sing. pres. act. subj. . . . . εἰμί
28 ὀφείλουσιν 3 p. pl. pres. act. ind. . . . . ὀφείλω
ἀγαπᾶν pres. act. infin. . . . . ἀγαπάω
ἀγαπῶν pres. act. ptc. nom. sing. masc. . . . . id.
ἀγαπᾷ 3 p. sing. pres. act. ind. or subj. . . . . . . id.
29 ἐμίσησεν 3 p. sing. 1 aor. act. ind. . . . . μισέω
ἐκτρέφει 3 p. sing. pres. act. ind. . . . . .ἐκτρέφω
θάλπει 3 p. sing. pres. act. ind. . . . . θάλπω
30 ἐσμέν 1 p. pl. pres. act. ind. . . . . εἰμί
31 καταλείψει 3 p. sing. fut. act. ind. . . . . . καταλείπω
προσκολληθήσεται 3 p. sing. fut. pass. ind. προσκολλάω
ἔσονται 3 p. pl. fut. mid. ind. . . . . εἰμί
33 ἀγαπάτω 3 p. sing. pres. act. imper. . . . . ἀγαπάω
φοβῆται 3 p. sing. pres. mid. subj. . . . . φοβέω

6

1 ὑπακούετε 2 p. pl. pres. act. ind. or imper. . . ὑπακούω
2 ἐστιν 3 p. sing. pres. act. ind. . . . . εἰμί
3 γένηται 3 p. sing. 2 aor. mid. subj. . . . . . . .γίνομαι
ἔσῃ 2 p. sing. fut. mid. ind. . . . . εἰμί
4 παροργίζετε 2 p. pl. pres. act. imper. . . . . . παροργίζω
ἐκτρέφετε 2 p. pl. pres. act. ind. . . . . ἐκτρέφω
5 ὑπακούετε 2 p. pl. pres. act. ind. or imper. . . ὑπακούω
6 ποιοῦντες pres. act. ptc. nom. pl. masc. . . . . . ποιέω
7 δουλεύοντες pres. act. ptc. nom. pl. masc. . . . δουλεύω
8 εἰδότες perf. act. ptc. nom. pl. masc. . . . . οἶδα

ποιήσῃ 3 p. sing. 1 aor. act. subj. . . . . ποιέω
κομίσεται 3 p. sing. fut. mid. ind. . . . . .κομίζω
9 ποιεῖτε 2 p. pl. pres. act. ind. or imper. . . . . .ποιέω
ἀνιέντες pres. act. ptc. nom. pl. masc. . . . . . .ἀνίημι
10 ἐνδυναμοῦσθε 2 p. pl. pres. mid. imper. . . . ἐνδυναμόω
11 ἐνδύσασθε 2 p. pl. 1 aor. mid. imper. . . . . . . .ἐνδύω
δύνασθαι pres. pass. infin. . . . . δύναμαι
στῆναι 2 aor. act. infin. . . . . .ἵστημι
13 ἀναλάβετε 2 p. pl. 2 aor. act. imper. . . . . .ἀναλαμβάνω
δυνηθῆτε 2 p. pl. 1 aor. pass. subj. . . . . .δύναμαι
ἀντιστῆναι 2 aor. act. infin. . . . . ἀνθίστημι
κατεργασάμενοι 1 aor. mid. ptc. nom. pl. m.κατεργάζομαι
στῆναι 2 aor. act. infin. . . . . .ἵστημι
14 στῆτε 2 p. pl. 2 aor. act. imper. or subj. . . . . id.
περιζωσάμενοι 1 aor. mid. ptc. nom. pl. m. . περιζώννυμι
ἐνδυσάμενοι 1 aor. mid. ptc. nom. pl. masc. . . . . .ἐνδύω
15 ὑποδησάμενοι 1 aor. mid. ptc. nom. pl. masc. . .ὑποδέω
16 ἀναλαβόντες 2 aor. act. ptc. nom. pl. masc. . ἀναλαμβάνω
δυνήσεσθε 2 p. pl. fut. mid. ind. . . . . .δύναμαι
πεπυρωμένα perf. pass. ptc. acc. pl. neut. . . . . πυρόω
σβέσαι 1 aor. act. infin. . . . . .σβέννυμι
17 δέξασθε 2 p. pl. 1 aor. mid. imper. . . . . δέχομαι
ἐστιν 3 p. sing. pres. act. ind. . . . . εἰμί
18 προσευχόμενοι pres. mid. ptc. nom. pl. masc.προσεύχομαι
ἀγρυπνοῦντες pres. act. ptc. nom. pl. masc. . . ἀγρυπνέω
19 δοθῇ 3 p. sing. 1 aor. pass. subj. . . . . δίδωμι
γνωρίσαι 1 aor. act. infin. . . . . .γνωρίζω
20 πρεσβεύω 1 p. sing. pres. act. ind. . . . . πρεσβεύω
παρρησιάσωμαι 1 p. sing. 1 aor. act. subj.παρρησιάζομαι
δεῖ 3 p. sing. pres. act. impers. . . . . δεῖ
λαλῆσαι 1 aor. act. infin. . . . . .λαλέω
21 εἰδῆτε 2 p. pl. perf. act. subj. . . . . οἶδα
πράσσω 1 p. sing. pres. act. ind. . . . . πράσσω
γνωρίσει 3 p. sing. fut. act. ind. . . . . γνωρίζω
22 ἔπεμψα 1 p. sing. 1 aor. act. ind. . . . . .πέμπω
γνῶτε 2 p. pl. 2 aor. act. imper. or subj. . . . .γινώσκω
παρακαλέσῃ 3 p. sing. 1 aor. act. subj. . . . . παρακαλέω
24 ἀγαπώντων pres. act. ptc. gen. pl. masc. . . . . .ἀγαπάω

Προς Φιλιππησιους

1

1 οὖσιν pres. act. ptc. dat. pl. masc. or neut. . . . εἰμί
3 εὐχαριστῶ 1 p. sing. pres. act. ind. . . . . .εὐχαριστέω
4 ποιούμενος pres. mid. ptc. nom. sing. masc. . . . . .ποιέω
6 πεποιθώς 2 perf. act. ptc. nom. sing. masc. . . . . .πείθω
   ἐναρξάμενος 1 aor. mid. ptc. nom. sing. masc. .ἐνάρχομαι
   ἐπιτελέσει 3 p. sing. fut. act. ind. . . . . . . .ἐπιτελέω
7 ἐστιν 3 p. sing. pres. act. ind. . . . . εἰμί
   φρονεῖν pres. act. infin. . . . . φρονέω
   ἔχειν pres. act. infin. . . . . ἔχω
   ὄντας pres. act. ptc. acc. pl. masc. . . . . εἰμί
8 ἐπιποθῶ 1 p. sing. pres. act. ind. . . . . . . .ἐπιποθέω
9 προσεύχομαι 1 p. sing. pres. mid. ind. . . . προσεύχομαι
   περισσεύῃ 3 p. sing. pres. act. subj. . . . . . περισσεύω
10 δοκιμάζειν pres. act. infin. . . . . .δοκιμάζω
   διαφέροντα pres. act. ptc. acc. pl. neut. . . . .διαφέρω
   ἦτε 2 p. pl. imperf. act. ind. or pres. act. subj. εἰμί
11 πεπληρωμένοι perf. pass. ptc. nom. pl. masc. . . .πληρόω
12 γινώσκειν pres. act. infin. . . . . .γινώσκω
   βούλομαι 1 p. sing. pres. mid. ind. . . . . . . βούλομαι
   ἐλήλυθεν 3 p. sing. 2 perf. act. ind. . . . . . .ἔρχομαι
13 γενέσθαι 2 aor. mid. infin. . . . . .γίνομαι
14 πεποιθότας 2 perf. act. ptc. acc. pl. masc. . . . .πείθω
   τολμᾶν pres. act. infin. . . . . τολμάω
   λαλεῖν pres. act. infin. . . . . λαλέω
15 κηρύσσουσιν 3 p. pl. pres. act. ind. . . . . . . κηρύσσω
16 εἰδότες perf. act. ptc. nom. pl. masc. . . . . . . .οἶδα
   κεῖμαι 1 p. sing. pres. mid. ind. . . . . .κεῖμαι
17 καταγγέλλουσιν 3 p. pl. pres. act. ind. . . . καταγγέλλω
   οἰόμενοι pres. mid. ptc. nom. pl. masc. . . . . . οἴομαι
   ἐγείρειν pres. act. infin. . . . . .ἐγείρω
18 καταγγέλλεται 3 p. sing. pres. pass. ind. . . καταγγέλλω
   χαίρω 1 p. sing. pres. act. ind. . . . . .χαίρω
   χαρήσομαι 1 p. sing. fut. pass. ind. . . . . id.
19 ἀποβήσεται 3 p. sing. fut. mid. ind. . . . . . .ἀποβαίνω
20 αἰσχυνθήσομαι 1 p. sing. fut. pass. ind. . . αἰσχύνομαι
   μεγαλυνθήσεται 3 p. sing. fut. pass. ind. . . . μεγαλύνω
21 ζῆν pres. act. infin. . . . . ζάω
   ἀποθανεῖν 2 aor. act. infin. . . . . ἀποθνήσκω
22 αἱρήσομαι 1 p. sing. fut. mid. ind. . . . . .αἱρέω
   γνωρίζω 1 p. sing. pres. act. ind. . . . . γνωρίζω
23 συνέχομαι 1 p. sing. pres. pass. ind. . . . . . . συνέχω
   ἔχων pres. act. ptc. nom. sing. masc. . . . . .ἔχω
   ἀναλῦσαι 1 aor. act. infin. . . . . .ἀναλύω
   εἶναι pres. act. infin. . . . . .εἰμί
24 ἐπιμένειν pres. act. infin. . . . . .ἐπιμένω
25 πεποιθώς 2 perf. act. ptc. nom. sing. masc. . . . .πείθω
   μενῶ 1 p. sing. fut. act. ind. . . . . .μένω
   παραμενῶ 1 p. sing. fut. act. ind. . . . . . . .παραμένω
26 περισσεύῃ 3 p. sing. pres. act. subj. . . . . . περισσεύω
27 πολιτεύεσθε 2 p. pl. pres. mid. imper. . . . . . πολιτεύω
   ἐλθών 2 aor. act. ptc. nom. sing. masc. . . . . . ἔρχομαι
   ἰδών 2 aor. act. ptc. nom. sing. masc. . . . . . . .ὁράω

ἀπών pres. act. ptc. nom. sing. masc. . . . . . . .ἄπειμι
στήκετε 2 p. pl. pres. act. ind. or imper. . . . . .στήκω
συναθλοῦντες pres. act. ptc. nom. pl. masc. . . συναθλέω
28 πτυρόμενοι pres. pass. ptc. nom. pl. masc. . . . . . πτύρω
ἀντικειμένων pres. mid. ptc. gen. pl. masc. . ἀντίκειμαι
ἐστίν 3 p. sing. pres. act. ind. . . . . εἰμί
29 ἐχαρίσθη 3 p. sing. 1 aor. pass. ind. . . . . . .χαρίζομαι
πιστεύειν pres. act. infin. . . . . .πιστεύω
πάσχειν pres. act. infin. . . . . .πάσχω
30 ἔχοντες pres. act. ptc. nom. pl. masc. . . . . .ἔχω
εἴδετε 2 p. pl. 2 aor. act. ind. . . . . .ὁράω
ἀκούετε 2 p. pl. pres. act. ind. . . . . ἀκούω

2

2 πληρώσατε 2 p. pl. 1 aor. act. imper. . . . . πληρόω
φρονῆτε 2 p. pl. pres. act. subj. . . . . φρονέω
ἔχοντες pres. act. ptc. nom. pl. masc. . . . . ἔχω
φρονοῦντες pres. act. ptc. nom. pl. masc. . . . . . φρονέω
3 ἡγούμενοι pres. mid. ptc. nom. pl. masc. . . . . . ἡγέομαι
ὑπερέχοντας pres. act. ptc. acc. pl. masc. . . . ὑπερέχω
4 σκοποῦντες pres. act. ptc. nom. pl. masc. . . . . σκοπέω
5 φρονεῖτε 2 p. pl. pres. act. ind. or imper. . . . φρονέω
6 ὑπάρχων pres. act. ptc. nom. sing. masc. . . . . .ὑπάρχω
ἡγήσατο 3 p. sing. 1 aor. mid. ind. . . . . . . .ἡγέομαι
εἶναι pres. act. infin. . . . . εἰμί
7 ἐκένωσεν 3 p. sing. 1 aor. act. ind. . . . . κενόω
λαβών 2 aor. act. ptc. nom. sing. masc. . . . . . λαμβάνω
γενόμενος 2 aor. mid. ptc. nom. sing. masc. . . .γίνομαι
εὑρεθείς 1 aor. pass. ptc. nom. sing. masc. . . .εὑρίσκω
8 ἐταπείνωσεν 3 p. sing. 1 aor. act. ind. . . . . ταπεινόω
9 ὑπερύψωσεν 3 p. sing. 1 aor. act. ind. . . . . .ὑπερυψόω
ἐχαρίσατο 3 p. sing. 1 aor. mid. ind. . . . . . .χαρίζομαι
10 κάμψῃ 3 p. sing. 1 aor. act. subj. . . . . κάμπτω
11 ἐξομολογήσηται 3 p. sing. 1 aor. mid. subj. . ἐξομολογέω
12 ὑπηκούσατε 2 p. pl. 1 aor. act. ind. . . . . . . ὑπακούω
κατεργάζεσθε 2 p. pl. pres. mid. imper. . .κατεργάζομαι
13 ἐστιν 3 p. sing. pres. act. ind. . . . . .εἰμί
ἐνεργῶν pres. act. ptc. nom. sing. masc. . . . . . ἐνεργέω
θέλειν pres. act. infin. . . . . θέλω
ἐνεργεῖν pres. act. infin. . . . . ἐνεργέω
14 ποιεῖτε 2 p. pl. pres. act. ind. or imper. . . . . ποιέω
15 γένησθε 2 p. pl. 2 aor. mid. subj. . . . . γίνομαι
διεστραμμένης perf. pass. ptc. gen. s. fem. . .διαστρέφω
φαίνεσθε 2 p. pl. pres. mid. ind. . . . . .φαίνω
16 ἐπέχοντες pres. act. ptc. nom. pl. masc. . . . . . . ἐπέχω
ἔδραμον 1 p. s. or 3 p. pl. 2 aor. act. ind. . . . τρέχω
ἐκοπίασα 1 p. sing. 1 aor. act. ind. . . . . . . .κοπιάω
17 σπένδομαι 1 p. sing. pres. pass. ind. . . . . . . σπένδω
χαίρω 1 p. sing. pres. act. ind. . . . . .χαίρω
συγχαίρω 1 p. sing. pres. act. ind. . . . . . . συγχαίρω
18 χαίρετε 2 p. pl. pres. act. ind. . . . . .χαίρω
συγχαίρετε 2 p. pl. pres. act. imper. . . . . . συγχαίρω
19 ἐλπίζω 1 p. sing. pres. act. ind. . . . . .ἐλπίζω
πέμψαι 1 aor. act. infin. . . . . .πέμπω
εὐψυχῶ 1 p. sing. pres. act. subj. . . . . εὐψυχέω

γνούς 2 aor. act. ptc. nom. sing. masc. . . . . . γινώσκω
20 μεριμνήσει 3 p. sing. fut. act. ind. . . . . . .μεριμνάω
21 ζητοῦσιν 3 p. pl. pres. act. ind. . . . . .ζητέω
22 γινώσκετε 2 p. pl. pres. act. ind. . . . . γινώσκω
ἐδούλευσεν 3 p. sing. 1 aor. act. ind. . . . . . δουλεύω
23 ἐλπίζω 1 p. sing. pres. act. ind. . . . . ἐλπίζω
πέμψαι 1 aor. act. infin. . . . . .πέμπω
ἀφίδω 1 p. sing. 2 aor. act. subj. . . . . .ἀφοράω
24 πέποιθα 1 p. sing. 2 perf. act. ind. . . . . . . .πείθω
ἐλεύσομαι 1 p. sing. fut. mid. ind. . . . . . . .ἔρχομαι
25 ἡγησάμην 1 p. sing. 1 aor. mid. ind. . . . . . . .ἡγέομαι
26 ἐπιποθῶν pres. act. ptc. nom. sing. masc. . . . ἐπιποθέω
ἦν 3 p. sing. imperf. act. ind. . . . . .εἰμί
ἀδημονῶν pres. act. ptc. nom. sing. masc. . . . .ἀδημονέω
ἠκούσατε 2 p. pl. 1 aor. act. ind. . . . . ἀκούω
ἠσθένησεν 3 p. sing. 1 aor. act. ind. . . . . . .ἀσθενέω
27 ἠλέησεν 3 p. sing. 1 aor. act. ind. . . . . ἐλεέω
σχῶ 1 p. sing. 2 aor. act. subj. . . . . .ἔχω
28 ἔπεμψα 1 p. sing. 1 aor. act. ind. . . . . .πέμπω
ἰδόντες 2 aor. act. ptc. nom. pl. masc. . . . . . . ὁράω
χαρῆτε 2 p. pl. 2 aor. pass. imper. . . . . .χαίρω
ὦ 1 p. sing. pres. act. subj. . . . . .εἰμί
29 προσδέχεσθε 2 p. pl. pres. mid. imper. . . .προσδέχομαι
ἔχετε 2 p. pl. pres. act. ind. . . . . .ἔχω
30 ἤγγισεν 3 p. sing. 1 aor. act. ind. . . . . . . .ἐγγίζω
παραβολευσάμενος 1 aor. mid. ptc. n. s. m.παραβολεύομαι
ἀναπληρώσῃ 3 p. sing. 1 aor. act. subj. . . . ἀναπληρόω

3

1 χαίρετε 2 p. pl. pres. act. ind. . . . . .χαίρω
γράφειν pres. act. infin. . . . . γράφω
2 βλέπετε 2 p. pl. pres. act. ind. . . . . .βλέπω
3 ἐσμεν 1 p. pl. pres. act. ind. . . . . .εἰμί
λατρεύοντες pres. act. ptc. nom. pl. masc. . . . λατρεύω
καυχώμενοι pres. mid. ptc. nom. pl. masc. . . καυχάομαι
πεποιθότες 2 perf. act. ptc. nom. pl. masc. . . . .πείθω
4 ἔχων pres. act. ptc. nom. sing. masc. . . . . ἔχω
δοκεῖ 3 p. sing. pres. act. ind. . . . . .δοκέω
πεποιθέναι 2 perf. act. infin. . . . . πείθω
6 διώκων pres. act. ptc. nom. sing. masc. . . . . . . διώκω
γενόμενος 2 aor. mid. ptc. nom. sing. masc. . . . γίνομαι
7 ἦν 3 p. sing. imperf. act. ind. . . . . .εἰμί
ἥγημαι 1 p. sing. perf. pass. ind. . . . . .ἡγέομαι
8 ἡγοῦμαι 1 p. sing. pres. mid. ind. . . . . id.
εἶναι pres. act. infin. . . . . .εἰμί
ὑπερέχον pres. act. ptc. acc. sing. neut. . . . .ὑπερέχω
ἐζημιώθην 1 p. sing. 1 aor. pass. ind. . . . . . .ζημιόω
κερδήσω 1 p. sing. 1 aor. act. subj. . . . . . . .κερδαίνω
9 εὑρεθῶ 1 p. sing. 1 aor. pass. subj. . . . . . . .εὑρίσκω
10 γνῶναι 2 aor. act. infin. . . . . .γινώσκω
συμμορφιζόμενος pres. pass. ptc. nom. s. m. . συμμορφίζω
11 καταντήσω 1 p. sing. 1 aor. act. subj. . . . . καταντάω
12 ἔλαβον 1 p. sing. or 3 p. pl. 2 aor. act. ind. . . λαμβάνω
τετελείωμαι 1 p. sing. perf. pass. ind. . . . . .τελειόω
διώκω 1 p. sing. pres. act. ind. . . . . διώκω

καταλάβω 1 p. sing. 2 aor. act. subj. . . . . καταλαμβάνω
κατελήμφθην 1 p. sing. 1 aor. pass. ind. . . . . . . id.
13 λογίζομαι 1 p. sing. pres. mid. ind. . . . . . λογίζομαι
κατειληφέναι perf. act. infin. . . . . καταλαμβάνω
ἐπιλανθανόμενος pres. mid. ptc. nom. s. m. ἐπιλανθάνομαι
ἐπεκτεινόμενος pres. mid. ptc. nom. sing. masc.ἐπεκτείνω
15 φρονῶμεν 1 p. pl. pres. act. subj. . . . . φρονέω
φρονεῖτε 2 p. pl. pres. act. ind. or imper. . . . . . id.
ἀποκαλύψει 3 p. sing. fut. act. ind. . . . . ἀποκαλύπτω
16 ἐφθάσαμεν 1 p. pl. 1 aor. act. ind. . . . . φθάνω
στοιχεῖν pres. act. infin. . . . . στοιχέω
17 γίνεσθε 2 p. pl. pres. mid. ind. . . . . .γίνομαι
σκοπεῖτε 2 p. pl. pres. act. imper. . . . . .σκοπέω
περιπατοῦντας pres. act. ptc. acc. pl. masc. . περιπατέω
ἔχετε 2 p. pl. pres. act. ind. . . . . ἔχω
18 περιπατοῦσιν 3 p. pl. pres. act. ind. . . . . περιπατέω
ἔλεγον 1 p. sing. imperf. act. ind. . . . . λέγω
κλαίων pres. act. ptc. nom. sing. masc. . . . . . . κλαίω
19 φρονοῦντες pres. act. ptc. nom. pl. masc. . . . . φρονέω
20 ὑπάρχει 3 p. sing. pres. act. ind. . . . . ὑπάρχω
ἀπεκδεχόμεθα 1 p. pl. pres. mid. ind. . . . ἀπεκδέχομαι
21 μετασχηματίσει 3 p. sing. fut. act. ind. .μετασχηματίζω
δύνασθαι pres. pass. infin. . . . . δύναμαι
ὑποτάξαι 1 aor. act. infin. . . . . .ὑποτάσσω

4

1 στήκετε 2 p. pl. pres. act. ind. or imper. . . . . .στήκω
2 παρακαλῶ 1 p. sing. pres. act. ind. . . . . . παρακαλέω
φρονεῖν pres. act. infin. . . . . φρονέω
3 ἐρωτῶ 1 p. sing. pres. act. ind. . . . . ἐρωτάω
συλλαμβάνου 2 p. sing. pres. mid. imper. . . συλλαμβάνω
συνήθλησαν 3 p. pl. 1 aor. act. ind. . . . . . συναθλέω
4 χαίρετε 2 p. pl. pres. act. ind. . . . . χαίρω
ἐρῶ 1 p. sing. fut. act. ind. . . . . λέγω
5 γνωσθήτω 3 p. sing. 1 aor. pass. imper. . . . . .γινώσκω
6 μεριμνᾶτε 2 p. pl. pres. act. ind. or imper. . .μεριμνάω
γνωριζέσθω 3 p. sing. pres. pass. imper. . . . . γνωρίζω
7 ὑπερέχουσα pres. act. ptc. nom. sing. fem. . . . ὑπερέχω
φρουρήσει 3 p. sing. fut. act. ind. . . . . . . .φρουρέω
8 ἐστίν 3 p. sing. pres. act. ind. . . . . εἰμί
λογίζεσθε 2 p. pl. pres. mid. imper. . . . . . λογίζομαι
9 ἐμάθετε 2 p. pl. 2 aor. act. ind. . . . . .μανθάνω
παρελάβετε 2 p. pl. 2 aor. act. ind. . . . . παραλαμβάνω
ἠκούσατε 2 p. pl. 1 aor. act. ind. . . . . ἀκούω
εἴδετε 2 p. pl. 2 aor. act. ind. . . . . ὁράω
πράσσετε 2 p. pl. pres. act. imper. . . . . πράσσω
ἔσται 3 p. sing. fut. mid. ind. . . . . εἰμί
10 ἐχάρην 1 p. sing. 2 aor. pass. ind. . . . . χαίρω
ἀνεθάλετε 2 p. pl. 2 aor. act. ind. . . . . . . ἀναθάλλω
φρονεῖν pres. act. infin. . . . . φρονέω
ἐφρονεῖτε 2 p. pl. imperf. act. ind. . . . . id.
ἠκαιρεῖσθε 2 p. pl. imperf. mid. ind. . . . . ἀκαιρέομαι
11 ἔμαθον 1 p. sing. 2 aor. act. ind. . . . . .μανθάνω
εἶναι pres. act. infin. . . . . εἰμί
12 οἶδα 1 p. sing. perf. act. ind. . . . . οἶδα

ταπεινοῦσθαι pres. pass. infin. . . . . ταπεινόω
περισσεύειν pres. act. infin. . . . . περισσεύω
μεμύημαι 1 p. sing. perf. pass. ind. . . . . μυέω
χορτάζεσθαι pres. pass. infin. . . . . χορτάζω
πεινᾶν pres. act. infin. . . . . πεινάω
ὑστερεῖσθαι pres. pass. infin. . . . . ὑστερέω
13 ἰσχύω 1 p. sing. pres. act. ind. . . . . ἰσχύω
ἐνδυναμοῦντι pres. act. ptc. dat. sing. masc. .ἐνδυναμόω
14 ἐποιήσατε 2 p. pl. 1 aor. act. ind. . . . . .ποιέω
συγκοινωνήσαντες 1 aor. act. ptc. n. pl. m. συγκοινωνέω
15 οἴδατε 2 p. pl. perf. act. ind. . . . . .οἶδα
ἐξῆλθον 1 p. sing. 2 aor. act. ind. . . . . . . ἐξέρχομαι
ἐκοινώνησεν 3 p. sing. 1 aor. act. ind. . . . . κοινωνέω
16 ἐπέμψατε 2 p. pl. 1 aor. act. ind. . . . . πέμπω
17 ἐπιζητῶ 1 p. sing. pres. act. ind. . . . . .ἐπιζητέω
πλεονάζοντα pres. act. ptc. acc. sing. masc. . .πλεονάζω
18 ἀπέχω 1 p. sing. pres. act. ind. . . . . .ἀπέχω
περισσεύω 1 p. sing. pres. act. ind. . . . . . .περισσεύω
πεπλήρωμαι 1 p. sing. perf. pass. ind. . . . . . .πληρόω
δεξάμενος 1 aor. mid. ptc. nom. sing. masc. . . .δέχομαι
19 πληρώσει 3 p. sing. fut. act. ind. . . . . .πληρόω
21 ἀσπάσασθε 2 p. pl. 1 aor. mid. imper. . . . . ἀσπάζομαι
ἀσπάζονται 3 p. pl. pres. mid. ind. . . . . id.

1

3 εὐχαριστοῦμεν 1 p. pl. pres. act. ind. . . . .εὐχαριστέω
προσευχόμενοι pres. mid. ptc. nom. pl. m. . προσεύχομαι
4 ἀκούσαντες 1 aor. act. ptc. nom. pl. masc. . . . . . ἀκούω
ἔχετε 2 p. pl. pres. act. ind. . . . . ἔχω
5 ἀποκειμένην pres. mid. ptc. acc. sing. fem. . ἀπόκειμαι
προηκούσατε 2 p. pl. 1 aor. act. ind. . . . . . . προακούω
6 παρόντος pres. act. ptc. gen. sing. neut. . . . . .πάρειμι
ἐστίν 3 p. sing. pres. act. ind. . . . . εἰμί
καρποφορούμενον pres. mid. ptc. n. s. neut. καρποφορέω
αὐξανόμενον pres. pass. ptc. nom. sing. neut. . . αὐξάνω
ἠκούσατε 2 p. pl. 1 aor. act. ind. . . . . .ἀκούω
ἐπέγνωτε 2 p. pl. 2 aor. act. ind. . . . . . . .ἐπιγινώσκω
7 ἐμάθετε 2 p. pl. 2 aor. act. ind. . . . . μανθάνω
8 δηλώσας 1 aor. act. ptc. nom. sing. masc. . . . . . δηλόω
9 ἠκούσαμεν 1 p. pl. 1 aor. act. ind. . . . . .ἀκούω
παυόμεθα 1 p. pl. pres. mid. ind. . . . . παύω
αἰτούμενοι pres. mid. ptc. nom. pl. masc. . . . . . .αἰτέω
πληρωθῆτε 2 p. pl. 1 aor. pass. subj. . . . . . . .πληρόω
10 περιπατῆσαι 1 aor. act. infin. . . . . .περιπατέω
καρποφοροῦντες pres. act. ptc. nom. pl. m. . καρποφορέω
αὐξανόμενοι pres. pass. ptc. nom. pl. masc. . . . αὐξάνω
11 δυναμούμενοι pres. pass. ptc. nom. pl. masc. . . δυναμόω
12 εὐχαριστοῦντες pres. act. ptc. nom. pl. masc. εὐχαριστέω
ἱκανώσαντι 1 aor. act. ptc. dat. sing. masc. . . .ἱκανόω
13 ἐρρύσατο 3 p. sing. 1 aor. mid. ind. . . . . . . .ῥύομαι
μετέστησεν 3 p. sing. 1 aor. act. ind. . . . . μεθίστημι
14 ἔχομεν 1 p. pl. pres. act. ind. . . . . ἔχω
16 ἐκτίσθη 3 p. sing. 1 aor. pass. ind. . . . . .κτίζω
ἔκτισται 3 p. sing. perf. pass. ind. . . . . id.
17 συνέστηκεν 3 p. sing. perf. act. ind. . . . . συνίστημι
18 γένηται 3 p. sing. 2 aor. mid. subj. . . . . . . .γίνομαι
πρωτεύων pres. act. ptc. nom. sing. masc. . . . . . πρωτεύω
19 εὐδόκησεν 3 p. sing. 1 aor. act. ind. . . . . . .εὐδοκέω
κατοικῆσαι 1 aor. act. infin. . . . . κατοικέω
20 ἀποκαταλλάξαι 1 aor. act. infin. . . . . .ἀποκαταλλάσσω
εἰρηνοποιήσας 1 aor. act. ptc. n. s. masc. . εἰρηνοποιέω
21 ὄντας pres. act. ptc. acc. pl. masc. . . . . εἰμί
ἀπηλλοτριωμένους perf. pass. pt. acc. pl. m.ἀπαλλοτριόω
22 ἀποκατήλλαξεν 3 p. sing. 1 aor. act. ind. ἀποκαταλλάσσω
παραστῆσαι 1 aor. act. infin. . . . . παρίστημι
23 ἐπιμένετε 2 p. pl. pres. act. ind. . . . . . . .ἐπιμένω
τεθεμελιωμένοι perf. pass. ptc. nom. pl. masc. .θεμελιόω
μετακινούμενοι pres. pass. ptc. nom. pl. masc. μετακινέω
κηρυχθέντος 1 aor. pass. ptc. gen. sing. neut. . κηρύσσω
ἐγενόμην 1 p. sing. 2 aor. mid. ind. . . . . γίνομαι
24 χαίρω 1 p. sing. pres. act. ind. . . . . χαίρω
ἀνταναπληρῶ 1 p. sing. pres. act. ind. . . . ἀνταναπληρόω
25 δοθεῖσαν 1 aor. pass. ptc. acc. sing. fem. . . . .δίδωμι
πληρῶσαι 1 aor. act. infin. . . . . πληρόω
26 ἀποκεκρυμμένον perf. pass. ptc. acc. s. neut. ἀποκρύπτω
ἐφανερώθη 3 p. sing. 1 aor. pass. ind. . . . . . . φανερόω
27 ἠθέλησεν 3 p. sing. 1 aor. act. ind. . . . . ἐθέλω

γνωρίσαι 1 aor. act. infin. . . . . .γνωρίζω
28 καταγγέλλομεν 1 p. pl. pres. act. ind. . . . καταγγέλλω
νουθετοῦντες pres. act. ptc. nom. pl. masc. . . νουθετέω
διδάσκοντες pres. act. ptc. nom. pl. masc. . . . διδάσκω
παραστήσωμεν 1 p. pl. 1 aor. act. subj. . . . παρίστημι
29 κοπιῶ 1 p. sing. pres. act. ind. . . . . κοπιάω
ἀγωνιζόμενος pres. mid. ptc. nom. s. masc. . ἀγωνίζομαι
ἐνεργουμένην pres. mid. ptc. acc. sing. fem. . . ἐνεργέω

2

1 εἰδέναι perf. act. infin. . . . . .οἶδα
ἑόρακαν 3 p. pl. perf. act. ind. . . . . ὁράω
2 παρακληθῶσιν 3 p. pl. 1 aor. pass. subj. . . . παρακαλέω
συμβιβασθέντες 1 aor. act. ptc. nom. pl. masc. συμβιβάζω
3 εἰσιν 3 p. pl. pres. act. ind. . . . . εἰμί
4 παραλογίζηται 3 p. sing. pres. mid. subj. παραλογίζομαι
5 ἄπειμι 1 p. sing. pres. act. ind. . . . . .ἄπειμι
χαίρων pres. act. ptc. nom. sing. masc. . . . . . . χαίρω
βλέπων pres. act. ptc. nom. sing. masc. . . . . . . βλέπω
6 παρελάβετε 2 p. pl. 2 aor. act. ind. . . . . .παραλαμβάνω
περιπατεῖτε 2 p. pl. pres. act. ind. or imper. περιπατέω
7 ἐρριζωμένοι perf. pass. ptc. nom. pl. masc. . . . .ῥιζόω
ἐποικοδομούμενοι pres. pass. ptc. n. pl. m. ἐποικοδομέω
βεβαιούμενοι pres. pass. ptc. nom. pl. masc. . . . βεβαιόω
ἐδιδάχθητε 2 p. pl. 1 aor. pass. ind. . . . . . .διδάσκω
περισσεύοντες pres. act. ptc. nom. pl. masc. . περισσεύω
8 βλέπετε 2 p. pl. pres. act. ind. . . . . .βλέπω
ἔσται 3 p. sing. fut. mid. ind. . . . . .εἰμί
συλαγωγῶν pres. act. ptc. nom. sing. masc. . . συλαγωγέω
9 κατοικεῖ 3 p. sing. pres. act. ind. . . . . . . .κατοικέω
10 ἐστέ 2 p. pl. pres. act. imper. . . . . .εἰμί
πεπληρωμένοι perf. pass. ptc. nom. pl. masc. . . .πληρόω
11 περιετμήθητε 2 p. pl. 1 aor. pass. ind. . . . περιτέμνω
12 συνταφέντες 2 aor. pass. ptc. nom. pl. masc. . συνθάπτω
συνηγέρθητε 2 p. pl. 1 aor. pass. ind. . . . . συνεγείρω
ἐγείραντος 1 aor. act. ptc. gen. sing. masc. . . .ἐγείρω
13 ὄντας pres. act. ptc. acc. pl. masc. . . . . .εἰμί
συνεζωοποίησεν 3 p. sing. 1 aor. act. ind. . . συζωοποιέω
χαρισάμενος 1 aor. mid. ptc. nom. sing. masc. .χαρίζομαι
14 ἐξαλείψας 1 aor. act. ptc. nom. sing. masc. . . ἐξαλείφω
ἦν 3 p. sing. imperf. act. ind. . . . . .εἰμί
ἦρκεν 3 p. sing. perf. act. ind. . . . . .αἴρω
προσηλώσας 1 aor. act. ptc. nom. sing. masc. . . προσηλόω
15 ἀπεκδυσάμενος 1 aor. mid. ptc. nom. s. masc. ἀπεκδύομαι
ἐδειγμάτισεν 3 p. sing. 1 aor. act. ind. . . δειγματίζω
θριαμβεύσας 1 aor. act. ptc. nom. sing. masc. θριαμβεύω
16 κρινέτω 3 p. sing. pres. act. imper. . . . . .κρίνω
17 ἐστιν 3 p. sing. pres. act. ind. . . . . εἰμί
μελλόντων pres. act. ptc. gen. pl. masc. or neut. .μέλλω
18 καταβραβευέτω 3 p. sing. pres. act. imper. .καταβραβεύω
θέλων pres. act. ptc. nom. sing. masc. . . . . . . .θέλω
ἑόρακεν 3 p. sing. perf. act. ind. . . . . ὁράω
ἐμβατεύων pres. act. ptc. nom. sing. masc. . . .ἐμβατεύω
φυσιούμενος pres. pass. ptc. nom. sing. masc. . . φυσιόω
19 κρατῶν pres. act. ptc. nom. sing. masc. . . . . . .κρατέω

ἐπιχορηγούμενον pres. pass. ptc. nom. s. ne. ἐπιχορηγέω
συμβιβαζόμενον pres. pass. ptc. nom. s. neut. συμβιβάζω
αὔξει 3 p. sing. pres. act. ind. . . . . αὔξω
20 ἀπεθάνετε 2 p. pl. 2 aor. act. ind. . . . . . ἀποθνήσκω
ζῶντες pres. act. ptc. nom. pl. masc. . . . . ζάω
δογματίζεσθε 2 p. pl. pres. mid. ind. . . . . δογματίζω
21 ἅφῃ 2 p. sing. 1 aor. mid. subj. . . . . ἅπτω
γεύσῃ 2 p. sing. 1 aor. mid. subj. . . . . .γεύομαι
θίγῃς 2 p. sing. 2 aor. act. subj. . . . . .θιγγάνω
23 ἔχοντα pres. act. ptc. acc. pl. neut. . . . . ἔχω

3
1 συνηγέρθητε 2 p. pl. 1 aor. pass. ind. . . . . . συνεγείρω
ζητεῖτε 2 p. pl. pres. act. ind. or imper. . . . . . .ζητέω
ἐστιν 3 p. sing. pres. act. ind. . . . . εἰμί
καθήμενος pres. mid. ptc. nom. sing. masc. . . . κάθημαι
2 φρονεῖτε 2 p. pl. pres. act. ind. or imper. . . . . φρονέω
3 ἀπεθάνετε 2 p. pl. 2 aor. act. ind. . . . . . ἀποθνήσκω
κέκρυπται 3 p. sing. perf. pass. ind. . . . . . κρύπτω
4 φανερωθῇ 3 p. sing. 1 aor. pass. subj. . . . . . . φανερόω
φανερωθήσεσθε 2 p. pl. fut. pass. ind. . . . . id.
5 νεκρώσατε 2 p. pl. 1 aor. act. imper. . . . . νεκρόω
6 ἔρχεται 3 p. sing. pres. mid. ind. . . . . .ἔρχομαι
7 περιεπατήσατε 2 p. pl. 1 aor. act. ind. . . . περιπατέω
ἐζῆτε 2 p. pl. imperf. act. ind. . . . . ζάω
8 ἀπόθεσθε 2 p. pl. 2 aor. mid. imper. . . . . . . ἀποτίθημι
9 ψεύδεσθε 2 p. pl. pres. mid. imper. . . . . ψεύδομαι
ἀπεκδυσάμενοι 1 aor. mid. ptc. nom. pl. masc.ἀπεκδύομαι
10 ἐνδυσάμενοι 1 aor. mid. ptc. nom. pl. masc. . . . .ἐνδύω
ἀνακαινούμενον pres. pass. ptc. acc. sing. m. ἀνακαινόω
κτίσαντος 1 aor. act. ptc. gen. sing. masc. . . . .κτίζω
11 ἔνι 3 p. sing. pres. act. ind. . . . .for ἔνεστι, ἔνειμι
12 ἐνδύσασθε 2 p. pl. 1 aor. mid. imper. . . . . . . .ἐνδύω
ἠγαπημένοι perf. pass. ptc. nom. pl. masc. . . . .ἀγαπάω
13 ἀνεχόμενοι pres. mid. ptc. nom. pl. masc. . . . ἀνέχομαι
χαριζόμενοι pres. mid. ptc. nom. pl. masc. . . χαρίζομαι
ἔχῃ 3 p. sing. pres. act. subj. . . . . ἔχω
ἐχαρίσατο 3 p. sing. 1 aor. mid. ind. . . . . χαρίζομαι
15 βραβευέτω 3 p. sing. pres. act. imper. . . . . . . βραβεύω
ἐκλήθητε 2 p. pl. 1 aor. pass. ind. . . . . καλέω
γίνεσθε 2 p. pl. pres. mid. imper. . . . . .γίνομαι
16 ἐνοικείτω 3 p. sing. pres. act. imper. . . . . . . ἐνοικέω
διδάσκοντες pres. act. ptc. nom. pl. masc. . . . διδάσκω
νουθετοῦντες pres. act. ptc. nom. pl. masc. . . νουθετέω
ᾄδοντες pres. act. ptc. nom. pl. masc. . . . . .ᾄδω
17 ποιῆτε 2 p. pl. pres. act. subj. . . . . .ποιέω
εὐχαριστοῦντες pres. act. ptc. nom. pl. masc. εὐχαριστέω
18 ὑποτάσσεσθε 2 p. pl. pres. mid. imper. . . . . . ὑποτάσσω
ἀνῆκεν 3 p. sing. impf. act. ind. . . . . ἀνήκω
19 ἀγαπᾶτε 2 p. pl. pres. act. subj. or imper. . . . .ἀγαπάω
πικραίνεσθε 2 p. pl. pres. pass. imper. . . . . . πικραίνω
20 ὑπακούετε 2 p. pl. pres. act. ind. or imper. . . ὑπακούω
21 ἐρεθίζετε 2 p. pl. pres. act. imper. . . . . ἐρεθίζω
ἀθυμῶσιν 3 p. pl. pres. act. subj. . . . . .ἀθυμέω
22 φοβούμενοι pres. pass. ptc. nom. pl. masc. . . . . . φοβέω

23 ποιῆτε 2 p. pl. pres. act. subj. . . . . ποιέω
   ἐργάζεσθε 2 p. pl. pres. mid. imper. . . . . . ἐργάζομαι
24 εἰδότες perf. act. ptc. nom. pl. masc. . . . . οἶδα
   ἀπολήμψεσθε 2 p. pl. fut. mid. ind. . . . . . ἀπολαμβάνω
   δουλεύετε 2 p. pl. pres. act. ind. or imper. . . . δουλεύω
25 ἀδικῶν pres. act. ptc. nom. sing. masc. . . . . . . ἀδικέω
   κομίσεται 3 p. sing. fut. mid. ind. . . . . κομίζω
   ἠδίκησεν 3 p. sing. 1 aor. act. ind. . . . . ἀδικέω

4

1 παρέχεσθε 2 p. pl. pres. mid. imper. . . . . παρέχω
   εἰδότες perf. act. ptc. nom. pl. masc. . . . . οἶδα
   ἔχετε 2 p. pl. pres. act. ind. . . . . ἔχω
2 προσκαρτερεῖτε 2 p. pl. pres. act. imper. προσκαρτερέω
   γρηγοροῦντες pres. act. ptc. nom. pl. masc. . . . γρηγορέω
3 προσευχόμενοι pres. mid. ptc. nom. pl. masc. προσεύχομαι
   ἀνοίξῃ 3 p. sing. 1 aor. act. subj. . . . . ἀνοίγω
   λαλῆσαι 1 aor. act. infin. . . . . λαλέω
   δέδεμαι 1 p. sing. perf. pass. ind. . . . . δέω
4 φανερώσω 1 p. sing. 1 aor. act. subj. . . . . . . φανερόω
   δεῖ 3 p. sing. pres. act. impers. verb . . . . δεῖ
5 περιπατεῖτε 2 p. pl. pres. act. ind. or imper. περιπατέω
   ἐξαγοραζόμενοι pres. mid. ptc. nom. pl. masc. ἐξαγοράζω
6 ἠρτυμένος perf. pass. ptc. nom. sing. masc. . . . . ἀρτύω
   εἰδέναι perf. act. infin. . . . . οἶδα
   ἀποκρίνεσθαι pres. mid. infin. . . . . ἀποκρίνομαι
7 γνωρίσει 3 p. sing. fut. act. ind. . . . . γνωρίζω
8 ἔπεμψα 1 p. sing. 1 aor. act. ind. . . . . πέμπω
   γνῶτε 2 p. pl. 2 aor. act. imper. or subj. . . . . γινώσκω
   παρακαλέσῃ 3 p. sing. 1 aor. act. subj. . . . παρακαλέω
9 ἐστιν 3 p. sing. pres. act. ind. . . . . εἰμί
   γνωρίσουσιν 3 p. pl. fut. act. ind. . . . . γνωρίζω
10 ἀσπάζεται 3 p. sing. pres. mid. ind. . . . . . ἀσπάζομαι
    ἐλάβετε 2 p. pl. 2 aor. act. ind. . . . . λαμβάνω
    ἔλθῃ 3 p. sing. 2 aor. act. subj. . . . . ἔρχομαι
    δέξασθε 2 p. pl. 1 aor. mid. imper. . . . . δέχομαι
11 λεγόμενος pres. pass. ptc. nom. sing. masc. . . . . λέγω
    ὄντες pres. act. ptc. nom. pl. masc. . . . . εἰμί
    ἐγενήθησαν 3 p. pl. 1 aor. pass. ind. . . . . . . γίνομαι
12 ἀγωνιζόμενος pres. mid. ptc. nom. s. masc. . ἀγωνίζομαι
    σταθῆτε 2 p. pl. 1 aor. pass. subj. . . . . ἵστημι
    πεπληροφορημένοι perf. mid. ptc. n. pl. masc. πληροφορέω
13 μαρτυρῶ 1 p. sing. pres. act. ind. or subj. . . μαρτυρέω
    ἔχει 3 p. sing. pres. act. ind. . . . . ἔχω
14 ἀσπάζεται 3 p. sing. pres. mid. ind. . . . . . ἀσπάζομαι
15 ἀσπάσασθε 2 p. pl. 1 aor. mid. imper. . . . . id.
16 ἀναγνωσθῇ 3 p. sing. 1 aor. pass. subj. . . . ἀναγινώσκω
    ποιήσατε 2 p. pl. 1 aor. act. imper. . . . . ποιέω
    ἀναγνῶτε 2 p. pl. 2 aor. act. subj. . . . . . ἀναγινώσκω
17 εἴπατε 2 p. pl. 2 aor. act. ind. or imper. . . . . . λέγω
    βλέπε 2 p. sing. pres. act. imper. . . . . βλέπω
    παρέλαβες 2 p. sing. 2 aor. act. ind. . . . . παραλαμβάνω
    πληροῖς 2 p. sing. pres. act. subj. . . . . πληρόω
18 μνημονεύετε 2 p. pl. pres. act. ind. or imper. μνημονεύω

1

2 εὐχαριστοῦμεν 1 p. pl. pres. act. ind. . . . εὐχαριστέω
  ποιούμενοι pres. pass. ptc. nom. pl. masc. . . . . ποιέω
3 μνημονεύοντες pres. act. ptc. nom. pl. masc. . μνημονεύω
4 εἰδότες perf. act. ptc. nom. pl. masc. . . . . οἶδα
  ἠγαπημένοι perf. pass. ptc. nom. pl. masc. . . . .ἀγαπάω
5 οἴδατε 2 p. pl. perf. act. ind. . . . . .οἶδα
  ἐγενήθη 3 p. sing. 1 aor. pass. ind. . . . . . . .γίνομαι
  ἐγενήθημεν 1 p. pl. 1 aor. pass. ind. . . . . id.
6 ἐγενήθητε 2 p. pl. 1 aor. pass. ind. . . . . id.
  δεξάμενοι 1 aor. mid. ptc. nom. pl. masc. . . . .δέχομαι
7 γενέσθαι 2 aor. pass. infin. . . . . γίνομαι
  πιστεύουσιν pres. act. ptc. dat. pl. masc. . . . πιστεύω
8 ἐξήχηται 3 p. sing. perf. pass. ind. . . . . . . .ἐξηχέω
  ἐξελήλυθεν 3 p. sing. perf. act. ind. . . . . .ἐξέρχομαι
  ἔχειν pres. act. infin. . . . . ἔχω
  λαλεῖν pres. act. infin. . . . . .λαλέω
9 ἀπαγγέλλουσιν 3 p. pl. pres. act. ind. . . . . ἀπαγγέλλω
  ἔσχομεν 1 p. pl. 2 aor. act. ind. . . . . ἔχω
  ἐπιστρέψατε 2 p. pl. 1 aor. aot. ind. . . . . ἐπιστρέφω
  δουλεύειν pres. act. infin. . . . . .δουλεύω
  ζῶντι pres. act. ptc. dat. sing. masc. . . . . ζάω
10 ἀναμένειν pres. act. infin. . . . . .ἀναμένω
  ἤγειρεν 3 p. sing. 1 aor. act. ind. . . . . .ἐγείρω
  ῥυόμενον pres. mid. ptc. acc. sing. masc. . . . . .ῥύομαι
  ἐρχομένης pres. mid. ptc. gen. sing. fem. . . . .ἔρχομαι

2

1 οἴδατε 2 p. pl. perf. act. ind. . . . . .οἶδα
  γέγονεν 3 p. sing. 2 perf. act. ind. . . . . . . .γίνομαι
2 προπαθόντες 2 aor. act. ptc. nom. pl. masc. . . .προπάσχω
  ὑβρισθέντες 1 aor. pass. ptc. nom. pl. masc. . . .ὑβρίζω
  ἐπαρρησιασάμεθα 1 p. pl. 1 aor. mid. ind. .παρρησιάζομαι
  λαλῆσαι 1 aor. act. infin. . . . . .λαλέω
4 δεδοκιμάσμεθα 1 p. pl. perf. pass. ind. . . . . .δοκιμάζω
  πιστευθῆναι 1 aor. pass. infin. . . . . .πιστεύω
  λαλοῦμεν 1 p. pl. pres. act. ind. . . . . .λαλέω
  ἀρέσκοντες pres. act. ptc. nom. pl. masc. . . . . ἀρέσκω
  δοκιμάζοντι pres. act. ptc. dat. sing. masc. . .δοκιμάζω
5 ἐγενήθημεν 1 p. pl. 1 aor. pass. ind. . . . . . .γίνομαι
6 ζητοῦντες pres. act. ptc. nom. pl. masc. . . . . . ζητέω
7 δυνάμενοι pres. pass. ptc. nom. pl. masc. . . . .δύναμαι
  εἶναι pres. act. infin. . . . . .εἰμί
  θάλπῃ 3 p. sing. pres. act. subj. . . . . θάλπω
8 ὁμειρόμενοι pres. mid. ptc. nom. pl. masc. . . ὁμείρομαι
  ηὐδοκοῦμεν 1 p. pl. imperf. act. ind. . . . . . .εὐδοκέω
  μεταδοῦναι 2 aor. act. infin. . . . . .μεταδίδωμι
  ἐγενήθητε 2 p. pl. 1 aor. pass. ind. . . . . . . γίνομαι
9 μνημονεύετε 2 p. pl. pres. act. ind. or imper.μνημονεύω
  ἐργαζόμενοι pres. mid. ptc. nom. pl. masc. . . ἐργάζομαι
  ἐπιβαρῆσαι 1 aor. act. infin. . . . . .ἐπιβαρέω
  ἐκηρύξαμεν 1 p. pl. 1 aor. act. ind. . . . . . . .κηρύσσω
10 πιστεύουσιν pres. act. ptc. dat. pl. masc. . . . πιστεύω

11 οἴδατε 2 p. pl. perf. act. ind. . . . . οἶδα
12 παρακαλοῦντες pres. act. ptc. nom. pl. masc. . παρακαλέω
   παραμυθούμενοι pres. mid. ptc. nom. pl. m. παραμυθέομαι
   μαρτυρόμενοι pres. mid. ptc. nom. pl. masc. . . . μαρτυρέω
   περιπατεῖν pres. act. infin. . . . . περιπατέω
   καλοῦντος pres. act. ptc. gen. sing. masc. . . . . καλέω
13 εὐχαριστοῦμεν 1 p. pl. pres. act. ind. . . . .εὐχαριστέω
   παραλαβόντες 2 aor. act. ptc. nom. pl. masc. παραλαμβάνω
   ἐδέξασθε 2 p. pl. 1 aor. mid. ind. . . . . δέχομαι
   ἐστιν 3 p. sing. pres. act. ind. . . . . εἰμί
   ἐνεργεῖται 3 p. sing. pres. mid. ind. . . . . . .ἐνεργέω
   πιστεύουσιν pres. act. ptc. dat. pl. masc. . . . πιστεύω
14 ἐγενήθητε 2 p. pl. 1 aor. pass. ind. . . . . γίνομαι
   οὐσῶν pres. act. ptc. gen. pl. fem. . . . . .εἰμί
   ἐπάθετε 2 p. pl. 2 aor. act. ind. . . . . πάσχω
15 ἀποκτεινάντων 1 aor. act. ptc. g. pl. m. or n. ἀποκτείνω
   ἐκδιωξάντων 1 aor. act. ptc. gen. pl. masc. . . .ἐκδιώκω
   ἀρεσκόντων pres. act. ptc. gen. pl. masc. . . . . ἀρέσκω
16 κωλυόντων pres. act. ptc. gen. pl. masc. . . . . . κωλύω
   λαλῆσαι 1 aor. act. infin. . . . . .λαλέω
   σωθῶσιν 3 p. pl. 1 aor. pass. subj. . . . . .σώζω
   ἀναπληρῶσαι 1 aor. act. infin. . . . . ἀναπληρόω
   ἔφθασεν 3 p. sing. 1 aor. act. ind. . . . . φθάνω
17 ἀπορφανισθέντες 1 aor. pass. ptc. nom. pl. m. ἀπορφανίζω
   ἐσπουδάσαμεν 1 p. pl. 1 aor. act. ind. . . . . .σπουδάζω
   ἰδεῖν 2 aor. act. infin. . . . . ὁράω
18 ἠθελήσαμεν 1 p. pl. 1 aor. act. ind. . . . . ἐθέλω
   ἐλθεῖν 2 aor. act. infin. . . . . ἔρχομαι
   ἐνέκοψεν 3 p. sing. 1 aor. act. ind. . . . . . . .ἐγκόπτω
20 ἐστε 3 p. pl. pres. act. ind. . . . . εἰμί

3

1 στέγοντες pres. act. ptc. nom. pl. masc. . . . . . . στέγω
   ηὐδοκήσαμεν 1 p. pl. 1 aor. act. ind. . . . . . .εὐδοκέω
   καταλειφθῆναι 1 aor. pass. infin. . . . . καταλείπω
2 ἐπέμψαμεν 1 p. pl. 1 aor. act. ind. . . . . .πέμπω
   στηρίξαι 1 aor. act. infin. . . . . στηρίζω
   παρακαλέσαι 1 aor. act. infin. . . . . παρακαλέω
3 σαίνεσθαι pres. pass. infin. . . . . σαίνω
   οἴδατε 2 p. pl. perf. act. ind. . . . . οἶδα
   κείμεθα 1 p. pl. pres. mid. ind. . . . . κεῖμαι
4 ἦμεν 1 p. pl. imperf. act. ind. . . . . εἰμί
   προελέγομεν 1 p. pl. imperf. act. ind. . . . . . . προλέγω
   μέλλομεν 1 p. pl. pres. act. ind. . . . . .μέλλω
   θλίβεσθαι pres. pass. infin. . . . . .θλίβω
   ἐγένετο 3 p. sing. 2 aor. mid. ind. . . . . .γίνομαι
5 στέγων pres. act. ptc. nom. sing. masc. . . . . στέγω
   ἔπεμψα 1 p. sing. 1 aor. act. ind. . . . . .πέμπω
   γνῶναι 2 aor. act. infin. . . . . γινώσκω
   ἐπείρασεν 3 p. sing. 1 aor. act. ind. . . . . . . πειράζω
   πειράζων pres. act. ptc. nom. sing. masc. . . . . . . id.
   γένηται 3 p. sing. 2 aor. mid. subj. . . . . . . .γίνομαι
6 ἐλθόντος 2 aor. act. ptc. gen. sing. masc. . . . .ἔρχομαι
   εὐαγγελισαμένου 1 aor. mid. ptc. gen. s. m. . εὐαγγελίζω
   ἔχετε 2 p. pl. pres. act. ind. . . . . .ἔχω

ἐπιποθοῦντες pres. act. ptc. nom. pl. masc. . . ἐπιποθέω
ἰδεῖν 2 aor. act. infin. . . . . ὁράω
7 παρεκλήθημεν 1 p. pl. 1 aor. pass. ind. . . . παρακαλέω
8 ζῶμεν 1 p. pl. pres. act. subj. or ind. . . . . ζάω
στήκετε 2 p. pl. pres. act. ind. or imper. . . . . . .στήκω
9 δυνάμεθα 1 p. pl. pres. mid. ind. . . . . δύναμαι
ἀνταποδοῦναι 2 aor. act. infin. . . . . . .ἀνταποδίδωμι
χαίρομεν 1 p. pl. pres. act. ind. . . . . χαίρω
10 δεόμενοι pres. pass. ptc. nom. pl. masc. . . . . .δέω
ἰδεῖν 2 aor. act. infin. . . . . ὁράω
καταρτίσαι 1 aor. act. infin. . . . . καταρτίζω
11 κατευθῦναι 3 p. sing. 1 aor. act. opt. . . . . . κατευθύνω
12 πλεονάσαι 3 p. sing. 1 aor. act. opt. . . . . . . πλεονάζω
περισσεύσαι 1 aor. act. infin. . . . . περισσεύω
13 στηρίξαι 1 aor. act. infin. . . . . .στηρίζω

4

1 ἐρωτῶμεν 1 p. pl. pres. act. ind. . . . . ἐρωτάω
παρακαλοῦμεν 1 p. pl. pres. act. ind. . . . . . παρακαλέω
παρελάβετε 2 p. pl. 2 aor. act. ind. . . . . . παραλαμβάνω
δεῖ 3 p. sing. pres. act. impers. . . . . δεῖ
περιπατεῖν pres. act. infin. . . . . περιπατέω
ἀρέσκειν pres. act. infin. . . . . .ἀρέσκω
περιπατεῖτε 2 p. pl. pres. act. ind. or imper. περιπατέω
περισσεύητε 2 p. pl. pres. act. subj. . . . . περισσεύω
2 οἴδατε 2 p. pl. perf. act. ind. . . . . οἶδα
ἐδώκαμεν 1 p. pl. 1 aor. act. ind. . . . . δίδωμι
3 ἐστιν 3 p. sing. pres. act. ind. . . . . εἰμί
ἀπέχεσθαι pres. mid. infin. . . . . .ἀπέχω
4 εἰδέναι perf. act. infin. . . . . .οἶδα
κτᾶσθαι pres. mid. infin. . . . . κτάομαι
5 εἰδότα perf. act. ptc. nom. pl. neut. . . . . .οἶδα
6 ὑπερβαίνειν pres. act. infin. . . . . .ὑπερβαίνω
πλεονεκτεῖν pres. act. infin. . . . . πλεονεκτέω
προείπαμεν 1 p. pl. 2 aor. act. ind. . . . . . . προλέγω
διεμαρτυράμεθα 1 p. pl. 1 aor. mid. ind. .διαμαρτύρομαι
7 ἐκάλεσεν 3 p. sing. 1 aor. act. ind. . . . . καλέω
8 ἀθετῶν pres. act. ptc. nom. sing. masc. . . . . . .ἀθετέω
ἀθετεῖ 3 p. sing. pres. act. ind. . . . . id.
διδόντα pres. act. ptc. nom. pl. neut. . . . . . δίδωμι
9 ἔχετε 2 p. pl. pres. act. ind. . . . . .ἔχω
γράφειν pres. act. infin. . . . . γράφω
ἐστέ 2 p. pl. pres. act. ind. . . . . .εἰμί
ἀγαπᾶν pres. act. infin. . . . . ἀγαπάω
10 ποιεῖτε 2 p. pl. pres. act. ind. or imper. . . . . . .ποιέω
παρακαλοῦμεν 1 p. pl. pres. act. ind. . . . . . παρακαλέω
περισσεύειν pres. act. infin. . . . . περισσεύω
11 φιλοτιμεῖσθαι pres. mid. infin. . . . . . . .φιλοτιμέομαι
ἡσυχάζειν pres. act. infin. . . . . .ἡσυχάζω
πράσσειν pres. act. infin. . . . . .πράσσω
ἐργάζεσθαι pres. mid. infin. . . . . ἐργάζομαι
παρηγγείλαμεν 1 p. pl. 1 aor. act. ind. . . . παραγγέλλω
12 περιπατῆτε 2 p. pl. pres. act. subj. . . . . . περιπατέω
ἔχητε 2 p. pl. pres. act. subj. . . . . ἔχω
13 θέλομεν 1 p. pl. pres. act. ind. . . . . θέλω

ἀγνοεῖν pres. act. infin. . . . . .ἀγνοέω
κοιμωμένων pres. pass. ptc. gen. pl. masc or ne. .κοιμάω
λυπῆσθε 2 p. pl. pres. pass. subj. . . . . .λυπέω
ἔχοντες pres. act. ptc. nom. pl. masc. . . . . ἔχω
14 πιστεύομεν 1 p. pl. pres. act. ind. . . . . . . .πιστεύω
ἀπέθανεν 3 p. sing. 2 aor. act. ind. . . . . . .ἀποθνήσκω
ἀνέστη 3 p. sing. 2 aor. act. ind. . . . . .ἀνίστημι
κοιμηθέντας 1 aor. pass. ptc. acc. pl. masc. . . .κοιμάω
ἄξει 3 p. sing. fut. act. ind. . . . . .ἄγω
15 λέγομεν 1 p. pl. pres. act. ind. . . . . .λέγω
ζῶντες pres. act. ptc. nom. pl. masc. . . . . .ζάω
περιλειπόμενοι pres. pass. ptc. nom. pl. masc. περιλείπω
φθάσωμεν 1 p. pl. 1 aor. act. subj. . . . . .φθάνω
16 καταβήσεται 3 p. sing. fut. act. ind. . . . . .καταβαίνω
ἀναστήσονται 3 p. pl. fut. mid. ind. . . . . . .ἀνίστημι
17 ζῶντες pres. act. ptc. nom. pl. masc. . . . . .ζάω
περιλειπόμενοι pres. pass. ptc. nom. pl. masc. περιλείπω
ἁρπαγησόμεθα 1 p. pl. fut. pass. ind. . . . . ἁρπάζω
ἐσόμεθα 1 p. pl. fut. mid. ind. . . . . .εἰμί
18 παρακαλεῖτε 2 p. pl. pres. act. imper. . . . . παρακαλέω

5

1 ἔχετε 2 p. pl. pres. act. ind. . . . . .ἔχω
γράφεσθαι pres. pass. infin. . . . . γράφω
2 οἴδατε 2 p. pl. perf. act. ind. . . . . .οἶδα
ἔρχεται 3 p. sing. pres. mid. ind. . . . . .ἔρχομαι
3 λέγωσιν 3 p. pl. pres. act. subj. . . . . .λέγω
ἐφίσταται 3 p. sing. pres. mid. ind. . . . . . .ἐφίστημι
ἐχούσῃ pres. act. ptc. dat. sing. fem. . . . . .ἔχω
ἐκφύγωσιν 3 p. pl. 2 aor. act. subj. . . . . . . ἐκφεύγω
4 ἐστέ 2 p. pl. pres. act. ind. . . . . .εἰμί
καταλάβῃ 3 p. sing. 2 aor. act. subj. . . . καταλαμβάνω
5 ἐσμέν 1 p. pl. pres. act. ind. . . . . .εἰμί
6 καθεύδωμεν 1 p. pl. pres. act. subj. . . . . . . καθεύδω
γρηγορῶμεν 1 p. pl. pres. act. subj. . . . . . .γρηγορέω
νήφωμεν 1 p. pl. pres. act. subj. . . . . νήφω
7 καθεύδοντες pres. act. ptc. nom. pl. masc. . . . καθεύδω
καθεύδουσιν 3 p. pl. pres. act. ind. . . . . .id.
μεθυσκόμενοι pres. pass. ptc. nom. pl. masc. . . μεθύσκω
μεθύουσιν 3 p. pl. pres. act. ind. . . . . μεθύω
8 ὄντες pres. act. ptc. nom. pl. masc. . . . . εἰμί
νήφωμεν 1 p. pl. pres. act. subj. . . . . νήφω
ἐνδυσάμενοι 1 aor. mid. ptc. nom. pl. masc. . . . . .ἐνδύω
9 ἔθετο 3 p. sing. 2 aor. mid. ind. . . . . .τίθημι
10 ἀποθανόντος 2 aor. act. ptc. gen. sing. masc. .ἀποθνήσκω
γρηγορῶμεν 1 p. pl. pres. act. subj. . . . . . . .γρηγορέω
καθεύδωμεν 1 p. pl. pres. act. subj. . . . . . . .καθεύδω
ζήσωμεν 1 p. pl. 1 aor. act. subj. . . . . .ζάω
11 παρακαλεῖτε 2 p. pl. pres. act. imper. . . . . .παρακαλέω
οἰκοδομεῖτε 2 p. pl. pres. act. ind. or imper. οἰκοδομέω
ποιεῖτε 2 p. pl. pres. act. ind. or imper. . . . . .ποιέω
12 ἐρωτῶμεν 1 p. pl. pres. act. ind. . . . . .ἐρωτάω
εἰδέναι perf. act. infin. . . . . .οἶδα
κοπιῶντας pres. act. ptc. acc. pl. masc. . . . . .κοπιάω
προϊσταμένους pres. mid. ptc. acc. pl. masc. . προΐστημι

νουθετοῦντας pres. act. ptc. acc. pl. masc. . . νουθετέω
13 ἡγεῖσθαι pres. mid. infin. . . . . ἡγέομαι
εἰρηνεύετε 2 p. pl. pres. act. imper. . . . . . εἰρηνεύω
14 παρακαλοῦμεν 1 p. pl. pres. act. ind. . . . . παρακαλέω
νουθετεῖτε 2 p. pl. pres. act. imper. . . . . . νουθετέω
παραμυθεῖσθε 2 p. pl. pres. mid. imper. . . .παραμυθέομαι
ἀντέχεσθε 2 p. pl. pres. mid. imper. . . . . . ἀντέχομαι
ἀσθενῶν pres. act. ptc. nom. sing. masc. . . . . .ἀσθενέω
μακροθυμεῖτε 2 p. pl. pres. act. imper. . . . μακροθυμέω
15 ὁρᾶτε 2 p. pl. pres. act. ind. or imper. . . . . . . ὁράω
ἀποδῶ 3 p. sing. 2 aor. act. subj. . . . . ἀποδιδῶμι
διώκετε 2 p. pl. pres. act. imper. . . . . .διώκω
16 χαίρετε 2 p. pl. pres. act. ind. . . . . .χαίρω
17 προσεύχεσθε 2 p. pl. pres. mid. imper. . . . .προσεύχομαι
18 εὐχαριστεῖτε 2 p. pl. pres. act. imper. . . . . εὐχαριστέω
19 σβέννυτε 2 p. pl. pres. act. imper. . . . . . . σβέννυμι
20 ἐξουθενεῖτε 2 p. pl. pres. act. imper. . . . . . ἐξουθενέω
21 δοκιμάζετε 2 p. pl. pres. act. ind. or imper. . δοκιμάζω
κατέχετε 2 p. pl. pres. act. ind. or imper. . . . . .κατέχω
22 ἀπέχεσθε 2 p. pl. pres. mid. imper. . . . . ἀπέχω
23 ἁγιάσαι 3 p. sing. 1 aor. act. opt. . . . . .ἁγιάζω
τηρηθείη 3 p. sing. 1 aor. pass. opt. . . . . .τηρέω
24 καλῶν pres. act. ptc. nom. sing. masc. . . . . . . .καλέω
ποιήσει 3 p. sing. fut. act. ind. . . . . ποιέω
25 προσεύχεσθε 2 p. pl. pres. mid. imper. . . . .προσεύχομαι
26 ἀσπάσασθε 2 p. pl. 1 aor. mid. imper. . . . . . ἀσπάζομαι
27 ἐνορκίζω 1 p. sing. pres. act. ind. . . . . ἐνορκίζω
ἀναγνωσθῆναι 1 aor. pass. infin. . . . . ἀναγινώσκω

Πρὸς Θεσσαλονικεῖς β'

1

3 εὐχαριστεῖν pres. act. infin. . . . . εὐχαριστέω
  ὀφείλομεν 1 p. pl. pres. act. ind. . . . . ὀφείλω
  ἐστιν 3 p. sing. pres. act. ind. . . . . εἰμί
  ὑπεραυξάνει 3 p. sing. pres. act. ind. . . . ὑπεραυξάνω
  πλεονάζει 3 p. sing. pres. act. ind. . . . . . . .πλεονάζω
4 ἐγκαυχᾶσθαι pres. mid. infin. . . . . ἐγκαυχάομαι
  ἀνέχεσθε 2 p. pl. pres. mid. ind. or imper. . . ἀνέχομαι
5 καταξιωθῆναι 1 aor. pass. infin. . . . . .καταξιόω
  πάσχετε 2 p. pl. pres. act. ind. . . . . πάσχω
6 ἀνταποδοῦναι 2 aor. act. infin. . . . . . . .ἀνταποδίδωμι
  θλίβουσιν pres. act. ptc. dat. pl. masc. . . . . . θλίβω
7 θλιβομένοις pres. pass. ptc. dat. pl. masc. . . . . . . id.
8 διδόντος pres. act. ptc. gen. sing. masc. . . . . . δίδωμι
  εἰδόσιν perf. act. ptc. dat. pl. masc. . . . . .οἶδα
  ὑπακούουσιν pres. act. ptc. dat. pl. masc. . . . ὑπακούω
9 τίσουσιν 3 p. pl. fut. act. ind. . . . . .τίνω
10 ἔλθῃ 3 p. sing. 2 aor. act. subj. . . . . ἔρχομαι
  ἐνδοξασθῆναι 1 aor. pass. infin. . . . . .ἐνδοξάζω
  θαυμασθῆναι 1 aor. pass. infin. . . . . .θαυμάζω
  πιστεύσασιν 1 aor. act. ptc. dat. pl. masc. . .πιστεύω
  ἐπιστεύθη 3 p. sing. 1 aor. pass. ind. . . . . id.
11 προσευχόμεθα 1 p. pl. pres. mid. ind. . . . προσεύχομαι
  ἀξιώσῃ 3 p. sing. 1 aor. act. subj. . . . . ἀξιόω
  πληρώσῃ 3 p. sing. 1 aor. act. subj. . . . . πληρόω
12 ἐνδοξασθῇ 3 p. sing. 1 aor. pass. subj. . . . . ἐνδοξάζω

2

1 ἐρωτῶμεν 1 p. pl. pres. act. ind. . . . . ἐρωτάω
2 σαλευθῆναι 1 aor. pass. infin. . . . . .σαλεύω
  θροεῖσθαι pres. pass. infin. . . . . θροέω
  ἐνέστηκεν 3 p. sing. perf. act. ind. . . . . . . ἐνίστημι
3 ἐξαπατήσῃ 3 p. sing. 1 aor. act. subj. . . . . . ἐξαπατάω
  ἔλθῃ 3 p. sing. 2 aor. act. subj. . . . . ἔρχομαι
  ἀποκαλυφθῇ 3 p. sing. 1 aor. pass. subj. . . ἀποκαλύπτω
4 ἀντικείμενος pres. mid. ptc. nom. sing. masc. ἀντίκειμαι
  ὑπεραιρόμενος pres. pass. ptc. nom. sing. masc. ὑπεραίρω
  λεγόμενον pres. pass. ptc. acc. sing. neut. . . . . . λέγω
  καθίσαι 1 aor. act. infin. . . . . καθίζω
  ἀποδεικνύντα pres. act. ptc. acc. sing. masc. ἀποδεικνύω
  ἐστίν 3 p. sing. pres. act. ind. . . . . εἰμί
5 μνημονεύετε 2 p. pl. pres. act. ind. or imper. μνημονεύω
  ἔλεγον 1 p. sing. imperf. act. ind. . . . . .λέγω
  ὤν pres. act. ptc. nom. sing. masc. . . . . εἰμί
6 κατέχον pres. act. ptc. acc. sing. neut. . . . . . κατέχω
  οἴδατε 2 p. pl. perf. act. ind. . . . . .οἶδα
  ἀποκαλυφθῆναι 1 aor. pass. infin. . . . . . . ἀποκαλύπτω
7 ἐνεργεῖται 3 p. sing. pres. mid. ind. . . . . . .ἐνεργέω
  κατέχων pres. act. ptc. nom. sing. masc. . . . . . .κατέχω
  γένηται 3 p. sing. 2 aor. mid. subj. . . . . γίνομαι
8 ἀποκαλυφθήσεται 3 p. sing. fut. pass. ind. . ἀποκαλύπτω
  ἀνελεῖ 3 p. sing. fut. act. ind. . . . . .ἀναιρέω
  καταργήσει 3 p. sing. fut. act. ind. . . . . . καταργέω

9 ἔστιν 3 p. sing. pres. act. ind. . . . . εἰμί
10 ἀπολλυμένοις pres. pass. ptc. dat. pl. masc. . .ἀπόλλυμι
ἐδέξαντο 3 p. pl. 1 aor. mid. ind. . . . . δέχομαι
σωθῆναι 1 aor. pass. infin. . . . . σώζω
11 πέμπει 3 p. sing. pres. act. ind. . . . . πέμπω
πιστεῦσαι 1 aor. act. infin. . . . . πιστεύω
12 κριθῶσιν 3 p. pl. 1 aor. pass. subj. . . . . κρίνω
πιστεύσαντες 1 aor. act. ptc. nom. pl. masc. . . πιστεύω
εὐδοκήσαντες 1 aor. act. ptc. nom. pl. masc. . . εὐδοκέω
13 ὀφείλομεν 1 p. pl. pres. act. ind. . . . . .ὀφείλω
εὐχαριστεῖν pres. act. infin. . . . . εὐχαριστέω
ἠγαπημένοι perf. pass. ptc. nom. pl. masc. . . . . .ἀγαπάω
εἵλατο 3 p. sing. 1 aor. mid. ind. . . . . .αἱρέω
14 ἐκάλεσεν 3 p. sing. 1 aor. act. ind. . . . . καλέω
15 στήκετε 2 p. pl. pres. act. ind. or imper. . . . . .στήκω
κρατεῖτε 2 p. pl. pres. act. ind. or imper. . . . .κρατέω
ἐδιδάχθητε 2 p. pl. 1 aor. pass. ind. . . . . . .διδάσκω
16 ἀγαπήσας 1 aor. act. ptc. nom. sing. masc. . . . .ἀγαπάω
δούς 2 aor. act. ptc. nom. sing. masc. . . . . . . δίδωμι
17 παρακαλέσαι 3 p. sing. 1 aor. act. opt. . . . . παρακαλέω
στηρίξαι 3 p. sing. 1 aor. act. opt. or infin. . στηρίζω

3
1 προσεύχεσθε 2 p. pl. pres. mid. imper. . . . προσεύχομαι
τρέχῃ 3 p. sing. pres. act. subj. . . . . τρέχω
δοξάζηται 3 p. sing. pres. pass. subj. . . . . . .δοξάζω
2 ῥυσθῶμεν 1 p. pl. 1 aor. pass. subj. . . . . . . .ῥύομαι
3 ἔστιν 3 p. sing. pres. act. ind. . . . . εἰμί
στηρίξει 3 p. sing. fut. act. ind. . . . . .στηρίζω
φυλάξει 3 p. sing. fut. act. ind. . . . . .φυλάσσω
4 πεποίθαμεν 1 p. pl. 2 perf. act. ind. . . . . . . .πείθω
παραγγέλλομεν 1 p. pl. pres. act. ind. . . . παραγγέλλω
ποιεῖτε 2 p. pl. pres. act. ind. or imper. . . . . ποιέω
ποιήσετε 2 p. pl. fut. act. ind. . . . . id.
5 κατευθύναι 3 p. sing. 1 aor. act. opt. . . . . κατευθύνω
6 παραγγέλλομεν 1 p. pl. pres. act. ind. . . . . παραγγέλλω
στέλλεσθαι pres. mid. infin. . . . . .στέλλω
περιπατοῦντός pres. act. ptc. gen. sing. masc. περιπατέω
παρελάβετε 2 p. pl. 2 aor. act. ind. . . . . παραλαμβάνω
7 οἴδατε 2 p. pl. perf. act. ind. . . . . .οἶδα
δεῖ 3 p. sing. pres. act. impers. . . . . δεῖ
μιμεῖσθαι pres. mid. infin. . . . . μιμέομαι
ἠτακτήσαμεν 1 p. pl. 1 aor. act. ind. . . . . . .ἀτακτέω
8 ἐφάγομεν 1 p. pl. 2 aor. act. ind. . . . . ἐσθίω
ἐργαζόμενοι pres. mid. ptc. nom. pl. masc. . . ἐργάζομαι
ἐπιβαρῆσαι 1 aor. act. infin. . . . . ἐπιβαρέω
9 ἔχομεν 1 p. pl. pres. act. ind. . . . . ἔχω
δῶμεν 1 p. pl. 2 aor. act. subj. . . . . δίδωμι
μιμεῖσθαι pres. mid. infin. . . . . μιμέομαι
10 ἦμεν 1 p. pl. imperf. act. ind. . . . . εἰμί
παρηγγέλλομεν 1 p. pl. imperf. act. ind. . . . παραγγέλλω
θέλει 3 p. sing. pres. act. ind. . . . . θέλω
ἐργάζεσθαι pres. mid. infin. . . . . ἐργάζομαι
ἐσθιέτω 3 p. sing. pres. act. imper. . . . . ἐσθίω
11 ἀκούομεν 1 p. pl. pres. act. ind. . . . . .ἀκούω

περιπατοῦντας pres. act. ptc. acc. pl. masc. . περιπατέω
ἐργαζομένους pres. mid. ptc. nom. sing. masc. ἐργάζομαι
περιεργαζομένους pres. mid. pt. a. pl. m. περιεργάζομαι
12 παραγγέλλομεν 1 p. pl. pres. act. ind. . . . . παραγγέλλω
παρακαλοῦμεν 1 p. pl. pres. act. ind. . . . . . παρακαλέω
ἐργαζόμενοι pres. mid. ptc. nom. pl. masc. . . ἐργάζομαι
ἐσθίωσιν 3 p. pl. pres. act. subj. . . . . ἐσθίω
13 ἐγκακήσητε 2 p. pl. 1 aor. act. subj. . . . . . . .ἐγκακέω
καλοποιοῦντες pres. act. ptc. nom. pl. masc. . καλοποιέω
14 ὑπακούει 3 p. sing. pres. act. ind. . . . . .ὑπακούω
σημειοῦσθε 2 p. pl. pres. mid. imper. . . . . . . .σημειόω
συναναμίγνυσθαι pres. mid. infin. . . . . . συναναμίγνυμι
ἐντραπῇ 3 p. sing. 2 aor. pass. subj. . . . . . . .ἐντρέπω
15 ἡγεῖσθέ 2 p. pl. pres. mid. imper. . . . . ἡγέομαι
νουθετεῖτε 2 p. pl. pres. act. imper. . . . . . . νουθετέω
16 δῴη 3 p. sing. 2 aor. act. opt. . . . . .δίδωμι
17 ἐστιν 3 p. sing. pres. act. ind. . . . . εἰμί
γράφω 1 p. sing. pres. act. ind. . . . . γράφω

1

3 παρεκάλεσα 1 p. sing. 1 aor. act. ind. . . . . . παρακαλέω
προσμεῖναι 1 aor. act. infin. . . . . προσμένω
πορευόμενος pres. mid. ptc. nom. sing. masc. . πορεύομαι
ἑτεροδιδασκαλεῖν pres. act. infin. . . ἑτεροδιδασκαλέω
4 προσέχειν pres. act. infin. . . . . προσέχω
παρέχουσιν 3 p. pl. pres. act. ind. . . . . παρέχω
παραγγείλῃς 2 p. sing. 1 aor. act. subj. . .παραγγέλλω
5 ἐστίν 3 p. sing. pres. act. ind. . . . . εἰμί
6 ἀστοχήσαντες 1 aor. act. ptc. nom. pl. masc. . . ἀστοχέω
ἐξετράπησαν 3 p. pl. 2 aor. pass. ind. . . . . . . ἐκτρέπω
7 θέλοντες pres. act. ptc. nom. pl. masc. . . . . . . θέλω
εἶναι pres. act. infin. . . . . εἰμί
νοοῦντες pres. act. ptc. nom. pl. masc. . . . . . . νοέω
λέγουσιν 3 p. pl. pres. act. ind. . . . . λέγω
διαβεβαιοῦνται 3 p. pl. pres. mid. ind. . διαβεβαιόομαι
8 οἴδαμεν 1 p. pl. perf. act. ind. . . . . .οἶδα
χρῆται 3 p. sing. pres. mid. subj. . . . . .χράομαι
9 εἰδώς perf. act. ptc. nom. pl. masc. . . . . οἶδα
κεῖται 3 p. sing. pres. mid. ind. . . . . .κεῖμαι
10 ὑγιαινούσῃ pres. act. ptc. dat. sing. fem. . . . ὑγιαίνω
ἀντίκειται 3 p. sing. pres. mid. ind. . . . .ἀντίκειμαι
11 ἐπιστεύθην 1 p. sing. 1 aor. pass. ind. . . . . πιστεύω
12 ἐνδυναμώσαντι 1 aor. act. ptc. dat. s. masc. . ἐνδυναμόω
ἡγήσατο 3 p. sing. 1 aor. mid. ind. . . . . ἡγέομαι
θέμενος 2 aor. mid. ptc. nom. sing. masc. . . . . . .τίθημι
13 ὄντα pres. act. ptc. acc. sing. masc. . . . . .εἰμί
ἠλεήθην 1 p. sing. 1 aor. pass. ind. . . . . .ἐλεέω
ἀγνοῶν pres. act. ptc. nom. sing. masc. . . . . . . .ἀγνοέω
ἐποίησα 1 p. sing. 1 aor. act. ind. . . . . .ποιέω
14 ὑπερεπλεόνασεν 3 p. sing. 1 aor. act. ind. ὑπερπλεονάζω
15 ἦλθεν 3 p. sing. 2 aor. act. ind. . . . . ἔρχομαι
σῶσαι 1 aor. act. infin. . . . . σώζω
16 ἠλεήθην 1 p. sing. 1 aor. pass. ind. . . . . .ἐλεέω
ἐνδείξηται 3 p. sing. 1 aor. mid. subj. . . . ἐνδείκνυμι
μολλόντων pres. act. ptc. gen. pl. masc. or neut. .μέλλω
πιστεύειν pres. act. infin. . . . . .πιστεύω
18 παρατίθεμαι 1 p. sing. pres. mid. ind. . . . παρατίθημι
προαγούσας pres. act. ptc. acc. pl. fem. . . . . . .προάγω
στρατεύῃ 2 p. sing. pres. mid. subj. . . . . στρατεύω
19 ἔχων pres. act. ptc. nom. sing. masc. . . . . ἔχω
ἀπωσάμενοι 1 aor. mid. ptc. nom. pl. masc. . . . .ἀπωθέω
ἐναυάγησαν 3 p. pl. 1 aor. act. ind. . . . . ναυαγέω
20 ἐστιν 3 p. sing. pres. act. ind. . . . . εἰμί
παρέδωκα 1 p. sing. 1 aor. act. ind. . . . . . παραδίδωμι
παιδευθῶσιν 3 p. pl. 1 aor. pass. subj. . . . . .παιδεύω
βλασφημεῖν pres. act. infin. . . . . βλασφημέω

2

1 παρακαλῶ 1 p. sing. pres. act. ind. . . . . . . παρακαλέω
ποιεῖσθαι pres. pass. infin. . . . . ποιέω
2 ὄντων pres. act. ptc. gen. pl. masc. or neut. . . . .εἰμί
διάγωμεν 1 p. pl. pres. act. subj. . . . . .διάγω

4 θέλει 3 p. sing. pres. act. ind. . . . . θέλω
  σωθῆναι 1 aor. pass. infin. . . . . σώζω
  ἐλθεῖν 2 aor. act. infin. . . . . ἔρχομαι
6 δούς 2 aor. act. ptc. nom. sing. masc. . . . . δίδωμι
7 ἐτέθην 1 p. sing. 1 aor. pass. ind. . . . . .τίθημι
  ψεύδομαι 1 p. sing. pres. mid. ind. . . . . .ψεύδομαι
8 βούλομαι 1 p. sing. pres. mid. ind. . . . . .βούλομαι
  προσεύχεσθαι pres. mid. infin. . . . . .προσεύχομαι
  ἐπαίροντας pres. act. ptc. acc. pl. masc. . . . . ἐπαίρω
9 κοσμεῖν pres. act. infin. . . . . κοσμέω
10 πρέπει 3 p. sing. pres. act. ind. impers. . . . . . . πρέπω
  ἐπαγγελλομέναις pres. mid. ptc. dat. pl. fem. ἐπαγγέλλω
11 μανθανέτω 3 p. sing. pres. act. imper. . . . . . . μανθάνω
12 διδάσκειν pres. act. infin. . . . . .διδάσκω
  ἐπιτρέπω 1 p. sing. pres. act. ind. . . . . . . .ἐπιτρέπω
  αὐθεντεῖν pres. act. infin. . . . . .αὐθεντέω
  εἶναι pres. act. infin. . . . . εἰμί
13 ἐπλάσθη 3 p. sing. 1 aor. pass. ind. . . . . .πλήθω
14 ἠπατήθη 3 p. sing. 1 aor. pass. ind. . . . . ἀπατάω
  ἐξαπατηθεῖσα 1 aor. pass. ptc. nom. sing. fem. .ἐξαπατάω
  γέγονεν 3 p. sing. 2 perf. act. ind. . . . . . . .γίνομαι
15 σωθήσεται 3 p. sing. fut. pass. ind. . . . . σώζω
  μείνωσιν 3 p. pl. 1 aor. act. subj. . . . . .μένω

                          3
1 ὀρέγεται 3 p. sing. pres. mid. ind. . . . . .ὀρέγω
  ἐπιθυμεῖ 3 p. sing. pres. act. ind. . . . . . . ἐπιθυμέω
2 δεῖ 3 p. sing. pres. act. impers. . . . . δεῖ
  εἶναι pres. act. infin. . . . . εἰμί
4 προϊστάμενον pres. mid. ptc. acc. sing. masc. προΐστημι
  ἔχοντα pres. act. ptc. nom. or acc. pl. neut. . . . ἔχω
5 προστῆναι 2 aor. act. infin. . . . . προΐστημι
  οἶδεν 3 p. sing. perf. act. ind. . . . . οἶδα
  ἐπιμελήσεται 3 p. sing. fut. mid. ind. . . . ἐπιμέλομαι
6 τυφωθείς 1 aor. pass. ptc. nom. sing. masc. . . . . .τυφόω
  ἐμπέσῃ 3 p. sing. 2 aor. act. subj. . . . . . . .ἐμπίπτω
7 ἔχειν pres. act. infin. . . . . ἔχω
8 προσέχοντας pres. act. ptc. acc. pl. masc. . . . προσέχω
9 ἔχοντας pres. act. ptc. acc. pl. masc. . . . . ἔχω
10 δοκιμαζέσθωσαν 3 p. pl. pres. pass. imper. . . δοκιμάζω
  διακονείτωσαν 3 p. pl. pres. act. imper. . . . .διακονέω
  ὄντες pres. act. ptc. nom. pl. masc. . . . . εἰμί
12 ἔστωσαν 3 p. pl. pres. act. imper. . . . . id.
  προϊστάμενοι pres. mid. ptc. nom. pl. masc. . . προΐστημι
13 διακονήσαντες 1 aor. act. ptc. nom. pl. masc. . . διακονέω
  περιποιοῦνται 3 p. pl. pres. mid. ind. . . . . περιποιέω
14 ἐλπίζων pres. act. ptc. nom. sing. masc. . . . . . .ἐλπίζω
  ἐλθεῖν 2 aor. act. infin. . . . . ἔρχομαι
15 βραδύνω 1 p. sing. pres. act. subj. . . . . βραδύνω
  εἰδῇς 2 p. sing. perf. act. subj. . . . . οἶδα
  ἀναστρέφεσθαι pres. mid. infin. . . . . .ἀναστρέφω
  ἐστιν 3 p. sing. pres. act. ind. . . . . εἰμί
  ζῶντος pres. act. ptc. gen. sing. masc. or neut. . . .ζάω
16 ἐφανερώθη 3 p. sing. 1 aor. pass. ind. . . . . . φανερόω
  ἐδικαιώθη 3 p. sing. 1 aor. pass. ind. . . . . . δικαιόω

ὤφθη 3 p. sing. 1 aor. pass. ind. . . . . ὁράω
ἐκηρύχθη 3 p. sing. 1 aor. pass. ind. . . . . . . .κηρύσσω
ἐπιστεύθη 3 p. sing. 1 aor. pass. ind. . . . . . . πιστεύω
ἀνελήμφθη 3 p. sing. 1 aor. pass. ind. . . . ἀναλαμβάνω

4

1 λέγει 3 p. sing. pres. act. ind. . . . . λέγω
ἀποστήσονται 3 p. pl. fut. mid. ind. . . . . . .ἀφίστημι
προσέχοντες pres. act. ptc. nom. pl. masc. . . . προσέχω
2 κεκαυστηριασμένων pf. pass. pt. g. pl. masc. καυστηριάζω
3 κωλυόντων pres. act. ptc. gen. pl. masc. or neut. .κωλύω
γαμεῖν pres. act. infin. . . . . .γαμέω
ἀπέχεσθαι pres. mid. infin. . . . . .ἀπέχω
ἔχτισεν 3 p. sing. 1 aor. act. ind. . . . . κτίζω
ἐπεγνωκόσι perf. act. ptc. dat. pl. m. or ne. ἐπιγινώσκω
4 λαμβανόμενον pres. pass. ptc. nom. or acc. s. ne.λαμβάνω
5 ἁγιάζεται 3 p. sing. pres. pass. ind. . . . . . . ἁγιάζω
6 ὑποτιθέμενος pres. mid. ptc. nom. sing. masc. .ὑποτίθημι
ἔσῃ 2 p. sing. fut. mid. ind. . . . . εἰμί
ἐντρεφόμενος pres. pass. ptc. nom. sing. masc. . ἐντρέφω
παρηκολούθηκας 2 p. sing. perf. act. ind. .παρακολουθέω
7 παραιτοῦ 2 p. sing. pres. mid. imper. . . . παραιτέομαι
γύμναζε 2 p. sing. pres. act. imper. . . . . . . γυμνάζω
8 μελλούσης pres. act. ptc. gen. sing. f. . . . . . .μέλλω
ἔχουσα pres. act. ptc. nom. sing. fem. . . . . ἔχω
10 κοπιῶμεν 1 p. pl. pres. act. ind. . . . . κοπιάω
ἀγωνιζόμεθα 1 p. pl. pres. mid. ind. . . . . . ἀγωνίζομαι
ἠλπίκαμεν 1 p. pl. perf. act. ind. . . . . .ἐλπίζω
ζῶντι pres. act. ptc. dat. sing. masc. . . . . ζάω
11 παράγγελλε 2 p. sing. pres. act. imper. . . .παραγγέλλω
δίδασκε 2 p. sing. pres. act. imper. . . . . . .διδάσκω
12 καταφρονείτω 3 p. sing. pres. act. imper. . . καταφρονέω
γίνου 2 p. sing. pres. mid. imper. . . . . .γίνομαι
13 ἔρχομαι 1 p. sing. pres. mid. ind. . . . . . . .ἔρχομαι
πρόσεχε 2 p. sing. pres. act. imper. . . . . . . .προσέχω
14 ἀμέλει 2 p. sing. pres. act. imper. . . . . . . .ἀμελέω
ἐδόθη 3 p. sing. 1 aor. pass. ind. . . . . δίδωμι
15 μελέτα 2 p. sing. pres. act. imper. . . . . . . μελετάω
ἴσθι 2 p. sing. pres. act. imper. . . . . . . εἰμί, οἶδα
ᾖ 3 p. sing. pres. act. subj. . . . . εἰμί
16 ἔπεχε 2 p. sing. pres. act. imper. . . . . .ἐπέχω
ἐπίμενε 2 p. sing. pres. act. imper. . . . . . . .ἐπιμένω
ποιῶν pres. act. ptc. nom. sing. masc. . . . . . .ποιέω
σώσεις 2 p. sing. fut. act. ind. . . . . σώζω
ἀκούοντας pres. act. ptc. acc. pl. masc. . . . . . ἀκούω

5

1 ἐπιπλήξῃς 2 p. sing. 1 aor. act. subj. . . . . ἐπιπλήσσω
παρακάλει 2 p. sing. pres. act. imper. . . . . παρακαλέω
3 τίμα 2 p. sing. pres. act. imper. . . . . τιμάω
4 μανθανέτωσαν 3 p. pl. pres. act. imper. . . . . .μανθάνω
εὐσεβεῖν pres. act. infin. . . . . εὐσεβέω
ἀποδιδόναι pres. act. infin. . . . . .ἀποδίδωμι
ἐστιν 3 p. sing. pres. act. ind. . . . . εἰμί
5 μεμονωμένη perf. pass. ptc. nom. sing. fem. . . . .μονόω

ἤλπικεν 3 p. sing. perf. act. ind. . . . . ἐλπίζω
προσμένει 3 p. sing. pres. act. ind. . . . . . προσμένω
6 σπαταλῶσα pres. act. ptc. nom. sing. fem. . . σπαταλάω
ζῶσα pres. act. ptc. nom. sing. fem. . . . . ζάω
τέθνηκεν 3 p. sing. perf. act. ind. . . . . θνῄσκω
7 παράγγελλε 2 p. sing. pres. act. imper. . . . παραγγέλλω
ὦσιν 3 p. pl. pres. act. subj. . . . . εἰμί
8 προνοεῖ 3 p. sing. pres. act. ind. . . . . .προνοέω
ἤρνηται 3 p. sing. perf. mid. ind. . . . . ἀρνέομαι
ἔστιν 3 p. sing. pres. act. ind. . . . . εἰμί
9 καταλεγέσθω 3 p. sing. pres. pass. imper. . . . καταλέγω
γεγονυῖα 2 perf. act. ptc. nom. sing. fem. . . . γίνομαι
10 μαρτυρουμένη pres. pass. ptc. nom. sing. fem. . μαρτυρέω
ἐτεκνοτρόφησεν 3 p. sing. 1 aor. act. ind. .τεκνοτροφέω
ἐξενοδόχησεν 3 p. sing. 1 aor. act. ind. . . . ξενοδοχέω
ἔνιψεν 3 p. sing. 1 aor. act. ind. . . . . .νίπτω
θλιβομένοις pres. pass. ptc. dat. pl. masc. . . . . .θλίβω
ἐπήρκεσεν 3 p. sing. 1 aor. act. ind. . . . . . . .ἐπαρκέω
ἐπηκολούθησεν 3 p. sing. 1 aor. act. ind. . . ἐπακολουθέω
11 παραιτοῦ 2 p. sing. pres. mid. imper. . . . παραιτέομαι
καταστρηνιάσωσιν 3 p. pl. 1 aor. act. subj.καταστρηνιάω
γαμεῖν pres. act. infin. . . . . .γαμέω
θέλουσιν 3 p. sing. pres. act. ind. . . . . θέλω
12 ἔχουσαι pres. act. ptc. nom. pl. fem. . . . . ἔχω
ἠθέτησαν 3 p. pl. 1 aor. act. ind. . . . . ἀθετέω
13 μανθάνουσιν 3 p. pl. pres. act. ind. . . . . . . μαντάνω
περιερχόμεναι pres. mid. ptc. nom. pl. fem. περιέρχομαι
λαλοῦσαι pres. act. ptc. nom. pl. masc. . . . . . . .λαλέω
δέοντα pres. act. ptc. acc. pl. neut. . . . . δέω
14 βούλομαι 1 p. sing. pres. mid. ind. . . . . . . βούλομαι
γαμεῖν pres. act. infin. . . . . .γαμέω
τεκνογονεῖν pres. act. infin. . . . . τεκνογονέω
οἰκοδεσποτεῖν pres. act. infin. . . . . . . .οἰκοδεσποτέω
διδόναι pres. act. infin. . . . . .δίδωμι
ἀντικειμένῳ pres. mid. ptc. dat. s. masc. . . ἀντίκειμαι
15 ἐξετράπησαν 3 p. pl. 2 aor. pass. ind. . . . . . . ἐκτρέπω
16 ἔχει 3 p. sing. pres. act. ind. . . . . ἔχω
ἐπαρκείτω 3 p. sing. pres. act. imper. . . . . . .ἐπαρκέω
βαρείσθω 3 p. sing. pres. pass. imper. . . . . . . .βαρέω
ἐπαρκέσῃ 3 p. sing. 1 aor. act. subj. . . . . . . ἐπαρκέω
17 προεστῶτες perf. act. ptc. nom. pl. masc. . . . προΐστημι
ἀξιούσθωσαν 3 p. pl. pres. pass. imper. . . . . . .ἀξιόω
κοπιῶντες pres. act. ptc. nom. pl. masc. . . . . . . κοπιάω
18 λέγει 3 p. sing. pres. act. ind. . . . . λέγω
ἀλοῶντα pres. act. ptc. acc. sing. masc. . . . . . . ἀλοάω
φιμώσεις 2 p. sing. fut. act. ind. . . . . φιμόω
19 παραδέχου 2 p. sing. pres. mid. imper. . . . παραδέχομαι
20 ἁμαρτάνοντας pres. act. ptc. acc. pl. masc. . . . ἁμαρτάνω
ἔλεγχε 2 p. sing. pres. act. imper. . . . . .ἐλέγχω
ἔχωσιν 3 p. pl. pres. act. subj. . . . . .ἔχω
21 διαμαρτύρομαι 1 p. sing. pres. mid. ind. .διαμαρτύρομαι
φυλάξῃς 2 p. sing. 1 aor. act. subj. . . . . . . .φυλάσσω
ποιῶν pres. act. ptc. nom. sing. masc. . . . . ποιέω
22 ἐπιτίθει 2 p. sing. pres. act. imper. . . . . . . ἐπιτίθημι
κοινώνει 2 p. sing. pres. act. imper. . . . . . . κοινωνέω

τήρει 2 p. sing. pres. act. imper. . . . . .τηρέω
23 ὑδροπότει 2 p. sing. pres. act. imper. . . . . ὑδροποτέω
χρῶ 2 p. sing. pres. mid. imper. . . . . .χράομαι
24 εἰσιν 3 p. pl. pres. act. ind. . . . . εἰμί
προάγουσαι pres. act. ptc. nom. pl. fem. . . . . .προάγω
ἐπακολουθοῦσιν 3 p. pl. pres. act. ind. . . . ἐπακολουθέω
25 ἔχοντα pres. act. ptc. acc. s. m. or nom. pl. ne. . . ἔχω
κρυβῆναι 2 aor. pass. infin. . . . . .κρύπτω
δύνανται 3 p. pl. pres. pass. ind. . . . . δύναμαι

6

1 ἡγείσθωσαν 3 p. pl. pres. mid. imper. . . . . . .ἡγέομαι
βλασφημῆται 3 p. sing. pres. pass. subj. . . . βλασφημέω
2 ἔχοντες pres. act. ptc. nom. pl. masc. . . . . .ἔχω
καταφρονείτωσαν 3 p. pl. pres. act. imper. . καταφρονέω
εἰσιν 3 p. pl. pres. act. ind. . . . . εἰμί
δουλευέτωσαν 3 p. pl. pres. act. imper. . . . . .δουλεύω
ἀντιλαμβανόμενοι pres. m. ptc. no. pl. m.ἀντιλαμβάνομαι
δίδασκε 2 p. sing. pres. act. imper. . . . . . . .διδάσκω
παρακάλει 2 p. sing. pres. act. imper. . . . . .παρακαλέω
3 ἑτεροδιδασκαλεῖ 3 p. s. pres. act. ind. ἑτεροδιδασκαλέω
προσέρχεται 3 p. sing. pres. mid. ind. . . .προσέρχομαι
ὑγιαίνουσιν pres. act. ptc. dat. pl. masc. . . . ὑγιαίνω
4 τετύφωται 3 p. sing. perf. pass. ind. . . . . .τυφόω
ἐπιστάμενος pres. pass. ptc. nom. sing. masc. .ἐπίσταμαι
νοσῶν pres. act. ptc. nom. sing. masc. . . . . . . .νοσέω
γίνεται 3 p. sing. pres. mid. ind. . . . . .γίνομαι
5 διεφθαρμένων perf. pass. ptc. gen. pl. m. or n.διαφθείρω
ἀπεστερημένων pf. pass. ptc. gen. pl. m. or n. ἀποστερέω
νομιζόντων pres. act. ptc. gen. pl. masc. . . . . νομίζω
εἶναι pres. act. infin. . . . . εἰμί
6 ἔστιν 3 p. sing. pres. act. ind. . . . . id.
7 εἰσηνέγκαμεν 1 p. pl. 1 aor. act. ind. . . . . . εἰσφέρω
ἐξενεγκεῖν 2 aor. act. infin. . . . . ἐκφέρω
δυνάμεθα 1 p. pl. pres. pass. ind. . . . . .δύναμαι
8 ἔχοντες pres. act. ptc. nom. pl. masc. . . . . ἔχω
ἀρκεσθησόμεθα 1 p. pl. fut. pass. ind. . . . . ἀρκέω
9 βουλόμενοι pres. mid. ptc. nom. pl. masc. . . . βούλομαι
πλουτεῖν pres. act. infin. . . . . .πλουτέω
ἐμπίπτουσιν 3 p. pl. pres. act. ind. . . . . . . ἐμπίπτω
βυθίζουσιν 3 p. pl. pres. act. ind. . . . . βυθίζω
10 ὀρεγόμενοι pres. mid. ptc. nom. pl. masc. . . . . .ὀρέγω
ἀπεπλανήθησαν 3 p. pl. 1 aor. pass. ind. . . . ἀποπλανάω
περιέπειραν 3 p. pl. 1 aor. act. ind. . . . . . περιπείρω
11 φεῦγε 2 p. sing. pres. act. imper. . . . . .φεύγω
δίωκε 2 p. sing. pres. act. imper. . . . . .διώκω
12 ἀγωνίζου 2 p. sing. pres. mid. imper. . . . . ἀγωνίζομαι
ἐπιλαβοῦ 2 p. sing. 2 aor. mid. imper. . . . ἐπιλαμβάνω
ἐκλήθης 2 p. sing. 1 aor. pass. ind. . . . . . . .καλέω
ὡμολόγησας 2 p. sing. 1 aor. act. ind. . . . . .ὁμολογέω
13 παραγγέλλω 1 p. sing. pres. act. ind. . . . . .παραγγέλλω
ζωογονοῦντος pres. act. ptc. gen. sing. masc. . ζωογονέω
μαρτυρήσαντος 1 aor. act. ptc. gen. sing. masc. μαρτυρέω
14 τηρῆσαι 1 aor. act. infin. . . . . .τηρέω
15 δείξει 3 p. sing. fut. act. ind. . . . . δείκνυμι

βασιλευόντων pres. act. ptc. gen. pl. masc. . . βασιλεύω
κυριευόντων pres. act. ptc. gen. pl. masc. . . . κυριεύω
16 ἔχων pres. act. ptc. nom. sing. masc. . . . . ἔχω
οἰκῶν pres. act. ptc. nom. sing. masc. . . . . .οἰκέω
εἶδεν 3 p. sing. 2 aor. act. ind. . . . . .ὁράω
ἰδεῖν 2 aor. act. infin. . . . . id.
δύναται 3 p. sing. pres. pass. ind. . . . . δύναμαι
17 παράγγελλε 2 p. sing. pres. act. imper. . . . . παραγγέλλω
ὑψηλοφρονεῖν pres. act. infin. . . . . .ὑψηλοφρονέω
ἠλπικέναι perf. act. infin. . . . . ἐλπίζω
παρέχοντι pres. act. ptc. dat. sing. masc. . . . . .παρέχω
18 ἀγαθοεργεῖν pres. act. infin. . . . . .ἀγαθοεργέω
πλουτεῖν pres. act. infin. . . . . πλουτέω
εἶναι pres. act. infin. . . . . .εἰμί
19 ἀποθησαυρίζοντας pres. act. pt. ac. pl. m.ἀποθησαυρίζω
ἐπιλάβωνται 3 p. pl. 2 aor. mid. subj. . . . . ἐπιλαμβάνω
20 φύλαξον 2 p. sing. 1 aor. act. imper. . . . . . . φυλάσσω
ἐκτρεπόμενος pres. mid. ptc. nom. sing. masc. . .ἐκτρέπω
21 ἐπαγγελλόμενοι pres. mid. ptc. nom. pl. masc. .ἐπαγγέλλω
ἠστόχησαν 3 p. pl. 1 aor. act. ind. . . . . . . .ἀστοχέω

1

3 λατρεύω 1 p. sing. pres. act. ind. . . . . λατρεύω
4 ἐπιποθῶν pres. act. ptc. nom. sing. masc. . . . ἐπιποθέω
  ἰδεῖν 2 aor. act. infin. . . . . ὁράω
  μεμνημένος perf. pass. ptc. nom. sing. masc. . . μιμνήσκω
  πληρωθῶ 1 p. sing. 1 aor. pass. subj. . . . . πληρόω
5 λαβών 2 aor. act. ptc. nom. sing. masc. . . . . . λαμβάνω
  ἐνώκησεν 3 p. sing. 1 aor. act. ind. . . . . . . ἐνοικέω
  πέπεισμαι 1 p. sing. perf. pass. ind. . . . . πείθω
6 ἀναμιμνήσκω 1 p. sing. pres. act. ind. . . . ἀναμιμνήσκω
  ἀναζωπυρεῖν pres. act. infin. . . . . ἀναζωπυρέω
  ἐστιν 3 p. sing. pres. act. ind. . . . . εἰμί
7 ἔδωκεν 3 p. sing. 1 aor. act. ind. . . . . δίδωμι
8 ἐπαισχυνθῇς 3 p. sing. 1 aor. pass. subj. . ἐπαισχύνομαι
  συγκακοπάθησον 2 p. s. 1 aor. act. imper. . συγκακοπαθέω
9 σώσαντος 1 aor. act. ptc. gen. sing. masc. . . . . . σῴζω
  καλέσαντος 1 aor. act. ptc. gen. sing. masc. . . . καλέω
  δοθεῖσαν 1 aor. pass. ptc. acc. sing. fem. . . . . δίδωμι
10 φανερωθεῖσαν 1 aor. pass. ptc. acc. sing. fem. . φανερόω
  καταργήσαντος 1 aor. act. ptc. gen. sing. masc. καταργέω
  φωτίσαντος 1 aor. act. ptc. gen. sing. masc. . . . φωτίζω
11 ἐτέθην 1 p. sing. 1 aor. pass. ind. . . . . τίθημι
12 πάσχω 1 p. sing. pres. act. ind. . . . . πάσχω
  ἐπαισχύνομαι 1 p. sing. pres. mid. ind. . . ἐπαισχύνομαι
  πεπίστευκα 1 p. sing. perf. act. ind. . . . . . πιστεύω
  πέπεισμαι 1 p. sing. perf. pass. ind. . . . . πείθω
  φυλάξαι 1 aor. act. infin. . . . . φυλάσσω
13 ἔχε 2 p. sing. pres. act. imper. . . . . ἔχω
  ὑγιαινόντων pres. act. ptc. gen. pl. masc. . . . ὑγιαίνω
  ἤκουσας 2 p. sing. 1 aor. act. ind. . . . . ἀκούω
14 φύλαξον 2 p. sing. 1 aor. act. imper. . . . . . . φυλάσσω
  ἐνοικοῦντος pres. act. ptc. gen. sing. neut. . . ἐνοικέω
15 οἶδας 2 p. sing. perf. act. ind. . . . . οἶδα
  ἀπεστράφησαν 3 p. pl. 2 aor. pass. ind. . . . . ἀποστρέφω
16 δῴη 3 p. sing. 2 aor. act. opt. . . . . δίδωμι
  ἀνέψυξεν 3 p. sing. 1 aor. act. ind. . . . . ἀναψύχω
  ἐπαισχύνθη 3 p. sing. 1 aor. pass. ind. . . ἐπαισχύνομαι
17 γενόμενος 2 aor. mid. ptc. nom. sing. masc. . . . γίνομαι
  ἐζήτησεν 3 p. sing. 1 aor. act. ind. . . . . ζητέω
  εὗρεν 3 p. sing. 2 aor. act. ind. . . . . εὑρίσκω
18 εὑρεῖν 2 aor. act. infin. . . . . id.
  διηκόνησεν 3 p. sing. 1 aor. act. ind. . . . . . διακονέω
  γινώσκεις 2 p. sing. pres. act. ind. . . . . . . γινώσκω

2

1 ἐνδυναμοῦ 2 p. sing. pres. mid. imper. . . . . . ἐνδυναμόω
2 ἤκουσας 2 p. sing. 1 aor. act. ind. . . . . ἀκούω
  παράθου 2 p. sing. 2 aor. mid. imper. . . . . . παρατίθημι
  ἔσονται 3 p. pl. fut. mid. ind. . . . . εἰμί
  διδάξαι 1 aor. act. infin. . . . . διδάσκω
3 συγκακοπάθησον 2 p. s. 1 aor. act. imper. συγκακοπαθέω
4 στρατευόμενος pres. mid. ptc. nom. sing. masc. . στρατεύω
  ἐμπλέκεται 3 p. sing. pres. pass. ind. . . . . . . ἐμπλέκω

στρατολογήσαντι 1 aor. act. ptc. dat. s. m. στρατολογέω
ἀρέσῃ 3 p. sing. 1 aor. act. subj. . . . . ἀρέσκω
5 ἀθλῇ 3 p. sing. pres. act. subj. . . . . ἀθλέω
στεφανοῦται 3 p. sing. pres. pass. ind. . . . . στεφανόω
ἀθλήσῃ 3 p. sing. 1 aor. act. subj. . . . . ἀθλέω
6 κοπιῶντα pres. act. ptc. acc. sing. masc. . . . . . κοπιάω
δεῖ 3 p. sing. pres. act. impers. . . . . .δεῖ
μεταλαμβάνειν pres. act. infin. . . . . μεταλαμβάνω
7 νόει 2 p. sing. pres. act. imper. . . . . νοέω
δώσει 3 p. sing. fut. act. ind. . . . . .δίδωμι
8 μνημόνευε 2 p. sing. pres. act. imper. . . . . . μνημονεύω
ἐγηγερμένον perf. pass. ptc. acc. sing. masc. . . ἐγείρω
9 κακοπαθῶ 1 p. sing. pres. act. ind. . . . . . . κακοπαθέω
δέδεται 3 p. sing. perf. pass. ind. . . . . δέω
10 ὑπομένω 1 p. sing. pres. act. ind. . . . . ὑπομένω
τύχωσιν 3 p. pl. 2 aor. act. subj. . . . . τυγχάνω
11 συναπεθάνομεν 1 p. pl. 2 aor. act. ind. . . .συναποθνήσκω
συζήσομεν 1 p. pl. fut. act. ind. . . . . .συζάω
12 ὑπομένομεν 1 p. pl. pres. act. ind. . . . . . . .ὑπομένω
συμβασιλεύσομεν 1 p. pl. fut. act. ind. . . συμβασιλεύω
ἀρνησόμεθα 1 p. pl. fut. mid. ind. . . . . . . .ἀρνέομαι
ἀρνήσεται 3 p. sing. fut. mid. ind. . . . . .id.
13 ἀπιστοῦμεν 1 p. pl. pres. act. ind. . . . . . . .ἀπιστέω
μένει 3 p. sing. pres. act. ind. . . . . .μένω
ἀρνήσασθαι 1 aor. mid. infin. . . . . ἀρνέομαι
δύναται 3 p. sing. pres. pass. ind. . . . . δύναμαι
14 ὑπομίμνησκε 2 p. sing. pres. act. imper. . . ὑπομιμνήσκω
διαμαρτυρόμενος pres. mid. ptc. n. s. m. .διαμαρτύρομαι
λογομαχεῖν pres. act. infin. . . . . λογομαχέω
ἀκουόντων pres. act. ptc. gen. pl. masc. . . . . . ἀκούω
15 σπούδασον 2 p. sing. 1 aor. act. imper. . . . . σπουδάζω
παραστῆσαι 1 aor. act. infin. . . . . παρίστημι
ὀρθοτομοῦντα pres. act. ptc. acc. sing. masc. ὀρθοτομέω
16 περιΐστασο 2 p. sing. pres. mid. imper. . . . περιΐστημι
προκόψουσιν 3 p. pl. fut. act. ind. . . . . . . προκόπτω
17 ἕξει 3 p. sing. fut. act. ind. . . . . .ἕξω
ἔστιν 3 p. sing. pres. act. ind. . . . . .εἰμί
18 ἠστόχησαν 3 p. pl. 1 aor. act. ind. . . . . . . .ἀστοχέω
λέγοντες pres. act. ptc. nom. pl. masc. . . . . . . λέγω
γεγονέναι 2 perf. act. infin. . . . . .γίνομαι
ἀνατρέπουσιν 3 p. pl. pres. act. ind. . . . . . ἀνατρέπω
19 ἕστηκεν 3 p. sing. perf. act. ind. . . . . .ἵστημι
ἔχων pres. act. ptc. nom. sing. masc. . . . . .ἔχω
ἔγνω 3 p. sing. 2 aor. act. ind. . . . . .γινώσκω
ὄντας pres. act. ptc. acc. pl. masc. . . . . .εἰμί
ἀποστήτω 3 p. sing. 2 aor. act. imper. . . . . . ἀφίστημι
ὀνομάζων pres. act. ptc. nom. sing. masc. . . . . ὀνομάζω
21 ἐκκαθάρῃ 3 p. sing. 1 aor. act. subj. . . . . . ἐκκαθαίρω
ἔσται 3 p. sing. fut. mid. ind. . . . . .εἰμί
ἡγιασμένον perf. pass. ptc. nom. sing. neut. . . .ἁγιάζω
ἡτοιμασμένον perf. pass. ptc. nom. or ac. s. n. ἑτοιμάζω
22 φεῦγε 2 p. sing. pres. act. imper. . . . . .φεύγω
δίωκε 2 p. sing. pres. act. imper. . . . . .διώκω
ἐπικαλουμένων pres. mid. ptc. gen. pl. masc. . .ἐπικαλέω
23 παραιτοῦ 2 p. sing. pres. mid. imper. . . . . παραιτέομαι

εἰδώς perf. act. ptc. nom. pl. masc. . . . . οἶδα
γεννῶσιν 3 p. pl. pres. act. ind. . . . . γεννάω
24 δεῖ 3 p. sing. pres. act. impers. . . . . .δεῖ
μάχεσθαι pres. mid. infin. . . . . μάχομαι
εἶναι pres. act. infin. . . . . εἰμί
25 παιδεύοντα pres. act. ptc. acc. sing. masc. . . .παιδεύω
ἀντιδιατιθεμένους pres. m. ptc. a. pl. m.ἀντιδιατίθημι
δώῃ 3 p. sing. 2 aor. act. opt. . . . . .δίδωμι
26 ἀνανήψωσιν 3 p. pl. 1 aor. act. subj. . . . . . .ἀνανήφω
ἐζωγρημένοι perf. pass. ptc. nom. pl. masc. . . . ζωγρέω

3

1 γίνωσκε 2 p. sing. pres. act. imper. . . . . . . .γινώσκω
ἐνστήσονται 3 p. pl. fut. mid. ind. . . . . . . ἐνίστημι
2 ἔσονται 3 p. pl. fut. mid. ind. . . . . εἰμί
4 τετυφωμένοι perf. pass. ptc. nom. pl. masc. . . . .τυφόω
5 ἔχοντες pres. act. ptc. nom. pl. masc. . . . . . . ἔχω
ἠρνημένοι perf. pass. ptc. nom. pl. masc. . . . ἀρνέομαι
ἀποτρέπου 2 p. sing. pres. mid. imper. . . . . .ἀποτρέπω
6 εἰσιν 3 p. pl. pres. act. ind. . . . . εἰμί
ἐνδύνοντες pres. act. ptc. nom. pl. masc. . . . . ἐνδύνω
αἰχμαλωτίζοντες pres. act. ptc. nom. pl. m.αἰχμαλωτίζω
σεσωρευμένα perf. pass. ptc. acc. pl. neut. . . . σωρεύω
ἀγόμενα pres. pass. ptc. acc. pl. neut. . . . . . . ἄγω
7 μανθάνοντα pres. act. ptc. acc. pl. neut. . . . . .μανθάνω
ἐλθεῖν 2 aor. act. infin. . . . . ἔρχομαι
δυνάμενα pres. pass. ptc. acc. pl. neut. . . . . .δύναμαι
8 ἀντέστησαν 3 p. pl. 2 aor. act. ind. . . . . . . ἀνθίστημι
ἀνθίστανται 3 p. pl. pres. mid. ind. . . . . id.
κατεφθαρμένοι perf. pass. ptc. nom. pl. masc.καταφθείρω
9 προκόφουσιν 3 p. pl. fut. act. ind. . . . . . . προκόπτω
ἔσται 3 p. sing. fut. mid. ind. . . . . .εἰμί
ἐγένετο 3 p. sing. 2 aor. mid. ind. . . . . γίνομαι
10 παρηκολούθησας 2 p. sing. 1 aor. act. ind. παρακολουθέω
11 ὑπήνεγκα 1 p. sing. 1 aor. act. ind. . . . . . . .ὑποφέρω
ἐρρύσατο 3 p. sing. 1 aor. mid. ind. . . . . . . .ῥύομαι
12 θέλοντες pres. act. ptc. nom. pl. masc. . . . . . .θέλω
ζῆν pres. act. infin. . . . . ζάω
διωχθήσονται 3 p. pl. fut. pass. ind. . . . . . . .διώκω
13 προκόφουσιν 3 p. pl. fut. act. ind. . . . . . . προκόπτω
πλανῶντες pres. act. ptc. nom. pl. masc. . . . . .πλανάω
πλανώμενοι pres. pass. ptc. nom. pl. masc. . . . . . .id.
14 μένε 2 p. sing. pres. act. imper. . . . . μένω
ἔμαθες 2 p. sing. 2 aor. act. ind. . . . . .μανθάνω
ἐπιστώθης 3 p. sing. 1 aor. pass. ind. . . . . . .πιστόω
εἰδώς perf. act. ptc. nom. pl. masc. . . . . οἶδα
15 οἶδας 2 p. sing. perf. act. ind. . . . . id.
σοφίσαι 1 aor. act. infin. . . . . σοφίζω
δυνάμενα pres. pass. ptc. acc. pl. neut. . . . .δύναμαι
17 ἐξηρτισμένος perf. pass. ptc. nom. sing. masc. .ἐξαρτίζω
ᾖ 3 p. sing. pres. act. subj. . . . . .εἰμί

4

1 διαμαρτύρομαι 1 p. sing. pres. mid. ind. .διαμαρτύρομαι
μέλλοντος pres. act. ptc. gen. sing. masc. or ne. .μέλλω

κρίνειν pres. act. infin. . . . . .κρίνω
ζῶντας pres. act. ptc. acc. pl. masc. . . . . .ζάω
2 κήρυξον 2 p. sing. 1 aor. act. imper. . . . . . .κηρύσσω
ἐπίστηθι 2 p. sing. 2 aor. act. imper. . . . . .ἐφίστημι
ἔλεγξον 2 p. sing. 1 aor. act. imper. . . . . . . ἐλέγχω
ἐπιτίμησον 2 p. sing. 1 aor. act. imper. . . . ἐπιτιμάω
παρακάλεσον 2 p. sing. 1 aor. act. imper. . . παρακαλέω
3 ἔσται 3 p. sing. fut. mid. ind. . . . . εἰμί
ἀνέξονται 3 p. pl. fut. mid. ind. . . . . ἀνέχομαι
ἐπισωρεύσουσιν 3 p. pl. fut. act. ind. . . . . ἐπισωρεύω
κνηθόμενοι pres. mid. ptc. nom. pl. masc. . . . . . .κνήθω
4 ἀποστρέφουσιν 3 p. pl. fut. act. ind. . . . . ἀποστρέφω
ἐκτραπήσονται 3 p. pl. fut. pass. ind. . . . . . ἐκτρέπω
5 νῆφε 2 p. sing. pres. act. imper. . . . . νήφω
κακοπάθησον 2 p. sing. 1 aor. act. imper. . . κακοπαθέω
ποίησον 2 p. sing. 1 aor. act. imper. . . . . . . ποιέω
πληροφόρησον 2 p. sing. 1 aor. act. imper. . πληροφορέω
6 σπένδομαι 1 p. sing. pres. pass. ind. . . . . . . σπένδω
ἐφέστηκεν 3 p. sing. perf. act. ind. . . . . . .ἐφίστημι
7 ἠγώνισμαι 1 p. sing. perf. mid. ind. . . . . ἀγωνίζομαι
τετέλεκα 1 p. sing. perf. act. ind. . . . . .τελέω
τετήρηκα 1 p. sing. perf. act. ind. . . . . .τηρέω
8 ἀπόκειται 3 p. sing. pres. mid. ind. . . . . . ἀπόκειμαι
ἀποδώσει 3 p. sing. fut. act. ind. . . . . . . ἀποδίδωμι
ἠγαπηκόσι perf. act. ptc. dat. pl. masc. . . . . .ἀγαπάω
9 σπούδασον 2 p. sing. 1 aor. act. imper. . . . . σπουδάζω
ἐλθεῖν 2 aor. act. infin. . . . . ἔρχομαι
10 ἐγκατέλιπεν 3 p. sing. 2 aor. act. ind. . . ἐγκαταλείπω
ἀγαπήσας 1 aor. act. ptc. nom. sing. masc. . . . . .ἀγαπάω
ἐπορεύθη 3 p. sing. 1 aor. pass. ind. . . . . . πορεύομαι
11 ἀναλαβών 2 aor. act. ptc. nom. sing. masc. . . ἀναλαμβάνω
12 ἀπέστειλα 1 p. sing. 1 aor. act. ind. . . . . . ἀποστέλλω
13 ἀπέλιπον 1 p. sing. 2 aor. act. ind. . . . . . . ἀπολείπω
ἐρχόμενος pres. mid. ptc. nom. sing. masc. . . . . ἔρχομαι
φέρε 2 p. sing. pres. act. imper. . . . . .φέρω
14 ἐνεδείξατο 3 p. sing. 1 aor. mid. ind. . . . ἐνδείκνυμι
ἀποδώσει 3 p. sing. fut. act. ind. . . . . . . ἀποδίδωμι
15 φυλάσσου 2 p. sing. pres. mid. imper. . . . . . . φυλάσσω
ἀντέστη 3 p. sing. 2 aor. act. ind. . . . . . . ἀνθίστημι
16 παρεγένετο 3 p. sing. 2 aor. mid. ind. . . .παραγίνομαι
ἐγκατέλιπον 3 p. pl. 2 aor. act. ind. . . . ἐγκαταλείπω
λογισθείη 3 p. sing. 1 aor. pass. opt. . . . . λογίζομαι
17 παρέστη 3 p. sing. 2 aor. act. ind. . . . . . . παρίστημι
ἐνεδυνάμωσεν 3 p. sing. 1 aor. act. ind. . . . ἐνδυναμόω
πληροφορηθῇ 3 p. sing. 1 aor. pass. subj. . . πληροφορέω
ἀκούσωσιν 3 p. pl. 1 aor. act. subj. . . . . .ἀκούω
ἐρρύσθην 1 p. sing. 1 aor. pass. ind. . . . . . . ῥύομαι
18 ῥύσεται 3 p. sing. fut. mid. ind. . . . . id.
σώσει 3 p. sing. fut. act. ind. . . . . .σώζω
19 ἄσπασαι 2 p. sing. 1 aor. mid. imper. . . . . .ἀσπάζομαι
20 ἔμεινεν 3 p. sing. 1 aor. act. ind. . . . . .μένω
ἀπέλιπον 1 p. sing. 2 aor. act. ind. . . . . .ἀπολείπω
ἀσθενοῦντα pres. act. ptc. acc. sing. masc. . . .ἀσθενέω
21 σπούδασον 2 p. sing. 1 aor. act. imper. . . . . .σπουδάζω
ἀσπάζεται 3 p. sing. pres. mid. ind. . . . . . .ἀσπάζομαι

1

2 ἐπηγγείλατο 3 p. sing. 1 aor. mid. ind. . . . . ἐπαγγέλλω
3 ἐφανέρωσεν 3 p. sing. 1 aor. act. ind. . . . . . . φανερόω
ἐπιστεύθην 1 p. sing. 1 aor. pass. ind. . . . . . .πιστεύω
5 ἀπέλιπον 1 p. sing. 2 aor. act. ind. . . . . . . ἀπολείπω
λείποντα pres. act. ptc. acc. pl. neut. . . . . . . .λείπω
ἐπιδιορθώσῃ 2 p. sing. 1 aor. mid. subj. . . . ἐπιδιορθόω
καταστήσῃς 2 p. sing. 1 aor. act. subj. . . . . καθίστημι
διεταξάμην 1 p. sing. 1 aor. mid. ind. . . . . . διατάσσω
6 ἐστιν 3 p. sing. pres. act. ind. . . . . εἰμί
ἔχων pres. act. ptc. nom. sing. masc. . . . . ἔχω
7 δεῖ 3 p. sing. pres. act. impers. . . . . δεῖ
εἶναι pres. act. infin. . . . . .εἰμί
9 ἀντεχόμενον pres. mid. ptc. acc. sing. masc. . ἀντέχομαι
ᾖ 3 p. sing. pres. act. subj. . . . . .εἰμί
παρακαλεῖν pres. act. infin. . . . . .παρακαλέω
ἀντιλέγοντας pres. act. ptc. acc. pl. masc. . . ἀντιλέγω
ἐλέγχειν pres. act. infin. . . . . .ἐλέγχω
ὑγιαινουσῃ pres. act. ptc. dat. sing. fem. . . . ὑγιαίνω
10 εἰσίν 3 p. pl. pres. act. ind. . . . . εἰμί
11 ἐπιστομίζειν pres. act. infin. . . . . ἐπιστομίζω
ἀνατρέπουσιν 3 p. pl. pres. act. ind. . . . . . ἀνατρέπω
διδάσκοντες pres. act. ptc. nom. pl. masc. . . . διδάσκω
12 εἶπεν 3 p. sing. 2 aor. act. ind. . . . . .λέγω
13 ἔλεγχε 2 p. sing. pres. act. imper. . . . . .ἐλέγχω
ὑγιαίνωσιν 3 p. pl. pres. act. subj. . . . . . .ὑγιαίνω
14 προσέχοντες pres. act. ptc. nom. pl. masc. . . . προσέχω
ἀποστρεφομένων pres. mid. ptc. g. pl. m. or n. ἀποστρέφω
15 μεμιαμμένοις perf. pass. ptc. dat. pl. masc. . . .μιαίνω
μεμίανται 3 p. sing. perf. pass. ind. . . . . id.
16 ὁμολογοῦσιν 3 p. pl. pres. act. ind. . . . . . .ὁμολογέω
εἰδέναι perf. act. infin. . . . . .οἶδα
ἀρνοῦνται 3 p. pl. pres. mid. ind. . . . . ἀρνέομαι
ὄντες pres. act. ptc. nom. pl. masc. . . . . εἰμί

2

1 λάλει 3 p. sing. pres. act. imper. . . . . .λαλέω
πρέπει 3 p. sing. pres. act. impers. constr. . . . .πρέπω
2 εἶναι pres. act. infin. . . . . .εἰμί
ὑγιαίνοντας pres. act. ptc. acc. pl. masc. . . . ὑγιαίνω
3 δεδουλωμένας perf. pass. ptc. acc. pl. fem. . . . δουλόω
4 σωφρονίζωσιν 3 p. pl. pres. act. subj. . . . .σωφρονίζω
5 ὑποτασσομένας pres. mid. ptc. acc. pl. fem. . . ὑποτάσσω
βλασφημῆται 3 p. sing. pres. pass. subj. . . . βλασφημέω
6 παρακάλει 2 p. sing. pres. act. imper. . . . . παρακαλέω
σωφρονεῖν pres. act. infin. . . . . σωφρονέω
7 παρεχόμενος pres. mid. ptc. nom. sing. masc. . . .παρέχω
8 ἐντραπῇ 3 p. sing. 2 aor. pass. subj. . . . . . . ἐντρέπω
ἔχων pres. act. ptc. nom. sing. masc. . . . . ἔχω
λέγειν pres. act. infin. . . . . .λέγω
9 ὑποτάσσεσθαι pres. mid. infin. . . . . .ὑποτάσσω
ἀντιλέγοντας pres. act. ptc. acc. pl. masc. . . ἀντιλέγω
10 νοσφιζομένους pres. mid. ptc. acc. pl. masc. . . νοσφίζω

κοσμῶσιν 3 p. pl. pres. act. subj. . . . . κοσμέω
ἐνδεικνυμένους pres. mid. ptc. acc. pl. masc. ἐνδείκνυμι
11 ἐπεφάνη 3 p. sing. 2 aor. pass. ind. . . . . . . ἐπιφαίνω
12 παιδεύουσα pres. act. ptc. nom. sing. fem. . . . παιδεύω
ἀρνησάμενοι 1 aor. mid. ptc. nom. pl. masc. . . ἀρνέομαι
ζήσωμεν 1 p. pl. 1 aor. act. subj. . . . . ζάω
13 προσδεχόμενοι pres. mid. ptc. nom. pl. masc. προσδέχομαι
14 ἔδωκεν 3 p. sing. 1 aor. act. ind. . . . . δίδωμι
λυτρώσηται 3 p. sing. 1 aor. mid. subj. . . . . . λυτρόω
καθαρίσῃ 3 p. sing. 1 aor. act. subj. . . . . . . καθαρίζω
15 παρακάλει 2 p. sing. pres. act. imper. . . . . παρακαλέω
ἔλεγχε 2 p. sing. pres. act. imper. . . . . ἐλέγχω
περιφρονείτω 3 p. sing. pres. act. imper. . . περιφρονέω

3

1 ὑπομίμνῃσκε 2 p. sing. pres. act. imper. . . ὑπομιμνήσκω
ὑποτάσσεσθαι pres. mid. infin. . . . . ὑποτάσσω
πειθαρχεῖν pres. act. infin. . . . . πειθαρχέω
εἶναι pres. act. infin. . . . . εἰμί
2 βλασφημεῖν pres. act. infin. . . . . βλασφημέω
ἐνδεικνυμένους pres. mid. ptc. acc. pl. masc. ἐνδείκνυμι
3 ἦμεν 1 p. pl. imperf. act. ind. . . . . εἰμί
πλανώμενοι pres. pass. ptc. nom. pl. masc. . . . .πλανάω
δουλεύοντες pres. act. ptc. nom. pl. masc. . . . δουλεύω
διάγοντες pres. act. ptc. nom. pl. masc. . . . . . διάγω
μισοῦντες pres. act. ptc. nom. pl. masc. . . . . . . μισέω
4 ἐπεφάνη 3 p. sing. 2 aor. pass. ind. . . . . . . ἐπιφαίνω
5 ἐποιήσαμεν 1 p. pl. 1 aor. act. ind. . . . . ποιέω
ἔσωσεν 3 p. sing. 1 aor. act. ind. . . . . σώζω
6 ἐξέχεεν 3 p. sing. 1 aor. act. ind. . . . . ἐκχέω
7 δικαιωθέντες 1 aor. pass. ptc. nom. pl. masc. . .δικαιόω
γενηθῶμεν 1 p. pl. 1 aor. pass. subj. . . . . . . .γίνομαι
8 βούλομαι 1 p. sing. pres. mid. ind. . . . . βούλομαι
διαβεβαιοῦσθαι pres. mid. infin. . . . . .διαβεβαιόομαι
φροντίζωσιν 3 p. pl. pres. act. subj. . . . . . φροντίζω
προΐστασθαι pres. mid. infin. . . . . προΐστημι
πεπιστευκότες perf. act. ptc. nom. pl. masc. . . πιστεύω
9 περιΐστασο 2 p. sing. pres. mid. imper. . . .περιΐστημι
10 παραιτοῦ 2 p. sing. pres. mid. imper. . . . παραιτέομαι
11 εἰδώς perf. act. ptc. nom. pl. masc. . . . . οἶδα
ἐξέστραπται 3 p. sing. perf. pass. ind. . . . . ἐκστρέφω
ὤν pres. act. ptc. nom. sing. masc. . . . . .εἰμί
ἁμαρτάνει 3 p. sing. pres. act. ind. . . . . . . .ἁμαρτάνω
12 πέμψω 1 p. sing. fut. act. ind. . . . . .πέμπω
σπούδασον 2 p. sing. 1 aor. act. imper. . . . . σπουδάζω
ἐλθεῖν 2 aor. act. infin. . . . . ἔρχομαι
κέκρικα 1 p. sing. perf. act. ind. . . . . .κρίνω
παραχειμάσαι 1 aor. act. infin. . . . . παραχειμάζω
13 πρόπεμψον 2 p. sing. 1 aor. act. imper. . . . . προπέμπω
λείπῃ 3 p. sing. pres. act. subj. . . . . λείπω
14 μανθανέτωσαν 3 p. pl. pres. act. imper. . . . . .μανθάνω
ὦσιν 3 p. pl. pres. act. subj. . . . . εἰμί
15 ἀσπάζονται 3 p. pl. pres. mid. ind. . . . . . . ἀσπάζομαι
ἄσπασαι 2 p. sing. 1 aor. mid. imper. . . . . id.
φιλοῦντας pres. act. ptc. acc. pl. masc. . . φιλοτιμέομαι

4 εὐχαριστῶ 1 p. sing. pres. act. ind. . . . . εὐχαριστέω
  ποιούμενος pres. mid. ptc. nom. sing. masc. . . . ποιέω
5 ἀκούων pres. act. ptc. nom. sing. masc. . . . . . . ἀκούω
  ἔχεις 2 p. sing. pres. act. ind. . . . . ἔχω
6 γένηται 3 p. sing. 2 aor. mid. subj. . . . . γίνομαι
7 ἔσχον 1 p. s. or 3 p. pl. 2 aor. act. ind. . . . . ἔχω
  ἀναπέπαυται 3 p. sing. perf. pass. ind. . . . . ἀναπαύω
8 ἔχων pres. act. ptc. nom. sing. masc. . . . . ἔχω
  ἐπιτάσσειν pres. act. infin. . . . . ἐπιτάσσω
  ἀνῆκον pres. act. ptc. acc. sing. neut. . . . . . . ἀνήκω
9 παρακαλῶ 1 p. sing. pres. act. ind. . . . . . παρακαλέω
  ὤν pres. act. ptc. nom. sing. masc. . . . . εἰμί
10 ἐγέννησα 1 p. s. 1 aor. act. ind. . . . . γεννάω
12 ἀνέπεμψα 1 p. sing. 1 aor. act. ind. . . . . . . ἀναπέμπω
  ἔστιν 3 p. sing. pres. act. ind. . . . . εἰμί
13 ἐβουλόμην 1 p. sing. imperf. mid. ind. . . . . βούλομαι
  κατέχειν pres. act. infin. . . . . κατέχω
  διακονῇ 3 p. sing. pres. act. subj. . . . . διακονέω
14 ἠθέλησα 1 p. sing. 1 aor. act. ind. . . . . ἐθέλω
  ποιῆσαι 1 aor. act. infin. . . . . ποιέω
  ᾖ 3 p. sing. pres. act. subj. . . . . εἰμί
15 ἐχωρίσθη 3 p. sing. 1 aor. pass. ind. . . . . . . χωρίζω
  ἀπέχῃς 2 p. sing. pres. act. subj. . . . . ἀπέχω
17 ἔχεις 2 p. sing. pres. act. ind. . . . . ἔχω
  προσλαβοῦ 2 p. sing. 2 aor. mid. imper. . . . προσλαμβάνω
18 ἠδίκησεν 3 p. sing. 1 aor. act. ind. . . . . ἀδικέω
  ὀφείλει 3 p. sing. pres. act. ind. . . . . ὀφείλω
  ἐλλόγα 2 p. sing. pres. act. imper. . . . . ἐλλογάω
19 ἔγραφα 1 p. sing. 1 aor. act. ind. . . . . γράφω
  ἀποτίσω 1 p. sing. fut. act. ind. . . . . ἀποτίνω
  προσοφείλεις 2 p. sing. pres. act. ind. . . . προσοφείλω
20 ὀναίμην 1 p. sing. 2 aor. mid. opt. . . . . ὀνίημι
  ἀνάπαυσον 2 p. sing. 1 aor. act. imper. . . . . . ἀναπαύω
21 πεποιθώς 2 perf. act. ptc. nom. sing. masc. . . . . . πείθω
  ἔγραψα 1 p. sing. 1 aor. act. ind. . . . . γράφω
  εἰδώς perf. act. ptc. nom. sing. masc. . . . . οἶδα
  ποιήσεις 2 p. sing. fut. act. ind. . . . . ποιέω
22 ἑτοίμαζε 2 p. sing. pres. act. imper. . . . . . . ἑτοιμάζω
  ἐλπίζω 1 p. sing. pres. act. ind. . . . . ἐλπίζω
  χαρισθήσομαι 1 p. sing. fut. pass. ind. . . . . χαρίζομαι
23 ἀσπάζεται 3 p. sing. pres. mid. ind. . . . . . . ἀσπάζομαι

Πρὸς Ἑβραίους

1

1 λαλήσας 1 aor. act. ptc. nom. sing. masc. . . . . . . λαλέω
2 ἐλάλησεν 3 p. sing. 1 aor. act. ind. . . . . id.
  ἔθηκεν 3 p. sing. 1 aor. act. ind. . . . . τίθημι
  ἐποίησεν 3 p. sing. 1 aor. act. ind. . . . . ποιέω
3 ὤν pres. act. ptc. nom. sing. masc. . . . . εἰμί
  φέρων pres. act. ptc. nom. sing. masc. . . . . φέρω
  ἐκάθισεν 3 p. sing. 1 aor. act. ind. . . . . καθίζω
  ποιησάμενος 1 aor. mid. ptc. nom. sing. masc. . . . ποιέω
4 γενόμενος 2 aor. mid. ptc. nom. sing. masc. . . . γίνομαι
  κεκληρονόμηκεν 3 p. sing. perf. act. ind. . . . κληρονομέω
5 εἶπεν 3 p. sing. 2 aor. act. ind. . . . . λέγω
  εἶ 2 p. sing. pres. act. ind. . . . . εἰμί
  γεγέννηκα 1 p. sing. perf. act. ind. . . . . γεννάω
  ἔσομαι 1 p. sing. fut. mid. ind. . . . . εἰμί
  ἔσται 3 p. sing. fut. mid. ind. . . . . .id.
6 εἰσαγάγῃ 3 p. sing. 2 aor. act. subj. . . . . εἰσάγω
  λέγει 3 p. sing. pres. act. ind. . . . . λέγω
  προσκυνησάτωσαν 3 p. pl. 1 aor. act. imper. . προσκυνέω
7 ποιῶν pres. act. ptc. nom. sing. masc. . . . . . . ποιέω
9 ἠγάπησας 2 p. sing. 1 aor. act. ind. . . . . . . .ἀγαπάω
  ἐμίσησας 2 p. sing. 1 aor. act. ind. . . . . μισέω
  ἔχρισεν 3 p. sing. 1 aor. act. ind. . . . . .χρίω
10 ἐθεμελίωσας 2 p. sing. 1 aor. act. ind. . . . . θεμελιόω
  εἰσιν 3 p. pl. pres. act. ind. . . . . εἰμί
11 ἀπολοῦνται 3 p. pl. fut. mid. ind. . . . . . . .ἀπόλλυμι
  διαμένεις 2 p. sing. pres. act. ind. . . . . . . διαμένω
  παλαιωθήσονται 3 p. pl. fut. pass. ind. . . . . . παλαιόω
12 ἑλίξεις 2 p. sing. fut. act. ind. . . . . ἑλίσσω
  ἀλλαγήσονται 3 p. pl. fut. pass. ind. . . . . . .ἀλλάσσω
  ἐκλείψουσιν 3 p. pl. fut. act. ind. . . . . . . .ἐκλείπω
13 εἴρηκεν 3 p. sing. perf. act. ind. . . . . εἶπον
  θῶ 1 p. sing. 2 aor. act. subj. . . . . .τίθημι
14 ἀποστελλόμενα pres. pass. ptc. nom. pl. neut. ἀποστέλλω
  μέλλοντας pres. act. ptc. acc. pl. masc. . . . . . μέλλω
  κληρονομεῖν pres. act. infin. . . . . κληρονομέω

2

1 δεῖ 3 p. sing. pres. act. impers. verb . . . . δεῖ
  προσέχειν pres. act. infin. . . . . .προσέχω
  ἀκουσθεῖσιν 1 aor. pass. ptc. dat. pl. neut. . . . ἀκούω
  παραρυῶμεν 1 p. pl. 2 aor. act. subj. . . . . . παραρρέω
2 λαληθείς 1 aor. pass. ptc. nom. sing. masc. . . . .λαλέω
  ἐγένετο 3 p. sing. 2 aor. mid. ind. . . . . γίνομαι
  ἔλαβεν 3 p. sing. 2 aor. act. ind. . . . . .λαμβάνω
3 ἐκφευξόμεθα 1 p. pl. fut. mid. ind. . . . . . . .ἐκφεύγω
  ἀμελήσαντες 1 aor. act. ptc. nom. pl. masc. . . . ἀμελέω
  λαβοῦσα 2 aor. act. ptc. nom. sing. fem. . . . . .λαμβάνω
  λαλεῖσθαι pres. pass. infin. . . . . λαλέω
  ἀκουσάντων 1 aor. act. ptc. gen. pl. masc. . . . . ἀκούω
  ἐβεβαιώθη 3 p. sing. 1 aor. pass. ind. . . . . . βεβαιόω
4 συνεπιμαρτυροῦντος pres. a. pt. g. s. m.συνεπιμαρτυρέω
5 ὑπέταξεν 3 p. sing. 1 aor. act. ind. . . . . . .ὑποτάσσω

μέλλουσαν pres. act. ptc. acc. sing. fem. . . . . . . μέλλω
λαλοῦμεν 1 p. pl. pres. act. ind. . . . . λαλέω
6 διεμαρτύρατο 3 p. sing. 1 aor. mid. ind. . διαμαρτύρομαι
λέγων pres. act. ptc. nom. sing. masc. . . . . λέγω
ἔστιν 3 p. sing. pres. act. ind. . . . . εἰμί
μιμνῄσκῃ 2 p. sing. pres. mid. ind. . . . . μιμνήσκω
ἐπισκέπτῃ 2 p. sing. pres. mid. ind. . . . ἐπισκέπτομαι
7 ἠλάττωσας 2 p. sing. 1 aor. act. ind. . . . . ἐλαττόω
ἐστεφάνωσας 2 p. sing. 1 aor. act. ind. . . . . . στεφανόω
8 ὑπέταξας 2 p. sing. 1 aor. act. ind. . . . . ὑποτάσσω
ὑποτάξαι 1 aor. act. infin. . . . . id.
ἀφῆκεν 3 p. sing. 1 aor. act. ind. . . . . ἀφίημι
ὁρῶμεν 1 p. pl. pres. act. ind. . . . . ὁράω
ὑποτεταγμένα perf. pass. ptc. acc. pl. neut. . . ὑποτάσσω
9 ἠλαττωμένον perf. pass. ptc. acc. sing. masc. . . ἐλαττόω
βλέπομεν 1 p. pl. pres. act. ind. . . . . βλέπω
ἐστεφανωμένον perf. pass. ptc. acc. sing. masc. στεφανόω
γεύσηται 3 p. sing. 1 aor. mid. subj. . . . . γεύομαι
10 ἔπρεπεν 3 p. sing. imperf. act. ind. . . . . πρέπω
ἀγαγόντα 2 aor. act. ptc. acc. sing. masc. . . . . . . ἄγω
τελειῶσαι 1 aor. act. infin. . . . . τελειόω
11 ἁγιάζων pres. act. ptc. nom. sing. masc. . . . . . ἁγιάζω
ἁγιαζόμενοι pres. pass. ptc. nom. pl. masc. . . . . . . id.
ἐπαισχύνεται 3 p. sing. pres. mid. ind. . . ἐπαισχύνομαι
καλεῖν pres. act. infin. . . . . καλέω
12 λέγων pres. act. ptc. nom. sing. masc. . . . . λέγω
ἀπαγγελῶ 1 p. sing. fut. act. ind. . . . . ἀπαγγέλλω
ὑμνήσω 1 p. sing. fut. act. ind. . . . . ὑμνέω
13 ἔσομαι 1 p. sing. fut. mid. ind. . . . . εἰμί
πεποιθώς 2 perf. act. ptc. nom. sing. masc. . . . . πείθω
ἰδού 2 p. sing. 2 aor. mid. imper. . . . . εἶδον
ἔδωκεν 3 p. sing. 1 aor. act. ind. . . . . δίδωμι
14 κεκοινώνηκεν 3 p. sing. perf. act. ind. . . . . κοινωνέω
μετέσχεν 3 p. sing. 2 aor. act. ind. . . . . μετέχω
καταργήσῃ 3 p. sing. 1 aor. act. subj. . . . . . καταργέω
ἔχοντα pres. act. ptc. acc. sing. masc. . . . . ἔχω
15 ἀπαλλάξῃ 3 p. sing. 1 aor. act. subj. . . . . . ἀπαλλάσσω
ζῆν pres. act. infin. . . . . ζάω
ἦσαν 3 p. pl. imperf. act. ind. . . . . εἰμί
16 ἐπιλαμβάνεται 3 p. sing. pres. mid. ind. . . ἐπιλαμβάνω
17 ὤφειλεν 3 p. sing. imperf. act. ind. . . . . ὀφείλω
ὁμοιωθῆναι 1 aor. pass. infin. . . . . ὁμοιόω
γένηται 3 p. sing. 2 aor. mid. subj. . . . . γίνομαι
ἱλάσκεσθαι pres. mid. infin. . . . . ἱλάσκομαι
18 πέπονθεν 3 p. sing. 2 perf. act. ind. . . . . πάσχω
πειρασθείς 1 aor. pass. ptc. nom. sing. masc. . . πειράζω
δύναται 3 p. sing. pres. pass. ind. . . . . δύναμαι
πειραζομένοις pres. pass. ptc. dat. pl. masc. . . πειράζω
βοηθῆσαι 1 aor. act. infin. . . . . βοηθέω

3

1 κατανοήσατε 2 p. pl. 1 aor. act. imper. . . . . κατανοέω
2 ὄντα pres. act. ptc. acc. sing. masc. . . . . εἰμί
ποιήσαντι 1 aor. act. ptc. dat. sing. masc. . . . . ποιέω
3 ἠξίωται 3 p. sing. perf. pass. ind. . . . . ἀξιόω

ἔχει 3 p. sing. pres. act. ind. . . . . ἔχω
κατασκευάσας 1 aor. act. ptc. nom. s. masc. κατασκευάζω
4 κατασκευάζεται 3 p. sing. pres. pass. ind. . . . . . id.
5 λαληθησομένων fut. pass. ptc. gen. pl. neut. . . . λαλέω
6 ἐσμεν 1 p. pl. pres. act. ind. . . . . εἰμί
κατάσχωμεν 1 p. pl. 2 aor. act. subj. . . . . κατέχω
7 λέγει 3 p. sing. pres. act. ind. . . . . λέγω
ἀκούσητε 2 p. pl. 1 aor. act. subj. . . . . ἀκούω
8 σκληρύνητε 2 p. pl. pr. a. sbj.or1 aor. a. sbj. σκληρύνω
9 ἐπείρασαν 3 p. pl. 1 aor. act. ind. . . . . . . πειράζω
εἶδον 3 p. pl. 2 aor. act. ind. . . . . ὁράω
10 προσώχθισα 1 p. sing. 1 aor. act. ind. . . . προσοχθίζω
εἶπον 1 p. sing. 2 aor. act. ind. . . . . λέγω
πλανῶνται 3 p. pl. pres. pass. ind. . . . . πλανάω
ἔγνωσαν 3 p. pl. 2 aor. act. ind. . . . . γινώσκω
11 ὤμοσα 1 p. sing. 1 aor. act. ind. . . . . ὄμνυμι
εἰσελεύσονται 3 p. pl. fut. mid. ind. . . . . εἰσέρχομαι
12 βλέπετε 2 p. pl. pres. act. ind. . . . . βλέπω
ἔσται 3 p. sing. fut. mid. ind. . . . . εἰμί
ἀποστῆναι 2 aor. act. infin. . . . . .ἀφίστημι
ζῶντος pres. act. ptc. gen. sing. masc. or neut. . . ζάω
13 παρακαλεῖτε 2 p. pl. pres. act. imper. . . . . παρακαλέω
καλεῖται 3 p. sing. pres. pass. ind. . . . . καλέω
σκληρυνθῇ 3 p. sing. 1 aor. pass. subj. . . . . σκληρύνω
14 γεγόναμεν 1 p. pl. 2 perf. act. ind. . . . . . . γίνομαι
κατάσχωμεν 1 p. pl. 2 aor. act. subj. . . . . . . κατέχω
15 λέγεσθαι pres. pass. infin. . . . . λέγω
ἀκούσητε 2 p. pl. 1 aor. act. subj. . . . . .ἀκούω
σκληρύνητε 2 p. pl.pr. a. sbj. or1aor.a.subj. .σκληρύνω
16 ἀκούσαντες 1 aor. act. ptc. nom. pl. masc. . . . . ἀκούω
παρεπίκραναν 3 p. pl. 1 aor. act. ind. . . παραπικραίνω
ἐξελθόντες 2 aor. act. ptc. nom. pl. masc. . . ἐξέρχομαι
17 προσώχθισεν 3 p. sing. 1 aor. act. ind. . . .προσοχθίζω
ἁμαρτήσασιν 1 aor. act. ptc. dat. pl. masc. . . ἁμαρτάνω
ἔπεσεν 3 p. sing. 2 aor. act. ind. . . . . .πίπτω
18 ὤμοσεν 3 p. sing. 1 aor. act. ind. . . . . ὄμνυμι
εἰσελεύσεσθαι fut. mid. infin. . . . . εἰσέρχομαι
ἀπειθήσασιν 1 aor. act. ptc. dat. pl. masc. . . ἀπειθέω
19 βλέπομεν 1 p. pl. pres. act. ind. . . . . .βλέπω
ἠδυνήθησαν 3 p. pl. 1 aor. pass. ind. Att. . . . δύναμαι
εἰσελθεῖν 2 aor. act. infin. . . . . εἰσέρχομαι

4

1 φοβηθῶμεν 1 p. pl. 1 aor. pass. subj. . . . . φοβέω
καταλειπομένης pres. pass. ptc. gen. s. fem. . καταλείπω
δοκῇ 3 p. sing. pres. act. subj. . . . . δοκέω
ὑστερηκέναι perf. act. infin. . . . . .ὑστερέω
2 ἐσμεν 1 p. pl. pres. act. ind. . . . . εἰμί
εὐηγγελισμένοι perf. pass. ptc. nom. pl. m. . εὐαγγελίζω
ὠφέλησεν 3 p. sing. 1 aor. act. ind. . . . . . . ὠφελέω
συγκεκερασμένος perf. pass. ptc. n. s. m. .συγκεράννυμι
ἀκούσασιν 1 aor. act. ptc. dat. pl. masc. . . . . .ἀκούω
3 εἰσερχόμεθα 1 p. pl. pres. mid. ind. . . . . . εἰσέρχομαι
πιστεύσαντες 1 aor. act. ptc. nom. pl. masc. . . πιστεύω
εἴρηκεν 3 p. sing. perf. act. ind. . . . . εἶπον

ὤμοσα 1 p. sing. 1 aor. act. ind. . . . . .ὄμνυμι
εἰσελεύσονται 3 p. pl. fut. mid. ind. . . . .εἰσέρχομαι
γενηθέντων 1 aor. pass. ptc. gen. pl. neut. . . .γίνομαι
4 κατέπαυσεν 3 p. sing. 1 aor. act. ind. . . . . καταπαύω
6 ἀπολείπεται 3 p. sing. pres. pass. ind. . . . . .ἀπολείπω
εἰσελθεῖν 2 aor. aot. infin. . . . . εἰσέρχομαι
εὐαγγελισθέντες 1 aor. pass. ptc. n. pl. m. εὐαγγελίζω
εἰσῆλθον 1 p. s. or 3 p. pl. 2 aor. act. ind. εἰσέρχομαι
7 ὁρίζει 3 p. sing. pres. act. ind. . . . . ὁρίζω
λέγων pres. act. ptc. nom. sing. masc. . . . . λέγω
προείρηται 3 p. sing. perf. pass. ind. . . . . . .προλέγω
ἀκούσητε 2 p. pl. 1 aor. act. subj. . . . . .ἀκούω
σκληρύνητε 2 p. pl. pres. or 1 aor. act. subj. σκληρύνω
8 κατέπαυσεν 3 p. sing. 1 aor. act. ind. . . . . καταπαύω
ἐλάλει 3 p. sing. imperf. act. ind. . . . . λαλέω
9 ἀπολείπεται 3 p. sing. pres. pass. ind. . . . . ἀπολείπω
10 εἰσελθών 2 aor. act. ptc. nom. sing. masc. . εἰσέρχομαι
11 σπουδάσωμεν 1 p. pl. 1 aor. act. subj. . . . . σπουδάζω
εἰσελθεῖν 2 aor. act. infin. . . . . εἰσέρχομαι
πέσῃ 3 p. sing. 2 aor. act. subj. . . . . πίπτω
12 ζῶν pres. act. ptc. nom. sing. masc. or acc. s. neut. ζάω
διϊκνούμενος pres. mid. ptc. nom. s. masc. . διϊκνέομαι
13 ἔστιν 3 p. sing. pres. act. ind. . . . . εἰμί
τετραχηλισμένα perf. pass. ptc. n. pl. neut. . τραχηλίζω
14 ἔχοντες pres. act. ptc. nom. pl. masc. . . . . ἔχω
διεληλυθότα 2 perf. act. ptc. acc. s. masc. . διέρχομαι
κρατῶμεν 1 p. pl. pres. act. subj. . . . . κρατέω
15 ἔχομεν 1 p. pl. pres. act. ind. . . . . ἔχω
δυνάμενον pres. pass. ptc. acc. sing. masc. . . .δύναμαι
πεπειρασμένον perf. pass. ptc. acc. sing. masc. .πειράζω
συμπαθῆσαι 1 aor. act. infin. . . . . συμπαθέω
16 προσερχώμεθα 1 p. pl. pres. mid. subj. . . . .προσέρχομαι
λάβωμεν 1 p. pl. 2 aor. act. subj. . . . . .λαμβάνω
εὕρωμεν 1 p. pl. 2 aor. act. subj. . . . . .εὑρίσκω

5

1 λαμβανόμενος pres. pass. ptc. nom. sing. masc. . λαμβάνω
καθίσταται 3 p. sing. pres. pass. ind. . . . . . καθίστημι
προσφέρῃ 3 p. sing. pres. act. subj. . . . . . προσφέρω
2 μετριοπαθεῖν pres. act. infin. . . . . .μετριοπαθέω
δυνάμενος pres. pass. ptc. nom. sing. masc. . . .δύναμαι
ἀγνοοῦσιν pres. act. ptc. dat. pl. masc. . . . . .ἀγνοέω
πλανωμένοις pres. pass. ptc. dat. pl. masc. . . . πλανάω
περίκειται 3 p. sing. pres. mid. ind. . . . .περίκειμαι
3 ὀφείλει 3 p. sing. pres. act. ind. . . . . ὀφείλω
προσφέρειν pres. act. infin. . . . . .προσφέρω
4 λαμβάνει 3 p. sing. pres. act. ind. . . . . λαμβάνω
καλούμενος pres. pass. ptc. nom. sing. masc. . . . καλέω
5 ἐδόξασεν 3 p. sing. 1 aor. act. ind. . . . . . . .δοξάζω
γενηθῆναι 1 aor. pass. infin. . . . . .γίνομαι
λαλήσας 1 aor. act. ptc. nom. sing. masc. . . . . . λαλέω
εἶ 2 p. sing. pres. act. ind. . . . . .εἰμί
γεγέννηκα 1 p. sing. perf. act. ind. . . . . . . .γεννάω
6 λέγει 3 p. sing. pres. act. ind. . . . . λέγω
7 δυνάμενον pres. pass. ptc. acc. sing. masc. . . .δύναμαι

σῴζειν pres. act. infin. . . . . σῴζω
προσενέγκας 1 aor. act. ptc. nom. sing. masc. . προσφέρω
εἰσακουσθείς 1 aor. pass. ptc. nom. s. masc. . . .εἰσακούω
8 ὤν pres. act. ptc. nom. sing. masc. . . . . εἰμί
ἔμαθεν 3 p. sing. 2 aor. act. ind. . . . . .μανθάνω
ἔπαθεν 3 p. sing. 2 aor. act. ind. . . . . πάσχω
9 τελειωθείς 1 aor. pass. ptc. nom. sing. masc. . . τελειόω
ἐγένετο 3 p. sing. 2 aor. pass. ind. . . . . . . γίνομαι
ὑπακούουσιν pres. act. ptc. dat. pl. masc. . . . ὑπακούω
10 προσαγορευθείς 1 aor. pass. ptc. nom. s. m. προσαγορεύω
11 λέγειν pres. act. infin. . . . . .λέγω
γεγόνατε 2 p. pl. 2 perf. act. ind. . . . . . . .γίνομαι
12 ὀφείλοντες pres. act. ptc. nom. pl. masc. . . . . ὀφείλω
εἶναι pres. act. infin. . . . . εἰμί
ἔχετε 2 p. pl. pres. act. ind. . . . . ἔχω
διδάσκειν pres. act. infin. . . . . .διδάσκω
ἔχοντες pres. act. ptc. nom. pl. masc. . . . . ἔχω
13 μετέχων pres. act. ptc. nom. sing. masc. . . . . . .μετέχω
ἐστιν 3 p. sing. pres. act. ind. . . . . εἰμί
14 γεγυμνασμένα perf. pass. ptc. acc. pl. neut. . . γυμνάζω
ἐχόντων pres. act. ptc. nom. sing. masc. . . . . ἔχω

6
1 ἀφέντες 2 aor. act. ptc. nom. pl. masc. . . . . . . ἀφίημι
φερώμεθα 1 p. pl. pres. mid. subj. . . . . φέρω
καταβαλλόμενοι pres. m. or ps. ptc. n. pl. m. καταβάλλω
3 ποιήσομεν 1 p. pl. fut. act. ind. . . . . ποιέω
ἐπιτρέπῃ 3 p. sing. pres. act. subj. . . . . . . .ἐπιτρέπω
4 φωτισθέντας 1 aor. pass. ptc. acc. pl. masc. . . .φωτίζω
γευσαμένους 1 aor. mid. ptc. acc. pl. masc. . . .γεύομαι
γενηθέντας 1 aor. pass. ptc. acc. pl. masc. . . .γίνομαι
5 μέλλοντος pres. act. ptc. gen. sing. masc. or ne. . μέλλω
6 παραπεσόντας 2 aor. act. ptc. acc. pl. masc. . παραπίπτω
ἀνακαινίζειν pres. act. infin. . . . . ἀνακαινίζω
ἀνασταυροῦντας pres. act. ptc. acc. pl. masc. ἀνασταυρόω
παραδειγματίζοντας pr. act. pt. a. pl. m.παραδειγματίζω
7 πιοῦσα 2 aor. act. ptc. nom. sing. fem. . . . . . . .πίνω
ἐρχόμενον pres. mid. ptc. nom. or acc. s. neut. .ἔρχομαι
τίκτουσα pres. act. ptc. nom. sing. masc. . . . . . .τίκτω
γεωργεῖται 3 p. sing. pres. pass. ind. . . . . . γεωργέω
μεταλαμβάνει 3 p. sing. pres. act. ind. . . μεταλαμβάνω
8 ἐκφέρουσα pres. act. ptc. nom. sing. fem. . . . . . ἐκφέρω
9 πεπείσμεθα 1 p. pl. perf. pass. ind. . . . . πείθω
ἐχόμενα pres. mid. ptc. nom. or acc. s. neut. . . . ἔρχομαι
λαλοῦμεν 1 p. pl. pres. act. ind. . . . . λαλέω
10 ἐπιλαθέσθαι 2 aor. mid. infin. . . . . . .ἐπιλανθάνομαι
ἐνεδείξασθε 2 p. pl. 1 aor. mid. ind. . . . . .ἐνδείκνυμι
διακονήσαντες 1 aor. act. ptc. nom. pl. masc. . διακονέω
διακονοῦντες pres. act. ptc. nom. pl. masc. . . . . . id.
11 ἐπιθυμοῦμεν 1 p. pl. pres. act. ind. . . . . . .ἐπιθυμέω
ἐνδείκνυσθαι pres. mid. infin. . . . . .ἐνδείκνυμι
12 γένησθε 2 p. pl. 2 aor. mid. subj. . . . . γίνομαι
κληρονομούντων pres. act. ptc. g. pl. m. or n.κληρονομέω
13 ἐπαγγειλάμενος 1 aor. mid. ptc. nom. s. masc. .ἐπαγγέλλω
εἶχεν 3 p. sing. imperf. act. ind. . . . . ἔχω

ὀμόσαι 1 aor. act. infin. . . . . ὀμνύω
ὤμοσεν 3 p. sing. 1 aor. act. ind. . . . . id.
14 λέγων pres. act. ptc. nom. sing. masc. . . . . λέγω
εὐλογῶν pres. act. ptc. nom. sing. masc. . . . . . εὐλογέω
εὐλογήσω 1 p. sing. fut. act. ind. . . . . id.
πληθύνων pres. act. ptc. nom. sing. masc. . . . . .πληθύνω
πληθυνῶ 1 p. sing. fut. act. ind. . . . . id.
15 μακροθυμήσας 1 aor. act. ptc. nom. s. masc. . μακροθυμέω
ἐπέτυχεν 3 p. sing. 2 aor. act. ind. . . . . . ἐπιτυγχάνω
16 ὀμνύουσιν 3 p. pl. pres. act. ind. . . . . ὀμνύω
17 βουλόμενος pres. mid. ptc. nom. sing. masc. . . βούλομαι
ἐπιδεῖξαι 1 aor. act. infin. . . . . ἐπιδείκνυμι
ἐμεσίτευσεν 3 p. sing. 1 aor. act. ind. . . . . . μεσιτεύω
18 ψεύσασθαι 1 aor. mid. infin. . . . . .ψεύδομαι
ἔχωμεν 1 p. pl. pres. act. subj. . . . . .ἔχω
καταφυγόντες 2 aor. act. ptc. nom. pl. masc. . καταφεύγω
κρατῆσαι 1 aor. act. infin. . . . . .κρατέω
προκειμένης pres. mid. ptc. gen. sing. fem. . πρόκειμαι
19 ἔχομεν 1 p. pl. pres. act. ind. . . . . ἔχω
εἰσερχομένην pres. mid. ptc. acc. s. fem. . . εἰσέρχομαι
20 εἰσῆλθεν 3 p. sing. 2 aor. act. ind. . . . . id.
γενόμενος 2 aor. mid. ptc. nom. sing. masc. . . .γίνομαι

7

1 συναντήσας 1 aor. act. ptc. nom. sing. masc. . .συναντάω
ὑποστρέφοντι pres. act. ptc. dat. sing. masc. .ὑποστρέφω
εὐλογήσας 1 aor. act. ptc. nom. sing. masc. . . .εὐλογέω
2 ἐμέρισεν 3 p. sing. 1 aor. act. ind. . . . . . . .μερίζω
ἑρμηνευόμενος pres. pass. ptc. nom. sing. masc. ἑρμηνεύω
ἐστιν 3 p. sing. pres. act. ind. . . . . εἰμί
3 ἔχων pres. act. ptc. nom. sing. masc. . . . . .ἔχω
ἀφωμοιμένος pres. pass. ptc. nom. sing. masc. . ἀφομοιόω
μένει 3 p. sing. pres. act. ind. . . . . μένω
4 θεωρεῖτε 2 p. pl. pres. act. ind. . . . . θεωρέω
ἔδωκεν 3 p. sing. 1 aor. act. ind. . . . . δίδωμι
5 λαμβάνοντες pres. act. ptc. nom. pl. masc. . . . λαμβάνω
ἔχουσιν 3 p. pl. pres. act. ind. . . . . .ἔχω
ἀποδεκατοῦν pres. act. infin. . . . . .ἀποδεκατόω
ἐξεληλυθότας perf. act. ptc. acc. pl. masc. . . ἐξέρχομαι
6 γενεαλογούμενος pres. pass. ptc. nom. s. m. . γενεαλογέω
δεδεκάτωκεν 3 p. sing. perf. act. ind. . . . . . δεκατόω
ἔχοντα pres. act. ptc. acc. sing. masc. . . . . ἔχω
εὐλόγηκεν 3 p. sing. perf. act. ind. . . . . . . εὐλογέω
7 εὐλογεῖται 3 p. sing. pres. pass. ind. . . . . id.
8 ἀποθνήσκοντες pres. act. ptc. nom. pl. masc. . ἀποθνήσκω
λαμβάνουσιν 3 p. pl. pres. act. ind. . . . . . . λαμβάνω
μαρτυρούμενος pres. pass. ptc. nom. sing. masc. μαρτυρέω
ζῇ 3 p. sing. pres. act. ind. . . . . .ζάω
9 εἰπεῖν 2 aor. act. infin. . . . . λέγω
λαμβάνων pres. act. ptc. nom. sing. masc. . . . .λαμβάνω
δεδεκάτωται 3 p. sing. perf. pass. ind. . . . . . .δεκατόω
10 ἦν 3 p. sing. imperf. act. ind. . . . . .εἰμί
συνήντησεν 3 p. sing. 1 aor. act. ind. . . . . .συναντάω
11 νενομοθέτηται 3 p. sing. perf. pass. ind. . . .νομοθετέω
ἀνίστασθαι pres. mid. infin. . . . . .ἀνίστημι

λέγεσθαι pres. pass. infin. . . . . λέγω
12 μετατιθεμένης pres. pass. ptc. gen. s. fem. . μετατίθημι
γίνεται 3 p. sing. pres. mid. ind. . . . . γίνομαι
13 λέγεται 3 p. sing. pres. pass. ind. . . . . λέγω
μετέσχηκεν 3 p. sing. perf. act. ind. . . . . . . μετέχω
προσέσχηκεν 3 p. sing. perf. act. ind. . . . . . . προσέχω
14 ἀνατέταλκεν 3 p. sing. perf. act. ind. . . . . .ἀνατέλλω
ἐλάλησεν 3 p. sing. 1 aor. act. ind. . . . . λαλέω
15 ἐστιν 3 p. sing. pres. act. ind. . . . . εἰμί
ἀνίσταται 3 p. sing. pres. mid. ind. . . . . . .ἀνίστημι
16 γέγονεν 3 p. sing. 2 perf. act. ind. . . . . γίνομαι
17 μαρτυρεῖται 3 p. sing. pres. pass. ind. . . . . μαρτυρέω
19 ἐτελείωσεν 3 p. sing. 1 aor. act. ind. . . . . . τελειόω
ἐγγίζομεν 1 p. pl. pres. act. ind. . . . . .ἐγγίζω
20 εἰσίν 3 p. pl. pres. act. ind. . . . . εἰμί
γεγονότες 2 perf. act. ptc. nom. pl. masc. . . . γίνομαι
21 λέγοντος pres. act. ptc. gen. sing. masc. . . . . . λέγω
ὤμοσεν 3 p. sing. 1 aor. act. ind. . . . . .ὀμνύω
μεταμεληθήσεται 3 p. sing. fut. pass. ind. . μεταμέλομαι
23 κωλύεσθαι pres. pass. infin. . . . . κωλύω
παραμένειν pres. act. infin. . . . . .παραμένω
24 μένειν pres. act. infin. . . . . μένω
ἔχει 3 p. sing. pres. act. ind. . . . . ἔχω
25 σώζειν pres. act. infin. . . . . σώζω
δύναται 3 p. sing. pres. mid. ind. . . . . .δύναμαι
προσερχομένους pres. mid. ptc. acc. pl. m. . προσέρχομαι
ζῶν pres. act. ptc. nom. s. m. or acc. s. neut. . . . ζάω
ἐντυγχάνειν pres. act. infin. . . . . .ἐντυγχάνω
26 ἔπρεπεν 3 p. sing. imperf. act. ind. or imper. . . πρέπω
κεχωρισμένος perf. pass. ptc. nom. sing. masc. . .χωρίζω
γενόμενος 2 aor. mid. ptc. nom. sing. masc. . . .γίνομαι
27 ἀναφέρειν pres. act. infin. . . . . .ἀναφέρω
ἐποίησεν 3 p. sing. 1 aor. act. ind. . . . . ποιέω
ἀνενέγκας 1 aor. act. ptc. nom. sing. masc. . . .ἀναφέρω
28 ἔχοντας pres. act. ptc. acc. pl. masc. . . . . ἔχω
τετελειωμένον perf. pass. ptc. acc. sing. masc. .τελειόω

8

1 λεγομένοις pres. pass. ptc. dat. pl. masc. . . . . . λέγω
ἔχομεν 1 p. pl. pres. act. ind. . . . . ἔχω
ἐκάθισεν 3 p. sing. 1 aor. act. ind. . . . . καθίζω
2 ἔπηξεν 3 p. sing. 1 aor. act. ind. . . . . .πήγνυμι
3 προσφέρειν pres. act. infin. . . . . .προσφέρω
καθίσταται 3 p. sing. pres. pass. ind. . . . . καθίστημι
ἔχειν pres. act. infin. . . . . ἔχω
προσενέγκῃ 3 p. sing. 1 aor. act. subj. . . . . προσφέρω
4 ἤν 3 p. sing. imperf. act. ind. . . . . εἰμί
ὄντων pres. act. ptc. nom. sing. masc. . . . . id.
προσφερόντων pres. act. ptc. gen. pl. masc. . . . προσφέρω
5 λατρεύουσιν 3 p. pl. pres. act. ind. . . . . . . λατρεύω
κεχρημάτισται 3 p. sing. perf. pass. ind. . . . χρηματίζω
μέλλων pres. act. ptc. nom. sing. masc. . . . . . . μέλλω
ἐπιτελεῖν pres. act. infin. . . . . .ἐπιτελέω
ὅρα 2 p. sing. pres. act. imper. . . . . ὁράω
φησιν 3 p. sing. pres. act. ind. . . . . φημί

ποιήσεις 2 p. sing. fut. act. ind. . . . . ποιέω
δειχθέντα 1 aor. pass. ptc. acc. sing. masc. . .δείκνυμι
6 τέτυχεν 3 p. sing. 2 perf. act. ind. . . . . . . τυγχάνω
ἐστιν 3 p. sing. pres. act. ind. . . . . εἰμί
νενομοθέτηται 3 p. sing. perf. pass. ind. . . .νομοθετέω
7 ἐζητεῖτο 3 p. sing. imperf. pass. ind. . . . . . . ζητέω
8 μεμφόμενος pres. mid. ptc. nom. sing. masc. . . μέμφομαι
λέγει 3 p. sing. pres. act. ind. . . . . λέγω
ἰδού 2 p. sing. 2 aor. mid. imper. . . . . .εἶδον
ἔρχονται 3 p. pl. pres. mid. ind. . . . . .ἔρχομαι
συντελέσω 1 p. sing. fut. act. ind. . . . . . . συντελέω
9 ἐποίησα 1 p. sing. 1 aor. act. ind. . . . . ποιέω
ἐπιλαβομένου 2 aor. mid. ptc. gen. s. masc. . ἐπιλαμβάνω
ἐξαγαγεῖν 2 aor. act. infin. . . . . ἐξάγω
ἐνέμειναν 3 p. pl. 1 aor. act. ind. . . . . ἐμμένω
ἠμέλησα 1 p. sing.1 aor. act. ind. . . . . .ἀμελέω
10 διαθήσομαι 1 p. sing. fut. mid. ind. . . . . . διατίθημι
διδούς pres. act. ptc. nom. sing. masc. . . . . . .δίδωμι
ἐπιγράψω 1 p. sing. fut. act. ind. . . . . . . .ἐπιγράφω
ἔσομαι 1 p. sing. fut. mid. ind. . . . . εἰμί
ἔσονται 3 p. pl. fut. mid. ind. . . . . id.
11 διδάξωσιν 3 p. pl. 1 aor. act. subj. . . . . διδάσκω
λέγων pres. act. ptc. nom. sing. masc. . . . . . . λέγω
γνῶθι 2 p. sing. 2 aor. act. imper. . . . . γινώσκω
εἰδήσουσιν 3 p. pl. fut. act. ind. . . . . οἶδα
12 μνησθῶ 1 p. sing. 1 aor. pass. subj. . . . . . . μιμνήσκω
13 λέγειν pres. act. infin. . . . . λέγω
πεπαλαίωκεν 3 p. sing. perf. act. ind. . . . . . παλαιόω
παλαιούμενον pres. pass. ptc. nom. sing. neut. . . . id.
γηράσκον pres. act. ptc. nom. or acc. s. neut. . γηράσκω

9
1 εἶχε 3 p. sing. imperf. act. ind. . . . . ἔχω
2 κατεσκευάσθη 3 p. sing. 1 aor. pass. ind. . . κατασκευάζω
λέγεται 3 p. sing. pres. pass. ind. . . . . λέγω
3 λεγομένη pres. pass. ptc. nom. sing. fem. . . . . . . id.
4 ἔχουσα pres. act. ptc. nom. sing. fem. . . . . . . .ἔχω
περικεκαλυμμένην perf. pass. ptc. ac. s. f. περικαλύπτω
βλαστήσασα 1 aor. act. ptc. nom. sing. fem. . . βλαστάνω
5 κατασκιάζοντα pres. act. ptc. nom. pl. neut. κατασκιάζω
ἔστιν 3 p. sing. pres. act. ind. . . . . εἰμί
λέγειν pres. act. infin. . . . . λέγω
6 κατεσκευασμένων pf. ps. pt. g. pl. m. or n. κατασκευάζω
εἰσίασιν 3 p. pl. pres. act. ind. . . . . .εἴσειμι
ἐπιτελοῦντες pres. act. ptc. nom. pl. masc. . . ἐπιτελέω
7 προσφέρει 3 p. sing. pres. act. ind. . . . . . .προσφέρω
8 δηλοῦντος pres. act. ptc. gen. sing. neut. . . . . δηλόω
πεφανερῶσθαι perf. pass. infin. . . . . .φανερόω
ἐχούσης pres. act. ptc. gen. sing. fem. . . . . . . .ἔχω
9 προσφέρονται 3 p. pl. pres. pass. ind. . . . . .προσφέρω
δυνάμεναι pres. pass. ptc. nom. pl. fem. . . . . δύναμαι
τελειῶσαι 1 aor. act. infin. . . . . τελειόω
λατρεύοντα pres. act. ptc. acc. sing. masc. . . .λατρεύω
10 ἐπικείμενα pres. mid. ptc. nom. pl. neut. . . . ἐπίκειμαι
11 παραγενόμενος 2 aor. mid. ptc. nom. s. masc. παραγίνομαι

γενομένων 2 aor. mid. ptc. gen. pl. masc. or ne. γίνομαι
ἔστιν 3 p. sing. pres. act. ind. . . . . εἰμί
12 εἰσῆλθεν 3 p. sing. 2 aor. act. ind. . . . . εἰσέρχομαι
εὑράμενος 1 aor. mid. ptc. nom. sing. masc. . . . εὑρίσκω
13 ῥαντίζουσα pres. act. ptc. nom. sing. fem. . . . ῥαντίζω
κεκοινωμένους perf. pass. ptc. acc. pl. masc. . . κοινόω
ἁγιάζει 3 p. sing. pres. act. ind. . . . . ἁγιάζω
14 προσήνεγκεν 3 p. sing. 1 aor. act. ind. . . . . προσφέρω
καθαριεῖ 3 p. sing. fut. act. ind. . . . . καθαρίζω
λατρεύειν pres. act. infin. . . . . λατρεύω
ζῶντι pres. act. ptc. dat. sing. masc. . . . . ζάω
15 γενομένου 2 aor. mid. ptc. gen. sing. masc. . . . γίνομαι
λάβωσιν 3 p. pl. 2 aor. act. subj. . . . . λαμβάνω
κεκλημένοι perf. pass. ptc. nom. pl. masc. . . . . καλέω
16 φέρεσθαι pres. pass. infin. . . . . φέρω
διαθεμένου 2 aor. mid. ptc. gen. sing. masc. . διατίθημι
17 ἰσχύει 3 p. sing. pres. act. ind. . . . . ἰσχύω
διαθέμενος 2 aor. mid. ptc. nom. sing. masc. . διατίθημι
18 ἐγκεκαίνισται 3 p. sing. perf. pass. ind. . . . ἐγκαινίζω
19 λαληθείσης 1 aor. pass. ptc. gen. sing. fem. . . . λαλέω
λαβών 2 aor. act. ptc. nom. sing. masc. . . . . . . λαμβάνω
ἐρράντισεν 3 p. sing. 1 aor. act. ind. . . . . . . ῥαντίζω
20 λέγων pres. act. ptc. nom. sing. masc. . . . . λέγω
ἐνετείλατο 3 p. sing. 1 aor. mid. ind. . . . ἐντέλλομαι
22 καθαρίζεται 3 p. sing. pres. pass. ind. . . . . καθαρίζω
γίνεται 3 p. sing. pres. mid. ind. . . . . γίνομαι
23 καθαρίζεσθαι pres. pass. infin. . . . . καθαρίζω
24 εἰσῆλθεν 3 p. sing. 2 aor. act. ind. . . . . . εἰσέρχομαι
ἐμφανισθῆναι 1 aor. pass. infin. . . . . ἐμφανίζω
25 προσφέρῃ 3 p. sing. pres. act. subj. . . . . . . προσφέρω
εἰσέρχεται 3 p. sing. pres. mid. ind. . . . . εἰσέρχομαι
26 ἔδει 3 p. sing. imperf. act. impers. . . . . δεῖ
παθεῖν 2 aor. act. infin. . . . . πάσχω
πεφανέρωται 3 p. sing. perf. pass. ind. . . . . . φανερόω
27 ἀπόκειται 3 p. sing. pres. mid. ind. . . . . . . ἀπόκειμαι
ἀποθανεῖν 2 aor. act. infin. . . . . ἀποθνήσκω
28 προσενεχθείς 1 aor. pass. ptc. nom. sing. masc. προσφέρω
ἀνενεγκεῖν 2 aor. act. infin. . . . . ἀναφέρω
ὀφθήσεται 3 p. sing. fut. pass. ind. . . . . ὁράω
ἀπεκδεχομένοις pres. mid. ptc. dat. pl. m. . ἀπεκδέχομαι

10

1 ἔχων pres. act. ptc. nom. sing. masc. . . . . ἔχω
μελλόντων pres. act. ptc. gen. pl. masc. . . . . . . μέλλω
προσφέρουσιν 3 p. pl. pres. act. ind. . . . . . . προσφέρω
δύναται 3 p. sing. pres. pass. ind. . . . . δύναμαι
προσερχομένους pres. mid. ptc. acc. pl. m. . προσέρχομαι
τελειῶσαι 1 aor. act. infin. . . . . τελειόω
2 ἐπαύσαντο 3 p. pl. 1 aor. mid. ind. . . . . παύω
προσφερόμεναι pres. pass. ptc. nom. pl. fem. . . προσφέρω
ἔχειν pres. act. infin. . . . . ἔχω
λατρεύοντας pres. act. ptc. acc. pl. masc. . . . λατρεύω
κεκαθαρισμένους perf. pass. ptc. acc. pl. masc. καθαρίζω
4 ἀφαιρεῖν pres. act. infin. . . . . ἀφαιρέω
5 εἰσερχόμενος pres. mid. ptc. nom. sing. masc. εἰσέρχομαι

λέγει 3 p. sing. pres. act. ind. . . . . λέγω
ἠθέλησας 2 p. sing. 1 aor. act. ind. . . . . ἐθέλω
κατηρτίσω 2 p. sing. 1 aor. mid. ind. . . . . καταρτίζω
6 εὐδόκησας 2 p. sing. 1 aor. act. ind. . . . . . .εὐδοκέω
7 εἶπον 1 p. sing. 2 aor. act. ind. . . . . λέγω
ἰδού 2 p. sing. 2 aor. mid. imper. . . . . εἶδον
ἥκω 1 p. sing. pres. act. ind. . . . . ἥκω
γέγραπται 3 p. sing. perf. pass. ind. . . . . γράφω
ποιῆσαι 1 aor. act. infin. . . . . ποιέω
8 λέγων pres. act. ptc. nom. sing. masc. . . . . λέγω
προσφέρονται 3 p. pl. pres. pass. ind. . . . . .προσφέρω
9 εἴρηκεν 3 p. sing. perf. act. ind. . . . . εἶπον
ἀναιρεῖ 3 p. sing. pres. act. ind. . . . . .ἀναιρέω
στήσῃ 3 p. sing. 1 aor. act. subj. . . . . ἵστημι
10 ἡγιασμένοι perf. pass. ptc. nom. pl. masc. . . . .ἁγιάζω
ἐσμέν 1 p. pl. pres. act. ind. . . . . εἰμί
11 λειτουργῶν pres. act. ptc. nom. sing. masc. . λειτουργέω
ἕστηκεν 3 p. sing. perf. act. ind. . . . . ἵστημι
προσφέρων pres. act. ptc. nom. sing. masc. . . .προσφέρω
12 δύνανται 3 p. pl. pres. pass. ind. . . . . δύναμαι
περιελεῖν 2 aor. act. infin. . . . . .περιαιρέω
προσενέγκας 1 aor. act. ptc. nom. sing. masc. . προσφέρω
ἐκάθισεν 5 p. sing. 1 aor. act. ind. . . . . καθίζω
13 ἐκδεχόμενος pres. mid. ptc. nom. sing. masc. . ἐκδέχομαι
τεθῶσιν 3 p. pl. 1 aor. pass. subj. . . . . .τίθημι
14 τετελείωκεν 3 p. sing. perf. act. ind. . . . . . τελειόω
ἁγιαζομένους pres. pass. ptc. acc. pl. masc. . . .ἁγιάζω
15 μαρτυρεῖ 3 p. sing. pres. act. ind. . . . . . . μαρτυρέω
εἰρηκέναι perf. act. infin. . . . . εἶπον
16 διαθήσομαι 1 p. sing. fut. mid. ind. . . . . .διατίθημι
διδούς pres. act. ptc. nom. sing. masc. . . . . . .δίδωμι
ἐπιγράφω 1 p. sing. fut. act. ind. . . . . . . .ἐπιγράφω
17 μνησθήσομαι 1 p. sing. 1 fut. pass. ind. . .μιμνήσκομαι
19 ἔχοντες pres. act. ptc. nom. pl. masc. . . . . . . .ἔχω
20 ἐνεκαίνισεν 3 p. sing. 1 aor. act. ind. . . . .ἐγκαινίζω
ζῶσαν pres. act. ptc. acc. sing. fem. . . . . ζάω
ἔστιν 3 p. sing. pres. act. ind. . . . . εἰμί
22 προσερχώμεθα 1 p. pl. pres. mid. subj. . . .προσέρχομαι
ῥεραντισμένοι perf. pass. ptc. nom. pl. masc. . .ῥαντίζω
λελουσμένοι perf. pass. ptc. nom. pl. masc. . . . λούω
23 κατέχωμεν 1 p. pl. pres. act. subj. . . . . κατέχω
ἐπαγγειλάμενος 1 aor. mid. ptc. nom. s. masc. .ἐπαγγέλλω
24 κατανοῶμεν 1 p. pl. pres. act. subj. . . . . .κατανοέω
25 ἐγκαταλείποντες pres. act. ptc. nom. pl. m. ἐγκαταλείπω
παρακαλοῦντες pres. act. ptc. nom. pl. masc. . παρακαλέω
βλέπετε 2 p. pl. pres. act. ind. . . . . .βλέπω
ἐγγίζουσαν pres. act. ptc. acc. sing. fem. . . . .ἐγγίζω
26 ἁμαρτανόντων pres. act. ptc. gen. pl. masc. . . ἁμαρτάνω
λαβεῖν 2 aor. act. infin. . . . . λαμβάνω
ἀπολείπεται 3 p. sing. pres. pass. ind. . . . .ἀπολείπω
27 ἐσθίειν pres. act. infin. . . . . .ἐσθίω
μέλλοντος pres. act. ptc. gen. s. masc. or neut. . μέλλω
28 ἀθετήσας 1 aor. act. ptc. nom. sing. masc. . . . .ἀθετέω
ἀποθνήσκει 3 p. sing. pres. act. ind. . . . . ἀποθνήσκω
29 δοκεῖτε 2 p. pl. pres. act. ind. . . . . δοκέω

ἀξιωθήσεται 3 p. sing. fut. pass. ind. . . . . ἀξιόω
καταπατήσας 1 aor. act. ptc. nom. sing. masc. καταπατέω
ἡγησάμενος 1 aor. mid. ptc. nom. sing. masc. . . . ἡγέομαι
ἡγιάσθη 3 p. sing. 1 aor. pass. ind. . . . . ἁγιάζω
ἐνυβρίσας 1 aor. act. ptc. nom. sing. masc. . . . ἐνυβρίζω
30 οἴδαμεν 1 p. pl. perf. act. ind. . . . . οἶδα
εἰπόντα 2 aor. act. ptc. acc. sing. masc. . . . . . . εἶπον
ἀνταποδώσω 1 p. sing. fut. act. ind. . . . ἀνταποδίδωμι
κρινεῖ 3 p. sing. fut. act. ind. . . . . κρίνω
31 ἐμπεσεῖν 2 aor. act. infin. . . . . ἐμπίπτω
ζῶντος pres. act. ptc. gen. sing. masc. or neut. . . . ζάω
32 ἀναμιμνῄσκεσθε 2 p. pl. pres. mid. imper. . ἀναμιμνῄσκω
φωτισθέντες 1 aor. pass. ptc. nom. pl. masc. . . . φωτίζω
ὑπεμείνατε 2 p. pl. 1 aor. act. ind. . . . . . . ὑπομένω
33 θεατριζόμενοι pres. pass. ptc. nom. pl. m. . θεατρίζομαι
ἀναστρεφομένων pres. m. ptc. gen. pl. m. or n. ἀναστρέφω
γενηθέντες 1 aor. pass. ptc. nom. pl. masc. . . . γίνομαι
34 συνεπαθήσατε 2 p. pl. 1 aor. act. ind. . . . . . . συμπαθέω
ὑπαρχόντων pres. act. ptc. gen. pl. neut. . . . . . ὑπάρχω
προσεδέξασθε 2 p. pl. 1 aor. mid. ind. . . . προσδέχομαι
γινώσκοντες pres. act. ptc. nom. pl. masc. . . . γινώσκω
ἔχειν pres. act. infin. . . . . ἔχω
μένουσαν 3 p. pl. pres. act. ind. . . . . μένω
35 ἀποβάλητε 2 p. pl. 2 aor. act. subj. . . . . . . ἀποβάλλω
ἔχει 3 p. sing. pres. act. ind. . . . . ἔχω
36 ἔχετε 2 p. pl. pres. act. ind. . . . . id.
ποιήσαντες 1 aor. act. ptc. nom. pl. masc. . . . . . ποιέω
κομίσησθε 2 p. pl. 1 aor. mid. subj. . . . . κομίζω
37 ἐρχόμενος pres. mid. ptc. nom. sing. masc. . . . . ἔρχομαι
ἥξει 3 p. sing. fut. act. ind. . . . . ἥκω
χρονίσει 3 p. sing. fut. act. ind. . . . . χρονίζω
38 ζήσεται 3 p. sing. fut. mid. ind. . . . . ζάω
ὑποστείληται 3 p. sing. 1 aor. mid. subj. . . . ὑποστέλλω
εὐδοκεῖ 3 p. sing. pres. act. ind. . . . . εὐδοκέω
39 ἐσμέν 1 p. pl. pres. act. ind. . . . . εἰμί

11
1 ἔστιν 3 p. sing. pres. act. ind. . . . . εἰμί
ἐλπιζομένων pres. pass. ptc. gen. pl. m. or ne. . ἐλπίζω
βλεπομένων pres. pass. ptc. gen. pl. masc. or ne. . βλέπω
2 ἐμαρτυρήθησαν 3 p. pl. 1 aor. pass. ind. . . . μαρτυρέω
3 νοοῦμεν 1 p. pl. pres. act. ind. . . . . νοέω
κατηρτίσθαι perf. pass. infin. . . . . καταρτίζω
φαινομένων pres. mid. ptc. gen. pl. masc. or neut. φαίνω
βλεπόμενον pres. pass. ptc. acc. sing. neut. . . . βλέπω
γεγονέναι 2 perf. act. infin. . . . . γίνομαι
4 προσήνεγκεν 3 p. sing. 1 aor. act. ind. . . . . . προσφέρω
ἐμαρτυρήθη 3 p. sing. 1 aor. pass. ind. . . . . . μαρτυρέω
εἶναι pres. act. infin. . . . . εἰμί
μαρτυροῦντος pres. act. ptc. gen. sing. masc. . μαρτυρέω
ἀποθανών 2 aor. act. ptc. nom. sing. masc. . . . ἀποθνήσκω
λαλεῖ 3 p. sing. pres. act. ind. . . . . λαλέω
5 μετετέθη 3 p. sing. 1 aor. pass. ind. . . . . . μετατίθημι
ἰδεῖν 2 aor. act. infin. . . . . ὁράω
ηὑρίσκετο 3 p. sing. imperf. pass. ind. . . . . . εὑρίσκω

μετέθηκεν 3 p. sing. 1 aor. act. ind. . . . . μετατίθημι
μεμαρτύρηται 3 p. sing. perf. pass. ind. . . . .μαρτυρέω
εὐαρεστηκέναι perf. act. infin. . . . . εὐαρεστέω
6 εὐαρεστῆσαι 1 aor. act. infin. . . . . id.
πιστεῦσαι 1 aor. act. infin. . . . . πιστεύω
δεῖ 3 p. sing. pres. act. impers. . . . . δεῖ
προσερχόμενον pres. mid. ptc. acc. sing. m. προσέρχομαι
ἐκζητοῦσιν pres. act. ptc. dat. pl. masc. . . . .ἐκζητέω
γίνεται 3 p. sing. pres. mid. ind. . . . . .γίνομαι
7 χρηματισθείς 1 aor. pass. ptc. nom. sing. m. . χρηματίζω
βλεπομένων pres. pass. ptc. gen. pl. m. or ne. . . βλέπω
εὐλαβηθείς 1 aor. pass. ptc. nom. s. masc. . εὐλαβέομαι
κατεσκεύασεν 3 p. sing. 1 aor. act. ind. . . κατασκευάζω
κατέκρινεν 3 p. sing. 1 aor. act. ind. . . . . κατακρίνω
ἐγένετο 3 p. sing. 2 aor. mid. ind. . . . . γίνομαι
8 καλούμενος pres. pass. ptc. nom. sing. masc. . . . καλέω
ὑπήκουσεν 3 p. sing. 1 aor. act. ind. . . . . . .ὑπακούω
ἐξελθεῖν 2 aor. act. infin. . . . . .ἐξέρχομαι
ἤμελλεν 3 p. sing. imperf. act. ind. . . . . μέλλω
λαμβάνειν pres. act. infin. . . . . .λαμβάνω
ἐξῆλθεν 3 p. sing. 2 aor. act. ind. . . . . . .ἐξέρχομαι
ἐπιστάμενος pres. pass. ptc. nom. sing. masc. .ἐπίσταμαι
ἔρχεται 3 p. sing. pres. mid. ind. . . . . .ἔρχομαι
9 παρώκησεν 3 p. sing. 1 aor. act. ind. . . . . . παροικέω
κατοικήσας 1 aor. act. ptc. nom. sing. masc. . .κατοικέω
10 ἐξεδέχετο 3 p. sing. imperf. mid. ind. . . . . ἐκδέχομαι
ἔχουσαν pres. act. ptc. acc. sing. fem. . . . . .ἔχω
11 ἔλαβεν 3 p. sing. 2 aor. act. ind. . . . . .λαμβάνω
ἡγήσατο 3 p. sing. 1 aor. mid. ind. . . . . ἡγέομαι
ἐπαγγειλάμενον 1 aor. mid. ptc. acc. s. masc. ἐπαγγέλλω
12 ἐγενήθησαν 3 p. pl. 1 aor. pass. ind. . . . . . .γίνομαι
νενεκρωμένου perf. pass. ptc. gen. sing. masc. . .νεκρόω
13 ἀπέθανον 3 p. pl. 2 aor. act. ind. . . . . . . ἀποθνήσκω
κομισάμενοι 1 aor. mid. ptc. nom. pl. masc. . . . . κομίζω
ἰδόντες 2 aor. act. ptc. nom. pl. masc. . . . . . . ὁράω
ἀσπασάμενοι 1 aor. mid. ptc. nom. pl. masc. . . ἀσπάζομαι
ὁμολογήσαντες 1 aor. act. ptc. nom. pl. masc. . ὁμολογέω
εἰσιν 3 p. pl. pres. act. ind. . . . . εἰμί
14 λέγοντες pres. act. ptc. nom. pl. masc. . . . . λέγω
ἐμφανίζουσιν 3 p. pl. pres. act. ind. . . . . . ἐμφανίζω
ἐπιζητοῦσιν 3 p. pl. pres. act. ind. . . . . . .ἐπιζητέω
15 ἐμνημόνευον 3 p. pl. imperf. act. ind. . . . . μνημονεύω
ἐξέβησαν 3 p. pl. 2 aor. act. ind. . . . . ἐκβαίνω
εἶχον 3 p. pl. imperf. act. ind. . . . . .ἔχω
ἀνακάμψαι 1 aor. act. infin. . . . . ἀνακάμπτω
16 ὀρέγονται 3 p. pl. pres. mid. ind. . . . . ὀρέγω
ἔστιν 3 p. sing. pres. act. ind. . . . . εἰμί
ἐπαισχύνεται 3 p. sing. pres. mid. ind. . . .ἐπαισχύνομαι
ἐπικαλεῖσθαι pres. pass. infin. . . . . ἐπικαλέω
ἡτοίμασεν 3 p. sing. 1 aor. act. ind. . . . . ἑτοιμάζω
17 προσενήνοχεν 3 p. sing. perf. act. ind. . . . . προσφέρω
πειραζόμενος pres. pass. ptc. nom. sing. masc. . πειράζω
προσέφερεν 3 p. sing. imperf. act. ind. . . . . προσφέρω
ἀναδεξάμενος 1 aor. mid. ptc. nom. s. masc. . ἀναδέχομαι
18 ἐλαλήθη 3 p. sing. 1 aor. pass. ind. . . . . .λαλέω

κληθήσεται 3 p. sing. fut. pass. ind. . . . . . . .καλέω
19 λογισάμενος 1 aor. mid. ptc. nom. sing. masc. .λογίζομαι
ἐγείρειν pres. act. infin. . . . . .ἐγείρω
ἐκομίσατο 3 p. sing. 1 aor. mid. ind. . . . . . . κομίζω
20 μελλόντων pres. act. ptc. gen. pl. masc. . . . . . μέλλω
εὐλόγησεν 3 p. sing. 1 aor. act. ind. . . . . . . .εὐλογέω
21 ἀποθνήσκων pres. act. ptc. nom. sing. masc. . .ἀποθνήσκω
προσεκύνησεν 3 p. sing. 1 aor. act. ind. . . . προσκυνέω
22 τελευτῶν pres. act. ptc. nom. sing. masc. . . . τελευτάω
ἐμνημόνευσεν 3 p. sing. 1 aor. act. ind. . . . μνημονεύω
ἐνετείλατο 3 p. sing. 1 aor. mid. ind. . . . ἐντέλλομαι
23 γεννηθείς 1 aor. pass. ptc. nom. sing. masc. . . .γεννάω
ἐκρύβη 3 p. sing. 2 aor. pass. ind. . . . . .κρύπτω
εἶδον 3 p. pl. 2 aor. act. ind. . . . . .ὁράω
ἐφοβήθησαν 3 p. pl. 1 aor. pass. ind. . . . . . . .φοβέω
24 γενόμενος 2 aor. mid. ptc. nom. sing. masc. . . .γίνομαι
ἠρνήσατο 3 p. sing. 1 aor. mid. ind. . . . . . .ἀρνέομαι
λέγεσθαι pres. pass. infin. . . . . λέγω
25 ἑλόμενος 2 aor. mid. ptc. nom. sing. masc. . . . . αἱρέω
συγκακουχεῖσθαι pres. mid. infin. . . . .συγκακουχέομαι
ἔχειν pres. act. infin. . . . . ἔχω
26 ἡγησάμενος 1 aor. mid. ptc. nom. sing. masc. . . .ἡγέομαι
ἀπέβλεπεν 3 p. sing. imperf. act. ind. . . . . .ἀποβλέπω
27 κατέλιπεν 3 p. sing. 2 aor. act. ind. . . . . καταλείπω
φοβηθείς 1 aor. passive ptc. nom. sing. masc. . φοβέω
ὁρῶν pres. act. ptc. nom. sing. masc. . . . . .ὁράω
ἐκαρτέρησεν 3 p. sing. 1 aor. act. ind. . . . . καρτερέω
28 πεποίηκεν 3 p. sing. perf. act. ind. . . . . ποιέω
ὀλεθρεύων pres. act. ptc. nom. sing. masc. . . .ὀλεθρεύω
θίγῃ 3 p. sing. 2 aor. act. subj. . . . . θιγγάνω
29 διέβησαν 3 p. pl. 2 aor. act. ind. . . . . . .διαβαίνω
λαβόντες 2 aor. act. ptc. nom. pl. masc. . . . . λαμβάνω
κατεπόθησαν 3 p. pl. 1 aor. pass. ind. . . . . .καταπίνω
30 ἔπεσαν 3 p. pl. 1 aor. act. ind. . . . . .πίπτω
κυκλωθέντα 1 aor. pass. ptc. nom. pl. neut. . . . κυκλόω
31 συναπώλετο 3 p. sing. 2 aor. mid. ind. . . .συναπόλλυμι
ἀπειθήσασιν 1 aor. act. ptc. dat. pl. masc. . . .ἀπειθέω
δεξαμένη 1 aor. mid. ptc. nom. sing. fem. . . . .δέχομαι
32 ἐπιλείψει 3 p. sing. fut. act. ind. . . . . . .ἐπιλείπω
διηγούμενον pres. mid. ptc. acc. sing. masc. . διηγέομαι
33 κατηγωνίσαντο 3 p. pl. 1 aor. mid. ind. . καταγωνίζομαι
ἠργάσαντο 3 p. pl. 1 aor. mid. ind. . . . . . .ἐργάζομαι
ἐπέτυχον 3 p. pl. 2 aor. act. ind. . . . . . . ἐπιτυγχάνω
ἔφραξαν 3 p. pl. 1 aor. act. ind. . . . . φράσσω
34 ἔσβεσαν 3 p. pl. 1 aor. act. ind. . . . . .σβέννυμι
ἔφυγον 3 p. pl. 2 aor. act. ind. . . . . φεύγω
ἐδυναμώθησαν 3 p. pl. 1 aor. pass. ind. . . . . .δυναμόω
ἐγενήθησαν 3 p. pl. 1 aor. pass. ind. . . . . . .γίνομαι
ἔκλιναν 3 p. pl. 1 aor. act. ind. . . . . .κλίνω
35 ἔλαβον 3 p. pl. 2 aor. act. ind. . . . . λαμβάνω
ἐτυμπανίσθησαν 3 p. pl. 1 aor. pass. ind. . . .τυμπανίζω
προσδεξάμενοι 1 aor. mid. ptc. nom. pl. m. . προσδέχομαι
τύχωσιν 3 p. pl. 2 aor. act. subj. . . . . . . τυγχάνω
37 ἐλιθάσθησαν 3 p. pl. 1 aor. pass. ind. . . . . . .λιθάζω
ἐπειράσθησαν 3 p. pl. 1 aor. pass. ind. . . . . .πειράζω

ἐπρίσθησαν 3 p. pl. 1 aor. pass. ind. . . . . . . .πρίζω
ἀπέθανον 1 p. s. or 3 p. pl. 2 aor. act. ind. ἀποθνήσκω
περιῆλθον 3 p. pl. 2 aor. act. ind. . . . . περιέρχομαι
ὑστερούμενοι pres. mid. ptc. nom. pl. masc. . . .ὑστερέω
θλιβόμενοι pres. pass. ptc. nom. pl. masc. . . . . θλίβω
κακουχούμενοι pres. pass. ptc. nom. pl. masc. . κακουχέω
38 πλανώμενοι pres. pass. ptc. nom. pl. masc. . . . .πλανάω
ἦν 3 p. sing. imperf. act. ind. . . . . .εἰμί
39 μαρτυρηθέντες 1 aor. pass. ptc. nom. pl. masc. μαρτυρέω
ἐκομίσαντο 3 p. pl. 1 aor. mid. ind. . . . . . . κομίζω
40 προβλεφαμένου 1 aor. mid. ptc. gen. s. masc. . .προβλέπω
τελειωθῶσιν 3 p. pl. 1 aor. pass. subj. . . . . .τελειόω

12

1 ἔχοντες pres. act. ptc. nom. pl. masc. . . . . .ἔχω
περικείμενον pres. mid. ptc. acc. s. neut. . περίκειμαι
ἀποθέμενοι 2 aor. mid. ptc. nom. pl. masc. . . ἀποτίθημι
τρέχωμεν 1 p. pl. pres. act. subj. . . . . τρέχω
προκείμενον pres. mid. ptc. acc. sing. masc. . πρόκειμαι
2 ἀφορῶντες pres. act. ptc. nom. pl. masc. . . . . .ἀφοράω
προκειμένης pres. mid. ptc. gen. sing. fem. . πρόκειμαι
ὑπέμεινεν 3 p. sing. 1 aor. act. ind. . . . . . .ὑπομένω
καταφρονήσας 1 aor. act. ptc. nom. s. masc. . καταφρονέω
κεκάθικεν 3 p. sing. perf. act. ind. . . . . . . .καθίζω
3 ἀναλογίσασθε 2 p. pl. 1 aor. mid. imper. . ἀναλογίζομαι
ὑπομεμενηκότα perf. act. ptc. acc. sing. masc. . ὑπομένω
κάμητε 2 p. pl. 2 aor. act. subj. . . . . .κάμνω
ἐκλυόμενοι pres. mid. ptc. nom. pl. masc. . . . ἐκλύομαι
4 ἀντικατέστητε 2 p. pl. 2 aor. act. ind. . ἀντικαθίστημι
ἀνταγωνιζόμενοι pres. mid. ptc. no. pl. m.ἀνταγωνίζομαι
5 ἐκλέλησθε 2 p. pl. perf. pass. ind. . . . . . ἐκλανθάνω
διαλέγεται 3 p. sing. pres. mid. ind. . . . .διαλέγομαι
ὀλιγώρει 2 p. sing. pres. act. imper. . . . . . .ὀλιγωρέω
ἐκλύου 2 p. sing. pres. mid. imper. . . . . . . .ἐκλύομαι
ἐλεγχόμενος pres. pass. ptc. nom. sing. masc. . . ἐλέγχω
6 ἀγαπᾷ 3 p. sing. pres. act. ind. or subj. . . . . .ἀγαπάω
παιδεύει 3 p. sing. pres. act. ind. . . . . . . παιδεύω
μαστιγοῖ 3 p. sing. pres. act. ind. . . . . . .μαστιγόω
παραδέχεται 3 p. sing. pres. mid. ind. . . . παραδέχομαι
7 ὑπομένετε 2 p. pl. pres. act. ind. . . . . . . .ὑπομένω
προσφέρεται 3 p. sing. pres. pass. ind. . . . .προσφέρω
παιδεύει 3 p. sing. pres. act. ind. . . . . . . παιδεύω
8 ἐστε 2 p. pl. pres. act. ind. . . . . .εἰμί
γεγόνασιν 3 p. pl. 2 perf. act. ind. . . . . . . γίνομαι
9 εἴχομεν 1 p. pl. imperf. act. ind. . . . . .ἔχω
ἐνετρεπόμεθα 1 p. pl. imperf. mid. ind. . . . . ἐντρέπω
ὑποταγησόμεθα 1 p. pl. 2 fut. pass. ind. . . . .ὑποτάσσω
ζήσομεν 1 p. pl. fut. act. ind. . . . . ζάω
10 δοκοῦν pres. act. ptc. acc. sing. neut. . . . . . . δοκέω
ἐπαίδευον 3 p. pl. imperf. act. ind. . . . . . .παιδεύω
συμφέρον pres. act. ptc. acc. sing. neut. . . . .συμφέρω
μεταλαβεῖν 2 aor. act. infin. . . . . μεταλαμβάνω
11 δοκεῖ 3 p. sing. pres. act. ind. . . . . .δοκέω
εἶναι pres. act. infin. . . . . .εἰμί
γεγυμνασμένοις perf. pass. ptc. dat. pl. masc. . γυμνάζω

ἀποδίδωσιν 3 p. sing. pres. act. ind. . . . . ἀποδίδωμι
12 παρειμένας perf. pass. ptc. acc. pl. fem. . . . παρίημι
παραλελυμένα perf. pass. ptc. acc. pl. neut. . . παραλύω
ἀνορθώσατε 2 p. pl. 1 aor. act. imper. . . . . . ἀνορθόω
13 ποιεῖτε 2 p. pl. pres. act. ind. or imper. . . . . . ποιέω
ἐκτραπῇ 3 p. sing. 2 aor. pass. subj. . . . . . . ἐκτρέπω
ἰαθῇ 3 p. sing. 1 aor. pass. subj. . . . . ἰάομαι
14 διώκετε 2 p. pl. pres. act. imper. . . . . διώκω
ὄψεται 3 p. sing. fut. mid. ind. . . . . ὁράω
15 ὑστερῶν pres. act. ptc. nom. sing. masc. . . . . .ὑστερέω
ἐπισκοποῦντες pres. act. ptc. nom. pl. masc. . ἐπισκοπέω
φύουσα pres. act. ptc. nom. sing. fem. . . . . φύω
ἐνοχλῇ 3 p. sing. pres. act. subj. . . . . .ἐνοχλέω
μιανθῶσιν 3 p. pl. 1 aor. pass. subj. . . . . . . μιαίνω
16 ἀπέδοτο 3 p. sing. 2 aor. mid. ind. . . . . . ἀποδίδωμι
17 ἴστε 2 p. pl. perf. act. imper. or ind. . . . . . . .οἶδα
θέλων pres. act. ptc. nom. sing. masc. . . . . θέλω
κληρονομῆσαι 1 aor. act. infin. . . . . . . κληρονομένω
ἀπεδοκιμάσθη 3 p. sing. 1 aor. pass. ind. . ἀποδοκιμάζω
εὖρεν 3 p. sing. 2 aor. act. ind. . . . . εὑρίσκω
ἐκζητήσας 1 aor. act. ptc. nom. sing. masc. . . .ἐκζητέω
18 προσεληλύθατε 2 p. pl. 2 perf. act. ind. . . .προσέρχομαι
ψηλαφωμένῳ pres. pass. ptc. dat. sing. neut. . . ψηλαφάω
κεκαυμένῳ perf. pass. ptc. dat. sing. neut. . . . . καίω
19 ἀκούσαντές 1 aor. act. ptc. nom. pl. masc. . . . ἀκούω
παρητήσαντο 3 p. pl. 1 aor. mid. ind. . . . παραιτέομαι
προστεθῆναι 1 aor. pass. infin. . . . . προστίθημι
20 ἔφερον 3 p. pl. imperf. act. ind. . . . . .φέρω
διαστελλόμενον pres. pass. ptc. acc. s. neut. διαστέλλω
θίγῃ 3 p. sing. 2 aor. act. subj. . . . . θιγγάνω
λιθοβοληθήσεται 3 p. sing. fut. pass. ind. . . λιθοβολέω
21 ἦν 3 p. sing. imperf. act. ind. . . . . .εἰμί
φανταζόμενον pres. pass. ptc. nom. sing. neut. . φαντάζω
εἶπεν 3 p. sing. 2 aor. act. ind. . . . . .λέγω
22 προσεληλύθατε 2 p. pl. 2 perf. act. ind. . . προσέρχομαι
ζῶντος pres. act. ptc. gen. sing. masc. or neut. . . . .ζάω
23 ἀπογεγραμμένων perf. pass. ptc. g. pl. m. or n. ἀπογράφω
τετελειωμένων perf. pass. ptc. gen. pl. m. or n. τελειόω
24 λαλοῦντι pres. act. ptc. dat. sing. masc. . . . . . λαλέω
25 βλέπετε 2 p. pl. pres. act. ind. . . . . .βλέπω
παραιτήσησθε 2 p. pl. 1 aor. mid. subj. . . παραιτέομαι
λαλοῦντα pres. act. ptc. acc. sing. masc. . . . . . λαλέω
ἐξέφυγον 1 p. s. or 3 p. pl. 2 aor. act. ind. . . ἐκφεύγω
παραιτησάμενοι 1 aor. mid. ptc. nom. pl. m. παραιτέομαι
χρηματίζοντα pres. act. ptc. acc. sing. masc. .χρηματίζω
ἀποστρεφόμενοι pres. mid. ptc. nom. pl. masc. . ἀποστρέω
26 ἐσάλευσεν 3 p. sing. 1 aor. act. ind. . . . . . . σαλεύω
ἐπήγγελται 3 p. sing. perf. pass. ind. . . . . . ἐπαγγέλλω
λέγων pres. act. ptc. nom. sing. masc. . . . . λέγω
σείσω 1 p. sing. fut. act. ind. . . . . .σείω
27 δηλοῖ 3 p. sing. pres. act. ind. . . . . .δηλόω
σαλευομένων pres. pass. ptc. gen. pl. masc. or n. σαλεύω
πεποιημένων perf. pass. ptc. gen. pl. masc. or ne. ποιέω
μείνῃ 3 p. sing. 1 aor. act. subj. . . . . μένω
σαλευόμενα pres. pass. ptc. nom. pl. neut. . . . . .σαλεύω

28 παραλαμβάνοντες pres. act. ptc. nom. pl. m. παραλαμβάνω
   ἔχωμεν 1 p. pl. pres. act. subj. . . . . ἔχω
   λατρεύωμεν 1 p. pl. pres. act. subj. . . . . . . λατρεύω

13

1 μενέιω 3 p. sing. pres. act. imper. . . . . μένω
2 ἐπιλανθάνεσθε 2 p. pl. pres. mid. imper. . ἐπιλανθάνομαι
   ἔλαθον 3 p. pl. 2 aor. act. ind. . . . . .λανθάνω
   ξενίσαντες 1 aor. act. ptc. nom. pl. masc. . . . .ξενίζω
3 μιμνῄσκεσθε 2 p. pl. pres. mid. imper. . . . . .μιμνῄσκω
   συνδεδεμένοι perf. pass. ptc. nom. pl. masc. . . .συνδέω
   κακουχουμένων pres. pass. ptc. gen. pl. masc. . κακουχέω
   ὄντες pres. act. ptc. nom. pl. masc. . . . . εἰμί
4 κρινεῖ 3 p. sing. fut. act. ind. . . . . .κρίνω
5 παροῦσιν pres. act. ptc. dat. pl. neut. . . . . .πάρειμι
   ἀρκούμενοι pres. mid. ptc. nom. pl. masc. . . . . .ἀρκέω
   εἴρηκεν 3 p. sing. perf. act. ind. . . . . .εἶπον
   ἀνῶ 1 p. sing. 2 aor. act. subj. . . . . .ἀνίημι
   ἐγκαταλίπω 1 p. sing. 2 aor. act. subj. . . ἐγκαταλείπω
6 θαρροῦντας pres. act. ptc. acc. pl. masc. . . . . θαρρέω
   λέγειν pres. act. infin. . . . . λέγω
   φοβηθήσομαι 1 p. sing. fut. pass. ind. . . . . . . φοβέω
   ποιήσει 3 p. sing. fut. act. ind. . . . . ποιέω
7 ἡγουμένων pres. mid. ptc. gen. pl. masc. . . . . ἡγέομαι
   μνημονεύετε 2 p. pl. pres. act. ind. or imper. μνημονεύω
   ἐλάλησαν 3 p. pl. 1 aor. act. ind. . . . . λαλέω
   ἀναθεωροῦντες pres. act. ptc. nom. pl. masc. . ἀναθεωρέω
   μιμεῖσθε 2 p. pl. pres. mid. imper. . . . . . .μιμέομαι
9 παραφέρεσθε 2 p. pl. pres. pass. imper. . . . . παραφέρω
   βεβαιοῦσθαι pres. pass. infin. . . . . βεβαιόω
   ὠφελήθησαν 3 p. pl. 1 aor. pass. ind. . . . . . . ὠφελέω
   περιπατοῦντες pres. act. ptc. nom. pl. masc. . περιπατέω
10 ἔχομεν 1 p. pl. pres. act. ind. . . . . ἔχω
   φαγεῖν 2 aor. act. infin. . . . . .ἐσθίω
   ἔχουσιν 3 p. pl. pres. act. ind. . . . . ἔχω
   λατρεύοντες pres. act. ptc. nom. pl. masc. . . . .λατρεύω
11 εἰσφέρεται 3 p. sing. pres. pass. ind. . . . . . εἰσφέρω
   κατακαίεται 3 p. sing. pres. pass. ind. . . . . κατακαίω
12 ἁγιάσῃ 3 p. sing. 1 aor. act. subj. . . . . .ἁγιάζω
   ἔπαθεν 3 p. sing. 2 aor. act. ind. . . . . .πάσχω
13 ἐξερχώμεθα 1 p. pl. pres. mid. subj. . . . . . .ἐξέρχομαι
   φέροντες pres. act. ptc. nom. pl. masc. . . . . . .φέρω
14 ἔχομεν 1 p. pl. pres. act. ind. . . . . .ἔχω
   μένουσαν pres. act. ptc. acc. sing. fem. . . . . . .μένω
   μέλλουσαν pres. act. ptc. acc. sing. fem. . . . . . .μέλλω
   ἐπιζητοῦμεν 1 p. pl. pres. act. ind. . . . . . .ἐπιζητέω
15 ἀναφέρωμεν 1 p. pl. pres. act. subj. . . . . . . ἀναφέρω
   ἔστιν 3 p. sing. pres. act. ind. . . . . εἰμί
   ὁμολογούντων pres. act. ptc. gen. pl. masc. . . . ὁμολογέω
16 ἐπιλανθάνεσθε 2 p. pl. pres. mid. imper. .ἐπιλανθάνομαι
   εὐαρεστεῖται 3 p. sing. pres. pass. ind. . . . εὐαρεστέω
17 πείθεσθε 2 p. pl. pres. mid. imper. . . . . .πείθω
   ἡγουμένοις pres. mid. ptc. dat. pl. masc. . . . .ἡγέομαι
   ὑπείκετε 2 p. pl. pres. act. imper. . . . . . . .ὑπείκω
   ἀγρυπνοῦσιν 3 p. pl. pres. act. ind. . . . . . .ἀγρυπνέω

ἀποδώσοντες fut. act. ptc. nom. pl. masc. . . . ἀποδίδωμι
ποιῶσιν 3 p. pl. pres. act. subj. . . . . ποιέω
στενάζοντες pres. act. ptc. nom. pl. masc. . . . στενάζω
18 προσεύχεσθε 2 p. pl. pres. mid. imper. . . . . προσεύχομαι
πειθόμεθα 1 p. pl. pres. pass. ind. . . . . πείθω
ἔχομεν 1 p. pl. pres. act. ind. . . . . ἔχω
θέλοντες pres. act. ptc. nom. pl. masc. . . . . θέλω
ἀναστρέφεσθαι pres. mid. infin. . . . . ἀναστρέφω
19 παρακαλῶ 1 p. sing. pres. act. ind. . . . . . . παρακαλέω
ποιῆσαι 1 aor. act. infin. . . . . ποιέω
ἀποκατασταθῶ 1 p. sing. 1 aor. pass. subj. ἀποκαθίστημι
20 ἀναγαγών 2 aor. act. ptc. nom. sing. masc. . . . . . ἀνάγω
21 καταρτίσαι 1 aor. act. infin. . . . . καταρτίζω
ποιῶν pres. act. ptc. nom. sing. masc. . . . . ποιέω
22 παρακαλῶ 1 p. sing. pres. act. ind. . . . . . . παρακαλέω
ἀνέχεσθε 2 p. pl. pres. mid. imper. . . . . . . ἀνέχομαι
ἐπέστειλα 1 p. sing. 1 aor. act. ind. . . . . . ἐπιστέλλω
23 γινώσκετε 2 p. pl. pres. act. ind. or imper. . . γινώσκω
ἀπολελυμένον perf. pass. ptc. acc. sing. masc. . . ἀπολύω
ἔρχηται 3 p. sing. pres. mid. subj. . . . . ἔρχομαι
ὄψομαι 1 p. sing. fut. mid. ind. . . . . ὁράω
24 ἀσπάσασθε 2 p. pl. 1 aor. mid. imper. . . . . . ἀσπάζομαι
ἡγουμένους pres. mid. ptc. acc. pl. masc. . . . . ἡγέομαι
ἀσπάζονται 3 p. pl. pres. mid. ind. . . . . . ἀσπάζομαι

Ιακωβου Επιστολη

1

1 χαίρειν pres. act. infin. . . . . χαίρω
2 ἡγήσασθε 2 p. pl. 1 aor. mid. ind. . . . . ἡγέομαι
  περιπέσητε 2 p. pl. 2 aor. act. subj. . . . . περιπίπτω
3 γινώσκοντες pres. act. ptc. nom. pl. masc. . . . γινώσκω
  κατεργάζεται 3 p. sing. pres. mid. ind. . . κατεργάζομαι
4 ἐχέτω 3 p. sing. pres. act. imper. . . . . ἔχω
  ἦτε 2 p. pl. imperf. act. ind. . . . . εἰμί
  λειπόμενοι pres. pass. ptc. nom. pl. masc. . . . . λείπω
5 λείπεται 3 p. sing. pres. pass. ind. . . . . id.
  αἰτείτω 3 p. sing. pres. act. imper. . . . . αἰτέω
  διδόντος pres. act. ptc. gen. sing. masc. . . . . δίδωμι
  ὀνειδίζοντος pres. act. ptc. gen. sing. masc. . ὀνειδίζω
  δοθήσεται 3 p. sing. fut. pass. ind. . . . . δίδωμι
6 διακρινόμενος pres. mid. ptc. nom. sing. masc. .διακρίνω
  ἔοικεν 3 p. sing. 2 perf. act. ind. . . . . ἔοικα
  ἀνεμιζομένῳ pres. pass. ptc. dat. sing. masc. . .ἀνεμίζω
  ῥιπιζομένῳ pres. pass. ptc. dat. sing. masc. . . .ῥιπίζω
7 οἰέσθω 3 p. sing. pres. mid. imper. . . . . οἴομαι
  λήμφεται 3 p. sing. fut. mid. ind. . . . . .λαμβάνω
9 καυχάσθω 3 p. sing. pres. mid. imper. . . . . . . καυχάομαι
10 παρελεύσεται 3 p. sing. fut. mid. ind. . . . . παρέρχομαι
11 ἀνέτειλεν 3 p. sing. 1 aor. act. ind. . . . . . ἀνατέλλω
  ἐξήρανεν 3 p. sing. 1 aor. act. ind. . . . . . . ξηραίνω
  ἐξέπεσεν 3 p. sing. 2 aor. act. ind. . . . . . . ἐκπίπτω
  ἀπώλετο 3 p. sing. 2 aor. mid. ind. . . . . . . ἀπόλλυμι
  μαρανθήσεται 3 p. sing. fut. pass. ind. . . . . . μαραίνω
12 ὑπομένει 3 p. sing. pres. act. ind. . . . . ὑπομένω
  γενόμενος 2 aor. mid. ptc. nom. sing. masc. . .γίνομαι
  ἐπηγγείλατο 3 p. sing. 1 aor. mid. ind. . . . .ἐπαγγέλλω
  ἀγαπῶσιν pres. act. ptc. gen. pl. masc. . . . . . ἀγαπάω
13 πειραζόμενος pres. pass. ptc. nom. sing. masc. . πειράζω
  λεγέτω 3 p. sing. pres. act. imper. . . . . λέγω
  πειράζομαι 1 p. sing. pres. pass. ind. . . . . . . πειράζω
  εὐιτιν 3 p. sing. pres. act. ind. . . . . εἰμί
  πειράζει 3 p. sing. pres. act. ind. . . . . πειράζω
14 πειράζεται 3 p. sing. pres. pass. ind. . . . . id.
  ἐξελκόμενος pres. pass. ptc. nom. sing. masc. . . ἐξέλκω
  δελεαζόμενος pres. pass. ptc. nom. sing. masc. . δελεάζω
15 συλλαβοῦσα 2 aor. act. infin. . . . . συλλαμβάνω
  τίκτει 3 p. sing. pres. act. ind. . . . . τίκτω
  ἀποτελεσθεῖσα 1 aor. pass. ptc. nom. sing. fem. ἀποτελέω
  ἀποκύει 3 p. sing. pres. act. ind. . . . . .ἀποκυέω
16 πλανᾶσθε 2 p. pl. pres. mid. ind. or imper. . . .πλανάω
17 καταβαῖνον pres. act. ptc. nom. or ac. s. ne. καταβαίνω
  ἔνι(ἔνεστι) 3 p. sing. pres. act. ind. . . . . . .ἔνειμι
18 βουληθείς 1 aor. pass. ptc. nom. sing. masc. . .βούλομαι
  ἀπεκύησεν 3 p. sing. 1 aor. act. ind. . . . . . .ἀποκυέω
  εἶναι pres. act. infin. . . . . εἰμί
19 ἴστε 2 p. pl. perf. act. ind. or imper. . . . . . . .οἶδα
  ἔστω 3 p. sing. pres. act. imper. . . . . εἰμί
  ἀκοῦσαι 1 aor. act. infin. . . . . .ἀκούω
  λαλῆσαι 1 aor. act. infin. . . . . .λαλέω

20 ἐργάζεται 3 p. sing. pres. mid. ind. . . . . . ἐργάζομαι
21 ἀποθέμενοι 2 aor. mid. ptc. nom. pl. masc. . . ἀποτίθημι
   δέξασθε 2 p. pl. 1 aor. mid. imper. . . . . δέχομαι
   δυνάμενον pres. pass. ptc. acc. sing. masc. . . . δύναμαι
   σῶσαι 1 aor. act. infin. . . . . σῴζω
22 γίνεσθε 2 p. pl. pres. mid. imper. . . . . γίνομαι
   παραλογιζόμενοι pres. mid. ptc. n. pl. m. παραλογίζομαι
23 ἔοικεν 3 p. sing. 2 perf. act. ind. . . . . ἔοικα
   κατανοοῦντι pres. act. ptc. dat. sing. masc. . .κατανοέω
24 κατενόησεν 3 p. sing. 1 aor. act. ind. . . . . . . id.
   ἀπελήλυθεν 3 p. sing. 2 perf. act. ind. . . . .ἀπέρχομαι
   ἐπελάθετο 3 p. sing. 2 aor. mid. ind. . . ἐπιλανθάνομαι
   ἦν 3 p. sing. imperf. act. ind. . . . . εἰμί
25 παρακύψας 1 aor. act. ptc. nom. sing. masc. . παρακύπτω
   παραμείνας 1 aor. act. ptc. nom. sing. masc. . παραμένω
   γενόμενος 2 aor. mid. ptc. nom. sing. masc. . . .γίνομαι
   ἔσται 3 p. sing. fut. mid. ind. . . . . εἰμί
26 δοκεῖ 3 p. sing. pres. act. ind. . . . . .δοκέω
   εἶναι pres. act. infin. . . . . εἰμί
   χαλιναγωγῶν pres. act. ptc. nom. s. masc. . χαλιναγωγέω
   ἀπατῶν pres. act. ptc. nom. sing. masc. . . . . . ἀπατάω
27 ἐπισκέπτεσθαι pres. mid. infin. . . . . . . ἐπισκέπτομαι
   τηρεῖν pres. act. infin. . . . . τηρέω

2
1 ἔχετε 2 p. pl. pres. act. ind. . . . . ἔχω
2 εἰσέλθῃ 3 p. sing. 2 aor. act. subj. . . . . . εἰσέρχομαι
3 ἐπιβλέψητε 2 p. pl. 1 aor. act. subj. . . . . . ἐπιβλέπω
  φοροῦντα pres. act. ptc. acc. sing. masc. . . . . . .φορέω
  εἴπητε 2 p. pl. 2 aor. act. subj. . . . . .λέγω
  κάθου 2 p. sing. pres. mid. imper. . . . . .κάθημαι
  στῆθι 2 p. sing. 2 aor. act. imper. . . . . .ἵστημι
4 διεκρίθητε 2 p. pl. 1 aor. pass. ind. . . . . . . διακρίνω
  ἐγένεσθε 2 p. pl. 2 aor. mid. ind. . . . . γίνομαι
5 ἀκούσατε 2 p. pl. 1 aor. act. imper. . . . . ἀκούω
  ἐξελέξατο 3 p. sing. 1 aor. mid. ind. . . . . . . ἐκλέγω
  ἐπηγγείλατο 3 p. sing. 1 aor. mid. ind. . . . . .ἐπαγγέλλω
  ἀγαπῶσιν pres. act. ptc. dat. pl. masc. . . . . . ἀγαπάω
6 ἠτιμάσατε 2 p. pl. 1 aor. act. ind. . . . . .ἀτιμάζω
  καταδυναστεύουσιν 3 p. pl. pres. ac. ind.καταδυναστεύω
  ἕλκουσιν 3 p. pl. pres. act. ind. . . . . ἕλκω
7 βλασφημοῦσιν 3 p. pl. pres. act. ind. . . . . .βλασφημέω
  ἐπικληθέν 1 aor. pass. ptc. acc. sing. neut. . .ἐπικαλέω
8 τελεῖτε 2 p. pl. pres. act. ind. . . . . τελέω
  ἀγαπήσεις 2 p. sing. fut. act. ind. . . . . ἀγαπάω
  ποιεῖτε 2 p. pl. pres. act. ind. or imper. . . . . ποιέω
9 προσωπολημπτεῖτε 2 p. pl. pres. act. ind.προσωπολημπτέω
  ἐργάζεσθε 2 p. pl. pres. mid. ind. or imper. . ἐργάζομαι
  ἐλεγχόμενοι pres. pass. ptc. nom. pl. masc. . . . .ἐλέγχω
10 τηρήσῃ 3 p. sing. 1 aor. act. subj. . . . . τηρέω
   πταίσῃ 3 p. sing. 1 aor. act. subj. . . . . πταίω
   γέγονεν 3 p. sing. perf. act. ind. . . . . .γίνομαι
11 εἰπών 2 aor. act. ptc. nom. sing. masc. . . . . . . .λέγω
   μοιχεύσῃς 2 p. sing. 1 aor. act. subj. . . . . . .μοιχεύω
   εἶπεν 3 p. sing. 2 aor. act. ind. . . . . .λέγω

φονεύσῃς 2 p. sing. 1 aor. act. subj. . . . . . . φονεύω
μοιχεύεις 2 p. sing. pres. act. ind. . . . . . . μοιχεύω
φονεύεις 2 p. sing. pres. act. ind. . . . . φονεύω
γέγονας 2 p. sing. perf. act. ind. . . . . γίνομαι
12 λαλεῖτε 2 p. pl. pres. act. ind. . . . . λαλέω
μέλλοντες pres. act. ptc. nom. pl. masc. . . . . . . μέλλω
κρίνεσθαι pres. pass. infin. . . . . κρίνω
13 ποιήσαντι 1 aor. act. ptc. dat. sing. masc. . . . . ποιέω
κατακαυχᾶται 3 p. sing. pres. mid. ind. . . κατακαυχάομαι
14 λέγῃ 3 p. sing. pres. act. subj. . . . . λέγω
ἔχειν pres. act. infin. . . . . ἔχω
ἔχῃ 3 p. sing. pres. act. subj. . . . . id.
δύναται 3 p. sing. pres. pass. ind. . . . . δύναμαι
σῶσαι 1 aor. act. infin. . . . . σώζω
15 ὑπάρχωσιν 3 p. pl. pres. act. subj. . . . . ὑπάρχω
λειπόμενοι pres. pass. ptc. nom. pl. masc. . . . . . λείπω
16 εἴπῃ 3 p. sing. 2 aor. act. subj. . . . . λέγω
ὑπάγετε 2 p. pl. pres. act. imper. . . . . ὑπάγω
θερμαίνεσθε 2 p. pl. pres. mid. imper. . . . . .θερμαίνω
χορτάζεσθε 2 p. pl. pres. pass. imper. . . . . . . χορτάζω
δῶτε 2 p. pl. 2 aor. act. subj. . . . . .δίδωμι
18 ἐρεῖ 3 p. sing. fut. act. ind. . . . . λέγω
ἔχεις 2 p. sing. pres. act. ind. . . . . ἔχω
δεῖξον 2 p. sing. 1 aor. act. imper. . . . . δείκνυμι
δείξω 1 p. sing. fut. act. ind. . . . . id.
19 πιστεύεις 2 p. sing. pres. act. ind. . . . . . . πιστεύω
ποιεῖς 2 p. sing. pres. act. ind. . . . . ποιέω
πιστεύουσιν 3 p. pl. pres. act. ind. . . . . . . πιστεύω
φρίσσουσιν 3 p. pl. pres. act. ind. . . . . φρίσσω
20 θέλεις 2 p. sing. pres. act. ind. . . . . .θέλω
γνῶναι 2 aor. act. infin. . . . . γινώσκω
21 ἐδικαιώθη 3 p. sing. 1 aor. pass. ind. . . . . . .δικαιόω
ἀνενέγκας 1 aor. act. ptc. nom. sing. masc. . . .ἀναφέρω
22 βλέπεις 2 p. sing. pres. act. ind. . . . . βλέπω
συνήργει 3 p. sing. imperf. act. ind. . . . . . . συνεργέω
ἐτελειώθη 3 p. sing. 1 aor. pass. ind. . . . . . . τελειόω
23 ἐπληρώθη 3 p. sing. 1 aor. pass. ind. . . . . πληρόω
λέγουσα pres. act. ptc. nom. sing. fem. . . . . . . λέγω
ἐπίστευσεν 3 p. sing. 1 aor. act. ind. . . . . . . πιστεύω
ἐλογίσθη 3 p. sing. 1 aor. pass. ind. . . . . . . λογίζομαι
ἐκλήθη 3 p. sing. 1 aor. pass. ind. . . . . .καλέω
24 ὁρᾶτε 2 p. pl. pres. act. ind. or imper. . . . . . . ὁράω
δικαιοῦται 3 p. sing. pres. pass. ind. . . . . . . δικαιόω
25 ἐδικαιώθη 3 p. sing. 1 aor. pass. ind. . . . . id.
ὑποδεξαμένη 1 aor. mid. ptc. nom. sing. fem. ὑποδέχομαι
ἐκβαλοῦσα 2 aor. act. ptc. nom. sing. fem. . . . ἐκβάλλω

3

1 εἰδότες perf. act. ptc. nom. pl. masc. . . . . οἶδα
λημψόμεθα 1 p. pl. fut. mid. ind. . . . . .λαμβάνω
2 πταίομεν 1 p. pl. pres. act. ind. . . . . .πταίω
πταίει 3 p. sing. pres. act. ind. . . . . id.
χαλιναγωγῆσαι 1 aor. act. infin. . . . . χαλιναγωγέω
3 βάλλομεν 1 p. pl. pres. act. ind. . . . . βάλλω
πείθεσθαι pres. pass. infin. . . . . πείθω

μετάγομεν 1 p. pl. pres. act. ind. . . . . .μετάγω
4 ὄντα pres. act. ptc. acc. sing. masc. . . . . .εἰμί
ἐλαυνόμενα pres. pass. ptc. nom. pl. neut. . . . . .ἐλαύνω
μετάγεται 3 p. sing. pres. pass. ind. . . . . . .μετάγω
εὐθύνοντος pres. act. ptc. gen. sing. masc. . . . εὐθύνω
βούλεται 3 p. sing. pres. mid. ind. . . . . . . .βούλομαι
5 αὐχεῖ 3 p. sing. pres. act. ind. . . . . .αὐχέω
ἀνάπτει 3 p. sing. pres. act. ind. . . . . .ἀνάπτω
6 καθίσταται 3 p. sing. pres. pass. ind. . . . . καθίστημι
σπιλοῦσα pres. act. ptc. nom. sing. fem. . . . . .σπιλόω
φλογίζουσα pres. act. ptc. nom. sing. fem. . . . φλογίζω
φλογιζομένη pres. pass. ptc. nom. sing. fem. . . . . id.
7 δαμάζεται 3 p. sing. pres. pass. ind. . . . . . . δαμάζω
δεδάμασται 3 p. sing. perf. pass. ind. . . . . id.
8 δαμάσαι 1 aor. act. infin. . . . . id.
δύναται 3 p. sing. pres. pass. ind. . . . . . . .δύναμαι
9 εὐλογοῦμεν 1 p. pl. pres. act. ind. . . . . . . .εὐλογέω
καταρώμεθα 1 p. pl. pres. mid. ind. . . . . . καταράομαι
γεγονόντας perf. act. ptc. nom. pl. masc. . . . . .γίνομαι
10 ἐξέρχεται 3 p. sing. pres. mid. ind. . . . . . ἐξέρχομαι
χρή 3 p. sing. pres. act. impers. . . . . (fr.χράω) χρή
γίνεσθαι pres. mid. infin. . . . . γίνομαι
11 βρύει 3 p. sing. pres. act. ind. . . . . .βρύω
12 ποιῆσαι 1 aor. act. infin. . . . . ποιέω
13 δειξάτω 3 p. sing. 1 aor. act. imper. . . . . . δείκνυμι
14 ἔχετε 2 p. pl. pres. act. ind. . . . . .ἔχω
κατακαυχᾶσθε 2 p. pl. pres. mid. imper. . κατακαυχάομαι
ψεύδεσθε 2 p. pl. pres. mid. imper. . . . . . . ψεύδομαι
15 κατερχομένη pres. mid. ptc. nom. sing. fem. . κατέρχομαι
18 σπείρεται 3 p. sing. pres. pass. ind. . . . . . . σπείρω
ποιοῦσιν pres. act. ptc. dat. pl. masc. or neut. . ποιέω

4

1 στρατευομένων pres. mid. ptc. gen. pl. m. or n. στρατεύω
2 ἐπιθυμεῖτε 2 p. pl. pres. act. ind. . . . . ἐπιθυμέω
ἔχετε 2 p. pl. pres. act. ind. . . . . .ἔχω
ζηλοῦτε 2 p. pl. pres. act. ind.or imper. or subj. . ζηλόω
δύνασθε 2 p. pl. pres. pass. ind. . . . . .δύναμαι
ἐπιτυχεῖν 2 aor. act. infin. . . . . .ἐπιτυγχάνω
φονεύετε 2 p. pl. pres. act. ind. . . . . φονεύω
μάχεσθε 2 p. pl. pres. mid. ind. . . . . μάχομαι
πολεμεῖτε 2 p. pl. pres. act. ind. . . . . πολεμέω
αἰτεῖσθαι pres. mid. infin. . . . . .αἰτέω
3 αἰτεῖτε 2 p. pl. pres. act. ind. . . . . id.
λαμβάνετε 2 p. pl. pres. act. ind. . . . . . . .λαμβάνω
αἰτεῖσθε 2 p. pl. pres. mid. ind. . . . . .αἰτέω
δαπανήσητε 2 p. pl. 1 aor. act. subj. . . . . . . .δαπανάω
4 οἴδατε 2 p. pl. perf. act. ind. . . . . .οἶδα
βουληθῇ 3 p. sing. 1 aor. pass. subj. . . . . . .βούλομαι
εἶναι pres. act. infin. . . . . .εἰμί
καθίσταται 3 p. sing. pres. pass. ind. . . . . . καθίστημι
5 δοκεῖτε 2 p. pl. pres. act. ind. or imper. . . . . .δοκέω
λέγει 3 p. sing. pres. act. ind. . . . . .λέγω
ἐπιποθεῖ 3 p. sing. pres. act. ind. . . . . . . .ἐπιποθέω
κατῴκισεν 3 p. sing. 1 aor. act. ind. . . . . . κατοικίζω
6 δίδωσιν 3 p. sing. pres. act. ind. . . . . .δίδωμι

ἀντιτάσσεται 3 p. sing. pres. mid. ind. . . . .ἀντιτάσσω
7 ὑποτάγητε 2 p. pl. 2 aor. pass. imper. . . . . .ὑποτάσσω
ἀντίστητε 2 p. pl. 2 aor. act. imper. . . . . .ἀνθίστημι
φεύξεται 3 p. sing. fut. mid. ind. . . . . φεύγω
8 ἐγγίσατε 2 p. pl. 1 aor. act. imper. . . . . . . .ἐγγίζω
ἐγγίσει 3 p. ɔing. fut. act. ind. . . . . id.
καθαρίσατε 2 p. pl. 1 aor. act. imper. . . . . . .καθαρίζω
ἁγνίσατε 2 p. pl. 1 aor. act. imper. . . . . . . .ἁγνίζω
9 ταλαιπωρήσατε 2 p. pl. 1 aor. act. imper. . . ταλαιπωρέω
πενθήσατε 2 p. pl. 1 aor. act. imper. . . . . . . πενθέω
κλαύσατε 2 p. pl. 1 aor. act. imper. . . . . κλαίω
μετατραπήτω 3 p. sing. 2 aor. pass. imper. . . μετατρέπω
10 ταπεινώθητε 2 p. pl. 1 aor. pass. imper. . . . .ταπεινόω
ὑψώσει 3 p. sing. fut. act. ind. . . . . ὑψόω
11 καταλαλεῖτε 2 p. pl. pres. act. imper. . . . .καταλαλέω
καταλαλῶν pres. act. ptc. nom. sing. masc. . . . . . . id.
κρίνων pres. act. ptc. nom. sing. masc. . . . . . . κρίνω
καταλαλεῖ 3 p. sing. pres. act. ind. . . . . .καταλαλέω
κρίνει 3 p. sing. pres. act. ind. . . . . κρίνω
κρίνεις 2 p. sing. pres. act. ind. . . . . .id.
εἶ 2 p. sing. pres. act. ind. . . . . .εἰμί
12 δυνάμενος pres. pass. ptc. nom. sing. masc. . . .δύναμαι
σῶσαι 1 aor. act. infin. . . . . σῴζω
ἀπολέσαι 1 aor. act. infin. . . . . ἀπόλλυμι
13 ἄγε 2 p. sing. pres. act. imper. . . . . ἄγω
λέγοντες pres. act. ptc. nom. pl. masc. . . . . . . λέγω
πορευσόμεθα 1 p. pl. fut. mid. ind. . . . . . πορεύομαι
ποιήσομεν 1 p. pl. fut. act. ind. . . . . .ποιέω
ἐμπορευσόμεθα 1 p. pl. fut. mid. ind. . . . ἐμπορεύομαι
κερδήσομεν 1 p. pl. fut. act. ind. . . . . . . .κερδαίνω
14 ἐπίστασθε 2 p. pl. pres. pass. ind. . . . . . .ἐπίσταμαι
φαινομένη pres. mid. ptc. nom. sing. fem. . . . . . φαίνω
ἀφανιζομένη pres. pass. ptc. nom. sing. fem. . . ἀφανίζω
15 λέγειν pres. act. infin. . . . . λέγω
θελήσῃ 3 p. sing. 1 aor. act. subj. . . . . .θέλω
ζήσομεν 1 p. pl. fut. act. ind. . . . . ζάω
16 καυχᾶσθε 2 p. pl. pres. mid. ind. . . . . . . καυχάομαι
17 εἰδότι perf. act. ptc. dat. sing. masc. . . . . οἶδα
ποιεῖν pres. act. infin. . . . . .ποιέω
ποιοῦντι pres. act. ptc. dat. sing. masc. or ne. . . id.

5

1 κλαύσατε 2 p. pl. 1 aor. act. imper. . . . . κλαίω
ὀλολύζοντες pres. act. ptc. nom. pl. masc. . . . ὀλολύζω
ἐπερχομέναις pres. mid. ptc. dat. pl. fem. . . ἐπέρχομαι
2 σέσηπεν 3 p. sing. perf. act. ind. . . . . .σήπω
γέγονεν 3 p. sing. perf. act. ind. . . . . γίνομαι
3 κατίωται 3 p. sing. perf. pass. ind. . . . . . . κατιόω
ἔσται 3 p. sing. fut. mid. ind. . . . . εἰμί
φάγεται 3 p. sing. fut. mid. ind. . . . . ἐσθίω
ἐθησαυρίσατε 2 p. pl. 1 aor. act. ind. . . . .θησαυρίζω
4 ἀμησάντων 1 aor. act. ptc. gen. pl. masc. . . . . . ἀμάω
ἀφυστερημένος perf. pass. ptc. nom. s. masc. .ἀφυστερέω
κράζει 3 p. sing. pres. act. ind. . . . . .κράζω
θερισάντων 1 aor. act. ptc. gen. pl. masc. . . . . .θερίζω

εἰσελήλυθαν 3 p. pl. perf. act. ind. . . . . εἰσέρχομαι
5 ἐτρυφήσατε 2 p. pl. 1 aor. act. ind. . . . . τρυφάω
ἐσπαταλήσατε 2 p. pl. 1 aor. act. ind. . . . . . σπαταλάω
ἐθρέψατε 2 p. pl. 1 aor. act. ind. . . . . τρέφω
6 κατεδικάσατε 2 p. pl. 1 aor. act. ind. . . . καταδικάζω
ἐφονεύσατε 2 p. pl. 1 aor. act. ind. . . . . φονεύω
ἀντιτάσσεται 3 p. sing. pres. mid. ind. . . . ἀντιτάσσω
7 μακροθυμήσατε 2 p. pl. 1 aor. act. imper. . . μακροθυμέω
ἐκδέχεται 3 p. sing. pres. mid. ind. . . . . . . ἐκδέχομαι
μακροθυμῶν pres. act. ptc. nom. sing. masc. . μακροθυμέω
λάβῃ 3 p. sing. 2 aor. act. subj. . . . . λαμβάνω
8 στηρίξατε 2 p. pl. 1 aor. act. imper. . . . . στηρίζω
ἤγγικεν 3 p. sing. perf. act. ind. . . . . ἐγγίζω
9 στενάζετε 2 p. pl. pres. act. imper. . . . . στενάζω
κριθῆτε 2 p. pl. 1 aor. pass. subj. . . . . κρίνω
ἕστηκεν 3 p. sing. perf. act. ind. . . . . ἵστημι
10 λάβετε 2 p. pl. 2 aor. act. imper. . . . . λαμβάνω
ἐλάλησαν 3 p. pl. 1 aor. act. ind. . . . . λαλέω
11 μακαρίζομεν 1 p. pl. pres. act. ind. . . . . . . μακαρίζω
ὑπομείναντας 1 aor. act. ptc. acc. pl. masc. . ὑπομένω
ἠκούσατε 2 p. pl. 1 aor. act. ind. . . . . ἀκούω
εἴδετε 2 p. pl. 2 aor. act. ind. . . . . ὁράω
12 ὀμνύετε 2 p. pl. pres. act. imper. . . . . ὀμνύω
ἤτω 3 p. sing. pres. act. imper. . . . . εἰμί
πέσητε 2 p. pl. 2 aor. act. subj. . . . . πίπτω
13 κακοπαθεῖ 3 p. sing. pres. act. ind. . . . . . . κακοπαθέω
προσευχέσθω 3 p. sing. pres. mid. imper. . . προσεύχομαι
εὐθυμεῖ 3 p. sing. pres. act. ind. . . . . εὐθυμέω
ψαλλέτω 3 p. sing. pres. act. imper. . . . . ψάλλω
14 ἀσθενεῖ 3 p. sing. pres. act. ind. . . . . ἀσθενέω
προσκαλεσάσθω 3 p. sing. 1 aor. mid. imper. προσκαλέομαι
προσευξάσθωσαν 3 p. pl. 1 aor. mid. imper. . προσεύχομαι
ἀλείψαντες 1 aor. act. ptc. nom. pl. masc. . . . . ἀλείφω
15 σώσει 3 p. sing. fut. act. ind. . . . . σώζω
κάμνοντα pres. act. ptc. acc. sing. masc. . . . . . . κάμνω
ἐγερεῖ 3 p. sing. fut. act. ind. . . . . ἐγείρω
ᾖ 3 p. sing. pres. act. subj. . . . . εἰμί
ἀφεθήσεται 3 p. sing. fut. pass. ind. . . . . . . ἀφίημι
πεποιηκώς perf. act. ptc. nom. sing. masc. . . . . ποιέω
16 ἐξομολογεῖσθε 2 p. pl. pres. mid. imper. . . ἐξομολογέω
προσεύχεσθε 2 p. pl. pres. mid. imper. . . . προσεύχομαι
ἰαθῆτε 2 p. pl. 1 aor. pass. subj. . . . . ἰάομαι
ἰσχύει 3 p. sing. pres. act. ind. . . . . ἰσχύω
ἐνεργουμένη pres. mid. ptc. nom. sing. masc. . . ἐνεργέω
17 ἦν 3 p. sing. imperf. act. ind. . . . . εἰμί
προσηύξατο 3 p. sing. 1 aor. mid. ind. . . . προσεύχομαι
βρέξαι 1 aor. act. infin. . . . . βρέχω
ἔβρεξεν 3 p. sing. 1 aor. act. ind. . . . . id.
18 ἔδωκεν 3 p. sing. 1 aor. act. ind. . . . . δίδωμι
ἐβλάστησεν 3 p. sing. 1 aor. act. ind. . . . . . βλαστάνω
19 πλανηθῇ 3 p. sing. 1 aor. pass. subj. . . . . . . πλανάω
ἐπιστρέψῃ 3 p. sing. 1 aor. act. subj. . . . . . ἐπιστρέφω
20 γινώσκετε 2 p. pl. pres. act. ind. . . . . γινώσκω
ἐπιστρέψας 1 aor. act. ptc. nom. sing. masc. . ἐπιστρέφω
καλύψει 3 p. sing. fut. act. ind. . . . . καλύπτω

Πετρου α΄

1

2 πληθυνθείη 3 p. sing. 1 aor. pass. opt. . . . . . . πληθύω
3 ἀναγεννήσας 1 aor. act. ptc. nom. sing. masc. .ἀναγεννάω
ζῶσαν pres. act. ptc. acc. sing. fem. . . . . ζάω
4 τετηρημένην perf. pass. ptc. acc. sing. fem. . . . τηρέω
5 φρουρουμένους pres. pass. ptc. acc. pl. masc. . . .φρουρέω
ἀποκαλυφθῆναι 1 aor. pass. infin. . . . . . . ἀποκαλύπτω
6 ἀγαλλιᾶσθε 2 p. pl. pres. mid. ind. or imper. . ἀγαλλιάω
λυπηθέντες 1 aor. pass. ptc. nom. pl. masc. . . . .λυπέω
7 ἀπολλυμένου pres. pass. ptc. gen. sing. neut. . . ἀπόλλυμι
δοκιμαζομένου pres. pass. ptc. gen. sing. neut. δοκιμάζω
εὑρεθῇ 3 p. sing. 1 aor. pass. subj. . . . . . . εὑρίσκω
8 ἰδόντες 2 aor. act. ptc. nom. pl. masc. . . . . . . ὁράω
ἀγαπᾶτε 2 p. pl. pres. act. ind. . . . . .ἀγαπάω
ὁρῶντες pres. act. ptc. nom. pl. masc. . . . . ὁράω
πιστεύοντες pres. act. ptc. nom. pl. masc. . . . πιστεύω
ἀγαλλιᾶσθε 2 p. pl. pres. mid. imper. or ind. . ἀγαλλιάω
δεδοξασμένη perf. pass. ptc. dat. sing. fem. . . .δοξάζω
9 κομιζόμενοι pres. mid. ptc. nom. pl. masc. . . . .κομίζω
10 ἐξεζήτησαν 3 p. pl. 1 aor. act. ind. . . . . . . ἐκζητέω
ἐξηρεύνησαν 3 p. pl. 1 aor. act. ind. . . . . .ἐξερευνάω
προφητεύσαντες 1 aor. act. ptc. nom. pl. m. . . προφητεύω
11 ἐρευνῶντες pres. act. ptc. nom. pl. masc. . . . .ἐρευνάω
ἐδήλου 3 p. sing. imperf. act. ind. . . . . δηλόω
προμαρτυρόμενον pres. mid. ptc. n. s. ne. προμαρτύρομαι
12 ἀπεκαλύφθη 3 p. sing. 1 aor. pass. ind. . . . ἀποκαλύπτω
διηκόνουν 3 p. pl. imperf. act. ind. . . . . . .διακονέω
ἀνηγγέλη 3 p. sing. 2 aor. pass. ind. . . . . .ἀναγγέλλω
εὐαγγελισαμένων 1 aor. mid. ptc. gen. pl. m. .εὐαγγελίζω
ἀποσταλέντι 2 aor. pass. ptc. dat. sing. ne. . ἀποστέλλω
ἐπιθυμοῦσιν 3 p. pl. pres. act. ind. . . . . . .ἐπιθυμέω
παρακῦψαι 1 aor. act. infin. . . . . παρακύπτω
13 ἀναζωσάμενοι 1 aor. mid. ptc. nom. pl. masc. .ἀναζώννυμι
νήφοντες pres. act. ptc. nom. pl. masc. . . . . νήφω
ἐλπίσατε 2 p. pl. 1 aor. act. imper. . . . . ἐλπίζω
φερομένην pres. pass. ptc. acc. sing. fem. . . . . . φέρω
14 συσχηματιζόμενοι pres. mid. ptc. no. pl. m. συσχηματίζω
15 καλέσαντα 1 aor. act. ptc. acc. sing. masc. . . . . καλέω
γενήθητε 2 p. pl. 1 aor. pass. imper. . . . . . . .γίνομαι
16 γέγραπται 3 p. sing. perf. pass. ind. . . . . γράφω
ἔσεσθε 2 p. pl. fut. mid. ind. . . . . εἰμί
17 ἐπικαλεῖσθε 2 p. pl. pres. mid. ind. . . . . . .ἐπικαλέω
κρίνοντα pres. act. ptc. acc. sing. masc. . . . . .κρίνω
ἀναστράφητε 2 p. pl. 2 aor. pass. imper. . . . ἀναστρέφω
18 εἰδότες perf. act. ptc. nom. pl. masc. . . . . οἶδα
ἐλυτρώθητε 2 p. pl. 1 aor. pass. ind. . . . . . . λυτρόω
20 προεγνωσμένου perf. pass. ptc. gen. s. masc. προγινώσκω
φανερωθέντος 1 aor. pass. ptc. gen. sing. masc. .φανερόω
21 ἐγείραντα 1 aor. act. ptc. acc. sing. masc. . . . ἐγείρω
δόντα 2 aor. act. ptc. acc. sing. masc. . . . . . .δίδωμι
εἶναι pres. act. infin. . . . . εἰμί
22 ἡγνικότες perf. act. ptc. nom. pl. masc. . . . . .ἁγνίζω
ἀγαπήσατε 2 p. pl. 1 aor. act. imper. . . . . . . ἀγαπάω

23 ἀναγεγεννημένοι perf. pass. ptc. nom. pl. m. . ἀναγεννάω
   ζῶντος pres. act. ptc. gen. sing. masc. . . . . ζάω
   μένοντος pres. act. ptc. gen. sing. masc. . . . . . μένω
24 ἐξηράνθη 3 p. sing. 1 aor. pass. ind. . . . . . . ξηραίνω
   ἐξέπεσεν 3 p. sing. 2 aor. act. ind. . . . . . . .ἐκπίπτω
25 μένει 3 p. sing. pres. act. ind. . . . . μένω
   ἐστιν 3 p. sing. pres. act. ind. . . . . εἰμί
   εὐαγγελισθέν 1 aor. pass. pt. n. or ac. s. n. εὐαγγελίζω

2

1 ἀποθέμενοι 2 aor. mid. ptc. nom. pl. masc. . . ἀποτίθημι
2 ἐπιποθήσατε 2 p. pl. 1 aor. act. imper. . . . . ἐπιποθέω
   αὐξηθῆτε 2 p. pl. 1 aor. pass. subj. . . . . . . .αὐξάνω
3 ἐγεύσασθε 2 p. pl. 1 aor. mid. ind. . . . . . . .γεύομαι
4 προσερχόμενοι pres. mid. ptc. nom. pl. m. . προσέρχομαι
   ζῶντα pres. act. ptc. acc. sing. neut. . . . . ζάω
   ἀποδεδοκιμασμένον pf. pass. pt. acc. s. m. .ἀποδοκιμάζω
5 ζῶντες pres. act. ptc. nom. pl. masc. . . . . ζάω
   οἰκοδομεῖσθε 2 p. pl. pres. pass. ind. . . . . οἰκοδομέω
   ἀνενέγκαι 1 aor. act. infin. . . . . ἀναφέρω
6 περιέχει 3 p. sing. pres. act. ind. . . . . . . .περιέχω
   ἰδού 2 p. sing. 2 aor. mid. imper. . . . . .εἶδον
   τίθημι 1 p. sing. pres. act. ind. . . . . .τίθημι
   πιστεύων pres. act. ptc. nom. sing. masc. . . .πιστεύω
   καταισχυνθῇ 3 p. sing. 1 aor. pass. subj. . .καταισχύνω
7 πιστεύουσιν pres. act. ptc. dat. pl. masc. . . . πιστεύω
   ἀπιστοῦσιν pres. act. ptc. dat. pl. masc. . . .ἀπιστέω
   ἀπεδοκίμασαν 3 p. pl. 1 aor. pass. ind. . . . ἀποδοκιμάζω
   ἐγενήθη 3 p. sing. 1 aor. pass. ind. . . . . . . γίνομαι
   οἰκοδομοῦντες pres. act. ptc. nom. pl. masc. . οἰκοδομέω
8 προσκόπτουσιν 3 p. pl. pres. act. ind. . . . . προσκόπτω
   ἀπειθοῦντες pres. act. ptc. nom. pl. masc. . . .ἀπειθέω
   ἐτέθησαν 3 p. pl. 1 aor. pass. ind. . . . . . . .τίθημι
9 ἐξαγγείλητε 2 p. pl. 1 aor. act. subj. . . .ἐξαγγέλλω
   καλέσαντος 1 aor. act. ptc. gen. sing. masc. . . . καλέω
10 ἠλεημένοι perf. pass. ptc. nom. pl. masc. . . . . .ἐλεέω
   ἐλεηθέντε 1 aor. pass. ptc. nom. pl. masc. . . . . . id.
11 παρακαλῶ 1 p. sing. pres. act. ind. . . . . . παρακαλέω
   ἀπέχεσθαι pres. mid. infin. . . . . .ἀπέχω
   στρατεύονται 3 p. pl. pres. mid. ind. . . . . . στρατεύω
12 ἔχοντες pres. act. ptc. nom. pl. masc. . . . . .ἔχω
   καταλαλοῦσιν 3 p. pl. pres. act. ind. . . . . καταλαλέω
   κακοποιῶν pres. act. ptc. nom. sing. masc. . . κακοποιέω
   ἐποπτεύοντες pres. act. ptc. nom. pl. masc. . . ἐποπτεύω
   δοξάσωσιν 3 p. pl. 1 aor. act. subj. . . . . . . .δοξάζω
13 ὑποτάγητε 2 p. pl. 2 aor. pass. imper. . . . . .ὑποτάσσω
   ὑπερέχοντι pres. act. ptc. dat. sing. masc. . . ὑπερέχω
14 πεμπομένοις pres. pass. ptc. dat. pl. masc. . . . . πέμπω
   ἀγαθοποιῶν pres. act. ptc. nom. sing. masc. . ἀγαθοποιέω
15 ἐστιν 3 p. sing. pres. act. ind. . . . . εἰμί
   ἀγαθοποιοῦντας pres. mid. ptc. acc. pl. m. . ἀγαθοποιέω
   φιμοῦν pres. act. infin. . . . . .φιμόω
16 ἔχοντες pres. act. ptc. nom. pl. masc. . . . . .ἔχω
17 τιμήσατε 2 p. pl. 1 aor. act. imper. . . . . τιμάω
   ἀγαπᾶτε 2 p. pl. pres. act. imper. . . . . .ἀγαπάω

φοβεῖσθε 2 p. pl. pres. pass. imper. . . . . φοβέω
τιμᾶτε 2 p. pl. pres. act. imper. . . . . τιμάω
18 ὑποτασσόμενοι pres. mid. ptc. nom. pl. masc. . . .ὑποτάσσω
19 ὑποφέρει 3 p. sing. pres. act. ind. . . . . .ὑποφέρω
πάσχων pres. act. ptc. nom. sing. masc. . . . . πάσχω
20 ἁμαρτάνοντες pres. act. ptc. nom. pl. masc. . . ἁμαρτάνω
κολαφιζόμενοι pres. pass. ptc. nom. pl. masc. . . κολαφίζω
ὑπομενεῖτε 2 p. pl. fut. act. ind. . . . . ὑπομένω
ἀγαθοποιοῦντες pres. act. ptc. nom. pl. m. . . ἀγαθοποιέω
πάσχοντες pres. act. ptc. nom. pl. masc. . . . . . . πάσχω
21 ἐκλήθητε 2 p. pl. 1 aor. pass. ind. . . . . .καλέω
ἔπαθεν 3 p. sing. 2 aor. act. ind. . . . . πάσχω
ὑπολιμπάνων pres. act. ptc. nom. sing. masc. .ὑπολιμπάνω
ἐπακολουθήσητε 2 p. pl. 1 aor. act. subj. . ἐπακολουθέω
22 ἐποίησεν 3 p. sing. 1 aor. act. ind. . . . . .ποιέω
εὑρέθη 3 p. sing. 1 aor. pass. ind. . . . . εὑρίσκω
23 ἀντελοιδόρει 3 p. sing. imperf. act. ind. .ἀντιλοιδορέω
λοιδορούμενος pres. pass. ptc. nom. s. masc. . .λοιδορέω
πάσχων pres. act. ptc. nom. sing. masc. . . . . . . πάσχω
ἠπείλει 3 p. sing. imperf. act. ind. . . . . ἀπειλέω
παρεδίδου 3 p. sing. imperf. act. ind. . . . παραδίδωμι
κρίνοντι pres. act. ptc. dat. sing. masc. . . . . . . κρίνω
24 ἀνήνεγκεν 3 p. sing. 1 aor. act. ind. . . . . . . ἀναφέρω
ἀπογενόμενοι 2 aor. mid. ptc. nom. pl. masc. ἀπογίνομαι
ζήσωμεν 1 p. pl. 1 aor. act. subj. . . . . ζάω
ἰάθητε 2 p. pl. 1 aor. pass. ind. . . . . ἰάομαι
25 ἦτε 2 p. pl. imperf. act. ind. . . . . εἰμί
πλανώμενοι pres. pass. ptc. nom. pl. masc. . . . . πλανάω
ἐπεστράφητε 2 p. pl. 2 aor. pass. ind. . . . . ἐπιστρέφω

3

1 ὑποτασσόμεναι pres. mid. ptc. nom. pl. fem. . . . ὑποτάσσω
ἀπειθοῦσιν 3 p. pl. pres. act. ind. . . . . . . .ἀπειθέω
κερδηθήσονται 3 p. pl. fut. pass. ind. . . . .κερδαίνω
2 ἐποπτεύσαντες 1 aor. act. ptc. nom. pl. masc. . ἐποπτεύω
3 ἔστω 3 p. sing. pres. act. imper. . . . . .εἰμί
4 ἐστιν 3 p. sing. pres. act. ind. . . . . id.
5 ἐλπίζουσαι pres. act. ptc. nom. pl. fem. . . . . . ἐλπίζω
ἐκόσμουν 3 p. pl. imperf. act. ind. . . . . .κοσμέω
ὑποτασσόμεναι pres. mid. ptc. nom. pl. fem. . . ὑποτάσσω
6 ὑπήκουσεν 3 p. sing. 1 aor. act. ind. . . . . . . ὑπακούω
καλοῦσα pres. act. ptc. nom. sing. fem. . . . . . . καλέω
ἐγενήθητε 2 p. pl. 1 aor. pass. ind. . . . . . . γίνομαι
ἀγαθοποιοῦσαι pres. act. ptc. nom. pl. fem. . .ἀγαθοποιέω
φοβούμεναι pres. pass. ptc. nom. pl. fem. . . . . . φοβέω
7 συνοικοῦντες pres. act. ptc. nom. pl. masc. . . .συνοικέω
ἀπονέμοντες pres. act. ptc. nom. pl. masc. . . . .ἀπονέμω
ἐγκόπτεσθαι pres. pass. infin. . . . . ἐγκόπτω
9 ἀποδιδόντες pres. act. ptc. nom. pl. masc. . . ἀποδίδωμι
εὐλογοῦντες pres. act. ptc. nom. pl. masc. . . . .εὐλογέω
ἐκλήθητε 2 p. pl. 1 aor. pass. ind. . . . . .καλέω
κληρονομήσητε 2 p. pl. 1 aor. act. subj. . . .κληρονομέω
10 θέλων pres. act. ptc. nom. sing. masc. . . . . .θέλω
ἀγαπᾶν pres. act. infin. . . . . .ἀγαπάω
ἰδεῖν 2 aor. act. infin. . . . . .ὁράω

παυσάτω 3 p. sing. 1 aor. act. imper. . . . . παύω
λαλῆσαι 1 aor. act. infin. . . . . λαλέω
11 ἐκκλινάτω 3 p. sing. 1 aor. act. imper. . . . . . ἐκκλίνω
ποιησάτω 3 p. sing. 1 aor. act. imper. . . . . . . ποιέω
ζητησάτω 3 p. sing. 1 aor. act. imper. . . . . . . ζητέω
διωξάτω 3 p. sing. 1 aor. act. imper. . . . . διώκω
12 ποιοῦντας pres. act. ptc. acc. pl. masc. . . . . . ποιέω
13 κακώσων fut. act. ptc. nom. sing. masc. . . . . . . κακόω
γένησθε 2 p. pl. 2 aor. mid. subj. . . . . γίνομαι
14 πάσχοιτε 2 p. pl. pres. act. opt. . . . . .πάσχω
φοβηθῆτε 2 p. pl. 1 aor. pass. subj. . . . . φοβέω
ταραχθῆτε 2 p. pl. 1 aor. pass. subj. . . . . . . .ταράσσω
15 ἁγιάσατε 2 p. pl. 1 aor. act. imper. . . . . . . .ἁγιάζω
αἰτοῦντι pres. act. ptc. dat. sing. masc. . . . . . .αἰτέω
16 ἔχοντες pres. act. ptc. nom. pl. masc. . . . . ἔχω
καταλαλεῖσθε 2 p. pl. pres. pass. ind. . . . . καταλαλέω
καταισχυνθῶσιν 3 p. pl. 1 aor. pass. subj. . . καταισχύνω
ἐπηρεάζοντες pres. act. ptc. nom. pl. masc. . . . ἐπηρεάζω
17 ἀγαθοποιοῦντας pres. act. ptc. acc. pl. m. . . ἀγαθοποιέω
θέλοι 3 p. sing. pres. act. opt. . . . . θέλω
πάσχειν pres. act. infin. . . . . πάσχω
κακοποιοῦντας pres. act. ptc. acc. pl. masc. . . κακοποιέω
18 ἀπέθανεν 3 p. sing. 2 aor. act. ind. . . . . . . ἀποθνήσκω
προσαγάγῃ 3 p. sing. 2 aor. act. subj. . . . . . . προσάγω
θανατωθείς perf. pass. ptc. nom. sing. masc. . . . θανατόω
ζωοποιηθείς 1 aor. pass. ptc. nom. sing. masc. .ζωοποιέω
19 πορευθείς 1 aor. pass. ptc. nom. sing. masc. . . πορεύομαι
ἐκήρυξεν 3 p. sing. 1 aor. act. ind. . . . . κηρύσσω
20 ἀπειθήσασιν 1 aor. act. ptc. dat. pl. masc. . . .ἀπειθέω
ἀπεξεδέχετο 3 p. sing. imperf. mid. ind. . . ἀπεκδέχομαι
κατασκευαζομένης pres. pass. ptc. g. s. f. κατασκευάζω
ἔστιν 3 p. sing. pres. act. ind. . . . . εἰμί
διεσώθησαν 3 p. pl. 1 aor. pass. ind. . . . . . . διασώζω
21 σώζει 3 p. sing. pres. act. ind. . . . . σώζω
22 πορευθείς 1 aor. pass. ptc. nom. sing. masc. . . πορεύομαι
ὑποταγέντων 2 aor. pass. ptc. gen. pl. masc. . . .ὑποτάσσω

4

1 παθόντος 2 aor. act. ptc. gen. sing. masc. . . . . . πάσχω
ὁπλίσασθε 2 p. pl. 1 aor. mid. imper. . . . . ὁπλίζω
παθών 2 aor. act. ptc. nom. sing. masc. . . . . πάσχω
πέπαυται 3 p. sing. perf. pass. ind. . . . . παύω
2 βιῶσαι 1 aor. act. infin. . . . . βιόω
3 παρεληλυθώς perf. act. ptc. nom. sing. masc. παρέρχομαι
κατειργάσθαι perf. mid. infin. . . . . . . κατεργάζομαι
πεπορευμένους perf. mid. ptc. acc. pl. masc. . . πορεύομαι
4 ξενίζονται 3 p. pl. pres. pass. ind. . . . . .ξενίζω
συντρεχόντων pres. act. ptc. gen. pl. masc. . . . συντρέχω
βλασφημοῦντες pres. act. ptc. nom. pl. masc. . . βλασφημέω
5 ἀποδώσουσιν 3 p. pl. fut. act. ind. . . . . . .ἀποδίδωμι
ἔχοντι pres. act. ptc. dat. sing. masc. . . . . ἔχω
κρῖναι 1 aor. act. infin. . . . . κρίνω
ζῶντας pres. act. ptc. acc. pl. masc. . . . . ζάω
6 εὐηγγελίθη 3 p. sing. 1 aor. pass. ind. . . . . εὐαγγελίζω
κριθῶσι 3 p. pl. 1 aor. pass. subj. . . . . κρίνω

ζῶσι 3 p. pl. pres. act. subj. or ind. . . . . ζάω
7 ἤγγικεν 3 p. sing. perf. act. ind. . . . . ἐγγίζω
σωφρονήσατε 2 p. pl. 1 aor. act. imper. . . . . σωφρονέω
νήψατε 2 p. pl. 1 aor. act. imper. . . . . νήφω
8 ἔχοντες pres. act. ptc. nom. pl. masc. . . . . ἔχω
καλύπτει 3 p. sing. pres. act. ind. . . . . καλύπτω
10 ἔλαβεν 3 p. sing. 2 aor. act. ind. . . . . λαμβάνω
διακονοῦντες pres. act. ptc. nom. pl. masc. . . διακονέω
11 λαλεῖ 3 p. sing. pres. act. ind. . . . . λαλέω
διακονεῖ 3 p. sing. pres. act. ind. . . . . διακονέω
χορηγεῖ 3 p. sing. pres. act. ind. . . . . . . .χορηγέω
δοξάζηται 3 p. sing. pres. pass. subj. . . . . . .δοξάζω
ἐστιν 3 p. sing. pres. act. ind. . . . . εἰμί
12 ξενίζεσθε 2 p. pl. pres. pass. imper. . . . . . . ξενίζω
γινομένη pres. mid. ptc. dat. sing. fem. . . . . γίνομαι
συμβαίνοντος pres. act. ptc. gen. sing. neut. . συμβαίνω
13 κοινωνεῖτε 2 p. pl. pres. act. ind. . . . . κοινωνέω
χαίρετε 2 p. pl. pres. act. ind. . . . . χαίρω
χαρῆτε 2 p. pl. 2 aor. pass. subj. . . . . id.
ἀγαλλιώμενοι pres. mid. ptc. nom. pl. masc. . . ἀγαλλιάω
14 ὀνειδίζεσθε 2 p. pl. pres. pass. ind. . . . . . ὀνειδίζω
ἀναπαύεται 3 p. sing. pres. mid. ind. . . . . . ἀναπαύω
15 πασχέτω 3 p. sing. pres. act. imper. . . . . πάσχω
16 αἰσχυνέσθω 3 p. sing. pres. mid. imper. . . . . αἰσχύνομαι
δοξαζέτω 3 p. sing. pres. act. imper. . . . . . . δοξάζω
17 ἄρξασθαι 1 aor. mid. infin. . . . . ἄρχω
ἀπειθούντων pres. act. ptc. gen. pl. masc. . . . ἀπειθέω
18 σώζεται 3 p. sing. pres. pass. ind. . . . . σώζω
φανεῖται 3 p. sing. fut. mid. ind. . . . . φαίνω
19 πάσχοντες pres. act. ptc. nom. pl. masc. . . . . . πάσχω
παρατιθέσθωσαν 3 p. pl. pres. pass. imper. . . παρατίθημι

5

1 παρακαλῶ 1 p. sing. pres. act. ind. . . . . . . παρακαλέω
ἀποκαλύπτεσθαι pres. pass. infin. . . . . . . .ἀποκαλύπτω
μελλούσης pres. act. ptc. gen. sing. fem. . . . . .μέλλω
2 ποιμάνατε 2 p. pl. 1 aor. act. imper. . . . . . .ποιμαίνω
3 κατακυριεύοντες pres. act. ptc. no. pl. m. κατακυριεύω
γινόμενοι pres. mid. ptc. nom. pl. masc. . . . . . γίνομαι
4 φανερωθέντος 1 aor. pass. ptc. gen. sing. masc. .φανερόω
κομιεῖσθε 2 p. pl. fut. mid. ind. . . . . κομίζω
5 ὑποτάγητε 2 p. pl. 2 aor. pass. imper. . . . . .ὑποτάσσω
ἐγκομβώσασθε 2 p. pl. 1 aor. mid. imper. . . ἐγκομβόομαι
ἀντιτάσσεται 3 p. sing. pres. mid. ind. . . . ἀντιτάσσω
δίδωσιν 3 p. sing. pres. act. ind. . . . . δίδωμι
6 ταπεινώθητε 2 p. pl. 1 aor. pass. imper. . . . .ταπεινόω
ὑψώσῃ 3 p. sing. 1 aor. act. subj. . . . . ὑψόω
7 ἐπιρίψαντες 1 aor. act. ptc. nom. pl. masc. . . ἐπιρίπτω
μέλει 3 p. sing. pres. impers. verb . . . . μέλω
8 νήψατε 2 p. pl. 1 aor. act. imper. . . . . νήφω
γρηγορήσατε 2 p. pl. 1 aor. act. imper. . . . . γρηγορέω
ὠρυόμενος pres. mid. ptc. nom. sing. masc. . . . ὠρύομαι
περιπατεῖ 3 p. sing. pres. act. ind. . . . . . . περιπατέω
ζητῶν pres. act. ptc. nom. sing. masc. . . . . . . .ζητέω
καταπιεῖν 2 aor. act. infin. . . . . .καταπίνω

9 ἀντίστητε 2 p. pl. 2 aor. act. imper. . . . . . ἀνθίστημι
  εἰδότες perf. act. ptc. nom. pl. masc. . . . . οἶδα
  ἐπιτελεῖσθαι pres. pass. infin. . . . . ἐπιτελέω
10 καλέσας 1 aor. act. ptc. nom. sing. masc. . . . . . καλέω
  παθόντας 2 aor. act. ptc. acc. pl. masc. . . . . . . πάσχω
  καταρτίσει 3 p. sing. fut. act. ind. . . . . . καταρτίζω
  στηρίξει 3 p. sing. fut. act. ind. . . . . στηρίζω
  σθενώσει 3 p. sing. fut. act. ind. . . . . .σθενόω
  θεμελιώσει 3 p. sing. fut. act. ind. . . . . . .θεμελιόω
12 λογίζομαι 1 p. sing. pres. mid. ind. . . . . . λογίζομαι
  ἔγραψα 1 p. sing. 1 aor. act. ind. . . . . .γράφω
  παρακαλῶν pres. act. ptc. nom. sing. masc. . . παρακαλέω
  ἐπιμαρτυρῶν pres. act. ptc. nom. sing. masc. ἐπιμαρτυρέω
  εἶναι pres. act. infin. . . . . .εἰμί
  στῆτε 2 p. pl. 2 aor. act. imper. or subj. . . . . ἵστημι
13 ἀσπάζεται 3 p. sing. pres. mid. ind. . . . . . ἀσπάζομαι
14 ἀσπάσασθε 2 p. pl. 1 aor. mid. imper. . . . . id.

1

```
1  λαχοῦσιν 2 aor. act. ptc. dat. pl. masc. . . . . . λαγχάνω
2  πληθυνθείη 3 p. sing. 1 aor. pass. opt. . . . . . πληθύνω
3  δεδωρημένης perf. pass. ptc. gen. sing. fem. . . δωρέομαι
   καλέσαντος 1 aor. act. ptc. gen. sing. masc. . . . καλέω
4  δεδώρηται 3 p. sing. perf. pass. ind. . . . . . . δωρέομαι
   γένησθε 2 p. pl. 2 aor. mid. subj. . . . . . . . . γίνομαι
   ἀποφυγόντες 2 aor. act. ptc. nom. pl. masc. . . ἀποφεύγω
5  παρεισενέγκαντες 1 aor. act. ptc. no. pl. m. παρεισφέρω
   ἐπιχορηγήσατε 2 p. pl. 1 aor. act. imper. . . ἐπιχορηγέω
8  ὑπάρχοντα pres. act. ptc. acc. sing. masc. . . . . ὑπάρχω
   πλεονάζοντα pres. act. pt. a. s. m. or n. pl. n.πλεονάζω
   καθίστησιν 3 p. sing. pres. act. ind. . . . . . καθίστημι
9  πάρεστιν 3 p. sing. pres. act. ind. . . . . . . . .πάρειμι
   ἐστιν 3 p. sing. pres. act. ind. . . . . . . . . . . εἰμί
   μυωπάζων pres. act. ptc. nom. sing. masc. . . . . .μυωπάζω
   λαβών 2 aor. act. ptc. nom. sing. masc. . . . . . . λαμβάνω
10 σπουδάσατε 2 p. pl. 1 aor. act. imper. . . . . . .σπουδάζω
   ποιεῖσθαι pres. mid. infin. . . . . . . . . . . . .ποιέω
   ποιοῦντες pres. act. ptc. nom. pl. masc. . . . . . . . id.
   πταίσητε 2 p. pl. 1 aor. act. subj. . . . . . . . . . πταίω
11 ἐπιχορηγηθήσεται 3 p. sing. fut. pass. ind. .ἐπιχορηγέω
12 μελλήσω 1 p. sing. fut. act. ind. . . . . . . . . .μέλλω
   ὑπομιμνήσκειν pres. act. infin. . . . . . . ὑπομιμνήσκω
   εἰδότας perf. act. ptc. acc. pl. masc. . . . . . . . .οἶδα
   ἐστηριγμένους perf. pass. ptc. acc. pl. masc. . .στηρίζω
13 ἡγοῦμαι 1 p. sing. pres. mid. ind. . . . . . . . . .ἡγέομαι
   διεγείρειν pres. act. infin. . . . . . . . . . .διεγείρω
14 εἰδώς perf. act. ptc. nom. sing. masc. . . . . . . . οἶδα
   ἐδήλωσεν 3 p. sing. 1 aor. act. ind. . . . . . . . .δηλόω
15 σπουδάσω 1 p. sing. fut. act. ind. . . . . . . . .σπουδάζω
   ἔχειν pres. act. infin. . . . . . . . . . . . . . .ἔχω
   ποιεῖσθαι pres. mid. infin. . . . . . . . . . . . .ποιέω
16 σεσοφισμένοις perf. pass. ptc. dat. pl. masc. . . σοφίζω
   ἐξακολουθήσαντες 1 aor. act. pt. no. pl. m. ἐξακολουθέω
   ἐγνωρίσαμεν 1 p. pl. 1 aor. act. ind. . . . . . .γνωρίζω
   γενηθέντες 1 aor. pass. ptc. nom. pl. masc. . . .γίνομαι
17 λαβών 2 aor. act. ptc. nom. sing. masc. . . . . . λαμβάνω
   ἐνεχθείσης 1 aor. pass. ptc. gen. sing. fem. . . . . .φέρω
   εὐδόκησα 1 p. sing. 1 aor. act. ind. . . . . . . εὐδοκέω
18 ἠκούσαμεν 1 p. pl. 1 aor. act. ind. . . . . . . . .ἀκούω
   ἐνεχθεῖσαν 1 aor. pass. ptc. acc. sing. fem. . . . .φέρω
   ὄντες pres. act. ptc. nom. pl. masc. . . . . . . . . . εἰμί
19 ἔχομεν 1 p. pl. pres. act. ind. . . . . . . . . . . .ἔχω
   ποιεῖτε 2 p. pl. pres. act. ind. or imper. . . . . .ποιέω
   προσέχοντες pres. act. ptc. nom. pl. masc. . . . προσέχω
   φαίνοντι pres. act. ptc. dat. sing. masc. . . . . .φαίνω
   διαυγάσῃ 3 p. sing. 1 aor. act. subj. . . . . . . διαυγάζω
   ἀνατείλῃ 3 p. sing. 1 aor. act. subj. . . . . . . ἀνατέλλω
20 γινώσκοντες pres. act. ptc. nom. pl. masc. . . . γινώσκω
   γίνεται 3 p. sing. pres. mid. ind. . . . . . . . .γίνομαι
21 ἠνέχθη 3 p. sing. 1 aor. pass. ind. . . . . . . . .φέρω
   φερόμενοι pres. pass. ptc. nom. pl. masc. . . . . . . id.
```

ἐλάλησαν 1 p. sing. 1 aor. act. ind. . . . . λαλέω

2
1 ἐγένοντο 3 p. pl. 2 aor. mid. ind. . . . . γίνομαι
ἔσονται 3 p. pl. fut. mid. ind. . . . . εἰμί
παρεισάξουσιν 3 p. pl. fut. act. ind. . . . . παρεισάγω
ἀγοράσαντα 1 aor. act. ptc. acc. sing. masc. . . . ἀγοράζω
ἀρνούμενοι pres. mid. ptc. nom. pl. masc. . . . ἀρνέομαι
ἐπάγοντες pres. act. ptc. nom. pl. masc. . . . . . ἐπάγω
2 ἐξακολουθήσουσιν 3 p. pl. fut. act. ind. . . ἐξακολουθέω
βλασφημηθήσεται 3 p. sing. fut. pass. ind. . . .βλασφημέω
3 ἐμπορεύσονται 3 p. pl. fut. mid. ind. . . . ἐμπορεύομαι
ἀργεῖ 3 p. sing. pres. act. ind. . . . . .ἀργέω
νυστάζει 3 p. sing. pres. act. ind. . . . . . . .νυστάζω
4 ἁμαρτησάντων 1 aor. act. ptc. gen. pl. masc. . . .ἁμαρτάνω
ἐφείσατο 3 p. sing. 1 aor. act. ind. . . . . . .φείδομαι
ταρταρώσας 1 aor. act. ptc. nom. sing. masc. . .ταρταρόω
παρέδωκεν 3 p. sing. 1 aor. act. ind. . . . .παραδίδωμι
τηρουμένους pres. pass. ptc. acc. pl. masc. . . . .τηρέω
5 ἐφύλαξεν 3 p. sing. 1 aor. act. ind. . . . . . . φυλάσσω
ἐπάξας 1 aor. act. infin. . . . . .ἐπάγω
6 τεφρώσας 1 aor. act. ptc. nom. sing. masc. . . . .τεφρόω
κατέκρινεν 3 p. sing. 1 aor. act. ind. . . . . κατακρίνω
μελλόντων pres. act. ptc. gen. pl. masc. or ne. . .μέλλω
ἀσεβεῖν pres. act. infin. . . . . .ἀσεβέω
τεθεικώς perf. act. ptc. nom. sing. masc. . . . . τίθημι
7 καταπονούμενον pres. pass. ptc. acc. s. masc. καταπονέω
ἐρρύσατο 3 p. sing. 1 aor. mid. ind. . . . . .ῥύω
8 ἐγκατοικῶν pres. act. ptc. nom. sing. masc. . ἐγκατοικέω
ἐβασάνιζεν 3 p. sing. imperf. act. ind. . . . . βασανίζω
9 οἶδεν 3 p. sing. perf. act. ind. . . . . οἶδα
ῥύεσθαι pres. mid. infin. . . . . .ῥύομαι
κολαζομένους pres. pass. ptc. acc. pl. masc. . . .κολάζω
τηρεῖν pres. act. infin. . . . . .τηρέω
10 πορευομένους pres. mid. ptc. acc. pl. masc. . πορεύομαι
καταφρονοῦντας pres. act. ptc. acc. pl. m. . . καταφρονέω
τρέμουσιν 3 p. pl. pres. act. ind. . . . . τρέμω
βλασφημοῦντες pres. act. ptc. nom. pl. masc. . βλασφημέω
11 ὄντες pres. act. ptc. nom. pl. masc. . . . . εἰμί
φέρουσιν 3 p. pl. pres. act. ind. . . . . .φέρω
12 γεγεννημένα perf. pass. ptc. nom. pl. neut. . . . γεννάω
βλασφημοῦντες pres. act. ptc. nom. pl. masc. . βλασφημέω
φθαρήσονται 3 p. pl. fut. pass. ind. . . . . .φθείρω
ἀγνοοῦσιν 3 p. pl. pres. act. ind. . . . . .ἀγνοέω
13 ἀδικούμενοι pres. pass. ptc. nom. pl. masc. . . . .ἀδικέω
ἡγούμενοι pres. mid. ptc. nom. pl. masc. . . . . ἡγέομαι
ἐντρυφῶντες pres. act. ptc. nom. pl. masc. . . .ἐντρυφάω
συνευωχούμενοι pres. mid. ptc. nom. pl. m. . συνευωχέομαι
14 ἔχοντες pres. act. ptc. nom. pl. masc. . . . . ἔχω
δελεάζοντες pres. act. ptc. nom. pl. masc. . . . δελεάζω
γεγυμνασμένην perf. pass. ptc. acc. sing. fem. . γυμνάζω
15 καταλείποντες pres. act. ptc. nom. pl. masc. . καταλείπω
ἐπλανήθησαν 3 p. pl. 1 aor. pass. ind. . . . . . . .πλανάω
ἐξακολουθήσαντες 1 aor. act. ptc. no. pl. m.ἐξακολουθέω
ἠγάπησεν 3 p. sing. 1 aor. act. ind. . . . . .ἀγαπάω

16 ἔσχεν 3 p. sing. 2 aor. act. ind. . . . . ἔχω
φθεγξάμενον 1 aor. mid. ptc. nom. sing. neut. .φθέγγομαι
ἐκώλυσεν 3 p. sing. 1 aor. act. ind. . . . . κωλύω
17 εἰσιν 3 p. sing. pres. act. ind. . . . . εἰμί
ἐλαυνόμεναι pres. pass. ptc. nom. pl. fem. . . . . .ἐλαύνω
τετήρηται 3 p. sing. perf. pass. ind. . . . . . . .τηρέω
18 φθεγγόμενοι pres. mid. ptc. nom. pl. masc. . . . φθέγγομαι
δελεάζουσιν 3 p. pl. pres. act. ind. . . . . δελεάζω
ἀποφεύγοντας pres. act. ptc. acc. pl. masc. . . . ἀποφεύγω
ἀναστρεφομένους pres. mid. ptc. acc. pl. m. . ἀναστρέφω
19 ἐπαγγελλόμενοι pres. mid. ptc. nom. pl. masc. ἐπαγγέλλω
ὑπάρχοντες pres. act. ptc. nom. pl. masc. . . . . . ὑπάρχω
ἥττηται 3 p. sing. perf. pass. ind. . . . . . . .ἡττάομαι
δεδούλωται 3 p. sing. perf. pass. ind. . . . . . . .δουλόω
20 ἀποφυγόντες 2 aor. act. ptc. nom. pl. masc. . . . ἀποφεύγω
ἐμπλακέντες 2 aor. pass. ptc. nom. pl. masc. . . . ἐμπλέκω
ἡττῶνται 3 p. pl. pres. mid. ind. . . . . .ἡττάομαι
γέγονεν 3 p. sing. perf. act. ind. . . . . .γίνομαι
21 ἦν 3 p. sing. imperf. act. ind. . . . . .εἰμί
ἐπεγνωκέναι perf. act. infin. . . . . .ἐπιγινώσκω
ἐπιγνοῦσιν 2 aor. act. ptc. dat. pl. masc. . . . . . id.
ὑποστρέψαι 1 aor. act. infin. . . . . .ὑποστρέφω
22 συμβέβηκεν 3 p. sing. perf. act. ind. . . . . . συμβαίνω
ἐπιστρεψας 1 aor. act. ptc. nom. sing. masc. . ἐπιστρέφω
λουσαμένη 1 aor. mid. ptc. nom. sing. fem. . . . . .λούω

3
1 γράφω 1 p. sing. pres. act. ind. . . . . .γράφω
διεγείρω 1 p. sing. pres. act. ind. . . . . . . διεγείρω
2 μνησθῆναι 1 aor. pass. infin. . . . . μιμνήσκομαι
προειρημένων perf. pass. ptc. gen. pl. masc. . . .προλέγω
3 γινώσκοντες pres. act. ptc. nom. pl. masc. . . . . γινώσκω
ἐλεύσονται 3 p. pl. fut. mid. ind. . . . . . . .ἔρχομαι
πορευόμενοι pres. mid. ptc. nom. pl. masc. . . .πορεύομαι
4 λέγοντες pres. act. ptc. nom. pl. masc. . . . . . . .λέγω
ἐκοιμήθησαν 3 p. pl. 1 aor. pass. ind. . . . . . . .κοιμάω
διαμένει 3 p. sing. pres. act. ind. . . . . .διαμένω
5 λανθάνει 3 p. sing. pres. act. ind. . . . . . . .λανθάνω
θέλοντας pres. act. ptc. acc. pl. masc. . . . . . . θέλω
ἦσαν 3 p. pl. imperf. act. ind. . . . . .εἰμί
συνεστῶσα perf. act. ptc. nom. sing. fem. . . .συνίστημι
6 κατακλυσθείς 1 aor. pass. ptc. nom. s. masc. . κατακλύζω
ἀπώλετο 3 p. sing. 2 aor. mid. ind. . . . . . . .ἀπόλλυμι
7 τεθησαυρισμένοι perf. pass. ptc. nom. pl. m. .θησαυρίζω
εἰσιν 3 p. pl. pres. act. ind. . . . . εἰμί
τηρούμενοι pres. pass. ptc. nom. pl. masc. . . . . τηρέω
8 λανθανέτω 3 p. sing. pres. act. imper. . . . . . λανθάνω
9 βραδύνω 3 p. sing. pres. act. ind. . . . . βραδύνω
ἡγοῦνται 3 p. pl. pres. mid. ind. . . . . .ἡγέομαι
μακροθυμεῖ 3 p. sing. pres. act. ind. . . . . μακροθυμέω
βουλόμενος pres. mid. ptc. nom. sing. masc. . . . βούλομαι
ἀπολέσθαι 2 aor. mid. infin. . . . . .ἀπόλλυμι
χωρῆσαι 1 aor. act. infin. . . . . χωρέω
10 ἥξει 3 p. sing. fut. act. ind. . . . . .ἥκω
παρελεύσονται 3 p. pl. fut. mid. ind. . . . . .παρέρχομαι

καυσούμενα pres. mid. ptc. nom. pl. neut. . . . . καυσόομαι
λυθήσεται 3 p. sing. fut. pass. ind. . . . . λύω
εὑρεθήσεται 3 p. sing. 1 fut. pass. ind. . . . . εὑρίσκω
11 λυομένων pres. pass. ptc. gen. pl. masc. . . . . λύω
δεῖ 3 p. sing. pres. act. impers. . . . . δεῖ
ὑπάρχειν pres. act. infin. . . . . ὑπάρχω
12 προσδοκῶντας pres. act. ptc. acc. pl. masc. . . .προσδοκάω
σπεύδοντας pres. act. ptc. acc. pl. masc. . . . . . σπεύδω
πυρούμενοι pres. pass. ptc. nom. pl. masc. . . . . . πυρόω
λυθήσονται 3 p. pl. fut. pass. ind. . . . . λύω
καυσούμενα pres. mid. ptc. nom. pl. neut. . . . καυσόομαι
προσδοκῶμεν 1 p. sing. pres. act. ind. . . . . . προσδοκάω
κατοικεῖ 3 p. sing. pres. act. ind. . . . . κατοικέω
τήκεται 3 p. sing. pres. pass. ind. . . . . τήκω
14 προσδοκῶντες pres. act. ptc. nom. pl. masc. . . προσδοκάζω
σπουδάσατε 2 p. pl. 1 aor. act. imper. . . . . . σπουδάζω
εὑρεθῆναι 1 aor. pass. infin. . . . . .εὑρίσκω
15 ἡγεῖσθε 2 p. pl. pres. mid. imper. . . . . .ἡγέομαι
δοθεῖσαν 1 aor. pass. ptc. acc. sing. fem. . . . . .δίδωμι
ἔγραψεν 3 p. sing. 1 aor. act. ind. . . . . γράφω
16 λαλῶν pres. act. ptc. nom. sing. masc. . . . . .λαλέω
ἐστιν 3 p. sing. pres. act. ind. . . . . εἰμί
στρεβλοῦσιν 3 p. pl. pres. act. ind. . . . . . .στρεβλόω
17 προγινώσκοντες pres. act. ptc. nom. pl. masc. προγινώσκω
φυλάσσεσθε 2 p. pl. pres. mid. imper. . . . . . .φυλάσσω
συναπαχθέντες 1 aor. pass. ptc. nom. pl. masc. .συναπάγω
ἐκπέσητε 2 p. pl. 2 aor. act. subj. . . . . . . .ἐκπίπτω
18 αὐξάνετε 2 p. pl. pres. act. imper. . . . . . . .αὐξάνω

Ιωαννου α΄

1

1 ἦν 3 p. sing. imperf. act. ind. . . . . εἰμί
ἀκηκόαμεν 1 p. pl. perf. act. ind. . . . . ἀκούω
ἑωράκαμεν 1 p. pl. perf. act. ind. . . . . ὁράω
ἐθεασάμεθα 1 p. pl. 1 aor. mid. ind. . . . . θεάομαι
ἐψηλάφησαν 3 p. pl. 1 aor. act. ind. . . . . ψηλαφάω
2 ἐφανερώθη 3 p. sing. 1 aor. pass. ind. . . . . . . φανερόω
μαρτυροῦμεν 1 p. pl. pres. act. ind. . . . . . . .μαρτυρέω
ἀπαγγέλλομεν 1 p. pl. pres. act. ind. . . . . . ἀπαγγέλλω
3 ἑωράκαμεν 1 p. pl. perf. act. ind. . . . . .ὁράω
ἀκηκόαμεν 1 p. pl. perf. act. ind. Att. . . . . . . .ἀκούω
ἔχητε 2 p. pl. pres. act. subj. . . . . ἔχω
4 γράφομεν 1 p. pl. pres. act. ind. . . . . γράφω
ᾖ 3 p. sing. pres. act. subj. . . . . εἰμί
πεπληρωμένη perf. pass. ptc. nom. sing. fem. . . .πληρόω
5 ἔστιν 3 p. sing. pres. act. ind. . . . . εἰμί
ἀκηκόαμεν 1 p. pl. perf. act. ind. Att. . . . . . .ἀκούω
ἀναγγέλλομεν 1 p. pl. pres. act. ind. . . . . . ἀναγγέλλω
6 εἴπωμεν 1 p. pl. 2 aor. act. subj. . . . . .λέγω
ἔχομεν 1 p. pl. pres. act. ind. . . . . ἔχω
περιπατῶμεν 1 p. pl. pres. act. subj. . . . . . περιπατέω
ψευδόμεθα 1 p. pl. pres. mid. ind. . . . . ψεύδομαι
ποιοῦμεν 1 p. pl. pres. act. ind. . . . . ποιέω
7 καθαρίζει 3 p. sing. pres. act. ind. . . . . . . καθαρίζω
8 εἴπωμεν 1 p. pl. 2 aor. act. subj. . . . . .λέγω
πλανῶμεν 1 p. pl. pres. act. ind. . . . . πλανάω
9 ὁμολογῶμεν 1 p. pl. pres. act. subj. . . . . . .ὁμολογέω
ἀφῇ 3 p. sing. 2 aor. act. subj. . . . . ἀφίημι
καθαρίσῃ 3 p. sing. 1 aor. act. subj. . . . . . . καθαρίζω
10 εἴπωμεν 1 p. pl. 2 aor. act. subj. . . . . .λέγω
ἡμαρτήκαμεν 1 p. pl. perf. act. ind. . . . . . .ἁμαρτάνω
ποιοῦμεν 1 p. pl. pres. act. ind. . . . . .ποιέω

2

1 γράφω 1 p. sing. pres. act. ind. . . . . γράφω
ἁμάρτητε 2 p. pl. 2 aor. act. subj. . . . . . . ἁμαρτάνω
ἁμάρτῃ 3 p. sing. 2 aor. act. subj. . . . . id.
ἔχομεν 1 p. pl. pres. act. ind. . . . . ἔχω
2 ἐστιν 3 p. sing. pres. act. ind. . . . . εἰμί
3 γινώσκομεν 1 p. pl. pres. act. ind. . . . . . . .γινώσκω
ἐγνώκαμεν 1 p. pl. perf. act. ind. . . . . id.
τηρῶμεν 1 p. pl. pres. act. subj. . . . . τηρέω
4 λέγων pres. act. ptc. nom. sing. masc. . . . . λέγω
ἔγνωκα 1 p. sing. perf. act. ind. . . . . γινώσκω
τηρῶν pres. act. ptc. nom. sing. masc. . . . . . . .τηρέω
5 τηρῇ 3 p. sing. pres. act. subj. . . . . id.
τετελείωται 3 p. sing. perf. pass. ind. . . . . .τελειόω
γινώσκομεν 1 p. pl. pres. act. ind. . . . . . . .γινώσκω
ἐσμεν 1 p. pl. pres. act. ind. . . . . εἰμί
6 λέγων pres. act. ptc. nom. sing. masc. . . . . λέγω
μένειν pres. act. infin. . . . . μένω
ὀφείλει 3 p. sing. pres. act. ind. . . . . .ὀφείλω
περιεπάτησεν 3 p. sing. 1 aor. act. ind. . . . περιπατέω

περιπατεῖν pres. act. infin. . . . . περιπατέω
7 γράφω 1 p. sing. pres. act. ind. . . . . γράφω
εἴχετε 2 p. pl. imperf. act. ind. . . . . ἔχω
ἐστιν 3 p. sing. pres. act. ind. . . . . εἰμί
ἠκούσατε 2 p. pl. 1 aor. act. ind. . . . . ἀκούω
8 παράγεται 3 p. sing. pres. pass. ind. . . . . παράγω
φαίνει 3 p. sing. pres. act. ind. . . . . φαίνω
9 λέγων pres. act. ptc. nom. sing. masc. . . . . λέγω
εἶναι pres. act. infin. . . . . εἰμί
μισῶν pres. act. ptc. nom. sing. masc. . . . . μισέω
10 ἀγαπῶν pres. act. ptc. nom. sing. masc. . . . . . . ἀγαπάω
μένει 3 p. sing. pres. act. ind. . . . . μένω
11 μισῶν pres. act. ptc. nom. sing. masc. . . . . . . μισέω
περιπατεῖ 3 p. sing. pres. act. ind. . . . . . . περιπατέω
οἶδεν 3 p. sing. perf. act. ind. . . . . οἶδα
ὑπάγει 3 p. sing. pres. act. ind. . . . . ὑπάγω
ἐτύφλωσεν 3 p. sing. 1 aor. act. ind. . . . . τυφλόω
12 ἀφέωνται 3 p. pl. perf. pass. ind. . . . . ἀφίημι
13 ἐγνώκατε 2 p. pl. perf. act. ind. . . . . γινώσκω
νενικήκατε 2 p. pl. perf. act. ind. . . . . νικάω
14 ἔγραψα 1 p. sing. 1 aor. act. ind. . . . . γράφω
ἐστε 2 p. pl. pres. act. ind. . . . . εἰμί
μένει 3 p. sing. pres. act. ind. . . . . μένω
15 ἀγαπᾶτε 2 p. pl. pres. act. imper. . . . . ἀγαπάω
ἀγαπᾷ 3 p. sing. pres. act. ind. or subj. . . . . . . id.
17 παράγεται 3 p. sing. pres. pass. ind. . . . . παράγω
ποιῶν pres. act. ptc. nom. sing. masc. . . . . ποιέω
μένει 3 p. sing. pres. act. ind. . . . . μένω
18 ἠκούσατε 2 p. pl. 1 aor. act. ind. . . . . ἀκούω
ἔρχεται 3 p. sing. pres. mid. ind. . . . . ἔρχομαι
γεγόνασιν 3 p. pl. perf. act. ind. . . . . γίνομαι
γινώσκομεν 1 p. pl. pres. act. ind. . . . . γινώσκω
19 ἐξῆλθαν 3 p. pl. 2 aor. act. ind. . . . . ἐξέρχομαι
ἦσαν 3 p. pl. imperf. act. ind. . . . . εἰμί
μεμενήκεισαν 3 p. pl. plupf. act. ind. . . . . . . μένω
φανερωθῶσιν 3 p. pl. 1 aor. pass. subj. . . . . φανερόω
εἰσιν 3 p. pl. pres. act. ind. . . . . εἰμί
20 ἔχετε 2 p. pl. pres. act. ind. . . . . ἔχω
οἴδατε 2 p. pl. perf. act. ind. . . . . οἶδα
22 ἀρνούμενος pres. mid. ptc. nom. sing. masc. . . ἀρνέομαι
23 ἔχει 3 p. sing. pres. act. ind. . . . . ἔχω
ὁμολογῶν pres. act. ptc. nom. sing. masc. . . . . ὁμολογέω
24 ἠκούσατε 2 p. pl. 1 aor. act. ind. . . . . ἀκούω
μενέτω 3 p. sing. pres. act. imper. . . . . μένω
μείνῃ 3 p. sing. 1 aor. act. subj. . . . . id.
μενεῖτε 2 p. pl. fut. act. ind. . . . . id.
25 ἐπηγγείλατο 3 p. sing. 1 aor. mid. ind. . . . . ἐπαγγέλλω
26 ἔγραψα 1 p. sing. 1 aor. act. ind. . . . . γράφω
πλανώντων pres. act. ptc. gen. pl. masc. . . . . . πλανάω
27 ἐλάβετε 2 p. pl. 2 aor. act. ind. . . . . λαμβάνω
μένει 3 p. sing. pres. act. ind. . . . . μένω
ἔχετε 2 p. pl. pres. act. ind. . . . . ἔχω
διδάσκῃ 3 p. sing. pres. act. subj. . . . . διδάσκω
διδάσκει 3 p. sing. pres. act. ind. . . . . id.
ἐδίδαξεν 3 p. sing. 1 aor. act. ind. . . . . id.

μένετε 2 p. pl. pres. act. ind. . . . . .μένω
28 φανερωθῇ 3 p. sing. 1 aor. pass. subj. . . . . . .φανερόω
σχῶμεν 1 p. pl. 2 aor. act. subj. . . . . ἔχω
αἰσχυνθῶμεν 1 p. pl. 1 aor. pass. subj. . . . αἰσχύνομαι
29 εἰδῆτε 2 p. pl. 2 aor. act. ind. . . . . ὁράω
γινώσκετε 2 p. pl. pres. act. ind. . . . . γινώσκω
ποιῶν pres. act. ptc. nom. sing. masc. . . . . . . .ποιέω
γεγέννηται 3 p. sing. perf. pass. ind. . . . . . .γεννάω

3

1 ἴδετε 2 p. pl. 2 aor. act. imper. . . . . .ὁράω
δέδωκεν 3 p. sing. perf. act. ind. . . . . δίδωμι
κληθῶμεν 1 p. pl. 1 aor. pass. subj. . . . . .καλέω
ἐσμέν 1 p. pl. pres. act. ind. . . . . εἰμί
γινώσκει 3 p. sing. pres. act. ind. . . . . γινώσκω
ἔγνω 3 p. sing. 2 aor. act. ind. . . . . id.
2 ἐφανερώθη 3 p. sing. 1 aor. pass. ind. . . . . . . φανερόω
ἐσόμεθα 1 p. pl. fut. mid. ind. . . . . .εἰμί
οἴδαμεν 1 p. pl. perf. act. ind. . . . . οἶδα
φανερωθῇ 3 p. sing. 1 aor. pass. subj. . . . . . . φανερόω
ὀφόμεθα 1 p. pl. fut. mid. ind. . . . . .ὁράω
ἐστιν 3 p. sing. pres. act. ind. . . . . εἰμί
3 ἔχων pres. act. ptc. nom. sing. masc. . . . . ἔχω
ἁγνίζει 3 p. sing. pres. act. ind. . . . . .ἁγνίζω
4 ποιῶν pres. act. ptc. nom. sing. masc. . . . . . . .ποιέω
ποιεῖ 3 p. sing. pres. act. ind. . . . . id.
5 οἴδατε 2 p. pl. perf. act. ind. . . . . .οἶδα
ἐφανερώθη 3 p. sing. 1 aor. pass. ind. . . . . . . φανερόω
ἄρῃ 3 p. sing. 1 aor. act. subj. . . . . αἴρω
6 μένων pres. act. ptc. nom. sing. masc. . . . . .μένω
ἁμαρτάνει 3 p. sing. pres. act. ind. . . . . . . ἁμαρτάνω
ἁμαρτάνων pres. act. ptc. nom. sing. masc. . . . . . id.
ἑώρακεν 3 p. sing. perf. act. ind. . . . . ὁράω
ἔγνωκεν 3 p. sing. perf. act. ind. . . . . .γινώσκω
7 πλανάτω 3 p. sing. pres. act. imper. . . . . πλανάω
ποιῶν pres. act. ptc. nom. sing. masc. . . . . .ποιέω
8 ἁμαρτάνει 3 p. sing. pres. act. ind. . . . . . . ἁμαρτάνω
ἐφανερώθη 3 p. sing. 1 aor. pass. ind. . . . . . . φανερόω
λύσῃ 3 p. sing. 1 aor. act. subj. . . . . λύω
9 γεγεννημένος perf. pass. ptc. nom. sing. masc. . .γεννάω
ποιεῖ 3 p. sing. pres. act. ind. . . . . .ποιέω
μένει 3 p. sing. pres. act. ind. . . . . μένω
δύναται 3 p. sing. pres. pass. ind. . . . . δύναμαι
ἁμαρτάνειν pres. act. infin. . . . . ἁμαρτάνω
γεγέννηται 3 p. sing. perf. pass. ind. . . . . . .γεννάω
10 ποιῶν pres. act. ptc. nom. sing. masc. . . . . . . .ποιέω
ἀγαπῶν pres. act. ptc. nom. sing. masc. . . . . . . ἀγαπάω
11 ἠκούσατε 2 p. pl. 1 aor. act. ind. . . . . ἀκούω
ἀγαπῶμεν 1 p. pl. pres. act. subj. . . . . ἀγαπάω
12 ἦν 3 p. sing. imperf. act. ind. . . . . .εἰμί
ἔσφαξεν 3 p. sing. 1 aor. act. ind. . . . . σφάζω
13 θαυμάζετε 2 p. pl. pres. act. ind. or imper. . . θαυμάζω
μισεῖ 3 p. sing. pres. act. ind. . . . . .μισέω
14 οἴδαμεν 1 p. pl. perf. act. ind. . . . . .οἶδα
μεταβεβήκαμεν 1 p. pl. perf. act. ind. . . . . .μεταβαίνω

ἀγαπῶμεν 1 p. pl. pres. act. subj. or ind. . . . . . ἀγαπάω
ἀγαπῶν pres. act. ptc. nom. sing. masc. . . . . id.
μένει 3 p. sing. pres. act. ind. . . . . μένω
15 μισῶν pres. act. ptc. nom. sing. masc. . . . . . . μισέω
ἔστιν 3 p. sing. pres. act. ind. . . . . εἰμί
οἴδατε 2 p. pl. perf. act. ind. . . . . οἶδα
ἔχει 3 p. s. pres. act. ind. . . . . ἔχω
μένουσαν pres. act. ptc. acc. sing. fem. . . . . . . μένω
16 ἐγνώκαμεν 1 p. pl. perf. act. ind. . . . . γινώσκω
ἔθηκεν 3 p. sing. 1 aor. act. ind. . . . . τίθημι
ὀφείλομεν 1 p. pl. pres. act. ind. . . . . ὀφείλω
θεῖναι 2 aor. act. infin. . . . . τίθημι
17 ἔχῃ 3 p. sing. pres. act. subj. . . . . ἔχω
θεωρῇ 3 p. sing. pres. act. subj. . . . . θεωρέω
ἔχοντα pres. act. ptc. acc. s. m. or nom. pl. neut. . ἔχω
κλείσῃ 3 p. sing. 1 aor. act. subj. . . . . κλείω
μένει 3 p. sing. pres. act. ind. . . . . μένω
18 ἀγαπῶμεν 1 p. pl. pres. act. ind. or subj. . . . . ἀγαπάω
19 γνωσόμεθα 1 p. pl. fut. mid. ind. . . . . γινώσκω
ἐσμέν 1 p. pl. pres. act. ind. . . . . εἰμί
πείσομεν 1 p. pl. fut. act. ind. . . . . πείθω
20 καταγινώσκη 3 p. sing. pres. act. subj. . . καταγινώσκω
γινώσκει 3 p. sing. pres. act. ind. . . . . γινώσκω
21 ἔχομεν 1 p. pl. pres. act. ind. . . . . ἔχω
22 αἰτῶμεν 1 p. pl. pres. act. subj. . . . . αἰτέω
λαμβάνομεν 1 p. pl. pres. act. ind. . . . . λαμβάνω
τηροῦμεν 1 p. pl. pres. act. ind. . . . . τηρέω
ποιοῦμεν 1 p. pl. pres. act. ind. . . . . ποιέω
23 πιστεύσωμεν 1 p. pl. 1 aor. act. subj. . . . . . . πιστεύω
ἀγαπῶμεν 1 p. pl. pres. act. subj. or ind. . . . . ἀγαπάω
ἔδωκεν 3 p. sing. 1 aor. act. ind. . . . . δίδωμι
24 τηρῶν pres. act. ptc. nom. sing. masc. . . . . . . τηρέω
μένει 3 p. sing. pres. act. ind. . . . . μένω
γινώσκομεν 1 p. pl. pres. act. ind. . . . . γινώσκω

4

1 πιστεύετε 2 p. pl. pres. act. imper. . . . . πιστεύω
δοκιμάζετε 2 p. pl. pres. act. imper. . . . . . . δοκιμάζω
ἔστιν 3 p. sing. pres. act. ind. . . . . εἰμί
ἐξεληλύθασιν 3 p. pl. perf. act. ind. . . . . ἐξέρχομαι
2 γινώσκετε 2 p. pl. pres. act. ind. or imper. . . γινώσκω
ὁμολογεῖ 3 p. sing. pres. act. ind. . . . . ὁμολογέω
ἐληλυθότα perf. act. ptc. acc. sing. masc. . . . ἔρχομαι
3 ἀκηκόατε 2 p. pl. perf. act. ind. . . . . ἀκούω
ἔρχεται 3 p. sing. pres. mid. ind. . . . . ἔρχομαι
4 ἐστε 2 p. pl. pres. act. ind. . . . . εἰμί
νενικήκατε 2 p. pl. perf. act. ind. . . . . νικάω
5 εἰσίν 3 p. pl. pres. act. ind. . . . . εἰμί
λαλοῦσιν 3 p. pl. pres. act. ind. . . . . λαλέω
ἀκούει 3 p. sing. pres. act. ind. . . . . ἀκούω
6 ἐσμεν 1 p. pl. pres. act. ind. . . . . εἰμί
γινώσκων pres. act. ptc. nom. sing. masc. . . . . . γινώσκω
γινώσκομεν 1 p. pl. pres. act. ind. . . . . id.
7 ἀγαπῶμεν 1 p. pl. pres. act. ind. or subj. . . . . . ἀγαπάω
ἀγαπῶν pres. act. ptc. nom. sing. masc. . . . . id.

γεγέννηται 3 p. sing. perf. pass. ind. . . . . . .γεννάω
γινώσκει 3 p. sing. pres. act. ind. . . . . . . .γινώσκω
8 ἔγνω 3 p. sing. 2 aor. act. ind. . . . . id.
9 ἐφανερώθη 3 p. sing. 1 aor. pass. ind. . . . . . φανερόω
ἀπέσταλκεν 3 p. sing. perf. act. ind. . . . . ἀποστέλλω
ζήσωμεν 1 p. pl. 1 aor. act. subj. . . . . ζάω
10 ἠγαπήκαμεν 1 p. pl. perf. act. ind. . . . . ἀγαπάω
ἠγάπησεν 3 p. sing. 1 aor. act. ind. . . . . id.
ἀπέστειλεν 3 p. sing. 1 aor. act. ind. . . . . ἀποστέλλω
11 ὀφείλομεν 1 p. pl. pres. act. ind. . . . . ὀφείλω
ἀγαπᾶν pres. act. infin. . . . . ἀγαπάω
12 τεθέαται 3 p. sing. perf. mid. ind. . . . . . . .θεάομαι
ἀγαπῶμεν 1 p. pl. pres. act. subj. . . . . ἀγαπάω
μένει 3 p. sing. pres. act. ind. . . . . μένω
τετελειωμένη perf. pass. ptc. nom. sing. fem. . .τελειόω
13 γινώσκομεν 1 p. pl. pres. act. ind. . . . . .γινώσκω
μένομεν 1 p. pl. pres. act. ind. . . . . μένω
δέδωκεν 3 p. sing. perf. act. ind. . . . . δίδωμι
14 τεθεάμεθα 1 p. pl. perf. mid. ind. . . . . Θεάομαι
μαρτυροῦμεν 1 p. pl. pres. act. ind. . . . . . . μαρτυρέω
ἀπέσταλκεν 3 p. sing. perf. act. ind. . . . . . ἀποστέλλω
15 ὁμολογήσῃ 3 p. sing. 1 aor. act. subj. . . . . . .ὁμολογέω
ἐστιν 3 p. sing. pres. act. ind. . . . . εἰμί
μένει 3 p. sing. pres. act. ind. . . . . μένω
16 ἐγνώκαμεν 1 p. pl. perf. act. ind. . . . . γινώσκω
πεπιστεύκαμεν 1 p. pl. perf. act. ind. . . . . . . πιστεύω
ἔχει 3 p. sing. pres. act. ind. . . . . ἔχω
μένων pres. act. ptc. nom. sing. masc. . . . . μένω
17 τετελείωται 3 p. sing. perf. pass. ind. . . . . .τελειόω
ἔχωμεν 1 p. pl. pres. act. subj. . . . . .ἔχω
ἐσμεν 1 p. pl. pres. act. ind. . . . . εἰμί
18 βάλλει 3 p. sing. pres. act. ind. . . . . βάλλω
φοβούμενος pres. pass. ptc. nom. sing. masc. . . . . φοβέω
19 ἀγαπῶμεν 1 p. pl. pres. act. ind. . . . . ἀγαπάω
ἠγάπησεν 3 p. sing. 1 aor. act. ind. . . . . id.
20 εἴπῃ 3 p. sing. 2 aor. act. subj. . . . . εἴπον
ἀγαπῶ 1 p. sing. pres. act. ind. . . . . ἀγαπάω
μισῇ 3 p. sing. pres. act. subj. . . . . μισέω
ἀγαπῶν pres. act. ptc. nom. sing. masc. . . . . . . ἀγαπάω
ἑώρακεν 3 p. sing. perf. act. ind. . . . . δράω
δύναται 3 p. sing. pres. pass. ind. . . . . δύναμαι
ἀγαπᾶν pres. act. infin. . . . . ἀγαπάω
21 ἔχομεν 1 p. pl. pres. act. ind. . . . . ἔχω
ἀγαπᾷ 3 p. sing. pres. act. ind. or subj. . . . . ἀγαπάω

5

1 πιστεύων pres. act. ptc. nom. sing. masc. . . . . .πιστεύω
γεγέννηται 3 p. sing. perf. pass. ind. . . . . . .γεννάω
ἀγαπῶν pres. act. ptc. nom. sing. masc. . . . . . .ἀγαπάω
γεννήσαντα 1 aor. act. ptc. acc. sing. masc. . . .γεννάω
ἀγαπᾷ 3 p. sing. pres. act. ind. or subj. . . . . ἀγαπάω
γεγεννημένον perf. pass. ptc. nom. or acc. s. ne. γεννάω
2 γινώσκομεν 1 p. pl. pres. act. ind. . . . . .γινώσκω
ἀγαπῶμεν 1 p. pl. pres. act. subj. . . . . ἀγαπάω
ποιῶμεν 1 p. pl. pres. act. ind. . . . . ποιέω

3 ἐστιν 3 p. sing. pres. act. ind. . . . . εἰμί
　τηρῶμεν 1 p. pl. pres. act. ind. or subj. . . . . . τηρέω
4 νικᾷ 3 p. s. pres. act. ind. . . . . νικάω
　γεγεννημένον perf. pass. ptc. nom. or acc. s. ne. γεννάω
　νικήσασα 1 aor. act. ptc. nom. sing. fem. . . . . . νικάω
5 νικῶν pres. act. ptc. nom. sing. masc. . . . . id.
　πιστεύων pres. act. ptc. nom. sing. masc. . . . .πιστεύω
6 ἐλθών 2 aor. act. ptc. nom. sing. masc. . . . . . ἔρχομαι
　μαρτυροῦν pres. act. ptc. nom. sing. neut. . . . μαρτυρέω
7 μαρτυροῦντες pres. act. ptc. nom. pl. masc. . . . . . id.
9 λαμβάνομεν 1 p. pl. pres. act. ind. . . . . . . .λαμβάνω
　μεμαρτύρηκεν 3 p. sing. perf. act. ind. . . . . μαρτυρέω
10 πιστεύων pres. act. ptc. nom. sing. masc. . . . .πιστεύω
　ἔχει 3 p. sing. pres. act. ind. . . . . ἔχω
　πεποίηκεν 3 p. sing. perf. act. ind. . . . . ποιέω
　πεπίστευκεν 3 p. sing. perf. act. ind. . . . . . πιστεύω
11 ἔδωκεν 3 p. sing. 1 aor. act. ind. . . . . δίδωμι
12 ἔχων pres. act. ptc. nom. sing. masc. . . . . ἔχω
13 ἔγραψα 1 p. sing. 1 aor. act. ind. . . . . .γράφω
　εἰδῆτε 2 p. pl. perf. act. subj. . . . . .οἶδα
　ἔχετε 2 p. pl. pres. act. ind. . . . . .ἔχω
　πιστεύουσιν pres. act. ptc. dat. pl. masc. . . . πιστεύω
14 ἔχομεν 1 p. pl. pres. act. ind. . . . . ἔχω
　αἰτώμεθα 1 p. pl. pres. mid. subj. . . . . .αἰτέω
　ἀκούει 3 p. sing. pres. act. ind. . . . . ἀκούω
15 οἴδαμεν 1 p. pl. perf. act. ind. . . . . .οἶδα
　ᾐτήκαμεν 1 p. pl. perf. act. ind. . . . . αἰτέω
16 ἴδῃ 3 p. sing. 2 aor. act. subj. . . . . δράω
　ἁμαρτάνοντα pres. act. ptc. acc. sing. masc. . . ἁμαρτάνω
　αἰτήσει 3 p. sing. fut. act. ind. . . . . αἰτέω
　δώσει 3 p. sing. fut. act. ind. . . . . .δίδωμι
　ἁμαρτάνουσιν pres. act. ptc. dat. pl. masc. . . . ἁμαρτάνω
　ἐρωτήσῃ 3 p. sing. 1 aor. act. subj. . . . . ἐρωτάω
18 οἴδαμεν 1 p. pl. perf. act. ind. . . . . .οἶδα
　γεγεννημένος perf. pass. ptc. nom. sing. masc. . .γεννάω
　ἁμαρτάνει 3 p. sing. pres. act. ind. . . . . . . ἁμαρτάνω
　γεννηθείς 1 aor. pass. ptc. nom. sing. masc. . . .γεννάω
　τηρεῖ 3 p. sing. pres. act. ind. . . . . .τηρέω
　ἅπτεται 3 p. sing. pres. pass. ind. . . . . .ἅπτω
19 ἐσμεν 1 p. pl. pres. act. ind. . . . . εἰμί
　κεῖται 3 p. sing. pres. mid. ind. . . . . .κεῖμαι
20 οἴδαμεν 1 p. pl. perf. act. ind. . . . . .οἶδα
　ἥκει 3 p. sing. pres. act. ind. . . . . .ἥκω
　δέδωκεν 3 p. sing. perf. act. ind. . . . . δίδωμι
　γινώσκωμεν 1 p. pl. pres. act. subj. . . . . γινώσκω
　ἐστιν 3 p. sing. pres. act. ind. . . . . εἰμί
21 φυλάξατε 2 p. pl. 1 aor. act. imper. . . . . φυλάσσω

1 ἀγαπῶ 1 p. sing. pres. act. ind. . . . . ἀγαπάω
 ἐγνωκότες perf. act. ptc. nom. pl. masc. . . . . . γινώσκω
2 μένουσαν pres. act. ptc. acc. sing. fem. . . . . μένω
 ἔσται 3 p. sing. fut. mid. ind. . . . . εἰμί
4 ἐχάρην 1 p. sing. 2 aor. pass. ind. . . . . χαίρω
 εὕρηκα 1 p. sing. perf. act. ind. . . . . εὑρίσκω
 περιπατοῦντας pres. act. ptc. acc. pl. masc. περιπατέω
 ἐλάβομεν 1 p. pl. 2 aor. act. ind. . . . . λαμβάνω
5 ἐρωτῶ 1 p. sing. pres. act. ind. . . . . ἐρωτάω
 γράφων pres. act. ptc. nom. sing. masc. . . . . γράφω
 εἴχομεν 1 p. pl. imperf. act. ind. . . . . ἔχω
 ἀγαπῶμεν 1 p. pl. pres. act. subj. . . . . ἀγαπάω
6 ἐστιν 3 p. sing. pres. act. ind. . . . . εἰμί
 περιπατῶμεν 1 p. pl. pres. act. subj. . . . . . περιπατέω
 ἠκούσατε 2 p. pl. 1 aor. act. ind. . . . . ἀκούω
 περιπατῆτε 2 p. pl. pres. act. subj. . . . . . . περιπατέω
7 ἐξῆλθον 3 p. pl. 2 aor. act. ind. . . . . ἐξέρχομαι
 ὁμολογοῦντες pres. act. ptc. nom. pl. masc. . . . ὁμολογέω
 ἐρχόμενον pres. mid. ptc. acc. sing. masc. . . . . ἔρχομαι
8 βλέπετε 2 p. pl. pres. act. ind. . . . . βλέπω
 ἀπολέσητε 2 p. pl. 1 aor. act. subj. . . . . ἀπόλλυμι
 ἠργασάμεθα 1 p. pl. 1 aor. mid. ind. . . . . . . ἐργάζομαι
 ἀπολάβητε 2 p. pl. 2 aor. act. subj. . . . . . . ἀπολαμβάνω
9 προάγων pres. act. ptc. nom. sing. masc. . . . . . . προάγω
 μένων pres. act. ptc. nom. sing. masc. . . . . μένω
 ἔχει 3 p. sing. pres. act. ind. . . . . ἔχω
10 ἔρχεται 3 p. sing. pres. mid. ind. . . . . ἔρχομαι
 φέρει 3 p. sing. pres. act. ind. . . . . φέρω
 λαμβάνετε 2 p. pl. pres. act. ind. . . . . λαμβάνω
 χαίρειν pres. act. infin. . . . . χαίρω
 λέγετε 2 p. pl. pres. act. ind. . . . . λέγω
11 λέγων pres. act. ptc. nom. sing. masc. . . . . id.
 κοινωνεῖ 3 p. sing. pres. act. ind. . . . . κοινωνέω
12 ἔχων pres. act. ptc. nom. sing. masc. . . . . ἔχω
 γράφειν pres. act. infin. . . . . γράφω
 ἐβουλήθην 1 p. sing. 1 aor. pass. ind. . . . . . .βούλομαι
 ἐλπίζω 1 p. sing. pres. act. ind. . . . . ἐλπίζω
 γενέσθαι 2 aor. mid. pass. infin. . . . . γίνομαι
 λαλῆσαι 1 aor. act. infin. . . . . λαλέω
 πεπληρωμένη perf. pass. ptc. nom. sing. fem. . . .πληρόω
 ᾖ 3 p. sing. pres. act. subj. . . . . εἰμί
13 ἀσπάζεται 3 p. sing. pres. mid. ind. . . . . . . ἀσπάζομαι

1 ἀγαπῶ 1 p. sing. pres. act. ind. . . . . .ἀγαπάω
2 εὔχομαι 1 p. sing. pres. mid. ind. . . . . εὔχομαι
  εὐοδοῦσθαι pres. pass. infin. . . . . εὐοδόω
  ὑγιαίνειν pres. act. infin. . . . . .ὑγιαίνω
  εὐοδοῦται 3 p. sing. pres. pass. ind. . . . . . . εὐοδόω
3 ἐρχομένων pres. mid. ptc. gen. pl. masc. . . . . ἔρχομαι
  μαρτυρούντων pres. act. ptc. nom. sing. masc. . μαρτυρέω
  περιπατεῖς 2 p. sing. pres. act. ind. . . . . περιπατέω
  ἐχάρην 1 p. sing. 2 aor. pass. ind. . . . . χαίρω
4 ἀκούω 1 p. sing. pres. act. ind. . . . . .ἀκούω
  περιπατοῦντα pres. act. ptc. acc. sing. masc. περιπατέω
5 ποιεῖς 2 p. sing. pres. act. ind. . . . . ποιέω
  ἐργάσῃ 2 p. sing. 1 aor. act. subj. . . . . ἐργάζομαι
6 ἐμαρτύρησαν 3 p. pl. 1 aor. act. ind. . . . . . . μαρτυρέω
  ποιήσεις 2 p. sing. fut. act. ind. . . . . ποιέω
  προπέμψας 1 aor. act. ptc. nom. sing. masc. . . προπέμπω
7 ἐξῆλθαν 3 p. pl. 2 aor. act. ind. . . . . ἐξέρχομαι
  λαμβάνοντες pres. act. ptc. nom. pl. masc. . . . λαμβάνω
8 ὀφείλομεν 1 p. pl. pres. act. ind. . . . . ὀφείλω
  ὑπολαμβάνειν pres. act. infin. . . . . ὑπολαμβάνω
  γινώμεθα 1 p. pl. pres. mid. subj. . . . . .γίνομαι
9 ἔγραψά 1 p. sing. 1 aor. act. ind. . . . . .γράφω
  φιλοπρωτεύων pres. act. ptc. nom. s. masc. . φιλοπρωτεύω
  ἐπιδέχεται 3 p. sing. pres. mid. ind. . . . . ἐπιδέχομαι
10 ἔλθω 1 p. sing. 2 aor. act. subj. . . . . ἔρχομαι
  ὑπομνήσω 1 p. sing. fut. act. ind. . . . . . ὑπομιμνήσκω
  ποιεῖ 3 p. sing. pres. act. ind. . . . . .ποιέω
  φλυαρῶν pres. act. ptc. nom. sing. masc. . . . . .φλυαρέω
  ἀρκούμενος pres. mid. ptc. nom. sing. masc. . . . .ἀρκέω
  βουλομένους pres. mid. ptc. acc. pl. masc. . . .βούλομαι
  κωλύει 3 p. sing. pres. act. ind. . . . . κωλύω
  ἐκβάλλει 3 p. sing. pres. act. ind. . . . . . . .ἐκβάλλω
11 ἀγαθοποιῶν pres. act. ptc. nom. sing. masc. . ἀγαθοποιέω
  μιμοῦ 2 p. sing. pres. mid. imper. . . . . μιμέομαι
  κακοποιῶν pres. act. ptc. nom. sing. masc. . . κακοποιέω
  ἑώρακεν 3 p. sing. perf. act. ind. . . . . .ὁράω
12 μεμαρτύρηται 3 p. sing. perf. pass. ind. . . . μαρτυρέω
  μαρτυροῦμεν 1 p. pl. pres. act. ind. . . . . id.
  οἶδας 2 p. sing. perf. act. ind. . . . . οἶδα
13 εἶχον 1 p. sing. imperf. act. ind. . . . . .ἔχω
  γράψαι 1 aor. act. infin. . . . . .γράφω
  θέλω 1 p. sing. pres. act. ind. . . . . .θέλω
  γράφειν pres. act. infin. . . . . .γράφω
14 ἐλπίζω 1 p. sing. pres. act. ind. . . . . .ἐλπίζω
  ἰδεῖν 2 aor. act. infin. . . . . .ὁράω
  λαλήσομεν 1 p. pl. fut. act. ind. . . . . .λαλέω
15 ἀσπάζονται 3 p. pl. pres. mid. ind. . . . . . ἀσπάζομαι
  ἀσπάζου 2 p. sing. pres. mid. imper. . . . . id.

1 ἠγαπημένοις perf. pass. ptc. dat. pl. masc. . . . ἀγαπάω
   τετηρημένοις perf. pass. ptc. dat. pl. masc. . . . τηρέω
2 πληθυνθείη 3 p. sing. 1 aor. pass. opt. . . . . .πληθύνω
3 ποιούμενος pres. mid. ptc. nom. sing. masc. . . . . .ποιέω
   γράφειν pres. act. infin. . . . . γράφω
   ἔσχον 1 p. s. or 3 p. pl. 2 aor. act. ind. . . . . . . .ἔχω
   γράφαι 1 aor. act. infin. . . . . γράφω
   παρακαλῶν pres. act. ptc. nom. sing. masc. . . παρακαλέω
   ἐπαγωνίζεσθαι pres. mid. infin. . . . . . .ἐπαγωνίζομαι
   παραδοθείσῃ 1 aor. pass. ptc. dat. sing. fem. παραδίδωμι
4 παρεισεδύησαν 3 p. pl. 2 aor. pass. ind. . παρεισδύ(ν)ω
   προγεγραμμένοι perf. pass. ptc. nom. pl. masc. .προγράφω
   μετατιθέντες pres. act. ptc. nom. pl. masc. . μετατίθημι
   ἀρνούμενοι pres. mid. ptc. nom. pl. masc. . . . . ἀρνέομαι
5 ὑπομνῆσαι 1 aor. act. infin. . . . . .ὑπομιμνῄσκω
   βούλομαι 1 p. sing. pres. mid. ind. . . . . . . βούλομαι
   εἰδότας 2 perf. act. ptc. acc. pl. masc. . . . . . .οἶδα
   σώσας 1 aor. act. ptc. nom. sing. masc. . . . . . . .σῴζω
   πιστεύσαντας 1 aor. act. ptc. acc. pl. masc. . . πιστεύω
   ἀπώλεσεν 3 p. sing. 1 aor. act. ind. . . . . .ἀπόλλυμι
6 τηρήσαντας 1 aor. act. ptc. acc. pl. masc. . . . . τηρέω
   ἀπολιπόντας 2 aor. act. ptc. acc. pl. masc. . . ἀπολείπω
   τετήρηκεν 3 p. sing. perf. act. ind. . . . . . . .τηρέω
7 ἐκπορνεύσασαι 1 aor. act. ptc. nom. pl. fem. . ἐκπορνεύω
   ἀπελθοῦσαι 2 aor. act. ptc. nom. pl. fem. . . ἀπέρχομαι
   πρόκεινται 3 p. pl. pres. mid. ind. . . . . . πρόκειμαι
   ὑπέχουσαι pres. act. ptc. nom. pl. fem. . . . . . . .ὑπέχω
8 ἐνυπνιαζόμενοι pres. mid. ptc. nom. pl. masc. .ἐνυπνιάζω
   μιαίνουσιν 3 p. pl. pres. act. ind. . . . . μιαίνω
   ἀθετοῦσιν 3 p. pl. pres. act. ind. . . . . ἀθετέω
   βλασφημοῦσιν 3 p. pl. pres. act. ind. . . . . .βλασφημέω
9 διακρινόμενος pres. mid. ptc. nom. sing. masc. .διακρίνω
   διελέγετο 3 p. sing. imperf. mid. ind. . . . διαλέγομαι
   ἐτόλμησεν 3 p. sing. 1 aor. act. ind. . . . . . . τολμάω
   ἐπενεγκεῖν 2 aor. act. infin. . . . . .ἐπιφέρω
   εἶπεν 3 p. sing. 2 aor. act. ind. . . . . .λέγω
10 ἐπιτιμήσαι 3 p. sing. 1 aor. mid. opt. . . . . .ἐπιτιμάω
   οἴδασιν 3 p. pl. perf. act. ind. . . . . .οἶδα
   βλασφημοῦσιν 3 p. pl. pres. act. ind. . . . . βλασφημέω
   ἐπίστανται 3 p. pl. pres. pass. ind. . . . . . ἐπίσταμαι
   φθείρονται 3 p. pl. pres. pass. ind. . . . . . . .φθείρω
11 ἐπορεύθησαν 3 p. pl. 1 aor. pass. ind. . . . . πορεύομαι
   ἐξεχύθησαν 3 p. pl. 1 aor. pass. ind. . . . . .ἐκχέω
   ἀπώλοντο 3 p. pl. 2 aor. mid. ind. . . . . . . .ἀπόλλυμι
12 εἰσιν 3 p. pl. pres. act. ind. . . . . εἰμί
   συνευωχούμενοι pres. mid. ptc. nom. pl. m. συνευωχέομαι
   ποιμαίνοντες pres. act. ptc. nom. pl. masc. . . ποιμαίνω
   παραφερόμεναι pres. pass. ptc. nom. pl. fem. . .παραφέρω
   ἀποθανόντα 2 aor. act. ptc. nom. pl. neut. . . ἀποθνῄσκω
   ἐκριζωθέντα 1 aor. pass. ptc. nom. pl. neut. . . ἐκριζόω
13 ἐπαφρίζοντα pres. act. ptc. nom. pl. neut. . . . .ἐπαφρίζω
   τετήρηται 3 p. sing. perf. pass. ind. . . . . . . .τηρέω
14 ἐπροφήτευσεν 3 p. sing. 1 aor. act. ind. . . . .προφητεύω

λέγων pres. act. ptc. nom. sing. masc. . . . . λέγω
ἰδού 2 p. sing. 2 aor. mid. imper. . . . . εἶδον
ἦλθεν 3 p. sing. 2 aor. act. ind. . . . . ἔρχομαι
15 ποιῆσαι 1 aor. act. infin. . . . . ποιέω
ἐλέγξαι 1 aor. act. infin. . . . . ἐλέγχω
ἠσέβησαν 3 p. pl. 1 aor. act. ind. . . . . ἀσεβέω
ἐλάλησαν 3 p. pl. 1 aor. act. ind. . . . . λαλέω
16 εἰσιν 3 p. pl. pres. act. ind. . . . . εἰμί
πορευόμενοι pres. mid. ptc. nom. pl. masc. . . πορεύομαι
λαλεῖ 3 p. sing. pres. act. ind. . . . . λαλέω
θαυμάζοντες pres. act. ptc. nom. pl. masc. . . . θαυμάζω
17 μνήσθητε 2 p. pl. 1 aor. pass. imper. . . . . . . μιμνήσκω
προειρημένων perf. pass. ptc. gen. pl. masc. . . . προλέγω
18 ἔλεγον 3 p. pl. imperf. act. ind. . . . . λέγω
ἔσονται 3 p. pl. fut. mid. ind. . . . . εἰμί
πορευόμενοι pres. mid. ptc. nom. pl. masc. . . . πορεύομαι
19 εἰσιν 3 p. pl. pres. act. ind. . . . . εἰμί
ἀποδιορίζοντες pres. act. ptc. nom. pl. masc. ἀποδιορίζω
ἔχοντες pres. act. ptc. nom. pl. masc. . . . . ἔχω
20 ἐποικοδομοῦντες pres. act. ptc. nom. pl. m. . ἐποικοδομέω
προσευχόμενοι pres. mid. ptc. nom. pl. masc. προσεύχομαι
21 τηρήσατε 2 p. pl. 1 aor. act. imper. . . . . τηρέω
προσδεχόμενοι pres. mid. ptc. nom. pl. masc. προσδέχομαι
22 ἐλεᾶτε 2 p. pl. pres. act. imper. . . . . ἐλεάω
διακρινομένους pres. mid. ptc. acc. pl. masc. . διακρίνω
23 σώζετε 2 p. pl. pres. act. ind. . . . . σώζω
ἁρπάζοντες pres. act. ptc. nom. pl. masc. . . . . . ἁρπάζω
μισοῦντες pres. act. ptc. nom. pl. masc. . . . . . . μισέω
ἐσπιλωμένον perf. pass. ptc. acc. sing. masc. . . σπιλόω
24 δυναμένῳ pres. pass. ptc. dat. sing. masc. . . . δύναμαι
φυλάξαι 1 aor. act. infin. . . . . φυλάσσω
στῆσαι 1 aor. act. infin. . . . . ἵστημι

Αποκαλυψις Ιωαννου

1

1 ἔδωκεν 3 p. sing. 1 aor. act. ind. . . . . δίδωμι
δεῖξαι 1 aor. act. infin. . . . . .δείκνυμι
δεῖ 3 p. sing. pres. act. impers. . . . . δεῖ
γενέσθαι 2 aor. pass. infin. . . . . γίνομαι
ἐσήμανεν 3 p. sing. 1 aor. act. ind. . . . . . . σημαίνω
ἀποστείλας 1 aor. act. ptc. nom. sing. masc. . ἀποστέλλω
2 ἐμαρτύρησεν 3 p. sing. 1 aor. act. ind. . . . . μαρτυρέω
εἶδεν 3 p. sing. 2 aor. act. ind. . . . . δράω
3 ἀναγινώσκων pres. act. ptc. nom. sing. masc. ἀναγινώσκω
ἀκούοντες pres. act. ptc. nom. pl. masc. . . . . . ἀκούω
τηροῦντες pres. act. ptc. nom. pl. masc. . . . . . τηρέω
γεγραμμένα pf. pass. ptc. nom. or acc. pl. neut. . γράφω
4 ἦν 3 p. sing. imperf. act. ind. . . . . εἰμί
ὧν pres. act. ptc. nom. sing. masc. . . . . .id.
ἐρχόμενος pres. mid. ptc. nom. sing. masc. . . . ἔρχομαι
5 ἀγαπῶντι pres. act. ptc. dat. sing. masc. . . . . ἀγαπάω
λύσαντι 1 aor. act. ptc. dat. sing. masc. . . . . . . λύω
6 ἐποίησεν 3 p. sing. 1 aor. act. ind. . . . . ποιέω
7 ἔρχεται 3 p. sing. pres. mid. ind. . . . . ἔρχομαι
ὄψεται 3 p. sing. fut. mid. ind. . . . . δράω
ἐξεκέντησαν 3 p. pl. 1 aor. act. ind. . . . . . . ἐκκεντέω
κόψονται 3 p. pl. fut. mid. ind. . . . . κόπτω
8 λέγει 3 p. sing. pres. act. ind. . . . . λέγω
9 ἐγενόμην 1 p. sing. 2 aor. mid. ind. . . . . . . γίνομαι
καλουμένη pres. pass. ptc. dat. sing. fem. . . . . καλέω
10 ἤκουσα 1 p. sing. 1 aor. act. ind. . . . . ἀκούω
11 λεγούσης pres. act. ptc. gen. sing. fem. . . . . . . λέγω
βλέπεις 2 p. sing. pres. act. ind. . . . . βλέπω
γράφον 2 p. sing. 1 aor. act. imper. . . . . γράφω
πέμψον 2 p. sing. 1 aor. act. imper. . . . . πέμπω
12 ἐπέστρεφα 1 p. sing. 1 aor. act. ind. . . . . . ἐπιστρέφω
βλέπειν pres. act. infin. . . . . βλέπω
ἐλάλει 3 p. sing. imperf. act. ind. . . . . λαλέω
ἐπιστρέψας 1 aor. act. ptc. nom. sing. masc. . ἐπιστρέφω
εἶδον 1 p. sing. 2 aor. act. ind. . . . . δράω
13 ἐνδεδυμένον perf. pass. ptc. acc. sing. masc. . . . ἐνδύω
περιεζωσμένον perf. pass. ptc. acc. s. masc. περιζώννυμι
15 πεπυρωμένης pres. pass. ptc. gen. sing. fem. . . . πυρόω
16 ἔχων pres. act. ptc. nom. sing. masc. . . . . ἔχω
ἐκπορευομένη pres. mid. ptc. nom. s. fem. . ἐκπορεύομαι
φαίνει 3 p. sing. pres. act. ind. . . . . φαίνω
17 ἔπεσα 1 p. sing. 1 aor. act. ind. . . . . πίπτω
ἔθηκεν 3 p. sing. 1 aor. act. ind. . . . . τίθημι
λέγων pres. act. ptc. nom. sing. masc. . . . . λέγω
φοβοῦ 2 p. sing. pres. pass. ind. or imper. . . . . φοβέω
18 ἰδού 2 p. sing. 2 aor. mid. imper. . . . . εἶδον
ζῶν pres. act. ptc. nom. sing. masc. . . . . ζάω
ἐγενόμην 1 p. sing. 2 aor. mid. ind. . . . . . . γίνομαι
19 εἶδες 2 p. sing. 2 aor. act. ind. . . . . δράω
εἰσίν 3 p. pl. pres. act. ind. . . . . εἰμί
μέλλει 3 p. sing. pres. act. ind. . . . . μέλλω
γενέσθαι 2 aor. mid. infin. . . . . γίνομαι

2

1 γράψον 2 p. sing. 1 aor. act. imper. . . . . γράφω
λέγει 3 p. sing. pres. act. ind. . . . . λέγω
περιπατῶν pres. act. ptc. nom. sing. masc. . . . περιπατέω
2 οἶδα 1 p. sing. perf. act. ind. . . . . οἶδα
δύνῃ 2 p. sing. pres. pass. ind. contr. . . . . . . δύναμαι
βαστάσαι 1 aor. act. infin. . . . . βαστάζω
ἐπείρασας 2 p. sing. 1 aor. act. ind. . . . . . . πειράζω
λέγοντας pres. act. ptc. acc. pl. masc. . . . . λέγω
εἰσίν 3 p. pl. pres. act. ind. . . . . εἰμί
εὗρες 2 p. sing. 2 aor. act. ind. . . . . εὑρίσκω
3 ἔχεις 2 p. sing. pres. act. ind. . . . . ἔχω
ἐβάστασας 2 p. sing. 1 aor. act. ind. . . . . . . βαστάζω
— κεκοπίακας 2 p. sing. perf. act. ind. . . . . . . κοπιάω
4 ἀφῆκας 2 p. sing. 1 aor. act. ind. . . . . ἀφίημι
5 μνημόνευε 2 p. sing. pres. act. imper. . . . . . μνημονεύω
πέπτωκας 2 p. sing. perf. act. ind. . . . . πίπτω
μετανόησον 2 p. sing. 1 aor. act. imper. . . . μετανοέω
ποίησον 2 p. sing. 1 aor. act. imper. . . . . ποιέω
ἔρχομαι 1 p. sing. pres. mid. ind. . . . . ἔρχομαι
κινήσω 1 p. sing. fut. act. ind. . . . . κινέω
μετανοήσῃς 2 p. sing. 1 aor. act. subj. . . . . μετανοέω
6 μισεῖς 2 p. sing. pres. act. ind. . . . . μισέω
μισῶ 1 p. sing. pres. act. ind. . . . . id.
7 ἔχων pres. act. ptc. nom. sing. masc. . . . . ἔχω
ἀκουσάτω 3 p. sing. 1 aor. act. imper. . . . . . . ἀκούω
νικῶντι pres. act. ptc. dat. sing. masc. . . . . . . νικάω
δώσω 1 p. sing. fut. act. ind. . . . . δίδωμι
φαγεῖν 2 aor. act. infin. . . . . ἐσθίω
ἐστιν 3 p. sing. pres. act. ind. . . . . εἰμί
8 ἐγένετο 3 p. sing. 2 aor. mid. ind. . . . . γίνομαι
ἔζησεν 3 p. sing. 1 aor. act. ind. . . . . ζάω
9 εἶ 2 p. sing. pres. act. ind. . . . . εἰμί
λεγόντων pres. act. ptc. gen. pl. masc. . . . . λέγω
εἶναι pres. act. infin. . . . . εἰμί
10 φοβοῦ 2 p. sing. pres. pass. imper. . . . . φοβέω
μέλλεις 2 p. sing. pres. act. ind. . . . . μέλλω
πάσχειν pres. act. infin. . . . . πάσχω
μέλλει 3 p. sing. pres. act. ind. . . . . μέλλω
βάλλειν pres. act. infin. . . . . βάλλω
πειρασθῆτε 2 p. pl. 1 aor. pass. subj. . . . . . πειράζω
ἕξετε 2 p. pl. fut. act. ind. . . . . ἔχω
γίνου 2 p. sing. pres. mid. imper. . . . . γίνομαι
ἰδού 2 p. sing. 2 aor. mid. imper. . . . . εἶδον
11 ἀδικηθῇ 3 p. sing. 1 aor. pass. subj. . . . . . . ἀδικέω
νικῶν pres. act. ptc. nom. sing. masc. . . . . νικάω
13 κατοικεῖς 2 p. sing. pres. act. ind. . . . . . . κατοικέω
κρατεῖς 2 p. sing. pres. act. ind. . . . . κρατέω
ἠρνήσω 2 p. sing. 1 aor. mid. ind. . . . . ἀρνέομαι
ἀπεκτάνθη 3 p. sing. 1 aor. pass. ind. . . . . ἀποκτείνω
κατοικεῖ 3 p. sing. pres. act. ind. . . . . κατοικέω
14 κρατοῦντας pres. act. ptc. acc. pl. masc. . . . . . κρατέω
ἐδίδασκεν 3 p. sing. imperf. act. ind. . . . . . . διδάσκω
βαλεῖν 2 aor. act. infin. . . . . βάλλω
πορνεῦσαι 1 aor. act. infin. . . . . πορνεύω

16 μετανόησον 2 p. sing. 1 aor. act. imper. . . . .μετανοέω
   ἔρχομαι 1 p. sing. pres. mid. ind. . . . . ἔρχομαι
   πολεμήσω 1 p. sing. fut. act. ind. . . . . πολεμέω
17 ἔχων pres. act. ptc. nom. sing. masc. . . . . ἔχω
   ἀκουσάτω 3 p. sing. 1 aor. act. imper. . . . . . . ἀκούω
   λέγει 3 p. sing. pres. act. ind. . . . . λέγω
   δώσω 1 p. sing. fut. act. ind. . . . . δίδωμι
   κεκρυμμένου perf. pass. ptc. gen. sing. neut. . . κρύπτω
   γεγραμμένον perf. pass. ptc. nom. or acc. s. neut. γράφω
   οἶδεν 3 p. sing. 2 perf. act. ind. . . . . οἶδα
   λαμβάνων pres. act. ptc. nom. sing. masc. . . . .λαμβάνω
18 γράφον 2 p. sing. 1 aor. act. imper. . . . . γράφω
20 ἀφεῖς 2 p. sing. pres. act. ind. . . . . ἀφίημι
   λέγουσα pres. act. ptc. nom. sing. fem. . . . . . . λέγω
   διδάσκει 3 p. sing. pres. act. ind. . . . . . . .διδάσκω
   πλανᾷ 3 p. sing. pres. act. ind. . . . . πλανάω
   πορνεῦσαι 1 aor. act. infin. . . . . πορνεύω
   φαγεῖν 2 aor. act. infin. . . . . ἐσθίω
21 ἔδωκα 1 p. sing. 1 aor. act. ind. . . . . .δίδωμι
   μετανοήσῃ 3 p. sing. 1 aor. act. subj. . . . . .μετανοέω
   θέλει 3 p. sing. pres. act. ind. . . . . θέλω
   μετανοῆσαι 1 aor. act. infin. . . . . μετανοέω
22 ἰδού 2 p. sing. 2 aor. mid. imper. . . . . εἶδον
   βάλλω 1 p. sing. pres. act. ind. . . . . βάλλω
   μοιχεύοντας pres. act. ptc. acc. pl. masc. . . . μοιχεύω
   μετανοήσουσιν 3 p. pl. fut. act. ind. . . . . .μετανοέω
23 ἀποκτενῶ 1 p. sing. fut. act. ind. . . . . . . ἀποκτείνω
   γνώσονται 3 p. pl. fut. mid. ind. . . . . . . .γινώσκω
   ἐρευνῶν pres. act. ptc. nom. sing. masc. . . . . . ἐρευνάω
24 ἔχουσιν 3 p. pl. pres. act. ind. . . . . ἔχω
   ἔγνωσαν 3 p. pl. 2 aor. act. ind. . . . . . . .γινώσκω
   λέγουσιν 3 p. pl. pres. act. ind. . . . . λέγω
25 ἔχετε 2 p. pl. pres. act. ind. . . . . .ἔχω
   κρατήσατε 2 p. pl. 1 aor. act. imper. . . . . . . κρατέω
   ἥξω 1 p. sing. fut. act. ind. or 1 aor. act. subj. . . ἥκω
26 νικῶν pres. act. ptc. nom. sing. masc. . . . . . . .νικάω
   τηρῶν pres. act. ptc. nom. sing. masc. . . . . . . τηρέω
27 ποιμανεῖ 3 p. sing. fut. act. ind. . . . . .ποιμαίνω
   συντρίβεται 3 p. sing. pres. pass. ind. . . . . συντρίβω
28 εἴληφα 1 p. sing. perf. act. ind. . . . . λαμβάνω

3

1 λέγει 3 p. sing. pres. act. ind. . . . . λέγω
   γράφον 2 p. sing. 1 aor. act. imper. . . . . .γράφω
   ἔχων pres. act. ptc. nom. sing. masc. . . . . ἔχω
   οἶδα 1 p. sing. perf. act. ind. . . . . .οἶδα
   ἔχεις 2 p. sing. pres. act. ind. . . . . ἔχω
   ζῇς 2 p. sing. pres. act. ind. . . . . ζάω
   εἶ 2 p. sing. pres. act. ind. . . . . εἰμί
2 γίνου 2 p. sing. pres. mid. imper. . . . . .γίνομαι
   γρηγορῶν pres. act. ptc. nom. sing. masc. . . . γρηγορέω
   στήρισον 2 p. sing. 1 aor. act. imper. . . . . . . στηρίζω
   ἔμελλον 3 p. pl. imperf. act. ind. . . . . μέλλω
   ἀποθανεῖν 2 aor. act. infin. . . . . ἀποθνήσκω
   εὕρηκα 1 p. sing. perf. act. ind. . . . . εὑρίσκω

πεπληρωμένα perf. pass. ptc. acc. pl. neut. . . . πληρόω
3 μνημόνευε 2 p. sing. pres. act. imper. . . . . . μνημονεύω
εἴληφας 2 p. sing. perf. act. ind. . . . . .λαμβάνω
ἤκουσας 2 p. sing. 1 aor. act. ind. . . . . ἀκούω
τήρει 2 p. sing. pres. act. imper. . . . . τηρέω
μετανόησον 2 p. sing. 1 aor. act. imper. . . . .μετανοέω
γρηγορήσῃς 2 p. sing. 1 aor. act. subj. . . . . . γρηγορέω
ἥξω 1 p. sing. fut. act. ind. or 1 aor. act. subj. . ἥκω
γνῷς 2 p. sing. 2 aor. act. subj. . . . . γινώσκω
4 ἔχεις 2 p. sing. pres. act. imper. . . . . .ἔχω
ἐμόλυναν 3 p. pl. 1 aor. act. ind. . . . . .μολύνω
περιπατήσουσιν 3 p. pl. fut. act. ind. . . . . περιπατέω
εἰσιν 3 p. pl. pres. act. ind. . . . . εἰμί
5 νικῶν pres. act. ptc. nom. sing. masc. . . . . νικάω
περιβαλεῖται 3 p. sing. fut. mid. ind. . . . . περιβάλλω
ἐξαλείψω 1 p. sing. fut. act. ind. . . . . . . .ἐξαλείφω
ὁμολογήσω 1 p. sing. fut. act. ind. . . . . . . ὁμολογέω
6 ἔχων pres. act. ptc. nom. sing. masc. . . . . ἔχω
ἀκουσάτω 3 p. sing. 1 aor. act. imper. . . . . . . ἀκούω
λέγει 3 p. sing. pres. act. ind. . . . . λέγω
7 γράφον 2 p. sing. 1 aor. act. imper. . . . . .γράφω
ἀνοίγων pres. act. ptc. nom. sing. masc. . . . . . . ἀνοίγω
κλείσει 3 p. sing. fut. act. ind. . . . . .κλείω
κλείων pres. act. ptc. nom. sing. masc. . . . . id.
ἀνοίγει 3 p. sing. pres. act. ind. . . . . ἀνοίγω
8 οἶδα 1 p. sing. 2 perf. act. ind. . . . . .οἶδα
δέδωκα 1 p. sing. perf. act. ind. . . . . .δίδωμι
ἠνεῳγμένην perf. pass. ptc. acc. sing. fem. . . . ἀνοίγω
δύναται 3 p. sing. pres. pass. ind. . . . . δύναμαι
κλεῖσαι 1 aor. act. infin. . . . . .κλείω
ἐτήρησας 2 p. sing. 1 aor. act. ind. . . . . τηρέω
ἠρνήσω 2 p. sing. 1 aor. mid. ind. . . . . ἀρνέομαι
9 ἰδού 2 p. sing. 2 aor. mid. imper. . . . . εἶδον
διδῶ 1 p. sing. pres. act. ind. . . . . .δίδωμι
λεγόντων pres. act. ptc. gen. pl. masc. . . . . λέγω
εἶναι pres. act. infin. . . . . .εἰμί
ψεύδονται 3 p. pl. pres. mid. ind. . . . . . . ψεύδομαι
ποιήσω 1 p. sing. fut. act. ind.or 1 aor. act. subj.ποιέω
ἥξουσιν 3 p. pl. fut. act. ind. . . . . ἥκω
προσκυνήσουσιν 3 p. pl. fut. act. ind. . . . . προσκυνέω
γνῶσιν 3 p. pl. 2 aor. act. subj. . . . . γινώσκω
ἠγάπησα 1 p. sing. 1 aor. act. ind. . . . . . . .ἀγαπάω
10 τηρήσω 1 p. sing. fut. act. ind. . . . . .τηρέω
μελλούσης pres. act. ptc. gen. sing. fem. . . . . .μέλλω
ἔρχεσθαι pres. mid. infin. . . . . ἔρχομαι
πειράσαι 1 aor. act. infin. . . . . .πειράζω
κατοικοῦντας pres. act. ptc. acc. pl. masc. . . κατοικέω
11 κράτει 2 p. sing. pres. act. imper. . . . . .κρατέω
λάβῃ 3 p. sing. 2 aor. act. subj. . . . . λαμβάνω
12 ἐξέλθῃ 3 p. sing. 2 aor. act. subj. . . . . . . ἐξέρχομαι
γράφω 1 p. sing. fut. act. ind. . . . . γράφω
καταβαίνουσα pres. act. ptc. nom. sing. fem. . καταβαίνω
15 εἶ 2 p. sing. pres. act. ind. . . . . .εἰμί
ὄφελον 1 p. sing. 2 aor. act. ind. or particle. . ὀφείλω
ἦς 2 p. sing. imperf. act. ind. . . . . .εἰμί

16 μέλλω 1 p. sing. pres. act. ind. . . . . .μέλλω
 ἐμέσαι 1 aor. act. infin. . . . . .ἐμέω
17 λέγεις 2 p. sing. pres. act. ind. . . . . .λέγω
 πεπλούτηκα 1 p. sing. perf. act. ind. . . . . . πλουτέω
 οἶδας 2 p. sing. 2 perf. act. ind. . . . . οἶδα
18 συμβουλεύω 1 p. sing. pres. act. ind. . . . . συμβουλεύω
 ἀγοράσαι 1 aor. act. infin. . . . . ἀγοράζω
 πεπυρωμένον perf. pass. ptc. acc. sing. neut. . . .πυρόω
 πλουτήσῃς 2 p. sing. 1 aor. act. subj. . . . . . πλουτέω
 περιβάλῃ 2 p. sing. 2 aor. mid. subj. . . . . περιβάλλω
 φανερωθῇ 3 p. sing. 1 aor. pass. subj. . . . . . φανερόω
 ἐγχρῖσαι 1 aor. act. infin. . . . . ἐγχρίω
 βλέπῃς 2 p. sing. pres. act. subj. . . . . .βλέπω
19 φιλῶ 1 p. sing. pres. act. ind. or subj. . . . . . . φιλέω
 ἐλέγχω 1 p. sing. pres. act. ind. . . . . .ἐλέγχω
 παιδεύω 1 p. sing. pres. act. ind. . . . . .παιδεύω
 ζήλευε 2 p. sing. pres. act. imper. . . . . .ζηλεύω
 μετανόησον 2 p. sing. 1 aor. act. imper. . . . . μετανοέω
20 ἰδού 2 p. sing. 2 aor. mid. imper. . . . . εἶδον
 ἕστηκα 1 p. sing. perf. act. ind. . . . . . . .ἵστημι
 κρούω 1 p. sing. pres. act. ind. . . . . .κρούω
 ἀκούσῃ 3 p. sing. 1 aor. act. subj. . . . . ἀκούω
 ἀνοίξῃ 3 p. sing. 1 aor. act. subj. . . . . .ἀνοίγω
 εἰσελεύσομαι 1 p. sing. fut. mid. ind. . . . εἰσέρχομαι
 δειπνήσω 1 p. sing. fut. act. ind. . . . . δειπνέω
21 νικῶν pres. act. ptc. nom. sing. masc. . . . . . . .νικάω
 δώσω 1 p. sing. fut. act. ind. . . . . δίδωμι
 καθίσαι 1 aor. act. infin. . . . . καθίζω
 ἐνίκησα 1 p. sing. 1 aor. act. ind. . . . . νικάω
 ἐκάθισα 1 p. sing. 1 aor. act. ind. . . . . .καθίζω
22 ἔχων pres. act. ptc. nom. sing. masc. . . . . ἔχω
 ἀκουσάτω 3 p. sing. 1 aor. act. imper. . . . . . . ἀκούω
 λέγει 3 p. sing. pres. act. ind. . . . . λέγω

4

1 εἶδον 1 p. sing. 2 aor. act. ind. . . . . .ὁράω
 ἠνεῳγμένη perf. pass. ptc. nom. sing. fem. . . . .ἀνοίγω
 ἤκουσα 1 p. sing. 1 aor. act. ind. . . . . .ἀκούω
 λαλούσης pres. act. ptc. gen. sing. fem. . . . . . .λαλέω
 λέγων pres. act. ptc. nom. sing. masc. . . . . λέγω
 ἀνάβα 2 p. sing. 2 aor. act. imper. . . . . . . ἀναβαίνω
 δείξω 1 p. s. fut. act. ind. or 1 aor. act. subj.δείκνυμι
 δεῖ 3 p. sing. pres. act. impers. . . . . δεῖ
 γενέσθαι 2 aor. mid. infin. . . . . γίνομαι
2 ἰδού 2 p. sing. 2 aor. mid. imper. . . . . .εἶδον
 ἐγενόμην 1 p. sing. 2 aor. mid. ind. . . . . . . .γίνομαι
 ἔκειτο 3 p. sing. imperf. mid. ind. . . . . .κεῖμαι
 καθήμενος pres. mid. ptc. nom. sing. masc. . . . κάθημαι
4 καθημένους pres. mid. ptc. acc. pl. masc. . . . . . . id.
 περιβεβλημένους perf. pass. ptc. acc. pl. m. . περιβάλλω
5 ἐκπορεύονται 3 p. pl. pres. mid. ind. . . . ἐκπορεύομαι
 καιόμεναι pres. pass. ptc. nom. pl. fem. . . . . .καίω
 εἰσιν 3 p. pl. pres. act. ind. . . . . εἰμί
6 γέμοντα pres. act. ptc. nom. pl. neut. . . . . γέμω
7 ἔχων pres. act. ptc. nom. sing. masc. . . . . ἔχω

πετομένῳ pres. mid. ptc. dat. sing. masc. . . . . . πέτομαι
8 γέμουσιν 3 p. pl. pres. act. ind. . . . . γέμω
ἔχουσιν 3 p. pl. pres. act. ind. . . . . ἔχω
λέγοντες pres. act. ptc. nom. pl. masc. . . . . λέγω
ἦν 3 p. sing. imperf. act. ind. . . . . εἰμί
ὤν pres. act. ptc. nom. sing. masc. . . . . id.
ἐρχόμενος pres. mid. ptc. nom. sing. masc. . . . ἔρχομαι
9 δώσουσιν 3 p. pl. fut. act. ind. . . . . δίδωμι
καθημένῳ pres. mid. ptc. dat. sing. masc. . . . .κάθημαι
ζῶντι pres. act. ptc. dat. sing. masc. . . . . ζάω
10 πεσοῦνται 3 p. pl. fut. mid. ind. . . . . πίπτω
καθημένου pres. mid. ptc. gen. sing. masc. . . . κάθημαι
προσκυνήσουσιν 3 p. pl. fut. act. ind. . . . . προσκυνέω
βαλοῦσιν 3 p. pl. fut. act. ind. . . . . βάλλω
11 εἶ 2 p. sing. pres. act. ind. . . . . εἰμί
λαβεῖν 2 aor. act. infin. . . . . λαμβάνω
ἔκτισας 2 p. sing. 1 aor. act. ind. . . . . κτίζω
ἐκτίσθησαν 3 p. pl. 1 aor. pass. ind. . . . . id.
ἦσαν 3 p. pl. imperf. act. ind. . . . . εἰμί

5

1 εἶδον 1 p. sing. 2 aor. act. ind. . . . . ὁράω
καθημένου pres. mid. ptc. gen. sing. masc. . . . κάθημαι
γεγραμμένον perf. pass. ptc. nom. or acc. s. neut. γράφω
κατεσφραγισμένον pf. pass. pt. ac. s. ne. κατασφραγίζω
2 κηρύσσοντα pres. act. ptc. acc. sing. masc. . . . κηρύσσω
ἀνοῖξαι 1 aor. act. infin. . . . . ἀνοίγω
λῦσαι 1 aor. act. infin. . . . . λύω
3 ἐδύνατο 3 p. sing. imperf. pass. ind. . . . . δύναμαι
βλέπειν pres. act. infin. . . . . βλέπω
4 ἔκλαιον 1 p. sing. imperf. act. ind. . . . . κλαίω
εὑρέθη 3 p. sing. 1 aor. pass. ind. . . . . εὑρίσκω
5 κλαῖε 2 p. sing. pres. act. imper. . . . . .κλαίω
ἐνίκησεν 3 p. sing. 1 aor. act. ind. . . . . .νικάω
λέγει 3 p. sing. pres. act. ind. . . . . λέγω
ἰδού 2 p. sing. 2 aor. mid. imper. . . . . .εἶδον
6 ἑστηκός perf. act. ptc. nom. sing. neut. . . . . .ἵστημι
ἐσφαγμένον perf. pass. ptc. nom. sing. neut. . . . σφάζω
ἔχων pres. act. ptc. nom. sing. masc. . . . . ἔχω
εἰσιν 3 p. pl. pres. act. ind. . . . . εἰμί
ἀπεσταλμένοι perf. pass. ptc. nom. pl. masc. .ἀποστέλλω
7 ἦλθεν 3 p. sing. 2 aor. act. ind. . . . . ἔρχομαι
εἴληφεν 3 p. sing. perf. act. ind. . . . . λαμβάνω
8 ἔλαβεν 3 p. sing. 2 aor. act. ind. . . . . id.
ἔπεσαν 3 p. pl. 1 aor. act. ind. . . . . .πίπτω
ἔχοντες pres. act. ptc. nom. pl. masc. . . . . .ἔχω
γεμούσας pres. act. ptc. acc. pl. fem. . . . . γέμω
9 ᾄδουσιν 3 p. pl. pres. act. ind. . . . . ᾄδω
λέγοντες pres. act. ptc. nom. pl. masc. . . . . . . λέγω
εἶ 2 p. sing. pres. act. ind. . . . . εἰμί
λαβεῖν 2 aor. act. infin. . . . . λαμβάνω
ἐσφάγης 2 p. sing. 2 aor. pass. ind. . . . . σφάζω
ἠγόρασας 2 p. sing. 1 aor. act. ind. . . . . ἀγοράζω
10 ἐποίησας 2 p. sing. 1 aor. act. ind. . . . . .ποιέω
βασιλεύσουσιν 3 p. pl. fut. act. ind. . . . . . . βασιλεύω

11 εἶδον 1 p. sing. 2 aor. act. ind. . . . . ὁράω
ἤκουσα 1 p. sing. 1 aor. act. ind. . . . . ἀκούω
ἦν 3 p. sing. imperf. act. ind. . . . . εἰμί
12 λέγοντες pres. act. ptc. nom. pl. masc. . . . . λέγω
ἐστιν 3 p. sing. pres. act. ind. . . . . εἰμί
ἐσφαγμένον perf. pass. ptc. nom. sing. neut. . . . σφάζω
λαβεῖν 2 aor. act. infin. . . . . λαμβάνω
13 λέγοντας pres. act. ptc. acc. pl. masc. . . . . λέγω
καθημένῳ pres. mid. ptc. dat. sing. masc. . . . .κάθημαι
14 ἔλεγον 3 p. pl. imperf. act. ind. . . . . λέγω
ἔπεσαν 3 p. pl. 1 aor. act. ind. . . . . πίπτω
προσεκύνησαν 3 p. pl. 1 aor. act. ind. . . . . προσκυνέω

6
1 εἶδον 3 p. sing. 2 aor. act. ind. . . . . ὁράω
ἤνοιξεν 3 p. sing. 1 aor. act. ind. . . . . .ἀνοίγω
ἤκουσα 1 p. sing. 1 aor. act. ind. . . . . .ἀκούω
λέγοντος pres. act. ptc. gen. sing. masc. or neut. .λέγω
ἔρχου 2 p. sing. pres. mid. imper. . . . . .ἔρχομαι
2 καθήμενος pres. mid. ptc. nom. sing. masc. . . . κάθημαι
ἔχων pres. act. ptc. nom. sing. masc. . . . . ἔχω
ἐδόθη 3 p. sing. 1 aor. pass. ind. . . . . δίδωμι
ἐξῆλθεν 3 p. sing. 2 aor. act. ind. . . . . . . ἐξέρχομαι
νικῶν pres. act. ptc. nom. sing. masc. . . . . . . νικάω
νικήσῃ 3 p. sing. 1 aor. act. subj. . . . . id.
ἴδοῦ 2 p. sing. 2 aor. mid. imper. . . . . εἶδον
4 καθημένῳ pres. mid. ptc. dat. sing. masc. . . . .κάθημαι
λαβεῖν 2 aor. act. infin. . . . . λαμβάνω
σφάξουσιν 3 p. pl. fut. act. ind. . . . . .σφάζω
6 λέγουσαν pres. act. ptc. acc. sing. fem. . . . . . . .λέγω
ἀδικήσῃς 2 p. sing. 1 aor. act. subj. . . . . . . ἀδικέω
8 ἠκολούθει 3 p. sing. imperf. act. ind. . . . . ἀκολουθέω
ἀποκτεῖναι 1 aor. act. infin. . . . . .ἀποκτείνω
9 ἐσφαγμένων perf. pass. ptc. gen. pl. masc. . . . . . σφάζω
εἶχον 3 p. pl. imperf. act. ind. . . . . .ἔχω
10 ἔκραξαν 3 p. pl. 1 aor. act. ind. . . . . κράζω
λέγοντες pres. act. ptc. nom. pl. masc. . . . . . . λέγω
κρίνεις 2 p. sing. pres. act. ind. . . . . κρίνω
ἐκδικεῖς 2 p. sing. pres. act. ind. . . . . ἐκδικέω
κατοικούντων pres. act. ptc. gen. pl. masc. . . κατοικέω
11 ἐρρέθη 3 p. sing. 1 aor. pass. ind. . . . . εἶπον
ἀναπαύσωνται 3 p. pl. 1 aor. mid. subj. . . . .ἀναπαύω
πληρωθῶσιν 3 p. pl. 1 aor. pass. subj. . . . . . .πληρόω
μέλλοντες pres. act. ptc. nom. pl. masc. . . . . . .μέλλω
ἀποκτέννεσθαι pres. pass. infin. . . . . .ἀποκτέννω
12 ἐγένετο 3 p. sing. 2 aor. mid. ind. . . . . γίνομαι
13 ἔπεσαν 3 p. pl. 1 aor. act. ind. . . . . πίπτω
βάλλει 3 p. sing. pres. act. ind. . . . . βάλλω
σειομένη pres. pass. ptc. nom. sing. fem. . . . . . σείω
14 ἀπεχωρίσθη 3 p. sing. 1 aor. pass. ind. . . . ἀποχωρίζω
ἑλισσόμενον pres. pass. ptc. nom. sing. neut. . . ἑλίσσω
ἐκινήθησαν 3 p. pl. 1 aor. pass. ind. . . . . . . .κινέω
15 ἔκρυψαν 3 p. pl. 1 aor. act. ind. . . . . κρύπτω
16 λέγουσιν 3 p. pl. pres. act. ind. . . . . λέγω
πέσετε 2 p. pl. 2 aor. act. imper. . . . . .πίπτω

κρύψατε 2 p. pl. 1 aor. act. imper. . . . . .κρύπτω
καθημένου pres. mid. ptc. gen. sing. masc. . . . κάθημαι
17 ἦλθεν 3 p. sing. 2 aor. act. ind. . . . . ἔρχομαι
δύναται 3 p. sing. pres. pass. ind. . . . . δύναμαι
σταθῆναι 1 aor. pass. infin. . . . . ἵστημι

7

1 εἶδον 1 p. sing. 2 aor. act. ind. . . . . ὁράω
ἑστῶτας perf. act. ptc. acc. pl. masc. . . . . . . ἵστημι
κρατοῦντας pres. act. ptc. acc. pl. masc. . . . . κρατέω
πνέῃ 3 p. sing. pres. act. subj. . . . . πνέω
2 ἀναβαίνοντα pres. act. ptc. acc. sing. masc. . ἀναβαίνω
ἔχοντα pres. act. ptc. acc. sing. masc. . . . . ἔχω
ζῶντος pres. act. ptc. gen. sing. masc. . . . . ζάω
ἔκραξεν 3 p. sing. 1 aor. act. ind. . . . . κράζω
ἐδόθη 3 p. sing. 1 aor. pass. ind. . . . . δίδωμι
ἀδικῆσαι 1 aor. act. infin. . . . . ἀδικέω
3 λέγων pres. act. ptc. nom. sing. masc. . . . . λέγω
ἀδικήσητε 2 p. pl. 1 aor. act. subj. . . . . ἀδικέω
σφραγίσωμεν 1 p. pl. 1 aor. act. subj. . . . . . σφραγίζω
4 ἤκουσα 1 p. sing. 1 aor. act. ind. . . . . .ἀκούω
ἐσφραγισμένων perf. pass. ptc. gen. pl. masc. . σφραγίζω
ἐσφραγισμένοι perf. pass. ptc. nom. pl. masc. . . . . id.
9 ἰδού 2 p. sing. 2 aor. mid. imper. . . . . .εἶδον
ἀριθμῆσαι 1 aor. act. infin. . . . . .ἀριθμέω
ἐδύνατο 3 p. sing. imperf. pass. ind. . . . . . .δύναμαι
ἑστῶτες perf. act. ptc. nom. pl. masc. . . . . . .ἵστημι
περιβεβλημένους perf. pass. ptc. acc. pl. m. . περιβάλλω
10 κράζουσιν 3 p. pl. pres. act. ind. . . . . κράζω
λέγοντες pres. act. ptc. nom. pl. masc. . . . . . . λέγω
καθημένῳ pres. mid. ptc. dat. sing. masc. . . . .κάθημαι
11 εἱστήκεισαν 3 p. pl. plupf. act. ind. . . . . . . ἵστημι
ἔπεσαν 3 p. pl. 1 aor. act. ind. . . . . πίπτω
προσεκύνησαν 3 p. pl. 1 aor. act. ind. . . . . προσκυνέω
13 ἀπεκρίθη 3 p. sing. 1 aor. pass. ind. . . . ἀποκρίνομαι
περιβεβλημένοι pf. pass. ptc. nom. pl. masc. περιβάλλω
εἰσίν 3 p. pl. pres. act. ind. . . . . εἰμί
ἦλθον 3 p. pl. 2 aor. act. ind. . . . . ἔρχομαι
14 εἴρηκα 1 p. sing. perf. act. ind. . . . . εἶπον
οἶδας 2 p. sing. 2 perf. act. ind. . . . . οἶδα
εἶπεν 3 p. sing. 2 aor. act. ind. . . . . .λέγω
ἐρχόμενοι pres. mid. ptc. nom. pl. masc. . . . . ἔρχομαι
ἔπλυναν 3 p. pl. 1 aor. act. ind. . . . . .πλύνω
ἐλεύκαναν 3 p. pl. 1 aor. act. ind. . . . . . . λευκαίνω
15 λατρεύουσιν 3 p. pl. pres. act. ind. . . . . . . λατρεύω
καθήμενος pres. mid. ptc. nom. sing. masc. . . . κάθημαι
σκηνώσει 3 p. sing. fut. act. ind. . . . . .σκηνόω
16 πεινάσουσιν 3 p. pl. fut. act. ind. . . . . πεινάω
διψήσουσιν 3 p. pl. fut. act. ind. . . . . διψάω
πέσῃ 3 p. sing. 2 aor. act. subj. . . . . πίπτω
17 ποιμανεῖ 3 p. sing. fut. act. ind. . . . . ποιμαίνω
ὁδηγήσει 3 p. sing. fut. act. ind. . . . . .ὁδηγέω
ἐξαλείψει 3 p. sing. fut. act. ind. . . . . ἐξαλείφω

8

1 ἤνοιξεν 3 p. sing. 1 aor. act. ind. . . . . .ἀνοίγω

ἐγένετο 3 p. sing. 2 aor. mid. ind. . . . . . . .γίνομαι
2 εἶδον 1 p. sing. 2 aor. act. ind. . . . . .ὁράω
ἑστήκασιν 3 p. pl. perf. act. ind. . . . . .ἵστημι
ἐδόθησαν 3 p. pl. 1 aor. pass. ind. . . . . .δίδωμι
3 ἦλθεν 3 p. sing. 2 aor. act. ind. . . . . ἔρχομαι
ἐστάθη 3 p. sing. 1 aor. pass. ind. . . . . .ἵστημι
ἔχων pres. act. ptc. nom. sing. masc. . . . . ἔχω
ἐδόθη 3 p. sing. 1 aor. pass. ind. . . . . δίδωμι
δώσει 3 p. sing. fut. act. ind. . . . . id.
4 ἀνέβη 3 p. sing. 2 aor. act. ind. . . . . ἀναβαίνω
5 εἴληφεν 3 p. sing. perf. act. ind. . . . . λαμβάνω
ἐγέμισεν 3 p. sing. 1 aor. act. ind. . . . . . . .γεμίζω
ἔβαλεν 3 p. sing. 2 aor. act. ind. . . . . βάλλω
ἐγένοντο 3 p. pl. 2 aor. mid. ind. . . . . γίνομαι
6 ἔχοντες pres. act. ptc. nom. pl. masc. . . . . ἔχω
ἡτοίμασαν 3 p. pl. 1 aor. act. ind. . . . . . . ἑτοιμάζω
σαλπίσωσιν 3 p. pl. 1 aor. act. subj. . . . . . .σαλπίζω
7 ἐσάλπισεν 3 p. sing. 1 aor. act. ind. . . . . id.
μεμιγμένα perf. pass. ptc. nom. or acc. s. neut. μίγνυμι
ἐβλήθη 3 p. sing. 1 aor. pass. ind. . . . . .βάλλω
κατεκάη 3 p. sing. 2 aor. pass. ind. . . . . . . κατακαίω
8 καιόμενον pres. pass. ptc. nom. sing. neut. . . . . καίω
9 ἀπέθανεν 3 p. sing. 2 aor. act. ind. . . . . . .ἀποθνήσκω
ἔχοντα pres. act. ptc. acc. s. m. or nom. pl. ne. . . ἔχω
διεφθάρησαν 3 p. pl. 2 aor. pass. ind. . . . . διαφθείρω
10 ἔπεσεν 3 p. sing. 2 aor. act. ind. . . . . . . .πίπτω
καιόμενος pres. pass. ptc. nom. sing. masc. . . . . καίω
11 λέγεται 3 p. sing. pres. pass. ind. . . . . .λέγω
ἀπέθανον 3 p. pl. 2 aor. mid. ind. . . . . . . .ἀποθνήσκω
ἐπικράνθησαν 3 p. pl. 1 aor. pass. ind. . . . . πικραίνω
12 ἐπλήγη 3 p. sing. 2 aor. pass. ind. . . . . .πλήσσω
σκοτισθῇ 3 p. sing. 1 aor. pass. subj. . . . . . σκοτίζω
φάνῃ 3 p. sing. 2 aor. pass. subj. . . . . .φαίνω
13 ἤκουσα 1 p. sing. 1 aor. act. ind. . . . . . . .ἀκούω
πετομένου pres. mid. ptc. gen. sing. masc. . . . πέτομαι
λέγοντος pres. act. ptc. gen. s. masc. or neut. . . λέγω
κατοικοῦντας pres. act. ptc. acc. pl. masc. . . κατοικέω
μελλόντων pres. act. ptc. gen. pl. masc. or neut. .μέλλω
σαλπίζειν pres. act. infin. . . . . .σαλπίζω

9
1 ἐσάλπισεν 3 p. sing. 1 aor. act. ind. . . . . . .σαλπίζω
εἶδον 1 p. sing. 2 aor. act. ind. . . . . .ὁράω
πεπτωκότα perf. act. ptc. acc. sing. masc. . . . . . πίπτω
ἐδόθη 3 p. sing. 1 aor. pass. ind. . . . . δίδωμι
2 ἤνοιξεν 3 p. sing. 1 aor. act. ind. . . . . .ἀνοίγω
ἀνέβη 3 p. sing. 2 aor. act. ind. . . . . ἀναβαίνω
ἐσκοτώθη 3 p. sing. 1 aor. pass. ind. . . . . . . σκοτόω
3 ἐξῆλθον 3 p. pl. 2 aor. act. ind. . . . . . . .ἐξέρχομαι
ἔχουσιν 3 p. pl. pres. act. ind. . . . . ἔχω
4 ἀδικήσουσιν 3 p. pl. fut. act. ind. . . . . ἀδικέω
ἐρρέθη 3 p. sing. 1 aor. pass. ind. . . . . εἶπον
5 ἀποκτείνωσιν 3 p. pl. pres. act. subj. . . . . ἀποκτείνω
βασανισθήσονται 3 p. pl. fut. pass. ind. . . . .βασανίζω
παίσῃ 3 p. sing. 1 aor. act. subj. . . . . παίω

6 ζητήσουσιν 3 p. pl. fut. act. ind. . . . . ζητέω
εὑρήσουσιν 3 p. pl. fut. act. ind. . . . . εὑρίσκω
ἐπιθυμήσουσιν 3 p. pl. fut. act. ind. . . . . . . ἐπιθυμέω
ἀποθανεῖν 2 aor. act. infin. . . . . ἀποθνήσκω
φεύγει 3 p. sing. pres. act. ind. . . . . φεύγω
7 ἡτοιμασμένοις perf. pass. ptc. dat. pl. masc. . ἑτοιμάζω
8 εἶχον 3 p. pl. imperf. act. ind. . . . . ἔχω
ἦσαν 3 p. pl. imperf. act. ind. . . . . εἰμί
9 τρεχόντων pres. act. ptc. gen. pl. masc. . . . . . τρέχω
10 ἔχουσιν 3 p. pl. pres. act. ind. . . . . ἔχω
ἀδικῆσαι 1 aor. act. infin. . . . . ἀδικέω
11 ἔχει 3 p. sing. pres. act. ind. . . . . ἔχω
12 ἀπῆλθεν 3 p. sing. 2 aor. act. ind. . . . . . . ἀπέρχομαι
ἔρχεται 3 p. sing. pres. mid. ind. . . . . ἔρχομαι
ἰδού 2 p. sing. 2 aor. mid. imper. . . . . εἶδον
13 ἐσάλπισεν 3 p. sing. 1 aor. act. ind. . . . . . .σαλπίζω
ἤκουσα 1 p. sing. 1 aor. act. ind. . . . . .ἀκούω
14 λέγοντα pres. act. ptc. ac. s. masc. or nom. pl. ne. λέγω
ἔχων pres. act. ptc. nom. sing. masc. . . . . ἔχω
λῦσον 2 p. sing. 1 aor. act. imper. . . . . λύω
δεδεμένους perf. pass. ptc. acc. pl. masc. . . . . . . δέω
15 ἐλύθησαν 3 p. pl. 1 aor. pass. ind. . . . . .λύω
ἡτοιμασμένοι perf. pass. ptc. nom. pl. masc. . .ἑτοιμάζω
ἀποκτείνωσιν 3 p. pl. pres. act. subj. . . . . ἀποκτείνω
17 εἶδον 1 p. sing. 2 aor. act. ind. . . . . ὁράω
καθημένους pres. mid. ptc. acc. pl. masc. . . . .κάθημαι
ἔχοντας pres. act. ptc. acc. pl. masc. . . . . ἔχω
ἐκπορεύεται 3 p. sing. pres. mid. ind. . . . ἐκπορεύομαι
18 ἀπεκτάνθησαν 3 p. pl. 1 aor. pass. ind. . . . ἀποκτείνω
ἐκπορευομένου pres. mid. ptc. g. s. m. or n. ἐκπορεύομαι
19 ἔχουσαι pres. act. ptc. nom. pl. fem. . . . . ἔχω
ἀδικοῦσιν 3 p. pl. pres. act. ind. . . . . ἀδικέω
20 μετενόησαν 3 p. pl. 1 aor. act. ind. . . . . . .μετανοέω
προσκυνήσουσιν 3 p. pl. fut. act. ind. . . . . . προσκυνέω
βλέπειν pres. act. infin. . . . . βλέπω
δύνανται 3 p. pl. pres. pass. ind. . . . . δύναμαι
ἀκούειν pres. act. infin. . . . . ἀκούω
περιπατεῖν pres. act. infin. . . . . περιπατέω

10

1 εἶδον 1 p. sing. 2 aor. act. ind. . . . . ὁράω
καταβαίνοντα pres. act. ptc. acc. sing. masc. καταβαίνω
περιβεβλημένον perf. pass. ptc. acc. s. masc. περιβάλλω
2 ἔχων pres. act. ptc. nom. sing. masc. . . . . ἔχω
ἠνεῳγμένον perf. pass. ptc. acc. sing. neut. . . .ἀνοίγω
ἔθηκεν 3 p. sing. 1 aor. act. ind. . . . . τίθημι
3 ἔκραξεν 3 p. sing. 1 aor. act. ind. . . . . .κράζω
ἐλάλησαν 3 p. pl. 1 aor. act. ind. . . . . .λαλέω
4 ἤμελλον 1 p. sing. imperf. act. ind. . . . . μέλλω
γράφειν pres. act. infin. . . . . γράφω
ἤκουσα 1 p. sing. 1 aor. act. ind. . . . . .ἀκούω
λέγουσαν pres. act. ptc. acc. sing. fem. . . . . . .λέγω
σφράγισον 2 p. sing. 1 aor. act. imper. . . . . σφραγίζω
γράψῃς 2 p. sing. 1 aor. act. subj. . . . . .γράφω
5 ἑστῶτα perf. act. ptc. acc. s. m. or pl. neut. . .ἵστημι

ἦρεν 3 p. sing. 1 aor. act. ind. . . . . αἴρω
6 ὤμοσεν 3 p. sing. 1 aor. act. ind. . . . . ὄμνυμι
ζῶντι pres. act. ptc. dat. sing. masc. . . . . .ζάω
ἔκτισεν 3 p. sing. 1 aor. act. ind. . . . . κτίζω
ἔσται 3 p. sing. fut. mid. ind. . . . . .εἰμί
7 μέλλῃ 3 p. sing. pres. act. subj. . . . . μέλλω
σαλπίζειν pres. act. infin. . . . . .σαλπίζω
ἐτελέσθη 3 p. sing. 1 aor. pass. ind. . . . . . . .τελέω
εὐηγγέλισεν 3 p. sing. 1 aor. act. ind. . . . . εὐαγγελίζω
8 ἤκουσα 1 p. sing. 1 aor. act. ind. . . . . .ἀκούω
λαλοῦσαν pres. act. ptc. acc. sing. fem. . . . . . λαλέω
λέγουσαν pres. act. ptc. acc. sing. fem. . . . . . .λέγω
ὕπαγε 2 p. sing. pres. act. imper. . . . . .ὑπάγω
λάβε 2 p. sing. 2 aor. act. imper. . . . . .λαμβάνω
ἠνεῳγμένον perf. pass. ptc. acc. sing. neut. . . .ἀνοίγω
ἑστῶτος perf. act. ptc. gen. sing. masc. . . . . . .ἵστημι
9 ἀπῆλθα 1 p. sing. 1 aor. act. ind. . . . . . . ἀπέρχομαι
λέγων pres. act. ptc. nom. sing. masc. . . . . λέγω
δοῦναι 2 aor. act. infin. . . . . .δίδωμι
λέγει 3 p. sing. pres. act. ind. . . . . λέγω
κατάφαγε 2 p. sing. 2 aor. act. imper. . . . . . κατεσθίω
πικρανεῖ 3 p. sing. fut. act. ind. . . . . πικραίνω
10 ἔλαβον 1 p. sing. 2 aor. act. ind. . . . . λαμβάνω
κατέφαγον 1 p. sing. 2 aor. act. ind. . . . . . . κατεσθίω
ἦν 3 p. sing. imperf. act. ind. . . . . .εἰμί
ἔφαγον 1 p. sing. 2 aor. act. ind. . . . . ἔσθίω
ἐπικράνθη 3 p. sing. 1 aor. pass. ind. . . . . . πικραίνω
11 λέγουσιν 3 p. pl. pres. act. ind. . . . . λέγω
δεῖ 3 p. sing. pres. act. impers. . . . . δεῖ
προφητεῦσαι 1 aor. act. infin. . . . . προφητεύω

11
1 ἐδόθη 3 p. sing. 1 aor. pass. ind. . . . . δίδωμι
λέγων pres. act. ptc. nom. sing. masc. . . . . λέγω
ἔγειρε 2 p. sing. pres. act. imper. . . . . .ἐγείρω
προσκυνοῦντας pres. act. ptc. acc. pl. masc. . προσκυνέω
2 ἐκβαλε 2 p. sing. 2 aor. act. imper. . . . . . . .ἐκβάλλω
πατήσουσιν 3 p. pl. fut. act. ind. . . . . πατέω
3 δώσω 1 p. sing. fut. act. ind. . . . . .δίδωμι
προφητεύσουσιν 3 p. pl. fut. act. ind. . . . . . προφητεύω
περιβεβλημένοι perf. pass. ptc. nom. pl. m. . . περιβάλλω
4 εἰσιν 3 p. pl. pres. act. ind. . . . . .εἰμί
ἑστῶτες perf. act. ptc. nom. pl. masc. . . . . . . ἵστημι
5 θέλει 3 p. sing. pres. act. ind. . . . . .θέλω
ἀδικῆσαι 1 aor. act. infin. . . . . ἀδικέω
ἐκπορεύεται 3 p. sing. pres. mid. ind. . . . ἐκπορεύομαι
κατεσθίει 3 p. sing. pres. act. ind. . . . . . . κατεσθίω
θελήσῃ 3 p. sing. 1 aor. act. subj. . . . . θέλω
δεῖ 3 p. sing. pres. act. impers. . . . . δεῖ
ἀποκτανθῆναι 1 aor. pass. infin. . . . . ἀποκτείνω
6 ἔχουσιν 3 p. pl. pres. act. ind. . . . . .ἔχω
κλεῖσαι 1 aor. act. infin. . . . . .κλείω
βρέχῃ 3 p. sing. pres. act. subj. . . . . βρέχω
στρέφειν pres. act. infin. . . . . .στρέφω
πατάξαι 1 aor. act. infin. . . . . πατάσσω

θελήσωσιν 3 p. pl. 1 aor. act. subj. . . . . θέλω
7 τελέσωσιν 3 p. pl. 1 aor. act. subj. . . . . τελέω
  ἀναβαῖνον pres. act. ptc. nom. or acc. s. ne. . ἀναβαίνω
  ποιήσει 3 p. sing. fut. act. ind. . . . . ποιέω
  νικήσει 3 p. sing. fut. act. ind. . . . . νικάω
  ἀποκτενεῖ 3 p. sing. fut. act. ind. . . . . . . ἀποκτείνω
8 καλεῖται 3 p. sing. pres. pass. ind. . . . . καλέω
  ἐσταυρώθη 3 p. sing. 1 aor. pass. ind. . . . . . . σταυρόω
9 βλέπουσιν 3 p. pl. pres. act. ind. . . . . βλέπω
  ἀφίουσιν 3 p. pl. pres. act. ind. . . . . ἀφίημι
  τεθῆναι 1 aor. pass. infin. . . . . τίθημι
10 κατοικοῦντες pres. act. ptc. nom. pl. masc. . . κατοικέω
  χαίρουσιν 3 p. pl. pres. act. ind. . . . . χαίρω
  εὐφραίνονται 3 p. pl. pres. pass. ind. . . . . .εὐφραίνω
  πέμψουσιν 3 p. pl. fut. act. ind. . . . . .πέμπω
  ἐβασάνισαν 3 p. pl. 1 aor. act. ind. . . . . . . .βασανίζω
  κατοικοῦντας pres. act. ptc. acc. pl. masc. . . κατοικέω
11 εἰσῆλθεν 3 p. sing. 2 aor. act. ind. . . . . εἰσέρχομαι
  ἔστησαν 3 p. pl. 1 aor. or 2 aor. act. ind. . . . ἵστημι
  ἐπέπεσεν 3 p. sing. 2 aor. act. ind. . . . . . .ἐπιπίπτω
  θεωροῦντας pres. act. ptc. acc. pl. masc. . . . . . θεωρέω
12 ἤκουσαν 3 p. pl. 1 aor. act. ind. . . . . ἀκούω
  λεγούσης pres. act. ptc. gen. sing. fem. . . . . . . λέγω
  ἀναβατε 2 p. pl. 2 aor. act. imper. . . . . ἀναβαίνω
  ἀνέβησαν 3 p. pl. 2 aor. act. ind. . . . . id.
  ἐθεώρησαν 3 p. pl. 1 aor. act. ind. . . . . θεωρέω
13 ἐγένετο 3 p. sing. 2 aor. mid. ind. . . . . . . .γίνομαι
  ἔπεσεν 3 p. sing. 2 aor. act. ind. . . . . πίπτω
  ἀπεκτάνθησαν 3 p. pl. 1 aor. pass. ind. . . . ἀποκτείνω
  ἐγένοντο 3 p. pl. 2 aor. mid. ind. . . . . γίνομαι
  ἔδωκαν 3 p. pl. 1 aor. act. ind. . . . . δίδωμι
14 ἀπῆλθεν 3 p. sing. 2 aor. act. ind. . . . . . . ἀπέρχομαι
  ἔρχεται 3 p. sing. pres. mid. ind. . . . . . . .ἔρχομαι
15 ἐσάλπισεν 3 p. sing. 1 aor. act. ind. . . . . . .σαλπίζω
  λέγοντες pres. act. ptc. nom. pl. masc. . . . . . . λέγω
  βασιλεύσει 3 p. sing. fut. act. ind. . . . . . .βασιλεύω
16 καθήμενοι pres. mid. ptc. nom. pl. masc. . . . . κάθημαι
  ἔπεσαν 3 p. pl. 2 aor. act. ind. . . . . .πίπτω
  προσεκύνησαν 3 p. pl. 1 aor. act. ind. . . . . προσκυνέω
17 λέγοντες pres. act. ptc. nom. pl. masc. . . . . λέγω
  εὐχαριστοῦμεν 1 p. pl. pres. act. ind. . . . εὐχαριστέω
  ὤν pres. act. ptc. nom. sing. masc. . . . . .εἰμί
  ἦν 3 p. sing. imperf. act. ind. . . . . id.
  εἴληφας 2 p. sing. perf. act. ind. . . . . . . .λαμβάνω
  ἐβασίλευσας 2 p. sing. 1 aor. act. ind. . . . . .βασιλεύω
18 ὠργίσθησαν 3 p. pl. 1 aor. pass. ind. . . . . . . .ὀργίζω
  ἦλθεν 3 p. sing. 2 aor. act. ind. . . . . .ἔρχομαι
  κριθῆναι 1 aor. pass. infin. . . . . .κρίνω
  δοῦναι 2 aor. act. infin. . . . . .δίδωμι
  φοβουμένοις pres. pass. ptc. dat. pl. masc. . . . .φοβέω
  διαφθεῖραι 1 aor. act. infin. . . . . διαφθείρω
  διαφθείροντας pres. act. ptc. acc. pl. masc. . . . . . id.
19 ἠνοίγη 3 p. sing. 2 aor. pass. ind. . . . . .ἀνοίγω
  ὤφθη 3 p. sing. 1 aor. pass. ind. . . . . .ὁράω
  ἐγένοντο 3 p. pl. 2 aor. mid. ind. . . . . .γίνομαι

12

1 ὤφθη 3 p. sing. 1 aor. pass. ind. . . . . ὁράω
 περιβεβλημένη perf. pass. ptc. nom. s. fem. . περιβάλλω
2 ἔχουσα pres. act. ptc. nom. sing. fem. . . . . ἔχω
 κράζει 3 p. sing. pres. act. ind. . . . . κράζω
 ὠδίνουσα pres. act. ptc. nom. sing. fem. . . . . . . ὠδίνω
 βασανιζομένη pres. pass. ptc. nom. sing. fem. . βασανίζω
 τεκεῖν 2 aor. act. infin. . . . . τίκτω
3 ἰδού 2 p. sing. 2 aor. mid. imper. . . . . εἶδον
 ἔχων pres. act. ptc. nom. sing. masc. . . . . ἔχω
4 σύρει 3 p. sing. pres. act. ind. . . . . σύρω
 ἔβαλεν 3 p. sing. 2 aor. act. ind. . . . . βάλλω
 ἔστηκεν 3 p. sing. perf. act. ind. . . . . ἵστημι
 μελλούσης pres. act. ptc. gen. sing. fem. . . . . . μέλλω
 τεκεῖν 2 aor. act. infin. . . . . τίκτω
 τέκη 3 p. sing. 2 aor. act. subj. . . . . id.
 καταφάγῃ 3 p. sing. 2 aor. act. subj. . . . . . . κατεσθίω
5 ἔτεκεν 3 p. sing. 2 aor. act. ind. . . . . τίκτω
 μέλλει 3 p. sing. pres. act. ind. . . . . μέλλω
 ποιμαίνειν pres. act. infin. . . . . ποιμαίνω
 ἡρπάσθη 3 p. sing. 1 aor. pass. ind. . . . . ἁρπάζω
6 ἔφυγεν 3 p. sing. 2 aor. act. ind. . . . . φεύγω
 ἔχει 3 p. sing. pres. act. ind. . . . . ἔχω
 ἡτοιμασμένον perf. pass. ptc. nom. or acc. s. n. ἑτοιμάζω
 τρέφωσιν 3 p. pl. pres. act. subj. . . . . τρέφω
7 ἐγένετο 3 p. sing. 2 aor. mid. ind. . . . . γίνομαι
 πολεμῆσαι 1 aor. act. infin. . . . . πολεμέω
 ἐπολέμησεν 3 p. sing. 1 aor. act. ind. . . . . id.
8 ἴσχυσεν 3 p. sing. 1 aor. act. ind. . . . . ἰσχύω
 εὑρέθη 3 p. sing. 1 aor. pass. ind. . . . . εὑρίσκω
9 ἐβλήθη 3 p. sing. 1 aor. pass. ind. . . . . βάλλω
 καλούμενος pres. pass. ptc. nom. sing. masc. . . . καλέω
 πλανῶν pres. act. ptc. nom. sing. masc. . . . . . . πλανάω
 ἐβλήθησαν 3 p. pl. 1 aor. pass. ind. . . . . βάλλω
10 ἤκουσα 1 p. sing. 1 aor. act. ind. . . . . ἀκούω
 λέγουσαν pres. act. ptc. acc. sing. fem. . . . . . . λέγω
 κατηγορῶν pres. act. ptc. nom. sing. masc. . . κατηγορέω
11 ἐνίκησαν 3 p. pl. 1 aor. act. ind. . . . . νικάω
 ἠγάπησαν 3 p. pl. 1 aor. act. ind. . . . . ἀγαπάω
12 σκηνοῦντες pres. act. ptc. nom. pl. masc. . . . . . σκηνόω
 εὐφραίνεσθε 2 p. pl. pres. mid. imper. . . . . . εὐφραίνω
 κατέβη 3 p. sing. 2 aor. act. ind. . . . . καταβαίνω
 εἰδώς perf. act. ptc. nom. sing. masc. . . . . οἶδα
13 εἶδεν 3 p. sing. 2 aor. act. ind. . . . . ὁράω
 ἐδίωξεν 3 p. sing. 1 aor. act. ind. . . . . διώκω
 ἔτεκεν 3 p. sing. 2 aor. act. ind. . . . . τίκτω
14 ἐδόθησαν 3 p. pl. 1 aor. pass. ind. . . . . δίδωμι
 πέτηται 3 p. sing. pres. mid. subj. . . . . πέτομαι
 τρέφεται 3 p. sing. pres. pass. ind. . . . . τρέφω
15 ἔβαλεν 3 p. sing. 2 aor. act. ind. . . . . βάλλω
 ποιήσῃ 3 p. sing. 1 aor. act. subj. . . . . ποιέω
16 ἐβοήθησεν 3 p. sing. 1 aor. act. ind. . . . . . . βοηθέω
 ἤνοιξεν 3 p. sing. 1 aor. act. ind. . . . . ἀνοίγω
 κατέπιεν 3 p. sing. 2 aor. act. ind. . . . . . . καταπίνω
17 ὠργίσθη 3 p. sing. 1 aor. pass. ind. . . . . ὀργίζω

ἀπῆλθεν 3 p. sing. 2 aor. act. ind. . . . . ἀπέρχομαι
ποιῆσαι 1 aor. act. infin. . . . . .ποιέω
τηρούντων pres. act. ptc. gen. pl. masc. . . . . . τηρέω
ἐχόντων pres. act. ptc. gen. pl. masc. . . . . ἔχω
18 ἐστάθη 3 p. sing. 1 aor. pass. ind. . . . . .ἵστημι

13

1 εἶδον 1 p. sing. 2 aor. act. ind. . . . . .ὁράω
ἀναβαῖνον pres. act. ptc. nom. or acc. s. ne. . ἀναβαίνω
ἔχον pres. act. ptc. nom. or acc. sing. neut. . . . . ἔχω
2 ἔδωκεν 3 p. sing. 1 aor. act. ind. . . . . .δίδωμι
3 ἐσφαγμένην perf. pass. ptc. acc. sing. fem. . . . . σφάζω
ἐθεραπεύθη 3 p. sing. 1 aor. pass. ind. . . . . θεραπεύω
ἐθαυμάσθη 3 p. sing. 1 aor. pass. ind. . . . . . θαυμάζω
4 προσεκύνησαν 3 p. pl. 1 aor. act. ind. . . . . .προσκυνέω
λέγοντες pres. act. ptc. nom. pl. masc. . . . . . . .λέγω
δύναται 3 p. sing. pres. pass. ind. . . . . δύναμαι
πολεμῆσαι 1 aor. act. infin. . . . . πολεμέω
5 ἐδόθη 3 p. sing. 1 aor. pass. ind. . . . . δίδωμι
λαλοῦν pres. act. ptc. nom. sing. neut. . . . . . . λαλέω
ποιῆσαι 1 aor. act. infin. . . . . .ποιέω
6 ἤνοιξεν 3 p. sing. 1 aor. act. ind. . . . . .ἀνοίγω
βλασφημῆσαι 1 aor. act. infin. . . . . βλασφημέω
σκηνοῦντας pres. act. ptc. acc. pl. masc. . . . . σκηνόω
7 νικῆσαι 1 aor. act. infin. . . . . .νικάω
8 προσκυνήσουσιν 3 p. pl. fut. act. ind. . . . . προσκυνέω
κατοικοῦντες pres. act. ptc. nom. pl. masc. . . κατοικέω
γέγραπται 3 p. sing. perf. pass. ind. . . . . .γράφω
ἐσφαγμένου perf. pass. ptc. gen. sing. neut. . . . σφάζω
9 ἔχει 3 p. sing. pres. act. ind. . . . . ἔχω
ἀκουσάτω 3 p. sing. 1 aor. act. imper. . . . . ἀκούω
10 ὑπάγει 3 p. sing. pres. act. ind. . . . . ὑπάγω
ἀποκτενεῖ 3 p. sing. fut. act. ind. . . . . ἀποκτείνω
δεῖ 3 p. sing. pres. act. impers. . . . . δεῖ
ἀποκτανθῆναι 1 aor. pass. infin. . . . . ἀποκτείνω
ἐστιν 3 p. sing. pres. act. ind. . . . . εἰμί
11 εἶδον 1 p. sing. 2 aor. act. ind. . . . . .ὁράω
ἀναβαῖνον pres. act. ptc. nom. or acc. s. ne. . ἀναβαίνω
εἶχεν 3 p. sing. imperf. act. ind. . . . . .ἔχω
ἐλάλει 3 p. sing. imperf. act. ind. . . . . λαλέω
12 ποιεῖ 3 p. sing. pres. act. ind. . . . . .ποιέω
κατοικοῦντας pres. act. ptc. acc. pl. masc. . . κατοικέω
προσκυνήσουσιν 3 p. pl. fut. act. ind. . . . . προσκυνέω
ἐθεραπεύθη 3 p. sing. 1 aor. pass. ind. . . . . θεραπεύω
13 ποιῇ 3 p. sing. pres. act. subj. . . . . .ποιέω
καταβαίνειν pres. act. infin. . . . . καταβαίνω
14 πλανᾷ 3 p. sing. pres. act. ind. . . . . πλανάω
ποιῆσαι 1 aor. act. infin. . . . . .ποιέω
λέγων pres. act. ptc. nom. sing. masc. . . . . .λέγω
κατοικοῦσιν pres. act. ptc. dat. pl. masc. . . . κατοικέω
ἔζησεν 3 p. sing. 1 aor. act. ind. . . . . .ζάω
15 δοῦναι 2 aor. act. infin. . . . . .δίδωμι
λαλήσῃ 3 p. sing. 1 aor. act. subj. . . . . λαλέω
ποιήσῃ 3 p. sing. 1 aor. act. subj. . . . . .ποιέω
προσκυνήσωσιν 3 p. pl. 1 aor. act. subj. . . . .προσκυνέω

ἀποκτανθῶσιν 3 p. pl. 1 aor. pass. subj. . . . ἀποκτείνω
16 ποιεῖ 3 p. sing. pres. act. ind. . . . . ποιέω
δῶσιν 3 p. pl. 2 aor. act. subj. . . . . δίδωμι
17 δύνηται 3 p. sing. pres. pass. subj. . . . . δύναμαι
ἀγοράσαι 1 aor. act. infin. . . . . ἀγοράζω
πωλῆσαι 1 aor. act. infin. . . . . πωλέω
ἔχων pres. act. ptc. nom. sing. masc. . . . . ἔχω
18 ψηφισάτω 3 p. sing. 1 aor. act. imper. . . . . . . .ψηφίζω

14

1 ἰδού 2 p. sing. 2 aor. mid. imper. . . . . .εἶδον
εἶδον 1 p. sing. 2 aor. act. ind. . . . . .ὁράω
ἑστός perf. act. ptc. acc. sing. neut. . . . . ἵστημι
ἔχουσαι pres. act. ptc. nom. pl. fem. . . . . ἔχω
γεγραμμένον perf. pass. ptc. nom. or acc. s. ne. . γράφω
2 ἤκουσα 1 p. sing. 1 aor. act. ind. . . . . .ἀκούω
κιθαριζόντων pres. act. ptc. gen. pl. masc. . . κιθαρίζω
3 ἄδουσιν 3 p. pl. pres. act. ind. . . . . ἄδω
ἐδύνατο 3 p. sing. imperf. pass. ind. . . . . . . .δύναμαι
μαθεῖν 2 aor. act. infin. . . . . .μανθάνω
ἠγορασμένοι perf. pass. ptc. nom. pl. masc. . . .ἀγοράζω
4 εἰσιν 3 p. pl. pres. act. ind. . . . . εἰμί
ἐμολύνθησαν 3 p. pl. 1 aor. pass. ind. . . . . . . .μολύνω
ἀκολουθοῦντες pres. act. ptc. nom. pl. masc. . ἀκολουθέω
ὑπάγῃ 3 p. sing. pres. act. subj. . . . . ὑπάγω
ἠγοράσθησαν 3 p. pl. 1 aor. pass. ind. . . . . . . ἀγοράζω
5 εὑρέθη 3 p. sing. 1 aor. pass. ind. . . . . εὑρίσκω
6 εἶδον 1 p. sing. 2 aor. act. ind. . . . . .ὁράω
πετόμενον pres. mid. ptc. acc. sing. masc. . . . πέτομαι
ἔχοντα pres. act. ptc. acc. sing. masc. . . . . ἔχω
εὐαγγελίσαι 1 aor. act. infin. . . . . εὐαγγελίζω
καθημένους pres. mid. ptc. acc. pl. masc. . . . .κάθημαι
7 λέγων pres. act. ptc. nom. sing. masc. . . . . λέγω
φοβήθητε 2 p. pl. 1 aor. pass. imper. . . . . . . .φοβέω
δότε 2 p. pl. 2 aor. act. imper. . . . . δίδωμι
ἦλθεν 3 p. sing. 2 aor. act. ind. . . . . ἔρχομαι
προσκυνήσατε 2 p. pl. 1 aor. act. imper. . . . προσκυνέω
ποιήσαντι 1 aor. act. ptc. dat. sing. masc. . . . .ποιέω
8 ἠκολούθησεν 3 p. sing. 1 aor. act. ind. . . . ἀκολουθέω
ἔπεσεν 3 p. sing. 2 aor. act. ind. . . . . .πίπτω
πεπότικεν 3 p. sing. perf. act. ind. . . . . . .ποτίζω
9 προσκυνεῖ 3 p. sing. pres. act. ind. . . . . . . προσκυνέω
λαμβάνει 3 p. sing. pres. act. ind. . . . . λαμβάνω
10 πίεται 3 p. sing. fut. mid. ind. . . . . πίνω
κεκερασμένου perf. pass. ptc. gen. sing. masc. κεράννυμι
βασανισθήσεται 3 p. sing. fut. pass. ind. . . . βασανίζω
11 ἀναβαίνει 3 p. sing. pres. act. ind. . . . . . . ἀναβαίνω
ἔχουσιν 3 p. pl. pres. act. ind. . . . . ἔχω
προσκυνοῦντες pres. act. ptc. nom. pl. masc. . προσκυνέω
12 ἐστίν 3 p. sing. pres. act. ind. . . . . εἰμί
τηροῦντες pres. act. ptc. nom. pl. masc. . . . . . τηρέω
13 λεγούσης pres. act. ptc. gen. sing. fem. . . . . . .λέγω
γράφον 2 p. sing. 1 aor. act. imper. . . . . γράφω
ἀποθνήσκοντες pres. act. ptc. nom. pl. masc. . ἀποθνήσκω
λέγει 3 p. sing. pres. act. ind. . . . . λέγω

ἀναπαήσονται 3 p. pl. 2 fut. pass. ind. . . . . .ἀναπαύω
ἀκολουθεῖ 3 p. sing. pres. act. ind. . . . . . ἀκολουθέω
14 ἰδού 2 p. sing. 2 aor. mid. imper. . . . . .εἶδον
εἶδον 1 p. sing. 2 aor. act. ind. . . . . .ὁράω
καθήμενον pres. mid. ptc. acc. sing. masc. . . . κάθημαι
ἔχων pres. act. ptc. nom. sing. masc. . . . . ἔχω
15 ἐξῆλθεν 3 p. sing. 2 aor. act. ind. . . . . . ἐξέρχομαι
κράζων pres. act. ptc. nom. sing. masc. . . . . . .κράζω
καθημένῳ pres. mid. ptc. dat. sing. masc. . . . .κάθημαι
πέμψον 2 p. sing. 1 aor. act. imper. . . . . .πέμπω
θέρισον 2 p. sing. 1 aor. act. imper. . . . . . . .θερίζω
ἦλθεν 3 p. sing. 2 aor. act. ind. . . . . ἔρχομαι
θερίσαι 1 aor. act. infin. . . . . θερίζω
ἐξηράνθη 3 p. sing. 1 aor. pass. ind. . . . . . . ξηραίνω
16 ἔβαλεν 3 p. sing. 2 aor. act. ind. . . . . .βάλλω
καθήμενος pres. mid. ptc. nom. sing. masc. . . . κάθημαι
ἐθερίσθη 3 p. sing. 1 aor. pass. ind. . . . . . . θερίζω
18 ἐφώνησεν 3 p. sing. 1 aor. act. ind. . . . . φωνέω
ἔχοντι pres. act. ptc. dat. sing. masc. . . . . ἔχω
λέγων pres. act. ptc. nom. sing. masc. . . . . λέγω
τρύγησον 2 p. sing. 1 aor. act. imper. . . . . τρυγάω
ἤκμασαν 3 p. pl. 1 aor. act. ind. . . . . .ἀκμάζω
19 ἐτρύγησεν 3 p. sing. 1 aor. act. ind. . . . . . . τρυγάω
20 ἐπατήθη 3 p. sing. 1 aor. pass. ind. . . . . πατέω

15

1 εἶδον 1 p. sing. 2 aor. act. ind. . . . . .ὁράω
ἔχοντας pres. act. ptc. acc. pl. masc. . . . . .ἔχω
ἐτελέσθη 3 p. sing. 1 aor. pass. ind. . . . . . . .τελέω
2 μεμιγμένην perf. pass. ptc. acc. sing. fem. . . .μίγνυμι
νικῶντας pres. act. ptc. acc. pl. masc. . . . . . .νικάω
ἑστῶτας perf. act. ptc. acc. pl. masc. . . . . . .ἵστημι
3 ᾄδουσιν 3 p. pl. pres. act. ind. . . . . ᾄδω
λέγοντες pres. act. ptc. nom. pl. masc. . . . . λέγω
4 φοβηθῇ 3 p. sing. 1 aor. pass. subj. . . . . .φοβέω
δοξάσει 3 p. sing. fut. act. ind. . . . . .δοξάζω
ἥξουσιν 3 p. pl. fut. act. ind. . . . . ἥκω
προσκυνήσουσιν 3 p. pl. fut. act. ind. . . . . προσκυνέω
ἐφανερώθησαν 3 p. pl. 1 aor. pass. ind. . . . . .φανερόω
5 ἠνοίγη 3 p. sing. 2 aor. pass. ind. . . . . .ἀνοίγω
6 ἐξῆλθον 3 p. pl. 2 aor. act. ind. . . . . ἐξέρχομαι
ἔχοντες pres. act. ptc. nom. pl. masc. . . . . .ἔχω
ἐνδεδυμένοι perf. pass. ptc. nom. pl. masc. . . . .ἐνδύω
περιεζωσμένοι perf. pass. ptc. nom. pl. masc. περιζώννυμι
7 ἔδωκεν 3 p. sing. 1 aor. act. ind. . . . . δίδωμι
γεμούσας pres. act. ptc. acc. pl. fem. . . . . . . .γέμω
ζῶντος pres. act. ptc. gen. sing. masc. or neut. . . .ζάω
8 ἐγεμίσθη 3 p. sing. 1 aor. pass. ind. . . . . . . .γεμίζω
ἐδύνατο 3 p. sing. imperf. pass. ind. . . . . . .δύναμαι
εἰσελθεῖν 2 aor. act. infin. . . . . εἰσέρχομαι
τελεσθῶσιν 3 p. pl. 1 aor. pass. subj. . . . . . .τελέω

16

1 ἤκουσα 1 p. sing. 1 aor. act. ind. . . . . .ἀκούω
λεγούσης pres. act. ptc. gen. sing. fem. . . . . . . λέγω

ὑπάγετε 2 p. pl. pres. act. imper. . . . . .ὑπάγω
ἐκχέετε 2 p. pl. pres. act. imper. . . . . .ἐκχέω
2 ἀπῆλθεν 3 p. sing. 2 aor. act. ind. . . . . . . .ἀπέρχομαι
ἐξέχεεν 3 p. sing. 1 aor. act. ind. . . . . .ἐκχέω
ἐγένετο 3 p. sing. 2 aor. mid. ind. . . . . .γίνομαι
ἔχοντας pres. act. ptc. acc. pl. masc. . . . . .ἔχω
προσκυνοῦντας pres. act. ptc. acc. pl. masc. .προσκυνέω
3 ἀπέθανεν 3 p. sing. 2 aor. act. ind. . . . . . .ἀποθνήσκω
5 ἤκουσα 1 p. sing. 1 aor. act. ind. . . . . .ἀκούω
λέγοντος pres. act. ptc. gen. sing. masc. or ne. . .λέγω
εἶ 2 p. sing. pres. act. ind. . . . . .εἰμί
ὤν pres. act. ptc. nom. sing. masc. . . . . id.
ἦν 3 p. sing. imperf. act. ind. . . . . id.
ἔκρινας 2 p. sing. 1 aor. act. ind. . . . . .κρίνω
6 ἐξέχεαν 3 p. pl. 1 aor. act. ind. . . . . .ἐκχέω
δέδωκας 2 p. sing. perf. act. ind. . . . . .δίδωμι
πεῖν 2 aor. act. infin. contr. . . . . πίνω
εἰσιν 3 p. pl. pres. act. ind. . . . . εἰμί
8 ἐδόθη 3 p. sing. 1 aor. pass. ind. . . . . δίδωμι
καυματίσαι 1 aor. act. infin. . . . . καυματίζω
9 ἐκαυματίσθησαν 3 p. pl. 1 aor. pass. ind. . . . . . . id.
ἐβλασφήμησαν 3 p. pl. 1 aor. act. ind. . . . . βλασφημέω
ἔχοντος pres. act. ptc. gen. sing. masc. . . . . . . .ἔχω
μετενόησαν 3 p. pl. 1 aor. act. ind. . . . . . .μετανοέω
δοῦναι 2 aor. act. infin. . . . . .δίδωμι
10 ἐσκοτωμένη perf. pass. ptc. nom. sing. fem. . . . σκοτόω
ἐμασῶντο 3 p. pl. imperf. mid. ind. . . . . . . μασάομαι
12 ἐξηράνθη 3 p. sing. 1 aor. pass. ind. . . . . . . ξηραίνω
ἑτοιμασθῇ 3 p. sing. 1 aor. pass. subj. . . . . .ἑτοιμάζω
13 εἶδον 1 p. sing. 2 aor. act. ind. . . . . .ὁράω
14 ποιοῦντα pres. act. ptc. acc. s. m. or nom. pl. n. ποιέω
ἐκπορεύεται 3 p. sing. pres. mid. ind. . . .ἐκπορεύομαι
συναγαγεῖν 2 aor. act. infin. . . . . .συνάγω
15 ἰδού 2 p. sing. 2 aor. mid. imper. . . . . .εἶδον
ἔρχομαι 1 p. sing. pres. mid. ind. . . . . . . .ἔρχομαι
γρηγορῶν pres. act. ptc. nom. sing. masc. . . .γρηγορέω
τηρῶν pres. act. ptc. nom. sing. masc. . . . . . . .τηρέω
περιπατῇ 3 p. sing. pres. act. subj. . . . . .περιπατέω
βλέπωσιν 3 p. pl. pres. act. subj. . . . . βλέπω
16 συνήγαγεν 3 p. sing. 2 aor. act. ind. . . . . . . .συνάγω
καλούμενον pres. pass. ptc. acc. sing. masc. . . . .καλέω
17 ἐξῆλθεν 3 p. sing. 2 aor. act. ind. . . . . . . ἐξέρχομαι
λέγουσα pres. act. ptc. nom. sing. fem. . . . . . . .λέγω
γέγονεν 3 p. sing. 2 perf. act. ind. . . . . . . .γίνομαι
18 ἐγένοντο 3 p. pl. 2 aor. mid. ind. . . . . id.
19 ἔπεσαν 3 p. pl. 1 aor. act. ind. . . . . .πίπτω
ἐμνήσθη 3 p. sing. 1 aor. pass. ind. . . . . . . μιμνήσκω
δοῦναι 2 aor. act. infin. . . . . .δίδωμι
20 ἔφυγεν 3 p. sing. 2 aor. act. ind. . . . . .φεύγω
εὑρέθησαν 3 p. pl. 1 aor. pass. ind. . . . . . . εὑρίσκω
21 καταβαίνει 3 p. sing. pres. act. ind. . . . . . καταβαίνω

17

1 ἦλθεν 3 p. sing. 2 aor. act. ind. . . . . .ἔρχομαι
ἐχόντων pres. act. ptc. gen. pl. masc. . . . . .ἔχω

ἐλάλησεν 3 p. sing. 1 aor. act. ind. . . . . λαλέω
λέγων pres. act. ptc. nom. sing. masc. . . . . λέγω
δείξω 1 p. s. fut. act. ind. or 1 aor. act. subj.δείκνυμι
καθημένης pres. mid. ptc. gen. sing. fem. . . . . .κάθημαι
2 ἐπόρνευσαν 3 p. pl. 1 aor. act. ind. . . . . . . πορνεύω
ἐμεθύσθησαν 3 p. pl. 1 aor. pass. ind. . . . . . . μεθύω
κατοικοῦντες pres. act. ptc. nom. pl. masc. . . κατοικέω
3 ἀπήνεγκεν 3 p. sing. 1 aor. act. ind. . . . . . .ἀποφέρω
εἶδον 1 p. sing. 2 aor. act. ind. . . . . ὁράω
καθημένην pres. mid. ptc. acc. sing. fem. . . . .κάθημαι
γέμοντα pres. act. ptc. nom. pl. neut. . . . . . . γέμω
ἔχοντα pres. act. ptc. acc. s. masc. or nom. pl. ne. . ἔχω
4 ἦν 3 p. sing. imperf. act. ind. . . . . .εἰμί
περιβεβλημένη perf. pass. ptc. nom. sing. fem. περιβάλλω
κεχρυσωμένη perf. pass. ptc. nom. sing. fem. . . .χρυσόω
ἔχουσα pres. act. ptc. nom. sing. fem. . . . . .ἔχω
5 γεγραμμένον perf. pass. ptc. nom. or acc. s. ne. . γράφω
6 μεθύουσαν pres. act. ptc. acc. sing. fem. . . . . .μεθύω
ἐθαύμασα 1 p. sing. 1 aor. act. ind. . . . . . . θαυμάζω
ἰδών 2 aor. act. ptc. nom. sing. masc. . . . . ὁράω
7 εἶπεν 3 p. sing. 2 aor. act. ind. . . . . .λέγω
ἐθαύμασας 2 p. sing. 1 aor. act. ind. . . . . . .θαυμάζω
ἐρῶ 1 p. sing. fut. act. ind. . . . . .λέγω
βαστάζοντος pres. act. ptc. gen. sing. neut. . . βαστάζω
ἔχοντος pres. act. ptc. gen. sing. masc. . . . . . . .ἔχω
8 εἶδες 2 p. sing. 2 aor. act. ind. . . . . ὁράω
ἔστιν 3 p. sing. pres. act. ind. . . . . .εἰμί
μέλλει 3 p. sing. pres. act. ind. . . . . μέλλω
ἀναβαίνειν pres. act. infin. . . . . ἀναβαίνω
ὑπάγει 3 p. sing. pres. act. ind. . . . . ὑπάγω
θαυμασθήσονται 3 p. pl. fut. pass. ind. . . . . θαυμάζω
κατοικοῦντες pres. act. ptc. nom. pl. masc. . . . κατοικέω
γέγραπται 3 p. sing. perf. pass. ind. . . . . .γράφω
βλεπόντων pres. act. ptc. gen. pl. masc. . . . . . . βλέπω
παρέσται 3 p. sing. fut. mid. ind. . . . . .πάρειμι
9 ἔχων pres. act. ptc. nom. sing. masc. . . . . .ἔχω
κάθηται 3 p. sing. pres. mid. ind. . . . . κάθημαι
εἰσίν 3 p. pl. pres. act. ind. . . . . .εἰμί
10 ἔπεσαν 3 p. pl. 1 aor. act. ind. . . . . .πίπτω
ἦλθεν 3 p. sing. 2 aor. act. ind. . . . . ἔρχομαι
ἔλθῃ 3 p. sing. 2 aor. act. subj. . . . . id.
δεῖ 3 p. sing. pres. act. impers. . . . . δεῖ
μεῖναι 1 aor. act. infin. . . . . .μένω
12 ἔλαβον 3 p. pl. 2 aor. act. ind. . . . . λαμβάνω
λαμβάνουσιν 3 p. pl. pres. act. ind. . . . . .id.
13 ἔχουσιν 3 p. pl. pres. act. ind. . . . . .ἔχω
διδόασιν 3 p. pl. pres. act. ind. . . . . δίδωμι
14 πολεμήσουσιν 3 p. pl. fut. act. ind. . . . . . . πολεμέω
νικήσει 3 p. sing. fut. act. ind. . . . . νικάω
15 λέγει 3 p. sing. pres. act. ind. . . . . .λέγω
16 μισήσουσιν 3 p. pl. fut. act. ind. . . . . .μισέω
ἠρημωμένην perf. pass. ptc. acc. sing. fem. . . . ἐρημόω
ποιήσουσιν 3 p. pl. fut. act. ind. . . . . .ποιέω
φάγονται 3 p. pl. 2 fut. mid. ind. . . . . .ἐσθίω
κατακαύσουσιν 3 p. pl. fut. act. ind. . . . . . . κατακαίω

```
17 ἔδωκεν 3 p. sing. 1 aor. act. ind. . . . . . . . . . δίδωμι
   ποιῆσαι 1 aor. act. infin. . . . . . . . . . . . . . ποιέω
   δοῦναι 2 aor. act. infin. . . . . . . . . . . . . . δίδωμι
   τελεσθήσονται 3 p. pl.1fut. pass. ind. . . . . . . τελέω
18 εἶδες 2 p. sing. 2 aor. act. ind. . . . . . . . . . . ὁράω
   ἔχουσα pres. act. ptc. nom. sing. fem. . . . . . . . . ἔχω
```

18

```
1 εἶδον 1 p. sing. 2 aor. act. ind. . . . . . . . . . . ὁράω
  καταβαίνοντα pres. act. ptc. acc. sing. masc. καταβαίνω
  ἔχοντα pres. act. ptc. ac. s. m. or nom. pl. ne. . . . ἔχω
  ἐφωτίσθη 3 p. sing. 1 aor. pass. ind. . . . . . . φωτίζω
2 ἔκραξεν 3 p. sing. 1 aor. act. ind. . . . . . . . . κράζω
  λέγων pres. act. ptc. nom. sing. masc. . . . . . . . λέγω
  ἔπεσεν 3 p. sing. 2 aor. act. ind. . . . . . . . . . πίπτω
  ἐγένετο 3 p. sing. 2 aor. mid. ind. . . . . . . . . γίνομαι
  μεμισημένου perf. pass. ptc. gen. sing. neut. . . . μισέω
3 πέπωκαν 3 p. pl. perf. act. ind. . . . . . . . . . . πίνω
  ἐπόρνευσαν 3 p. pl. 1 aor. act. ind. . . . . . . . πορνεύω
  ἐπλούτησαν 3 p. pl. 1 aor. act. ind. . . . . . . . πλουτέω
4 ἤκουσα 1 p. sing. 1 aor. act. ind. . . . . . . . . . ἀκούω
  λέγουσαν pres. act. ptc. acc. sing. fem. . . . . . . λέγω
  ἐξέλθατε 2 p. pl. 1 aor. act. imper. . . . . . ἐξέρχομαι
  συγκοινωνήσητε 2 p. pl. 1 aor. act. subj. . συγκοινωνέω
  λάβητε 2 p. pl. 2 aor. act. subj. . . . . . . . . λαμβάνω
5 ἐκολλήθησαν 3 p. pl. 1 aor. pass. ind. . . . . . . κολλάω
  ἐμνημόνευσεν 3 p. sing. 1 aor. act. ind. . . . μνημονεύω
6 ἀπόδοτε 2 p. pl. 2 aor. act. imper. . . . . . . ἀποδίδωμι
  ἀπέδωκεν 3 p. sing. 1 aor. act. ind. . . . . . . . . . id.
  διπλώσατε 2 p. pl. 1 aor. act. imper. . . . . . . . διπλόω
  ἐκέρασεν 3 p. sing. 1 aor. act. ind. . . . . . . κεράννυμι
  κεράσατε 2 p. pl. 1 aor. act. imper. . . . . . . . . . id.
7 ἐδόξασεν 3 p. sing. 1 aor. act. ind. . . . . . . . . δοξάζω
  ἐστρηνίασεν 3 p. sing. 1 aor. act. ind. . . . . . στρηνιάω
  δότε 2 p. pl. 2 aor. act. imper. . . . . . . . . . δίδωμι
  λέγει 3 p. sing. pres. act. ind. . . . . . . . . . . λέγω
  κάθημαι 1 p. sing. pres. mid. ind. . . . . . . . . κάθημαι
  ἴδω 1 p. sing. 2 aor. act. subj. . . . . . . . . . . ὁράω
8 ἥξουσιν 3 p. pl. fut. act. ind. . . . . . . . . . . . ἥκω
  κατακαυθήσεται 3 p. sing. fut. pass. ind. . . . κατακαίω
  κρίνας 1 aor. act. ptc. nom. sing. masc. . . . . . . κρίνω
9 κλαύσουσιν 3 p. pl. fut. act. ind. . . . . . . . . . κλαίω
  κόψονται 3 p. pl. fut. mid. ind. . . . . . . . . . κόπτω
  πορνεύσαντες 1 aor. act. ptc. nom. pl. masc. . . πορεύω
  στρηνιάσαντες 1 aor. act. ptc. nom. pl. masc. . στρηνιάω
  βλέπωσιν 3 p. pl. pres. act. subj. . . . . . . . . βλέπω
10 ἑστηκότες perf. act. ptc. nom. pl. masc. . . . . . ἴστημι
   λέγοντες pres. act. ptc. nom. pl. masc. . . . . . . λέγω
   ἦλθεν 3 p. sing. 2 aor. act. ind. . . . . . . . . ἔρχομαι
11 κλαίουσιν 3 p. pl. pres. act. ind. . . . . . . . . . κλαίω
   πενθοῦσιν 3 p. pl. pres. act. ind. . . . . . . . . πενθέω
   ἀγοράζει 3 p. sing. pres. act. ind. . . . . . . . ἀγοράζω
14 ἀπῆλθεν 3 p. sing. 2 aor. act. ind. . . . . . . ἀπέρχομαι
   ἀπώλετο 3 p. sing. 2 aor. mid. ind. . . . . . . . ἀπόλλυμι
   εὑρήσουσιν 3 p. pl. fut. act. ind. . . . . . . . . εὑρίσκω
```

15 πλουτήσαντες 1 aor. act. ptc. nom. pl. masc. . . . πλουτέω
   στήσονται 3 p. pl. fut. mid. ind. . . . . ἵστημι
   κλαίοντες pres. act. ptc. nom. pl. masc. . . . . . κλαίω
   πενθοῦντες pres. act. ptc. nom. pl. masc. . . . . πενθέω
16 λέγοντες pres. act. ptc. nom. pl. masc. . . . . . . λέγω
   περιβεβλημένην perf. pass. ptc. nom. s. fem. περιβάλλω
   κεχρυσωμένη perf. pass. ptc. nom. sing. fem. . . . χρυσόω
17 ἠρημώθη 3 p. sing. 1 aor. pass. ind. . . . . ἐρημόω
   ἐργάζονται 3 p. pl. pres. mid. ind. . . . . . ἐργάζομαι
   ἔστησαν 3 p. pl. 1 aor. or 2 aor. act. ind. . . . . ἵστημι
18 ἔκραζον 3 p. pl. imperf. act. ind. . . . . κράζω
   βλέποντες pres. act. ptc. nom. pl. masc. . . . . . βλέπω
   λέγοντες pres. act. ptc. nom. pl. masc. . . . . . . λέγω
19 ἔβαλον 3 p. pl. 2 aor. act. ind. . . . . βάλλω
   πενθοῦντες pres. act. ptc. nom. pl. masc. . . . . πενθέω
   ἐπλούτησαν 3 p. pl. 1 aor. act. ind. . . . . . . πλουτέω
   ἔχοντες pres. act. ptc. nom. pl. masc. . . . . ἔχω
   ἠρημώθη 3 p. sing. 1 aor. pass. ind. . . . . ἐρημόω
20 εὐφραίνου 2 p. sing. pres. pass. imper. . . . . εὐφραίνω
   ἔκρινεν 3 p. sing. 1 aor. act. ind. . . . . κρίνω
21 ἦρεν 3 p. sing. 1 aor. act. ind. . . . . αἴρω
   ἔβαλεν 3 p. sing. 2 aor. act. ind. . . . . βάλλω
   λέγων pres. act. ptc. nom. sing. masc. . . . . λέγω
   βληθήσεται 3 p. sing. fut. pass. ind. . . . . βάλλω
   εὑρεθῇ 3 p. sing. 1 aor. pass. subj. . . . . εὑρίσκω
22 ἀκουσθῇ 3 p. sing. 1 aor. pass. subj. . . . . ἀκούω
23 φάνη 3 p. sing. 2 aor. pass. subj. . . . . φαίνω
   ἦσαν 3 p. pl. imperf. act. ind. . . . . εἰμί
   ἐπλανήθησαν 3 p. pl. 1 aor. pass. ind. . . . . . . πλανάω
24 εὑρέθη 3 p. sing. 1 aor. pass. ind. . . . . εὑρίσκω
   ἐσφαγμένων perf. pass. ptc. gen. pl. masc. or ne. . σφάζω

                            19
1 ἤκουσα 1 p. sing. 1 aor. act. ind. . . . . ἀκούω
  λεγόντων pres. act. ptc. gen. pl. masc. . . . . . . λέγω
2 ἔκρινεν 3 p. sing. 1 aor. act. ind. . . . . κρίνω
  ἔφθειρεν 3 p. sing. imperf. act. ind. . . . . φθείρω
  ἐξεδίκησεν 3 p. sing. 1 aor. act. ind. . . . . . . ἐκδικέω
3 εἴρηκαν 3 p. pl. perf. act. ind. . . . . εἶπον
  ἀναβαίνει 3 p. sing. pres. act. ind. . . . . ἀναβαίνω
4 ἔπεσαν 3 p. pl. 1 aor. act. ind. . . . . πίπτω
  προσεκύνησαν 3 p. pl. 1 aor. act. ind. . . . . . προσκυνέω
  καθημένῳ pres. mid. ptc. dat. sing. masc. . . . . . κάθημαι
  λέγοντες pres. act. ptc. nom. pl. masc. . . . . λέγω
5 ἐξῆλθεν 3 p. sing. 2 aor. act. ind. . . . . ἐξέρχομαι
  λέγουσα pres. act. ptc. nom. sing. fem. . . . . λέγω
  αἰνεῖτε 2 p. pl. pres. act. imper. . . . . αἰνέω
  φοβούμενοι pres. pass. ptc. nom. pl. masc. . . . . . φοβέω
6 ἐβασίλευσεν 3 p. sing. 1 aor. act. ind. . . . . . βασιλεύω
7 χαίρωμεν 1 p. pl. pres. act. subj. . . . . χαίρω
  ἀγαλλιῶμεν 1 p. pl. pres. act. subj. . . . . . . ἀγαλλιάω
  ἦλθεν 3 p. sing. 2 aor. act. ind. . . . . ἔρχομαι
  ἡτοίμασεν 3 p. sing. 1 aor. act. ind. . . . . . . ἑτοιμάζω
  δώσομεν 1 p. pl. fut. act. ind. . . . . δίδωμι
8 ἐδόθη 3 p. sing. 1 aor. pass. ind. . . . . id.

περιβάληται 3 p. sing. 2 aor. mid. subj. . . . περιβάλλω
ἐστιν 3 p. sing. pres. act. ind. . . . . εἰμί
9 λέγει 3 p. sing. pres. act. ind. . . . . λέγω
γράφον 2 p. sing. 1 aor. act. imper. . . . . γράφω
κεκλημένοι perf. pass. ptc. nom. pl. masc. . . . . καλέω
εἰσιν 3 p. pl. pres. act. ind. . . . . εἰμί
10 ἔπεσα 1 p. sing. 1 aor. act. ind. . . . . πίπτω
προσκυνῆσαι 1 aor. act. infin. . . . . προσκυνέω
ὅρα 2 p. sing. pres. act. imper. . . . . ὁράω
ἐχόντων pres. act. ptc. gen. pl. masc. . . . . ἔχω
προσκύνησον 2 p. sing. 1 aor. act. imper. . . προσκυνέω
11 εἶδον 1 p. sing. 2 aor. act. ind. . . . . ὁράω
ἠνεωγμένον perf. pass. ptc. acc. sing. neut. . . .ἀνοίγω
καθήμενος pres. mid. ptc. nom. sing. masc. . . . κάθημαι
καλούμενος pres. pass. ptc. nom. sing. masc. . . . καλέω
κρίνει 3 p. sing. pres. act. ind. . . . . κρίνω
πολεμεῖ 3 p. sing. pres. act. ind. . . . . .πολεμέω
ἰδού 2 p. sing. 2 aor. mid. imper. . . . . .εἶδον
12 ἔχων pres. act. ptc. nom. sing. masc. . . . . ἔχω
γεγραμμένον perf. pass. ptc. acc. sing. neut. . . . .γράφω
οἶδεν 3 p. sing. 2 perf. act. ind. . . . . οἶδα
13 περιβεβλημένος perf. pass. ptc. nom. s. masc. .περιβάλλω
βεβαμμένον perf. pass. ptc. acc. sing. neut. . . . βάπτω
κέκληται 3 p. sing. perf. pass. ind. . . . . καλέω
14 ἠκολούθει 3 p. sing. imperf. act. ind. . . . . ἀκολουθέω
ἐνδεδυμένοι perf. pass. ptc. nom. pl. masc. . . . . .ἐνδύω
15 ἐκπορεύεται 3 p. sing. pres. mid. ind. . . .ἐκπορεύομαι
πατάξῃ 3 p. sing. 1 aor. act. subj. . . . . πατάσσω
ποιμανεῖ 3 p. sing. fut. act. ind. . . . . ποιμαίνω
πατεῖ 3 p. sing. pres. act. ind. . . . . πατέω
16 ἔχει 3 p. sing. pres. act. ind. . . . . ἔχω
17 ἑστῶτα perf. act. ptc. acc. s. masc. or pl. ne. . .ἵστημι
ἔκραξεν 3 p. sing. 1 aor. act. ind. . . . . κράζω
λέγων pres. act. ptc. nom. sing. masc. . . . . λέγω
συνάχθητε 2 p. pl. 1 aor. pass. imper. . . . . . .συνάγω
πετωμένοις pres. mid. ptc. dat. pl. neut. . . . πετάομαι
18 φάγητε 2 p. pl. 2 aor. act. subj. . . . . .ἐσθίω
καθημένων pres. mid. ptc. gen. pl. masc. . . . . κάθημαι
19 συνηγμένα perf. pass. ptc. acc. pl. neut. . . . . .συνάγω
ποιῆσαι 1 aor. act. infin. . . . . .ποιέω
καθημένου perf. mid. ptc. gen. sing. masc. . . . κάθημαι
20 ἐπιάσθη 3 p. sing. 1 aor. pass. ind. . . . . .πιάζω
ποιήσας 1 aor. act. ptc. nom. sing. masc. . . . . . ποιέω
ἐπλάνησεν 3 p. sing. 1 aor. act. ind. . . . . . . .πλανάω
λαβόντας 2 aor. act. ptc. acc. pl. masc. . . . . .λαμβάνω
προσκυνοῦντας pres. act. ptc. acc. pl. masc. . προσκυνέω
ζῶντες pres. act. ptc. nom. pl. masc. . . . . .ζάω
ἐβλήθησαν 3 p. pl. 1 aor. pass. ind. . . . . βάλλω
καιομένης pres. pass. ptc. gen. sing. fem. . . . . .καίω
21 ἀπεκτάνθησαν 3 p. pl. 1 aor. pass. ind. . . . ἀποκτείνω
ἐξελθούσῃ 2 aor. act. ptc. dat. sing. fem. . . .ἐξέρχομαι
ἐχορτάσθησαν 3 p. pl. 1 aor. pass. ind. . . . . . .χορτάζω

20
1 εἶδον 1 p. sing. 2 aor. act. ind. . . . . ὁράω

καταβαίνοντα pres. act. ptc. acc. sing. masc. καταβαίνω
ἔχοντα pres. act. ptc. acc. sing. masc. . . . . ἔχω
2 ἐκράτησεν 3 p. sing. 1 aor. act. ind. . . . . . . κρατέω
ἐστιν 3 p. sing. pres. act. ind. . . . . εἰμί
ἔδησεν 3 p. sing. 1 aor. act. ind. . . . . δέω
3 ἔβαλεν 3 p. sing. 2 aor. act. ind. . . . . βάλλω
ἔκλεισεν 3 p. sing. 1 aor. act. ind. . . . . κλείω
ἐσφράγισεν 3 p. sing. 1 aor. act. ind. . . . . .σφραγίζω
πλανήσῃ 3 p. sing. 1 aor. act. subj. . . . . πλανάω
τελεσθῇ 3 p. sing. 1 aor. pass. subj. . . . . τελέω
δεῖ 3 p. sing. pres. act. impers. . . . . δεῖ
λυθῆναι 1 aor. pass. infin. . . . . λύω
4 εἶδον 1 p. sing. 2 aor. act. ind. . . . . ὁράω
ἐκάθισαν 3 p. pl. 1 aor. act. ind. . . . . καθίζω
ἐδόθη 3 p. sing. 1 aor. pass. ind. . . . . δίδωμι
πεπελεκισμένων perf. pass. ptc. g. pl. m. or n. πελεκίζω
προσεκύνησαν 3 p. pl. 1 aor. act. ind. . . . . . προσκυνέω
ἔλαβον 3 p. pl. 2 aor. act. ind. . . . . .λαμβάνω
ἔζησαν 3 p. pl. 1 aor. act. ind. . . . . ζάω
ἐβασίλευσαν 3 p. pl. 1 aor. act. ind. . . . . . βασιλεύω
5 τελεσθῇ 3 p. sing. 1 aor. pass. subj. . . . . τελέω
6 ἔχων pres. act. ptc. nom. sing. masc. . . . . ἔχω
ἔχει 3 p. sing. pres. act. ind. . . . . id.
ἔσονται 3 p. pl. fut. mid. ind. . . . . εἰμί
βασιλεύσουσιν 3 p. pl. fut. act. ind. . . . . . βασιλεύω
7 λυθήσεται 3 p. sing. fut. pass. ind. . . . . λύω
8 ἐξελεύσεται 3 p. sing. fut. mid. ind. . . . . ἐξέρχομαι
πλανῆσαι 1 aor. act. infin. . . . . πλανάω
συναγαγεῖν 2 aor. act. infin. . . . . συνάγω
9 ἀνέβησαν 3 p. pl. 2 aor. act. ind. . . . . . . .ἀναβαίνω
ἐκύκλευσαν 3 p. pl. 1 aor. act. ind. . . . . . . κυκλεύω
ἠγαπημένην perf. pass. ptc. acc. sing. fem. . . . ἀγαπάω
κατέβη 3 p. sing. 2 aor. act. ind. . . . . . . καταβαίνω
κατέφαγεν 3 p. sing. 2 aor. act. ind. . . . . . κατεσθίω
10 πλανῶν pres. act. ptc. nom. sing. masc. . . . . . .πλανάω
ἐβλήθη 3 p. sing. 1 aor. pass. ind. . . . . βάλλω
βασανισθήσονται 3 p. pl. fut. pass. ind. . . . βασανίζω
11 καθήμενον pres. mid. ptc. acc. sing. masc. . . . κάθημαι
ἔφυγεν 3 p. sing. 2 aor. act. ind. . . . . .φεύγω
εὑρέθη 3 p. sing. 1 aor. pass. ind. . . . . εὑρίσκω
12 ἑστῶτας perf. act. ptc. acc. pl. masc. . . . . . .ἵστημι
ἠνοίχθησαν 3 p. pl. 1 aor. pass. ind. . . . . . . ἀνοίγω
ἠνοίχθη 3 p. sing. 1 aor. pass. ind. . . . . id.
ἐστιν 3 p. sing. pres. act. ind. . . . . εἰμί
ἐκρίθησαν 3 p. pl. 1 aor. pass. ind. . . . . κρίνω
γεγραμμένων perf. pass. ptc. gen. pl. neut. . . . .γράφω
13 ἔδωκεν 3 p. sing. 1 aor. act. ind. . . . . δίδωμι
ἔδωκαν 3 p. pl. 1 aor. act. ind. . . . . id.
15 γεγραμμένος perf. pass. ptc. nom. sing. masc. . . .γράφω

21

1 εἶδον 1 p. sing. 2 aor. act. ind. . . . . ὁράω
ἀπῆλθαν 3 p. pl. 1 aor. act. ind. . . . . .ἀπέρχομαι
ἔστιν 3 p. sing. pres. act. ind. . . . . εἰμί
2 καταβαίνουσαν pres. act. ptc. acc. sing. fem. καταβαίνω

ἡτοιμασμένην perf. pass. ptc. acc. sing. fem. . ἑτοιμάζω
κεκοσμημένην perf. pass. ptc. acc. sing. fem. . . . κοσμέω
3 ἤκουσα 1 p. sing. 1 aor. act. ind. . . . . ἀκούω
λεγούσης pres. act. ptc. gen. sing. fem. . . . . . . λέγω
σκηνώσει 3 p. sing. fut. act. ind. . . . . σκηνόω
ἔσονται 3 p. pl. fut. mid. ind. . . . . εἰμί
ἔσται 3 p. sing. fut. mid. ind. . . . . id.
ἰδού 2 p. sing. 2 aor. mid. imper. . . . . εἶδον
4 ἐξαλείψει 3 p. sing. fut. act. ind. . . . . . . ἐξαλείφω
ἀπῆλθαν 3 p. pl. 1 aor. act. ind. . . . . . . ἀπέρχομαι
5 εἶπεν 3 p. sing. 2 aor. act. ind. . . . . λέγω
καθήμενος pres. mid. ptc. nom. sing. masc. . . . κάθημαι
ποιῶ 1 p. sing. pres. act. ind. . . . . ποιέω
λέγει 3 p. sing. pres. act. ind. . . . . λέγω
γράφον 2 p. sing. 1 aor. act. imper. . . . . γράφω
εἰσιν 3 p. pl. pres. act. ind. . . . . εἰμί
6 γέγοναν 3 p. pl. 2 perf. act. ind. contr. . . . . γίνομαι
διψῶντι pres. act. ptc. dat. sing. masc. . . . . . διψάω
δώσω 1 p. sing. fut. act. ind. . . . . δίδωμι
7 νικῶν pres. act. ptc. nom. sing. masc. . . . . . . νικάω
κληρονομήσει 3 p. sing. fut. act. ind. . . . κληρονομέω
ἔσομαι 1 p. sing. fut. mid. ind. . . . . εἰμί
ἔσται 3 p. sing. fut. mid. ind. . . . . id.
ἐβδελυγμένοις perf. pass. ptc. dat. pl. m. . βδελύσσομαι
καιομένη pres. pass. ptc. dat. sing. fem. . . . . . καίω
9 ἦλθεν 3 p. sing. 2 aor. act. ind. . . . . ἔρχομαι
ἐχόντων pres. act. ptc. gen. pl. masc. . . . . ἔχω
γεμόντων pres. act. ptc. gen. pl. masc. . . . . . . γέμω
ἐλάλησεν 3 p. sing. 1 aor. act. ind. . . . . λαλέω
λέγων pres. act. ptc. nom. sing. masc. . . . . λέγω
δείξω 1 p. sing. fut. act. ind. . . . . δείκνυμι
10 ἀπήνεγκεν 3 p. sing. 1 aor. act. ind. . . . . . . ἀποφέρω
ἔδειξεν 3 p. sing. 1 aor. act. ind. . . . . δείκνυμι
καταβαίνουσαν pres. act. ptc. acc. sing. fem. καταβαίνω
11 ἔχουσαν pres. act. ptc. acc. sing. fem. . . . . ἔχω
κρυσταλλίζοντι pres. act. ptc. dat. sing. m. κρυσταλλίζω
12 ἔχουσα pres. act. ptc. nom. sing. fem. . . . . ἔχω
ἐπιγεγραμμένα perf. pass. ptc. acc. pl. neut. . ἐπιγράφω
14 ἔχων pres. act. ptc. nom. sing. masc. . . . . ἔχω
15 λαλῶν pres. act. ptc. nom. sing. masc. . . . . λαλέω
εἶχεν 3 p. sing. imperf. act. ind. . . . . ἔχω
μετρήσῃ 3 p. sing. 1 aor. act. subj. . . . . μετρέω
16 κεῖται 3 p. sing. pres. mid. ind. . . . . κεῖμαι
ἐμέτρησεν 3 p. sing. 1 aor. act. ind. . . . . . . μετρέω
ἐστιν 3 p. sing. pres. act. ind. . . . . εἰμί
19 κεκοσμημένοι perf. pass. ptc. nom. pl. masc. . . . κοσμέω
21 ἦν 3 p. sing. imperf. act. ind. . . . . εἰμί
22 εἶδον 1 p. sing. 2 aor. act. ind. . . . . ὁράω
23 ἔχει 3 p. sing. pres. act. ind. . . . . ἔχω
φαίνωσιν 3 p. pl. pres. act. subj. . . . . φαίνω
ἐφώτισεν 3 p. sing. 1 aor. act. ind. . . . . φωτίζω
24 περιπατήσουσιν 3 p. pl. fut. act. ind. . . . . περιπατέω
φέρουσιν 3 p. pl. pres. act. ind. . . . . φέρω
25 κλεισθῶσιν 3 p. pl. 1 aor. pass. subj. . . . . . . κλείω
ἔσται 3 p. sing. fut. mid. ind. . . . . εἰμί

26 οἴσουσιν 3 p. pl. fut. act. ind. . . . . φέρω
27 εἰσέλθῃ 3 p. sing. 2 aor. act. subj. . . . . . εἰσέρχομαι
　　ποιῶν pres. act. ptc. nom. sing. masc. . . . . ποιέω
　　γεγραμμένοι perf. pass. ptc. nom. pl. masc. . . . . γράφω

22

1 ἔδειξεν 3 p. sing. 1 aor. act. ind. . . . . δείκνυμι
　　ἐκπορευόμενον pr. m. pt. n. s. ne. or a. s. m. ἐκπορεύομαι
2 ποιοῦν pres. act. ptc. nom. sing. neut. . . . . . . ποιέω
　　ἀποδιδοῦν pres. act. ptc. nom. sing. neut. . . ἀποδίδωμι
3 ἔσται 3 p. sing. fut. mid. ind. . . . . εἰμί
　　λατρεύσουσιν 3 p. pl. fut. act. ind. . . . . . . λατρεύω
4 ὄψονται 3 p. pl. fut. mid. ind. . . . . ὁράω
5 ἔχουσιν 3 p. pl. pres. act. ind. . . . . ἔχω
　　φωτίσει 3 p. sing. fut. act. ind. . . . . φωτίζω
　　βασιλεύσουσιν 3 p. pl. fut. act. ind. . . . . . βασιλεύω
6 εἶπεν 3 p. sing. 2 aor. act. ind. . . . . λέγω
　　ἀπέστειλεν 3 p. sing. 1 aor. act. ind. . . . . ἀποστέλλω
　　δεῖξαι 1 aor. act. infin. . . . . δείκνυμι
　　δεῖ 3 p. sing. pres. act. impers. . . . . δεῖ
　　γενέσθαι 2 aor. mid. infin. . . . . γίνομαι
7 ἔρχομαι 1 p. sing. pres. mid. ind. . . . . ἔρχομαι
　　τηρῶν pres. act. ptc. nom. sing. masc. . . . . τηρέω
8 ἀκούων pres. act. ptc. nom. sing. masc. . . . . . . ἀκούω
　　βλέπων pres. act. ptc. nom. sing. masc. . . . . . . βλέπω
　　ἤκουσα 1 p. sing. 1 aor. act. ind. . . . . ἀκούω
　　ἔβλεψα 1 p. sing. 1 aor. act. ind. . . . . βλέπω
　　ἔπεσα 1 p. sing. 1 aor. act. ind. . . . . πίπτω
　　προσκυνῆσαι 1 aor. act. infin. . . . . προσκυνέω
　　δεικνύοντος pres. act. ptc. gen. sing. masc. . . δείκνυμι
9 ὅρα 2 p. sing. pres. act. imper. . . . . ὁράω
　　λέγει 3 p. sing. pres. act. ind. . . . . λέγω
　　τηρούντων pres. act. ptc. gen. pl. masc. . . . . . . τηρέω
　　προσκύνησον 2 p. sing. 1 aor. act. imper. . . . προσκυνέω
10 σφραγίσῃς 2 p. sing. 1 aor. act. subj. . . . . σφραγίζω
11 ἀδικῶν pres. act. ptc. nom. sing. masc. . . . . . . ἀδικέω
　　ἀδικησάτω 3 p. sing. 1 aor. act. imper. . . . . id.
　　ῥυπανθήτω 3 p. sing. 1 aor. pass. imper. . . . . . ῥυπαίνω
　　ποιησάτω 3 p. sing. 1 aor. act. imper. . . . . . . ποιέω
　　ἁγιασθήτω 3 p. sing. 1 aor. pass. imper. . . . . . ἁγιάζω
12 ἔρχομαι 1 p. sing. pres. mid. ind. . . . . ἔρχομαι
　　ἀποδοῦναι 2 aor. act. infin. . . . . ἀποδίδωμι
　　ἐστιν 3 p. sing. pres. act. ind. . . . . εἰμί
14 πλύνοντες pres. act. ptc. nom. pl. masc. . . . . . . πλύνω
　　εἰσέλθωσιν 3 p. pl. 1 aor. act. subj. . . . . . εἰσέρχομαι
15 φιλῶν pres. act. ptc. nom. sing. masc. . . . . φιλέω
　　ποιῶν pres. act. ptc. nom. sing. masc. . . . . ποιέω
16 ἔπεμφα 1 p. sing. 1 aor. act. ind. . . . . πέμπω
　　μαρτυρῆσαι 1 aor. act. infin. . . . . μαρτυρέω
17 λέγουσιν 3 p. pl. pres. act. ind. . . . . λέγω
　　ἔρχου 2 p. sing. pres. mid. imper. . . . . ἔρχομαι
　　ἀκούων pres. act. ptc. nom. sing. masc. . . . . . . ἀκούω
　　εἰπάτω 3 p. sing. 2 aor. act. imper. . . . . λέγω
　　διψῶν pres. act. ptc. nom. sing. masc. . . . . διψάω
　　ἐρχέσθω 3 p. sing. pres. mid. imper. . . . . . . ἔρχομαι

θέλων pres. act. ptc. nom. sing. masc. . . . . θέλω
λαβέτω 3 p. sing. 2 aor. act. imper. . . . . . . λαμβάνω
18 μαρτυρῶ 1 p. sing. pres. act. ind. or subj. . . μαρτυρέω
ἀκούοντι pres. act. ptc. dat. sing. masc. . . . . . ἀκούω
ἐπιθῇ 3 p. sing. 2 aor. act. subj. . . . . .ἐπιτίθημι
ἐπιθήσει 3 p. sing. fut. act. ind. . . . . id.
19 γεγραμμένας perf. pass. ptc. acc. pl. fem. . . . . . γράφω
ἀφέλῃ 3 p. sing. 2 aor. act. subj. . . . . .ἀφαιρέω
ἀφελεῖ 3 p. sing. 2 fut. act. ind. . . . . id.
γεγραμμένων perf. pass. ptc. gen. pl. masc. . . . . . γράφω
λέγει 3 p. sing. pres. act. ind. . . . . λέγω
20 μαρτυρῶν pres. act. ptc. nom. sing. masc. . . . . μαρτυρέω
ἔρχομαι 1 p. sing. pres. mid. ind. . . . . .ἔρχομαι
ἔρχου 2 p. sing. pres. mid. imper. . . . . id.

SUMMARY OF MORPHOLOGY

NOUNS

First Declension Ending

There are six types in the First Declension, the first three
are all feminine and the last three are all masculine. Plurals
are all same except proper name.

Feminine Nouns

1 Stems ending in vowel or ρ
(except ο,ω,ευ)

	S	P
N	-α	-αι
G	-ας	-ων
D	-ᾳ	-αις
A	-αν	-ας
V	-α	-αι

Examples: καρδία βασιλεία
ἡμέρα χρεία

2 Stems ending in consonant
(σ,ζ or ξ)

	S	P
N	-α	-αι
G	-ης	-ων
D	-ῃ	-αις
A	-αν	-ας
V	-α	-αι

Examples: θάλασσα δόξα
τράπεζα γλῶσσα

3 Stems ending in consonant other
than σ,ζ,ξ or ρ. And stems
ending in vowel ο, ω, ευ

	S	P
N	-η	-αι
G	-ης	-ων
D	-ῃ	-αις
A	-ην	-ας
V	-η	-αι

Examples: γραφή ψυχή ἀκοή
παραβολή ζωή
παρασκευή

Masculine Nouns

1 Stems ending in consonant

	S	P
N	-ης	-αι
G	-ου	-ων
D	-ῃ	-αις
A	-ην	-ας
V	-α	-αι

Examples: προφήτης μαθητής
ἐργάτης στρατιώτης

2 Stems ending in vowel

	S	P
N	-ας	-αι
G	-ου	-ων
D	-α	-αις
A	-αν	-ας
V	-α	-αι

Examples: νεανίας Σιμαίας
Ἠλίας Ἀνδρέας

3 Stems ending in consonant

	S	P
N	-ας	-αι
G	-α	-ων
D	-α	-αις
A	-αν	-ας
V	-α	-αι

Examples: βορρᾶς Βαρναβᾶς
σατανᾶς Ἰούδας

Nearly all proper names end in -ας

Second Declension Ending

Masculine Nouns

	S	P
N	-ος	-οι
G	-ου	-ων
D	-ῳ	-οις
A	-ον	-ους
V	-ε	-οι

Examples: λόγος ἀπόστολος
κόσμος νόμος

(Except feminine
nouns εἴσοδος
ἔρημος ἄμμος)

Neuter Nouns

	S	P
N	-ον	-α
G	-ου	-ων
D	-ῳ	-οις
A	-ον	-α
V	-ον	-α

Examples: ἱερόν εὐαγγέλιον
τέκνον δῶρον

All nouns belong to third declension if ending is not the first or second declension.

Consonant Stems

1 Masculine and Feminine

	S	P	Examples:
N	various	-ες	N ἄρχων ἐλπίς σάρξ σωτήρ
G	-ος	-ων	G ἄρχοντος ἐλπιδός σαρκός σωτηρός
D	-ι	-σι(ν)	
A	-α	-ας	
V	various	-ες	

All neuter nouns have consonant stems

2 Neuter

	S	P	Examples:
N	-μα	-ματα	N γράμμα σῶμα πνεῦμα
G	-ματος	-ματων	G γράμματος σώματος πνεύματος
D	-ματι	-μασι	
A	-μα	-ματα	
V	-μα	-ματα	

3 Neuter

	S	P	Examples:
N	various	-α	N γυνή γόνυ ὕδωρ
G	-ος	-ων	G γυναικός γόνατος ὕδατος
D	-ι	-σι(ν)	
A	various	-α	
V	various	-α	

4 Neuter

	S	P	Examples:
N	-ος	-η	N ὄρος γένος σκότος
G	-ους	-ων	G ὄρους γένους σκότους
D	-ει	-εσι(ν)	
A	-ος	-η	
V	-ος	-η	

Vowel Stems

	ι stems		ευ stems		υ stems	
	S	P	S	P	S	P
N	-ις	-εις	-ευς	-εις	-υς	-υες
G	-εως	-εων	-εως	-εων	-υος	-υων
D	-ει	-εσι(ν)	-ει	-ευσι(ν)	-υϊ	-υσι
A	-ιν	-εις	-εα	-εις	-υν	-υας
V	-ι	-εις	-ευ	-εις	-υ	-υες

Examples: κρίσις   βασιλεύς   ἰχθύς
           πόλις   ἀρχιερεύς   στάχυς

Rules of Formation in Dative Plural
(drop -ντ in all three)

Gutturals	κ,γ,χ+σιν=ξιν	Stems ending in -αντ+σιν=ασιν
Labials	π,β,φ+σιν=ψιν	-εντ+σιν=εισιν
Dentals	δ,θ,τ+σιν=σιν	-οντ+σιν=ουσιν

	Singular				Plural		
	M	F	N		M	F	N
N	ὁ	ἡ	τό	N	οἱ	αἱ	τά
G	τοῦ	τῆς	τοῦ	G	τῶν	τῶν	τῶν
D	τῷ	τῇ	τῷ	D	τοῖς	ταῖς	τοῖς
A	τόν	τήν	τό	A	τούς	τάς	τά

ADJECTIVE

Adjectives of First and Second Declension Ending

1 Stems ending in consonant

	Singular				Plural		
	M	F	N		M	F	N
N	-ος	-η	-ον	N	-οι	-αι	-α
G	-ου	-ης	-ου	G	-ων	-ων	-ων
D	-ῳ	-η	-ῳ	D	-οις	-αις	-οις
A	-ον	-ην	-ον	A	-ους	-ας	-α
V	-ε	-η	-ον	V	-οι	-αι	-α

Examples: ἀγαθός καλός πιστός

2 Stems ending in vowel or ρ

	Singular				Plural		
	M	F	N		M	F	N
N	-ος	-α	-ον	N	-οι	-αι	-α
G	-ου	-ας	-ου	G	-ων	-ων	-ων
D	-ῳ	-α	-ῳ	D	-οις	-αις	-οις
A	-ον	-αν	-ον	A	-ους	-ας	-α
V	-ε	-α	-ον	V	-οι	-αι	-α

Examples: ἅγιος δίκαιος μικρός

Adjectives of Third Declension
There are two types of Third Declension Adjective

	Singular			Plural	
	M & F	N		M & F	N
N	-ων	-ον	N	-ονες	-ονα
G	-ονος	-ονος	G	ονων	-ονων
D	-ονι	ονι	D	-οσι(ν)	-οσι(ν)
A	-ονα	-ον	A	-ονας	-ονα

Examples: πλείων μείζων σώφρων ἐλεήμων

	Singular			Plural	
	M & F	N		M & F	N
N	-ης	-ες	N	-εις	-η
G	-ους	-ους	G	-ων	-ων
D	-ει	-ει	D	-εσι(ν)	-εσι(ν)
A	-η	-ες	A	-εις	-η
V	-ες	-ες	V	-εις	-η

Examples: ἀληθής πλήρης ἀσθενής

Feminine πᾶσα πάσης follows first declension ending of δόξα, masculine πᾶς παντός follows σωτήρ and neuter πᾶν παντός follows αἷμα.

	Singular				Plural		
	M	F	N		M	F	N
N	πᾶς	πᾶσα	πᾶν	N	πάντες	πᾶσαι	πάντα
G	παντός	πάσης	παντός	G	πάντων	πασῶν	πάντων
D	παντί	πάσῃ	παντί	D	πᾶσι	πάσαις	πᾶσι
A	πάντα	πᾶσαν	πᾶν	A	πάντας	πάσας	πάντα

Irregular Adjectives πολύς and μέγας

These two irregular adjectives occur frequently in the NT (Plural are all same)

	Singular				Plural		
	M	F	N		M	F	N
N	πολύς	πολλή	πολύ	N	πολλοί	πολλαί	πολλά
G	πολλοῦ	πολλῆς	πολλοῦ	G	πολλῶν	πολλῶν	πολλων
D	πολλῷ	πολλῇ	πολλω	D	πολλοῖς	πολλαῖς	πολλοῖς
A	πολύν	πολλήν	πολύ'	A	πολλούς	πολλάς	πολλά

	Singular				Plural		
	M	F	N		M	F	N
N	μέγας	μεγάλη	μέγα	N	μεγάλοι	μεγάλαι	μεγάλα
G	μεγάλου	μεγάλης	μεγάλου	G	μεγάλων	μεγάλων	μεγάλων
D	μεγάλῳ	μεγάλῃ	μεγάλῳ	D	μεγάλοις	μεγάλαις	μεγάλοις
A	μέγαν'	μεγάλην	μέγα'	A	μεγάλους	μεγάλας	μεγάλα
V	μεγάλε	μεγάλη	μέγα	V	μεγάλοι	μεγάλαι	μεγάλα

COMPARISON OF ADJECTIVES

Drop the final ς of the nominative singular masculine and add −τερος, −τερα, −τερον, −τατος, −τατη and −τατον. When the last syllable of the adjective is short, the final ο before the addition of the comparison endings is usually lengthened to ω. Except ἀνεκτός ἀνεκτότερον

	Comparative Ending			Superlative Ending		
1	−τερος	−τερα	−τερον	−τατος	−τατη	−τατον
2	−ιων	−ιων	−ιον	−ιστος	−ιστη	−ιστον
3	−εστερος	−εστερα	−εστερον	−εστατος	−εστατη	−εστατον

Regular Comparison

ἀληθής	ἀληθέστερος	ἀληθέστατος
σοφός	σοφώτερος	σοφώτατος
δίκαιος	δικαιότερος	δικαιότατος
ἰσχυρός	ἰσχυρότερος	ἰσχυρότατος

Irregular Comparison

ἀγαθός	κρείσσων	κράτιστος
εὖ	κρείσσων	
καλός	καλλίων	κάλλιστος
ἀγαθός	(ἀμείνων	ἄριστος not found in NT)
μέγας	μείζων	μέγιστος
μικρός	μικρότερος	ἐλάχιστος
	ἐλάσσων	
πολύς	πλείων	πλεῖστος

Many adverbs are formed from adjectives by changing the ν of the genitive plural masculine to ς.

Examples:

Nominative	Genitive plural	Adverbs
ἀληθής	ἀληθῶν	ἀληθῶς
δίκαιος	δικαίων	δικαίως
ἔσχατος	ἐσχάτων	ἐσχάτως
καλός	καλῶν	καλῶς
ὅμοιος	ὁμοιῶν	ὁμοίως
πρῶτος	πρώτων	πρώτως
οὗτος		οὕτως

PRONOUNS

Personal Pronouns

First Person ἐγώ

	Singular	Plural
N	ἐγώ	ἡμεῖς
G	(ἐ)μοῦ	ἡμῶν
D	(ἐ)μοί	ἡμῖν
A	(ἐ)μέ	ἡμᾶς

Second Person σύ

	Singular	Plural
N	σύ	ὑμεῖς
G	σοῦ	ὑμῶν
D	σοί	ὑμῖν
A	σέ	ὑμᾶς

Third Person αὐτός

	Singular				Plural		
	M	F	N		M	F	N
N	-ος	-η	-ο	N	-οι	-αι	-α
G	-ου	-ης	-ου	G	-ων	-ων	-ων
D	-ῳ	-ῃ	-ῳ	D	-οις	-αις	-οις
A	-ον	-ην	-ό	A	-ους	-ας	-α

Demonstrative Pronouns

The ending of demonstrative pronouns is declined like the personal pronoun of the third person.

οὗτος   αὕτη   τοῦτο
ἐκεῖνος ἐκείνη ἐκεῖνο

Reflexive Pronouns

Reflexive pronouns are not used in nominative. All three reflexives (ἐμαυτοῦ, σεαυτοῦ, and ἑαυτοῦ) declined similarly except third person singular neuter and plural.

	Singular				Plural		
	M	F	N		M	F	N
G	-οῦ	-ῆς	-οῦ	G	-ων	-ων	-ων
D	-ῷ	-ῇ	-ῳ	D	-οις	-αις	-οις
A	-όν	-ήν	-ό	A	-ους	-ας	-α

Reciprocal Pronouns

ἀλλήλ-ων

	M	F	N
G	-ων	-ων	-ων
D	-οις	-αις	-οις
A	-ους	-ας	-α

The indefinite pronoun τις declined like the interrogative, but has no accent on the penult.

	Singular			Plural	
	M & F	N		M & F	N
N	τίς	τί	N	τίνες	τίνα
G	τίνος	τίνος	G	τίνων	τίνων
D	τίνι	τίνι	D	τίσι(ν)	τίσι(ν)
A	τίνα	τί	A	τίνας	τίνα

Relative Pronouns

	Singular				Plural		
	M	F	N		M	F	N
N	ὅς	ἥ	ὅ	N	οἵ	αἵ	ἅ
G	οὗ	ἧς	οὗ	G	ὧν	ὧν	ὧν
D	ᾧ	ᾗ	ᾧ	D	οἷς	αἷς	οἷς
A	ὅν	ἥν	ὅ	A	οὕς	ἅς	ἅ

Indefinite Relative Pronouns

	Singular				Plural		
	M	F	N		M	F	N
N	ὅστις	ἥτις	ὅτι	N	οἵτινες	αἵτινες	ἅττα
G	ὅτου	ἥστινος	ὅτου	G	ὅτων	ὅτων	ὅτων
D	ὅτῳ	ἥτινι	ὅτῳ	D	ὅτοις	αἵστισι	ὅτοις
A	ὅντινα	ἥντινα	ὅτι	A	οὕστινας	ἅστινας	ἅττα

DECLENSION OF PARTICIPLES

Participle with First and Third declension endings

Present Active Ending λύ-ων

	Singular				Plural		
	M	F	N		M	F	N
N	-ων	-ουσα	-ον	N	-οντες	-ουσαι	-οντα
G	-οντος	-ουσης	-οντος	G	-οντων	-ουσων	-οντων
D	-οντι	-ουση	-οντι	D	-ουσι	-ουσαις	-ουσι
A	-οντα	-ουσάν	-ον	A	-οντας	-ουσας	-οντα

First Aorist Active Ending λύσ-ας

	Singular				Plural		
	M	F	N		M	F	N
N	-ας	-ασα	-αν	N	-αντες	-ασαι	-αντα
G	-αντος	-ασης	-αντος	G	-αντων	-ασων	-αντων
D	-αντι	-αση	-αντι	D	-ασι	-ασαις	-ασι
A	-αντα	-ασάν	-αν	A	-αντας	-ασας	-αντα

First Aorist Passive Ending λυθ-είς

	Singular				Plural		
	M	F	N		M	F	N
N	-εις	-εισα	-εν	N	-εντες	-εισαι	-εντα
G	-εντος	-εισης	-εντος	G	-εντων	-εισων	-εντων
D	-εντι	-ειση	-εντι	D	-εισι	-εισαις	-εισι
A	-εντα	-εισάν	-εν	A	-εντας	-εισας	-εντα

Second Aorist Active Ending

The ending of second aorist participle is declined like present active participle ending. Second aorist stem plus the ending of present participle.

The reduplication of the initial consonant of the stem
followed by ε plus tense suffix κ plus participle ending

	Singular			Plural	
M	**F**	**N**	**M**	**F**	**N**
N -ως	-υια	-ος	N -οτες	-υιαι	-οτα
G -οτος	-υιας	-οτος	G -οτων	-υιων	-οτων
D -οτι	-υια	-οτι	D -οσι	-υιαις	-οσι
A -οτα	-υιαν	-ος	A -οτας	-υιας	-οτα

Participle with First and Second declension endings

Present Middle and Passive Ending λυ-ομενος

	Singular			Plural	
M	**F**	**N**	**M**	**F**	**N**
N -ομενος	-ομενη	-ομενον	-ομενοι	-ομεναι	-οεμνα
G -ομενου	-ομενης	-ομενου	-ομενων	-ομενων	-ομενων
D -ομενω	-ομενη	-ομενω	-ομενοις	-ομεναις	-ομενοις
A -ομενον	-ομενην	-ομενον	-ομενους	-ομενας	-ομενα

Similarly: First aorist middle −αμενος −αμενη −αμενον
Second aorist middle −ομενος −ομενη −ομενον
Perf. mid. and pass. −μενος −μενη −μενον

The future and the second aorist active participle have the
endings of present active participle.

μι Participle Endings

The present and second aorist participle have the same end-
ings. There are four types in the μι participle.

Active Participle

1 Stems ending in vowel η

M	F	N
N -εις	-εισα	-εν
G -εντος	-εισης	-εντος

Examples: αφίημι συνίημι τίθημι

3 Stems ending in vowel ω

M	F	N
N -ους	-ουσα	-ον
G -οντος	-ουσης	-οντος

Examples: δίδωμι παραδίδωμι

2 Stems ending in vowel η

M	F	N
N -ας	-ασα	-αν
G -αντος	-ασης	-αντος

Examples: ίστημι ανίστημι

4 Stems ending in vowel υ

M	F	N
N -υς	-υσα	-υν
G -υντος	-υσης	-υντος

Examples: δεικνυμι

Middle and Passive

τιθε- διδο- ιοτα- δεικνυ-

M	F	N
N -μενος	-μενη	-μενον
G -μενου	-μενης	-μενου

Aorist Active Participle of γινώσκω -βαινω

Second aorist active participle of γινώσκω is declined like
the ending of δίδωμι and second aorist of -βαινω follows ίστημι

γινώσκω   -βαινω

N γνούς	γνοῦσα	γνόν	N -βάς	-βάσα	-βάν
G γνόντος	γνούσης	γνόντος	G -βάντος	-βάσης	-βάντος

Cardinals from one to four are declinable

	εἷς			δύο	τρεῖς		τέσσαρες		
	M	F	N	M F N	M F	N	M F	N	
N	εἷς	μία	ἕν	δύο	τρεῖς	τρία	τέσσαρες	τέσσαρα
G	ἑνός	μιᾶς	ἑνός	δύο	τριῶν	τριῶν	τεσσάρων	τεσσάρων
D	ἑνί	μιᾷ	ἑνί	δυσί	τρισί	τρισί	τέσσαρσι	τέσσαρσι
A	ἕνα	μίαν	ἕν	δύο	τρεῖς	τρία	τέσσαρας	τέσσαρα

Number	Symbol	Cardinals	Ordinals			Adverbs
1	α΄	εἷς	πρῶτος	-η	-ον	ἅπαξ
2	β΄	δύο	δεύτερος	-α	-ον	δίς
3	γ΄	τρεῖς	τρίτος	-η	-ον	τρίς
4	δ΄	τέσσαρες	τέτατος	-η	-ον	(τετράκις)
5	ε΄	πέντε	πέμπτος	-η	-ον	πεντάκις
6	ϛ΄	ἕξ	ἕκτος	-η	-ον	(ἑξάκις)
7	ζ΄	ἑπτά	ἕβδομος	-η	-ον	ἑπτάκις
8	η΄	ὀκτώ	ὄγδοος	-η	-ον	(ὀκτάκις)
9	θ΄	ἐννέα	ἔνατος	-η	-ον	(ἐνάκις)
10	ι΄	δέκα	δέκατος	-η	-ον	(δεκάκις)
11	ια΄	ἕνδεκα	ἑνδέκατος	-η	-ον	
12	ιβ΄	δώδεκα	δωδέκατος	-η	-ον	
13	ιγ΄	(τρισκαίδεκα	τριτοσκαιδέκατος)			
14	ιδ΄	δεκατέσσαρες	τεσσαρεσκαιδέκατος			
15	ιε΄	δεκάπεντε	πεντεκαιδέκατος			
16	ιϛ΄	δέκαεξ				
17	ιζ΄	(ἑπτακαίδεκα)				
18	ιη΄	δεκαοκτώ				
19	ιθ΄	(ἐννεακαίδεκα)				
20	κ΄	εἴκοσι				
30	λ΄	τριάκοντα				
40	μ΄	τεσσαράκοντα				
50	ν΄	πεντήκοντα				
60	ξ΄	ἑξήκοντα				
70	ο΄	ἑβδομήκοντα				
80	π΄	ὀγδοήκοντα				
90	ϟ	ἐνενήκοντα				
100	ρ΄	ἑκατόν				
200	ϛ΄	διακόσιοι				
300	τ΄	τριακόσιοι				
400	υ΄	τετρακόσιοι				
500	φ΄	πεντακόσιοι				
600	χ΄	ἑξακόσιοι				
700	ψ΄	ἑπτακόσιοι				
800	ω΄	ὀκτακόσιοι				
900	ϡ	ἐνακόσιοι				
1000	͵α	χίλιοι				
2000	͵β	δισχίλιοι				
3000	͵γ	τρισχίλιοι				
4000	͵δ	τετρακισχίλιοι				
5000	͵ε	πεντακισχίλιοι				
10000	͵ι	μύριοι				

The numbers in parentheses do not occur in the New Testament.

INDICATIVE MOOD

Present
Verb stem plus personal ending: λυ-ω

	Active			Middle-Passive	
	S	P		S	P
1	-ω	-ομεν	1	-ομαι	-ομεθα
2	-εις	-ετε	2	-η	-εσθε
3	-ει	-ουσι(ν)	3	-εται	-ονται

Future
Verb stem plus tense suffix σ plus personal ending: λυ-σ-ω

	Active			Middle		Stems ending in a mute
	S	P		S	P	κ,γ,χ+σ=ξ
1	-ω	-ομεν	1	-ομαι	-ομεθα	π,β,φ ι σ=ψ
2	-εις	-ετε	2	-η	-εσθε	τ,δ,θ+σ=σ
3	-ει	-ουσι(ν)	3	-εται	-ονται	ζ+σ=σ

The future and aorist of liquid verbs (λ μ ν or ρ)
have no tense suffix σ before the personal endings: -ω

Examples:

	Present	Future	Aorist
	ἀγγέλλω	ἀγγέλω	ἤγγειλα
	αἴρω	ἄρω	ἦρα
	βάλλω	βαλῶ	ἔβαλον
	ἐγείρω	ἐγερῶ	ἤγειρα
	μένω	μενῶ	ἔμεινα

Imperfect
The augment added to the beginning
of stem plus imperfect ending: ἔ-λυ-ον

	Active			Middle-Passive	
	S	P		S	P
1	-ον	-ομεν	1	-ομην	-ομεθα
2	-ες	-ετε	2	-ου	-εσθε
3	-ε(ν)	-ον	3	-ετο	-οντο

Aorist
The augment added to the stem plus tense
suffix σ plus aorist ending: ἔ-λυ-σ-α

	Active			Middle	
	S	P		S	P
1	-α	-αμεν	1	-αμην	-αμεθα
2	-ας	-ατε	2	-ω	-ασθε
3	-ε(ν)	-αν	3	-ατο	-αντο

A verb begin with εμ- or εγ- becomes ενε- and does not
have an augment.

Present ἐμβάλλω Aorist ἐνέβαλον
ἐμφανίζω ἐνεφάνισα
ἐγχρίω ἐνέχρισα

Perfect and Pluperfect
The reduplication of the initial consonant of the stem fol-
lowed by ε plus tense suffix κ plus ending: λε-λυ-κ-α
When a verb has an initial vowel, initial vowel is lengthened.
e.g., ἀκολουθέω perf. ἠκολούθηκα, αἰτέω perf. ᾔτηκα
ἐγγίζω ἤγγικα αἴρω ἦρκα

	Lengthen		Lengthen
	α - η		αι - ῃ
	ε - η		ει - ῃ
	ο - ω		οι - ῳ
			αυ - ηυ
			ευ - ηυ, ευ

The Verb Begin with χφθ Reduplicate

Reduplicate

χ - κεχ
φ - πεφ
θ - τεθ

A Verb Begins with σ,ζ or ξ Prefix an ε
(Exception σῴζω perfect active σέσωκα)

Present: ζωγρέω	Perfect: ἐζωγρημένος
ξηραίνω	ἐξήραμμαι
ξυράω	ἐξυρημένος
σκοτίζω	ἐσκότισμαι

The Pluperfect Adds Augment ε to the Reduplication

Perf. Active	Perf. M.-P.	Plup. Active	Plup. M.-P.
λέλυκα	λέλυμαι	(ἐ)λελύκειν	(ἐ)λελύμην

	S	P	S	P		S	P	S	P
1	-α	-αμεν	-μαι	-μεθα	1	-ειν	-ειμεν	-μην	-μεθα
2	-ας	-ατε	-σαι	-σθε	2	-εις	-ειτε	-σο	-σθε
3	-ε(ν)	-ασιν	-ται	-νται	3	-ει	-εισαν	-το	-ντο

Future and Aorist Passives

Future Passive

Verb stem plus tense suffix -θησ- plus ending -ομαι
(the ending of present passive) e.g., λυ-θήσ-ομαι

First Aorist Passive

Augment ε plus stem plus θ plus ending ην e.g., ἐ-λύ-θ-ην

Second Future Passive

Second aorist passive stem plus ησ plus -ομαι
(the ending of present passive)

Second Aorist Passive

Augment ε plus second aorist stem plus first aorist ending
e.g., ἐκρύβην ἐγράφην Tense suffix θ is not found in the
second aorist and second future.

Stems ending in a mute: κ,γ,χ+θ=χθ
π,β,φ+θ=φθ
τ,δ,θ+θ=σθ

Examples: Present Active	Future Passive	First Aorist Passive
ἄγω	ἀχθήσομαι	ἤχθην
πείθω	πεισθήσομαι	ἐπεισθην
πέμπω	πεμφθήσομαι	ἐπεμφθην
γινώσκω	γνωσθήσομαι	ἐγνώσθην
γνωρίζω	γνωρισθήσομαι	ἐγνωρίσθην

The endings of the subjunctive are similar to the indicative but it has long vowels, e.g., ε becomes η, ο becomes ω and ου becomes ω. The subjunctive never has an augment. The aorist passive has active endings.

Present

	Active		Middle & Passive	
	S	P	S	P
1	-ω	-ωμεν	1 -ωμαι	-ωμεθα
2	-ης	-ητε	2 -η	-ησθε
3	-ῃ	-ωσιν	3 -ηται	-ωνται

Aorist

	Active		Middle		Passive	
S		P	S	P	S	P
1 -σω	-σωμεν		-σωμαι	-σωμεθα	-θω	-θωμεν
2 -σῃ	-σητε		-σῃ	-σησθε	-θῃς	-θητε
3 -σῃ	-σωσιν		-σηται	-σωνται	-θῃ	-θωσιν

IMPERATIVE

Second person singular has the various endings.

Second person plural has the same ending as in the corresponding tense of the indicative.

Third person plural adds -σαν to the third person singular.

The endings of third person, -ω   -ωσαν, are conjugated in all tenses and voices.

The imperative has no augment.

Present

	Active		Middle & Passive	
	S	P	S	P
2	-ε	-ετε	2 -ου	-εσθε
3	-ετω	-ετωσαν	3 -εσθω	-εσθωσαν

Aorist

	Active		Middle		Passive	
S		P	S	P	S	P
2 -σον	-σατε		-σαι	-σασθε	-θητι	-θητε
3 -σατω	-σατωσαν		-σασθω	-σασθωσαν	-θητω	-θητωσαν

INFINITIVE

The infinitive is a neuter verbal noun.

The present stem plus the ending of the present infinitive.

The aorist stem plus the ending of the aorist infinitive.

The second aorist stem plus the ending of present infinitive. e.g., ἀποθανεῖν εἰπεῖν λιπεῖν

The infinitive has no augment.

Present			Aorist			Perfect	
Active	Mid. Pass.		Active	Mid. Pass.		Active	Mid. Pass.
-ειν	-εσθαι		-σαι	-σασθαι	-θηναι	-κεναι	-σθαι

α or ε plus long vowel or dipthong disappears. ο plus any combination containing iota ι becomes οι. α plus any combination containing iota ι becomes ᾳ

-αω Verbs	-εω Verbs	-οω Verbs
α+ε =α	ε+ε, ει=ει	ο+ε =ου
α+ει,η=ᾳ	ε+ο, ου=ου	ο+ο,ου=ου
α+ο,ου=ω	ε+ω =ω	ο+ει =οι
α+οι =ῳ		ο+ω =ω
		ο+η =οι
		ο+ᾳ =οι
		ο+ῳ =οι

DIAGRAM

The contraction of any two vowels is found at the place where the vertical column and the horizontal row of the respective vowels meet.

	ε	ει	η	ῃ	ο	οι	ου	ω
α	α	ᾳ	α	ᾳ	ω	ῳ	ω	ω
ε	ει	ει	η	ῃ	ου	οι	ου	ω
ο	ου	οι	ω	οι	ου	οι	ου	ω

ζάω

Present Active Indicative		Present Active Infinitive

	S	P
1	ζῶ	ζῶμεν
2	ζῇς	ζῆτε
3	ζῇ	ζῶσιν

ζῆν

Present Active Participle

ζῶν ζῶσα

μι VERBS

The Stems of the Three Principal μι Verbs

	Present Stem	Verbal Stem	Prevailing Vowel
δίδωμι	διδο	δο	ο
τίθημι	τιθε	θε	ε
ἵστημι	ιστα	στα	α

Present stem is reduplication of the verbal stem in all three cases. Stem ιστα stands for σιστα. The rough breathing in ἵστημι taking the place of σ.

The singular has a lengthened stem vowel.

	Lengthen
τιθε	τιθη
διδο	διδω
ιστα	ιστη

INDICATIVE

Present Active

S	1	τίθημι	δίδωμι	ἵστημι	δείκνῡμι
	2	-ς	-ς	-ς	-ς
	3	-σιν	-σιν	-σιν	-σιν
P	1	τίθεμεν	δίδομεν	ἵσταμεν	δείκνῡμεν
	2	-τε	-τε	-τε	-τε
	3	-ασιν	-ασιν	-σιν	-σιν

Aorist Active

S	1	ἔθηκα	ἔδωκα (first)ἔστην	ἔδειξα
	2	-κας	-κας	-ης	-ας
	3	-κεν	-κεν	-η	-ε
P	1	ἐθήκαμεν	ἐδώκαμεν	ἔστημεν	ἐδείξαμεν
	2	-κατε	-κατε	-ητε	-ατε
	3	-καν	-καν	-ησαν	-αν

SUBJUNCTIVE

Present Active

S	1	τιθῶ	διδῶ	ἱστῶ
	2	-ῇ	-ῷς	-ῇς
	3	-ῇ	-ῷ	-ῇ
P	1	τιθῶμεν	διδῶμεν	ἱστῶμεν
	2	-ῆτε	-ῶτε	-ῆτε
	3	-ῶσιν	-ῶσιν	-ῶσιν

Second Aorist Active

S	1	θῶ	δῶ	στῶ
	2	-ῇ	-ῷς	-ῇ
	3	-ῇ	-ῷ(δοῖ)	-ῇ
P	1	θῶμεν	δῶμεν	στῶμεν
	2	-ῆτε	-ῶτε	-ῆτε
	3	-ῶσιν	-ῶσιν	-ῶσιν

IMPERATIVE

Present Active

S	2	τίθει	δίδου	ἵστη
	3	-έτω	-ότω	-άτω
P	2	τίθετε	δίδοτε	ἵστατε
	3	-έτωσαν	-ότωσαν	-άτωσαν

Second Aorist Active (first)

S	2	θές	δός	στῆθι	δεῖξον
	3	-έτω	-ότω	-ήτω	-άτω
P	2	θέτε	δότε	στῆτε	δείξατε
	3	-έτωσαν	-ότωσαν	-ήτωσαν	-άτωσαν

INFINITIVE

pres.	τιθέναι	διδόναι	ἱστάναι	δεικνύειν
2 aor.	θεῖναι	δοῦναι	στῆναι	δεῖξαι (first)

Present Mid. and Pass.   Second Aorist Middle
          Singular   Singular
1 (α,ε,ο,υ) —μαι   1 ἐδόμην   ἐθέμην
2   —σαι   2 ἔδου   ἔθου
3   —ται   3 ἔδοτο   ἔθετο

          Plural   Plural
1   —μεθα   1 ἐδόμεθα   ἐθέμεθα
2   —σθε   2 ἔδοσθε   ἔθεσθε
3   —νται   3 ἔδοντο   ἔθεντο

INFINITIVE

Middle and Passive
Present   τίθεσθαι δίδοσθαι ἵστασθαι
Second Aorist θέσθαι   δοθῆναι   σταθῆναι

The Second Aorist Active of γινώσκω and —βαίνω
Second aorist active of γινώσκω and—βαίνω have μι form.
Second aorist active of —βαίνω follows the second aorist of
ἵστημι (but only found in compound). e.g., αν— επ— εμ—(εν—)
κατ— μετ—
                          Indicative
     Singular   Plural   Singular   Plural
1 —εβην   —εβημεν   1 ἔγνων   ἔγνωμεν
2 —εβης   —εβητε   2 ἔγνως   ἔγνωτε
3 —εβη   —εβησαν   3 ἔγνω   ἔγνωσαν

                          Subjunctive
     Singular   Plural   Singular   Plural
1 —βῶ   —βῶμεν   1 γνῶ   γνῶμεν
2 —βῇς   —βῶτε   2 γνῶς   γνῶτε
3 —βῇ   —βῶσιν   3 γνῷ(γνοῖ) γνῶσιν

                          Imperative
     Singular   Plural   Singular   Plural
2 —βῆθι   —βῆτε   2 γνῶθι   γνῶτε
3 —βήτω   —βήτωσαν   3 γνώτω   γνώτωσαν

                          Infinitive
          —βῆναι   γνῶναι

                          Participle

Second Aorist Active Participle of γινώσκω

     N γνούς   γνοῦσα   γνόν
     G γνόντος   γνούσης   γνόντος

Second Aorist Active Participle of —βαίνω

               (only found in compound)
               αν— επ— ενε— κατ— μετ—

     N —βάς   —βᾶσα   —βάν
     G —βαντος   —βάσης   —βάντος

Indicative

	Present		Future		Imperfect	
	S	P	S	P	S	P
1	εἰμί	ἐσμέν	ἔσομαι	ἐσομεθα	ἤμην	ἤμεν(ἤμεθα)
2	εἶ	ἐυτέ	ἔσῃ	ἔσεσθε	ἦς(ἦσθα)	ἦτε
3	ἐστίν	εἰσίν	ἔσται	ἔσονται	ἦν	ἦσαν

Subjunctive
1	ὦ	ὦμεν
2	ᾖς	ἦτε
3	ᾖ	ὦσιν

Imperative
2	ἴσθι	ἔστε
3	ἔστω(ἤτω)	ἔστωσαν

Infinitive
εἶναι

Infinitive
ἔσεσθαι

Optative
1	εἴην	εἴημεν
2	εἴης	εἴητε
3	εἴη	εἴησαν

Participle
N	ὤν	οὖσα	ὄν
G	ὄντος	οὔσης	ὄντος

Participle
ἐσόμενος
ἐσομένου

COMPOUND VERBS
ἄπειμι εἴσειμι ἔξειμι ἔπειμι σύνειμι

	Present		Imperfect	
	Indicative		Indicative	
	S	P	S	P
1	-ειμι	-ιμεν	-ηειν	-ημεν
2	-ει	-ιτε	-ηεις	-ητε
3	-εισι	-ιασι	-ηει	-ησαν

Subjunctive
1	-ιῶ	-ιῶμεν
2	-ιῇς	-ιῆτε
3	-ιῇ	-ιῶσι

Imperative
2	-ιθι	-ιτε
3	-ιτω	-ιτωσαν

Infinitive
-ιέναι

Optative
1	-ιοίην	-ιοίημεν
2	-ιοις	-ιοίητε
3	-ιοίη	-ιοίησαν

Participle
	M	F	N
N	-ιών	-ιοῦσα	-ιόν
G	-ιόντος	-ιούσης	-ιόντος

A hyphen indicates that the word is found only as a compound verb in New Testament.

Present	Future	Aorist	Perfect	Perfect-P	Aorist-P
ἀγγέλλω	-ἀγγελῶ	-ήγγειλα	-ήγγελκα	-ήγγελμαι	-ηγγέλην
ἄγω	ἄξω	ήγαγον		-ήγμαι	ήχθην
αἴρω	ἀρῶ	ἦρα	ἦρκα	ἦρμαι	ήρθην
αἰτέω	αἰτήσω	ήτησα	ήτηκα	ήτημαι	ἠτήθην
ἀκούω	ἀκούσω	ήκουσα	ἀκήκοα		ἠκούσθην
ἁμαρτάνω	ἁμαρτήσω	ἡμάρτησα	ἡμάρτηκα		ἡμαρτήθην
ἀνοίγω	ἀνοίξω	ήνοιξα	ἀνέῳγα	ἀνεῴγμαι	ἠνοίχθην
ἀποκτείνω	ἀποκτενῶ	ἀπέκτεινα			ἀπεκτάνθην
ἀρέσκω	ἀρέσω	ήρεσα			
ἄρχω	ἄρξω	ἦρξα			
αὐξάνω	αὐξήσω	ηὔξησα			ηὐξήθην
-βαίνω	-βήσομαι	-ἔβην	-βέβηκα		
βάλλω	βαλῶ	ἔβαλον	βέβληκα	βέβλημαι	ἐβλήθην
γίνομαι	γενήσομαι	ἐγενόμην	γέγονα	γεγένημαι	ἐγενήθην
γινώσκω	γνώσομαι	ἔγνων	ἔγνωκα	ἔγνωσμαι	ἐγνώσθην
γράφω	γράφω	ἔγραφα	γέγραφα	γέγραμμαι	ἐγράφην
δέχομαι	δέξομαι	ἐδεξάμην		δέδεγμαι	-ἐδέχθην
διδάσκω	διδάξω	ἐδίδαξα			ἐδιδάχθην
δοκέω		ἔδοξα			
δοξάζω	δοξάσω	ἐδόξασα		δεδόξασμαι	ἐδοξάσθην
δύναμαι	δυνήσομαι			δεδύνημαι	ἠδυνήθην
ἐγγίζω	ἐγγιῶ	ήγγισα	ήγγικα		
ἐγείρω	ἐγερῶ	ήγειρα		ἐγήγερμαι	ἠγέρθην
ἐλπίζω	ἐλπιῶ	ήλπισα	ήλπικα		
ἔρχομαι	ἐλεύσομαι	ἦλθον	ἐλήλυθα		
ἐρωτάω	ἐρωτήσω	ἠρώτησα			ἠρώτηθην
ἐσθίω	φάγομαι	ἔφαγον			
εὐλογέω	εὐλογήσω	εὐλόγησα	εὐλόγηκα	εὐλόγημαι	εὐλογήθην
εὑρίσκω	εὑρήσω	εὗρον	εὕρηκα		εὑρέθην
ἔχω	ἕξω	ἔσχον	ἔσχηκα		
ζάω	ζήσω	ἔζησα			
θάπτω		ἔθαψα			
θέλω	θελήσω	ἠθέλησα			
θλίβω	θλίψω			τέθλιμμαι	ἐθλίβην
-θνήσκω	-θανοῦμαι	-ἔθανον	τέθνηκα		
ἰάομαι	ἰάσομαι	ἰασάμην		ἴαμαι	ἰάθην
καθαρίζω	καθαριῶ	ἐκαθάρισα		κεκαθά-ρισμαι	ἐκαθα-ρίσθην
καίω	καύσω	ἔκαυσα		κέκαυμαι	ἐκαύθην
καλέω	καλέσω	ἐκάλεσα	κέκληκα	κέκλημαι	ἐκλήθην
κηρύσσω	κηρύξω	ἐκήρυξα	κεκήρυχα		ἐκηρύχθην
κλαίω	κλαύσω	ἔκλαυσα			
κράζω	κράξω	ἔκραξα	κέκραγα		
κρίνω	κρινῶ	ἔκρινα	κέκρικα	κέκριμαι	ἐκρίθην
λαλέω	λαλήσω	ἐλάλησα	λελάληκα	λελάλημαι	ἐλαλήθην
λαμβάνω	λήμψομαι	ἔλαβον	εἴληφα	-εἴλημμαι	ἐλήμφθην
λέγω	ἐρῶ	εἶπον	εἴρηκα	εἴρημαι	ἐρρήθην
	λέξω	ἔλεξα		λέλεγμαι	ἐρρέθην
λείπω	λείψω	ἔλιπον	λέλοιπα	λέλειμμαι	ἐλείφθην
λύω	λύσω	ἔλυσα	λέλυκα	λέλυμαι	ἐλύθην
μανθάνω		ἔμαθον	μεμάθηκα		
μένω	μενῶ	ἔμεινα	μεμένηκα		

479

Present	Future	Aorist	Perfect	Perfect-P	Aorist-P
μετανοέω	μετανοήσω	μετενόησα			
μιμνήσκω	μνήσω	ἔμνησα		μέμνημαι	ἐμνήσθην
ὁράω	ὄψομαι	εἶδον	ἑώρακα		ὤφθην
			ἑόρακα		
πάσχω	πείσομαι	ἔπαθον	πέπονθα		
πείθω	πείσω	ἔπεισα	πέποιθα	πέπεισμαι	ἐπείσθην
πέμπω	πέμψω	ἔπεμψα			ἐπέμφθην
πίνω	πίομαι	ἔπιον	πέπωκα		-ἐπόθην
πίπτω	πεσοῦμαι	ἔπεσον	πέπτωκα		
πράσσω	πράξω	ἔπραξα	πέπραχα	πέπραγμαι	ἐπράχθην
σπείρω	σπερῶ	ἔσπειρα		ἔσπαρμαι	ἐσπάρην
-στέλλω	-στελῶ	-ἔστειλα	-ἔσταλκα	-ἔσταλμαι	-εστάλην
στρέφω	στρέψω	ἔστρεφα		ἔστραμμαι	ἐστράφην
σφάζω	σφάξω	ἔσφαξα		ἔσφαγμαι	ἐσφάγην
σώζω	σώσω	ἔσωσα	σέσωκα	σέσωσμαι	ἐσώθην
τάσσω	τάξω	ἔταξα	τέταχα	τέταγμαι	ἐτάχθην
τίκτω	τέξω	ἔτεκον			ἐτέχθην
τιμάω	τιμήσω	ἐτίμησα		τετίμημαι	
τρέχω		ἔδραμον			
τυγχάνω	τεύξομαι	ἔτυχον	τέτυχα		
ὑποστρέφω	ὑποστρέψω	ὑπέστρεφα			
φαίνω	φανήσομαι	ἔφανα			ἐφάνην
φανερόω	φανερώσω	ἐφανέρωσα	πεφανέρ-	πεφανέρ-	ἐφανερ-
			ωκα	ωμαι	ώθην
φέρω	οἴσω	ἤνεγκα	-ἐνήνοχα	ἐνήνεγμαι	ἠνέχθην
φεύγω	φεύξομαι	ἔφυγον	πέφευγα		
φιλέω	φιλήσω	ἐφίλησα	πεφίληκα		
χαίρω	χαρήσομαι				

μι Verbs

ἀπόλλυμι	ἀπολέσω	ἀπώλεσα	ἀπόλωλα		
	ἀπολῶ				
ἀφίημι	ἀφήσω	αφῆκα	ἀφεῖκα	ἀφέωνται	ἀφέθην
δείγνυμι	δείξω	ἔδειξα	δέδειχα	δέδειγμαι	ἐδείχθην
δίδωμι	δώσω	ἔδωκα	δέδωκα	δέδομαι	ἐδόθην
ἵστημι	στήσω	ἔστησα	ἔστηκα		ἐστάθην
πίμπλημι		ἔπλησα		πέπλησμαι	ἐπλήσθην
τίθημι	θήσω	ἔθηκα	τέθεικα	τέθειμαι	ἐτέθην